本書の使い方① ～一般ページの活用～

一般ページでは、一つの学習項目について、「導入事例」→「資料・解説」→「まとめ」→「補足解説」の流れで構成されています。そのため、体系的に学習することができ、自宅学習にも適しています。また、教科書で学習した内容の復習や定期テスト対策、さらには大学入学試験対策として十分活用できる内容となっています。ここでは、p.123～126の「選挙制度とその課題」を例に、一般ページの構成を見てみましょう。

一般ページで基礎を学習しよう！

●導入事例

単元の冒頭や大見出しごとに学習項目と関わりのある具体事例を提示しています。**Question**で、学習項目との関連を確認しましょう。

出題 頻出

近年のセンター試験や共通テストで問われた内容に付してあります。**頻出**は出題頻度が高いことを示しています。

赤字、黒太字

赤字は近年のセンター試験や共通テストで問われた用語です。**黒太字**は重要語句や箇所です。

○×チェック ○×答え

共通テスト対策として、これまでのセンター試験や共通テストの設問に○×で挑戦できます。本は本試験、追は追試験で出題された問題です。答えと解説は次ページで確認しましょう。

まとめ

学習項目のポイントを板書形式でまとめています。学習の全体像を確認しましょう。自宅学習やテスト前の確認に活用できます。

補足解説

解説文中にある（→補）の用語を補足解説しています。解説文中では説明しきれなかった、用語の定義や背景を詳しく示しています。

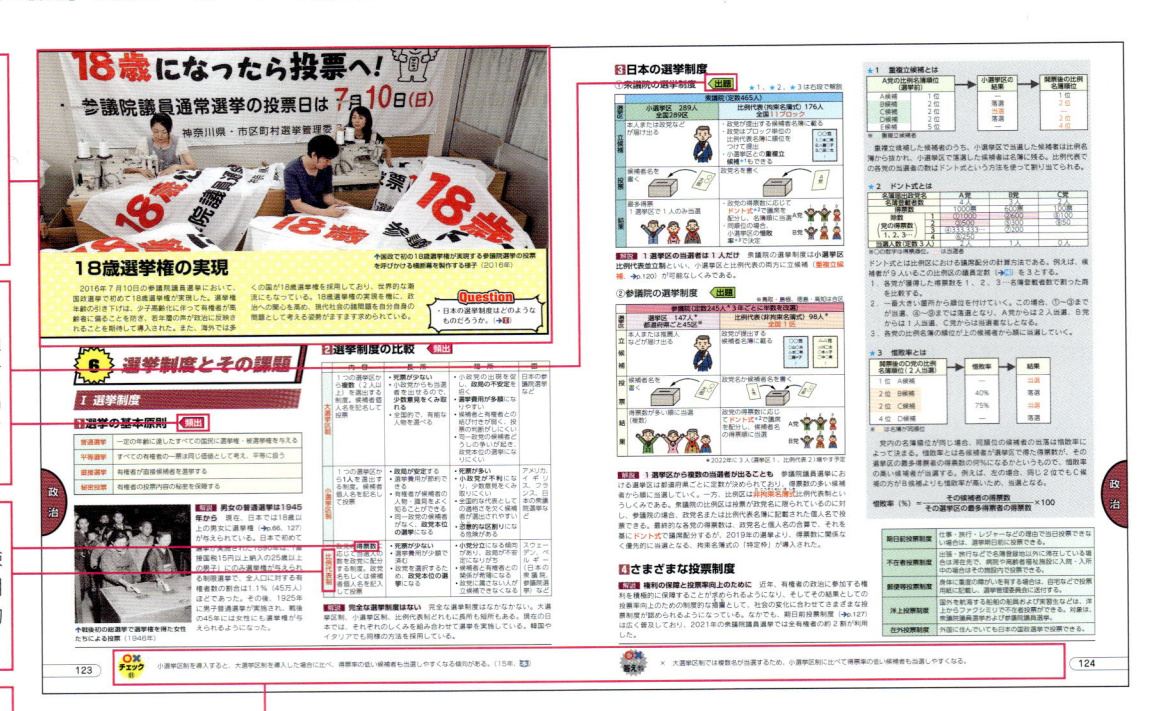

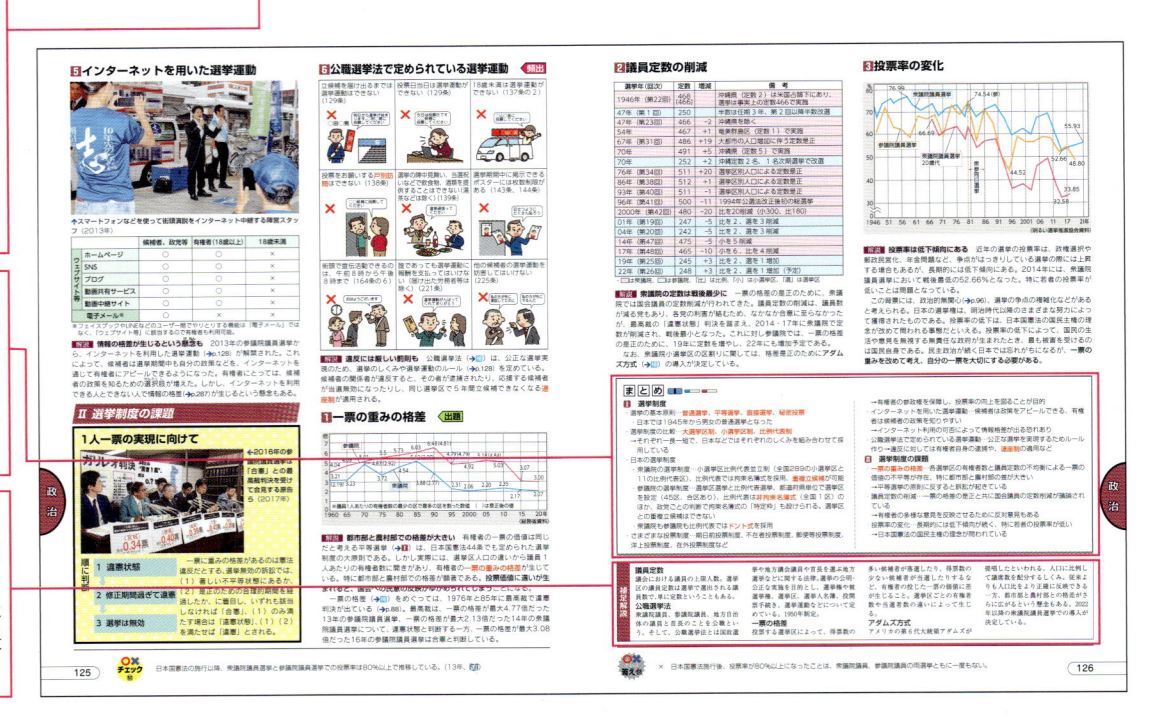

本書の使い方② ～特設ページの活用～

特設ページで学習を深めよう！

本書では、一般ページとは異なる切り口から、学習項目を掘り下げるさまざまな特設ページを設けています。ジャーナリストの池上彰さんが語るポイントを基に、世の中の新しい動きを確認したり、学習項目の理解を深めたりすることができます。また、日常生活に役立つ知識を紹介した特設ページや、地図や流れ図を使った特設ページもあります。資料の読み取りや小論文対策にも最適です。それぞれの特設ページの特色と活用方法を見てみましょう。

ニュースQ&A

社会で注目されている時事トピックを、Q&A形式で掘り下げて解説しています。素朴な疑問（Q）と、池上彰さんの明解な解説（A）で時事トピックへの理解を深めることができます。国内外の出来事を幅広く取り上げており、一般ページの理解にも役立ちます。

論点整理

今の日本で議論となっているテーマについて、論点を分かりやすく解説しています。テーマを理解するために必要な基礎知識を提示したうえで、賛成と反対それぞれの立場の資料を掲載しているので、何が論点となっているのかが分かります。

ゼミナール深く考えよう

政治や経済の理論やしくみについて、具体事例やイラストを用いて分かりやすく解説しています。「現代社会」や「公共」の深い理解に役立つのはもちろん、「政治・経済」を学習するうえで押さえておきたい内容も、豊富に盛り込んでいます。大学入試対策にも最適です。

変化で見る社会

環境、政治、経済、国際をめぐる社会の変化を整理しています。大まかな流れを示す「流れ図」や写真、グラフ、二次元コードから視聴できる動画を組み合わせることで、社会の変化を視覚的にとらえることができます。一般ページへの参照も示しているので、関連する学習項目の学びを深めることができます。

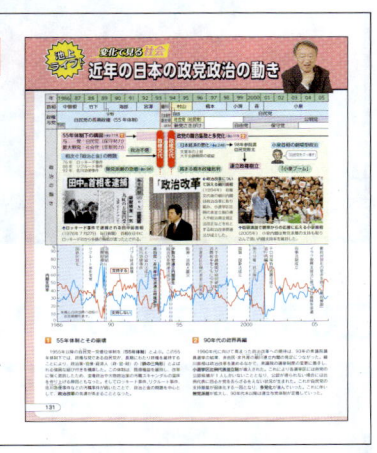

地図で見る社会

さまざまな切り口の地図を用いることで、政治、経済、国際に関する問題を解説しています。地図を通して見ることで、国内外のさまざまな課題をとらえることができ、資料の読み取りに最適です。また、地図どうしを見比べることで新たな発見にもつながります。

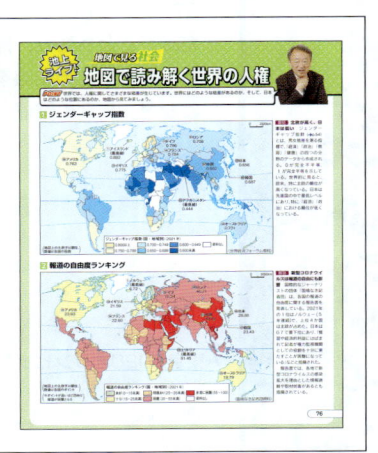

思考実験

実社会の具体的な課題について、「囚人のジレンマ」や「共有地の悲劇」といった思考実験の考え方を用いるなどして、課題の論点や本質を理解することができます。

2021年の日本ではどのような出来事が起こったのか、写真で振り返ってみましょう。

政治 新型コロナウイルス　ワクチン接種 始まる（2月〜）（→巻頭13）

新型コロナウイルス感染症の流行を抑えるため、2月からワクチン接種が始まった。まずは、感染のリスクが高い医療従事者や高齢者が優先的に接種を受け、6月からは一般の人への接種が進められた。そして10月には、日本の人口の7割以上が2回目のワクチン接種を完了した。

←新型コロナウイルスワクチンの大規模接種（5月24日　愛知県）

経済 東京2020オリンピック・パラリンピックが無観客で開催（7〜8月）（→p.208）

新型コロナウイルス感染症の世界的流行の影響で1年延期していた東京2020オリンピック・パラリンピックが開催された。東京での開催は1964年以来、57年ぶりの2度目となった。東京は緊急事態宣言中だったこともあり、ほとんどの会場が無観客となり、選手と外部との接触を極力避けるバブル方式が採られるなど、異例の開催となった。

←東京2020オリンピックの開会式で入場する日本選手団（7月23日　東京都）　入場行進は、英語表記のアルファベット順ではなく、日本語の五十音（あいうえお）順を原則として行われた。

↑震災復興祈念公園で犠牲者に祈りをささげる人々（3月11日　岩手県）

2011年3月11日に発生した東日本大震災では、巨大な津波がまちを襲い、多くの人が被害を受けた。この震災によって、1万5000人を超える人々が亡くなり、いまだに2500人以上の行方が分かっていない。この10年、被災地域ではさまざまな復旧・復興の取り組みが進められてきた。

また、この津波などの影響で、放射性物質の漏えいなどの事故を起こした福島第一原子力発電所は、廃炉に向けた作業が行われている。

諸課題 真鍋淑郎さんノーベル物理学賞受賞（10月）（➡p.297、329）

↑ノーベル物理学賞受賞発表後に会見する真鍋淑郎さん（10月6日　アメリカ）

10月6日、2021年のノーベル物理学賞にアメリカ・プリンストン大学上席研究員の真鍋淑郎さん（アメリカ国籍を取得）が、ドイツ・イタリアの研究者と共に選ばれた。二酸化炭素濃度の上昇が地球温暖化に影響するという予測モデルを世界に先駆けて公開したことが評価された。受賞後の会見で真鍋さんは「われわれは現実に起きている気候変動の影響を最小限にとどめつつ、環境に適応することを考えなければならない」と語った。

政治 第49回衆議院議員総選挙の実施（10月）（➡巻頭9、p.118）

10月31日、第49回衆議院議員総選挙の投開票が実施された。岸田文雄首相は就任の10日後に衆議院を解散し、異例の短期間で選挙戦に突入した。

選挙で各党は、新型コロナウイルスで落ち込んだ経済の回復などを訴えた。そして投票の結果、自由民主党と公明党の連立与党は合わせて293議席を獲得し、政権を維持した。

←国民の意見を書き留めたとされる「岸田ノート」を掲げて演説をする岸田首相（10月20日　広島県）

2021年の世界ではどのような出来事が起こったのか、写真で振り返ってみましょう。

政治 アメリカ　バイデン大統領が就任（1月）（→p.110）

　2020年に行われた大統領選で共和党のトランプ大統領に勝利した民主党のバイデン候補が、第46代大統領に就任した。前年に行われた大統領選挙の結果をめぐっては、トランプ陣営が投票の不正が行われたとして敗北を認めず、就任式前には、トランプ支持者が暴徒化して連邦議会議事堂に乱入した。

↑連邦議会議事堂前で宣誓式に臨むバイデン大統領（1月20日　アメリカ）

↑連邦議会議事堂に押し寄せるトランプ支持者（1月6日　アメリカ）

政治 中国共産党、創立100周年（7月）（→巻頭19）

←記念式典で演説する習近平国家主席
（7月1日　中国）

　中国共産党が創立100周年を迎え、ペキンの天安門広場で記念式典が行われた。習近平国家主席は演説で、100年の奮闘目標として掲げていた小康社会（ややゆとりのある社会）を全面的に完成させ、絶対的貧困の問題を解消したと宣言した。また、もう一つの目標である、2049年の中華人民共和国建国100周年までの社会主義現代化強国の完成については、必ず達成すると自信を示した。

↑国外脱出を試みて空港に集まる人々（8月16日　アフガニスタン）

4月にバイデン大統領がアフガニスタンからのアメリカ軍撤退を表明して以降、イスラーム原理主義のタリバンはアフガニスタン全土での支配地域を拡大し、8月には首都カブールを制圧、大統領府を占拠して政権を掌握した。カブールの空港には、国外脱出を求める市民ら数千人が空港に押し寄せた。人々は退避する外国人を乗せて離陸しようとする飛行機などに殺到し、死者も出た。

政 治 ミャンマー　国軍がクーデター（2月～）

↑アウン=サン=スーチー氏の解放を求めるデモ隊（2月27日　ミャンマー）

ミャンマーの国軍は2月のクーデターによって実権を握り、1年間にわたる国家非常事態を宣言した。軍事政権は、昨年実施された総選挙は「自由かつ公正」ではなかったとして、選挙結果を無効とした。そして同選挙で国軍系野党に圧勝していた、国民民主連盟（NLD）のアウン=サン=スーチー国家顧問を拘束した。

経 済 スエズ運河で大型コンテナ船の座礁事故（3月）

↑スエズ運河で座礁する大型コンテナ船（左、3月23日　エジプト）

大型コンテナ船「Ever Given」がスエズ運河で座礁した。この事故によって、約1週間にわたって運河の通航が中断され、一時は422隻が運航を待つ状態だった。海上交通の要所での事故によって、世界の物流は大きな支障を来した。

2021年衆議院議員選挙

POINT 2021年10月に衆議院議員選挙が4年ぶりに行われました。衆議院議員選挙は、政権を担当する政党を選ぶものであり、今後の日本の政治に大きな影響を与えます。何が争われ、どのような結果となったのか見てみましょう。

与党が勝利して政権を維持

↑当選した候補者の名前にバラを付ける自民党の岸田文雄総裁（中央）

2021年10月31日に行われた衆議院議員選挙では、自由民主党（自民党）と公明党の連立与党が合わせて293議席を獲得し、政権を維持した。また自民党は、選挙前より15議席を減らしたものの、単独でも261議席（追加公認含む）を獲得し、安定的な政権運営が可能になった。

しかし、自民党の甘利明幹事長（上写真左から3人目）は現職の幹事長として初めて小選挙区で敗れ、比例代表での復活当選となった。選挙全体では、「政治と金」をめぐる問題や、これまでの新型コロナウイルス感染症対策への不満などの民意が示された面もあった。

I　選挙の結果はどうだったか

今回の選挙では、各党の議席数はどのように変化しましたか？

与党の自民党は、「**絶対安定多数**」とよばれる議席を確保しました。これは、17の常任委員会のすべてで委員長を出し、それでも過半数を維持できる水準で、安定的な政権運営が可能になります。

野党では、野党第一党の立憲民主党が日本共産党などと候補者を一本化し、一部の小選挙区で与党候補に勝利したものの、全体としては選挙前より議席を減らしました。その一方、日本維新の会は議席を3倍以上に伸ばしました。自公連立政権に批判的な票が、日本維新の会に集まったといえるでしょう。

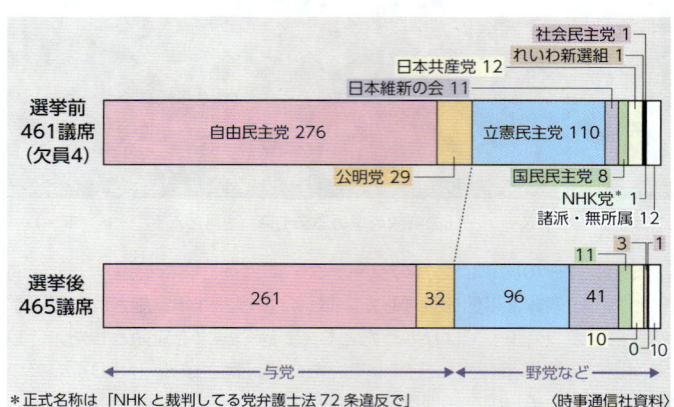

					社会民主党 1 れいわ新選組 1 日本共産党 12 日本維新の会 11
選挙前 461議席 （欠員4）	自由民主党 276		立憲民主党 110		
		公明党 29		国民民主党 8 NHK党* 1 諸派・無所属 12	
選挙後 465議席	261	32	96	41	3　1 11 10 0 10

← 与党 →　← 野党など →

*正式名称は「NHKと裁判してる党弁護士法72条違反で」　〈時事通信社資料〉

↑選挙前後の議席数の比較

Ⅱ 選挙での各党の主張

各党はどのような政策を訴えたのでしょうか?

　今回の選挙では、多くの政党が新型コロナウイルス感染症への対策や、経済的に苦しむ人たちへの支援の充実を訴えました。自民党の岸田総裁は**「新しい資本主義」による「成長と分配の好循環」の実現**を表明しました。こうした「分配」重視の政策は多くの政党が掲げたため、争点になりにくかったかもしれません。

　その他のテーマを見ると、選択的夫婦別姓制度の導入については、自民党は慎重な態度でしたが、他の政党は賛成しました。また憲法改正については、多くの政党が主要な政策課題としては訴えませんでした。

→**衆院選で訴えたいことを掲げた各党の党首など**（右上から左に自由民主党、立憲民主党、公明党、日本共産党、日本維新の会、国民民主党、れいわ新選組、社会民主党、NHKと裁判してる党弁護士法72条違反で）

Ⅲ 当選者の傾向

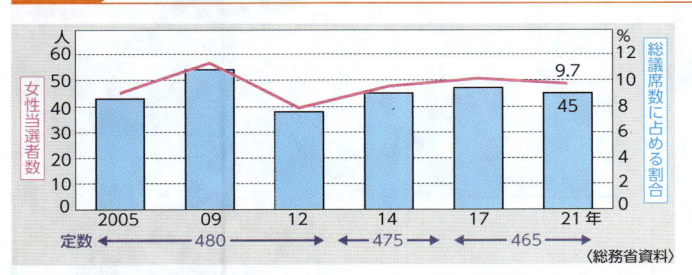

今回当選した人たちの年齢や性別はどうでしたか?

　今回の選挙で当選した議員の平均年齢は約55歳で、前回よりもやや上昇しました。最年長は82歳の自民党・二階俊博前幹事長。最年少は立憲民主党の馬場雄基議員の29歳で、20代は1人のみでした。一方、当選を重ねてきた自民党の石原伸晃候補が落選し、立憲民主党の小沢一郎議員が比例代表での復活当選に回るなど、世代交代が感じられる面もありました。

　また女性議員は45人が当選しましたが、選挙前を下回りました。総議席数に占める割合は10%以下であり、諸外国に比べて低い水準です（→p.104）。多様な民意を反映するためにも、**若い世代や女性の議員を増やすこと**が、引き続き課題となっています。

↑**衆議院議員選挙での女性当選者数と総議席数に占める割合の推移**　2018年には「候補者男女均等法」（→p.104）が成立した。しかし21年の選挙では、女性の立候補者数はほぼ横ばいで、当選者は前回よりも減少した。

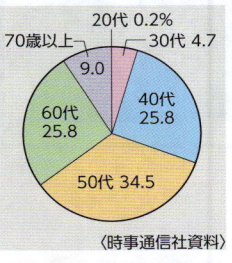

←**当選者の年齢の割合**　当選者の平均年齢は約55.5歳。前回2017年は約54.7歳だった。

Ⅳ 投票率の動き

若い世代の投票率はどうでしたか?

　今回の選挙の**投票率**は、前回を上回ったものの、**戦後3番目に低い水準**です。各党の争点があまり明確でなかったことが影響したとみられます。

　なお、2016年の参議院議員選挙から18歳以上が投票できるようになっています。今回の18歳の投票率は約51%、19歳は約35%で、**高校卒業後の世代の落ち込みが顕著**です。主権者として政治に関心を持ち続け、投票する権利を行使していきましょう。

年齢など	2016年	17	19	21
	参議院	衆議院	参議院	衆議院
全体	54.7%	53.7	48.8	55.9
18歳	51.3	47.9	34.7	51.4
19歳	42.3	33.3	28.0	35.0

〈総務省資料〉

↑**18歳・19歳の投票率の推移**　2016年の18歳の投票率は約51%だったが、翌年の19歳での投票率は約33%で、大幅に減少した。この要因としては、大学入学時に親元から転居しても住民票を移さない大学生が一定数おり、現住所で投票できないことが影響しているという指摘もある。

ニュースQ&A
カーボンニュートラルを目指して

POINT 地球温暖化の影響が指摘される異常気象が世界で頻発し、温室効果ガスの排出量を実質的にゼロにするカーボンニュートラルを目指す取り組みが始まっています。どのような取り組みか見てみましょう。

🎥 気候変動への対策強化を！〜ドイツ〜

ドイツでは、2021年7月に豪雨に見舞われ、河川が氾濫し、180人以上の犠牲者が出た。被災地を訪れたドイツのメルケル首相は、「ドイツ語にこの惨事を表す言葉がないほどの被害だ」と述べたうえで、今回の洪水や近年多発している自然災害は、「科学を信じるならば、気候変動と関連している」として、気候変動対策の必要性を訴えた。

近年の自然災害は、気候変動が関係している。気候変動への対策を急がねばならない。

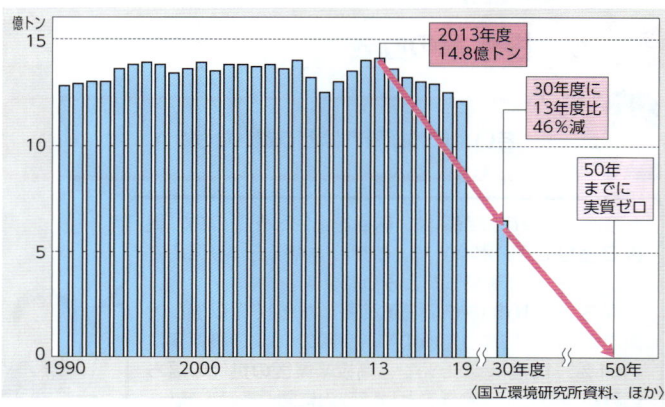

↑→洪水の被害を受けた村（上）、メルケル首相（右、2021年7月 ドイツ）

Ⅰ カーボンニュートラルとは

最近、カーボンニュートラルという言葉をよく聞きますが、どのようなものですか？

カーボンは「炭素」、ニュートラルは「中立」を意味します。**カーボンニュートラル**は、これらの語句を組み合わせた、**地球温暖化の原因となる二酸化炭素などの温室効果ガスを実質ゼロにすることを目指す取り組み**です。世界では地球温暖化との関連が指摘される異常気象が頻発しており、多くの国がカーボンニュートラルを目指すと表明しています。日本も、**2030年度までに温室効果ガスを46%削減し（13年度比）、50年には実質ゼロにするという目標**を掲げています（→p.298、318）。

億トン

- 2013年度 14.8億トン
- 30年度に 13年度比 46%減
- 50年までに実質ゼロ

〈国立環境研究所資料、ほか〉

↑日本の温室効果ガス排出量の推移と削減目標　排出削減と森林などでの吸収を合わせて、排出量の「実質ゼロ」が目指されている。

Ⅱ 世界での取り組み

世界ではどのような取り組みが行われていますか？

　アメリカは、トランプ政権時代には地球温暖化対策に消極的でしたが、2021年にバイデン政権になってからは取り組みを強化しています。また、世界最大の温室効果ガス排出国である中国も、60年までに二酸化炭素排出量を実質ゼロにすることを表明しています。

　そして、**EUは特に強い取り組み**を進めています。EUは、温室効果ガスを大量に発生する石炭火力発電所を段階的に廃止することを決定し、風力発電など再生可能エネルギー（→p.317）の導入を加速させています。

↑石炭火力発電所（2014年　ドイツ）　EU域内の石炭火力発電所の約60％の廃止が決まっているが、雇用が失われることへの懸念もある。

↑洋上風力発電所（2019年　デンマーク）　デンマークでは、国内の発電量の約50％を風力発電が占めている。さらに約25％を太陽光発電などの再生可能エネルギーで賄っている。

Ⅲ 環境と経済をどう両立するか

分野	産業	成長が期待される主な事業
エネルギー	洋上風力発電	風車本体、部品
	水素関連	発電タービン、運搬船、水電解装置
輸送・製造	自動車・蓄電池	電気自動車、次世代電池
	船舶	燃料電池船、ガス燃料船
	物流	物流用ドローン
	航空機	水素航空機
家庭・オフィス	住宅・建築物	太陽光発電
	資源循環	バイオ素材、廃棄物発電

〈資源エネルギー庁資料、ほか〉

高い目標の達成は、かなり大変そうですね。

↑カーボンニュートラルに関して成長が期待される事業の例

←住宅の屋根に設置された太陽光発電パネル（2020年　神奈川県）

　カーボンニュートラルの目標達成は困難ではありますが、**新たな経済成長のチャンス**にもなりえます。例えば、EU域内でガソリン車の販売が禁止されれば、新たに電気自動車などを製造するための設備投資が行われ、経済効果が生じます。また、消費者の意識が変わっていくことで、環境問題に真剣に取り組む企業の商品が、より一層評価されるようになるでしょう。

　さらに近年では、**環境や人権などの問題に取り組む企業に積極的に融資するESG投資の動き**も広がっています。こうした動きも、目標達成の後押しになると期待されています。

Ⅳ 日本はどのように取り組むべきか

日本はどのように取り組んでいったらよいでしょうか？

　日本は公害問題への対策などを通じて、**省エネや高効率化といった優れた環境技術**をつちかってきました。こうした技術を「輸出」し、発展途上国などのインフラを整備していくことで、世界全体での温室効果ガスの削減に貢献することができるでしょう。また、近年は**水素を燃料とする自動車**などの開発も進められています。水素は燃焼させても水しか発生しないため、温室効果ガスの排出削減にもつながります。

　カーボンニュートラル達成のためにどのような取り組みが必要か、自分なりに考えてみましょう。

←日本の二酸化炭素排出量の部門別内訳
温室効果ガスの削減目標達成のためには、それぞれの部門での技術革新や業務内容の見直しなどが求められる。

エネルギー（発電所など）39.1％
産業（工場など）25.2
運輸（自動車など）17.9
業務・家庭（商業など）10.6
その他 7.2

（2019年度）
〈全国地球温暖化防止活動推進センター資料〉

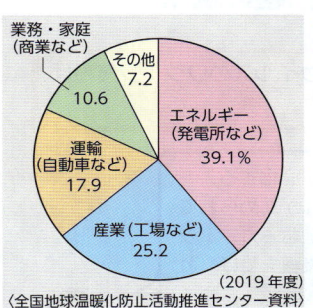
→水素を燃料としたバス（2020年　東京都）　普及にあたっては、1台1億円近いといわれる車両本体価格をいかに下げていくかが課題となっている。

ニュース Q&A

ワクチンから見る「ウィズコロナ」の現代社会

POINT 新型コロナウイルスと共に生きざるをえない「ウィズコロナ」の時代のなか、新型コロナウイルスへの対策としてワクチン接種が進められています。ワクチンを切り口に、現代社会のさまざまな側面を見てみましょう。

野球場でもワクチン接種　〜アメリカ〜

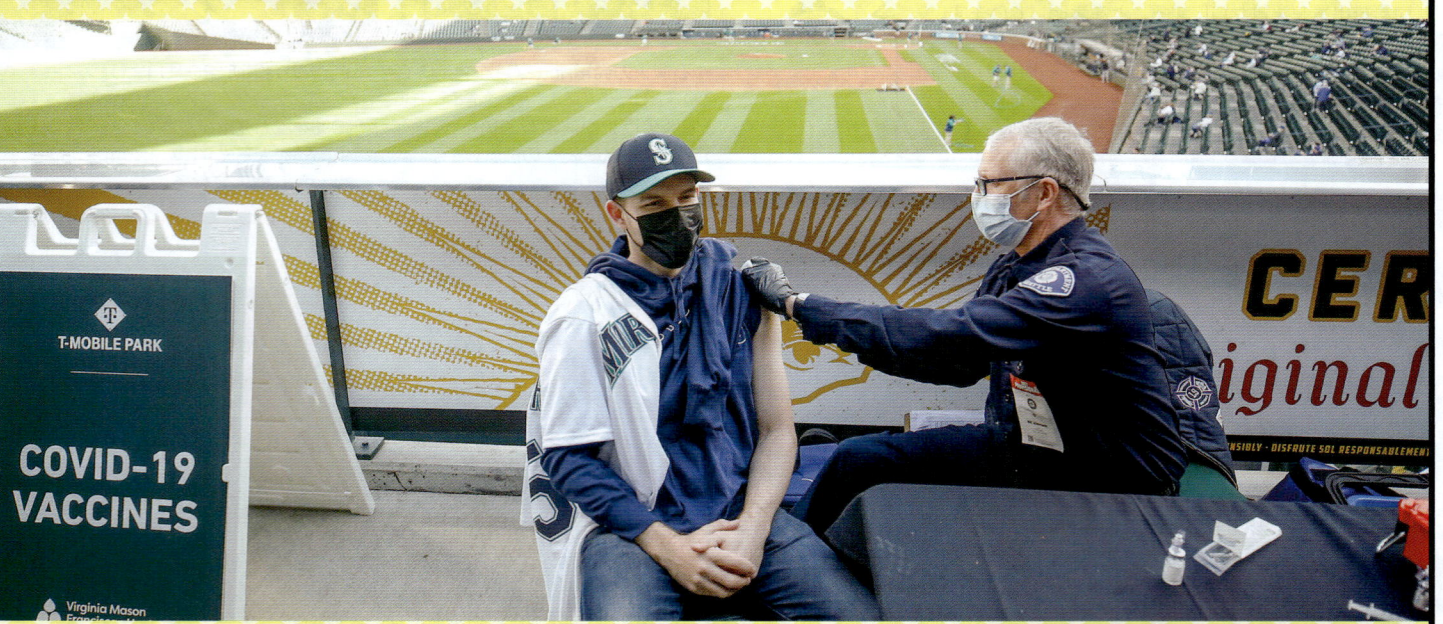

↑野球場で新型コロナウイルスのワクチン接種を受ける人（2021年　アメリカ・シアトル）

アメリカでは、新型コロナウイルス感染症による死者数が80万人を超えている(2021年12月)。アメリカ政府は、こうした状況が国民の生命や健康の危機であることはもちろん、経済や安全保障の面にも深刻な影響を与えていることから、1兆円以上の予算を拠出し、ワクチンの開発や接種を推し進めてきた。その一環として、野球場など人々の身近な場所での大規模な接種も行われている。また、ワクチンの接種率を高めるため、接種した人に宝くじやハンバーガーをプレゼントするなど、さまざまな取り組みも行われている。

I　世界でのワクチン接種の現状

 世界では、新型コロナウイルスのワクチン接種はどのような状況ですか？

新型コロナウイルスのワクチンは、重症化する人を減らす効果などが報告されており、接種が進められています。しかし、先進国などで接種が進む一方、アフリカなど発展途上国では、多くの人が接種を受けられていません。

世界保健機関（WHO、→p.153）を中心に発展途上国へのワクチン提供が行われていますが、十分とはいえない状況です。先進国ではウイルスの変異に対応するために追加のワクチン接種が行われており、**格差がさらに広がること**が懸念されています。

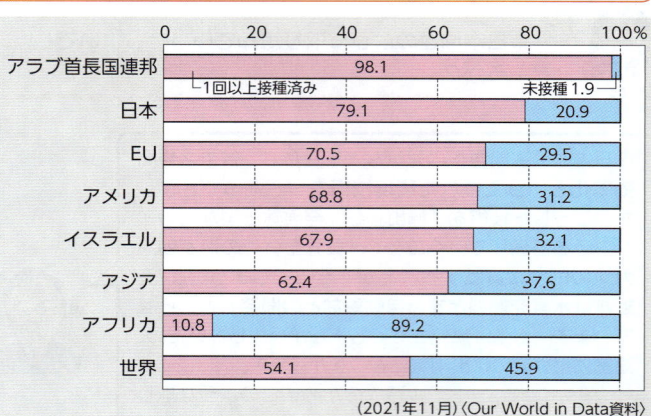

	0	20	40	60	80	100%
アラブ首長国連邦	98.1（1回以上接種済み／未接種1.9）					
日本	79.1				20.9	
EU	70.5			29.5		
アメリカ	68.8			31.2		
イスラエル	67.9			32.1		
アジア	62.4			37.6		
アフリカ	10.8	89.2				
世界	54.1		45.9			

（2021年11月）〈Our World in Data資料〉

↑主な国・地域の人口に占める1回以上ワクチンを接種した人の割合

Ⅱ　ワクチンはどのように開発された？

今回の新型コロナウイルスのワクチンは、どのように開発されたのでしょうか？

ワクチンの開発には、ハンガリー出身の女性科学者であるカタリン=カリコ博士の長年の研究が大きく貢献しました。また、彼女を抜擢し、アメリカのファイザー社と共にワクチンを開発したドイツのビオンテック社は、トルコ系ドイツ人の科学者夫婦が起こした会社です。このように、**世界から優秀な人材を集める「多様性」が、ワクチン開発を進める大きな原動力になった**といえるでしょう。

↑カタリン=カリコ博士

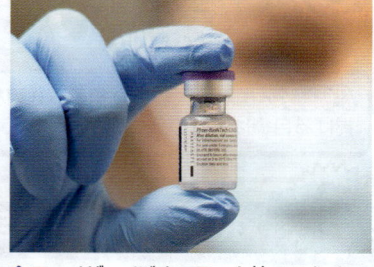

↑ファイザー/ビオンテック社のワクチン
　カリコ博士の研究してきた「メッセンジャーRNA（遺伝子の情報を転写したもの）」に関する技術が用いられている。

Ⅲ　日本でのワクチン開発と接種の状況

日本でもワクチンの開発は行われているのでしょうか？

日本でのワクチン開発は世界に大きく出遅れました。その背景には、1970年代以降、**ワクチンの集団接種によって健康被害を受けたという訴訟が相次いで起こされ、政府の責任が認められた**ことがあるといわれます。訴訟を受けて日本政府は民間企業のワクチン開発への規制を強め、支援にも消極的になっていたことが、開発の遅れの一因になりました。

←HPV（子宮頸がん）ワクチンについて訴訟を起こした原告や支援者ら（2016年）　全身の痛みなどの症状とワクチン接種の因果関係をめぐって、21年現在も訴訟が続いている。

日本でのワクチン接種はどのような状況ですか？

日本では希望者を対象にワクチン接種が進められ、2021年12月現在、人口の7割以上が2回目の接種を受けました。しかし、海外からのワクチンの確保に限りがあることなどから、接種を希望してもすぐに受けられない人がたくさんいました。ワクチンの3回目の接種も進められており、**ワクチンを安定的に確保していくためには、国産ワクチンの開発も重要です。**

→**日本における1日あたりのワクチン接種数の推移（2021年）**　日本では、重症化しやすい高齢者などに先行して接種が進められ、その後、ほかの世代に広げられた。

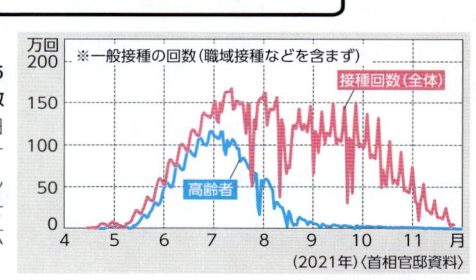

（2021年）〈首相官邸資料〉

Ⅳ　さまざまな情報とどう向き合うか

ワクチンについては、有効性や副反応などについて多くの情報があって、迷ってしまいます。

新型コロナウイルスに関しては、科学的根拠に基づく情報だけでなく、根拠に乏しい情報もあふれています。こうした状況に対しては、世界保健機関も**インフォデミック**[*1]（「情報」[*2]と「感染症の広がり」[*3]を組み合わせた造語）だとして注意を呼びかけています。
　SNSやインターネットの検索サイトなどでは、利用者が好む情報が上位に表示されるため、「自分の見たい情報だけを見る」ことになりやすいのです。**多様な情報源や客観的なデータなどに基づき、情報の真偽を見分ける目**を養っていきましょう。

*1 infodemic　*2 information　*3 epidemic

ワクチンに関する「うわさ」	保健当局の見解
ワクチン接種で新型コロナウイルスに感染する	ワクチンに生のウイルスは含まれておらず、感染することはない[*A]
メッセンジャーRNAによるワクチンで遺伝子が操作される	遺伝子は変わらない[*A]
接種でマイクロチップを埋め込まれて追跡される	ワクチンを使って人を追跡することはない[*A]
ワクチンを打った腕に磁石がくっつく	磁気を帯びることはない[*A]
妊婦が接種すると流産する	接種者に流産は増えていない[*B]
ワクチンで不妊になる	妊娠に悪影響を及ぼすという報告はない[*B]

*A アメリカ・疾病対策センターの見解
*B 日本・厚生労働省の見解
（2021年7月）〈共同通信社資料〉

↑**新型コロナウイルスのワクチンに関する「うわさ」の例と保健当局の見解**

ニュースQ&A

SDGsと私たちとの関わりは？

POINT 国際社会が取り組むべき目標として、近年、「持続可能な開発目標（SDGs）」が注目されています。SDGsが掲げる目標はどういうものか、そしてどのような取り組みが求められているか見てみましょう。

持続可能な開発目標（SDGs）を見てみよう

❶貧困をなくそう

あらゆる場所の、あらゆる形態の貧困を終わらせる。
（➡p.64、275）

❷飢餓をゼロに

飢餓をなくし、食料の安定確保と栄養状態の改善を達成するとともに、持続可能な農業を推進する。
（➡p.310）

❸すべての人に健康と福祉を

あらゆる年齢のすべての人の健康的な生活を確保し、福祉を推進する。
（➡p.64、233、234、238）

❹質の高い教育をみんなに

すべての人に包摂的かつ公平で質の高い教育を提供し、生涯学習の機会を促進する。
（➡p.64、275）

❺ジェンダー平等を実現しよう

ジェンダーの平等を達成し、すべての女性と女児の能力強化を図る。
（➡p.6、54、229）

❻安全な水とトイレを世界中に

すべての人に水と衛生へのアクセスと持続可能な管理を確保する。
（➡p.275、310）

❼エネルギーをみんなにそしてクリーンに

すべての人に手ごろで信頼でき、持続可能かつ近代的なエネルギーへのアクセスを確保する。
（➡p.313、315、316）

❽働きがいも経済成長も

持続可能な経済成長、すべての人の安全かつ生産的な雇用と働きがいのある人間らしい仕事を推進する。
（➡p.8、211、227、232）

❾産業と技術革新の基盤をつくろう

災害に強いインフラを整備し、持続可能な産業化を推進するとともに、技術革新の拡大を図る。
（➡p.285、287）

❿人や国の不平等をなくそう

国内および国家間の不平等を是正する。
（➡p.53、133）

⓫住み続けられるまちづくりを

安全で災害に強く、持続可能な都市および居住環境を実現する。
（➡p.113）

⓬つくる責任つかう責任

持続可能な消費と生産のパターンを確保する。
（➡p.225、299、301、304）

⓭気候変動に具体的な対策を

気候変動とその影響に立ち向かうため、緊急対策を採る。
（➡p.295、297、303）

⓮海の豊かさを守ろう

海洋と海洋資源を持続可能な開発に向けて保全し、持続可能な形で利用する。
（➡p.295、299、302、305）

⓯陸の豊かさも守ろう

陸の生態系を保護し、森林の持続可能性、砂漠化・土地の劣化に対処し、生物多様性損失の阻止を図る。
（➡p.295、301、302、303）

〈外務省資料、ほか〉

⓰平和と公正をすべての人に

平和で包摂的な社会を推進し、すべての人に公正かつ、効果的で責任ある包摂的な法制度を構築する。
（➡p.141、151、154）

⓱パートナーシップで目標を達成しよう

持続可能な開発のための実施手段を強化し、グローバル・パートナーシップを活性化する。
（➡p.175、305）

←↑「持続可能な開発目標（SDGs）」の内容とカラーホイール SDGsは、17の目標（ゴール）と、その下にある169の具体目標（ターゲット）で構成されている。

※国連・持続可能な開発目標（SDGs）ウェブサイト
https://www.un.org/sustainabledevelopment/

Ⅰ 「持続可能な開発目標（SDGs）」はつながり合っている

 最近、SDGs ってよく聞きますが、改めてどのようなものですか？

2015年に開かれた「国連持続可能な開発サミット」で定められた、**国際社会が2030年までに取り組むべき目標**です。SDGsは Sustainable Development Goals の略語で、「持続可能な開発目標」と訳されます。

SDGsは「貧困をなくそう（❶）」、「ジェンダー平等を実現しよう（❺）」、「気候変動に具体的な対策を（⓭）」などの**17の目標**で構成されています。そしてそれらは「誰一人取り残さない」という理念の下に、先進国や発展途上国などすべての国で取り組むことが求められています。

※❶などの丸数字はSDGsの番号

 17の目標は、具体的にどのような内容ですか？

17の目標それぞれには、**達成すべき具体目標（ターゲット）**が合わせて169定められています。例えば「貧困をなくそう（❶）」については、「2030年までに、1日1.25ドル未満で生活する極度の貧困をあらゆる場所で終わらせる」「各国の定義による貧困を半減させる」「各国が適切な社会保障制度を実施する」ことなどが具体目標とされています。

 17もある目標をすべて達成するのは大変そうですね。

17の目標は、それぞれが別の問題というわけではなく、つながり合っています。例えばジェンダー平等（❺）に関しては、母親が教育（❹）を受けておらず文字が読めないことで、汚れた水（❻）で粉ミルクを溶いてしまい、赤ちゃんの健康（❸）が損なわれてしまうこともありえます。**17の目標に連携して取り組むことが求められます。**

1 〈ジェンダーの不平等…❺〉

女性は学校に行かず手伝いを！

2 〈不十分な教育…❹〉

字が読めない…
MILK

3 〈不衛生な水の使用…❻〉

川の水でミルクを作ろう
MILK

4 〈健康の被害…❸〉

赤ちゃんの具合が！

↑SDGs相互の関連のイメージ

Ⅱ SDGsと私たち

 SDGsは日本とどのような関係がありますか？

SDGsは、日本での私たちの暮らしとも無関係ではありません。例えば気候変動（⓭）は、日本や世界各地で発生している異常気象との関連も指摘されています。また、発展途上国の衛生環境（❻）の悪化によってもし未知の感染症が発生すれば、交通が発達した現在では、日本や世界にすぐに広まる恐れがあります。このように、**SDGsの目標を達成することは、私たち自身の暮らしを守ることにもつながるのです。**

←スラムと高層ビル（フィリピン）所得の低い人々は、貧困（❶）のため衛生環境（❻）が劣悪な場所で暮らし、感染症などによって健康（❸）が脅かされている。

 SDGsの達成のために、どのような取り組みが求められているのでしょうか？

これまでの国際社会の取り組みとSDGsとの大きな違いは、**発展途上国だけでなく、すべての国が取り組むべき目標**であることです。日本の政府や企業なども、国際社会と連携しながら目標達成に取り組むことが求められています。

高校生もSDGsの達成に向けて取り組めることがあります。例えば環境や人権などに配慮した企業の製品を選んで購入する人が増えれば、企業はさらにSDGsに取り組むようになっていくでしょう。この他にも、17の目標に対してどのような取り組みが可能か、自分なりに考えてみましょう。

→SDGsのロゴがプロジェクション・マッピングで投影された国連本部ビル（2015年）SDGsが国連で採択されたことを記念して投影が行われた。ビルの下部には「LET'S GET THE JOB DONE（一緒に目標を達成しよう）」と映し出されている。

「18歳成人」で私たちの生活はどう変わる？

POINT 2022年4月、成人（成年）年齢が20歳から18歳に引き下げられました。これにより、高校生の皆さんの生活にも変化があるかもしれません。引き下げの背景やその内容について、一緒に考えていきましょう。

▶ **18歳成人　池上彰　解説**

池上先生に聞いてみた「18歳成人で何が変わる？」

　これまで、民法によって20歳と定められてきた成人年齢。国会では2018年6月、その年齢を18歳に引き下げる民法改正案が成立しました。

　そもそもなぜ改正されたのか、改正によって私たちの生活や将来にどのような影響があるのか。そして、高校生は何を知っておくべきなのか。解説者としておなじみの池上彰さんに聞いてみました。

池上彰のニュースQ&A

二次元コードで動画をチェック！

I　成人年齢、なぜ変わる？ 何が変わる？

 どうして今回、成人年齢が引き下げられることになったのですか？

　世界に目を向けると、**多くの国で選挙権年齢や成人年齢は18歳**とされています。そこで、日本はまず、2015年に選挙権年齢を18歳に引き下げました（→p.123）。ところが、**選挙権が得られるのは18歳から、一方で成人になるのは20歳から**となってしまったため、ここは合わせようよという声が高まりました。これによって、明治時代から140年以上にわたり20歳とされてきた成人年齢の引き下げが決まったのです。

 成人になるとさまざまな権利が得られるといいますが、私たちの生活にどう影響するのですか？

　例えば、成人年齢引き下げ後は**男女とも18歳から結婚が可能**となります。また**ローンやクレジットカード**については、**18歳以上であれば保護者の同意なく契約を結ぶことができます**。ただし、そこには「大人」としての責任がかかってくることになります。

　また、高校生の中には在学中に成人を迎える人も多いでしょう。子どもではなく「大人」として、校則のあり方を考える必要があるかもしれませんね。

国名		法律上の成年年齢	結婚できる年齢		選挙権年齢
			男	女	
日本	～2022年3月31日	20歳	18*1	16*1	18
	2022年4月1日～	18	18	18	18
アメリカ		18*2	18*2		18
イギリス		18*2	16*3		18
中国		18	22	20	18
韓国		19	18		18

＊1：20歳未満の場合は保護者の同意が必要。　　（2020年）〈参議院資料、ほか〉
＊2：州や地域によって異なる。
＊3：18歳未満の場合は保護者の同意が必要。

↑日本と諸外国の各種法定年齢

	2022年3月31日まで	2022年4月1日以降
結婚	男性：18歳以上　女性：16歳以上 20歳未満は保護者の同意が必要	男女とも18歳以上 保護者の同意は不要
ローンやクレジットカードの契約	20歳未満は保護者の同意が必要	18歳以上は保護者の同意なく契約可能
パスポートの取得	20歳未満は5年有効のパスポートだけ取得可能	18歳以上は10年有効のパスポートを取得可能
飲酒、喫煙、公営ギャンブル	20歳以上	

↑成人年齢引き下げによる変化　　　　　　　　〈法務省資料〉

成人年齢が18歳になるということは、成人式も18歳で行うことになるのでしょうか？

当然の疑問ですよね。今回の改正で成人年齢は18歳になりますが、**成人式の時期については地方自治体が判断していくことになります。**特に2022年度には、**18歳から20歳までの人がみんな成人になる**ため、もし成人年齢に合わせて式を開催すると、通常の3倍の出席者となってしまいます。そのため、**自治体によって開催時期が異なる**ということも考えられます。

←成人式の様子（2019年　神奈川県横浜市）約3万8千人が新成人となった横浜市では、午前と午後の2回に分けて成人式が行われた。

生年月日	成年年齢	新成人となる日
2002年4月1日以前	20歳	20歳の誕生日
2002年4月2日〜03年4月1日	19歳	2022年4月1日
2003年4月2日〜04年4月1日	18歳	2022年4月1日
2004年4月2日以降	18歳	18歳の誕生日

〈政府広報オンライン資料〉

↑生年月日と法律上の成年年齢の関係

選挙権年齢、成人年齢が引き下げられましたが、こうした改正は、20歳という規定があるほかの制度にも何か影響があるのでしょうか？

日本にはさまざまな法律があり、**今回成人年齢が引き下げられたのは民法であって、ほかの法律、制度における成人年齢については、個別の対応が求められる**ことになります。

例えば、国民年金の保険料を納める年齢については、国民年金法という法律で決められています。この法律によれば、納付の義務は「二十歳以上六十歳未満」とされていますから、民法の成人年齢引き下げの影響はないというわけです。ただ、年金の将来などを考えると、今後引き下げの議論があるかもしれません。

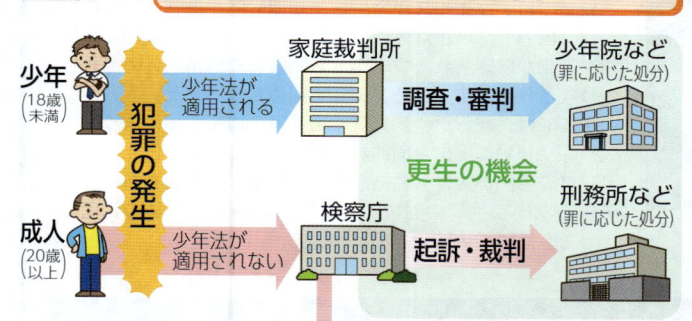

少年（18歳未満）→ 少年法が適用される → 家庭裁判所　調査・審判 → 少年院など（罪に応じた処分）

犯罪の発生

更生の機会

成人（20歳以上）→ 少年法が適用されない → 検察庁　起訴・裁判 → 刑務所など（罪に応じた処分）

約6割が起訴されず社会復帰

〈平成30年版犯罪白書、ほか〉

↑年齢による司法手続きの違い　2021年に少年法（→p.80）が改正され、18歳と19歳には引き続き少年法が適用されるものの、成人と同様に扱われる事件が拡大された。

主な項目	2022年4月1日以降
少年法の適用年齢	18、19歳は「特定少年」として18歳未満と区別
未成年養育費支払い対象の年齢	成人年齢の引き下げと連動するわけではない
裁判員の選任年齢	18歳以上（選任開始は2023年）
国民年金の保険料の納付義務	20歳以上

(2021年)〈法務省資料〉

↑民法改正以前に20歳が年齢要件とされていた主な項目

Ⅲ 成人になるために必要な心構えとは？

私ももうすぐ18歳になります。成人になるにあたってどのような心構えが必要ですか？

これまでは、18歳、19歳は未成年でしたから、保護者が出てきて契約の取り消しができましたが、これからはそれができなくなります。**「大人」になるのですから、自分のことは自分で守らなければいけません。**だからこそ、さまざまな知識が必要になってくるというわけですね。そしてそうした知識は、学校の授業で十分に身につけることができます。教科書や資料集を見てみれば、実はちゃんと書いてあるんですね。

「大人」になるということは、実はこの日本という社会を支える大事な一員になるということでもあります。その自覚を持つためにも、学校での勉強を、一生懸命頑張ってください。

英会話で進学も就職に有利に！

どうしよう…

今なら全部セットで20万円！

←悪質商法にも注意　ローンが組めるようになった若者を狙った悪質商法（→p.85）が増える恐れもある。

ニュースQ&A 中国の現状と課題

POINT 世界で最初に新型コロナウイルスに見舞われた中国は、徹底した感染の封じ込めを図り、国際社会の中でその存在感をさらに高めています。中国の現状と課題を見てみましょう。

 徹底した隔離や監視による感染の封じ込め

↑食品卸売市場の大規模な消毒（2020年6月　ペキン）

↑スマートフォンの事前予約で乗車する地下鉄（2020年3月　ペキン）

　新型コロナウイルスが発生し、初期対応が批判された中国だが、国内では厳重な感染拡大対策が行われた。最初に大規模な感染が確認されたウーハン（武漢）では市内外の出入りが監視され、都市全体を封鎖する措置が執られた。

　中国では、顔写真や身分証明書番号の電子登録により、個人情報や移動履歴の全面的な管理が進んでいる。例えば、感染リスクの高い人は公共施設を利用できないことも多い。このような国家主導の強権的ともいえる隔離や移動の管理によって、感染拡大防止を図っている。

 中国共産党創立100周年で国威発揚

　2021年7月に、中国共産党は創立100周年を迎え、首都ペキンでは7万人余りが参加する大規模な祝賀式典が開かれた。このなかで習近平国家主席は、絶対的貧困の問題の解消などの成果を示し、共産党による一党支配の正当性を強調した。習近平国家主席は、中華人民共和国の建国を宣言した毛沢東と同じ場所で同じ色の人民服を着用しており、自身を毛沢東に重ねて権威を高める狙いがあったとの見方もある。こうした100周年の祝賀式典は中国各地で開かれ、愛国心の高揚と国威発揚が図られた。

↑中国共産党創立100周年を祝う式典で中国国旗を振る子どもたち（2021年7月　ペキン）　ペキン中心部の天安門広場で開かれた式典には多くの子どもたちも参加した。

↑式典を終えて手を振る習近平国家主席（中央）

新型コロナウイルス以外にも中国に課題はありますか？

「米中対立」という言葉をニュースでよく耳にするかもしれません。きっかけの一つとなったのが、「アメリカ・ファースト」を掲げたトランプ前大統領の方針です。**大幅な貿易赤字の是正**や、アメリカ企業に対する**知的財産権侵害への制裁**という名目で、中国からの輸入品にかける関税を引き上げました。中国も応戦して、2018〜19年にかけて両国の関税引き上げが繰り返され、**貿易摩擦**が過熱しました。

もっとも、**多くのアメリカ企業が中国に拠点を置い**ていたり、**中国企業と提携**したりしています。「米中対立」は、大統領選を意識したトランプ前大統領によって演出された側面もあったといえるでしょう。

中　　国	3456億ドル
メキシコ	1017
日　　本	690
ド イ ツ	672
ベトナム	558
アイルランド	527
イ タ リ ア	334

(2019年)
〈経済産業省『通商白書2020』〉

←**アメリカの国別貿易赤字**（物品）中国との貿易赤字が突出している。

スマホで有名なファーウェイや、動画投稿アプリ「TikTok（ティックトック）」のニュースも見ました。

ファーウェイは、スマートフォンの出荷台数で世界上位の通信機器大手で、次世代通信規格の「5G」網の整備で世界をリードしています。これはアメリカにとって深刻な脅威です。そこで、**「安全保障上の脅威」**を理由に、ファーウェイのスマートフォンにアメリカのグーグル社のアプリを搭載できなくするなどの対抗措置を執り、日本やイギリスにも、ファーウェイの通信設備を採用しないよう働きかけています。

米中の対立は貿易、技術、軍事、人権など多方面にわたっており、「新冷戦」とも表現されます。そうしたなか、アメリカ大統領選（→p.110）で政権交代が起きました。**バイデン新政権がどんな姿勢で中国と対峙していくのか**、目が離せません。

←**動画投稿アプリ「TikTok」のロゴ** 中国発のTikTokに対してトランプ前大統領は、利用者の個人情報が中国側に流出する可能性があるとして、アメリカ国内の事業についてアメリカ企業への売却を求めた。

アメリカ以外の国々とはどのような関係にありますか？

近年の中国は経済力を背景に、**「一帯一路」構想**（→p.269）のインフラ整備を通じてアジアからヨーロッパにかけて影響力を高めてきました。そして、各国がコロナ対策で手一杯になっているなか、徹底した感染の封じ込めを図りつつ、周辺国への進出を強めています。例えば、海底資源や漁業資源の利害が絡む**南シナ海の南沙群島（スプラトリ諸島）では、軍事拠点の建設を加速**させ、フィリピンなどと緊張が高まっています。また国内に目を向けると、**ホンコンやシンチヤンウイグル自治区**（→p.165）などにおける、人権をめぐる状況を諸外国から非難されています。

↑中国が人工島を造成した南沙群島（スプラトリ諸島）のスービ礁（2017年）

「超大国」ともいえる中国とどのように向き合っていけばよいでしょうか？

2008年の**リーマン・ショック**（→p.271）の際は、中国が世界経済の回復を牽引（けんいん）しました。コロナ禍からの回復に向けて、各国は**人口14億の中国市場に大きな期待を寄せ**ています。

22年1月には、日本や中国も参加する広範囲な自由貿易協定である**RCEP（地域的な包括的経済連携）協定**（→p.269）が発効しました。多国間の枠組みの中で、中国がどのような国際協調を進めるか、**同じメンバーである日本の役割も重要**になってくるでしょう。

RCEP協定：人口 約22.7億人 /GDP 約25.8兆ドル*

TPP11協定：人口 約5.1億人 /GDP 約11.2兆ドル*

	ベトナム	マレーシア	オーストラリア
日本	ブルネイ	シンガポール	ニュージーランド
中国	タイ	インドネシア	カナダ
韓国	ラオス	フィリピン	メキシコ
	ミャンマー	カンボジア	チリ
			ペルー

＊ 人口、GDP は 2019 年。
※ 赤字の国は ASEAN 加盟国。当初 RCEP 協定の交渉に加わっていたインドは参加を見送った。

↑RCEP協定とTPP11協定の比較

AI（人工知能）とこれからの社会

POINT 近年、AI（人工知能）が著しく進化し、生活に役立てようとする研究が進められています。AIが社会生活に浸透することで暮らしが便利になる一方、新たな課題も生まれます。私たちの生活を変えるAI。AIと生活との関わりについて考えてみましょう。

顔認証技術の光と影

近年、街なかの防犯カメラや、スマートフォンのロック解除など、さまざまな場面で顔認証技術が用いられている。顔認証は、AI（人工知能）が画像から人間の目や口、鼻などの形の特徴を割り出し、本人だと特定するしくみである。AIが大量のデータをみずから学習していくことからその精度は高まってきており、眼鏡やマスクの有無などに関係なく判別できるものも出てきている。

顔認証技術によって、パスワードなどよりも安全に情報を守れる場合もある。また、犯罪の被疑者の早期逮捕につながった事例もある。しかし、自分の顔認証のデータを誰がどこでどのように活用しているかは本人には分からず、拒否するのも困難なことから、個人情報の保護への懸念もある。

←人工知能学会で発表された顔認証技術の画面の例（2019年　中国）四角い部分で顔認証が行われている。

I　AI（人工知能）の活用

最近、AIが注目されているようですが、今までのAIとはどう違うのでしょうか？

AIは、どのような分野で活用が進められているのでしょうか？

AI（Artificial Intelligence）とは、人間が知能を使ってすることを機械に肩代わりさせるための研究や技術のことです。かつては人間が設定したプログラムによって行動するAIが中心でした。しかし、近年「AlphaGo」のように、**膨大なデータからみずから答えの特徴を見つけ出し、みずから学習する機能（ディープ・ラーニング）**を搭載したAIが登場しています。

代表的な例として、AIを使った自動運転システムがあります。現在、開発競争が加速しており、将来、**何も操作せずとも目的地まで連れていく「夢の自動運転車」**が開発されるともいわれています。運転免許のしくみも変わるかもしれませんね。

しかし、事故が起きたときに誰が責任を取るのかといった問題や、犯罪に悪用される恐れもあります。技術の進歩に合わせた**法律の整備**や、開発者に対する**倫理的な規制**も必要となるでしょう。

従来のAI

①人間が果物の特徴を**教える**

②この果物は？

未知のデータ　???

ディープ・ラーニングを搭載したAI

①人間は果物の特徴を**教えない**

みずから学習

②この果物は？

この特徴は…りんご！

←**自動運転システムが搭載された自動車**（2016年）高速道路の単一車線の走行において、ハンドルやブレーキなどを自動制御し、ドライバーを支援する。近年は実用化も進んでいる。

Ⅱ　AIは人間の仕事を奪うか

AIが発達すると、なくなる職業があると聞いたことがありますが、本当ですか？

　いい質問ですね。必ずしも特別な知識・スキルを要しない職業などは、AIで代替できる可能性があります。人間の雇用機会が失われる懸念（けねん）もありますが、今後労働力人口の減少が予想される日本では、**人手不足解消の「救世主」**になるかもしれません。
　しかし、すべての職業がAIに置き換わることはないとみられます。**新たな発想で製品やサービスを生み出す**ことや、人との心のこもったコミュニケーションなどは、**人間の強み**といえるでしょう。

↑AIが搭載されたロボットと警備員（2020年　東京都）　警備や清掃などさまざまなロボットの実証実験が行われた。

Ⅲ　AIの軍事利用をめぐって

AIは軍事面のどのような導入が検討されているのでしょうか？

　近年、AIを搭載した掃除用ロボットが登場しましたが、自動で障害物を回避するといったAIの技術を応用し、偵察や運搬などの任務に当たるドローン（無人航空機）などの開発が進んでいます。
　現在はまだ部分的に人間の操作を必要とする兵器がほとんどですが、今後開発が加速していくと、**AIみずからが標的を定めて人を攻撃する**ことのできる「自律型致死兵器システム（LAWS）」、いわゆる「**AI兵器**」が実現するかもしれないといわれています。

↑→**軍用無人航空機**（上、2015年）**と軍用無人航空機を離れた場所から操作するパイロット**（右、2007年　どちらもアメリカ）　紛争やテロなどの現場において、兵士は常に危険にさらされており、命を落とす者も少なくない。こうした状況のなかで、さまざまな無人兵器が実用化され、アメリカによるアフガニスタンのテロ組織への攻撃などで実際に使用されてきた。近年は、戦闘の現場における人間の役割は徐々に小さくなってきている。

もしAI兵器が開発されたら、人間の手で制御することができるのでしょうか？

　AI兵器は「無人」であるという点では従来型の無人兵器と同様ですが、**攻撃の判断に人間の意思が介在しない**という点で大きな違いがあります。また、人間が作り出したものである以上、不具合なく正常に動作するという絶対的な保証はありません。
　戦場で人を傷つけた場合の責任の所在や、そもそも**機械が人間を攻撃する**という倫理的な問題もあるでしょう。そのため、AI兵器の開発には慎重であるべき、という声もよく聞かれます。

	無人兵器 (従来型)	AI兵器
操作 （攻撃行動など）	基本的には人間が行う	すべてAIが行う
精度	操作手の疲労や健康状態が影響する	行動が最適化されていく
攻撃責任の所在	操作手や指揮官が負う	不明確
コスト	高度な知識や技術、人件費が必要	導入コストと整備費のみ
心理的負担	ストレス障害の発生リスクあり	感情がないため心理的負担もない

↑従来型の無人兵器とAI兵器の違いの例

そんなに危険ならば、AI兵器の開発は禁止すべきではないでしょうか？

　確かに、もっともな意見ですね。AIは完璧な技術ではないですし、容赦ないAI兵器の攻撃によって多くの人の命が奪われてしまうかもしれません。
　ただし、AIを用いた軍事用ロボットの中には、不発弾や地雷の処理など、平和回復のために活用されるものもあります。また、軍事用に開発された技術が生活分野に応用され、私たちの暮らしを便利にするかもしれません。**平和という目的に適しているかを判断し、AI技術の開発を進めることが大切**です。

ニュースQ&A どうする地方活性化

POINT 東京などの大都市への人口集中が進み、地方の人口減少が深刻化するなか、地域の特性に合った方法で地方活性化を図る取り組みが進められています。地方の現状と取り組みについて見てみましょう。

住人よりも「かかし」が多い集落

↑集落のあちこちに置かれた かかし（2015年）

徳島県三好市の山あいに、かかし が至る所に置かれた「かかしの里」がある。人口の半数以上を高齢者が占める名頃の住民は約30人。野生動物に畑を荒らされないように かかし が作られ始め、今では人口を上回る300体以上の数にまでなっている。その珍しさから、外国からも観光客が訪れている。

 地方活性化という言葉をよく耳にします。地方ではどのようなことに困っているのですか？

2040年には約半数の市町村の存続が危ぶまれる（消滅可能性都市、→p.130）など、地域の活力の低下が全国的な課題となっています。特に人口減少が深刻な地方では、**商店の閉店や医師の不足、路線バスの廃止といった問題**が発生しています。また、高齢者が住民の過半数を占める「限界集落」とよばれる地域では、冠婚葬祭など共同生活の維持も困難になっています。

このように、**人口減少や高齢化が先行する地方では、住民の生活基盤が危機に直面している**のです。

←移動スーパー
（2017年 千葉県）商店の閉店や高齢者の増加が進み、買い物に不自由を来す「買い物難民」が問題となっている。その対策として、交通が不便な地域にも売りに来てくれる移動スーパーが注目されている。

 どうして地方の活力が失われているのですか？

問題はそこです。**日本の人口の約半数が三大都市圏に居住しており、東証一部の上場企業のうち約6割が首都圏に立地**しています。大都市と地方にはこのような経済的な格差があるため、若い人が仕事を探すには**都会へ出ざるをえない状況**があります。

人口流出が進むと、生活の便利さの低下などにつながります。そして、それがさらなる人口減少を招くという悪循環になっているのです。

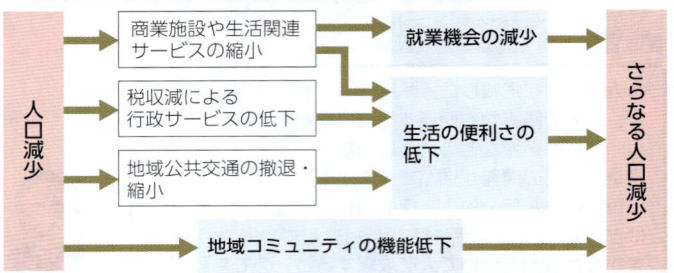

〈国土交通白書2015〉

↑人口減少の悪循環

 地方の生活を守るためには、どうしたらよいのでしょうか？

地域の魅力を高め、人口流出を抑えるためには、豊かな自然や独自の文化といった地域の特性を生かした産業を立ち上げて**就業機会**を増やしたり、**子育てや医療などの生活サービス**を充実させたりすることが重要です。

また、財政負担を減らしつつ高齢者も住みやすい街づくりとして、**都市機能を中心市街地に集約させるコンパクトシティ**を進めている自治体もあります。

どのような街にしていくか、住民と地方自治体とが時間をかけて議論を交わし、合意を形成していくことが大切です。

←富山市の次世代型路面電車（LRT）（2014年）富山市は中心部に商業施設を集め、LRTなどを整備して都市機能を集約させている。しかし中心部が活性化する一方で、再開発からもれてしまう地域の不公平をどうするかという論点もある。

1 「聖地巡礼」で活性化

解説 岐阜県飛騨市の「聖地巡礼」 岐阜県飛騨市は、2016年に公開されたアニメ映画『君の名は。』に登場する架空の町のモデルの一つとなっており、今も多くの人が訪れている。漫画やアニメの舞台やそのモデルとなった場所や、物語、登場人物にゆかりのある場所は「聖地」とよばれ、そこを訪れることは「聖地巡礼」ともよばれている。飛騨市は、監督が「飛騨市をイメージした」と発言したこともあり、「聖地巡礼」に訪れる人たちが急増した。市もこれを絶好の機会ととらえ、観光用のホームページで「聖地」を紹介するなど、観光客による活性化を狙っている。

↑JR飛騨古川駅で、作品のシーンと同じ構図の写真を撮影するファン（2016年）

←写真撮影の「お願い」が掲示された飛騨市図書館入り口（2016年） 作品に登場する図書館に似ているということで来館者が増えたため、「聖地巡礼者の皆様へ」と題した、撮影する際の注意を掲示した。

2 農家レストラン、特区を活用で活性化

解説 新潟市の特区を活用した全国初の農家レストラン 新潟市は2014年に農業の国家戦略特区に指定され、農用地区域でレストラン設置ができるようにするといった規制緩和（→p.109、190）を実施している。この制度を活用し、農家レストラン3軒が事業を始めたところ、人々の人気を集めており、地産地消の促進、地域ブランドの普及、観光客の増加、雇用の拡大などが期待されている。

農家レストラン「La Bistecca」（ラ・ビステッカ）を経営する藤田牧場は、もともと牛乳、米の生産や、ジェラートの販売を行っている会社である。レストランでは、同社が生産する牛乳、米を使用し、食の安全、安心、おいしさの提供に努めている。2017年夏からは同社生産の牛肉も提供されている。人気のジェラート販売と合わせて、年間30万人の集客を目指している。

←ジェラートの販売 毎朝牧場で搾られた新鮮な牛乳を使用し、季節の味など12種類ほどが販売されている。

←農家レストラン「La Bistecca」 レストランは、周りを水田で囲まれているため、眺めがよい。

→搾乳の様子 経営する牧場では搾乳体験などもできる。

ニュースQ&A

人口減少の何が問題なの？

POINT 日本は少子高齢化が急速に進んだ結果、「人口減少社会」になっています。人口減少が産業や文化、社会保障などにどのような影響をもたらすか見てみましょう。

東京23区でも進む高齢化・人口減少

↑高島平団地の公園（左：1972年、右：2016年）

東京の都心から約30分に位置する板橋区高島平に位置する高島平団地は、第2次ベビーブームにあたる1972年に入居が始まった。当時は、最新の設備や交通アクセスのよさなどから人気を集め、約3万人が入居していた。しかししだいに住民の高齢化や設備の老朽化が進み、空き部屋も増えていった。近年は、比較的賃料が安いこともあり、外国人の入居者も増えている。

Ⅰ　日本の人口の現状は？

日本は「人口減少社会」に入ったと聞きますが、どれくらいのペースで人口は減少するのでしょうか？

人口の年齢構成はどのように変化していますか？

　日本の人口は**2008年をピークに**減少しています。このままのペースでいくと65年には8800万となり、ピーク時の約7割にまで減少すると予測されています。たとえるならば、ジェットコースターの頂点から今まさに落下しようという局面なのです。

　日本では、**少子化**と**高齢化**が同時に進む**少子高齢化**（→p.312）が続いています。単に人口が減少していくだけでなく、15歳以下の子どもの割合や、生産年齢人口ともよばれる15〜64歳の割合が減り、高齢者の割合が増えるという、質的な変化も進んでいます。

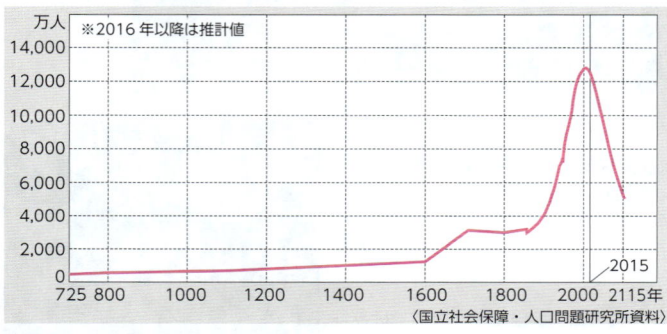

↑日本の人口推移の予測

〈国立社会保障・人口問題研究所資料〉

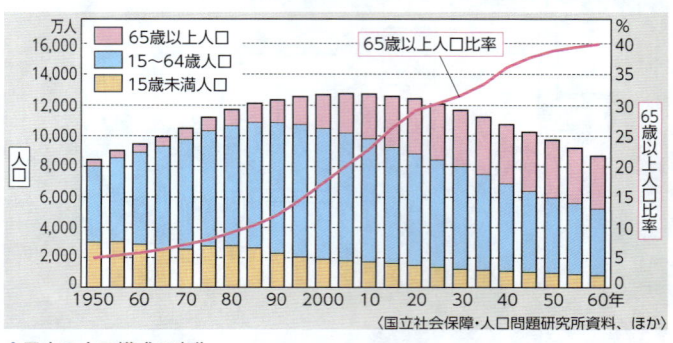

↑日本の人口構成の変化

〈国立社会保障・人口問題研究所資料、ほか〉

Ⅱ 産業や文化の担い手の減少

人口が減少していくと、日本経済にはどのような影響があるのでしょうか？

人口減少によって、地域のお祭りなどにも影響が出そうですね。

人口が減っていくことで、さまざまな産業で**人手不足**や、**担い手の高齢化**が進んでいます。こうした傾向は、農業（→p.219）や中小企業による製造業、医療・介護などの分野で顕著です。

近年は、**外国人労働者**（→p.230）の受け入れによって労働力を補おうとする動きもあります。しかし、外国人労働者の受け入れ拡大については、賛成・反対などさまざまな意見があることから、人口減少に伴う人手不足を解消するまでには至っていません。

人口が減ることは、**地域の文化の担い手が減る**ことでもあります。これまで受け継がれてきたお祭りなどの伝統行事が、後継者不足によって途絶えてしまう地域も増えています。進学や就職を機に地元を離れる人が多いなか、高校生はより地域に密着した存在だといえます。自分たちの地域における伝統文化をどのように受け継いでいけるか、考えてみましょう。

↑農場でレタスの箱詰め作業を行う外国人技能実習生たち（2018年　香川県）

↑「なまはげ太鼓」を披露する高校生（2020年　秋田県）「なまはげ太鼓」は、伝統行事の「なまはげ」と和太鼓を融合して創作された。

Ⅲ 社会保障への影響と少子化対策

人口が減っていくと、社会保障にも影響が出そうですね。

人口減少を食い止めるためには、どうしたらよいのでしょうか？

社会保障（→p.233）への影響も避けられません。保険料を納める働き手が減る一方、年金や医療保険給付を受ける高齢者は増加しています。今後もその傾向が強まっていくとみられることから、将来的にさらなる給付水準の引き下げや、保険料の負担増などの痛みを伴う政策が行われる可能性もあります。**社会全体として、社会保障の給付と負担のバランスをどのように取っていくか**は、人口が減少していくこれからの日本にとって、大きな課題です。

難しい質問ですね。日本ではこれまでもさまざまな**少子化対策**が行われてきました（→p.312）。しかし、合計特殊出生率はやや上向いているものの、人口を維持する水準には届いていません。

理想の数の子どもを持たない理由として、育児における経済的な負担や、育児と仕事の両立の難しさなどを挙げる声もあります。さらなる少子化対策として、財政的な支援の拡充や、育児休業（→p.7）を取得しやすい体制作りなど、**子育てしやすい環境を社会全体で実現していくこと**が求められています。

人口減少が経済に及ぼす影響

・労働力人口の減少 ┐
・国内需要の低迷
　→経済成長を抑制
　→国力の相対的な低下
・貯蓄率の低下
　→投資を抑制

〈社会保障〉
・保険料収入の減少、社会保障給付費の増加
　→給付水準の引き下げ、保険料負担の増加

〈財政〉
・税収の減少、1人あたりの債務残高の増加

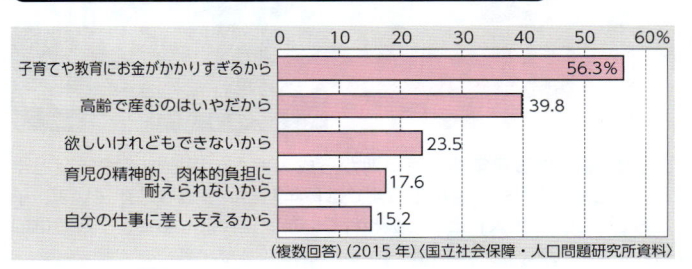

（複数回答）（2015年）〈国立社会保障・人口問題研究所資料〉

↑理想の数の子どもを持たない理由

- 子育てや教育にお金がかかりすぎるから：56.3%
- 高齢で産むのはいやだから：39.8
- 欲しいけれどもできないから：23.5
- 育児の精神的、肉体的負担に耐えられないから：17.6
- 自分の仕事に差し支えるから：15.2

↑バヌアツで成人男性と認められるための命がけの通過儀礼「ナゴール」（左、バンジージャンプの原型ともいわれる）と、バンジージャンプに挑戦する新成人（右、2015年茨城県）

「大人」になるということは？

「理想の大人像」というものは人それぞれにあるが、「子ども」と「大人」の境界線はあいまいである。成人式を区切りとする人もいれば、就業したり結婚したりして家族から自立したときだと思う人もいるだろう。あるいは選挙権を得たときと考える人もいるかもしれない。

もっとも、平安時代のころは、12〜16歳で一人前の「大人」と見なされていた。また、明治時代から約140年にわたって民法で満20歳と定められていた成人（成年）年齢も、2018年に改正され、22年から18歳に引き下げられた。このように「大人」と見なされる年齢は時代によって変わってくる。

Question
・あなたが「大人」だと考える年齢は何歳だろうか。（→ 1 ）

社会・思想

1 第1部第1章 社会における私たち
青年期の意義

I 青年期とその課題
1 青年期の位置づけ 〈出題〉

	0			10	14	17	22		30 歳
中　　世	幼児期								
17・18 世紀			児童期						
20 世紀初め					青年期				
20 世紀中ごろ								成人期	
現　　代				（プレ青年期）	（青年前期）	（青年後期）	（プレ成人期）		

子ども？　大人？

幼児期

児童期

青年期

成人期

解説　長くなる青年期　児童期から成人期への過渡期を青年期とよぶ。そもそも17〜18世紀ごろまでは青年期という概念は存在せず、子どもも「小さな大人」として扱われていた。近代になると、子どもは固有の意味を持ち、青年期が出現することになった。

昨今は社会が複雑化し、社会へ出る準備期間が延びたため、青年期が長くなる傾向がある。これを青年期の延長という。青年期が長くなったため、プレ青年期、青年前期、青年後期、プレ成人期というように細かく分類する場合もある。

○× チェック①

ハヴィガーストは、青年期を迎える前にあらかじめ達成しておくべき課題の一つとして、職業の選択やそのための準備を挙げた。（16年、本）

2 青年期とはどのような時期か <頻出>

> わたしたちは、いわば、二回この世に生まれる。一回目は存在するために、二回目は生きるために。はじめは人間に生まれ、つぎには男性か女性に生まれる。（中略）気分の変化、たびたびの興奮、たえまない精神の動揺が子どもをほとんど手におえなくする。（中略）気分の変化を示す精神的なしるしとともに、顔かたちにもいちじるしい変化があらわれる。（中略）これがわたしのいう第二の誕生である。
>
> （ルソー 今野一雄訳『エミール』岩波書店）

第二の誕生	フランスの思想家ルソー（1712〜78、→p.42）は、著書『エミール』において、生物的な誕生を第一の誕生、精神的、社会的な自立を図り、人間が人間として生き始める時期である青年期を第二の誕生としてとらえた。
心理的離乳	精神的離乳ともよばれ、親から離れ、独り立ちしようという心理的独立への過程のことである。アメリカのホリングワースが唱えた。
境界人	周辺人、マージナルマンともよばれる。ドイツの心理学者レヴィン（1890〜1947）は、青年期を子どもから大人への過渡期で、どちらにも属し切れない不安定な状態、とした。
自我の目覚め	自分が、他人とは異なる存在であることをみずから発見し、認識し始めることをいう。
第二反抗期	児童が成長する過程で、12〜15歳ごろに見られ、親や周りの大人、権威などに対して反抗的態度を強く取る時期のことをいう。3歳前後のこの時期を第一反抗期という。
疾風怒濤の時代	元はゲーテ（1749〜1832）らが中心となって展開された、18世紀の文学運動に端を発する言葉。心理学的には、アメリカの心理学者ホールが、青年期は心身の悩みが激しい状態に置かれ、発達過程において激動的に変化する、と意味づけた。

解説 **身体的・精神的に大きく変化する時期** 青年期は思春期（→補）ともよばれ、**第二次性徴**（→補）などにより身体的に大きく変化する。また自我の目覚めに伴い、自分のさまざまな個性に気付いていく。

3 エリクソンの発達課題 <頻出>

発達段階	発達課題	失敗の状態
乳児期	**基本的信頼**：親への信頼を通して、生きることや自己に対する基本的な肯定感を得る	不信
幼児前期	**自律性**：排泄をコントロールするなどして、自分を律する自律性を身につける	恥・疑惑
幼児後期	**自発性**：好奇心を持ち、物事に積極的に関わることを通じて、社会的役割を身につける	罪悪感
児童期	**勤勉性**：勉強やクラブ活動などに一生懸命取り組むことを通じて、自分を高めていく	劣等感
青年期	**アイデンティティ（自我同一性）の確立**：自分自身の独自性を確立する	アイデンティティ拡散
プレ成人期	**親密性**：アイデンティティを確立したうえで、友人や異性との間に親密な関係を築く	孤立
成人期	**世代性**：社会を持続させていくために、次世代の人間を育成する	停滞
老年期	**自我の統合**：自分のこれまでの人生を振り返り、受け入れる	絶望

解説 **発達課題の達成が自己実現につながる** アメリカの心理学者エリクソン（1902〜94）は人生を八つの発達段階によるライフサイクル（→補）としてとらえ、人間はそれぞれの段階で発達課題を達成しながら最善の自己を作っていく（自己実現）と考えた。発達段階の節目には通過儀礼（イニシエーション、→p.21）とよばれる儀礼的習慣が行われる。その習慣はときに過酷な試練を与えることで課題を克服させる側面もある。

4 ハヴィガーストによる青年期の発達課題 <出題>

- ・同年齢の男女との洗練された交際を学ぶこと
- ・男性として、または女性としての社会的役割を学ぶこと
- ・自分の身体的変化について理解し有効に使うこと
- ・両親や他の大人から情緒的に独立すること
- ・**経済的独立の目安をつけること**
- ・**職業を選び、その準備をすること**
- ・**結婚と家庭生活の準備をすること**
- ・市民として必要な知識や態度を発達させること
- ・**社会的に責任のある行動を求め、成し遂げること**
- ・行動の指針としての価値観や倫理の体系を学ぶこと

（ハヴィガースト 荘司雅子訳『人間の発達課題と教育・幼年期より老年期まで』牧書店）

解説 **大人になるための課題** アメリカの教育学者ハヴィガースト（1900〜91）は、ライフサイクルのそれぞれの時期に直面する課題を挙げ、発達課題とした。この課題を達成することで、スムーズに次の段階に移行できると主張した。また、オルポートは健全な人間関係につながる「成熟したパーソナリティ（→Ⅱ4）の条件」（→補）として六つの項目を挙げた。これらも青年期に目標とすべき課題である。

5 アイデンティティの確立に向けて <頻出>

斉一性
独自の存在という自覚

連続性・一貫性
過去・今・将来の自分が同じ自分だという自覚

帰属性
社会や他者がその個人に期待する役割に対して、自覚し肯定的である

私は私なんだ！

↑アイデンティティとは

解説 **現代は「居場所」を見失いがち** アイデンティティの確立は自己肯定感の確立といってもよい。他者との関係の中で社会における自分の役割は何なのか、自分の個性とは何かを確認し、他者と認め合うことが自己肯定、また他者尊重へとつながる。「自分は何者なのか」「どのように社会の中で生きていけばよいか」などを考える過程を通じて、青年は社会での自分の「居場所」を見いだしていく。

しかし、人間関係が希薄化した現在では、その確立は容易ではなく、むしろ確立しにくい状況にある。アイデンティティの確立に失敗すると、自分が何者か分からなくなり、自分が生きている意味や実感が得られない心理的状態となる。これを**アイデンティティ拡散**とよぶ。

↑**不登校生の自立支援を行っている民間施設で過ごす若者（大阪市）** アイデンティティ拡散によって、引きこもりや不登校となる学生も多い。

 × 職業の選択やそのための準備は、青年期を迎える前にあらかじめ達成しておくべき課題ではなく、青年期に直面する課題である。

社会・思想

6 モラトリアム 頻出

> この年代の青年に社会は、肉体的性的には一人前であっても、研修や教養を身につけるために、社会が認める準備期間、つまりモラトリアムの期間を提供しています。これを心理社会的モラトリアムとエリクソンはよんだわけです。（中略）
>
> 人間にはいろいろな可能性があります。また、いろいろなものになってみたいという願望があります。たとえば、俳優になりたくて、学生時代に演劇部に入る人もいるし、学問がやりたくて研究室に出入りする人もいるでしょう。（中略）
>
> そうした機会を利用して若者は、いろいろな自分の可能性を試すことができます。このモラトリアム期間中は、見習期間中なのだ、研修中なのだということで、社会に対する義務の支払いを猶予されるというのが心理社会的モラトリアムの機能です。
>
> （小此木啓吾『現代人の心理構造』日本放送出版協会）

解説 義務の猶予は試行錯誤のため　エリクソンによれば、青年期は、「自分とは何者なのか」などを問いながら、アイデンティティを確立する時期である（→5）。その過程では、さまざまな試行錯誤を行うことが必要であり、社会的な責任や義務を猶予される準備期間（心理・社会的なモラトリアム）といえる。自分の夢をかなえるために、この期間を有効に使い、悩みの解決方法を身につけ、それを実生活の中で深め、学問・芸術活動まで深めていく人々もいる。他方で、青年期を延長させ社会に自分を位置づけず、いつまでも大人になろうとしない人々もいる。小此木啓吾（1930〜2003）はこうした人々を**モラトリアム人間**とよび、現代社会に見られる社会的性格とした。

7 大人になろうとしない人々 出題

ピーターパンシンドローム	子ども社会からの自立ができず、大人になりたくないという無責任や不安感などの男性の心理状態を指す。いつまでも夢の国に住む永遠の少年ピーターパンになぞらえて、アメリカの心理学者カイリー（1942ごろ〜96）が提唱した。	
シンデレラコンプレックス	いつか理想の男性が現れて、自分の人生を変えてくれると信じて、高い理想を追い求めてしまう女性の心理状態を指す。一般人の女性が最終的に王子の妃となる童話『シンデレラ』になぞらえて、アメリカの作家ダウリング（1938〜）が提唱した。	
アパシー	社会に対して無関心や無気力状態になってしまうことを指す。（特に学業や学校生活に対して意欲・関心がなくなってしまうなど、学生に見られるものはスチューデント・アパシーとよばれている。）	
パラサイトシングル	親に基礎的な生活条件を保障され、親からの自立ができない未婚の人のことを指す。山田昌弘（1957〜）が提唱した。	

II 適応と個性の形成

あなたの性格をチェックしてみよう

次の質問Ⅰ、Ⅱにある三つの文章のうち、これまでの自分を振り返って最も当てはまると思うものを一つずつ選んでみよう。

質問Ⅰ	A	自分の目標や目的を達成するにはどうすればいいのか分かっており、実現に向けて突き進む。ものごとを維持するよりも、率先して新しいことを始める方が多い。自分が関心を持っていることに周囲の人を引きつけ、話の中心になる。
	B	責任感が強く、こうあるべきという意識が強い。周りに気を遣い、相手の状況を見ながら対応する。やるべきことを終えないとなかなかリラックスできない。
	C	自分から人に関わる方ではないが、周りで起きていることには敏感である。自分の中に独自の考えやイメージの世界を持っており、すぐにその世界に入ることができる。
質問Ⅱ	D	ものごとは結局はなんとかなると思っているが、反面、嫌なことをあまり見ない傾向がある。
	E	自分が冷静になることは難しくない。むしろ気持ちをあまり出さず、クールに見られる傾向がこれまであった。
	F	おかしいと思うことに、すぐ気持ちが反応する。気持ちを発散すると、前に進める。

〈タイプ判別結果〉　「　」は気質の輝きを表すキーワード

	D	E	F
A	タイプ7「喜び」 熱中する人。好奇心が強く、冒険や新しいことに興奮し、熱中する傾向がある。	タイプ3「可能性」 達成する人。向上心が強く、自分の資質や能力の向上にエネルギーを費やす。	タイプ8「力」 挑戦する人。現実的な考え方を持つ。自信に満ち、はっきりものを言う。
B	タイプ2「愛」 助ける人。思いやりや愛情を大事にし、理屈や気持ちを優先する傾向がある。	タイプ1「知恵(分別)」 完璧を求める人。質の高さにこだわり、筋の通った生き方を好む。	タイプ6「信頼」 信頼を求める人。安定指向で、信じられる人や組織に対して献身的。
C	タイプ9「平和」 平和を好む人。穏やかでのんびりした性格で、人に安心感を与え、気持ちを和ませる。	タイプ5「知」 観察する人。典型的な思考型で、好奇心が強く、観察力に優れる。	タイプ4「美」 個性を求める人。繊細で感性が鋭い。美しく、深いものを求める。

※自己診断による簡易テストで、結果はあくまで目安の一つである。

（ティム・マクリーン、高岡よし子『エニアグラムで分かる9つの性格』マガジンハウス）

1 マズローの欲求階層説 頻出

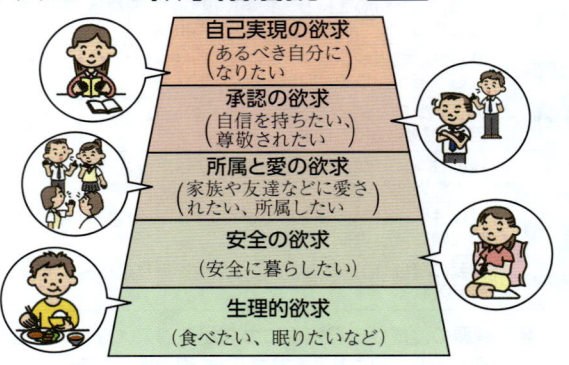

解説 自己実現こそが最高の欲求　アメリカの心理学者マズロー（1908〜70）は、人間の欲求は5段階に階層化されると提唱した。食事、睡眠などの生理的欲求から始まり、安全、所属と愛、承認の階層を経て、最高の欲求は自己の能力や技術を開花させ、個性を発揮し、自己実現することだとした。

 チェック② ルソーは、青年期を心理・社会的モラトリアムとよび、大人としての責任や義務を果たすことを猶予されているとした。（14年、本）

2 葛藤とは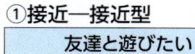

①接近—接近型

友達と遊びたい　　　家でテレビを見たい

②回避—回避型

勉強したくない　　　しかられたくない

③接近—回避型

お菓子を食べたい　　　太りたくない

解説 **欲求どうしの対立**　葛藤（コンフリクト）とは、同時にはかなわない欲求や意識が、心の中でほぼ同等の力で争っている状態をいう。プラスどうしの欲求が争う「接近—接近型」、マイナスどうしの欲求が争う「回避—回避型」、プラスとマイナスの欲求が争う「接近—回避型」とがある。ヤマアラシのジレンマ（→補）は「接近—回避型」。

3 防衛機制とは

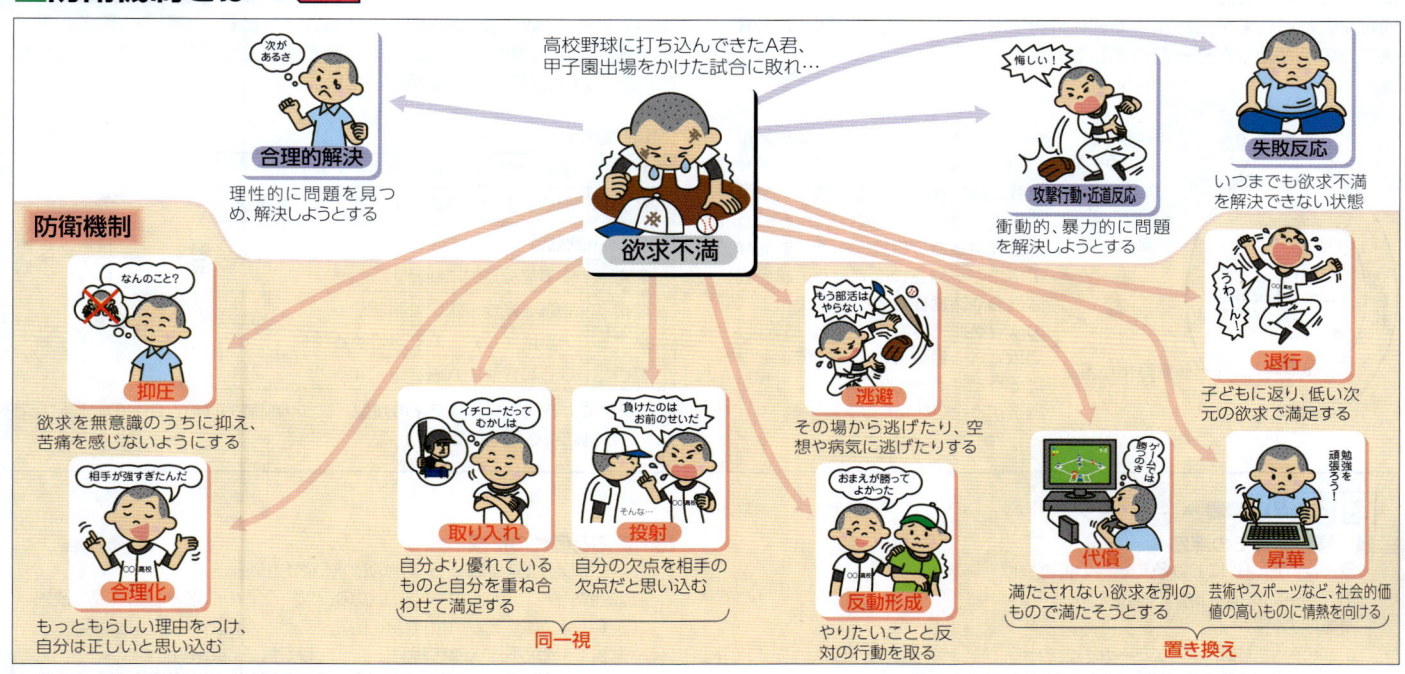

解説 **欲求不満の際に無意識に作用する心の働き**　人間はみずからの欲求が満たされれば心が安定するが、何らかの原因で欲求が満たされないとき（欲求不満、→補）、その状態にみずからを適応させようとする。フロイト（→5）はその方法として、合理的解決、攻撃行動・近道反応、**防衛機制**（防衛反応）の三つのモデルを提唱した。防衛機制とは、自己の心の中の不安や恐怖、緊張感を解消しようとして無意識に作用する心の働きで、状況や性格などによりさまざまな表れ方がある。これにより、人間はみずからの心を防衛し、自我を維持しようとするのである。しかし、防衛機制は欲求不満を無意識に押しやるもので、現実に問題を解決するためには、**不満の原因となる問題を直視する**必要がある。

4 パーソナリティとは

①パーソナリティの三要素

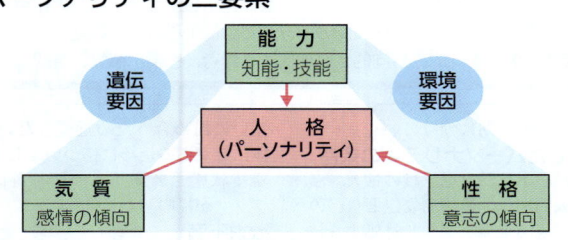

②クレッチマーの類型

気質	体型	特　徴
分裂気質	細身型	非社交的・生真面目・静か・神経質
躁うつ気質	肥満型	社交的・陽気・活発
粘着気質	筋骨型	几帳面・粘り強い・執着する・怒りやすい

解説 **人間を総合的にとらえるもの**　パーソナリティ（personality）はその人の気質、能力、性格など精神のあり方全体を指し、ラテン語のペルソナ（persona、仮面）が語源とされる。ドイツの心理学者クレッチマーやフロイト、ユング（→6）などがさまざまな類型論を提唱している。ただし、これらは人間を総合的にとらえるもので、「人間の性格」、「その人の特徴」という一面的なものではないことに注意したい。

5 フロイトの思想 〈出題〉

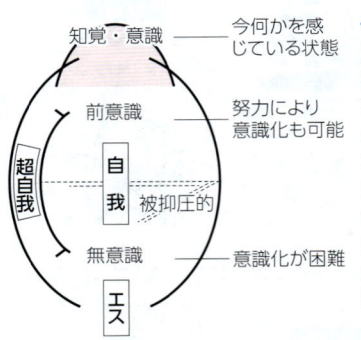

←**フロイト**（1856〜1939）　オーストリアの精神分析学者。精神科医。主著『精神分析入門』『夢診断』。ウィーン大学で物理学・医学・生理学などを学ぶ。卒業後は多くの患者を治療するとともに、人の無意識や夢を科学的にとらえる精神分析を提唱。医学だけでなく、文化や芸術にまで大きな影響を与えた。

解説　**「夢」の分析が解決の手がかり**　**フロイト**は、人の心を氷山にたとえ、意識されている（水上に出ている）部分はほんの一部で、多くは無意識下に隠れているととらえた。この無意識下に抑圧された部分を人は意識できず、みずからの行動に疑問を持ったり、悩んだりする。フロイトは特に夢に注目し、夢の中では種々の抑圧が取れ「性的欲望」の内容が表れると考えた。よって夢を分析すれば人の悩みとその原因・解決方法の手がかりが得られるとした。

知覚・意識 ── 今何かを感じている状態
前意識 ── 努力により意識化も可能
超自我／**自我** 被抑圧的
無意識 ── 意識化が困難
エス

←**フロイトによる人の心のモデル**　フロイトは、人の心をエス（イド）、自我、超自我の三つの構造でとらえた。エスは、「〜が欲しい」というような無意識の領域にある本能的なエネルギーのるつぼである。超自我は良心や道徳観などの規範で、エスの欲望を抑圧しようとする。自我は、認識できる自分で、エスの欲求を満たそうとする一方、エスと超自我を調整する役割を果たす。

6 ユングの思想 〈出題〉

←**ユング**（1875〜1961）　スイスの心理学者。主著『変容の象徴』『タイプ論』。フロイトに大きな影響を受けるが、意見の違いから後に決別した。フロイトが意識と無意識を対立関係ととらえたのに対し、ユングは意識と無意識を補い合う関係ととらえた。さらに人類に共通して存在する無意識の領域の存在を提唱し、後の精神分析に大きな影響を与えた。

解説　**人間の性格を八つに分類**　**ユング**は、人間の性格を八つの類型に分け、現代でも性格診断などに広く応用されている。大まかには例えば、新しい見解を生み出すことに才能を発揮する人は内向的思考型、対人関係を円滑にすることが得意な人は外向的感情型、常に現実と関わろうとするリアリストは外向的感覚型、独創的な芸術家・思想家として成功している人は内向的直観型といえる。もっとも、実際の人間の行動はさまざまな心理機能の絡み合いのうえで成り立っており、必ずしも意識的態度に対応しないことに留意したい。

【意識的態度】

内向的	関心が自分自身に向かう、主観的
外向的	関心が自分以外のものに向かう、客観的

【四つの心理機能】

思考	物事を論理的に判断する
感情	物事を好き・嫌いで判断する
感覚	物事に対して五感で対処する
直観	ひらめきや第六感を重視する

（図：思考／直観／感覚／感情）

↑**ユングによるパーソナリティの類型**　二つの意識的態度と四つの心理機能で八つの性格類型を仮定した。

まとめ ■■ ■ □ ▬

Ⅰ 青年期とその課題

- **ライフサイクル**における**青年期**の位置づけ
  幼児期→児童期→青年期→成人期
- 青年期の特徴
  第二の誕生（ルソー『エミール』）、**心理的離乳**、**境界人**（周辺人、マージナルマン）、自我の目覚め、**第二反抗期**、疾風怒濤の時代
- 青年期の発達課題
  エリクソンが示す発達課題…**アイデンティティ**（自我同一性）**の確立**
  　　　　　失敗すると**アイデンティティ拡散**の危機
  ハヴィガーストが示す発達課題…性役割の獲得、職業の選択、
  　　　　　親の保護から経済的に自立　など
- 現代社会における青年期
  モラトリアム…社会的な責任や義務を猶予される準備期間
  大人になろうとしない人々…ピーターパンシンドローム
  　　　　　シンデレラコンプレックス
  スチューデント・アパシー
  　　　　　パラサイトシングル

Ⅱ 適応と個性の形成

- **マズローの欲求階層説**…5段階の欲求階層から成る
  生理的欲求→**安全**の欲求→**所属と愛**の欲求→**承認**の欲求→**自己実現**の欲求
- **葛藤（コンフリクト）**…接近─接近型、回避─回避型、接近─回避型
- **防衛機制**…欲求不満状態を解消しようとして無意識に作用
  →**抑圧、合理化、同一視、逃避、反動形成、置き換え、退行**
- パーソナリティ…その人間の気質、能力、性格など精神のあり方を示す
  　　　　　ラテン語の「ペルソナ（仮面）」に由来
  　　　　　三要素→気質、能力、性格
- クレッチマーの体型による類型
  細身型：分裂気質、肥満型：躁うつ気質、筋骨型：粘着気質
- **フロイト**の夢診断による人間の自我の分析
  →エス：無意識の領域、本能的なエネルギーのるつぼ
  →超自我：良心や道徳観などの規範
  →自我：エスの欲求を満たしつつ実社会に適応しようとする心の作用
- **ユング**の意識的態度と心理機能の組み合わせによる八つの類型
  意識的態度：内向的、外向的、心理機能：思考、感情、感覚、直観

○×チェック③　男女共同参画社会基本法では、性別による固定的な役割分担を反映した制度等が個人の社会活動における選択に及ぼす影響を改善するよう配慮することが求められている。（14年、本）

（左図：社会・思想）

↑子どものオムツを替える父親

男性も女性も子育てしやすい社会に

近年、育児に積極的に参加する男性が増えている。彼らは女性の「手伝い」ではなく、みずからも「当事者」として子育てに関わっている。

男性の育児休業取得率は女性と比べると低水準だが、男性の育児休業を必須にする企業や、取得率100%を達成した企業も出てきている。

2020年には、男性の育児休業取得を促進するために育児・介護休業法が改正された。

Question
・男性が育児に関わることにはどのような意義があるだろうか。(→Ⅰ)

2 ジェンダーについて考える

Ⅰ 男女平等を目指して

5 ジェンダー平等を実現しよう

1 男女共同参画社会基本法の制定 【頻出】

↑女性運転士

↑男性保育士

解説 対等に参画し責任を担う社会へ　社会の急速な変化に対応するため、男女それぞれの人権が尊重され、対等な社会の構成員としてあらゆる活動に参画する機会が確保され、均等に利益を享受し、共にその責任を担う社会(**男女共同参画社会**)の形成が求められ、1999年に**男女共同参画社会基本法**が制定された。また、85年に制定された男女雇用機会均等法(→p.54、230)は、労働者の募集や配置、昇進などについて性別を理由とする差別を禁止している。

2 男女共同参画社会実現に向けた諸課題

①DV（ドメスティック・バイオレンス）の防止

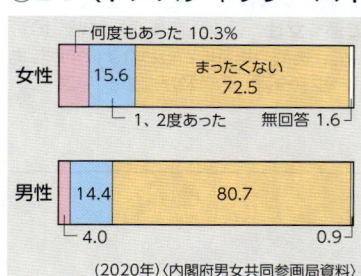

女性	15.6	まったくない 72.5

何度もあった 10.3%
1、2度あった　無回答 1.6

男性	14.4	80.7

4.0　　0.9

(2020年)〈内閣府男女共同参画局資料〉

解説 法的な対策が進む
2001年には家庭内など近親者からの暴力（DV、ドメスティック・バイオレンス）防止を定めたDV防止法(→補)が施行され、対策が進められている。DV防止は、男女共同参画社会の大前提といえる。

←配偶者からDVを受けた人の割合

②政治・経済分野における共同参画推進 【出題】

解説 男女共同参画に向けたさらなる取り組み　男女共同参画社会基本法では、公の政策や民間団体の方針の立案や決定において、男女が対等に参画すべきことを定めている。しかし議員や企業などで指導者的な地位にある女性の割合は低い(→p.104、230)。「男は仕事・女は家庭」などの固定的な性別による役割分担意識を反映する社会制度や、慣行に基づく性差（ジェンダー、→補）が根強く残るなか、それを解消しようと、管理職のうち一定割合を女性とするなどの**ポジティブ・アクション**(→補)に取り組む企業もある。

↑ポジティブ・アクション普及促進のためのシンボルマーク「きらら」　ポジティブ・アクションの頭文字「P」と「a」を組み合わせ、創造と活力あふれる女性の姿をデザインしている。

社会・思想

○✕
チェック
答え③

○　男女共同参画社会基本法は、性別による差別的な扱いを解消し、男女の人権が尊重される男女共同参画社会の形成を目指し制定された。

③ワーク・ライフ・バランスの推進 `出題`

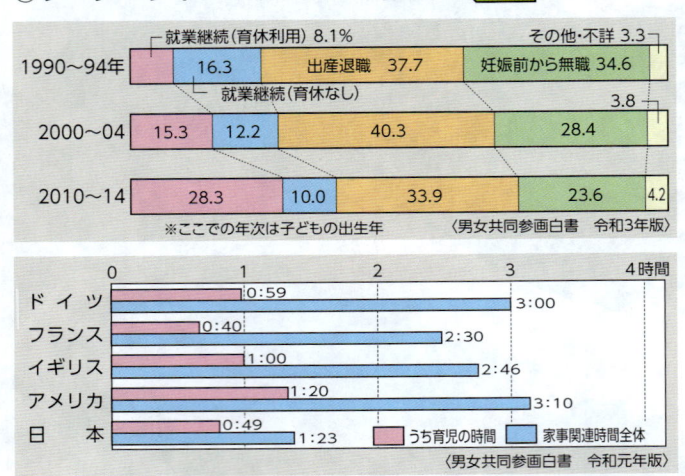

	就業継続（育休利用）8.1%		その他・不詳 3.3
1990〜94年	16.3 就業継続（育休なし）	出産退職 37.7	妊娠前から無職 34.6
2000〜04年	15.3　12.2	40.3	28.4　3.8
2010〜14年	28.3　10.0	33.9	23.6　4.2

※ここでの年次は子どもの出生年　〈男女共同参画白書　令和3年版〉

	うち育児の時間	家事関連時間全体
ドイツ	0:59	3:00
フランス	0:40	2:30
イギリス	1:00	2:46
アメリカ	1:20	3:10
日本	0:49　1:23	

〈男女共同参画白書　令和元年版〉

↑子どもの出生年別第1子出産直後の妻の就業経歴（上）、6歳未満児のいる夫の家事・育児関連時間（下）

解説　仕事と子育ての両立に向けて　育児休業を取得する女性は増加傾向にあるが、仕事と子育ての両立が困難で、妊娠・出産前後で離職する女性も多い（→p.230）。他方で、男性が育児や家事をする時間は先進国の中でも少ない。男女とも長時間労働が多く、家庭や地域活動の時間を持ちにくい状況である。また介護を理由に離職する人も少なくない。

そのため、現在の日本では、「一人一人が、仕事も人生も、めいっぱい楽しめる」社会の実現、すなわち仕事と生活の調和（**ワーク・ライフ・バランス**）が目指されている。

←自宅で働く女性　近年、情報通信技術（ICT）を活用して、時間や場所にとらわれずに柔軟に働くテレワーク（→補）の普及が進められている。

④育児・介護休業の取得推進 `頻出`

育児休業期間	原則、子が1歳になるまでの期間（分割して取得可能） ※両親共に育児休業を取得した場合は父母それぞれが1年を超えない範囲内で、1歳2か月まで延長可能 ※保育所が見つからないなどの事情があると認められた場合、子が2歳になるまで延長可能
介護休業期間	介護を必要とする家族（対象家族）1人につき、通算93日まで。3回を上限に分割して取得可能
育児・介護休業の対象者	無期雇用の労働者のほか、条件を満たせば、**契約社員などの有期雇用者**も取得可能
子の看護休暇	小学校就学前の子1人につき年5日まで（上限：年10日）
介護休暇	対象家族1人につき年5日まで（上限：年10日）
勤務時間制限	① 3歳未満の子を持つ労働者の短時間勤務制度（1日6時間） ② 3歳未満の子を持つ労働者、対象家族を介護する労働者の所定外労働の免除 ③ 小学校就学前の子を持つ労働者、対象家族を介護する労働者の時間外労働を制限（月24時間、年150時間以内）

※所定外労働…会社で定められた労働時間を超えた労働
※時間外労働…労働基準法で定められている週40時間を超えた労働

↑育児・介護休業法の主な内容（2022年）

解説　子育て・介護離職を防ぐために　「仕事と子育て・介護の両立」が大きな課題となっているなか、**育児・介護休業法**によって、男女が共に育児・介護休業などを取得することを促進し、男女が共に子育てや介護をしながら働ける体制作りが図られている。

しかし、男性の育児休業取得率は依然として低く、実際に育児休業を取得した男性も、その多くが「1か月未満」という短期間になっている。その理由としては所得保障が不十分で経済的不安が大きい、あるいは職場に迷惑がかかるなどの理由が挙げられている。

2017年には改正法が施行され、介護関連制度の充実、有期雇用者の育児休業の取得要件緩和などが図られた。

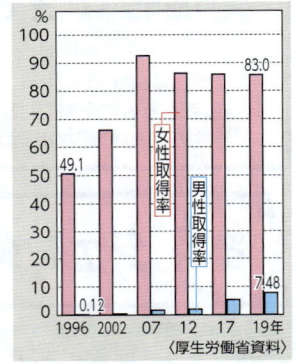

↑育児休業取得率

まとめ ■■ ■ ■ ■

Ⅰ 男女平等を目指して
・男女共同参画社会の形成を目指して
　・男女雇用機会均等法
　　…労働者の募集や配置、昇進などについて性別を理由とする差別を禁止
　・**男女共同参画社会基本法**
　　…男女それぞれの人権が尊重され、対等な社会の構成員としてあらゆる活動に参画することが可能となることを目指す
＜諸課題＞
・「男は仕事・女は家庭」という固定的な性別による役割分担意識
　→女性の正規雇用就業率の低さ、女性管理職の比率の低さ、

　議員に占める女性の割合の低さ
　→解決策として、**ポジティブ・アクション**などへの取り組み
　→女性の社会進出促進、対等な社会の構成員として共に責任を担う
・人権保障
　・DV防止法…家庭内など近親者からの暴力（DV）防止を図る
　　DV被害は男性に比べて女性が多い
　・**ワーク・ライフ・バランス**：仕事と生活の調和
　　・女性は男性に比べて育児や家事にあてる時間が多い傾向
　　…仕事と子育ての両立が困難、妊娠・出産前後で離職する女性も多い
　　→**育児・介護休業法**：男女共に育児・介護のための休業取得が可能

補足解説

DV防止法
かつて家庭内暴力は「民事不介入の原則」から警察も介入しないことが多かったが、この法律により、警察が積極的に介入できるようになった。男性からの被害の相談は少ないが、男性の場合は被害にあっても相談しないケースも多いとみられる。

ジェンダー（gender）
生物学的な性のあり方を意味するセックス（sex）に対して、文化的・社会的に作られた性役割を意味し、その意味は時代や国によって異なる。
ポジティブ・アクション
人種や性別など差別されている人々に特別な優遇措置を設け、実質

的な平等を図ること。しかし、入試に定員のうち一定数を女性とする「女性枠」を設けた大学が抗議を受けて撤回したケースもあり、実施にはさまざまな意見がある。
テレワーク
自宅で働く在宅勤務、携帯電話などを使い、場所を選ばずに働くモバイ

ルワーク、自営業者が自宅などで仕事をする**SOHO**などの形態がある。時間の融通が利き、子育て・介護と両立しやすく、通勤ラッシュ緩和にもつながるなどの利点がある。新型コロナウイルス感染症の流行でより促進された。

○×チェック④　日本の育児・介護休業法は、育児のための短時間勤務や残業免除の請求を、女性労働者に比べて男性労働者に対しては制限している。（16年、本）

↑救援物資を運ぶボランティアの若者たち（2016年　熊本市）

熊本地震、私たちにできること

　2016年4月、最大震度7の激震が二度熊本県を襲い、大きな被害をもたらした。避難者数は18万人を超え、被災者は厳しい避難生活を余儀なくされた。そうした人たちを勇気づけようと、日本全国、さらには海外からも支援が寄せられた。

　高校生を含めたたくさんの人々が災害ボランティアとして現地に入り、がれきの撤去、救援物資の仕分け、避難所での手伝い、小さい子どもたちの相手など、さまざまな活動を行った。義援金や生活用品、食料品なども数多く提供された。応援メッセージも数多く届けられた。こうした支援活動は被災者にとって心の支えにもなっている。

Question
・ボランティア活動を行うことにはどのような意義があるだろうか。（→Ⅱ）

3 社会参画の意義

Ⅰ 働くことの意義とは
8 働きがいも経済成長も

1 何のために働くか

①働く目的

←定年退職後も働き続ける男性たち　若手社員への技術の継承を担う役割を果たしている。

解説 **働くことで社会も動く**　私たちはいったい何のために働くのだろうか。確かに働いてお金を稼がなければ、生活に必要なモノやサービスを購入できない。子育てや親の介護などでお金が必要な若い世代は、お金を得ることを主目的に働く傾向が特に強い。

　しかし、**働く目的はお金を稼ぐためだけではない。**私たちは、モノやサービスの生産や流通などのさまざまな職業に就くことで、世の中の経済活動を支えていくだけではなく、社会をよりよいものに変えていくことができる。それが私たちの生きがいや充実感につながるのである。

社会・思想

②仕事を選ぶ際に重要視すること

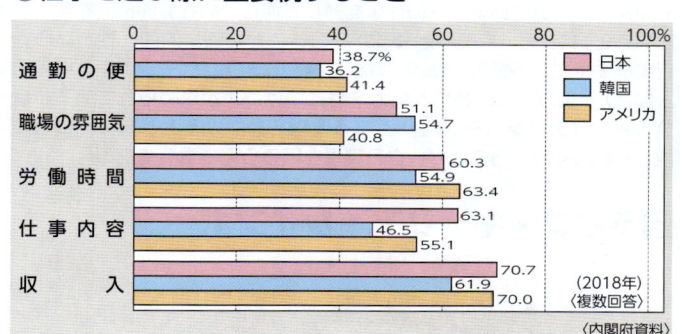

項目	日本	韓国	アメリカ
通勤の便	38.7%	36.2	41.4
職場の雰囲気	51.1	54.7	40.8
労働時間	60.3	54.9	63.4
仕事内容	63.1	46.5	55.1
収入	70.7	61.9	70.0

（2018年）〈複数回答〉〈内閣府資料〉

解説 **「仕事内容」を重要視**　日本は他国に比べて「仕事内容」を重視する人の割合が高い。仕事を選ぶ際には、収入や労働時間だけでなく、その内容も重要な要素となっているのである。

2 生きがいの類型

①理論的人間	②経済的人間	③美的人間
知識体系や真理に価値を求める	経済的な豊かさに価値を求める	美的な価値を求める
④社会的人間	⑤権力的人間	⑥宗教的人間
他人への献身や愛に価値を求める	他者を支配することに価値を求める	信条と祭礼といった宗教に価値を求める

解説 **人間は何のために生きるのか**　ドイツの哲学者シュプランガー（1882～1963）は人間の生きる価値、つまり生きがいについて哲学の視点から、上の六つの類型を提唱した。これらは人間が何のために生きるのかについての、一つの指針といえるだろう。

働いていない若者の実態

現在Cさんは体調も回復し、仕事を探そうと考えている。しかし、どの求人を見ても前職の恐怖で足がすくんでしまう。
「働きたくないなんて思ったことはありません。むしろ早く働きたいです。ただ、結婚や出産もできて、働き続けられる職場なんて本当にあるのかなと思うこともあります」
収入がなくなったCさんはどのように生活をしているのか。
「幸か不幸か、お金を使う暇と余裕すらなかったため、結構貯金があり、それで生活をしています。（中略）ただ、生活ができるのはよいのですが、仕事のない生活は精神的に苦しいです。リズムを崩さないように早寝早起きを心がけているのですが、毎朝、今日はどうしようかと考えるのが苦痛です」
いまは気持ちを整理するためにカウンセラーに相談をしたり、ストレス対処のワークショップに出たりなどしているが、仕事への復帰の目処は立っていない。

（工藤啓、西田亮介『無業社会』朝日新聞出版）

この文は、初心者歓迎をうたうIT企業に2年間勤務した結果、社員教育や休みもない激務で、退職後に体調を崩し、無業状態に陥ったCさん（28歳・女性）の話である。

働いていない若者は「怠けている」「やる気がない」などと批判されがちであるが、Cさんのように、働く意欲がありながらも、ちょっとした「つまずき」が原因で、働くことができなくなる若者も数多く存在している。

1 職業的同一性とは？ 〈出題〉

アンカー	内容
専門	特定の分野で自分の能力を発揮することを望む
管理	出世願望が強く、責任ある役割を組織の中で果たすことを望む
自律・独立	組織の規則に縛られず自分のペースで仕事を進めることを望む
保障・安定	一つの組織にずっと属し、安定して仕事がしたいと望む
創造性	新しいものを生み出すことに価値を見いだす
奉仕	世の中をよくしたいという欲求を持ち、社会の役に立つことに価値を見いだす
挑戦	達成するのが難しい問題にも果敢に挑戦することを望む
生活様式	仕事と生活の調和（ワーク・ライフ・バランス、→p.7）を望む

↑シャインによるキャリアアンカー 8分類

解説 職業的同一性が自己実現の鍵 ある職業について、その仕事こそが自分に向いている、その仕事を通じて何らかの社会的役割を果たしていると自覚し、自己実現（→p.3）を図ることを**職業的同一性**という。近年は**キャリア**（→補）の開発（資格取得、コミュニケーションスキル向上など）が重視され、多様な能力を身につけた人が求められている。自分のキャリアアンカー（→補）となる要素を見つけるとともに、自己の能力を幅広く高めることが、自己実現を図るうえで重要である。

2 ライフ・キャリア・レインボー

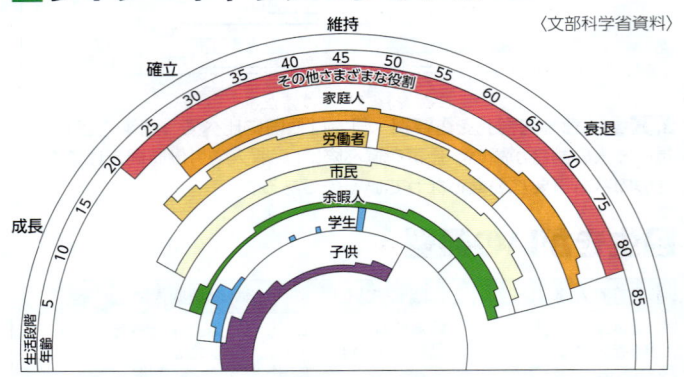

〈文部科学省資料〉

解説 現代に生きる人生設計の理論 人間は、それぞれの時期で社会における自分の立場に応じた役割（ライフ・ロール）を果たしている。1950年代、アメリカの心理学者D・E・スーパーは、キャリアをライフ・ロールの組み合わせととらえ、その始まりと終わり、相互の重なりを虹のような図（ライフ・キャリア・レインボー）にした。そしてキャリアは、ライフ・ロールと影響を受け合って形成されていくとした。この理論は現代でも、キャリア開発を考える際に広く用いられている。

3 ボランティア 〈出題〉

↑「平成29年7月九州北部豪雨」で室内に流れ込んだ土砂を運び出すボランティアの学生（2017年 福岡県）

解説 地域社会づくりにつながるボランティア ボランティア（→補）とは、個人の自主的な活動や、それを行う人を指す。自身の自己実現や社会参画が達成されるだけでなく、社会貢献・福祉活動などへの関心が高まり、地域社会づくりが進むなどの意義があるとされる。近年では、ボランティアに参加するための休暇制度を設ける企業も出てきている。

4 インターンシップ 〈頻出〉

↑インターンシップで白バイ隊員から指導を受ける学生たち（2016年）

解説 職業観を深めるきっかけ インターンシップとは、主に学生がみずからの専攻や将来のキャリア設計に関連して、在学中に一定期間、企業などで就業体験を積む制度である。欧米にならい日本でも1990年代後半から広まった。期間は1日〜数か月とさまざまで、実際の仕事内容や職場の雰囲気を知ることで、職業観を深めるきっかけとなる。

○×チェック⑤ 日本では、ボランティア活動への意識が高まり、ボランティア休暇の制度を導入することが企業に義務付けられている。（15年、本）

5 フリーターとは

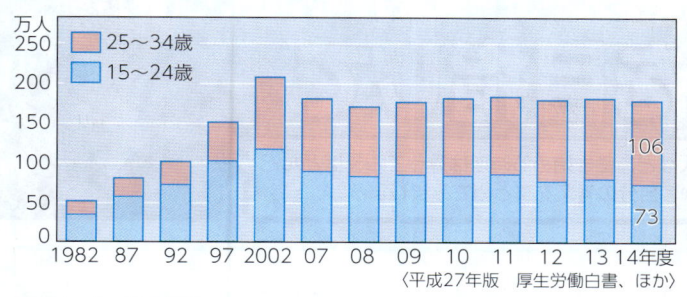

〈平成27年版　厚生労働白書、ほか〉

↑フリーター数の推移

解説 **近年のフリーター数はほぼ横ばい**　厚生労働省の定義では、「パート、アルバイトおよびその希望者」のうち、15〜34歳の若者をフリーターという。主に、将来の見通しを持てずとりあえず生活する「モラトリアム型」、希望の職種に就くための準備としての「夢追求型」、リストラ（→p.231）などの本人の意思に沿わない「やむをえず型」に分けられる。バブル経済が崩壊し、企業が正社員のリストラを進めたことなどを背景に、フリーターの数は1990年代に急増した。近年はほぼ横ばいだが、本来フリーターに含まれない35〜54歳の「パート、アルバイトおよびその希望者」が増加傾向にあるという指摘もある。

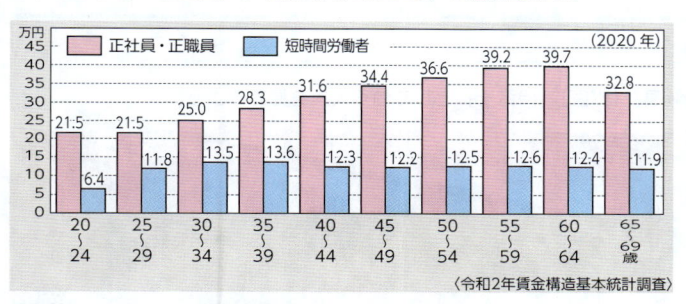

〈令和2年賃金構造基本統計調査〉

↑正社員とフリーターの賃金格差

解説 **賃金格差が晩婚化や少子化に影響**　フリーターの給与は一般的に時給制で、年齢が上がっても給料はほとんど変わらないことから、同じ非正規雇用の派遣労働者や契約社員（→p.231）以上に、賃金に大きな差が出る。将来設計をしにくく、フリーターが結婚・子育てをためらうことも考えられ、このことが晩婚化や少子化（→p.312）に影響を与えていると考えられる。

↑アルバイトで働く若者

6 ニート（NEET）　<出題>

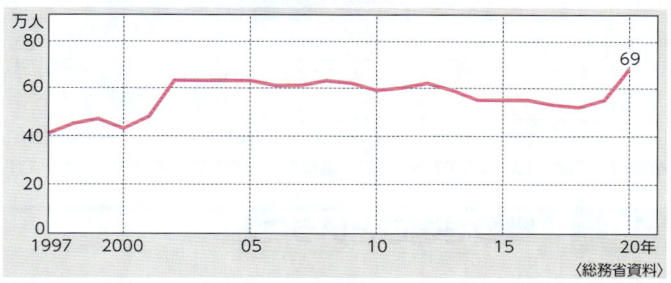

〈総務省資料〉

↑ニート数の推移

解説 **ニートからの脱出に向けて**　学校での教育も受けず、職業訓練もしておらず、職業に就いていない若者のことを、ニート（NEET、Not in Education, Employment, or Trainingの略語）という。日本では、15〜34歳の非労働力人口のうち、家事も通学もせず求職活動もしていない若年無業者を指す。ニートは働く意欲のない若者ともいわれるが、就業希望の者も多く、病気やけがが理由で働けない者も多い。国や地方自治体は、職業体験などを行う若者向けのジョブカフェや、職業紹介を行うハローワークなどを通じて、職業的自立支援を進めている。

近年では、いわゆる「ひきこもり」の人の長期化・高齢化によって、80代の親が50代の子どもの生活を支えることから起こる8050問題が、社会問題となっている。社会的に孤立し、生活が立ち行かなくなる親子を支援する施策も求められている。

まとめ ■■ ■■ ■■

I 働くことの意義とは
- 働く目的
  - …経済活動を支えるばかりでなく、生きがいや充実感につながる
- 生きがいの類型：何のために生きるのか
  - …理論的人間、経済的人間、美的人間、社会的人間、権力的人間、宗教的人間（シュプランガーによる類型）

II 職業選択と自己実現
- 職業的同一性
  - …仕事が自分に向いているか、仕事を通して社会的役割を果たせるか
  - →**キャリア**の開発が重視され、多様な能力が求められるように
  - →自分のキャリアアンカーとなる要素を見つけることが重要

- ライフ・キャリア・レインボー…人生のさまざまな段階での役割の認識
- **ボランティア**…個人の自主的な活動や、それを行う人
  - →自己実現や社会参画の達成
  - →社会貢献・福祉活動などへの関心の高まり
- **インターンシップ**…在学中に行う就業体験→職業観を深めるきっかけ
- フリーター…正社員にならず、パート・アルバイトで生計を立てる
  - →正社員とフリーター間での格差：大きな賃金格差
- **ニート**（NEET）…通学もせず求職活動もしていない若年無業者
  - →就業希望の者も多く、病気やけがが理由で働けない者も多い
  - →**ハローワーク**などを通じた職業的自立支援
  - →8050問題

補足解説

キャリア
キャリアという言葉は、さまざまな場面で使われている。仕事に関する技能や仕事の経歴という意味で使われることも多いが、より広い意味では、仕事生活だけでなく、家庭生活や学校生活、余暇生活などを含めた自分自身の経歴を、生涯にわたって自分なりに作り上げていくことを意味している。

キャリアアンカー
職業において、自分にとって譲歩できない能力、動機、価値観などのこと。アンカーは船の「いかり」という意味である。

ボランティア
阪神・淡路大震災が発生した1995年は、多くのボランティアが活躍し、「ボランティア元年」とよばれた。

○✕チェック　答え⑤　✕　ボランティア休暇の制度を導入する企業も存在するが、2021年現在、導入を義務付ける法制度は存在しない。

社会・思想

希望する職業を目指して

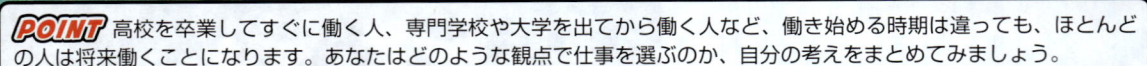

POINT 高校を卒業してすぐに働く人、専門学校や大学を出てから働く人など、働き始める時期は違っても、ほとんどの人は将来働くことになります。あなたはどのような観点で仕事を選ぶのか、自分の考えをまとめてみましょう。

I 高校生の就きたい職業は？

無回答 1.6

| 男子 | ある 49.9% | ない 38.2 | 10.3 |

考えたことがない

| 女子 | 64.7 | 31.1 | 3.7 |

0.5

(2019年)〈リクルート進学総研資料〉

↑高校生の就きたい職業の有無（左）、高校生の就きたい職業ランキング（右）

男子	順位	女子
公務員（15.6%）	1	看護師（14.6%）
教師（14.9）	2	教師（8.8）
建築士・建築関連（10.5）	3	保育士・幼稚園教諭・幼児保育関連（7.2）
医師・歯科医師・獣医（7.5）	4	公務員（6.2）
技術者・研究者（7.3）	5	医師・歯科医師・獣医（4.8）

(2019年)〈リクルート進学総研資料〉

II 職業を選ぶということ

ここでは、「高校生の就きたい職業ランキング」で上位にある、「建築士」「公務員」「獣医」「保育士」として働く人々を見てみよう。

↑建築士（左から2人目） 建設物の設計・工事監理（工事が設計図どおり行われているかどうかを確認する）を担う国家資格の専門職である。日本には「一級建築士」「二級建築士」「木造建築士」の三種があり、資格により設計できる建物が異なる。主に建設会社や設計事務所で働くが、設計事務所を開く人もいる。

↑公務員（左） 公務員には中央省庁で勤務する国家公務員と、都道府県庁・市区町村役所や警察官など地域に密着した自治体で勤務する地方公務員がある。行政系だけでなく、技術系、公安系などの職種があり、公務員になるためには、採用試験に合格しなければならない。

↑獣医（右） 獣医になるためには、6年制の獣医系の大学に進学し、獣医師国家試験に合格しなければならない。就職先としては、動物病院、動物園・水族館などのほか、伝染病などの流出・流入を防ぐ役目を担う検疫所（厚生労働省）や動物検疫所（農林水産省）などもある。

↑保育士（左、右） 乳児から小学校就学までの幼児を保育する仕事である。保育士になるには、国家資格である保育士資格が必要である。就職先としては、保育所・託児所・児童福祉施設のほか、在宅での小規模保育やベビーシッターなどもある。最近では男性保育士も増えてきている。

髪を隠して走るムスリム(イスラム教徒)のランナー

イスラームの教えに従い、頭髪をスカーフで覆い、肌の露出を抑えた競技ウェアに身を包んだ女性ランナー。彼女はイスラームを国教とする国の一つ、サウジアラビアのオリンピック代表選手である。イスラーム諸国の多くでは、女性はスカーフなどで髪を隠し、また極力、肌を見せないような衣服を身にまとっている。イスラーム社会では、信仰と戒律は現実の生活と密接に結び付いており、この両者を分かつことはまずありえない。したがって、ムスリムの女性がタイムを競う競技の場においても、スカーフをかぶり、肌を覆い隠すことは、信仰と一体化した当然の行為なのである。

↑肌や髪を隠して走る女性選手
(2016年 リオデジャネイロオリンピック)

Question
・私たちの暮らしと宗教は、どう密接に関わっているのだろうか。(→**Ⅰ**)

4 宗教の意義

解説 世界に広がる多数の宗教 人間は自然の偉大さやみずからの限界を自覚するなかで、すべてを超えた絶対的な存在や宇宙の真理を求めて、さまざまな宗教を生み出した。世界には、**キリスト教**、**イスラーム**、**仏教**の世界宗教(→**2**)以外にも多くの民族宗教がある。なかでも仏教衰退後のインドで発展したヒンドゥー教は、ヴァルナ制(→欄)を基盤としたバラモン教を引き継ぎ、信者数では仏教徒を上回る。また、多くの地域では、自然崇拝や多神教など多様な部族宗教が混在している。

Ⅰ 世界の人々の暮らしと宗教

1 世界の宗教分布

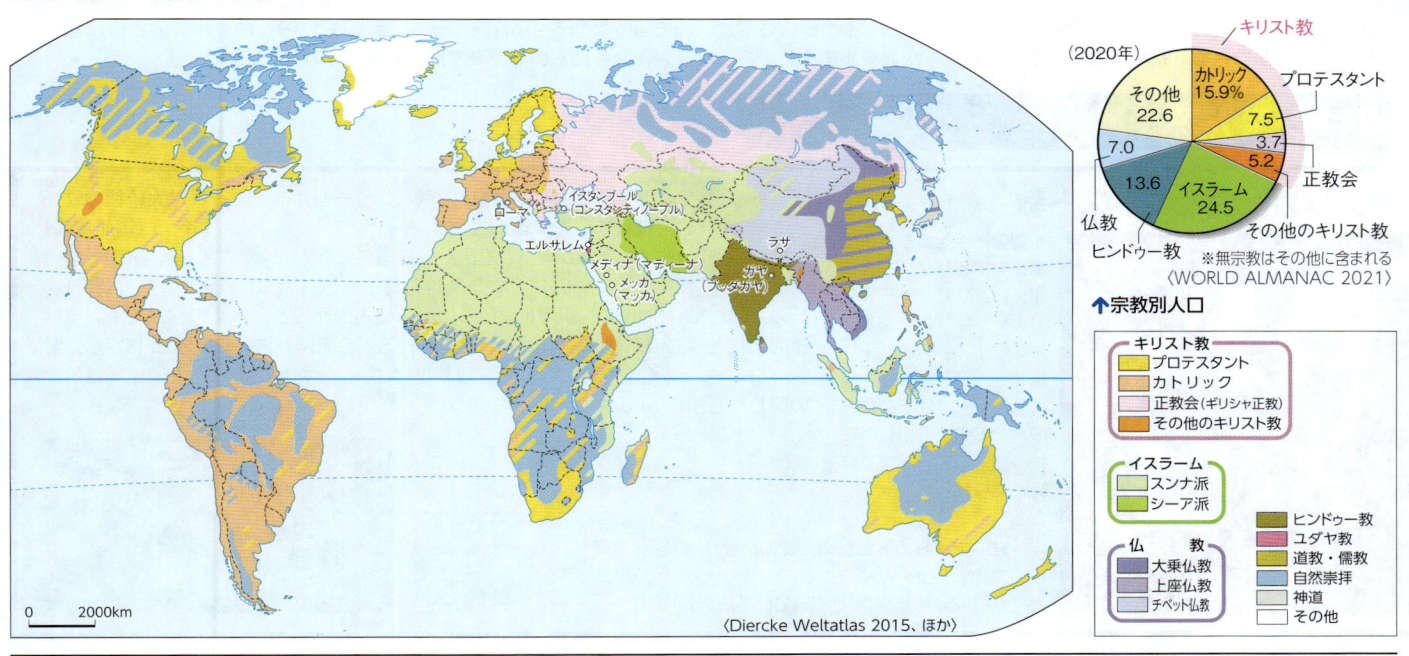

(2020年)

キリスト教
- その他 22.6
- カトリック 15.9%
- プロテスタント 7.5
- 3.7
- 正教会
- その他のキリスト教 5.2
- イスラーム 24.5
- 仏教 13.6
- ヒンドゥー教 7.0

※無宗教はその他に含まれる
〈WORLD ALMANAC 2021〉

↑宗教別人口

キリスト教
- プロテスタント
- カトリック
- 正教会(ギリシャ正教)
- その他のキリスト教

イスラーム
- スンナ派
- シーア派

仏 教
- 大乗仏教
- 上座仏教
- チベット仏教

- ヒンドゥー教
- ユダヤ教
- 道教・儒教
- 自然崇拝
- 神道
- その他

0 2000km
〈Diercke Weltatlas 2015、ほか〉

社会・思想

❷世界宗教

宗教名	キリスト教（→Ⅱ）	イスラーム（イスラム教）（→Ⅲ）	仏教（→Ⅳ）
創始者	イエス（キリスト）	ムハンマド	ガウタマ＝シッダールタ
成立時期・場所	1世紀初め ローマ帝国の属領パレスチナ	7世紀初め アラビア半島メッカ	紀元前5世紀ごろ インド東北部マガダ国
信者数	約25.5億人（2020年）	約19.3億人（2020年）	約5.5億人（2020年）
教典	新約聖書・旧約聖書	クルアーン（コーラン）	仏典（多種な経典）
概要	①イエスは救世主（キリスト、→福） ②神の愛（アガペー）、隣人愛	①唯一神アッラーへの絶対的帰依 ②偶像崇拝禁止　③六信五行	①四諦（四つの真理）②八正道 ③縁起説 ④身分差別の否定　⑤慈悲の心
主な宗派	**カトリック** 語源は"普遍的"の意。教会の権威が強く、頂点はローマ教皇、聖職者の長はローマ教皇。 **プロテスタント** カトリックに反発して分派。語源は"抗議する人"。儀礼は簡素で、教会ではなく聖書と個人の信仰を絶対とする。 **正教会** 11世紀初めに教会の東西分裂によって成立。信仰の要はイコン（聖画像）で、家庭にも飾られる。各民族ごとに総主教と教会組織を持つ。	**スンナ派**…多数派 代々のカリフ（預言者の代理人という意味。最高指導者）を正統と認め、コーランやハーディス（ムハンマドの言行録）に書いてあることや、イスラムの慣習（スンナ）を守っていくことを重視する。 **シーア派**…少数派 イランなどに多い。第4代カリフで、ムハンマドの従弟で娘婿のアリーとその子孫を正統と認める。アリーをイマーム（きちんとした教えを伝えていく指導者という意味）とよび、預言者の血統を重視する。	**上座仏教** 戒律にのっとり個々に悟りを開くことが重要とされる。上座は東南アジアの部派の名を取ったもの。 **大乗仏教** 仏門にある者は、他者の救いも重視し、大衆の幸福を願うとされる。みずからを大乗（大きな乗り物）と称し、それまでの仏教を大衆を救えない小乗（小さな乗り物）と非難した。
日常生活と宗教	↓**クリスマスを祝う家族**（イギリス） 	↓**断食月の日没後の食事**（エジプト） 	↓**僧の托鉢に喜捨する女性**（タイ） 

解説　世界宗教と宗教の意義　世界に数多くある宗教の中でも、**キリスト教・イスラーム（イスラム教）・仏教**の三つは民族や国家を超えて、世界宗教へと発展していった。その信者数は、世界人口の約6割を占めている。

　宗教は、科学の限界を超えて人の情熱をかき立てたり、心を安定させたりすることができる。宗教の力で偉業を成し遂げた歴史上の人物は多い。科学では解決できない悩みを、宗教によって乗り越える人もいる。また、神や仏などへの信仰を通じて、人間の考え方や生活習慣に大きな影響を与えているのが宗教である。しかし、科学のような普遍性を持たないので、信者以外と対立する場合がある。宗教が政治権力と結び付き、迫害や戦争を生んでしまうこともある（→p.164）。このように宗教は、現代社会において重要な問いを投げかけている。

社会・思想

Ⅱ キリスト教

アメリカ社会とキリスト教

←**聖書に手を置き就任の宣誓をするバイデン大統領**（2021年）　アメリカ大統領は、就任式で聖書の上に手を置き「宣誓」を行う。そして、続くスピーチではたびたび聖書の字句が引用され、神の加護を願う言葉で締めくくられる。

→**50アメリカドル紙幣**　貨幣にはすべて「IN GOD WE TRUST」（我々は神を信じる）の文字が刻まれている。

アメリカ合衆国は宗教的色彩の強い国家という一面がある。それは大統領の就任式や、貨幣などに表れている。また、公立学校の生徒が星条旗に対し行う「国旗宣誓」には、合衆国が「神の下の一つの国家」であることがうたわれている。事実、国民の87%は「神を信じている」とする調査もある（2017年、ギャラップ社調査）。その背景には、敬虔なキリスト教徒らによる建国の歴史と、多くの移民を束ねる精神的支柱としての宗教の役割があったとされる。合衆国憲法が規定する「政教分離」（→p.59）は、あくまで特定の宗派を国教化しないことだけで、宗教と国家・政治との関わりを禁じてはいない。

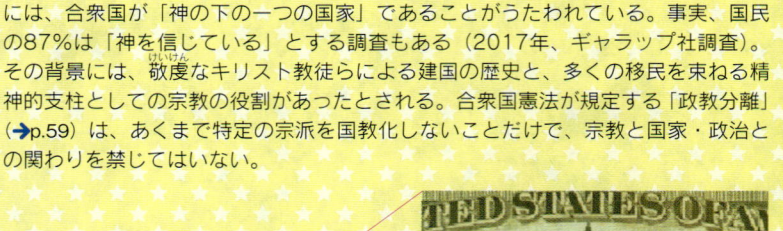

IN GOD WE TRUST

〇×チェック⑥　キリスト教は、ヨーロッパや南北アメリカばかりではなく、アジアでも一部の国では広く信仰されている。（07年、追）

❶ イエスの教え

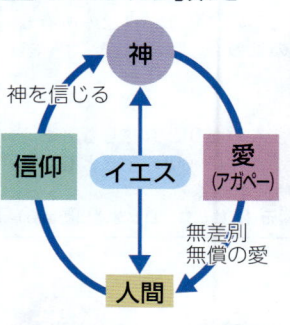

神を信じる

信仰 — **イエス** — **愛（アガペー）**

神 ↕ 人間

無差別 無償の愛

↑イエス（前4ごろ〜30ごろ）

あなたがたも聞いているとおり、「隣人を愛し、敵を憎め」と命じられている。しかし、わたしは言っておく。敵を愛し、自分を迫害する者のために祈りなさい。あなたがたの天の父の子となるためである。父は悪人にも善人にも太陽を昇らせ、正しい者にも正しくない者にも雨を降らせてくださるからである。

（『聖書 新共同訳』日本聖書教会）

→『ピエタ』 イエスの遺体をひざに抱いて悲しむ聖母マリア（イエスの母）を表したミケランジェロの彫刻作品。キリスト教の世界観は数多くの美術作品に受け継がれている。

解説 神の愛、隣人愛 パレスチナに生まれた**イエス**は、30歳のころユダヤ教（→補）の洗礼を受け、「神の国は近づいた。悔い改めよ」と述べ、人々に「神の愛」を説き始めた。背景には、形式的に戒律を守るだけの律法主義に陥ったユダヤ教の現実があった。イエスは信仰の原点である神の存在とその愛とを、人々が再び取り戻すことを求めた。

そこで説かれた神の愛（アガペー）とは、完全な存在である神から、不完全な存在である人間へと、慈雨のごとく降り注がれる愛である。それは絶えることのない無限の愛であり、相手に条件を求めない無差別の愛、また、何の見返りも求めない無償の愛である。イエスはさらに、この完全なる愛の人間相互での実践を求めた。これが**隣人愛**である。こうしてみずからの敵をも愛する普遍的人類愛の追求が、民族の壁を超え、世界宗教へと発展する礎となった。

Ⅲ イスラーム（イスラム教）

ユダヤ教・キリスト教・イスラームは同じ神？

↑都心に位置するモスク「東京ジャーミィ」（東京都渋谷区）

イスラームは、ユダヤ教とキリスト教も同一の神から啓示を受けた、いわば「親族宗教」と見なしている。そこでは、旧約聖書や新約聖書の一部も「啓典」としてとらえており、ユダヤ・キリスト教徒は「啓典の民」とよばれる。しかしこれらの中で最も後に成立したイスラームでは、啓典のうち、『クルアーン（コーラン）』こそが一切誤りのない完全なる神の啓示であり、また、ムハンマドが最後にして最大の預言者であるとされている。現在エルサレムには、この三つの宗教の聖地が近接して存在し、それぞれの宗教を信仰する人々が居住しているが、対立も続いている（→p.166）。

聖墳墓教会（キリスト教）
岩のドーム（イスラーム）
嘆きの壁（ユダヤ教）

↑三つの宗教の聖地であるエルサレム（イスラエル）

❶ ムハンマドの教え

解説 神の前では「人間は平等」 ムハンマドは570年ごろ、アラビア半島の商業都市メッカに生まれ、交易活動に従事した。40歳のとき、洞窟での瞑想中、天使ガブリエル（ジブリール）によって初めてアッラー（唯一神）からの啓示を受ける。以後、神の言葉を預かる預言者として、神の啓示を伝え続けた。その内容は後に『クルアーン（コーラン）』としてまとめられ、「イスラーム」（「アッラーへの絶対的帰依」を意味する）の根本聖典となった。そこには、神の前での徹底した平等主義や偶像崇拝の禁止などが説かれている。さらには、ムスリム（イスラム教徒）の信仰すべき六つの対象や、その証として実行する五つの宗教的行為・義務が「六信五行」という形で具体的に示されている。

①六信（ムスリムが信ずべきもの）

神	唯一神アッラー。アッラーは、偶像化できないので偶像崇拝は禁止される。
天使	神に仕える存在。ムハンマドに神の啓示を伝えたガブリエルが最上位の天使。
啓典	神が天使を通じて人間に伝えた啓示の書。『クルアーン（コーラン）』をはじめ、モーセの『律法の書』、イエスの『福音書』など。
預言者	天使によって神の啓示を伝えられた者。ムハンマド、アダム、ノア、アブラハム、モーセ、イエスが六大預言者。
来世	人は現世の行動について最後の審判により神に裁かれ、来世においてその報いを受ける。
天命	この世のすべての事象はアッラーが定めた。ただし、人間の努力を否定しない。

②五行（ムスリムが実践すべきこと）

信仰告白	「アッラーのほかに神はなし、ムハンマドは神の使徒なり」を礼拝のたびに唱える。
礼拝	1日5回メッカの方向に向かって礼拝する。
断食	イスラーム暦における9月（ラマダーン月）に、1か月間、日の出から日没まで飲食を避ける。
喜捨	イスラーム独自の救貧税。財産から一定額を貧しい者などに分け与える（→p.279）。
巡礼	一生に一度は聖地メッカへ巡礼を行う。イスラーム暦の12月が正式の巡礼月。

社会・思想

現代の仏教 ダライ=ラマ

インドで亡命生活を送るチベット仏教の最高指導者ダライ=ラマ14世は、今日の社会が抱える差別や貧困といった社会的不正に対し、本来利他的な実践宗教である仏教が、その「慈悲」の精神に基づき積極的に向き合うべきだと主張し続けている。そこには、現代における仏教の再生・復興を望む強い思いがあふれている。

↑ダライ=ラマ14世(1935〜)

1 ブッダの教え

解説 苦悩を取り去っていく道筋 仏教の開祖**ガウタマ=シッダールタ**は紀元前5世紀ごろ、インド北部のシャカ族の王子として出生した。彼は29歳のとき、人生に苦悩を感じ、享楽的な王宮生活を捨て出家した。その後、苦悩から脱するためさまざまな苦行を試みるが果たせず、やがて一人、大樹の下で坐禅瞑想に専心した。その結果、ついに宇宙の真理（法）を悟り、**ブッダ**（覚者）となった。

↑ガウタマ=シッダールタ
(前563ごろ〜前483ごろ)

その真理とは、すべての事象は相互に依存し合って生成変化しており、何一つそれ自体で存在するものはないという「**縁起の法**」である。そして、すべての苦悩はこの理法への無知から生じるとし、苦の原因を知り、それを取り去って悟りにいたる道筋を**四諦**（四つの真理）としてまとめ、具体的修行法として**八正道**を示した。また、この真理（法）から、すべての生あるものの苦しみを取り除くために**慈悲の心**を説いた。

無常（→補）

人々はわがものであると物に執着したために憂う。自己の所有したものは常住ではないからである。この世のものはただ変滅すべきものである。

慈悲

悪心あることなく、たとい一匹の生きものなりとも慈しむ者あらば、かれはそれによって善人となる。こころに一切の生きとし生けるものをあわれみつつ、聖者は多くの功徳をつくる。

（中村元『原始仏教』日本放送出版協会）

①四諦―四つの真理

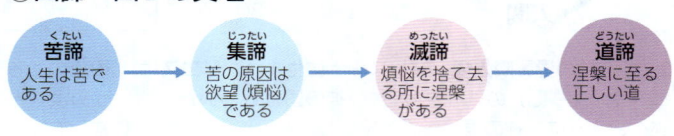

苦諦 くたい	集諦 じったい	滅諦 めったい	道諦 どうたい
人生は苦である	苦の原因は欲望（煩悩）である	煩悩を捨て去る所に涅槃がある	涅槃に至る正しい道

②中道と八正道

中道
快楽と苦行の二つの極端から離れた正しい道

八正道		
煩悩（→補）を捨て涅槃（→補）に至る八つの正しい修行方法	正見（正しく見る）	正命（正しく生活する）
	正思（正しく思う）	正精進（正しく努力する）
	正語（正しく語る）	正念（正しい目的意識を持つ）
	正業（正しく働く）	正定（正しい反省と瞑想）

③仏教の教えを特徴づける四法印（しほういん）

一切皆苦	あらゆるものは本質的に苦である
諸行無常	世の中のあらゆるものは絶えず変化し続けている
諸法無我	あらゆるものに我（永遠不変の実体）は存在しない
涅槃寂静	一切の煩悩が消え、安らかな心を持って生きる、悟りの境地に達する。仏教の目的

まとめ ◼◼ ◼◼ ◼◼

Ⅰ 世界の人々の暮らしと宗教
宗教の意義→絶対的な存在や宇宙の真理を求め、生きる意味を得る
・世界の宗教分布…世界宗教のほかにも多くの民族宗教がある
・世界宗教…キリスト教、イスラーム（イスラム教）、仏教
　　　　信者は世界人口の約6割を占める
・人間の考え方や生活習慣に大きな影響を与える
・宗教は科学のような普遍性を持たない→迫害や戦争を生むこともある

Ⅱ キリスト教
・イエスの教え…イエスがユダヤ教を改革しキリスト教が成立
　　　　　　形式的に戒律を守るだけの律法主義を批判
・神の愛（アガペー）→神から人間へと、慈雨のごとく降り注がれる愛
・隣人愛…完全なる愛の人間相互での実践
・普遍的人類愛の追求→民族の壁を越え、世界宗教へと発展する礎

Ⅲ イスラーム（イスラム教）
・エルサレムはユダヤ教・キリスト教・イスラームの聖地

…イスラームでは、ユダヤ教もキリスト教も同一の神から啓示を受けた「親族宗教」と見なす
・ムハンマドの教え…イスラームを生む
・ムハンマドが受けたとされる神の啓示をまとめたのが『クルアーン』
　　→徹底した平等主義、偶像崇拝の禁止
　　→信仰と実践の一体化が六信五行

Ⅳ 仏教
・ガウタマ=シッダールタがブッダとなる→ブッダの教えが仏教
・煩悩が苦しみを生む
・縁起の法…すべての事象は相互に依存し合って生成変化しており、何一つとしてそれ自体で存在するものはない
・四諦（四つの真理）…苦の原因を知り、苦を取り去って悟りに至る道筋
・中道（快楽と苦行の二つの極端から離れた正しい道）に生きることが大切
　　→そのための修行法が八正道
・すべての生あるものの苦しみを取り除くために慈悲の心を説く

補足解説

ヴァルナ制
浄・不浄観に基づく古代インドの身分制度。後に、カースト制の枠組みへとつながった。

救世主
ユダヤ民族を苦難から救済するために、神が地上に遣わすとされる救い主。ヘブライ語で「メシア」（香油を注がれた者の意）、ギリシャ語では「キリスト」という。

ユダヤ教
キリスト教の母胎。ユダヤ民族のみを、神によって「選ばれた民」と考える民族宗教。天地万物を創造した唯一絶対の神、ヤハウェを信仰する。

無常
すべての存在は、一つとしてとどまることなく、絶えず移ろい変化生成していくという仏教上の基本理念（無常観）。

煩悩
心の中の根強い欲望にとらわれ生じた、むさぼりや怒り、迷いのこと。

仏教では、煩悩が一切の苦しみを生むと考える。

涅槃
ニルヴァーナ（炎の消えた状態）という語の音訳。煩悩の火が消えて、すべての苦悩から解放され、永遠の静寂、完全な心の平安が達成された状態。悟りの境地。

○×チェック⑦ 神道は、アニミズムの色彩を持ち、日本人の道徳や習慣の基本を形成してきたが、明治政府により国教としての統一聖典が整備された。（08年、本）

稲作に影響を受けた日本人のものの考え方

↑伏見稲荷大社の田植祭（京都市）
神に供える米の苗を植えている。

日本の神話には、雨や雷などの自然現象をはじめ多種多様のものが神として登場する。日本の主食でもある米を作る稲作は、たくさんの水と適切な水の管理が必要なため、自然とうまく調和しなければ米を作ることができない。そこで、人々は春には豊作を神に祈り、秋には稲の収穫を喜び、神に感謝をささげた。また、水路の整備と管理、田植え、稲刈りなどで多数の人手と時間を必要としたため、人々は協力して稲作を行い、協調性や団結性を高めていった。その過程で他者と融和するために「清き明き心」（他人に何も隠すことがない、透明で明るい心）が重視されるようになった。

Question
・日本人の思想にはどのような特徴があるのだろうか。（→Ⅰ Ⅱ）

5 日本人の思想

社会・思想

I 日本の受け入れ思想

1 多様性のある日本 〈頻出〉

解説 多様な神々を持つ日本 古代の日本人は、巨木や巨岩、高山などの自然や自然現象に魂を見いだし、神が宿ると考え（アニミズム）、神としてあがめていた。つまり自然に密着した多神教で、それらは八百万の神（→補）ともよばれる。これが神社や神木、神話などを生み、神道の原型となった。

また、家や村などの共同体を中心とする日本人の生活の中で「清き明き心」を持ち、心の純粋さや誠実さを人間の最も正しい生き方だとする考え方が育まれた。仏教や儒教思想などもこうした伝統のうえに受容され、消化・展開された。

ほかにも16世紀に伝わったキリスト教が民衆に広まるなど、日本人は、江戸幕府によるキリシタン弾圧や、明治維新後の廃仏毀釈（→補）などの例外を除き、異なる宗教や文化を取り入れ、日本文化の一部として受け入れてきた。

↑ご神木（埼玉県秩父市三峯神社） 年を経た巨木は、今もご神木としてあがめられている。さまざまなものに神を見いだす日本人の心の表れといえる。

2 独自の発展を遂げた日本仏教

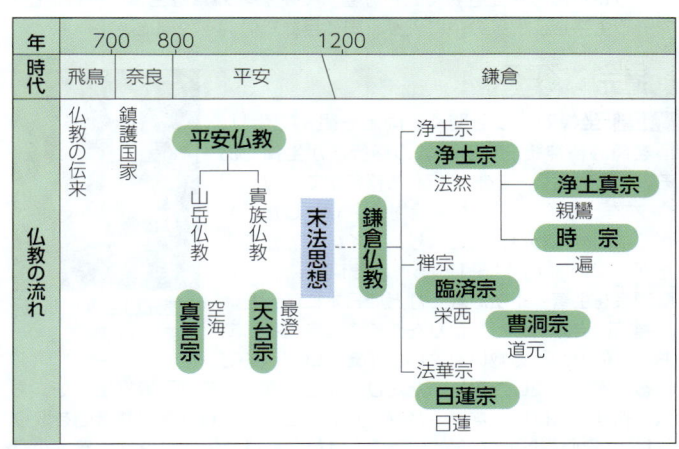

年	700	800		1200	
時代	飛鳥	奈良	平安		鎌倉

仏教の伝来 — 鎮護国家 — 平安仏教

山岳仏教 — 貴族仏教 — 末法思想 — 鎌倉仏教

浄土宗 → 浄土宗（法然）→ 浄土真宗（親鸞）、時宗（一遍）

禅宗 → 臨済宗（栄西）、曹洞宗（道元）

法華宗 → 日蓮宗（日蓮）

真言宗（空海）、天台宗（最澄）

仏教の流れ

↑日本の仏教の流れ ガウタマ=シッダールタから約100年後、仏教教団は上座と大乗に分裂した。日本に伝わったのは後者で、大乗仏教とよばれる。

解説 日本古来の宗教や文化に溶け込んで発展した日本仏教 仏教と聞くと、仏像やお寺、葬式、読経などを思い浮かべる人が多い。だが、2500年前のインドでガウタマ=シッダールタ（→p.15）が仏教を説いたころ、そうした内容は全くなかった。その後、長い年月と地域を越えて日本へ渡り、日本古来の宗教や文化に溶け込みながら変化したのである。仏教が日本の文化や思想に与えた影響は、極めて大きい。建築物や芸術作品、生活習慣からものの考え方まで、広範囲にわたる。

平安時代以降、日本の宗教家が独自の仏教思想を次々に打ち立てた。これらはもはや外来思想ではなく、日本思想であった。次ページから平安・鎌倉仏教の代表人物の思想を見てみよう。

○×チェック 答え⑦ × 明治政府により国教としての統一聖典が整備されたという記述が誤り。

①最澄・空海

解説 山岳寺院を中心とした平安仏教 平安時代に唐へ渡り、新たな仏教を学んで日本に伝えたのが最澄と空海で、彼らは山岳の寺院を主要な修行の場とした。最澄は中国の天台宗を基に日本における天台宗を開き、比叡山に延暦寺を建立した。彼は『法華経』の教えに禅や密教の修行法を加え、大乗仏教の一切衆生悉有仏性（生きとし生けるものすべてがブッダ（→p.15）になる可能性を持つ）を主張した。空海は唐で学んだ密教を基に真言宗を開き、高野山に金剛峯寺を建立した。そして宇宙の本体で真理である大日如来を仏とし、修行により即身成仏を遂げられるとした。

②親鸞　出題

解説 すべてを仏に委ねる 鎌倉時代、「南無阿弥陀仏」とひたすらに念仏を唱えることを説いた**法然**（1133〜1212）の思想を基に、**浄土真宗**を開いたのが、法然の弟子の**親鸞**である。

親鸞は苦悩の人だ。自分の煩悩の深さ、罪深さを知りながら、どうにもならず苦しんだ。どんなに学問に励み、修行を積んでも救われない。もう地獄へ堕ちるしかない。そう自覚したとき、自力による「はからい」はすべて消え去り、一切を仏に委ねる**絶対他力**の信仰が生まれた。

↑**親鸞**（1173〜1262）主著『教行信証』。

自分の愚かさと無力を自覚した者が、阿弥陀仏の本願を信じ、念仏を唱えさせてもらう心が生まれたときに救われることが決まる。念仏も自力ではできず、阿弥陀仏の力が唱えさせる。つまり、自分への深い絶望がそのまま救いの道となるとしたのである。善を行おうとして自力ではできず苦しむ人、つまり「悪人」こそがその立場に立てるとする考え方で、これは**悪人正機説**とよばれる。

信心を得れば、直ちに仏の悟りと同じ境地に達する。だから死後の生活より現世の今を生き抜くことが重要である。親鸞は主著『教行信証』でそう主張し、民衆の中に入り、同じ目線で信仰を説いた。

③道元　出題

解説 坐禅で悟りを開く 両足を組んで坐り、心を静め精神統一する仏教の修行法が**坐禅**である。もとは古代インドに伝わる修行法であり、ガウタマ＝シッダールタも菩提樹の下で坐した。やがて中国へ伝わり禅宗となり、多くの宗派ができたが、栄西（1141〜1215）は臨済宗、**道元**は**曹洞宗**を主著『正法眼蔵』などで日本に伝えた。

↑**道元**（1200〜53）主著『正法眼蔵』。

禅宗は自力で修行し悟りを開くことを目指しており、他力による救いを説いた親鸞とは対照的である。道元が説いたのは、ただひたすら坐禅をする「只管打坐」だ。念仏や礼拝などはいらない。坐禅をして、心身共に自分への執着心を取り去り、「身心脱落」する。そこで人間が本来持つ仏性が現れ、安らかで自由な境地となる。それが悟りである。修行をして悟りを開くのではなく、坐禅という修行そのものが悟りだとしたのだ。そして坐禅の心構えを日常生活のすべてに及ぼす。そうして一切の世俗的束縛から離れ、本来の自分を取り戻していくのである。

←**坐禅をする人々** 各地で坐禅会が開かれ、さまざまな世代が参加している。

④日蓮　出題

解説 題目を唱えて仏になる 仏教の修行法はいろいろある。だが鎌倉仏教は、それらの中から一つを選び、ほかを捨てたのが特色である。法然や親鸞は念仏、栄西や道元は坐禅を選んだ。**日蓮**が選んだのは、法華経の題目、「南無妙法蓮華経」である。題目を唱えることは、静かな坐禅とは対照的だ。それは主著『立正安国論』における日蓮の思想にも通じる。

↑**日蓮**（1222〜82）主著『立正安国論』。

貧しい漁師の家に生まれた日蓮は、広く仏教を学び、大乗仏教の数ある経典から法華経を最高の教えとして選んだ。凡夫（一般人）は、法華経の深遠な教えを理解することが難しい。しかし題目を唱えることで法華経の教えが示され、その身のままで仏となり救われると説いた。彼は、国家を救うため人々を皆、法華経の信者にすべきと考え、積極的な布教を行った。そして疫病や天災、飢饉などは人々が法華経の教えを顧みず、他の宗派にだまされているためだと、激しく他宗派を攻撃した。その結果、他宗派や幕府の激しい迫害を受けるが屈せず、その精神は民衆の心をとらえ、**日蓮宗**となっていった。

③日本の儒学　出題

解説 社会秩序を重視した儒学 古代中国の孔子（→p.24）の思想は、弟子たちに受け継がれて発展し、**儒教**とよばれるようになった。日本には6世紀に伝わったが、民衆に広まったのは同時期に伝わった仏教だった。

だが江戸時代には、社会秩序を重視する幕府に保護され、儒学として発展した。その中で特に江戸幕府が奨励したのは**朱子学**である。私利私欲を戒める心構えを説き、武士たちに支配者として、民衆へは支配される者としての自覚をもたらした。徳川家康から四代の将軍に仕えた**林羅山**は、すべてに上下の定めがあるという「上下定分の理」を主張した。

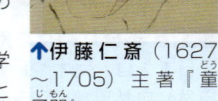

↑**林羅山**（1583〜1657）主著『春鑑抄』。

他方で、**山鹿素行**は抽象的になりがちな朱子学を批判し、聖人の教えを直接学び取る古学を主張した。そして武士は、支配階級として人格を高める士道を心得るべきだとした。

また**伊藤仁斎**は、**誠**を重んじる日本独自の儒学を展開した。誠とは私心のない純粋な心情のことで、それを重視するのは古代から続く日本の伝統

↑**伊藤仁斎**（1627〜1705）主著『童子問』。

である。誠の思想はその後、幕末の志士たちにも大きな影響を及ぼした。

さらに**荻生徂徠**は古学を徹底した古文辞学を唱え、学問の目的は世を治め民を救う**経世済民**だとした。

④国学の勃興

解説 日本文化を復興させる思想 外来思想である儒学や仏教に対抗し、古代中世の日本文化を復興させる思想が登場した。契沖（1640〜1701）や賀茂真淵（1697〜1769）らの思想である。それらは国学とよばれ、本居宣長によって体系化された。彼らは『万葉集』や『古事記』などの古典を直接研究し、日本人固有の思想の中に真実の生き方を見いだそうとした。理性を求める儒学に対し、国学では古代の精神や心情を重視したのが特徴である。

社会・思想

〇×チェック⑧ 儒教は、江戸幕府による保護を受け、宗祖の廟に全国から庶民が巡礼に訪れるようになった。（08年、本）

日本にもたらされた欧米の知識・学問

私たちは「自由」や「社会」、あるいは「憲法」といった言葉を普通に使っている。だが開国後の日本にそうした言葉はなく、概念もなかった。個人を尊重する発想もない。市民革命を経験せず近代国家に移行した日本人に対し、欧米では市民革命で主権在民や基本的人権を手にし、産業革命で資本主義経済が確立されていたのである。だがその後、欧米文化の吸収は急速に進んでいく。例えば福沢諭吉の『学問のすゝめ』刊行は1872年からで、中江兆民がルソーの『社会契約論』を翻訳したのは82年である。そして欧米の思想を取り入れた、新たな日本思想が成立していった。

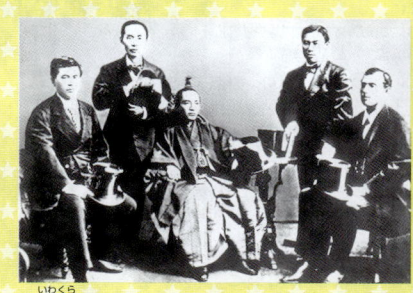

↑岩倉使節団（左）、使節団に同行した日本最初の女子留学生（右） 欧米の知識や学問を吸収するため、1871年、岩倉具視をはじめとする政府のトップや留学生ら総勢107名で構成される大規模な使節団が欧米に送られた。留学生の中には中江兆民（→2）などがいた。

1 福沢諭吉 〈出題〉

解説 **「一身独立して一国独立す」** 福沢諭吉といえば1万円札の肖像画と、「天は人の上に人をつくらず、人の下に人をつくらずといへり」という言葉で有名である。だがこれは彼独自の言葉ではない。最後に「いへり」とあるように、アメリカ独立宣言などに表れている西洋の天賦人権論（→補）に基づいている。すべての人間が平等に人権を持って生まれるという思想は、基本的人権の核心である。

↑福沢諭吉（1834〜1901） 主著『学問のすゝめ』。

この言葉に始まる『学問のすゝめ』では、分かりやすい文章で学問が人生に与える影響を述べ、日本人の進む道を示している。この場合の学問は儒学ではなく、西洋思想である。彼は**西洋の合理的精神**に基づき、当時の封建的な思想や社会制度を次々に批判し、「**一身独立して一国独立す**」とした。個人が独立自尊の精神を持つことが、日本の自由や独立へつながると考えたのである。

↑福沢諭吉が創立した慶應義塾

2 中江兆民 〈出題〉

法律とは何か。一国の人民が相共に生活をなすに必要なる規約である。されば一国人民の意欲を代表する国会において、これを興し、廃し、改正するは、まことに当然の事なり。憲法とは何か。一国人民とその政府との関係を規定する条項であることに他ならない。

（『国会論』より）

↑中江兆民（1847〜1901） 主著『三酔人経綸問答』。

解説 **「東洋のルソー」** 中江兆民は**自由民権運動**に大きな影響を与えた思想家である。ルソー（→p.42）の『社会契約論』を翻訳し、「東洋のルソー」とよばれた彼の思想は明確な**主権在民**論であり、民権を伸ばすため、自由と平等を強調し、人民が国会に参加して立法権を握ることを唱えた。また、民権には二種類あるとした。イギリスやフランスのように下から進んで取った民権と、上から恵み与えられる民権である。彼は、日本では政府が国会開設によって与える「**恩賜的民権**」を、人民自身の努力を通じて「**恢（回）復的民権**」へ充実させることが必要だと説いた。

3 内村鑑三

解説 **「二つのJ」** 内村鑑三は、戦前の日本を代表するキリスト教（→p.13）思想家である。だが彼は教会や宗教的儀式にとらわれることなく、直接聖書の言葉によるべきと考え、無教会主義の立場に立った。また彼は、愛国者でもあった。当時の日本では、西洋文化を重視する思想と、それに反対する国粋主義的な愛国心とが並立していた。彼は愛国心を訴えたが、それは欧米への反発からの排他的な愛国心ではなく、キリスト者の立場からのものだった。

↑内村鑑三（1861〜1930） 主著『代表的日本人』。

彼は若いころアメリカへ渡り、欧米社会の問題点も見てきた。そしてイエス（Jesus）と日本（Japan）という「**二つのJ**」に生涯をささげる決意をしたのである。その後の彼は、誠実な日本人と正しい日本のあり方を追究した。足尾銅山鉱毒事件（→p.223）では財閥を批判し、日露戦争では非戦論を唱えた。彼の思想と行動は、**武士道**の側面も持つ日本的キリスト教の表れだった。

4 新渡戸稲造

解説 **日本人の精神的支柱は武士道** 異なる文化と向き合ったとき、私たちは何を心の支えにするだろうか。内村鑑三らと札幌農学校で学び、キリスト者になった**新渡戸稲造**は『武士道』を英文で著し、欧米に日本の精神的支柱として**武士道**を紹介した。欧米の文化に直面した日本の知識人にとって、精神的な支えが武士道だったのである。さらに人格主義に基づく教育に力を尽くし、国際親善にも力を注いだ。

↑新渡戸稲造（1862〜1933） 主著『武士道』。

→オーランド議会の一室に飾られた、新渡戸稲造が国際連盟で演説する場面を描いた絵 1920年、国際連盟事務次長に就任した新渡戸は、スウェーデンとフィンランドの間に位置するオーランド諸島の帰属問題を平和的に解決するなど、「国際人」として高く評価された。

× 全国から庶民が巡礼に訪れたのは、宗祖の廟ではなく寺社仏閣である。

5 夏目漱石 〈出題〉

　自己の個性の発展をしとげようと思うなら
ば、同時に他人の個性も尊重しなければなら
ないということ。第二に自己の所有している
権力を使用しようと思うならば、それに附随
している義務というものを心得なければなら
ないということ。　（『私の個人主義』中央公論社）

↑夏目漱石（1867
～1916）主著『私
の個人主義』『草枕』。

解説　近代的自我の確立を目指す　新しい知識
や異なる価値観を、短期間にたくさん学んだらど
うだろう。自分の個性や信念が、揺らいでしまうのではないだろうか。
夏目漱石は、外面から急激に欧米の技術や文化を取り入れた日本人が、
自己の内面を見失ってきていると考えた。そこでこの矛盾を乗り越える
ため、自己本位の生き方をする個人主義を主張した。それは利己主義で
はなく、責任を伴う**近代的自我の確立**を目指した思想である。晩年は自
我を捨てる「**則天去私**」の境地となった。

6 西田幾多郎

解説　純粋経験に真実がある　西洋の近代哲学
では、デカルト（→p.27）の思想に代表されるよ
うに、心と体を分けて考えることが一般的であ
る。これを心身二元論とよぶ。また、主観と客観
も分かれ、対立させてとらえられる。

↑西田幾多郎（1870
～1945）主著『善
の研究』。

　しかし、熟練した音楽家が楽器を演奏している
とき、演奏している自分と、楽器の奏でる音楽と
を分けられるのか。分けて考えられるのは、演奏
が終わり反省してからではないのか。西田幾多郎
は、坐禅の体験から、主観と客観が対立しない直
接経験を真実だとした。その主
客未分の状態を**純粋経験**（→補）
とよび、そこに真理を見いだそう
とした。

→哲学の道（京都市）　西田がよく散策
し、思索したことから名付けられたと
いわれる。

7 岡倉天心

　アジアは一つである。ヒマラヤ山脈は、（中
略）究極と普遍をもとめるあの愛のひろがり
を一瞬といえどもさえぎることはできない。
この愛こそは、アジアのすべての民族の共通
の思想的遺産であり、（略）
　　　　　　　　　（『東洋の理想』中央公論社）

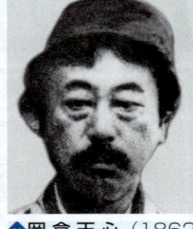

↑岡倉天心（1862
～1913）主著『東
洋の理想』。

解説　「アジアは一つ」　岡倉天心は、日本美術
を高く評価したフェノロサの助手を務めたのが
きっかけで、日本画復興や仏像の保護に尽力した人物である。卓越した
英語力で、海外にも日本文化を積極的に紹介し、伝統的な優秀性を強調
した。英語で書いた著書『東洋の理想』の冒頭で「**アジアは一つ**」と主
張し、西洋に対抗するためアジアが覚醒して一つになる必要と、アジア
における日本の指導的役割を唱えた。この言葉は本来、アジアの文化を
日本文化が受け止めたことを踏まえた言葉だったが、大東亜共栄圏を支
える政治的なスローガンとして利用されてしまった。

8 和辻哲郎 〈出題〉

　我々は花を散らす風において歓びあるいは
傷むところの我々自身を見いだすごとく、ひ
でりのころに樹木を直射する日光において心
萎える我々自身を了解する。すなわち我々は
「**風土**」において我々自身を、間柄としての
我々自身を、見いだすのである。
　　　　　　　　　　　　（『風土』岩波書店）

↑和辻哲郎（1889
～1960）主著『風
土』。

解説　風土や集団から人間をとらえる　寒さの
厳しい土地では、人間は家屋や衣服を工夫し、気候に合った生活をする。
つまり自然環境は人間の外にあるのではなく、具体的な人間生活の基礎
として文化を生み出してきた。だから人間は、生活している土地の**風土**
から、自分を対象化して理解できると和辻哲郎は考えた。また、個人を
尊重する西洋文化に対し、日本では人間を集団の一員としてとらえる傾
向が強い。これを彼は「**間柄的存在**」ととらえて、日本の伝統的な共同
体倫理を高く評価し、西洋文化を批判した。

社会・思想

まとめ ▪▪ ▬ ▬

I 日本の受け入れ思想
- 多様な神々、**アニミズム**…神道の原型
- 日本の文化は、伝統的文化と外来文化が合わさり形成…多様性
- 仏教が日本古来の宗教や文化に溶け込み変化→日本仏教
- 平安仏教は唐から…最澄は天台宗、空海は真言宗
- 鎌倉新仏教以後、日本独自の内容に
- **法然**や**親鸞**…念仏「南無阿弥陀仏」親鸞は**絶対他力**の信仰
- 栄西や**道元**…坐禅　道元は只管打坐…身心脱落
- **日蓮**…法華経の題目「南無妙法蓮華経」
- 江戸幕府は儒学、特に朱子学を重視…林羅山は「上下定分の理」
- 山鹿素行は朱子学を批判、聖人の教えを直接学び取る古学を主張
- **伊藤仁斎**は、**誠**を重んじる日本独自の儒学を展開

- 荻生徂徠は古学を徹底した古文辞学…経世済民を重視
- 外来思想に対抗した国学は日本人固有の思想を重視…本居宣長が体系化

II 明治維新以降の日本思想
- **福沢諭吉**は西洋思想を重視…天賦人権論
  「一身独立して一国独立す」…独立自尊の精神
- **中江兆民**は「民権には二種類ある」
  …下から取った恢（回）復的な民権と、上から与えられる恩賜的な民権
- 内村鑑三は武士道の側面も持つ日本的キリスト教…無教会主義
- 新渡戸稲造は日本人の精神的支柱が武士道
- **夏目漱石**は自己本位の生き方をする個人主義…後に「則天去私」
- 西田幾多郎は坐禅の体験から純粋経験
- 岡倉天心は「アジアは一つ」、**和辻哲郎**は間柄的存在

 ○×チェック⑨　夏目漱石は、西洋に対して東洋に特徴的である人間存在のあり方を、人と人との関係において存在する「間柄的存在」と名付けた。（16年、追）

↑「鬼滅の刃」の映画ポスター
（2020年）

世界を席巻した「鬼滅の刃」

　2020年秋に公開され、歴代1位の興行収入を記録した『劇場版「鬼滅の刃」無限列車編』。人気は世界にも飛び火し、45の国・地域で公開され、総興行収入は517億円を突破した。

　日本のアニメは世界的な人気を博してきたが、各国の字幕に切り替えて視聴できる動画配信サービスの普及により、現在は日本国内とほぼ同じタイミングで、最新のエピソードに触れることが可能となっている。「鬼滅」のヒットも、テレビアニメ版の人気が下敷きとなっており、今ではより気軽に、より広範囲に、世界の人々が日本のアニメに親しめるようになっている。

Question
・ポップカルチャーを含め、日本の文化にはどのような特徴があるだろうか。（→I）

6 日本の伝統と文化

I 日本文化の特色

1 外来文化を受け入れてきた日本

ひらがな	カタカナ
安 あ あ	阿 ア ア
以 い い	伊 イ イ
宇 う う	宇 ウ ウ
衣 え え	江 エ エ
於 お お	於 オ オ

←漢字とひらがな・カタカナ　中国から来た漢字に日本語が表現できるように訓読みを付け、さらに一部を取ってカタカナ、形を崩してひらがなが発明された。

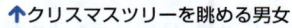
↑クリスマスツリーを眺める男女

↑お寺で除夜の鐘をつく人々

↑神社に赴き初詣をする男女

解説　**外来文化を柔軟に取り入れ姿を変えた日本文化**　私たちが日本文化として考えるものの多くは、海外からのさまざまな文化（外来文化、→補）が基になっている。古来の文化が外来文化を取り入れ、姿を変えた場合が多い。つまり、昔から日本列島で受け継がれてきた伝統的文化に外来文化を柔軟に取り入れ、互いに影響を与え合って変化し成立したのが日本文化の特徴（→補）といえる。

2 海外に広がる日本の文化

←アメリカで人気が定着した巻き寿司「カリフォルニアロール」（左）、海外の言語に翻訳された日本の漫画（右）

解説　**漫画やアニメが人気**　文化には、長年変わらない部分がある一方で、その時代の人々の暮らしや環境の変化に合わせて変わっていく部分もある。現代では、海外の音楽やファッション、映画などが日本に持ち込まれて日本の文化に大きな影響を及ぼすとともに、日本の漫画やアニメといった**ポップカルチャー**や、寿司などの食文化が海外に広がり、各地で親しまれている。

社会・思想

○×チェック答え⑨　×　説明文は夏目漱石ではなく和辻哲郎の思想である。

Ⅱ 日本の伝統と文化

「葬式」に見る日本の伝統と変化

　葬式は死者を弔うために行われる儀式であり、人生最後の通過儀礼ともいわれる。そこでは、死者の魂を魔物から守り、旅立ちを見守る「葬送」の側面と、死者がこの世に未練を残さないようにする「絶縁」の側面とが重要な意味を持っていた。ところが今日、葬儀社の仲介や葬祭場の利用で、葬送の意義も大きく変化してきている。あくまで故人の回顧と追慕を中心とした「お別れ会」などのセレモニーはその典型である。

↑遺体を火葬場まで運ぶ親族（1961年）　この野辺送りの習俗は、現在では消えつつある。

1 年中行事

解説　「ハレ」と「ケ」　年中行事の多くは農耕と深く関わっている。「ハレ」という日常の労働から離れた特別な日（農耕社会においては神に対して供物をささげる神聖な日）を、日常や普段の生活を意味する「ケ」の中に設けることにより、日本人の生活に変化といろどりを与え、農耕生活のリズムを築いてきた。「ハレ」という言葉は今でも「晴れ着」「晴れ舞台」などの言葉に残っている。

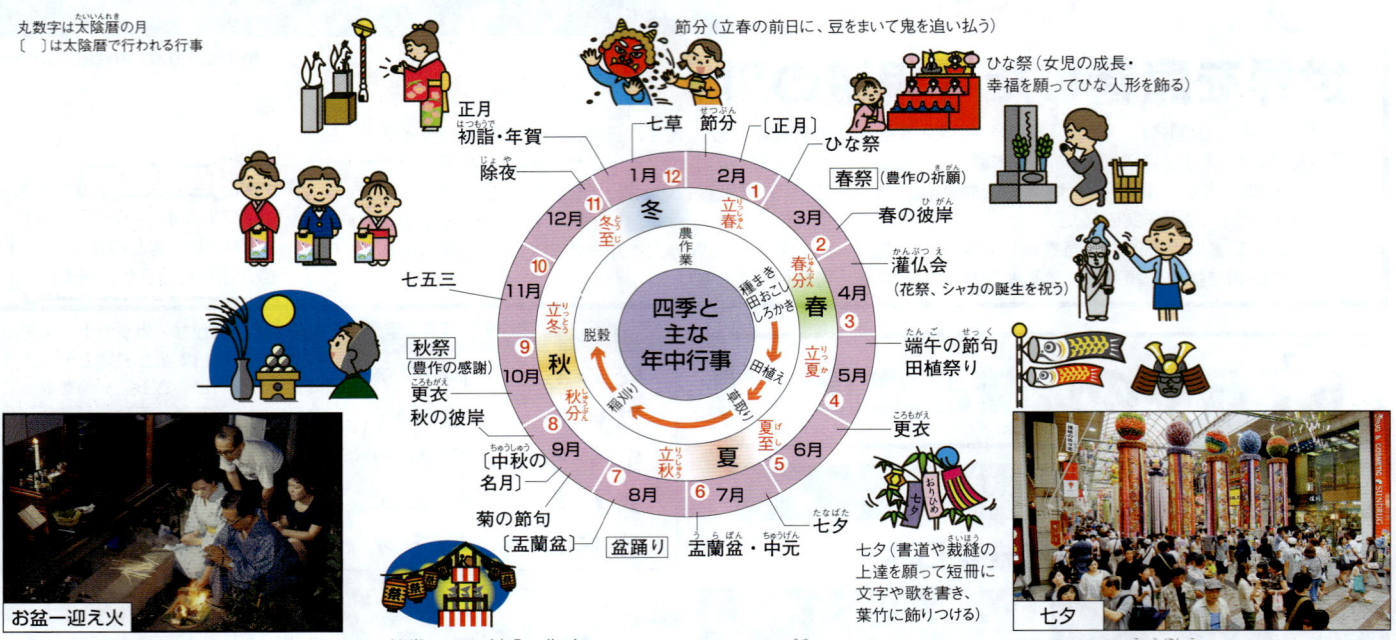

丸数字は太陰暦の月
〔 〕は太陰暦で行われる行事

正月　初詣・年賀
除夜
七五三
秋祭（豊作の感謝）
更衣
秋の彼岸

節分（立春の前日に、豆をまいて鬼を追い払う）
七草　節分　〔正月〕
ひな祭
春祭（豊作の祈願）
春の彼岸
灌仏会（花祭、シャカの誕生を祝う）
端午の節句　田植祭り
更衣
ひな祭（女児の成長・幸福を願ってひな人形を飾る）

冬　冬至　立春　春分　立夏　夏至　立秋　秋分　立冬
農作業
四季と主な年中行事
種まき・田おこし・しろかき
田植え
草取り
刈取り
脱穀

中秋の名月
菊の節句　〔盂蘭盆〕
盆踊り
盂蘭盆・中元

七夕（書道や裁縫の上達を願って短冊に文字や歌を書き、葉竹に飾りつける）
七夕

【正月】　正月とは本来、年の初めにあって「年神」の来臨を仰ぎ、その年の五穀豊穣を祈る地域共同体の「祭り」であった。門松は、その神のための「依り代」（目印）でもある。神であり、また祖霊でもあるこの「年神」によって、万物万霊の魂が新たに生まれ変わると考えられた。

【端午の節句】　「端午」とは月初めの午の日を指し、中国では邪気払いが行われてきた。日本では「午」が「五」に通ずることから5月5日を端午の節句とし、田植え前の物忌み信仰が加わり、魔除けの力があるという菖蒲を用いるようになった。男児の節句とされるのは武家社会以降である。

【お盆】　お盆とは「盂蘭盆会」の略であり、仏教的説話を起源とする解釈が一般的であるが、それ以前の祖霊信仰との習合と見ることもできる。元来、年始めは二度あり、一つが稲作を中心とした正月で、もう一つが畑作の豊作を祈願した旧暦七月の「お盆」である。お盆も「祭り」の一つだったのである。

お盆ー迎え火

2 通過儀礼　◁出題

解説　成人式も通過儀礼の一つ　人間にとって誕生から死に至るまで、その社会的立場・役割を大きく変える節目に行われる儀式・行事を「通過儀礼」（イニシエーション、→p.2）という。

出生	お七夜	生まれて7日目の赤ん坊に名前を付けて、白い紙に書き神棚に飾る。
	お宮参り	子どもが生まれてから、初めて産土神に参詣し、子どもの長寿と健康を願う。男児は31日目、女児は33日目に行うことが多い。
成育	初節句	誕生後、初めて迎える節句（季節の変わり目を祝う日）。男児は端午の節句、女児は上巳の節句（ひな祭）。
	七五三	数え年で男子3歳と5歳、女子3歳と7歳の11月15日に、成長を感謝して氏神に参詣する。
	成人式	子ども時代を卒業し、自立し、大人の社会に加わることを自覚する儀式。
	厄年	厄災に遭いやすく、忌み慎まねばならないといわれる年。男性は25、42、61歳、女性は19、33、37歳。厄払いのため寺社に参詣する。
年祝い		本来は、厄払いの意味もあったが、現在では長寿を祝うことが一般的になってきている。**還暦**（60歳）…再び生まれた年の干支に返るから。**古希**（70歳）…漢詩の「古来希なる」より。**喜寿**（77歳）…喜の異体字（㐂）が七を重ねたように見え、七十七と読める。**傘寿**（80歳）…傘を略した中国文字が八と十を合わせたように見える。**米寿**（88歳）…米の字が八十八を組み合わせたように見える。**白寿**（99歳）…百から一を取ると白の字になる。

○×チェック⑩　通過儀礼とは、人生の節目に行われる儀礼のことであり、結婚式や、子どもが誕生した後の宮参りなどを含む。（14年、追）

③ 能

解説 気高く優美で神秘的な美しさ 日本の伝統芸能の一つが能楽である。そのうち超自然的なものを題材とした歌舞劇のことを能とよぶ。江戸時代までは狂言と併せて猿楽とよばれていた。

そもそもは宗教的な演劇であったが、それを中世の観阿弥（1333〜84）と世阿弥（1363?〜1443?）父子が歌舞を取り入れ、舞台劇として大成した。特に世阿弥は独特の美意識から、「幽玄の美」を追究している。幽玄とは本来、仏法の奥深さを意味した仏教用語である。それを言葉では表現できない能の気高さや優美さ、神秘的な美しさを感じさせる情緒として表現したのである。

↑能面

④ 茶の湯

解説 質素で清貧な美しさ 茶道はかつて、「茶の湯」とよばれていた。茶を飲む習慣は、鎌倉時代に抹茶が栄西や道元（→p.17）によって薬として持ち込まれ、禅宗と共に広まったのが始まりである。

その後、安土桃山時代に、千利休が「わび」の理念と共に「茶の湯」を大成した。一見粗末

↑茶会のようす

な茶室や、質素な道具などに清貧な美しさを見いだし、精神の豊かさでその場を満たす。それは心の虚飾を取り除き、本来の人間性を取り戻すことであった。一期一会の主人と客人とが、心を共有できるもてなしの精神でもあり、その美しい心が茶道の本質となった。

⑤ 歌舞伎

解説 規範にとらわれない庶民の情熱 戦国時代から江戸時代にかけて、派手な服装や言動で目立った者を「かぶき者」とよんだ。これは傾くという意味の「かぶく」から来たといわれている。その装束や動きを踊りに取り入れた出雲阿国が「かぶき踊り」を始め、歌舞伎に発展する。庶民の情熱を、規範にとらわれず心の赴くままに表現する芸能である。江戸時代に女歌舞伎が禁止されると、男性が女形として女性を演じるようになる。後に演劇として洗練されるが、庶民の文化としての特徴を持ち続けている。

↑歌舞伎

⑥ 俳句

解説 質朴で繊細な美しさ 俳句は、世界で最も短い定型詩ともいわれるが、五・七・五の「韻律」と季語、「切れ」により、奥深い心象を表現できる。17世紀に松尾芭蕉などの詠んだ俳諧の発句も俳句に含められるが、近代的な俳句を成立させたのは明治時代の正岡子規である。

俳句の精神は、松尾芭蕉の「さび」に代表される。それは単にさびしい心境ではない。「さび」は、幽玄の美や「わび」とも共通する、質朴で繊細な美意識に基づく。水墨画や石庭にも表れるその内面的な美は枯淡の美ともよばれ、仏教の無常観、特に禅の精神と強く結び付いている。

↑松尾芭蕉
（1644〜94）

↑正岡子規
（1867〜1902）

社会・思想

まとめ ▪▪ ▪▬ ▪

Ⅰ 日本文化の特色
・伝統的文化に外来文化を柔軟に取り入れる
　…互いに影響を与え合って変化
　→クリスマス、除夜の鐘、神社への初詣
・現代の日本文化は海外の文化と影響を与え合う
　…海外には漫画やアニメといったポップカルチャー、食文化などが広がる

Ⅱ 日本の伝統と文化
・年中行事は農耕と深く関わる
　→祖霊信仰や日本仏教の影響
　→正月、彼岸、お盆など
・「ハレ」と「ケ」による生活上のリズム

　…非日常の特別な日が「ハレ」で、日常が「ケ」
・人生の節目において行われるのが通過儀礼（イニシエーション）
　…共同体における新たな地位や役割への移行
　→お宮参り、七五三、成人式など
・能は観阿弥と世阿弥が大成→「幽玄の美」を追究
・茶を飲む習慣は禅宗と共に広がる
　…「茶の湯」は千利休が大成→「わび」の理念→一期一会の精神
・歌舞伎は庶民の文化を、規範にとらわれず表現する芸能
・俳句は奥深い心象を表現
　…松尾芭蕉の「さび」が俳句の精神の代表
　→正岡子規により近代的な俳句が成立

補足解説

外来文化
古代から中世にかけては中国や朝鮮半島からの文化が中心であった。16世紀にキリスト教など西洋の文化が伝わり、江戸時代はオランダと中国からの文化が多少入ってくる。開国後は欧米の文化が大量に流入し、現代では世界中の多彩な文化が、日本の文化に影響を与えている。

日本文化の特徴
さまざまな研究者・学者が以下のような表現で表している。
和辻哲郎：日本独特の思想のうえに、外来思想が取り入れられているさまを「日本文化の重層性」ととらえた。
丸山眞男（1914〜96）：外来のものの影響を受けながら日本的なものを残存させていると述べた。

加藤周一（1919〜2008）：外来思想が土着し日本化して、雑種文化を形成していると論じた。
中根千枝（1926〜2021）：親子関係や官僚組織などの例に見られるように、日本社会が上下という「タテ」の組織で構成されると論じた。
土居健郎（1920〜2009）：日本社会においては、物事を言葉ではっきりと伝えず、自分の気持ちを察してほしいという「甘え」が構造化しているとした。
ルース=ベネディクト（1887〜1948）：『菊と刀』で日本人の義理と人情の重視、恥や汚名を嫌う傾向、階層的な日本社会の特徴などを鋭く分析し、西洋の「罪の文化」と対比して、「恥の文化」とよんだ。

○×チェック 答え⑩　○ 結婚式や宮参りも、社会的立場・役割を大きく変える節目であり、通過儀礼として見なすことができる。

↑「論語」を学ぶ中国の小学生（左）と孔子の像（右）

現代に生きる孔子の教え〜対話で生き方を探る〜

いつの時代でも、人は自分がどう生きればよいのか迷い、悩む。独りで考える時間も必要だろう。しかし、ほかの人と対話することで疑問が解決したり、かつて同じような問題で悩んできた先人の思想に触れることで、今まで見えなかったことが見えてきたりするかもしれない。

『論語』は古代中国の思想家、孔子の言葉を弟子たちがまとめたものである。孔子と弟子たちとの対話から、「よく生きる」ために何が必要かを知ることができる。この教えは中国から日本など東アジア各地に広がり、現在でもさまざまな場面で学習され、社会規範や道徳に大きな影響を与えている。

Question

・「よりよく生きる」ためにはどうしたらよいだろうか。（→Ⅰ Ⅱ）

社会・思想

7 古代の哲学

Ⅰ 古代ギリシャの思想に学ぶ

↑友達と対話する高校生

今から2400年前の古代ギリシャのころから、よりよい生き方を求めることは人々にとって最重要課題だった。人々は、みずから思索を深めるとともに、師や友人と対話をしながら、よりよい生き方を模索していった。そうした歩みを学ぶことで、私たちにとってのよりよい生き方を考える手がかりにしてみよう。そして友人や家族などさまざまな人との対話を通して、考えを深め、共有していこう。

1 無知の知〜ソクラテス〜　〈出題〉

↑友人に「よく生きること」を語るソクラテス

私自身はそこを立去りながら独りこう考えた．とにかく俺の方があの男よりは賢明である、なぜといえば、私達は二人とも、善についても美についても何も知っていまいと思われるが、しかし、彼は何も知らないのに、何かを知っていると信じており、これに反して私は、何も知りもしないが、知っているとも思っていないからである。されば私は、少くとも自ら知らぬことを知っているとは思っていないかぎりにおいて、あの男よりも知慧の上で少しばかり優っているらしく思われる。

（プラトン 久保勉訳『ソクラテスの弁明』岩波書店）

○×チェック⑪　ソクラテスは、善などについて完全には知っていないということの自覚が、真の知識への出発点であると主張した。（15年、本）

↑ソクラテス（前469
ごろ〜前399）

「自分は○○について知っている」と思う人は、それ以上、知ろうとしない。でも知らないことを自覚すれば、知りたいと思って学び、考える。学問は自分の無知を自覚し、真実を愛し求めることから始まるのだ。さて、私たちは自然や社会、人間などについて、何を知っているだろう。それらを分かったつもりで、大切な真実を見逃していないだろうか。

解説 **対話をして真実に気付かせる**　古代ギリシャのアテネでは、**ソフィスト**とよばれる職業教師が実用的知識や弁論術を市民に教えていた。哲学者**ソクラテス**は、ソフィストなど知識人たちと**問答**（→補）し、彼らが本当は何も知らないのに、知っているつもりになっていることに気付いた。自分も無知だが、知らないことを知っていると思う。この「**無知の知**」（→補）の立場に立ったソクラテスは、自分を知者とよばず、**愛知者**とよんだ。彼はアテネの街角で多くの市民と対話をしながら、彼らが「大切なことを何も知らない」ことに気付かせ、真の知識を生み出す手助けをした。**助産術**とよばれるこの方法は教育の原点だといわれる。また彼は、正しいことは何かを知り、それに従い行動することで幸福になると考えた。後に無実の罪で死刑を宣告された際、脱走を勧める友人へ「**ただ生きるのではなく、よく生きることが大切である**」と語り、判決に従った。

2 理想への憧れ〜プラトン〜 [出題]

同じ料理を一緒に食べても、美味しく感じる人とまずく感じる人がいる。感覚は、人それぞれ違うのだ。でも1＋1は、誰もが2と答える。理性で考えることは、一つの結論に達することができるのだ。それならば、真実は理性によって把握できるのではないだろうか。

↑プラトン（前427ごろ〜前347）主著『ソクラテスの弁明』『国家』。

解説 **完全な世界を目指す**　ソクラテスの弟子**プラトン**は、現実は感覚の世界であり、移ろいゆく不完全なものと考えた。そして**理性**によってとらえられる完全な世界、**イデア界**を想定した。**理想主義**の立場から、現実の世界はイデア界の影だととらえたのである。私たちの精神もかつてはイデア界にいたので、イデアへの憧れを持っているとする。それをプラトンは**エロス**とよんだ。つまり、現実の世界で不完全さを自覚することから生まれる、完全な理想世界に憧れる愛である。ではエロスの目的は何か。それは最高のイデアである善のイデアに至ることだという。そこへ向けての努力でさまざまな徳が実現し、精神が完成されるのだ。完全なものや自分より優れたものへの憧れは、誰もが持つだろう。不完全な自分をより高めたいからだ。その過程で多くを学び、人間は精神的に成長する。理想を愛することは、よりよい人生を目指す力になるのだ。

地上の世界（イデア界）　善のイデア
洞窟の壁に映る影（現実世界）

←**洞窟の比喩**　感覚にとらわれた人間は、洞窟の中で奥を見ている囚人のように、イデアの影しか見ることができない。真実の姿を見るためには見方を変え、理性によって善のイデアに照らされるそれぞれのイデアを見なくてはならない。

3 現実から考える〜アリストテレス〜 [頻出]

私たちは皆、今生きている現実の世界で幸せになりたいと願っている。でも、どうすれば幸福になれるのだろうか。どんな生き物も、その特長を発揮して生きるときが幸福である。魚なら泳いでいるときが幸せで、釣り人に釣り上げられて泳げなくなれば不幸である。泳ぐことが魚の特長だからだ。では人間の特長は何だろうか。

↑アリストテレス（前384〜前322）主著『自然学』『形而上学』『ニコマコス倫理学』『政治学』。

解説 **理性を働かせて幸福を得る**　プラトンの弟子**アリストテレス**は、動物にはない**人間だけの特長が理性**だとした。だから人間は理性を十分働かせ、それに従って生きることで**最高善である幸福が得られる**のだと考えた。

また、彼はプラトンのイデア論を批判し、**現実主義**の立場に立った。だから彼は愛についても、エロスとは異なる**フィリア**（友愛）を唱えた。人間どうし互いの人間性の善さにひかれ合い、肯定し合う対等な愛である。彼は「愛は、愛されることよりむしろ愛することにある」とも言う。相手を思う気持ちが美徳なのである。

憧れ　対等　憧れ

←**理想への「愛」と現実のなかの「愛」**　愛には、大別して2種類ある。自分より優れていたり、美しかったりするものに対する憧れとしての愛。あるいは同じ立場で分かり合い、共感し合う友情のような愛。これらは理想への愛と、現実の中の愛だともいえる。

Ⅱ 古代中国の思想に学ぶ

古代中国では周が衰えた春秋時代の末から、諸侯が激しく覇権を争い、やがて有力な諸侯が自立して王になって戦国時代を迎えた。彼らは動乱の世を生き抜くため、多くの政治家や思想家を求めた。そして諸子百家とよばれる儒家、道家、墨家、法家、兵家、名家、縦横家などの学派が出現したのである。その中でも主流となったのは儒家と道家で、後の日本人の思想や生活にも大きな影響を与えている。また墨家は、戦乱の時代を改めようとする平和主義思想を主張している。

1 道徳で社会秩序を支える〜儒家〜
①孔子〜仁と礼〜

学校では、「あいさつをしよう」「礼儀正しくしよう」と言われるのではないだろうか。それは社会人の必須条件だからだが、ではなぜそうなのだろう。

また、「親孝行」や年長者を敬うことが美徳とされることが多いが、かつては今以上に目上の人を大切にすることが重視されていた。年齢や立場による上下関係を明確にする考えには、どんな理由があるのだろうか。

↑孔子（前552ごろ〜前479）本名は孔丘。儒教（→p.17）の始祖。主著『論語』（弟子たちが編纂）。

社会・思想

←仁と礼

解説 **人のあり方としての道** 古代中国では、社会の規範として礼が重視されていた。**孔子**は形としての礼を、心の中の**仁**で支えることで動乱の世に社会秩序を取り戻そうとした。仁とは、親や祖先を敬う**孝**、兄や年長者を敬う**悌**などのように、心に自然に現れる家族的な愛であり、上下関係を持つ愛だともいえる。彼は心に仁を持たない形だけの礼は、虚礼だとして否定する。そして仁と礼を基礎に、人のあり方として「人倫の道」を考えた。また、世の中も政治に関わる者が徳を積み、民衆を道徳で感化することで国が治まるという**徳治主義**を主張した。

②孟子と荀子〜性善説と性悪説〜

> 人の不幸を切にあわれみ深く痛む心は、やがて仁となる萌芽であり、自己の不義・不正を差じにくむ心は、義の萌芽であり、辞譲して人に譲る心は、礼の萌芽であり、是を是とし、非を非とする心は、智の萌芽である。（内野熊一郎訳『孟子』）

↑**孟子**（前372ごろ〜前289ごろ）本名は孟軻。

> 人の生まれながらもっている性は悪くなる傾向性をもっているが、努力して修得した偽こそが善いのである。（竹岡八雄・日原利国訳『荀子』）

 人間はよいことも悪いこともする。では人間の本性は、善悪どちらだろうか。

解説 **善と悪** 孟子は孔子の仁の思想を発展させ、**性善**を主張した。人間の本性は善ではないが、生まれつき**四端**という善の芽となる面が備わり、努力して伸ばせば善を為せるとする。それを高めれば仁義礼智という**四徳**になるとした。そして仁と義による**王道の政治**（→補）を主張した。

↑**荀子**（前298ごろ〜前235ごろ）本名は荀況。

荀子は孔子の礼の思想を発展させ、**性悪**を主張した。人間の本性は悪ではないが、欲望を持つから放置すると必ず争いが起きて世の中が乱れるとする。そこで礼により人間を教育し、指導する必要があるとした。

②無為自然〜道家〜

> すぐれた(真実の)「道」が衰えたために、仁愛や正義が起こった。(人の)知恵や分別があらわれたために、ひどい偽りごとが起こった。近親者が和合しなくなったために、子としての孝行や親としての慈愛があらわれた。国家がひどく乱れてきたために、忠臣があらわれた。（金谷治訳『老子』）

↑**老子**（生没年不明）道教の始祖。司馬遷の『史記』老子伝によれば、本名は李耳。

人間は互いに争い、自然を破壊して地球環境問題を起こした。どうすれば争いをやめ、自然と共生できるのだろうか。

解説 **自然に生きる道** **老子**に始まる**道家**は、仁義礼智に基づく人倫の道ではなく、それらがいらない**自然の道**に従って生きることを説いた。人は欲望を持って苦しむことをやめ、虚心になって自然と調和する**無為自然**の生き方をすべきとしたのである。そして自給自足で質素に暮らす農村、**小国寡民**を理想の社会とした。彼の思想を受け継いだ**荘子**は、ありのままの自然と一体化して生きる**真人**を理想とした。自然に従う生き方は、現代人にも教訓となるだろう。

↑**胡蝶の夢** 夢と現実の区別がはっきりしないという寓話。人生のはかなさをたとえたものともされる。

③兼愛交利〜墨家〜

> それでは人を憎み人を害うものが、兼愛の立場にあるか、または別愛(自己中心)の立場にあるかといえば、それは必ず別愛であるといえよう。（藪内清訳『墨子』平凡社）

↑**墨子**（前470ごろ〜前390ごろ）。本名は墨翟。

あなたは誰を愛せるだろうか。自分、家族、友人。では他国の人々はどうだろう。自分自身からの距離が大きくなると、愛するのが難しくなる。でもそれができれば、戦争は無くせるのではないだろうか。

解説 **広く愛する** 戦乱の世に平和を取り戻したいと願った**墨子**は、憎しみや争いの原因を**別愛**、すなわち自己中心的な欲望だと考えた。そして、仁の思想を発展させて、すべての人々が平等な立場で、広く互いに愛し合う**兼愛**を主張した。

まとめ

Ⅰ 古代ギリシャの思想に学ぶ
- **ソクラテス**は**無知の知**の立場→真の知の出発点
  問答法で自分の無知を自覚させる→助産術
- **プラトン**は理想主義
  理性でとらえるイデア界が真実→現実は影→イデアへの憧れがエロス
- **アリストテレス**は現実主義→人間どうしの対等な愛が友愛（フィリア）

Ⅱ 古代中国の思想に学ぶ

- 孔子の思想→儒家
  形としての礼を心の中の仁で支えることで社会秩序を取り戻す
- 孟子は性善説で荀子が性悪説
- 老子や荘子の思想→道家
  無為自然や小国寡民を理想
- 墨子の思想→墨家
  兼愛

補足解説

問答
ソクラテスが用いた真理を求める方法。対話法ともいう。相手に根源的な問いかけをし、問答で相手自身に自分の無知に気付かせ、真の知の探究へ向かわせる。相手に答えを押しつけるのではなく、真理を生む手助けをすることを助産術とよび、教育の原点でもある。

無知の知
自分の無知を自覚すること。真の知識の探求の出発点であり、ソクラテスの思想の原点。自分の無知を客観的に知るというより、知らないと主観的に思うだけなので、「不知の自覚」とよぶべきとする説もある。

王道の政治
権力による覇道の政治ではなく、仁を基に経済を改善し、民衆に道徳を身につけさせて国を治める理想の政治。

 アリストテレスは、人を本来的に共に生きる存在である「社会的動物」であるとし、人々が共に生きるうえでは正義が重要であると考えた。（13年、本）

先人の思想を踏まえ、根源的課題を考える

アメリカの名門、ハーバード大学のマイケル=サンデル教授は、身近で具体的な問いを設定し、先人の思想を踏まえて学生と討論する授業をしている。

初来日した際には、「40億円を大学に寄付するなら点数不足の受験者の入学を認めてよいか」というテーマなどを、学生たちと議論した。そこから、道徳的な正しさを重視するカントの思想（➡Ⅲ）や、幸福の最大化を重視する功利主義の思想（➡Ⅳ）などを基に、「正しさ」には多様な見方があることを実感させていく。サンデル教授は、こうした現実の課題に取り組むのは哲学者だけの仕事でないとして、一人一人が考えることを促した。

↑学生たちと対話し、対話を通じて学生の考えを深めさせているマイケル=サンデル教授（2015年　イギリス・オックスフォード大学）

Question

・本文中の問いに対し、あなたならどう考えるだろうか。（➡Ⅰ〜Ⅸ）

---

8 近代哲学・現代思想

古代ギリシャでは、自然、社会、人間のあり方などが探究された（➡p.24）。中世は、キリスト教の教義に基づいて世界がとらえられていたが、ルネサンスと宗教改革（➡Ⅱ）を経て、人間性と理性の復権が見られた。そして、理性や経験から真実を見いだす近代の**合理的精神**によって自然科学が発展し、帰納法や演繹法など、近代科学の方法が編み出された（➡Ⅱ）。これらは、フランシス=ベーコンに由来するイギリス経験論と、デカルトに由来する大陸合理論に分かれていたが、カントやヘーゲルなどのドイツ観念論によってまとめられた（➡Ⅲ）。

Ⅰ 西洋近代思想の流れ

また、産業革命により、工業化が進むなかで、結果を重視する功利主義（➡Ⅳ）や、貧富の差など社会の矛盾を改めようとする社会主義（➡Ⅳ）が誕生した。これまでの価値観が揺らぐなか、主体性を持って生きる実存主義（➡Ⅴ）も主張された。

そして第二次世界大戦という悲惨な経験に直面し、西洋的な理性を再検討するフランクフルト学派（➡Ⅵ）が登場し、弱者の救済を目指すヒューマニズムの実践（➡Ⅷ）も社会を動かした。さらに、正義や公正を追求して格差を解消しようとする主張もある（➡Ⅸ）。

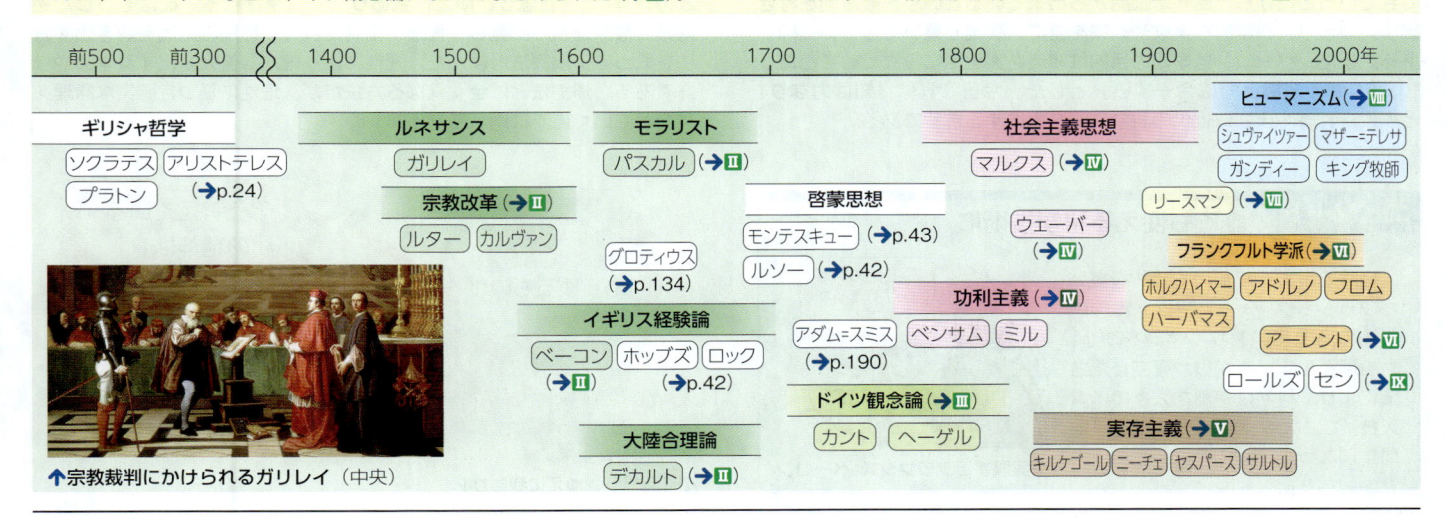

| 前500 | 前300 | 1400 | 1500 | 1600 | 1700 | 1800 | 1900 | 2000年 |

ギリシャ哲学　ソクラテス　アリストテレス　プラトン　（➡p.24）

ルネサンス　ガリレイ

モラリスト　パスカル（➡Ⅱ）

ヒューマニズム（➡Ⅷ）　シュヴァイツァー　マザー=テレサ　ガンディー　キング牧師

社会主義思想　マルクス（➡Ⅳ）

リースマン（➡Ⅶ）

宗教改革（➡Ⅱ）　ルター　カルヴァン

啓蒙思想　モンテスキュー（➡p.43）　ルソー（➡p.42）

グロティウス（➡p.134）

ウェーバー（➡Ⅳ）

フランクフルト学派（➡Ⅵ）　ホルクハイマー　アドルノ　フロム　ハーバマス

イギリス経験論　ベーコン（➡Ⅱ）　ホッブズ　ロック（➡p.42）

功利主義（➡Ⅳ）　アダム=スミス（➡p.190）　ベンサム　ミル

アーレント（➡Ⅵ）

ロールズ　セン（➡Ⅸ）

大陸合理論　デカルト（➡Ⅱ）

ドイツ観念論（➡Ⅲ）　カント　ヘーゲル

実存主義（➡Ⅴ）　キルケゴール　ニーチェ　ヤスパース　サルトル

↑宗教裁判にかけられるガリレイ（中央）

Ⅱ 人間性と理性を復権する…合理的な思想

中世ヨーロッパでは、キリスト教的な神によってすべてが説明されていたが、それを打ち破ったのが近代科学である。その始まりは、ルネサンスと宗教改革にさかのぼる。

14世紀に北イタリアで、人間らしさを取り戻す運動が始まり、復興という意味のルネサンスとよばれた。それは人間性を素直に表現した古代ギリシャやローマの文化を復興し、教会の教義に縛られた人々を自由にした。

やがてキリスト教の内部でも、ローマカトリック教会の不合理な教義を批判する宗教改革が始まった。ルターやカルヴァンは神への信仰と聖書を重視し、彼らを支持する信者はプロテスタントとよばれる。こうした不合理な教義からの解放は、近代科学の基盤にもなった。

↑教皇からの破門状を焼き捨てるルター
「贖宥状を買えば罰が軽減される」とするローマカトリック教会をルターは批判した。

①人間は考える葦〜パスカル〜 〈出題〉

自然の中で、夜空を見上げてみよう。満天の星の下、私たちは何とちっぽけな存在だろうか。宇宙や地球とは比較にならず、樹木と比べてもはるかに小さい。動物のように、何か優れた身体的特徴があるわけでもない。ただ唯一、人間は考えることができる。

解説 考えることの価値 近代の科学者パスカルの遺稿集『パンセ』には、「人間は一茎の葦にすぎない。自然の中で最も弱いものである。しかし、それは考える葦である」とある。水辺で頼りなく風にそよぐ葦のような人間。しかし人間は自分の小ささ、みじめさを知っている。そしてその思考は、宇宙をも包むことができる。またパスカルは、「われわれの尊厳のすべては、考えることの中にある」とも述べている。考えることのできる人間は、それだけで偉大である。考えること自体に価値があるのだ。

↑水銀圧計を計測するパスカル（中央）

②知は力なり〜フランシス=ベーコン〜 〈出題〉

あなたは地球が丸くて動いていることを知っている。でもそれは、本や学校でそう学んだからだ。それなしで大地に立ったら、地球は平らで動かないと思うだろう。人間の感覚は不正確で、当てにならないのである。

↑フランシス=ベーコン（1561〜1626）イギリスの哲学者。主著『ノヴム・オルガヌム』。

事実　事実　事実　事実
↓
実験・観察（イドラの排除）
↓
一般的法則
←帰納法

解説 経験で真実を見いだす 人間は先入観や偏見に陥りやすい。近代イギリスの哲学者フランシス=ベーコンは、それをイドラとよんだ。

イドラに惑わされず、真実を見つけるために、彼は多くの事実を集め、実験や観察を通じて理性で一般的な法則を導き出す方法を採り、帰納法とよんだ。例えば、鳥や魚など異なる生物を観察し、いずれも細胞からできていることから、生物は細胞から出来ているという一般法則を導き出す。つまり、科学的な実験や観察を基に、真実を見いだしていくのである。また、ベーコンは学問の目的は知識を実生活に役立てることだとし、「人間の知識と力は合一する」とした。今日これは「知は力なり」と表現される。まさに近代の科学文明を象徴する言葉である。

③我思う、ゆえに我あり〜デカルト〜

この世で絶対確実に存在するものは何だろう。周りを見渡せばさまざまなものが見えるし、音も聞こえる。手で触ることもできる。でも、人間の感覚はだまされやすい。実際は何もなく、リアルな夢を見ているだけかもしれない。

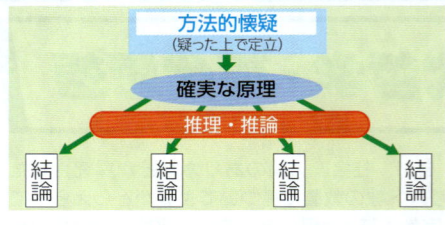
方法的懐疑（疑った上で定立）
↓
確実な原理
↓
推理・推論
↓
結論　結論　結論　結論
←演繹法

↑デカルト（1596〜1650）フランスの哲学者。主著『方法序説』。

解説 理性で真実を見いだす 「近代哲学の父」とよばれるデカルトの哲学は、すべての物事を疑うことから始まった。例えば、目の前にあるいすは本当に存在しているのか。彼は、目に見えるもの、感じるものすべてを疑っていき、そして最後には、自分の存在も疑った。だがそこで彼は気付く。疑って、考えている自分は、確実に存在しているはずだ、と。この真理は、「我思う、ゆえに我あり」と表現される。彼はそうした絶対確実な原理から出発し、推理・推論によって個別の結論を導き出す方法を取って、演繹法とよんだ。理性により確かな答えを出す数学のやり方である。帰納法とは全く異なる方法だが、理性に基づき確実な原理を見つけていく点では同じである。

エピソード　誰でも使える科学技術に

経験で事実を確かめる姿勢を貫いたフランシス=ベーコンは、雪の中で鶏の冷凍実験をして体調を崩し、命を落とした。だが彼が確立した方法により、科学は特別な人々の「職人技」ではなく、誰にでもできる「学問」になった。

雪を詰めれば保存できるか実験だ！
↑実験するフランシス=ベーコン

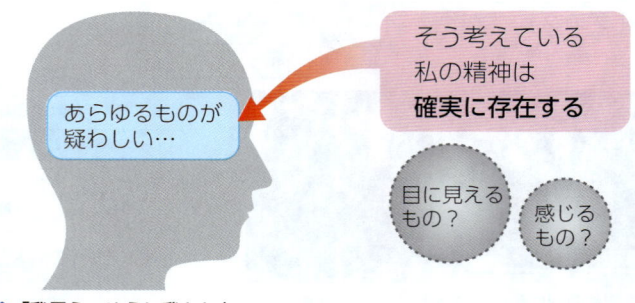
そう考えている私の精神は確実に存在する
あらゆるものが疑わしい…
目に見えるもの？　感じるもの？
↑「我思う、ゆえに我あり」

社会・思想

○×チェック⑬
観察や実験によって得られたさまざまな事実を基にして、それらに共通する一般的法則を見いだす思考方法は、弁証法とよばれる。（15年、本）

Ⅲ 生き方と世界を考える…ドイツ観念論

18世紀のヨーロッパでは、迷信などを排し理性を重視する啓蒙思想が広がるとともに、フランス革命などの市民革命（→p.47）によって、自由や平等の理念が重視されるようになった。こうしたなか、近代哲学は、経験を重視するイギリス経験論と、理性を重視する大陸合理論に分かれていたが、それを批判的にまとめたのが**ドイツ観念論（→補）**である。そこでは精神面での、壮大で緻密な体系が展開されている。

①人間の尊厳～カント～ 〈出題〉

↑料理を作って知人をもてなすカント（左から2人目）

愛する人のためにアクセサリーを作りたい。その場合の「目的」は相手を思う気持ち、つまり純粋な**善意志（→補）**が動機であり、道徳的な行為だともいえる。一方、作るための道具は「手段」だ。有用だが、壊れたら交換できるものである。

解説 目的として扱う人格 **カント**は、人間の**人格**はかけがえのないものだから、「**目的**」として扱わねばならないとした。つまり、同じプレゼントでも、相手を利用しようとして贈れば人格を「手段」として扱ったことになり、道徳的ではないと考えたのである。

では、カントが考える道徳とは何か。人間の意志は、苦しみを避けて快楽を求める「自然法則」に支配されており、不自由である。例えば、強盗に銃を突きつけられ、恐怖から逃げたいために嘘をつくのは、自然法則に支配されているといえる。

だが人間は、理性の命令である「道徳法則」に従おうとする**意志の自由**を持つ。これは「良心の声」と考えると分かりやすい。そしてその道徳法則は、すべての人間に当てはまり、「まさになすべし」という無条件の命令でなければならないとした。つまり、「もし○○ならば××せよ」というような条件付きのものは、道徳法則ではないと考えたのだ。

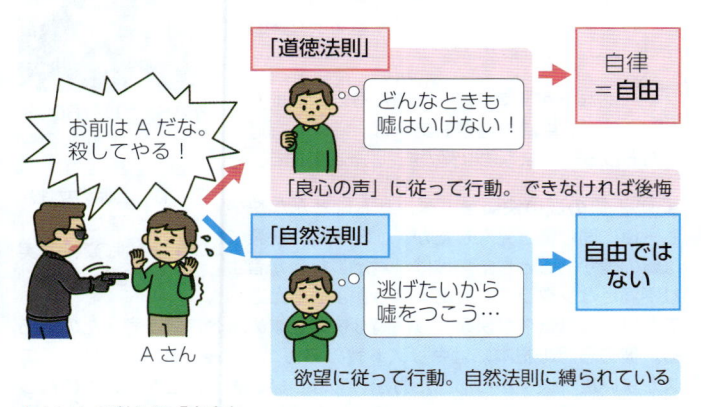

お前はAだな。殺してやる！

「道徳法則」→ どんなときも嘘はいけない！→ 自律＝自由
「良心の声」に従って行動。できなければ後悔

「自然法則」→ 逃げたいから嘘をつこう…→ 自由ではない
欲望に従って行動。自然法則に縛られている

Aさん

↑カントの考える「自由」

君自身の人格ならびに他のすべての人の人格に例外なく存するところの人間性を、いつでもまたいかなる場合にも同時に目的として使用し決して単なる手段として使用してはならない

（カント 篠田英雄訳『道徳形而上学原論』岩波書店）

エピソード 永久平和を目指したカント

↑国際連盟第1回総会（1920年 スイス）

カントは、互いの人格を尊重し合い、自律的に生きる社会を「目的の国」とよんだ。そして個人間でも国家間でも戦争は道徳上、悪だと考えた。戦争は人格の品位を破壊し、人間の自由を損なうからである。戦争をなくし、「目的の国」を現実化するため、常備軍の廃止や国際法の確立、国際的な平和維持機関の設立を提案し、最終的理想として世界共和国の樹立を目指した。このカントの「**永久平和論**」は、後に20世紀になり、世界平和のための史上初の国際組織として国際連盟が設立されたとき、理論的な基盤になった。

何度も繰り返し長い時間をかけて考えれば考えるほど、いつも新たな、いよいよ強い感嘆と畏敬で心を満たすものが、二つある。私の上なる星空と、私の内なる道徳法則とである。

←**カントの記念碑** カントの主著の一つである『実践理性批判』の締めくくりの言葉が刻まれている。カントの思想を端的に表している。

②弁証法を提唱～ヘーゲル～ 〈出題〉

あなたは心の中に、矛盾を感じたことはないだろうか。2人の自分が異なる意見を闘わせたり、気持ちが一つにまとまらなかったり。あるいは、自分の生き方が選べずに悩んだり。それは全く当然で、人間の精神は複雑なものであり、さまざまな矛盾を抱えているのである。そして矛盾があるがゆえに思索が深まり、新しい発想が生まれてくることもある。だから矛盾をうまく乗り越え、高いレベルに達することができれば、よりよい生き方がつかめるだろう。

↑**ヘーゲル**（1770～1831） ドイツの哲学者。主著『精神現象学』『法の哲学』。

× この思考方法は帰納法とよばれ、フランシス＝ベーコンが確立した。弁証法はヘーゲルが提唱した概念である。

←弁証法のモデル

合

止揚

合 ←→ 反

止揚

正 ←→ 反

解説 **世界は矛盾により発展する** 矛盾の概念を、**弁証法**として確立したのがドイツの哲学者**ヘーゲル**である。歴史を例にすると、ある時代の思想には必ず対立思想が生まれる。この矛盾は、両者の長所を取り入れた新たな思想の登場を生む。あらゆるものは、こうした「正」と「反」の矛盾を含み、一段高いところへ「合」する、すなわち止揚（アウフヘーベン）することで解決する。それは新たな「正」となり、「反」が登場してまた矛盾が起きる。彼はこうした変化と発展の流れで世界をとらえた。だから歴史も偶然ではなく、その法則で動くとし、歴史を推し進める主体を**世界精神**（→福）とよんだ。

　現代の私たちも、矛盾を前向きに考えてみよう。意見が一つだけなら、それ以上発展しない。でも対立する意見があり、議論すればよりよい結論を生み出せるだろう。現代の民主政治も、議論で発展するのである。

文化祭ではカレーを出そうよ！

私はうどんがいい！

じゃあカレーうどんは？

←意見の対立から新たな発想が生まれる例

社会・思想

エピソード 「世界精神が行く」

　古代や中世の人々より現代の私たちのほうが、合理的に物事を考え、自由に生きることができるだろう。人類は歴史と共に、さまざまな対立を乗り越え、理性と自由を進歩させてきたのである。

　ヘーゲルはフランス革命（→p.47）に自由の拡大を見る。だがそれは内部矛盾で恐怖政治を生んでしまう。やがてナポレオンが皇帝になり、軍隊を率いて攻め込んできた。そのときヘーゲルは、「世界精神が行くのを見た」と書いている。弁証法のように、不合理な旧体制を破壊し新しい社会を構築するナポレオンに、世界精神が動かす歴史の発展と法則性を読み取ったのである。

↑馬に乗ったナポレオンを見るヘーゲル（右手前）

Ⅳ 工業化社会の功罪を考える

　18世紀後半以降、産業革命によって工業化が進み、機械による大量生産が始まった。そして富や利益の追求が重視されるようになり、社会の幸福や公正さが軽視された。そこで社会全体の幸福の最大化を追求する**功利主義**や、公正な社会を目指す**社会主義**が登場してきた。

①最大多数の最大幸福〜ベンサム〜 ◀頻出

　自然は人類を苦痛と快楽という、二人の主権者の支配のもとにおいてきた。われわれが何をしなければならないかということを指示（中略）するのは、ただ苦痛と快楽だけである。
（山下重一訳『道徳および立法の諸原理序説』中央公論社）

↑ベンサム（1748〜1832）イギリスの哲学者。主著『道徳および立法の諸原理序説』。本人の遺言により、遺体は現在もロンドン大学に保管されている。

　あなたはどんな人生を送りたいだろうか。やはり幸福に暮らしたいし、楽しいことは多いほどよい。不幸で苦しい人生は嫌だ。こうした誰もが願う原理を基に、結果としての幸福を増やす哲学を展開するのが功利主義である。

解説 **快楽の量を計算する** **ベンサム**は、幸福や快楽を生み出すのに役立つ性質を功利性とよび、真理だとした。そして個人の幸福や快楽を合わせて社会全体で最大化する「**最大多数の最大幸福**」を追求すべきとした。そのために、すべての人の快楽の量を平等に計算することも提案している。しかしベンサムは、ホームレスを救貧院に閉じ込めたほうが社会全体の幸福は増大するとも主張している。幸福の多寡を数学的に計算する彼の考えは、少数者の切り捨てにつながる面もあった。

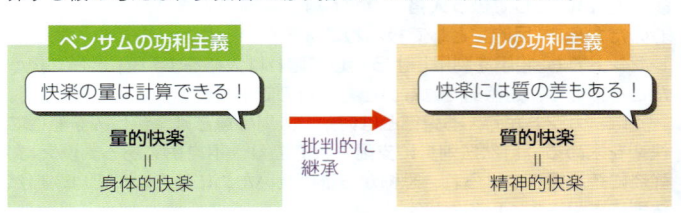

ベンサムの功利主義		ミルの功利主義
快楽の量は計算できる！	批判的に継承	快楽には質の差もある！
量的快楽＝身体的快楽		質的快楽＝精神的快楽

②質の高い快楽〜 J.S.ミル〜 ◀頻出

　満足した豚であるより、不満足な人間であるほうがよく、満足した馬鹿であるより不満足なソクラテスであるほうがよい。
（J.S.ミル 伊原吉之助訳『功利主義論』中央公論社）

↑J.S.ミル（1806〜73）イギリスの哲学者。主著『自由論』。ミルは、当時の女性差別を不合理だと考え、晩年は女性の選挙権実現に尽力した。

　あなたが「幸せだ」と感じる場面は何だろうか。単純な喜びもあれば、深い幸福感もあるだろう。快楽には質の差もあるのである。

解説 **質の高い快楽を** ベンサムはどんな快楽も一律に同じ量と見なしたが、**J.S.ミル**は快楽には質の差があるとした。彼は「満足した愚か者より不満足なソクラテスであるほうがよい」と述べており、人は低俗な快楽より高尚な快楽を求めるべきだと考えたのである。彼の思想の根本にはキリスト教のアガペー（→p.14）があり、イエスが説いた「人々からあなた方がしてほしいと思うことを、人々に対してその通りにしなさい」という黄金律を功利主義の理想とした。

○×チェック⑭ 『戦争と平和の法』を著して、国際社会には国が守るべき法があることを示したのは、カントである。（16年、本）

③理想の社会を目指す…社会主義 頻出

←インターネットカフェで寝泊まりする人
現代の日本には、一生懸命働いても衣食住が確保できない人々もいる。1か月以上の長期滞在者も珍しくない。

→紡績工場で現場監督にムチで打たれる児童労働者（19世紀）
資本主義の進展につれて、児童をはじめとした低賃金・長時間労働などの問題が深刻化していった。

現代では、働いても働いても貧困から抜け出せないワーキング・プアとよばれる労働者が増加し、貧富の格差が大きな問題となっている。貧富の差の拡大は、社会が工業化して以来の課題でもある。産業革命によって、資本家とよばれる工場所有者は大量の製品を販売してばく大な利益を得たが、労働者は低賃金で貧困に苦しんだ。そこで、労働と報酬を比例させようとする社会主義思想が登場した。

←マルクス（1818〜83）の肖像が掲載された旧東ドイツの切手

解説 公正な社会の実現を主張　マルクス（→p.190）は友人エンゲルスの協力で、産業革命後の経済のしくみを解明して資本主義経済と名付け、その生産力や効率性を高く評価した。だが労働と報酬が比例していないため、働かない資本家が労働者を搾取して豊かになる問題点も指摘した。そこで経済の問題点を科学的に分析し、革命を起こして搾取のない公正な社会を実現する科学的社会主義を主張した。

資本主義経済では労働者が生産した物は自分たちのものにならず、資本家の所有物となる。だから労働者は所有する喜びが得られず、売り上げの一部を受け取るだけなので貧困に苦しむのだ。彼らはこれを労働の自己疎外とよんだ。また、経済が社会の下部構造であるから、生産関係の変化が歴史を動かすとした。この歴史観は、唯物史観（→欄）とよばれる。そして革命を起こして資本家による労働者の搾取を無くし、公正な社会主義経済を実現するべきだとした。

マルクスの思想は20世紀にロシア革命を生み、旧ソ連など社会主義国家がつくられた。だがそれらは理想と異なる独裁制国家となり、自由や人権は奪われ、20世紀後半には次々と破綻した（→p.160）。

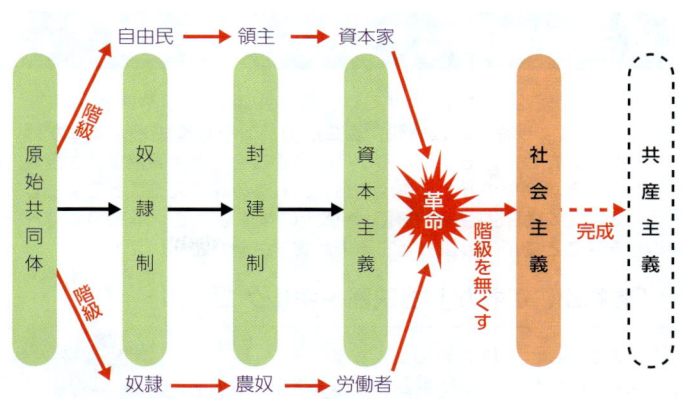

↑マルクスの唯物史観に基づく社会の発展のイメージ

エピソード　**革命家だったマルクス**

膨大な数があるマルクスの著作のうち、『資本論』と並ぶ代表作が『共産党宣言』である。資本主義経済を分析した研究書である前者に対し、後者は政治組織「共産主義者同盟」の綱領として書かれた。本書は友人エンゲルスとの共著だが、彼はマルクスとの共同研究者であり、経済面からも支えていた。

そのエンゲルスの著書『フォイエルバッハ論』の付録にマルクスは、「哲学者たちは、世界をさまざまに解釈したにすぎない。大切なことはしかし、それを変えることである」と書いた。彼らは社会を研究するだけでなく、変えようとする革命家だったのである。

↑マルクス（左）とエンゲルス（右）

④近代社会を分析〜マックス=ウェーバー〜 出題

神のためにあなたがたが労働し、富裕になるというのはよいことなのだ。
（マックス=ウェーバー 大塚久雄訳『プロテスタンティズムの倫理と資本主義の精神』岩波書店）

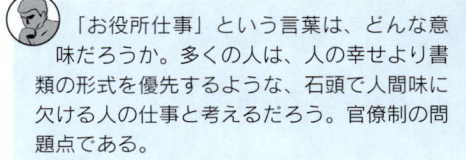

「お役所仕事」という言葉は、どんな意味だろうか。多くの人は、人の幸せより書類の形式を優先するような、石頭で人間味に欠ける人の仕事と考えるだろう。官僚制の問題点である。

↑マックス=ウェーバー（1864〜1920）ドイツの社会学者・経済学者。主著『プロテスタンティズムの倫理と資本主義の精神』。

解説 官僚制が人間性を奪う　ドイツの社会学者マックス=ウェーバーは、近代社会の特色として官僚制を指摘し、大規模な組織は規則によって細分化されることで効率よく運営される一方、形式的で人間性が失われやすいと分析した。そして社会主義を掲げてロシア革命が起きると、ウェーバーは社会を支える官僚機構がより一層強化されると考えた。実際に、旧ソ連など東側諸国は、強力な官僚制で人々を支配し統制した。またウェーバーは19世紀のドイツを分析し、高等教育を受けたり、企業の管理職になったりしている人に、プロテスタント（→p.13）が多いことに着目した。禁欲的に職業倫理を守る姿勢が、資本主義経済での成功につながっていったと分析し、大きな反響をよんだ。

V 主体性を持って生きる…実存主義

　19世紀から20世紀にかけては、資本主義の発達や大衆社会化（→p.34）により従来の価値観が崩され、自分らしく生きることが問われた時代だった。そこでみずからの生き方を見直す**実存主義**が登場した。産業革命後の社会に焦点を当て、しくみを変えることで解決しようとするのが社会主義（→Ⅳ）、個人に焦点を当て、本来の自分を取り戻すことで解決しようとするのが実存主義だともいえる。

①「あれか、これか」と決断～キルケゴール～

> 　私にとって真理であるような真理を発見し、私がそれのために生き、そして死にたいと思うようなイデー※を発見することが必要なのだ。
> ※理念
> （桝田啓三郎訳『キルケゴール』中央公論社）

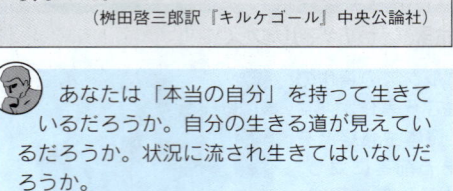
↑キルケゴール（1813～55）　デンマークの哲学者。主著『死に至る病』。

　あなたは「本当の自分」を持って生きているだろうか。自分の生きる道が見えているだろうか。状況に流され生きてはいないだろうか。

解説　自分が主体的に実現する真理　私たちは本来、ほかの誰とも異なるかけがえのない個人だ。自立した個人が自分の意志の下、責任を持って主体的に決断して生きる思想が実存主義である。実存とは「現実に存在している」ことを意味する。実存主義を学ぶことは、周りに流されない本当の自分を持つことにつながる。

　上の文章は、**キルケゴール**が22歳のときの日記である。書き出しの「私」に注目してほしい。ヘーゲル的な客観的真理ではなく、**自分が主体的に実現する「私にとって」の真理**なのである。そのため、人生の生き方は、ヘーゲルのように「あれも、これも」取り入れるのではなく、自分に責任を持って「**あれか、これか**」と決断するべきだとした。

　また彼は、キリスト者としても個人の信仰を重視した。形式にこだわるデンマーク教会を批判し、人間は不安や絶望と向き合いながら神の前に独り立ち、**単独者**（→補）として神と交わることで真の信仰が得られ、救済が始まると考えた。彼の思想は実存主義の先駆けとなった。

宗教的実存	= 神の前に独り立ち、真の信仰を得る
↑	
倫理的実存	= 倫理的に生きる
↑	
美的実存	= 美や快楽を基準に生きる

←キルケゴールによる「三つの実存の段階」

社会・思想

エピソード　婚約を破棄したキルケゴール

　キルケゴールは24歳のときに出会った女性、レギーネ=オルセンに恋をして、3年後に婚約した。2人は相思相愛だったが1年後、キルケゴールは婚約を破棄する。理由は明らかでないが、自分が彼女にふさわしくないという自己否定感や幸福になることへの罪悪感、畏れがあったと推測される。以後彼は、彼女への愛を心に秘めながら著作活動に没頭した。

↑レギーネ=オルセン

②「神は死んだ」～ニーチェ～ 〈出題〉

> 　わたしはあなたがたに超人を教えよう。人間は克服されなければならない或物なのだ。あなたがたは人間を克服するために、何をしたというのか？
> （ニーチェ　氷上英廣訳『ツァラトゥストラはこう言った』岩波書店）

↑ニーチェ（1844～1900）
ドイツの哲学者。主著『ツァラトゥストラはこう言った』。

　目標を持って生きるのは難しい。人生の意味が分からず、悩むかもしれない。そんなときは無理に意味を後付けしようと苦しむより、意味のなさを積極的にとらえたらどうだろう。「人生に意味などない。だから自由に生きられる」と。

解説　強く生きよ　キリスト教を基礎とするそれまでの価値観が揺らいできた19世紀のヨーロッパに生きた**ニーチェ**は、「神」や「真理」、「理念」などがすでに無意味となっているとして、「**神は死んだ**」と表明した。当時ヨーロッパで広まっていたニヒリズム（虚無主義）の原因がキリスト教道徳だと考え、そこにしがみつく人々を弱者だと批判したのである。さらに彼は、生きる意欲を失った人々の精神の堕落を攻撃し、弱者救済を目指すキリスト教道徳や、平等を目指す社会主義を否定した。

　そして、より強く生きようとする「**権力への意志**」を持ち、主体的に未来を創造する強者を「**超人**」とよんで理想とした。彼は人々に、どんな人生であってもそれを引き受け、「**強く生きよ**」と訴えたのである。

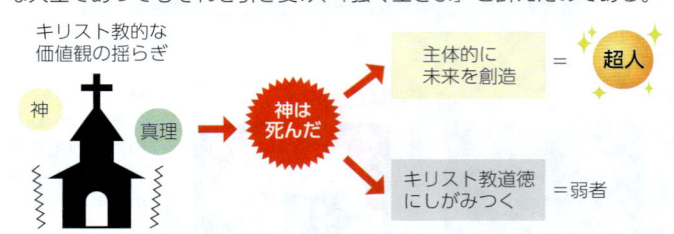
↑ニーチェによる「超人」のイメージ

③限界状況～ヤスパース～ 〈出題〉

> 　私は死を免れえず苦しまねばならず戦わねばならないという状況、また、私は偶然の手に委ねられており、不可避的に責罪に陥るという状況である。われわれの現実生活のこれらの基本的状況を、限界状況と名づけることにする。それはすなわち、われわれがのりこえることができず変更することができないような状況が存在するということを意味する。
> （ヤスパース　林田新二訳『哲学とは何か』白水社）

↑ヤスパース（1883～1969）　ドイツの哲学者、心理学者。主著『哲学』。

　私たちは毎日楽しく暮らしていても、ときには他人と争い、さまざまな問題で苦悩することがある。やがて来る死も避けられない。困難から逃げれば楽だが、本来の生き方を見失うのではないだろうか。

解説　挫折による自己発見　努力してもどうしても越えられない壁を、**ヤスパース**は**限界状況**とよんだ。私たちは限界状況にぶつかれば挫折するが、ヤスパースはそれを、本来の自己を発見できる好機ととらえた。
　さらに、単に他者と交遊するだけでは得られない、深い実存的交わりを得ることで、孤立から飛躍できるとした。

○×チェック⑮　フロムは、自由の重荷に耐えられない人々が自分を拘束する権威を求めることで、ファシズムの発展が促されたことについて、著書『自由からの逃走』の中で論じている。（16年、本）

④社会参加の哲学者〜サルトル〜 頻出

↑サルトル（1905〜80）　フランスの哲学者。主著『存在と無』。小説、戯曲、映画などあらゆるジャンルで活躍し、多くの人の心をとらえた。

　実存主義者に二種類あるということである。第一のものはキリスト教信者であって、(中略) 第二は無神論的実存主義者で、(中略) この両者に共通なことは、「実存は本質に先立つ」と考えていることである。あるいはこれを、「主体性から出発せねばならぬ」といいかえてもよかろう。
（サルトル 伊吹武彦訳『実存主義とは何か』人文書院）

　何かに悩んだとき、「私は何のために生きているのだろう」と、ふと疑問に思うこともあるのではないか。しかし現実には、私たちは何のためだか分からないうちに生まれ、生きている。

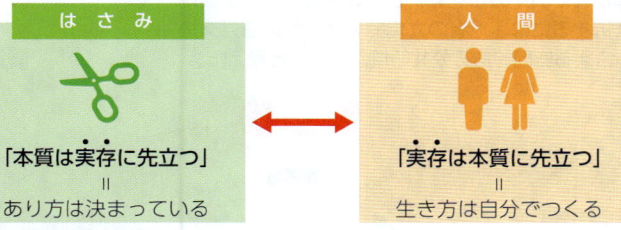

はさみ		人間
「本質は実存に先立つ」 ＝ あり方は決まっている	⟷	「実存は本質に先立つ」 ＝ 生き方は自分でつくる

↑「実存は本質に先立つ」

解説　**主体性を持ち責任を負う**　「何のために生きているか」という「本質」よりも、「私」は先に存在している。そんな私たちを、サルトルは「実存は本質に先立つ」と表現した。人間の本質は、神が定めるものではなく、「人間は、みずからつくるところのもの」なのだ。そのため、人間は自由である。しかしその行動には、すべて**責任**が伴う。これを彼は「**人間は自由の刑に処せられている**」とする。つまり、主体性を持って自由に生きる人間は、何もかも自分で決めねばならず、決断の重さも背負っているのである。

　またそれは、人生だけでなく、人類全体とも関わり、あり方を選択する責任も持つことを意味する。サルトルは戦争やレジスタンスの経験を踏まえ、**アンガージュマン**（社会参加）の哲学者として、反戦運動や民族解放運動にも積極的に関わった。

エピソード　サルトルとボーヴォワール

←新聞を配るボーヴォワール（右）とサルトル（左）

　フランスの女性哲学者ボーヴォワールは、著書『第二の性』で「人は女に生まれない。女になるのだ」と書いた。いわゆる「女らしさ」は生まれつきではなく、社会の中で作られたのだと指摘したのだ。後にサルトルの妻になったが、伝統的結婚制度を批判し契約結婚とした。その思想は後のジェンダー論に大きな影響を与えた。

Ⅵ　戦争と全体主義を批判する

↑ナチ党を熱狂的に支持する人々（ドイツ）

　理性に支えられた近代科学は、人間社会を物質的に豊かにしたが、人間を支配する道具にもなり、二度の世界大戦という大規模な戦争も生み出した。こうした現実を前に、近代的な理性に疑いの目を向けたのが、ドイツのフランクフルト大学の社会研究所に集まった哲学者たちである。形骸化した理性のあり方を批判した彼らは、フランクフルト学派とよばれた。

1 理性と啓蒙を疑う〜フランクフルト学派〜

①道徳的理性と批判的理性〜ホルクハイマー、アドルノ〜 頻出

　現代の私たちは、すでに科学技術が万能でないことに気付いている。理性が人間や自然を抑圧し、管理する道具になる場合もあるのだから。

↑ホルクハイマー（左）（1895〜1973）、アドルノ（右）（1903〜69）

解説　**理性のあり方を批判した**　ホルクハイマーとアドルノは、主観的な目的を効率よく実現することだけを求める理性を「**道具的理性**」とよび、厳しく批判した。ナチズムなどの全体主義や管理社会は、道具的理性によって人間を管理し支配する。そこで彼らは、自由や自律を探求する「**批判的理性**」を取り戻すことを主張した。

←アウシュヴィッツ収容所（ポーランド）　入り口に「労働は人間を自由にする」という標語が掲げられている。この収容所だけでも100万人以上のユダヤ人が殺された。

社会・思想

○☓ チェック 答え⑮

○　フロムは、著書『自由からの逃走』において、自由を獲得したはずの個人が、孤独や不安によって国家や権威に依存するようになっていき、自由から逃走するようになったと論じた。

②自由からの逃走～フロム～ 頻出

自由とは重たいものだ。自分の意見や生き方を決めねばならず、責任を伴う。他人に従い、自由から逃げれば楽ではないのか。

解説 孤独と不安が支配を求める フロイト（→p.5）に始まる精神分析の手法で社会をとらえたフロムは、権威あるものには無条件に服従して、弱者に対しては威圧的になる権威主義的パーソナリティが、ナチズムの温床になったと分析した。また、著書『自由からの逃走』において、自由を獲得した個人が孤独や不安に陥り、国家や権威に従うことを求め、自由から逃走するようになったと論じた。

↑フロム（1900～80）ドイツ、ユダヤ系の社会心理学者。主著『自由からの逃走』。第二次大戦中は、ホルクハイマーらと共にアメリカに亡命した。

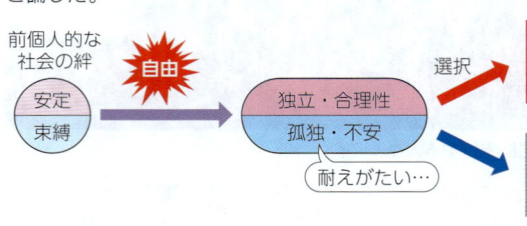
↑自由に伴う孤独への対応

③新たな公共性～ハーバマス～ 頻出

今日われわれが「公共性」という名目でいかにも漠然と一括している複合体をその諸構造において歴史的に理解することができるならば、たんにその概念を社会学的に解明するにとどまらず、われわれ自身の社会をその中心的カテゴリーのひとつから体系的に把握することができると期待してよいであろう。
（細谷貞雄・山田正行訳『公共性の構造転換』未来社）

↑ハーバマス（1929～）ドイツの哲学者。主著『公共性の構造転換』。少年期はナチ党の青少年組織に属していた。

家電製品の操作からアルバイトまで、私たちはマニュアルから技術を学び、それに従っている。私たちの生活は、政治や経済などのシステムに支配されつつあるといえる。

解説 支配関係のない公共性 権力や支配を合理化し、政治や経済システムを強要してくる近代理性を批判したのがハーバマスである。彼は、自由な意志に基づく連帯を重視して「対話的理性」を提唱した。互いの違いをコミュニケーション的行為で乗り越え合意することで、支配関係のない新たな公共性を持つ社会をつくることができると考えたのである。また、西洋近代の価値観について、ナチズムという野蛮に堕落したのではなく、本来の理念を実現できていないのだと擁護した。

↑公共性の再生

社会・思想

2 全体主義を批判～アーレント～ 出題

「悪人」とはどのような人だと想像するだろうか。第二次世界大戦中、ユダヤ人を強制収容所に移送したナチ党幹部のアイヒマンは「悪人」のはずだ。彼はよほど残酷な心を持っていたのだろうか。

解説 他者の立場で考える 元ナチ党幹部アイヒマンが戦後裁判にかけられたとき、傍聴した哲学者アーレントは、彼のあまりに陳腐な姿に衝撃を受けた。アイヒマンに罪の意識はなく、「自分は国家の命令に従っただけ」と主張したのである。他者のことを考えず、みずからの行動で数百万人が虐殺されたことに責任を感じていないのだ。アーレントはその後、孤立した大衆がなぜ全体主義へ導かれていくのかを分析した。そして全体主義に抵抗するには、他者の立場で考え、共に意見交換し合える空間である公共領域が必要だと考えた。

↑アーレント（1906～75）ドイツの女性哲学者。主著『全体主義の起源』。ユダヤ系の家庭に生まれ、フランス、その後アメリカに亡命した。

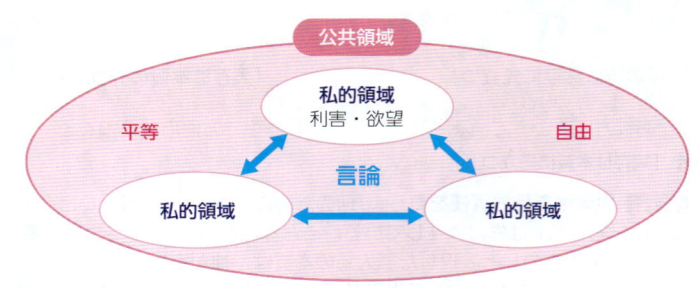
↑公共領域

エピソード 考えない「巨悪」

↑ユダヤ人の強制収容所移送に指導的な役割を果たしたアイヒマン（左）と戦後の裁判の様子（右）

アーレントは、ナチ党の凶悪な犯罪が悪魔のような人物ではなく、上司の命令に従っただけの凡庸な人間によって担われたと考え、思考停止こそがこうした巨悪をもたらしたのだと主張した。この彼女の見解は、世界中に大きな衝撃を与えた。自分の行動による結果とその意味を考えない没思考性が、多くの命を奪ったわけである。特殊な悪人の犯罪でないのなら、私たち自身も同じ状況に置かれて命令され、他者のことを思考しないで行動すれば巨悪をやりかねない。

他者の言葉に耳を傾け、関心を寄せることは、自分とは異なる他者が生きている複数性を認め、人間の尊厳を守ることになるのだ。

 ○×チェック⑯ リースマンは、流行に敏感であったり、周囲の人の行動に合わせようとしたりする人々の性格を「内部指向型」とよんだ。（14年、本）

近代は、科学技術が発達した時代だった（→p.214）。より豊かに、より便利に、より速く。科学は人間を物質的に豊かにし、社会問題もいずれ解決してくれると期待された。しかし産業革命以降、機械の発達は労働者の人間性を衰退させた。物や情報が増え、皆が平均化すると、個人が画一化した大衆の中に埋没し、自分の生き方を見失いがちになってしまった。科学は心を豊かにはしなかったのである。

また、地域や社会的立場によって、豊かさにも大きな偏りが生じた。かつて国内の問題だった**貧富の格差**は、今や地球規模の**南北問題**（→p.275、279）となったのである。**地球環境問題**（→p.295）も、近代科学の産物である。こうした社会の課題に対し、現代社会の特徴を分析し、個人の主体性のあり方を考察する動きも出てきた。

①大衆社会の成立と課題 　頻出

解説 他人指向型の大衆社会　アメリカの社会学者**リースマン**は、著書『**孤独な群衆**』において、**大衆社会**に生きる人々の社会的性格を分析した。現代の大衆は孤独の中で不安を恐れ、他人に同調し、他人の承認を求めて行動する。彼はこの**他人指向型**の社会的性格が、大衆社会の特徴だとした。

→リースマン（1909〜2002）アメリカの社会学者。主著『孤独な群衆』。

伝統指向型	内部指向型	他人指向型
伝統・権威に従い、共同体の中で行動する	自分自身の良心に従い、主体的・自立的に行動する	他人の意見や権利など外部からの影響に同調して行動する
〜中世	資本主義初期〜19世紀	20世紀〜

↑リースマンによる社会の類型

エピソード　チャップリンが訴えた工業化の弊害

↑『モダン・タイムス』の一場面

喜劇王とよばれたチャールズ＝チャップリン（1889〜1977）の代表作の一つが、1936年に主演・監督した映画『モダン・タイムス』である。主人公は工場労働者で、一日中ベルトコンベアの前でネジを締める仕事をしているが、あまりに長時間同じ作業が続くうちに、手の動きが止まらなくなってしまう。チャップリンはこの作品で機械に振り回される人間を風刺し、工業化で人間性が失われていく危険を警告した。これは80年以上たった現代にも通じる課題である。

世界には失業や貧困、病気、栄養失調などで健康や生命を脅かされている人々は多い。こうした人々に対して、生命への畏敬や隣人愛など**ヒューマニズム**（人道主義）の思想に基づき、社会的弱者の救済に取り組む人々が登場し、後世に大きな影響を与えた。

①生命への畏敬〜シュヴァイツァー〜

病気やけがをしたとき、人は医療で救われる。では医療の本質は何だろう。知識や技術だけでなく、人の苦しみを和らげ、治療したいという願いが根本にあるはずだ。医療を支えるのは救済の思想である。

←シュヴァイツァー（1875〜1965）ドイツ出身の神学者・哲学者・医学者・音楽家。主著『水と原生林のはざまで』。アフリカでの医療活動が評価され、1952年にノーベル平和賞を受賞した。

解説 キリスト教の愛を医療で実践　シュヴァイツァーは38歳のとき夫婦でアフリカへ渡り、病院を開設する。彼はヒューマニズムと医療を結び付け、信仰や哲学を、病に苦しむ人々の救済で実現しようとし、キリスト教の愛の精神を実践した。だが翌年に始まった第一次世界大戦で現代文化の退廃を感じた彼は、生あるものすべての生命を尊ぶ「**生命への畏敬**」こそ倫理の根本だという考えに至った。すべての生命を敬う倫理の回復、生命の尊重による人と社会の改造が、文化を再建する道だと考えたのである。熱帯地方の過酷な環境の中、キリスト教の精神で医療に力を尽くした彼は、「密林の聖者」とよばれた。

②隣人愛の実践〜マザー＝テレサ〜

愛には多くの種類がある。自分の利益を目指すエゴイズムに基づく愛もある。かつてイエスはそれを批判したが、純粋に他人を想って尽くす愛は現実には難しい。あなたにはできるだろうか。

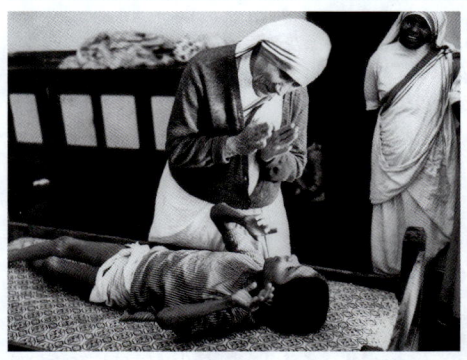

←マザー＝テレサ（中央）（1910〜97）マケドニア出身でカトリックの修道女。インドのコルカタを中心として、助けを必要とする人々を救済した。ヒンドゥー教徒が多いインドでも、マザー＝テレサは尊敬を集めている。

解説 社会福祉に尽くした人生　マザー＝テレサは、一人のキリスト者として、インドを中心に貧困層やハンセン病患者、死に向き合う人々のために生涯をささげた。しかし彼女は、キリスト教を強制することはせずに、その人が信じる宗教や望む方法で介護した。民族や宗教の違いを超えたその献身は、**隣人愛**（→p.14）の実践だとして世界的に高く評価され、1979年にノーベル平和賞を受賞した。

社会・思想

〇×チェック答え⑯　×　リースマンは、流行に敏感であったり、周囲の人の行動に合わせようとしたりする人々の性格を「他人志向型」とよんだ。

③非暴力・不服従の抵抗運動 ～ガンディー～

暴力的な支配や差別を受けたら、あなたならどうするだろうか。暴力で戦うか、諦めて服従するか。ガンディーはどちらも選ばず、不殺生を基礎とするインド文化を背景に、非暴力・不服従で抵抗した。

←ガンディー（1869～1948）インドの弁護士、宗教家。反英運動の先頭に立ち、インド独立の父として知られる。非暴力思想は後世に大きな影響を与えた。

解説 **人間性への深い信頼** 「目的のためには手段を選ばず」という考え方がある。だが**ガンディー**は、間違った手段で達成された目的は正しい結果を生まないと考えた。「イギリスの植民地支配からインドを解放する」という目的のため、**非暴力・不服従**の手段を採った。

人間性を信頼したガンディーは、真理を正しく把握するサティヤーグラハを思想の基本とし、自己を浄化するブラフマチャリアーと、不殺生を実践する**アヒンサー**（→補）を主張した。そして彼は支配者に対しても、人間性を深く信頼して接した。

④「I have a dream」 ～キング牧師～

宗主国が植民地を力で従わせるのは、暴力的支配である。人間が対等でないからだ。では独立国ならそういうことはないのだろうか。他人をおとしめ屈辱を与える行為、例えば差別はないだろうか。

私には夢がある。それは、いつの日か、私の4人の幼い子どもたちが、肌の色によってではなく、人格そのものによって評価される国に住むという夢である。　（キング牧師の演説より）

→**キング牧師**（1929～68）アメリカの牧師。黒人解放運動（公民権運動）で指導的な役割を果たした。

解説 **非暴力で差別に抵抗** ガンディーは非暴力・不服従で抵抗したが、それは人種差別と闘うアメリカの**キング牧師**に大きな影響を与えた。

キング牧師は、有色人種が法律上平等な地位を獲得する**公民権運動**の中心となり、ボイコットやデモ行進などによって人種差別に激しく抵抗した。警察に暴力で弾圧されても非暴力は貫き、不服従の大規模な大衆運動を組織して、人種差別などを禁じる公民権法を成立に導いた。

IX 正義と公正の追求

現代社会には、社会的正義に基づき公正な社会を実現しようとする制度がある。社会保障制度（→p.233）や税制（→p.206）、経済援助（→p.277）などである。だがそれらは必ずしも十分に機能していない。それは何が正しいことか、何が公正なのかという平等の哲学が不十分なことも一因だろう。そこを追求した二人の人物としてロールズとセンがいる。

さらに、貧富の差を生む経済構造そのものを変革できれば、抜本的な改善策となる。これは社会主義経済の基礎的な考え方を打ち立てたマルクス（→p.30、190）などが主張してきたことであり、ロールズやセンの思想もその影響を受けている。

社会・思想

①公正としての正義～ロールズ～ 出題

格差や不平等のない社会をつくるためにはどうしたらよいだろうか。自分の置かれた立場に縛られずにあるべき社会を考えることで、よりよい社会は実現するだろうか。

平等な社会の実現

男性だろうか、女性だろうか？
健康だろうか？
国籍はどこだろうか？
財産はどれくらいあるだろうか？

↑**無知のベールをかけた話し合い** 自分の置かれた状況が分からなければ、平等な社会が実現するという考えを表す。

ロールズの二つの正義原理
・**第1原理**：政治的自由、言論の自由、思想的自由などの基本的な自由の権利は、すべての人へ平等に分配されること。
・**第2原理**：以下の二つの条件を満たす不平等は、正義にかなう。公正な機会均等の下で、正当な競争により生じた不平等であること。そのうえで、社会で最も恵まれない人々にとって、最大限の利益になる場合であること。
　　　　　（ロールズ『正義論』）

↑**ジョン=ロールズ**（1921～2002）

解説 **何が「正義」なのか** アメリカの哲学者**ロールズ**は、主著『正義論』において、二つの正義原理を提示した。

ロールズは社会制度の第一の徳が正義だとした。だが、正義とは何だろう。独善的な「正義」は恐ろしい。人類のあらゆる戦争は、「正義の戦争」だった。人間は自分の言動が正義だと思い込むと、どのような残酷なことでも平気でできてしまう。広島と長崎への原爆投下をアメリカ大統領トルーマンは正当化したが、ロールズは「すさまじい道徳的悪行」と非難した。そこまでいかなくても、功利主義（→p.29）に基づく正義は、結果的に大きな不平等を生み、少数者を犠牲にすることがありうる。功利主義を批判するロールズが、**第1原理**で自由権の平等な分配を掲げたのは、そこを是正したといえる。だが、個人の能力差は結果の違いを生み、不平等が生まれる。そこで**第2原理**で、不平等が認められるのは公正な競争の結果で、社会的弱者の状況を改善する場合のみだと範囲を定めた。

そしてロールズは、社会契約説（→p.42）における自然状態のような「原初状態」を考える。自分の地位や能力を全く考えない原初状態で、二つの正義原理を正しく導くことにより、自由や資源を公正に分配できるとした。

 ○×チェック⑰ ロールズは、「公正としての正義」を社会における規範原理に据えることを主張し、現代の社会的・経済的不平等の是正を図ろうとした。（11年、道）

②潜在能力の平等化〜セン〜 <出題>

子どもと大人、障がいのある人と健常者では必要とするケアやサポートが異なる。単に財を分配するのではなく、「何ができるようになるか」を平等にすることこそが社会全体の幸福につながるのではないだろうか。

センによる平等論
・第1に、単なる資源配分の平等性だけでなく、人々が多様な資源を活用して生活の質を高め、一定程度の望ましい生を平等に確保できること、言い換えれば、人間が現実に受ける福利の平等を保障するものでなければならない。
・第2に、人間がみずからの生の質を高め、福利を実現するための能力、すなわち潜在能力の平等化を目指すべき。
（セン『不平等の再検討』）

↑アマルティア=セン
（1933〜）

解説 幅広い生き方を選べる平等性 インド出身の経済学者であり倫理学者でもあるセンは、主著『不平等の再検討』において、ロールズ以来の現代平等論を批判的に再検討し、独創的な平等論を展開した。

現実の社会では、南北問題（→p.275、279）や格差の拡大など不平等が悪化し続けている。センも幼いころ、300万人が餓死したといわれるベンガル飢饉を経験し、これが彼の思想に大きな影響を与えた。

従来の平等論は資源配分を中心としてきたが、貧困状態にある民衆は、慢性的な医療や栄養、教育などの不足により、資源があっても有効活用できない。そこでセンは、福利の平等を保障するため、潜在能力（ケイパビリティ）の平等化を目指すことを主張する。これは実現できる可能性のあるさまざまな行動や健康状態などの生活の状態、つまりさまざまな「機能」を実現するための能力を、潜在的にすべての人に確保しておくことを意味する。人間の「選べる生き方の幅広さ」の平等性だと考えると分かりやすい。

センの平等論は、人間の実質的な自由を保障することを目指す思想である。彼は1998年にアジアで初めてノーベル経済学賞を受賞した。

まとめ

Ⅰ 西洋近代思想の流れ
・理性と経験を重視する合理的精神
・それぞれの時代の社会の課題に向き合い続ける

Ⅱ 人間性と理性を復権する…合理的な思想
・ルネサンスは人間らしさを取り戻す運動
・ルターやカルヴァンはカトリック教会を批判
　宗教改革は神への信仰と聖書を重視→プロテスタントの成立
・フランシス=ベーコンはイギリス経験論の創始者
　経験で真実を見いだす帰納法
　知識を人間生活に役立てるべき…「知は力なり」
・デカルトは大陸合理論の創始者
　すべてのものを疑う…「我思う、ゆえに我あり」
　推理・推論で個別の結論を導く演繹法

Ⅲ 生き方と世界を考える…ドイツ観念論
・ドイツ観念論はイギリス経験論と大陸合理論を総合
・カントは善意志に基づく行為が道徳的な行為
　永久平和論→国際連盟の理論的基盤、国際連合へ発展
・ヘーゲルの思想の中心は弁証法…世界精神が歴史を作る

Ⅳ 工業化社会の功罪を考える
・社会全体の幸福の最大化を目指す…功利主義
　・ベンサム…「最大多数の最大幸福」
　・J.S.ミル…質の高い快楽を求めるべき
・理想の社会を目指す…社会主義
　・社会主義は労働と報酬を比例させようとする
　・マルクスとエンゲルスは科学的社会主義
・近代社会を分析…マックス=ウェーバー
　・官僚制が人間性を奪うと指摘

Ⅴ 主体性を持って生きる…実存主義
・個人が責任を持って主体的に決断して生きる思想が実存主義
　・キルケゴールは「あれか、これか」…人間は単独者として神の前に立つ
　・ニーチェは「神は死んだ」…権力への意志を持ち強く生きる超人が理想
　・ヤスパースは「限界状況」による挫折で自己を発見…実存的交わり
　・サルトルは「実存は本質に先立つ」
　　行動には責任…「人間は自由の刑に処せられている」

Ⅵ 戦争と全体主義を批判する
・理性と啓蒙を疑う…フランクフルト学派
　・ホルクハイマーとアドルノは効率だけを求める道具的理性を批判
　・フロムは「自由からの逃走」を問題提起
　・ハーバマスは対話的理性を提唱
・全体主義を批判…アーレント
　・アーレントは他者の立場で考える空間が必要だと主張

Ⅶ 大衆社会の成立と人間性の衰退
・大衆社会の成立と課題
　・均質的で画一的な「大衆」が大衆社会を構成
　・リースマンは大衆の社会的性格を「他人指向型」ととらえる

Ⅷ ヒューマニズムの思想とその実践
・シュヴァイツァーは「生命への畏敬」こそ倫理の根本
・マザー＝テレサは「隣人愛の実践」
・ガンディーは非暴力・不服従で植民地支配に抵抗
・キング牧師は非暴力で黒人解放運動を指導

Ⅸ 正義と公正の追求
・ロールズ…原初状態で二つの正義原理を正しく導くことにより、自由や資源を公正に分配できる
・セン…潜在能力（ケイパビリティ）の平等化

補足解説

観念論
物質や自然よりも、人間の精神や意識が根源的であるとする哲学的立場。したがって現実世界より、精神世界へ関心を向ける傾向がある。反対の立場が唯物論。

善意志
道徳的な義務に従う意志のことで、

カントは無条件に善であるとした。どんな行為も、動機に善意志がなければ有害となりうる。

世界精神
ヘーゲルは歴史には法則性があり、それは世界精神が自己実現していく過程であるとした。後にマルクスにより批判された。

唯物史観
経済が社会の下部構造で、政治や文化など上部構造を制約しているとする思想。歴史も生産関係の変化で動く。マルクスは「存在が意識を規定する」とした。

単独者
孤独な人間が不安と絶望とに陥り神

の前にただ独り立つ、その実存者が単独者。単独者が単独者として神と交わるところに真の信仰があるとキルケゴールは考えた。

アヒンサー
本来はインド古来の思想で、すべての生命を同胞と考え、暴力や戦争を放棄する不殺生の思想。

○×
チェック
答え⑰

○ 『正義論』において、正義の第1原理として自由権の平等な分配を主張し、第2原理において、不平等が認められるのは弱者救済の場合のみであると示した。

池上ライブ！ 思考実験

正しい判断ができるだろうか？ ～バス路線新設を考える～

POINT 頭を悩ます社会的課題も、哲学者たちの智恵を借りることで、解決の糸口が見つかるかもしれません。「市のバス路線をどこに新設するか」という問題を例に、考えてみましょう。

I　何が公平で、何が正しいのだろうか？

次の二つの考え方に対し、あなたはどう思いますか。

  a）不公平はよくない。公平にすべき。
  b）悪いことはよくない。正しいことをすべき。

「不公平」と「公平」の違いは？

「正しい」って何だろう？

たぶん、どちらも賛成できるでしょう。

しかし、何が公平で何が不公平でしょうか。何が正しくて何が間違いでしょうか。現実の社会では、判断に迷うことがしばしばあります。政治や経済の観点から判断したことが適切だとは限りません。

そんなときは哲学者の思想を手がかりにすると、よりさまざまな方向から考えることができます。

II　バス路線をどの地域に新設するか？

↑バス路線新設をめぐって

あなたは「はるの市」で、市営バスの担当をしている職員です。

はるの市には鉄道の駅から東西に延びる道があり、それぞれ「若木地区」と「さくら野地区」に通じています。しかし、どちらの地区にも公共交通機関がありません。若木地区には病院があり、通院する市民、とりわけ病状の重い病人や高齢者はタクシーを利用するしかなく、不便で困っています。担当者として何とかしたいと思ったあなたは、バス路線の新設を計画しました。幸い市議会で予算が認められ、新設が決まりました。

ところがそれを公表したところ、さくら野地区の住民からバス路線新設の要望が出ました。さくら野地区には若木地区よりも多くの住民が暮らしています。

このように、若木地区、さくら野地区の主張にはそれぞれ根拠がありますが、1路線分の予算しか認められていないので、どちらか一方にしか新設できません。さあ、あなたならどうしますか。

若木地区　人口100人　病院あり　通院する人が多い

はるの市役所　はるの駅

さくら野地区　人口500人　家族連れが多い

↑はるの市の状況

↑市営バスの開通式の例

Ⅲ　政治や経済の観点なら

はるの市の市長や財政担当者は、次のように言っています。

さくら野地区に新設した方が多くの市民が喜ぶし、利用者が多くて**市の財政に貢献できる**

若木地区には利用者が少なく、通院者の多くは無料パスを使うため赤字になる。**市場原理で判断すればさくら野地区に新設すべき**

↑はるの市の市長

↑はるの市の財政担当者

　次の選挙を意識する市長は、多数の市民が喜ぶ、財政の改善といった自身の実績を判断材料としています。財政担当者も市長の意見に賛成しました。バス路線の収益を考慮すれば、さくら野地区に新設した方がよいわけです。しかし、**政治や経済面だけで決めてしまってよいのでしょうか。**

Ⅳ　哲学者ならこう語る

　もし哲学者たちに意見を聞いたらどうなるでしょう。功利主義の観点（➡p.29、35）、道徳的な観点（➡p.24、28、29）から見てみましょう。

①功利主義の観点から

人口がはるかに多い**さくら野地区**に新設した方が多数の利用者を見込め、**多くの住民を幸福にできる**

※結果としての**幸福の増える量が多い**さくら野地区に新設すべきという意見。

↑ベンサム

若木地区には病院があり、住民以外にも**通院する病人や高齢者などがバス路線を必要としている**

※より望んでいる人々が幸せになり、**質の高い幸福**が生まれるので、若木地区に新設すべきという意見。

↑J.S.ミル

②道徳的な観点から

通院する**市民の切実な必要性**に応えて**若木地区に新設**を決めており、**利用者の数によって変更してはならない**

※J.S.ミルと同じ意見だが理由が異なる。善悪は結果ではなく、**動機のよさ**で決まるという意見。

↑カント

公共交通機関は**交通弱者を支える役割**がふさわしく、特に必要とする通院者がいる**若木地区に新設するのは、人間のあり方として善い行い**である

※通院者は自家用車や自転車の利用が困難。**市営バスの本質**と、それに対する**美徳の観点**から判断すべきという意見。

↑アリストテレス

　現実の社会は、異なる事情と異なる意見を持つ多数の人々の集合体です。自分の視点だけで考えると、判断を誤ることもあります。**多面的に深く考えること**が必要でしょう。先哲の思想を学ぶ理由がそこにあります。

Ⅴ　あなたならどう考える？

①論点を整理してみよう

　上の例のように、社会的課題なども哲学者の思想を手がかりに考えると、さまざまな観点から見て本質をつかめることがあります。それぞれの観点からの意見を比較・検討し、判断する手がかりとしていきましょう。

	若木地区に設置	さくら野地区に設置
長所	・（例）質の高い幸福を実現できる。 ・	・（例）利用者が多いので市の財政に貢献できる。 ・
短所	・	・

②自分の意見をまとめよう

　これまでの学習を踏まえ、自分がはるの市の担当者ならどちらの地区にバス路線を新設するか、理由と共に説明してみましょう。

私は（　　　　　）地区にバス路線を新設します。なぜなら（　　　　　　　　　　　　　　　　　　　　）だからです。

思考実験 気候変動への対策には何が必要？

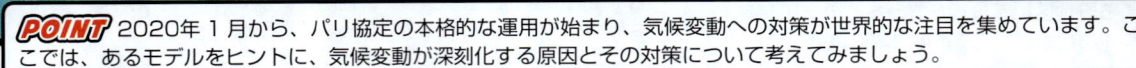

POINT 2020年1月から、パリ協定の本格的な運用が始まり、気候変動への対策が世界的な注目を集めています。ここでは、あるモデルをヒントに、気候変動が深刻化する原因とその対策について考えてみましょう。

I 地球の将来に警鐘を鳴らす若者たち

今後10年で（温室効果ガスの）排出量を半減しようという一般的な考え方があるが、それで気温上昇を1.5度以内に抑えられる可能性は50%しかない。私たちは50%のリスクを受け入れることはできない。その結果と共に生きていくのは私たちなのだから。

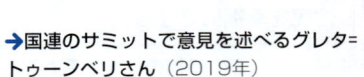

➡国連のサミットで意見を述べるグレタ＝トゥーンベリさん（2019年）

国連の機関によれば、世界の平均気温が18世紀の産業革命前と比較して2.0℃以上上昇すると、猛暑や豪雨などの深刻な気候変動が発生する可能性が非常に高まるとされている。しかし、気温上昇はすでに1.0℃を超え、現在の温室効果ガスの排出ペースが今後も続いていくと、2030年には1.5℃に達するとみられている。

だが、こうした状況にあっても、気候変動に対する各国の足並みはなかなかそろっていない。環境問題に対する世代間の認識の隔たりを解消すべく、若者を中心とした動きが活発化している。

↑政治家に気候変動に対する早急な対策を求めるデモ行進（2019年 ドイツ）
グレタさんをはじめ、高校生などの若者を中心に約2万人がデモに参加した。

II 気候変動への対策が難しい理由 ～「共有地の悲劇」～

1 「自分さえよければ」が行き着く先は？

気候変動への対策が思うように進んでいない背景には、どのような課題があるのだろうか。その手がかりとして「共有地の悲劇」というモデルが用いられることがある。

ここではまず、次のような状況について考えてみよう。

①ある農村には共有の大きな牧場があり、村人たちは牧場の草を飼料として、自分の牛を放牧して生活していた。

②ある日、もっと収入を増やしたいと考えた村人Aは、放牧する牛を増やした。その結果、これまでよりも多くの牛乳や牛肉を出荷することでどんどん豊かになった。

③それを見たほかの村人は感心し、自分も豊かになろうと村人Aのまねをし始めた。村人たちはだんだんと豊かになったが、ほかの人に先を越されまいと牛の数をどんどん増やしたため、飼料の牧草は減り、土が露出している地面も増えてきてしまった。

さて、その後、牧場や牛、そして村人はどうなっただろうか。結末を考えて、左の④のコマに描き入れてみよう。

共有地である牧場が機能し続けるためのルールとして、どのようなものが考えられるでしょうか。周りの人と話し合ってみましょう。

2 「共有地の悲劇」と環境問題

　ある人が利己的な行動を取ることで、ほかの人々もそれと同じ行動を取り、結果的に共有地の資源が無くなり、全員にとって望ましくない状態になる、というモデルを「共有地の悲劇」という。前のページの牧場の例では、村人たちが自分の利益だけを考えて行動したために、飼料の不足を招き、村人全員が生活に困ることになってしまった。

　このモデルを環境問題に当てはめてみよう。例えば「牧場」を「地球」に、「村人」を「国家」に置き換えてみるとどうだろう。経済状況や人口、民族など、各国が置かれている状況は全く異なる。気候変動対策として効果があり、かつさまざまな背景を持つ「村人」が全員納得できるルールを作るのは簡単なことではない。

先進国に負担が集中するルールには賛同できない

原発の再稼働が進まず、当面は火力発電を減らせない

今は経済発展が急務。対策は先進国が主導すべきだ

気候変動で生活が脅かされている。迅速に対応してほしい

「共有地の悲劇」は身近な所にも

　一般道路は誰もが自由に利用できる「共有地」である一方で、通行できる車の量には限りがある。そのため、多くの人々が利便性を求めて、公共交通機関ではなく自家用車で移動すると交通渋滞が発生し、結果としてみんなが不利益をこうむることになる。こうした交通渋滞も「共有地の悲劇」の典型といわれている。

↑大型連休に発生した交通渋滞（中国）

Ⅲ　「悲劇」を避けるためにできること

1 ルールの重要性と世界の動き

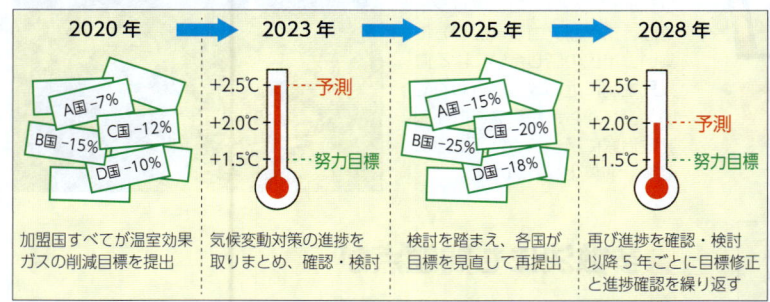

2020年	2023年	2025年	2028年
A国 −7% B国 −15%　C国 −12% D国 −10% +2.5℃ +2.0℃ +1.5℃　予測 努力目標	気候変動対策の進捗を取りまとめ、確認・検討	A国 −15% B国 −25%　C国 −20% D国 −18% +2.5℃ +2.0℃ +1.5℃	+2.5℃ +2.0℃ +1.5℃　予測 努力目標
加盟国すべてが温室効果ガスの削減目標を提出		検討を踏まえ、各国が目標を見直して再提出	再び進捗を確認・検討以降5年ごとに目標修正と進捗確認を繰り返す

〈環境省資料、ほか〉

↑パリ協定の運用ルール

↑SDGsのロゴが映し出されたニューヨークの国連本部

　現在、国際社会では気候変動への対策として、さまざまなルールが作られている。なかでも代表的なのが、2015年に国連の196の国と地域により採択され、20年に運用が始まったパリ協定（→p.298）である。また、環境問題の解決には国だけでなく、企業や個人レベルの意識変容も重要であるとの考えから、同じく15年に採択された「持続可能な開発目標（SDGs、→巻頭15、p.175）」でも、気候変動への対策が目標として掲げられている。地球規模でのルール作りは難しいが、各国の取り組みに任せていては、深刻な気候変動という「悲劇」は避けられない。私たち一人一人が共に地球に生きる「村人」としての意識を持ち、行動につなげていくことが重要である。

2 「共有地」に生きる私たち

　地球という「共有地」で暮らす一人の人間として、気候変動という「悲劇」を避けるために、自分にできることを考えて書いてみよう。

意思決定は村人全員の挙手で～スイス～

↑挙手による採決（2011年 スイス・グラールス州）

スイスでは、州民集会（ランツゲマインデ）とよばれる、州のすべての有権者が広場に集まり、州（カントン）の法案に関して挙手で賛否を示すことによって直接政治に参加する制度がある。山岳地帯の一部の州で行われ、集会は年に1回、（グラールス州では5月の初め、アッペンツェル・インナーローデン州では4月の終わりに）行われる。これらの州の議会は、法案を作成して州民集会に提出する権限を持つ。これは、古代ギリシャのポリスでの民会や、アメリカで植民地時代に行われた住民集会（タウンミーティング）と同様に、直接民主制の代表的なものとされている。

Question
・住民の意思決定の方法には、ほかにどのような方法があるのだろうか。（→**I**）

憲法

第1部第2章　私たちの社会の基本原理

I　**近代立憲主義の原理**

I 民主主義と多数決

1 民主主義とは

みなさんがおおぜいあつまって、いっしょに何かするときのことを考えてごらんなさい。だれの意見で物事をきめますか。もしもみんなの意見が同じなら、もんだいはありません。もし意見が分かれたときは、どうしますか。（中略）ひとりの意見が、正しくすぐれていて、おおぜいの意見がまちがっておとっていることもあります。しかし、そのはんたいのことがもっと多いでしょう。そこで、まずみんなが十分にじぶんの考えをはなしあったあとで、おおぜいの意見で物事をきめてゆくのが、いちばんまちがいがないということになります。そうして、あとの人は、このおおぜいの人の意見に、すなおにしたがってゆくのがよいのです。このなるべくおおぜいの人の意見で、物事をきめてゆくことが、民主主義のやりかたです。
（文部省『あたらしい憲法のはなし』1947年発行）

解説　国民の手によって行われる政治のあり方　君主や貴族ではなく、国民の手によって行われる政治のあり方を**民主主義**（→**福**）とよぶ。社会が大規模になり、人々の利害が分かれてくると、国民の意思を直接政治に反映させる**直接民主制**を行うことが難しくなる。そこで、選挙で自分たちの意思を代表する人を選び、法律を定める力をその人たちに委ねるという**代表民主制**（**間接民主制**）が必要になる。

→パルテノン神殿（上）とアゴラ（下）の遺跡（2014年　ギリシャ・アテネ）　古代ギリシャでは、市民がアゴラ（広場）に集い、市民の話し合いによる直接民主制に近い政治が行われていた。しかし、民衆をあおる扇動政治家に操られる衆愚政治に陥り、弱体化していった。

2 多数決にも問題点が

テーマ：高齢者との触れ合い活動の実施について

①提案

生徒会
高齢者との交流を深めるために、高齢者福祉施設の訪問を休日に実施することを提案します

②審議
クラスの意見は？< 賛成24名　反対12名
賛成の意見
・福祉活動を通じて思いやりの精神や相手の立場で考える姿勢が身につく。
反対の意見
・こうした活動は学校で強制されるべきではなく、自発的に行うべき。

③修正案の提示
生徒会
休日に、年4回福祉活動を実施します。参加は自由とします

④決議
最終的な結果は？< 賛成30名　反対6名

修正案が賛成多数で可決された。

解説　少数意見の尊重が重要　民主主義の理想は多数決による全員一致である。しかし、歩み寄れない場合に、多数決が行われることがあるが、**多数決によって少数の人の権利が侵害されてはならない**。異なる立場の間で十分に話し合い、少数意見を尊重することが求められる。

○×チェック⑱

基本的人権の保障、権力分立、国民主権など、日本国憲法において見られるような近代国家の政治的基礎となる諸原理は、市民革命とよばれる政治的大変動のなかから生み出された。（06年、**本**）

Ⅱ 近代立憲主義の原理

大統領権限強化を進めるトルコ、三権分立に懸念

　2017年にトルコで、大統領権限を強化する憲法改正の是非を問う国民投票が行われ、賛成が僅差で上回り、承認された。エルドアン大統領は14年の大統領選挙で当選した際、「国民が選んだ大統領が政治の主導権を持つべきだ」と主張していた。憲法改正によって議院内閣制と首相職を廃止して、大統領が国家元首と行政の長を兼ねる体制に移行し、司法の人事、非常事態宣言の発令、国会の解散などの権限を大統領に集中させることになった。

　これに対し野党は、三権分立による均衡を損なうとして、反対している。近年トルコは、政府に批判的なジャーナリストを拘束するなど言論弾圧を強めており、この憲法改正にはEUなど海外からも懸念が示されている。

↑大統領権限を強化する憲法改正を訴えるエルドアン大統領（左）と、改憲賛成派が勝利した国民投票に不正があったとして「HAYIR（反対）」を掲げる人々（右、2017年）

■1 社会契約説と近代立憲主義 　頻出

	T.ホッブズ（英） Thomas Hobbes (1588〜1679)	J.ロック（英） John Locke (1632〜1704)	J.J.ルソー（仏） Jean-Jacques Rousseau (1712〜78)
思想家			
著書	『リヴァイアサン』 (1651)	『統治二論』 (1690)	『社会契約論』 (1762)
自然状態と自然権	・「万人の万人（各人の各人）に対する闘争」 ・人間は利己的動物。自己保存の生存権を持つ	・自然法が支配する平和的状態 ・生命・自由・財産	・人間が幸福で善良な状態 ・自由・平等
社会契約	・闘争を避けるために自然権を国王に譲渡する契約を結ぶ ・国王に絶対服従 ・国家は絶対主権を持つリヴァイアサン	・自然権の一部を統治者に信託 　国家は人々の自然権を擁護 ・自然権を侵害された場合、革命権・抵抗権を持つ	・人民は自然権を共同体全体に完全に譲渡 ・主権は皆の幸福を願う一般意志の行使 ・主権は人民にある →間接民主制（代議制）を批判
特徴・影響	・主張の背景にピューリタン革命 ・結果的に王政を中心とした体制を主張 ・内乱を終結させる強大な主権国家を構想した	・間接民主制を主張 ・名誉革命後の体制に影響を与えた ・アメリカ独立革命、フランス革命に影響を与えた	・直接民主制の理論として受容された ・フランス革命に影響を与えた

憲法

解説　政府を縛るための憲法　誰もが生まれながらに持っている、人間らしく生きる権利を**自然権**（→p.46、→補）という。この自然権が侵害されるのを防ぐために人々が交わす取り決めを**社会契約**（→補）といい、憲法としてまとめられた。人々は、政府に憲法を守るように求め、この考え方を**近代立憲主義**という。

　社会契約説（→p.46）は、特に3人の思想家によって理論づけられた。**ホッブズ**は、人間は利己的な動物であって、組織や権力が存在しない自然状態では、「**万人の万人（各人の各人）に対する闘争**」が起こるので、自然権の行使を政府に委ね、政府の方針に従うことを主張した。これに対し**ロック**は、人々は生命・自由・財産に関する自然権を守る力を政府に信託するのであり、政府が自然権を保護しない場合にはその政府を打倒する権利（**革命権・抵抗権**）を持つとした。**ルソー**（→p.2）は、個人どうしが全員一致の契約によって社会を作り、政府は人々に共通する**一般意志**に基づいて政治を行うべきだと主張した。

→『リヴァイアサン』表紙の挿し絵（右）とその拡大（左）　ホッブズは国家を、旧約聖書に記された、神の次に地上で強い巨大な怪物（リヴァイアサン）に重ね、国家主権への絶対的な服従を説いた。挿し絵のリヴァイアサンの体は、国民で構成されている。

○×チェック答え⑱　○　絶対王政から市民社会に転換する市民革命を通して、自由権的基本権は確立された。その背景として必要な原理が国民主権と権力分立であった。日本国憲法においても、基本的人権の保障、権力分立、国民主権の原則は反映されている。

2 基本的人権の尊重と権力分立 〈出題〉

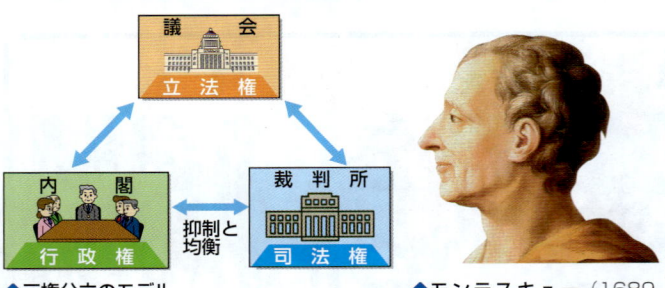

↑三権分立のモデル

↑モンテスキュー（1689〜1755）

> 　同一の人間あるいは同一の役職者団体において立法権力と執行権力とが結合されるとき、自由は全く存在しない。なぜなら、同一の君主または同一の元老院が暴君的な法律を作り、暴君的にそれを執行する恐れがありうるからである。（中略）
> 　もしも同一の人間、または、貴族もしくは人民の有力者の同一の団体が、これら三つの権力、すなわち、法律を作る権力、公的な決定を執行する権力、犯罪や個人間の紛争を裁判する権力を行使するならば、すべては失われるであろう。
> 　　　　　　（モンテスキュー 横田地弘訳『法の精神』岩波書店）

解説 権力分立によって人権を守る　国家権力が一つの国家機関に集中すると、権力が濫用され、国民の自由・権利が侵される恐れがある。そこで国家の権力を立法権、行政権（執行権）、司法権に分け、それぞれを異なる機関に担当させたのが権力分立である。三権が相互に**抑制と均衡**を図ることで、国民の権利・自由を守っている。

18世紀に活躍したフランスの思想家**モンテスキュー**（→p.106）は、政治的自由を確保する手段として、**三権分立（権力分立）**を主張した。この考え方は、後のアメリカ合衆国憲法の制定にも大きな影響を与え、日本国憲法をはじめ、近代の憲法に強い影響を与えている。

3 法の支配 〈出題〉

人の支配
王や独裁者
恣意的
法
国民

国家権力によって定められた法により統治される。

法の支配
法
拘束
王や大統領
（行政権）
国民

法により統治される。法は国民の代表者が決める。

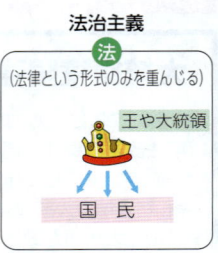
法治主義
法（法律という形式のみを重んじる）
王や大統領
国民

法律の形式に従って統治される。

解説 国王も法に従う　国民の代表によって構成される議会が作るきまりには、統治者・被治者を問わずすべての人が拘束される、とするのが「**法の支配**」の考え方である。「国王は何人の下にも立つことはない。しかし、神と法の下には立たねばならない」という、エドワード=コーク（17世紀イギリスの法律家）が引用したブラクトン（13世紀の法学者）の言葉は、法の支配の理念をよく表している。

4 法の支配と法治主義の違い

	法の支配	法治主義
立法過程	市民が立法に参加し、権利や自由を守る	どのような政治体制とも結合しうる。
法の内容	内容が合理的でなければならない。	内容は関係なく、何でもよい。

解説 法さえあればよいのか　「法の支配」に対し「**法治主義**」は、法が国民の代表によって作られたかどうかや、どのような内容かは問題とされず、たとえ国王が恣意的に作った法律でも、法に基づく政治の行われることが正しいとされる。法治主義は主にドイツで主張され、法の内容の正当性を必要としない点で、「法の支配」と異なる。

憲法

まとめ

I 民主主義と多数決
- 民主主義…国民の手によって行われる政治のあり方
- 直接民主制…国民の意思を直接政治に反映させる
  - ※かつてギリシャで行われる
  - ※現在でも、スイスの一部の州で実施
    - →大規模な社会で実行しにくい。扇動に操られる恐れ
- 代表民主制（間接民主制）…選挙で自分たちの代表を選び意思決定
  - ※大規模な現代社会の多くの国で実施
- 多数決…民主主義で多く行われる
  - →ただし、少数意見の尊重が重要

II 近代立憲主義の原理
- 自然権＝誰もが生まれながらに持つ、人間らしく生きる権利
  - →自然権が侵害されるのを防ぐための約束＝社会契約
- 社会契約を、憲法によって文書化し、政府に守らせる考え方
  - →「近代立憲主義」

- 社会契約説を理論づけた3人の思想家
  - **ホッブズ**…人間は利己的→**「万人の万人（各人の各人）に対する闘争」**
    - →それを防ぐため、自然権の行使を政府に委ねる
    - ※ホッブズは国家を巨大な怪物（リヴァイアサン）にたとえる
  - **ロック**…人々は自然権を守る力を政府に信託
    - →政府が保護しない場合打倒する権利（**革命権・抵抗権**）を持つ
  - **ルソー**…個人どうしが全員一致の契約で社会を作る
    - →政府は人々に共通する**一般意志**によって政治を行うべき
- **モンテスキュー**…「**三権分立（権力分立）**」を主張
  - →国家権力を立法権・行政権（執行権）・司法権の三権に分ける
  - →日本国憲法にも大きな影響
- **法の支配**…議会が作るきまりにすべての人が拘束される
  - 「国王は何人の下にも立つことはない。
  - しかし、神と法の下には立たねばならない」
- 法治主義
  - →法の内容は問われず、正当性も必要としない
  - →人権保障の観点で、法の支配とは大きく異なる

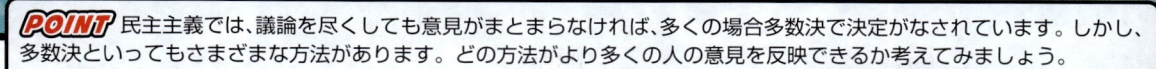

さまざまな多数決の方法

POINT 民主主義では、議論を尽くしても意見がまとまらなければ、多くの場合多数決で決定がなされています。しかし、多数決といってもさまざまな方法があります。どの方法がより多くの人の意見を反映できるか考えてみましょう。

Ⅰ 「決選投票」が行われるフランス大統領選挙

フランスでは、国家の元首である大統領を、国民の直接投票によって選んでいる。その投票では、1回の投票で過半数を得る候補がいない場合に、上位2人による「決選投票」が行われる。

2017年に行われた選挙では11人が立候補し、1回目の投票では誰も過半数を得られなかった。そのため、マクロン候補とル=ペン候補による決選投票が行われ、マクロン候補が勝利した。

なぜこのような投票制度が行われているのか、考えてみよう。

↑決選投票を前にテレビ番組で討論するル=ペン候補（左）とマクロン候補（右）（2017年）

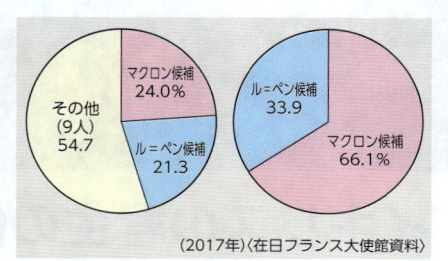

（2017年）〈在日フランス大使館資料〉

↑第1回投票（左）と第2回投票（決選投票）（右）の得票率

Ⅱ 多くの人の意見を反映する方法を考えてみよう

①校外学習の行き先を3案の中から一つ決めることになった。

農業体験　　裁判傍聴　　地元の文化財調査

②行き先の順位づけごとの人数の内訳は表のようになった。

1位	2位	3位		合計
農業体験	裁判傍聴	地元の文化財調査	⇒	15人
地元の文化財調査	裁判傍聴	農業体験	⇒	10人
裁判傍聴	地元の文化財調査	農業体験	⇒	8人

③どのような多数決の方法で決めたらよいだろうか。

どう決めれば…

方法	A　単純多数決	B　決選投票	C　点数配分
概要	最も多くの人が1位に選んだ行き先に決める。	1位に選んだ人が多かった行き先二つに絞り、順位づけに応じて再投票して決める。	1位に5点、2位に3点、3位に1点を配分し、投票した人数で掛け算し、多い行き先に決める。
結果 （○を付ける）	（　）農業体験 （　）裁判傍聴 （　）地元の文化財調査	（　）農業体験 （　）裁判傍聴 （　）地元の文化財調査	（　）農業体験 （　）裁判傍聴 （　）地元の文化財調査
「結果」を1位にした人	人	人	人
「結果」を3位にした人	人	人	人

1．上の例についてA〜Cの方法で決めるとどのような結果になるだろうか。表の空欄を埋めながら考えてみよう。
（上の表は、15人が「1位：農業体験、2位：裁判傍聴、3位：地元の文化財調査」に投票している）

2．より多くの人の意見を反映するには、あなたはどの方法がよいと考えるだろうか。A〜Cその他の方法も含めて、理由と共に考えてみよう。

私は多数決で（　　　　　　　　　　　　　　　　　　　　　）の方法がよいと考える。
なぜなら（　　　　　　　　　　　　　　　　　　　　　）だからである。

ジョンソン首相　エリザベス2世

与党　野党

剣線

↑就任にあたりエリザベス2世にあいさつするイギリスのジョンソン首相（左　2019年）、イギリス議会での討論の様子（右　2016年）　議会の足元には剣線（→p.111）が引かれている。

イギリスの君主の位置づけは？

イギリスでは、国王が人民を支配する時代が長く続いた。国王の横暴がたびたび見られるなかで、13世紀以降、人権獲得の努力が続けられ、人民の代表である議会が国の政治の中心を担い、人権を守っていくしくみが作られた。その過程で国王の政治的な権限はしだいに制限されていった。

現在はエリザベス2世（在位1952〜）が君主であり、儀礼的な役割を主に務めている。その一方で、実際の政治的な権限は大幅に抑えられており、イギリスの民主政治は議会や首相を中心として行われている。800年に及ぶ人権獲得の努力と成果は、今もイギリスの民主政治を支えている。

Question
・近代立憲主義はどのように広がっていったのだろうか。（→Ⅰ）

② 近代立憲主義の広がり

憲法

Ⅰ 近代市民革命と立憲主義の広がり

①マグナカルタ（1215年）　〈出題〉

12条　いっさいの楯金もしくは援助金は、朕の王国の一般評議会によるのでなければ、朕の王国においてはこれを課しない。
39条　自由人は、その同輩の合法的裁判によるか、または国法によるのでなければ、逮捕、監禁、差押、法外放置、もしくは追放をうけまたはその他の方法によって侵害されることはない。
（田中英夫訳『人権宣言集』岩波書店）

解説　**権力の制限の先駆け**
マグナカルタ（→p.111）は、「大憲章」のラテン語名である。1215年、イギリスで王権拡大を図ったジョン王に不満を抱いた貴族が、強制的に課税しないことや不当な逮捕をしないことを王に認めさせた。つまり、王の干渉を受けずに人々を支配する自由を、貴族の特権として王に認めさせたものである。現代の自由や権利の保障とは意味合いが異なるが、王権を制限したという点で、後の人権宣言への出発点となった。

↑マグナカルタの写本

②権利章典（1689年）　〈出題〉

1．国王は、王権により、**国会の承認なしに法律**（の効力）を停止し、または法律の執行を停止し得る権限があると称しているが、そのようなことは違法である。
4．大権に名を借り、**国会の承認なしに**、（国会が）みとめ、もしくはみとむべき期間よりも長い期間、または（国会が）みとめ、またはみとむべき態様と異なった態様で、王の使用に供するために金銭を徴収することは、違法である。
5．国王に請願することは臣民の**権利**であり、このような請願をしたことを理由とする収監または訴追は、違法である。
（田中英夫訳『人権宣言集』岩波書店）

解説　**権利に関する諸文書の中核**　国王ジェームズ2世の専制政治に不満を持つイギリス議会は、1688年に王をフランスに追放し、王女メアリと夫オラニエ公ウィリアムに共同統治を求めた。議会はその条件として、イギリスで伝統的に認められていた国民の権利と自由、王権に対する議会の優位を述べた権利の宣言を翌年2月に提示し、2人はこれを認めて王位に就いた。議会はこれに基づいて権利章典を制定した。

その内容は、人身の自由や宗教の自由などの自由権や、請願権、財産権といった市民の権利を保障し、立法や課税に関する議会の権利を確認したものであった。これ以後、議会主権が確立し、イギリス立憲政治の基礎でもある、国王は「**君臨すれども統治せず**」の原則が確立し、現在でも権利に関する諸文書の中核となっている。また、アメリカの独立にも大きな影響を与えた。

○×チェック⑲

人は生まれながらにして侵すことのできない権利として自然権を有するという考え方が初めて示されたのは、マグナカルタにおいてである。（12年、本）

マグナカルタ
（英）（1215年）
貴族の特権を国王に認めさせた。

領主の特権だけが対象だったが、後の人権思想の基礎となった。

自由権に加え、人間らしく生きる権利（社会権）が認められた。

権利章典
（英）（1689年）[名誉革命]
議会の同意のない立法や課税を禁じた。

↑バスティーユ監獄襲撃

アメリカ独立宣言
（1776年）[アメリカ独立革命]
自然権の保持、社会契約、国民主権が説かれた。

自然権の思想、平等の原則、自由権が広く一般にも認められるようになった。

日本国憲法
（1947年施行）
基本的人権の尊重、国民主権、平和主義を掲げる。

ワイマール憲法
（独）（1919年）
社会権の思想を盛り込み、現代憲法の先駆けとなる。

リンカン、ゲティスバーグでの演説
（米）（1863年）
国民主権の考え方を明快に示した。

フランス人権宣言
（1789年）[フランス革命]
アメリカ独立宣言同様、基本的人権の保障を定めた。

←アメリカ独立宣言採択　　　→ワイマール憲法制定会議

❸バージニア権利章典（1776年）〈出題〉

　1．すべて人は**生来ひとしく自由かつ独立**しており、一定の**生来の権利を有する**ものである。これらの権利は人民が社会を組織するに当り、いかなる契約によっても、人民の子孫からこれを（あらかじめ）奪うことのできないものである。かかる権利とは、**すなわち財産を取得所有し、幸福と安寧とを追求獲得する**手段を伴って、**生命と自由とを享受する権利**である。
　2．すべて**権力は人民に存し**、したがって**人民に由来**するものである。
　3．政府というものは、人民、国家もしくは社会の利益、保護および安全のために樹立されている。（中略）いかなる政府でも、それがこれらの目的に反するか、あるいは不じゅうぶんであることがみとめられた場合には、社会の多数のものは、その**政府を改良し、変改し、あるいは廃止する権利**を有する。

（斎藤真訳『人権宣言集』岩波書店）

解説　**自然権を初めて成文化**　イギリスの植民地であったアメリカの東部13州は、1776年、合衆国として独立を宣言し、独立革命に向かった。これに先立って起草された**バージニア権利章典**は、**ロック**の社会契約説（→p.42）の影響を受け、基本的人権はすべての人が生まれながらに持つものであって誰からも奪われないこと、そこには自由と平等、財産権の保障などが含まれること、政府は国民の信託によって成立するものであり、国民の信託に応えられないときは政府は作り替えられるべきであるという**革命権・抵抗権**などを明言した。イギリスの権利請願、権利章典の影響を受けつつ、**自然権**（→p.42）を初めて成文化した先駆的なものとされている。

←**独立当時の合衆国国旗**
星とストライプの数は独立当時の州の数の13。この旗の製作を依頼したワシントンは、「星は天を、赤は母国なるイギリスを、赤地を横切る白いストライプはイギリスからの独立を表す」と説明した。

❹アメリカ独立宣言（1776年）〈出題〉

　われわれは、自明の真理として、すべての人は**平等**に造られ、造物主によって、一定の奪いがたい**天賦の権利**を付与され、そのなかに**生命、自由および幸福の追求**の含まれることを信ずる。また、これらの権利を確保するために人類のあいだに政府が組織されたこと、そしてその正当な権力は被治者の同意に由来するものであることを信ずる。そしていかなる政治の形体といえども、もしこれらの目的を毀損するものとなった場合には、人民はそれを改廃し、かれらの安全と幸福とをもたらすべしとみとめられる主義を基礎とし、また権限の機構をもつ、**新たな政府を組織する権利**を有することを信ずる。

（斎藤真訳『人権宣言集』岩波書店）

解説　**バージニア権利章典の民主主義思想を発展・継承**　この**アメリカ独立宣言**はバージニア権利章典の民主主義思想を発展させて継承し、**トマス゠ジェファソン**（1743〜1826）らによって起草された。ロックの社会契約説を踏まえた内容で、文体も彼の著作の影響がある。
　最初に、平等権や自由権、人間らしく幸福に生きる権利は、すべての人が生まれつき持つことを宣言している。続いて、人権を保障するために政府が組織されたという社会契約を述べ、国家権力は人民の同意によるものであることを明らかにしている。さらに政府がそれらの社会契約を守らなかった場合は、人民の革命権・抵抗権まで認めている。アメリカ独立宣言の精神は、フランス革命に受け継がれていった。なお、この宣言の「すべての人」は白人男性が対象であり、黒人や先住民族、女性は含まれていなかった。

←**アメリカ独立記念日を祝い、国旗を持ってパレードする人々**（2013年）
1776年7月4日にアメリカ独立宣言が公布されたことを記念して、毎年7月4日には、アメリカ各地で、独立を祝うイベントが開かれる。

憲法

↑フランス革命記念日（パリ祭）のパレード（2012年）　フランスでは、バスティーユ監獄が襲撃された7月14日が、現在もフランス全土で祝われており、各地で花火が打ち上げられるなど、さまざまなイベントが開催されている。

5 フランス人権宣言（1789年）　<出題>

> 1条　人は、**自由**かつ権利において**平等**なものとして出生し、かつ生存する。社会的差別は、共同の利益の上にのみ設けることができる。
> 2条　あらゆる政治的団結の目的は、人の消滅することのない**自然権**を保全することである。これらの権利は、**自由・所有権・安全**および**圧制への抵抗**である。
> 3条　あらゆる主権の原理は、本質的に**国民**に存する。
> 4条　**自由**は、他人を害しないすべてをなし得ることに存する。
> 16条　権利の保障が確保されず、**権力の分立**が規定されないすべての社会は、憲法をもつものでない。
> 17条　**所有権**は、一の神聖で不可侵の権利である（略）
> （山本桂一訳『人権宣言集』岩波書店）

解説　民主社会の原理として今なお重要　市民革命は1789年のフランス革命に集大成される。この**フランス人権宣言**は、今日なお民主社会の原理として重要であるが、本来は、「人および市民の権利の宣言」というように「人」と「市民」を分けていることから、ヨーロッパの階級社会を背景としていることが分かる。

←**フランス国歌を歌うサッカー・フランス代表**　フランスの国歌「ラ・マルセイエーズ」は、フランス革命のときマルセイユの義勇軍によって歌われた歌に由来している。

→**フランス国旗**　赤・青はパリ市軍隊、白はブルボン家の色に由来しており、通称、トリコロール（三色旗）とよばれる。1789年に制定された。

6 リンカン、ゲティスバーグでの演説（1863年）

> われわれの前に残されている大事業に、ここで身を捧げるべきは、むしろわれわれ自身であります——それは（中略）**人民の、人民による、人民のための、政治**を地上から絶滅させないため、であります。
> （高木八尺、斎藤光訳『リンカーン演説集』岩波書店）

←演説するリンカン

解説　国民主権の考え方を明快に示した名文句　国民主権の考え方を明快に示したのが、当時アメリカの大統領であった**リンカン**（1809～65、→補）が、南北戦争の戦没者追悼式で行った演説である。
　「人民の」政治とは主権が人民にあること、「人民による」政治とは人民の政治参加を保障すること、「人民のための」政治とは政治の目的が人民の利益であることを示している。これはつまり、政治の主役が人民であることと、基本的人権の保障を述べたものだともいえる。なお、「人民による」政治は本来直接民主制だが、国家の規模が大きいと難しいため、実際には代表民主制（間接民主制）が基本となっている（→p.95）。

7 ワイマール（ヴァイマール）憲法（1919年）　<頻出>

↑炭鉱で働く子ども（19世紀　イギリス）

> 151条(1)　経済生活の秩序は、すべての者に**人間たるに値する生活**を保障する目的をもつ正義の原則に適合しなければならない。この限界内で、個人の経済的自由は、確保されなければならない。
> 153条(1)　所有権は、憲法によって保障される。（略）
> (3)　**所有権は義務を伴う。**その行使は、同時に公共の福祉に役立つべきである。
> 159条(1)　労働条件および経済条件を維持し、かつ、改善するための**団結の自由**は、各人およびすべての職業について、保障される。この自由を制限し、または妨害しようとするすべての合意および措置は、違法である。
> （山田晟訳『人権宣言集』岩波書店）

解説　社会権を明記　市民革命当初、国家には個人の自由な経済活動に介入しないことが求められ、国防や治安維持など国家にしかできない事業のみを行う**夜警国家**（→補）としての役割が強調された。しかし、自由権的基本権の下で経済的な繁栄を手にする者が出る一方、貧困や経済的な格差が拡大したため、人間らしい生活を確保する権利としての社会権的基本権が主張され、国家にも積極的に社会的弱者を救済・保護する福祉国家の役割が求められるようになった。
　ワイマール憲法では、人間たるに値する生活の保障を述べた**生存権**や、義務を伴うことを明記した所有権が規定され、その後の多くの憲法に影響を与えた。日本国憲法の社会権（→p.64）も影響を受けている。

 ○✕チェック20　女子差別撤廃条約を批准するにあたり、パートタイム労働法が制定されている。（14年、本）

Ⅱ 立憲主義をめぐる動き

チリで新憲法制定の動き

←新憲法制定に関する国民投票の結果を報じる新聞（2020年　チリ）スペイン語で「承認78.2%、拒否21.7%」と書かれている。

　南米のチリでは、経済格差などの社会的不平等に対する不満が高まり、2019年以降反政府デモが相次いだ。そして、独裁政権時代に作られた憲法を改め、新憲法制定が必要だという主張が強まり、20年に制定の賛否を問う国民投票が行われ、賛成が多数を占めた。その後、憲法制定のために構成された制憲代表者会議は、155人の議員がほぼ男女均等に配分され、また、先住民族の女性が議長に就任し、多様性に配慮した憲法が検討されている。

1 独裁体制からの脱却

↑演説するヒトラー（1939年　ドイツ）ヒトラーは巧みな演説で賛同を集める一方、有力政党を弾圧して、最終的に国会の過半数を得た。

解説　独裁者の再来を避ける
ドイツでは、ナチ党政権下において、ワイマール憲法が事実上停止され、ユダヤ人の迫害や、自然法に反する法律の制定などが行われた。こうした反省に立ち、戦後のドイツでは、憲法裁判所（→補）によって全体主義政党の監視を強化したり、大統領の権力を制限して権力分立を図ったりして、立憲主義や人権保障の徹底を目指している。

2 開発独裁

主な開発独裁政権	
韓国	朴正煕（パクチョンヒ）政権 （1963～79年）
シンガポール	リー=クアンユー政権 （1965～90年）
フィリピン	マルコス政権 （1965～86年）
インドネシア	スハルト（→補）政権 （1968～98年）
マレーシア	マハティール政権（第1次） （1981～2003年）

↑スハルト大統領が描かれたインドネシア・ルピー紙幣（1993年）

解説　経済成長を優先　第二次世界大戦後、経済開発を最優先で進めるために独裁的に権力を集中させる**開発独裁**とよばれる体制の国が数多く登場した。これらの国々では経済成長が一定程度進んだものの、人権が抑圧されていたため、経済成長によって力を付けた民衆によって民主化運動が高まり、民主的な体制への転換が相次いだ。

3 「アラブの春」とその反動

解説　民主化運動の挫折　2010年末にチュニジアで始まった民主化運動は、北アフリカや中東に広がり、長期独裁政権が倒れる国も出て「**アラブの春**」とよばれた（→p.162）。しかしその後、リビアやシリアは内戦状態に陥り、エジプトでは再び強権的な政権が登場して、民主的な体制は定着しなかった。また、民主化運動の発端となったチュニジアでは、新憲法の下で議会政治が行われてきたが、21年に大統領が議会を停止するなど、政治的な混乱が続いている。

↑署名した新憲法を掲げる暫定大統領（2014年　チュニジア）新しい憲法では人権尊重や女性の権利の保障、権力分立などが定められた。この新憲法の下で総選挙が行われ、新たな議会が構成された。

憲法

まとめ

Ⅰ　近代市民革命と立憲主義の広がり
- **マグナカルタ**（1215年）…王権を制限。後の人権宣言への出発点
- **権利章典**（1689年）…自由権、請願権、財産権といった市民の権利を保障、立法や課税に関する議会の権利を確認
　　→国王は「君臨すれども統治せず」
　　現在も権利に関する諸文書の中核
- **バージニア権利章典**（1776年）…基本的人権の保障、革命権・抵抗権　**自然権**を初めて成文化
- **アメリカ独立宣言**（1776年）
　・ロックの社会契約説を踏まえる
　・平等権、自由権などの基本的人権の保障、革命権・抵抗権
　※白人男性が対象、黒人や先住民族、女性は含まれず
- **フランス人権宣言**（1789年）…今日なお民主社会の原理
- リンカン、ゲティスバーグでの演説（1863年）

「人民の、人民による、人民のための、政治」…国民主権の考え方を明快に示す
〈国家の役割〉
市民革命当初：国防や治安維持など国家にしかできない事業を行う**夜警国家**
　　→貧富の差の拡大。国家による平等権、自由権の保障だけでは不十分
　　→20世紀以降、積極的に社会的弱者を救済・保護する福祉国家としての役割が求められるように
- **ワイマール憲法**（1919年）…**生存権**を規定した画期的な憲法
　　その後の多くの憲法に影響を与える

Ⅱ　立憲主義をめぐる動き
- ドイツのナチ党政権下における人権侵害→反省を踏まえ立憲主義や人権保障を徹底
- 開発独裁…経済発展を優先し独裁→民主化運動によって体制転換
- 「アラブの春」…長期独裁政権が倒れるも、民主的な体制は定着せず

補足解説

リンカン
アメリカ合衆国第16代大統領。南北戦争では北部を指導し、1863年には奴隷解放宣言を行ったが、65年、観劇中に暗殺された。

夜警国家
ドイツの社会主義者ラッサールは、国防や治安維持しか行わず、貧困などの社会問題の解決に消極的な国家を「夜警国家」と表現した。

憲法裁判所（ドイツ）
他の裁判所とは独立の地位を占め、自由で民主的な基本秩序に敵対する者に基本権喪失を宣告するなどの権限を持つ。

スハルト
1968年にインドネシアの大統領に就任。石油資源などにより経済成長を図ったが、政治腐敗などへの批判が高まり続け、98年に辞任した。

○×チェック答え20

×　女子差別撤廃条約の批准にあたって整備した国内法は、男女雇用機会均等法など。パートタイム労働法を制定したのは条約批准後の1993年であった。

↑日本国憲法施行を祝って走る花電車（1947年　東京都中央区銀座）

日本国憲法誕生の熱気

第二次世界大戦が終わると、空襲の恐怖におびえることはなくなったが、食料や生活必需品は不足し、国民生活は大変苦しいものとなった。そうしたなかで、日本国憲法は誕生した。

1946年11月3日、日本国憲法公布を記念して、全国各地で式典が行われた。皇居前で行われた式典には、天皇・皇后両陛下もご臨席され、約10万人が参加した。

そして日本国憲法は翌47年5月3日に施行された。翌日の都内では、日本国憲法施行を祝う飾りつけをした「花電車」が走り、多くの見物客が集まった。

Question
・日本国憲法によって、日本の社会はどのように変化しただろうか。（→Ⅱ）

憲法

③ 日本国憲法

Ⅰ 日本国憲法の制定過程

1 日本国憲法制定までの歩み

年月日	事項
1945年8月14日	日本政府、ポツダム宣言を受諾（→①）
10月11日	マッカーサー元帥、幣原首相に自由主義化した憲法改正を示唆
10月25日	憲法問題調査委員会（委員長：松本烝治）を設置
12月8日	松本国務相、憲法改正四原則を発表
1946年1月1日	天皇の人間宣言
2月3日	マッカーサー元帥、GHQ民政局に三原則に基づく憲法草案作成を指示（→②）
2月8日	政府、「憲法改正要綱」（松本試案）をGHQに提出
2月13日	GHQ、松本試案を拒否 **マッカーサー草案を日本側に手交**
3月6日	政府、マッカーサー草案を基に「**憲法改正草案要綱**」発表。マッカーサー、全面承認の声明
4月17日	政府が「日本国憲法改正草案」を発表
6月8日	憲法改正草案、枢密院で可決
6月20日	第90回帝国議会に憲法改正案を提出
10月7日	両院の議決成立で**日本国憲法成立**
10月29日	枢密院、憲法改正案を可決
11月3日	**日本国憲法**公布（翌年5月3日施行）

①ポツダム宣言（1945年7月26日発表）（抜粋）

七、（略）聯合国ノ指定スヘキ日本国領域内ノ諸地点ハ吾等ノ茲ニ指示スル基本的目的ノ達成ヲ確保スルタメ**占領**セラルヘシ

八、「カイロ」宣言ノ条項ハ履行セラルヘク又日本国ノ主権ハ本州、北海道、九州及四国並ニ吾等ノ決定スル諸小島ニ局限セラルヘシ

九、日本国軍隊ハ**完全ニ武装ヲ解除**セラレタル後各自ノ家庭ニ復帰シ平和的且生産的ノ生活ヲ営ムノ機会ヲ得シメラルヘシ

十、一切ノ戦争犯罪人ニ対シテハ**厳重ナル処罰**加ヘラルヘシ日本国政府ハ日本国国民ノ間ニ於ケル**民主主義的傾向ノ復活強化**ニ対スル一切ノ障礙ヲ除去スヘシ言論、宗教及思想ノ**自由並ニ基本的人権ノ尊重**ハ確立セラルヘシ

（国立国会図書館HP）

解説　戦争の終結　ドイツ・ベルリン郊外のポツダムで行われた連合国の首脳会談で、アメリカ・イギリス・中国（後にソ連が加わる）の連名で発せられ、日本に無条件降伏を迫った。日本政府は黙殺したため、アメリカ政府は広島と長崎への原爆投下を正当化する口実とした。

日本政府は8月10日、連合国側に対して「**国体護持**」（→補）を条件に**ポツダム宣言**受諾を通告するが、連合国側から明確な回答は得られないまま、14日に宣言受諾を決意し、15日に天皇による「**終戦の詔勅**」の玉音放送が行われ、終戦を迎えた。戦後の日本は、この宣言を基に武装解除や戦争犯罪人の処罰など、民主主義的傾向の復活・強化が図られた。

➡終戦を告げるラジオを聞く人々（1945年）

○×チェック㉑　大日本帝国憲法は天皇主権をすべてに優越する基本原理としていたが、同時に、裁判所が法律に対して違憲審査権を行使することも認めていた。（09年、**本**）

②マッカーサー三原則

> Emperor is at the head of the state.‥‥
> 　天皇は、国家の元首の地位にある。皇位の継承は、世襲である。
> 天皇の義務および権能は、憲法に基づき行使され、憲法の定める
> ところにより、人民の基本的意思に対し責任を負う。
> War as a sovereign right of the nation is abolished.‥‥
> 　国家の主権的権利としての戦争を廃棄する。日本は、紛争解決の
> ための手段としての戦争、および自己の安全を保持するための手
> 段としてのそれをも放棄する。日本はその防衛と保護を、いまや
> 世界を動かしつつある崇高な理想にゆだねる。（略）
> The feudal system of Japan will cease.‥‥
> 　日本の封建制度は、廃止される。（略）
>
> （英文/国立国会図書館HP）
> （日本語訳/衆議院憲法審査会事務局『「日本国憲法制定過程」に関する資料』）

解説 **日本国憲法に反映されたマッカーサー三原則**　連合国軍最高司令官の**マッカーサー**は、憲法改正の基本原則としてGHQ（連合国軍総司令部）内部にこの原則を示した。天皇制維持が掲げられていることや、この三原則が新憲法の1条や9条に反映されたことが注目される。

③改正案の変遷

	天皇	軍隊	国民（臣民）の権利
大日本帝国憲法	3条　天皇ハ**神聖**ニシテ**侵スヘカラス**	第11条　天皇ハ陸海軍ヲ**統帥ス**	（**法律の留保**あり）
憲法改正要綱（松本試案）（1946年2月8日）	3条　天皇ハ**至尊**ニシテ**侵スヘカラス**	第11条　天皇ハ軍ヲ**統帥ス**	（公益・公安のために必要な場合は法律により権利が**制限**される場合がある）
マッカーサー草案（1946年2月13日）	1条　皇帝ハ国家ノ**象徴**ニシテ又人民統一ノ象徴タルヘシ彼ハ其ノ地位ヲ**人民ノ主権**意思ヨリ承ケ之ヲ他ノ如何ナル源泉ヨリモ承ケス	第8条　国民一主権トシテノ**戦争ハ之ヲ廃止ス**‥	12条　日本国ノ**封建制度ハ全廃スヘシ**一切ノ日本人ハ其ノ人類タルコトニ依リ**個人トシテ尊敬**セラルヘシ‥
政府憲法改正草案要綱（1946年3月6日）	1　天皇ハ日本国民至高ノ総意ニ基キ日本国及其ノ国民統合ノ**象徴**タルベキコト	9　国ノ主権ノ発動トシテ行フ**戦争ヲ武力**ニ依ル威嚇又ハ武力ノ**行使**ヲ‥**永久ニ之ヲ抛棄スルコト**	12　凡テ国民ノ個性ハ之ヲ**尊重**シ其ノ**生命、自由及幸福希求ニ対スル権利**ニ付テハ‥最大ノ考慮ヲ払フベキコト

解説 **憲法改正案ができるまで**　憲法問題調査委員会は極秘裏に草案（松本案）の作成を行っていたが、毎日新聞のスクープ記事で、天皇について**神聖**を**至尊**に変えただけなど、大日本帝国憲法の文言を一部修正しただけにすぎないことが明らかとなった。そのためマッカーサーはGHQ民政局に三原則を示して草案の作成を指示した。政府は、先の草案を「松本試案」としてGHQに提出したが、GHQはこれを拒否したため、政府は再度**マッカーサー草案**に基づく「**憲法改正草案要綱**」を作成した。マッカーサーに承認されたことで、帝国議会で改正手続きが進められた。

→毎日新聞のスクープ記事（1946年2月1日）

女性を含む新たな議員で新憲法を審議

↑**国会の廊下で話し合う女性議員たち**（1946年）

　日本国憲法は、1946年の衆議院議員選挙で新たに選ばれた議員たちで審議され、そこには初の女性議員39人も含まれていた。一連の審議において、1条については国民主権を強調するよう文言を変更し、9条については平和の希求に関する文言を追加した。こうした修正を経て、日本国憲法は成立した。

1条	草案の「日本国民の至高の総意」の文言を「主権を存する日本国民の総意」に変更
9条	「日本国民は、正義と秩序を基調とする国際平和を誠実に希求し」の文言を追加
25条	「すべて国民は、健康で文化的な最低限度の生活を営む権利を有する」の文言を追加
66条	「内閣総理大臣その他国務大臣は、文民でなければならない」の文言を追加

←**帝国議会における審議で憲法改正草案から変更された主な条文**

■1 日本国憲法の三大原理

解説 **日本国憲法の骨格**　日本国憲法の三大原理は**基本的人権の尊重**（→p.53〜72）、**国民主権**（→p.95〜97）、**平和主義**（→p.141〜146）である。この基本原理は特に前文で強く宣言されており、それぞれの原理は相互に関連している。例えば、専制政治の下では基本的人権が完全に保障されることはなく、国民主権を原理とした民主主義制の下で初めて人権が保障され、国民主権も国民がすべて平等に人間として尊重されて初めて成立する。人間の自由と生存といった基本的人権や国民主権も平和なくしては確保されない。

↑**日本国憲法の公布**（1946年11月3日）

憲法

2 大日本帝国憲法と日本国憲法 〈出題〉

大日本帝国憲法　1889（明治22）年2月11日発布　1890（明治23）年11月29日施行	比較事項	日本国憲法　1946（昭和21）年11月3日公布　1947（昭和22）年5月3日施行
プロイセン（ドイツ）など	模範とした国	アメリカ、イギリスなど
欽定憲法（天皇が定める）、皇室典範との二元性	形式	民定憲法（国民が定める）、硬性憲法（→3）、最高法規（→p.78）
天皇	主権者	国民
元首、統治権を総攬（→補）、天皇大権	天皇の地位・権能	象徴、国民の総意に基づく、国政に関する権能を有しない、国事行為には内閣の助言と承認が必要
天皇の陸海軍統帥権（→補）、臣民には兵役の義務	戦争と軍隊	徹底した平和主義、戦争の放棄、戦力の不保持、国の交戦権の否認
天皇により臣民に与えられた権利、法律の範囲内で認められる（法律の留保）	人権	すべての人間が生まれながらにして持つ権利、公共の福祉に反しない限り最大限尊重される
帝国議会は天皇の協賛機関、衆議院と貴族院	国会（立法権）	国権の最高機関、唯一の立法機関、衆議院と参議院
内閣の規定はない、国務大臣は天皇を輔弼（→補）する、内閣総理大臣は同輩中の首席	内閣（行政権）	国会に対し、連帯して責任を負う
天皇の名において裁判を行う、特別裁判所が存在	裁判所（司法権）	違憲審査権を持つ、特別裁判所（行政裁判所など）の禁止
規定なし	地方自治	地方自治の尊重、地方自治の本旨
天皇の発議→両議院で総議員の3分の2以上が出席しその3分の2以上の賛成	改正	各議院の総議員の3分の2以上の賛成→国会が発議→国民投票で有効投票の過半数の賛成→天皇が国民の名で公布

3 憲法改正 〈出題〉

①憲法改正の流れ

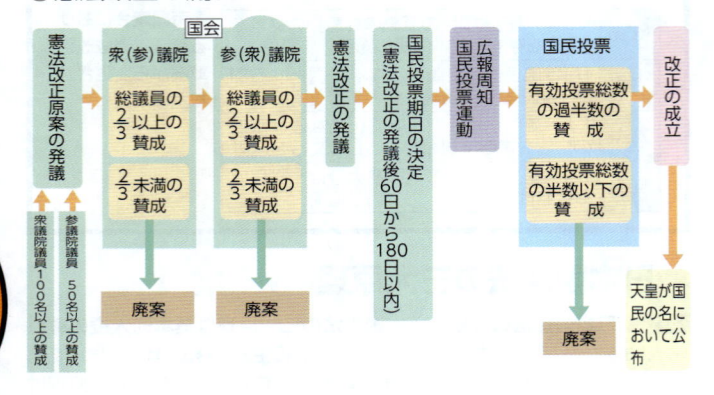

②諸外国の憲法改正

国名	改正回数（1945〜2020年）	近年の改正内容
ドイツ	65	新型コロナウイルス感染症による税収減に対する市町村等への一時的補償（2020年）
フランス	27	男女の平等な社会参画の対象となる職種の拡大（2008年）
イタリア	16	国会議員の定数削減（2020年）
中国	10	国家建設理論への「習近平新時代の中国の特色ある社会主義思想」の追加等（2018年）
アメリカ	6	連邦議会議員の任期中の歳費引き上げの禁止（1992年）
オーストラリア	5	特別地域の有権者への憲法改正投票権の付与（1977年）

解説 国民投票で決定　日本における憲法改正の具体的な手続きは国民投票法で定められており、18歳以上の日本国民が投票権を有する。憲法改正には、国会が衆議院と参議院の総議員の3分の2以上の賛成で発議し、最終的に主権者である国民による国民投票で「有効投票の過半数の賛成」を得ることが必要である。なお、憲法改正においては、三大原理のような憲法の根本を改正することはできないといわれている。

解説 憲法改正が行われている国もある　日本では、憲法改正に他の法律よりも厳しい条件が課されており、こうした憲法は硬性憲法とよばれている。日本国憲法は、第二次世界大戦後、一度も改正されていない。これに対し海外では、憲法改正がたびたび行われている国もある。憲法の位置づけや改正の手続きは、国による違いが大きい。

↑衆議院憲法審査会（2021年）　憲法改正国民投票法の改正について審議され、投票可能な投票所の拡大などに関する修正案が可決された。

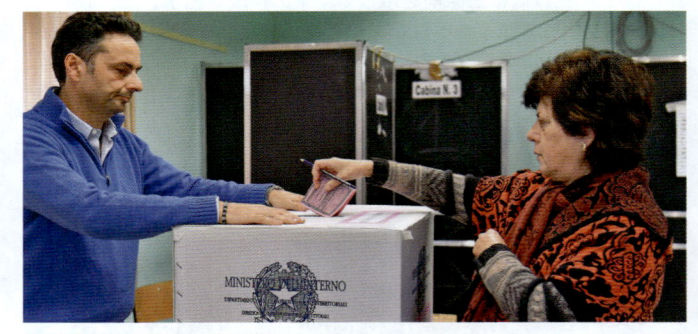

↑憲法改正の国民投票で投票する有権者（2016年　イタリア）　議会両院の対等な関係の見直しに関して賛否が問われたが、否決された。

憲法

〇×チェック㉒　日本国憲法を改正する場合は、国会がそれを発議した後、国民投票で有効投票数の3分の2以上の賛成を得る必要がある。（21年、本）

4 日本国憲法の基本的人権の尊重に関する規定と主な判例

分　類	内　容	条　文		主な判例（参照ページ）
平等権	・すべての国民が権利において平等であるとする基本的人権の前提ともなる権利	個人の尊重（13条） 法の下の平等（14条） 両性の本質的平等（24条） 参政権の平等（44条）		尊属殺重罰規定違憲判決（➡p.55Ⅲ2①） ハンセン病国家賠償訴訟（➡p.55Ⅲ4②） 国籍法結婚要件違憲判決（➡p.57Ⅴ2） 非嫡出子相続分規定事件（➡p.57Ⅴ3） 女性の再婚禁止期間訴訟（➡p.54Ⅱ3）
自由権	・国家権力といえども侵すことのできない個人の権利 ・「国家からの自由」	精神的自由	思想・良心の自由（19条） 信教の自由（20条） 集会・結社・表現の自由など（21条） 学問の自由（23条）	三菱樹脂訴訟（➡p.58Ⅰ2①） チャタレイ事件（➡p.59Ⅰ3②） 家永教科書裁判（➡p.59Ⅰ3②） 靖国問題（➡p.59Ⅰ4） 愛媛玉ぐし料訴訟（➡p.59Ⅰ4②） 津地鎮祭訴訟（➡p.59Ⅰ4②） 東大ポポロ事件（➡p.60Ⅰ5①）
		身体的自由	奴隷的拘束および苦役からの自由（18条） 法定手続の保障（31条） 不法逮捕に対する保障（33条） 抑留・拘禁に対する保障（34条） 住居侵入・捜索・押収に対する保障（35条） 拷問および残虐刑の禁止（36条） 刑事被告人の権利（37条） 黙秘権の保障（38条）	
		経済的自由	居住・移転および職業選択の自由（22条） 財産権（29条）	薬事法違憲訴訟（➡p.62Ⅲ2①）
社会権	・人間に値する生活の保障を国家に求める権利 ・20世紀的人権、福祉国家、「国家による自由」	生存権（25条） 教育を受ける権利（26条） 勤労の権利（27条） 労働者の団結権・団体交渉権・団体行動権（28条）		朝日訴訟（➡p.65Ⅰ3②） 堀木訴訟（➡p.65Ⅰ3②）
参政権	・国民が政治に参加する権利、基本的人権の保障を実質的に確保するための権利	選挙権（15・44・93条） 公務員の選定・罷免の権利（15条） 請願権（16条）※国務請求権に含む説もある 最高裁判所裁判官の国民審査権（79条） 地方自治特別法の住民投票権（95条） 憲法改正の国民投票権（96条）		在外邦人選挙権訴訟（➡p.66Ⅱ2）
国務請求権	・利益確保のために国家の積極的な行為を請求する権利	国家賠償請求権（17条） 裁判を受ける権利（32条） 刑事補償請求権（40条）		
国民の義務	・国家の構成員として国民が果たすべき務め	普通教育を受けさせる義務　　　（26条） 勤労の義務（27条） 納税の義務（30条）		
公共の福祉	・個人の権利が衝突した際の調整	公共の福祉（12・13・22・29条）		名古屋新幹線公害訴訟（➡p.71Ⅱ2①）
広がる人権の考え方	・憲法に明文化されていないが、社会状況の変化によって主張されるようになってきた新しい人権	環境権（13・25条） 知る権利（13・21条） プライバシーの権利（13条）		大阪空港訴訟（➡p.68Ⅰ2①） 国立マンション訴訟（➡p.69Ⅰ2④） 『宴のあと』事件（➡p.69Ⅰ3②） 外務省機密漏洩事件（➡p.70Ⅰ4②） サンケイ新聞意見広告事件（➡p.70Ⅰ5①） 東海大学安楽死事件（➡p.71Ⅰ6②）

憲法

まとめ ▇▇ ▆▆ ▃▃

Ⅰ 日本国憲法の制定過程

・ポツダム宣言…民主主義的傾向の復活・強化を図る
・憲法問題調査委員会…改正草案は一部の修正のみ
・マッカーサー三原則…憲法改正の基本原則を示す
・松本試案…保守的でマッカーサーが拒否
　→マッカーサー草案に基づく「憲法改正草案要綱」作成
　→帝国議会で審議・修正→可決・成立
・**日本国憲法**
　公布…1946年11月3日、施行…47年5月3日

Ⅱ 日本国憲法の特徴

【日本国憲法】　　　【**大日本帝国憲法**】
・基本的人権の尊重←→臣民に与えられた権利
・国民主権　　　←→主権者は天皇
・平和主義　　　←→臣民には兵役の義務
　※大日本帝国憲法には**地方自治**の規定なし
・**憲法改正**…手続きを国民投票法で定める。18歳以上に投票権
　衆参両院で総議員の3分の2以上の賛成
　→国民投票で有効投票総数の過半数の賛成→改正

補足解説	**国体護持** 国のあり方を守ること。終戦にあたって、日本は戦後も天皇を中心とする国家体制を維持しようとした。	**総攬** 政治に関するすべての権限を掌握すること。大日本帝国憲法では主権者である天皇が統治権を総攬した。	**統帥権** 軍の編成・指揮を行う権限のこと。政府、議会から独立しており、軍部の政治への干渉を防げなかった。	**輔弼** 補い助けること。国務大臣が個別に天皇の政治を助けることを意味した。

✕　国民投票において必要なのは、有効投票の過半数である。憲法改正を国会が発議する場合には、各議院の総議員の3分の2以上の賛成を要する。

↑無観客試合の前に差別撲滅の宣誓をする浦和レッズの阿部勇樹主将（左中央）、無観客試合決定を報じる新聞（右）（2014年3月14日　日刊スポーツ）

サッカー Jリーグで無観客試合

　2014年、サッカーJリーグにおいて、史上初めて無観客試合が行われた。これは、試合中、通路に「JAPANESE　ONLY」と書かれた差別的な意味にも解釈される横断幕が張り出されたにもかかわらず、試合終了後まで取り外さなかったことに対するクラブへの処分であった。無観客試合の前に選手は、人種、肌の色、性別、言語、宗教、または出自などに関する差別的あるいは侮辱的な発言や行為を認めないことを宣誓した。

Question
・現代の社会にはどのような差別が残っているだろうか。（→Ⅱ Ⅲ Ⅳ）

憲法

---

4 平等権と差別

Ⅰ 平等観念の歴史と憲法規定

10 人や国の不平等をなくそう

1 平等観念の歴史

形式的平等（19世紀から20世紀初頭の市民社会）
すべての個人を均等に扱い、**自由な活動を保障**

↓
資本主義の進展に伴う**貧富の差の拡大**

実質的平等（20世紀の福祉国家）
社会的・経済的弱者を保護し、ほかの国民と同等の**自由と生存を保障**

解説　**形式的平等から実質的平等へ**　平等の理念は、人類の歴史において、自由と共に最高の目的とされてきた。しかし、すべての個人を法的に均等に扱い、自由な活動を保障する**形式的平等**（機会の平等）を進めた結果、持てる者は富み、持たざる者はますます貧困に陥るといった、個人の不平等をもたらした。そこで20世紀の**福祉国家**においては、社会的・経済的弱者に対して自由と生存を保障する**実質的平等**を重視するようになった。

2 憲法規定 頻出

個人の尊重	13条	すべての国民は、個人として尊重される。生命・自由・幸福追求に対する国民の権利の尊重
法の下の平等	14条	すべての国民は、法の下に平等。人種、信条、性別、社会的身分又は門地による政治的・経済的・社会的差別の禁止。貴族制度の禁止
両性の本質的平等	24条	婚姻は、両性の合意のみに基づいて成立する。夫婦は同等の権利を有する。法律は、個人の尊厳と両性の本質的平等に立脚して制定される
参政権の平等	44条	国会議員とその選挙人の資格において、人種、信条、性別、社会的身分、門地、教育、財産・収入による差別の禁止

解説　**平等の実現を目指して**　基本的人権の考え方の根本には、一人一人の人格をかけがえのないものとして尊重し、生き方を大切にする「**個人の尊重**」の原理がある。この原則は差別があっては実現できないため、すべての国民は法の下に平等とされ、等しく生きる権利（**平等権**）が保障されている。人種や性別、社会的身分や門地（→補）によって、いかなる差別も受けない権利が保障されている。

3 男女平等規定の実現に向けて

解説　**男女平等の立役者**　ベアテ＝シロタ＝ゴードンは、GHQ民政局（→p.50）のスタッフとして、日本国憲法の草案作成に携わった。当時の日本社会では、女性は家庭内で力があっても、法的権利が弱い実情を理解して、憲法による女性の権利確立を目指した。憲法14条と24条の規定は、彼女の草案が基になっている。

→**日本国憲法の草案作成について証言するベアテ＝シロタ＝ゴードン**（2000年）

○×チェック㉓　憲法は、婚姻や離婚など家族に関わる法律は、個人の尊厳と両性の本質的平等に立脚して、制定されなければならないと規定している。（12年、本）

LGBT（性的少数者）の権利をめぐって

　東京都の渋谷区は、2015年に日本で初めての「同性パートナーシップ条例」を制定した。同性のカップルを結婚に相当する関係だと認め、証明書を発行する。これまで同性のカップルは、住宅への入居を断られるなどの問題に直面することがあったため、LGBT（性的少数者、→補）の権利保障の取り組みとして注目されている。

↑LGBTの権利拡大を訴えるパレード（2018年　東京都渋谷区）

1 男女平等に関する主な法令の歩み 〈出題〉

年	条約・法律	内　容
1945	国際連合憲章発効	前文で男女同権を確認
47	日本国憲法施行	14条で法の下の平等を定める
48	世界人権宣言採択	誰もが差別を受けず、権利と自由を持つと宣言
79	女子差別撤廃条約採択	締約国に女性差別撤廃の措置を求める
85	男女雇用機会均等法制定	女子差別撤廃条約の批准を受け、雇用における男女平等を定める
99	男女共同参画社会基本法制定	男女共同参画社会の形成を目指す
2018	候補者男女均等法制定	政治の分野における男女の候補者数の均等化を目指す

解説　世界の歩みを受けた対応　男女同権が基本的人権として国際的に合意されたのは、1945年採択の**国際連合憲章**によってである。日本では46年に女性が初めて参政権を行使し、翌年には**日本国憲法**が施行された。85年に**女子差別撤廃条約**を日本が批准したことにより、雇用面で差別を解消する**男女雇用機会均等法**が制定された（→p.230）。そして99年には、男女雇用機会均等法の規定の一部が努力目標から禁止事項となった。さらに同年には、男女が共に社会に参加し、責任を果たす**男女共同参画社会基本法**（→p.6）が制定された。

↑旅客機での日本初の女性機長（2010年）

2 男女平等を測るさまざまな指標

調査指標/調査先	日本の順位	主な指標
ジェンダー不平等指数 国連開発計画	24位/162か国（2020年）	・妊産婦死亡率 ・若年女性の出産率、など
ジェンダーギャップ指数 世界経済フォーラム	120位/156か国（2021年）	・国会議員・管理職の女性比率 ・男女の賃金比率、など

解説　さまざまな角度から推進が必要　調査によって男女平等に関する日本の順位は大きく異なる。健康面などが主な指標である国連開発計画の統計では日本は上位である。しかし、社会参画や待遇、登用などの面が主な指標である世界経済フォーラムの統計では、下位である。

3 女性の再婚禁止期間に判決 〈出題〉

↑最高裁判決を受け「違憲判決」と書かれた紙を掲げる関係者たち（2015年）

解説　女性の再婚禁止期間を短縮　2015年、女性にのみ**再婚禁止期間**を定めている民法の規定について、最高裁判所は、「100日を超えて再婚を禁じるのは過剰な制約で違憲」だという判決を下した（→p.88）。この判決を受けて16年には民法が改正施行され、再婚禁止期間を従来の6か月から100日間に改め、さらに妊娠していなければ100日以内でも再婚可能とした。

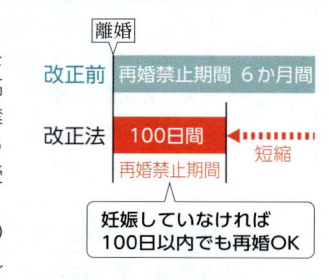

↑民法改正前後の変化

4 大学入試で女性に不利な得点調整

↑東京医科大学の入試での得点調整に抗議する人たち（2018年）

解説　男女平等に反すると判決　東京医科大学の入試において、男性の合格者を増やすため、女性受験者の得点を低くする調整が長年行われていたことが2018年に明らかになった。これに対し、受験料の返還や慰謝料を求める訴訟が起こされた。

　20年に東京地裁は、私立の大学であっても公的性格があり、憲法を尊重する義務を負うとしたうえで、女性に不利な得点調整は男女平等の原則を定めた憲法14条などの趣旨に反するものであり、違法の疑いが極めて強いと認定した。そして、事前の告知なしで得点調整をすることは消費者との契約において違法であるとして、受験料の返還を命じた。大学側は控訴せずに判決は確定し、21年には受験生約560人に計約6700万円を支払うことで和解が成立した。

○　憲法24条2項に「法律は、個人の尊厳と両性の本質的平等に立脚して、制定されなければならない」と規定されている。

Ⅲ さまざまな差別解消の動き

「パラリンピック」の名称は東京が最初

障がい者のスポーツ国際大会である「パラリンピック」の名称は、1964年に東京で開かれた「国際身体障害者スポーツ大会」の愛称として初めて用いられた。当時の大会は資金難などの困難に直面したが、ボランティアに支えられて実施された。

↑「国際身体障害者スポーツ大会」の陸上競技の様子（1964年　東京都）

1 部落差別

年	内　容
1871	**解放令**（解決のための施策は伴わず）
1922	**全国水平社**設立（水平社宣言）
65	**同和対策審議会答申**（行政の責任と国民的課題を明示）
69	同和対策事業特別措置法
97	人権擁護施策推進法施行（5年間の時限立法）
2000	人権教育・人権啓発推進法成立
16	部落差別解消推進法成立

解説 **部落差別の解決は国民的な課題** **部落差別**とは、被差別部落出身者に対する差別であり、**同和問題**ともよばれる。1922年、被差別部落出身者によって**全国水平社**が結成され、**水平社宣言**（→補）を行い、差別撤廃への運動が行われた。しかし、日本国憲法下にあっても差別は残っており、65年の同和対策審議会答申において、部落問題の早急な解決が国の責務であり国民的課題だとされた。この答申を基に、差別をなくす教育などが行われてきた。

↑水平社青年同盟の演説会で演説する山田孝野次郎さん（1924年）　山田さんは、22年の全国水平社の創立大会でも、少年代表として演説した。

2 社会的身分に関する差別
①殺人の刑罰と「法の下の平等」　〈出題〉

解説 **「人の命の平等」が問われる** かつて刑法では、**尊属**（→補）に対する殺人は、死刑または無期懲役とされ、通常の殺人よりも重い刑罰が科されていた。この裁判では、親などを大切にする社会的価値観と、「人の命の平等」との兼ね合いが争点になった。1973年に最高裁判所は、尊属に対する殺人の刑罰がより重いことは認めつつも、重さの差が極端であるのを違憲とした（→p.88）。この判決は、日本国憲法下で初の違憲判決であり、刑法の規定は後に削除された。

↑尊属殺重罰規定違憲判決を報じる新聞（1973年4月4日　朝日新聞）

3 アイヌ民族への差別

解説 **差別解消に向けて** アイヌ民族は、北海道や樺太島、千島列島を中心に、固有の文化や言語を持って暮らしてきた。しかし江戸から明治時代にかけて、政府は本州からの移住を推進し、アイヌ民族の暮らしや文化は否定されてきた。1997年には、国がアイヌ民族の伝統や文化の振興に努めることを規定した**アイヌ文化振興法**が成立。そして2019年に、アイヌの人々を初めて「先住民族」と明記し、差別の禁止を定めた**アイヌ施策推進法**が成立した。

↑撤去される広告（2015年　北海道）　プロ野球の北海道日本ハムファイターズが掲示した「北海道は、開拓者の大地だ。」という広告に対し、アイヌ民族を軽視しているという批判が高まり、広告は撤去された。

4 病気や障がいに対する差別
①障がい者に対する差別

↑障害者差別解消法施行にあたり差別解消を訴える人々（2016年）

解説 **障がいの有無で差別されない社会へ** 障がいのある人や高齢者などの行動する権利を保障するために、社会にあるさまざまな障壁を取り除くことを**バリアフリー**（→p.238）という。また近年では、障がいの有無、年齢、性別などにかかわらず、同じ人間として誰もが共に生きる社会を作っていこうとする**ノーマライゼーション**という考え方も広がっている。2016年には、すべての国民が障がいの有無によって分け隔てられることなく、相互に個性と人格を尊重し合い共生する社会を目指して、**障害者差別解消法**が施行された。

②ハンセン病回復者（元患者）に対する差別　〈出題〉

↑ハンセン病訴訟、政府の控訴断念を受けて記者会見する原告たち（2001年）

解説 **国が控訴断念** **ハンセン病**は投薬で完治し、回復者から感染しない病気だが、**らい予防法**が廃止された1996年まで隔離政策が続けられた。回復者団体は国の責任を問う訴訟を起こし、2001年に国の責任を認める判決が確定した。08年には、ハンセン病問題基本法が制定され、回復者の名誉回復のための政策が進められることになった。19年には、名誉回復の対象に回復者の家族を加えた改正法が成立した。

○×チェック㉔　ハンセン病患者に対する隔離政策が人権侵害であると判断した2000年代の裁判所の判決を受けて、らい予防法は廃止された。（16年、本）

Ⅳ 外国人の権利

外国人の指紋押捺（おうなつ）をめぐって

かつて日本に1年以上在留する16歳以上の外国人は、外国人を特定するために、**指紋押捺**（→補）が義務付けられていた。日本人にはこの制度がないことから、法の下の平等に反するという反発が相次ぎ、2000年に制度は廃止された。しかし、07年からはテロ対策を目的に、日本に入国する外国人の**指紋と顔写真の提供**が義務付けられている。

→外国人の指紋採取制度に反対する人々（2007年）

1 国・地域別在留外国人の変化

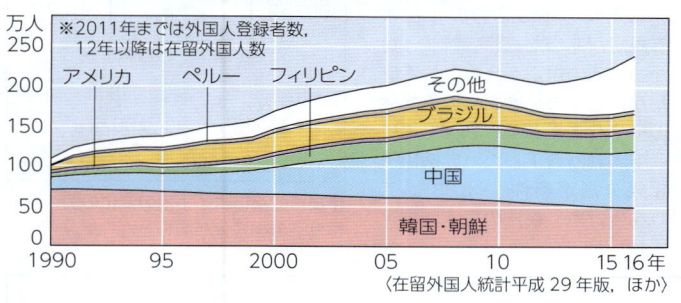

※2011年までは外国人登録者数、12年以降は在留外国人数

アメリカ ペルー フィリピン その他 ブラジル 中国 韓国・朝鮮

1990　95　2000　05　10　15 16年

〈在留外国人統計平成29年版、ほか〉

解説 中国出身者が増加 日本に住む外国人は約240万人（うち特別永住者（→補）は約34万人）で、総人口の約1.9％を占めている（2016年）。かつては、韓国・朝鮮出身の人たちが多く、そうした人々が集まる場所が「コリアタウン」とよばれることもあった。しかし、近年では中国出身者が増加し、国籍別で最多となっている。言語や生活習慣の違いなどから、地域住民との間でトラブルになる場合もある。

→「コリアタウン」（2011年　大阪市生野（いくの）区）

2 在留外国人管理制度

解説 在留カードの所持を義務付け 日本に住む外国人は、在留資格を細かく定められ、就労などに関して厳しい制約を受けている。かつて日本に住む外国人は、国（法務省）による出入国管理と、市町村による外国人登録という二重の制度で管理されていたが、2012年から国による在留管理に一元化された。また、19年には外国人労働者の受け入れ拡大に伴い、法務省入国管理局が外局として独立して出入国在留管理庁が発足した。

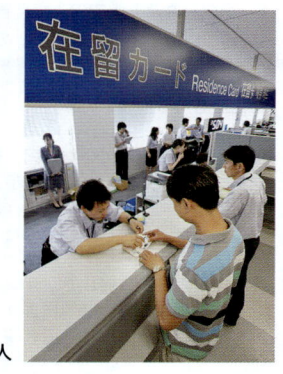

→在留カードの申請窓口を訪れた外国人

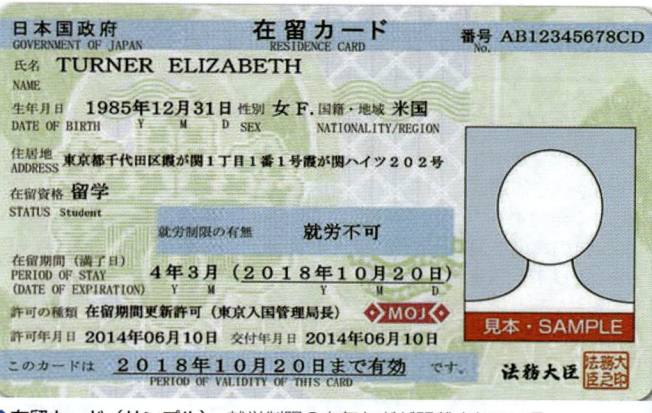

↑在留カード（サンプル）　就労制限の有無などが記載されている。

3 在留外国人についての人権問題　出題

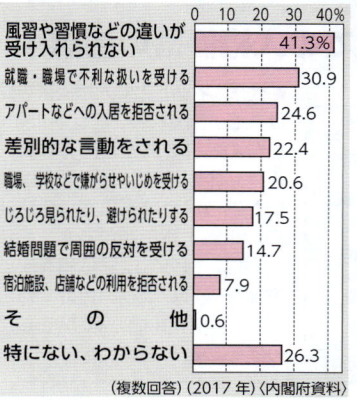

風習や習慣などの違いが受け入れられない 41.3%
就職・職場で不利な扱いを受ける 30.9
アパートなどへの入居を拒否される 24.6
差別的な言動をされる 22.4
職場、学校などで嫌がらせやいじめを受ける 20.6
じろじろ見られたり、避けられたりする 17.5
結婚問題で周囲の反対を受ける 14.7
宿泊施設、店舗などの利用を拒否される 7.9
その他 0.6
特にない、わからない 26.3

（複数回答）（2017年）〈内閣府資料〉

解説 問題を感じる外国人も多い 外国人が増加するなか、言語、宗教、文化、習慣などの違いから、さまざまな人権問題が発生している。例えば、外国人であることを理由にアパートへの入居を拒否されたり、飲食店で嫌がらせをされたりする事例も確認されている。近年では、外国人への差別意識をあおる**ヘイトスピーチ**（→p.59）も問題になっている。

←外国人の人権問題についての意識調査

4 外国人の参政権をめぐって

解説 さまざまな議論が続く 外国人でも、一般に憲法上の権利は保障されていると考えられているが、権利の性質上、外国人には制限される人権もある。

例えば、**外国人参政権**について、最高裁判所は、国政参政権は国民のみが有すると判断している。地方参政権についても、憲法93条2項「住民が、直接これを選挙する」という規定は外国人の選挙権を保障したものではない、とする判決を下している。他方で、この判決の傍論の部分では、「法律で地方公共団体での選挙権を付与する措置を講ずることは憲法上禁止されていない」とも述べている。

日本に定住し、納税の義務などを果たしているのだから、外国人にも参政権を認めるべきだとする意見もあり、今もさまざまな議論が続いている。

↑外国人参政権に関する最高裁判決を報じる新聞（1995年3月1日　朝日新聞）

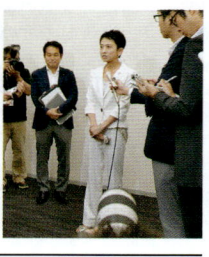

↑民進党代表選挙にあたり、日本国籍と台湾籍を持っていたことが分かり、記者会見する蓮舫（れんほう）議員（2016年）　蓮舫議員は後に日本国籍選択を宣言した。

〇×チェック 答え㉔　×　らい予防法は1996年に廃止された。

憲法

Ⅴ 平等権に関する近年の動き

増えるインターネットでの人権侵害

インターネットでは、自分の名前や顔を簡単には知られることなく発言することができるため、人の尊厳を傷つけたり、差別したりする発言が書き込まれる場合もある。こうした人権侵害は、刑法で名誉毀損の罪に問われる場合もある。インターネット上においても、ネットでつながった先には生身の人間がいることを意識し、人権を尊重する配慮が必要である。

その投稿は
誰かを傷つけていませんか？
書き込む前に、
1度
STOP!
立ち止まろう
人権イメージキャラクター 人KENまもる君
法務省人権擁護局・全国人権擁護委員会連合会

↑インターネット人権侵害問題対策のバナー（法務省）©やなせたかし

1 インターネット上での人権侵害の内訳

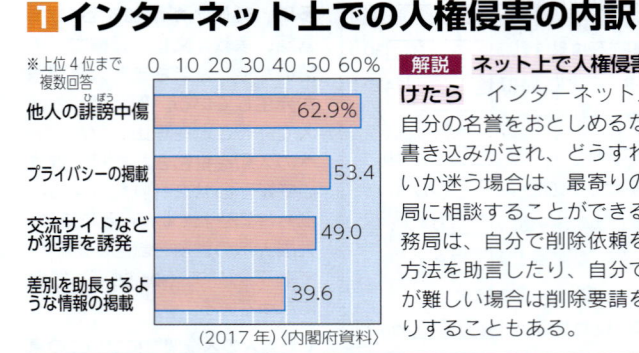

※上位4位まで複数回答

他人の誹謗中傷	62.9%
プライバシーの掲載	53.4
交流サイトなどが犯罪を誘発	49.0
差別を助長するような情報の掲載	39.6

（2017年）〈内閣府資料〉

解説 ネット上で人権侵害を受けたら インターネット上に、自分の名誉をおとしめるなどの書き込みがされ、どうすればよいか迷う場合は、最寄りの法務局に相談することができる。法務局は、自分で削除依頼をする方法を助言したり、自分で対応が難しい場合は削除要請をしたりすることもある。

2 国籍法と法の下の平等 〈出題〉

解説 違憲判決を踏まえ国籍法を改正

日本人の父親とフィリピン人の母親から生まれた子ども10人が日本国籍を求めた訴訟で、2008年、最高裁判所は10人全員に日本国籍を認める判決を下した（国籍法違憲判決、→p.88）。父母の結婚を日本国籍取得の条件としていた国籍法（→補）の規定が、憲法14条の「法の下の平等」に反するとされたためだった。その後、国籍法の結婚を条件としていた条文は改正された。

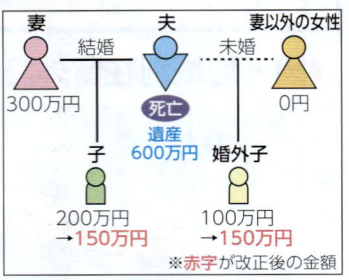
↑勝訴し笑顔で最高裁を出る母子ら（2008年）

3 婚外子の相続差別をめぐって 〈出題〉

解説 生まれによる差別の解消を目指して

民法（→p.79）では、結婚していない男女の子（婚外子、非嫡出子）の相続分は、結婚している男女の子の2分の1とする規定があった。最高裁判所は、かつてこの規定を合意としていたが、近年の結婚をめぐる社会の多様化を背景に、2013年に違憲の判断を下した（非嫡出子相続分規定事件、→p.88）。これを受けて、民法の規定は削除された。

妻 ─結婚─ 夫 ─未婚─ 妻以外の女性
300万円 　死亡 遺産 600万円 　0円
子 　婚外子
200万円→150万円 　100万円→150万円
※赤字が改正後の金額

↑民法改正による相続の変化の例 子と婚外子の相続分が均等とされた。

まとめ ■■■━■━■

Ⅰ 平等観念の歴史と憲法規定
・平等観念 形式的平等（自由を保障）→実質的平等（弱者保護）
平等権
　個人の尊重（13条）………基本的人権の根幹
　法の下の平等（14条）………差別の禁止
　両性の本質的平等（24条）…男女の平等
　参政権の平等（44条）………選挙の資格の平等

Ⅱ 性別をめぐる差別
・法令の歩み
日本国憲法（1947）→女子差別撤廃条約（1979）→男女雇用機会均等法（1985）→男女共同参画社会基本法（1999）
・男女平等を図るためにさまざまな指標がある
・女性の再婚禁止期間…100日超に違憲判決→民法改正
・大学入試で女性に不利な得点調整→違法判決

Ⅲ さまざまな差別解消の動き
・部落差別…被差別部落出身者への差別

・全国水平社・水平社宣言…差別撤廃への運動
・社会的身分に関する差別
尊属（先の世代の血族）殺人の罪が重い→「人の命の平等」が問われる
・アイヌ民族への差別
アイヌ施策推進法（2019）…アイヌの人々を「先住民族」と明記
・病気や障がいに対する差別
バリアフリー（さまざまな障壁をなくす）
ノーマライゼーション（誰もが共に生きる社会を）
・ハンセン病回復者への差別→政府が控訴を断念し責任を認める

Ⅳ 外国人の権利
・外国人参政権をめぐって最高裁判決
→参政権は国民のみ。傍論で地方参政権に言及

Ⅴ 平等権に関する近年の動き
・インターネット上での人権侵害の増加
・国籍法、婚外子（非嫡出子）の民法規定→平等権に反するとして改正

補足解説

門地
家柄、生まれのこと。大日本帝国憲法下の華族などの封建的・特権的な身分がこれにあたる。

LGBT（性的少数者）
レズビアン（女性同性愛者）、ゲイ（男性同性愛者）、バイ（両性愛者）、トランスジェンダー（体と心の性が一致しない状態）の頭文字を取った用語。性的少数者（セクシュアルマイノリティ）の総称。

水平社宣言
全国水平社が1922年に結成された際に採択された宣言。被差別部落出身者自身の取り組みにより、差別解消を勝ち取ることを訴えている。

尊属
尊属とは、親族関係において父母、祖父母など先の世代にある血族をいう。これに対し卑属とは、子や孫の世代にあたる血族をいう。

指紋押捺
2000年まで行われていた外国人管理制度。外国人登録の際に、右手人差し指の指紋押捺（はんこのように押すこと）が義務付けられていた。

特別永住者
終戦前から日本に居住し、サンフランシスコ平和条約の発効により日本国籍を離脱し、終戦後も引き続き居住している朝鮮半島などの出身者およびその子孫を指す。

国籍法
日本国籍取得の条件を定めた法律。かつては父親が日本国籍を持つことが条件とされていたが、1984年の改正で父母どちらかが日本国籍を持つことが条件となった。

○×チェック25 人間の基本的権利は、時代と共にその内容が拡大してきたが、近代になって最初に強調されたのは社会権である。（06年、本）

↑「テロ等準備罪」が「共謀罪」にあたるとして反対する人々（2017年）

「テロ等準備罪」が思想・良心の自由をめぐる論争に

2017年、組織犯罪処罰法の改正で新たに盛り込まれた「テロ等準備罪」への賛否が大きな議論となった。東京2020オリンピック・パラリンピックを控えるなか、世界各地ではテロ事件が相次いでおり、テロ対策強化の一環として改正が進められた。しかし「テロ等準備罪」は、複数の人が犯罪の実行に合意したことを理由に罪に問えるとする「共謀罪」の構成要件を改めた法律であるため、思想・良心の自由に対する懸念が広がった。政府は、犯罪計画に基づいて資金などの手配や場所の下見など、「準備行為」があって初めて処罰対象となるため、思想・良心の自由を侵害するものではないと説明している。

Question
・思想・良心の自由はどのように認められているだろうか。（→I）

---

5 自由権

I 精神的自由

大日本帝国憲法下での言論の状況は？ 〈出題〉

↑治安維持法への反対運動で検挙される人（中央）（1925年）

大日本帝国憲法下の1925年、普通選挙法と同時に**治安維持法**が制定された。この法律の目的は当時の国家体制に反対する無政府主義者と、私有財産制を否定する共産主義者を弾圧することにあった。しかし第二次世界大戦中には、自由主義者、宗教者、戦争反対者にまで拡大され、国民の言論・思想の自由を奪った。治安維持法は45年に廃止されたが、日本国憲法では、こうした人権弾圧を反省し、国家から不当な制限や干渉を受けない権利（**国家からの自由：自由権**）が詳細に規定されている。

---

1 憲法規定 〈出題〉

思想・良心の自由	19条	個人の主義、主張などは内心にとどまるかぎり処罰されない
信教の自由	20条	宗教を信仰する・しない権利、宗教行事や布教活動などを行う権利、政教分離の原則
集会、結社、表現の自由、通信の秘密	21条	集会・結社や言論・出版などを通して自己の意見を表明する権利、検閲（→補）の禁止
学問の自由	23条	学問の研究や発表などを行う権利

2 思想・良心の自由 〈出題〉

①思想の自由か雇用の自由か～三菱樹脂訴訟～

解説 思想を理由にした採用拒否を認める　三菱樹脂に就職した男性が、学生運動への関与を隠していたことを理由に、試用期間の終了直前に本採用を拒否された。最高裁は、企業は**雇用の自由**を有しており、私人（→補）間で思想・信条を理由に雇用を拒んでも違法とはいえないと判断した。その後1976年に和解が成立し、男性は職場に復帰したが、この判決の影響で就職を意識した学生は学生運動を控えざるをえなくなった。

↑判決を報じる新聞（1973年12月12日　朝日新聞）　私人への憲法の適用には限界があるとされた。

憲法

○×チェック答え㉕

× 人間の基本的権利は、近代において基本的人権としてとらえられる。市民革命が求めたように当初は自由権的基本権が中心であり、国家からの自由が何よりも大切と考えられた。その後の経済社会の発展により、「人間たるに値する生活」を実質的に確保するために社会権的基本権も認められるようになった。

58

3 表現の自由

①ヘイトスピーチ 〈出題〉

↑差別的な表現を行う団体（右奥）とそれに対抗し、「名古屋は人種差別に反対する」というプラカードを掲げる団体（左）（2016年　愛知県名古屋市）

解説　他者を傷つける差別表現も自由か　人種、民族、宗教、国籍、性別などをおとしめたり、差別をあおったりする表現を**ヘイトスピーチ**（差別表現、→p.56）という。近年、日本でもインターネットを通じて拡大し、扇動的なデモが行われることもある。こうしたヘイトスピーチを規制しなければ、マイノリティ（少数者）の苦しみを放置することにもつながるため、2016年に**ヘイトスピーチ対策法**が制定され、国や地方自治体に差別解消の取り組みが求められるようになった。そして20年には、神奈川県川崎市で、罰則規定を設けた全国初の差別禁止条例が全面施行された。一方、ヘイトスピーチを法律で取り締まることについては、表現の自由を侵害するという意見もある。

②表現の自由をめぐる裁判の例 〈出題〉
〈チャタレイ事件〉

解説　わいせつか芸術か　D・H・ロレンスの英文学『チャタレイ夫人の恋人』の翻訳・出版が、刑法175条の**わいせつ文書**（→補）頒布にあたるとして、翻訳者と出版社の社長が起訴された。これに対し最高裁は、表現の自由は、性秩序を守るという公共の福祉によって制限されるとした。現在も司法の基本姿勢は変わっていないが、表現の自由の制限には批判が多く、1973年には完訳版が出版された。

↑一審の東京地裁法廷に立つ訳者の伊藤整氏（右）と出版した小山書店の小山久二郎社長（左）（1951年）

〈家永教科書裁判〉

解説　教科書検定制度は合憲か　家永三郎東京教育大学教授が執筆した日本史教科書が、**教科書検定**（→補）で条件付合格とされたことに対し、表現の自由や教育を受ける権利に反しているとして、3回にわたって訴訟が起こされた。最高裁では**検定制度自体は合憲**とされたが、思想内容の審査に及ぶので違憲とする判断（2次訴訟1審）や、検定意見の一部を違憲とする判断（3次訴訟）が示されるなど、表現の自由や教育を受ける権利について、大きな議論をよんだ。

↑記者会見する家永三郎教授（1997年）

4 信教の自由

①靖国神社をめぐって

↑靖国神社を参拝した安倍首相（2013年）　　↑靖国神社を参拝した陸軍部隊（1937年）

1869年8月6日	戊辰戦争での朝廷側の戦死者を慰霊するため、東京招魂社として創建
1879年6月4日	「靖国神社」に改称
1978年	A級戦犯14名を合祀
1985年8月15日	中曽根首相、公式参拝
1991年1月10日	仙台高裁が、中曽根首相の参拝を違憲とする
2001年8月13日	小泉首相、公式参拝
2005年9月30日	大阪高裁が、小泉首相の参拝を違憲とする
2013年12月26日	安倍首相が参拝

↑靖国神社をめぐる動き

解説　戦没者がまつられている　1869年8月6日、戦死した官軍無名兵士を慰霊するため、東京・九段に「東京招魂社」が創建され、79年に「靖国神社」と改称された。日清、日露戦争など、日本が対外戦争をするたびに戦没者が増えていき、戦没者は「神」としてまつられた。靖国神社は**国家神道**の中心的施設とされたが、戦後、その位置づけは大きく変わり、1952年には宗教法人法に基づく宗教法人になった。78年に第二次世界大戦の**A級戦犯**（→補）14名が合祀（→補）され、それ以降、首相の公式参拝には中国や韓国などの反発が大きい。

②信教の自由をめぐる裁判の例 〈出題〉
〈愛媛玉ぐし料訴訟〉

解説　政教分離をめぐり初の判決　愛媛県知事が1981～86年にかけて靖国神社に玉ぐし（→補）などを公金から支出したことについて、政教分離原則に反するとして、訴訟が起こされた。97年、最高裁は、**政教分離の原則**に反しているとして、政教分離原則をめぐって初めて違憲判断を下した（→p.88）。

↑玉ぐし

〈津地鎮祭訴訟〉

↑地鎮祭（2015年　愛知県）

解説　地鎮祭は宗教行事か　1977年、三重県津市が地鎮祭に公費を支出したことは政教分離原則に反するとして訴訟が起こされた（**津地鎮祭訴訟**）。最高裁は、本件は宗教的行事とはいえ、宗教を援助または圧迫する効果もなく、憲法に違反しないとした。この判決は**目的効果基準**（→補）として、現在でも政教分離の基準となっている。

 ○×チェック㉖　学問の自由は、教育と研究の場である大学が国家権力による不当な支配を受けないという大学の自治の保障を含む。（07年、本）

憲法

5 学問の自由

①東大ポポロ事件

↑東大ポポロ事件に関連し警官とつかみ合う学生たち（1952年）

解説 **学生演劇は「学問の自由」か** 1952年、東京大学で演劇の練習をしていた劇団ポポロの団員が私服警察官を発見し、警察手帳を取り上げたとして、起訴された。学問の自由がどこまで認められるのかが争点となり、最高裁は大学の自治の主体は大学教員に限られるとし、学問の自由を学問的研究の自由とその研究成果の発表の自由に制限し、被告人は有罪となった。

II 身体的自由

「逮捕状」ってどんなもの？

ドラマなどで警察官が被疑者（容疑者）を逮捕する際に、逮捕状を提示することがある。現行犯以外の逮捕では、原則として裁判官が発行する令状（逮捕令状）が必要とされる。これには、不当な逮捕によって人権が侵害されることを防ぐねらいがある。逮捕状には、被疑者の氏名や、逮捕を許可した裁判官の氏名などが記載される。

↑逮捕状の例（部分）

1 憲法規定 ◀頻出

奴隷的拘束及び苦役からの自由	18条	人格を無視した身体の拘束や、意思に反した強制労働を禁止
法定の手続の保障	31条	刑罰を科すには法律で定めた適正な手続によらなければならない
逮捕の要件	33条	現行犯以外は、令状によらなければ逮捕されない
抑留、拘禁の要件、不法拘禁に対する保障	34条	弁護人の依頼など
住居の不可侵	35条	住居侵入、捜査等に対する保障
拷問及び残虐刑の禁止	36条	拷問（肉体的に苦痛を与えて自白を引き出すこと）や残虐な刑の禁止
刑事被告人の権利	37条	公開裁判を受ける権利、弁護人を依頼する権利
自己に不利益な供述、自白の証拠能力	38条	黙秘権の保障、強制・拷問・脅迫による自白は証拠とはできない

2 刑事手続きの流れ ◀出題

地位	手続き	機関	憲法の規定
被疑者	**逮捕** → 釈放（48時間以内）	警察	・法律の定める手続によらなければ、自由を奪われ、刑罰を科せられない（31） ・現行犯以外は、**令状**によらなければ逮捕・捜索などされない（33）
被疑者	**送致** → 釈放（24時間以内） **拘置決定** 不起訴・起訴猶予（10日以内※）	検察	・**弁護人の依頼**（34） ・拷問の禁止（36） ・**黙秘権**（→補）の保障。証拠が自白のみのときは、有罪の証拠とされない（38）
被告人	**起訴** **裁判** → **有罪** / **無罪**	裁判所	・**裁判を受ける権利**（32） ・公平、迅速、公開裁判（37①） ・証人審問、証人を求める権利（37②） ・**弁護人の依頼**（37③） （**国選弁護人**が付けられる）
受刑者	有罪	刑務所	残虐な刑罰の禁止（36）
無罪			刑事補償（40）

※やむをえない理由があるときは10日の延長が可能、（　）は憲法の条数

解説 **人権保障のために不可欠** 憲法31条は、刑事事件での法定手続を定めるが、手続の適正さを要求したものと解されている。手続の適正さは人権の保障のために不可欠であり、被疑者・被告人は有罪の判決があるまでは「**推定無罪の原則**」（→補）が適用される。

↑取調べの可視化のモデル　撮影機材が置かれ、取調べが録画される。

3 冤罪と再審 ◀頻出

事件名	罪名	判決（年）	再審判決（確定年）
免田事件	強盗殺人	死刑（1951）	無罪（1983）
財田川事件	強盗殺人	死刑（1957）	無罪（1984）
松山事件	強盗殺人・放火	死刑（1960）	無罪（1984）
島田事件	殺人	死刑（1960）	無罪（1989）
足利事件	殺人	無期懲役（2000）	無罪（2010）
布川事件	強盗殺人	無期懲役（1978）	無罪（2011）
東京電力女性社員殺人事件	強盗殺人	無期懲役（2003）	無罪（2012）

解説 **相次ぐ冤罪** 無実の者が罪に問われることを冤罪という。かつて、自白を偏重する裁判で冤罪が多発したため、拷問が禁じられ（憲法36条）、裁判では証拠が重んじられる（同38条）ようになったが、戦後も冤罪事件が起きている。そこで刑事訴訟法では、冤罪の救済手段として再審の制度が規定されている。再審請求の条件は、「（無罪などを言い渡すべき）明らかな証拠を新たに発見したとき」などである。これまで、死刑確定後の再審で無罪になった事件は4件ある。

憲法

○✕チェック
答え㉖

○　学問の自由は、学問研究の自由や研究成果発表の自由、教授の自由だけでなく、大学における研究者や教授者が、国家などからの介入を受けずに、その自主的判断において大学の管理運営を行うという大学の自治の保障を含むものとされている。

4 死刑制度

①逮捕から48年後の釈放～袴田事件～

←釈放され、ボクシング関係者からチャンピオンベルトを贈られた袴田巖氏（中央、2014年）

解説 死刑制度のあり方を問う事件
1966年に静岡県で一家4人が殺害された事件で、元プロボクサーの袴田巖氏が強盗殺人の疑いで逮捕・起訴された。袴田氏は裁判で無罪を主張したが、80年に死刑が確定。2度目の再審（裁判のやり直し）請求によって、2014年に静岡地裁で再審の開始が決定されたものの、18年に東京高裁はその決定を取り消した。この事件を通じ、**死刑制度のあり方**が改めて問われることになった。

②死刑制度への国民の意識

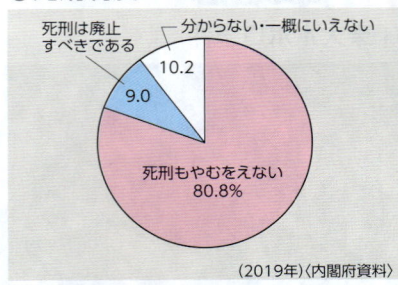

- 死刑は廃止すべきである 9.0
- 分からない・一概にいえない 10.2
- 死刑もやむをえない 80.8%

（2019年）〈内閣府資料〉

解説 多くが死刑に賛成 日本では、死刑制度の存続を求める意見が多数である。重い罪には重い罰をという意見や、犯罪の抑止を期待する意見もある。

③死刑執行の現状

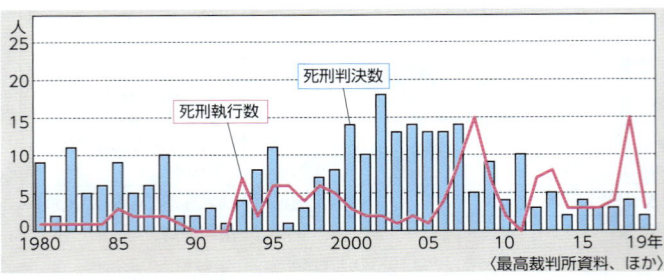

↑死刑判決数と執行数の推移

〈最高裁判所資料、ほか〉

↑「ボタン室」から見た「執行室」
2010年に初めて刑場が公開された。

解説 死刑執行まで長期間
死刑の執行は、刑事訴訟法で定められており、判決確定後6か月以内に法務大臣の命令によって行われることになっている。また、法務大臣が命令書に署名をしてから5日以内に執行しなければならない。しかし現実には、6か月以内に執行されることはまずなく、近年では執行までに平均7年11か月を要しており、受刑者の精神的苦痛は非常に大きい。

④死刑の基準（永山基準）

(1)犯行の罪質、(2)動機、(3)態様（特に殺害方法の執拗さや残虐さ）、(4)結果の重大性（特に殺害された被害者の数）、(5)遺族の被害感情、(6)社会的影響、(7)犯人の年齢、(8)前科、(9)犯行後の情状等を総合的に考察し、やむをえないと認められる場合

解説 厳格な基準 死刑は、9項目にわたる観点を総合的に考察し、やむをえないと認められる場合に適用される。

⑤死刑を執行した国・地域

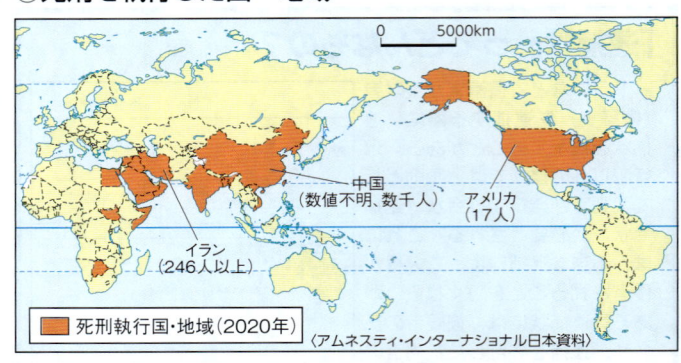

- 中国（数値不明、数千人）
- アメリカ（17人）
- イラン（246人以上）
- 死刑執行国・地域（2020年）

〈アムネスティ・インターナショナル日本資料〉

解説 死刑執行国は少数 1989年に国連で死刑廃止条約が採択されて以降、死刑を執行する国は減少傾向にある。

⑥死刑制度に関する主な論点

存続		廃止
・凶悪な犯罪には命をもって償うべきだ ・死刑に代わる刑罰がない ・誤判の可能性がない場合は有効だ ・死刑執行のボタンを3人が同時に押すなど、執行に関わる人の心理的負担を軽減する方法を採っている	人権	・死刑は、残虐で人道に反する刑罰だ ・誤判の場合、執行してしまうと回復不可能だ ・更生の余地を完全に奪う ・刑務官など執行に関わる人の心理的負担が大きい
・世論も支持している	社会の趨勢	・死刑廃止は国際的な潮流だ
・凶悪犯罪の被害者やその遺族の感情は無視できない ・死刑を望まない被害者がいたとしても、それは死刑を廃止することにつながらない	被害者感情	・死刑になっても被害者は生き返らないので、遺族の感情は収まらない ・死刑を望まず、生きて償ってほしいと考える遺族もいる
・死刑の存在が犯罪に対する抑止力となる ・死刑を廃止すると凶悪な犯罪が増える	抑止力	・犯行時に死刑を意識して思いとどまることがあるのか疑問がある ・死刑を廃止すると凶悪な犯罪が増えるという証拠はない

解説 求められる国民的な議論 死刑とは、国家が国民の命を絶つという究極の刑罰であり、「いかなる裁判所も死刑を選択したであろう程度の情状がある場合に限定されるべき」という慎重さが求められている。しかし、これまで多くの冤罪が発生している。最高裁判所は現在の死刑制度を合憲としているが、死刑の是非や存廃をめぐっては、広く国民的な議論が求められている。

憲法

○×チェック㉗ 人権の一つとして保障される職業選択の自由は、経済の自由（経済活動の自由）には含まれない。（15年、**本**）

民家に有料で旅行者を泊めてよい?

近年、外国人旅行者の増加に伴って、民家に旅行者を泊めて宿泊料を取る「民泊」が普及している。かつては、宿泊者の安全確保などの観点から民泊の営業は禁止されていたが、規制緩和が進んだことで、職業選択の自由が広がった。2017年には民泊のルールを定めた民泊新法が成立し、都道府県に届け出れば年間180日を上限に部屋を貸し出せるようになった。

↑宿泊施設として利用されていた短期賃貸マンション前で観光バスに乗り込む外国人観光客ら(2015年 京都府)

1 憲法規定 ◁出題

居住・移転及び**職業選択の自由**、外国移住及び国籍離脱の自由	22条	公共の福祉に反しないかぎりでの居住・移転、職業選択の自由
財産権	29条	公共の福祉に反しないかぎりでの財産権の保障

2 職業選択の自由

①薬事法違憲訴訟

① 1963年、商店を経営している株式会社Aは、○×商店で薬品を販売するために、広島県に許可を申請した。

② 広島県は薬局の設置場所を定める薬事法や配置基準を定める県の条例に適合していないため、Aの申請を許可しなかった。

③ Aは、薬事法と県の条例が憲法22条「職業選択の自由」に反するとして、処分の取り消しを求めて裁判所に訴えた。

④ 1975年、最高裁判所は「薬事法は、憲法22条に違反していて無効である」として、Aの訴えを認めた。

解説 職業選択の自由を支持 最高裁は、「薬事法の距離制限は、不良医薬品の供給の防止等のために必要かつ合理的な規則を定めたものといえず、憲法22条に違反し無効である」とした(→p.88)。これを受けて、薬局間の距離を制限していた条項(薬事法6条)は廃止され、自由に薬局を開設できるようになった。

まとめ ■■ ■□ ■■

自由権 {
精神的自由(19〜21、23条)
身体的自由(18、31、33〜38条)
経済的自由(22、29条)
}

Ⅰ 精神的自由
※治安維持法などによる人権侵害を反省
→自由権が憲法で手厚く保障されている
思想・良心の自由
(三菱樹脂訴訟:**雇用の自由**と思想の自由の争い)
表現の自由 →現在も、報道の自由と公共性が問われる
(チャタレイ事件:表現の自由と規制の争い)
信教の自由 →首相の靖国神社参拝をめぐり議論
(**津地鎮祭訴訟**:政教分離原則が問われる)
学問の自由
(東大ポポロ事件:学問の自由の範囲が争われる)

Ⅱ 身体的自由
・刑事手続き:**推定無罪の原則**、黙秘権、令状主義などを保障
↓しかし…
・冤罪事件が発生することもある。→**再審**の制度もある
・究極の刑罰としての死刑制度
→存続と廃止の両方の意見
・国民の意識調査では、死刑をやむをえないとする意見が多い
・残虐な犯罪に対して執行
・日本では、死刑は継続的に執行されている
・世界では、死刑を廃止または停止している国が多い
→国民的な議論が求められる

Ⅲ 経済的自由
居住・移転、**職業選択の自由**
(薬事法違憲訴訟:薬局営業の距離制限は違憲)
財産権(財産を私有する権利)

検閲
公権力が著作物や新聞・放送などの内容や表現を、発表前に強制的に審査し、不適当と認めるものの発表を禁止すること。

私人
国家や地方自治体などを除く個人や民間企業のこと。

わいせつ文書
①いたずらに性欲を興奮または刺激し、②普通人の正常な性的羞恥心を害し、③善良な性的道義観念に反するもの、と定義される。

教科書検定
1947年に制定された学校教育法に基づいて行われる。民間で著作・編集された図書について、文部科学大臣が教科書として適切か否かを審査し、これに合格したものは教科書として使用することが認められる。

A級戦犯
極東国際軍事裁判(東京裁判)において「平和に対する罪」で裁かれた戦争犯罪者。28人が起訴され、病死などの3人を除く25人が有罪となり、死刑を執行された。

合祀
複数の神を一つの神社に合わせてまつること。殉職など国のために亡くなった人々の霊を合同でまつることも指す。

玉ぐし
神道の神事の際に、神職や参拝者が神前に捧げる、紙垂や木綿を付けた榊の枝のこと。

目的効果基準
国家の宗教的行為については、その行為の目的(宗教的なものか、世俗的なものか)と、効果(特定の宗教を助長するものか否か)について判断する。

黙秘権
自己の刑事責任に関わる不利益な供述を強要されない権利。不利益な供述をしないこと自体が犯罪とされることや、供述をしないために有罪とされることも否定されている。

推定無罪の原則
「疑わしきは被告人の利益に」ともいわれ、明確に有罪でないかぎりは無罪と推定すべきだという、刑事裁判における人権保障の原則。

ゼミナール 深く考えよう 知的財産権って何だろう？

POINT 近年、実体のある「もの」ではなく、「情報」に財産としての価値を認め、知的財産権として保護する制度が整備されてきています。知的財産権と私たちの関わりについて、知っておきましょう。

I 知的財産権とは ◁出題

↑税関で押収された、ハローキティやトトロなどのコピー商品（2016年）
本来の製品に似せて無許可で作成されたコピー商品は、日本への輸出入が禁止されている。たとえ本人がコピー商品だと知らなくても、税関で取り締まりの対象になる。近年では、毎年2万件以上が税関で差し止められている。

知的創造物についての権利（創作意欲を促進）
- **特許権**（特許法） ・「発明」を保護
- **実用新案権**（実用新案法） ・物品の形状などの考案を保護
- **意匠権**（意匠法） ・物品のデザインを保護
- **著作権**（著作権法） ・文芸、学術、美術、音楽、プログラムなどの精神的作品を保護

営業上の標識についての権利（信用の維持）
- **商標権**（商標法） ・商品・サービスに使用するマークを保護
- **商号**（商法） ・商号を保護

〈特許庁資料〉

↑主な知的財産権の種類

解説 より豊かな文化の創造につながる知的財産権制度　知的財産とは、発明、考案、著作物など人間の創造的活動により生み出されるものや、商標、営業秘密や営業上の情報などである。知的財産は「もの」とは異なり「財産的価値を有する情報」であり、知的財産権制度とは、知的創造活動によって生み出されたものを、創作した人の財産としてその権利を一定期間保護するための制度である。これにより得たお金は、新しい作品を創ったり、作家の活動を支えたりすることに使われることなどで、より豊かな文化の創造につながる。また、企業にとっては事業の成否を握ることもある。そのため、近年、知的財産権保護について一定の取り決めを作ることが、国際社会でも強く求められている。

II 身近な著作権を考えてみよう

1 東京五輪のエンブレムをめぐって

↑撤去される東京2020オリンピック・パラリンピックの旧エンブレム（2015年）　最初に発表されたエンブレムは、他のデザイナーのデザインとの類似性が指摘され、著作権侵害の疑いがあることから差し替えられた。

2 音楽の違法ダウンロード

あのアーティストのアルバムが聴きたいけど、お金がないなあ

私が聴きたかったアルバムが無料で手に入るんだ。ラッキー！

違法行為

解説 **違法ダウンロードは犯罪**　インターネットの普及に伴い、デジタルデータのやり取りが容易になり、音楽・映像データなどのコピーが簡単に出回るようになっている。そこで、2010年には改正著作権法が施行され、私的な利用でも、**有償の音楽や映画などを違法な配信と知りながらダウンロードする行為が違法**となり、12年の改正法施行で罰則（2年以下の懲役または200万円以下の罰金）も導入された。

III 国家戦略としての知的財産権 ◁出題

解説 **国家戦略として知的財産の保護や創造を促進**　「知的財産立国」の実現を目指して、2002年に政府は「知的財産戦略大綱」をまとめて以来、国家戦略として知的財産の保護や創造の促進に取り組んできた。

05年4月には**司法制度改革**（→p.90）を受けて、紛争処理能力の強化などのために、特許をはじめとする知的財産権に関する訴訟を専門的に扱う**知的財産高等裁判所**を東京高等裁判所内に創設した。

また、18年のTPP11協定（→p.269）発効に伴い著作権法が改正され、小説や音楽などの著作権保護期間が作者の死後50年から70年に延長された。近年は不正な商標出願が深刻な国際問題となっており、EUやイギリスとのEPA（経済連携協定）でも知的財産の保護の強化が図られている。

人間らしく生きる権利を求めて

日本国憲法25条1項では「すべて国民は、健康で文化的な最低限度の生活を営む権利を有する」として、人間らしく生きる権利を保障している。しかし現実には、仕事を失うなどして収入が絶たれ、路上で生活するようになったホームレスも多数存在する。不況が深刻化すると、こうしたホームレスは増える傾向にある。本来は行政によって生活保護などの支援が行われるべきだが、支援が十分に行き渡らず、民間のNPOなどによって炊き出しによる食料支援も各地で行われている。ホームレスが自立して生活できるよう、職業紹介なども行われているが、貧困から抜け出せない人も多い。

↑ボランティア団体の炊き出しに並ぶ人々（2003年　東京都）

Question
・貧困の解消のために、政府にはどのような役割が求められるのだろうか。（→Ⅰ）

---

6 社会権・参政権・国務請求権

Ⅰ 社会権

1 社会権の歩みと考え方

→19世紀イギリスの鉱山で働く子ども　子どもが働けば坑道が小さくて済むため、多くの炭鉱で子どもが労働に従事させられた。こうした子どもの労働は家族にとって重要な収入源だったが、低賃金のうえ過酷な長時間労働を強いられたため、批判も多かった。

解説 貧困と格差の解消を目指して　社会権は、1919年の**ワイマール（ヴァイマール）憲法**（→p.47）によって初めて規定された権利であり、20世紀に確立されたことから20世紀的基本権ともいわれる。

18世紀に欧米で確立された自由権だけでは、社会的・経済的弱者は救済されず、格差が拡大していった。そのため、格差を是正し、**実質的平等**を実現するために保障されるようになったのが社会権である。国は国民が人間らしい生活を営むための施策を講じ、国民は、国に対してその権利を要求することができる。

→職を求めてハローワークを訪れた人たち（東京都渋谷区）　ハローワーク（→p.231）は、求人情報の提供や就職のための相談など、さまざまな公的支援を行っている。

2 憲法規定　出題

生存権	25条	国民は、健康で文化的な最低限度の生活を営む権利を有する
教育を受ける権利	26条	・国民は、その能力に応じて、ひとしく教育を受ける権利を有する ・義務教育は、無償
勤労の権利	27条	・国民は、勤労の権利を有する ・児童は、酷使してはならない
労働三権	28条	勤労者の団結する権利、団体交渉する権利、団体行動する権利の保障

解説 人間らしく生きるために　日本国憲法25条1項は「**健康で文化的な最低限度の生活を営む権利**」（生存権、→p.233）を保障しており、2項では社会保障全般（→p.234）での**国の努力義務**を規定している。生存権は、単に生物的に生きるだけでなく、人間らしく生きるための権利といえる。少子高齢化が進み、医療や介護を必要とする人が増えるこれからの社会においては、個人の自由を尊重しつつ、**国家がどこまで国民の生活を保障するかのバランスが課題**となる。

3 生存権

① 生活保護と生存権

↑貧困対策の法整備を求める人たち（2013年　東京都）

解説　生存権を保障するために重要　生活保護（→p.237）は、病気や障がいなどで働くことができない人に、国が生活費などを給付する制度である。近年、年金だけで生活できず、生活保護を受給する高齢者が増えており、生活保護の受給世帯数に占める高齢者世帯の割合は2016年に半数を超えた。また家庭の経済問題により、子どもの食事や学業に支障をきたす、子どもの貧困も問題になっている。収入の少ない家庭では、子どもの教育に費用をかけにくくなることから、大人になっても貧困から抜け出せないという貧困の連鎖が指摘されている。

→桶川クーラー事件について報じる新聞（1994年9月6日　毎日新聞）　1994年には、埼玉県の79歳の女性が、生活保護を受けているためにクーラーを取り外されて脱水症になる事件があった。これは当時の厚生省（現厚生労働省）が、生活保護世帯でのクーラーの使用を認めていなかったためであった。この事件をきっかけに、「健康で文化的な最低限度の生活」とは何かが改めて問われ、翌年にはクーラーの使用が正式に認められた。

「クーラーはぜいたく」生活保護者に外させる

40度超え79歳　脱水症に

埼玉・桶川市

普及率

児童虐待を防ぐために　＜出題＞

　近年、日本では児童虐待（→裏）の相談件数が増加している。児童虐待は、子どもの生存権を著しく侵害し、心身の成長や人格形成に重大な影響を与えるため、迅速で適切な対応が求められる。
　全国の市町村や児童相談所では、虐待から子どもを守るとともに、子育てに悩む家族の支援も行っている。また2004年には改正児童虐待防止法が施行され、医師や教師などが虐待を発見した場合、児童相談所への通告や、警察への援助要請が義務付けられた。20年施行の改正法では、親による体罰禁止が明記された。

→厚生労働省が入る建物に浮かんだ巨大なオレンジリボン（2015年）　虐待防止のシンボルとして用いられている。

---

② 生存権の保障を目指す訴訟　＜出題＞

＜朝日訴訟＞

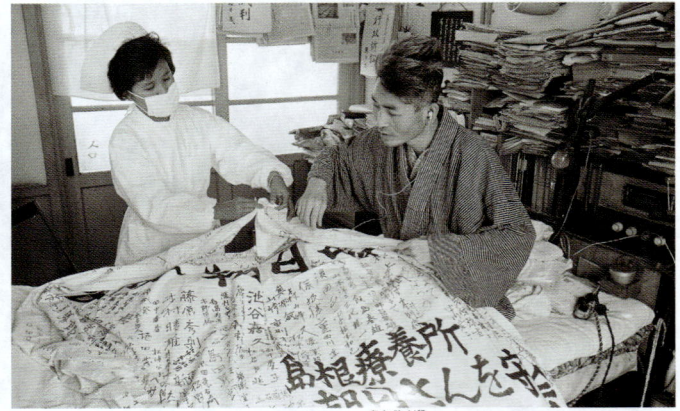

↑支援者から贈られた寄せ書きを手にする朝日茂氏（1963年）

解説　制度の改善に大きな役割　朝日訴訟は、月600円という生活扶助額が、日本国憲法25条の理念に基づき生活保護法が定める「最低限度の生活」の水準に足りない違法なものであるとして争われた裁判である。原告の朝日茂氏が裁判中に死亡したため、最高裁の判決が下されないまま訴訟は終了した。しかし、生存権を問い直すこの訴訟は「人間裁判」ともよばれ、生活保護の厳しい実態が広く知られるきっかけとなり、制度の改善に大きな役割を果たした。

朝日訴訟　承継認めず　最高裁判決

原告の死亡で終了　憲法判断　25条は訓示規定

厚相の自由裁量

福祉行政施策には一つの役割

↑最高裁判決を報じる新聞（1967年5月24日　朝日新聞）　訴訟終了にあたり最高裁は、憲法25条は国の責務を宣言したのにとどまり、直接個々の国民に具体的な権利を与えたものではない、という見解を示した。この考え方は**プログラム規定説**とよばれる。

費用		年間数量	月額
被服費	肌着	2年1着	16円66銭
	パンツ	1枚	10円
	手拭(タオル)	2本	11円66銭
	足袋	1足	12円50銭
	草履	2足	21円66銭
保健衛生費	理髪料	12回	60円
	歯ブラシ	6個	7円50銭
	チリ紙	12束	20円
雑費	はがき	24枚	10円
	切手	12枚	10円
	鉛筆	6本	5円

←訴訟当時の日用品1か月600円の内訳（一部）　1957年の訴訟開始当時と比べ現在の物価は約20倍になった。日用品費の基準は、1961年に1090円、63年に1575円へ引き上げられた。

＜堀木訴訟＞

↑堀木訴訟の最高裁判決を前に横断幕を掲げる支援者たち（1982年）

解説　福祉手当の併給は可能か　視覚に障がいのある原告が、障害福祉年金と併せて、養育する子どもの児童福祉手当を受給することを求め、訴訟を起こした（堀木訴訟）。第一審で原告は勝訴したが、最高裁判所は、国の裁量権を広く認めて原告の訴えを退けた。

○×チェック㉘　公務員の罷免、法律等の制定・改廃などを求めて国に請願することができる権利は、憲法に規定されていない。（11年、本）

憲法

4 教育を受ける権利 <出題>

←福岡県が実施する子どもの貧困対策の無料学習支援で、支援員に勉強を教わる**小学生**（2016年）　公的施設の中で、週末などに、児童・生徒の学力に応じて補習が行われている。

解説 **教育は生存権を守るためにも重要**　教育を受ける権利は、人間らしい豊かな生活を送るために教育は不可欠である、という考えに基づいて保障されている。教育によって社会で必要とされる能力を身につけ、実質的な平等が広まることも期待されている。**義務教育**（→補）が無償とされているのも、こうした考え方があるからである。

　貧困で学力不足に陥り、進学や就職で困難に直面するケースも少なくない。教育を受ける権利は、貧困から脱し、生存権をみずから守っていくためにも、重要な意味を持っている。

5 労働基本権（労働三権） <出題>

団結権	団体交渉権	団体行動権
（労働組合結成）		**ストライキ**
労働組合を作る権利	使用者（企業の経営者側）と団体で交渉する権利	労働者が団結してストライキ（仕事を停止し、自分たちの要求を通す）などを行う権利

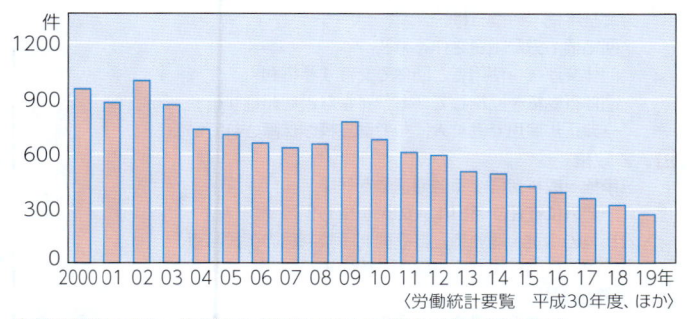

↑**争議件数の変化**　労働組合の組織率低下を背景に減少傾向にある。

〈労働統計要覧　平成30年度、ほか〉

解説 **労働者の権利を保障**　**労働三権**とは、団結権、団体交渉権、**団体行動権**（争議権）の三つを指し、憲法28条で保障されている。これは、労使関係で不利な立場にある労働者の権利を保障するためである（→p.227）。非正規雇用（→p.231）で働く人にも労働三権は保障されており、**労働組合**を結成したり、**争議**（ストライキなど）を行ったりすることができる。

↑**ストライキを終え駅の封鎖を解除する駅員**（2009年　神奈川県）

Ⅱ 参政権

点字でも投票ができる！

　選挙で投票する権利を守るために、点字による投票も行われている。係員に点字で投票する旨を伝えると、点字投票用の投票用紙が交付される。点字の候補者名簿や、点字を打つための点字器も、投票所に備えられている。点字で投票する以外は、候補者名や政党名を記入することなど、一般の投票と同じである。みずから文字を書けない場合には、代理投票もできる。

↑**点字投票の様子**　点字器によって投票用紙の裏側から点字を打ち、投票する。

1 憲法規定 <出題>

選挙権	15、44、93条	公務員の選挙は成年者による普通選挙を保障する。国会議員の選挙人の資格については、法律で定める。人種、信条、性別、社会的身分、門地、教育、財産、収入による差別の禁止
公務員の選定・罷免権	15条	公務を選定し、罷免することは、国民固有の権利
最高裁判所裁判官の国民審査	79条	最高裁判所裁判官は、任命後初めて行われる衆議院議員総選挙の際、国民に審査される。10年を経過したあとも同様に審査される
特別法の住民投票権	95条	一つの地方自治体のみに適用される特別法は、その地方自治体の住民の過半数の同意が必要
憲法改正の国民投票	96条	憲法改正の承認には、国民投票または国会の定める選挙の投票において、過半数の賛成を必要とする

2 海外在住日本人の選挙権をめぐって

←**海外在住の日本人が記入した投票用紙が入った封筒**　投票用紙を入れた封筒は、直接職員が日本に運ぶ。その後外務省から各地方自治体の選挙管理委員会に郵送され、開票日まで厳重に保管される。

解説 **海外にいても投票できるように**　かつて、海外に長期滞在する日本人は選挙人名簿に登録されず、選挙権を行使できなかった。これに対し最高裁は、選挙権の制限は違憲だとする判決を下した（→p.88）。その後公職選挙法は改正され、衆議院小選挙区と参議院選挙区選挙が**在外選挙**（→補）の対象とされた。

↑**最高裁判決を報じる新聞**（2005年9月15日　朝日新聞）

在外選挙権 制限は違憲

最高裁判決

選挙区投票認める　国に賠償　立法の怠慢指摘

○×チェック　答え28　×　憲法16条で請願権が保障されている。

III 国務請求権

全国B型肝炎訴訟

全国B型肝炎訴訟は、コレラなどの国による集団予防接種の注射器の使い回しが原因でB型肝炎ウイルスに感染した患者による訴訟である。2006年に最高裁判所で国の責任を認める判決が下され、その後国家賠償請求訴訟が各地で起こされた。11年には被害者を救済する基本合意が締結され、被害者への救済が進められている。

↑コレラの集団予防接種（1960年）

1 憲法規定 〈出題〉

請願権＊	16条	損害の救済、公務員の罷免、法律・命令・規則の制定・廃止・改正などを請願する権利を有する
国家賠償請求権	17条	公務員の不法行為による損害を受けた場合、国または地方自治体に賠償を求めることができる
裁判を受ける権利	32条	何人も、裁判所において裁判を受ける権利を奪われない
刑事補償請求権	40条	抑留または拘禁されたあと、無罪の判決を受けたときは、国にその補償を求めることができる

＊請願権は参政権に分類されることもある

2 裁判を受ける権利

解説 法務省が異例の見解発表 1977年に三重県で、Aが隣人Bに自分の子どもを預けて外出し、Bが目を離した間にAの子どもが水死する事故が起こった。その民事訴訟で裁判所はBに賠償を命じた。判決後、AB双方に世間から「金が欲しいのか」「人殺し」などの非難が多数起こり、双方とも訴訟を取り下げた。法務省は「他者の行為で裁判を受ける権利が侵害されたことは残念である」として、国民に「裁判を受ける権利」を尊重するよう求める異例の見解を出した。この事件は、裁判を受ける権利の重要性を再認識させるものとなった。

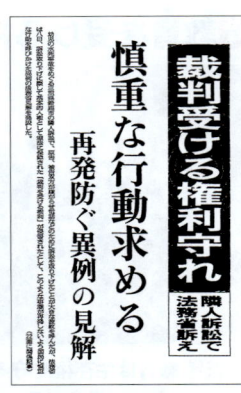
↑法務省の見解を報じる新聞（1983年4月9日　朝日新聞）

IV 国民の義務 〈出題〉

普通教育を受けさせる義務	26条	国民は、その保護する子女に普通教育を受けさせる義務を負う
勤労の義務	27条	国民は、勤労の義務を負う
納税の義務	30条	国民は、納税の義務を負う

解説 権利と比べて義務の条項は少ない 日本国憲法に規定されている国民の義務は、子どもに普通教育を受けさせる義務、勤労の義務、納税の義務の三つである。近代憲法は国民の基本的人権を認め、国家権力の濫用防止を目的としており、義務の条項は少ない。なお、憲法99条は国家権力を行使する者に、憲法尊重擁護の義務（→補）を課している。その一方で、国民には憲法12条で自由・権利の濫用禁止も求めている。

憲法

まとめ

I 社会権
- 1919年、ドイツのワイマール憲法で初めて規定（20世紀的基本権）
- 生存権（憲法25条）「健康で文化的な最低限度の生活を営む権利」
  - →人間らしく生きるための権利
  - →政府が施策を行う
- 生活保護受給世帯数に占める高齢者世帯の割合の増加
  何が「健康で文化的な最低限度の生活」かが問われる
  （クーラーはぜいたく品か？）
- 朝日訴訟
  月600円の生活扶助額が「最低限度」かが争われる「人間裁判」
  →判決が出ずに、原告死亡で訴訟終了
  →しかし、その後の生活保護水準の向上につながる
  最高裁「憲法25条は国民に具体的な権利を与えたものでない」
  　→プログラム規定説（国の責務の宣言にとどまる）
- 教育を受ける権利
  教育によって能力を身につけ、実質的平等を確保
  近年の貧困のなかで、教育支援の動きも

- 労働基本権（労働三権）
  団結権…労働組合を作る権利
  団体交渉権…使用者と団体で交渉する権利
  団体行動権…団結してストライキなどを起こす権利
  →非正規雇用で働く人にも労働三権は保障されている

II 参政権
- 選挙権…成年者による普通選挙を保障
  →海外に在住する日本人の選挙権も保障
- 公務員の選定・罷免権、最高裁判所裁判官の国民審査
- 憲法改正の国民投票　→国民主権の表れ

III 国務請求権
- 請願権…損害の救済や公務員の罷免などを国や地方自治体に求める
- 国家賠償請求権、刑事補償請求権
- 裁判を受ける権利　→「隣人訴訟」で法務省が見解

IV 国民の義務
- 普通教育を受けさせる義務（←→教育を受ける権利）
- 勤労の義務（←→勤労の権利）
- 納税の義務（国家の財政を支える）

補足解説

児童虐待
保護者が18歳未満の子どもに対して行う虐待で、身体的虐待、性的虐待、ネグレクト（保護の怠慢や拒否）、心理的虐待（暴言や差別、子どもの目の前で家族に対して暴力を振るう面前DV）の4種類に分類される。

義務教育
教育を受けさせる義務を負うのは、子どもを保護する国民であり、子どもは「教育を受ける権利」の主体である。教育基本法5条では、義務教育については授業料を徴収しない、と定められている。

在外選挙
2007年の国政選挙から、比例代表選挙だけでなく選挙区選挙でも投票できるようになった。しかし、21年現在、最高裁判所裁判官の国民審査や、地方自治体の選挙は投票が認められていない。

憲法尊重擁護の義務
憲法99条で憲法尊重擁護の義務が課されているのは天皇、国会議員、裁判官や公務員などであり、国民は含まれていない。これは憲法が国民の権利を守り、国家を縛る性質のものであるためである。

○×チェック㉙ 良好な自然環境や生活環境の享受を目指して重視される環境権が「新しい人権」として主張されている。（06年、本）

『崖の上のポニョ』の舞台の景観をめぐって

広島県福山市、瀬戸内海を望む鞆の浦は、歴史的な景観が残り、映画『崖の上のポニョ』の舞台としても知られる。しかし、交通渋滞が激しいことから、浜の一部を埋め立てて、県道や駐車場を造る計画が持ち上がった。これに対し住民は反対運動を起こし、2009年に広島地裁は、鞆の浦の景観は国全体の財産であるとして、工事を認めない判決を下した。その後16年に、県は道路建設の計画を中止した。

↑鞆の浦の空撮（上、2016年）
→古い町並み（右、2015年）
道幅が狭く一方通行も多いため、渋滞しやすい。

Question
・景観をめぐってどのような権利が争われたのだろうか。（→Ⅰ）

---

7 広がる人権の考え方

憲法

Ⅰ さまざまな人権の主張

1 人権の広がり

| 18・19世紀 | 自由権・平等権の確立 | 20世紀 | 社会権（生存権や参政権）の確立 | 20世紀〜 | 広がる人権の考え方（環境権・知る権利など） |

解説 時代とともに変化 人が生まれながらに持っている基本的人権に対する考え方は、時代とともに変化してきた。自由・平等の権利から、生存権など人間らしい生活をする権利へと広がっていった。さらに、憲法制定時には想定されていなかった事象へも、日本国憲法13条の幸福追求権や、25条の生存権などを基に、環境権や、プライバシーの権利など、人権をより広く認めるべきだという主張がなされている。

2 環境権 〈頻出〉

①騒音は人権の侵害か〜大阪空港訴訟〜

↑最高裁判決を報じる新聞（左、1981年12月16日　朝日新聞）、厳しい最高裁判決に座り込む原告関係者（右、1981年）

解説 環境権が広く世に問われた訴訟 1970年以降、大阪国際空港（伊丹空港）周辺では騒音被害が深刻化した。住民たちは、身体的・精神的損害に関しては人格権（→補）を、生活環境の破壊に関しては、良好な環境で生きる権利である環境権を根拠に、夜間飛行差し止めと損害賠償を求めた。大阪高裁は、人格権を広く解釈し、夜間の飛行差し止めを命じたが、最高裁は人格権や環境権には触れず、住民の過去の損害賠償のみを認めた。この判決で環境権は認められなかったが、環境権が広く世に問われ、夜間や早朝の飛行は行われなくなった。

○×チェック答え㉙　○　環境権は憲法13条の幸福追求権や25条の生存権に基づいて主張されている。

②環境権の位置づけ

↑大気汚染のためマスクをする児童（1969年　神奈川県）

（→p.224）（→p.225）（97年、→補）（→p.182）（→p.182）

解説　憲法には明記されていない
高度経済成長に伴い、大気汚染や水質汚濁、騒音などの公害問題（→p.224）が深刻化するなかで、国民の環境保全への意識が高まり、環境権がさまざまな場面で主張されるようになってきた。しかし、公害対策基本法（1967年）や環境基本法（93年、→p.225）、環境影響評価法（97年、→補）などが制定されたものの、**環境権は人権として憲法に盛り込まれていない**。衆参両院の憲法調査会の最終報告書では、環境権を新しい人権として憲法上明記すべきという意見もあった（→p.182）。

③法令化された「環境権」

←ビルの日陰となった民家（2011年　東京都）
土地や建物の所有者・居住者が日照の利益を享受できる権利を日照権という。建築基準法によって、建物の周囲に生じる日陰を一定時間以内に抑えるよう定められている。

→健康増進法の施行に伴い、駅から撤去されるたばこの吸い殻入れ（2003年　東京都）　たばこの煙の害を受けない権利を嫌煙権という。2003年施行の健康増進法には受動喫煙対策が盛り込まれ、18年の同法改正では屋内喫煙の原則禁止が打ち出された。

④景観をめぐって～国立マンション訴訟～

←訴訟の対象になったマンション（2006年）　国立市の「大学通り」に沿った建物の多くは並木の高さ以上にならないよう配慮されていたが、このマンションは大幅に高く、訴訟に発展した。

解説　マンションの建設は景観の侵害か　1999年、東京都国立市の大通りに高さ53mのマンション建設が計画された。その後、市側は建物の高さを制限する条例を制定したが、建設は始まっていた。住民は景観が損なわれるとして訴訟を起こし、2002年に東京地裁は、20m以上の部分の撤去を求める判決を下した。しかし、建設開始時に条例はなかったことから、その後の最高裁で建設を適法とする判決が下された。

3 プライバシーの権利

①プライバシーの考え方の普及　〈頻出〉

↑名前による合格発表（左、1966年）、番号による合格発表（右、2011年）
プライバシーに配慮し、合格発表は番号で行われるようになった。

解説　情報化とともに拡大　**プライバシーの権利**は、マスメディアの発達に伴う私生活の暴露の危険性に対して、憲法13条（幸福追求権）を根拠に「私生活をみだりに公開されない権利」として主張された。そして情報化の進展とともに**個人情報**（→補）の重要性が認識されるようになり、2005年には**個人情報保護法**が全面施行された。

②「プライバシーは権利」～『宴のあと』事件～

プライバシーは権利
小説『宴のあと』訴訟
三島氏は賠償払え
有田氏の主張通る　東京地裁が判

←東京地裁の判決を報じる新聞（1964年9月28日　朝日新聞）
小説『宴のあと』は、外務大臣を務めた元衆議院議員と料亭の女将が再婚したのち、元議員が都知事選へ立候補して敗れ、二人が離婚に至る経緯を描いた三島由紀夫の小説である。この小説のモデルとなった政治家が、一読してこのモデルが自分だと特定でき、プライバシーの侵害にあたるとして、訴訟を起こした。

解説　プライバシーをめぐる初の判決　三島由紀夫の小説『宴のあと』に対して、モデルとされた男性が、謝罪広告と損害賠償を請求した。被告の三島側は、芸術作品としての表現の自由を主張したが、一審の東京地裁は、**プライバシーの権利を法的権利として認め**、損害賠償請求を認めた。被告側は控訴したが、後に原告が死亡し、和解した。この裁判を通じ、プライバシーの概念が広く世に知られるようになった。

③初の出版差し止め判決～『石に泳ぐ魚』事件～　〈頻出〉

解説　プライバシーの権利を優先　柳美里氏の小説『石に泳ぐ魚』では、主人公の女性の生い立ちや、家族についての描写があり、モデルとされる女性が推測されるものとなっていた。女性の側が訴訟を起こし、2002年に最高裁で、プライバシーの侵害を認定し**損害賠償と出版差し止めを命じる判決**が確定した。プライバシーの侵害を理由に出版差し止めを命じた判決は初めてであり、表現の自由とどちらを優先すべきか、大きな議論をよんだ。

↑記者会見する柳美里氏

○×チェック㉚　個人情報を番号で一元的に管理する住民基本台帳ネットワークは、プライバシー権を侵害するものであるとの判断を示した最高裁判所の判決がある。（16年、本）

④通信傍受法 出題

施行	2000年
目的	電話などの電気通信の傍受を行わなければ事案の真相を解明することが著しく困難な場合に対処するため
対象犯罪	薬物犯罪、銃器犯罪、組織的殺人、集団密航など
対象通信手段	固定電話、携帯電話、ファクシミリ、電子メールなど
傍受の流れ	①傍受令状の請求：検察官や警察官などが請求 ②傍受令状の発付：裁判所が発付 ③傍受の実施：立会人と、傍受した全通信の記録が必要 ④・原記録の提出：裁判所が保管 　・傍受記録の作成 ⑤・通信当事者への通知：当事者は記録の聴取や不服申立てができる 　・捜査・公判に使用 ⑥国会報告：請求50件、発付50件（2020年）

解説 通信の傍受を容認　2000年に施行された**通信傍受法**は、薬物などの組織犯罪を対象に、捜査機関が一定の条件の下、電話やメールなどの通信を傍受することを認める法律である。捜査に有効な一方、憲法21条の「通信の秘密」やプライバシーの侵害も懸念されている。

⑤「忘れられる権利」

解説 個人情報の削除を求める権利　インターネット上の個人情報の削除をめぐり、EUの司法裁判所は「忘れられる権利」を初めて認定し、グーグル社に対し検索結果の削除を命じた。一方、日本でも同様の訴訟が起こされたが、2017年に最高裁は訴えを退け、削除を求めることができるのは、事実を公表されない法的利益が明らかな場合のみだとした。

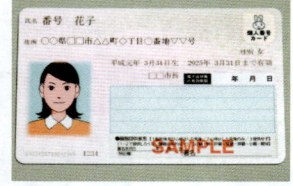

グーグルに個人情報削除判決

EU司法裁、「忘れられる権利」初認定

10年以上前の記事巡り

→判決を報じる新聞（2014年5月14日　朝日新聞）

⑥マイナンバー制度

↑マイナンバーカードのサンプル

←マイナンバー制度をPRする広報キャラクターの「マイナちゃん」（右中央　2015年）

解説 行政の効率化が目的　2016年から**マイナンバー制度**（→p.289）の運用が始まった。マイナンバーとは、社会保障、税、災害対策の分野の情報管理のために、子どもから高齢者まで、住民票のあるすべての人に付けられる12桁の番号である。特に社会保障や税の分野に関しては、国が個人の情報を把握しやすくなり、脱税や社会保障の不正受給を防ぐとともに、行政を効率化するねらいがある。また国民にとっても、行政手続きが簡素化される利点がある。しかし、マイナンバーの利用には、個人情報の漏えいや悪用の危険性が高まるとの指摘もある。

④知る権利

①情報公開法 出題

解説 主権者にとって重要　行政機関の情報などを自由に入手できることは、主権者である国民にとって重要であり、知る権利が主張されるようになった。地方自治体では、早くから条例に基づいて情報公開が行われてきたが、2001年には**情報公開法**（→補）が施行され、国の行政機関においても、情報公開が行われることとなった。

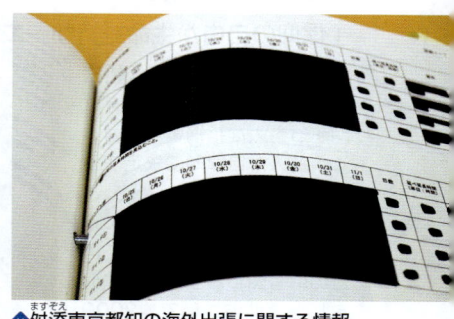

↑舛添東京都知の海外出張に関する情報公開資料（2016年）　業務の都合やプライバシーなどの関係で非開示とされる情報もある。

②取材の自由と国家機密〜外務省機密漏洩事件〜

解説 取材の自由にも限度　毎日新聞の政治部記者が、外務審議官付女性事務官に対して、沖縄返還協定に関する極秘文書類を持ち出すことを依頼し、女性事務官はこれに応じたことが、国家公務員法違反に問われた。裁判では、取材の自由と国家機密の関係が争われ、1978年、最高裁では取材の自由の重要性がある程度認められたが、取材の手段が不適切だとして、記者は有罪になった。

↑東京高裁判決を報じる新聞（1976年7月20日　朝日新聞）

⑤アクセス権 出題

①反論権は認められるか〜サンケイ新聞意見広告事件〜

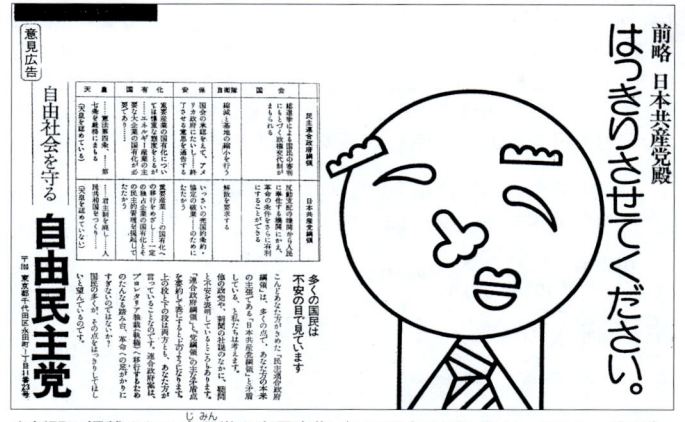

↑新聞に掲載された自民党の意見広告（1973年12月2日　サンケイ新聞）

解説 反論権は認められず　1973年のサンケイ新聞紙上に、自由民主党が日本共産党に対する意見広告を掲載した。これに対し日本共産党は、新聞社に対し、反論文の掲載を求めて訴訟を起こした。この裁判では、新聞の記事に取り上げられた者が新聞社に自分の反論を無修正・無料で掲載させる**アクセス権**（反論権）が認められるかが争われた。87年に最高裁は、掲載を強制されると表現の自由を侵す恐れがあるとして、原告の主張を退けた。この裁判を通じて「報道される側の権利」のあり方が注目されることになった。

憲法

○×チェック答え㉚

×　最高裁はプライバシー権を侵害せず合憲との判断を下している。住民基本台帳ネットワークは、各市区町村が管理する住民基本台帳を電子化し、コンピュータネットワークを介して情報を共有するシステム。2002年に稼働を開始、現在はマイナンバー制度を支える基盤となっている。個人情報流出の懸念から一部自治体が不参加となったが、15年に矢祭町（福島県）が接続、全自治体の参加が実現した。

70

6 自己決定権

①信仰の自由か生命維持か～エホバの証人輸血拒否訴訟～

解説 患者の決定を人格権と認定 個人の人格的生存に関する重大な指摘事項に対して、各人が自律的に決定する権利を自己決定権（→補）という。ある患者が宗教上の理由に基づき輸血拒否をしていたのにも関わらず医師が輸血をした事件について、2000年に最高裁は、輸血拒否の明確な意思表示は、患者の生命に危険を及ぼすものでも、人格権の一部として尊重しなければならないという判決を下した。

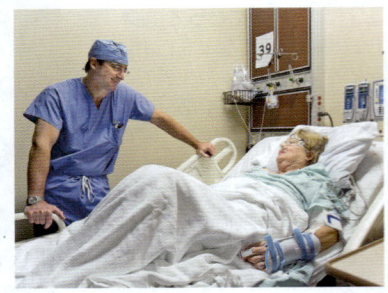
↑輸血なしでの胚移植手術に臨む「エホバの証人」の信者（2013年　アメリカ）医療技術の進歩によって、近年は輸血なしでの手術も行われるようになり、信者以外にも活用されることもある。

②「安楽死」の是非～東海大学安楽死事件～ 〈出題〉

←事件の舞台となった東海大学医学部付属病院（神奈川県）

解説 「安楽死」には患者の意思表示が必要 1991年に東海大学医学部付属病院で、末期がん患者の家族から強い要請を受け、当時の助手が注射により患者を死亡させた。医師が患者を死亡させる「安楽死」（→p.294、→補）の是非が争われ、95年に横浜地裁は、「安楽死」には死期が迫った患者自身による意思表示などが必要だとして、患者の自己決定を尊重する判決を下した。しかし、今回の事件では、患者の意思表示がなかったため、要件不十分とされ、医師は執行猶予付きの有罪となった。現在も日本では、「安楽死」を認める法令や判例は存在しない。

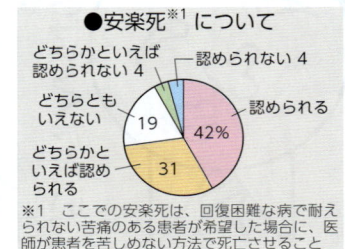 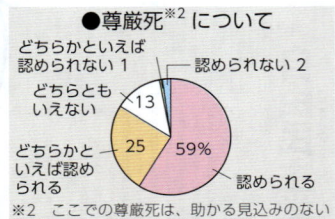

●安楽死※1 について
- どちらかといえば認められない 4
- 認められない 4
- どちらともいえない 19
- どちらかといえば認められる 31
- 認められる 42%

●尊厳死※2 について
- どちらかといえば認められない 1
- 認められない 2
- どちらともいえない 13
- どちらかといえば認められる 25
- 認められる 59%

※1 ここでの安楽死は、回復困難な病で耐えられない苦痛のある患者が希望した場合に、医師が患者を苦しめない方法で死亡させること
※2 ここでの尊厳死は、助かる見込みのない患者に対する延命治療をやめ、自然に死を迎えてもらうこと
（2014年）〈NHK 放送文化研究所資料〉

↑「安楽死」と「尊厳死」に対する意識調査

オランダ	1993年、安楽死を容認する世界初の法律が成立。12歳以上が対象。医師が致死薬を処方して自殺を助ける行為も合法
ベルギー	2002年に安楽死法を施行。14年、年齢制限をなくす改正案が可決。要件を満たせば、医師の刑事責任を問わない
フランス	2005年、延命だけを目的とする治療をやめることができる「消極的安楽死」は容認されるが、手助けを伴う積極的な安楽死は違法

↑「安楽死」をめぐる諸外国の現状

憲法

Ⅱ 公共の福祉

感染症と公共の福祉

近年、エボラ出血熱や新型コロナウイルス（→巻頭13）など、人から人に感染し、重症化する病気の流行が国内外で相次いでいる。感染の疑いのある人は、多数の国民の健康という公共の利益を守るために、隔離され、移動の自由を制限される。

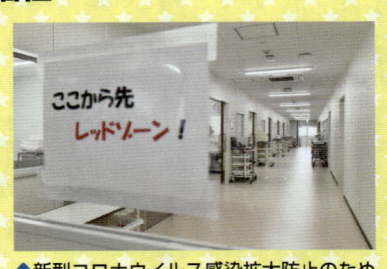
↑新型コロナウイルス感染拡大防止のための区分け（2020年）病院内で感染者の隔離が行われている。

1 公共の福祉による人権の制限

表現の自由の制限	・他人の名誉を傷つける行為（名誉毀損） ・私人の私生活（プライバシー）の暴露の禁止
集会・結社の制限	・デモの規制（公安条例）
居住・移転の制限	・感染症患者の隔離（感染症予防・医療法） ・破産者に対する居住制限（破産法）
財産権の制限	・建築制限（建築基準法） ・道路などのために土地を収用（土地収用法）
経済活動の制限	・企業の価格協定の禁止など（独占禁止法）
職業選択の制限	・国家資格や認可・登録による営業・製造・販売（医師、毒物劇薬取り扱い業者、等）

解説 人権も無制限ではない 社会全体の利益や、社会生活での各個人共通の利益を公共の福祉といい、日本国憲法の13条、22条、29条において、公共の福祉による人権の制限が規定されている。公共の福祉を濫用すると基本的人権尊重の原則が失われる恐れがあるため、特に自由権の制限には二重の基準（→補）があるとする理論もある。

2 公共の福祉をめぐる動き

①騒音被害と公共性～名古屋新幹線公害訴訟～

↑民家のすぐ脇を走る新幹線（左）（1974年　愛知県）、名古屋高裁判決を報じる新聞（右）（1985年4月12日　朝日新聞）

解説 公共性について初の判決 新幹線の騒音や振動によって健康被害などに苦しむ沿線住民が、国鉄（現JR東海）に対して、騒音・振動の差し止め（減速）と損害賠償を求めた。1985年に名古屋高裁は「減速を認めれば日本の交通体系に重大な混乱を引き起こす」として、新幹線の公共性を理由に減速を認めなかった。この判決において、大型公共事業の公共性が、初めて司法に正面から取り上げられた。

○×チェック㉛ 死期が迫った末期患者の苦痛除去などを目的として、家族の同意を条件に、安楽死を認める法律が制定されている。（12年、本）

②成田空港滑走路をめぐって

解説 個人の財産か公共の利益 1978年に開港した成田空港（新東京国際空港）は、60年代に建設計画が持ち上がったときから、住民や支援者などが激しい反対運動を繰り広げた。空港開港後も反対運動は続き、現在も空港用地内に、反対派の所有地が残されている。航空機の発着数の増加に対応するために、滑走路の延長や新設などの計画もあるが、反対派所有地の買収や収用（→福）などのめどは現在も立っていない。

↑反対派の所有地（右中央）を迂回する成田空港の暫定滑走路の誘導路

↑成田空港の用地内で開かれた、空港の機能強化案に反対する集会（2016年）

③集会の事前規制は合憲か～東京都公安条例事件～

↑平和安全法制に反対する人々（右）を規制する警官たち（左）（2015年）

解説 法と秩序の維持のため合憲 日本国憲法21条で集会・結社・表現の自由が保障されているが、道路やその他の公共の場所で集団行動をする場合は、各地の地方自治体によって制定されている公安条例に基づき、事前に公安委員会の許可を得る必要がある。1960年に最高裁は、東京都の公安条例について、法と秩序を維持するのに必要かつ最低限度の措置を事前に講じるのはやむをえないとして、合憲だとする判決を下している。路上での集会は道路交通法での規制も受け、警察署長の許可を必要とするが、こうした二重の規制についても、規制の目的が異なるとして、別の訴訟で合憲の判決が下されている。

まとめ

Ⅰ さまざまな人権の主張
基本的人権に関する考え方は時代とともに変化
日本国憲法13条（幸福追求権）、25条（生存権）などを根拠に主張
- **環境権**…良好な環境で生きる権利
  - 大阪空港訴訟（最初の判決）
    - →大阪高裁は人格権を広く認めたが、最高裁は賠償のみを認める
    - →この訴訟を通じて、環境権が広く世に問われる
  - 高度経済成長期に公害問題が深刻化
    - →公害対策基本法、環境基本法などが制定される
  - 日照権（建築基準法）、嫌煙権（健康増進法）
    - →一部の「環境権」は法律で定められている
  - 景観をめぐって訴訟も起きている
- **プライバシーの権利**…私生活をみだりに公開されない権利
  - 2005年に**個人情報保護法**全面施行

- 『宴のあと』事件→プライバシーの概念が広く知られる
- 『石に泳ぐ魚』事件→プライバシーを根拠に初の**差し止め判決**
  ※マイナンバー制度など、新たにプライバシーが問われる事例も
- 知る権利
  - 国よりも地方自治体が先行→2001年に**情報公開法**が施行
- **アクセス権**
  - サンケイ新聞意見広告事件→アクセス権（反論権）は認めず
- 自己決定権
  - エホバの証人輸血拒否訴訟→患者の決定を尊重
  - ※**安楽死**を認めるかどうか議論がある

Ⅱ 公共の福祉
- 公共の福祉…社会全体の利益。そのために人権が制限されることも
  - 名古屋新幹線公害訴訟→初めて公共事業の公共性が争点に
  - ※成田空港をめぐって、現在も反対運動がある

憲法

補足解説

人格権
各人の人格において本質的な生命、身体、健康、精神、自由、名前、名誉、肖像および生活などに関する利益は、広く人格権とよばれ、権利として古くから認められてきた。

環境影響評価法
環境アセスメント法ともいう。大規模な開発を行う際に、事業者みずからが、環境への影響を調査、環境への影響に配慮しなければならないと定められている。

個人情報
名前、生年月日、住所、電話番号など、個人が識別できる情報を個人情報とよぶ。個人情報保護法では、個人情報を取り扱う業者に対して、利用目的の制限や、漏えいへの安全管理などが義務付けられた。

情報公開法
正式名称は、行政機関の保有する情報の公開に関する法律。同法の1条で、この法律が国民主権の理念にのっとり、政府の活動を国民に説明する責務がまっとうされることが目的であると定められている。

自己決定権
自己決定権は、子どもを持つかどうかなど家族のあり方を決める自由、服装や髪型などライフスタイルを決める自由、医療拒否など生命に関する自由など、多岐にわたると解釈されている。

安楽死
回復困難な病で耐えられない苦痛のある患者が希望した場合に、医師が患者を苦しめない方法で死亡させることを安楽死とよぶ。延命治療をやめる消極的安楽死や、薬剤を投与する積極的安楽死など、さまざまな分類がある。

二重の基準
精神的自由の制限は、経済的自由の制限よりも厳格な基準で審査されなければならないという理論。

収用
政府が公共の目的のため、補償をすることを条件に、私有財産を強制的に取得すること。日本国憲法29条3項は、「私有財産は、正当な補償の下に、これを公共のために用ひることができる」と定めている。何を「公共のため」ととらえるかは、立場によって異なる場合が多い。

 ○×チェック 答え㉛　× 日本には安楽死を認める法律はない。

根深い人種差別と「命の格差」への抗議

2020年５月、アメリカのミネソタ州で黒人男性が白人警官に首を圧迫され窒息(ちっそく)死する事件が起きた。暴行の様子を収めた動画が拡散されると、抗議の声はアメリカ全土のみならず世界へ瞬く間に広がり、各地で大規模な集会が行われた。新型コロナウイルスによる黒人の死亡率は目立って高く、「命の格差」が露呈したことも、今回の抗議の拡大につながったとされる。

「ブラック・ライブズ・マター」の標語は人種や世代を超えた広がりを見せた。その一方で、人種による差別や不平等がいまだに続いていることは重い問題として私たちに投げかけられている。

↑試合前の国歌斉唱時に、抗議の意思表示(片膝(かたひざ)をつく)を行うプロバスケットボールリーグの選手やコーチ（2020年　アメリカ）

Question

・人種や性別による差別の克服に向けて、世界ではどのような取り組みがなされてきただろうか。(➔Ⅰ)

憲法

8 世界的な人権保障の動き

1 人権保障の拡大 出題

条　約	採択年	日本の批准年	概　要
世界人権宣言	1948		すべての人民とすべての国が達成すべき共通の基準を宣言
集団殺害罪の防止及び処罰に関する条約(ジェノサイド条約)	48	未批准	集団殺害を国際法上の犯罪と位置づけ、防止と処罰を定める
難民の地位に関する条約(難民条約)	51	1981	難民の人権保障と難民問題解決を目指す
人種差別撤廃条約	65	95	あらゆる形態の人種差別を撤廃する
国際人権規約	66	79	世界人権宣言の内容を基礎として、これを条約化したもの
女子差別撤廃条約(➔p.136)	79	85	女子に対するあらゆる形態の差別を撤廃するために必要な措置を執る
国際的な子の奪取の民事上の側面に関する条約(ハーグ条約)	80	2014	国際結婚をした夫婦が離婚した際に子どもの保護を図る
児童の権利に関する条約	89	1994	あらゆる国における18歳未満のすべての児童の生活条件を改善する
障害者の権利に関する条約	2006	2014	障がいに基づく差別を禁止し、障がい者の権利を実現するための措置を規定
仕事の世界における暴力及びハラスメントの撤廃に関する条約	19	未批准	仕事の場における暴力とハラスメントを撤廃する

Ⅰ 人権保障を実現するために

↑世界人権宣言を採択した第3回国連総会（1948年　フランス）

解説 **人権の国際化**　第二次世界大戦においては、ナチス・ドイツ(➔p.48)の例のような、特定の人種の迫害や大量虐殺（ジェノサイド）などの深刻な人権侵害が行われた。こうした反省に立ち、人権保障は世界の共通課題であるという認識が広まっていった（人権の国際化）。国際連合(➔p.151)は、1948年、すべての人や国が達成すべき共通の基準として**世界人権宣言**を採択した。さらに66年には、世界人権宣言を具体化し、法的拘束力のある**国際人権規約**を採択した。その後も国連では、女性、子ども、障がいがある人など、多様な立場の人権に関する条約が採択され、人権保障が拡大していった。さらに93年の**世界人権会議**では、**ウィーン宣言及び行動計画**(➔補)が採択され、人権は普遍的価値であり、国際社会の正当な関心事項であることが確認された。

〇×チェック㉜　難民条約によって保護される難民の中には、居住地を追われたが国境を越えてはいない国内避難民も含まれる。(13年、追)

❷人権保障に関する宣言や条約

①世界人権宣言（1948年採択）　出題

1条　すべての人間は、生れながらにして**自由**であり、かつ、尊厳と権利とについて**平等**である。人間は、理性と良心とを授けられており、互いに同胞の精神をもって行動しなければならない。
2条　(1)すべて人は、人種、皮膚の色、性、言語、宗教、政治上その他の意見、国民的若しくは社会的出身、財産、門地その他の地位又はこれに類するいかなる事由による**差別をも受けることなく**、この宣言に掲げるすべての**権利と自由とを享有する**ことができる。
3条　すべて人は、生命、自由及び身体の安全に対する権利を有する。

解説　**戦後の人権規定の基準に**　世界人権宣言は、1948年の第3回国連総会で採択され、前文と30の条文で構成される。第二次世界大戦中、連合国は戦争の目的に人権の擁護を掲げており、世界人権宣言はアメリカのローズヴェルト大統領が提唱した**四つの自由**（→補）の影響を受けている。この宣言が条約のように法的拘束力を持つかは議論が分かれているが、各国の国内判決や憲法、各種条約などで言及されることが多く、世界における人権の共通の基準として大きな影響力がある。

②国際人権規約（1966年採択）　頻出

1条　(1)すべての人民は、**自決の権利**を有する。この権利に基づき、すべての人民は、その**政治的地位を自由に決定**し並びにその**経済的、社会的及び文化的発展を自由に追求**する。
（「経済的、社会的及び文化的権利に関する国際規約（A規約）」）

6条　(1)すべての人間は、**生命に対する固有の権利**を有する。この権利は、法律によって保護される。何人も、恣意的にその生命を奪われない。（市民的及び政治的権利に関する国際規約（B規約））

解説　**法的拘束力がある**　国際人権規約は、1966年に採択され、76年に発効した。「経済的、社会的及び文化的権利に関する国際規約（A規約、社会権規約）」と、「市民的及び政治的権利に関する国際規約（B規約、自由権規約）」から成る。日本は79年に、A規約とB規約を一部留保のうえ批准した。なお、人権侵害の救済に関するB規約の第一選択議定書や、死刑廃止についての第二選択議定書は批准していない。

③女子差別撤廃条約（1979年採択）　出題

1条　この条約の適用上、「女子に対する差別」とは、**性に基づく区別、排除又は制限**であって、政治的、経済的、社会的、文化的、市民的その他のいかなる分野においても、女子（婚姻をしているかいないかを問わない。）が**男女の平等**を基礎として人権及び基本的自由を認識し、享有し又は行使することを害し又は無効にする効果又は目的を有するものをいう。
2条　締約国は、女子に対するあらゆる形態の差別を非難し、**女子に対する差別を撤廃**する政策をすべての適当な手段により、かつ、遅滞なく追求する（略）

解説　**各国に男女平等を促す契機**　女子差別撤廃条約は、1979年に国連総会で採択され81年に発効した。男女の完全な平等の達成を目的として、女性に対する差別を定義し、締約国に対して、政治的・経済的・社会的活動などにおける差別を撤廃するために、立法その他の適切な措置を執るよう求めている。日本は**男女雇用機会均等法**（→p.54、230）などの国内法を整備し、85年に批准した（→p.136）。

④児童の権利に関する条約（1989年採択）　出題

2条　(1)締約国は、その管轄の下にある児童に対し、児童又はその父母若しくは法定保護者の人種、皮膚の色、性、言語、宗教、政治的意見その他の意見、国民的、種族的若しくは社会的出身、財産、心身障害、出生又は他の地位にかかわらず、**いかなる差別もなしにこの条約に定める権利を尊重し、及び確保する。**
6条　(1)締約国は、すべての児童が**生命に対する固有の権利**を有することを認める。
13条　(1)児童は、**表現の自由**についての権利を有する。この権利には、口頭、手書き若しくは印刷、芸術の形態又は自ら選択する他の方法により、国境とのかかわりなく、あらゆる種類の情報及び考えを求め、受け及び伝える自由を含む。
28条　(1)締約国は、**教育についての児童の権利**を認めるものとし、この権利を漸進的にかつ機会の平等を基礎として達成する（略）

解説　**子どもの基本的人権を保障**　児童の権利に関する条約は、18歳未満の子どもは基本的人権の主体であるとして、教育を受ける権利、精神活動の自由、**意見を表明する権利**、虐待からの保護などを定めている。1989年に採択され、日本は94年に批准した。

憲法

↑**アパルトヘイト時代の白人専用のバス**（南アフリカ）　南アフリカでは1948年から90年代初めまで人種隔離政策であるアパルトヘイトが実施され、非白人は居住地区が制限されたほか、異人種間の結婚の制限などが行われていた。

↑**石切場で働く子どもたち**（2021年　イエメン）　児童の権利に関する条約において子どもの権利擁護が掲げられているが、世界では今も多くの子どもたちが過酷な労働に従事している。

1難民の現状

①難民数と避難先　出題

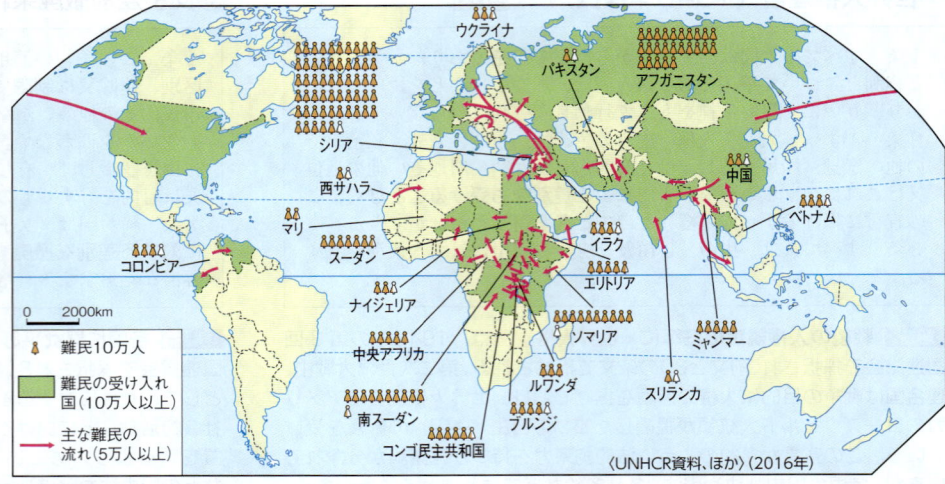

〈UNHCR資料、ほか〉（2016年）

凡例：
- 難民10万人
- 難民の受け入れ国（10万人以上）
- 主な難民の流れ（5万人以上）
- 0　2000km

地図ラベル：ウクライナ、パキスタン、アフガニスタン、シリア、西サハラ、中国、マリ、スーダン、イラク、エリトリア、ベトナム、コロンビア、ナイジェリア、中央アフリカ、ソマリア、ミャンマー、ルワンダ、スリランカ、南スーダン、ブルンジ、コンゴ民主共和国

解説　祖国から逃れる人々　難民とは、1951年の難民の地位に関する条約（難民条約）によれば「人種、宗教、国籍もしくは特定の社会的集団の構成員であることまたは政治的意見を理由に迫害を受ける恐れがあるという十分に理由のある恐怖を有するために、国籍国の外にいる者であって、その国籍国の保護を受けることができない者」である。政治的迫害だけでなく、武力紛争や人権侵害などの理由で難民となる人々も含まれる。条約では、難民の追放・強制送還を禁止した「ノン・ルフルマンの原則」（33条）など、難民の権利や義務が定められている。国連機関では難民保護と難民問題の解決を任務とする国連難民高等弁務官事務所（UNHCR）（→p.153、→補）がある。

スマホは難民の必需品

↑難民施設でスマートフォンを充電する難民（2015年　ドイツ）

　ヨーロッパに逃れる難民にとって、スマートフォンがなくてはならない存在になっている。スマートフォンのGPS機能を利用した現在位置の把握のほか、ソーシャルメディアを使って難民どうしの国境警備状況の情報共有などにも使われている。現地のボランティアによって充電施設が整備されている場合もある。

②日本での難民受け入れ　出題

解説　消極的との批判も　日本は1981年に難民の地位に関する条約を批准し、翌年に出入国管理及び難民認定法を定めて、難民認定の手続きを整えた。しかし、難民の認定基準が厳しいことから、難民の認定者数は他の先進国に比べて低い水準にある。近年は、シリアでの内戦や、ミャンマーでの人権侵害などにより、難民認定を求める人の数は増加傾向にある。日本の難民受け入れの現状に対しては、消極的だとの批判もある。

憲法

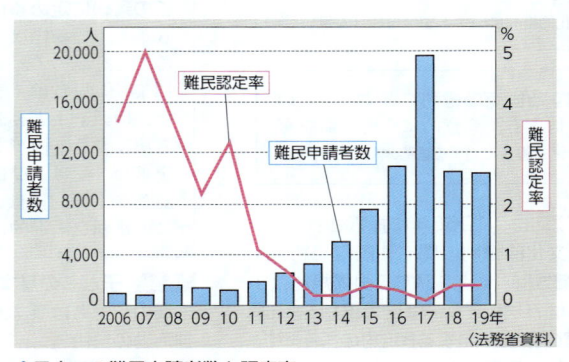

↑日本への難民申請者数と認定率

（難民申請者数、難民認定率、2006 07 08 09 10 11 12 13 14 15 16 17 18 19年）〈法務省資料〉

↑日本への難民申請が認められて会見するサッカーの元ミャンマー代表選手（2021年）　日本国内での試合前に、ミャンマーでの軍事クーデターに抗議の意思を示していた。

まとめ

Ⅰ　人権保障を実現するために
- 1948年　**世界人権宣言**…達成すべき共通の基準を示す
- 1948年　**ジェノサイド条約**…集団殺害の防止
- 1951年　**難民の地位に関する条約**…難民の人権保障
- 1965年　**人種差別撤廃条約**…人種差別を撤廃
- 1966年　**国際人権規約**…世界人権宣言の内容を基礎として条約化
- 1979年　**女子差別撤廃条約**…女性に対する差別を撤廃
- 1980年　ハーグ条約…国際結婚の離婚における子どもの保護
- 1989年　**児童の権利に関する条約**…18歳未満の児童の生活条件を改善

- 2006年　障害者の権利に関する条約…障がいに基づく差別を禁止
- 2019年　ハラスメント撤廃条約…仕事の場でのハラスメントを撤廃

Ⅱ　難民に関する問題
- 難民…人種、宗教、政治的意見などを理由に迫害を受ける恐れがあるため、祖国から逃れた人
- **「ノン・ルフルマンの原則」**…難民の追放・強制送還を禁止
- **国連難民高等弁務官事務所（UNHCR）**…難民問題解決のために活動
- 日本の難民対策→1981年、難民の地位に関する条約を批准。難民認定者数が少なく、難民受け入れに消極的との批判もある

補足解説

ウィーン宣言及び行動計画
女性の人権、先住民族や少数者、児童、障がいがある人の権利などの保障の重要性を明記している。これを受けて1993年に国連人権高等弁務官事務所（OHCHR）が創設された。

四つの自由
言論および表現の自由、信仰の自由、欠乏からの自由（健康で平穏な生活を確保する経済的合意）、恐怖からの自由（軍縮による侵略手段の喪失）を指す。後の国際連合憲章や世界人権宣言などに影響を与えた。

国連難民高等弁務官事務所（UNHCR）
1950年発足。国内避難民を含めた難民に国際的な保護を与え、自由な本国への帰還や第三国への定住を援助している。緒方貞子氏が、難民高等弁務官を2000年まで10年間務めた。

地図で読み解く世界の人権

POINT 世界では、人権に関してさまざまな格差が生じています。世界にはどのような格差があるのか、そして、日本はどのような位置にあるのか、地図から見てみましょう。

1 ジェンダーギャップ指数

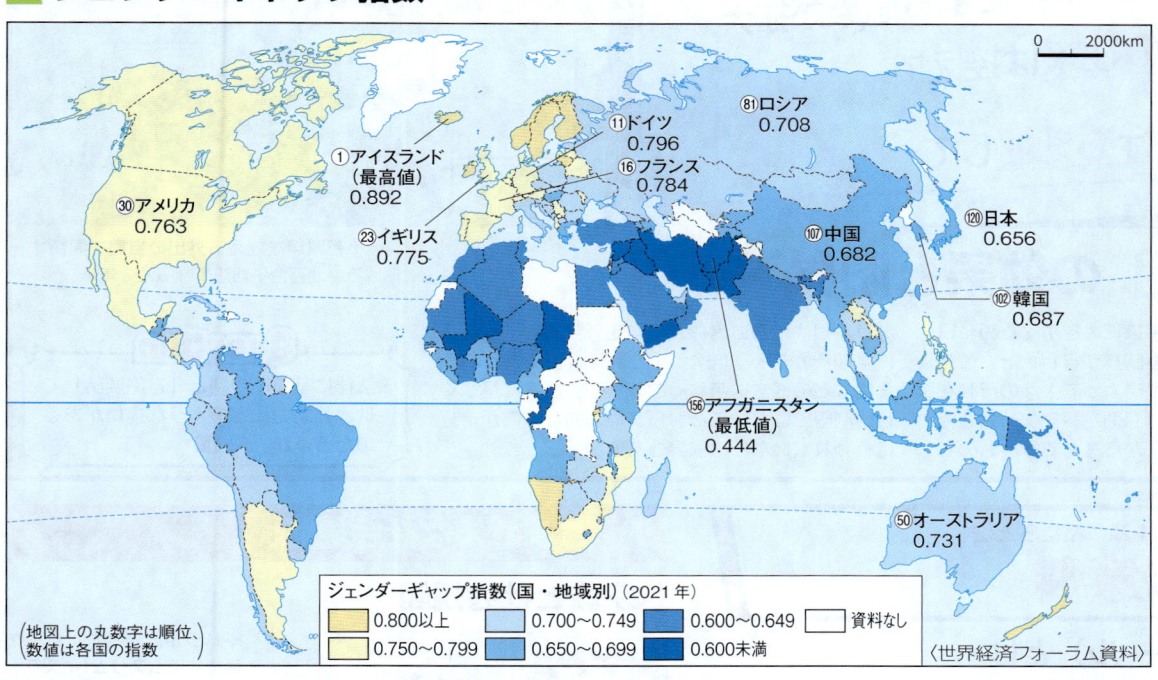

〈地図上の丸数字は順位、数値は各国の指数〉

ジェンダーギャップ指数（国・地域別）（2021年）

0.800以上	0.700〜0.749
0.750〜0.799	0.650〜0.699
0.600〜0.649	0.600未満
資料なし	

〈世界経済フォーラム資料〉

解説 北欧が高く、日本は低い ジェンダーギャップ指数（→p.54）とは、男女格差を測る指標で、「経済」「政治」「教育」「健康」の四つの分野のデータから作成される。0が完全不平等、1が完全平等を示している。世界的に見ると、欧米、特に北欧の順位が高くなっている。日本は先進国の中で最低レベルにあり、特に「経済」「政治」における順位が低くなっている。

2 報道の自由度ランキング

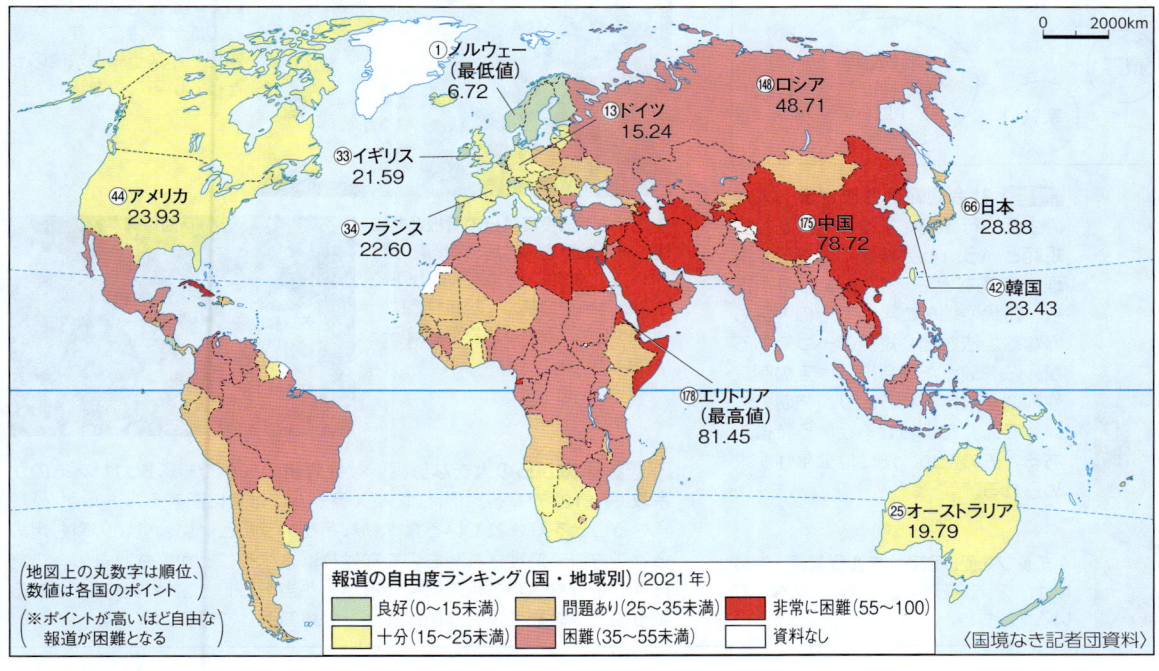

〈地図上の丸数字は順位、数値は各国のポイント〉
※ポイントが高いほど自由な報道が困難となる

報道の自由度ランキング（国・地域別）（2021年）

良好（0〜15未満）	問題あり（25〜35未満）
非常に困難（55〜100）	十分（15〜25未満）
困難（35〜55未満）	資料なし

〈国境なき記者団資料〉

解説 新型コロナウイルスは報道の自由にも影響 国際的なジャーナリストの団体「国境なき記者団」は、各国の報道の自由度に関する報告書を発表している。2021年の1位はノルウェー（5年連続）で、上位4か国は北欧が占めた。日本はG7で最下位にあり、「慣習や経済的利益にはばまれて記者が権力監視機関としての役割を十分に果たすことが困難になっている」などと指摘された。

報告書では、各地で新型コロナウイルスの感染拡大を理由とした情報遮断や取材妨害があるとも指摘されている。

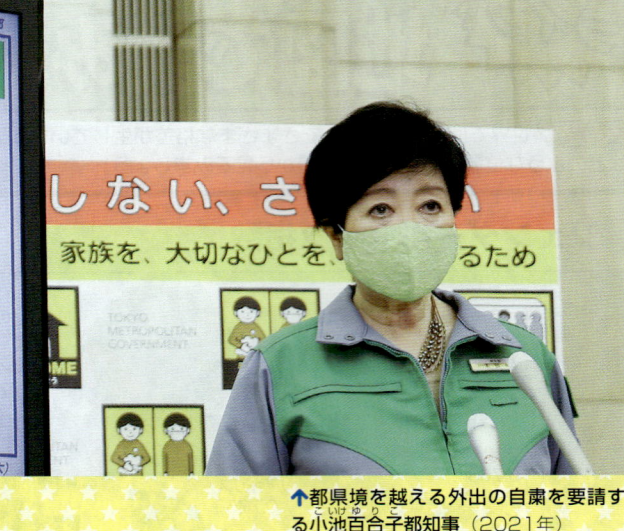

都県境を越える外出の自粛①

都民の皆様

✓ 都県境を越える外出は自粛

✓ 変異株（N501Y）による感染が拡大

大都市圏との往来は控えて

✓ GW中の旅行も延期して

東京都
令和3（2021）年4月15日（木）

↑都県境を越える外出の自粛を要請する小池百合子都知事（2021年）

「自粛要請」の効果と限界

新型コロナウイルスの感染拡大を防ぐため、日本では外出などの「自粛要請」が行われた。これに対して諸外国では、法律によって人々の行動を制限し、違反した場合には罰則を科すケースも見られる。本来自粛とはみずから進んで行うものであり、国や地方自治体が自粛を「要請」することには矛盾がある。また、「自粛要請」によって飲食店などの経営は苦しくなったが、法律に基づく行動制限ではないことから、経済的な補償が十分に行われないなどの限界もある。

Question
・法律に基づく規制と「自粛要請」では、強制力にどのような違いがあるのだろうか。（→**I**）

I 第2部第1章　私たちと法
法の意義

1 社会規範（ルール）とは

社会規範（ルール）
社会生活を営むうえで守ることが求められる

道徳　倫理　慣習　宗教　法（法律）刑罰をもって強制される

解説 **社会規範はさまざま**　人々の生活や行動を律するルールを**社会規範**という。社会規範には道徳や倫理、宗教などさまざまなものがあり、時代や地域によってその内容も異なる。**法**も社会規範の一つであるが、法を破った場合には一定の制裁や罰則が規定されており、強制力を伴って人々を従わせるという特徴がある。そのため、法には公平性が求められる。

←**チップを受け取るホテル従業員**　海外には、チップを渡すことが慣習になっている地域もある。

I さまざまな社会規範

2 宗教と社会規範

←**ハラル認証された食事を手にするムスリム（イスラーム教徒）の留学生**　ハラル認証は、イスラームで禁止されている豚やアルコールなどの成分が含まれず、製造過程もイスラーム法にのっとっていることを示している。

→**ごみの不法投棄禁止の看板と共に建てられた鳥居**　鳥居のある場所は「神域」であり、汚すと神罰が下るといった神道に基づく規範意識に訴えかけて、ごみの不法投棄を減らそうとしている。

解説 **宗教からの大きな影響**　社会規範のなかでも影響力があるのが**宗教**（→p.12）である。例えば、イスラームには食に関するルールがあり、食べることを許されている食べ物などをハラルといい、動物の肉も定められた方法で処理されたものでなければ食べることが許されない。また日本でも「食べ物を粗末にするとバチが当たる」と言われることがあるように、宗教や伝統的な価値観が社会規範として影響力がある。

○×チェック㉝　法の支配に基づく人権保障を貫徹すべく、日本国憲法において最高裁判所は、「法律や政府が発する命令、規則などが憲法に適合するかしないかを決定する権限」を有している。（08年、**本**）

私たちの暮らしと法律

　私たちの身の回りにはさまざまな法律がある。例えば交通ルールについて定める道路交通法や、自動車の安全性能などについて定める道路運送車両法、道路の管理などについて定める道路法などがある。

　もしもこうした法律がなければ、交通は混乱し利用者は危険にさらされてしまう。例えば、車が道路の右側を走るか左側を走るかが決まっていなければ、交通事故の危険性が高まる。また、自動車の安全性能に基準がなければ、粗悪な自動車によって事故が発生しやすくなる。このように法律によって社会の秩序は保たれ、私たちは道路を安全で便利に利用することができている。

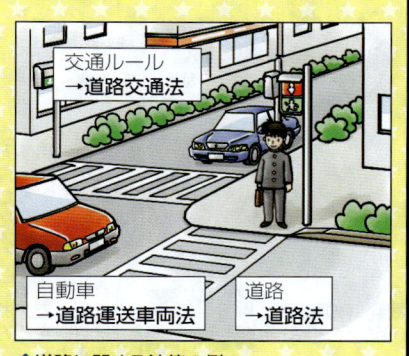

交通ルール
→道路交通法

自動車
→道路運送車両法

道路
→道路法

↑道路に関する法律の例

1 法律の分類と種類

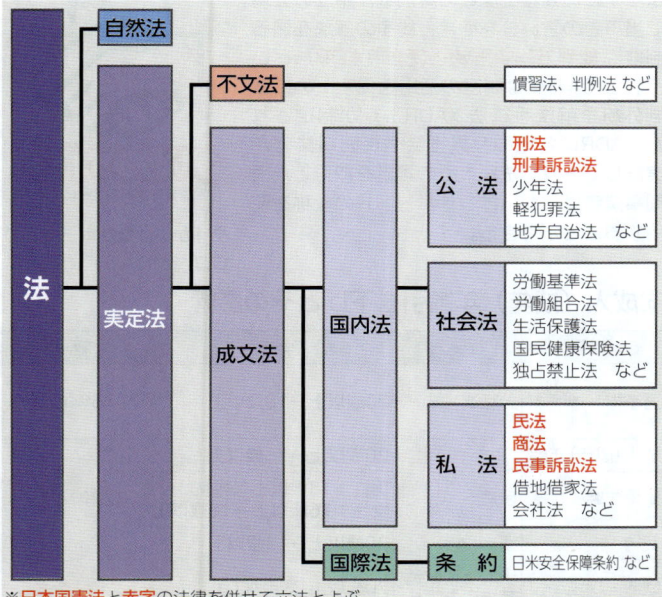

法 — 自然法
　 — 実定法 — 不文法 — 慣習法、判例法 など
　　　　　 — 成文法 — 国内法 — 公法 — 刑法 / 刑事訴訟法 / 少年法 / 軽犯罪法 / 地方自治法 など
　　　　　　　　　　　　 — 社会法 — 労働基準法 / 労働組合法 / 生活保護法 / 国民健康保険法 / 独占禁止法 など
　　　　　　　　　　　　 — 私法 — 民法 / 商法 / 民事訴訟法 / 借地借家法 / 会社法 など
　　　　　　　　 — 国際法 — 条約 — 日米安全保障条約 など

※日本国憲法と赤字の法律を併せて六法とよぶ
※民事訴訟法は公法に分類される場合もある

解説　法の種類はさまざま　時代や社会を超えて普遍的に存在する法を**自然法**という。これに対して人間が作り出した法を**実定法**という。実定法には議会などで制定される**成文法**と、長年の慣習が法としての機能を持つ**不文法**がある。国際法にはさまざまな名称があるが、総称して条約とよぶ。国内法には国家と国民の関係を規定する**公法**と、私人間の関係を規定する**私法**がある。さらに、近代以降の格差の拡大や労働問題の発生とともに、私人間の問題に国家が介入することが求められるようになると、私法と公法の中間的存在として**社会法**が形成されてきた。

2 法の秩序と法令数

憲法 / 法律 / 政令 / 府令、省令 / 規則

種類	法令数	内容
憲法	1	国の最高法規
法律	2,061	国会が制定
政令	2,216	内閣による命令
府令、省令	4,242	各大臣による命令
規則	101	各機関が制定

※法令数は「e-Gov法令検索」への登録数
（2021年8月現在）〈法務省資料〉

解説　憲法が国の最高法規　憲法は国の根本を定める**最高法規**とされ、憲法に基づき国会で法律が制定される。憲法に反する法令を制定することはできず、違反する法令は無効となる。内閣による政令や大臣による省令などは法律よりも数が多く、国会の立法機能を侵害するのではないかという批判もある。

3 法は誰を縛るのか

憲法		法律
国民	制定	国会
国家権力	対象	国民、法人、外国人など
一般的には厳重な手続きが必要	改正	必要に応じて

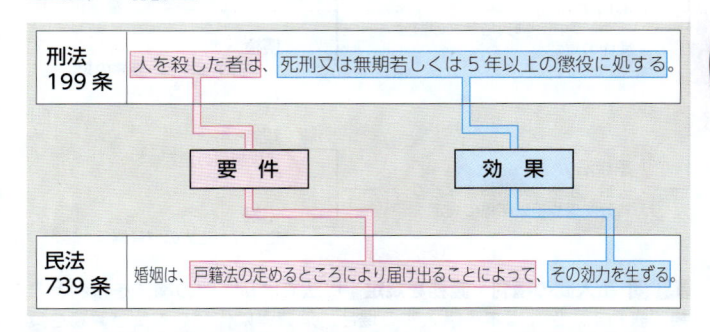

憲法　国家権力　法律
制限　　国民　　制限

解説　憲法は国家権力を縛る　憲法と一般の法律の最大の違いは「誰を縛るのか」にある。一般の法律は国民が守るべきものである。一方、憲法99条では国務大臣、国会議員などの国家権力を持つ者に対して**憲法尊重擁護の義務**が課されているのに対し、国民にこの義務は課されていない。憲法は国民が国家権力を縛るためのものなのである。

4 法の構造

刑法 199条：人を殺した者は、／死刑又は無期若しくは5年以上の懲役に処する。

要件　　効果

民法 739条：婚姻は、戸籍法の定めるところにより届け出ることによって、／その効力を生ずる。

解説　条文は要件と効果から成る　法律の条文は**要件**と**効果**で構成される。例えば刑法199条では、「人を殺した者は、死刑又は無期若しくは5年以上の懲役に処する」と規定され、「人を殺す」という要件を満たした場合、「死刑…懲役に処する」という効果が生じる。なお、要件を満たしても正当防衛（→補）などにより違法とはならない場合もある。

法

Ⅲ　法律の役割

「あおり運転」厳罰化の法改正

↑道路交通法での「あおり運転」の厳罰化を周知する警察官

近年、車の進路を妨害するなど重大な事故につながる「あおり運転」が社会問題になってきたが、取り締まるための法律は存在しなかった。そのため、人々の生命や財産、交通秩序を守るため、2020年６月に道路交通法が改正された。この改正で妨害運転罪が新設され、「あおり運転」を行った場合、懲役や罰金が科されるほか、運転免許が取り消されることになった。

1 市民社会の約束としての民法

①私的自治の原則　出題

解説　契約は原則自由　民法（→p.57）の重要な原則が**私的自治の原則**であり、対等な立場の者どうしは、他者から介入されることなく自由に契約を結ぶことができる。誰もがみずからの意思で自由に生活を営むことができるとする市民社会の基本原則である。

②民法の構成

- **総則**
- **財産法**　所有、売買、賃貸借などの財産関係の規定
  - **物権**　物に関する権利の規定
  - **債権**　人に対する権利・義務の規定
- **家族法**　夫婦、親子、兄弟姉妹などの身分関係や相続関係の規定
  - **親族**　家族関係の規定
  - **相続**　亡くなった人の財産継承の規定

解説　私人間の権利・義務を規定　民法では私人間の関係を権利と義務で表わす。例えば本を購入する場合、消費者は代金を支払う義務を負うとともに商品を受け取る権利を得る。これに対し書店は、代金を受け取る権利を得るとともに商品を引き渡す義務を負う。一方、民法には財産について規定した**財産法**と、家族関係を規定した**家族法**がある。財産法には物の売買等に関する物権と、労働契約のような人に対する権利・義務に関する債権の規定がある。

③民事事件における紛争解決

種類		方法	結果
民事裁判 	判決	裁判で争いの当事者が、お互いの主張を交わす。	原告、被告両者の言い分や証拠などを基に、裁判官が具体的な解決の結論を示す。この結論は強制力を持つ。
	裁判上の和解	裁判所が関与する和解。	和解成立後は判決と同様の効力を持つ和解調書が作成される。判決同様強制力を持つ。
調停 		争いの当事者の間に第三者（調停委員）が介入し、双方の言い分を調整し、解決を図る。	裁判と違い、判決のようなものはないため、両者が合意しなければ解決はしない。合意後はその決定に強制力が生じる。
裁判外の和解（私法上の和解） 		争いの当事者の話し合いで、お互いが納得する方法を調整する。	お互いの妥協点を見つけ、法律上は和解契約を結ぶことになる。

解説　紛争解決のさまざまな方法　紛争は当事者が合意して解決されることが望ましい。裁判では第三者である裁判官が公平に紛争の解決方法を示すが、当事者に不満が残る可能性がある。そのため民事事件では、第三者が介入して解決の方向性を示す**調停**や、当事者同士で妥協点を探る**和解**が目指されることも多い。しかし、いずれも当事者が合意しなければ効力を持たず、紛争は解決されない。

④裁判外紛争解決手続き（ADR）　出題

解説　裁判によらない解決もある　裁判によらずに、弁護士などの専門家が中立の立場で当事者の言い分を聞き、紛争の解決を図る制度を**裁判外紛争解決手続き**（**ADR**）という。2004年には制度の活用を促すために裁判外紛争解決手続法（ADR法）が制定された。ADRは各地の弁護士会や民間事業者が実施しており、法務大臣の認証を取得した民間事業者は「かいけつサポート」の愛称を使用することができる。

かいけつサポート
認証紛争解決サービス

↑「かいけつサポート」のロゴ

⑤成人（成年）年齢引き下げとその影響

内容	根拠法	年齢	実施時期
選挙権 	公職選挙法	**20歳以上→18歳以上**	2016年６月～
成人（成年）年齢	民法	**20歳以上→18歳以上**	2022年４月～
結婚年齢	民法	男性：18歳以上（変更なし） 女性：**16歳以上→18歳以上**	2022年４月～
契約	民法	**20歳以上→18歳以上**	2022年４月～
飲酒・喫煙	未成年者飲酒禁止法*など	20歳以上（変更なし）	
国民年金の加入義務	国民年金法	20歳以上（変更なし）	

*20歳未満飲酒禁止法に改正予定（2022年４月）

解説　18歳と20歳がある　すでに18歳以上になっている選挙権年齢に加え、2022年４月より民法の**成人年齢**が18歳に引き下げられた（→巻頭17）。これにより、親の同意がなくても携帯電話やアパート、アルバイトの契約を結べるなど、できることが増える。一方で、飲酒や喫煙、競馬などは健康への懸念などから20歳未満は引き続き禁止される。女性の婚姻年齢（→補）は男性と同じ18歳に引き上げられる。

○×チェック㉞　訴訟以外の場において公正な第三者の関与の下で紛争を解決する制度を導入するため、裁判外紛争解決手続法（ADR法）が制定された。（21年、本）

② 重大な権利侵害を防ぐ刑法

① 秩序維持の役割と刑法

解説 **犯罪の予防が期待される**　犯罪とは法秩序を破り、誰かの権利を侵害する行為にあたる。刑罰には犯した犯罪と同等の苦痛を与えることで法秩序を維持するという目的がある。同時に、刑罰には犯罪の発生を予防することも期待されている（**一般予防論**）。さらに、犯罪者に更生の機会を与え、社会復帰を図ることで再犯を予防することも期待されている（**特別予防論**）。

② 刑罰の種類

種類	内容	刑罰
生命刑	受刑者の生命を断つ	・**死刑**
自由刑	受刑者の自由を剥奪する	・**無期懲役**（期限を定めず拘置、刑務作業あり） ・**有期懲役**（1か月〜30年拘置、刑務作業あり） ・**禁錮**（1か月〜30年か無期拘置、刑務作業なし） ・**拘留**（1日以上30日未満拘置）
財産刑	金銭による刑罰	・**罰金**（1万円以上） ・**科料**（1000円以上1万円未満） ・**没収**（犯罪の凶器などを没収）

解説 **最も重い刑罰は死刑**　有罪の判決を受けた人の生命や自由、財産を強制的に奪うのが**刑罰**である。**生命刑**には死刑がある。**自由刑**には刑務所での刑務作業が義務付けられる懲役と、義務付けられない禁錮などがある。刑罰が科される期間が決められているものを有期刑、決められていないものを無期刑という。**財産刑**には罰金や科料などがある。

③ 罪刑法定主義

解説 **法律がなければ刑罰もない**　どのような行為が犯罪であり、どのような刑罰が科されるかは、事前に法律で定めなければならないとする考え方を**罪刑法定主義**（→補）という。どのような行為が犯罪になるのかが定められていなければ、権力者が恣意的に犯罪行為を認定することができるため、私たちは怖くて何もすることができなくなってしまう。私たちの自由を確保するために、罪刑法定主義は必要なのである。

↑万引きは犯罪だと伝えるポスター

④ 少年法とその理念

少年法		刑法
少年を保護し更生を促す	理念・目的	被告人に対して刑罰を科す
20歳未満	対象年齢*	満14歳以上
非公開	審判・裁判	公開
不処分、保護観察、少年院送致など	決定	死刑、懲役、罰金など

＊重大な犯罪の場合、少年にも刑事裁判と同様の手続きが取られる場合がある

解説 **少年の更生が目的**　少年は、罪を犯しても教育によって立ち直る可能性が高い。そのため20歳未満の場合、少年を保護し更生を促す理念を持つ**少年法**が適用される。少年事件では実名報道が制限されるほか、原則として家庭裁判所で扱われ、刑罰が必要と判断された場合のみ検察官に送致される。民法の成人（成年）年齢引き下げに伴って2021年に少年法改正（→補）が行われ、18歳と19歳の「特定少年」にも引き続き少年法が適用されるものの、成人と同様に扱われる範囲が拡大された。

ま・と・め ■■ ■ ■ ■

I　さまざまな社会規範
・社会規範（ルール）とは…道徳、倫理、宗教などが生活や行動を律する
・宗教と社会規範…多くの社会で宗教が社会規範に影響を与えている

II　法の分類と種類
・法律の分類と種類
　　…私法（民法など）、公法（憲法など）、社会法（労働基準法など）
・法の秩序と法令数…法は法律だけではない
　　　　　　　　憲法は最高法規で、違反する法令は無効
・法は誰を縛るのか
　　→憲法は国民が制定し、国家権力を縛る（近代立憲主義）
・法の構造…要件と効果で構成される

III　法律の役割
・市民社会の約束としての<u>民法</u>
　・私的自治の原則…私人間の関係は原則として個人の自由

・裁判外紛争解決手続き（ADR）
　　…専門家が中立の立場で当事者の言い分を聞き、紛争の解決を図る
・成人（成年）年齢引き下げ→2022年4月より成人年齢が18歳に
　　　　　　　　　　　　　　→親の同意なしに契約を自由に結べるようになる
・重大な権利侵害を防ぐ刑法
　・秩序維持の役割
　　…刑罰により犯罪を予防し、社会の秩序を維持し、人々の権利を守る
　・刑罰の種類
　　　生命刑（死刑）、自由刑（懲役、禁錮）、財産刑（罰金、科料）
　　　※自由刑には無期刑と有期刑がある
　・罪刑法定主義…法律なければ刑罰なし
　　　※事前に犯罪や刑罰を規定することで、人々の自由を守る
　・少年法
　　少年法の理念は少年の保護と教育による更生を通じた少年の健全育成
　　20歳未満の少年が起こした事件は、原則、家庭裁判所で審判

補足解説

正当防衛	婚姻年齢	罪刑法定主義	少年法改正
刑法36条では、差し迫った侵害行為に対して、自己または他人の権利を守るためにやむをえずした行為は罰しないとされている。	民法改正前は男性18歳、女性16歳と定められていたが、性別による役割分業の考え方が背景あるのではないかという批判もあった。	「法律がなければ犯罪はなく、刑罰もない」という考え方。イギリスのマグナカルタに由来し、フランス人権宣言でも表明された。	18歳と19歳の「特定少年」は起訴後の実名報道が可能になった。しかし、社会復帰の妨げになり、更生を難しくするという懸念もある。

↑ネットで販売されていた「鬼滅の刃」フィギュアの正規品（左）と偽物（右）（2020年）

ネット通販で相次ぐトラブル

近年インターネットを通じた取り引きが一般的になり、さまざまな商品を手軽に入手できるようになった。しかし、ネット通販で商品を購入した際、表示されていた商品と異なる商品が届く、代金を支払ったのに商品が届かない、「初回無料」とうたいながら高額の定期購入契約をさせられる、というようなトラブルが数多く発生している。ネット通販での商品の購入は、消費者が取引条件に納得して申し込んだものとして扱われてしまう。便利な反面、利用時にはしっかりと情報収集を行い、慎重に商品や取引条件を確認するなどの注意が必要である。

Question
・消費者を守るためにどのようなしくみがあるのだろうか。（→Ⅱ）

---

2 契約

1 所有権とは

↑「私有地につき立入禁止」と示す看板（2019年　北海道美瑛町）　多くの観光客が訪れる美瑛町では、私有地である農地に観光客が無断で立ち入り、荒らされる被害が相次いだことから、土地の所有者がこの看板を設置した。

解説　個人の所有権は侵してはならない　ある品物や土地、建物などを自由に使用したり、そこから利益を得たり、売却したりできる権利を**所有権**という。所有権を持つ人は、他人がその権利を侵害することを排除できる。これは**所有権絶対の原則**とよばれ、私法の基本的な原則の一つである。憲法29条では「財産権は、これを侵してはならない」と定められ、民法206条でも「所有者は、法令の制限内において、自由にその所有物の使用、収益及び処分をする権利を有する」とされている。

Ⅰ 契約の考え方

2 契約とは

↑コーヒーを買う（売買契約）

↑電車に乗る（運送契約）

↑DVDを借りる（賃貸借契約）

↑アルバイトをする（労働契約）

解説　私たちも契約をしている　世の中にはさまざまな**契約**があり、例えば商品を購入することは売買契約にあたる。契約に文書や捺印は必要なく、当事者間で取引条件や金額などで合意したときに成立する。そして契約が結ばれると、当事者の間で法的な義務（**債務**）と権利（**債権**）が生じる。例えば商品を売買する場合には、消費者には代金を支払う義務と商品を受け取る権利が生じ、販売店には代金を受け取る権利と商品を渡す義務が生じる。

○✕チェック㉟

日本では、食の安全に対する信頼を確保するため、消費者が生産履歴などを追跡できるPOS（販売時点情報管理）システムが導入された。（12年、本）

3 契約自由の原則

内容		例外
契約の**相手**を選ぶ	誰から購入するか	立場が弱い側（労働者・消費者など）を守るために制限される場合もある
契約の**内容**を決める	何を購入するか	
契約の**方法**を決める	口約束で購入するか、書面を交わして購入するか、など	
契約を結ぶかどうかを決める	購入するかしないか	

解説　自分たちのことは自分たちで決める　契約は当事者間の合意で自由に結ぶことができる。誰と、何について、どのような契約を結ぶか、または結ばないかは、当事者の自由である。これは**契約自由の原則**とよばれ、私法の基本的な原則の一つである。ただし労働者と使用者の間や、消費者と企業の間など当事者の力関係が対等でない場合には、立場の弱い側を守るために契約自由の原則が制限される場合もある。

4 契約の取り消しと解除

種類	内容	根拠条文
無効	公序良俗に反する契約	民法90条
取り消し	未成年者が親権者（法定代理人）の同意を得ずに結んだ契約	民法5条
	契約の基礎となる事項について誤解（錯誤）した契約	民法95条
	詐欺または脅し（強迫）による契約	民法96条
	消費者契約法（→p.86）に定められた契約	消費者契約法4条
解除	契約当事者の一方が義務（債務）を履行しない場合	民法541条

解説　契約を取り消せる場合もある　契約を結んだ当事者は、原則として契約内容を守らなければならない。しかし、例えば人権侵害や犯罪行為に関する契約など、公序良俗（社会の一般的な秩序や道徳）に反する契約は無効となり、そもそも契約の効力は生じない。また、詐欺や脅しによって契約が結ばれた場合などには、契約の取り消しを求めることができる。そして、契約自体に問題がない場合でも、相手が契約内容を守らない場合には、その契約を解除することができる。

5 未成年者と契約

解説　未成年者の契約の特徴　人は誰でも等しく権利の主体になることができる。これは**権利能力平等の原則**とよばれる。しかし、契約内容やその結果を判断する能力は人によって異なり、未成年者は契約を単独で結ぶ能力を持たないとされている。そのため、小遣い程度を超える範囲の契約には親権者の同意が必要となり、同意のない契約は取り消すことができる。これに対し、成年になると一人で自由に契約を結べるが、年齢を理由に契約を取り消すことはできなくなる。

II　消費者の権利と責任

マスクの性能表示に消費者庁が措置命令

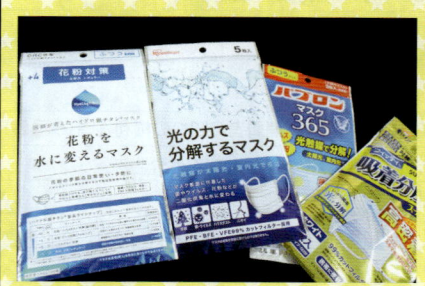

←消費者庁による措置命令の対象になったマスク（2019年）

　消費者庁は、2019年、「花粉を水に変える」などと性能を表示するマスクを製造・販売していた4社に対して、「合理的な根拠がない」として改善を求める措置命令を発した。各社は、消費者庁に根拠となる資料を求められて提出したが、表示の裏付けとなる根拠とは認められなかった。これらのマスクの表示は、景品表示法5条「不当な表示の禁止」に該当すると認定され、各社は販売中止や表示の見直しなどの対応を行った。

1 消費者問題はなぜ起きるか

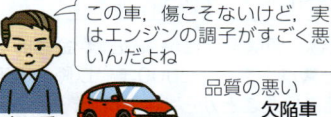

↑**中古車市場における情報の非対称性**　売り手と買い手で得られる情報量に差がある。そのため、現実の社会では、情報を持つ売り手が情報を持たない買い手に対して、走行距離や故障歴など車の品質に関する情報を開示して、その差を減らしている。

解説　消費者が得られる情報には限りがある　消費者問題は、消費活動の際に消費者が受ける不利益などの問題を指す。その背景には企業と消費者との間の商品に関する情報格差（**情報の非対称性**、→p.189）がある。企業は商品に関して正確で詳細な情報を持っているが、消費者は断片的であいまいな情報

↑**中古車販売店**

しか得にくい。そのため、消費者は企業が一方的に発信する情報や宣伝に頼ることになり、正確な判断が困難になりがちである。

　例えば中古車市場だと、消費者は外見だけでは優良車か欠陥車かを判別することは難しい。すると買い手は欠陥車を購入してしまうことを恐れて、欠陥車に相当する金額しか支払おうとしなくなる。その結果、優良車は購入されにくくなり、市場全体が縮小してしまう。このように、情報格差は市場全体に悪影響を及ぼす。

法

×　POS（販売時点情報管理）システムではなく、トレーサビリティである。なお、POSシステムは、商品が売れた数量や時間、客の性別や年齢などの情報を、レジやバーコードなどから集計・管理するしくみで、スーパーやコンビニエンスストアなどで用いられている。

2 消費者問題の歴史

① 消費者問題年表 〈頻出〉

年	事　項
1947	**独占禁止法**（→p.188）施行、**食品衛生法**制定
48	主婦連合会（主婦連）結成
51	日本生活協同組合連合会（日生協）結成
55	**森永ヒ素ミルク事件**、**スモン事件**発生
62	**サリドマイド事件**発生、ケネディ、**消費者の四つの権利**提唱（→Ⅱ **3**）
68	**消費者保護基本法**制定（→Ⅱ **4**）、**カネミ油症事件**発生
70	国民生活センター設立
72	**割賦販売法**改正（**クーリング・オフ制度**導入）（→p.86）
76	**訪問販売法**制定
83	**サラ金規制法**制定
85	豊田商事（金の現物まがい取引）など、悪質商法の被害多発
89	**薬害エイズ事件**、訴訟提訴
94	**製造物責任法（PL法）**制定（95年施行）（→Ⅱ **6**）
2000	**消費者契約法**制定（01年施行）（→p.86）、雪印乳業の乳製品で集団食中毒
01	国内でBSE（牛海綿状脳症）感染牛確認
02	薬害C型肝炎訴訟提訴
03	**食品安全基本法**、ヤミ金融対策法制定
04	**消費者基本法**制定（←消費者保護基本法を改正）、振り込め詐欺の被害多発
06	**金融商品取引法**制定（←証券取引法を改正）
08	中国産冷凍餃子で食中毒、三笠フーズによる事故米不正転売事件
09	**消費者庁**および**消費者委員会**設置（→Ⅱ **7**）
14	ファストフード店などでの異物混入
18	振袖販売業者「はれのひ」の営業停止によるトラブル
20	新型コロナウイルス感染症の流行に伴うマスクの不正転売など

解説 **頻発する消費者問題** 消費者問題はときに健康被害や金銭的な被害をもたらすこともあり、その影響は大きい。2000年代以降、BSE問題など食の安全に関する事件が相次いだことから、牛肉と米・米加工品について**トレーサビリティ**（→補）が法律で義務化されている。

② さまざまな消費者問題

森永ヒ素ミルク事件	1955年、森永乳業徳島工場で粉ミルクに大量のヒ素が混入。西日本各地の乳幼児に原因不明の発熱・嘔吐などの中毒症状が発生した。
スモン事件	1955年頃、整腸剤**キノホルム**を服用した人から、下半身まひやしびれなどの神経障害が発生。70年にキノホルムの販売・使用を禁止した。
サリドマイド事件	1950年代末から販売された**サリドマイド**（睡眠剤）を、つわり止めとして妊娠初期に服用した母親から、手足が極端に未発達の子どもが生まれた。西ドイツで危険性が報告されていながら、政府の対応が遅れ、被害が拡大した。
カネミ油症事件	1968年、カネミ倉庫の米ぬか油の製造過程で**PCB（ポリ塩化ビフェニル）**が混入し、熱で猛毒のダイオキシンに変化。西日本を中心に、多くの人々が皮膚炎や肝機能障害などの被害に苦しんだ。
薬害エイズ事件	1980年代、**HIV（ヒト免疫不全ウイルス）**に汚染された非加熱の輸入血液製剤を血友病患者に投与したことで、多数の患者がHIVに感染し、後天性免疫不全症候群（AIDS）を発症した。
薬害C型肝炎	1970～80年代にかけて、出産や手術の際に止血剤として使われていた血液製剤「フィブリノゲン」に、C型肝炎ウイルスが混入。血液製剤を投与された人が感染した。

法

3 消費者の四つの権利 〈出題〉

① 安全を求める権利	健康や生命にとって危険な商品販売から保護される権利
② 知らされる権利	虚偽や誤った宣伝・広告・表示などから保護され、商品の選択に際して、必要な情報が提供され、自分の要求を満たすことができる権利
③ 選ぶ権利	多様な製品やサービスを、競争価格で入手できるよう保証され、独占企業においても、納得できる価格で十分な品質とサービスが保証される権利
④ 意見を聞いてもらう権利	政府が法令を制定・施行する際、消費者の利益が十分に考慮され、施行に際しては公正かつ迅速な対応が保証される権利

解説 **消費者の権利と責任** 1962年にアメリカの**ケネディ**大統領が**消費者の四つの権利**を提唱した。その後、ニクソン大統領によって「救済される権利」が、フォード大統領によって「消費者教育を受ける権利」が提唱された。国際消費者機構では、「生活の基本的ニーズが満たされる権利」、「健全な環境の中で働き生活する権利」を加えた消費者の八つの権利を掲げている。これらの権利は、日本でも消費者基本法に盛り込まれている。

↑ケネディ大統領

4 消費者保護基本法と消費者基本法 〈頻出〉

消費者保護基本法（1968年制定）	消費者基本法（2004年制定）
・消費者相談などを行う国民生活センターや消費生活センター（地方自治体の機関）を設置 ・消費者の権利は明記せず	・消費者の権利を初めて明記 ・**自立した消費者**としてのあり方を求める

解説 **保護から自立支援へ** 消費者を保護する目的で1968年に制定された**消費者保護基本法**は、その後の社会情勢の変化などを受け、2004年に**消費者基本法**に全面改正された。消費者基本法では、消費者の権利（→補）が初めて明記され、消費者を単に保護対象とするだけでなく、自立を支援していくことを基本理念とし、行政や事業者の責任も規定された。

5 消費者支援のための組織 〈出題〉

←**国民生活センターによる注意喚起** ベビーカーの後ろに荷物をかけると転倒する危険があることを公表し、注意喚起した。

解説 **国と地方がそれぞれを管轄** 消費者を支援するための機関として**国民生活センター**と**消費生活センター**（→補）が設置されている。国が管轄する国民生活センターは消費生活センターと連携して、商品テストの実施、危険性のある商品や悪徳商法への注意喚起を行っている。消費生活センターは地方自治体が管轄し、消費者に情報提供を行うとともに、消費者からの相談を受け付けている。

 **○×チェック㊱** 消費者から寄せられる相談や苦情への対応などを行う国民生活センターは、消費者保護基本法の制定に伴い、廃止された。（15年、**本**）

⑥製造物責任法（PL法） ◁出題

←**アレルギー物質が含まれていた石けん** 石けんに小麦由来の成分が含まれていたことから、小麦アレルギーが引き起こされる健康被害が生じた。これに対して2012年に訴訟が起こされ、製造物責任法に基づき、製造業者に対して賠償が命じられた。

ファストフード店で買った飲み物を飲んで、のどにけがをした

PL法制定前	PL法制定後
店の過失を証明 店が異物の存在を認識していたことや、防止の注意を怠っていたことの証明が必要	**商品に欠陥があったことだけを証明** けがをした原因が飲み物に混入した異物であることを証明すればよい

難しい

賠償

↑PL法ができたら

解説 製造者の無過失責任を問う画期的な法律 **製造物責任法(PL法)**は、製品の欠陥によって生命、身体、財産に被害が生じたときに、被害者が製造者に損害賠償を求めることができることを定めている。消費者は製品に欠陥があった事実を証明するだけでよく、製造者はその欠陥が製造者の過失（→補）で生じたかどうかや、欠陥を事前に知っていたかどうかとは無関係に、製品の安全性に責任を負わねばならなくなった（**無過失責任**）。

⑦消費者庁の発足 ◁出題

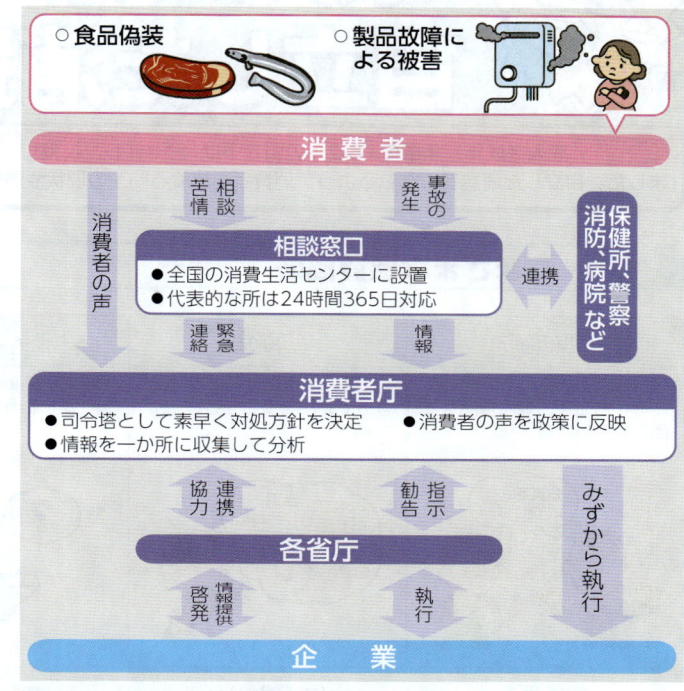

○食品偽装　　○製品故障による被害

↑消費者庁を中心にした行政システムのイメージ

解説 消費者行政を一体化 **消費者庁**が2009年に発足した。それまでの行政システムでは、消費者からの苦情や相談などに対応する省庁が、ガス湯沸かし器による事故は経済産業省、牛肉などの食品の偽装は農林水産省というように、管轄する省庁が異なる縦割り行政となっており、迅速な対応ができなかった。消費者庁は、このように各省庁にまたがる消費者行政を一つにまとめて対応し、消費者が主役となる国民本位の行政を目指している。

まとめ ■■ ▬ ▬ ▬

Ⅰ 契約の考え方
- 所有権絶対の原則…他人は所有権を侵害できない
- 契約により法的な義務（債務）と権利（債権）が発生
- 契約自由の原則…契約は原則として自由に結ぶことができる
  　　　　　　　　※弱者保護のために制限されることも
- 契約の取り消しと解除…不当な契約は取り消せる場合がある
- 未成年者と契約…未成年者の契約には親権者の同意が必要
  　　　　　　　　同意のない契約は取り消せる

Ⅱ 消費者の権利と責任
- 消費者問題とは
- 売り手と買い手が持つ情報には格差がある（情報の非対称性）
  →消費者は弱い立場に置かれ、トラブルが生じやすい
- 消費者問題の歴史…時代とともに消費者問題も多様化
- 高度成長期…粗悪品、欠陥商品をめぐる問題など

- 消費者の権利
  - **「消費者の四つの権利」**
    …**ケネディ**大統領が提唱。**「安全を求める権利」「知らされる権利」**
    　　　　　　　　　　　　　　「選ぶ権利」「意見を聞いてもらう権利」
    ※現在では「消費者の八つの権利」
- 消費者を守るしくみ
  - **消費者保護基本法**（1968年）→2004年に**消費者基本法**に全面改正
    →**国民生活センター**（国）と**消費生活センター**（地方自治体）の設置
  - クーリング・オフ制度導入（1972年）
    …一定期間内であれば一方的かつ無条件に契約解除ができる
  - **製造物責任法（PL法）**（1994年）
    …企業の**無過失責任**を規定。商品の欠陥は製造者が責任を負う
  - **消費者庁**の発足（2009年）…消費者行政を一元化

法

補足解説	
トレーサビリティ 追跡可能という意味。消費者にとっては、商品の情報を把握できるメリットがある。また、食中毒など健康に悪影響を及ぼす事件が発生した場合に、その商品がどこに卸された	のかや、どこから来たものなのかも把握できる。表示が義務化されている牛肉や米・米加工品以外にもトレーサビリティを導入する動きが見られるが、生産者にとっては導入コストが大きいという課題がある。
消費者の権利 消費者基本法には、消費者の安全や、合理的な選択の機会の確保、必要な情報の提供などが盛り込まれた。 **消費生活センター** 地方自治体の相談窓口。国民生活セ	ンターと連携し、消費者相談・情報提供、商品テストなどを行っている。 **過失** 不注意などによって損害を生じさせること。これに対し、意図的に損害を与えることを故意という。

× 国民生活センターは、消費者保護基本法の制定に伴い、設置されている。2003年に独立行政法人に移行した。

ゼミナール 深く考えよう
自立した消費者へ

POINT 成人（成年）年齢の18歳への引き下げ（→巻頭17）に伴い、18歳から自分の責任で契約を結べるようになりました。自立した消費者になれるよう、消費者をめぐる問題の現状や消費者を支えるしくみを見てみましょう。

Ⅰ さまざまな悪質商法

マルチ商法	当選商法	ネガティブオプション	キャッチセールス	デート商法
「会員を増やすとその分もうかる」として、健康食品など商品を買わせる。	「当選した人だけに」などと言って商品を買わせる。	商品を一方的に送りつけて代金を支払わせる。	「アンケートに答えてほしい」などと近づき、化粧品や語学教材などを買わせる。	デートをよそおって販売会場などに誘い、指輪や毛皮など高額商品を買わせる。

会員を増やせば…

当選しました！

？

アンケートにご協力を

これ買って！

霊感商法	士（さむらい）商法	かたり商法
「買わなければ不幸に」などと言って高額な商品を買わせる。	○○士などの資格が取れるとして、教材などを買わせる。	役所や有名企業に所属しているようによそおい消火器などを買わせる。

買わなきゃ不幸に！

○○士の資格が取れれば

消防署の方から来ました

🎤声 **消費生活センター職員の声**

悪質商法にだまされないために、「もうけ話」は疑ってかかってください。そして話の内容を十分理解できないときには、絶対にお金を払ってはいけません。そうでないと、必ずだまされます。また、もしだまされてしまったら、一刻も早く警察や弁護士、近くの消費生活センターに相談してください。相手の脅しに負けて、誰にも相談できずに苦しむ被害者の方も多いです。遠慮せず、誰かを頼ってほしいです。

解説 あなたは狙われている！ 世の中にはさまざまな**悪質商法**があり、多様な手口で商品の購入などを迫ってくる。マルチ商法ならば金銭欲、デート商法ならば恋愛感情、霊感商法ならば不安感情につけ込んでくる。そのほかにも、就職活動中の不安感情をあおったり、無料で建物などを点検すると言い必要のない工事を行ったりする手口もある。

2022年4月より18歳になれば自由に契約ができるようになったため、こうした被害に遭わないよう注意が必要である。これらの悪質商法は、人々の無知や弱さや欲望を巧妙に狙ってくる。「必ずもうかる」「無料で」といった甘い言葉は疑ってかかるとともに、すぐに契約せず、誰かに相談することも重要である。

Ⅱ 消費者相談の傾向

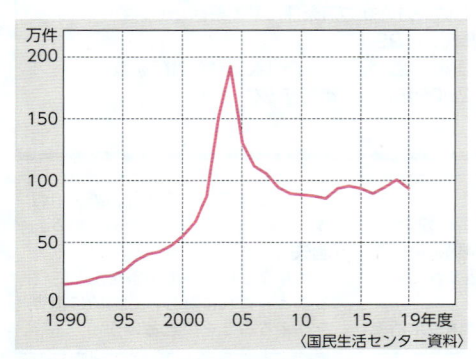

↑消費生活相談の年度別総件数の推移

〈国民生活センター資料〉

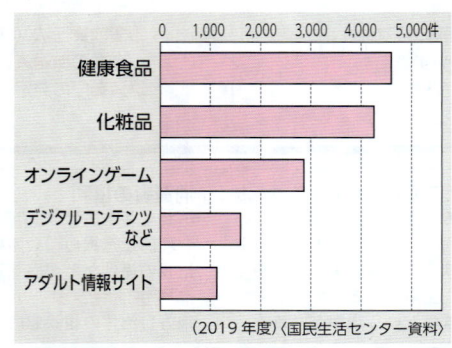

（2019年度）〈国民生活センター資料〉

↑20歳未満からの相談が多い商品やサービス

解説 商品の購入に関する相談が多い 全国の消費生活センター（→p.83）が受け付けた相談件数は、2000年代前半に架空請求（利用した覚えのない請求など）に関する相談が急増した。その後、架空請求に関する注意喚起が広く行われたこともあり、近年の相談件数は90万件程度で推移している。

20歳未満からの相談では、健康食品や化粧品などをネット通販で安く購入したつもりが、定期購入契約をさせられていて解約できない、といった相談が数多く寄せられている。また、インターネットの質問サイトを利用したら料金を請求されたというような相談も多い。

Ⅲ クーリング・オフ制度 `頻出`

訪問販売	店舗外での、原則すべての商品・サービス、指定権利の契約（キャッチセールスなども含む）	8日間
電話勧誘販売	業者からの電話での、原則すべての商品・サービス、指定権利の契約	8日間
連鎖販売取引	マルチ商法による取引。店舗契約を含む	20日間
特定継続的役務提供	エステ・外国語会話教室・学習塾・家庭教師・パソコン教室・結婚相手紹介サービス・美容医療(脱毛など)の継続的契約。店舗契約を含む	8日間
業務提供誘引販売取引	内職・モニター商法などによる取引	20日間
訪問購入	業者が自宅などを訪問し、商品を買い取る契約(自動車や家具など一部商品は対象外)	8日間

↑クーリング・オフ制度の対象

クーリング・オフの注意点	①解除は必ず「書面」で…内容証明郵便や簡易書留など、記録が残る方法で事業者に通知する。
	②発信した時点で有効…期間内にクーリング・オフの通知を発信すれば、到着時点で期間を過ぎていても有効になる。
一般的にクーリング・オフできないもの	①通信販売で購入した場合
	②化粧品、健康食品などの消耗品を使用した場合（書面に使用時にはクーリング・オフ不可と記載されている場合に限る）
	③現金一括払いで3000円未満の商品を購入した場合
	④消費者がみずから店舗に出向いて商品を購入した場合
	⑤自動車、カラオケボックスの利用、飲食店、葬儀など

↑クーリング・オフ制度の留意点

> **契約解除通知書**
>
> 私は、貴社と次の契約をしましたが、解除します。
> 契約年月日　○○年○月○日
> 商品名　　　×××
> 私が支払った代金は返金してください。
> 受け取った商品はお引き取りください。
>
> ○○年○月○日
> 　○○市○○町○−○−○
> 氏名　○○○○　　　　印

↑クーリング・オフの通知書の例と制度の内容

支払った金額は全額返され、違約金なども請求されない

商品を受け取っている場合は、販売会社に引き取り義務があるので、送料は着払いで引き取ってもらえる

解説　頭を冷やして考える　クーリング・オフ制度とは、消費者が一度結んだ契約について頭を冷やして冷静に考え直すことができるよう、契約を結んだ後に、一定の期間であれば無条件で契約を解除できるしくみである。訪問販売や電話勧誘販売などの消費者が判断する時間を十分に取れない販売方法や、一定期間を超える美容医療や家庭教師など、契約時に効果の判断が難しい契約などが対象となる。クーリング・オフは必ずはがきなどの書面で行う必要があり、特定記録郵便や簡易書留など記録に残る方法で郵送し、コピーを保管しておくとよい。

Ⅳ 消費者契約法 `出題`

↑消費者契約法によって契約の取り消しや契約条項を無効にできる例

声 契約取り消しを希望する人の声
　就職活動を始めて間もないころに、就職セミナーに勧誘されました。「このままだと一生就職できない、セミナーへの参加が必要」などと強く言われ、不安になって契約してしまいました。しかし、あまりに高額で、内容も怪しいので契約を取り消したいです。

解説　契約をなかったことにできる場合も　消費者と事業者では情報量や交渉力に格差があるため、消費者の利益を守る目的で2000年に消費者契約法が制定された。虚偽の説明、消費者の不安をあおる、相手の好意につけ込むといった不当な勧誘により結んだ契約は、契約から5年以内ならば消費者が後から取り消すことができる。また、消費者の利益を不当に害する契約は無効にできる。ただし、フリーマーケットアプリなどの消費者間の取り引きは対象外である。契約内容に疑問が生じたときは、消費者庁が設置する消費者ホットラインに相談することもできる。

→電話相談を受ける消費生活センターの職員（青森県）　職員の服の背中には、全国共通の相談窓口である「消費者ホットライン」の電話番号「188」がプリントされている。

↑最高裁判所大法廷（2015年）

最高裁判所の大法廷とは

　最高裁判所は、憲法によって設置された日本で唯一かつ最高の裁判所で、長官および14人の最高裁判所判事によって構成される。裁判は、全裁判官で構成される大法廷と、5人ずつの裁判官で構成される三つの小法廷で行われる。法令やその適用など

が憲法に適合するかしないかを判断するようなときは、大法廷で行われる。そのため、大法廷で行われる裁判は、その判決が特に注目される。最高裁判所は、法に基づく民主政治の要として、重要な役割を果たしている。

Question
・これまで、どのような法令やその適用が違憲とされてきたのだろうか。（→1 6）

③ 司法の役割

Ⅰ 司法の役割と裁判のしくみ

❶裁判所の扱う主な事件 〈頻出〉

刑事事件	民事事件	行政事件	少年事件
罪を犯した疑いがあるとして検察官に起訴された被告人の有罪・無罪を決めたり、有罪の場合に科す刑罰を決めたりするための手続きに関する事件。	個人（私人）間の法的な紛争（借金など）を解決するための手続きに関する事件。裁判で判決が下る前に双方が和解する場合もある。	国や地方自治体が行った行為に不服がある場合など、行政に関連して生じた争いを解決するための手続きに関する事件。	窃盗などの罪を犯したと疑われる非行少年について、非行の再発防止のために最も適した措置を決めるための手続きに関する事件。

　は刑事裁判に、　は民事裁判になる。　　　　　　　　　　　　　　　〈裁判所資料、ほか〉

法

❷刑事裁判の流れ 〈出題〉

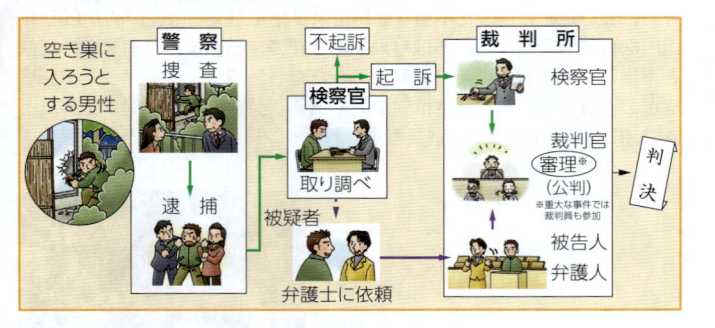

解説 **裁判で罪の有無、罪の重さを決定** 刑事裁判は、罪を犯したと疑われる人（被疑者）を検察官が訴え（起訴）、裁判が行われる。刑事裁判は生命や身体に直接関わるため、**被疑者・被告人**（→補）の権利は特に手厚く保障されている（→p.60）。

❸民事裁判の流れ 〈出題〉

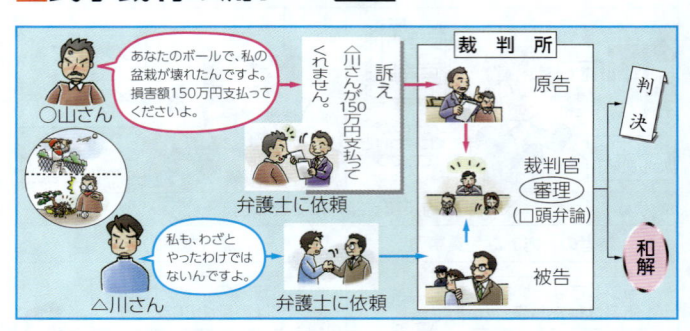

解説 **裁判で個人間の争いを解決** 民事裁判は、個人間の法的な紛争を解決する裁判で、訴えた人（原告）と訴えられた人（被告）が考えを主張し、裁判所が法律に基づき判決を下す。国民が原告となり国や地方自治体を被告として訴える行政訴訟も民事裁判の一種である。

チェック㊲ 日本国憲法は、人権を実効的に保障するために、憲法裁判所の設置を規定している。（12年、**本**）

4 法曹それぞれの役割

	仕事内容	バッジとその意味
裁判官	いずれの裁判でも、双方の主張を判断し、法律を適用して判決を下す。裁判の判決がその人の人生をも左右することがあるがゆえに、周囲に惑わされず的確な判断を下すことが求められる。	真実を映すとされる「八咫鏡」の中央に、「裁」の字を浮かす。
検察官	主に刑事裁判で、法律に反する罪を犯したと思われる被疑者を、被告人として裁判所に訴える。警察から独立して、犯罪の捜査を補充し、立証を行う。	紅色の旭日と菊の白い花弁は、刑罰の厳格さを表す。
弁護士	民事裁判では、原告と被告の代理人として、その人の利益を守るために活動する。刑事裁判では弁護人として、被告人の弁護を行う。	ひまわりの中心に秤一台を配す。それぞれ正義と自由、公正と平等を表す。

解説 **それぞれの正義の実現を目指す** 裁判官、検察官、弁護士を**法曹**（→袖）という。裁判官は法を解釈・適用し、検察官は国民を代表して犯罪を立証し被疑者を起訴する。弁護士は法に基づき依頼人の利益を守る。立場は異なるが、正義の実現を目指す点は共通している。

5 三審制 頻出

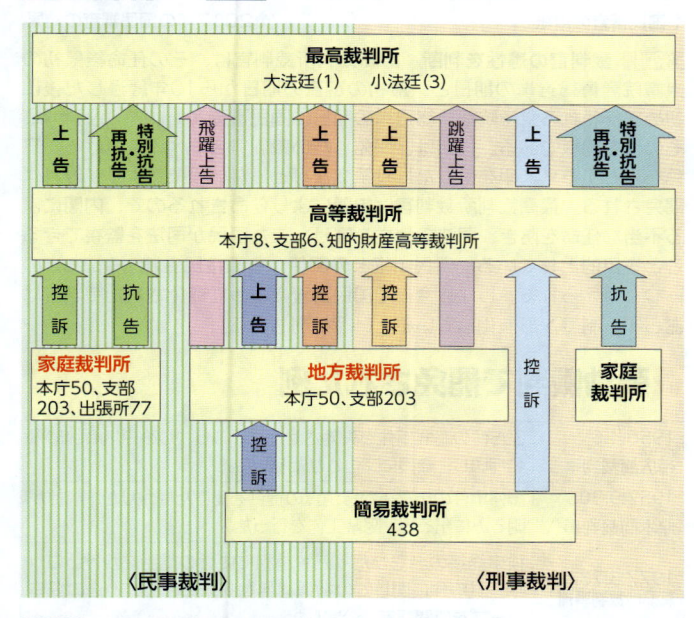

解説 **誤った裁判を防ぐために** 裁判を慎重に行い誤った判決を出すことがないように、日本では**三審制**を採用している。判決に不服がある場合は、より上級の裁判所に再度裁判を行うように求めることができる。第一審の判決内容に不服で、上級の裁判所に訴えることを**控訴**、第二審の判決内容に不服で、上級の裁判所に訴えることを**上告**という。多くの事件は控訴審を高等裁判所で、上告審を最高裁判所で行うが、民事裁判の一部は控訴審が**地方裁判所**、上告審が高等裁判所となる。その場合でも、憲法判断が必要な場合には最高裁判所に特別上告できる。また、第二審を飛ばして上告することもある（跳躍上告・飛躍上告）。

6 違憲審査権で憲法違反とされた例 頻出

① 法令違憲…法令の全部または一部を違憲とする

事例	内容	憲法	結果・参照
尊属殺重罰規定違憲判決 1973.4.4	尊属殺人の法定刑（死刑または無期懲役）は普通殺人に比べ重く、不合理	14条	刑法200条を廃止（→p.55）
薬事法違憲訴訟 1975.4.30	距離制限は公共の利益のための必要かつ合理的な制限とは認められない	22条	薬事法6条を廃止（→p.62）
衆議院議員定数判決 1976.4.14 1985.7.17	議員1人あたりの有権者数が5倍近くになり合理的期限内に是正されなかったので違憲であるが、選挙は無効としない	14条 44条	1986年、定数配分改正（→p.125）
森林法事件 1987.4.22	共有林の分割請求に対する制限は、不合理で不必要な規制	29条①	森林法186条を廃止
郵便法違憲訴訟 2002.9.11	書留郵便について国の損害賠償責任の範囲を制限する規定に合理性がない	17条	郵便法を改正
在外邦人選挙権訴訟 2005.9.14	海外に住む日本人の選挙権を比例代表選挙に限定するのは選挙権を保障する憲法に違反	15条①・③ 43条 44条但書	2006年に改正（→p.66）
国籍法違憲判決 2008.6.4	国籍を得るのに父母の結婚を要件とするのは、法の下の平等に反し違憲	14条	国籍法を改正（→p.57）
非嫡出子相続分規定事件 2013.9.4	非嫡出子の遺産相続を嫡出子の半分とする民法は、憲法14条の法の下の平等に違反	14条	民法を改正（→p.57）
女性の再婚禁止期間訴訟 2015.12.16	女性に6か月間再婚を禁止していることは過剰な制約で、憲法に違反	14条① 24条②	民法を改正（→p.54）

② 適用違憲…法令自体は合憲だが、当該事件への適用を違憲とする

事例	内容	憲法	結果・参照
愛媛玉ぐし料訴訟 1997.4.2	玉ぐし料の公費による支出は、宗教活動を禁止した憲法に違反	20条③ 89条	当時の県知事に返還を命令（→p.59）
空知太訴訟 2010.1.20	市有地の神社への無償提供は公の財産の支出にあたり、政教分離に違反	20条① 89条	
那覇孔子廟訴訟 2021.2.24	公有地にある孔子などをまつる施設について、施設の所有者から使用料を徴収しなかったのは、政教分離に違反	20条①・③ 89条	

→**那覇孔子廟**（2020年 沖縄県） 中国から渡来した人々の子孫に関係する法人が、2013年に那覇市が管理する公園内に建てた。最高裁判所は、施設で行われる祭礼が宗教的儀式にあたるとして、土地の使用料徴収を免除することは日本国憲法20条が禁止する自治体による宗教的活動にあたるという判決を下した。

解説 **合憲性を審査** 法律や命令・行政処分などの国家権力の行使が憲法に適合しているかを審査する権限を**違憲審査権**といい、三権分立や人権保護の観点から重要である。違憲審査権はすべての裁判所が行使できるが、終審裁判所とされる最高裁判所（→袖）は「憲法の番人」とよばれる。日本ではアメリカと同様に具体的な訴訟においてしか違憲かどうかの判断を行えず（付随的違憲審査制）、単純に法律の違憲性の判断を求めることはできない。日本の最高裁判所は、司法消極主義と批判されるほど憲法判断に慎重な姿勢であったため、法律が違憲とされた例は少なかった。しかし近年は、違憲と判断される事例が増加している。

法

Ⅱ 司法権の独立

大津事件

↑児島惟謙
（1837〜1908）

↑訪日中に人力車に乗るニコライ（1891年）

1891年、大津に訪問中のロシア皇太子ニコライが警備中の巡査に斬られ、負傷した。当時の法律には外国の皇族への犯罪を想定しておらず、外交関係を憂慮した政府は、外国皇太子にも日本の皇族に対する罪を適用して、死刑判決を下すよう、大審院長（現在の最高裁長官）児島惟謙に申し入れた。しかし児島は、政府の圧力に屈することなく、法治国家の立場を貫き、担当裁判官を説得し被告人は無期懲役となった。この大津事件では、政府の干渉は排除され、行政権から司法権の独立は守られたが、児島が行った担当裁判官への説得は、裁判官の独立の面から異論がある。

1 司法権の独立　**頻出**

※（　）は憲法の条数

裁判官の独立	職権の独立（76③）	良心に従い独立。憲法と法律のみに拘束される
	身分保障（78）	国民審査と弾劾裁判（→p.102）によってのみ罷免される
	経済的保障（79⑥ 80②）	相当額の報酬を受ける
裁判所の独立	司法権と裁判所（76①）	司法権は、最高裁判所と**下級裁判所**（高等裁判所、地方裁判所、家庭裁判所、簡易裁判所）に属する
	最高裁判所の規則制定権（77）（→補）	裁判所は、規則制定権を持つ
	特別裁判所（→補）の禁止（76②）	特別裁判所は設置不可。**行政機関の終審の禁止**
	違憲審査権（81）	最高裁判所は終審裁判所

解説 **公正な裁判を行うために**　国民の権利や自由を保障するためには公正な裁判が必要であり、裁判官の身分保障や、国家権力からの独立は必要不可欠である。そのため、裁判官の独立と裁判所の独立という二つの観点から司法権の独立が定められている。

2 裁判官の任免と身分保障　**出題**

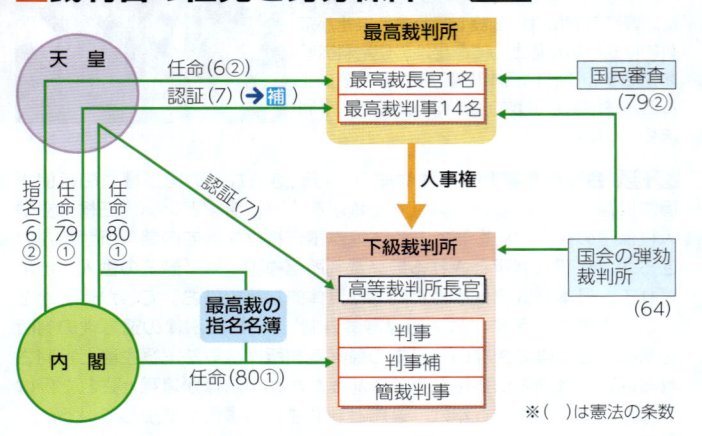

※（　）は憲法の条数

法

〈裁判官の身分保障〉

●**裁判官を辞めなければならない場合**
・定年（最高裁・簡裁は70歳、他は65歳）
・裁判により、心身の故障のために職務を行うことができないとされたとき（78）
・国会における弾劾裁判で罷免の宣告をされたとき（64、78）
・国民審査で罷免されたとき（最高裁判所のみ）（79）
・任期（10年）の終了（下級裁判所のみ。再任可）（80）

●**懲戒（身分変動以外の制裁）**
・行政機関による懲戒処分はない（78）

●**経済上の保障**
・報酬は在任中は減額されない（79、80）

※（　）は憲法の条数

↑裁判官の法服　何者にも染まらないという意味から黒が用いられている。

解説 **身分を厚く保障**　裁判官の身分保障は、身分の保障と経済面の保障が必要である。司法の独立、公正性の面から、身分の安定や十分な報酬がなければ、裁判自体に悪影響を与える恐れがあるからである。

3 国民審査

↑国民審査の用紙

↑2017年の国民審査の結果

裁判官	不信任投票率(%)
小池 裕	8.6
戸倉 三郎	7.9
山口 厚	7.9
菅野 博之	8.0
大谷 直人	8.0
木澤 克之	8.0
林 景一	7.5

〈総務省資料〉

解説 **裁判官の適性を判断**　最高裁判所裁判官は、その任命後最初の衆議院議員総選挙の期日と、最初の審査の期日から10年経過した後に初めて行われる衆議院議員総選挙の期日に国民審査（→p.97）が行われ、その後も同様である。投票は、罷免したい裁判官名に×印を付ける。罷免を可とする（×印を付けた）投票数が可としない投票数より多ければ罷免される。最高裁判所裁判官は内閣により任命されるので、内閣による不当な任命を防ぎ、司法の独立を守り、また国民が司法を監視できることを目的としている。国民主権との関係から直接民主制（→p.95）の一つと考えられる。しかし今まで国民審査によって罷免された裁判官はおらず、制度が形骸化しているという批判もある。

4 弾劾裁判で罷免された例

1956.4.6 帯広簡裁判事	395件の略式事件を失効させたり、あらかじめ白紙令状に署名押印し、職員に交付させたりした。
1957.9.30 厚木簡裁判事*	調停事件の申立人から酒食の提供を受けたばかりか、事件が明るみに出ると、隠蔽工作を行った。
1977.3.23 京都地裁判事補*	検事総長の名をかたり三木首相ににせの電話をかけ、ロッキード事件に関しての指揮権発動を求め、このときの録音テープを新聞記者に公開した。
1981.11.6 東京地裁判事補*	担当する破産事件の破産管財人からゴルフ用品や背広を受け取ったとして、収賄容疑で逮捕された。
2001.11.28 東京高裁判事	3人の少女に児童買春をした。
2008.12.24 宇都宮地裁判事*	裁判所職員の女性に対し、匿名でしつこく面会を迫るメールを送り続け、ストーカー規制法違反で逮捕、有罪判決を受けた。
2013.4.10 大阪地方裁判所判事補*	電車内において、乗客の女性に対し、携帯電話機を用いて盗撮した。

*後に資格回復した

日本では、司法制度改革の一環として、トラブルの法的解決に関する情報やサービスの提供を目指して、ハローワークが設立された。（16年、**本**）

日本は「人質司法」か

↑カルロス=ゴーン被告（2020年） 逃亡先のレバノンで日本の司法制度を批判した。

　2019年、日産自動車の元社長であるカルロス=ゴーン被告が、逮捕・勾留されているさなかにレバノンに逃亡し、日本の司法制度は被疑者の人権を侵害する「人質司法」だと批判した。これに対し日本政府は、裁判は公正に行われていると反論し、現在もゴーン被告の身柄引き渡しをレバノン政府に求めている。

1 司法制度改革　出題

司法制度を支える 法曹のあり方の改革	国民の期待に応える 司法制度の構築	国民的基盤の確立 （国民の司法参加）

〈法務省資料〉

↑司法制度改革の三つの柱

解説 国民感覚に近い裁判の実現のために　日本の司法制度は、「司法制度が国民にとって身近でなく利用しづらい」「被害者や被害者家族については十分な権利が保障されていない」「裁判が国民の意識とはかけ離れ、国民の意志を十分に反映していない」といった批判を受けていた。これらに対応するため、2000年代初頭より、法曹人口を増加させるための**法科大学院**の設置と共に、**裁判外紛争解決手続き**（ADR、→p.79）や、犯罪被害者やその家族などが裁判に参加できる**被害者参加制度**（→補）、**裁判員制度**の導入などの**司法制度改革**が行われた。

2 法科大学院

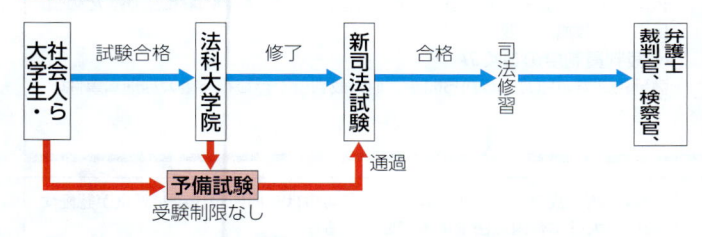

解説 設置されたが課題も　司法に対する需要が増加し、多様化するなかで、法曹の質を維持しつつ、**法曹人口の大幅な増加**を図るため、新たな法曹養成制度の一環として**法科大学院**が設置された。法科大学院では法律を学んだ人以外からも学生を集め、実務能力や社会常識を備えた法曹の養成を目的としている。しかし、弁護士の就職難や法科大学院の学費負担などにより、法曹人口の大幅な増加という目標が、社会のニーズに合った形で達成されていないという指摘もある。

3 法テラス　出題

〈業務内容〉

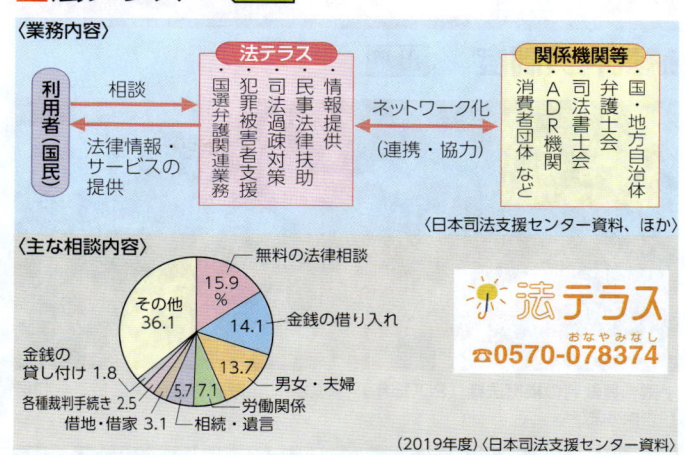

〈日本司法支援センター資料、ほか〉

〈主な相談内容〉

- 無料の法律相談 15.9%
- 金銭の借り入れ 14.1
- 男女・夫婦 13.7
- 労働関係 7.1
- 相続・遺言 5.7
- 借地・借家 3.1
- 各種裁判手続き 2.5
- 金銭の貸し付け 1.8
- その他 36.1

☎0570-078374
法テラス（おなやみなし）

（2019年度）〈日本司法支援センター資料〉

解説 法的トラブルの相談窓口　2006年10月より業務を開始した日本司法支援センター。法的トラブルに関する情報やサービスの提供を全国どこででも受けられる社会を目指して設立された組織で、法で社会を明るく照らす、日当たりのよいテラスのように安心できる場所にしたい、という思いから**法テラス**と名付けられた。サポートダイヤルへの問い合わせ件数は増加傾向にあり、法テラスの名称認知度や業務認知度も向上しつつある。しかし、特に業務認知度は1割程度であるなど、一層の広報の必要性などの問題点も見えてきている。

4 検察審査会　出題

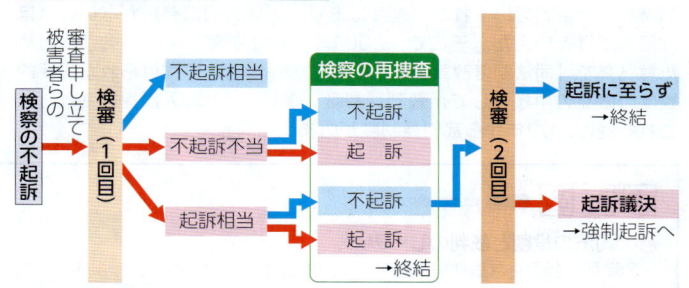

↑検察審査会の審査の流れ

←福島第一原子力発電所事故をめぐり、東京電力の旧経営陣を「起訴すべき」とした検察審査会の議決書を掲げる弁護士ら（2015年）

解説 検察官の判断をチェック　**検察審査会**とは、国民から選ばれた11人の検察審査員が、検察官の不起訴処分の当否を審査するものである。1948年に創設され、これまでに59万人を超える国民が検察審査員などに選定されている。かつては検察審査会の行った議決に拘束力がなく、審査された事件について実際に起訴するかどうかは検察官に任され、起訴されない場合も少なくなかった。しかし司法制度改革の一環として検察審査会法が改正され、09年以降は拘束力を持つようになり、2回目の起訴相当の議決（起訴議決）が出ると強制起訴されるようになった。

法

 ○×チェック 答え㊳　× 司法制度改革の一環として設立されたのは法テラス。ハローワークとは、就労支援などを行う公共職業安定所のこと。

Ⅳ 裁判員制度のしくみ

1 裁判員制度 〈出題〉

↑裁判員裁判の模擬法廷（2005年）　奥の席に、裁判官を中央にして裁判員が着席する。

	裁判員制度	陪審制度	参審制度
裁判官の関与	裁判官と共同	陪審員のみ	裁判官と共同
有罪・無罪	判断する	判断する	判断する
量刑	判断する	判断しない	判断する
任期	事件ごと	事件ごと	任期制
主な国	日本	アメリカ、イギリス	ドイツ、フランス、イタリア

↑裁判制度に関する比較　　　　　　　　　　　　　〈最高裁判所資料〉

解説　裁判に国民の感覚を　これまでの裁判は、時間がかかる、専門用語が飛び交う、調書重視などの問題点が指摘されていた。先進国では陪審制か参審制のいずれかの制度はあり、国民の司法参加がないのはほぼ日本だけといえた。そこで、2001年に司法制度改革審議会がまとめた意見書で「司法制度改革の三つの柱」の一つとして掲げられた国民的基盤の確立の中核として、**裁判員制度**（→p.92）の導入が提言された。これを受け、09年から裁判員制度が始まった。

2 裁判員になったら

裁判員として参加

①公判
・裁判官と一緒に、刑事事件の公判に立ち会う。 ・公判では、証拠の取調べや、証人や被告人への質問を行う。 ・裁判員から、証人に質問することもできる。

②評議・評決
・証拠をすべて調べたら、事実を認定し、被告人が有罪か無罪か、有罪の場合はどのような刑罰を科すのか（量刑）を、裁判官と一緒に評議し、評決する。 ・評議を尽くしても、全員一致の意見が得られない場合は、多数決によって評決する。その場合、裁判官1人以上が多数意見に賛成していることが必要となる。

③判決
評決に基づいて、裁判長が法廷で判決を下す。

（地方裁判所候補者名簿ごとに裁判員候補者名簿を作成 → 事件ごとにくじで候補者を選ぶ → 呼び出し通知を送る → 面接により裁判員を選ぶ）

↑裁判員制度の流れ

解説　20歳になったら選ばれる可能性がある　裁判員制度では、くじで選ばれた20歳以上（2023年以降は18歳以上）の国民が、裁判官と一緒に、被告人が有罪かどうか、有罪の場合どのような刑にするかを決める。対象となる裁判は、地方裁判所で扱う、殺人、強盗、放火、誘拐などの一定の重大な刑事事件の第一審である。選ばれた国民を拘束することになるため、裁判を迅速に行えるよう、事前に争点を絞り込む**公判前整理手続**が導入されている。裁判員に法律の専門的な知識は必要ないが、評議の具体的な内容については守秘義務が課せられる。

最高裁によると、制度開始の09年から21年10月までに約10万人が裁判員や補充裁判員に選任された。また、判決を言い渡された被告人は1万4000人を超えている。

まとめ ■■■━━■

Ⅰ　司法の役割と裁判のしくみ
・裁判所の扱う主な事件…刑事事件、民事事件、**行政事件**、**少年事件**の四つ
・**刑事裁判**の流れ…検察官に起訴された被告人の有罪・無罪、量刑の決定
・**民事裁判**の流れ…個人（私人）間の法的な紛争を解決
・法曹それぞれの役割
　裁判官…双方の主張を判断し、法律を適用して判決を下す
　検察官…被疑者を被告人として裁判所に訴える
　弁護士…民事裁判では原告と被告の代理として、刑事裁判では弁護人として弁護を行う
・三審制…裁判の判決に不服がある場合、原則三回まで裁判が受けられる
　　　　　国民の権利を保護し公正な裁判をするための制度
・**違憲審査権**…法律や内閣の行為が憲法に適合しているかを判断する権限、
　　　　　最高裁判所は「憲法の番人」とよばれる

Ⅱ　司法権の独立
・司法権の独立…**裁判官の独立**、**裁判所の独立**
・**裁判官の身分保障**…公正性の確保から身分保障と経済面の保障が必要
・国民審査…最高裁裁判官のみ。実際は形骸化しているとの批判もある

Ⅲ　司法制度の課題と改革
・**司法制度改革**…2000年代から改革
・法科大学院…法曹人口の大幅な増加を図る目的で設置
・**法テラス**…法的トラブルに関する情報やサービスの提供を行う
・**検察審査会**…国民に分かりやすく、国民の感覚を裁判の場に生かすため国民の司法参加が必要

Ⅳ　裁判員制度のしくみ
・**裁判員制度**…2009年から開始。地方裁判所で行われる重大な刑事事件の一審が対象

補足解説

被疑者・被告人
被疑者とは、ある犯罪を犯したと疑われ、捜査機関によって捜査の対象とされている人のこと。被告人とは、検察官により起訴された人のこと。
法曹
裁判官、検察官、弁護士を法曹三者ともよぶ。
最高裁判所
司法権に関する最高機関であり、違憲審査、民事・刑事・行政事件に関しての終審裁判所である。
規則制定権
訴訟手続き、裁判所の内部規律などに関する規則を定めることができる権利。最高裁判所が持つ。
特別裁判所
特定の身分の者や、特殊な内容の問題のみを扱う裁判所。司法の管轄ではない。大日本帝国憲法下に一審限りの行政裁判所、軍法会議、皇室裁判所などがあったが、現憲法ではこれらは禁止されている。
認証
任命権者によって任命された人を認めること。最高裁長官は、内閣の指名に基づき天皇が任命する。最高裁判事は、内閣が任命し天皇が認証する。
被害者参加制度
犯罪被害者やその家族などの権利を尊重するため、2004年に犯罪被害者等基本法が成立。これを受け、08年から刑事裁判への被害者参加制度が導入された。

法

ゼミナール 深く考えよう
裁判員制度のしくみと課題

POINT 裁判員制度は、国民が刑事裁判に参加することで司法に対する国民の信頼向上につながることが期待され、2009年に始まりました。制度の現状と課題について考えてみましょう。

I 裁判員制度の現状

1 参加者の多くがよい経験だと感じている

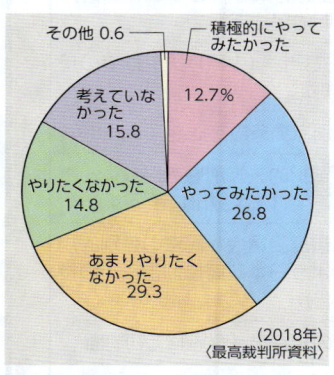

その他 0.6
積極的にやってみたかった 12.7%
考えていなかった 15.8
やりたくなかった 14.8
あまりやりたくなかった 29.3
やってみたかった 26.8
（2018年）〈最高裁判所資料〉

↑裁判員に選ばれる前の気持ち

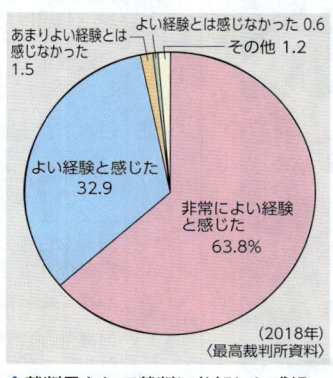

あまりよい経験とは感じなかった 1.5
よい経験とは感じなかった 0.6
その他 1.2
よい経験と感じた 32.9
非常によい経験と感じた 63.8%
（2018年）〈最高裁判所資料〉

↑裁判員として裁判に参加した感想

解説 参加前後で意識が変化 裁判員に選ばれた人のうち、選ばれる前に裁判員を「やってみたい」と感じていた人は約4割であった。そして、裁判員を実際に経験した後の感想では、9割以上がよい経験だと感じている。このように裁判員制度は、国民の裁判への関心を高めることにつながっている。また、裁判員が参加する審理では、裁判官が事前に争点を絞り込む公判前整理手続きを行っていることもあり、「審理が分かりやすかった」という意見や、「十分審理できた」という前向きな意見も多い。

2 裁判員制度導入10年での変化

〈最多の量刑〉

	裁判員制度導入前	裁判員制度導入後
殺人	11～13年	13～15年
傷害致死	3～5年	5～7年

〈保護観察が付く割合〉

	裁判員制度導入前	裁判員制度導入後
ー	35%	55%

〈執行猶予が付く割合〉

	裁判員制度導入前	裁判員制度導入後
現住建造物等放火	24%	40%
殺人	5%	8%

〈期間〉

	2009年（導入当初）	2018年
審理	3.7日	10.8日
公判前整理手続き	2.8か月	8.2か月

（2018年）〈時事通信社資料〉

解説 凶悪な事件で量刑が重くなる傾向 裁判員制度では、量刑に国民の感覚が反映されることが期待されている。殺人などの凶悪な事件では、従来の裁判官による量刑よりも裁判員による量刑が重くなる傾向がある。その一方で、執行猶予（刑の執行を一定期間延期し、その間罪を犯さなければ刑を執行しない）や、保護観察（再び罪を犯すことがないよう面談などを行う）が付く割合も増えており、被告人の事情への配慮や更生への期待もうかがえる。また、審理にかかる期間は長期化しており、裁判員への負担が増している。

II 裁判員制度の課題

1 低い出席率

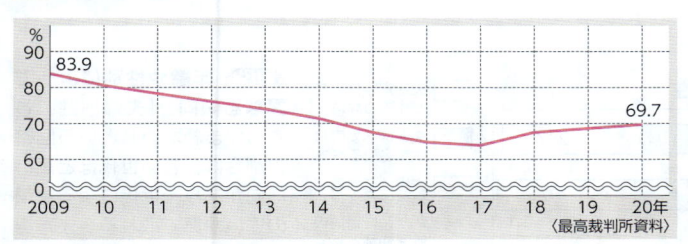

↑裁判員選任手続きの出席率

解説 時間的、心理的な負担が背景に 裁判員選任手続きの出席率は制度導入時に比べ低い水準にある。その理由には、裁判員になることへの時間的、心理的な負担が挙げられる。2016年には、公判後に被告人の知人から判決に関する声かけをされ、裁判員が続けられなくなるという事件もあった。裁判員の安全確保も大きな課題である。出席率が低迷し、国民の理解が得られないと、制度の存続にも関わる。国民の負担を減らすための一層の努力が求められている。

2 裁判員裁判の判決はどこまで尊重されるべきか

←裁判員裁判で初の死刑判決を言い渡した横浜地方裁判所の法廷（2010年）　その後被告人は控訴を取り下げ、死刑判決が確定した。

解説 判決が覆されることも 裁判員裁判で死刑を言い渡した後、高等裁判所が死刑は重すぎるとして無期懲役とし、最高裁もこれを支持した裁判がこれまで6件（2020年10月現在）ある。このほかにも、裁判員裁判による量刑の判断が、上級の裁判所で覆されることがたびたびある。そのため、裁判員の役割を考えたときに、裁判員裁判の判断をどこまで尊重すべきかという議論が起こっている。

池上ライブ！ 論点整理 選択的夫婦別姓 賛成 VS 反対

POINT 現在の日本の制度では、法律上の婚姻をするには、夫または妻のいずれか一方の姓を選んで、夫婦で姓を統一する必要があります。しかし現実には、女性が男性の姓に改める例が圧倒的多数です。これに対して、女性の社会進出がますます進むなかで、男女の不平等だとする訴訟も起こっています。選択的夫婦別姓の是非について考えてみましょう。

夫婦の姓をめぐって

↑選択的夫婦別姓に関する最高裁の決定を傍聴に来た原告ら（2021年 東京）「名前は私そのもの」などと書かれた紙を掲げている。

年	事項
1898	「夫婦は家の姓を名乗る」とする夫婦同姓規定を設けた明治民法施行
1947	民法改正で「夫婦は（中略）夫又は妻の氏を称する」と規定
85	日本が女子差別撤廃条約を批准（→.p136）
96	法制審議会が選択的夫婦別姓を盛り込んだ民法改正案を答申（法案提出に至らず）
2003	国連女性差別撤廃委員会が民法の差別的規定を廃止するよう日本政府に勧告（その後も繰り返し勧告）
15	最高裁が民法の規定を「合憲」と初判断
21	最高裁が再び「合憲」と判断

↑選択的夫婦別姓をめぐる経過

憲法24条は、婚姻に関する法律は「個人の尊厳と両性の本質的平等に立脚して」定めるとしている。これを受けて、民法750条は「夫婦は、婚姻の際に定めるところに従い、夫又は妻の氏を称する」と定めている。

しかし、姓を変更する側（主に女性）は、仕事の継続に支障を来すなど、負担が伴うこともあるため、問題視されるようになった。法務省の法制審議会の答申（1996年）では、「夫又は妻の氏」か「各自の婚姻前の氏」を選ぶことができる選択的夫婦別姓（氏）の導入が提言された。これに基づいて改正法案が準備されたが、国会には提出されなかった。

2011年には、選択的夫婦別姓ができないことは憲法14条や24条に反するとの訴えが起こされた。これに対し最高裁は、15年に「法律上は、どちらの姓にしてもよいため、男女間の不平等はない」と合憲の判断を示しながらも、この判断が選択的夫婦別姓を否定するものではないとし、夫婦の姓に関する制度のあり方は国会で議論すべきだとも言及した。

その後も選択的夫婦別姓を求める訴訟が起こされたが、最高裁は21年に改めて、民法の姓に関する規定は憲法に違反しないという判断を示した。

論点❶ 選択的夫婦別姓をめぐる世論

1 選択的夫婦別姓について

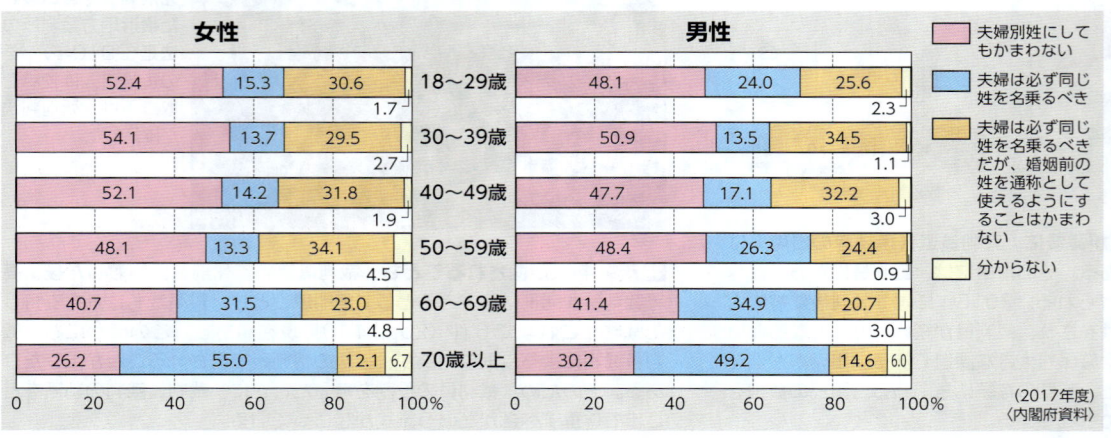

女性

年齢	夫婦別姓にしてもかまわない	夫婦は必ず同じ姓を名乗るべき	夫婦は必ず同じ姓を名乗るべきだが、婚姻前の姓を通称として使えるようにすることはかまわない	分からない
18〜29歳	52.4	15.3	30.6	1.7
30〜39歳	54.1	13.7	29.5	2.7
40〜49歳	52.1	14.2	31.8	1.9
50〜59歳	48.1	13.3	34.1	4.5
60〜69歳	40.7	31.5	23.0	4.8
70歳以上	26.2	55.0	12.1	6.7

男性

年齢	夫婦別姓にしてもかまわない	夫婦は必ず同じ姓を名乗るべき	夫婦は必ず同じ姓を名乗るべきだが、婚姻前の姓を通称として使えるようにすることはかまわない	分からない
18〜29歳	48.1	24.0	25.6	2.3
30〜39歳	50.9	13.5	34.5	1.1
40〜49歳	47.7	17.1	32.2	3.0
50〜59歳	48.4	26.3	24.4	0.9
60〜69歳	41.4	34.9	20.7	3.0
70歳以上	30.2	49.2	14.6	6.0

（2017年度）〈内閣府資料〉

←選択的夫婦別姓（氏）制度に関する意識調査

解説 年齢や性別によって異なる傾向 「夫婦別姓にしてもかまわない」という回答の割合は、若い世代ほど高い傾向があり、世代による意識の違いが見て取れる。また男女を比べると女性の方がやや高く、これには女性が男性の姓に改めることが多い現状が影響しているとみられる。

2 夫婦別姓の影響

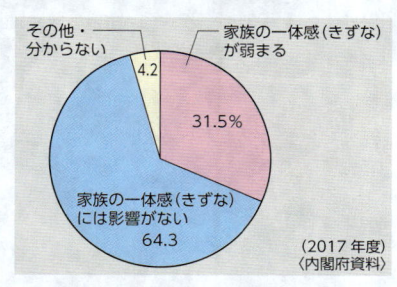

その他・分からない 4.2
家族の一体感（きずな）が弱まる 31.5%
家族の一体感（きずな）には影響がない 64.3
(2017年度)〈内閣府資料〉

↑家族の一体感（きずな）への影響

解説 **影響がないという意見が多数** 世界では夫婦別姓が一般的であり、家族の一体感への影響はないという意見もある。一方、日本の伝統が失われるとの懸念もある。

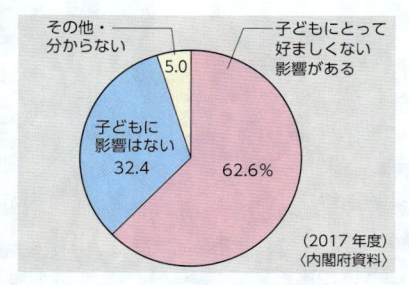

その他・分からない 5.0
子どもにとって好ましくない影響がある 62.6%
子どもに影響はない 32.4
(2017年度)〈内閣府資料〉

↑夫婦の姓が違うことの子どもへの影響

解説 **影響があるという意見が多数** 子どもの姓の決め方には多くの考え方があり、婚姻の際に子どもが名乗る姓を決めておくという案もある。

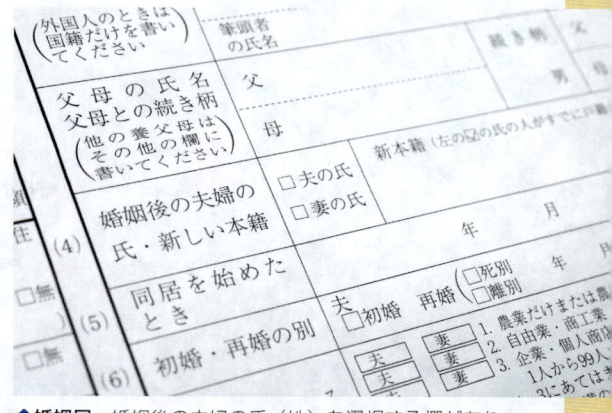

↑婚姻届 婚姻後の夫婦の氏（姓）を選択する欄があり、記入しないと婚姻届は受理されない。姓の変更によって仕事に支障を来すという意見や、自分のアイデンティティが失われるように感じるといった意見もある。

論点❷ **国会での議論**

1 各党の対応

↑記者クラブでの党首討論（2021年）「選択的夫婦別姓を導入する法案提案に賛成か」という質問に対し、自民党の岸田総裁（中央）のみが挙手しなかった。

解説 **自民党内に反対意見** 自民党の一部の議員は、選択的夫婦別姓によって家族単位の社会制度が崩壊するなどの理由で反対している。しかし自民党内でも、若い議員や女性議員などを中心に賛成する意見も増えている。その他の政党も、多くが制度の導入に賛成している。

2 夫婦別姓に関するさまざまな案

選択的夫婦別姓	別姓を希望する夫婦が結婚後にそれぞれの姓を名乗ることを認める。
例外的夫婦別姓	同じ姓を名乗ることを原則とする一方、別姓を例外として法的に明確に位置づける。
通称使用の拡大	戸籍上は同姓とし、結婚前の姓を通称として使える場面を増やす。
事実婚	婚姻届を提出せず、夫婦それぞれの姓を名乗る。法律上の夫婦とは認められない。

解説 **さまざまな案を検討** 国会内では、与野党を通じて夫婦別姓に関するさまざまな案が検討されている。選択的夫婦別姓だけでなく、別姓を例外として法的に位置づけたうえで認める例外的夫婦別姓も検討されている。また、別姓に反対の議員の中には、民法の制度自体は変えず、通称を使える場面を増やすことを求める動きもある。最高裁は、制度のあり方は国会で議論すべきだとしているが、二度示された合憲の判断が今後の議論に影響を与えるとみられる。

選択的夫婦別姓についてどう考える？

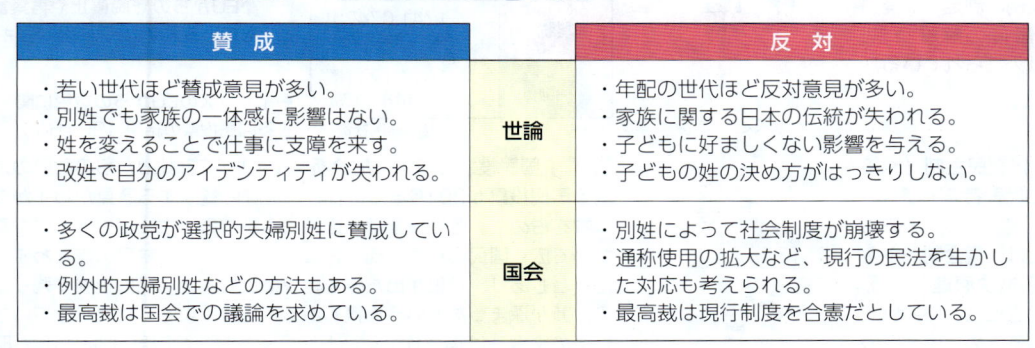

賛成		反対
・若い世代ほど賛成意見が多い。 ・別姓でも家族の一体感に影響はない。 ・姓を変えることで仕事に支障を来す。 ・改姓で自分のアイデンティティが失われる。	世論	・年配の世代ほど反対意見が多い。 ・家族に関する日本の伝統が失われる。 ・子どもに好ましくない影響を与える。 ・子どもの姓の決め方がはっきりしない。
・多くの政党が選択的夫婦別姓に賛成している。 ・例外的夫婦別姓などの方法もある。 ・最高裁は国会での議論を求めている。	国会	・別姓によって社会制度が崩壊する。 ・通称使用の拡大など、現行の民法を生かした対応も考えられる。 ・最高裁は現行制度を合憲だとしている。

最高裁は、婚姻や家族に関わる法制度は、国の伝統や国民感情に関わるため、国会での議論を求めています。私たちも主権者として、どのような制度が望ましいか考えてみましょう。

↑平和安全法制の制定に反対する人々（2015年）

国会前での抗議は政治に届く？

　2015年の平和安全法制（→p.149）の制定にあたっては、法律制定に反対する多くの人々が国会前に詰めかけ、連日抗議行動を行った。その中には若者のグループもあった。こうした抗議行動によって、国民が、国のあり方を決める主役である主権者だという点が改めて意識された。

　しかし、賛成反対のさまざまな意見があるなかでも、平和安全法制は制定された。日本は議会制民主主義を採っており、法律は国会内で、国民の代表者である国会議員によって制定される。意見を反映させる一番の方法は、選挙で自分たちの代表者を選ぶことであることも、改めて浮き彫りになった。

Question
・私たちは政治にどのように関わることができるだろうか。（→Ⅰ Ⅲ）

政治

Ⅰ 第2部第2章第1節　民主社会と政治参加
民主政治の形態と政治参加

1 直接民主制と代表民主制

①直接民主制

|解説| **国民自ら意思表示**　**直接民主制**とは、国民が一斉に集まって議論し、採決する制度である。**民主主義**（**デモクラシー**、→補）の考え方からすればこの直接民主制が望ましいが、実際に国政の場で国民すべてが一堂に会することは不可能であり、間接民主制主体で国政は運営されている。日本では、憲法改正の国民投票（→p.51）、最高裁判所裁判官の国民審査（→p.89）、特別法の住民投票権（→p.66）地方自治における直接請求権（条例の制定・改廃請求、議会の解散請求、首長や議員の解職請求、→p.115）などで直接民主制が取り入れられている。

決定
国のあり方
議論　採決

②代表民主制

|解説| **選んだ代表者に委ねる**　**代表民主制**（**間接民主制**）は、国民が選挙によって代表者を選び、その代表者を通して国のあり方を決定するしくみである。代表者が議会を形成する場合は、**議会制民主主義**（→補）ともいう。議会では**多数決原理**（→補）を基に採決を行うことが多い。代表民主制において国民の意思は選挙を通して表されるため、選挙への国民の参加が重要になる。

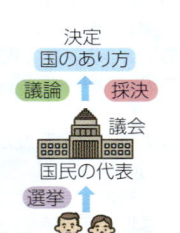

決定
国のあり方
議論　採決
議会
国民の代表
選挙

Ⅰ 民主政治の形態

2 直接民主制の功罪

離脱	1741,0742票 （51.89%）
残留	1614,1241票 （48.11%）

〈共同通信社資料〉

↑EUからの離脱停止や再集計などを求める人々（2019年　イギリス）

←イギリスのEUからの離脱に関する国民投票の結果（2016年）

|解説| **国民投票で深まった分断**　イギリスではEUからの離脱の是非を問う**国民投票**が2016年に行われ、離脱に賛成する意見がわずかな差で多数を占めた。国民投票は、直接民主制の考え方に基づき、重要事項について広く国民の意思を問う方法である。しかし、結果の差がわずかだったこともあり、結果が出た後も離脱に反対する意見は根強く残り、社会の分断が深まったという指摘もある。投票による多数決だけでは社会全体での納得感は得られにくいという、多数決の限界（→p.44）も明らかになった。

95

チェック 39

日本国憲法は国民主権を採っているため、国会の制定する法律に基づく政治が行われていれば、「法の支配」に一切反しないとされる。（09年、本）

行動する世界の若者たち

　近年、気候変動（→p.297）に関する問題などについて、世界の若者たちによるデモが活発化している。2021年にイギリスのグラスゴーで開かれた気候変動枠組条約締約国会議（COP26）においても、世界から数千人の若者らが集まり、会場周辺でデモ行進などを行って、気候変動への対策強化を求めた。

　デモ行進に参加したスウェーデンの環境活動家、グレタ=トゥーンベリさんは、各国首脳の取り組みが不十分だと批判したうえで、「変化は会議からは生まれない。私たちは待ちくたびれていてもう待てない」と述べ、早急な対策実現を訴えた。

→COP26の会場近くで地球温暖化対策強化を訴えるグレタ=トゥーンベリさん（中央）（2021年　イギリス）

1 日本の若者の政治への意識

①自分で国や社会を変えられると思うか

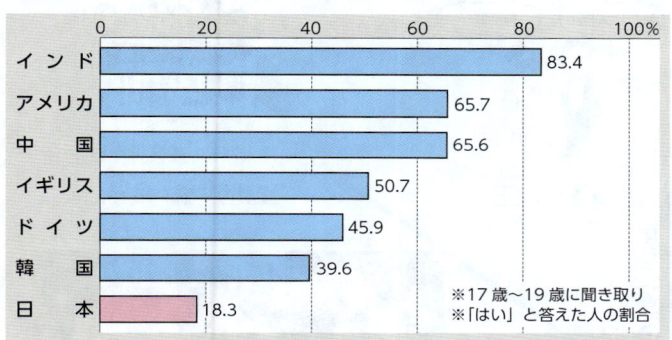

国	割合(%)
インド	83.4
アメリカ	65.7
中国	65.6
イギリス	50.7
ドイツ	45.9
韓国	39.6
日本	18.3

※17歳〜19歳に聞き取り
※「はい」と答えた人の割合
（2019年）〈日本財団資料〉

解説　日本の若者に広がる無力感　民主政治を維持・発展させ、国民主権（→p.50）を実質的なものにするためには、主権者の積極的な政治参加が欠かせない。しかし、日本の若者が「自分で国や社会を変えられる」と感じている割合は、諸外国と比べて低い水準にある。自分が社会を変えられるという前向きな展望を持てないことが、政治的無関心や、投票率（→p.126）低下の一因となっているとみられる。

②年代別の政治への関心度

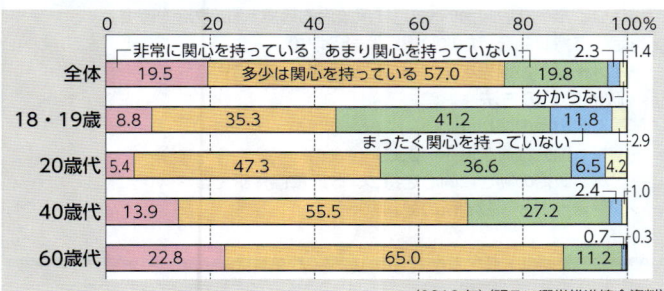

（2018年）〈明るい選挙推進協会資料〉

解説　若い世代ほど無関心　年代別に比較すると、若い世代ほど政治への関心が低い傾向にある。近年、日本では少子高齢化（→巻頭25、312）が急速に進んでおり、人口に占める若い世代の割合は減少している。若い世代の意見を政治に反映していくためには、若い世代のさらに積極的な政治参加が求められている。

2 政治的無関心の類型

●リースマンによる類型

伝統型無関心	政治は特定の少数者がやるものであり、庶民には無関係だと考え、関心を持たない。
現代型無関心	政治に関する知識や情報はあっても、政治は自分に関係ないと考え、関心を持たない。

●ラスウェルによる類型

脱政治的態度	かつて政治に関与していたが、期待を満たせず幻滅し、関心を持たない。
無政治的態度	趣味などの他の物事への関心を優先し、関心を持たない。
反政治的態度	思想信条などから政治そのものを否定し、関心を持たない。

解説　なぜ政治的無関心になるかを分析　政治的無関心の原因や類型については、アメリカの社会学者リースマン（→p.34）や、アメリカの政治学者ラスウェルなどによって分析されてきた。政治的無関心が広がると、政治に関与している一部の人たちの利害だけが反映されやすくなり、さらに政治的な無関心が広がるという悪循環に陥る恐れがある。

3 無党派層の増加　〈出題〉

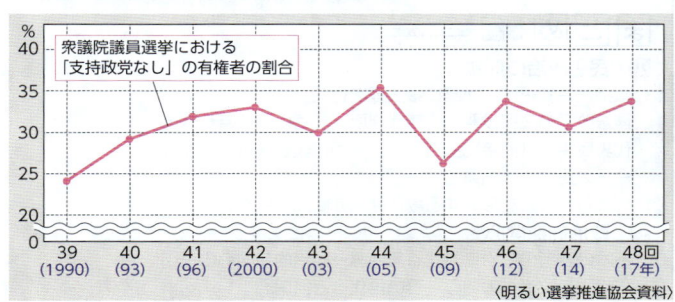

衆議院議員選挙における「支持政党なし」の有権者の割合

回	39 (1990)	40 (93)	41 (96)	42 (2000)	43 (03)	44 (05)	45 (09)	46 (12)	47 (14)	48回 (17年)

〈明るい選挙推進協会資料〉

解説　ポピュリズムにつながることも　近年、特定の支持政党を持たない無党派層が選挙結果を左右するようになっている。無党派層は、政治的無関心によって支持政党を持たない人たちだけでなく、政党の合併や分裂（→p.119）などによって政党への信頼を失い、選挙の争点ごとに投票先を決める人たちも含まれる。

　政治的無関心による無党派層は、候補者の漠然としたイメージによって投票先を決める傾向がある。そのため、人気取り的な政策（ポピュリズム→補）に影響されやすいという指摘もある。

政治

答え㊴　×　たとえ国会が制定する法律に基づいて政治が行われたとしても、法の支配に一切反しないとは言い切れない。そのため、裁判所に違憲審査権がある。

Ⅲ 政治参加の方法

アメリカ大統領選挙に見る主権者意識

アメリカの大統領選挙（→p.110）において、候補者は、多数の選挙ボランティアによって支えられている。ボランティアは、電話や戸別訪問で投票の呼びかけを行ったり、事務的な仕事を行ったりする。また、アメリカには日本のような住民票はない。選挙年齢に達すれば自動的に選挙の投票所入場券が送られてくるのではなく、投票するためには有権者登録をしなければならない。そのため、ボランティアは有権者への登録も呼びかける。また、選挙に多額の資金が必要なことから、自身のホームページで献金を募る候補者もいる。アメリカでは、選挙資金を支援することも政治参加の方法の一つである。

→大統領選挙の投票に必要な有権者登録を呼びかける高校生（2016年）　壁に「（選挙に勝つためには）どんなことでもしよう！」と書かれたポスターが貼られている。

1 国民と政治との関わり

解説　**主権者としての参画**　国民の意思を政治に反映させるために、さまざまな手段がある。

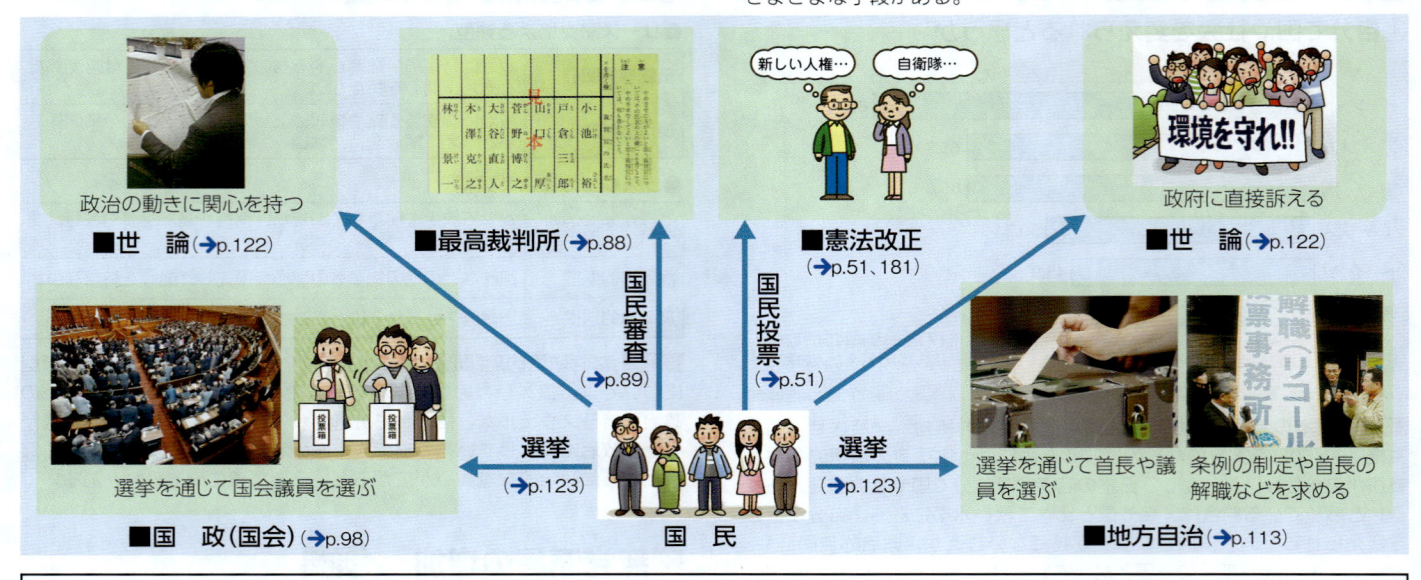

政治の動きに関心を持つ
■世　論（→p.122）

■最高裁判所（→p.88）

新しい人権…　自衛隊…
■憲法改正（→p.51、181）

政府に直接訴える
■世　論（→p.122）

選挙を通じて国会議員を選ぶ
■国　政（国会）（→p.98）

国民審査（→p.89）　国民投票（→p.51）

選挙（→p.123）　国　民　選挙（→p.123）

選挙を通じて首長や議員を選ぶ　条例の制定や首長の解職などを求める
■地方自治（→p.113）

まとめ ▣▬ ▬ ▭

Ⅰ 民主政治の形態
・直接民主制…国民が直接議決権を行使
　憲法改正の国民投票、最高裁判所裁判官の国民審査など
・代表民主制（間接民主制）…国民が代表者を選ぶ
　今日の民主主義国家では一般的
　代表者が議会を形成する場合は議会制民主主義

Ⅱ 政治的無関心
・日本の若者の政治に対する無力感→政治的無関心の一因に
・年代別の政治への関心…若い世代ほど無関心
・政治的無関心の類型

リースマン…「伝統型無関心」「現代型無関心」
ラスウェル…「脱政治的態度」「無政治的態度」「反政治的態度」
・特定の支持政党を持たない**無党派層**の増加
　→イメージで投票先を決定→ポピュリズムに影響されやすい

Ⅲ 政治参加の方法
・国民と政治との関わり
　→選挙：国会議員を選ぶ（国政）
　→世論：政治の動きに関心を持つ、政府に直接訴える
　→国民審査：最高裁判所の裁判官

補足解説

民主主義（デモクラシー）
人民の意思に従って政治を行う政治体制。本質はリンカンの「人民の、人民による、人民のための、政治」に示される。不特定多数の個人の集まりである「大衆」が政治に参加できることを保障する大衆民主主義（マス・デモクラシー）は、普通選挙の拡大によって形成された。

議会制民主主義
間接民主制を具体化した政治原理。議会を通じて民主政治を実現する場合に、このようによばれる。

多数決原理
集団で多数を占める意見により、議論に決着をつける方式。民主主義の基本原理の一つ。ただし、少数意見を尊重することが前提となる。

ポピュリズム
大衆の利益や権利を重視し、既存の体制を批判する思想や政策。争点を単純化し、一面的な政策に走りやすいことから「大衆迎合主義」などと批判されることもある。

○×チェック ㊵　衆議院において、内閣不信任決議案が可決されるか、または、信任決議案が否決された場合に、内閣は10日以内に必ず総辞職しなければならない。（14年、道）

政治

国会議事堂の空席の台座の意味は？

国会議事堂内部の中央広間の隅には、日本の議会政治の基礎を作った3人の銅像がある。しかし、一つの台座は今も空席になっている。その理由は、4人目の人選がまとまらなかったとも、政治に完成はないため未完成の象徴として空席になっているともいわれている。

↑国会議事堂外観
→3人の銅像と空席の台座
左から、板垣退助、大隈重信、伊藤博文。

Question

・国会ではどのような人たちがどのようなことをしているのだろうか。（→Ⅲ Ⅳ）

② 議院内閣制と国会

1 国会の権限 ◆頻出

国会の権限	両議院の権限	衆議院のみ
① 法律案の議決 （59）	① 法律案の提出 （国会法第56条）	① 参議院の緊急集会に対する同意 （54）
② 予算の議決 （60）	② 議員の資格争訟の裁判 （55）	② 内閣不信任決議 （69）
③ 条約の承認 （61）	③ 役員の選任 （58）	③ 法律・予算・条約・内閣総理大臣の指名における優越 （59・60・61・67）
④ 弾劾裁判所の設置 （64）	④ 議院規則の制定 （58）	
⑤ 内閣総理大臣の指名 （67）	⑤ 議員の懲罰 （58）	
⑥ 財政に関する権限 （83・84）	⑥ 国政調査 （62）	
⑦ 憲法改正の発議 （96）		**参議院のみ**
		① 参議院の緊急集会 （54）

※（　）は憲法の条数

解説 国権の最高機関である国会 国会は主権者である国民を代表するため「国権の最高機関（→補）」とされている。また「唯一の立法機関」として、国会だけが国の法律を定めることができる（憲法41条）。社会の変化に対応して、法律の改正を行うこともある。国会の権限には、ほかにも予算の議決や条約の承認など多数あるが、最も重要なものは法律案の議決である。また、それら国会の権限には、両議院に認められたものと、内閣不信任決議のように衆議院だけのものがある。さらに国会は、内閣総理大臣の指名や内閣不信任決議など、内閣に対する権限も持つ。

Ⅰ 国会の権限と議院内閣制のしくみ

2 議院内閣制 ◆頻出

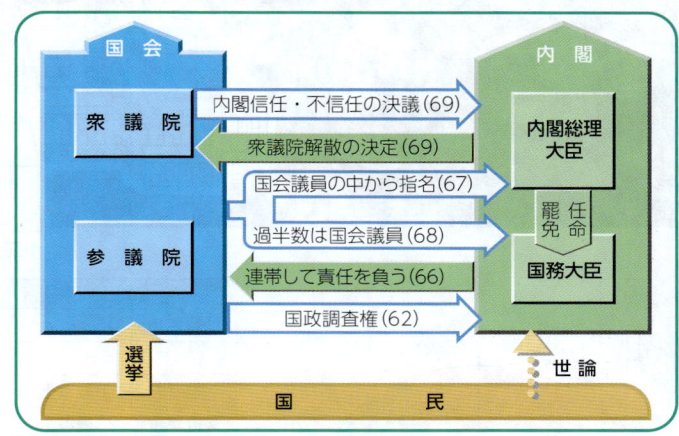

※（　）は憲法の条数

解説 内閣と国会の密接な関係 内閣総理大臣（首相）は国会の多数派を占める勢力から選ばれ、内閣は国会の信任によって成り立ち、国会に対して連帯して責任を負う。この制度を議院内閣制という。衆議院が内閣不信任案を可決するか、内閣信任案を否決した場合は、10日以内に衆議院を解散しないかぎり、内閣は総辞職しなければならない。実際には衆議院の多数党が内閣を形成することが多いので、不信任案が可決されることは少ない。最も近いものでは、宮澤内閣に対して1993年に提出された内閣不信任案に与党自民党の一部も賛成に回り、不信任案が可決され、宮澤首相が衆議院を解散した例がある。

政治

○×チェック 答え⑩　×　日本国憲法69条によれば、10日以内に衆議院を解散すれば、総辞職する必要はない。

かつて貴族院だった参議院

←貴族院から参議院への表札の書き換え作業（1947年）国会議事堂における参議院の議場は、貴族院当時のものが使用されている。そのため、参議院の議場には定数よりも多い460席が設けられている。

大日本帝国憲法の下で1890年に開設された帝国議会は、貴族院と衆議院の二院制が採られていた。貴族院は、皇族・華族、そして天皇から任命された議員などで構成されていた。そのため、国民の選挙（制限選挙）で選ばれた衆議院とは、主張が対立する場面も多かった。貴族院は1947年の日本国憲法施行によって廃止され、新たに参議院が設けられた。

1 国会の種類　〈出題

種類	召集	会期	審議内容
常会（通常国会）(52)	毎年1回、1月中に召集	150日間	新年度予算、法律案
臨時会（臨時国会）(53)	内閣または衆・参いずれかの議院の総議員の4分の1以上の要求	両議院一致の議決	国内・外の緊急議事
特別会（特別国会）(54)	衆議院解散後の総選挙から30日以内	同上	内閣総理大臣の指名
参議院の緊急集会 (54)	衆議院の解散中に緊急の必要がある場合	不定	国内・外の緊急議事

※（　）は憲法の条数

解説　会期ごとに開催　国会は常に開かれているのではなく、一定の会期を区切って活動している。国会は前の国会の意思決定に拘束されないこととされており、前の国会の会期中に議決されなかった案件は、次の国会に継続しない「会期不継続の原則」が採られている。しかし、各議院の議決で特に付託された案件は国会閉会中に審査することができ、次の国会に継続される。

2 衆議院と参議院の比較　〈出題

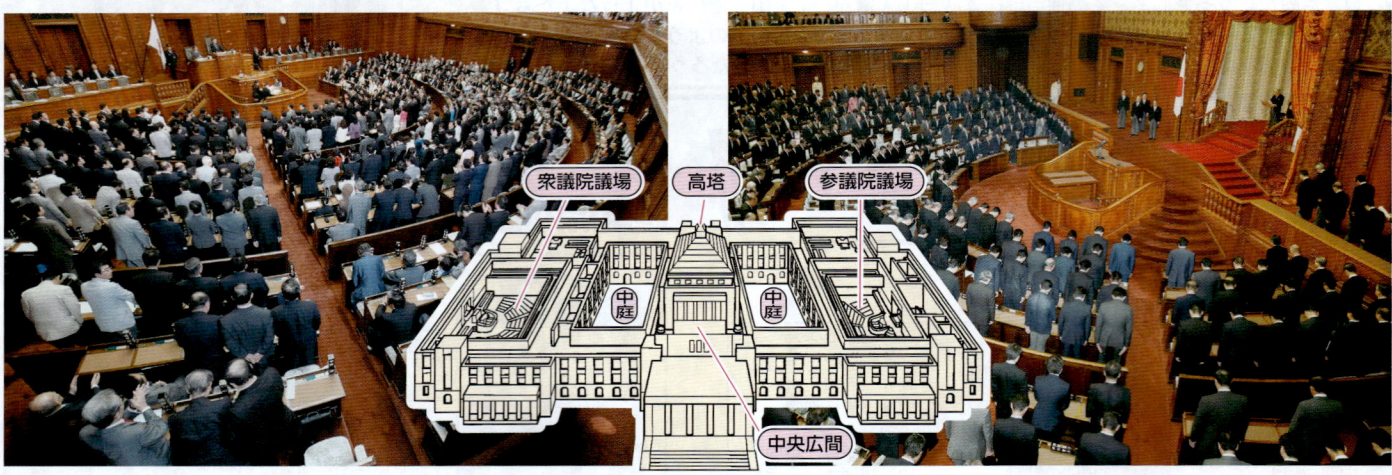

衆議院議場　高塔　参議院議場
中庭　中庭
中央広間

↑国会議事堂

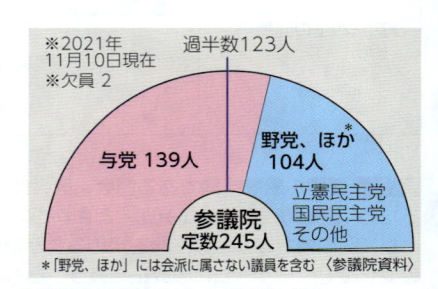

※2021年11月10日現在
過半数233人
与党 294人
自由民主党
公明党
衆議院定数465人
野党、ほか* 171人
＊「野党、ほか」には会派に属さない議員を含む〈衆議院資料〉

	衆議院	参議院
議員定数	465人	245人*
任期	4年	6年（3年ごとに半数改選）
選挙権	18歳以上	18歳以上
被選挙権	25歳以上	30歳以上
選挙区	小選挙区 289人	選挙区 147人*
	比例代表 176人	比例代表 98人*
解散	ある	ない

＊2022年に3人（選挙区1、比例代表2）増やす予定

※2021年11月10日現在
※欠員2
過半数123人
与党 139人
参議院定数245人
野党、ほか* 104人
立憲民主党
国民民主党
その他
＊「野党、ほか」には会派に属さない議員を含む〈参議院資料〉

↑衆議院の議場（上）と議席数（下）　　↑衆議院と参議院の比較　　↑参議院の議場（上）と議席数（下）

解説　二つの議院で慎重な審議　国会は衆議院と参議院の二院制を採っている。衆議院の任期は4年で、解散がある。一方、参議院の任期は6年（3年ごとに半数改選）で、解散はない。このように多様な代表で議会を構成することで、二つの議院で慎重な議論が行われることが期待されている。しかし、衆参両院で多数派が異なる「ねじれ国会」の場合には、主張が対立して審議や議決が停滞しがちになる。逆に衆参両院で多数派が同じだと、両院で賛否の結論が同じになることから、二院制を採る必要性に疑問が持たれることもある。

チェック
41
憲法では、予算案は、衆議院より先に参議院において審議されてもよいとされている。（15年、追）

政治

3 国会の組織

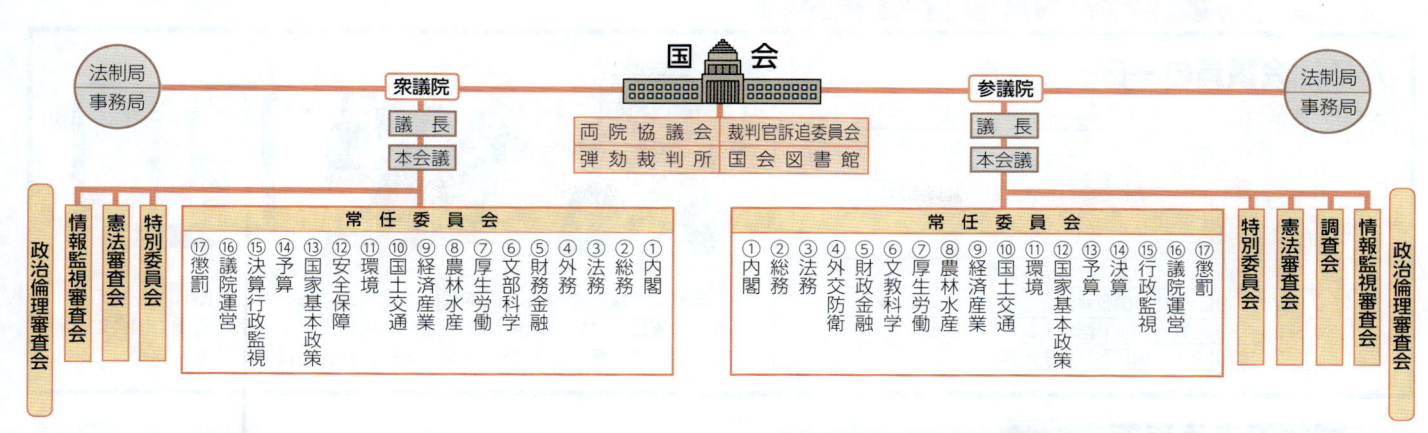

国会

法制局／事務局 — 衆議院 — 議長 — 本会議

両院協議会　裁判官訴追委員会
弾劾裁判所　国会図書館

参議院 — 議長 — 本会議 — 法制局／事務局

衆議院側
政治倫理審査会／情報監視審査会／憲法審査会／特別委員会

常任委員会
⑰懲罰 ⑯議院運営 ⑮決算行政監視 ⑭予算 ⑬国家基本政策 ⑫安全保障 ⑪環境 ⑩国土交通 ⑨経済産業 ⑧農林水産 ⑦厚生労働 ⑥文部科学 ⑤財務金融 ④外務 ③法務 ②総務 ①内閣

参議院側
常任委員会
①内閣 ②総務 ③法務 ④外交防衛 ⑤財政金融 ⑥文教科学 ⑦厚生労働 ⑧農林水産 ⑨経済産業 ⑩国土交通 ⑪環境 ⑫国家基本政策 ⑬予算 ⑭決算 ⑮行政監視 ⑯議院運営 ⑰懲罰

特別委員会／憲法審査会／調査会／情報監視審査会／政治倫理審査会

解説 **委員会で専門的議論**　日本ではアメリカの制度にならって**委員会制度**を採用している。これを踏まえ、議案は、本会議の前に、専門知識を持つ国会議員によって委員会で十分に審議される。これは国会の扱うべき課題が複雑で専門的になったため、議員の専門的な知識、経験が生かせるようにとの考え方からである。委員会には内閣、法務、外務、予算（→補）などの**常任委員会**と、常任委員会に属さない特別の案件などを審議する**特別委員会**（→補）がある。また、憲法や関連する基本法制についての総合的な調査機関として憲法審査会が設けられている。

4 定足数（ていそくすう）

	定足数※1	議決
本会議	総議員の3分の1以上	出席議員の過半数※2
委員会	委員の2分の1以上	出席委員の過半数

※1　審議や議決を行うのに必要な最小限の出席者数
※2　①～④の場合は出席議員の3分の2以上
①議員の資格はく奪、②議員の除名、③秘密会の開催、④参議院で否決した法律案の衆議院での再可決

解説 **開催や議決の条件**　幅広い民意を反映する審議や議決ができるよう、本会議や委員会は、一定の割合以上の出席者数が必要とされている。

5 衆議院の優越　【頻出】

衆議院のみの優越
①**予算先議権**（60）
②**内閣不信任決議**（69）

議決で優越

議決事項	議決結果	衆院の優越
①法律案の議決（59）	a 衆・参議院で異なった議決をした場合 b 衆議院が可決した法案を参議院が60日以内に議決しない場合	衆議院で出席議員の3分の2以上の賛成で再可決し、成立
①予算の議決（60） ②条約の承認（61） ③内閣総理大臣の指名（67）	a 衆・参議院で異なった議決をし、両院協議会でも不一致の場合 b 衆議院が可決した議案を参議院で30日（首相指名は10日）以内に議決しない場合	衆議院の議決がそのまま国会の議決となる

※（ ）は憲法の条数

解説 **国民の意思を反映しやすいため**　**衆議院の優越**が憲法で定められている理由は、衆議院には解散があり、任期が短く、そのときの国民の意思を反映しやすいためといわれる。2013年には衆議院の議員定数を「0増5減」する改正公職選挙法などの関連法が参議院で60日以内に議決されず、衆議院で再可決されて成立した。

←衆議院予算委員会で答弁する**内閣総理大臣**（右）（2021年）予算は国政のあらゆる分野に関わるため、内閣総理大臣も出席し、多岐にわたって論議される。

6 両院協議会　【出題】

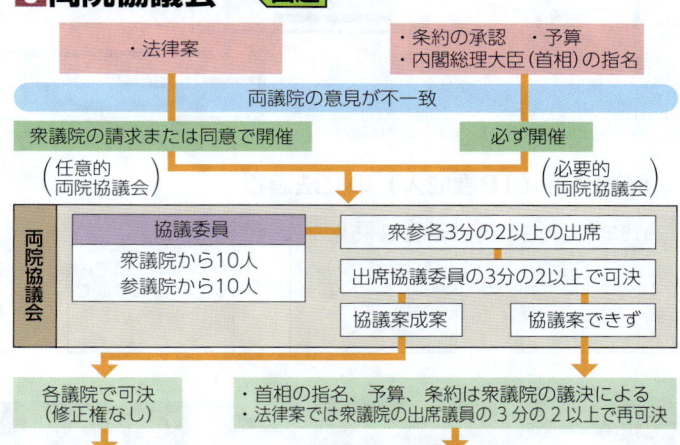

・法律案　　・条約の承認・予算・内閣総理大臣（首相）の指名

両議院の意見が不一致

衆議院の請求または同意で開催（任意的両院協議会）　　必ず開催（必要的両院協議会）

両院協議会
協議委員　衆議院から10人／参議院から10人
衆参各3分の2以上の出席
出席協議委員の3分の2以上で可決
協議案成案　　協議案できず

各議院で可決（修正権なし）　　・首相の指名、予算、条約は衆議院の議決による・法律案では衆議院の出席議員の3分の2以上で再可決

成立　　成立

解説 **両院の議決が一致しない場合に開催**　国会での議決に、原則として衆参両議院の一致が必要である。両議院の議決が一致しなかった場合は、両議院で選ばれた10人ずつの委員によって**両院協議会**が開かれる。予算の議決、条約の承認、内閣総理大臣の指名では必ず開かれなければならない。協議委員の3分の2以上の賛成で協議案が成立するが、成立しない場合は衆議院の議決が優先される。

←**両院協議会**（2013年）衆議院と参議院で多数を占める党派が異なる「ねじれ国会」になると、両院の議決が異なり、両院協議会の開催も増加した。

○×チェック 答え⑪　　× 日本国憲法60条1項に、予算案については、衆議院に先議権があると定められている。

ある国会議員の一日

本会議あり（火曜日）

8：00 ～ 9：00	政務調査会
9：20 ～ 9：40	秘書とスケジュール確認打ち合わせ
10：00 ～ 12：00	経済産業省との打ち合わせ（議員会館）
12：40 ～ 13：00	代議士会
13：00 ～ 15：30	本会議
15：30 ～ 17：00	原子力問題調査特別委員会
18：30 ～ 20：00	地元にて国政報告会
20：30 ～ 21：30	秘書とネット配信テレビの打ち合わせ
22：00 ～ 23：00	ネット配信テレビ生出演

国会議員は日々忙しく、本会議、委員会、地元への対応などをしている。金曜日には地元の選挙区に帰り、火曜日には東京に戻って国会に出席する議員が多いことから「金帰火来」という言葉もある。

1 法律ができるまで 〈出題〉

①立法過程（衆議院先議の場合）

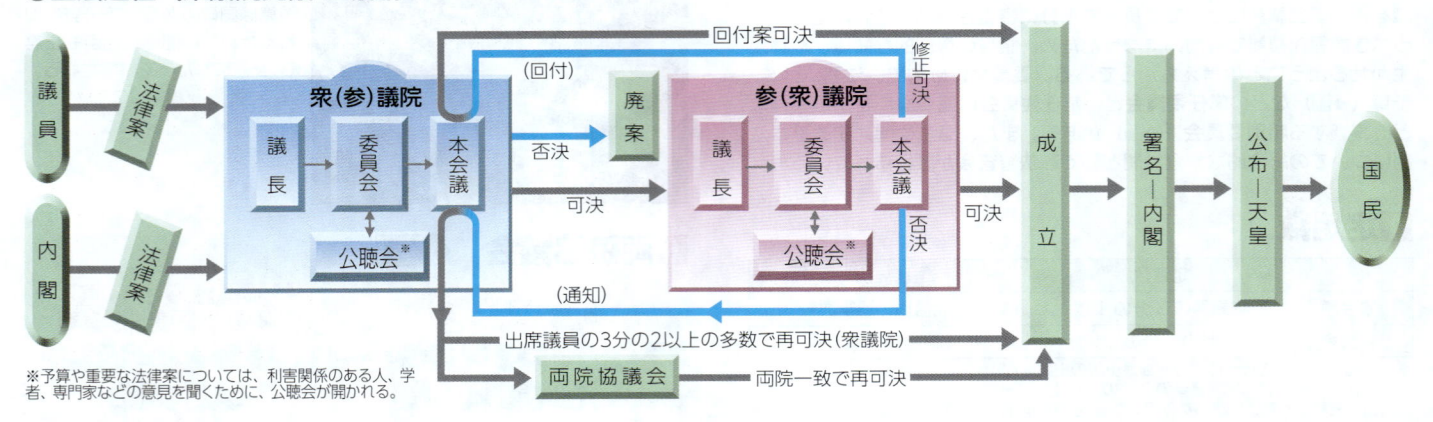

※予算や重要な法律案については、利害関係のある人、学者、専門家などの意見を聞くために、公聴会が開かれる。

②民法改正（18歳成人）の立法過程

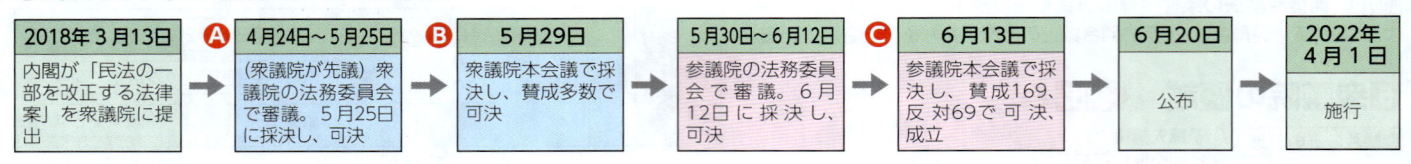

2018年3月13日	Ⓐ 4月24日～5月25日	Ⓑ 5月29日	5月30日～6月12日	Ⓒ 6月13日	6月20日	2022年4月1日
内閣が「民法の一部を改正する法律案」を衆議院に提出	（衆議院が先議）衆議院の法務委員会で審議。5月25日に採決し、可決	衆議院本会議で採決し、賛成多数で可決	参議院の法務委員会で審議。6月12日に採決し、可決	参議院本会議で採決し、賛成169、反対69で可決、成立	公布	施行

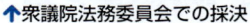

↑衆議院法務委員会での採決

↑衆議院本会議で可決され一礼する法務大臣（上段）

↑参議院本会議で可決・成立

政治

解説 **委員会で審議後に本会議で採決** 法律案には、国会議員が発議するもの（衆議院は20名以上、参議院は10名以上の賛成が必要）、内閣が発議するもの、その所管に属する内容に関して**委員会**が発議するものがある。日本では内閣の発議が圧倒的に多い。法律案はまず各委員会で審議され、必要に応じて学識経験者や利害関係者などの意見を聴く公聴会が開かれる。過半数の賛成があれば**本会議**（→補）に報告され、本会議においても過半数の賛成で可決される。採決には、賛成者の起立を求める方法や、参議院での押しボタン式投票による方法などがある。

○×チェック㊷ 行政機関の活動が適切に行われているかどうかについては、国政調査権に基づき、国会の両議院が調査できる。（14年、追）

2 国政調査権 〈頻出〉

目的	法律を作るためや行政を監督するため
方法	委員会が、政府当局や関係者から説明を聞いたり、資料を要求したり、証人や参考人に質疑したり、委員を派遣して現地で調査したりする。
限界	①行政権や司法権の観点 ②国民の人権保障の観点

解説 **証人の出頭に強制力を持つ** **国政調査権**は憲法62条で各議院の権限とされている。この調査は国政全般が対象で、主に委員会において行われる。この結果、政府に適切な対策を取ることを求める決議をしたり、法律案を委員会から提出したりすることもある。**証人喚問**とは、政治家のスキャンダルや企業の不祥事など国政に関わる重要な事柄について証人を呼び出して問いただすために行われる。最初に真実を述べる旨の宣誓が行われ、うそをついた場合には偽証罪に問われる。1988年のリクルート事件（→補）を契機にテレビ中継が禁止された。しかし批判の声が強く、98年に条件付で写真撮影やテレビ中継が解禁された。

↑補助金不正受給に関する証人喚問の様子（2017年）　国や大阪府の補助金を不正に受給した疑いがある学校法人「森友学園」前理事長籠池氏（写真左）は、刑事訴追の恐れがあることを理由にたびたび証言を拒否した。ここでは証人喚問による事実追及に限界があることが示される形となった。その後、籠池前理事長は、補助金不正受給事件に関し逮捕・起訴された。

3 弾劾裁判所 〈頻出〉

↑弾劾裁判所法廷

解説 **裁判官を辞めさせるかどうか判断**　裁判官の**弾劾裁判所**は、憲法64条に基づいて設置された常設の機関で、裁判官の身分にふさわしくない行為をしたとして罷免の訴追を受けた裁判官を、辞めさせるかどうか判断する。また、辞めさせた裁判官に、失った資格を回復させるかどうかも判断する。弾劾裁判所の裁判官は、衆・参各7名ずつ、計14名の議員で構成される。2013年には、当時の大阪地裁判事補が、盗撮を行ったとして罷免された。これを含め、これまで7人の裁判官が罷免され、うち4人は資格を回復している（→p.89）。

4 国会議員

①国会議員の特権と身分保障 〈出題〉

国会議員の特権	歳費特権（49）	国庫から相当額の**歳費**を受ける。一般職の国家公務員の最高額以上を保障（国会法35）
	不逮捕特権（50）	会期中は**逮捕されない** 　例外：①院外で現行犯 　　　　②議院が許可（国会法33） 会期前に逮捕された議員は、議院の要求により会期中は釈放可
	免責特権（51）	院内での発言・表決について院外で**責任**（刑罰や損害賠償など）**を問われない** 　例外：除名など院内での懲罰を受ける場合（58）
身分保障	議席を失う場合	①任期満了（45・46） ②衆議院の解散〔衆議院議員のみ〕（45） ③資格争訟裁判（55） ④除名決議（58）…3分の2以上の賛成が必要 ⑤被選挙資格を失った場合（国会法109） ⑥当選無効の判決（公職選挙法251）

※（　）は憲法の条数

解説 **議員の役割と責任**　歳費（→補）特権にはJR無料パスや航空券の支給、議員会館や議員宿舎の提供、公設秘書への国費支給などが含まれている。これは金銭的に外部の圧力や干渉を排除し、自由で独立した活動を保障するためである。**不逮捕特権**と**免責特権**は、警察などによる不当な干渉を防ぎ、国会内での自由な言論を保障するために規定されたものである。議員にこのような特権が与えられているのは、民主主義における国民の代表であり、大きな責任を持つからである。

②国会議員の待遇

種　　類		支給額等
①歳費（月額）	議長 副議長 議員	217.0万円 158.4万円 129.4万円
②期末手当		約314万円（議員） （6、12月に支給）
③文書通信交通滞在費 （月額）		100万円
④その他	議員会館 議員宿舎 無料パス 公設秘書 議員年金 海外視察費	全議員に約100m²の事務所 必要に応じて都心にある宿舎を低家賃で提供 JR無料パスか、4往復分の航空クーポン券、JR無料パス＋3往復分の航空クーポン券の支給 政策担当、第1・第2秘書各1人 制度廃止（経過措置あり） 実費を支給

（2021年11月）

解説 **経費節減の動きも**　衆議院の議員宿舎は、家賃が相場よりも安いため、行き過ぎた特権だと批判されることもある。また国会議員の歳費は、東日本大震災や新型コロナウイルスの感染拡大にあたり、対策費用の捻出のため、一時的に削減された。

←**鉄道乗車証**　この乗車証があれば、国会議員は公務にあたってJRを無料で利用できる。

政治

求められる議論の深まり

↑平和安全法制（安全保障関連法）が採決された参議院の平和安全法制特別委員会（2015年） 写真左側の議長席に、採決を止めようとする野党議員が殺到している。右側の与党議員は採決に賛成して拍手をしている。

与野党の主張が対立する法案について、与党が野党の反対を押し切って採決を行う場合がある。与党は十分な時間をかけて審議したと主張するが、野党は「強行採決」だと反発している。

国会は選挙で選ばれた議員によって構成されており、どの政党が多数を占めるかは選挙での民意を反映している。しかし、国民の意見を幅広く反映していくためにも、多数決だけではない議論の深まりが求められている。

年	法案名	委員会質疑時間	
		衆議院	参議院
2013	特定秘密保護法	41時間50分	22時間
15	平和安全法制(安全保障関連法)	108時間58分	93時間13分
16	TPP関連法	64時間39分	57時間52分
17	改正組織犯罪処罰法	34時間10分	21時間20分
18	働き方改革関連法	33時間27分	37時間50分
18	統合型リゾート整備法	18時間38分	21時間45分

〈共同通信社資料〉

↑与野党の主張が対立した主な法案の委員会質疑時間

政治

1 政府委員制度の廃止と副大臣の導入 〈頻出〉

以前：大臣／政務次官（省府における権限小さい）｜政治家　事務次官／政府委員（大臣に代わって答弁）｜官僚

現在：大臣／政務官（特定の政策）／副大臣（政策全般）｜政治家　事務次官／政府参考人（行政の技術的な事項を答弁）｜官僚

↑質問趣意書や政府の答弁書がとじられたファイル
質問の内容は審議前に通知され、答弁が準備されることが多い。

解説 官僚政治からの脱却を目指して

1999年に成立した国会審議活性化法により、**政府委員制度**が廃止され（99年）、**副大臣**と大臣政務官が設置された（2001年）。

政府委員制度とは、法案を審議する際に、内閣に任命された政府委員（関係省庁の局長クラスの官僚）が大臣に代わって答弁する制度である。専門的な答弁は期待できるが、大臣の責任面や勉強不足などが問題視されていた。また、官僚主導の政治（官僚政治、→補）になりやすいことから廃止された。

新たに導入された副大臣は、これまでの**政務次官**よりも、大臣の職務の代行、政策の立案、政務の処理などの面で強い権限を持ち、審議の活性化と、**官僚政治から政治主導へ**政治のあり方を変えることを目的としている。

2 党首討論 〈出題〉

↑党首討論（2021年） 向かって左が菅首相、右が立憲民主党の枝野代表。

解説 討論時間が短いなど問題点も 1999年に成立した国会審議活性化法により国家基本政策委員会（衆議院30名、参議院20名）が設置され、**党首討論**が導入された。この党首討論はイギリスの**クエスチョンタイム**をモデルにしたものである。

原則として毎週水曜日に45分間、**与党**（→補）の党首（首相）と野党（→補）党首の間で一対一の対面式で討論を行うことになっているが、近年は行われることが少ない。また、野党党首は議席数に比例した持ち時間で質問を行わなければならないため、討論時間が短く深い議論になりにくいなどの問題点が指摘されている。これに対し、予算委員会は制限時間がないため、そちらでの議論が優先される傾向もある。

○×チェック㊸ 大臣を補佐することを目的として、各省に副大臣および政府委員が置かれている。（15年、追）

3 議員立法 〈出題〉

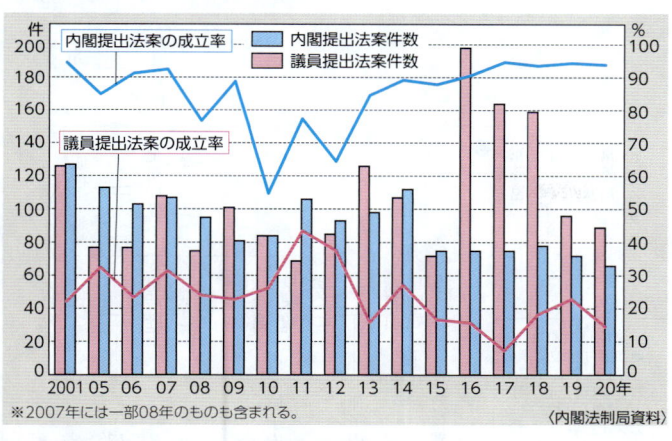

※2007年には一部08年のものも含まれる。 〈内閣法制局資料〉

内閣提出法案より成立率が低い **法律案の発議権**（法律案を提出する権利）は国会議員、内閣、委員会が持つ。しかし国会議員による提出よりも内閣提出によるものの方が多く、成立率も高い傾向が強い。そのため、立法機関としての国会の本来の意味が失われているとの批判もある。内閣提出法案にしても、実際には各省庁の官僚が作成していることが多い。現代のように社会が高度化、複雑化すると、法律に精通した官僚が立法作業を行う必要が出てきたからである。

しかし近年、国会改革、官僚主導政治の打破が大きな課題となっており、議員立法が改めて注目されている。理由として官僚の不祥事などが続き、官僚主導政治の見直しがなされていること、若い国会議員や女性議員が党派を超えて問題意識を持ち始めたこと、立法を求める市民団体の活動などが挙げられる。議員が法案を提出しやすくするために、必要な賛成者の人数を減らしたり、野党が対案を示すために公務員を利用できたりするといった、国会の立法機能の充実が検討されている。

4 女性議員の割合 〈出題〉

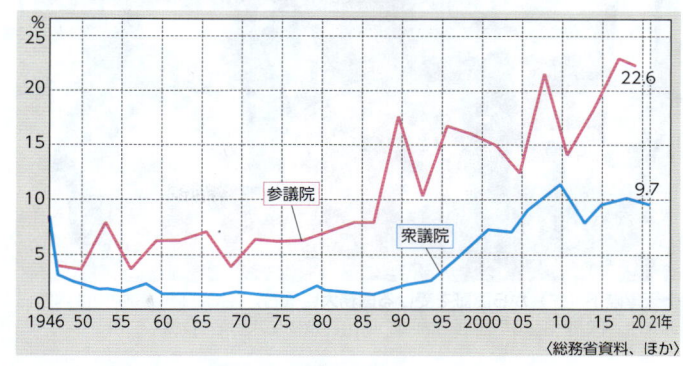

〈総務省資料、ほか〉

↑国会議員当選者に占める女性の割合の変化

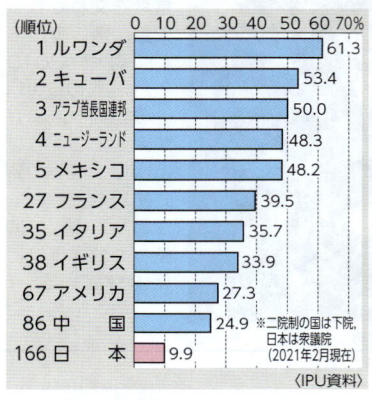

(順位)		0 10 20 30 40 50 60 70%
1	ルワンダ	61.3
2	キューバ	53.4
3	アラブ首長国連邦	50.0
4	ニュージーランド	48.3
5	メキシコ	48.2
27	フランス	39.5
35	イタリア	35.7
38	イギリス	33.9
67	アメリカ	27.3
86	中 国	24.9
166	日 本	9.9

※二院制の国は下院。日本は衆議院（2021年2月現在） 〈IPU資料〉

↑主な国の女性議員の割合

少ない女性議員 日本の女性議員が少ない理由は、社会における女性の地位が低かったことや、いわゆる「三バン」（→補）の用意が難しかったことが考えられる。2018年には、国会や地方議会の選挙において、政党に候補者の男女比率を均等にする努力を求める「**候補者男女均等法**」が成立した。しかし、候補者や当選者の男女比には依然として偏りがある。

Ⅴ 天皇の地位

1 天皇の地位の変化

①象徴天皇制

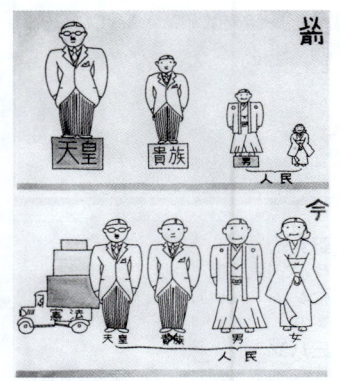

↑GHQのポスター 日本国憲法の内容を国民に知らせるため、GHQによって作成された。日本国憲法制定によって天皇の地位が変化し、貴族が廃止されたことが示されている。

天皇は日本国および日本国民統合の象徴に 1946年1月1日、昭和天皇は、天皇を現御神（人間の姿をした神）とするのは架空の観念だと述べ、みずからの神格性を否定した（「**人間宣言**」）。日本国憲法においても日本国および日本国民統合の**象徴**という形式で天皇制は維持された。ただし、大日本帝国憲法とは地位・権能は全く異なるものとなった。

他方で、憲法改正にあたっては各政党、私的団体からも改正案が発表された。そのなかでも天皇制を否定し共和制を主張したのは、高野岩三郎氏と日本共産党のみであった。当時の世論調査でも8割から9割は天皇制維持に賛意を示していた。

②国事行為 〈出題〉

6条	内閣総理大臣の任命
	最高裁判所長官の任命
7条	憲法改正、法律、政令、条約の公布
	国会の召集
	衆議院の解散
	国会議員の総選挙の施行を公示
	国務大臣その他の官吏の任免並びに全権委任状・大使・公使の信任状の認証
	大赦、特赦、減刑、刑の執行の免除および復権の認証
	栄典の授与
	批准書・外交文書の認証
	外国の大使・公使の接受
	儀式を行う

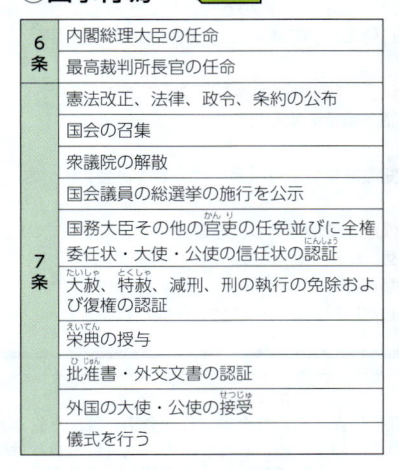
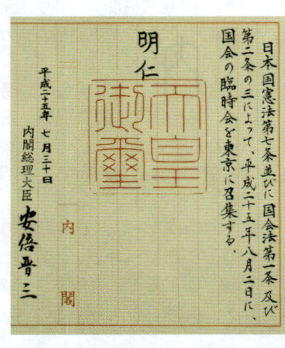

↑国会（臨時会）の召集詔書（部分 2013年）天皇の署名と御璽（印）、内閣総理大臣の署名がある。

天皇は国政に関する機能を有しない 天皇は内閣の助言と承認により、国事に関する形式的・儀礼的な行為である**国事行為**（4、7条、→p.343）のみを行い、国政に関する権能は有しない（4条）。なお、日本と同じく、議院内閣制（→p.98）と王室制度を併せ持つイギリスも、世襲による国王が国民統合の象徴とされ、形式上、議会の召集や首相の任命を行っている（→p.111）。しかし、イギリス国王は対外的に国家を代表する「国家元首」として位置づけられるのに対し、日本国憲法には「国家元首」の規定がなく、誰が元首かについてはさまざまな見解がある。

政治

↑天皇陛下（左）から認証を受ける国務大臣（右）（2021年）　中央は内閣総理大臣。国務大臣の認証は、内閣の助言と承認によって行われる。

←台風の被災者と言葉を交わされる天皇、皇后両陛下（福島県 2019年）　災害の被災地への訪問や、国会開会式での「おことば」、外国への公式訪問などは、象徴としての地位に基づく公的行為と見なされている。

②安定的な皇位継承をめぐって

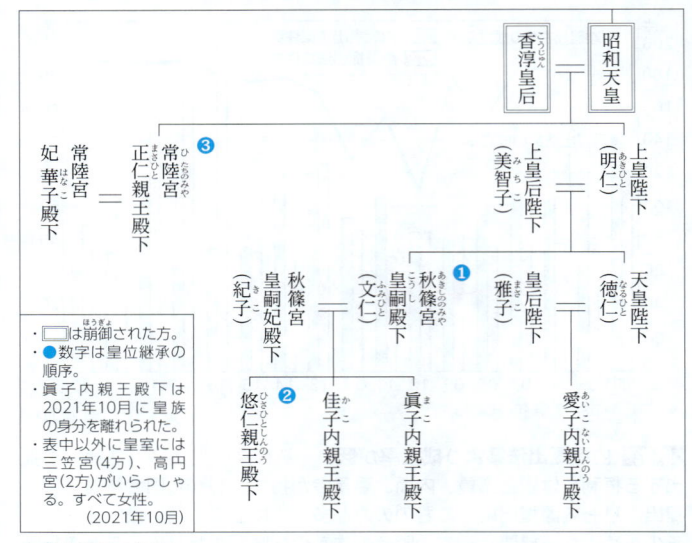

- □は崩御された方。
- ●数字は皇位継承の順序。
- 眞子内親王殿下は2021年10月に皇族の身分を離れられた。
- 表中以外に皇室には三笠宮（4方）、高円宮（2方）がいらっしゃる。すべて女性。（2021年10月）

↑皇位継承の順序

解説 **男性皇族の減少**　日本の皇室の地位などを定めた法律である皇室典範では、「皇位は、皇統に属する男系の男子が、これを継承する」と定められている。しかし近年、皇位を継承しうる人数が減っていることから、有識者会議などで安定的な皇位継承のあり方が議論され、女性皇族が結婚後も皇族の身分を維持できるようにする案などが検討されている。

まとめ ◼️◼️ ▬ ▬

Ⅰ 国会の権限と議院内閣制のしくみ
- **国会の権限**：**法律案の議決**、予算の議決、**条約の承認、内閣総理大臣の指名**など
- 「**国権の最高機関**」…国会は主権者である国民を代表する
- 「**唯一の立法機関**」…国会だけが国の法律を定めることができる
- **議院内閣制**…内閣は行政権の行使について国会に対し連帯して責任を負う

Ⅱ 国会のしくみ
- 国会の種類：通常国会、**臨時国会、特別国会、参議院の緊急集会**
- 衆議院と参議院の二院制（審議を慎重にするため）
- 国会の組織
  本会議で審議する前に、専門知識を持つ国会議員によって委員会で十分な審議が行われる
- 法律案の議決などで**衆議院の優越**：解散があり、任期が短く、そのときの国民の意思を反映しやすいため
- 国会の議決…衆参両院の一致が必要
  → 「**ねじれ国会**」などで一致しない場合、**両院協議会**が開かれる

Ⅲ 国会の働き
- 立法過程…**委員会**で審議の後、**本会議**で採択
- **国政調査権**（証人喚問もある）、弾劾裁判所
- 国会議員の身分と待遇：歳費特権、**不逮捕特権、免責特権**などあるが、縮小も課題となっている

Ⅳ 国会の課題と改革の動き
- **政府委員制度の廃止**と**副大臣**の導入：官僚政治から政治主導の政治へ
  →副大臣は**政務次官**よりも強い権限
- **党首討論**の導入：イギリスのクエスチョンタイムがモデル
  →討論時間が短いなどの問題点
- 議員立法：内閣提出法案に比べて少ない傾向→議員が問題意識を持ち、発議に向け取り組む
- **女性議員**が少ない→「**候補者男女均等法**」成立

Ⅴ 天皇の地位
- 天皇：内閣の助言と承認により**国事行為**を行う
- 安定的な皇位継承のあり方が議論されている

国権の最高機関
国会が主権者である国民を直接代表するため、国政上のすべての機関の中心にあるということ。

予算
4月1日から翌年3月31日までの、歳出と歳入の計画。状況が著しく変化した場合は補正予算を組む。

特別委員会
委員会の中で、特別な案件について、そのつど設けられる。常任委員会に属さない問題も扱う。

本会議
議員全体で行う会議。議決を行うために必要な出席者数（定足数）は総議員の3分の1以上。委員会の可決後、本会議で審議、議決される。

リクルート事件
1988年に発覚した事件。リクルート社が政財界の有力者らに未公開株を譲渡し、利益を上げさせた。当時の竹下登内閣が総辞職した。

歳費
国会議員に支払われる報酬。

官僚政治
官僚が実質的に政治の権力を握って行う政治。官僚は国民が選ぶことができず、独善的・形式的になりがちとの批判がある。

与党
政権を担当する政党。議院内閣制では議会の多数党であることが多い。一党が単独で与党となる場合と、複数の党が連立して与党となる場合がある。55年体制においては、自民党が与党であり続けた。

野党
政権を担当する与党以外の政党。与党の政策を批判し、意見が異なる法案の成立を阻止しようとする。

三バン
日本の選挙においては、地盤、看板、カバンという「三バン」が重要だといわれる。地盤とは支持者・後援会組織など地元とのつながり、看板とは知名度、カバンとは資金のことを指す。「三バン」が揃う世襲候補などが選挙で有利になりやすい。

○×チェック⑭　衆議院において、内閣不信任決議案が可決されるか、または、信任決議案が否決された場合に、内閣は10日以内に必ず総辞職しなければならない。（14年、追）

政治

↑衆議院本会議で新首相に指名された岸田文雄自民党総裁（2021年10月）

岸田氏が新首相に　約1年での首相交代

　2021年10月4日、衆議院と参議院で内閣総理大臣（首相）指名選挙が行われ、自由民主党（自民党）の岸田文雄総裁が第100代の首相に指名された。20年9月に就任した前任の菅義偉首相は、新型コロナウイルス対策への国民の不満などから、約1年での交代となった。

　岸田首相は、就任直後に衆議院を解散。その後の第49回衆議院議員総選挙（→巻頭9）でも自民党と公明党の連立与党が過半数を獲得し、政権を維持した。そして11月10日に開かれた特別国会で岸田内閣は総辞職し、同日再び岸田総裁が首相に指名され、第101代となる第二次岸田内閣が発足した。

Question
・首相を選ぶことに、主権者である国民はどのように関わっているのだろうか。（→**1**）

3　権力分立と行政の役割

I　権力分立

1 日本における三権分立　〈出題〉

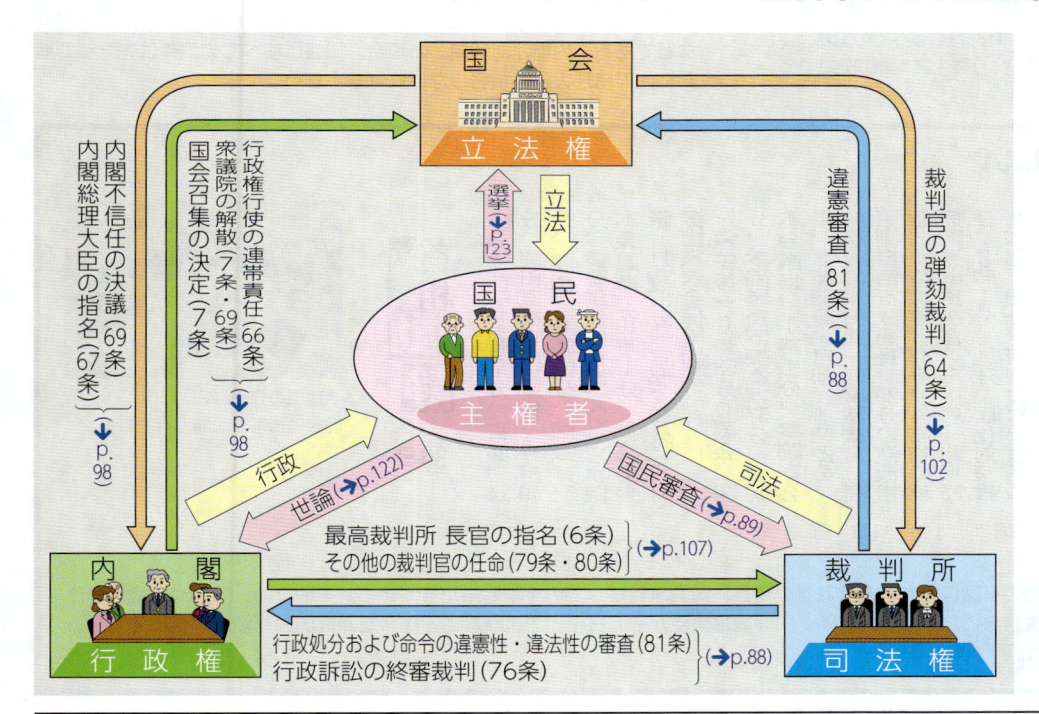

国　会
立　法　権

選挙（→p.123）　立法

国　民
主　権　者

行政権行使の連帯責任66条
衆議院の解散（7条・69条）
国会召集の決定（7条）　→p.98

内閣不信任の決議（69条）
内閣総理大臣の指名（67条）　→p.98

違憲審査（81条）→p.88

裁判官の弾劾裁判（64条）→p.102

行政（→p.122）
世論（→p.122）

国民審査（→p.89）　司法

内　閣
行　政　権

最高裁判所 長官の指名（6条）
その他の裁判官の任命（79条・80条）（→p.107）

行政処分および命令の違憲性・違法性の審査（81条）（→p.88）
行政訴訟の終審裁判（76条）

裁　判　所
司　法　権

解説　権力の濫用を防ぐための三権分立　近代の民主政治の基本原理の一つに**権力分立**がある。かつてヨーロッパでは、国王に権力が集中したことによって濫用され、国民の権利が侵害された。そこで、権力を複数の主体に分けて担わせ、相互に**抑制と均衡**（チェック・アンド・バランス）を図る権力分立が、**モンテスキュー**（→p.43）などによって主張されてきた。

　日本の政府機構は、**議院内閣制**（→p.98）によって立法と行政が連動する性格が強いが、日本国憲法は権力分立の原則を尊重しており、立法権は国会が、行政権は内閣が、司法権は裁判所がそれぞれ担っている。

　主権者である国民は、国会に対しては選挙を通じて監視している。また内閣総理大臣を国会が選ぶことから、国民は国会を通じて内閣をコントロールしているといえる。裁判所に対しては、最高裁判所裁判官にする国民審査が行われている。

政治

×　日本国憲法69条によれば、10日以内に衆議院を解散すれば、総辞職する必要はない。

II 内閣の役割

1 内閣の権限 　頻出

権　限	憲　法	内　容
行政に関する権限	65条 73条	行政権の主体となり、一般行政事務を行う
法律の執行と国務の総理	73条1	法律を確実に執行し、行政事務全般を統括管理する
外交関係の処理	73条2	外交問題を処理する
条約の締結（ていけつ）	73条3	国会の承認が必要
官吏に関する事務の掌理（しょうり）	73条4	政府職員関係の事務を行う
予算案の作成	73条5	国会に提出して審議を受ける
政令の制定	73条6	憲法や法律の規定を実施するために、命令を発する（委任立法）
恩赦（おんしゃ）の決定	73条7	恩赦を決定し、天皇が認証する
天皇の国事行為への助言と承認	3条 7条	天皇の国事行為は、内閣が助言と承認を行い、責任を負う
臨時会の召集	53条	召集は内閣が決定する
参議院の緊急集会の要求	54条②	衆議院の解散中に、必要があれば、緊急集会を要求する
最高裁長官の指名と、その他の裁判官の任命	6条② 79条① 80条①	最高裁長官は内閣が指名し天皇が任命、他の裁判官は内閣が任命。下級裁判官は最高裁で指名し内閣が任命

解説　輔弼（ほひつ）機関から統轄機関へ

大日本帝国憲法下では、内閣は輔弼機関（→p.51）に過ぎなかった。しかし日本国憲法では、行政権は内閣に属し、内閣がすべての行政権を統轄する（65条）。**内閣の権限**は上記のように広範であり、「内閣独自の業務に関する権限」「国会に関する権限」「裁判所に関する権限」に大別される。

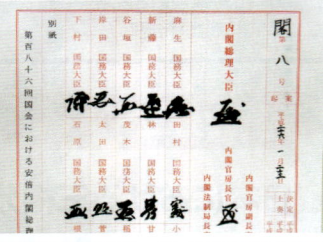

↑**閣議書**（かくぎ）（部分）　すべての国務大臣が花押（サイン）をして閣議決定される。

2 内閣総理大臣の権限 　出題

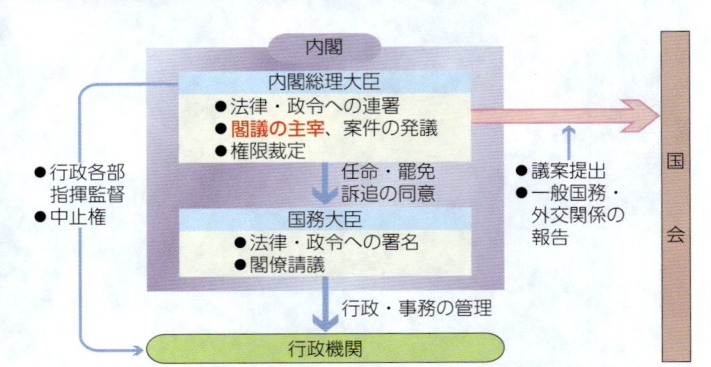

解説　行政権の最高責任者

内閣総理大臣は内閣の首長であり、文民である国会議員の中から指名される。内閣総理大臣は、国務大臣の任命権と罷免権を与えられている（68条）。また行政権の最高責任者であり行政各部を指揮監督する強い権限を持っている（72条）。

3 内閣総辞職

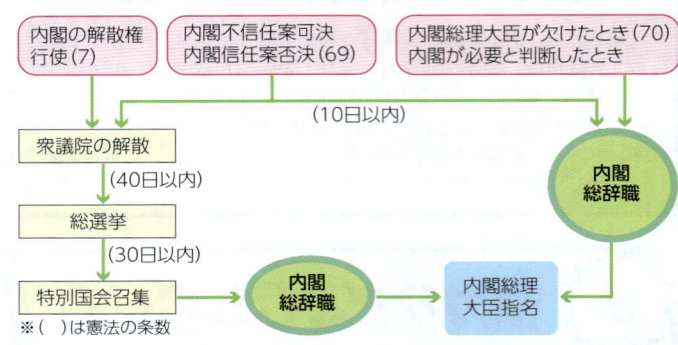

解説　解散権を通じて民意を問う

内閣が総辞職（→補）するのは、内閣不信任案が可決されて10日以内に衆議院が解散されなかった場合などである。内閣が総辞職した場合、国会はすべての案件に先立って新たに内閣総理大臣を指名しなければならない。

内閣総理大臣の一日は忙しい

政治

首相動静 30日

【午前】7時7分、官邸。14分、岡田直樹官房副長官。8時49分、閣議。9時52分、国会。54分、参院議長応接室。57分、参院本会議場。10時1分、参院本会議。11時37分、官邸。40分、北村滋国家安全保障局長。

【午後】0時53分、国会。56分、参院議長応接室。57分、参院本会議場。1時1分、官邸。4時22分、本会議。3時55分、官邸。4時22分、本会議場。滋国家安全保障局長。29分、総務省の黒田武一郎事務次官、高原剛自治行政局長。市川惠一北米局長。昭和内閣情報官。47分、外務省の秋葉剛男事務次官、滝沢裕昭内閣情報官。29分、地球温暖化対策推進本部。5時1分、新型コロナウイルス感染症対策本部。6時2分、東京・芝公園の東京プリンスホテル。宴会場「鳳凰の間」で自民党竹下派のパーティーに出席し、あいさつ。21分、自民党本部。同党広報用のビデオメッセージ収録。58分、東京・虎ノ門のホテル「The Okura Tokyo」。中国料理店「桃花林」で新藤義孝同党政調会長代理と食事。8時24分、東京・赤坂の衆院議員宿舎。

↑**内閣総理大臣の一日の行動を報じる新聞**（2020年10月31日　朝日新聞）

↑**閣議の様子**（2013年）閣議は通常非公開で行われる。

内閣総理大臣は、内閣の責任者としての役割はもちろん、政党の党首、国会議員としての役割も果たしている。そのため、閣議や国会、さまざまな会合など、分刻みでさまざまな業務をこなす必要がある。内閣総理大臣がその日にどのようなことをしたかは国民が知るべき情報であるとして、詳しく報道している新聞もある。

○×チェック⑮　2000年代に、いわゆる「構造改革」の一環として、特殊法人の統廃合や民営化が推し進められた。（15年、道）

省庁が集まる霞が関

東京都千代田区霞が関周辺には中央省庁が集まっている。
＊内閣府の建物は手前の建物に隠れている。

（写真中のラベル）最高裁判所／皇居／宮内庁／国会議事堂／首相官邸／内閣府／金融庁／消費者庁・復興庁／文部科学省／財務省／経済産業省／外務省／国土交通省／総務省・国家公安委員会／農林水産省／厚生労働省・環境省／法務省／公正取引委員会

1 行政機関 出題

解説 **1府12省庁体制** 2001年に**省庁再編**が行われ、1府22省庁から1府12省庁体制となった。その結果、総務省、国土交通省、経済産業省などの巨大な官庁が誕生した。内閣府は、内閣総理大臣を長として、ほかの省庁よりも一段高い位置づけになっている。07年には自衛隊の役割の拡大を狙い、防衛庁が防衛省に昇格した。15年にはスポーツ庁と防衛装備庁が新設された。そして21年にはデジタル庁が新設された。

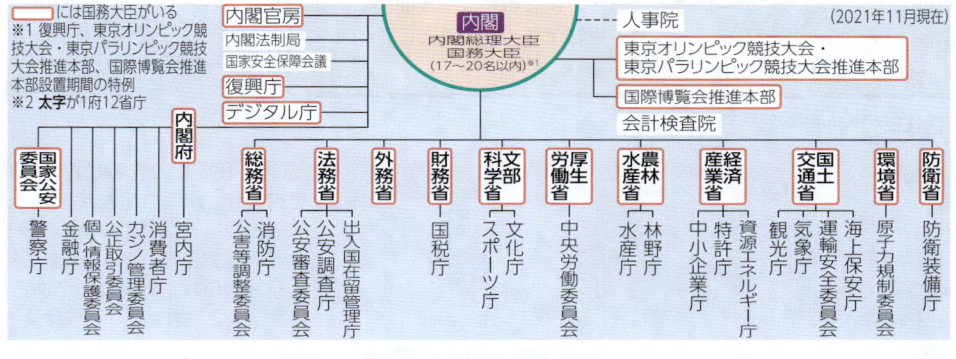

（組織図中のラベル）には国務大臣がいる／※1 復興庁、東京オリンピック競技大会・東京パラリンピック競技大会推進本部、国際博覧会推進本部設置期間の特例／※2 太字が1府12省庁（2021年11月現在）／内閣官房／内閣法制局／国家安全保障会議／復興庁／デジタル庁／内閣／内閣総理大臣 国務大臣（17〜20名以内）※1／人事院／東京オリンピック競技大会・東京パラリンピック競技大会推進本部／国際博覧会推進本部／会計検査院／内閣府／国家公安委員会／総務省／法務省／外務省／財務省／文部科学省／厚生労働省／農林水産省／経済産業省／国土交通省／環境省／防衛省／警察庁／金融庁／個人情報保護委員会／公正取引委員会／カジノ管理委員会／宮内庁／消防庁／公害等調整委員会／公安審査委員会／公安調査庁／出入国在留管理庁／国税庁／文化庁／スポーツ庁／中央労働委員会／林野庁／水産庁／中小企業庁／特許庁／資源エネルギー庁／観光庁／気象庁／運輸安全委員会／海上保安庁／原子力規制委員会／防衛装備庁

2 行政機能の拡大 出題

①委任立法

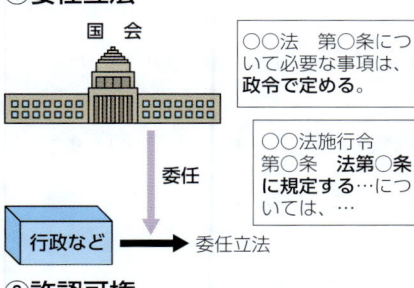

国会 → 委任 → 行政など → 委任立法

○○法 第○条について必要な事項は、**政令で定める**。

○○法施行令 第○条 **法第○条**に規定する…については、…

解説 **細部を行政が定める** 国会が制定する法律を実施するために必要な命令や細則を、法律の委任に基づいて、行政機関などが定めることを**委任立法**という。

②許認可権

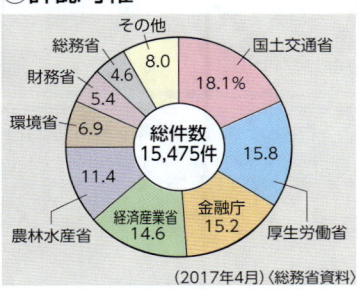

総件数 15,475件
国土交通省 18.1%／金融庁 15.8／厚生労働省 15.2／経済産業省 14.6／農林水産省 11.4／環境省 6.9／財務省 5.4／総務省 4.6／その他 8.0
（2017年4月）〈総務省資料〉

解説 **企業活動にも影響** 国民生活の安全確保などを目的に、行政機関が持っている各種の許可・認可などの権限を**許認可権**という。これにより、行政機関は企業などに対し助言・指導（**行政指導**）を行える反面、行政機関の強大化、肥大化をもたらしているとの指摘もあり、見直しが進められている。

3 公務員数の推移

解説 **減少する公務員数** 財政赤字を抑えるために、政府や地方自治体は、公務員にかかる総人件費の削減を進めている。行政のスリム化を進めることには評価の声もある一方で、公共サービスの低下を心配する声もある。

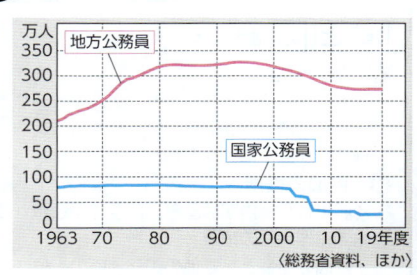

（グラフ）万人 地方公務員／国家公務員／350 300 250 200 150 100 50 0／1963 70 80 90 2000 10 19年度〈総務省資料、ほか〉

4 天下り

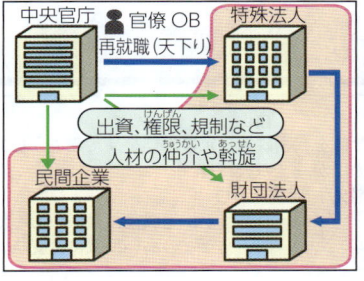

中央官庁／官僚OB 再就職（天下り）／特殊法人／出資、権限、規制など／人材の仲介や斡旋／民間企業／財団法人

解説 **天下りの制限** 官僚（→補）が議会や内閣以上に政治の実権を握り、行政、立法に影響を及ぼすような官僚政治の弊害を防ぐために、**天下り**（→補）の制限が設けられている。2007年の国家公務員法の改正では、再就職の斡旋禁止、現職公務員の求職規制、OBの口利き禁止が定められた。

政治

○×チェック 答え㊺　○　2000年代前半に小泉内閣の下で「小さな政府論」に基づく「構造改革」が行われ、日本道路公団の民営化など、特殊法人の統廃合や民営化が推し進められた。

Ⅳ 行政改革

規制緩和の功罪

↑事故で転落したバスを引き上げる作業現場（2016年）　スキー客を乗せたバスが転落したこの事故では15名が死亡した。

　貸切バス事業の規制緩和を背景に、2010年代にはツアーバスの重大事故が相次いだ。規制緩和はバス業者の参入を促し、格安ツアーが登場するなどの恩恵を消費者にもたらした。しかし、競争の激化によって経費削減が求められるなか、運転手の労働環境は悪化し、事故発生の一因にもなった。規制緩和は、民間の経済活動の活性化が期待できる一方で、規制がなくなることによって生じる影響も踏まえた判断が求められる。

◢1 行政改革の歩み　◀頻出

年	出来事
1981	第二次臨時行政調査会が、3公社（国鉄、電電公社、専売公社）の民営化を提言
85	日本電信電話公社（電電公社）を民営化し、**日本電信電話株式会社（NTT）**が発足
	日本専売公社（専売公社）を民営化し、**日本たばこ産業株式会社（JT）**が発足
87	日本国有鉄道（国鉄）を分割、民営化し、六つの旅客鉄道会社（**JR東海**など）および貨物鉄道会社と国鉄清算事業団が発足
93	**行政手続法**制定（行政運営における公正の確保と透明性の向上を図る）
99	**情報公開法**（➡p.70）制定
2001	中央省庁再編（1府22省庁から1府12省庁へ）
	独立行政法人が発足（主に研究機関や博物館などの公共的事業が対象）
04	国立大学を国立大学法人化
05	道路関係4公団を民営化
07	郵政事業を民営化し、日本郵政グループが発足
08	政府系金融機関8機関を統廃合
09	行政刷新会議を設置し、「事業仕分け」を実施
12	郵政民営化法の改正により、4社へ再編
18	水道法改正（民間事業者とも連携し、水道の基盤強化を図る）

解説 **効率性を改善**　国や地方の行政機構や制度を見直すことを**行政改革**という。行政の民主化として官僚主導から政治主導への改革、行政のスリム化として中央官庁の統合・公務員の削減などが行われた。2000年代には**郵政民営化**（➡p.249）や日本道路公団の民営化なども行われている。また、インターネット上で行政手続きができるなど行政サービスの向上も図られている。ほかにも、ムダを排し行政のスリム化を図るために**行政事業レビュー**（➡補）などが行われている。

◢2 民営化

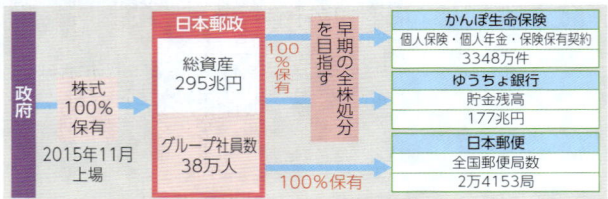

（2015年）〈日本経済新聞資料、ほか〉　←郵政民営化のしくみ

解説 **民間にできることは民間に**　1980年代には3公社（国鉄、電電公社、専売公社）が民営化された。そして2000年代には、小泉内閣の下、郵政（郵政省→総務省管轄の郵政事業庁→日本郵政公社→日本郵政グループ）、造幣、印刷などの現業部門が独立行政法人化や民営化された。なお国立大学については、より一層優れた教育や特色ある研究ができるよう、国の組織から独立した国立大学法人とされた。

まとめ ■■ ■■ ■■

Ⅰ　権力分立
・**権力分立**（三権分立）…モンテスキューなどが主張
　国会（立法）、内閣（行政）、裁判所（司法）
　→三権が互いに**抑制と均衡**

Ⅱ　内閣の役割
・**内閣の権限**→内閣は国務大臣全体の会議（閣議）によって職権を行使
・内閣総理大臣の権限
　・内閣の首長として他の国務大臣の上位に
　・国務大臣の任免権を持つ
　・内閣を代表して議案を国会に提出。行政各部を指揮監督する
・内閣総辞職
　・内閣不信任案が議決されたとき
　・内閣総理大臣が欠けたとき　など

Ⅲ　行政の活動と課題
・行政機関…2001年に**省庁再編**が行われ、1府12省庁体制になった
・行政機能の拡大
　→**委任立法**、許認可権
・公務員数の推移…財政赤字を抑えるために、公務員にかかる総人件費の削減を進めている
・天下り…官僚政治の弊害を防ぐために、制限が設けられている

Ⅳ　行政改革
・行政改革
　→行政の民主化…官僚主導から政治主導への改革
　→行政のスリム化…中央官庁の統合・公務員の削減
・民営化
　1980年代の3公社、2000年代の現業部門

補足解説

総辞職
内閣の閣僚全員が、連帯で責任を負って辞めること。内閣総理大臣が国務大臣の全員または一部を罷免することは内閣改造という。

官僚
政策決定に影響を与えるような上級の公務員。

天下り
公務員が、退職後、関係のあった民間企業などの高い役職に再就職すること。それまでの地位や関係を利用して高額の報酬などを受け取ることから、世論の批判を受けている。

行政事業レビュー
約5000に及ぶ国のすべての事業について、各省庁みずからが前年度の実施状況を点検する作業。外部有識者による検証も踏まえ、翌年度の予算の概算要求に反映する。

池上ライブ！ ゼミナール 深く考えよう 世界の政治体制

POINT 世界には議院内閣制、大統領制などさまざまな政治体制があります。行政権、司法権、立法権の分立のしかたなど、それぞれの政治体制の特色を見てみましょう。

↑アメリカ大統領選挙のテレビ討論会で討論する民主党のバイデン候補（右）と共和党のトランプ候補（左）（2020年）

1 主な政治体制の比較 〈頻出〉

	議院内閣制	大統領制	権力集中制（民主集中制）
代表的な国家	イギリス	アメリカ	中国
国家元首	君主	大統領	国家主席
権力分立	一般的に、内閣（行政権）は、議会（立法権）から選抜される。 ↑エリザベス2世	厳格な**三権分立**がなされており、大統領（行政権）、議会（立法権）、裁判所（司法権）に分かれている。 ↑バイデン大統領	人民の代表機関としての**全国人民代表大会**（全人代）に、すべての権力が集中している。 ↑習近平国家主席
特徴	首相は議会の多数を占める勢力から選抜される。議会と内閣の権力の分立は、厳密ではなく、緩やかな状態にある。そのため首相を選出する議会が、内閣より優越する。また、内閣は首相を選出した議会に連帯して責任を負う。	大統領は、実質的には国民から直接選挙で選ばれるため、国民に対して直接責任を負い、強いリーダーシップを発揮できる。議員も直接選挙で選ばれるため、大統領と議会の地位は対等である。	国家主席は、全人代で選出される。国家の最高行政機関である国務院（内閣）は、全人代常務委員会に対して責任を負う。形式的には全人代に全権力が集中するが、事実上は共産党が指導する一党独裁体制を基本とする。

解説 **権力分立のあり方は国によりさまざま** かつては、**君主**が名実ともに国家を代表していた。現在でも、サウジアラビアのように、一人の君主が政治を行う君主制の国もある。しかし、現在では君主がいながらも憲法に基づいて政治を行う**立憲君主制**を採る国が多い。

自由主義国家の政治体制には**議院内閣制**と**大統領制**があり、立憲君主制で比較的長い歴史を持つ国は議院内閣制を採ることが多い。一方、革命などの結果、君主を置かずに政治を行う**共和制**を採る国や、かつての植民地や旧共産圏で民主化の後に短期間で国家を形成した国は、大統領制を採ることが多い。そのような国の中には、かつて君主が果たしていた役割を、任期の定められた大統領が果たしている国もある。また、フ

ランスのように、国民により直接選ばれる大統領と並んで、国会において首相が選出され内閣を構成する制度を持つ国もあり、**半大統領制**ともよばれる。

社会主義国家の政治体制の特徴には**権力集中制**がある。ソ連の解体後の現在では、中国、北朝鮮、ベトナム、キューバなどでしか見られず、それらの国も自由主義を取り入れる形で大きく変容してきている。

なお、実際の政治体制の具体的な運用は国によって大きく異なり、**国家元首**の権限なども同じではない。日本は**象徴天皇制**（→p.104）だが、それは立憲君主制であるという考え方や、そうではないとする考え方などがある。

2 イギリスの政治体制 頻出

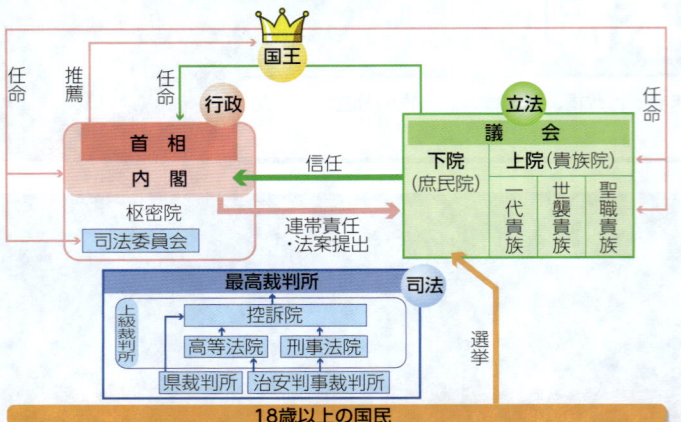

※上院は選挙によって選ばれるのではない、イングランドの制度

特色	・**議院内閣制** ・憲法としては単一の憲法典は存在しないため、不文憲法の国家といわれる。**マグナカルタ**（1215年、→p.45）、**権利請願**（1628年）などの成文化されたものと、**慣習法**によって憲法を構成。
国家元首	・女王エリザベス2世（1952年2月6日即位）を君主とする**立憲君主制**。 ・終身任期を持つ君主は、「**君臨すれども統治せず**」であり、主に儀礼的な権限を持つ。実際の三権は、行政権は内閣、立法権は議会、司法権は裁判所に委任。
行政	・**内閣**…下院の最大勢力との結び付きが密接で、強い権限を持つ。通例、下院の最大勢力の指導者が、下院によって**首相**として選出され、国王により任命される。選出した下院に対して連帯責任を負う。 ・**枢密院**…国王の諮問機関。 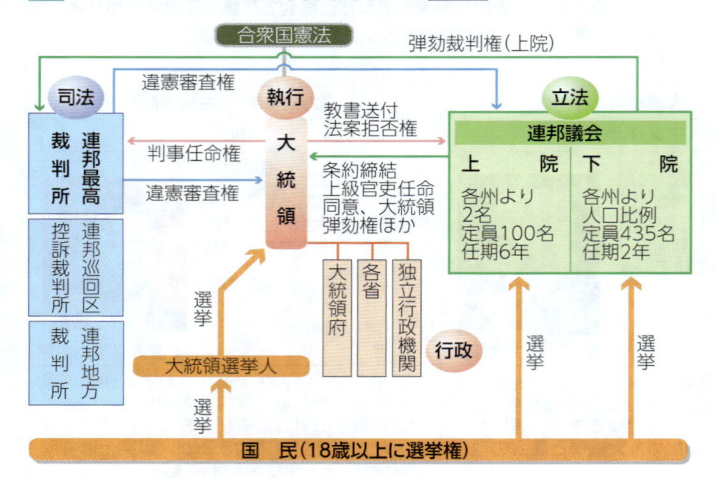 →ジョンソン首相
立法	・議会は、**上院**（貴族院）と**下院**（庶民院）の**二院制**を採る。1911年議会法以降、下院が優越的な地位。 ・**上院（貴族院）**…定数はない（793人、2019年11月現在）。聖職、世襲、一代の各貴族によりなる。任期は**終身**。**選挙で選出されず**、批判の対象となることがある。 ・**下院**（庶民院）…定数は650議席。任期は5年（解散あり）。
司法	・憲法典がないので違憲審査権はないが、ヨーロッパ人権条約やEU諸法と国内法との抵触関係を審査する。
政党	・**労働党**と**保守党**の二大政党を中心とする。しかし、自民党などの政党も存在する。野党第一党は「**影の内閣（シャドーキャビネット）**」を組織し、政権獲得に備える。

←**下院議場**（2013年）　足元にある二本の赤い線は sword line（剣線、→p.45）である。これは、中央にある質問などを行う台と左右の議員席を分けるもので、互いの剣が届かない距離に引かれている。剣を身につけていた頃のなごりだが、現在でも無用に越えてはならないことになっている。

3 アメリカの政治体制 頻出

特色	・**大統領制** ・連邦制のため、各州の力が強い**地方分権主義**。 ・中央政府は**連邦政府**であり、権限は憲法に列挙された外交権、軍の編成・統帥権、国際・州際通商規制権、通貨発行権などに限定され、それ以外の権限はすべて各州に留保。
国家元首	・ジョー=バイデン大統領（2021年1月20日就任） ・国家元首は**大統領**。任期は**4年**。大統領は、大統領選挙人団によって選ばれる間接選挙ではあるが、今日では各政党が大統領候補をあらかじめ指名しているので実質的には直接選挙と変わりがないといわれる。**3選は禁止**されている。厳密な権力分立が採られ、議会に法案を提出する権限や**議会を解散する権限**を持たず、教書を送り立法を勧告するのみである（ただし、議会の法案に対し**拒否権**を持つ）。他方で議会には**大統領の不信任決議権がない**。また陸海空三軍の最高司令官でもある。大統領が死亡した場合には副大統領が職務を継承する。
執行行政	・大統領は行政活動の最高責任者。 ・**大統領府**…大統領の職務を補佐する機関。 ・大統領府、各省、独立の行政機関より成る。
立法	・連邦議会は上院と下院の**二院制**を採用。両院の権限は同じ。 ・**上院**…州を基礎とし、各州から2名の上院議員を選出する権限を持っており、定数100議席、任期は6年（2年ごとに約3分の1ずつ改選）。大統領に対する弾劾を審判する権限を持つ。 ・**下院**…人口に比例して各州に割り当てられる議員によって構成。435議席、任期は2年（2年ごとに全員改選）。大統領に対する弾劾訴追権を持つ。
司法	・厳格な権力分立により、**違憲審査権**を持つ。
政党	・**共和党**と**民主党**の二大政党制。しかし、地域代表的であり、全国組織は事実上存在しない。二大政党はイデオロギー的に近い部分が多い。

←**大統領が一般教書演説を行う上下両院合同議会**（2020年）　一般教書演説とは、大統領が国の現状を踏まえて基本政策を説明すること。日本では内閣総理大臣の施政方針演説にあたる。

4 中国の政治体制 　頻出

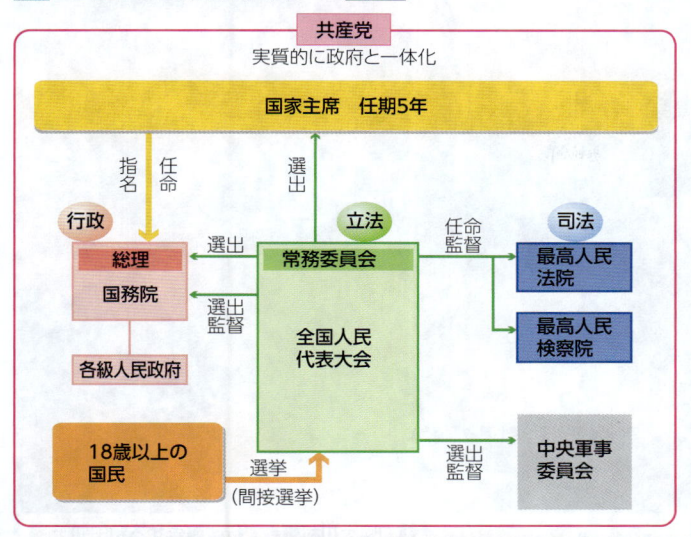

特色	・社会主義国家 ・省などから選出される代表から成る**全国人民代表大会**（全人代）にすべての権力が集中する**権力集中制**。 ・**中国共産党**による事実上の一党独裁。
国家元首	・全人代で選出された**国家主席**。共産党の総書記による兼任が慣行となっている。 ・任期は5年。2018年の憲法改正で「2期まで」の文言が削除された。 ・独裁的な強い力を持つ。対内的, 対外的に国家を代表し, 国務院指導者の任免, 戒厳令の発布, 外国使節の接受などを行う。
行政	・行政の最高機関が**国務院**。 ・国務院は総理（首相）、副総理（副首相）、国務委員、各部部長（大臣）などで構成される。国務院総理は国家主席の指名に基づいて全人代が決定し, 国家主席が任命する。
立法	・全人代は国家の最高機関で全権力が集中する。憲法やその他の法律を立法し, 行政、司法、軍事機関の責任者などを任免する。 ・全人代は一院制で, 任期5年で解散はない。毎年1回開催される。 ・全人代の常設機関として全人代常務委員会がある。
司法	・国家の裁判機関は人民法院で, **最高人民法院**、地方人民法院、軍事法院が設けられている。審理は二審性で行われる。 ・国家の法律監督機関として人民検察院がある。
政党	・八つの政党（民主党派）が存在しているが, 憲法前文で共産党の指導性が明記されている。

←**全国人民代表大会**（2021年）　省・自治区・直轄市の人民代表大会および軍から選出された代表などで構成される。定数は3000人以下とされ, 少数民族や共産党員でない者も含まれる。投票は多数決で行われるが, 反対票はごく少数にとどまることが多い。

5 ロシアの政治体制

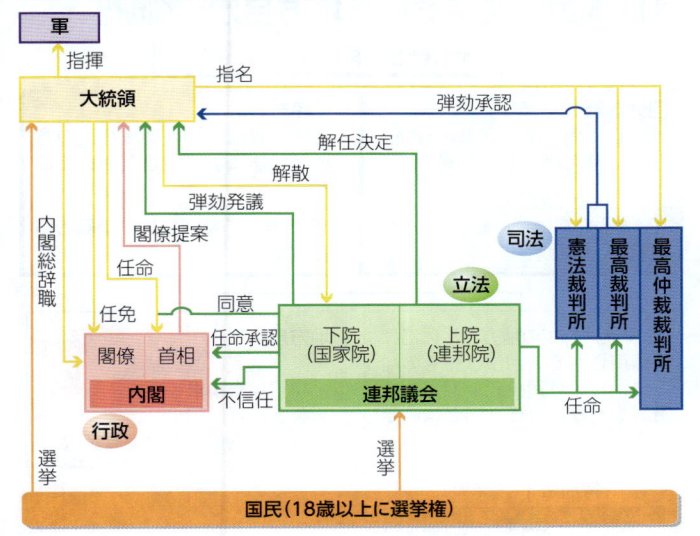

特色	・連邦共和制 ・大統領の権限が強力。
国家元首	・**大統領**、任期6年。 ・国民の直接選挙で選出される。 ・首相任命権、下院解散権、軍の指揮権を持つ。  →**プーチン大統領**
行政	・首相は大統領が任命し, 下院が承認する。 ・閣僚の任免権は大統領にある。
立法	・二院制を採用。内閣不信任案提出権などの点で下院が優越する。 ・連邦院（**上院**）…任期は4〜5年で定数166名。連邦構成主体から2名ずつ選出される。 ・国家院（**下院**）…任期は5年で定数450名。半数は比例代表選挙、半数は小選挙区から選出される。
司法	・**憲法裁判所**…違憲審査、憲法解釈を行う。 ・**最高裁判所**…民事、刑事、行政などに関するものを扱う。 ・**最高仲裁裁判所**…経済などに関するものを扱う。

→**プーチン大統領の演説を聞く下院議員たち**（2020年）　プーチン大統領は2000年から08年の2期8年大統領を務めた。その後08年から12年は首相となり, 12年に再び大統領に就任した。20年の憲法改正で大統領の連続3選を禁止する条項が撤廃されたため, さらに任期が伸びる可能性がある。

過疎化で問われる地方自治のあり方

↑高知県大川村議会で行政報告する和田知士村長（右から3人目、2017年）

高知県にある大川村の人口は約400人。人口減少や高齢化に伴い、2017年には村議会の存続が困難であるとして、議会を廃止し全有権者で構成される「町村総会」を設置することが検討された。しかし和田知士村長は翌年、有権者が首長と議員を選ぶ二元代表制を維持することは重要であるとの考えを示し、議会を存続する方針を明らかにした。

大川村議会は存続の方向だが、議員のなり手不足は全国的な課題となっており、改めて地方自治における議会の役割が問われている。

Question
・地方自治体はどのような仕事をしているのだろうか。（→ I II）

4 地方自治の役割と課題

I 地方自治とは

政治

1 民主主義の学校 〈出題〉

小地域に於ける自治が、自由国の市民に必要な能力の形成を資けた（中略）地方自治は民主政治の最良の学校、その成功の最良の保証人なりと云う格言の正しいことを示すものである。
（ブライス 松山武訳『近代民主政治』岩波書店）

←ブライス（1838～1922）

地域自治の制度が自由にとってもつ意味は、学問に対する小学校のそれに当たる。この制度によって自由は人民の手の届くところにおかれる。
（トクヴィル 松本礼二訳『アメリカのデモクラシー』岩波書店）

←トクヴィル（1805～59）

解説 **地方自治は民主政治の最良の学校** イギリスの政治学者**ブライス**は、**地方自治**が私たちの生活の身近な問題に対処し、解決するものだからこそ民主政治の土台となり、また、私たちが地方自治に参加することで民主主義を学ぶ身近なよい機会になると考えた。

同様にフランスの政治学者**トクヴィル**は著書『アメリカのデモクラシー』で、地方自治が民主主義の実現に貢献すると主張している。

2 日本国憲法における地方自治 〈出題〉

地方自治の本旨〔憲法92条〕

団体自治
地方自治体が中央政府から独立して方針を決定し、運営できること

〔94条〕財産管理、事務処理、行政執行、条例制定

住民自治
地域の政治はその地域住民の意思と責任によって運営されること

〔93条〕首長、議員、吏員の直接選挙

〔95条〕特定の地方自治体だけに適用される特別法は、その地方自治体の住民投票で過半数の賛成を得なければ、国会は制定できない

地方自治法
・条例制定、改廃請求
・事務監査請求
・議会の解散請求
・首長・議員などの解職請求

特別法↑

国会

解説 **団体自治と住民自治から成り立つ** **地方自治の本旨**とは、「地方自治の理念」ともいうべきものであり、**団体自治**と**住民自治**の原理から成り立っている。団体自治とは地方自治の実施主体である地方自治体が国の指導・監督を受けることなく独立してその政治を行うことである。そして、住民自治とは地方自治がその地域の住民の手で行われることである。日本国憲法では8章でこの二つの原則が保障されている。

○×チェック46 地方自治体の議会は首長に対して不信任決議を行えるが、首長が議会を解散することはできない。（15年、道）

③国と地方自治体の違い <出題>

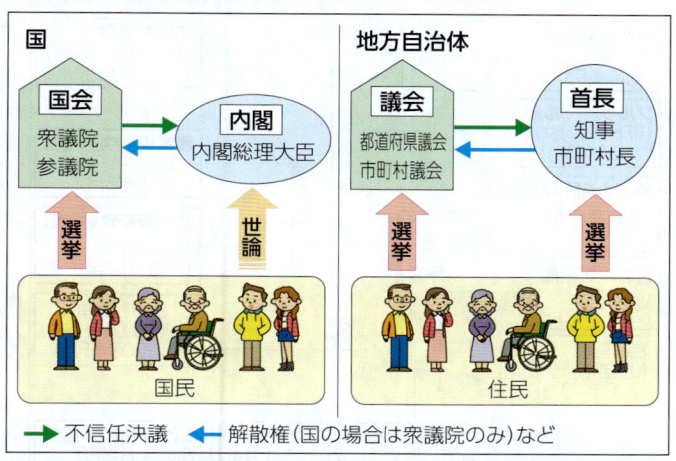

国

国会	→ 内閣	
衆議院 参議院	内閣総理大臣	

地方自治体

議会	→	首長
都道府県議会 市町村議会		知事 市町村長

選挙　世論　　選挙　選挙

国民　　　　　住民

→ 不信任決議　← 解散権（国の場合は衆議院のみ）など

↑東京都知事選挙を知らせる横断幕を掲げた都庁（2016年）

解説 首長も議員も選挙で選ばれる
日本の統治機構は、国と地方自治体（地方）に分けられる。国は、外交、安全保障、経済政策など、国全体に関わる仕事をするのに対し、地方（都道府県や市町村）は、住民生活に身近なサービスを提供する。

国の場合、国会議員は選挙で選ばれるが、行政の代表（内閣総理大臣）は、国会議員から選ばれる。これに対して地方では、議会議員も、行政の代表である首長も選挙によって選ばれる。住民の意見を代表した二つの代表が並存することになる（**二元代表制**）。

④地方自治のしくみ <頻出>

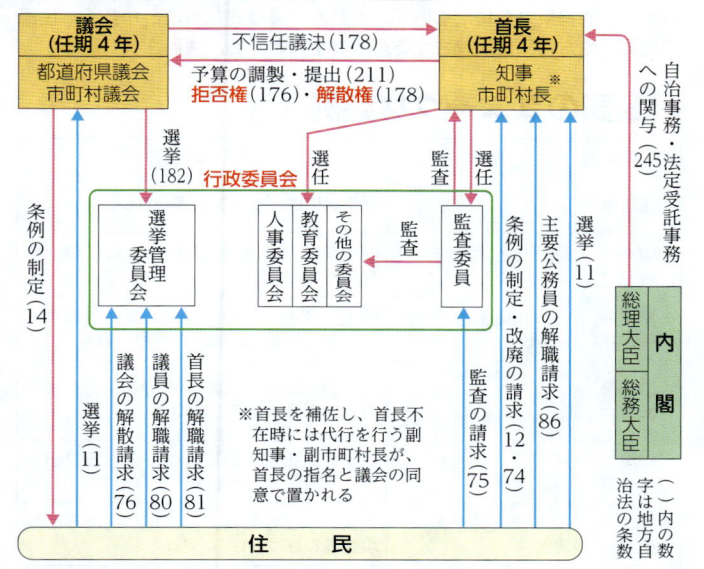

議会（任期4年）	不信任議決（178）	首長（任期4年）
都道府県議会 市町村議会	予算の調製・提出（211）拒否権（176）・解散権（178）	知事 市町村長 ※

自治事務・法定受託事務への関与（245）

選挙（182）　**行政委員会**

選挙　選任　監査　選任

| 選挙管理委員会 | 人事委員会 | 教育委員会 | その他の委員会 | 監査委員 |

監査　監査

条例の制定（14）

条例の制定・改廃の請求（12・74）

監査の請求（75）

選挙（11）

※首長を補佐し、首長不在時には代行を行う副知事・副市町村長が、首長の指名と議会の同意で置かれる

選挙（11）
議会の解散請求（76）
議員の解職請求（80）
首長の解職請求（81）

主要公務員の解職請求（86）

| 総理大臣・総務大臣 | 内閣 |

（　）内の数字は地方自治法の条数

住　民

解説 自主性と自立性を強化　大日本帝国憲法（→p.51、353）には地方自治の規定がなかった。地方制度自体はあったが、それは中央集権制の下で中央の決定を地方に徹底させるためのものであった。戦後、日本国憲法によって地方自治が保障され、地方自治法の制定によって**直接請求権**（→Ⅱ①①）も認められるようになった。

⑤地方分権一括法 <頻出>

①法律のポイント

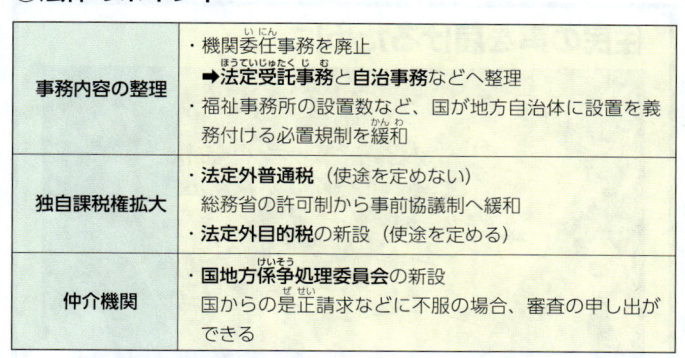

事務内容の整理	・機関委任事務を廃止 ➡**法定受託事務**と**自治事務**などへ整理 ・福祉事務所の設置数など、国が地方自治体に設置を義務付ける必置規制を緩和
独自課税権拡大	・**法定外普通税**（使途を定めない）総務省の許可制から事前協議制へ緩和 ・**法定外目的税**の新設（使途を定める）
仲介機関	・**国地方係争処理委員会**の新設 国からの是正請求などに不服の場合、審査の申し出ができる

解説 国と地方自治体の関係を対等に　2000年4月に施行された**地方分権一括法**の目的は、国と地方自治体との関係を、従来の中央集権型の「上下関係」から、地方分権型の「対等関係」へと改めることにある。具体的には、地方自治体の自治的な事務内容の割合引き上げや、権限移譲、**独自課税権**（法律に定めのない税を条例で創設し、課税できる権限）の拡大などが盛り込まれ、地方自治体の自立性を確保する狙いがある。

②事務内容の変化

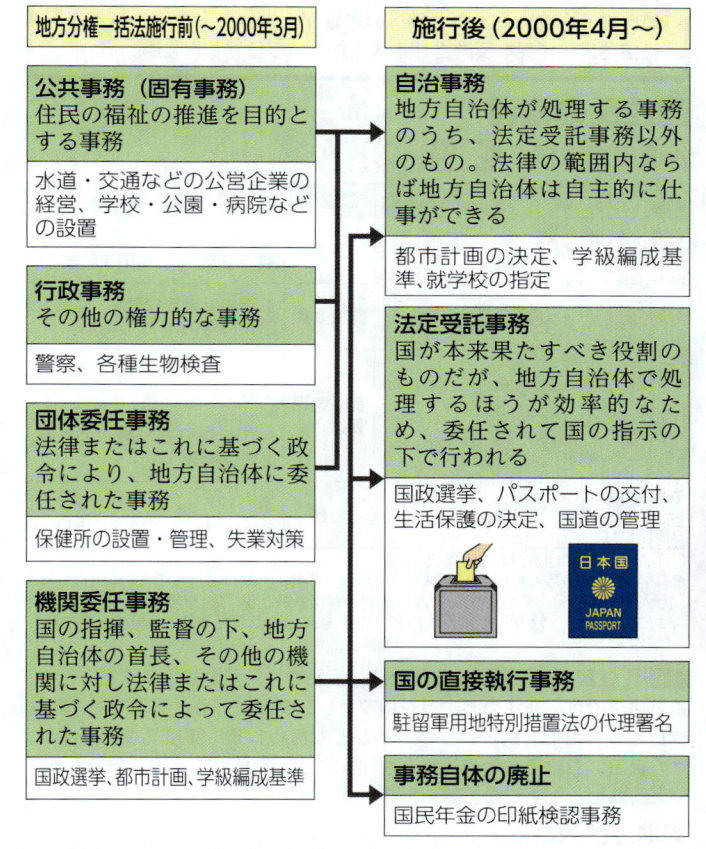

地方分権一括法施行前（～2000年3月）	施行後（2000年4月～）
公共事務（固有事務） 住民の福祉の推進を目的とする事務	**自治事務** 地方自治体が処理する事務のうち、法定受託事務以外のもの。法律の範囲内ならば地方自治体は自主的に仕事ができる
水道・交通などの公営企業の経営、学校・公園・病院などの設置	都市計画の決定、学級編成基準、就学校の指定
行政事務 その他の権力的な事務	**法定受託事務** 国が本来果たすべき役割のものだが、地方自治体で処理するほうが効率的なため、委任されて国の指示の下で行われる
警察、各種生物検査	
団体委任事務 法律またはこれに基づく政令により、地方自治体に委任された事務	
保健所の設置・管理、失業対策	国政選挙、パスポートの交付、生活保護の決定、国道の管理
機関委任事務 国の指揮、監督の下、地方自治体の首長、その他の機関に対し法律またはこれに基づく政令によって委任された事務	**国の直接執行事務**
	駐留軍用地特別措置法の代理署名
国政選挙、都市計画、学級編成基準	**事務自体の廃止**
	国民年金の印紙検認事務

解説 地方自治体の裁量の対象を明確に　それまで国の下部機関と見なされ国の仕事を代行していた**機関委任事務**（→補）が、地方分権一括法施行により、地方自治体の裁量の下で行える**自治事務**と、法令により国の仕事が委託される**法定受託事務**に整理され、より地方の実情が行政に反映できるしくみとなった。

政治

Ⅱ 住民と地方自治

住民の声を届けるために

↑住民投票条例制定を目指して東京都に署名を提出した市民団体

　2012年、市民団体が原発再稼働（→p.315）の是非に関する住民投票条例の制定について、約32万人の署名を集め、東京都に直接請求した。都議会で条例案は否決されたが、同様の請求が全国に広がった。原発再稼働の是非については国が判断すべきだという考えもある一方、住民への影響が大きいテーマについては、直接住民の意見を反映させるべきだという意見も根強い。

1 住民の権利

①直接請求権　<頻出>

種　類	必要署名数	請求先	内　容
条例の制定・改廃（イニシアティブ）(74)	（有権者の）1/50以上	首長	首長は議会にかけ議決（過半数で成立）し、結果を公表
事務監査 (75)(→補)		監査委員	監査の結果を公表し、議会や首長に報告
リコール　議会の解散 (76)	1/3以上*	選挙管理委員会	住民投票で過半数の同意があれば解散
リコール　首長・議員の解職 (80・81)	1/3以上*	選挙管理委員会	住民投票で過半数の同意があれば解職
リコール　主要な職員の解職 (86)		首長	議会(2/3以上出席)にかけ、その3/4以上の賛成で解職

（　）内の数字は地方自治法の条数

＊有権者数が40万人を超え80万人以下の地方自治体では、40万人の3分の1と、40万人を超える分の6分の1を合計した数。有権者数が80万人を超える地方自治体では、40万人の3分の1と40万人の6分の1、80万人を超える分の8分の1を合計した数。

解説 **住民自治を実現するために**　国民や住民が直接投票することで、提案事項の可否を決めることを**レファレンダム**という。日本では、憲法改正と地方自治特別法、リコールなどで行われる。**直接請求**の制度は、地方自治における政治のしくみが住民にとって身近であることの表れといえる。

②地方参政権

地方参政権	地方自治体の長（任期4年）	選挙権	18歳以上
		被選挙権	30歳以上（知事）
			25歳以上（市町村長）
	地方議会の議員（任期4年）	選挙権	18歳以上
		被選挙権	25歳以上

2 住民投票　<頻出>

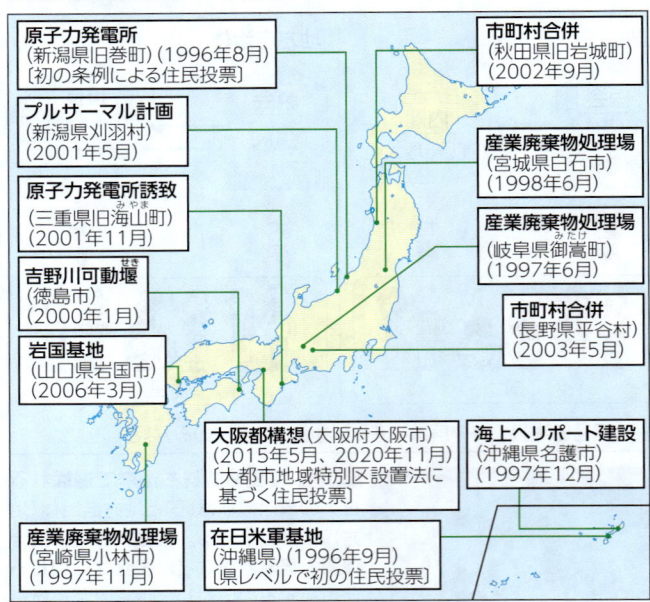

↑住民投票の例

解説 **住民の民意を地方行政に反映**　住民投票とは地方自治における間接民主制の限界を補うための制度である。条例制定により未成年者に投票権を与えている地方自治体もある。主に以下の場合に実施される。

①住民の直接請求による議会の解散や首長、議員の解職請求の可否を問う場合

②国会が特定の地方自治体のみに適用される特別法を制定するときの可否を問う場合（現在ではあまり使われない）

③住民投票条例制定の直接請求や首長や議員の住民投票条例制定提案が議会で可決された場合

　①と②の場合、過半数を獲得した投票結果は法的拘束力を持つ。③の場合は法的拘束力を持たないが、実質的に尊重されることが多く、住民の民意を地方行政に反映させる重要な手段として、注目されている。

3 全国のユニークな条例

県・市町村	条例	具体的な内容例
宮城県	宮城県暴走族根絶の促進に関する条例	暴走族にはガソリンを売らない。
山形県飯豊町	ふるさと定住いいですね条例	U・Iターンや出産の支援のために奨励金を交付する。
東京都千代田区	千代田区生活環境条例	路上禁煙地区での喫煙や、吸い殻のポイ捨てをした場合、罰則が適用される。
岡山県井原市	美しい星空を守る井原市光害防止条例	屋外照明は午後10時から翌明日の出までの間、消灯することを奨励する。
徳島県美波町	美波町ウミガメ保護条例	ウミガメの産卵時には妨げとなるフラッシュや照明を使った撮影を禁止する。
沖縄県那覇市	那覇市ハブ対策条例	市民はハブが繁殖、徘徊しないように環境整備しなければならない。

解説 **条例はあくまでも法律の範囲内で制定できる**　地方自治体は憲法94条によって条例を制定できる。また、地方分権一括法の施行により、条例を制定できる範囲は広がり、その地域の実情に合わせた条例が制定されている。しかし、条例の実効性は法律に比べて弱く、法律に抵触する条例は制定できないという限界もある。

政治

行政活動の監視を目的とするオンブズマン制度は、地方自治体には設けられたことがない。（15年、追）

日本初のオンブズマン（神奈川県川崎市）

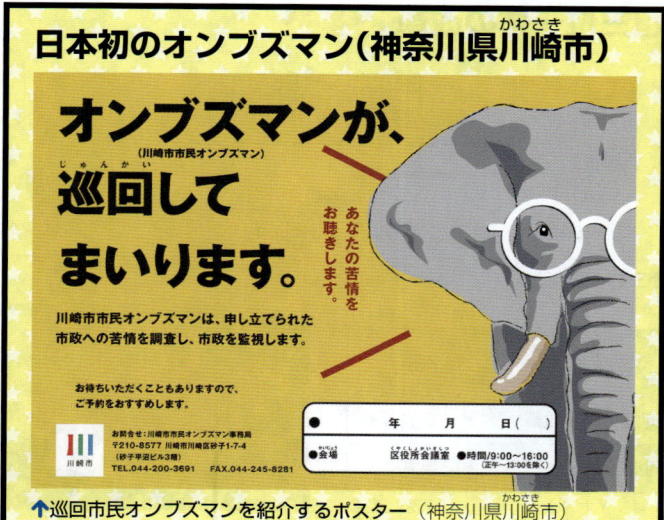

↑巡回市民オンブズマンを紹介するポスター（神奈川県川崎市）

川崎市では、1990年に川崎市市民オンブズマン条例が制定された。市長が任命した2人のオンブズマンによって市の行政活動の監視が行われている。また、巡回市民オンブズマンの制度もあり、各区役所を巡回し、苦情申し立てを受け付けている。

過去には、中学校で体育の授業のための着替えを行う際、カーテンなどの仕切りもないまま男女同室で着替えをしていることに対して至急改善してほしいとの要望を受け、オンブズマンが市に対し事態の改善を強く要請したという事例がある。その後、川崎市教育委員会から男女が同室で着替えるような事態がすべての市立中学校で解消された。〈『川崎市市民オンブズマン平成18年度報告書』より〉

4 オンブズマン（オンブズパーソン）　頻出

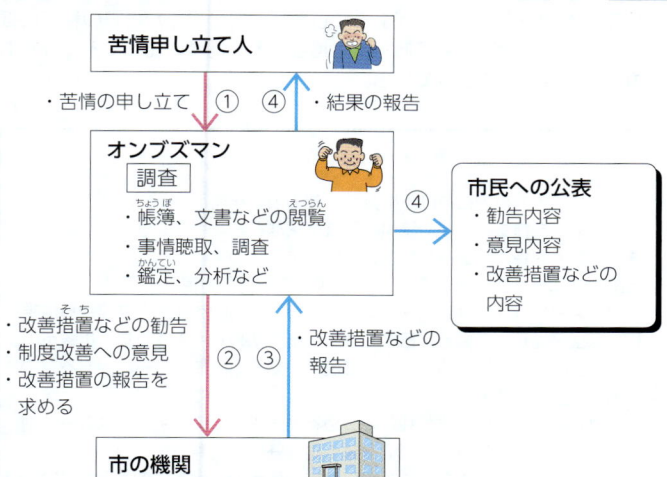

解説 住民の立場からの行政監視を制度化　**オンブズマン（オンブズパーソン）制度**は、第三者機関が行政活動を住民の立場から監視し、行政の公正化・適正化を目指す制度である。日本では1990年に神奈川県川崎市で初めてこの制度が導入された。

オンブズマンの主な職務権限は苦情処理であるが、その対象は行政処分（行政機関が住民に義務を命じる行為）だけでなく、行政指導（行政機関による助言や勧告）や職員の業務行為などにも及んでいる。

この制度には、川崎市のように公的な制度による活動と市民の自発的な活動がある。もともとはスウェーデンで生まれた制度であり、北欧やイギリスなど世界30数か国で導入されている。

Ⅲ 地方自治の財政

過熱するふるさと納税

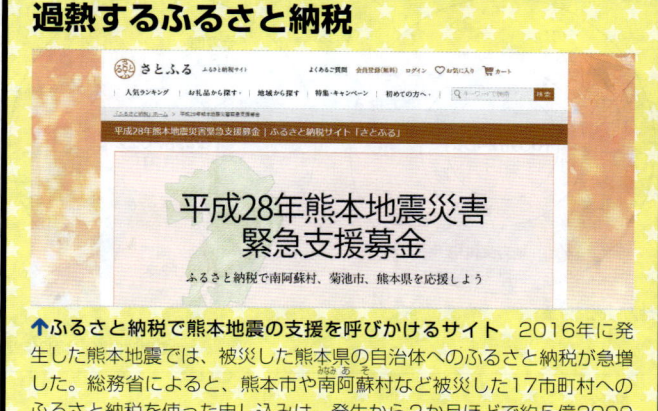

↑ふるさと納税で熊本地震の支援を呼びかけるサイト　2016年に発生した熊本地震では、被災した熊本県の自治体へのふるさと納税が急増した。総務省によると、熊本市や南阿蘇村など被災した17市町村へのふるさと納税を使った申し込みは、発生から2か月ほどで約5億2000万円に上った。

ふるさと納税（→p.130）は、任意の地方自治体に対して寄付を行うと、居住地などで納める税金が軽減されるという制度である。税制改正によって寄付しやすい環境が整えられたこと、寄付に対して返礼品が贈呈される自治体があることなどから、注目が高まっている。その一方で、返礼品目当ての寄付が急増し、地方自治体間の返礼品競争が過熱するという問題も発生するようになった。これを受け、総務省は2019年に、返礼品を寄付額の3割以下の地場産品に限定することを法制化した。

1 地方財政の現状

①地方財政の借入金残高

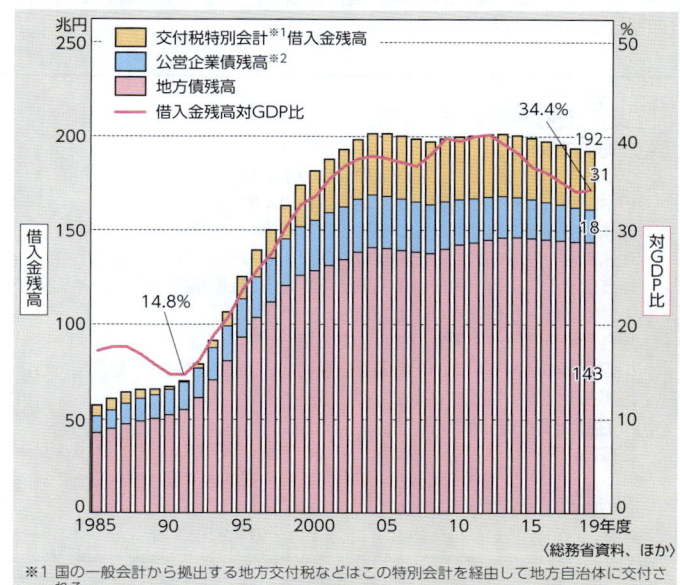

※1 国の一般会計から拠出する地方交付税などはこの特別会計を経由して地方自治体に交付される。
※2 公営企業とは住民生活の向上のため、組織、財務などについて特例を認められた水道、病院などの特定事業の企業のこと。

解説 厳しい状況が続く地方財政　景気回復を狙い、地方自治体単独の公共事業が巨額の公債発行を元に実施されたが、地方財政の税収減を受け、返済を新たな公債発行に頼る悪循環に陥っている。

× オンブズマン制度は1990年の川崎市での設置以来、地方自治体で導入が広がっている。

政治

②財政の内訳 頻出

歳入 (令和元年度決算)

中央: 103兆2459億円（特定財源・一般財源）

- その他 15.1
- 地方税 39.9%
- 地方交付税 16.2
- 地方譲与税 2.5
- 地方特例交付金 0.5
- 国庫支出金 15.3
- 地方債 10.5

歳出 (令和元年度決算)

中央: 99兆7022億円

- 衛生費 6.4
- その他 15.3
- 民生費 26.6%
- 教育費 17.6
- 公債費 12.2
- 土木費 12.2
- 総務費 9.7

〈地方財政白書 令和3年版〉

- **地方債**
  地方自治体の借金。起債（きさい）には議会の議決と協議を経て総務大臣や都道府県知事の同意が必要。

- **地方譲与税**
  国税として徴収した自動車重量税や地方道路税の一部を国から地方自治体に譲与するもの。

- **一般財源**
  国から使途を指定されず、議会で使途を決定できる。これに対し、使途が指定されているものを**特定財源**という。

解説 **国に依存する地方自治体が多い** **地方税**など地方自治体が独自に集める「**自主財源**」は、多くの場合歳入全体の３〜４割しかなく、残りは**地方交付税**（→補）や**国庫支出金**（→補）など、国からの支出に頼っている。地方交付税を受け取らずに済む「不交付団体」は、税収が豊かな一部の都市に限られている。歳入の多くを国に依存していては住民のニーズに応じた柔軟な行政運営が難しく、こうした現状は三割自治（四割自治）とよばれる。

②三位一体の改革 頻出

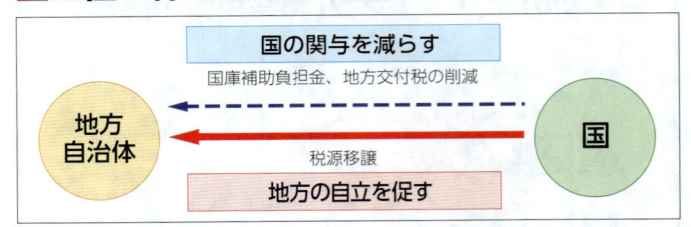

国の関与を減らす
国庫補助負担金、地方交付税の削減

地方自治体 ← 国
税源移譲
地方の自立を促す

↑三位一体の改革

	(平成16〜18年度)
国庫補助負担金改革	約4.7兆円
地方交付税改革	約△5.1兆円
税源移譲	約3兆円

△はマイナス 〈総務省資料〉

↑三位一体の改革の成果

↑「三位一体の改革」について話し合う全国知事会議（2004年）

解説 **「地方にできることは地方に」** 三位一体の改革（→p.249）とは、地方の独立性を高めるため、
①国庫補助負担金の削減・廃止
②地方交付税を削減し、地方財政の国への依存を解消
③国から地方へ一部の税源を移譲し、地方財源を拡充
の３点を同時に行っていく行政改革のことである。
　地方分権一括法の施行とともに「地方にできることは地方に」という理念の下、それまで国が持っていた権限・財源を、地方自治体に移す動きが広まっている。これにより、国庫支出金などを通じた国の関与から地方が自由になり、地方の実情に合わせた弾力的な予算編成が行えるようになるとともに、税源を国から地方へ移譲することで、地方自治体の税収不足を補うという狙いがある。しかし、国の省庁が権限の移譲に抵抗しており、税源移譲も国庫補助負担金などの削減に比して不十分であるなど、課題も指摘されている。

まとめ ■■ ━ ■

Ⅰ 地方自治とは
- **ブライス**「**地方自治**は民主政治の最良の学校」
- 日本国憲法における地方自治（**地方自治の本旨**）
  団体自治…地方自治体が国から独立して政治を行うこと
  住民自治…地域の政治はその地域の住民の手によって行われること
- 地方自治のしくみ…大日本帝国憲法には地方自治の規定なし。日本国憲法では地方自治が保障され、地方自治法も制定される
- **地方分権一括法**…中央集権から地方分権へ
  国の仕事の代行をしていた**機関委任事務**から、地方自治体が独自に行う自治事務と国から委任される**法定受託事務**へ

Ⅱ 住民と地方自治
- **直接請求権**…条例の制定・改廃（**イニシアティブ**）、**事務監査**、**リコール**（**議会の解散、首長・議員の解職**など）
- 地方参政権…選挙権：18歳以上
  被選挙権：知事30歳以上、その他25歳以上

- **住民投票**…地方自治における間接民主制の限界を補定する制度
  法的拘束力を持つ→首長や議員の解職請求など
  法的拘束力を持たない→住民投票条例によるもの
- 全国のユニークな条例…憲法94条によって条例を制定できる
- **オンブズマン（オンブズパーソン）**制度…行政活動を住民の立場から監視し、公正・適正化を図る。日本では川崎市で初めて導入された。川崎市のように公的な制度による活動と、市民の自発的活動によるものがある

Ⅲ 地方自治の財政
- 地方財政の現状…自治体が独自に集める**地方税**などの**自主財源**は３〜４割
  地方交付税や**国庫支出金**→依存財源
  歳入の多くを国に依存→住民のニーズに応えられない
- **三位一体の改革**…国庫補助負担金や地方交付税の減額、国から地方への税源移譲の三つの改革を同時に行う。地方自治体の権限・責任の拡大を目的とする。税源の移譲が不十分という課題もある

補足解説

機関委任事務
法令により、国などが地方自治体に委任していた事務。国の事務という位置づけであったため、国の指揮監督を受けていた。

事務監査
地方自治体の事務・経理を監査すること。各地方自治体の監査委員に請求する。

地方交付税
地方自治体間の格差を無くすために国税から各地方自治体に交付される。使途は限定されない。

国庫支出金
公共事業や義務教育などの特定事業のため、国から地方自治体に使途を指定して交付される。

政治

○×チェック 48 自由民主党と日本社会党との対立を軸とする「55年体制」とよばれる状況が、今日まで一貫して続いている。（15年、本）

↖政策合意を発表する（左から）社会民主党福島党首、日本共産党志位委員長、立憲民主党枝野代表、れいわ新選組山本代表（2021年9月）

↗会見する日本維新の会松井代表（左）と吉村副代表（右）（2021年10月）

選挙協力の是非

　2021年10月に行われた衆議院議員選挙では、自由民主党と公明党の連立与党が過半数の議席を獲得し、政権を維持した（→巻頭9）。これに対し野党は、立憲民主党や日本共産党などが選挙協力によって候補者を一本化し、一部の小選挙区で与党候補に勝利したものの、基本政策の違いなどが懸念され、全体としては議席を減らした。一方、日本維新の会は、選挙協力には加わらずに独自の政策を主張し、議席を伸ばした。今回の選挙では、政策の異なる政党が連携することの難しさが浮き彫りになった。

Question
・政党は日本の政治においてどのような役割を果たしているのだろうか。（→Ⅰ）

5 政党政治とメディア

Ⅰ 政党

①政党 〈出題〉

定義	・政治において、**共通の理念**を持ち、政権獲得を目指して集団で活動する団体のこと。
起源	・世界的な起源は、17世紀のイギリスにおけるトーリー党とホイッグ党。近代へと時代が移るにつれ、権力の獲得にあたって、権勢によって優劣を決定する時代から、議会における言論による時代へと変化し、**政党**が出現した。 ・日本における近代政党の起源は、**板垣退助**の自由党と**大隈重信**の立憲改進党。 ・政党の成立要因は、長期的で構造的なもの（階級、宗教、地域などの対立）と、その時々の政治の争点を中心とした短期的で一時的なものの二つに分けることができる。 ←板垣退助（1837〜1919） →大隈重信（1838〜1922）
機能	・政治過程における**多様な利益を集約**し、特定の政策形成の回路に載せる機能がある。 ・国民や利益集団（圧力団体）の利益に基づいて出された要求を、政策決定の場におけるいくつかの政策選択肢にまとめ上げ、優先順位を決定する。そして選挙のときに政権を取った際に実現する約束を**マニフェスト（政権公約）**として示し、候補者を立て**政権の獲得**を目指す。

②政党制の形態

種類	特徴	短所	代表的な国
二大政党制	・統治効率が最もよいといわれる。 ・小選挙区制を採ると成立しやすいといわれる。 ・**単独政権**であることが多い。 ・選挙の際、有権者が政党を選びやすい。	・少数者の意見を必ずしも反映できない危険がある。 ・有権者の多様な選択を狭めてしまう危険がある。 ・**政権交代**が行われると、政策の連続性が失われる。	アメリカ（民主党と共和党）、イギリス（保守党と労働党）
多党制	・多様な国民の意見を反映できる。 ・どの党も議会の過半数を占められない場合は、**連立政権**を作るため、政策が弾力性を持ちやすい。	・小党が乱立すると、政治的決定が困難となる可能性がある。 ・責任の所在が不明確になりやすい。	ドイツ、フランス、イタリア、スウェーデン、日本など
一党制	・国民に対し、強力な指導力を党が発揮する。 ・支配政党と国家とが一体化し、他政党の存在がしばしば禁じられる。	・**独裁政治**になり、国民のさまざまな権利を無視する危険がある。 ・党によって腐敗が進んでも隠蔽される危険がある。	中国、北朝鮮など

解説 「政党制に関する神話」に根拠なし　政党はその政策決定を行う議会における政党の数によって分類することも可能である。しばしば、二大政党制になれば政権交代も行われ、政策争点も明瞭になるという「二大政党制の神話」が語られるが、これには科学的な根拠はない。また、多党制は不安定であるという「多党制の神話」も、必ずしも実証されてはいない。

政治

2 日本の政党

①衆議院における主な政党の議席数の変化

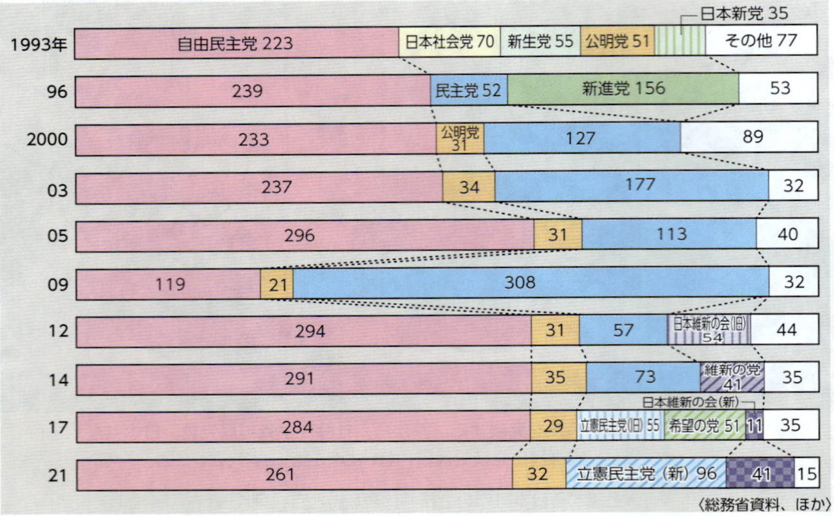

1993年
自由民主党 223
日本社会党 70
新生党 55
公明党 51
日本新党 35
その他 77
96
239
民主党 52
新進党 156
53
2000
233
公明党 31
127
89
03
237
34
177
32
05
296
31
113
40
09
119
21
308
32
12
294
31
57
日本維新の会(旧) 54
44
14
291
35
73
維新の党 41
35
17
284
29
立憲民主党(旧) 55
希望の党 51
日本維新の会(新)
11
35
21
261
32
立憲民主党（新）96
41
15

〈総務省資料、ほか〉

②戦後の主な政党の変遷 頻出

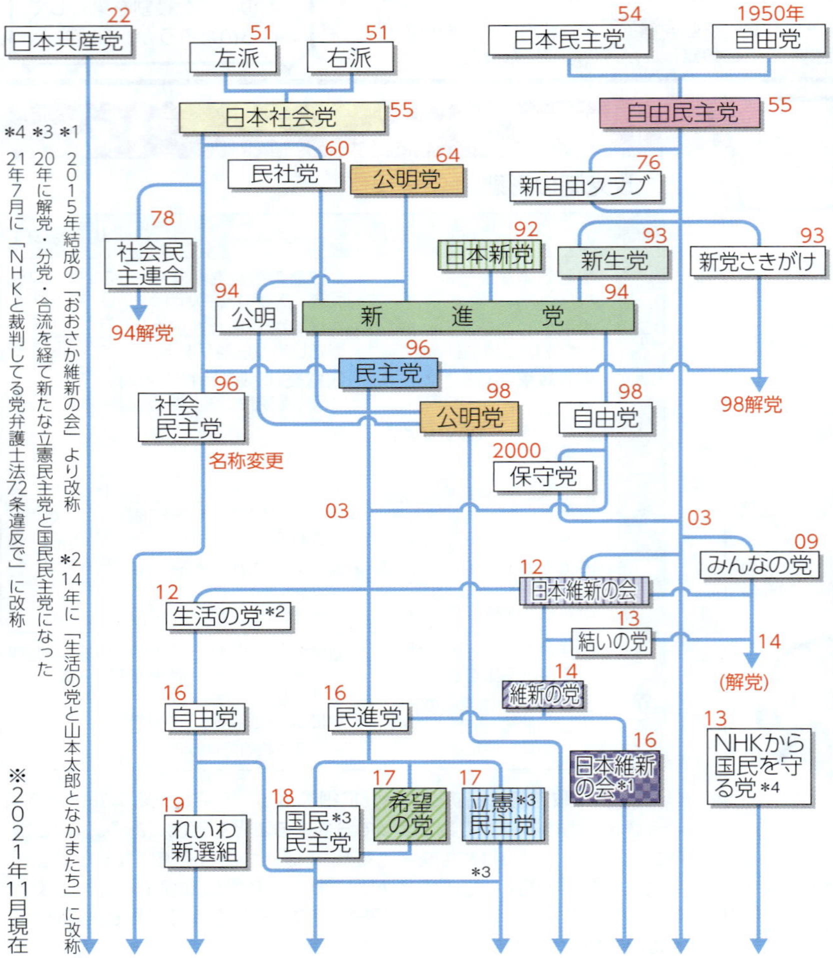

22
日本共産党
51
左派
51
右派
54
日本民主党
1950年
自由党
日本社会党
55
自由民主党
55
60
民社党
64
公明党
76
新自由クラブ
78
社会民主連合
94解党
92
日本新党
93
新生党
93
新党さきがけ
94
公明
新進党
94
96
民主党
96
社会民主党
名称変更
98
公明党
98
自由党
98解党
2000
保守党
03
03
09
みんなの党
12
日本維新の会
12
生活の党*2
13
結いの党
14
(解党)
14
維新の党
16
自由党
16
民進党
16
日本維新の会*1
13
NHKから国民を守る党*4
19
れいわ新選組
18
国民民主党*3
17
希望の党
17
立憲民主党*3
*3

*1 2015年結成の「おおさか維新の会」より改称
*2 14年に「生活の党と山本太郎となかまたち」に改称
*3 20年に解党・分党・合流を経て新たな立憲民主党と国民民主党になった
*4 21年7月に「NHKと裁判してる党弁護士法72条違反で」に改称
※2021年11月現在

解説 政権交代と復帰の歩み 1955年に保守系の自由民主党（自民党）と革新系の日本社会党（社会党）が結成され、この２党を中心とする体制が構築された（**55年体制**、→p.131）。その後自民党の優位が続いたが、政治改革を求める機運が高まり、93年に非自民・非共産の連立政権が成立した。その後自民党は政権に復帰したが、2009年に民主党が衆議院の第一党となり、再び政権が交代した。しかし民主党政権は行き詰まり、12年に自民党・公明党の連立与党が改めて政権に復帰した。

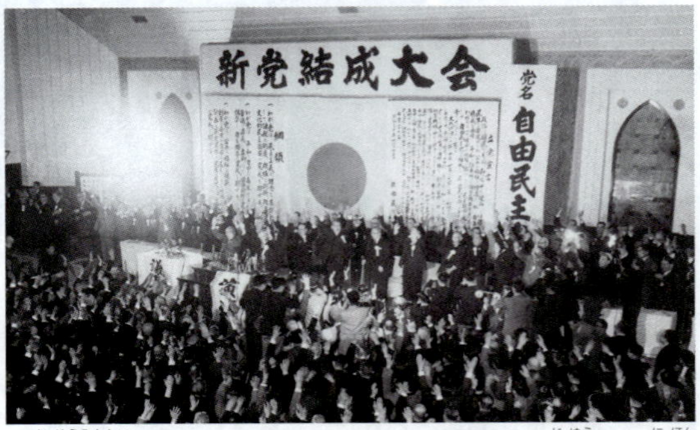

新党結成大会
党名 自由民主

↑**自由民主党の結成大会**（1955年） 保守系の自由党と日本民主党が合同して結成された。

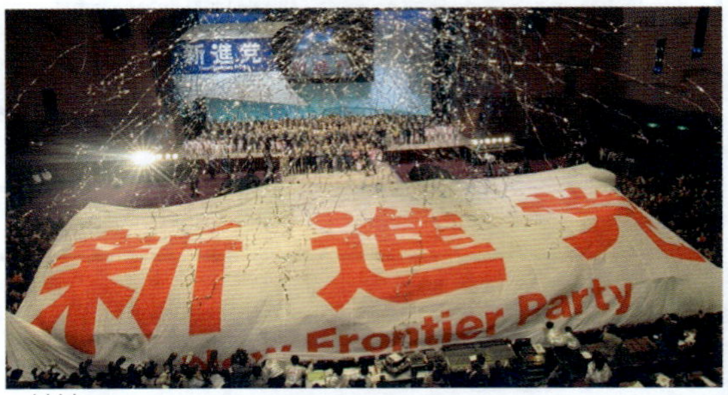

新進党
新進党
New Frontier Party

↑**新進党の結党大会**（1994年） 1993年に連立政権を構成した日本新党や新生党などを中心に結成された。

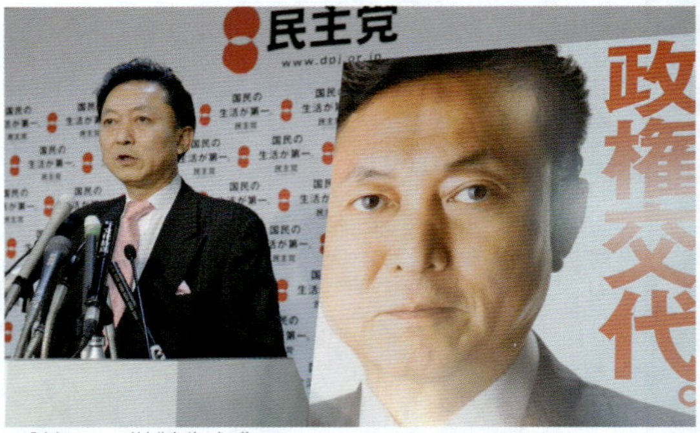

民主党
政権交代。

↑**民主党の鳩山由紀夫代表**（2009年） この年の衆議院議員選挙で民主党は政権を獲得したが、次の12年の選挙で失った。

解説 選挙を経ない再編も 1990年代以降、新党の結成や既存政党の再編成が相次いでいる。政党の再編成は政策の実現などを目指す動きであるが、選挙で選ばれた政党が選挙後に他の政党と合流するケースもあり、選挙での民意が反映されなくなるという批判もある。

○×チェック 49 国が政党に対し政党交付金による助成を行うことは、法律上、認められていない。（15年、本）

政党名	自由民主党	立憲民主党	公明党	日本維新の会	国民民主党	日本共産党
設立年	1955年	2020年（2017年）*	1964年	2015年	2020年（2018年）*	1922年
代表	総裁　岸田文雄	代表　泉健太	代表　山口那津男	代表　松井一郎	代表　玉木雄一郎	委員長　志位和夫
議員数※	衆 262人 参 109人	衆 96人 参 44人	衆 32人 参 28人	衆 41人 参 15人	衆 11人 参 12人	衆 10人 参 13人
特徴	自由主義、資本主義体制の維持発展を目指す親米保守政党。「新しい憲法の制定」などを掲げる。	立憲主義と熟議を重んずる民主政治を守り育て、人間の命とくらしを守る、国民が主役の政党を掲げる。	中道主義の下、反戦平和や福祉を主張する。「生命・生活・生存の人間主義」などを掲げる。	「地方分権型政党」を標榜し、中央集権や東京一極集中の是正、大阪の副首都化などを掲げる。	「自由」「共生」「未来への責任」を理念とし、国民が主役の改革中道政党を創ることを掲げる。	マルクス・レーニン主義に基づく革新政党。戦後は柔軟路線へと転換。「日米安保廃棄」などを掲げる。
2021年衆議院議員選挙キャッチフレーズ	新しい時代を皆さんとともに。	変えよう。あなたのための政治へ。	日本再生へ新たな挑戦。	改革なくして成長なし。変えるべきは変える。守るべきは守る。	動け、日本。停滞するこの国を動かすため私たちは「対決より解決」を選ぶ	なにより、いのち。ぶれずに、つらぬく
公約①	感染症から命と暮らしを守る。	新型コロナから命と暮らしを守り抜く	感染症に強い日本へ	「身を切る改革」と徹底した透明化・国会改革で、政治に信頼を取り戻す。	コロナ三策	自公政権を終わりにして、政権交代で、命を守る政治を
公約②	「新しい資本主義」で分厚い中間層を再構築する。	「1億総中流社会」の復活	ポストコロナへ経済と生活の再生を	減税と規制改革、日本をダイナミックに飛躍させる成長戦略	「積極財政」に転換	コロナ対策ー経済・社会活動を再開しながら、命を守るために
公約③	国の基「農林水産業」を守り、成長産業に。	原発に依存しないカーボンニュートラル	子育て・教育を国家戦略に	「チャレンジのためのセーフティネット」大胆な労働市場・社会保障制度改革	「給料が上がる経済」を実現	四つのチェンジで自公政権にかわる新しい政治を

政党名	れいわ新選組	社会民主党	NHKと裁判してる党弁護士法72条違反で
設立年	2019年	1945年	2013年
代表	代表　山本太郎	党首　福島瑞穂	党首　立花孝志
議員数※	衆 3人 参 2人	衆 1人 参 1人	衆 0人 参 1人
特徴	すべての人々の暮らしを底上げし、将来に不安を抱えることなく暮らせる社会の実現などを掲げる。	社会主義を主張し、1945年に結党した日本社会党から党名変更。「憲法の理念の実現」などを掲げる。	NHKのスクランブル放送実現などを掲げる。「NHKから国民を守る党」などから党名を変更。
2021年衆議院議員選挙キャッチフレーズ	れいわニューディールコロナ緊急対策景気爆上げ大作戦	生存のために政権交代を!!	NHKが委託法人に行わせている弁護士法72条違反となる訪問行為について徹底的に追及する
公約①	徹底補償つきステイホーム（誰もが受けられる補償）	いのちを救え！緊急対策	私たちNHK党は、若者の政治への関心を高め、国民に期待される政治家を多数輩出すべく、今後もNHKの弁護士法72条違反を徹底的に追及します
公約②	新型コロナと本気で向き合う（コロナをコントロール下に置く必須の取り組み）	格差・貧困の解消	
公約③	生活を根底から底上げ―誰もが生きていたいと思える国へ―	環境との共生	

↑衆議院議員選挙前に党首討論に臨む各党の党首など（2021年10月）

解説　政党所属だと選挙などで有利　日本では政党の要件について、公職選挙法、政治資金規正法、政党助成法などで定めている。例えば政治資金規正法では、政党交付金の交付の対象となる政党を、①国会議員5人以上を有する政治団体、②国会議員を有し、前回の衆議院議員選挙、もしくは前回または前々回の参議院議員選挙で得票率が2％以上の政治団体、のいずれかを満たした団体と定めている。

　政党所属の議員は、衆議院議員選挙で小選挙区と比例代表に重複立候補（→p.124）できるなど、選挙でも有利になる。また国会での活動においても、通常の法案の提出は衆議院で議員20人以上、参議院で議員10人以上の賛成が必要であるため、政党に所属し、党として活動する方が法案を提出しやすい。

＊ 2020年に解党・分党・合流を経て新たな立憲民主党、国民民主党となった。

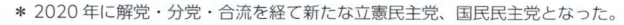

○×チェック 答え49　× 1994年制定の政党助成法で認められている。なお、その助成額は、政党の国会議員数と直近の国政選挙での得票率を基礎に算出される。

3 「政治と金」をめぐって

①政党・政治団体への政治資金の流れ 〈頻出〉

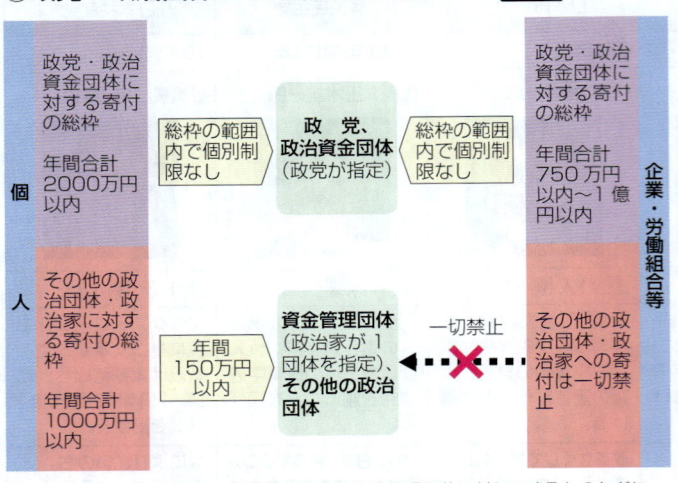

※ 個人からの寄付のうち、政治家が自身の資金管理団体に対してするものなどについては、特例がある。　〈総務省資料、ほか〉

↑政治資金収支報告書をチェックする総務省職員（2020年）　報告書はオンラインでの提出が可能になったが、いまだに大半が紙で提出されている。

解説　収支報告の義務付けと、献金額の制限　本来、政党の運営は、党員の党費や支持者からの寄付などで賄われることが好ましい。しかし実際には、企業や団体からの献金に依存する政党が多く、癒着（→補）や金権政治につながった。このため、政治資金規正法では政治団体や政治家の収支報告を義務付け、献金の額も制限している。1994年からは政治家個人への政治献金が禁止され、99年からは企業・団体から政治家の資金管理団体への献金も禁止した。しかし、「政治と金」をめぐる問題は続いており、2020年には河井克行元法務大臣と河井案里参議院議員が買収の容疑で逮捕され、その後有罪が確定した。

←河井克行元法務大臣と河井案里参議院議員の逮捕を報じる新聞（2020年）　19年の参議院議員選挙にあたって、地元の県議会議員など100人に合わせて2900万円ほどを配ったとして逮捕され、公職選挙法違反の買収の罪が確定した。2人は逮捕後に議員辞職した。

②政党収入の内訳 〈頻出〉

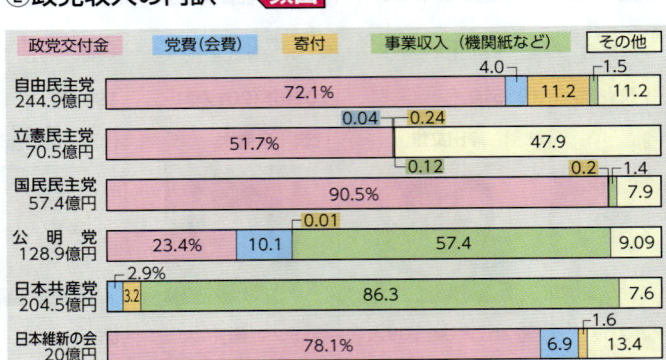

	政党交付金	党費（会費）	寄付	事業収入（機関紙など）	その他
自由民主党 244.9億円	72.1%	4.0		11.2	11.2 / 1.5
立憲民主党 70.5億円	51.7%	0.04	0.24	47.9	
国民民主党 57.4億円	90.5%	0.12		0.2	7.9 / 1.4
公明党 128.9億円	23.4%	10.1	0.01	57.4	9.09
日本共産党 204.5億円	2.9% / 3.2			86.3	7.6
日本維新の会 20億円	78.1%	6.9		13.4	1.6

(2019年単年)　※日本共産党は政党交付金を受け取っていない　〈官報 令和2年11月27日〉

解説　国民の税金の一部を政党の資金源へ　政党交付金とは、1994年に制定された政党助成法に基づいて、国民の税金の一部を、政党の資金源とするものである。そこでは、使い道を報告することが義務付けられている。毎年1月1日時点の各党の議員数などを基に算定され、年4回に分けて交付される。各政党別の収入を見ると、党の規模や運営の方針によって、割合に違いがあることが分かる。

4 利益集団（圧力団体）

①利益集団とは

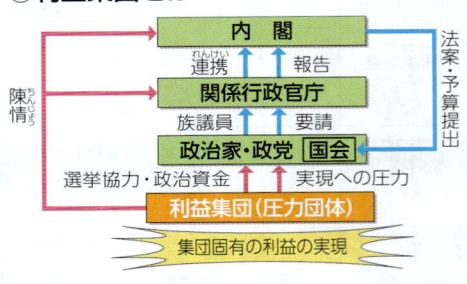

解説　政権獲得以外の方法で利益実現を図る　利益集団（圧力団体）とは、集団固有の利益の追求と実現を図るために政治家や政党、議会、関係行政官庁、内閣に圧力をかける団体のことである。自己の利益実現を図る手法として資金提供や選挙時の応援などを武器に圧力をかけるため、時として癒着などの政治腐敗（→補）を起こし議会政治をゆがめる恐れもある。原則として選挙に候補者を立てず、政権の獲得を目指さない点で、政党とは異なっている。

②利益集団の例

企業系	日本経済団体連合会（経団連）	経団連と日経連が2002年に統合して誕生。1340社や各種団体が加盟（2016年6月現在）
	経済同友会（同友会）	経営者個人会員による組織
	日本商工会議所（日商）	各地の商工会議所の中心組織
農林業系	全国農業協同組合中央会（全中）	各地の農協を統括する組織
	全日本農民組合連合会（全日農）	農業従事者の自主的な運動組織
	全国森林組合連合会（全森連）	各地の森林組合を統括する組織
労働系	日本労働組合総連合会（連合）	全国的規模で組織された労働組合の中央組織（ナショナルセンター）
	全国労働組合総連合（全労連）	
その他	主婦連合会（主婦連）	全国規模で組織された消費者団体
	日本医師会	全国規模で組織された医師団体
	日本遺族会	戦没者遺族の組織
	宗教関係団体	全国規模で組織された各宗教関係の団体

解説　あり方の問われる利益集団　多様な国民の意思を政治に反映させるために利益集団の数は増えてきた。しかし、市民運動やNGOなどの新たな活動が活発化しており、そのあり方が問われている。

○×チェック50　マスメディアが発信する情報は常に客観的で正確であるが、それを正しく読み解くためにはメディア・リテラシーが必要である。（08年、追）

プロパガンダと世論

↑ナチ党のプロパガンダ記事で、「ドイツ軍の進駐を歓迎する若い女性」と伝えられたチェコスロバキアの女性たち（1938年）

←北朝鮮のプロパガンダポスター（2008年）「われわれの自尊心を破壊する者はどこにいても勝負をつけるであろう！」と書かれている。

第二次世界大戦において、ナチ党を率いるヒトラーは、マスコミを利用して、意図的に世論操作（プロパガンダ）を行い、人々の賛同を集め、多くのユダヤ人を迫害して死に追いやった。プロパガンダに惑わされないように、情報の選択や活用には注意が必要である。

■1 世論形成とマスメディア

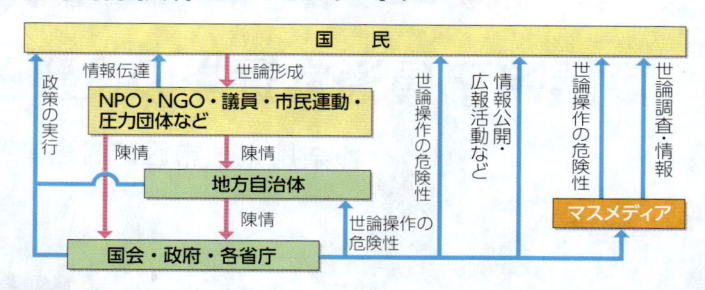

解説 「第4の権力」マスメディア　世論（→補）を形成するのに大きな役割を果たすのが、**マスメディア**（→補、p.285）である。マスメディアの媒体であるマスコミュニケーション（マスコミ）は、国民の世論形成に大きな影響を与えるので、立法、行政、司法と並んで「第4の権力」とよばれることもある。

■2 パブリックコメントの手続きの流れ

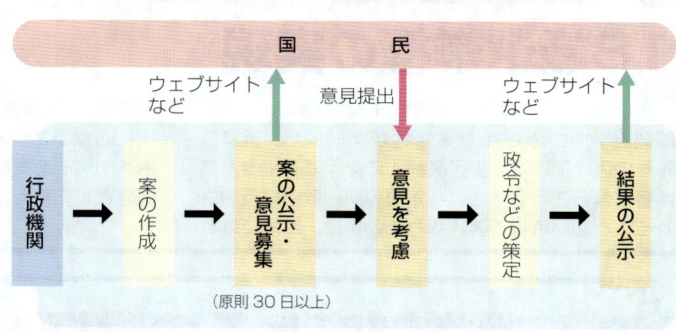

解説 国民の意見を政策に反映　パブリックコメント（意見公募）（→補）の手続きは、2006年の行政手続法の改正により新設された。政策などの案や結果は、電子政府の総合窓口（e-Gov）で公示されている。

まとめ

Ⅰ 政党

・政党…政権獲得を目指す集団。議会における政党の数で分類できる
　　二大政党制：アメリカ、イギリス
　　多党制：ドイツ、フランス、イタリア、日本など
　　一党制：中国、北朝鮮など
　　※二大政党制は政策の争点が明瞭（めいりょう）になるともいわれているが、異論もある。
・日本の政党→**55年体制**の確立
　→保守系…自由党と日本民主党が合流（保守合同）→自由民主党
　→革新系…社会党左派と社会党右派が合流→日本社会党
・1990年代以降、政党の再編が進み多数の政党誕生
　→93年：非自民・非共産連立政権が誕生
　→2009年：民主党政権誕生→12年以降は自公連立政権に
・政党の誕生や再編が相次ぐ→選挙を経ていない再編には批判もある

・政党収入…政治献金に依存する政党が多く、癒着や金権政治につながった
　→**政治資金規正法**により、政治家個人、企業・団体から政治家の資金管理団体への献金も禁止
　→しかし、いまだに「政治と金」をめぐる問題が続いている
・**政党交付金**→国民の税金の一部を政党の資金源とする。各党によって収入の内訳に違い
・利益集団（圧力団体）…政権獲得を目指さない。自己の利益実現のため選挙時の応援や資金提供などを武器に圧力をかける
　→近年、市民運動やNGOなども増え、そのあり方が問われる

Ⅱ 世論の反映

・世論形成とマスメディア：マスコミは、世論形成に大きな影響を与える
　→立法、行政、司法と並んで「第4の権力」とよばれることもある
・パブリックコメント（意見公募）の手続きが2006年より新設

政治

補足解説

癒着
企業や団体どうしでなれ合いの関係になること。

政治腐敗
贈収賄事件などが、長期にわたって多数起こること。政治権力の私物化、濫用が原因とされており、政治不信や政治的無関心の原因の一つになっている。

世論
社会における人々の意見のこと。かつては、人々の議論に基づく意見である「輿論（よろん）」と、世間一般の感情である「世論（せろん・せいろん）」が使い分けられていた。その後、当用漢字の制定によって「世論」の表記が一般的になったが、「せろん」「よろん」双方の読み方は残る形となった。

マスメディア
大衆に情報を伝達する機関のこと。新聞・雑誌・テレビ・ラジオなどがある。マスメディアは世論の形成に大きな影響を与えてきたが、近年はインターネットの普及により、ソーシャルメディア（SNS）が影響力を強めている。

パブリックコメント（意見公募）
行政機関が命令等（政令、省令など）を制定する際に、事前にその案について広く国民から意見や情報を募集するもの。

答え 50
× マスメディアは、国民への情報伝達と権力の批判を役割として持ち、「第4の権力」ともよばれるが、その情報が常に客観的とは限らない。

18歳になったら投票へ！
参議院議員通常選挙の投票日は 7月10日(日)
神奈川県・市区町村選挙管理委

↑国政で初の18歳選挙権が実現する参議院選挙の投票を呼びかける横断幕を製作する様子（2016年）

18歳選挙権の実現

2016年7月10日の参議院議員選挙において、国政選挙で初めて18歳選挙権が実現した。選挙権年齢の引き下げは、少子高齢化に伴って有権者が高齢者に偏ることを防ぎ、若年層の声が政治に反映されることを期待して導入された。また、海外では多くの国が18歳選挙権を採用しており、世界的な潮流にもなっている。18歳選挙権の実現を機に、政治への関心を高め、現代社会の諸問題を自分自身の問題として考える姿勢がますます求められている。

Question
・日本の選挙制度はどのようなものだろうか。（→**I**）

---

6 選挙制度とその課題

I 選挙制度

1 選挙の基本原則 〈頻出〉

普通選挙	一定の年齢に達したすべての国民に選挙権・被選挙権を与える
平等選挙	すべての有権者の一票は同じ価値として考え、平等に扱う
直接選挙	有権者が直接候補者を選挙する
秘密投票	有権者の投票内容の秘密を保障する

解説 男女の普通選挙は1945年から 現在、日本では18歳以上の男女に選挙権（→p.66、127）が与えられている。日本で初めて選挙が実施された1890年は、「直接国税15円以上納入の25歳以上の男子」にのみ選挙権が与えられる制限選挙で、全人口に対する有権者数の割合は1.1％（45万人）ほどであった。その後、1925年に男子普通選挙が実施され、戦後の45年には女性にも選挙権が与えられるようになった。

↑戦後初の総選挙で選挙権を得た女性たちによる投票（1946年）

2 選挙制度の比較 〈頻出〉

	内容	長所	短所	国
大選挙区制	1つの選挙区から複数（2人以上）を選出する制度。候補者個人名を記名して投票	・**死票が少ない** ・小政党からも当選者を出せるので、**少数意見をくみ取れる** ・全国的で、有能な人物を選べる	・小政党の出現を促し、**政局の不安定**を招く ・**選挙費用が多額**になりやすい ・候補者と有権者との結び付きが弱く、投票の判断がしにくい ・同一政党の候補者どうしの争いが起き、政党本位の選挙になりにくい	日本の参議院選挙など
小選挙区制	1つの選挙区から1人を選出する制度。候補者個人名を記名して投票	・**政局が安定する** ・選挙費用が節約できる ・有権者が候補者の人物・識見をよく知ることができる ・同一政党の候補者がなく、**政党本位の選挙になる**	・**死票が多い** ・**小政党が不利**になり、少数意見をくみ取りにくい ・全国的な代表としての適格さを欠く候補者が選出されやすい ・**恣意的な区割り**になる危険がある	アメリカ、イギリス、フランス、日本の衆議院選挙など
比例代表制	政党の得票数に応じて当選人の数を政党に配分する制度。政党名もしくは候補者個人名を記入して投票	・**死票が少ない** ・選挙費用が少額で済む ・政党を選択するため、**政党本位の選挙になる**	・**小党分立**になる傾向があり、政局が不安定になりがち ・候補者と有権者との関係が希薄になる ・政党に属さない人が立候補できなくなる	スウェーデン、ベルギー（日本の衆議院、参議院選挙）など

解説 完全な選挙制度はない 完全な選挙制度はなかなかない。大選挙区制、小選挙区制、比例代表制どれもに長所も短所もある。現在の日本では、それぞれのしくみを組み合わせて選挙を実施している。韓国やイタリアでも同様の方法を採用している。

政治

○×チェック 51 小選挙区制を導入すると、大選挙区制を導入した場合に比べ、得票率の低い候補者も当選しやすくなる傾向がある。（15年、本）

③ 日本の選挙制度

① 衆議院の選挙制度 〈出題〉

★1、★2、★3は右段で解説

	衆議院(定数465人)	
選挙区	小選挙区　289人 全国289区	比例代表(拘束名簿式) 176人 全国11ブロック
立候補	本人または政党などが届け出る	・政党が提出する候補者名簿に載る ・政党はブロック単位の比例代表名簿に順位をつけて提出 ・小選挙区との**重複立候補**★1もできる ○○党 1.○本□男 2.△藤○子 3.□田○太
投票	候補者名を書く	政党名を書く
結果	最多得票 1選挙区で1人のみ当選	・政党の得票数に応じて**ドント式**★2で議席を配分し、名簿順に当選 ・同順位の場合、小選挙区の**惜敗率**★3で決定 A党　B党

解説 　**1選挙区の当選者は1人だけ**　衆議院の選挙制度は**小選挙区比例代表並立制**といい、小選挙区と比例代表の両方に立候補(**重複立候補**、→p.120)が可能なしくみである。

② 参議院の選挙制度 〈出題〉

※鳥取・島根、徳島・高知は合区

	参議院(定数245人*3年ごとに半数を改選)	
選挙区	選挙区　147人* 都道府県ごと45区※	比例代表(非拘束名簿式) 98人* **全国1区**
立候補	本人または推薦人などが届け出る	政党が提出する候補者名簿に載る ○○党 △△党 ○山○夫 △川□太 △本□男 本○子 □藤×子 □中○美
投票	候補者名を書く	政党名か候補者名を書く
結果	得票数が多い順に当選(複数)	政党の得票数に応じてドント式★2で議席を配分し、候補者名の得票順に当選 A党　B党

*2022年に3人(選挙区1、比例代表2)増やす予定

解説 　**1選挙区から複数の当選者が出ることも**　参議院議員選挙における選挙区は都道府県ごとに定数が決められており、得票数の多い候補者から順に当選していく。一方、比例区は**非拘束名簿式**比例代表制というしくみである。衆議院の比例区は投票が政党名に限られているのに対し、参議院の場合、政党名または比例代表名簿に記載された個人名で投票できる。最終的な各党の得票数は、政党名と個人名の合算で、それを基に**ドント式**で議席配分するが、2019年の選挙より、得票数に関係なく優先的に当選となる、拘束名簿式の「特定枠」が導入された。

④ さまざまな投票制度

解説 　**権利の保障と投票率向上のために**　近年、有権者の政治に参加する権利を積極的に保障することが求められるようになり、そしてその結果としての投票率向上のための制度的な措置として、社会の変化に合わせてさまざまな投票制度が認められるようになっている。なかでも、期日前投票制度(→p.127)は広く普及しており、2021年の衆議院議員選挙では全有権者の約2割が利用した。

★1　重複立候補とは

A党の比例名簿順位 (選挙前)		→	小選挙区の 結果	→	開票後の比例 名簿順位
A候補	1位				1位
B候補	2位		落選		2位
C候補	2位		当選		―
D候補	2位		落選		2位
E候補	5位		―		4位

※　重複立候補者

　重複立候補した候補者のうち、小選挙区で当選した候補者は比例名簿から抜かれ、小選挙区で落選した候補者は名簿に残る。比例代表での各党の当選者の数はドント式という方法を使って割り当てられる。

★2　ドント式とは

名簿届出政党名		A党	B党	C党
名簿登載者数		4人	3人	2人
得票数		1000票	600票	100票
除数 (党の得票数 ÷1、2、3…)	1	①1000	②600	⑧100
	2	③500	⑤300	⑨50
	3	④333.333…	⑦200	
	4	⑥250		
当選人数(定数3人)		2人	1人	0人

※○の数字は得票順位。　　は当選者

ドント式とは比例区における議席配分の計算方法である。例えば、候補者が9人いるこの比例区の議員定数(→補)を3とする。

1. 各党が獲得した得票数を1、2、3…名簿登載者数で割った商を比較する。
2. 一番大きい箇所から順位を付けていく。この場合、①～③までが当選、④～⑨までは落選となり、A党からは2人当選、B党からは1人当選、C党からは当選者なしとなる。
3. 各党の比例名簿の順位が上の候補者から順に当選していく。

★3　惜敗率とは

開票後のD党の比例 名簿順位(2人当選)	→	惜敗率	→	結果
1位　A候補		―		当選
2位　B候補		40%		落選
2位　C候補		75%		当選
4位　D候補		―		落選

※　　は名簿が同順位

　党内の名簿順位が同じ場合、同順位の候補者の当落は惜敗率によって決まる。惜敗率とは各候補者が選挙区で得た得票数が、その選挙区の最多得票者の得票数の何%になるかというもので、惜敗率の高い候補者が当選する。例えば、左の場合、同じ2位でもC候補の方がB候補よりも惜敗率が高いため、当選となる。

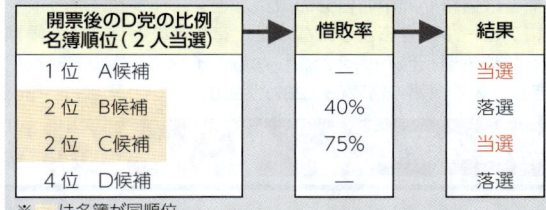

$$惜敗率(\%) = \frac{その候補者の得票数}{その選挙区の最多得票者の得票数} \times 100$$

期日前投票制度	仕事・旅行・レジャーなどの理由で当日投票できない場合は、選挙期日前に投票できる。
不在者投票制度	出張・旅行などで名簿登録地以外に滞在している場合は滞在先で、病院や高齢者福祉施設に入院・入所中の場合はその施設内で投票できる。
郵便等投票制度	身体に重度の障がいを有する場合は、自宅などで投票用紙に記載し、選挙管理委員会に送付する。
洋上投票制度	国外を航海する船舶の船員および実習生などは、洋上からファクシミリで不在者投票ができる。対象は、衆議院議員選挙および参議院議員選挙。
在外投票制度	外国に住んでいても日本の国政選挙で投票できる。

政治

○×チェック答え⑤1　　× 　大選挙区制では複数名が当選するため、小選挙区制に比べて得票率の低い候補者も当選しやすくなる。

5 インターネットを用いた選挙運動

↑スマートフォンなどを使って街頭演説をインターネット中継する陣営スタッフ（2013年）

		候補者、政党等	有権者（18歳以上）	18歳未満
ウェブサイト等	ホームページ	○	○	×
	SNS	○	○	×
	ブログ	○	○	×
	動画共有サービス	○	○	×
	動画中継サイト	○	○	×
	電子メール※	○	×	×

※フェイスブックやLINEなどのユーザー間でやりとりする機能は「電子メール」ではなく、「ウェブサイト等」に該当するので有権者も利用可能。

解説 情報の格差が生じるという懸念も 2013年の参議院議員選挙から、インターネットを利用した選挙運動（→p.128）が解禁された。これによって、候補者は選挙期間中も自分の政策などを、インターネットを通じて有権者にアピールできるようになった。有権者にとっては、候補者の政策を知るための選択肢が増えた。しかし、インターネットを利用できる人とできない人で情報の格差（→p.287）が生じるという懸念もある。

II 選挙制度の課題

1人一票の実現に向けて

←2016年の参議院議員選挙は「合憲」との最高裁判決を受けて会見する原告ら（2017年）

順に判断
1 違憲状態
2 修正期間過ぎて違憲
3 選挙は無効

一票に重みの格差があるのは憲法違反だとする、選挙無効の訴訟では、（1）著しい不平等状態にあるか、（2）是正のための合理的期間を経過したか、に着目し、いずれも該当しなければ「合憲」、（1）のみ満たす場合は「違憲状態」、（1）（2）を満たせば「違憲」とされる。

6 公職選挙法で定められている選挙運動 ◀頻出▶

立候補を届け出るまでは選挙運動はできない（129条）	投票日当日は選挙運動ができない（129条）	18歳未満は選挙運動ができない（137条の2）

投票をお願いする**戸別訪問**はできない（138条）	選挙の陣中見舞い、当選祝いなどで飲食物、酒類を提供することはできない（湯茶などは除く）（139条）	選挙期間中に掲示できるポスターには枚数制限がある（143条、144条）

街頭で宣伝活動できるのは、午前8時から午後8時まで（164条の6）	誰であっても選挙運動に報酬を支払ってはいけない（届け出た労務者等は除く）（221条）	他の候補者の選挙運動を妨害してはいけない（225条）

解説 違反には厳しい罰則も 公職選挙法（→補）は、公正な選挙実現のため、選挙のしくみや選挙運動のルール（→p.128）を定めている。候補者の関係者が違反すると、その者が逮捕されたり、応援する候補者が当選無効になったりし、同じ選挙区で5年間立候補できなくなる**連座制**が適用される。

1 一票の重みの格差 ◀出題▶

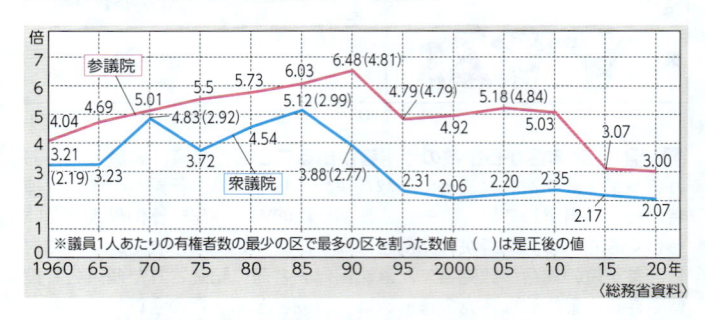

※議員1人あたりの有権者数の最少の区で最多の区を割った数値（）は是正後の値
〈総務省資料〉

解説 都市部と農村部での格差が大きい 有権者の一票の価値は同じだと考える平等選挙（→□）は、日本国憲法44条でも定められた選挙制度の大原則である。しかし実際には、選挙区人口の違いから議員1人あたりの有権者数に開きがあり、有権者の**一票の重みの格差**が生じている。特に都市部と農村部での格差が顕著である。**投票価値に違いが生まれると、国会への民意の反映がゆがめられてしまうことになる。**

一票の格差（→補）をめぐっては、1976年と85年に最高裁で違憲判決が出ている（→p.88）。最高裁は、一票の格差が最大4.77倍だった13年の参議院議員選挙、一票の格差が最大2.13倍だった14年の衆議院議員選挙について、違憲状態と判断する一方、一票の格差が最大3.08倍だった16年の参議院議員選挙は合憲と判断している。

 ○×チェック 日本国憲法の施行以降、衆議院議員選挙と参議院議員選挙での投票率は80％以上で推移している。（13年、追）

② 議員定数の削減

選挙年（回次）	定数	増減	備考
1946年（第22回）	468 (466)		沖縄県（定数2）は米国占領下にあり、選挙は事実上の定数466で実施
47年（第1回）	250		半数は任期3年、第2回以降半数改選
47年（第23回）	466	−2	沖縄県を除く
54年（第31回）	467	+1	奄美群島区（定数1）で実施
67年（第31回）	486	+19	大都市の人口増加に伴う定数是正
70年	491	+5	沖縄県（定数5）で実施
70年	252	+2	沖縄定数2名、1名次期選挙で改選
76年（第34回）	511	+20	選挙区別人口による定数是正
86年（第38回）	512	+1	選挙区別人口による定数是正
93年（第40回）	511	−1	選挙区別人口による定数是正
96年（第41回）	500	−11	1994年公選法改正後初の総選挙
2000年（第42回）	480	−20	比を20削減（小300、比180）
01年（第19回）	247	−5	比を2、選を3削減
04年（第20回）	242	−5	比を2、選を3削減
14年（第47回）	475	−5	小を5削減
17年（第48回）	465	−10	小を6、比を4削減
19年（第25回）	245	+3	比を2、選を1増加
22年（第26回）	248	+3	比を2、選を1増加（予定）

・　■は衆議院、■は参議院、「比」は比例、「小」は小選挙区、「選」は選挙区

解説　衆議院の定数は戦後最少に　一票の格差の是正のために、衆議院では国会議員の定数削減が行われてきた。議員定数の削減は、議員数が減る党もあり、各党の利害が絡むため、なかなか合意に至らなかったが、最高裁の「違憲状態」判決を踏まえ、2014・17年に衆議院で定数が削減され、戦後最小となった。これに対し参議院では、一票の格差の是正のために、19年に定数を増やし、22年にも増加予定である。

なお、衆議院小選挙区の区割りに関しては、格差是正のために**アダムズ方式**（→補）の導入が決定している。

③ 投票率の変化

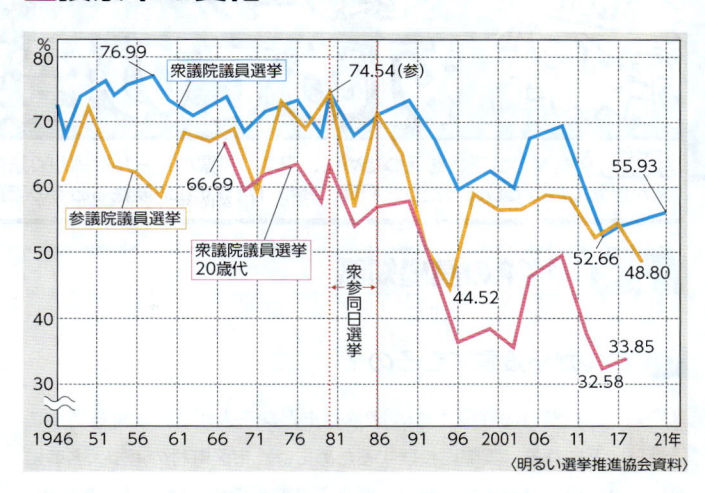
〈明るい選挙推進協会資料〉

解説　投票率は低下傾向にある　近年の選挙の投票率は、政権選択や郵政民営化、年金問題など、争点がはっきりしている選挙の際には上昇する場合もあるが、長期的には低下傾向にある。2014年には、衆議院議員選挙において戦後最低の52.66％となった。特に若者の投票率が低いことは問題となっている。

この背景には、政治的無関心（→p.96）、選挙の争点の複雑化などがあると考えられる。日本の選挙権は、明治時代以降のさまざまな努力によって獲得されたものである。投票率の低下は、日本国憲法の国民主権の理念が改めて問われる事態だといえる。投票率の低下によって、国民の生活や意見を無視する無責任な政府が生まれたとき、最も被害を受けるのは国民自身である。民主政治が続く日本では忘れがちになるが、**一票の重みを改めて考え、自分の一票を大切にする必要がある。**

まとめ ■■　■─　■─

Ⅰ　選挙制度
- 選挙の基本原則…**普通選挙、平等選挙、直接選挙、秘密投票**
  - 日本では1945年から男女の普通選挙となった
- 選挙制度の比較…**大選挙区制、小選挙区制、比例代表制**
  - →それぞれ一長一短で、日本などではそれぞれのしくみを組み合わせて採用している
- 日本の選挙制度
  - 衆議院の選挙制度…小選挙区比例代表並立制（全国289の小選挙区と11の比例代表区）、比例代表では拘束名簿式を採用、**重複立候補**が可能
  - 参議院の選挙制度…選挙区選挙と比例代表選挙、都道府県単位で選挙区を設定（45区、合区あり）、比例代表は**非拘束名簿式**（全国1区）のほか、政党ごとの判断で拘束名簿式の「特定枠」も設けられる。選挙区との重複立候補はできない
  - 衆議院も参議院も比例代表では**ドント式**を採用
- さまざまな投票制度…期日前投票制度、不在者投票制度、郵便等投票制度、洋上投票制度、在外投票制度など

- →有権者の参政権を保障し、投票率の向上を図ることが目的
- インターネットを用いた選挙運動…候補者は政策をアピールできる、有権者は候補者の政策を知りやすい
  - →インターネット利用の可否によって情報格差が出る恐れあり
- 公職選挙法で定められている選挙運動…公正な選挙を実現するためルール作り→違反に対しては有権者自身の逮捕や、**連座制**の適用など

Ⅱ　選挙制度の課題
- **一票の重みの格差**…各選挙区の有権者数と議員定数の不均衡による一票の価値の不平等が存在、特に都市部と農村部の差が大きい
  - →平等選挙の原則に反すると訴訟が起きている
- 議員定数の削減…一票の格差の是正と共に国会議員の定数削減が議論されている
  - →有権者の多様な意見を反映させるために反対意見もある
- 投票率の変化…長期的には低下傾向が続く、特に若者の投票率が低い
  - →日本国憲法の国民主権の理念が問われている

補足解説

議員定数
議会における議員の上限人数。選挙区の議員定数は選挙で選出される議員数で、単に定数ということもある。

公職選挙法
衆議院議員、参議院議員、地方自治体の議員と首長のことを公職という。そして、公職選挙法とは国政選挙や地方議会議員や首長を選ぶ地方選挙などに関する法律。選挙の公明・公正な実施を目的とし、選挙権や被選挙権、選挙区、選挙人名簿、投票手続き、選挙運動などについて定めている。1950年制定。

一票の格差
投票する選挙区によって、得票数の多い候補者が落選したり、得票数の少ない候補者が当選したりするなど、有権者の投じた一票の価値に差が生じること。選挙区ごとの有権者数や当選者数の違いによって生じる。

アダムズ方式
アメリカの第6代大統領アダムズが提唱したといわれる、人口に比例して議席数を配分するしくみ。従来よりも人口比をより正確に反映できる一方、都市部と農村部との格差がさらに広がるという懸念もある。2022年以降の衆議院議員選挙での導入が決定している。

〇✕チェック　答え52　✕　日本国憲法施行後、投票率が80％以上になったことは、衆議院議員、参議院議員の両選挙ともに一度もない。

政治

池上ライブ！ ゼミナール 深く考えよう 初めての投票・選挙

POINT 選挙の公正さを保つために、選挙や投票のルールは細かく法律で定められています。知らずに違反すると、投票が無効になってしまったり、犯罪に問われたりする危険性もあるので正しい知識を身につけましょう。

I 投票の基礎知識

Q1 いつから投票できるの？

A 投票日の翌日までに18歳以上となる人が、選挙権を持つことになる。実際に投票するためには、市区町村の選挙人名簿に登録されていなければならない。選挙人名簿への登録は、18歳以上で、引き続き3か月以上その市区町村に住んでいることが条件である。ただし、新たに18歳になった人が引っ越した場合には、3か月未満でも登録できる場合がある。

Q2 投票に行けない場合はどうすればいいの？

A 投票日に予定があって投票に行くことができない場合には、**期日前投票**（→p.124）を行うことができる。また選挙期間中、仕事や旅行などで選挙人名簿登録地以外の市区町村に滞在する場合には、滞在先の市区町村で**不在者投票**を行うこともできる。ただし、投票は原則として本人が直接にしか行えないものであり、家族などが代わりに投票することはできない。

Q3 投票所ではどのような手順で投票すればいいの？

A 多くの市区町村では投票日前に投票所入場券が送付されるので、投票の際に持参する。投票所ではまず受付係・選挙人名簿対照係に入場券を渡し、本人であるかどうかを確認する。次に投票用紙を受け取り、投票記載所で記入して投票箱へ投票する。投票用紙に関係のない事項を記入すると投票は無効になる。

Q4 投票先はどのようにして決めればいいの？

A 投票にあたって、投票先を決めるためには情報収集が必要である。それには、まず①**街頭演説**を聞くことが挙げられる。これは候補者などを実際に自分の目で直接見ることができる反面、時間や場所などが限定される。②テレビなどのメディアの**政見放送**を視聴することも考えられる。録画することで時間に縛られず自由に視聴することができるが、それぞれの候補者や政党は演出を行うため、見た目のイメージに引きずられやすい面もある。さらに、③**選挙公報**を確認するという手段もある。これは、当該選挙区の候補者や政党の一覧をコンパクトにまとめているという点で理解しやすいが、紙幅が限られており、必ずしも情報を十分に伝え切れているとはいえない。最後に、④候補者や政党の**ウェブサイト**を確認することもできる。これは手軽に閲覧できる反面、情報の正確性には注意を払う必要がある。

↑街頭演説

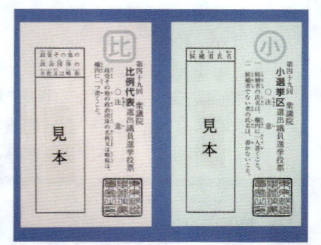

↑衆議院小選挙区（右）、比例代表（左）の投票用紙（2021年）

←衆議院議員総選挙の投票所の例

Ⅱ 選挙違反に気をつけよう

Q1 選挙運動と政治活動はどう違うの？

A **選挙運動**（→p.125）とは、特定の候補者の当選あるいは落選を目的に投票を呼びかける運動を指す。ポスターなどの印刷物の作成や、演説会などが選挙運動にあたる。これら以外の政治的な活動を**政治活動**とよんで区別している。選挙運動は、公示日（告示日）に立候補の届け出をしてから投票日の前日までの期間のみ認められる。

Q2 学校で政治活動をしていいの？

A 学生運動の高校への広がりに対応するため、1969年より高校生の政治活動は禁止されていた。しかし18歳選挙権の実施に伴い、放課後や休日に行う学校外での政治活動については家庭の理解の下、生徒が判断し行うものとして、学業に支障がないことなど一定の条件の下で解禁された。一方、学校の教育活動の場を利用した活動はこれまでどおり禁止されている。

学校の構外	学校の構内
・放課後や休日は家庭の理解の下、生徒が判断し行う	・授業や生徒会活動、部活動などを利用した活動 **→禁止**
・違法・暴力的なものや、その恐れが高いもの **→制限または禁止** ・学業や学校生活に支障がある場合 **→禁止を含め指導**	・放課後や休日に学校の構内で活動 **→制限または禁止**

〈文部科学省資料〉

Q3 17歳の人も選挙運動をしていいの？

A 選挙権を持つ年齢に満たない人の選挙運動は認められておらず、17歳は選挙権を持たないので選挙運動をすることができない。これに違反すると、1年以下の禁錮または30万円以下の罰金に処される（公職選挙法239条）ことがある。そのため、高校生の中でも選挙運動を行える18歳以上の有権者と、選挙運動を行えない17歳以下の非有権者が混在することになるため、注意が必要である。

Q4 選挙運動のアルバイトは認められるの？

A 選挙運動をアルバイトとして行うことは、買収にあたるためできない。買収は選挙犯罪の中でも悪質と見なされ、候補者にも責任が及ぶ**連座制**が適用される。お金を渡した側だけでなく、お金をもらった側も罪になり、刑事裁判の対象となる。

Q5 インターネットで選挙運動をしていいの？

A インターネットを使った選挙運動（→p.125）が2013年の参議院議員選挙から解禁され、ホームページなどのウェブサイト（ブログ、ツイッター、フェイスブック、動画共有サービスなどを含む）で選挙運動を行うことが可能である。その場合には、ウェブサイト内にメールアドレスなどの連絡先情報を記載しなければならない。しかし、有権者がメールを利用して選挙運動を行うことは禁止されている。また、公職選挙法では選挙運動で配ることのできる印刷物などについて規定を設けており、選挙運動用のウェブサイトに掲載されたり、メールで送信されたりした文書を、紙に印刷して配ることは認められていない。

〈有権者がインターネットを利用してできること〉

ブログ、ツイッター、フェイスブックなどで特定の候補者への投票を呼びかけ ➡ ○

自分で制作した応援動画をインターネットで配信 ➡ ○

メールで特定の候補者への投票を呼びかけ ➡ ✕

候補者や政党から送信されてきた選挙運動用メールを転送 ➡ ✕

ウェブサイトに掲載されている選挙運動用ポスターを印刷して配布 ➡ ✕

↑インターネット配信された選挙演説会で候補者（右）に寄せられた視聴者の声（2013年）

Q6 そのほかの禁止されている選挙運動は？

A 選挙運動では以下のような行為も禁止されている。特定の候補者に投票してもらうために住宅や商店、会社などに戸別訪問をしてはならない。また、特定の候補者に投票をするように、あるいはしないように有権者の署名を集めてはならない。さらに、お茶や通常の茶菓子や果物、選挙運動員の弁当などを除いて、原則として選挙運動において飲食物を提供してはならない。このように、選挙は公正さを保つ規定の下に運営されている。

地図から見える日本の地域格差（政治）

POINT 近年、地方自治体の間ではさまざまな格差が生じています。このままでは将来、地方自治体の存続自体が難しくなるかもしれないとの報告もあります。どのような格差があるのか、地図や資料から見てみましょう。

地域見える化 GIS「ジオグラフ」を使ってみよう

人口や高齢化率など複数の統計データを立体的なグラフのように表示できるGIS教材です。市町村別、都道府県別、全国などさまざまな範囲を選択でき、データを表示できます。

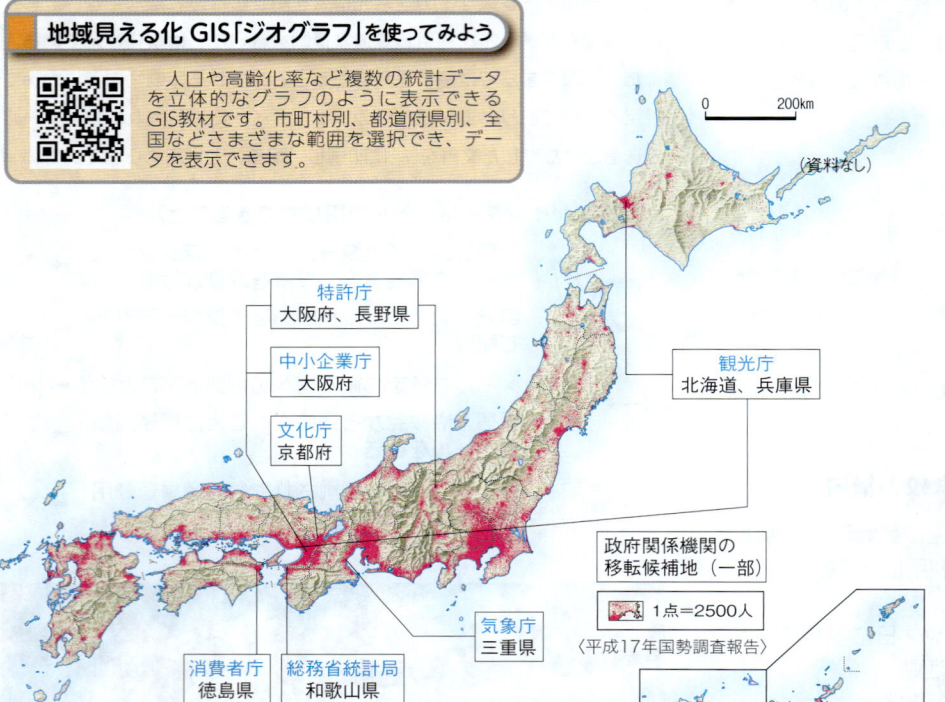

0 ─── 200km

（資料なし）

特許庁
大阪府、長野県

中小企業庁
大阪府

文化庁
京都府

観光庁
北海道、兵庫県

気象庁
三重県

消費者庁
徳島県

総務省統計局
和歌山県

政府関係機関の
移転候補地（一部）

1点=2500人

〈平成17年国勢調査報告〉

1 人口分布

解説 大都市圏への人口集中 企業や教育機関が集積している大都市圏に人口が集中する傾向が強まっている。特に、東京、愛知、関西への集中が多く、地方の過疎化が進行している。なかでも東京都は国の行政機関も集中しているため、それらを別の地方へ移転させ、人口移動を促そうとする動きもある。

←文化庁の移転を歓迎する京都市の職員たち（2016年）文化庁の京都への移転だけでなく、さまざまな行政機関の移転が検討されている。

2 合計特殊出生率

↑都庁内に開所した保育所（上）と開所式（下）（2016年）東京都は、合計特殊出生率が全国最下位である。一方、共働き世帯が増え、子供を預ける保育所などが不足しており、待機児童（→p.312）の解消が課題となっている。そこで、待機児童解消を進めるためのシンボル的な取り組みとして、2016年に都議会議事堂1階に保育所が設置された。

とちょう保育園 開所式

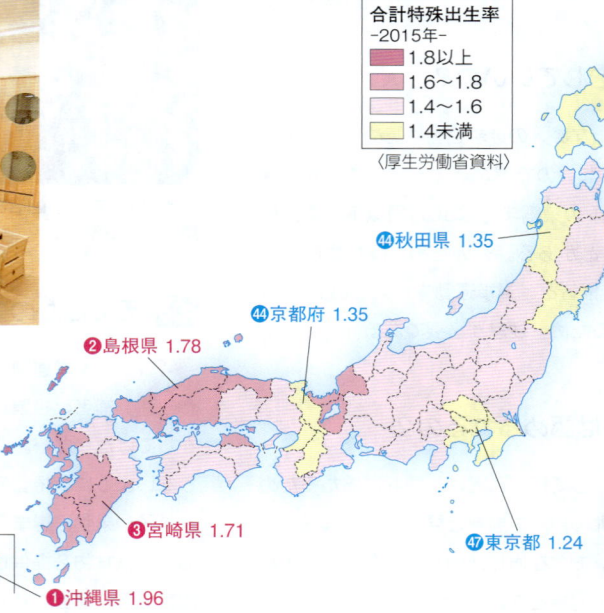

合計特殊出生率
-2015年-
■ 1.8以上
■ 1.6～1.8
■ 1.4～1.6
□ 1.4未満
〈厚生労働省資料〉

㊻北海道 1.31
㊹秋田県 1.35
㊹京都府 1.35
❷島根県 1.78
❹宮崎県 1.71
㊼東京都 1.24
❶沖縄県 1.96

解説 1975年ごろから少子化傾向 日本の出生数は、1970年代前半まで200万人前後で推移していた。しかし、1975年に200万人を割り込み、以降は、長期間にわたり減少傾向にある。

今後は多くの地方自治体で人口減少が進み、地域から活力が失われることが懸念されている。そのため、地方自治体独自で活性化に取り組む例（→巻頭23）も多い。

③ 消滅可能性都市

解説　約半数の都市が消滅の恐れ　2014年に、民間の政策発信組織である「日本創成会議」によって、東京への一極集中などに見られる地方から都市への人口移動の傾向が今後も続けば、2040年には全国の市町村の49.8％にあたる896の地方自治体の運営が行き詰まる可能性がある、という報告がされた。特に出産年齢の中心である20〜39歳の女性の人口流出により、これらの地方自治体が、将来的に消滅する恐れのある「消滅可能性都市」（→巻頭23）になる試算が提起されたことは、大きな衝撃を与えた。

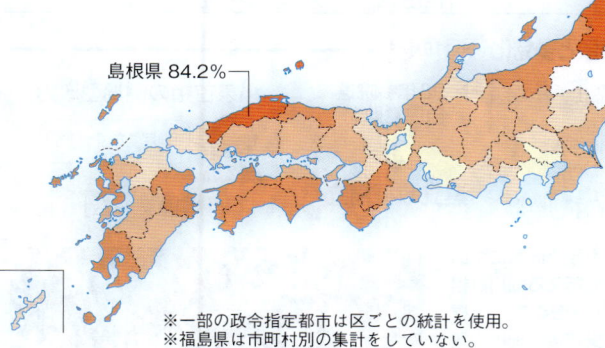

青森県 87.5％
秋田県 96.0％
島根県 84.2％

都道府県別
「消滅可能性都市*」の割合

- 80％ 以上
- 60〜80％
- 40〜60％
- 20〜40％
- 20％未満

＊20〜39歳の女性が2040年までに5割以上減少すると予想された都市を「消滅可能性都市」とした。

※一部の政令指定都市は区ごとの統計を使用。
※福島県は市町村別の集計をしていない。

〈日本創成会議資料〉

↑古い建物を改修したカフェの外観（上）と店内の様子（下）　東京都豊島区は、23区唯一の「消滅可能性都市」とされた。これを受けて、まちなかに存在する空き家、公園・道路、公共施設などを活用し、「住んで子育てして、働きながら暮らし続けられるまち」を実現するための取り組みを行っている。

④ 地方交付税の支給

解説　地域間格差の是正を目指して　少子高齢化や大都市圏への人口集中が進んだことで、地方自治体ごとの財政に格差が生じている。地方交付税の交付状況から、地域ごとの財政格差が見られる。

　個人が、好きな地方自治体に寄付を行うと、国や居住地の地方自治体に納める税金の一部が軽減される、ふるさと納税（→p.116）という制度がある。寄付する先は出身地に限らず、どの地方自治体でもよく、寄付を増やすために寄付した人に対する返礼品に力を入れている地方自治体も多い。

③北海道紋別市
（7,738）

③北海道根室市
（6,589）

③北海道白糠町
（6,733）

①大阪府泉佐野市
（18,497）

②宮崎県都城市
（10,645）

地方交付税が都道府県の歳入に占める割合
－2019年－

- 30％以上
- 20〜30
- 10〜20
- 10％未満

ふるさと納税受入額上位
（2019年度）（100万円）

〈総務省資料〉

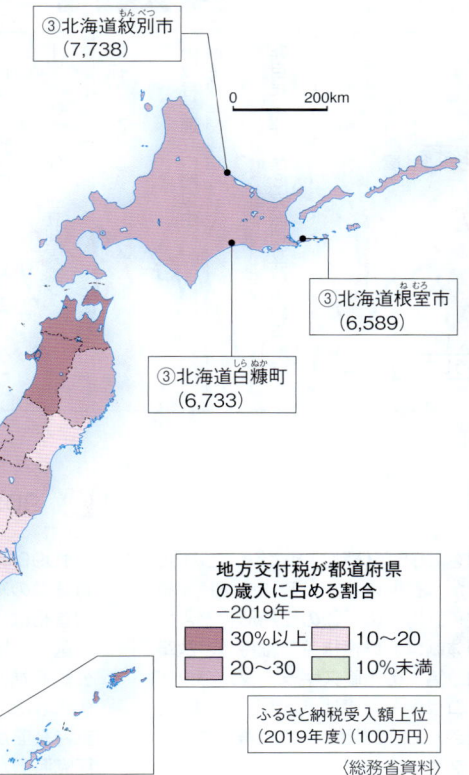

↑ふるさと納税のしくみ

①寄付
ふるさと納税をする人
応援したい地方自治体
②特産品などの返礼品
国や居住地の地方自治体
③税金の軽減

↑ふるさと納税返礼品のパンフレットの例（2015年）

近年の日本の政党政治の動き

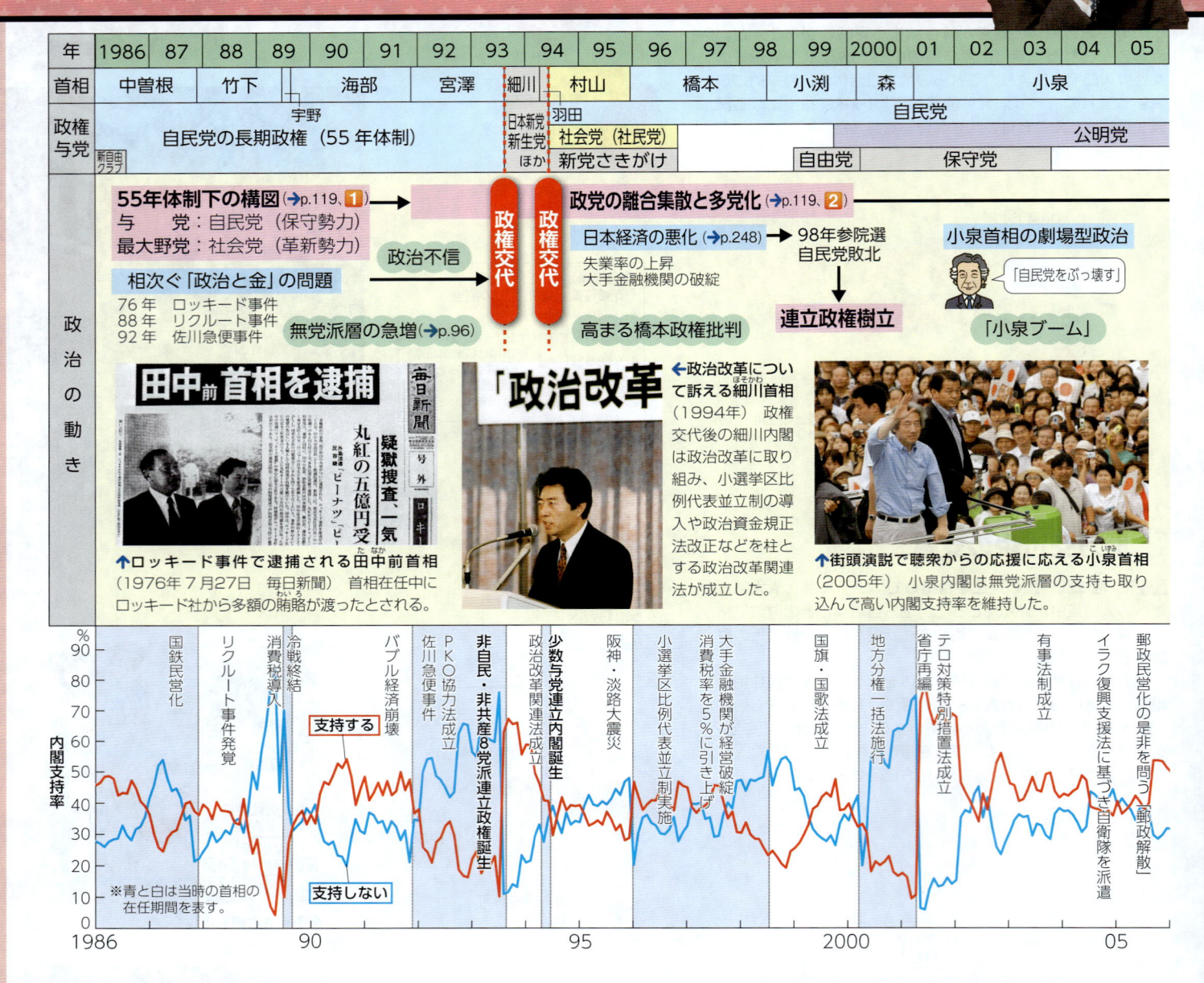

年	1986	87	88	89	90	91	92	93	94	95	96	97	98	99	2000	01	02	03	04	05

首相：中曽根｜竹下｜宇野｜海部｜宮澤｜細川｜村山｜橋本｜小渕｜森｜小泉

政権与党：新自由クラブ／自民党の長期政権（55年体制）／日本新党・新生党ほか／羽田／社会党（社民党）／新党さきがけ／自民党／自由党／保守党／公明党

政治の動き

55年体制下の構図（→p.119、1）
与　　党：自民党（保守勢力）
最大野党：社会党（革新勢力）

相次ぐ「政治と金」の問題
76年　ロッキード事件
88年　リクルート事件
92年　佐川急便事件

政治不信 →

無党派層の急増（→p.96）

政権交代　**政権交代**

政党の離合集散と多党化（→p.119、2）

日本経済の悪化（→p.248）
失業率の上昇
大手金融機関の破綻

→ 98年参院選
自民党敗北

→ **連立政権樹立**

高まる橋本政権批判

小泉首相の劇場型政治
「自民党をぶっ壊す」
「小泉ブーム」

田中前首相を逮捕
毎日新聞　号外　ロッキード
疑獄捜査、一気　丸紅の五億円受

↑ロッキード事件で逮捕される田中前首相
（1976年7月27日　毎日新聞）首相在任中にロッキード社から多額の賄賂が渡ったとされる。

「**政治改革**」
←政治改革について訴える細川首相（1994年）政権交代後の細川内閣は政治改革に取り組み、小選挙区比例代表並立制の導入や政治資金規正法改正などを柱とする政治改革関連法が成立した。

↑街頭演説で聴衆からの応援に応える小泉首相（2005年）小泉内閣は無党派層の支持も取り込んで高い内閣支持率を維持した。

内閣支持率グラフ（1986〜05年）
縦軸：内閣支持率（%）10〜90
※青と白は当時の首相の在任期間を表す。
支持する／支持しない

グラフ中の出来事：国鉄民営化／リクルート事件発覚／消費税導入／冷戦終結／バブル経済崩壊／佐川急便事件／PKO協力法成立／非自民・非共産8党派連立政権誕生／政治改革関連法成立／少数与党連立内閣誕生／阪神・淡路大震災／小選挙区比例代表並立制実施／大手金融機関が経営破綻　消費税率を5％に引き上げ／国旗・国歌法成立／地方分権一括法施行／省庁再編／テロ対策特別措置法成立／有事法制成立／イラク復興支援法に基づき自衛隊を派遣／郵政民営化の是非を問う（郵政解散）

1　55年体制とその崩壊

　1955年以降の自民党一党優位体制を「**55年体制**」とよぶ。この55年体制下では、政権与党である自民党が、長期にわたり政権を維持することにより、政治家・官僚・経済人（政・官・財）の「鉄の三角形」とよばれる強固な結び付きを構築した。この体制は、既得権益を維持し、改革に強く抵抗したため、金権政治や大物政治家の汚職スキャンダルの温床を作り上げる原因ともなった。そしてロッキード事件、リクルート事件、佐川急便事件などの汚職事件が続いたことで、政治と金の問題を中心として、**政治改革**の気運が高まることとなった。

2　90年代の政界再編

　1990年代に向けて高まった政治改革への期待は、93年の衆議院議員選挙の結果、非自民・非共産の細川連立内閣の発足につながった。細川首相は政治改革を進めるなかで、衆議院の選挙制度の変更に着手し、**小選挙区比例代表並立制**が導入された。これにより各選挙区には自党の公認候補が1人しかいないこととなり、公認が得られない場合には比例代表に回るか党を去らざるをえない状況が生まれた。これが自民党の支持基盤が弱体化する一因となり、**多党化**が進んでいった。これに伴い**無党派層**が拡大し、90年代末以降は連立与党体制が定着していった。

POINT 「55年体制」(→p.119) という枠組みの下で歩んできた戦後日本の政党政治は、1993年の政権交代以降、大きく変化しています。政党の支持基盤が弱体化し、無党派層が増大するなかで、2009年と12年には選挙による政権交代も起きました。民意と政治との関わりについて考えてみましょう。

二次元コードで動画をチェック！
→鳩山代表・麻生総裁の街頭選挙演説
（2009年 東京都）【再生時間：2分31秒】
※このマークがある出来事に関連する動画を見ることができます。

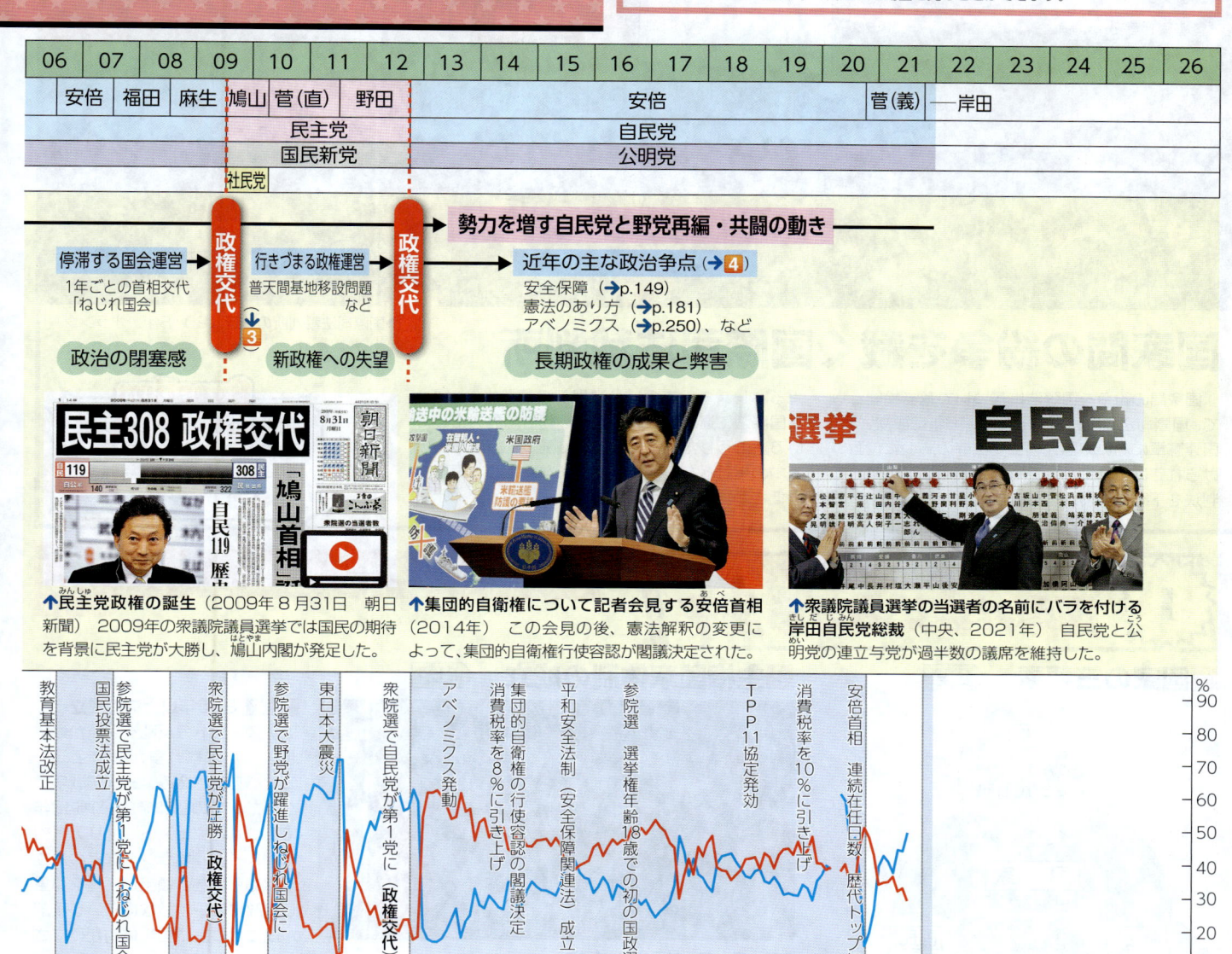

↑**民主党政権の誕生**（2009年8月31日　朝日新聞）　2009年の衆議院議員選挙では国民の期待を背景に民主党が大勝し、鳩山内閣が発足した。

↑**集団的自衛権について記者会見する安倍首相**（2014年）　この会見の後、憲法解釈の変更によって、集団的自衛権行使容認が閣議決定された。

↑**衆議院議員選挙の当選者の名前にバラを付ける岸田自民党総裁**（中央、2021年）　自民党と公明党の連立与党が過半数の議席を維持した。

※2020年4月は新型コロナウイルス感染症の影響で調査中止〈時事世論調査特報、ほか〉

3　2度にわたる政権交代

　小選挙区比例代表並立制の導入により、政党候補者の公認に党中央の意向がより強く反映されるようになった。さらに小泉首相は「自民党をぶっ壊す」というスローガンの下、派閥にとらわれない閣僚人事や規制改革を推し進めた。これにより派閥の力は弱まり、自民党のさらなる弱体化にもつながった。その一方で、多党化のなかで政党の離合集散が進み、民主党が勢力を拡大していった。そして2009年には**政権交代**が起きたものの、民主党中心の政権は国民の期待に応えることができず、12年には再び自公連立政権が発足した。

4　近年の日本政治の動き

　2012年に自民党が政権に復帰して以降、安倍政権によるアベノミクスの是非、安全保障政策の転換などが大きな政治的論点となってきた。野党も立憲民主党を中心に再編の動きを続けているが、政権を脅かす存在になったとはいえず、自民党と野党は「一強多弱」ともいわれる状況が続いている。安倍政権は7年8か月超の長期政権となり、その後は内閣官房長官を長く務めた菅義偉が20年に首相に就任したが、約1年で辞任した。21年には岸田文雄が首相に就任した。

国家間の紛争を裁く国際司法裁判所

↑国際司法裁判所の法廷（2018年　オランダ）

国家間の紛争を国際法に基づいて裁く機関として、国際司法裁判所がある。1946年に設立され、国連憲章において国連の主要機関の一つに位置づけられている。これまでも領土問題などに対して判決を下しており、2004年には、イスラエルによるパレスチナでの「分離壁」の建設（→p.166）が国際法に違反しているという勧告意見を出している。こうした判決は国際法に基づく紛争解決の一つの指針となるが、強制力がないため、実効性の低さが課題となっている。

Question

・国家どうしによって成り立つ国際社会には、どのようなルールがあるのだろうか。（→Ⅰ　Ⅱ）

政治

Ⅰ　第2部第2章第2節　国際政治の動向と平和の追求
国際社会における国家

Ⅰ　国家と国際社会

10 人や国の不平等をなくそう

❶国家の三要素　〈出題〉

```
     主権
  他国が侵すこと
  ができない権利

     国　家
  日本、韓国、
  アメリカなど
  196か国※

領域              国民
領土・領海・領空   最多
                  中国：約14億人※※
                  最少
                  バチカン：約600人※※
```
※2021現在　※※2020年現在

解説　国が成り立つための条件　国家とは、一定の領域（統治権の及ぶ範囲）と国民（国家を構成する人々）から成り、国家のあり方を最終的に決定する最高・独立・絶対の権力である**主権**（→補）を保持する。この領域・国民・主権が**国家の三要素**といわれるものであり、今日の国際社会は独立かつ平等な**主権国家**で構成されている。

❷主権国家体制の成立　〈出題〉

↑ウェストファリア条約の締結

解説　350年以上前に成立　プロテスタントの反乱をきっかけに起こった宗教戦争がほぼ全ヨーロッパを巻き込み、三十年戦争となった。その講和条約が1648年に結ばれた**ウェストファリア条約**で、スイス、オランダなどの独立が認められた。領土と主権を尊重し内政には干渉しないという了解が成立し、主権国家体制が確立された。

❸国内政治と国際政治の違い

国内政治		国際政治
個人が原則	対象	主権国家が原則
国内法に基づく	法律	国際法に基づく
国会	立法機関	・統一的な立法機関はない ・条約は批准国のみを拘束する
裁判所	司法機関	国際司法裁判所、国際刑事裁判所など
警察などの**強制執行機関あり**	法の執行	・**強制執行機関はない** ・ただし国連安保理が一部補完
政府	行政機関	統一的な行政機関はない

解説　国際政治に強制執行機関はない　国際政治は主に主権国家が対象であり、個人は特別の規定がある場合に限って対象となる。それに対し、国内政治では、主に個人が対象である。また法の執行について、国際政治では国連安保理が補完的な機能を果たすことはあるが、強制執行機関はない。一方で国内政治では、警察など強制力を伴う機関が存在する。

◯✕チェック❺❸　国家は、「一定の領域」「共通の言語」「主権」を持っており、これは国家の三要素とよばれる。（10年、**本**）

4 領土・領海・領空　<頻出>

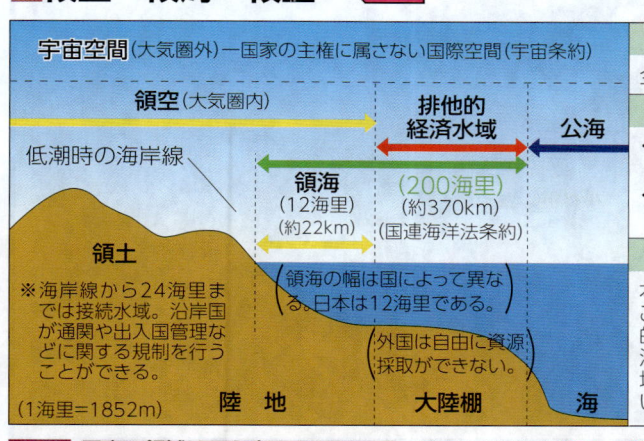

		領　海
宇宙空間(大気圏外)一国家の主権に属さない国際空間(宇宙条約)		全資源は沿岸国の主権下。

領海
全資源は沿岸国の主権下。

排他的経済水域
・資源の調査、発掘や漁業は沿岸国に優先権。
・船の運航、パイプラインの敷設などは他の国も可能。

大陸棚
本来は大陸に続く海底の傾斜面のことだが、国連海洋法条約では排他的経済水域と同じ200海里までの海底部分を大陸棚と見なす。海底が地形的・地質的に領土とつながっていれば、350海里まで延長も可能。

図中：宇宙空間(大気圏外)一国家の主権に属さない国際空間(宇宙条約)／領空(大気圏内)／低潮時の海岸線／排他的経済水域／公海／領海(12海里)(約22km)／(200海里)(約370km)(国連海洋法条約)／領土／※海岸線から24海里までは接続水域。沿岸国が通関や出入国管理などに関する規制を行うことができる。(1海里=1852m)／領海の幅は国によって異なる。日本は12海里である。／外国は自由に資源採取ができない。／陸地／大陸棚／海

解説　国家の領域はこう定められている　国家の領域には**領土・領海・領空**があり、日本では沿岸から12海里までを領海としている。領海は領土と同様に主権が及ぶ。また、沿岸から200海里までを**排他的経済水域**（EEZ）とし、沿岸国がその域内の天然資源や漁業資源など経済的権利を独占的に得ることができる。船の自由な航行など、経済的権利以外は公海と同様に他国にも認められている。公海はどの国の主権も及ばず、航行、通商・漁業などのために自由に使用できる（**公海自由の原則**）。

↑尖閣諸島付近の領海に侵入した台湾漁船に放水する海上保安庁の巡視船（2012年）

Ⅱ　国際法

1 国際法の父　グロティウス　<頻出>

↑グロティウス
(1583〜1645)

　私はキリスト教の世界を通じて、野蛮人でさえも恥とするような戦争に対する抑制手段の欠如を認める。私はまた、人々がささいな理由のために、あるいはなんら原因のないのに戦争に走ることを、また武器が一度とられたときには、あたかも狂人があらゆる犯罪を行うことを、ある法令によって放任されているがごとくに、神意法であろうが、人意法であろうが、これに対する一切の尊厳がなくなってしまうことを認めるのである。
（グロティウス『戦争と平和の法』より）

解説　国際法の必要性を説く　オランダの法学者**グロティウス**は**国際法**を体系化したことから「国際法の父」とよばれている。著書『**戦争と平和の法**』（1625年）では、当時国家間で頻繁に行われていた戦争の正当な原因を検討し、戦時にも守るべき法が必要であることを論じた。『**自由海洋論**』（1609年）は、現在の公海自由の原則の基礎となっている。

2 国際法の分類　<頻出>

成立による分類	国際慣習法	多数の国家が習慣的に繰り返してきた国際慣行（ならわし）を法的な性格として認めるもの。[例：公海自由の原則[*]、内政不干渉の原則]
	条　約	文書による国家間の合意。条約・協定・憲章など。[例：児童の権利に関する条約、国際連合憲章]
適用時による分類	平時国際法	通常の状態における国際間の法律関係を規定。条約の一般的効力、紛争解決など。[例：南極条約、ラムサール条約]
	戦時国際法	戦争時において適用される。開戦の手続き・方法、捕虜の取り扱い、中立法規など。[例：捕虜の待遇に関する条約、集団殺害罪の防止及び処罰に関する条約（ジェノサイド条約）]

[*] 現在では、国連海洋法条約に規定

解説　戦争にもルールを　戦争が発生しても可能なかぎり人道を維持し、被害を最小限に抑えるために定めたルールが戦時国際法である。2003年のイラク戦争では、アメリカ兵がイラク兵捕虜を虐待したことが大きく報道され、戦時国際法「捕虜の待遇に関する条約」（→補）に違反しているとして国際社会から非難を浴びた。

3 主な国際条約

分野	主な条約	締結年	日本批准年
国際関係	国際連合憲章	1945年	1956年
	外交関係に関するウィーン条約	1961年	1964年
人権	国際人権規約	1966年	1979年
	女子差別撤廃条約	1979年	1985年
領域	南極条約	1959年	1961年
	国連海洋法条約	1982年	1996年
環境	ラムサール条約	1971年	1980年
	ワシントン条約	1973年	1980年
	気候変動枠組条約	1992年	1993年

↑国連憲章に署名するアメリカの代表者（1945年）

解説　慣行を条約によって明文化する例も　国際慣習法は多国間で習慣的に行われてきた慣行で、国際法として重要な役割を担ってきた。しかし内容が不明確であり、紛争時に国際裁判を通じて内容が確認されることが多かった。内容の不明確さを解決するために、国際連合は国際慣習法を法典化し、条約によって明文化する取り組みを進めてきた。国連海洋法条約（→補）はその例である。

○×チェック　答え53　× 国家の三要素は領域・国民・主権であり、共通の言語は当てはまらない。

南極は誰の土地？

地球上の陸地の大半はどこかの国・地域の領土であるが、南極は例外的にどこの領土にもなっていない。南極に関しては、1959年に、当時調査活動を行っていた日本を含む12か国によって南極条約が締結された。そこでは、南極の平和利用と共に、領土権主張の凍結が掲げられている。領土に関する主張が一部の地域でなされているものの、南極条約に基づくこの体制は、国境のない平和的な共存の一つのモデルと見なされることもある。

南極条約の主な内容
①南極地域の利用を平和目的に限る
②科学的調査の自由と協力を促進する
③南極地域における領土権主張を凍結する
④核爆発・放射性物質の処理を禁止する

〈外務省資料〉

➡南極観測隊の引き継ぎ式（2020年　昭和基地）

1957年に設立された日本の昭和基地では、地球環境問題などなどさまざまな分野の研究が行われている。

❹ 主な国際裁判所　頻出

	国際司法裁判所	常設仲裁裁判所	国際刑事裁判所
略　称	ICJ（＝International Court of Justice）	PCA（＝Permanent Court of Arbitration）	ICC（＝International Criminal Court）
設　立	1945年（国連憲章第92条）	1899年（第1回ハーグ平和会議）	2003年（ICC規定は2002年に発効）
本　部	ハーグ（オランダ）	ハーグ（オランダ）	ハーグ（オランダ）
裁判官	15か国15人の裁判官　任期9年、3年ごとに5人改選（国連総会・安保理で選挙）	裁判官の名簿の中から紛争当事者が仲裁裁判官を選定	18か国18人の裁判官　任期9年（締約国会議で条約批准国出身者から選出）
裁判の対象	国家間の紛争の処理（国連の総会や安保理などの諮問に応じ、法律問題につき勧告的意見を与えることもある）	国家間の紛争の処理	国際社会の懸念となる重大犯罪（大量虐殺、戦争犯罪、人道に対する罪、侵略）に対する個人の責任を追及
訴訟開始	当事国間の合意に基づく	当事国間の合意がなくても、一方的に提訴できる	加盟国または安保理の要請、ICC検事局による起訴

解説　紛争解決を図る　**国際司法裁判所**は、国連の機関の一つで、国際紛争を解決する裁判所である。訴訟開始には当事国間の合意が必要とされる。**常設仲裁裁判所**は、当事国間の合意がなくても提訴でき、フィリピンが提訴した南シナ海をめぐる問題（➡p.161）では、2016年に中国が進める南シナ海の進出は法的根拠がないという判断を下した。**国際刑事裁判所**（➡補）へは、日本は07年に加盟したが、アメリカ・中国・ロシアなどが未加盟である。

まとめ ▮▮━ ▭ ▬━

Ⅰ 国家と国際社会
- 国家の三要素…領域（**領土・領海・領空**）、国民、主権
- **主権**…国家のあり方を最終的に決定する最高・独立・絶対の権力
- **主権国家**…現在約200の主権国家が存在
- **ウェストファリア条約**（1648年）…ヨーロッパ全土を巻き込んだ三十年戦争の講和条約。この条約によってヨーロッパの主権国家体制が確立
- 国内政治と国際政治の違い…国内政治は主に個人が対象で、国際政治は主に国家が対象。また、国際政治には強制執行機関がない
- **排他的経済水域**（EEZ）…沿岸から200海里まで。沿岸国が経済的権利を独占的に得ることができる

Ⅱ 国際法
- 国際法…国家間の合意によって成立。国際法を体系化した**グロティウス**は「国際法の父」とよばれる

- 国際法の分類
  - **国際慣習法**…多数の国家の国際慣行を法的な性格として認めるもの
  - **条約**…文書による国家間の合意。条約・協定・憲章など
  - 平時国際法…通常の状態における国際間の法律関係を規定
  - 戦時国際法…戦争時において適用される
- 国際法の多様化…国際連合憲章、国際人権規約、気候変動枠組条約など
- 国際紛争の解決
  - **国際司法裁判所**（ICJ）…1945年設立（国連憲章第92条）。国家間の紛争の処理、当事国間の合意で裁判開始
  - **常設仲裁裁判所**（PCA）…1899年設立（第1回ハーグ平和会議）。国家間の紛争の処理、当事国間の合意がなくても提訴できる
  - **国際刑事裁判所**（ICC）…2003年設立（ICC規定は2002年に発効）。重大犯罪（大量虐殺や戦争犯罪など）に対する個人の責任を追及

補足解説

主権
①対外独立性（国家が他の国家権力に支配されず対外的に独立）、②統治権（国家が領土を持ち、国民を支配する権力を持つ）、③最高決定権（国家の政治のあり方を最終的に決める力を持つ）の三つの意味を持つ。

捕虜の待遇に関する条約
ジュネーヴ条約の第3条にあたり、捕虜に対して抑留国がその待遇に責任を負うことが義務付けられている。この条約には、捕虜は氏名・階級などを除く情報を黙秘できるなど、さまざまな規定がある。

国連海洋法条約
1982年に締結された条約で、海洋法の憲法ともよばれる。既存の四つの条約を一つにまとめ、領海を12海里、排他的経済水域を200海里とすることなどと定めた。日本は、96年に批准している。

国際刑事裁判所（ICC）
大量虐殺（ジェノサイド）など重大犯罪に対する個人の責任を追及する。2009年には現職の国家元首であるスーダンのバシル大統領に逮捕状を出した。

池上ライブ！

ゼミナール 深く考えよう
条約について考える

POINT 国家間の約束ごとである条約は、国際的な課題に対し国際社会で協調して解決にあたるうえで重要な役割を果たしています。条約はどのように結ばれ、条約締結後、国内ではどのような対応がなされるのかを確認してみましょう。

Ⅰ 条約を締結するということは ◁出題▷

```
2国間条約の場合          条約交渉          多国間条約の場合
   署  名  ←──────────────→   採  択
              条約文の確定          （署名：基本的な賛意の表明）
     ↓
   国会提出
     ↓
   承認      ─┐  〈締結の方法〉
     ↓        │
   締結      ─┤
     ↓        │
   効力発生  ─┘
```

〈締結の方法〉	
批准	天皇による認証を得る
承諾、承認	簡略化された手続き（天皇による認証不要）
加入	他国間で署名または発効済の場合
公文の交換	2国間条約の場合

↑国会承認条約の締結手続き

解説 国として条約を遵守する義務がある 国会で承認が必要な条約は、2国間条約の場合は署名、多国間条約の場合は**採択**（もしくは基本的な賛意の表明である署名）を経て国会に提出される。そして、国会に承認されることによって、その条約を締結し、国が条約に拘束されることに同意したことになる。なお、締結の方法には、天皇による認証を得る**批准**や、簡略化された手続きの承諾・承認などがある。

条約などの国際法は国家間の約束ごとであるから、国としては遵守する義務がある。では、憲法と条約はどちらが上位なのだろうか。憲法の最高法規性を定めた憲法98条において「条約」が除外されていることから、条約が憲法に優先するという説もある。しかし条約の締結は憲法の定める手続きによって行われることから、憲法が条約に優先し、**憲法に違反するような条約は認められないとする説が有力**である。一般に条約の効力は、憲法と法律の中間にあるものと解釈されている。

Ⅱ 条約への国内での対応

①女子差別撤廃条約

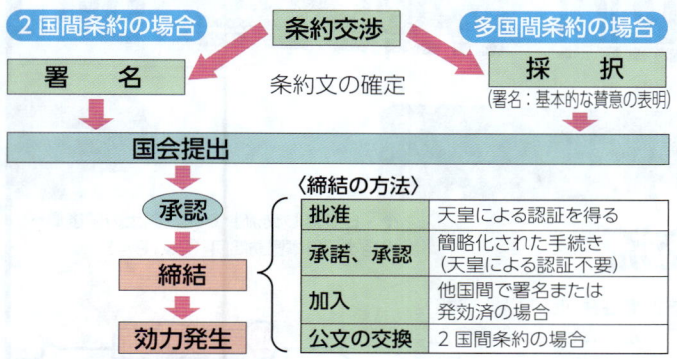

↑女子差別撤廃条約の批准書を国連事務総長に手渡した日本の外相（1985年）

年	世界	日本
1979	女子差別撤廃条約採択	
80		女子差別撤廃条約署名
81	女子差別撤廃条約発効	
84		国籍法改正
85		男女雇用機会均等法成立 女子差別撤廃条約批准、効力発生
93		家庭科の男女共修実施（中学校）
94		家庭科の男女共修実施（高校）

↑女子差別撤廃条約批准の流れ

解説 条約の内容に沿って国内法を整備 女子差別撤廃条約（→p.74）は、1979年に国際連合第34回総会で採択された。日本は、80年の「国連婦人の10年中間年世界会議」の際に署名し、批准に向けて国内法制の整備が必要になった。そこで、①国籍法の改正（84年）による父系血統主義から父母両系主義への変更、②**男女雇用機会均等法**（→p.54、230）の制定（85年5月）、③家庭科の男女共修（93年中学校、94年

②「水銀に関する水俣条約」

↑水俣病慰霊の碑に献花する水俣条約外交会議の参加者たち（2013年）

新聞 水銀管理を強化 水俣条約締結へ 体温計など回収

政府が2日に閣議決定した「水銀に関する水俣条約」は、世界中で水銀の使用を減らし、適切に管理することが定められている。水俣病の経験から水銀使用を大幅に減らしてきた日本も、家庭や医療機関にある水銀体温計の回収や、産業から出る水銀の廃棄処分を進める。環境省は、家庭にある水銀の血圧計、温度計、体温計の回収に乗り出す。水銀廃棄物の適切な管理が水俣条約でも求められていることから、確実に集めて処分したい考えだ。

（2016年2月3日 朝日新聞）

高校で実施）などの施策が採られた。

2013年に採択された「**水銀に関する水俣条約**」（→p.304）では、国際的な水銀の管理が目指されている。この条約では、水銀の輸出入の制限、大気・水・土壌への排出規制、水銀を使った体温計や電池、一定量以上の水銀を含む蛍光灯などの製造・輸出入を原則禁止にすることなどが定められており、国内での取り組みが進められている。

↑「ビザなし交流」で北方領土の国後島（くなしり）へ出発する日本側訪問団（2019年）

北方領土元島民らのビザなし交流

北方領土はロシアが不法に占拠している状況が続いている。このような状況で、日本国民がロシアの発給する査証（ビザ）を取得して北方四島に行くことは、ロシアの北方領土に対する管轄権を認めたことになる。そのため政府は北方領土訪問について自粛を求めている。

一方、日本国民と北方四島在住ロシア人との相互理解の増進を目的として、ホームビジット、文化交流会、意見交換会などの北方四島交流（いわゆる「ビザなし交流」）が実施されている。1992年度の事業開始以来、日本側、四島側共に延べ1万人以上が参加している。

Question

・日本の領土をめぐってどのような動きがあるのだろうか。（→**I**～**IV**）

政治

② 日本の主権と領土

I 日本の領域

1 日本の領域と排他的経済水域 〈出題〉

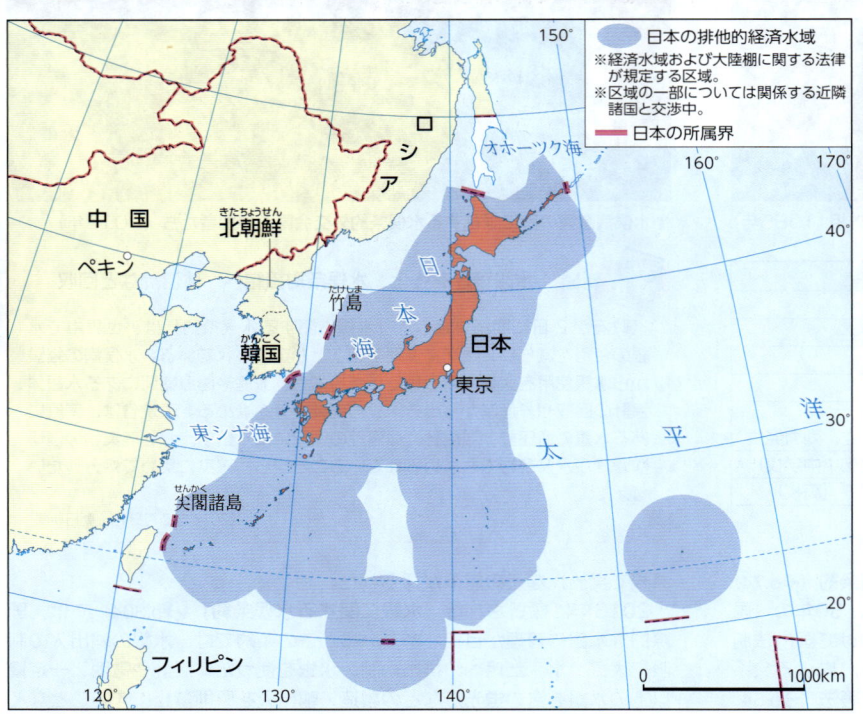

日本の排他的経済水域
※経済水域および大陸棚に関する法律が規定する区域。
※区域の一部については関係する近隣諸国と交渉中。
━ 日本の所属界

ロシア　オホーツク海　中国　北朝鮮（きたちょうせん）　ペキン　韓国（かんこく）　竹島（たけしま）　日本海　日本　東京　東シナ海　尖閣諸島（せんかく）　太平洋　フィリピン

0　1000km

↑コンクリートで固められた沖ノ鳥島（おきのとり）（2018年）

解説 **広大な排他的経済水域を有する島**　日本の南端である沖ノ鳥島（おきのとり）（→補）は東京都小笠原村（おがさわら）に属し、東京都心から1700kmの距離に位置する。波や風雨による侵食から守るため、政府はコンクリートで島を固めて島と周辺の**排他的経済水域**（EEZ）を維持している。また東端である南鳥島（みなみとり）も東京都小笠原村に属し、気象庁や海上保安庁などの施設がある。これらの島の排他的経済水域は広く、沖ノ鳥島の排他的経済水域は日本の国土面積（約38万km²）を上回る約40万km²に及ぶ。

○×チェック ⑤④　国際法において、国家の領域は、領土・領海・排他的経済水域・領空から成る。（14年、本）

難航する北方領土交渉

　2010年、ロシアのメドベージェフ大統領が、ロシアの元首として北方領土を初訪問し、日本政府は強く抗議した。12年になるとプーチン首相は、大統領就任前の外国メディアとの会見で、相互に受け入れ可能な妥協案を探り「最終決着させたい」と表明した。16年の安倍首相との首脳会談では、北方領土での「共同経済活動」に向けて交渉していくことで合意し、さらに18年には、平和条約締結後の二島引き渡しを明記した1956年の日ソ共同宣言を基礎に交渉を加速することで合意した。

　その一方で、ロシアでは2020年に領土割譲禁止を明記した改正憲法が発効した。また21年には、北方領土へ投資を誘致するため、国内企業だけでなく日本を含む外国企業に対して関税などを免除する特別区を創設すると発表し、これに対して日本は抗議した。

↑北方領土返還要求全国大会（2020年）

1 北方領土の歴史と国境の変遷

年	出来事
1855	択捉島とウルップ島間に国境が引かれる（日露通好条約）（→図①）。樺太は日本人とロシア人が混住
75	樺太がロシア領、千島列島のウルップ島からカムチャツカ半島までの島々が日本領になる（樺太・千島交換条約）（→図②）
1905	日露戦争後、北緯50°以南の南樺太が日本領になる（ポーツマス条約）（→図③）
45	ソ連軍が南樺太・千島列島・北方四島を占領
51	日本は南樺太・千島列島の領有を放棄（サンフランシスコ平和条約）（→図④）
56	国後島、択捉島の帰属については意見が一致せず。平和条約締結後、歯舞群島・色丹島を日本に引き渡すことに合意（日ソ共同宣言）
93	四島問題を解決したうえで平和条約を締結することを確認（東京宣言）
2001	日ソ共同宣言を交渉の出発点にするという、東京宣言に基づく認識を確認
10	メドベージェフ大統領が国後島を訪問
12	プーチン首相が、両国の「引き分け」による解決について言及
16	安倍首相とプーチン大統領が、「新たな発想に基づくアプローチ」で交渉を進めることを合意
20	ロシアで領土割譲禁止を明記した改正憲法が発効

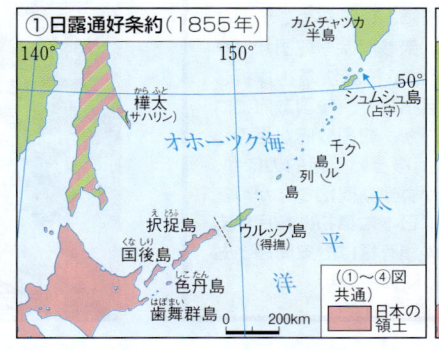

①日露通好条約（1855年）

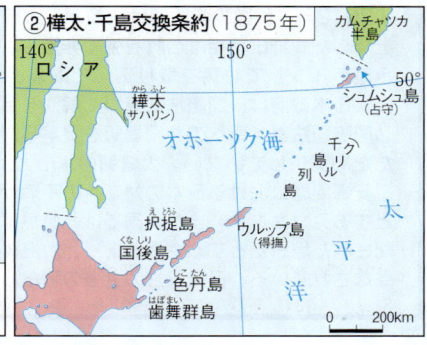

②樺太・千島交換条約（1875年）

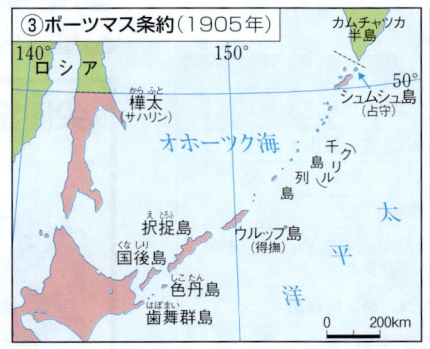

③ポーツマス条約（1905年）

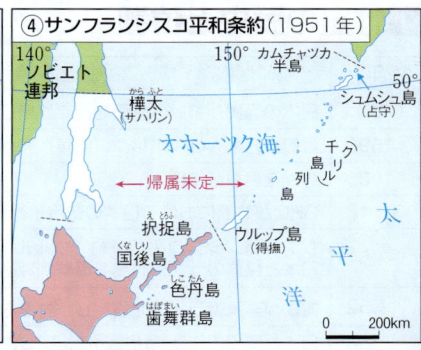

④サンフランシスコ平和条約（1951年）

解説 ロシアによる不法占拠が続く北方領土　北海道の北東にある歯舞群島、色丹島、国後島、択捉島（→補）は一度も他国の領土になったことがない日本固有の領土だが、日本の**ポツダム宣言**受諾後にソ連に占領されて以来、ソ連・ロシアによる法的根拠のない占拠が続いている。1956年の**日ソ共同宣言**で、平和条約締結後に歯舞、色丹の二島を日本に引き渡すことで合意したが、冷戦の影響もあり、その後は話し合いが進展しなかった。日本政府は、これらの四島は日本固有の領土であり、**サンフランシスコ平和条約**で放棄した千島列島には含まれないという見解に基づき、引き続き返還を求めている。しかしロシアは、あくまで自国領だという姿勢を崩していない。

←択捉島の住宅街（2018年）　ロシア政府によって整備が進められ、色とりどりの建物が並んでいる。

政治

答え54

× 国家の領域は、領土・領海・領空から成る。排他的経済水域において、沿岸国は経済的権利を優先的に得ることができるものの、国際法における国家の領域には含まれない。

竹島問題と日韓関係

↑「竹島の日」条例制定10周年記念誌　島根県が制定した竹島の日の10周年を記念して、2015年に発行された。

　2012年、韓国の李明博大統領が、大統領として初めて竹島に上陸した。野田首相はこれを強く非難し、衆参両院も韓国が「李承晩ライン」で竹島を取り込んで以来となる抗議決議を採択した。日本政府は、国際法に基づく解決を目指して、韓国政府に対し国際司法裁判所への共同提訴を提案したが、韓国政府が拒否したため実現していない。大統領の求心力回復という目的のほか、慰安婦問題における日本の対応への不満が竹島訪問につながったとする見方もある。また韓国では、竹島は日本に最初に植民地支配された場所だとする主張もあり、竹島の領有権は歴史問題とも見なされている。日韓双方の主張の隔たりは大きい。

↑竹島の位置

←竹島であしか猟をする漁民たち（1934年）あしか猟は1900年代初期から本格的に行われるようになった。

1 竹島の歴史と位置

年	出来事
17世紀	日本の漁民が幕府の許可を得て竹島近海で漁業を行う
1696	幕府が日本人のウルルン（鬱陵）島への渡海を禁止
1905	竹島を島根県に編入
46	GHQが竹島における日本の政治・行政権を停止
51	サンフランシスコ平和条約でウルルン島などを放棄。在日米軍が日本と協議のうえ、竹島を爆撃訓練区域とする
52	韓国が李承晩ラインを設定し、竹島を含む漁業管轄権を主張
54	日本が国際司法裁判所提訴を提案したが韓国が拒否
62	国際司法裁判所提訴の提案を、再度韓国が拒否
65	日韓基本条約締結
99	日韓新漁業協定締結。竹島付近を暫定水域として共同管理
2012	李明博韓国大統領が竹島に上陸
18	韓国海軍艦艇が自衛隊機に火器管制レーダーを照射

解説　韓国による不法占拠が続く竹島　竹島（→補）では17世紀初頭から幕府の許可を得て米子の人々が漁を行っており、遅くとも17世紀半ばには日本の領有権が確立した。そして1905年に竹島を島根県に編入し、領有の意思を再確認した。第二次世界大戦後、日本はサンフランシスコ平和条約で「済州島、巨文島及び鬱陵島を含む朝鮮」を放棄したが、韓国はそこに竹島も含まれると主張。1952年に「李承晩ライン」を設定し、竹島を含む漁業管轄権を主張した。その後韓国は、竹島に警備員を常駐させるとともに、監視所を設置するなど不法占拠を続けている。

尖閣諸島をめぐる日中関係

←海上保安庁の巡視船に挟まれた中国の海洋監視船（2012年）奥に見えるのは尖閣諸島の久場島。

　2012年、日本政府は尖閣諸島のうち民間人が所有する三島を購入し、国有化した。これに対し中国は強く反発。各地で激しい反日デモが起き、日系の工場やデパートなどが破壊された。そして、尖閣諸島沖の日本の領海やその外縁の接続水域に海洋監視船を繰り返し侵入させるなど、領有の主張を一段と強めている。
　近年中国は、南シナ海においても、ベトナムやフィリピンなどと領土をめぐって対立している（→p.161）。日本政府は、尖閣諸島をめぐる領土問題は存在しないという立場を取っているが、対立は長期化している。中国は最大の貿易相手国でもあり、慎重な対応が続いている。

○×チェック⑤　国際連合（国連）憲章は、領土をめぐる国家間の紛争については、国際司法裁判所に付託することを紛争当事国に義務付けている。（10年、本）

政治

❶尖閣諸島の歴史と位置

年	出来事
1885	日本が尖閣諸島の現地調査を開始
95	尖閣諸島が無人島であることを確認し、日本に編入
1951	サンフランシスコ平和条約で、日本が台湾などを放棄 尖閣諸島はアメリカの施政下に
68	東シナ海に石油などの埋蔵の可能性が明らかに
72	沖縄返還協定により、沖縄と共に尖閣諸島の施政権が日本に返還される 日中国交正常化。鄧小平が尖閣諸島領有権の「棚上げ」を提案
92	中国が領海法を制定し、尖閣諸島が中国領だと明記
2010	中国漁船が日本の領海内で海上保安庁の巡視船に衝突
12	日本が尖閣諸島を国有化 中国各地で反日デモ発生
16	南シナ海の領有権をめぐる問題で、常設仲裁裁判所が中国の主張を否定する判決
21	中国が海警の武器使用権限などを定めた海警法を制定

↑尖閣諸島

↑尖閣諸島の位置

←尖閣諸島のかつおぶし工場（明治30年代）写真提供＝古賀花子さん/朝日新聞社　最盛期には200人以上の日本人が居住していた。

解説 **日本が有効に支配する尖閣諸島**　尖閣諸島（→補）は、1885年から日本が現地調査を行い、どの国の主権も及んでいないことを確認したうえで、95年に領有を宣言した。そして、住民が定住してかつおぶし工場も営まれていた。第二次世界大戦後は米軍の施政下に置かれていたが、1972年に沖縄と共に日本に復帰した。68年に行われた海洋調査で石油などの海底資源がある可能性が出てきたことから、中国や台湾が領有権を主張し始めたが、国際法上も尖閣諸島は日本固有の領土だと認められている。この領土に関して解決すべき領有権の問題はそもそも存在しないが、現在も中国の軍用機や民間の漁船団が送り込まれるなど緊張が続いている。

まとめ ◼◼ ◼◻ ◼◼

Ⅰ 日本の領域
・沖ノ鳥島…広い**排他的経済水域**
　　　　　→日本の国土面積を上回る約40万㎢
　　　　　→海中に沈まないよう、コンクリートで固める

Ⅱ 北方領土をめぐる問題
・歯舞群島、色丹島、国後島、択捉島
　…一度も他国の領土になったことがない日本固有の領土
　　　→日本のポツダム宣言受諾後にソ連に占領される
　　　→ソ連・ロシアによる法的根拠のない占拠が続いている
・日ソ共同宣言…日本とソ連の平和条約締結後に、
　　　　　歯舞、色丹の二島を日本に引き渡すことで合意
　　　　　→冷戦の影響もあり、その後は話し合いが進展せず
・日本政府…これらの四島は日本固有の領土であり、サンフランシスコ平和
　　　　　条約で放棄した千島列島には含まれないという見解
　　　　　→ロシアに返還を求めている
・北方領土元島民らによるビザなし交流も行われている

Ⅲ 竹島周辺
・竹島…17世紀初頭から幕府の許可を得て米子の人々が漁を行う
　　　→遅くとも17世紀半ばには日本の領有権が確立
　　　→1905年に竹島を島根県に編入し、領有の意思を再確認
・第二次世界大戦後
　…日本はサンフランシスコ平和条約で
　「済州島、巨文島及び鬱陵島を含む朝鮮」を放棄
　　　→韓国はそこに竹島も含まれると主張、「李承晩ライン」を設定
　　　→その後韓国は竹島の不法占拠を続けている

Ⅳ 尖閣諸島周辺
・尖閣諸島…1885年から日本が現地調査
　　　　　どの国の主権も及んでいないことを確認、95年に領有を宣言
・第二次世界大戦後
　…尖閣諸島は米軍の施政下→1972年に沖縄と共に日本復帰
・石油など海底資源の可能性→中国や台湾が領有権を主張
　　　→解決すべき領有権の問題はそもそも存在しない

政治

補足解説

沖ノ鳥島
沖ノ鳥島は、北小島と南小島からなる。東京都小笠原村に属し、小笠原諸島父島の南約1000kmに位置している。侵食から守るため、それぞれ直径約50mの護岸コンクリートで防護されている。

歯舞群島、色丹島、国後島、択捉島
面積の合計は約5000㎢あり、福岡県の面積に近い。第二次世界大戦前は北海道根室支庁の管轄下にあり、終戦時には約17,000人が居住していた。周辺の水域は水産物が豊富で、世界有数の漁場となっている。

竹島
竹島は、女島（東島）、男島（西島）の二つの島などからなる群島。島根県隠岐の島町に属する。隠岐諸島の北西約158kmに位置している。

尖閣諸島
尖閣諸島は、魚釣島、北小島、南小

島、久場島、大正島などからなる島々の総称。沖縄県石垣市に属する。東シナ海上、石垣島の北、約170kmに位置している。

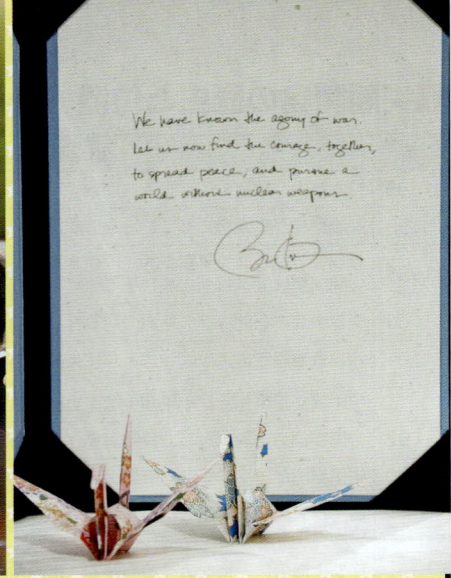

↑被爆者と抱き合うオバマ大統領（左）、オバマ大統領の折った折鶴と記帳（右）（2016年）　記帳には「私たちは戦争の苦しみを経験しました。共に平和を広め、核兵器のない世界を追求する勇気を持ちましょう」とある。

オバマ大統領の広島訪問

2016年5月、オバマ大統領は、アメリカの現職大統領として初めて広島を訪問した。オバマ大統領は平和記念資料館を視察後、平和記念公園で原爆死没者慰霊碑に献花し、犠牲者に黙とうをささげた。

演説では、「核兵器のない世界」の実現に向けたメッセージが発せられた。演説後には、被爆者と抱き合い、被爆者2名と言葉を交わした。オバマ大統領の折った折鶴は、その後、長崎にも贈られた。

Question
・日本が掲げる平和主義の原則とはどのようなものだろうか。（→**I**）

---

3 平和主義と日本の安全保障

I 平和主義

 16 平和と公正をすべての人に

1 『あたらしい憲法のはなし』

戦争放棄

こんどの憲法では、日本の国が、けっして二度と戦争をしないように、二つのことをきめました。その一つは、兵隊も軍艦も飛行機も、およそ戦争をするためのものは、いっさいもたないということです。これからさき日本には、陸軍も海軍も空軍もないのです。これを戦力の放棄といいます。「放棄」とは、「すててしまう」ということです。（中略）

もう一つは、よその国と争いごとがおこったとき、けっして戦争によって、相手をまかして、じぶんのいいぶんをとおそうとしないということをきめたのです。

〈文部省『あたらしい憲法のはなし』〉

解説　**中学1年生の教科書として使用された**　『あたらしい憲法のはなし』は、日本国憲法の施行に際して、広く国民に理解させるために、基本原理を易しく説いている。文部省が1947年8月に発行した。

2 憲法9条の構造

←降伏文書に調印（1945年9月2日）　ポツダム宣言受諾を受けて、東京湾に停泊するアメリカの戦艦ミズーリの艦上で、連合国に対する降伏文書調印式が行われた。この後、平和主義を掲げる日本国憲法が制定された（→p.49）。

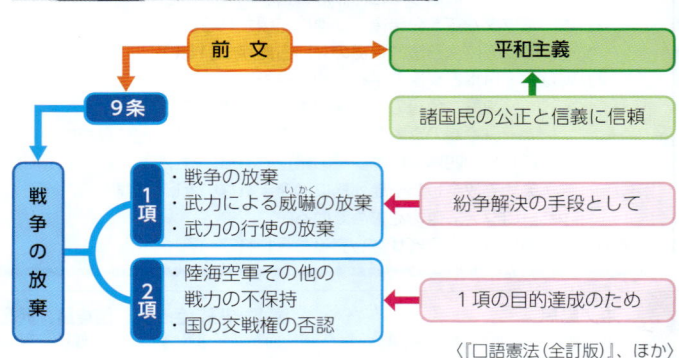

前文 → 平和主義
9条 → 諸国民の公正と信義に信頼

戦争の放棄
- 1項
  - ・戦争の放棄
  - ・武力による威嚇（いかく）の放棄
  - ・武力の行使の放棄
  ← 紛争解決の手段として
- 2項
  - ・陸海空軍その他の戦力の不保持
  - ・国の交戦権の否認
  ← 1項の目的達成のため

〈『口語憲法（全訂版）』、ほか〉

解説　**平和主義を掲げる日本国憲法**　日本国憲法9条1項において前文の意を受けて戦争の放棄をうたい、2項で戦争放棄の具体的手段として、戦力の不保持と国の交戦権を認めないことが規定されている。**専守防衛**（→補）を基礎とした徹底した**平和主義**に立っている。

政治

○✕チェック(56)

自衛隊は、憲法9条で保持しないと規定される「戦力」ではなく、「自衛のための必要最小限度の実力」であるから違憲ではない、とするのが日本政府の立場である。（10年、追）

❸ 戦後の防衛の歩みと9条解釈の変遷 ◀頻出▶

1945年	ポツダム宣言受諾、国連憲章発効（個別的・集団的自衛権を明記）
50	朝鮮戦争勃発 マッカーサーの指令により**警察予備隊**発足
51	サンフランシスコ平和条約・日米安全保障条約調印　①
52	警察予備隊を**保安隊**に改組
54	日米相互防衛援助協定（MSA協定）調印、**個別的自衛権**を容認 **自衛隊・防衛庁**発足　②
57	「国防の基本方針」閣議決定
59	砂川事件判決
60	日米安保条約改定　③
65	ベトナム戦争激化 マリアナ海域での漁船群遭難にあたり自衛隊を災害派遣
67	**武器輸出三原則**発表
70	日米安保条約、自動延長になる
71	**非核三原則**（「持たず、作らず、持ち込ませず」）を国会決議
72	**沖縄復帰**　④
73	長沼ナイキ訴訟の違憲判決（札幌地裁）
76	「防衛計画の大綱」決定、防衛費をGNP1％以内と閣議決定
78	78「日米防衛協力のための指針」（78ガイドライン）策定
83	中曽根首相訪米、軍事協力姿勢を示す。「日本は米国の不沈空母たらん」と発言
86	防衛費GNP1％枠撤廃、総額明示方式の導入を決定
91	湾岸戦争勃発、自衛隊の掃海部隊を派遣
92	**国際平和協力法（PKO協力法）**成立 PKOとして初めて自衛隊を派遣（カンボジアへ）　⑤
97	97ガイドライン策定
99	**周辺事態法**など新ガイドライン関連法成立
2001	**テロ対策特別措置法**などテロ関連三法が成立
03	イラク戦争 事態対処法など有事法制関連三法成立 有事法制関連七法が成立
04	**イラク復興支援法**に基づき自衛隊を派遣
07	防衛庁が**防衛省**へ
09	海上自衛隊をソマリア沖に派遣
11	初の本格的海外拠点をジブチに開設
14	武器輸出三原則にかわる**防衛装備移転三原則**を閣議決定 **集団的自衛権**の限定的な行使容認へ憲法解釈を変更　⑥
15	新ガイドライン策定 **平和安全法制**（安全保障関連法、➡p.149）成立
17	平和安全法制に基づく米艦防護を実施

集団的自衛権の行使は憲法上許容される　わが国と密接な関係にある他国に対する武力攻撃が発生し、これによりわが国の存立が脅かされ、国民の生命、自由および幸福追求の権利が根底から覆される明白な危険がある場合において、これを排除し、わが国の存立をまっとうし、国民を守るために他に適当な手段がないときに、**必要最小限度の実力を行使する**ことは、従来の政府見解の基本的な論理に基づく自衛のための措置として、憲法上許容されると考えるべきである。（2014年7月1日）

←安倍晋三首相（あべしんぞう）

↓⑥集団的自衛権の行使容認に抗議する人々

[解説] **変化してきた自衛隊の役割**　戦後、防衛の歩みのなかでは常に9条の解釈について議論が行われてきた。特に**自衛隊**の合憲性については議論が盛んで、憲法改正の論点（➡p.181）ともなっている。

自衛権の発動の戦争も交戦権も放棄　戦争放棄に関する規定は、直接には自衛権を否定していないが、憲法9条2項において一切の軍備と国の交戦権を認めない結果、**自衛権の発動としての戦争も、交戦権も放棄**した。（1946年6月26日）

↑吉田茂首相（よしだしげる）

↑①調印する吉田茂首相　　→②保安隊から自衛隊へ

個別的自衛権を容認、自衛隊は憲法に違反しない　憲法9条は、独立国としてわが国が自衛権を持つことを認めている。したがって、自衛隊のような自衛のための任務を有し、かつその目的のため必要相当な範囲の実力部隊を設けることは、何ら憲法に違反するものではない。（鳩山内閣の統一見解　1954年12月22日）

↑鳩山一郎首相（はとやまいちろう）

←③日米安保改定に反対するデモ　　↑④沖縄復帰記念式典

自衛のための必要最小限度以下の実力の保持は禁止されていない　憲法9条2項が保持を禁じている戦力は、自衛のための必要最小限度を超えるものでございます。それ以下の実力の保持は、同条項によって**禁じられてはいない**。（田中内閣の統一見解　1972年11月13日）

↑田中角栄首相（たなかかくえい）

集団的自衛権の行使は憲法上許されない　国際法上、国家は、集団的自衛権…を有しているものとされている。…憲法9条の下において許容されている自衛権の行使は、わが国を防衛するために必要最小限度の範囲にとどまるべきものであると解しており、**集団的自衛権を行使することは、その範囲を超えるものであって、憲法上許されないと考えている。**（1981年5月29日）

↑鈴木善幸首相（すずきぜんこう）

平和維持活動に必要な武器使用は武力行使にあたらない　日本から国連の平和維持隊に参加する場合の「要員の生命等の防護のため」に必要な最小限の武器使用は、憲法9条で禁止されている「**武力の行使**」にはあたらない。（1991年9月1日）

↑海部俊樹首相（かいふとしき）

←⑤カンボジアでPKOを行う自衛隊

自衛隊は合憲　自衛隊は合憲、日米安全保障条約は堅持、非武装中立は歴史的役割を終えた。（1994年7月20日）

↑村山富市首相（むらやまとみいち）

○✕答え⑯　○　現在も、1972年の田中内閣の政府統一見解である「戦力とは自衛のための必要最小限度を超える実力」が引き継がれている。

4 憲法9条をめぐる判例 ◁出題▷

	砂川事件（すながわ）	恵庭事件（えにわ）	長沼訴訟（ながぬま）	百里基地訴訟（ひゃくり）
事件の経過	アメリカ軍立川飛行場の拡張に反対するデモ隊員が飛行場内に立ち入り、1957年7月、駐留アメリカ軍の施設または区域を侵す罪で起訴された。	自衛隊演習場の騒音被害に悩まされていた北海道恵庭町の酪農民が1962年、自衛隊の基地内の電話線を切断。自衛隊法121条（防衛用器物損壊罪）違反で起訴された。	北海道長沼町に自衛隊のミサイル基地を建設するにあたり、国は国有保安林の指定を解除して伐採を許した。1969年、その解除処分の取り消しを求めて住民が提訴。	茨城県小川町に国が自衛隊の基地を建設するにあたり、用地の売買契約をめぐって国と基地反対派住民が争う。1958年に双方が提訴。
争点	①安保条約による駐留アメリカ軍は憲法の禁止する「戦力」にあたるか。②安保条約は合憲か。	自衛隊は合憲か。	自衛隊は合憲か。	自衛隊は合憲か。
判決	東京地裁（1959.3.30） 無罪（伊達判決） ①駐留アメリカ軍は戦力の保持にあたり違憲。 ②安保条約は違憲の疑念が生ずる。 最高裁（1959.12.16） 破棄差し戻し［→その後、有罪］ ①憲法9条が自衛のための戦力の保持も禁じたものであるか否かは別として、同条が禁止する戦力とは、わが国が指揮権、管理権を持つ戦力をいい、外国の軍隊はこれにあたらない。 ②安保条約については、統治行為論により憲法判断は回避。	札幌地裁（1967.3.29） 無罪（確定） 電話線は、自衛隊法121条にいう防衛用器物にあたらない。自衛隊の憲法判断は回避。  ↑砂川基地の強制測量（1955年）	札幌地裁（1973.9.7） 住民勝訴（福島判決） 自衛隊は戦力にあたり違憲。 札幌高裁（1976.8.5） 住民敗訴 自衛隊の合憲性については統治行為論により審査の対象外。 最高裁（1982.9.9） 住民敗訴 訴えの利益がなしとして、上告棄却。自衛隊の憲法判断は回避。 →最高裁の判決を報じる新聞（1982年9月9日 朝日新聞）	水戸地裁（1977.2.17） 住民敗訴 自衛隊については統治行為論により審査の対象外。 東京高裁（1981.7.7） 住民敗訴 自衛隊の憲法判断は回避。 最高裁（1989.6.20） 住民敗訴 自衛隊の憲法判断は回避。 →最高裁の判決を報じる新聞（1989年6月21日 朝日新聞）

解説 **判断が回避される例も** 砂川事件と恵庭事件は表向きは刑事事件ではあるが、その前提として日米安全保障条約や自衛隊の合憲性が争点となった。砂川事件の一審の伊達判決ではアメリカ軍の駐留は違憲として被告人を無罪とした。最終的には最高裁は**統治行為論**（→補）から憲法9条を解釈せず、原判決を破棄し東京地裁に差し戻した。

恵庭事件は裁判所が自衛隊の合憲性について判断する初めての裁判として注目を集めた。

長沼訴訟は一審の札幌地裁（福島判決）において自衛隊を違憲としたが、二審の札幌高裁は統治行為論に依拠して自衛隊についての憲法判断をせず、最高裁も高裁判断を支持した。

百里基地訴訟では一審の水戸地裁から統治行為論を採り、これ以降、自衛隊の憲法判断はなされていない。

Ⅱ 自衛隊の活動

政治

自衛隊の広報活動

↑自衛隊に体験参加する女性　自衛隊の駐屯地や基地に2〜3日間宿泊して自衛隊の生活や訓練を体験するとともに、隊員との交流もできる。企業からの依頼も多く、女性も多く参加している。

↑「自衛隊音楽まつり」に出演した海上自衛隊演技隊

←富士総合火力演習の一般公開（静岡県）

防衛省、自衛隊では、自衛隊の活動への国民の理解や支持を広めるため、積極的な広報活動を行っている。例えば、ソーシャルメディアを含めた各種メディアを利用した広報、自衛隊が取り上げられる映画やドラマなどへの撮影協力、自衛隊の生活を体験するツアーの開催、音楽隊によるコンサート、富士山麓で行われる陸上自衛隊の富士総合火力演習の公開などがある。

 チェック ⑤　最高裁判所は、日米安全保障条約のように高度に政治的な問題については、当然に違憲審査の対象となるとしている。（10年、道）

1 シビリアン・コントロール

←自衛隊観閲式で巡閲する岸田首相（2021年）

解説 実力部隊の暴走を防ぐ 自衛隊法では、内閣総理大臣の指揮監督権が明らかにされている。一方、憲法66条には「内閣総理大臣その他の国務大臣は、文民でなければならない」とあり、**シビリアン・コントロール（文民統制）**が採られている。軍隊などの実力部隊を民主的統制下に置き、その暴走を防ぐための工夫である。これは、大日本帝国憲法において統帥権を独立させ帝国陸海軍を天皇直属の軍隊としたために、政府の統制が効かず、軍部の暴走を止められなかったという反省に基づいている。

2 日本の防衛関係費

①日本の防衛関係費の推移

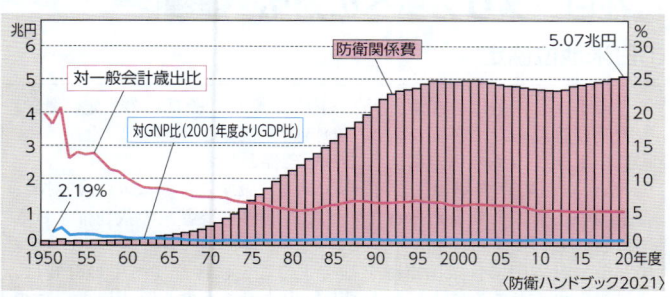

〈防衛ハンドブック2021〉

解説 近年はやや増加傾向 1990年代までは防衛関係費は着実に伸びてきた。近年は、国家予算が厳しい状況にあるなかでやや増加傾向にある。これは、防衛関係費が他の予算に比べ優遇されていることも意味する。2021年現在、自衛隊では自衛隊員が約23万人おり、戦車570両、艦艇137隻、戦闘機330機を保有している。

3 主な国の軍事費（防衛費）の比較

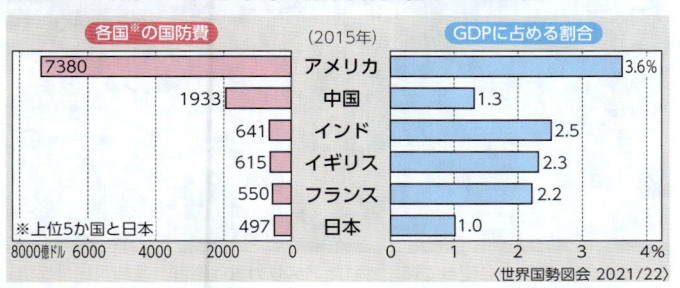

（2015年）

各国※の国防費	GDPに占める割合	
7380	アメリカ	3.6%
1933	中国	1.3
641	インド	2.5
615	イギリス	2.3
550	フランス	2.2
497	日本	1.0

※上位5か国と日本

〈世界国勢図会 2021/22〉

解説 アメリカの軍事費が突出 日本の防衛費は、総額では世界有数の規模だが、国内総生産（GDP）や予算に占める割合は低い。世界的に見れば、アメリカの軍事費が突出しているが、近年は中国やインドの増加傾向が目立つ。中国は東シナ海や南シナ海における海洋進出や領有権の争い、インドはパキスタンなど近隣諸国との対立によって、それぞれ軍事費が増大している。

4 自衛隊の活動

防衛	自衛隊法3条には「自衛隊は、我が国の平和と独立を守り、国の安全を保つため、我が国を防衛することを主たる任務とし、必要に応じ、公共の秩序の維持に当たるものとする」とある。防衛出動や治安出動、海上警備行動、領空侵犯に対する措置などの活動を行う。	 →実弾演習（静岡県）
国際貢献	国連平和維持活動（PKO、→p.155）に関する本体業務と後方支援業務、人道的な国際救援活動などがある。国際平和協力法（PKO協力法）が改正されたことにより、国連のPKOの枠組み以外で行われる活動にも参加可能になった。また、国際平和支援法が制定され、他国軍の後方支援も可能となった。	 →貨物船を警護する護衛艦（ソマリア沖）
災害派遣	地震などの災害発生時に、被災者の捜索・救助、給水、医療、輸送などの活動を行う。都道府県知事などからの要請がなくても派遣を行う。1995年の阪神・淡路大震災を教訓に迅速な派遣ができる体制を整えている。2011年の東日本大震災や、近年の地震や大雨などの自然災害でも活動している。	 →災害復旧活動（宮城県）
その他	国民と関わるさまざまな分野で民生支援活動を行っている。例えば、不発弾（→補）などの処理、マラソン大会での輸送や通信支援、地方自治体が主催する行事参加による地元との交流などがある。	 →雪まつりの雪像を作る自衛隊（北海道）

5 自衛隊に期待する役割に関する世論調査

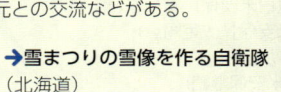
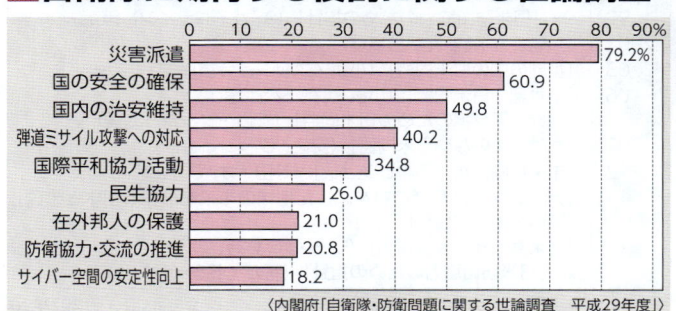

	%
災害派遣	79.2%
国の安全の確保	60.9
国内の治安維持	49.8
弾道ミサイル攻撃への対応	40.2
国際平和協力活動	34.8
民生協力	26.0
在外邦人の保護	21.0
防衛協力・交流の推進	20.8
サイバー空間の安定性向上	18.2

〈内閣府「自衛隊・防衛問題に関する世論調査　平成29年度」〉

解説 災害派遣への期待が高い 2018年の世論調査によると、自衛隊の印象について「よい」と答えた人は89.8%という高い水準になっている。また、自衛隊に期待する役割としては、災害派遣（災害時の救援活動や緊急時の患者輸送など）を挙げた人が最も多い。自衛隊の災害派遣活動への認知度も高く、自衛隊への高評価につながっているとみられる。

○×チェック 答え 57

× 最高裁判所は、砂川事件の判決において、日米安全保障条約のような高度な政治性を有する問題は違憲審査の対象にならないとする統治行為論を採用した。

政治

自衛隊による米艦防護、初実施

↑伊豆諸島沖をアメリカ海軍の補給艦（手前）と並んで航行する、海上自衛隊の護衛艦「いずも」（奥、2017年）

　2017年、海上自衛隊の護衛艦「いずも」が平時における米艦防護を初めて実施した。米艦防護は15年に成立した平和安全法制によって可能となった自衛隊の新任務で、自衛隊と連携して日本の防衛に関わる活動をしているアメリカ軍などの武器を守る活動と位置づけられる。平時の活動であるため集団的自衛権の行使にはあたらないが、米艦を防護するために必要最小限の範囲で武器を使うことができる。「いずも」は房総半島沖でアメリカ軍の補給艦と合流した後、別の護衛艦「さざなみ」と連携して2日間かけて四国沖まで護衛した。

1 日米同盟の経緯　〈出題〉

年	事　項
1951	旧「**日米安全保障条約**」（日米安保）署名（翌年発効）
58	藤山・ダレス会談（「日米安保」改定同意）
60	新「**日米安保**」署名・発効
69	佐藤・ニクソン会談（日米安保継続）
72	**沖縄復帰**
78	78「日米防衛協力のための指針」（78ガイドライン）策定
91	ソ連の解体、冷戦の終結
96	日米安全保障共同宣言（橋本・クリントン会談）
97	97「日米防衛協力のための指針」（97ガイドライン）策定
2001	アメリカ同時多発テロ事件
03	「世界の中の日米同盟」（小泉・ブッシュ会談）
06	「新世紀の日米同盟」（小泉・ブッシュ会談）
	「世界とアジアのための日米同盟」（安倍・ブッシュ会談）
07	「かけがえのない日米同盟」（安倍・ブッシュ会談）
12	「未来に向けた共通のビジョン」（野田・オバマ会談）
14	「アジア太平洋及びこれを越えた地域の未来を形作る日本と米国」（安倍・オバマ会談）
15	「日米共同ビジョン声明」（安倍・オバマ会談）
	新「日米防衛協力のための指針」（新ガイドライン）策定

〈防衛白書　平成27年版〉

解説 **強化される日米安保体制**　1951年、サンフランシスコ平和条約と共に**日米安全保障条約**が結ばれ、アメリカ軍が講和後も日本に駐留し、日本国内にアメリカ軍基地が置かれることとなった。条約は60年に改定され、自衛隊とアメリカ軍の共同防衛が明文化された。2014年の日米共同声明では「尖閣諸島は日米安保の適用対象」と明記されるなど、安全保障環境の変化に伴い、日米安保体制も強化されている。

2 新ガイドライン（新「日米防衛協力のための指針」）

新ガイドライン（2015年策定）のポイント
・自衛隊と米軍の協力を地球規模に広げ、平時から有事まで「切れ目のない」連携。宇宙・サイバー分野で情報共有。
・日本の集団的自衛権の行使容認を反映。弾道ミサイルの迎撃や米艦船防護を例示。
・沖縄県・尖閣諸島を念頭に、離島防衛への共同対処を明記。
・米軍が武力行使する際は日本と事前調整。アメリカの核抑止力を保持。日米の調整機関を常設化。

〈共同通信社資料〉

解説 **平時から有事までの切れ目のない対応を規定**　1978年に策定されたガイドラインは、97年に改定され、さらに2015年に2回目の改定がなされた。78年のガイドラインでは、冷戦を背景に、日本に対する武力攻撃への対応などが定められた。97年には、冷戦終結による安全保障環境の変化や、朝鮮半島の有事（戦争など緊急事態）など**周辺事態**への対応を念頭にガイドラインが改定され、日米間の協力のあり方を、①平素、②日本に対する武力攻撃、③周辺事態に分けて規定された。
　2015年の新ガイドラインでは、周辺国の軍事活動の活発化や、国際テロ組織などの新たな脅威を踏まえ、平時から有事まで切れ目のない対応を規定した。「日本以外の国に対する武力攻撃への対処行動」についても取り決められ、14年の**集団的自衛権**の行使容認（→p.149）を踏まえた内容となっている。その後15年9月には新ガイドラインの実効性を裏づける平和安全法制（→p.150）が成立した。

3 在日アメリカ軍への対応　〈出題〉

①日米地位協定

第3条1　合衆国は、施設及び区域内において、それらの設定、運営、警護及び管理のため必要なすべての措置を執ることができる。
第17条1　この条の規定に従うことを条件として、
（a）合衆国の軍当局は、合衆国の軍法に服するすべての者に対し、合衆国の法令により与えられたすべての刑事及び懲戒の裁判権を日本国において行使する権利を有する。
第24条　日本国に合衆国軍隊を維持することに伴うすべての経費は、2に規定するところにより日本国が負担すべきものを除くほか、この協定の存続期間中日本国に負担をかけないで合衆国が負担することが合意される。

②「思いやり予算」

↑「思いやり予算」を使って建設されたアメリカ軍住宅群（長崎県佐世保市）奥にはテーマパークのハウステンボスが広がる。

解説 **日本も経費の一部を負担**　在日アメリカ軍の地位や施設使用のあり方について定めた取り決めに、**日米地位協定**（→補）がある。この協定では、在日アメリカ軍の駐留経費は原則アメリカが負担することになっているが、1978年以降、日本も経費の一部（近年は5年で1兆円超）を負担している。この経費は「**思いやり予算**」ともよばれる。

○×チェック58　日本の領域への武力攻撃に対する日本とアメリカとの共同防衛を定めているのは、日米地位協定である。（13年、本）

④ 有事法制 <出題>

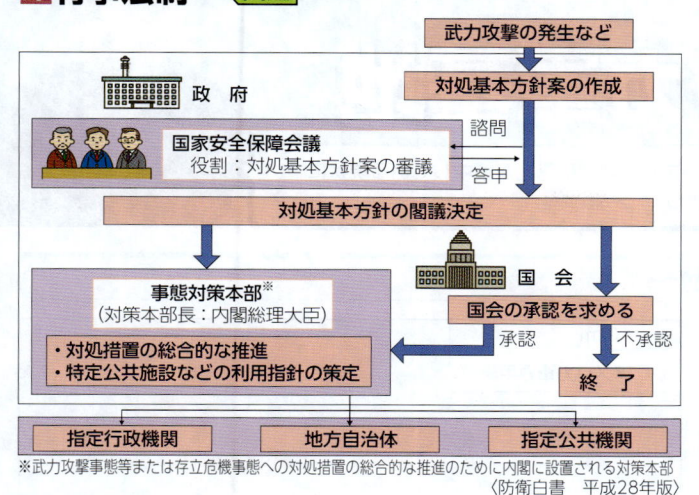

武力攻撃の発生など

政府

国家安全保障会議
役割：対処基本方針案の審議

対処基本方針案の作成
諮問 / 答申

対処基本方針の閣議決定

事態対策本部※
（対策本部長：内閣総理大臣）
・対処措置の総合的な推進
・特定公共施設などの利用指針の策定

国 会

国会の承認を求める
承認 / 不承認

終 了

指定行政機関 **地方自治体** **指定公共機関**

※武力攻撃事態等または存立危機事態への対処措置の総合的な推進のために内閣に設置される対策本部
〈防衛白書　平成28年版〉

↑対処のための手続き

解説 有事にどう対処していくか 有事法制は2003年に事態対処法・改正自衛隊法・改正安全保障会議設置法の3法が成立し、04年に**国民保護法**・海上輸送規制法・特定公共施設利用法・国際人道法違反処罰法・捕虜取扱い法・改正自衛隊法・米軍行動関連措置法の7法が成立したほか、関連3条約を締結し整備された。有事法制の要点は次の3点。

(1)**日本の防衛**：武力攻撃の発生など→政府「武力攻撃事態等（または存立危機事態）」認定→「対処基本方針」閣議決定・国会承認→自衛隊の対処
(2)**米軍と協力**：民間の土地や家屋の使用可、空港や港湾優先利用→自衛隊と米軍が共同行動
(3)**国民の保護**：政府が警報、知事が避難方法指示、宿舎・食料・寝具・医療の提供、国民には協力が求められる

⑤ 防衛装備移転三原則

第一原則：移転を禁止する場合

①日本が締結した条約、その他の国際約束に基づく義務違反	化学兵器禁止条約、クラスター爆弾禁止条約、対人地雷禁止条約、武器貿易条約など
②国連安保理の決議に基づく義務違反	安保理決議第1718号（北朝鮮の核問題）など
③紛争当事国への移転	武力攻撃が発生し、国際の平和及び安全を維持または回復するため、国連安保理が執っている措置の対象国

第二原則：移転を認め得る場合の限定

①平和貢献・国際協力の積極的な推進に資する場合	・移転先が外国政府 ・移転先が国連もしくはその関連機関など
②日本の安全保障に資する場合	・アメリカをはじめ、日本との間で安全保障面での協力関係がある国との国際共同開発・生産、安全保障・防衛協力の強化に関する海外移転 ・自衛隊を含む政府機関の活動または邦人の安全確保のために必要な海外移転

第三原則：目的外使用および第三国移転にかかる適正管理の確保

防衛装備の海外移転に際しては、適正管理が確保される場合に限定し、目的外使用及び第三国移転について日本の事前同意を相手国政府に義務付ける。

解説 条件付きで武器輸出が可能に 日本は、これまで武器などの輸出については、武器輸出三原則などによって厳しく制限されていた。しかし、日本を取り巻く安全保障環境が一層厳しさを増してきている状況にかんがみて、武器輸出三原則に代わる新たな原則として、「**防衛装備移転三原則**」を閣議決定し、具体的な基準や手続きなど明確化した。

まとめ ▮▮▭▭▬

I 平和主義
・『あたらしい憲法のはなし』…日本国憲法を国民に広く理解させるため、文部省が1947年に発行
・憲法9条の構造…1項で戦争放棄、2項で戦力の不保持と交戦権の否認
・戦後の防衛の歩みと9条解釈の変遷
　1946年、自衛権の発動の戦争も交戦権も放棄
　1954年、**個別的自衛権**を容認、自衛隊は憲法に違反しない
　1972年、自衛のための必要最小限度以下の実力の保持は禁止されていない
　1981年、**集団的自衛権**の行使は憲法上許されない
　1991年、平和維持活動に必要な武器使用は武力行使にあたらない
　1994年、自衛隊は合憲
　2014年、集団的自衛権の行使は憲法上許容される
・憲法9条をめぐる判例（砂川事件、恵庭事件、長沼訴訟、百里基地訴訟）…日米安全保障条約や自衛隊の合憲性が争点、最終的に**統治行為論**の考え方が採られ、百里基地訴訟以降、自衛隊の憲法判断はされていない

II 自衛隊の活動
・シビリアン・コントロール（文民統制）…憲法66条で、内閣総理大臣、

国務大臣は文民でなければならないと規定
・日本の防衛関係費…近年はやや増加傾向
・主な国の軍事費の比較…世界ではアメリカが突出、中国やインドの増加が目立つ、日本は総額では多いがGDPに占める割合は低い
・自衛隊の活動…防衛、国際貢献、災害派遣、その他（民生支援活動）
・自衛隊に期待する役割に関する世論調査…災害派遣活動などにより、自衛隊の果たす役割は大きくなっている

III 日米安全保障体制と戦後の安全保障
・日米同盟の経緯…**日米安全保障条約**に基づく日米安全保障体制の強化
・新ガイドライン（新「日米防衛協力のための指針」）…平時から有事まで切れ目なく対応することが目的、2015年に新ガイドラインの実効性を裏づける平和安全法制が成立
・在日アメリカ軍への対応：
　日米地位協定…在日アメリカ軍の地位や施設・区域の使用のあり方を規定
　思いやり予算…在日アメリカ軍の駐留経費を日本が一部負担
・有事法制…日本の防衛、アメリカ軍と協力、国民の保護、が要点
・防衛装備移転三原則…武器輸出三原則に代わる原則→日本を取り巻く安全保障環境が一層厳しさを増していることが理由

補足解説

専守防衛
相手から武力攻撃を受けて、初めて防衛力を行使すること。自衛の際に行使する武力は必要最小限度のものとする。

統治行為論
高度な政治的判断を必要とする国家の行為（統治行為）については、裁判所による司法審査の対象から外すべきであるという理論。

不発弾
第二次世界大戦で空襲を受けた市街地や、地上戦の行われた沖縄などでは、今でも不発弾が発見されることがある。警察や地方自治体からの要請を受けて自衛隊が処理にあたる。

日米地位協定
日本における在日アメリカ軍の法的な地位を定めた法律（1960年発効）。アメリカ軍への施設・区域の提供、アメリカ軍人の出入国、裁判の管轄などを規定する。

答え 58　　× 「日米地位協定」ではなく「日米安全保障条約」が正しい。

政治

ゼミナール 深く考えよう
沖縄のアメリカ軍基地

POINT 沖縄には、日本国内のアメリカ軍専用施設の約7割が存在しています。沖縄に基地が集中している現状について学び、負担の軽減に向けてどのような取り組みが必要か、考えてみましょう。

I 沖縄の現状 ～戦後の歩みと集中する基地～

↑普天間飛行場（2015年 宜野湾市） 宜野湾市のほぼ中央に位置し、市街地と隣接しているため、「世界一危険な飛行場」ともいわれている。

1951年	サンフランシスコ平和条約調印。アメリカの施政下に置かれる
59	石川市（現うるま市）の宮森小学校にアメリカ空軍機が墜落
60	日米地位協定調印
72	沖縄、日本に復帰
95	アメリカ兵による少女暴行事件
96	アメリカ軍普天間飛行場の全面返還に日米が合意
2002	政府と県が普天間飛行場の名護市周辺の辺野古沖移設に基本合意
04	沖縄国際大学にアメリカ軍ヘリが墜落
05	普天間飛行場のキャンプ・シュワブ沿岸移設に日米が合意
06	在日アメリカ軍再編の最終報告で、沖縄のアメリカ海兵隊の一部をグアムに移転することを発表
09	普天間飛行場の県外移設を公約した鳩山政権が誕生
10	普天間飛行場の県内移設（名護市辺野古地区）で日米が再度合意
12	沖縄中南部アメリカ軍施設を3段階で返還する方針を発表
13	仲井真知事が名護市辺野古沿岸部の埋め立て申請を承認
14	普天間飛行場の県外移設を掲げた翁長氏が知事に当選
15	翁長知事、前知事の埋め立て承認を取り消し、国は取り消し処分の効力の一時停止を決定→国と県が互いを提訴（翌年3月に和解成立）
16	最高裁、埋め立て承認取り消しを撤回しない知事の対応を違法と判断 アメリカ軍北部訓練場の一部を返還
18	普天間飛行場の辺野古沖移設反対を掲げる玉城氏が知事に当選
19	辺野古移設のための埋め立ての賛否を問う県民投票で、反対が約72%となる（投票率約52%）

↑沖縄にあるアメリカ軍基地をめぐる動き

解説 **アメリカ軍基地が集中する沖縄** 沖縄では、1945年のアメリカ軍上陸後、住民・兵士合わせて20万人以上が犠牲になったといわれる。生き残った人々も、アメリカ軍の占領拡大に伴い、順次収容所に送られた。51年に**サンフランシスコ平和条約**で日本の独立が回復した後も、沖縄はアメリカの施政下に置かれ、「銃剣とブルドーザー」によって住民の土地は接収され、アメリカ軍基地などが建設された。

沖縄の人々は祖国復帰運動を続け、72年に本土復帰が実現したが、現在でも日本のアメリカ軍専用施設の約7割が沖縄に集中しており、本島の約15%の面積を占めている。

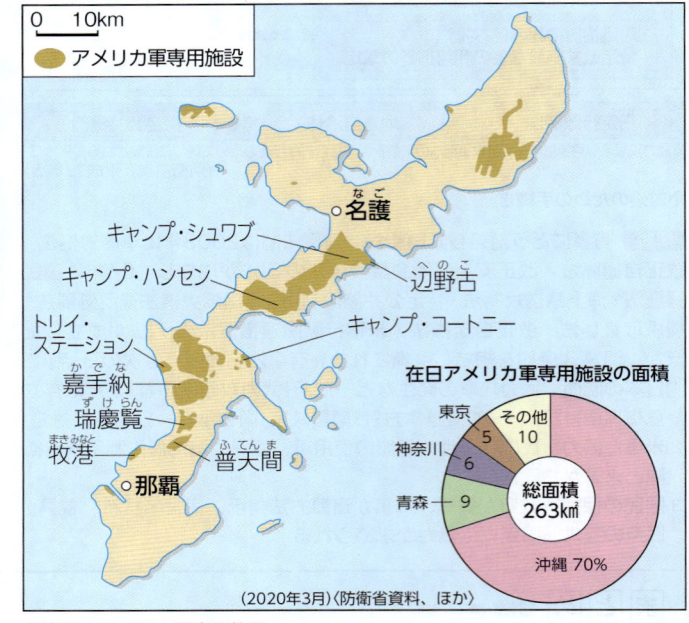

在日アメリカ軍専用施設の面積

その他 10
東京
神奈川 6
青森 9
総面積 263㎢
沖縄 70%

（2020年3月）〈防衛省資料、ほか〉

↑沖縄のアメリカ軍専用施設

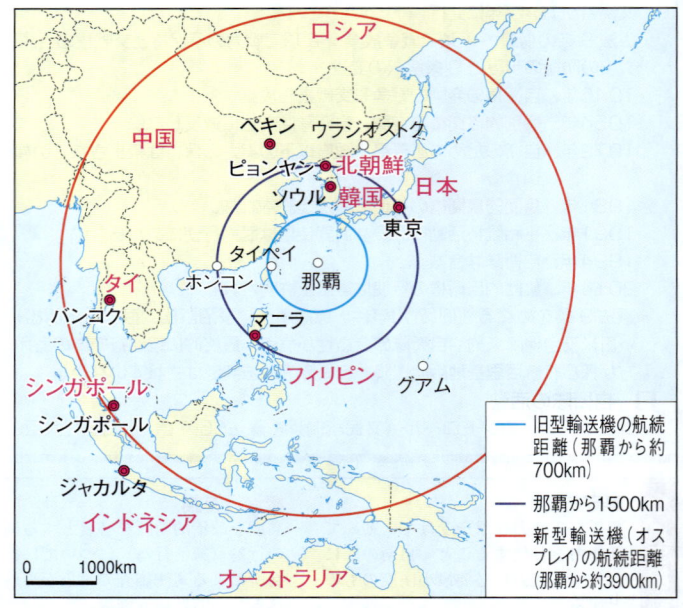

↑**沖縄の地政学的位置** 沖縄は、中国や他の東アジア諸国との位置関係上重要な場所にあり、沖縄にアメリカ軍施設があることは、東アジア・東南アジア地域の安全保障上重要、というのが日本政府やアメリカの立場である。

↑普天間飛行場に隣接する小学校

↑アメリカ軍ヘリ墜落事件の現場（2004年）　普天間飛行場から飛び立った1機のヘリが、隣接する沖縄国際大学構内に墜落し、乗組員3人が負傷したが、民間人に負傷者は出なかった。現場検証はアメリカ軍のみで行われた。

解説 沖縄の人々は生活に不安を抱いている　基地が住宅地の近くにあることで、騒音や墜落などの事故の危険性もあることから、沖縄の多くの人々が、アメリカ軍基地の存在を負担に感じ、不安を抱いている。
　また、アメリカ兵や軍関係者による犯罪も深刻である。日本におけるアメリカ軍の施設・区域の使用と、地位について規定した**日米地位協定**（→p.145）では、「公務中」のアメリカ兵の裁判権はアメリカ側にある

↑アメリカ兵による少女暴行事件を非難し、日米地位協定の見直しを求める県民大会（1995年）

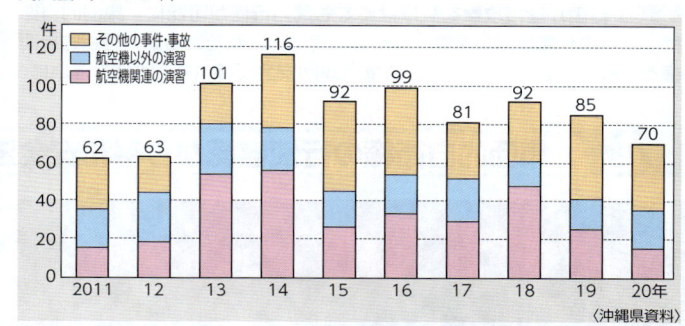

↑続発する事件・事故　1972年の日本復帰後、沖縄ではアメリカ軍機の事故がたびたび発生している。2017年にも、CH53E大型輸送ヘリコプターの窓が小学校の校庭に落下する事故が発生した。

うえ、日本に裁判権がある場合でも、アメリカが先に身柄を拘束した際には、起訴後でないと日本側に引き渡されないために、十分な捜査ができないこともある。1995年に発生したアメリカ兵による少女暴行事件では、被疑者の身柄がすぐには日本側に引き渡されなかったことから、日米地位協定の問題点が浮き彫りとなった。2016年にも、アメリカ軍関係者が殺人の容疑で逮捕され、その後有罪が確定した。

III 沖縄の基地負担軽減に向けて

↑北部訓練場のヘリパッド建設に反対する人々（2012年）　2015年に、2か所のヘリパッド（ヘリコプターの離発着場）がアメリカ軍に先行提供された。輸送機「オスプレイ」の訓練が増加し、反対運動も行われている。

解説 国際情勢などを踏まえた解決策が求められる　1996年、日米間の合意によって、普天間飛行場など11施設のアメリカ軍基地について、全面返還・一部返還が決まった。普天間飛行場に関しては、代替施設の場所について、2010年に日米両政府が名護市辺野古地区への移設で合意した。政府は移設に向けて埋め立て工事などを進めているが、沖縄県と地元の自治体は、沖縄に基地負担が集中していることや、騒音問題、埋め立てによってジュゴンが住む貴重な環境が破壊されることなどを理由に移設に反対し、議論は平行線をたどっている。また、16年に一部が返還された北部訓練場（国頭村、東村）に関しても、返還条件であるヘリコプター離発着場（ヘリパッド）の移設を、東村高江地区に行うことに対して、抗議運動が行われている。
　近年の尖閣諸島の領有権をはじめとする中国との関係や、核開発をめぐる北朝鮮との関係など、日本と周辺諸国との関係には不安定要素もあり、沖縄駐留アメリカ軍の編成についてはこれら周辺地域の緊張関係なども影響してくる。沖縄の基地負担軽減に向けて国際情勢などを踏まえた解決策が求められている。

ゼミナール 深く考えよう
集団的自衛権の行使

POINT 2014年、集団的自衛権の行使容認が閣議決定され、翌年にはそれに基づいて平和安全法制が成立しました。その過程では、デモも多数行われ、国民的な関心が高まりました。集団的自衛権の行使と平和安全法制の役割について考えてみましょう。

Ⅰ 集団的自衛権とは

個別的自衛権	集団的自衛権	集団安全保障
外国から武力攻撃を受けた場合、自国を守るために武力行使を行う権利	同盟関係にある他国が武力攻撃を受けた場合、自国への攻撃とみなして共同で防衛する権利	対立した国も含む多数の国が参加した国際機構の下、違反した国に対して集団で平和を維持するための行動に協力すること

解説 自国が直接攻撃を受けなくても武力行使が可能に 集団的自衛権は、自国が直接攻撃を受けなくても武力行使ができる点で**個別的自衛権**と異なる。また、集団的自衛権と**集団安全保障**（→p.151）の違いは、集団的自衛権は同盟関係にある国どうしのみの協力だが、集団安全保障は対立する国も含む国際機構の下でのルールのため、状況によっては対立関係にある国と協力する可能性もあることである。

Ⅱ 集団的自衛権の行使容認から平和安全法制（安全保障関連法）成立までの過程

年	自衛権をめぐる主な経緯
1946	**自衛権の存在を否定** 吉田茂首相の国会答弁「自衛権の発動としての戦争も交戦権も放棄」
54	**個別的自衛権を容認** 鳩山一郎内閣の統一見解「憲法9条は、独立国としてわが国が自衛権を持つことを認めている」
72	**政府見解**（田中角栄内閣） ①憲法の下、自衛権を有する ②必要最小限度の範囲に限定 ③集団的自衛権の行使は許されない
2014	**集団的自衛権を容認**（安倍晋三内閣） 72年の政府見解の③を変更 →安全保障環境の変化で、限定的な集団的自衛権の行使は許される
15	**平和安全法制が成立**

〈防衛省資料、ほか〉

←平和安全法制の採決（2015年） 与党は民主党などの野党が審議打ち切りに反対するなか、参議院特別委員会で平和安全法制の採決を強行し、法案は可決された。

解説 集団的自衛権の論議が国民の注目を集めた 近年、尖閣諸島周辺における中国の活動の活発化や、北朝鮮のミサイル開発、世界各地でのテロ事件など、日本の安全を脅かす事態が頻発している。こうした安全保障環境の変化に対応するため、2014年に、安倍内閣は憲法解釈変更を閣議決定し、集団的自衛権行使を認めた。そして、15年には、自衛隊の活動内容などを変更する**平和安全法制**（安全保障関連法、→p.142）が成立した。それを受けて16年には南スーダンのPKO（→p.154）において、新任務である駆けつけ警護が付与された。

しかし、集団的自衛権の行使については、多くの憲法学者が憲法9条に違反するとの否定的見解を示し、憲法に基づく政治を行う**立憲主義**をないがしろにするものだという批判が国民の間にも広がった。また、平和安全法制についても、戦争の放棄や戦力の不保持を定めた憲法9条に違反するのではないかとの意見も根強く、法案審議の過程では、賛成・反対それぞれを主張するデモも多数行われ、国民的な関心が高まった。

↑平和安全法制成立に向けた動きを報じる読売新聞（左）と朝日新聞（右）（2015年9月19日）

主な法律	これまでできたこと	新たにできること	活動のイメージ
平和安全法制整備法 ［改正］ ❶**事態対処法** 日本への武力攻撃が発生または明白な危険が切迫している事態（武力攻撃事態）などにおける対応を規定	・日本が直接攻撃を受けていれば、個別的自衛権を行使	・日本が直接攻撃を受けていなくても、密接な関係にある他国への武力行使があり、日本の存立が脅かされる明白な危険がある事態（存立危機事態）に該当する場合、集団的自衛権を行使可能 　[国会の承認] 原則事前承認。ただし、特に緊急の必要があり、事前に国会の承認を得る時間がない場合は事後でもよい	武力攻撃を受けているアメリカ艦船の防護
［改正］ ❷**重要影響事態安全確保法** 日本の平和と安全に重要な影響を与える事態（重要影響事態）における対応を規定	・日本周辺の有事でアメリカ軍を後方支援	・重要影響事態に該当する場合に、他国軍を後方支援可能（アメリカ軍以外も可能） ・地理的制約を撤廃し、日本周辺に限らず世界中で活動が可能 ・弾薬の提供や発進準備中の軍用機への給油を解禁 　[国会の承認] 原則事前承認。ただし、緊急の必要がある場合は事後でもよい	日本の安全のために活動する他国軍への支援
［改正］ ❸**国際平和協力法** （PKO協力法、→p.156） 国連平和維持活動（PKO）など、国際的な平和協力活動への参加について規定	・国連が統括する海外での平和維持活動のみ参加可能	・国連が統括しない活動への参加が可能 ・安全確保業務や駆けつけ警護（→p.154）が可能。また、任務遂行のための武器使用を解禁 　[国会の承認] 停戦監視活動、安全確保活動のみ事前承認の対象	攻撃を受けている他国のPKO要員などを警護
［新法］ ❹**国際平和支援法** 国際社会の平和と安全を脅かす事態に対して活動する他国軍への協力支援について規定	・活動の期間を通じて戦闘が起きないと見られる非戦闘地域で、他国軍を後方支援 ・派遣のたびに特別措置法などの立法が必要	・非戦闘地域ではなくても、現に戦闘が行われている場所でなければ他国軍を後方支援することが可能 ・恒久法なので常時派遣が可能 ・弾薬の提供や発進準備中の軍用機への給油を解禁 　[国会の承認] 例外なき事前承認	国際社会の平和のために活動する他国軍への支援

[解説] **自衛隊の役割の拡大**　平和安全法制は、集団的自衛権の行使を認める閣議決定を受け、すでにある10の法律を改める「平和安全法制整備法」（❶〜❸、ほか7法律）と、自衛隊の海外派遣をいつでも可能にする「国際平和支援法」（❹）の2本から成る。

Ⅳ　平和安全法制に関するさまざまな意見

賛　成		反　対
世界各地で地域紛争や国際テロが頻発するなど、国際情勢が大きく変化している。一国だけで日本の平和を守ることはできないので、**他国との協力が不可欠**だ。	「わが国周辺」の制約撤廃	政府の判断によって自衛隊の活動が際限なく広がる可能性がある。またこれまでよりも任務の危険度が高まるので、**自衛隊員の身の安全が心配**だ。
北朝鮮の核開発や中国の軍備拡張など周辺国の軍事活動が活発化しているので、日米同盟をより強固にして**戦争を未然に防ぐことが大切**だ。	戦争の抑止力	集団的自衛権を行使すれば、**他国の戦争に巻き込まれる危険性**がある。海上保安庁や警察、自衛隊の連携を強化すればこれまでの体制でも十分に対応可能である。
集団的自衛権の行使を無制限に認めているわけではなく、「新3要件」を満たす場合に限定しているので、憲法の枠組みに収まっており**合憲**である。	合憲性	これまでの政府の憲法解釈では個別的自衛権のみを許容し、集団的自衛権は認められないとしてきた。集団的自衛権を行使することは**憲法違反**である。
これまでも政府の憲法解釈の変更によって、自衛隊の存在を認めてきた経緯がある。日本の平和を守るために、**憲法の枠内で憲法解釈を変更することはやむをえ**ない。	法律の決め方	集団的自衛権の行使の是非は憲法の根幹に関わるものであり、憲法解釈の枠を超えている。**憲法改正の手続**きを取って、国民の判断に委ねるべきである。

[解説] **憲法学者は反対多数**
平和安全法制について、憲法学者を対象にしたアンケートでは、80%以上が憲法違反だとした調査もある。

↑平和安全法制に反対するデモ（2015年）

↑国連総会での採決の様子　画面に賛成、反対、棄権の結果が表示されている。

世界各国が１票を持つ国連総会

国際連合は「国際の平和と安全を維持すること」、「諸国間の友好関係を発展させること」などを目的に設立された国際機関である。その主要な審議機関である国連総会は、すべての加盟国が１票の投票権を持ち（主権平等）、世界で起きている諸問題を話し合う場として大きな役割を果たしている。2021年の国連総会は、新型コロナウイルス感染症対策が最大のテーマだった。また、21年に軍事クーデターが起きたミャンマー情勢についても議論されたが、軍を支持するか民主化勢力を支持するかで加盟国の対立が鮮明となり、国際的な合意形成の難しさが浮き彫りになった。

Question

・国際平和を目指して、国連はどのような活動をしているのだろうか。（→Ⅱ Ⅲ）

政治

4 国連の役割と課題

❶勢力均衡と集団安全保障

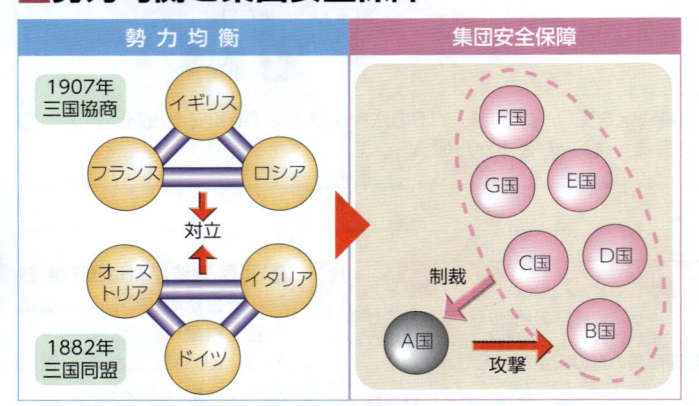

勢力均衡	集団安全保障
1907年 三国協商 イギリス フランス ロシア 対立 オーストリア イタリア ドイツ 1882年 三国同盟	F国 G国 E国 制裁 C国 D国 A国 B国 攻撃

解説 **国際平和を維持するために** **勢力均衡**は、軍備増強と他国との同盟によって敵国との力の均衡を維持しようとするシステムで、第一次世界大戦までヨーロッパ諸国を中心に主流であった考え方である。敵国の力を的確に知ることができないため、相互の不信感が軍拡競争を招き平和を維持することができなかった。

これに対し**集団安全保障**（→p.149）は、対立する国家すべてを含む国際機構を作り戦争を防ぐためのルールを決め、違反した場合には経済制裁や軍事的制裁などの強制措置を加えて集団的に侵略行為を防止し、鎮圧するシステムである。現在の安全保障の基本的な考え方となっている。

Ⅰ 集団安全保障と国際連合

16 平和と公正をすべての人に

❷国際連盟と国際連合　出題

	国際連盟（1920年）	国際連合（1945年）
本　部	ジュネーヴ	ニューヨーク
加盟国	アメリカ不参加、ソ連の加盟遅延、日本・ドイツ・イタリアの脱退	五大国が初めから加盟（現在はバチカン、コソボ、クック諸島、ニウエを除くすべての国家が加盟）
表　決	全会一致制	多数決制、安保理における五大国一致主義（拒否権あり）
制裁措置	金融・通商などの経済制裁	軍事的・非軍事的強制措置、裁判

解説 **全会一致制から多数決制へ** **国際連盟**の最高決定機関は総会であり、各国の立場は対等であった。国際連盟が第二次世界大戦を防げなかった理由として、侵略国への制裁が経済封鎖にとどまり、軍事的制裁ができなかったこと、表決が**全会一致制**のため迅速で有効な対応が取れなかったことが挙げられる。また、大国の不参加・脱退も大きな理由として考えられる。提唱国であるアメリカは議会の批准が得られず設立時から不参加、日本・ドイツ・イタリアは脱退、ソ連は設立時には不参加で、1939年のフィンランド侵攻により除名となった。

これらの反省を踏まえ、**国際連合**（UN）の設立にあたっては、国連軍による**軍事的制裁**を明記し、表決も**多数決制**を採用。第二次世界大戦の戦勝国であるアメリカ、イギリス、フランス、中国、ソ連（五大国）には安全保障理事会での拒否権を認め、ニューヨークに本部を置いた。常設国際司法裁判所と国際労働機関（ILO）は国連に引き継がれた。

○✕チェック 59

これまでの国連事務総長は、安全保障理事会常任理事国の国民の中から選出されている。（11年、本）

※丸数字は緊急特別総会の回数

事務総長	年次	主な出来事	条約・宣言
トリグブ=リー（ノルウェー）	1945	国連発足（加盟国51か国）	国際連合憲章採択
	46	安保理でソ連が初の拒否権行使	
	47	総会、パレスチナ分割案を採択	
	48	国連兵力監視機構を中東に派遣	世界人権宣言採択
	50	安保理にソ連欠席のなか「国連軍」朝鮮半島派遣、平和のための結集決議採択	
ダグ=ハマーショルド（スウェーデン）	56	①スエズ問題、②ハンガリー問題、初の緊急特別総会開催、日本加盟	
	58	③レバノン問題	
	60	④コンゴ問題	植民地独立付与宣言採択
ウ=タント（ミャンマー）	65	総会、全面核実験禁止など3軍縮決議を採択	人種差別撤廃条約採択
	66		国際人権規約採択（76年発効）
	67	⑤中東問題	
	68	チェコ事件で安保理開催	核拡散防止条約（NPT）採択
	71	中国、国連に加盟。台湾追放	
クルト=ワルトハイム（オーストリア）	72	国連人間環境会議開催	人間環境宣言採択
	73	中東戦争で安保理、国連緊急軍の派遣を決定、東西ドイツ同時加盟	
	74	国連資源特別総会	新国際経済秩序（NIEO）の樹立に関する宣言採択
	78	第1回国連軍縮特別総会	
	79	インドネシア難民会議	女子差別撤廃条約採択
	80	⑥アフガニスタン問題、⑦パレスチナ問題	
	81	⑧ナミビア問題	
ハビエル=ペレス=デクエヤル（ペルー）	82	第2回国連軍縮特別総会、⑨ゴラン問題	国連海洋法条約採択
	87		モントリオール議定書採択
	88	第3回国連軍縮特別総会	
	89		児童の権利に関する条約採択
	90	安保理、イラクへの武力行使容認	
	91	多国籍軍イラク派遣、韓国・北朝鮮同時加盟	
ブトロス=ガーリ（エジプト）	92	国連環境開発会議（地球サミット）開催	気候変動枠組条約採択
	95	総会、旧敵国条項削除を決議	
	96		包括的核実験禁止条約（CTBT）採択
コフィ=アナン（ガーナ）	97	⑩パレスチナ問題	
	2000	ミレニアムサミット	ミレニアム宣言採択（01年にミレニアム開発目標〈MDGs〉設定）
	02	スイス、東ティモール加盟	
	03	イラクへの武力行使をめぐって安保理分裂	
	04	安保理改革への動き活発化	
	06	モンテネグロ加盟、人権理事会設立	
潘 基文（韓国）	11	南スーダン加盟（加盟国193に）	
	12	総会、パレスチナにオブザーバー国家としての地位を付与	
	15	持続可能な開発目標（SDGs）を採択	
アントニオ=グテーレス（ポルトガル）	20	WHO、新型コロナウイルスの世界的大流行（パンデミック）を宣言	

写真で見る国連

↑**国連発足時のサンフランシスコ会議**　壇上で演説しているのは、当時のアメリカ大統領トルーマン。**国際連合憲章（国連憲章）**は1944年の夏から秋にかけて米英中ソの4国が草案を作り、45年に50か国が参加した**サンフランシスコ会議**で採択され、その年の10月24日ソ連が批准し発効した。国連の目的と原則、主要機関の構成と任務、国際紛争の解決方式などを定めている。

↑**ミレニアムサミット**　2000年を記念して行われた総会。世界約170か国の首脳が集まった。環境や貧困などのグローバルな課題について15年までに達成する数値目標などが合意された（→p.175）。

2 国連加盟国の推移

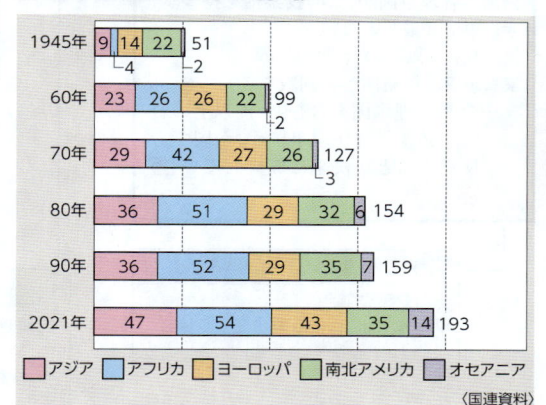

	アジア	アフリカ	ヨーロッパ	南北アメリカ	オセアニア	計
1945年	9	14	22	4	2	51
60年	23	26	26	22	2	99
70年	29	42	27	26	3	127
80年	36	51	29	32	6	154
90年	36	52	29	35	7	159
2021年	47	54	43	35	14	193

□アジア　□アフリカ　□ヨーロッパ　□南北アメリカ　□オセアニア
〈国連資料〉

解説 **加盟国の拡大**　1960年にはアフリカの多くの国が独立し（アフリカの年）（→p.160）、91・92年にはソ連解体によって新しい国家が誕生したため、国連加盟国数は大幅に増えた。また、2011年にはスーダンから分離・独立した南スーダンが加盟した。

政治

○×チェック　答え59　×　これまで国連事務総長が安全保障理事会の常任理事国から選出されたことはない。

❸ 国連の機関　頻出

事務局※1

任務：各国連機関が決定した計画や政策を実施する。
事務総長：最高責任者。任期は5年で、何期務めるかに制限はない。なお、事務総長は安保理の常任理事国から選出されないことが慣例となっている。

国際司法裁判所（ICJ）※1 (→p.135)

任務：領有権問題など国家間の紛争を処理する。本部はオランダの**ハーグ**に置かれている。
構成：安全保障理事会と総会によって選挙される15人の裁判官（任期9年）から成る。

信託統治理事会※1

任務・構成：信託統治地域の施政・監督。安全保障理事会の常任理事国で構成される。当初は11地域あったが、1994年10月に最後の地域であった**パラオ**が独立したため、以降活動を停止。

関連機関

世界貿易機関（WTO、→p.262）
包括的核実験禁止条約機関準備委員会（CTBTO）
化学兵器禁止機関（OPCW）
国際原子力機関（IAEA、→p.170）など

総会※1

任務：あらゆる問題について討議・勧告する。
※安全保障理事会が討議中の場合、総会は安保理の要請がないかぎり、国際平和と安全の維持に関する問題は勧告できない。
構成：すべての加盟国（2022年1月現在193か国）から成る。
《通常総会》
毎年9月の第3火曜日から約3か月間。
《特別総会》
安保理の要請または加盟国の過半数の要請があったときに、事務総長が招集する。
《緊急特別総会》
拒否権行使により、安全保障理事会が機能不全に陥ったとき、9か国以上の安全保障理事会理事国の要請、または加盟国の過半数の要請があった場合、24時間以内に招集される。

決議：各国が1票の投票権を持つ
重要問題（新加盟国の承認や加盟国の除外など）
　…出席投票国の2/3以上で成立
重要問題以外
　…出席投票国の過半数の賛成で成立
　※国連内部の運営に関する事項以外は加盟国への勧告にとどまり、強制力がない。

経済社会理事会※1

任務：経済・社会・文化・教育・保健衛生・人権など幅広い分野を担当、調査・研究や勧告を行う。国連の専門機関やNGOと連携・協力している。
構成：54理事国。任期は3年で毎年18か国ずつ改選される。

機能委員会

地域委員会

その他の機関

安全保障理事会※1

任務：国際平和と安全の維持に関して主要な責任を負う。安保理の決定には**法的拘束力**があり、国連憲章第7章に基づき、経済制裁、武力制裁を決定する。
構成：常任理事国5か国と非常任理事国10か国から成る。
《常任理事国》
アメリカ、イギリス、フランス、ロシア、中国の5か国。拒否権を持ち、国連憲章が改正されない限り、恒久的にその地位を保障されている。
《非常任理事国》
アジア・太平洋2、アフリカ3、中南米2、東欧1、西欧その他2の**10か国**。任期は2年で、1年ごとに半数改選、**2期連続の再選はできない**。日本は11回当選しており、全加盟国の中で最多である。

決議：各理事国が1票の投票権を持つ
手続事項（議題の決定など）
　…9か国以上の賛成で成立
実質事項（侵略国への制裁など）
　…全常任理事国を含む9か国以上の賛成が必要。常任理事国が1か国でも反対すると、決議は成立しない（**拒否権**※3）。

専門機関※2

国際労働機関（ILO）
国際食糧農業機関（FAO）
国連教育科学文化機関（UNESCO、→補）
世界保健機関（WHO）
世界銀行グループ（World Bank Group）
・国際復興開発銀行（IBRD、→p.260）
・国際開発協会（IDA）
・国際金融公社（IFC）
国際通貨基金（IMF、→p.260）
国際民間航空機関（ICAO）
国際海事機関（IMO）
国際電気通信連合（ITU）
万国郵便連合（UPU）
世界気象機関（WMO）
世界知的所有権機関（WIPO）
国際農業開発基金（IFAD）
国連工業開発基金（UNIDO）
世界観光機関（UNWTO）

補助機関（総会）

軍縮委員会、国際法委員会
人権理事会（UNHRC）…経済社会理事会の機能委員会であった人権委員会が2006年6月に発展改組され、総会の補助機関となった。人権保護・促進、重大な人権侵害への対処・勧告、各国の人権状況の報告、人権分野の協議・技術協力・人権教育、国際法発展のための勧告などを主な任務とする。　　　　など

補助機関（安全保障理事会）

テロ対策委員会
平和維持活動（PKO）・ミッション
　　　　　　　　　　　　　　　など

総会によって設立された機関など

国連貿易開発会議（UNCTAD、→p.276）
国連開発計画（UNDP）
国連環境計画（UNEP、→補）
国連人口基金（UNFPA）
国連難民高等弁務官事務所（UNHCR、→p.75）
国連児童基金（UNICEF、→補）
国連パレスチナ難民救済事業機関（UNRWA）
世界食糧計画（WFP）
国連大学（UNU）　　　　　　　　　　　　など

→国際連合本部ビル

←台風の被害を受けた地域に支援物資を提供する国連児童基金（2014年フィリピン）

○×チェック60　国連の平和維持活動（PKO）は、国連憲章に明示的に規定されている。（15年、本）

政治

4 総会

解説 国連の機能全般を討議 総会は全加盟国で構成され、各国が1票の投票権を有している。国連の機能全般にわたって討議・勧告を行うことができる(安全保障理事会で検討中の議題を除く)。総会は毎年9月に始まり、重要な問題は3分の2の多数、それ以外は過半数で決定される。加盟国の承認や事務総長の任命も総会で行われる。総会が採択する決議は、加盟国に対する勧告にすぎないが、総会は世界で大部分の国の声と世論を代表しているため、重みを持つ。

5 安全保障理事会

常任理事国	非常任理事国(任期2年)	
アメリカ	アラブ首長国連邦	ガーナ
イギリス	ガボン	アルバニア
フランス	ブラジル	インド
ロシア	ケニア	ノルウェー
中国	アイルランド	メキシコ

(2022年)〈国連資料〉

解説 国際平和への責任 安全保障理事会は、常任理事国5か国と非常任理事国10か国で構成され、国際平和と安全の維持に責任を負う。常任理事国には拒否権がある。非常任理事国は、総会により選ばれる。国連憲章第7章の制裁措置を決定し、法的拘束力がある。

↑対北朝鮮制裁強化決議を全会一致で採択する安全保障理事会(2016年)

6 常任理事国の拒否権行使回数

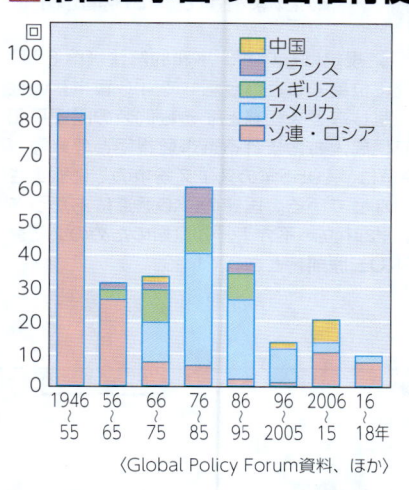

凡例:
- 中国
- フランス
- イギリス
- アメリカ
- ソ連・ロシア

(縦軸: 回 0〜100)
横軸: 1946〜55 / 56〜65 / 66〜75 / 76〜85 / 86〜95 / 96〜2005 / 2006〜15 / 16〜18年

〈Global Policy Forum資料、ほか〉

解説 拒否権発動の回数は減ったけれど 冷戦期にはソ連の行使が突出していたが、1965年に非常任理事国が拡大したことで西側勢力の相対的減退を招き、米・英・仏による行使が増え始めた。

冷戦終結後、拒否権行使の回数は減少した。しかし、近年では、ロシアがウクライナ問題やシリア内戦で行使し、安保理の機能不全が深刻化している。

7 平和のための結集決議 〈出題〉

 **新聞** イスラエル占領地の「建設停止を」決議

国連は十五日、イスラエル政府が占領地の東エルサレムで住宅建設を強行している問題をめぐり、緊急特別総会を再開し、建設の即時停止を求める決議を賛成多数で採択した。(中略)日本を含む百三十一カ国が賛成し、イスラエル、ミクロネシア、米国が反対した。オーストラリア、ロシア、ドイツなど十四カ国が棄権した。米国のリチャードソン国連大使は、(中略)「この偏った決議は、(当事者間の)信頼や対話の助長を目的としたものではなく、対立を狙っている」と述べた。 (1997年7月16日 朝日新聞)

解説 平和維持について総会の権限を強化 朝鮮戦争前後にはソ連の拒否権行使が続き、安全保障理事会の機能が行き詰まった。このため、国連総会は1950年に「平和のための結集決議」を採決し、大国の不同意のために安保理が責任を果たせない場合に、安保理の理事国9か国か、加盟国の過半数の要請で、総会が軍事行為を含む集団的措置を勧告できるようになり、24時間以内に緊急特別総会の招集が可能となった。

Ⅲ 国連平和維持活動

 16 平和と公正をすべての人に

南スーダンPKOで活動した自衛隊

↑インフラ整備などをする自衛隊(2016年 南スーダン)

↑南スーダンから帰国した自衛隊の隊旗返還式(2017年)

南スーダンは、2011年にスーダンから分離独立した世界で最も新しい国である。南北スーダンの長期にわたる内戦によって国土は荒廃し、社会インフラの整備が急務となっていた。南北スーダン問題に対応するため、日本は08年から国連スーダンミッションの司令部要員に自衛隊を派遣してきた。南スーダン独立以降は、首都ジュバに施設部隊などを派遣し、道路補修や施設造成に尽力した。16年には、平和安全法制に基づく新任務「駆けつけ警護」(→p.150)も初めて付与された。そして17年に、現地の治安悪化が指摘されていたなか、政府は「施設整備は一定の区切りを付けることができると判断した」として、施設部隊を撤収させた。

1 国連の安全保障機能 出題

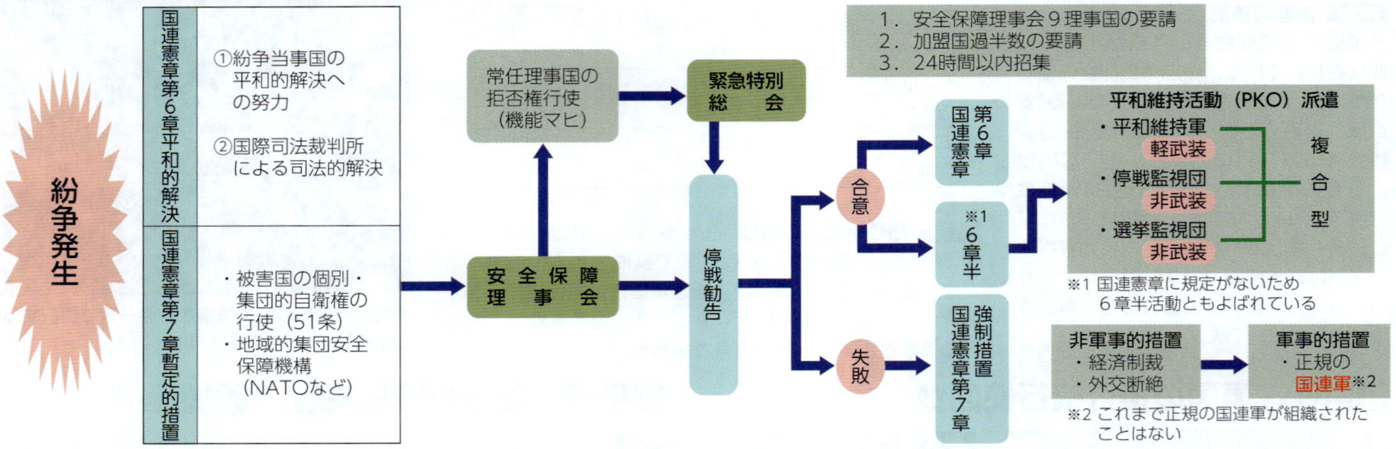
紛争発生
国連憲章第6章平和的解決
①紛争当事国の平和的解決への努力
②国際司法裁判所による司法的解決
国連憲章第7章暫定的措置
・被害国の個別・集団的自衛権の行使（51条）
・地域的集団安全保障機構（NATOなど）
安全保障理事会
常任理事国の拒否権行使（機能マヒ）
緊急特別総会
1．安全保障理事会９理事国の要請
2．加盟国過半数の要請
3．24時間以内招集
停戦勧告
合意
失敗
国連憲章第６章
※1 ６章半
強制措置 国連憲章第７章
平和維持活動（PKO）派遣
・平和維持軍 軽武装
・停戦監視団 非武装
・選挙監視団 非武装
複合型
※1 国連憲章に規定がないため６章半活動ともよばれている
非軍事的措置
・経済制裁
・外交断絶
軍事的措置
・正規の国連軍※2
※2 これまで正規の国連軍が組織されたことはない

解説 **国連憲章に規定がないPKO**　国連は、紛争や侵略行為に際し、平和や安全を維持・回復するために、まず国連憲章第６章の平和的解決のための方法を採る。それでも解決しない場合は、第７章に基づいて、事態の悪化を防ぐために関係当事者に暫定措置を要請する。その後、安全保障理事会または緊急特別総会が、強制措置（非軍事的措置・軍事的措置）を行う。1991年の**湾岸戦争**時のイラクのクウェート侵攻に対する多国籍軍（→補）による攻撃（→p.160）や、2017年に核実験を行った北朝鮮への経済制裁などがこれにあたる。これに対して、**国連平和維持活動（PKO）**は、国連憲章に規定はないが、平和的解決（第６章）と強制措置（第７章）の中間に位置するという意味で「６章半」の性格を持つ。PKOには兵力引き離しなどを任務とする軽武装の**国連平和維持軍**（PKF）と、非武装で民間人も含まれる選挙監視団と停戦監視団などがある。国連平和維持軍は、1956年のスエズ紛争の際に派遣された第一次国連緊急軍が基となっている。国連のPKO派遣にあたっては、①受け入れ当事国の同意、②中立・不介入、③自衛のための必要最小限の武器使用の３点が「**PKO三原則**」とされている。

2 国連平和維持活動が行われている地域

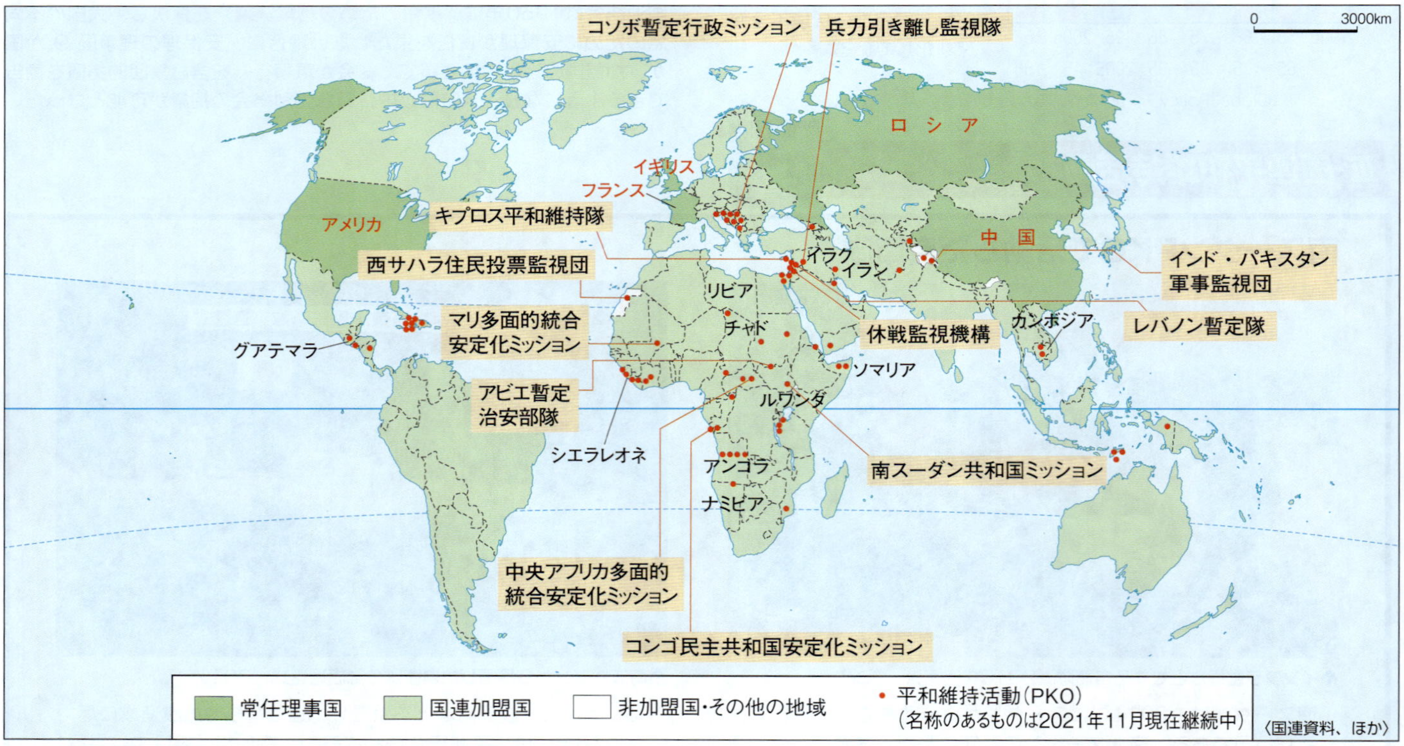
コソボ暫定行政ミッション
兵力引き離し監視隊
0　3000km
ロシア
イギリス
フランス
アメリカ
中国
キプロス平和維持隊
西サハラ住民投票監視団
イラク
イラン
インド・パキスタン軍事監視団
リビア
チャド
マリ多面的統合安定化ミッション
グアテマラ
休戦監視機構
カンボジア
レバノン暫定隊
ソマリア
アビエ暫定治安部隊
ルワンダ
シエラレオネ
アンゴラ
南スーダン共和国ミッション
ナミビア
中央アフリカ多面的統合安定化ミッション
コンゴ民主共和国安定化ミッション
常任理事国
国連加盟国
非加盟国・その他の地域
・平和維持活動（PKO）（名称のあるものは2021年11月現在継続中）
〈国連資料、ほか〉

解説 **世界各地で活動**　2021年11月現在、国連平和維持活動は12件行われ、警察要員や軍事部隊要員など約９万が派遣されている。最も多くの要員が派遣されているのは、コンゴ民主共和国安定化ミッションの約１万７千人である。日本は、PKO協力法に基づき、2012年から国連南スーダン共和国ミッションに人員を派遣してきた。

また、地域機構などの協力も行われている。例えば、旧ユーゴスラビアやコンゴ民主共和国では欧州連合（EU）、西サハラやダルフールではアフリカ統一機構（OAU）と連携が図られた。

○×チェック (61)　湾岸戦争の発生を受けて、国連平和維持活動（PKO）への日本の協力をめぐる議論が高まり、PKO協力法が成立している。（14年、本）

❸ PKOの歩み 〈出題〉

第一世代PKO（冷戦期）
- **特徴**：紛争終了後に当事者同士が停戦合意を結び、当事者の合意がある場合に中立的な立場で停戦監視などをする。
- **事例**：国連パレスチナ休戦監視機構

第二世代PKO（冷戦終結後）
- **特徴**：紛争の再発を防止するため停戦監視以外に、武装解除や難民・避難民帰還、地雷除去、選挙支援、人権保護など幅広い活動が加わる。
- **事例**：国連カンボジア暫定統治機構

第三世代PKO（1990年代初頭〜）
- **特徴**：停戦合意が結ばれていない紛争に対する、強制的な武力行使などの介入。しかし当事国でPKOが敵視されるようになり失敗。
- **事例**：第二次国連ソマリア活動

第四世代PKO（2000年ごろ〜）
- **特徴**：紛争終結後の人道支援や復興支援のため、他の国連機関と連携して、停戦監視、平和構築、人道支援活動を実施。
- **事例**：国連南スーダン共和国ミッション

〈内閣府資料、ほか〉

解説 拡大する任務 **国連平和維持活動（PKO）**は、1948年の第1次中東戦争の停戦監視を目的とする**国連休戦監視機構**に始まる。冷戦終結までの40年間は非武装の軍事要員で編成する停戦監視と選挙監視活動、または軽武装の平和維持軍の活動が中心であった（第一世代）。しかし、冷戦終結以降は、和平協定後の治安維持、選挙監視、難民の帰還、戦後の復旧・復興などに任務を拡大し、複合化してきた（第二世代）。1992年、国連のガーリ事務総長によってPKOの役割として予防展開や平和執行などが提案された（第三世代）。しかしソマリアでのPKOが現地住民との対立で撤退を余儀なくされるなど、失敗に終わったものも多かった。その後、2000年に発表された「ブラヒミ報告」では、平和維持と紛争後の平和構築を一体的に行う必要性が指摘された。そして現在は、他の国連機関などとも連携を図りつつ、人道支援や復興支援などを含めた活動が行われている。（第四世代）。

❹ 日本の主なPKO 〈出題〉

活動名	主な派遣先	派遣期間	主な業務内容
アンゴラ国際平和協力業務	アンゴラ	1992年9月〜10月	選挙監視要員3名
カンボジア国際平和協力業務	カンボジア	1992年9月〜93年9月	施設部隊600名ほか
モザンビーク国際平和協力業務	モザンビーク	1993年5月〜95年1月	輸送調整部隊48名ほか
ゴラン高原国際平和協力業務	イスラエル、シリア、レバノン	1996年1月〜2003年2月	派遣輸送部隊43名ほか
東ティモール国際平和協力業務	東ティモール	2002年2月〜04年6月	施設部隊680名ほか
ネパール国際平和協力業務	ネパール	2007年3月〜11年1月	軍事監視要員6名ほか
スーダン国際平和協力業務	スーダン	2008年10月〜2011年9月	司令部要員2名
ハイチ国際平和協力業務	ハイチ	2010年2月〜13年2月	施設部隊等346名ほか
南スーダン国際平和協力業務	南スーダン	2011年11月〜	施設部隊等401名ほか

〈内閣府資料〉

↑橋を補修する自衛隊（1993年　カンボジア）　自衛隊初のPKO。

解説 PKOを通じた国際貢献 日本は、1991年の**湾岸戦争**（→p.160）の際に90億ドルの資金援助を多国籍軍に行ったが、人的協力がなかったという点で国際社会から批判を受けた。これを背景に、92年に**PKO協力法**（国際平和協力法、→p.150）が成立し、PKOに参加している。2001年にはPKO協力法が改正され、停戦や武装解除の監視業務などが可能となった。さらに15年の法改正により、駆けつけ警護や任務遂行のための武器使用が可能となった。

Ⅳ 国連の課題

日本は常任理事国入りするべきか

↑日本の常任理事国入り反対を訴えるデモ（2005年　中国）

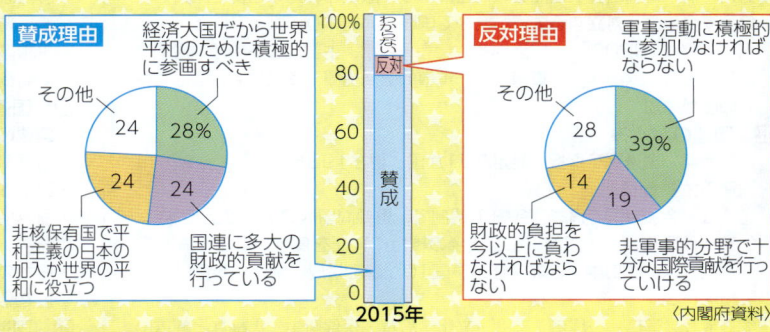

賛成理由
- 経済大国だから世界平和のために積極的に参画すべき　28%
- 国連に多大の財政的貢献を行っている　24
- 非核保有国で平和主義の日本の加入が世界の平和に役立つ　24
- その他　24

反対　賛成　わからない
2015年

反対理由
- 軍事活動に積極的に参加しなければならない　39%
- 非軍事的分野で十分な国際貢献を行っていける　19
- 財政的負担を今以上に負わなければならない　14
- その他　28

〈内閣府資料〉

↑日本の常任理事国入りについての世論調査

　日本は常任理事国入りを目指して安全保障理事会改革を求めている。日本が常任理事国入りを目指すのは、①安全保障理事会での発言権を強めることによって、日本の安全保障に直結する問題へ関与し国益の実現を図ること、②アメリカ、中国に次ぐ世界第3位の国連分担金を拠出しており、それに見合う国連での地位を得ること、③世界平和のためにさらに大きな役割を果たすこと、④非核保有国として軍備不拡散などの分野で貢献すること、などが理由とされている。しかし、日本の常任理事国入りに対しては中国や韓国などの反対がある。また、国際紛争で軍事的措置が決議された際に憲法9条との関係からどう行動するのかなどの懸念もある。

○×チェック 答え61

○　1991年の湾岸戦争において人的協力がなかった日本の協力のあり方が問題となり、92年に自衛隊の海外派遣を含むPKO協力法（国際平和協力法）が成立した。

■1 安全保障理事会改革

年	安全保障理事会改革の動き
1945	安保理設立（常任理事国5か国、非常任理事国6か国）
65	非常任理事国が10か国に
93	安保理改革に関する作業部会設置
2003	国連の機能・組織改革を議論するハイレベル委員会設置
05	安保理改革の決議案廃案
	その一方で、国連首脳会合で早期の安保理改革が不可欠であると確認
09	安保理改革の政府間交渉開始

地域グループ	加盟国数	常任理事国	非常任理事国数
アジア・太平洋	54	中国	2
アフリカ	54		3
中南米	33		2
西欧・その他	29	アメリカ イギリス フランス	2
東欧	23	ロシア	1

〈外務省資料〉

↑国連の地域別加盟国数と常任・非常任理事国

解説 交渉は難航 国連は1945年の創設以来、加盟国が51か国から193か国に増加した一方で、安全保障理事会の構成は非常任理事国が10か国に拡大した以外は変わっていない。そこで、安全保障理事会改革として、常任と非常任理事国の数を国際社会の現状に合わせて増やすこと、またその機能を強化することが求められている。しかし、日本やドイツ、ブラジル、インドなどの常任理事国入りには反対の声もあるなど、意見の隔たりは大きい。

■2 国連職員数の問題

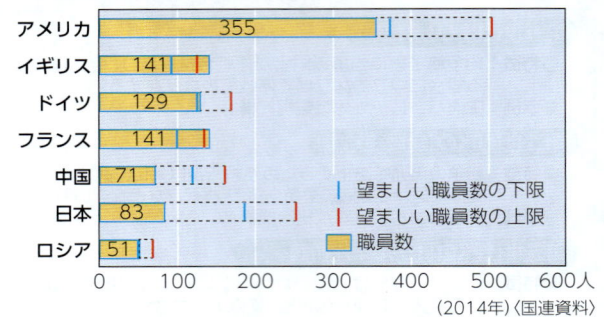

（2014年）〈国連資料〉

- | 望ましい職員数の下限
- | 望ましい職員数の上限
- 職員数

解説 少ない日本の職員数 今日、地球規模の課題への対応において、国際機関職員の任務と責任は一層重要になっている。しかし国際機関における日本人職員数は増加しているものの、国連予算の分担率や人口などから算出して、国連が毎年発表している「望ましい日本人職員数」と比べて実際の日本人職員はまだまだ少ない。国際機関において財政貢献のみならず、より積極的な人的貢献が求められている。

■3 国連の財政問題 〈出題〉

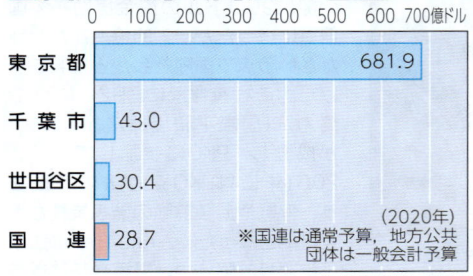

※国連は通常予算、地方公共団体は一般会計予算
（2020年）
〈外務省資料、ほか〉

↑国連予算の比較

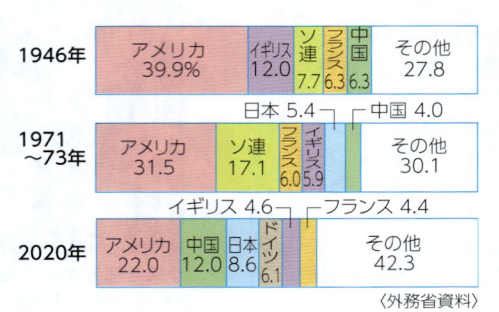

〈外務省資料〉

↑国連分担金（通常予算分担率）の推移

解説 少ない国連予算 国連は活動内容の拡大や組織の肥大化によって、深刻な財政難に陥っている。国連憲章により、すべての国連加盟国は予算の一部を負担することを義務付けられている。各国の**国連分担金**（通常予算分担率）は各国の経済力に応じて決められる。負担割合は3年ごとに総会で決定される。しかし加盟国中最大の職員数を有するアメリカなど、分担金を滞納している国もあり、大きな課題となっている。

まとめ

Ⅰ 集団安全保障と国際連合
- 勢力均衡…軍備増強や他国との同盟により、敵国との力の均衡を維持
- 集団安全保障…対立する国家も含めて国際機構を作り、戦争を防止
- **国際連盟**（1920年）…経済制裁、**全会一致制**、主要国の不参加や脱退
- 国際連合（1945年）…軍事的・非軍事的強制措置、**多数決制**、ほぼすべての国が参加

Ⅱ 国連のしくみ
- 1945年、**国連憲章**採択。発足時51か国。現在193か国
- 国連の**主要6機関**
  - ①総会…全加盟国で構成。各国1票制で、重要問題は2/3以上で成立
  - ②**安全保障理事会**…国際平和と安全の維持に責任を負う。常任理事国5か国（米英仏ロ中）と非常任理事国10か国で構成。常任理事国は**拒否権**を持つ
  - ③**経済社会理事会**…経済・社会・文化・教育・保健衛生・人権など幅広い分野を担当。国連の専門機関やNGOと連携・協力
  - ④**信託統治理事会**…信託統治地域の施政・監督を担当。1994年に最後の

- 地域であったパラオが独立して以降活動停止
  - ⑤国際司法裁判所…国家間の紛争を処理
  - ⑥事務局…アントニオ=グテーレスが事務総長（2021年現在）
- **平和のための結集決議**（1950年）…安全保障理事会が拒否権で機能不全に陥った際に、緊急特別総会の招集が可能に

Ⅲ 国連平和維持活動
- 国連の安全保障機能…国連憲章第6章の平和的解決で解決しない場合、第7章に基づいて強制措置（非軍事的措置、軍事的措置）を行う
- **国連軍**…国連憲章に規定はあるが正規の国連軍が組織されたことはない
- **国連平和維持活動（PKO）**…国連憲章にはない「6章半」の活動。停戦監視・選挙監視（非武装）や平和維持活動（PKF・軽武装）などを行う
- 日本のPKO…**湾岸戦争**後の1992年に**PKO協力法**成立。2015年の法改正で駆けつけ警護や武器使用も可能に

Ⅳ 国連の課題
- 安保理改革…日本は常任理事国入りを目指している
- 少ない国連職員数の問題や、**国連分担金**の滞納による財政の問題がある

補足解説

国連環境計画（UNEP）
1972年スウェーデンのストックホルムで開催された国連人間環境会議で採択された人間環境宣言を受けて設立された機関。ケニアのナイロビに本部が置かれている。

国連児童基金（UNICEF）
第二次世界大戦で被災した子どもたちの緊急援助を目的に1946年設立。その後活動の重点を発展途上国の子どもたちとその母親の「自立のための支援」に置いている。

国連教育科学文化機関（UNESCO）
ユネスコ憲章を基に1946年に設立。教育・科学・文化を通じて国際協力を促進し、平和と福祉を目的に、発展途上国の教育支援、世界遺産の保護などの活動をしている。

多国籍軍
複数の国が国際の平和と安全の維持のために活動を行う組織。安保理決議などに基づいて結成されるが、国連の統括下にはない。

政治

○×チェック 62
世界最初の社会主義連邦国家として成立したソ連は崩壊し、新たにロシアを中心とするワルシャワ条約機構が創設されている。（11年、追）

↑内戦によって破壊された街（2016年　シリア）

長引くシリア内戦

　反政府デモをきっかけに、2011年から始まったシリア内戦。アサド大統領率いる政府軍と反体制派による武力衝突に過激派組織の自称IS（「イスラム国」、→補、→p.169）も加わり、首都ダマスカスや北部最大の都市アレッポなど、シリア各地に戦火が及んだ。また、政府軍を支援するロシアと反体制派を支援するアメリカの仲介による停戦協定も破られる事態が続いた。現在では、自称ISは弱体化したとみられているものの、日常生活の回復と安定には多くの課題が残っている。

Question
・現代の国際社会では、どのような紛争が発生しているだろうか。（→Ⅲ Ⅳ）

5 戦後の国際情勢と現代の紛争

1 「鉄のカーテン」演説

— 鉄のカーテン（1946年）　　（国境線は1955年のもの）

ソビエト連邦
イギリス
シュチェチン
東ドイツ　ポーランド
西ドイツ　チェコスロバキア
フランス　オーストリア　ハンガリー
トリエステ
ユーゴスラビア
スペイン　イタリア

↑チャーチル（1874〜1965）

解説 ヨーロッパを分断する「鉄のカーテン」　1945年、アメリカ、イギリス、ソ連は、**ヤルタ会談**で利害調整を図ったが、第二次世界大戦末期には、戦後の主導権争いからアメリカとソ連が対立した。ソ連が大戦末期にドイツから解放した東欧諸国を自国の勢力下に置き、親ソ的な政権を樹立させていったのに対し、46年イギリスのチャーチルは、訪米中にミズーリ州フルトンの大学で「バルト海のステッティン（シュチェチン）からアドリア海のトリエステまで（欧州）大陸を横切る鉄のカーテンが下ろされた」とソ連を批判した。これを「鉄のカーテン」演説といい、その後の東西冷戦を象徴するものとなった。

I 冷戦の開始

2 トルーマン・ドクトリン

解説 社会主義陣営の拡大防止を目指す　アメリカ大統領トルーマンが、1947年、上下両院合同会議で演説し、ギリシャとトルコの共産主義化を阻止するために軍事的・経済的な援助に賛成するように要請した。これ以降、アメリカは軍事同盟や経済援助によってソ連（社会主義陣営）の拡大を防止する「封じ込め」政策（トルーマン・ドクトリン、→補）を展開し、冷戦が本格化した。

↑トルーマン（1884〜1972）

3 マーシャル・プラン

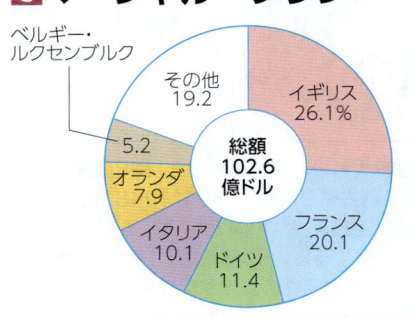

ベルギー・ルクセンブルク
その他 19.2
イギリス 26.1%
5.2
オランダ 7.9
イタリア 10.1
ドイツ 11.4
フランス 20.1
総額 102.6 億ドル

1948年4月3日〜1951年6月3日
〈東京銀行調査月報資料〉

↑マーシャル・プラン受け入れ国

解説 ヨーロッパの経済復興を目指す　1947年、アメリカは第二次世界大戦後のヨーロッパの経済復興を目的とした経済援助計画であるマーシャル・プランを発表した。これに対抗して、ソ連は49年に経済相互援助会議（COMECON、→補）を組織し、マーシャル・プランは軍事援助的な性格を強めていった。

政治

4 東西冷戦期の世界

北大西洋条約機構（NATO）	ワルシャワ条約機構※（WTO）
アメリカ、カナダ、イギリス、フランス、イタリア、ベルギー、オランダ、ルクセンブルク、ノルウェー、デンマーク、アイスランド、ポルトガル、トルコ、ギリシャ、西ドイツ、スペイン	ソ連、ポーランド、東ドイツ、チェコスロバキア、ハンガリー、ルーマニア、ブルガリア ※1991年解体

ベルリン封鎖
（1948〜49年）

キューバ危機
（1962年）

チェコスロバキア
フランス
トルコ
イギリス
西ドイツ
東ドイツ
アメリカ
カナダ
ソ連

ソ連、
アフガニスタン侵攻
（1979〜89年）

カンボジア内戦
（1970〜91年）

ベトナム戦争
（1965〜75年）

朝鮮戦争
（1950〜53年）

1985年の世界

- 北大西洋条約機構（NATO）加盟国
- ワルシャワ条約機構（WTO）加盟国
- アメリカと安全保障条約を結んだ国・地域
- ソ連と友好条約を結んだ国・地域

解説 二つの陣営が厳しく対立 第二次世界大戦後、共通の敵であった**ファシズム**が消滅したことによって、連合国の間で社会体制、イデオロギー、戦後国際秩序のあり方をめぐる対立が明らかになった。アメリカを頂点とした西側（自由主義・資本主義）陣営と、ソビエト連邦（ソ連）を頂点とした東側（全体主義・社会主義）陣営との対立である（**東西対立**）。

この冷戦の時代には、代理戦争としてのベトナム戦争などは起こったものの、米ソ二大国が直接に戦火を交えることはなかった（**冷戦**）。

多くの国がこの対立に組み込まれ、戦後の国際政治の基本的な対立軸を形成した。両陣営は核兵器開発や同盟国の拡大などのさまざまな方法で勢力を競い、軍備拡張競争を続け、厳しい緊張状態が続いた。

1960年代からは、徐々に米ソ対立の**緊張緩和（デタント）**が進み、両陣営の中から、EC諸国、日本、中国などが力を付け、国際社会の重要な決定に参加するようになった（多極化）。

資本主義陣営		社会主義陣営
トルーマン・ドクトリン（1947）共産主義封じ込め政策	政治	コミンフォルム（1947〜56）各国共産党の連絡組織
マーシャル・プラン（1947〜51）アメリカによる西欧への経済支援、後にOECD（→p.275）に発展	経済	経済相互援助会議（COMECON）（1949〜91）ソ連による東欧への経済支援
北大西洋条約機構（NATO）（1949〜）	軍事	ワルシャワ条約機構（WTO）（1955〜91）

Ⅱ 東西両陣営の対立

1 朝鮮戦争（1950〜53年）

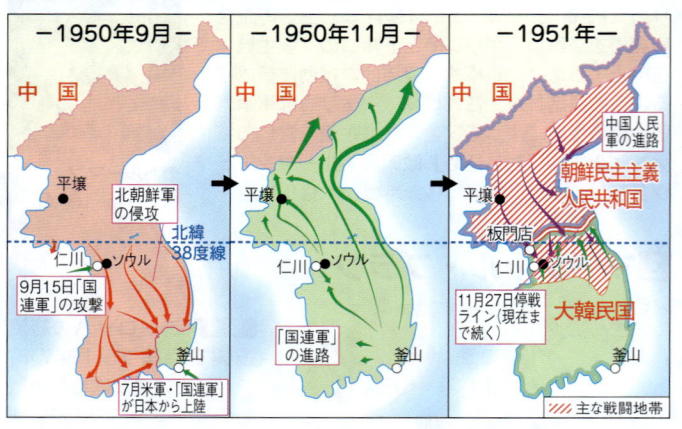

−1950年9月−
中国
平壌
北朝鮮軍の侵攻
北緯38度線
仁川 ソウル
9月15日「国連軍」の攻撃
釜山
7月米軍・「国連軍」が日本から上陸

−1950年11月−
中国
平壌
仁川 ソウル
「国連軍」の進路
釜山

−1951年−
中国
平壌
中国人民軍の進路
朝鮮民主主義人民共和国
板門店
仁川 ソウル
11月27日停戦ライン（現在まで続く）
大韓民国
釜山
／／／主な戦闘地帯

解説 南北で分断 第二次世界大戦後、朝鮮半島は北緯38度線を境にアメリカとソ連により南北に分割占領された。そして1948年に、南の大韓民国（韓国）と北の朝鮮民主主義人民共和国（北朝鮮）が成立した。49年にアメリカ軍が韓国から撤退すると、50年には北朝鮮軍が韓国に侵入し、朝鮮戦争が開始された。ソ連不在の安全保障理事会はアメリカを中心とする「国連軍」の派遣（→p.151）を決定した。その後、中国人民軍も北朝鮮を支援して参戦し、北緯38度線を中心に戦況が膠着した。そして53年に停戦協定が結ばれ、**朝鮮半島の分断が固定化**した。

2 キューバ危機（1962年）

↑ソ連貨物船（上）を追尾する米軍駆逐艦（下）と米軍機（1962年）

解説 核戦争寸前の事態に 1959年のキューバ革命の後、社会主義化が進められたキューバはアメリカ軍の侵攻を恐れて、ソ連のミサイル基地を建設した。アメリカは62年に、このミサイル基地の建設を知り、海上封鎖を行った。これにより**米ソ間の緊張は核戦争寸前まで高まった**。しかし、アメリカのケネディ大統領は、ソ連のフルシチョフ書記長に、トルコのミサイル基地を撤去する代わりに、キューバのミサイル基地を撤去する妥協案を提示し、ソ連もこれを受け入れた。この危機の結果、63年に米ソ首脳の間にホットライン（直通電話）が設置された。

○×チェック63 イラクにおいて、フセイン政権が崩壊したのは、同国がクウェートに侵攻した直後の湾岸戦争によってであった。（15年、追）

政治

❸ベトナム戦争（1965〜75年）

↑南ベトナム解放民族戦線を掃討するため村に火を放つアメリカ兵（1966年）

解説 **戦争が泥沼化** ベトナムはフランスの植民地だったが、独立戦争が起こり、1954年のジュネーヴ休戦協定の後に、アメリカの援助を受けたベトナム共和国（南ベトナム）が成立し、北緯17度線を境に北の社会主義国のベトナム民主共和国（北ベトナム）と対峙した。60年に北ベトナムの援助を受けた南ベトナム解放民族戦線が結成され、その攻撃により南ベトナムは窮地に陥った。アメリカは65年に北ベトナムへの爆撃（北爆）を開始し、ベトナム戦争が始まった。北ベトナム政府と南ベトナム解放民族戦線はソ連や中国の援助を受けて抗戦した。泥沼化した戦争は大きく報道され、**世界各地で反戦運動**が広がった。

Ⅲ 冷戦終結後の国際政治

❶冷戦の終結 〈出題〉

↑「ベルリンの壁」の崩壊を喜ぶ人々（1989年）

解説 **冷戦終結後も争いはやまず** 1980年代に入って社会主義経済の停滞が著しくなったソ連では、85年にゴルバチョフ書記長がペレストロイカを始めた。その後市場経済の導入が図られ、政治体制の自由化も進められた。89年秋に東欧諸国で民主化を目指す革命が成功し、冷戦の象徴であった**ベルリンの壁**（→補）が崩壊した。12月にはゴルバチョフ書記長とアメリカのブッシュ（父）大統領が会談し、冷戦終結が宣言された（**マルタ会談**）。90年には東西ドイツが統一、翌年にはソ連が解体し、国際政治の枠組みとなっていた冷戦は終結した。しかしその後、冷戦の影に隠れていた民族対立が表面化し、地域紛争が頻発した。アメリカは「**世界の警察官**」を自負して他地域に介入し、大規模な軍事行動を展開した。しかし、世界の広い地域でテロリストの反米活動はやむことがなく、国際テロ組織の活動は平和を揺るがすようになってきた。

❹非同盟諸国の登場 〈頻出〉

バンドン平和十原則：バンドン会議（1955）	
❶基本的人権と国連憲章の尊重	❻集団的防衛の排除
❷主権と領土保全の尊重	❼侵略行為・武力行使の否定
❸人権と国家間の平等	❽国際紛争の平和的解決
❹内政不干渉	❾相互利益と協力の促進
❺自衛権の尊重	❿正義と国際義務の尊重

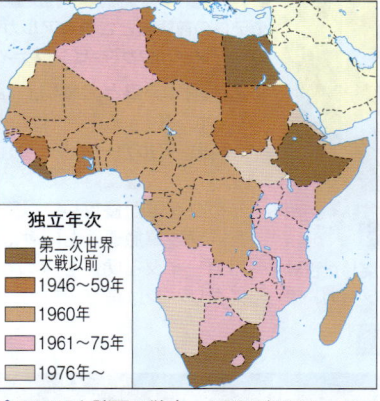

独立年次
- 第二次世界大戦以前
- 1946〜59年
- 1960年
- 1961〜75年
- 1976年〜

↑**アフリカ諸国の独立** 1960年には、アフリカの17の国が次々と独立し、「アフリカの年」（→p.152）といわれた。

解説 **第三世界の形成** 第二次世界大戦後に独立を果たしたアジア・アフリカ諸国は、アメリカとソ連のいずれにも属さない勢力として連帯を強めようと、非同盟主義運動を展開した。これらの国々を**非同盟諸国**（第三世界）という。1955年に開催されたアジア・アフリカ会議（**バンドン会議**）では、平和十原則を採択し国際平和を訴えた。その後も、非同盟諸国首脳会議はおよそ3〜5年ごとに開かれ、現在では、貧困、環境問題などが主な課題となっている。

❷湾岸戦争 〈出題〉

↑炎上する油田とアメリカ軍の装甲車（1991年　クウェート）

解説 **多国籍軍を派遣** 1990年8月、フセイン政権下のイラク軍が石油の生産で豊かな隣国クウェートに侵攻した。イラクの主張は、クウェートはイギリス植民地時代に勝手に分割された地域であり、本来同じ国家であるというものだった。しかし、一方的な武力侵攻に国際社会はイラクを非難した。国連安全保障理事会は、イラクへの撤退要求を決議し、経済制裁を行ったがイラクは撤退しなかった。90年11月、安全保障理事会は、**集団安全保障**（→p.151）の概念に基づいて、イラクに対し撤退しなければ武力行使も辞さないことを決議した。そして91年1月、撤退を拒否し続けたイラクに対し、国連決議に基づきアメリカを中心とした多国籍軍が攻撃を開始し**湾岸戦争**（→p.155）が始まった。同月、イラク軍は油田に火を放ち撤退。イラク軍のクウェートからの撤退要求が国連決議であったため、この時点で戦争は終了した。

政治

3 アメリカ同時多発テロ事件 出題

↑テロの首謀者とされるアルカーイダのリーダー、ウサマ=ビンラディン

↑一般教書演説をするアメリカのブッシュ（子）大統領（2002年）

対テロ戦争はアフガニスタンで終わるどころか、まだ始まったばかりだ。アメリカは二つの目標を追求する。一つは、テロリストの拠点を壊滅させ、策謀をくじき、テロリストを裁きにかけること。もう一つは、生物化学兵器や核兵器を入手しようとするテロリストや政権が、アメリカと世界に脅威を与えるのを阻止することだ。
（2002年の一般教書演説より）

↑ハイジャックされた飛行機が激突した世界貿易センタービル（2001年　アメリカ）

解説 「テロとの戦い」　2001年、ハイジャックされた旅客機がニューヨークの世界貿易センタービルなどに激突するアメリカ同時多発テロ事件（→補）が発生した。このテロの首謀者とされる国際テロ組織（→補）アルカーイダ（→補）のリーダー、ウサマ=ビンラディンをかくまったとして、アフガニスタンのタリバン政権に対してアメリカなどが報復攻撃した（アフガニスタン紛争）。アフガニスタンでは、1979年にソ連軍が侵攻して以降、アメリカの軍事援助を受けたゲリラとソ連軍などとの間で内戦が激化していた。ソ連軍撤退後も内戦は続き、イスラーム原理主義のタリバンが政権を取り、やがてタリバン政権はアルカーイダと関係を深めていった。アメリカの報復攻撃でタリバン政権は一時的に崩壊したが、2021年にタリバンは再びアフガニスタン全土を掌握し、治安が悪化している。

4 イラク戦争 出題

↑米英軍の空爆を受けて煙を上げる大統領宮殿（2003年　イラク）

解説 戦争の大義名分「大量破壊兵器」は発見されず　2003年3月、アメリカ、イギリスを中心とする多国籍軍が、大量破壊兵器保有を主な理由として、イラクに軍事侵攻した（イラク戦争）。これによりイラクのフセイン政権は崩壊したが、その後もテロやイスラーム宗派間の武力抗争が続いた。さらに、04年の捜査では、開戦当時イラクに大量破壊兵器は存在しなかったと結論づけられた。06年にはイラクの正式政府が発足、11年にはイラク駐留米軍部隊が完全撤退し、戦争が終結した。

5 ウクライナ問題

↑親ロシア派に占拠されたドネツクの行政庁舎（2014年　ウクライナ）

解説 ロシアのクリミア「併合」　2014年、ウクライナ南部のクリミア自治共和国で住民投票が行われ、ウクライナからの分離独立とロシアへの編入が支持された。投票結果を受けてクリミア議会はロシアへの編入を求める決議を採択し、ロシアはクリミアの編入を宣言した。国連総会はクリミア「併合」無効を決議したが、ロシアへのクリミア編入は撤回されていない。さらに、ロシアへの編入を求める動きはウクライナ東部にも広がり、緊張が高まっている。

6 南シナ海の領有権をめぐる対立

↑中国が埋め立てを進める南シナ海のジョンソン南礁（左上から時計回りに2012年、13年、14年、15年）

新聞 南シナ海、中国の権利否定　独自境界「法的根拠なし」

中国や周辺国が領有権を争う南シナ海問題で、オランダ・ハーグの常設仲裁裁判所は12日、中国が独自の権利を主張する境界線「9段線」に国際法上の根拠はない、との判決を出した。南シナ海問題を巡る初の司法判断で、提訴したフィリピンの主張をほぼ全面的に認める判決となった。（中略）判決によって、中国が進める人工島造成は正当性の法的な支柱を失った。フィリピン政府は判決を「歓迎する」と述べたが、中国外務省は「（判決は）無効で拘束力はなく、中国は受け入れない」との声明を出した。
（2016年7月13日　朝日新聞）

解説 豊富な海底資源も争いの要因　中国、台湾、ベトナムが西沙群島（パラセル諸島）の領有権を主張。南沙群島（スプラトリ諸島）については、これにフィリピン、マレーシア、ブルネイも加わって領有権を争っている。この地域は、海上交通の要衝で、近年、天然ガスや石油などの資源が海底に豊富に存在することが判明。中国は南シナ海のほぼ全域に領有権が及ぶと主張し、南沙群島に人工島を造成し、軍事拠点化を進めており、ほかの国や地域との対立が深まっている。

チェック ⑥④　アメリカでの同時多発テロ事件の発生を受けて、日本では、テロ対策特別措置法が成立した。（14年、本）

政治

国際会議開催に見る日本のテロ対策

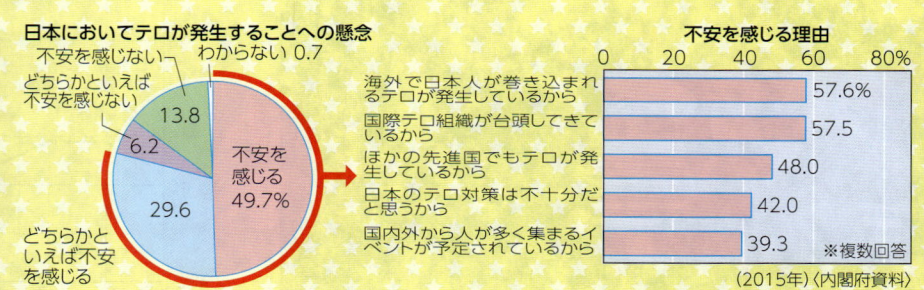

日本においてテロが発生することへの懸念

- わからない 0.7
- 不安を感じない 13.8
- どちらかといえば不安を感じない 6.2
- 不安を感じる 49.7%
- どちらかといえば不安を感じる 29.6

不安を感じる理由

	0 20 40 60 80%
海外で日本人が巻き込まれるテロが発生しているから	57.6%
国際テロ組織が台頭してきているから	57.5
ほかの先進国でもテロが発生しているから	48.0
日本のテロ対策は不十分だと思うから	42.0
国内外から人が多く集まるイベントが予定されているから	39.3

※複数回答
(2015年)〈内閣府資料〉

←G20大阪サミットによる交通規制のため封鎖された阪神高速道路の入り口（2019年 大阪市）

世界各地でテロが発生し国際情勢が厳しさを増すなか、日本でもテロ対策が進められている。各国首脳や政府関係者が来日した2016年のG7伊勢志摩サミットでは、会場周辺や公共交通機関などで厳重な警備体制が敷かれた。また都市部で開催された19年のG20大阪サミットでは、37の国や国際機関の首脳や代表団、メディアを含め、来訪者が約3万人に上った。大規模な交通規制によって移動が制限されたり、物流に遅れが生じたりしたほか、大阪府立・市立の全学校が休校になるなど、市民生活にさまざまな影響が及んだ。

■1 さまざまな紛争　出題

	バスク独立運動	フォークランド紛争 （1982年）	北アイルランド紛争 （1969〜98年）	ルワンダ内戦 （1990〜94年）	東ティモール独立運動 （1975〜2002年）
民族問題				ツチ系←→フツ系	
主に宗教			カトリック←→プロテスタント		カトリック←→イスラーム
主に言語	バスク人				
領土・資源問題		イギリス←→アルゼンチン			
大国の影響				アメリカや国連の人道的介入の遅れ	反共勢力を支持
概要	スペイン北部のバスク地方でETA（バスク祖国と自由）がテロ活動を繰り返してきた。	フォークランド諸島をめぐる軍事衝突。アルゼンチンはスペインの領有権の継承を主張。	少数派カトリック教徒のIRA（アイルランド共和国軍）の英国軍・警察への武力闘争。	多数派フツ系の政府軍と少数派で支配層であったツチ系のルワンダ愛国戦線の武力衝突。	旧ポルトガル領の東ティモールがインドネシアの支配から脱する闘い。インドネシア国軍・統合派民兵と独立派の武力闘争。

■2 「アラブの春」とテロ集団の登場　出題

←チュニジアで起こった反政府デモ（2011年）　役人への抗議のために自殺を図った青年の事件をきっかけに、デモが国内に広がり、約23年間続いたベンアリ政権が打倒された。

→「アラブの春」後の状況

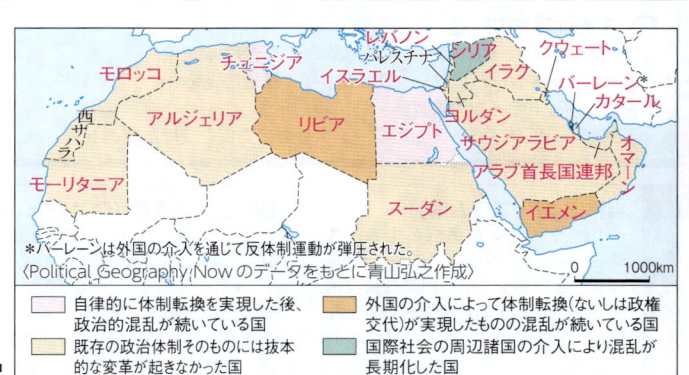

*バーレーンは外国の介入を通じて反体制運動が弾圧された。
〈Political Geography Now のデータをもとに青山弘之作成〉

0　1000km

- 自律的に体制転換を実現した後、政治的混乱が続いている国
- 外国の介入によって体制転換（ないしは政権交代）が実現したものの混乱が続いている国
- 既存の政治体制そのものには抜本的な変革が起きなかった国
- 国際社会の周辺諸国の介入により混乱が長期化した国

解説 「アラブの春」後も混乱が続く　2011年のチュニジアでの政変に端を発する「アラブの春」は、長期独裁政権に対する民衆の怒りを原動力にエジプト、リビア、イエメンなどに波及し、これらの国に体制転換をもたらした。しかし、体制打倒後の具体的ビジョンに乏しかったため政治と社会が混乱し、カダフィ政権崩壊後のリビアでは内戦後も混乱が続いている。シリアでは、アサド政権による反政府派への徹底弾圧が内戦に拡大した。そこから過激派組織の自称IS（「イスラム国」）が台頭し、激しい戦闘によって大量の死者や難民、避難民が発生した。その後、諸外国の支援を受けた政府軍、反政府軍との戦いで自称ISは弱体化し、現在は政府軍が国土の大半を制圧している。

○ 2003年に成立したテロ対策特別措置法により、日本はアフガニスタンのタリバン政権を攻撃するアメリカに対して給油活動などの後方支援を行った。

政治

3 テロの脅威 <頻出>

↑パリ同時多発テロ事件発生により避難するサッカーの観客（2015年　フランス）　フランス対ドイツの試合が行われていた会場付近でテロが発生した。

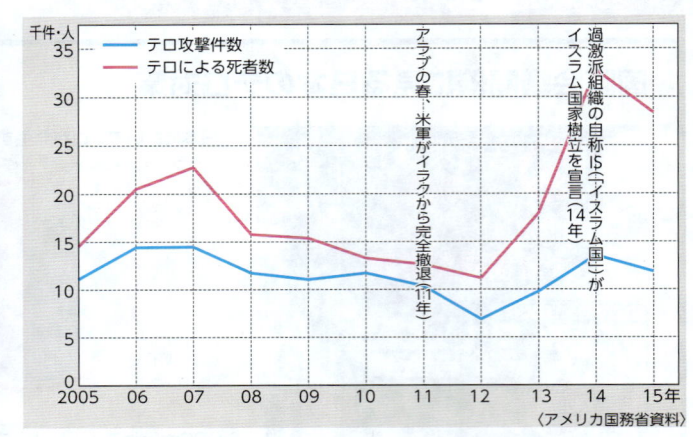

千件・人

凡例：テロ攻撃件数／テロによる死者数

アラブの春、米軍がイラクから完全撤退（11年）

過激派組織の自称IS（イスラム国）が、イスラム国家樹立を宣言（14年）

↑テロによる犠牲者の数

〈アメリカ国務省資料〉

解説 効果的な対策が難しいテロ　テロとは「恐怖」を意味するテロルを語源とし、暴力によって政治的目的の達成を目指す行為をいう。冷戦終結後国家間の戦争の脅威は薄れたが、各地で民族紛争が噴き出しテロが頻発している。国際テロ組織アルカーイダが起こした2001年のアメリカ同時多発テロ事件は国際社会を震撼させた。近年は国際テロ組織によるテロだけでなく、過激思想に共鳴した個人が自国でテロ活動を行

うホームグロウン・テロ（国内出身者によるテロ）も生じている。アメリカやヨーロッパ各国で頻発しているテロ事件もこのケースが多い。一般市民が突然テロを行うため、効果的な対策を取るのが難しい。

こうした民族紛争やテロ事件には、自民族の文化を優れたものと見なし、異民族の文化を劣ったものだと考えるエスノセントリズム（自民族中心主義、→補）も背景にあるとみられている。

まとめ

I 冷戦の開始
・1946年、チャーチルが「鉄のカーテン」演説
・1947年、トルーマン・ドクトリン →社会主義陣営の拡大防止
・1947年、マーシャル・プラン→ヨーロッパの経済復興を目的とした経済援助計画
・アメリカを頂点とする西側（自由主義・資本主義）陣営と、ソ連を中心とする東側（全体主義・社会主義）陣営で対立

資本主義陣営		社会主義陣営
トルーマン・ドクトリン	政治	コミンフォルム
マーシャル・プラン	経済	経済相互援助会議（COMECON）
北大西洋条約機構（NATO）	軍事	ワルシャワ条約機構（WTO）

II 東西両陣営の対立
・1950～53年、朝鮮戦争→朝鮮半島の南北分断が固定化
・1962年、キューバ危機→ソ連のミサイル基地建設をめぐって核戦争の危機に。ホットラインの設置
・1965～75年、ベトナム戦争→アメリカの支援を受けた南ベトナムと、

ソ連・中国の支援を受けた北ベトナムが対立。世界各地で反戦運動
・非同盟諸国（第三世界）…1955年のアジア・アフリカ会議（バンドン会議）で平和十原則を採択

III 冷戦終結後の国際政治
・1989年、マルタ会談→アメリカとソ連の両首脳が冷戦終結を宣言
・1991年、湾岸戦争→アメリカを中心とする多国籍軍を派遣
・2001年9月11日、アメリカ同時多発テロ事件
　→国際テロ組織アルカーイダが首謀者とされる
　→アメリカはタリバン政権を攻撃（アフガニスタン紛争）
・2003年、イラク戦争→アメリカ、イギリスを中心とした多国籍軍により、フセイン政権が崩壊。その後もテロや武力抗争が続き、治安が悪化
・2014年、ウクライナ問題→クリミアの独立とロシアへの編入
・南シナ海の領有権をめぐる問題…中国とベトナム、フィリピンなどが対立

IV 地域紛争とテロ
・冷戦終結後も地域紛争が頻発
・高まるテロの脅威…アメリカやヨーロッパなど、世界各地でのテロ発生
　→エスノセントリズム（自民族中心主義）も背景にあるとみられる

自称IS（「イスラム国」）
シリアやイラクを拠点とするイスラーム過激派組織。「Islamic State (IS)」と自称するが、国際社会は国家として認めていない。「Islamic State in Iraq and the Levant (ISIL)」ともいう。

トルーマン・ドクトリン
アメリカが、ヨーロッパやアジア諸国が社会主義化することを恐れて採った共産主義封じ込め政策。当時内戦状態で社会主義化する可能性のあったギリシャなどを援助した。

経済相互援助会議（COMECON）
1949年、ソ連の主導の下で、東欧諸国などの共産主義諸国の経済協力を進める目的で設立された組織。

ベルリンの壁
冷戦期にベルリンが東西に分割された際に建設された西ベルリンを囲む壁。1950年代に東ドイツから西ベルリンを経て西ドイツへ逃げる人が多数生じたため、東ドイツが61年に建設した。冷戦下のドイツ分断の象徴となった。89年11月に東西の市民によって破壊され、撤去された。

アメリカ同時多発テロ事件
総勢19人のテロリストが4機の航空機をハイジャックして起こした自爆テロ攻撃。標的となった世界貿易センタービルは倒壊した。約3000人が犠牲となり、世界を震撼させた。

国際テロ組織
テロ対象が1国にとどまらず、活動拠点も複数の国・地域に広がっているテロ組織をいう。アメリカ国防総省はアルカーイダのほかパレスチナのハマスやレバノンのヒズボラなど30以上の組織を指定している。

アルカーイダ
ウサマ＝ビンラディンが1980年代末に創設したイスラーム過激派のテロ組織。中東地域ばかりでなく世界50か国以上で活動していたとみられている。アルカーイダとは「基地」を意味するアラビア語である。

エスノセントリズム
対義語に自民族の文化と他民族の文化の違いを認め、相互に尊重し、共存を図っていくマルチカルチュラリズム（多文化主義）がある。

世界の主な地域紛争

POINT 地域紛争は今も世界各地で発生しています。冷戦終結後には、東西両陣営の枠組みの下で抑圧されてきた独立への欲求が解放され、地域的な民族・宗教・領土紛争が多発しました。紛争が発生するしくみについて考えてみましょう。

I 紛争と貧困の悪循環

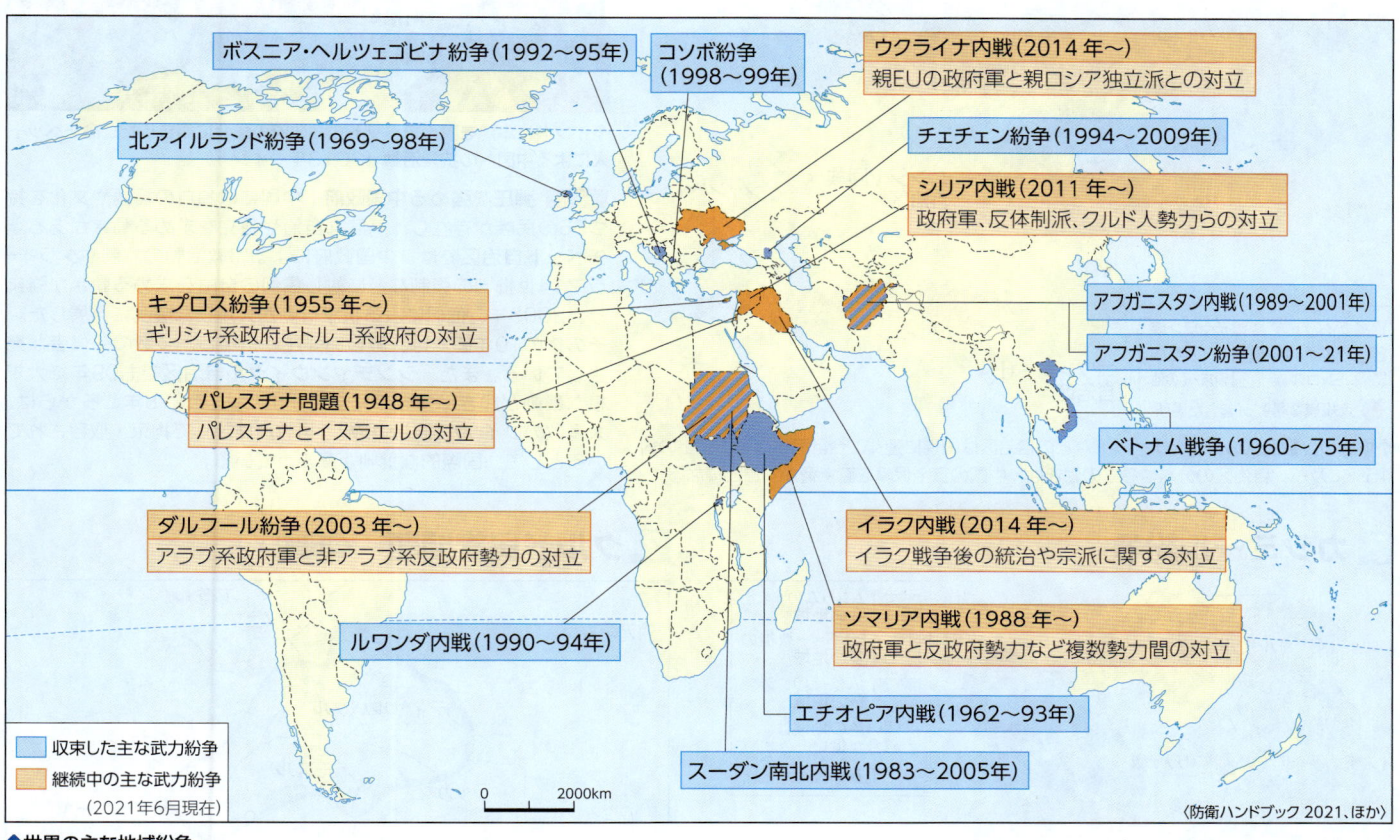

ボスニア・ヘルツェゴビナ紛争（1992〜95年）

コソボ紛争（1998〜99年）

ウクライナ内戦（2014年〜）
親EUの政府軍と親ロシア独立派との対立

北アイルランド紛争（1969〜98年）

チェチェン紛争（1994〜2009年）

シリア内戦（2011年〜）
政府軍、反体制派、クルド人勢力らの対立

キプロス紛争（1955年〜）
ギリシャ系政府とトルコ系政府の対立

アフガニスタン内戦（1989〜2001年）

アフガニスタン紛争（2001〜21年）

パレスチナ問題（1948年〜）
パレスチナとイスラエルの対立

ベトナム戦争（1960〜75年）

ダルフール紛争（2003年〜）
アラブ系政府軍と非アラブ系反政府勢力の対立

イラク内戦（2014年〜）
イラク戦争後の統治や宗派に関する対立

ソマリア内戦（1988年〜）
政府軍と反政府勢力など複数勢力間の対立

ルワンダ内戦（1990〜94年）

エチオピア内戦（1962〜93年）

スーダン南北内戦（1983〜2005年）

収束した主な武力紛争
継続中の主な武力紛争
（2021年6月現在）

0　2000km

〈防衛ハンドブック2021、ほか〉

↑世界の主な地域紛争

↑ごみを拾い生計を立てる人（2012年　南スーダン）

解説 貧困と不公正な統治が紛争を招く　第二次世界大戦の終戦後、日本を戦場とする紛争は起きていない。しかし、アフリカなど多くの国では今も紛争が続いており、子ども、高齢者、女性など社会的に立場の弱い人々が犠牲になっている。戦場で亡くなるだけでなく、多くの人が自分の住んだ土地を離れて難民（→p.75）となっている。

アフリカで続く紛争には、領土や資源を求める政府、武力によって権力を奪おうとする政治集団、異なる民族や異なる宗教を排除しようとする勢力など多くの原因がある。さらに、**貧困と、一部の国民にのみ利益をもたらす不公正な統治**も影響している。

国民の多くが食料や水さえも十分手にできないなか、紛争が繰り返されている国もある。そして紛争が起きるたびに、人々は家を追われ、さらに貧困が進み、犠牲者が増えるという、**紛争と貧困の悪循環**が生じている。紛争を武力で抑え込むだけでなく、不公正な統治を変革し、社会から貧困を取り除かないかぎり、このような紛争を解決することは困難である。

1 中国の民族問題

中国の少数民族の分布　チベットなどの自治区は国境に近く、合計面積は中国国土の約45%に及ぶ。自治区の分離や独立の動きは、中国の安全保障を直接脅かすことになる。

凡例：
- チベット族
- ウイグル族
- モンゴル族
- チョワン族
- ホイ（回）族
- 漢族・その他
- 🔥 大規模な暴動が起きた場所

地図中の地名：ハルビン、ウルムチ、シンチヤンウイグル自治区、内モンゴル自治区、フホホト、ペキン、インチョワン、チベット自治区、ラサ、ニンシヤ回族自治区、シャンハイ、ナンニン、コワンシー壮族自治区

インドに本拠を置くチベット亡命政府の集会に集まった亡命チベット人による中国への抗議活動（2013年　インド）

解説　弾圧を強める中国政府　中国には独自の言語や文化を持つ56の民族が存在し、高度な自治や独立を求める動きがある。**チベット自治区**では、中国政府による宗教活動の規制やダライ=ラマ14世批判の強制などに対し信仰の自由を求める動きが強まり、2008年、僧侶による抗議行動が大規模な騒乱に発展した。その後の10年間では、厳しい弾圧に抗議し、多数の死傷者が発生している。また、**シンチヤンウイグル自治区**でも09年に大規模な暴動が起き、多数の死傷者が出た。17、18年ごろからは、大多数のウイグル族住民らが「再教育施設」で拘束・収容されているとして、国際的な批判が高まっている。

2 カシミール紛争

凡例：
- ムスリムの多い地域
- ヒンドゥー教徒の多い地域
- 仏教徒の多い地域
- ※薄い色の地域は割合が低い
- ---- 現在の停戦ライン

地図中の地名：カシミール、中国、ギルギット、イスラマバード、スリナガル、ジャンム、レー、パキスタン、インド

〈Alexander Weltatlas 1996、ほか〉

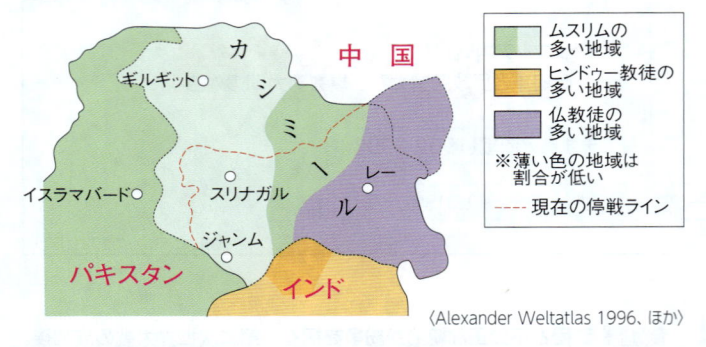

カシミール地方で行われたインド政府軍に対するデモ（2016年）　カシミール地方のインドからの独立とパキスタンへの編入を求める勢力の指導者が、インド政府軍との戦闘で殺害されたことを引き金にデモが行われた。

解説　帰属をめぐる対立が続く　カシミール地方はインドとパキスタンの北部にあたる地域で、第二次世界大戦が終わるまで、英領インドとよばれるイギリスの植民地に含まれていた。1947年にパキスタンとインドが分離・独立した際に**支配層と住民の宗教が異なった**ことで帰属が問題となり、印パ戦争が勃発した。以後両国の対立関係は続いているが、現在は停戦ラインが引かれ、ほぼ東西に分かれて印パ政府の支配下にある。なお、東北部の一部は中国の実効支配下にあり、対立が続いている。

3 クルド民族問題　〈出題〉

凡例：
- ⬭ クルド人が多い地域

地図中の地名：アンカラ、トルコ、アゼルバイジャン、アルメニア、カスピ海、イラン、ディヤルバクル、モスル、スライマーニーヤ、ラッカ、シリア、キルクーク、イラク、バグダッド

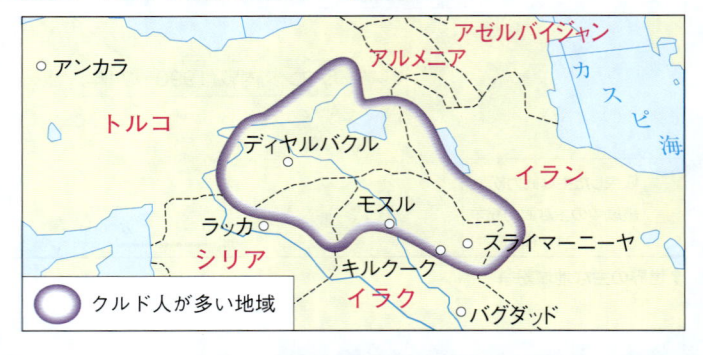

クルド労働者党（PKK）の戦闘員（イラク）　クルド人の独立国家建設を目指すPKKとトルコ軍との戦闘がトルコ領内でしばしば発生している。

解説　国家を持たない最大の民族　**クルド人**は推定人口2000〜3000万ともいわれている。第一次世界大戦後、イラクやトルコ、イランなどの国家が成立した際、**クルド人の住む地域は分断**され、それぞれの国で少数派となった。2014年以降、過激派組織の自称IS（「イスラム国」）（→p.162、169）の台頭による混乱のなか、独立への機運が高まり、17年の住民投票では賛成が9割を超えた。シリア北部ではクルド系反政府組織が自称ISの掃討に大きな役割を果たしたが、米軍撤退後にトルコが侵攻し、緊張状態が続いている。

1 イスラエルとパレスチナの国境変遷

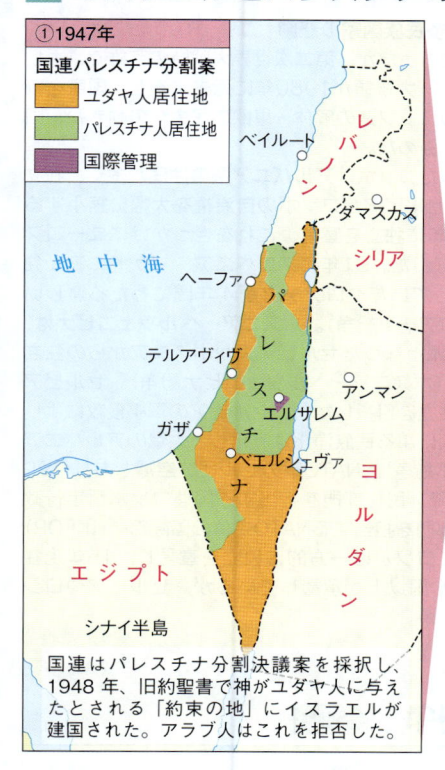

①1947年

国連パレスチナ分割案
- ユダヤ人居住地
- パレスチナ人居住地
- 国際管理

地中海／レバノン／シリア／ダマスカス／ベイルート／ヘーファ／テルアヴィヴ／ガザ／ベエルシェヴァ／エルサレム／パレスチナ／アンマン／ヨルダン／エジプト／シナイ半島

国連はパレスチナ分割決議案を採択し、1948年、旧約聖書で神がユダヤ人に与えたとされる「約束の地」にイスラエルが建国された。アラブ人はこれを拒否した。

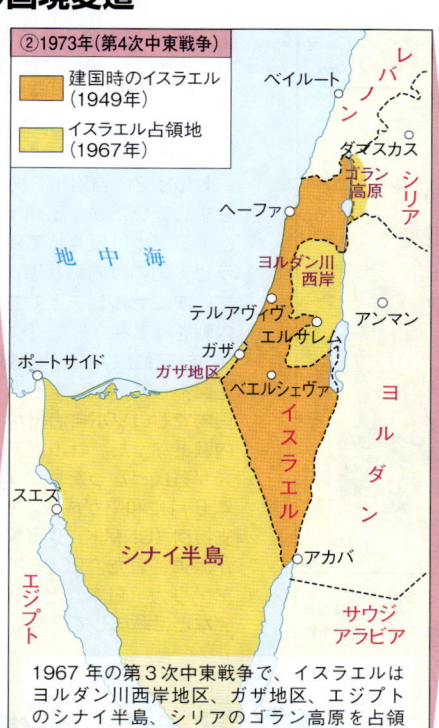

②1973年(第4次中東戦争)

- 建国時のイスラエル(1949年)
- イスラエル占領地(1967年)

地中海／レバノン／ベイルート／ダマスカス／シリア／ゴラン高原／ヘーファ／ヨルダン川西岸／テルアヴィヴ／ガザ／ガザ地区／エルサレム／ベエルシェヴァ／イスラエル／ポートサイド／スエズ／エジプト／シナイ半島／アカバ／アンマン／ヨルダン／サウジアラビア

1967年の第3次中東戦争で、イスラエルはヨルダン川西岸地区、ガザ地区、エジプトのシナイ半島、シリアのゴラン高原を占領した。

③2010年

- イスラエル占領地
- パレスチナ自治区
- イスラエルによる分離壁(2007年)(計画中)
- 国連PKO駐屯地

[国連資料、ほか]

サイダー／レバノン／ダマスカス／レバノン暫定軍(UNIFIL)／クナイトラ／ゴラン高原／シリア／兵力引き離し監視軍(UNDOF)／ヘーファ／ジェニン／※ヨルダン川西岸[パレスチナ自治区]／ナタニヤ／ナブルス／ザルカー／テルアヴィヴ／イェリコ／アンマン／休戦監視機構(UNTSO)／エルサレム／ガザ／死海／[パレスチナ自治区]／アリーシュ／カラク／ヨルダン／エジプト／クセイマ／イスラエル／シナイ半島

※1994年イスラエル=ヨルダン平和条約でのヨルダン放棄地区。

1982年までにシナイ半島はエジプトに返還されたが、ゴラン高原は現在もイスラエルが占領中。ガザ地区は93年からパレスチナ自治区となり、駐留していたイスラエル軍も2005年までに撤退した。

2 第二次世界大戦後のパレスチナ問題の歴史 〈出題〉

年	イスラエル	アラブ・パレスチナ	年
1947	受諾 →	国連総会、パレスチナ分割案可決(→①) ←拒否	
48	イスラエル国建国宣言		
	第1次中東戦争(〜49)		
56	第2次中東戦争		1956
		パレスチナ解放機構(PLO)結成	64
67	第3次中東戦争		
73	第4次中東戦争(→②)		
		PLO、国際的に承認される	74
79	エジプト=イスラエル平和条約		
		エジプト大統領サダト暗殺	81
82	イスラエル、レバノン侵攻		
		PLO、パレスチナ国家独立宣言	88
		エジプト、アラブ連盟復帰	89
93	パレスチナ暫定自治協定に調印(オスロ合意)		
95	自治拡大協定に調印		
	イスラエル首相ラビン暗殺・軍事攻撃拡大		
97	ヘブロン合意(ヨルダン川西岸のヘブロンよりイスラエル撤退)		
2001	パレスチナ自治政府議長との関係断絶を宣言、軍事侵攻開始		
02	イスラエルとヨルダン川西岸地区を分ける分離壁建設開始		
03	中東和平計画(ロードマップ)に合意するも関係悪化		
05	イスラエル、ガザ撤退完了		
08	イスラエル、ガザを再攻撃		
		パレスチナ、国連の「オブザーバー国家」に	12
16	国連安保理、イスラエル入植地非難決議を採択		
18	アメリカが大使館をテルアヴィヴからエルサレムへ移転		

※①②は上の地図の番号を示す

↑イスラエルによる分離壁(2004年) 左側がパレスチナ人が住むヨルダン川西岸地区で、右側がイスラエル。

解説 ユダヤ人入植地を確保する「分離壁」が対立の焦点に 2003年に合意された中東和平計画(ロードマップ)では、ガザ地区とヨルダン川西岸地区からのイスラエルの撤退や、両地区をパレスチナ国家として認めることなどが示された。しかし、その後パレスチナ自治政府とイスラエルの対立が深まり、08年、ガザ地区に強硬派政権が樹立されると、イスラエルは再度侵攻を行いガザ地区は封鎖された。また、ヨルダン川西岸地区には、イスラエルとの境界に500km以上の「分離壁」がパレスチナ領域に深く入って建設されており、イスラエルが領土拡大を視野に入れているといわれている。

1 ユーゴスラビア紛争 〈出題〉

[Diercke Weltatlas 2008]

*ユーゴスラビア社会主義連邦共和国（1963〜1991年）を示す。

※「ムスリム」はイスラム教徒という意味だが、ユーゴスラビアでは、イスラームを信仰する民族の固有名称として「ムスリム人」が用いられる。

スラブ系：スロベニア人／クロアチア人／セルビア人／モンテネグロ人／ムスリム人※／マケドニア人
非スラブ系：アルバニア人／その他の民族
―― 共和国界　---- 自治州界

解説　多様な文化を持つ多民族国家の悲劇　**ユーゴスラビア**は、いくつもの民族から成り立つ国だったが、第二次世界大戦時の英雄で、カリスマ的存在であったティトー大統領が1980年に死去すると、国家を統一する力が弱まった。さらに、ソ連の解体・東欧の民主化の動きが、国内の民族主義を目指す力を強めた。

　セルビアの自治州であった**コソボ**は**アルバニア系の住民**が多く、独立を求めていたが、89年にセルビアがコソボの自治権を大幅に縮小すると、コソボは反発して90年に独立を宣言、これをきっかけにユーゴスラビア国内は内戦状態となった。91年にスロベニア、マケドニアが独立。次にセルビアと対立していたクロアチアが4年間にわたる激しい内戦を経て独立した（クロアチア紛争）。**ボスニア・ヘルツェゴビナ**は、92年に独立したが、少数派となったセルビア人がボスニアからの独立を目指して内戦になった（ボスニア・ヘルツェゴビナ紛争）。セルビア国内でもコソボ自治州が独立を目指したが、セルビアの軍事侵攻により内戦となった。セルビア人による民族浄化は激化し、大量のアルバニア人が難民となった（コソボ紛争）。NATO軍のセルビア空爆もあり、99年6月に和平が成立。以降、民生部門を担当する国連コソボ暫定行政支援団（UNMIK）や軍事部門を担当するNATO主体の国際部隊（KFOR）が派遣された。2008年にコソボは一方的に独立を宣言し、15年現在アメリカ・日本など110か国以上が承認しているが、セルビアやロシアなどは承認していない。

2 キプロス紛争

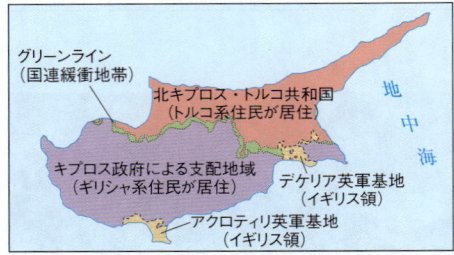

グリーンライン（国連緩衝地帯）／北キプロス・トルコ共和国（トルコ系住民が居住）／キプロス政府による支配地域（ギリシャ系住民が居住）／デケリア英軍基地（イギリス領）／アクロティリ英軍基地（イギリス領）

↑キプロスのアダナ空港で弾薬を運ぶトルコ軍兵士（1974年）

解説　南北の分断が長期間続く　キプロスは、1960年、イギリス連邦に属する「キプロス共和国」として独立した。しかし、多数派のギリシャ系住民優位の政治に反発したトルコ系住民は**分離独立を主張**し、64年、キプロスは内戦状態に陥った。国連キプロス平和維持軍が派遣され、一時は落ち着いたが、74年、ギリシャ軍政権に支持された軍部のクーデターに対して、トルコ系住民の保護を理由にトルコが軍事介入した。対立はギリシャとトルコ両国の紛争に発展し、83年、トルコ系住民は北部に「北キプロス・トルコ共和国」の樹立を宣言した。これにより、キプロスは完全に南北に分断された国家となった。2004年、南部のキプロス共和国がEUに加盟し、トルコも加盟交渉を始めたことから解決への道がひらかれたが、17年に行われた南北再統合の交渉は決裂した。なお、日本政府は「北キプロス・トルコ共和国」を承認していない。

3 チェチェン紛争 〈出題〉

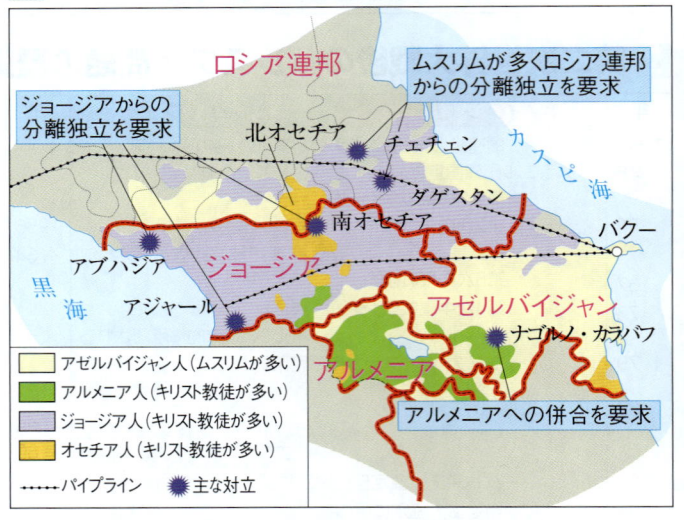

ロシア連邦／ジョージアからの分離独立を要求／ムスリムが多くロシア連邦からの分離独立を要求／北オセチア／チェチェン／カスピ海／ダゲスタン／バクー／アブハジア／ジョージア／南オセチア／アジャール／アゼルバイジャン／ナゴルノ・カラバフ／アルメニア／アルメニアへの併合を要求

□ アゼルバイジャン人（ムスリムが多い）
□ アルメニア人（キリスト教徒が多い）
□ ジョージア人（キリスト教徒が多い）
□ オセチア人（キリスト教徒が多い）
···· パイプライン　✸ 主な対立

解説　終結宣言後も対立が続く　**チェチェン**はロシア連邦内の共和国であるが、チェチェン人の多くはムスリムで、もともと**独立への強い願望**があった。1991年のソ連解体に際し独立を宣言したが、ロシアはこれを認めず軍隊を派遣し、独立派はゲリラ戦で抵抗した。いったんは和平協定も結ばれたが、以降も独立運動は先鋭化し、2002年のモスクワ劇場、04年の北オセチア小学校占拠事件などのテロが頻繁に起きた。09年にロシア政府は紛争の終結を宣言したものの、翌10年にはモスクワの地下鉄で12人の死者を出す爆破テロが発生するなど、緊張状態が続いた。一方で、近年ロシアは力で封じ込めるだけでなく、経済振興によって地域を安定させる政策も採っている。

1 ダルフール紛争 〈出題〉

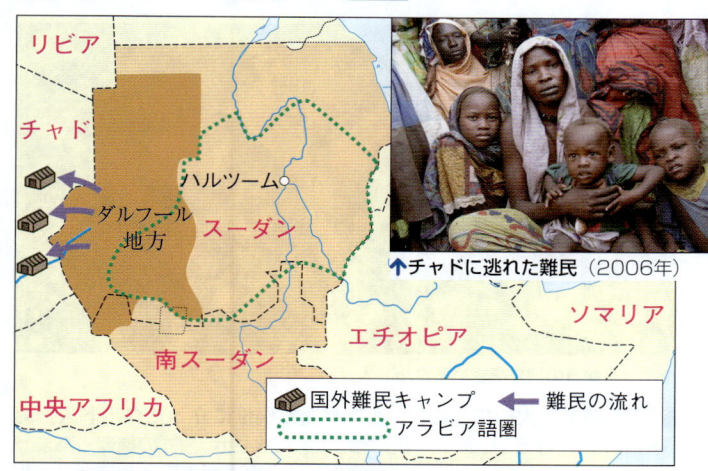

リビア
チャド
ハルツーム
ダルフール
地方
スーダン
南スーダン
中央アフリカ
エチオピア
ソマリア

↑チャドに逃れた難民（2006年）

国外難民キャンプ　←難民の流れ
━━━━アラビア語圏

【解説】**約30万の死者を出した人道危機**　スーダン西部**ダルフール地方**で、**非アラブ系住民とアラブ系住民の対立**から、2003年に内戦が起こり、スーダン政府がアラブ系の民兵組織を支援したことによって大規模な虐殺や村落の破壊などが行われた。05年に暫定和平合意が成立したものの治安が不安定な状態が続き、死者約30万人、難民・避難民約200万人という人道危機に発展した。国際刑事裁判所（→p.135）は09年と10年、人道に対する罪・戦争犯罪で、スーダンのバシル大統領に対する逮捕状を請求した（19年に大統領辞任）。なお、05年の暫定和平合意で自治を認められた**南スーダン**は、11年、スーダンからの分離独立を問う住民投票によって独立し、193番目の国連加盟国となった。

2 ソマリア内戦

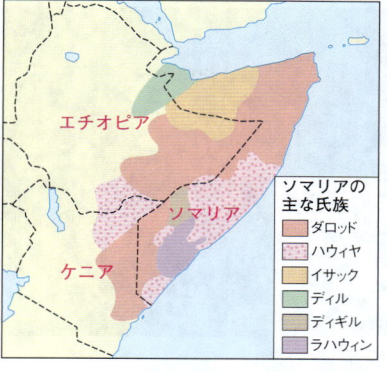

エチオピア
ソマリア
ケニア

ソマリアの主な氏族
■ ダロッド
■ ハウィヤ
■ イサック
■ ディル
■ ディギル
■ ラハウィン

↑ソマリアの海賊（2008年）

【解説】**国際社会を揺るがす海賊問題**　ソマリアはアフリカ大陸の東北端に位置し、「アフリカの角」とよばれる。1960年の独立後から**氏族間の権力争い**が続き、冷戦期に米ソから供与された武器により内戦となった。内戦は全土に拡大し、北部が「ソマリランド」の独立を宣言するなど、無政府状態に突入した。状況は悪化の一途をたどり、国連は初の「人道目的のPKF活動」を派遣するも失敗に終わる。

ソマリア近海のアラビア湾では、2005年ごろから武装集団による**海賊行為**が発生し、国際海運の脅威となってきた。各国は国連安保理決議に基づき現地に海軍艦船や軍用機などを派遣し、日本も09年から自衛隊が船舶の護衛を行っている。こうした国際社会の後押しを受け、12年に21年ぶりに統一政府が樹立された。近年は海賊の発生件数は低い水準で推移している。

戦場で生きる子ども兵（少年兵）

↑**子ども兵**（2013年　中央アフリカ）※右の新聞記事とは別の人物。

【新聞】**少年兵にされた若者　もう人を殺したくない**

「両親が殺されたとき、僕は17歳だった」
　中央アフリカの首都バンギ郊外。（中略）ンガング・ブハノさん（19）は重い口を開いた。（中略）12年12月、ンガングさんが住んでいた同国北部の集落が、イスラム武装勢力の連合体「セレカ」に襲われた。当時、高校生。（中略）銃を持った兵士に囲まれ、ンガングさんは集落の若者7人とともに武装集団の拠点へ連行された。「逃げたら殺す」。約50人からなる武装集団のリーダーにそう告げられた。翌朝から銃の訓練が始まった。（中略）ある日、実際に村を襲うことになり、同世代の仲間8人が「人は殺したくない」と言うと、リーダーは8人を壁の前に並ばせ、射殺した。その日以来、逃げることは考えなくなった。武装集団は各地の村を襲って南下を続けた。作戦はいつも同じ。夜明け前に村を包囲し、夜明けとともに、空に向かって威嚇射撃をする。逃げ出してくる人は撃たない。でも、村に居座ったり、抵抗したりしようとする人は容赦なく撃った。「殺さなければ、殺される。いつもそう自分に言い聞かせていた」

（2015年1月7日　朝日新聞）

18歳未満で兵士として紛争の最前線で戦う子どもたちがいる。彼らは**子ども兵**といわれ、アフリカなど紛争地域を中心に世界に約30万人いるといわれている。両親が殺され、その復讐を理由に自発的に軍に入る子どもがいる一方で、武装勢力などに誘拐され、自分の意思ではあらがえない状況で兵士として育成される子どももいる。子ども兵は、従順で、まだ善悪の判断がついていないため、思想的に操りやすく、残忍な兵士へと育てられる。また麻薬によって強制的に恐怖心を麻痺させ、戦闘の最前線に立つ役目を担わされることもある。紛争が終わり、子ども兵の任務から解放されたとしても、精神的な傷を背負い、社会復帰できないケースも多い。

1 住民の生活の再建

↑戦闘で破壊された町並み（2017年　イラク）

解説 **復興への長い道のり**　長期にわたる戦闘で建物や道路、水道などは大きな被害を受けており、復興にはばく大な時間とお金がかかる。また、自称ISは学校で子どもに過激思想を教えるなど、洗脳に力を入れていた。こうした子どもたちをどう社会へ復帰させるかも課題である。

2 独立を目指すクルド人

↑イラクからの独立を求めるクルド人（2017年　イラク）

解説 **新たな火種に**　自称ISとの戦闘で優位に立った**クルド人**勢力（→p.165）が、イラク、シリアで支配地域を拡大させ、独立の機運も高まった。しかし、2019年にアメリカ軍のシリア撤退が表明されると、トルコがシリア北東部に侵攻し、情勢は混迷を深めている。

Ⅶ　その他の地域への影響

1 欧米で相次ぐテロ事件

年	国	事件
2004	スペイン	マドリードで列車爆破テロ、191人が死亡
05	イギリス	ロンドンの地下鉄などで爆破テロ、52人が死亡
13	アメリカ	ボストンマラソン開催中に爆破テロ、3人が死亡
15	フランス	ムハンマドの風刺画を掲載した出版社を襲撃、12人が死亡
15	フランス	パリとその周辺の競技場などで同時テロ、130人が死亡
17	イギリス	マンチェスターのコンサート会場で自爆テロ、22人が死亡

〈公安調査庁資料、ほか〉

↑アメリカ同時多発テロ事件以降に起きた欧米での主なテロ事件

↑テロ事件直後に開催されたマラソン大会を警備する警察官（2017年　イギリス・マンチェスター）

解説 **背景には社会的要因も**　欧米では自国民によるホームグロウン・テロ（→p.163）が多発している。実行犯は移民2世が多いという指摘もある。問題の根底には貧困から抜け出せない状況や、移民への反発が強まる社会の中での疎外感など、過激思想に共鳴しやすい社会的要因があるといわれる。

2 自称ISの影響を受けた勢力の広がり

↑自称ISに忠誠を誓う武装組織との戦闘に向かうフィリピン軍（2017年）

解説 **アジアにも**　自称ISの影響を受けた勢力が世界各地に広がっている。フィリピンのミンダナオ島では、2017年に自称ISに忠誠を誓う武装組織と政府軍との戦闘が起こった。またロシアや中央アジアでは、自称ISに加わった人が母国へ帰還することに懸念が高まった。

3 行き場のない難民

↑ギリシャとマケドニアの国境でテント生活をする難民（2016年）

解説 **難民に揺れるEU**　イラク、シリアから大勢の**難民**（→p.75）が周辺国へと逃れており、EUでは流入する難民への対策が大きな課題となっている。EUは難民の受け入れを加盟国で分担すると決めたものの、根強い反発もあり、EUの結束が揺らいでいる。

↑条約採択を歓迎する人々（左）と、交渉不参加の日本に対し、「あなたがここに居てほしい」と書かれた折り鶴（右、2017年）

「核なき世界」に向け、核兵器禁止条約発効

2017年に国連で採択された核兵器禁止条約が21年1月に発効した。核軍縮の枠組みとしては、核拡散防止条約（NPT）があるが、インド、パキスタン、北朝鮮など、NPTに未加入の国々に核拡散が進んでいた。核兵器禁止条約はNPT体制の不備を補うべく、核兵器の使用や開発、保有、使用の威嚇などを禁止している。しかし、アメリカ、イギリス、フランス、ロシア、中国などの核保有国は条約に参加しておらず、実効性には課題を残している。また日本は唯一の被爆国だが、日米同盟に基づくアメリカの核抑止力の下にあることなどから、条約への参加を見送っている。

Question
・核兵器削減や軍縮に向けて、国際社会はどのように取り組んでいるだろうか。（→Ⅰ）

6 核兵器と軍縮

❶ 国際原子力機関（IAEA）

Ⅰ 軍縮に向けた取り組みと課題

❷ 今も続く核開発

政治

↑ウラン濃縮施設を査察するIAEAの査察官（2014年　イラン）　濃縮ウランは核兵器に転用できることから、査察の対象になっている。

解説 「核の番人」　国際原子力機関（IAEA、→補）は原子力の平和利用の促進と核物質の軍事的転用の防止を目的として1957年に設立された。加盟国は「保障措置」として核物質の国際的管理と国際査察が義務付けられている。IAEAは軍事転用を阻止するために特別査察も行うことができる。その活動が評価され、2005年にノーベル平和賞を受賞した。

↑核開発に関するイベントを視察するイランのロウハニ大統領（2021年4月　イラン）

解説 再び核開発の動き　イランはアメリカなどと自国の核開発について協議し、2015年に開発縮小で合意した。しかし18年にアメリカはトランプ大統領が合意からの離脱を表明した。これに反発したイランは核開発の動きを強めている。21年に就任したアメリカのバイデン大統領は合意の再構築を目指しているが、交渉は難航している。

※ 多国間　　※ 二国間　　※ 平和運動

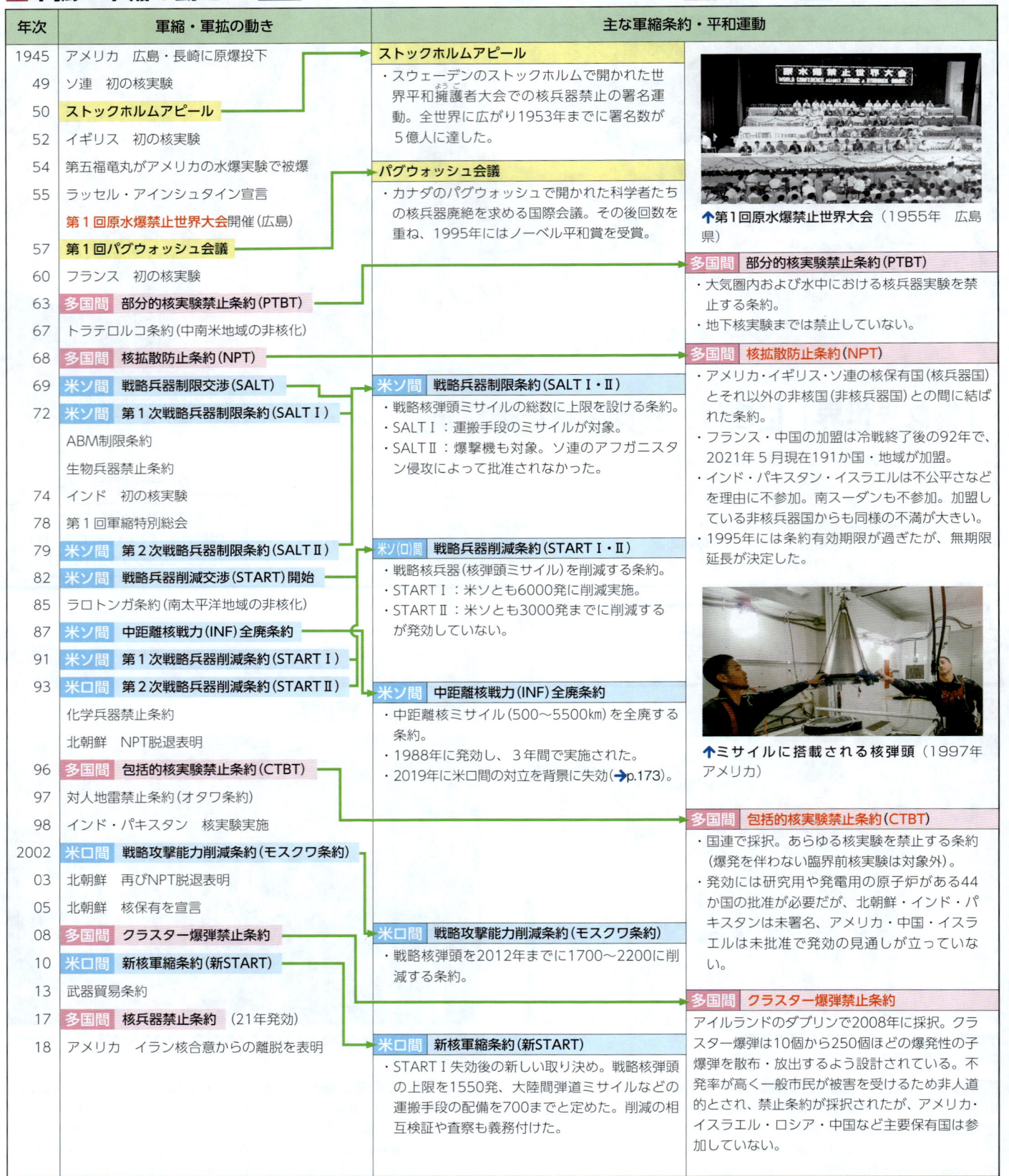

年次	軍縮・軍拡の動き	主な軍縮条約・平和運動
1945	アメリカ　広島・長崎に原爆投下	**ストックホルムアピール** ・スウェーデンのストックホルムで開かれた世界平和擁護者大会での核兵器禁止の署名運動。全世界に広がり1953年までに署名数が5億人に達した。
49	ソ連　初の核実験	
50	**ストックホルムアピール**	
52	イギリス　初の核実験	
54	第五福竜丸がアメリカの水爆実験で被爆	**パグウォッシュ会議** ・カナダのパグウォッシュで開かれた科学者たちの核兵器廃絶を求める国際会議。その後回数を重ね、1995年にはノーベル平和賞を受賞。
55	ラッセル・アインシュタイン宣言 第1回原水爆禁止世界大会開催(広島)	
57	**第1回パグウォッシュ会議**	
60	フランス　初の核実験	**多国間　部分的核実験禁止条約(PTBT)** ・大気圏内および水中における核兵器実験を禁止する条約。 ・地下核実験までは禁止していない。
63	**多国間　部分的核実験禁止条約(PTBT)**	
67	トラテロルコ条約(中南米地域の非核化)	
68	**多国間　核拡散防止条約(NPT)**	**多国間　核拡散防止条約(NPT)** ・アメリカ・イギリス・ソ連の核保有国(核兵器国)とそれ以外の非核国(非核兵器国)との間に結ばれた条約。 ・フランス・中国の加盟は冷戦終了後の92年で、2021年5月現在191か国・地域が加盟。 ・インド・パキスタン・イスラエルは不公平さなどを理由に不参加。南スーダンも不参加。加盟している非核兵器国からも同様の不満が大きい。 ・1995年には条約有効期限が過ぎたが、無期限延長が決定した。
69	**米ソ間　戦略兵器制限交渉(SALT)**	**米ソ間　戦略兵器制限条約(SALT I・II)** ・戦略核弾頭ミサイルの総数に上限を設ける条約。 ・SALT I：運搬手段のミサイルが対象。 ・SALT II：爆撃機も対象。ソ連のアフガニスタン侵攻によって批准されなかった。
72	**米ソ間　第1次戦略兵器制限条約(SALT I)** ABM制限条約 生物兵器禁止条約	
74	インド　初の核実験	
78	第1回軍縮特別総会	
79	**米ソ間　第2次戦略兵器制限条約(SALT II)**	**米ソ(ロ)間　戦略兵器削減条約(START I・II)** ・戦略核兵器(核弾頭ミサイル)を削減する条約。 ・START I：米ソとも6000発に削減実施。 ・START II：米ソとも3000発までに削減するが発効していない。
82	**米ソ間　戦略兵器削減交渉(START)開始**	
85	ラロトンガ条約(南太平洋地域の非核化)	
87	**米ソ間　中距離核戦力(INF)全廃条約**	
91	**米ソ間　第1次戦略兵器削減条約(START I)**	
93	**米ロ間　第2次戦略兵器削減条約(START II)** 化学兵器禁止条約 北朝鮮　NPT脱退表明	**米ソ間　中距離核戦力(INF)全廃条約** ・中距離核ミサイル(500～5500km)を全廃する条約。 ・1988年に発効し、3年間で実施された。 ・2019年に米ロ間の対立を背景に失効(→p.173)。
96	**多国間　包括的核実験禁止条約(CTBT)**	
97	対人地雷禁止条約(オタワ条約)	
98	インド・パキスタン　核実験実施	**多国間　包括的核実験禁止条約(CTBT)** ・国連で採択。あらゆる核実験を禁止する条約(爆発を伴わない臨界前核実験は対象外)。 ・発効には研究用や発電用の原子炉がある44か国の批准が必要だが、北朝鮮・インド・パキスタンは未署名、アメリカ・中国・イスラエルは未批准で発効の見通しが立っていない。
2002	**米ロ間　戦略攻撃能力削減条約(モスクワ条約)**	
03	北朝鮮　再びNPT脱退表明	
05	北朝鮮　核保有を宣言	
08	**多国間　クラスター爆弾禁止条約**	**米ロ間　戦略攻撃能力削減条約(モスクワ条約)** ・戦略核弾頭を2012年までに1700～2200に削減する条約。
10	**米ロ間　新核軍縮条約(新START)**	
13	武器貿易条約	**多国間　クラスター爆弾禁止条約** アイルランドのダブリンで2008年に採択。クラスター爆弾は10個から250個ほどの爆発性の子爆弾を散布・放出するよう設計されている。不発率が高く一般市民が被害を受けるため非人道的とされ、禁止条約が採択されたが、アメリカ・イスラエル・ロシア・中国など主要保有国は参加していない。
17	**多国間　核兵器禁止条約**　(21年発効)	
18	アメリカ　イラン核合意からの離脱を表明	**米ロ間　新核軍縮条約(新START)** ・START I失効後の新しい取り決め。戦略核弾頭の上限を1550発、大陸間弾道ミサイルなどの運搬手段の配備を700までと定めた。削減の相互検証や査察も義務付けた。

↑第1回原水爆禁止世界大会（1955年　広島県）

↑ミサイルに搭載される核弾頭（1997年　アメリカ）

政治

○×チェック ⑥⑤　包括的核実験禁止条約（CTBT）は、地下核実験以外のあらゆる核実験を禁止している。（14年、追）

4 生物兵器・化学兵器

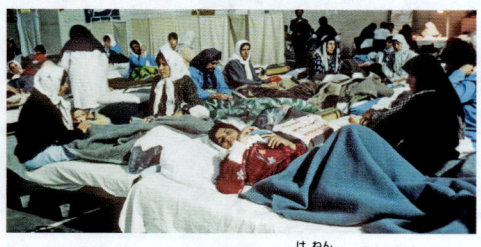

←**化学兵器によって負傷し治療を受けるイラン人女性**（1984年） イラン・イラク戦争では、イラクが化学兵器を使用し、多くの犠牲者を出した。

解説 **テロリストへの拡散が懸念** 菌やウイルスなどを利用した生物兵器や、毒ガスなどの化学兵器の使用は1925年のジュネーヴ議定書で禁止され、現在は開発・生産・保有も禁止されている。開発が核兵器と比べ容易で「貧者の核兵器」とよばれ、テロリストへの拡散が懸念される。核兵器・生物兵器・化学兵器・放射能兵器を大量破壊兵器とよぶ。

5 地雷廃絶に向けて

解説 **NGOが主導** 対人地雷は、地中や地上に設置され、接触によって爆発する。戦闘員・非戦闘員を無差別に殺傷するため「悪魔の兵器」ともよばれる。1997年には地雷廃止国際キャンペーン（ICBL、→補）などの活動によって、対人地雷禁止条約（オタワ条約）が調印された。しかし、アメリカや中国などが未加入であり、実効性を高めることが課題となっている。

←**地雷除去作業**（2017年 アンゴラ） 地雷は今も50以上の国・地域に敷設されている。年間5000人以上が被害に遭い、その約4割が子どもとみられる。

↓対人地雷禁止条約

対人地雷禁止条約（オタワ条約）
（2020年10月31日現在）

- 未参加国
- 批准国
- 資料なし
- 地雷の被害にあった国・地域
- 地雷生産国

←**小型の地雷** おもちゃや缶詰と間違えて近づいてしまう子どもの被害者も多い。

〈ICBL資料〉

まとめ

Ⅰ 軍縮に向けた取り組みと課題

- 国際原子力機関（IAEA）…原子力の平和利用を目的に設立
- イランは2015年に核開発縮小で合意したが、再び開発の動き
- 核兵器に関する主な軍縮条約・平和運動
  - 1950年 ストックホルムアピール…核兵器禁止署名運動
  - 1957年 第1回パグウォッシュ会議…科学者たちが核廃絶を求める
  - 1963年 部分的核実験禁止条約（PTBT）
  - 1968年 核拡散防止条約（NPT）→95年に無期限延長
  - 1972、79年 戦略兵器制限条約（SALTⅠ・Ⅱ）
  - 1987年 中距離核戦力（INF）全廃条約（2019年失効）

- 1991、93年 戦略兵器削減条約（STARTⅠ・Ⅱ）
- 1996年 包括的核実験禁止条約（CTBT）
- 2002年 戦略攻撃能力削減条約（モスクワ条約、11年失効）
- 2010年 新核軍縮条約（新START）
- さまざまな兵器の削減
  - 1972年 生物兵器禁止条約
  - 1993年 化学兵器禁止条約
  - 1997年 対人地雷禁止条約（オタワ条約）
    - ←地雷禁止国際キャンペーン（ICBL）の活動
  - 2008年 クラスター爆弾禁止条約

補足解説 **国際原子力機関（IAEA）** 1957年に発足し、オーストリアのウィーンに本部を置く。2009年から19年まで、天野之弥氏が事務局長を日本人として初めて務めた。

地雷禁止国際キャンペーン 対人地雷廃絶を目指す国際的なNGOの集合体。各国政府と協調して対人地雷禁止条約の制定に取り組み、1997年にはノーベル平和賞を受賞した。

○✕答え65 ✕ 包括的核実験禁止条約（CTBT）は、部分的核実験禁止条約（PTBT）では禁止されていなかった地下核実験を含む、すべての実験を禁止している。しかしいまだに発効されていない。

政治

思考実験 核兵器の削減が進まないのはなぜ？

POINT 近年、核兵器の削減を目指す国際的な枠組みがうまく機能しない例もあり、軍縮の停滞が懸念されています。ここでは、ある思考実験を手がかりに、軍縮の難しさや、今後の展望について考えてみましょう。

I 広がる核への不安 ～アメリカ、ロシアがINF全廃条約から離脱～

↑アメリカ、ロシアがINF全廃条約からの離脱を決定したことを風刺するオブジェ（2019年　ドイツ）

> ロシアは、条約に違反してミサイル開発を続けてきた。アメリカもそうした兵器を開発しなければならない。

↑トランプ大統領（2019年）

> アメリカと同じ措置を執る。アメリカがミサイル開発の研究や製造を始めるならわれわれも同じようにする。

↑プーチン大統領

　アメリカは、ロシアが2014年から中距離核戦力（INF）全廃条約（→p.171）に違反していると指摘してきた。そのうえで、ロシアが是正に向けた取り組みをしない場合は条約を破棄すると表明したが、ロシアは違反を否定した。結局両国の溝は埋まらず、条約は19年8月に失効した。

　冷戦終結の象徴ともいわれる条約の失効により、軍拡競争の過熱を懸念する声も挙がっている。

II 核兵器の削減が進まない理由を考えてみよう　～「囚人のジレンマ」～

1 軍縮か軍拡か、あなたはどちらを選択する？

次のような状況について考えてみよう。

①A国とR国の間では、ミサイルの開発競争が進んでおり、その**実力は均衡状態**にあった。そんなとき、A国の大統領の下に軍事政策を担当する2人の部下がやって来た。

②1人目は「**軍縮**」を持ちかけてきた。競争はA国にとって、そしてR国にとっても負担にしかならないので、ミサイル開発を一切やめるべきだと言う。そうすれば、軍事費は施設の廃棄処分や軍の維持費にかかる**20億ドル**だけで済むことになる。

③2人目は「**軍拡**」を持ちかけてきた。開発にかかる費用は**100億ドル**と高額だが、R国に先を越されないためには新型ミサイルの開発は必須だと言う。

④R国の大統領も「軍縮」か「軍拡」かの判断を迫られているようだが、**A国はR国の選択を知ることができない**。

　さて、あなたがA国の大統領だとしたら、どちらを選択するだろうか。

あなたの選択	軍縮　／　軍拡
その理由	

2 できそうでできない「軍縮」の判断

選択の結果は右のようになる。**お互いにとって最も望ましいのは、両国とも「軍縮」を選択すること**である。なぜならその場合、軍事費は抑えられ、さらにお互いの脅威も緩和されるからである。

では、A国にとって最も望ましい選択を考えてみよう。

まず、R国が「軍縮」を選択した場合。この場合、A国が「軍拡」を選択することで、軍事面では圧倒的に優位に立つことができ、また外交でも脅しに使うことができる。そのため「軍拡」を選択したほうがよいということになる。

一方、R国が「軍拡」を選択した場合。この場合、A国は「軍拡」を選択しなければ、軍事面でR国に大幅に遅れを取ることになってしまう。そのため、「軍拡」を選択せざるをえない。

つまり、**自国の利益を優先し合理的に判断した場合、相手の選択に関わらず「軍拡」を選択することが最も望ましい**ということになる。駆け引きが重要ともいわれる外交において、「相手に出し抜かれるのではないか」という疑念は付きものである。国のトップとして、リスクが無視できない「軍縮」を選択するのは、相応の覚悟が必要になるだろう。

このように、**お互いを信頼し合えない状態で個人が合理的に選んだ行動が、結果としてお互いにとって望ましくない選択になってしまう**という状況が「囚人のジレンマ」である。

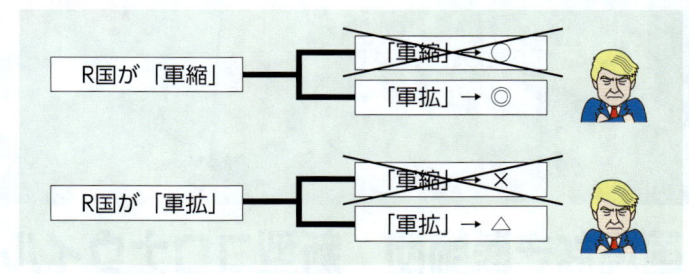

		R国	
		軍　縮	軍　拡
A国	軍　縮	A国：○ R国：○	A国：× R国：◎
	軍　拡	A国：◎ R国：×	A国：△ R国：△

↑両国の選択とその結果

| R国が「軍縮」| 「軍縮」← ○ |
| | 「軍拡」→ ◎ |

| R国が「軍拡」| 「軍縮」← × |
| | 「軍拡」→ △ |

↑自国の利益を優先した場合のA国の選択

Ⅲ　核のない世界を目指して

1 朝鮮半島の非核化に向けて ～米朝首脳会談～

↑首脳会談に臨むアメリカのトランプ大統領（左）と北朝鮮の金正恩委員長（右）（2019年　ベトナム）

2018年6月に行われた史上初となる米朝首脳会談において、アメリカは、北朝鮮の安全と金正恩委員長をトップとする政治体制の維持を保証すること、北朝鮮は、朝鮮半島の「完全な非核化」に取り組むことが共同声明で約束された。しかし非核化は進展せず、19年2月に行われた2回目の米朝首脳会談では、非核化について両国の意見が食い違い、合意文書の成立は見送られた。北朝鮮は、その後ミサイルの発射実験を繰り返しており、朝鮮半島情勢は不安定な状態が続いている。

2 反核団体「ICAN」がノーベル平和賞受賞

↑「ICAN」のノーベル平和賞受賞を祝い、原爆ドーム近くの川沿いに並べられた灯火（2017年　広島県）

2017年のノーベル平和賞は、核兵器の削減、廃絶に取り組み、核兵器禁止条約（→p.170）の採択でも大きな役割を果たした「ICAN（核兵器廃絶国際キャンペーン）」に贈られた（→p.177）。

核兵器禁止条約は20年10月に批准が50か国・地域に達し、21年1月に発効した。一方で、アメリカやロシアをはじめとする核保有国や日本などは条約に参加しておらず、国際社会が足並みをそろえて軍縮を実現するのは簡単なことではない。

3 あなたはどう考える？

これまでの学習を踏まえ、核兵器の削減に向けてあなたが重要だと思うキーワードを、理由と共に説明してみましょう。

> 核兵器の削減を実現するためには、「　　　　　　　　　　　　　　　」が重要だと考えます。
> なぜなら（　　　　　　　　　　　　　　　　　　　　　　　　　）からです。

↑難民などへのワクチン接種会場（2021年　フランス）難民向けに多言語で告知されている。

国境なき医師団　新型コロナウイルスへの対応

新型コロナウイルス感染症の世界的な流行に伴い、国際的な人道・医療援助のNGOである「国境なき医師団」は、世界各地でワクチン接種の支援など緊急医療援助活動を行っている。しかし、多くの発展途上国などにはワクチンや治療薬が十分行き渡っていないことから、ワクチンなどは「世界の公共財」であるとして、各国政府をはじめとした国際社会に支援の強化を訴えている。

Question
・NGOはどのような国際協力を行っているのだろうか。（→Ⅰ）

---

7 持続可能な社会と国際協力

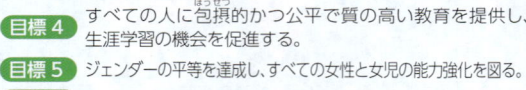
↑持続可能な開発目標（SDGs）

解説 **MDGsからSDGsへ**　貧困や環境破壊、感染症といった現代の諸問題に対処するためには、国家が国民を守るという伝統的な「国家の安全保障」だけではなく、人間一人一人の生命や健康、安全を守る「人間の安全保障」（→補）が重要である。2000年には、極度の貧困の撲滅などの目標を掲げたミレニアム開発目標（MDGs、→補）が設定された。しかし、依然として課題が山積していることから、15年に開かれた「国連持続可能な開発サミット」において、「誰一人取り残さない」という理念の下、国際社会が30年までに取り組むべき目標として持続可能な開発目標（SDGs、→巻頭15）が設定された。

Ⅰ 国際社会の取り組み

1 国連によるさまざまな目標 〈頻出〉

目標1	あらゆる場所の、あらゆる形態の貧困を終わらせる。
目標2	飢餓をなくし、食料の安定確保と栄養状態の改善を達成するとともに、持続可能な農業を推進する。
目標3	あらゆる年齢のすべての人の健康的な生活を確保し、福祉を推進する。
目標4	すべての人に包摂的かつ公平で質の高い教育を提供し、生涯学習の機会を促進する。
目標5	ジェンダーの平等を達成し、すべての女性と女児の能力強化を図る。
目標6	すべての人に水と衛生へのアクセスと持続可能な管理を確保する。
目標7	すべての人に手ごろで信頼でき、持続可能かつ近代的なエネルギーへのアクセスを確保する。
目標8	持続可能な経済成長、すべての人の安全かつ生産的な雇用と働きがいのある人間らしい仕事を推進する。
目標9	災害に強いインフラを整備し、持続可能な産業化を推進するとともに、技術革新の拡大を図る。
目標10	国内および国家間の不平等を是正する。
目標11	安全で災害に強く、持続可能な都市および居住環境を実現する。
目標12	持続可能な消費と生産のパターンを確保する。
目標13	気候変動とその影響に立ち向かうため、緊急対策を採る。
目標14	海洋と海洋資源を持続可能な開発に向けて保全し、持続可能な形で利用する。
目標15	陸の生態系を保護し、森林の持続可能性、砂漠化・土地の劣化に対処し、生物多様性損失の阻止を図る。
目標16	平和で包摂的な社会を推進し、すべての人に公正かつ、効果的で責任ある包摂的な法制度を構築する。
目標17	持続可能な開発のための実施手段を強化し、グローバル・パートナーシップを活性化する。

政治

○×チェック⑥⑥　人間の安全保障の考え方では、環境破壊への対応も課題とされている。（15年、本）

2 NGOの取り組み

①世界の主なNGO

地雷禁止国際キャンペーン（ICBL）	対人地雷の廃絶に当たるNGOの集合体。対人地雷禁止条約（→p.172）締結などの実績がある。
世界自然保護基金（WWF）	絶滅の恐れのある野生生物の保護を中心に、地球温暖化を含めた多様な環境問題に取り組む。
国境なき医師団（MSF）	紛争地や難民キャンプ、被災地などの現場で、治療や予防などの支援活動を行う。
オックスファム	主に発展途上国の飢餓や貧困の救済に当たる。重債務国の債務帳消し運動も実施。
アムネスティ・インターナショナル	死刑制度や拷問などの人権侵害を無くす活動に当たる。また政治犯に対する公正な裁判を求めている。

解説 国際社会で重要な役割 NGO（非政府組織、→補）は貧困、飢餓、環境破壊など、世界的な問題の解決に取り組む団体をいう。政府や国際機関と異なる民間の立場から、国境や民族、宗教の壁を越え、利益を目的とせずに活動することに特徴がある。

1960年代以降、アジアやアフリカの国々の独立と共に南北問題（→p.275）が注目され、先進国から発展途上国への海外協力活動が活発になり、数多くのNGOが設立された。

②日本の主なNGO

AMDA（アムダ）	災害、紛争発生時に、医療・保健衛生分野を中心に緊急支援活動を展開。AMDAとは、創立時の名称であるアジア医師連絡協議会の頭文字。
オイスカ	主にアジア・太平洋地域で農村開発や環境保全活動を展開。青少年の人材育成にも力を入れる。
シャプラニール	バングラデシュを中心に、ストリートチルドレンの自立支援や女性の地位向上のための活動を行う。
ジョイセフ	戦後日本が実践してきた家族計画・母子保健のノウハウを生かし、発展途上国における妊産婦と女性の命と健康を守るために活動。
難民を助ける会	災害被災者や紛争による難民の支援、地雷被害による障がい者の自立支援などを行う。

解説 多様な活動 日本のNGOは医療や環境保全などさまざまな分野で活動しており、その数は400団体以上だといわれている。

↑日本のNGO「難民を助ける会（AAR Japan）」から支援物資を受け取るシリアからの難民（2014年　トルコ）シリア内戦（→p.158）から逃れた難民たちに、食料や医薬品などの生活必需品が提供された。

③NGOとODA

	主体	資金	利点	課題
N G O	民間	募金・寄付	現地に根ざし小回りが利く	資金が少ない
O D A	政府	国家予算	資金が多く大規模事業が可能	小回りが利きにくい

解説 連携・協力が進む NGOとODA（→p.277）は、援助における規模や利点などが異なる。NGOは、発展途上国の地域社会に密着し、現地住民の支援ニーズにきめ細かく対応することが可能である。近年、NGOは政府の開発協力において重要なパートナーだと認識されており、2015年に閣議決定された**開発協力大綱**（→p.278、→補）においても、NGOや市民社会との連携を戦略的に強化することが明記されている。こうした方針を踏まえて、NGOが実施する国際協力事業に対し、ODAからの資金供与も行われている。

まとめ ▇▇ ▬ ▬

Ⅰ 国際社会の取り組み
・貧困、環境問題、感染症といったグローバルな諸問題
　→従来の「国家の安全保障」では対処しきれない
　→人間一人一人の生命や健康、安全を守る「**人間の安全保障**」
・2000年　**ミレニアム開発目標（MDGs）**設定
　→貧困の撲滅などの目標を掲げた
・2015年「国連持続可能な開発サミット」
　→国際社会が2030年までに取り組むべき目標として
　　持続可能な開発目標（SDGs）が設定された

・持続可能な開発目標（SDGs）
　目標1　貧困をなくそう
　目標2　飢餓をゼロに
　目標3　すべての人に健康と福祉を　など17の目標
・NGO（非政府組織）…民間の立場から世界的な問題の解決に取り組む
　地雷禁止国際キャンペーン（ICBL）、国境なき医師団（MSF）など
　環境や人権などさまざまな分野で活動
・NGOとODA
　2015年の開発協力大綱でNGOとODAの連携強化を明記

補足解説

人間の安全保障
国連開発計画（UNDP）の1994年版人間開発報告で初めて公に取り上げられた概念である。日本政府も、国際会議やメディアを通じ、この考え方の普及に取り組んでいる。99年には日本の主導により、「**人間の安**全保障基金」が国連に設立された。

ミレニアム開発目標（MDGs）
2000年に国連ミレニアムサミットで採択された宣言を基にまとめられた。極度の貧困と飢餓の撲滅など、2015年までに達成すべき八つの目標を掲げた。

NGO（非政府組織）
NGOは国連の重要なパートナーと位置づけられており、経済社会理事会において定期的に協議が行われている。2016年現在、4000以上のNGOが経済社会理事会と協議できる地位にある。

開発協力大綱
2015年に日本政府が今後の開発協力の方向性を新たにまとめたもの。従来の「政府開発援助（ODA）大綱」よりも開発協力を幅広く捉え、民間や地方を含めた協力を重視している。

○×チェック 答え⑥⑥ ○　人間の安全保障は人間一人一人の安全に着目した考え方であり、環境破壊や貧困などへの対応も課題とされる。

地図から見える世界平和の現状

POINT 国際社会は軍縮に向けた努力を重ねていますが、世界平和をめぐる現状はどのようになっているのでしょうか。核兵器の保有状況や、各国の軍事費、世界平和度指数に関する地図から、世界平和の現状を読み取ってみましょう。

I 核兵器をめぐる現状

1 核兵器の保有状況

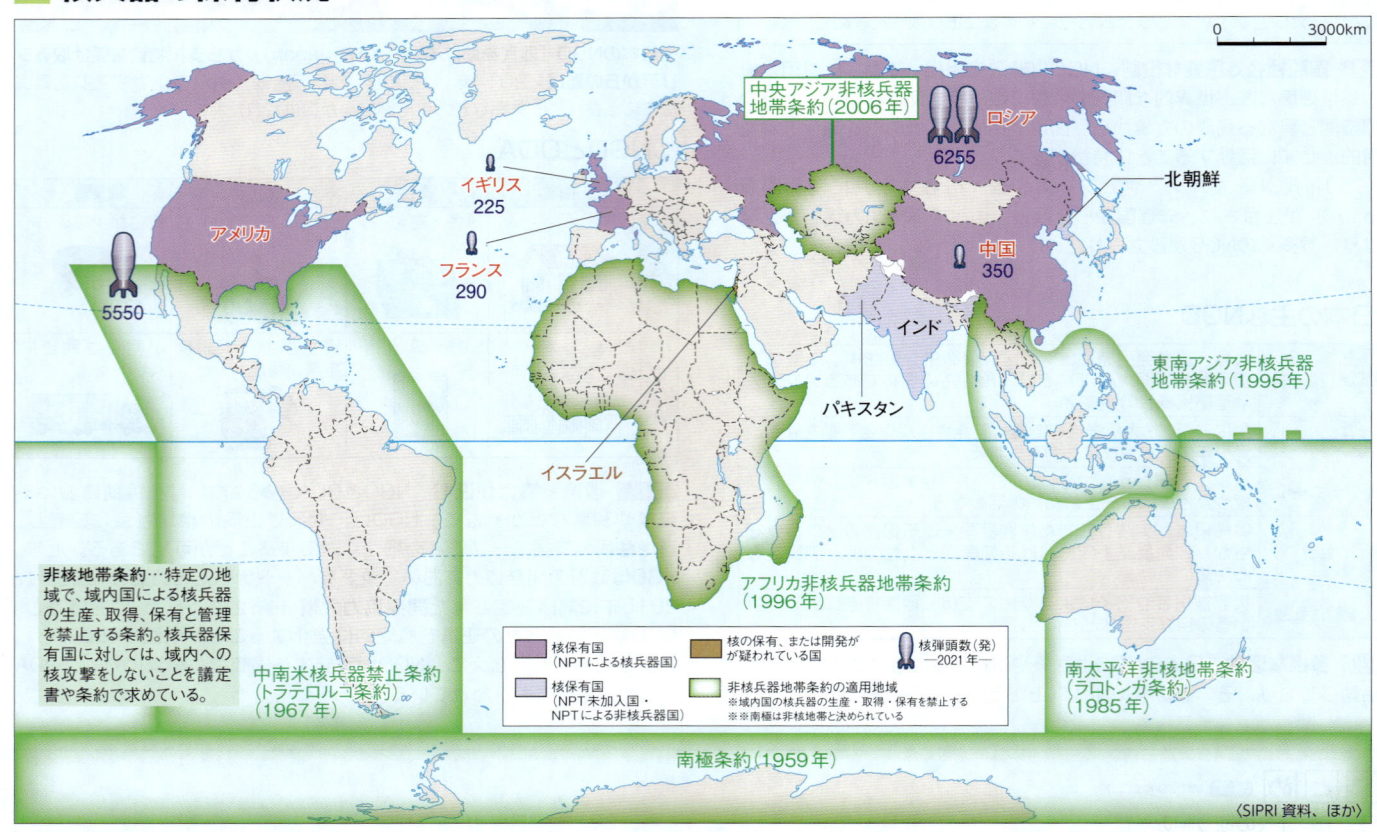

中央アジア非核兵器地帯条約（2006年）

ロシア 6255

イギリス 225

フランス 290

アメリカ 5550

中国 350

北朝鮮

インド

パキスタン

イスラエル

東南アジア非核兵器地帯条約（1995年）

アフリカ非核兵器地帯条約（1996年）

南太平洋非核地帯条約（ラロトンガ条約）（1985年）

非核地帯条約…特定の地域で、域内国による核兵器の生産、取得、保有と管理を禁止する条約。核兵器保有国に対しては、域内への核攻撃をしないことを議定書や条約で求めている。

中南米核兵器禁止条約（トラテロルコ条約）（1967年）

核保有国（NPTによる核兵器国）

核保有国（NPT未加入国・NPTによる非核兵器国）

核の保有、または開発が疑われている国

非核兵器地帯条約の適用地域
※域内国の核兵器の生産・取得・保有を禁止する
※南極は非核地帯と決められている

核弾頭数（発）―2021年―

南極条約（1959年）

〈SIPRI 資料、ほか〉

解説 核兵器の拡散 核保有国は大きく二つに分けられる。一つは核拡散防止条約（NPT、→p.171）で核保有国（核兵器国）とされたアメリカ・イギリス・ロシア（ソ連）・フランス・中国である。この条約は核兵器の拡散を防ぐ目的で、核保有国と非核保有国を定めている。もう一つは1998年に核実験を強行したNPT未加入のインド・パキスタン、2005年に核保有を宣言した北朝鮮である。イスラエルも事実上の核保有国とされる。

核兵器廃絶を掲げてノーベル平和賞受賞

↑現職のアメリカ大統領として初めて広島を訪問し、被爆者と抱き合うオバマ大統領（2016年　広島市）

↑ノーベル平和賞受賞を受けて会見するICAN（核兵器廃絶国際キャンペーン）（2017年　スイス）

アメリカのオバマ大統領は、核なき世界を訴え、国際社会に働きかけたことを理由として2009年にノーベル平和賞を受賞した。しかし、翌年には臨界前核実験を実施して大きな批判を浴びた。

ICANは、核兵器の廃絶を目指して活動する世界各国のNGOや市民団体の連合体である。国連における核兵器禁止条約の制定に主導的な役割を果たしたとして、17年にノーベル平和賞を受賞した（→p.174）。

Ⅱ 平和をめぐる世界の現状

1 主な国・地域における軍事費とGDPに占める軍事費の割合

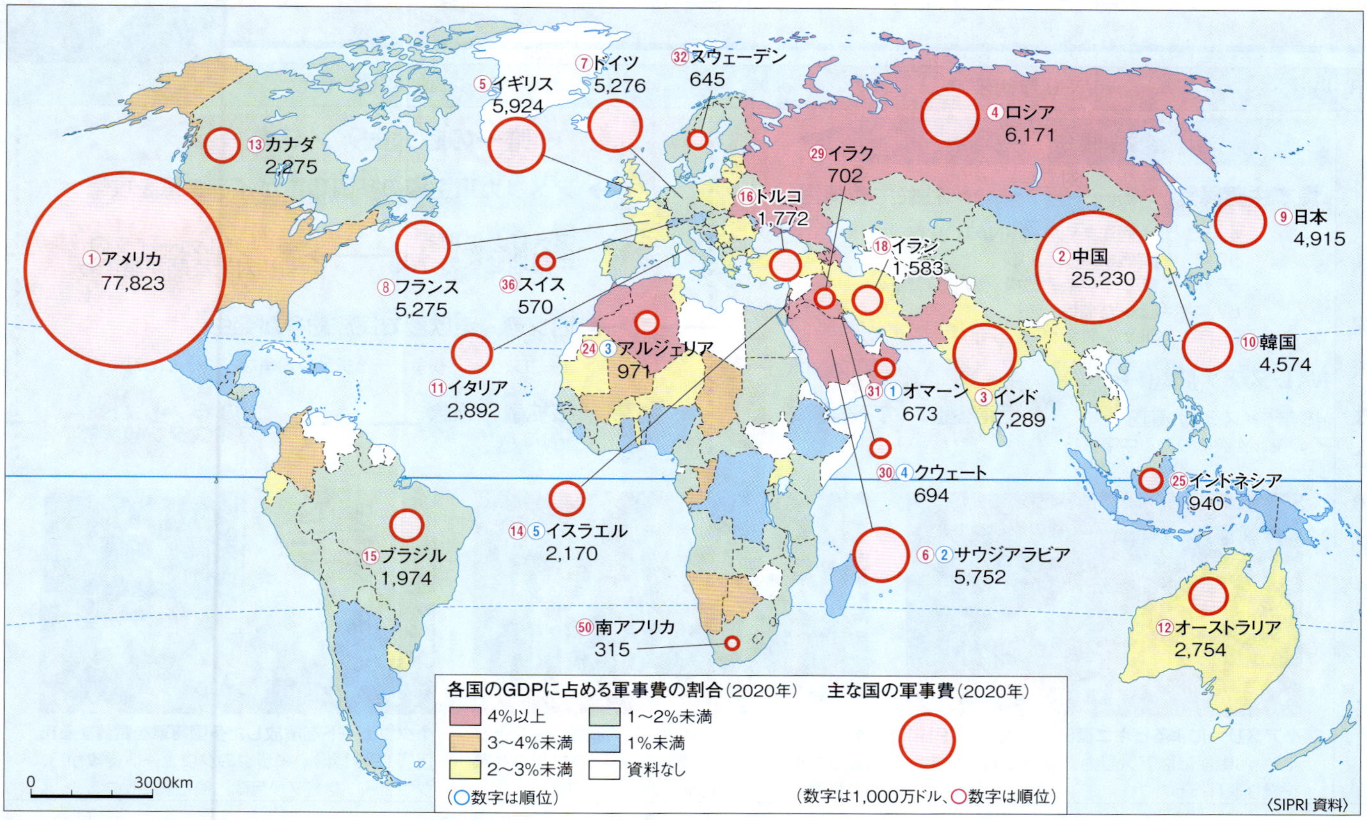

⑬カナダ
2,275
⑤イギリス
5,924
⑦ドイツ
5,276
㉜スウェーデン
645
④ロシア
6,171
①アメリカ
77,823
⑧フランス
5,275
㊱スイス
570
㉙イラク
702
⑯トルコ
1,772
⑱イラン
1,583
⑨日本
4,915
②中国
25,230
㉔③アルジェリア
971
⑪イタリア
2,892
㉛①オマーン
673
③インド
7,289
⑩韓国
4,574
㉚④クウェート
694
㉕インドネシア
940
⑭⑤イスラエル
2,170
⑮ブラジル
1,974
⑥②サウジアラビア
5,752
(50)南アフリカ
315
⑫オーストラリア
2,754
各国のGDPに占める軍事費の割合（2020年）
4%以上
3～4%未満
2～3%未満
1～2%未満
1%未満
資料なし
（○数字は順位）
主な国の軍事費（2020年）
（数字は1,000万ドル、○数字は順位）
0 3000km
〈SIPRI 資料〉

解説 **軍事費が高い先進国とBRICS** 世界における軍事費（日本は防衛費、➔p.144）は、先進国とBRICS（➔p.270）が高い傾向にある。上位5か国（アメリカ、中国、インド、ロシア、イギリス）で世界の軍事費のおよそ6割を占めている。一方、GDPに占める軍事費の割合では、シリア内戦などの政情不安が続く中東諸国で高い傾向にある。

2 世界平和度指数

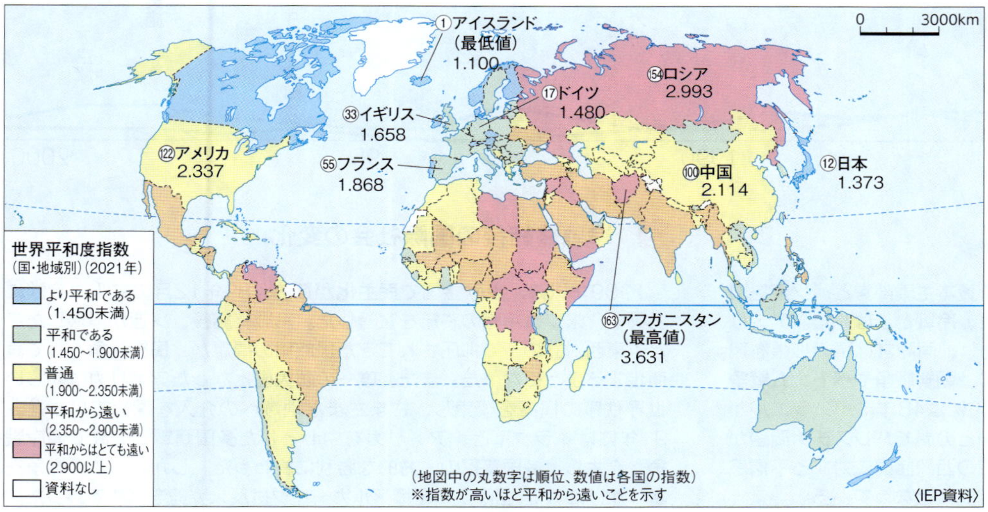

①アイスランド
（最低値）
1.100
0 3000km
(154)ロシア
2.993
⑰ドイツ
1.480
㉝イギリス
1.658
(122)アメリカ
2.337
(55)フランス
1.868
(100)中国
2.114
⑫日本
1.373
世界平和度指数
（国・地域別）（2021年）
より平和である（1.450未満）
平和である（1.450～1.900未満）
普通（1.900～2.350未満）
平和から遠い（2.350～2.900未満）
平和からはとても遠い（2.900以上）
資料なし
(163)アフガニスタン
（最高値）
3.631
（地図中の丸数字は順位、数値は各国の指数）
※指数が高いほど平和から遠いことを示す
〈IEP資料〉

解説 **平和の格差も広がる世界** 経済平和研究所（IEP）は、治安と安全保障、現在展開されている国内および国際的な紛争、軍事化のレベルという三つの側面で国・地域を評価した世界平和度指数を毎年発表している。数値が低いほど平和であることを表している。

IEPの報告書によると、平和度が高い国と低い国の格差は年々広がっている。また、新型コロナウイルス感染症は、政治の安定や国際関係、紛争、治安などに悪影響を与え、これまでつちかわれてきた経済的な発展を損なうと予測されている。

変化で見る **社会** 戦後の国際情勢の変化

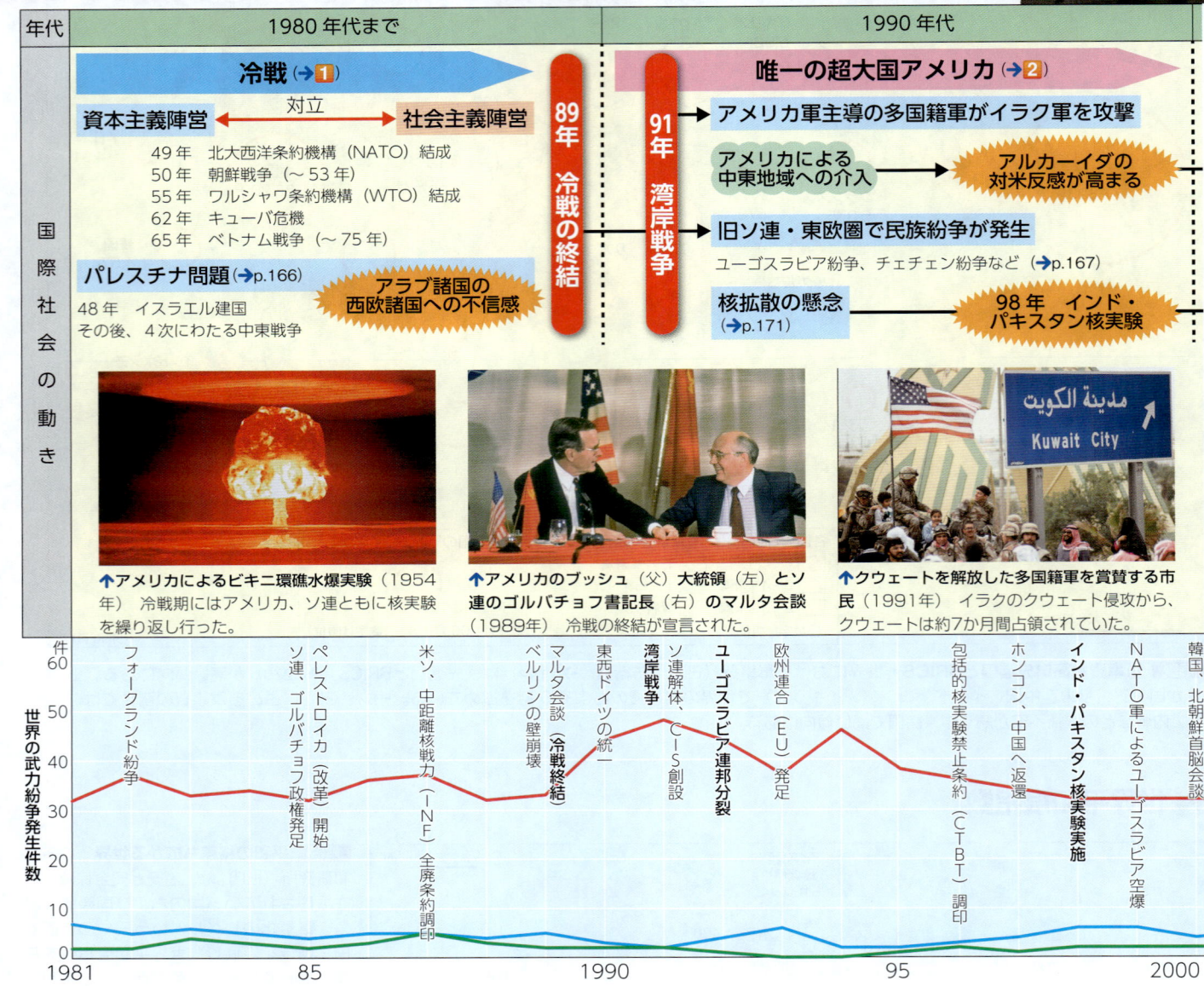

年代	1980 年代まで		1990 年代

国際社会の動き

冷戦（→1）

資本主義陣営 ←対立→ 社会主義陣営

49年　北大西洋条約機構（NATO）結成
50年　朝鮮戦争（〜53年）
55年　ワルシャワ条約機構（WTO）結成
62年　キューバ危機
65年　ベトナム戦争（〜75年）

パレスチナ問題（→p.166）

48年　イスラエル建国
その後、4次にわたる中東戦争

アラブ諸国の西欧諸国への不信感

89年 冷戦の終結

91年 湾岸戦争

唯一の超大国アメリカ（→2）

アメリカ軍主導の多国籍軍がイラク軍を攻撃

アメリカによる中東地域への介入 → アルカーイダの対米反感が高まる

旧ソ連・東欧圏で民族紛争が発生
ユーゴスラビア紛争、チェチェン紛争など（→p.167）

核拡散の懸念（→p.171） → 98年 インド・パキスタン核実験

↑**アメリカによるビキニ環礁水爆実験**（1954年）　冷戦期にはアメリカ、ソ連ともに核実験を繰り返し行った。

↑**アメリカのブッシュ（父）大統領（左）とソ連のゴルバチョフ書記長（右）のマルタ会談**（1989年）　冷戦の終結が宣言された。

↑**クウェートを解放した多国籍軍を賞賛する市民**（1991年）　イラクのクウェート侵攻から、クウェートは約7か月間占領されていた。

世界の武力紛争発生件数

件数: 60, 50, 40, 30, 20, 10

1981年〜2000年のグラフ内の出来事:
フォークランド紛争
ソ連、ゴルバチョフ政権発足
ペレストロイカ（改革）開始
米ソ、中距離核戦力（INF）全廃条約調印
マルタ会談（冷戦終結）
ベルリンの壁崩壊
東西ドイツの統一
湾岸戦争
ソ連解体、CIS創設
ユーゴスラビア連邦分裂
欧州連合（EU）発足
包括的核実験禁止条約（CTBT）調印
ホンコン、中国へ返還
インド・パキスタン核実験実施
NATO軍によるユーゴスラビア空爆
韓国、北朝鮮首脳会談

x軸: 1981, 85, 1990, 95, 2000

1 冷戦期の国際関係

　第二次世界大戦後、アメリカを盟主とする資本主義陣営と、ソ連を盟主とする社会主義陣営の対立構造が構築され、**冷戦**とよばれた。アメリカに続いてソ連も1949年に原爆実験に成功し、両陣営は軍備拡張を競い合った。米ソは直接交戦しなかったものの、**朝鮮戦争**や**ベトナム戦争**などの代理戦争が勃発した。また、この時代には48年にイスラエルが建国され、イスラエルに反対するアラブ諸国との間で**パレスチナ問題**が深刻化した。パレスチナ問題は、アラブ諸国の西欧諸国に対する不信感を招くとともに、今日まで続く中東の不安定要素となっている。

2 冷戦終結後の国際社会の変化

　1989年以降、東欧諸国で**民主化**が進み、89年12月のマルタ会談において、米ソは冷戦の終結を宣言した。冷戦終結後、ソ連が崩壊したことで東西対立の下で抑圧されてきた民族間の問題が、**民族紛争**として表面化するようになった。また、唯一の超大国となったアメリカは新しい世界秩序の構築を模索し、さまざまな地域への介入を深めていった。91年にはイラク軍と、アメリカを中心とした多国籍軍との間で**湾岸戦争**が発生し、多国籍軍の一方的な勝利に終わった。しかし、この戦争をきっかけにして、国際テロ組織アルカーイダは反米姿勢を強めていった。

二次元コードで動画をチェック！

→アメリカ同時多発テロ事件発生時
（2001年）【再生時間：1分07秒】

※この動画は、事件発生時の様子を扱っています。視聴の際はご注意ください。

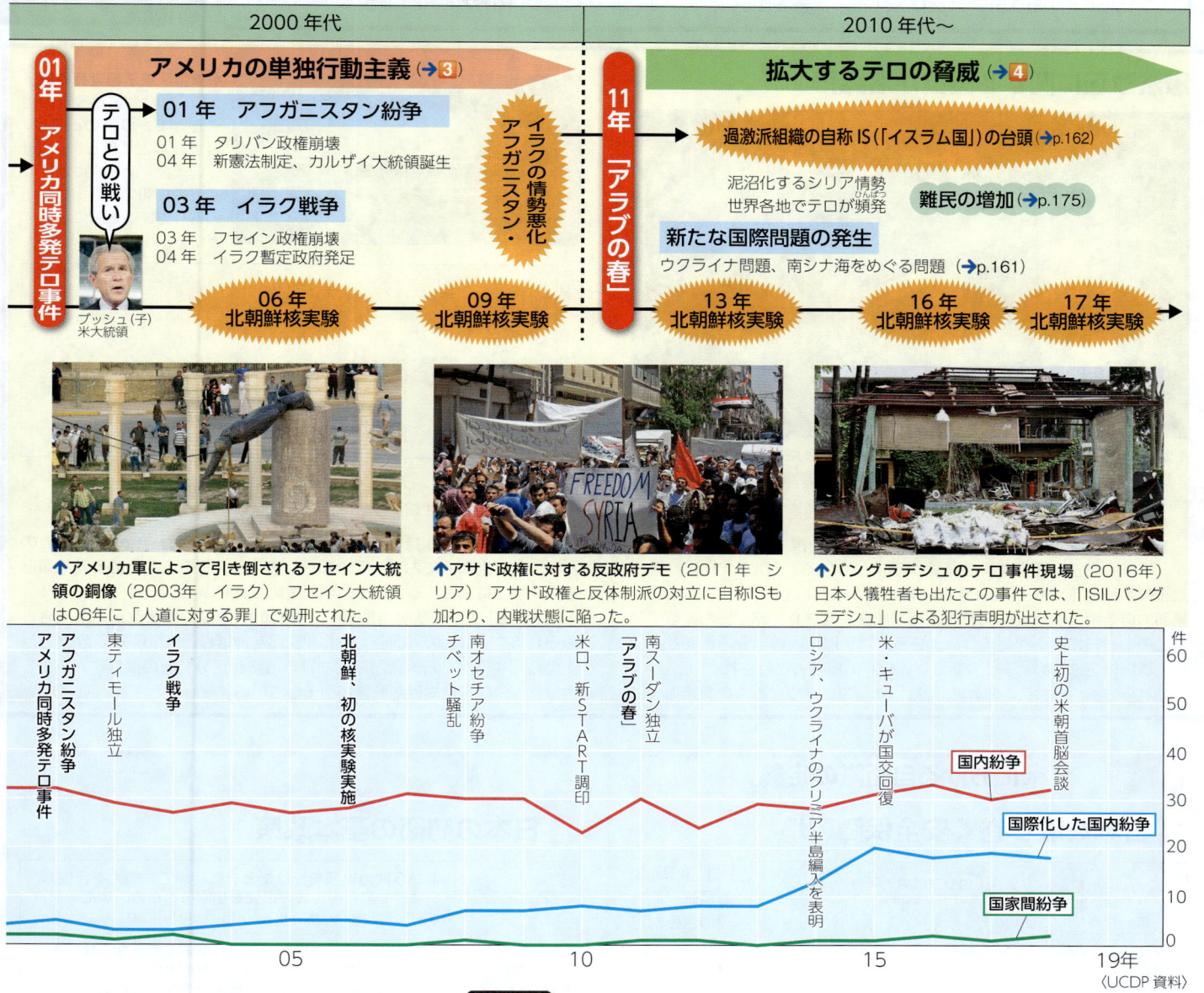

2000年代	2010年代〜

アメリカの単独行動主義（→3）　　**拡大するテロの脅威（→4）**

01年 アメリカ同時多発テロ事件

テロとの戦い

ブッシュ（子）米大統領

01年 アフガニスタン紛争
01年 タリバン政権崩壊
04年 新憲法制定、カルザイ大統領誕生

03年 イラク戦争
03年 フセイン政権崩壊
04年 イラク暫定政府発足

イラクの情勢悪化 アフガニスタン・アフガニスタン

11年「アラブの春」

過激派組織の自称 IS（「イスラム国」）の台頭（→p.162）

泥沼化するシリア情勢 世界各地でテロが頻発　　**難民の増加（→p.175）**

新たな国際問題の発生
ウクライナ問題、南シナ海をめぐる問題（→p.161）

06年 北朝鮮核実験　　**09年 北朝鮮核実験**　　**13年 北朝鮮核実験**　　**16年 北朝鮮核実験**　　**17年 北朝鮮核実験**

↑アメリカ軍によって引き倒されるフセイン大統領の銅像（2003年 イラク） フセイン大統領は06年に「人道に対する罪」で処刑された。

↑アサド政権に対する反政府デモ（2011年 シリア） アサド政権と反体制派の対立に自称ISも加わり、内戦状態に陥った。

↑バングラデシュのテロ事件現場（2016年）日本人犠牲者も出たこの事件では、「ISILバングラデシュ」による犯行声明が出された。

アメリカ同時多発テロ事件／アフガニスタン紛争／東ティモール独立／イラク戦争／北朝鮮、初の核実験実施／南オセチア紛争／チベット騒乱／米ロ、新START調印／南スーダン独立／「アラブの春」／ロシア、ウクライナのクリミア半島編入を表明／米・キューバが国交回復／史上初の米朝首脳会談

国内紛争　国際化した国内紛争　国家間紛争

05　10　15　19年
〈UCDP資料〉

3 アメリカ同時多発テロ事件が与えた影響

　2001年9月の**アメリカ同時多発テロ事件**以降、アメリカは対テロ戦争を進めていった。まず、事件の首謀者とされたアルカーイダをかくまったとして、01年11月にアフガニスタンのタリバン政権に対して攻撃を開始。さらに、国境を越える**テロ行為への懸念**が高まるなかで、アメリカはイラク、イラン、北朝鮮が大量破壊兵器を開発し、テロ組織を支援しているとの疑念を深めていった。そして03年に**イラク戦争**を開始した。アフガニスタン、イラクともに戦闘終了後も混乱状態が続いている。このようなアメリカの単独行動主義に対し、国際的な批判が高まった。

4 現代の国際情勢の課題

　2011年にはチュニジア、エジプト、リビア、シリアなど、これまで独裁体制を採ってきた国々で「**アラブの春**」とよばれる民主化運動が起こった。しかしアラブの春以降、国内の対立が激化したり、強権的な政権が復活したりするなど、多くの国で民主化は定着していない。特にシリアでは、政府軍と反体制派が内戦状態に陥り、多くの難民を生み出している。そのほかの地域でも、北朝鮮の核実験や、ウクライナをめぐるG7とロシアの対立、経済力・軍事力で大国となった中国とアメリカの覇権争いなどがあり、国際社会は多くの難題に直面している。

池上ライブ！ 論点整理 日本国憲法の改正 賛成 vs 反対

POINT 日本国憲法が制定されて70年以上がたった現在、憲法改正に関する議論が盛んになってきています。憲法改正はこれからの国のあり方に深く関わっています。憲法改正をめぐるさまざまな論点について考えてみましょう。

憲法改正に関する議論が活発化

↑**緊急事態宣言の対象地域拡大を発表する菅首相**（2021年7月） 新型コロナウイルス感染拡大防止のため、政府は飲食店に時短営業などを要請したが、経済活動の自由を主張し、通常通り営業する飲食店もあった。

1947年に施行された日本国憲法はこれまで一度も改正されていないが、近年、憲法改正をめぐる議論が高まっている。2007年には、憲法改正の手続きを定めた国民投票法（→p.51）が成立した。そして14年には、集団的自衛権（→p.149）の行使容認が閣議決定され、憲法における平和主義のあり方に関心が高まった。さらに地球環境問題の深刻化などを受け、環境権をはじめとする「新しい人権」の保障も注目されている。

これらの論点と共に、20年以降は、新型コロナウイルスの感染拡大に

←**参議院憲法審査会の様子**（2021年） 憲法改正の論点として、9条の改正や、環境権など「新しい人権」の導入、緊急事態における国民の権利の制限、二院制のあり方、道州制の導入などがある。

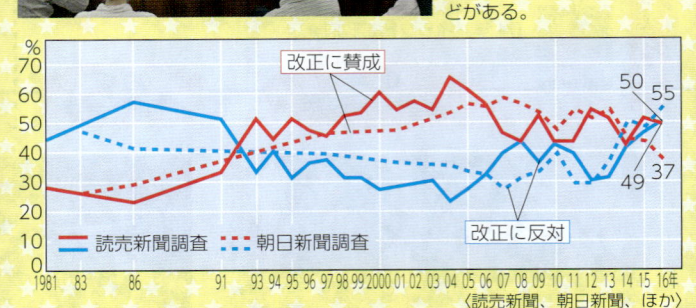

↑**憲法改正に関する世論調査**

伴い、飲食店などが持つ経済活動の自由と、政府が行う自由の制限とのバランスが問われており、緊急事態における人権制限を定める緊急事態条項を憲法に追加することの是非も議論されている。

なお、21年の衆議院議員選挙（→巻頭9）では、憲法改正に前向きとみられる与党などの「改憲勢力」が議席を伸ばし、衆議院の3分の2以上の議席を獲得した。衆議院における憲法改正の発議の要件を満たしており、憲法改正に向けた動きが強まっている。

論点① 9条における自衛隊の定義

1 日本を取り巻く安全保障環境

- ロシア軍の活動の活発化
- 北朝鮮による軍事的な挑発行為や挑発的言動
- 北朝鮮による核・ミサイル開発の進展
- 中国による軍事力の広範かつ急速な強化
- 中国による東シナ海における活動の急速な拡大・活発化
- 中台軍事バランスの変化（中国側に有利な方向に）
- 中国による南シナ海における活動の急速な拡大・活発化
- 中国軍による太平洋への進出の常態化

〈防衛白書 2015〉

解説 高まる緊張 諸外国の台頭などに関連して、日本を取り巻く国際関係は緊迫の度合いを増している。そのため、国民の生命や財産を守るために、憲法における自衛隊の定義を見直すべきとの意見もある。

2 日本の防衛の基本政策

専守防衛	相手から武力攻撃を受けたときに初めて防衛力を行使し、その態様も自衛のための**必要最小限**にとどめ、また、保持する防衛力も自衛のための最小限のものに限る。
軍事大国とならないこと	日本が他国に脅威を与えるような軍事大国とならないということは、日本は自衛のための必要最小限を超えて、他国に脅威を与えるような**強大な軍事力を保持しない**ということである。
非核三原則	「核兵器を持たず、作らず、持ち込ませず」という原則を国是として堅持している。
シビリアン・コントロール（文民統制）の確保	終戦までの経緯に対する反省もあり、自衛隊が国民の意思によって整備・運用されることを確保するため、大日本帝国憲法の体制とは全く異なり、**厳格な制度**を採用している。

〈防衛白書 2015〉

解説 平和主義を掲げる憲法の下制定された防衛政策 日本は平和主義を掲げる憲法の下、防衛の基本政策を制定しており、第二次世界大戦後一度も戦争に巻き込まれることなく、平和を守っている。

３ 日本が戦争に巻き込まれる危険性に関する世論調査

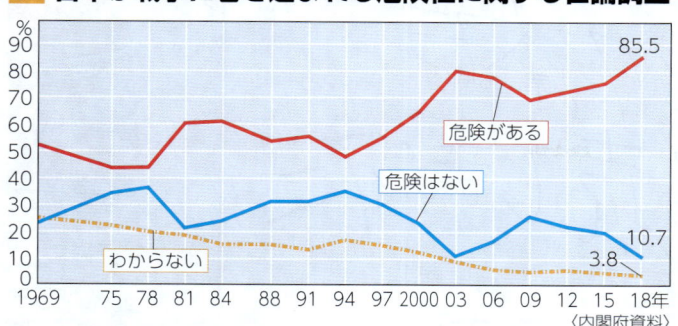

〈内閣府資料〉

解説 **「危険がある」が増加傾向** 日本が戦争に巻き込まれる危険があると感じる人は増加傾向にある。多くはその理由に「国際的な緊張や対立があるから」を挙げており、日本の安全が脅かされていると認識する人は多い。

４ 憲法９条の改正に関する世論

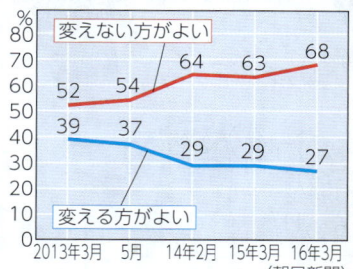

↑憲法９条の改正に関する世論調査

↑憲法を守ることなどを訴える人々

〈朝日新聞〉

解説 **反対が多い９条改正** 憲法改正自体は、一定の割合が賛成している（→p.181）のに比べ、９条の改正は、戦争に巻き込まれることがあるという理由などから反対が多い。自衛隊の定義については、現状のままでよい、自衛隊を憲法の理念に近づけるべき、といった意見もある。

論点❷ 「新しい人権」の保障

１ 明文化すべきとする意見

衆議院憲法審査会における、明文改憲を必要とする意見

・憲法制定当時には想定されていなかった権利が、その後認められるようになった。

・憲法への明記が国民の人権の保障に有益である。憲法が国家権力を制限し国民の権利を守る基本法であることからも、その趣旨に合う。

・新しい人権として憲法に明記することにより、国会における立法や、裁判所の判断基準となる。

・13条に新しい人権の根拠を求めることができるというのであれば、人権の各論規定は不要ということになってしまいかねない。憲法が抽象性の高い規範であるとはいえ、新しい人権が13条の幸福追求権等に含まれるとの考え方には限界がある。

〈衆議院憲法審査会資料〉

解説 **「新しい人権」の認識の広まり** 憲法改正の議論の高まりの一端には、「新しい人権」の認識の広まりがある。衆議院憲法審査会だけでなく、参議院憲法審査会でも、原則として憲法の保障を及ぼすべきという共通認識を前提に、明文化すべきかどうかが議論されている。

２ 関係する条文や判例、法律など

論点	関係する条文	これまでの判例、法律など
環境権	13条〔個人の尊重・幸福追求権・公共の福祉〕	環境権：大阪空港訴訟（→p.68）
知る権利・アクセス権	21条〔集会・結社・表現の自由、通信の秘密〕	知る権利：外務省機密漏洩事件、情報公開法（→p.70） アクセス権：サンケイ新聞意見広告事件（→p.70）
プライバシーの権利	25条〔生存権、国の社会的使命〕	プライバシーの権利：個人情報保護法（→p.69）
犯罪被害者の権利		
自己決定権	13条	安楽死事件（→p.71）
生命倫理	13条、23条〔学問の自由〕	クローン技術規制法（→p.290）
知的財産権	29条〔財産権〕	著作権法（→p.63）

〈衆議院憲法審査会資料、ほか〉

解説 **憲法の解釈や法律でも保障可能** 「新しい人権」を憲法に明文化することについては、あらゆる権利を人権として憲法で明記する必要はなく、憲法の解釈や、法律の範囲内で保障されるべきという、反対意見もある。

日本国憲法の改正についてどう考える？

賛成		反対
日本を取り巻く周辺環境の緊張化などを見ると、安全保障体制のさらなる整備が求められる。国民の生命や財産を守るためにも、位置づけのあいまいな自衛隊を憲法で明確に定義する必要がある。	９条における自衛隊の定義	軍隊を持たないといった平和主義を掲げた憲法で、第二次世界大戦後一度も戦争に巻き込まれていない。自衛のためであっても、自衛隊を憲法で定義すれば、戦争を行うきっかけとなる可能性がある。
社会の変化に伴って、環境権やプライバシーの権利といった「新しい人権」を保障する必要が出てきている。	「新しい人権」の保障	憲法で明文化しなくても、これまでのように、13条や21条などに基づいて法律や制度を改正すれば対応できる。

憲法改正を考えるにあたっては、社会の変化に対応することも必要ですが、長期的な視野に立って国のあり方を考えることも必要です。憲法改正にはさまざまな論点があります。それらは憲法を改正しなければ実現できないのか、法律や制度の改正で実現できるのかを考えることも必要です。

これらの点を踏まえて、日本国憲法の改正について、賛成か反対か自分なりに考えてみましょう。

↑新型コロナウイルスの感染拡大により、マスクが在庫切れになった薬局（2020年）

経済活動の自由と、社会問題化する「不正転売」

近年、フリマアプリの普及により個人間の物品売買が盛んになるとともに、一部商品が高値で転売される事例が目立つようになった。2020年には、新型コロナウイルスの流行に伴いマスクや消毒液などが品薄となり、これらの高額転売が横行して社会問題となった。

いわゆる「転売ヤー」による買い占めと転売は、その商品を真に必要とする消費者に行き届くのをはばむ悪質な行為といえる。経済原理上はモノの価格は需要と供給で決まるものであるが、正当な理由なしに価格を拘束することは独占禁止法上問題となる可能性もある。

Question
・価格は、どのように決まるのだろうか。（→Ⅲ）

経済

Ⅰ 第2部第3章第1節　市場経済のしくみ
経済活動と市場経済の考え方

Ⅰ 経済活動と私たちの生活

■1 経済の循環　〈出題〉

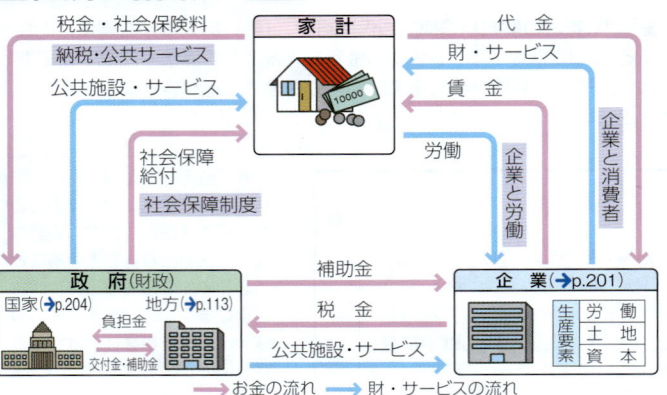

税金・社会保険料／納税・公共サービス／公共施設・サービス — 家計 — 代金／財・サービス／賃金／労働
社会保障給付／社会保障制度
政府（財政）　国家（→p.204）　地方（→p.113）　負担金　交付金・補助金
補助金／税金／公共施設・サービス
企業（→p.201）　生産要素：労働・土地・資本
企業と消費者／企業と労働

⟶ お金の流れ　⟶ 財・サービスの流れ

解説　私たちの社会をより豊かにする経済活動　一つの国の経済を見ると、消費の主体としての**家計**、生産の主体としての**企業**、経済主体相互の調整を図る**政府**がある（政府の経済活動を財政という、→p.204）。これらを**経済主体**（→p.191）とよび、その間を貨幣（お金）が仲立ちとなって、**財**（形があるもの）や**サービス**（形がないもの）がやりとりされ、経済の循環を形づくっている。こうした一連の活動が**経済活動**であり、ヒトやカネ、モノ、サービスなどの円滑な流れが経済を支えている。

■2 市場とは　〈出題〉

財・サービス（商品）市場	財やサービスが取り引きされる市場。青果や魚などの卸売市場では、せりなどで需要と供給の関係から価格が決まる。
株式市場（→p.192）	資金の取り引きが行われる金融市場（→p.199）の一種で、会社の株式の取り引きが行われる市場。企業業績の変化などによって株式の購入・売却の動きが変化し、株価は変動する。 →東京証券取引所
外国為替市場	貿易や投資などのため、円やドルなど通貨を売買する市場。特定の場所ではなく、コンピュータなどで売買される（→p.257）。
労働市場	労働力が取り引きされる市場。就業を希望する人（供給）と人を雇いたい経営者（需要）の関係から賃金が決まる。
ネットオークション市場	インターネットを通じて商品が取り引きされる市場。入札によって、最も高い金額を提示した人が商品を購入できる。→ネットオークションの画面

解説　さまざまな市場が存在　需要（商品を買いたい気持ち）と供給（商品を売りたい気持ち）が一致し、取り引きが成立する場を**市場**とよぶ。実際に財やサービスが取り引きされる場を「市場」とよぶ場合もある。

 ○×チェック67　市場経済においては価格が資源を効率的に配分する機能を持つが、この需要と供給の関係で決められた価格を、管理価格という。（13年、追）

同時に二つのことはできない

↑アルバイトをする高校生（左）、買い物をする高校生（右） 休日はアルバイトでお金を稼ぎたい、アウトレットで服も買いたい。このように人間の欲求には限りがないが、時間などの資源（→補）は限られる（資源の希少性）。例えば1日中アルバイトをしていたら、買い物はできない。

1 あちらを立てればこちらが立たず

アルバイトを休んで買い物に行ったときの「費用」は？

買い物に行って得られる効用※
- いろいろな商品やお店を見て楽しむ
- 買った服を着て楽しむ

買い物にかかった費用
- 服の代金
- 交通費
- 食事代　など

8000円

機会費用

買い物に行った時間分アルバイトをしていたら得られたアルバイト代

6000円

→ 経済学でいう「費用」

※経済学上の用語で、財やサービスを消費したときの満足度のこと

解説 トレードオフと機会費用 アルバイトと買い物の例のように、一つを選べばほかは捨てるしかない状態や関係にあることを**トレードオフ**という。このとき、私たちはそれぞれの長所と短所を十分考慮して、よりみずからの欲求を満たす「選択肢」を選ぶことになる。選ばれなかった選択肢のなかで最善の価値、言いかえれば、他の選択肢を選んでいたら得られたであろう利益のうち、最大のものを**機会費用**という。

変動が大きい野菜の価格

→**スーパーマーケットの野菜売り場** 一般に、価格が高いほど、商品を買いたいという人は少なくなるので、需要量は減る。他方で、商品を売りたいという人は多くなるので、供給量は増える。野菜などの生鮮食品は日持ちが短く、すぐに売り切る必要があることから、需要と供給の関係で価格が変動しやすい。

1 価格はどのように決まる？ ◁出題

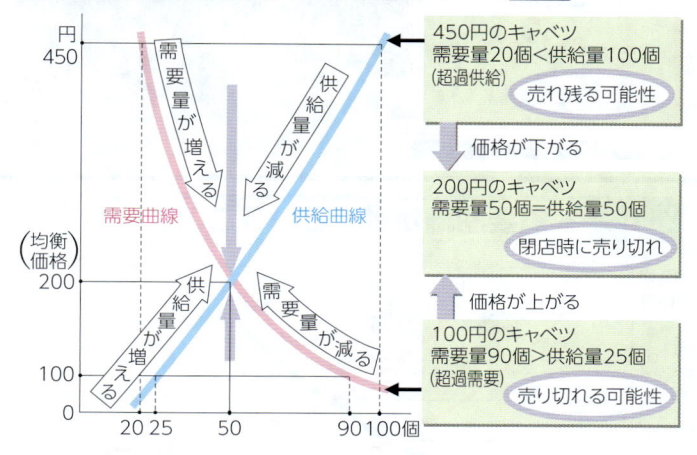

450円のキャベツ
需要量20個＜供給量100個
（超過供給）
売れ残る可能性

価格が下がる

200円のキャベツ
需要量50個＝供給量50個
閉店時に売り切れ

価格が上がる

100円のキャベツ
需要量90個＞供給量25個
（超過需要）
売り切れる可能性

解説 需要と供給で決まる **完全競争市場**（→補）では、需要量と供給量の大小により、個々の商品の価格（市場価格、→補）は変化し、最終的に需要量と供給量が等しくなる点、上の図では、200円（＝**均衡価格**）で、50個のキャベツが取り引きされる。このような価格変動によって、資源配分がなされるしくみ（**市場メカニズム**、→p.189）で成り立つ経済を**市場経済**といい、**資本主義経済**の大きな特徴である。

まとめ

Ⅰ 経済活動と私たちの生活
- 経済活動…商品（**財**や**サービス**）が生産され、貨幣を仲立ちに交換
- 人間の無限の欲求に対し、資源は有限（資源の希少性）
  →経済はこの資源を効率よく配分し、社会を豊かにする活動
- 家計（消費など）・企業（生産など）・政府（財政による調整）の経済の三主体の間で貨幣を仲立ちに財やサービスを取り引き（経済の循環）
- 市場…財やサービスと貨幣を交換する場。価格が調整の役割。商品市場の

ほか、**株式市場**、外国為替市場、**労働市場**、など

Ⅱ 経済の考え方
- 資源の希少性→トレードオフ（あることの実現のため、別のことを犠牲にする関係）と機会費用（その活動を行ったために失った利益）

Ⅲ 価格はどのように決まるか
- 購入希望量（需要量）と販売量（供給量）で価格が変化。完全競争市場では、需要量と供給量が等しくなる量と価格（均衡価格）で取り引き

補足解説

資源
石油などの化石燃料だけでなく、時間やお金、水、土地、労働など経済活動に必要なものすべてを指す。

完全競争市場
規模の小さいたくさんの売り手（供給）と買い手（需要）が市場に存在し、需要と供給が一致するところで価格が決定される状態をいう。言い方を変えれば、売り手も買い手も自分で価格を決めることはできず、価格は市場が決定する。その価格に基づいて行動する経済主体をプライス・テイカーという。外国為替市場

や株式市場、商品市場の一部（青果、魚など）は完全競争市場の条件をほぼ満たす市場だと考えられている。

市場価格
商品が実際に市場で取り引きされる価格。市場における需要と供給の関係によって価格が上下する。完全競

争市場では、長期的には市場価格は均衡価格（需要と供給が釣り合ったときの価格）に落ち着くが、商品の品不足や生産量の調整がしにくい農作物などの場合は、短期的には需要と供給が一致せず、市場価格が均衡価格から乖離（かいり）することがある。

○✕チェック 答え67 ✕ 管理価格ではなく、市場価格である。なお、管理価格とは、大手の企業がプライス・リーダー（価格先導者）として一定の利潤が獲得できるように設定し、その価格に競合他社も追随することで決められる価格のこと。

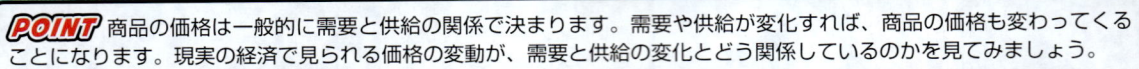

ゼミナール 深く考えよう
需要曲線と供給曲線を理解する

POINT 商品の価格は一般的に需要と供給の関係で決まります。需要や供給が変化すれば、商品の価格も変わってくることになります。現実の経済で見られる価格の変動が、需要と供給の変化とどう関係しているのかを見てみましょう。

ゲーム機の価格が突然変化するのはなぜ？

新しいゲーム機が発売されると、発売日の家電量販店の店頭には、購入希望の消費者で長蛇の列ができることがある。あまりの人気に、在庫がなくなり、購入できない人もいる。このとき、ゲーム機の売り手である企業が、高い価格を設定しても、購入希望の消費者（買い手）は多く、ゲーム機の需要量が供給量を上回り、品不足が生じている。

野菜などの生鮮食品（→p.184）と異なり、ゲーム機の場合は、在庫として比較的長く保存できるため、多少売れ残りが生じても、企業は生産量や出荷量を調整して、望ましい価格を維持しようとする傾向がある。しかし、売れ残りが多くなれば、企業は、価格を下げてでもゲーム機を売ろうとする。価格が下がれば、新たに購入を希望する消費者が現れるため、需要量は増加する。

←大きく値下げしたゲーム機用のソフト売り場に集まる人々

Ⅰ 需要曲線が動くということは 〈出題〉

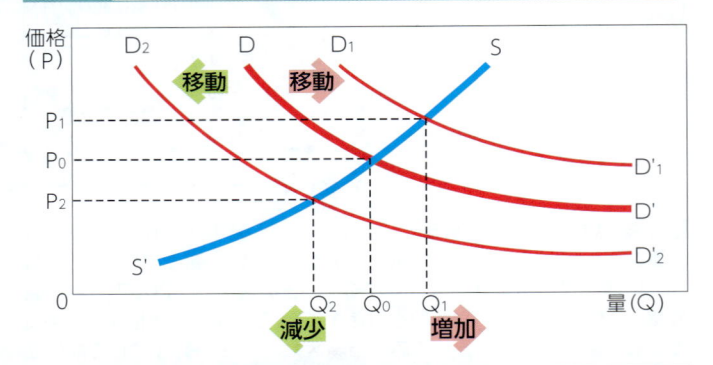

需要曲線がシフトする例	
所得の変化	所得が増える場合、通常、財やサービスの消費量が**増加**する。例えば、所得が増加して、パック旅行に参加する人が増えれば、パック旅行の需要曲線は**右に移動する**。
人気や流行の変化	商品の人気が高まれば、財やサービスの消費量が**増加**する。例えば、タピオカの人気が高まれば、食べたいと思う人が増えるので、タピオカの需要曲線は**右に移動する**。
期待の変化	将来の期待が変化すれば、財やサービスの消費量も**変化することがある**。例えば、消費税の増税がされるのなら、消費者は増税前に自動車などの高額商品を購入しようとするため、自動車の需要曲線は**右に移動する**。
関連する財の価格変化	代替財（ある財の代わりとなる財）の価格が変化した場合、財やサービスの消費量が**変化することがある**。例えば、牛肉の価格が上昇した場合、消費者が代わりに、豚肉の消費量を増やすことが考えられる。この場合、豚肉の需要曲線は**右に移動する**。

解説 需要の増減で動く 需要曲線（D）が右に移動する場合は、商品の人気上昇などであり、購入量が増え（$Q_0 \rightarrow Q_1$）、価格は上昇する（$P_0 \rightarrow P_1$）。逆に、需要曲線が左に移動する場合は、商品の人気低下などであり、購入量が減り（$Q_0 \rightarrow Q_2$）、価格は下落する（$P_0 \rightarrow P_2$）。

Ⅱ 供給曲線が動くということは 〈出題〉

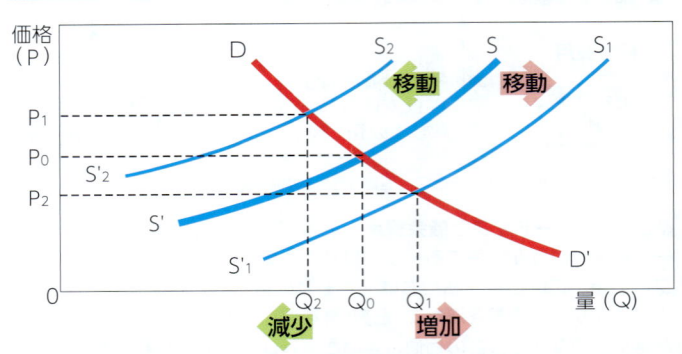

供給曲線がシフトする例	
投入物価格の変化	原材料の価格が下落した場合、生産コストは**低下する**。例えば、パンの原材料となる小麦の価格が低下すれば、より安い価格でパンを売ることができるので、販売意欲が高まり、パンの供給曲線は**右に移動する**。
技術の変化	技術革新によって生産力が増すと、生産コストは**低下する**。例えば、新たな機械を導入して、パンの生産量が増加した場合、より安い価格でパンを売ることができるので、販売意欲が高まり、パンの供給曲線は**右に移動する**。
期待の変化	将来の期待が変化すれば、財やサービスの供給量も**変化することがある**。例えば、新しいモデルのパソコンが近日中に発表されることが分かっていれば、お店側は古いモデルのパソコンを売り切ってしまおうと考えるので、古いモデルのパソコンの供給曲線は**右に移動する**。

解説 供給の増減で動く 供給曲線（S）が右に移動する場合は、生産コストの低下などであり、生産量が増え（$Q_0 \rightarrow Q_1$）、価格は下落する（$P_0 \rightarrow P_2$）。逆に、供給曲線が左に移動する場合は、生産コストの上昇などであり、生産量が減り（$Q_0 \rightarrow Q_2$）、価格は上昇する（$P_0 \rightarrow P_1$）。

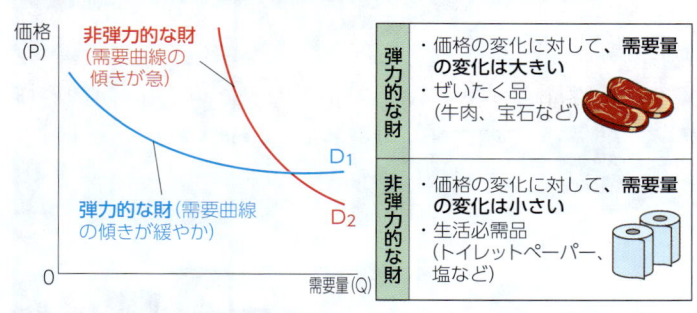

価格(P)

非弾力的な財（需要曲線の傾きが急）

弾力的な財（需要曲線の傾きが緩やか）

D₁　D₂

0　需要量(Q)

弾力的な財	・価格の変化に対して、需要量の変化は大きい ・ぜいたく品（牛肉、宝石など）
非弾力的な財	・価格の変化に対して、需要量の変化は小さい ・生活必需品（トイレットペーパー、塩など）

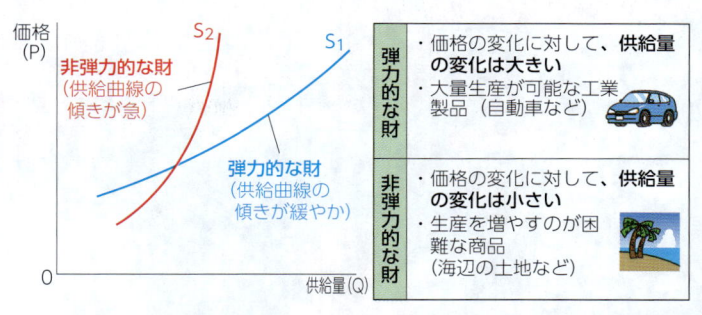

価格(P)

S₂　S₁

非弾力的な財（供給曲線の傾きが急）

弾力的な財（供給曲線の傾きが緩やか）

0　供給量(Q)

弾力的な財	・価格の変化に対して、供給量の変化は大きい ・大量生産が可能な工業製品（自動車など）
非弾力的な財	・価格の変化に対して、供給量の変化は小さい ・生産を増やすのが困難な商品（海辺の土地など）

解説　商品によって曲線の傾きは異なる　ぜいたく品は価格が上昇すると人々は購入を控えようとするのに対し、生活必需品は価格が上昇しても購入量を大きくは減らせない。つまり、ぜいたく品は価格の変化に対して需要量の変化は大きく、需要曲線の傾きが緩やかになり、生活必需品は価格の変化に対して需要量の変化は小さく、傾きが急になる。ま

た、大量生産が可能な工業製品は、生産量の調整がしやすいのに対し、海辺の土地など生産を増やすのが困難な商品は生産量の調整が難しい。つまり、工業製品は価格の変化に対して供給量の変化は大きく、供給曲線の傾きが緩やかになり、生産を増やすのが困難な製品は価格の変化に対して供給量の変化は小さく、傾きが急になる。

Ⅳ　現実の経済を需要曲線・供給曲線で考えてみよう

①豊作貧乏

←**とれすぎたキャベツを処分するトラクター**　農家は、収穫した農産物を破棄して供給を減らすことで、値崩れを防ぎ、収入を確保する。

解説　豊作なのに農家の収入が減少？　良好な天候などの理由で、ある年の農産物の収穫量が増加し、豊作となっても、かえって農家の収入が減少することがある。需要が一定であった場合、供給曲線は豊作により、前年と比べて右に移動する（S₁→S₂）。すると取引量は増加し（Q₁→Q₂）、価格は下落する（P₁→P₂）。農家の収入は、価格P₂×販売量Q₂（Ⓑ＋Ⓒ）で表されるが、前年の農家の収入は、前年の価格P₁×販売量Q₁（Ⓐ＋Ⓑ）であり、収入は逆に減少してしまう。

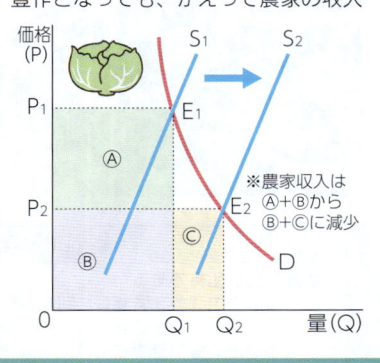

価格(P)

S₁　S₂

P₁　E₁

Ⓐ

P₂　E₂　Ⓒ

Ⓑ　D

0　Q₁　Q₂　量(Q)

※農家収入はⒶ＋Ⓑからーから Ⓑ＋Ⓒに減少

②スーパーでの値引き

←**値引きシールが貼られた惣菜**　スーパーマーケットは、商品の値引きをして価格を下げることで、需要量を増加させ、売り上げを確保する。

解説　スーパーマーケットは閉店間際になぜ値下げをするの？　スーパーマーケットでは、閉店時間が近づくと惣菜などの商品を値下げすることがある。在庫として保存できる菓子などと違い、惣菜や生鮮食品は、いったん店頭に並べると保存が利かず、生産量を調節できない。閉店間際では、消費期限を迎える惣菜の個数は一定となり、供給曲線は垂直になる。消費期限を迎える惣菜が閉店時に売れ残った場合、廃棄しなければならず、その分の売り上げは見込めない。

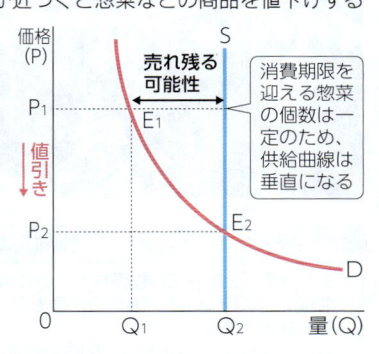

価格(P)

S

売れ残る可能性

P₁　E₁

値引き

P₂　E₂　D

0　Q₁　Q₂　量(Q)

消費期限を迎える惣菜の個数は一定のため、供給曲線は垂直になる

Ⅴ　効率的な資源配分　〜市場の働き〜　出題

　自分自身の利益を追求することによって、彼はしばしば、実際に社会の利益を推進しようとするばあいよりも効果的に、それを推進する。公共の利益のために仕事をするなどと気どっている人びとによって、あまり大きな利益が実現された例を私はまったく知らない。

（アダム＝スミス著、水田洋監訳、杉山忠平訳『国富論』）

解説　自由競争こそが望ましいと主張　アダム＝スミス（1723〜90）（→p.190）は、人々が自分の利益を利己的に追求すると、「見えざる手」に導かれ、結果として効率的で調和の取れた社会にいたる（予定調和）と説いた。
　これまで見てきたように、完全競争市場では、消費者の需要量と生産者の供給量が、価格の動きを仲立ちにして自動的に調整されるという市場の機能（価格の自動調整機能）により、望ましい効率的な資源配分が達成される。アダム＝スミスの考えは、この市場の機能の基礎となった。なお、市場が効率的な資源配分を実現できない場合は、政府が介入することもある（→p.189）。

↑大手家電量販店の携帯電話売り場（東京都豊島区）

携帯電話会社は何社あるの？

製品によっては、特定の企業からしか提供されない場合がある。その代表的な例が、携帯電話である。日本の携帯電話市場はNTTドコモ、KDDI（au）、ソフトバンクの大手3社でほぼ占められている。携帯電話契約数は増加傾向にあるが、今後人口が減少していくなかで、携帯電話契約数も減少していくことが懸念されている。各社は、他社からの乗り換え客獲得などを通じて、契約数を増やし、市場に占める割合（市場占有率、シェア）を拡大しようと競争を続けている。さらに近年は、大手3社の回線を借りて運営する「格安スマホ」も契約数を増やしており、競争は激しさを増している。

Question
・携帯電話のように、少数の企業が競争している製品はほかにあるだろうか。（→Ⅱ）

2 市場のメリットと限界

Ⅰ 計画経済と市場経済　出題

←商品がなくなった店内で行列を成す人々（1991年　ソ連）ソ連では行政が生産者の供給能力や消費者の需要を踏まえない計画を立てたため、商品の需給バランスが崩れた。生産側の技術革新の芽が摘まれ、労働者の勤労意欲は失われた。

←商品がびっしりと並んだ店内（2015年　ロシア）ソ連崩壊後のロシアは、生産も消費も個人の自由な意思に基づいて行われる、市場経済に移行した。今日では、外資系スーパーも多数進出している。

経済

計画経済		市場経済
・生産手段（土地や工場設備など）の私有は原則として禁止 ・国家計画に基づいて、**国民の需要を予測して計画的に**生産するので、市場は有効に機能しない 　→純粋な採用国はほとんどない。中国（社会主義市場経済）、キューバ、ベトナムなども、市場原理を部分的に取り入れた経済体制を採っている	生産	・生産手段は私有である ・私企業は自由競争を展開し、**利潤が最大となるように**生産する 　→実際には公共料金の価格統制や不景気の際の財政出動など、政府が何らかの形で経済活動に介入していることが多い。市場経済を基礎としつつ、計画経済の要素も取り入れた**混合経済**となっている
・政府の統制によって所得の分配が行われるため、**格差は小さい** ・余ったお金は計画的に投資される。企業間での競争がないため、技術革新への意欲は低い 　→近年では、企業の投資も自由化され、所得にも差が出てきている	分配	・市場経済は所得格差を是正する機能を備えていないため、**貧富の差が拡大する**。政府は累進課税や社会保障給付で所得再分配を行う ・企業は利潤を設備投資にあて、技術革新を進めて企業間の競争を勝ち抜くことで、さらなる利潤の拡大を目指す
・価格は**政府の統制下**に置かれ、インフレも発生しにくい 　→近年では、価格の自由化が進んでいる	価格	・完全競争市場では、企業間で自由競争が行われ、**市場での需要と供給が一致する水準**で価格（均衡価格）が決まり、消費者の利益も最大化される 　→独占・寡占などで均衡価格より高い価格が決定されることがある
・国営企業は倒産しないので、理論上は**失業者が少ない** 　→実際には、経済改革が進むにつれ、多数の失業者が発生した	雇用	・恐慌・不況のときには企業の倒産やリストラで**失業者が出る** 　→政府は失業保険や生活保護などで、失業による問題を緩和しようとする

○×チェック68　少数の企業が市場を支配するような寡占市場の下では、非価格競争が弱まる傾向にある。（16年、本）

生産の集中が起きているのはどんな産業？ 〈出題〉

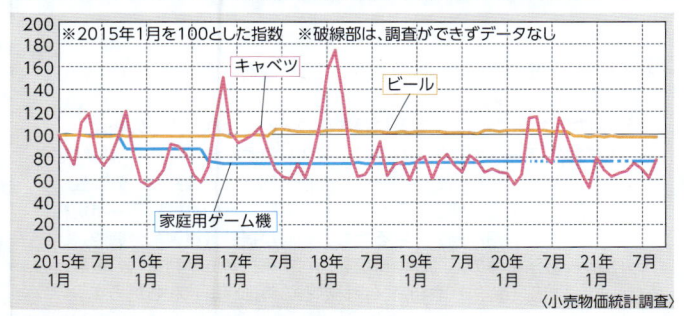

携帯電話※（2021年6月）
- 楽天モバイル 1.9
- ソフトバンク 25.2
- NTTドコモ 42.1%
- KDDIグループ 30.7
※格安スマホを含む

乗用車※（2020年）
- その他 15.1
- 日産 9.8
- ダイハツ 11.8
- スズキ 13.4
- ホンダ 14.9
- トヨタ 35.0%
※軽自動車を含む

家庭用ゲーム機（2020年）
- マイクロソフト 0.6
- ソニー・インタラクティブエンタテインメント 11.6
- 任天堂 87.8%

■上位1社 ■上位2社 ■上位3社 ■上位4社 ■上位5社 □その他
〈総務省資料、ほか〉

　自由競争が進展していくと、コスト削減のための大量生産や、商品を販売するための大規模な販売網が必要になる。一企業では対応できず、合併（→p.193）して規模を拡大し、業務の効率化を図る企業も出てくる。こうして企業が集約され（生産の集中）、一企業が市場を支配する独占市場や、少数の企業が競争する寡占市場も見られるようになる。各企業は、シェア拡大を目指し、デザイン、広告など価格以外の競争（非価格競争）も含めて、激しい競争を行っている。

1 さまざまな商品の価格の推移 〈出題〉

※2015年1月を100とした指数　※破線部は、調査ができずデータなし

（折れ線グラフ：キャベツ、ビール、家庭用ゲーム機の2015年1月〜2021年7月の価格指数の推移）
〈小売物価統計調査〉

解説 商品によって価格の変動幅は異なる　キャベツなどの生鮮食品は生産量の季節変化が大きく、市場価格は需要と供給の関係に応じて大きく上下する。家庭用ゲーム機などの工業製品では、企業は生産量や出荷量を調整することで望ましい価格を維持しようとする傾向にある。ビールは**寡占市場**であり、価格競争は少なく、価格はほぼ一定で下がりにくい。寡占市場において、**管理価格**（→補）などが設定されて、価格が下がりにくくなる現象は「**価格の下方硬直性**」とよばれる。

2 独占の形態 〈頻出〉

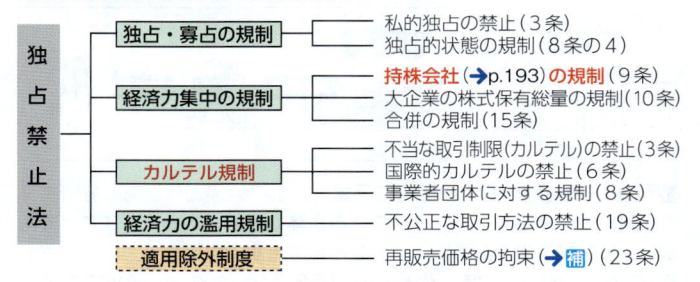

カルテル（企業連合）	同じ業種の企業が、価格・生産量などで協定を結んで競争を避け、利益を得る形態。**独占禁止法**で禁止されている。	価格は1000円にしよう
トラスト（企業合同）	同じ業種の企業どうしが一つの企業として合併し、規模を拡大することで競争を避け、利益を得る形態。大規模な合併は規制されている。	合併して競争をやめよう
コンツェルン（企業連携、企業結合）	**持株会社**（→p.193）が中心となり、さまざまな産業分野の企業を支配する形態。戦前の「**財閥**」（→p.245）はこれにあたる。	市場を支配しよう

解説 消費者にとって好ましくない独占　自由競争が行われても、結果として少数の実力ある企業が市場を支配すれば、市場経済がうまく機能せず、価格が上昇したり、生産量が減ったり、品質が低下したりするなど、消費者にとって不都合な状況が起こりうる。市場を独占・寡占する大企業がその立場や支配力を用いて利益を独占したり、市場の競争を妨げたりすることはあってはならないことから、各国で独占禁止政策が採られている。一方で、国際競争力強化などを理由に緩和される例もある（→p.193）。なお、企業本来の業種とは関係ない業種の企業を吸収合併し、事業多角化した企業を**コングロマリット**（→p.268）とよぶ。

3 独占禁止法 〈頻出〉

独占禁止法
- **独占・寡占の規制** ─ 私的独占の禁止（3条） / 独占的状態の規制（8条の4）
- **経済力集中の規制** ─ **持株会社**（→p.193）**の規制**（9条） / 大企業の株式保有総量の規制（10条） / 合併の規制（15条）
- **カルテル規制** ─ 不当な取引制限（カルテル）の禁止（3条） / 国際的カルテルの禁止（6条） / 事業者団体に対する規制（8条）
- **経済力の濫用規制** ─ 不公正な取引方法の禁止（19条）
- **適用除外制度** ─ 再販売価格の拘束（→補）（23条）

解説 自由競争を守る独占禁止法　独占など自由競争を阻害する行為を防ぐために**独占禁止法**（→補）がある。同法の下に**公正取引委員会**が設置され、違反行為に対する処分を行っている。独占禁止法は自由競争を維持するために重要で、「**経済の憲法**」ともよばれる。その違反の種類としては、公共事業などで、入札業者どうしが事前に話し合って受注する業者やその価格などを決める入札談合や、同じ業種の企業どうしが価格について協定を結ぶ価格カルテルなどがある。

📰 **新聞 段ボールでカルテル、課徴金130億円命令へ　公取委**

　段ボールの販売で価格カルテルを結んだとして、公正取引委員会は、最大手のレンゴー（大阪）など50社前後の独占禁止法違反（不当な取引制限）を認定し、総額約130億円の課徴金納付と、再発防止を求める排除措置命令を出す方針を固めた。（中略）
　関係者によると、対象は段ボール箱（ケース）と箱に加工される前の「シート」と呼ばれる半製品。大手食品メーカーなどが発注する全国向けのものと東日本を中心とする地域向けの二つのカルテルが結ばれていた。
　全国向けでは、大手5社が「五社会」という会合をつくって各社の副社長らが集まり、ケースの値上げ幅を決めていたという。（中略）原材料の古紙や燃料代の高騰が背景にあるとみられ、カルテルは遅くとも2012年初めごろには結ばれたという。
（2014年4月24日　朝日新聞）

経済

○✕チェック 答え❻❽

✕　寡占市場においては、管理価格などが設定されて、価格が下がりにくくなる。各企業は市場シェアの拡大を目指して、非価格競争も含めて、激しい競争を行うことになる。

4 「市場の失敗」 頻出

独占・寡占	自由な競争が行われず、企業は生産量を絞って価格をつり上げるので、消費者は高い価格で商品を購入しなければならず、**不利益をこうむる**
公共財	市内の公園を例に考える。公園は市民の税金で建設されている。市外の人は建設費を負担していないが、公園を利用できる。市場経済に任せると誰も建設費を負担しようとしなくなり、**財・サービスの供給は過少になる**
公益事業	電力・鉄道などは初期投資額がとても大きく、生産量を増やすほど1単位あたりの費用は下がる（**費用逓減産業**）。新規参入は困難で、必然的に独占・寡占状態になる（**自然独占**）
外部性 外部経済	養蜂農家とりんご農園が近くに立地する例を考える。養蜂農家にとってはりんごの果実から蜜を集めることができるので、**より多くの蜂蜜を生産することができる**。りんご農園にとっても、養蜂農家の蜂が受粉の手助けをしてくれるので**収穫量が増える**
外部性 外部不経済	企業の利潤追求の過程で発生する**公害**や**環境問題**などは、当該企業が費用負担をする必要がない場合には対策が取られにくい
情報の非対称性	中古車販売では、売り手と買い手の持っている情報に格差が生じ、市場に品質の悪い中古車があふれてしまう（→p.82）

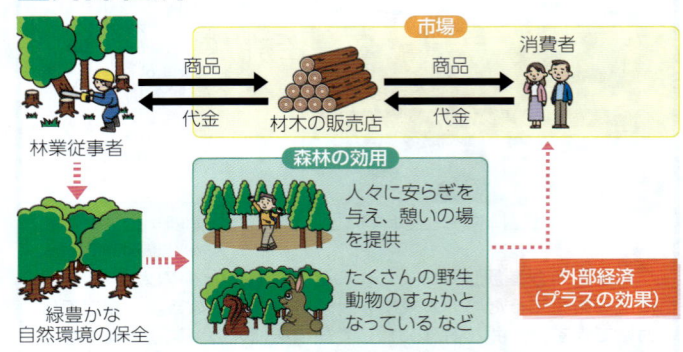

↑**漁獲される魚** 皆が魚を取りすぎる（個人の利益を追求する）と、結果的に魚がいなくなり（共有地の資源がなくなり）、全員にとって望ましくない結果（外部不経済）が生じる。この状況は「共有地の悲劇」（→p.39）ともよばれる。

解説 **市場任せは万能ではない** 「市場の失敗」とは、市場メカニズム（→p.184）だけでは望ましい資源配分を実現できないことを指す。市場メカニズムが機能した結果、生じた所得分配の不平等も「市場の失敗」と考えることがある。そのため政府は、公共財の供給（→p.204）、価格規制、独占・寡占や公害などの社会問題に対する規制を行っている。

5 外部不経済の内部化 出題

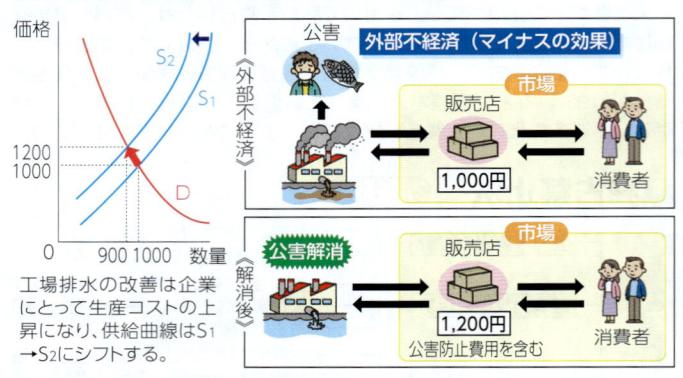

工場排水の改善は企業にとって生産コストの上昇になり、供給曲線はS_1→S_2にシフトする。

解説 **環境対策の費用を価格に反映** **外部不経済**とは、ある経済主体の活動が、市場を通さずにほかの経済主体に不利益をもたらすことである。それを解消するために、公害などを防止する費用を企業に負担させることを**外部不経済の内部化**とよぶ。**環境税**（→p.306）もその例である。外部不経済が生じていると、企業は公害などへの対策をしていないため、その分安い費用で多くの商品を生産でき、供給は過多になりがちである。

6 外部経済

解説 **市場任せでは良い効用が見逃されてしまうことも** 外部経済とは、ある経済主体の活動が、市場を通さずにほかの経済主体に利益をもたらすことである。緑豊かな自然を例に見ると、森林の効用は大きいが、人々は森林の保全を担う林業従事者にお金を支払いはしない。その効用が金銭で支払われるなら、林業はより盛んになるはずである。外部経済の場合は、そうした効用が市場では取り引きされず、供給は過少になりがちで、効率的な資源配分が実現できず、「市場の失敗」になる。

まとめ

I 計画経済と市場経済
・計画経済…生産手段の公有、政府による生産計画、価格統制などが特徴かつてのソ連など。現在は市場原理を部分的に導入（中国など）
・市場経済…生産手段の私有、価格をめぐる企業間の自由競争などが特徴実際は公共料金の設定、財政出動など政府の介入が見られる（**混合経済**）

II 市場の寡占と独占
・生産の集中…一企業が市場を支配する（独占市場）や少数の企業が競争（**寡占市場**）→**管理価格**が設定され、価格が下がりにくくなる
・独占の形態…**カルテル**（価格などで協定を結ぶ）・**トラスト**（同業種企業どうしの合併）・**コンツェルン**（持株会社を中心に異業種の企業を支配）

・**独占禁止法**…企業間の自由競争を阻害する行為を防ぐための法律 **公正取引委員会**による監視
・**情報の非対称性**…製品に関する情報を持つ人と持たない人との格差
・**市場の失敗**…市場メカニズムだけでは適切な資源配分がなされない状態 独占・寡占もその一例。ほかの例として公共財、外部性
・**公共財**…多くの人が使う公園や、警察・消防などのサービス→市場経済では供給が過少になるため、政府が提供（資源配分機能）
・外部性…経済主体の活動が、市場を通さず第三者に不利益（公害などの**外部不経済**）や利益（森林などの外部経済）をもたらす

補足解説

管理価格
大手の企業が**プライス・リーダー**（価格先導者）として一定の利潤が獲得できるように設定し、その価格に競合他社も追随することで決められる価格のことを指す。
再販売価格の拘束
メーカーが小売業者などに対し値引き販売をさせないこと。独占禁止法で禁止だが、書籍・雑誌・新聞・音楽CD・音楽テープ・レコードの6品目は例外的に認められている。
独占禁止法
正式には「私的独占の禁止及び公正取引の確保に関する法律」。1947年に制定され、独禁法と略称される。公正で自由な競争を促進するため、私的独占や不当な取引の制限、不正な取引方法の禁止などを規制している。

経済

ゼミナール 深く考えよう
市場経済における政府の介入について考える

POINT 市場経済に政府がどのくらい介入すればよいかは難しい問題です。経済学上の議論も社会情勢の変化に応じて変化してきました。市場経済における政府の介入の考え方とその変遷について学習しましょう。

産業革命
（18世紀半ば）
資本主義の成立

自由放任の考え方
・政府の経済への介入は必要最小限
（**小さな政府**）

資本主義の弊害
・恐慌、失業の発生
・貧富の差の拡大など

自由放任の修正
（修正資本主義）
・政府による積極的介入で恐慌の克服を図る
（**大きな政府**）

大きな政府の弊害
・不況下での財政赤字
・スタグフレーションの発生

自由放任の復活（新自由主義）
・フリードマンが、貨幣供給量の管理を除き、政府による介入は有害だとするマネタリズムを主張
→サッチャー、レーガンの登場、財政支出削減、規制緩和を図る
（**小さな政府**）

→**アダム＝スミス**
（1723〜90）
イギリスの経済学者。経済学の父とよばれる。主著『諸国民の富』で、分業の重要性や、自由貿易を主張し、保護主義・産業育成政策を説く**重商主義**を批判した。

世界恐慌
（1929）

社会主義の登場
・資本主義の否定（私有財産制廃止、計画経済）
・政府が生産計画を立てる

←**ケインズ**（1883〜1946）
イギリスの経済学者。主著『雇用・利子および貨幣の一般理論』。
日本でも1990年代後半〜2000年代の不況下で、ケインズ政策が行われ、赤字国債を発行して公共事業を増やし景気を回復させる手法が採られた。

石油危機
（1973）

リーマン・ショック
（2008）

大きな政府復権の動き
・行き過ぎた小さな政府への反省

→**マルクス**（1818〜83）
ドイツの経済学者。主著『資本論』。資本主義における労働や貧富の差などの問題を論理的に分析した。

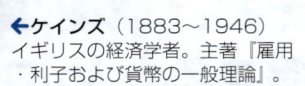

ロシア革命
（1917）

社会主義国家の誕生
・ソ連樹立
（1922）

社会主義の弊害
・技術革新の芽を摘む
・勤労意欲の減退

ソ連崩壊
（1991）

市場経済の導入

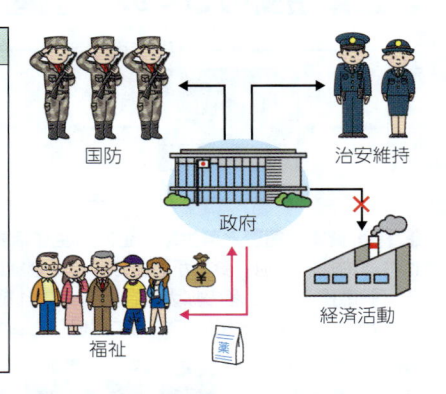

小さな政府

政府の役割は国防や治安維持など最小限にとどまり、経済活動には原則として介入しない。国民の税金や保険料の負担は低くて済むが、自己責任で老後の生活費用などを賄わなくてはならない。

国防　治安維持　政府　経済活動　福祉

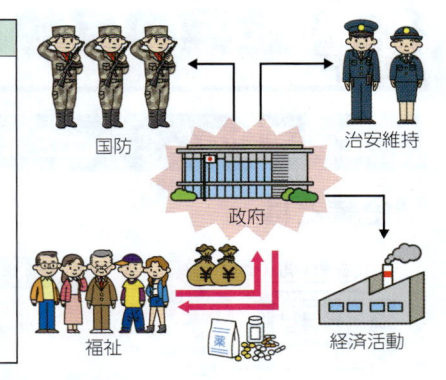

大きな政府

政府の役割は国防や治安維持にとどまらず経済活動に大幅に介入する。国民の税金や保険料の負担は高額になる代わりに、手厚い社会保障を受けることができる。

国防　治安維持　政府　経済活動　福祉

Ⅰ　小さな政府から大きな政府へ 〈頻出〉

解説 政府の役割が増大 **アダム＝スミス**（→p.186）が解き明かしたように資本主義経済の本来の形は**自由放任**である。人々は自分の欲求を満たそうと利己的にふるまうが、社会全体で見れば市場を通して「**見えざる手**」に導かれ、効率的で調和の取れた結果になる。政府は国防や治安維持など最小限のことをあずかる**小さな政府**が望ましいとされた。

19世紀後半以降、恐慌や失業が発生し、貧富の差の拡大が見られるなど「市場の失敗」が明らかになると、政府の積極的な役割が求められるようになった。一つは資本主義経済と決別して、**マルクス**（→p.30）が主張する社会主義経済に向かう流れである。もう一つは**修正資本主義**と称して、**有効需要**（貨幣を支出する価値のある需要）を創出し、景気回復を図るべきだと唱えた**ケインズ**の理論であった。ケインズの描く国家は**大きな政府**であり、税金や保険料など広く国民から預かったお金を元手に、国民の幸福の実現を目指すことであった。第二次世界大戦後、資本主義諸国はケインズ政策に基づき国民経済を支えた。

Ⅱ　ゆれ動く政府のあり方 〈出題〉

解説 リーマン・ショック以後政府のあり方に変化も 資本主義諸国が1970年代の石油危機に直面し、スタグフレーション（→p.212）に見舞われたことで、ケインズ政策は批判を浴びた。政府の介入が資本主義経済本来の姿をゆがめているというのである。このなかで**フリードマン**らの考え方を基に、80年代にはイギリスでサッチャーが、アメリカでレーガンが登場し、新自由主義が台頭し、規制緩和や競争原理の導入など**小さな政府**を主張した。供給力を強化して経済成長を図ろうとする主張や、市場の機能を信頼し、長期的な経済成長に応じた貨幣量の管理を除いて政府による市場への介入は有害だと主張する**マネタリズム**が主役となった。

しかし、2008年のリーマン・ショック（→p.271）によって世界的な不況に陥ったことを機に再び政府の役割が重視され、ケインズ政策の再評価、**大きな政府**への回帰も見られる。もっとも、各国とも財政事情は厳しく、大きな政府を裏づける財政資金は乏しいのが現状である（→p.208）。

↑牛丼の炊き出しを行う吉野家（2016年　熊本県益城町）

被災者を支援するために

　2016年4月16日に発生した熊本地震に際しては、行政・市民だけでなく、数多くの企業からも、トイレットペーパーなど生活必需品や、食料の提供などさまざまな支援の手が差し伸べられた。

　その一つとして外食産業による炊き出し活動が挙げられる。震災後で支援物資が十分に行き渡らず、食料も不足するなかで、牛丼チェーン大手の吉野家は、キッチンカーを被災地に派遣し、牛丼の炊き出しを行った。

　現代の企業は利潤を大きくすることだけでなく、大きな災害の際に被災者の支援に協力するなど、さまざまな社会貢献を行っている。

Question
・企業が被災者の支援を行うのはなぜだろうか。（→Ⅲ）

③ 企業の目的と役割

Ⅰ 企業活動のしくみと企業の種類

■企業とは

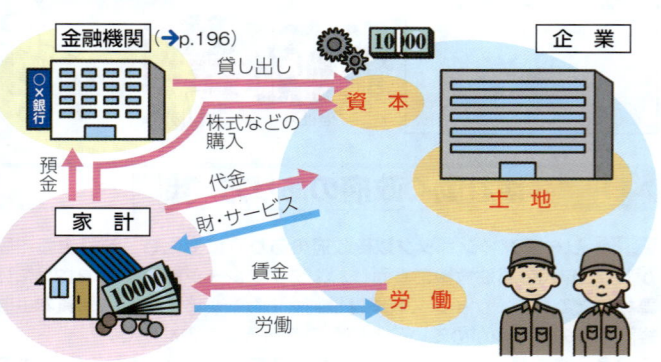

解説　商品を生産・販売する経済主体　企業とはさまざまな財・サービス（商品）を生産・販売する経済主体（→p.183）である。家計から労働（労働力）を調達して財・サービスの生産を行い、その対価を賃金として支払う。また企業によって生産された財・サービスは家計や政府に供給される。経済主体の中で、主に生産を担当しているのが企業であり、経済社会に占める役割は大きい。企業は利潤（→補）の追求を目的として活動している。しかし、それには社会のルールを守ることが必要であり、**社会的責任**（→Ⅲ）を果たすことが求められている。

❷企業活動のしくみ　〈出題〉

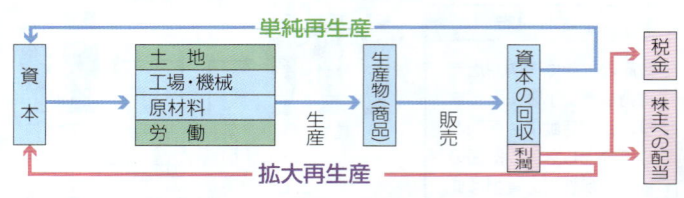

解説　資本の循環と再生産　企業の生産活動には、生産の三要素とよばれる**労働・土地・資本**が必要である。企業は利潤の一部を投資にあてて（**設備投資**）、生産の拡大を目指す。これを**拡大再生産**という。なお、利益から配当などを引いて社内に留保した資金は**内部留保**とよばれる。

→設備投資の例　企業は工場や機械などを拡充して、生産の拡大を目指す。右の写真は新たに設立した工場内にあるデニム用の糸を紡ぐ機械。

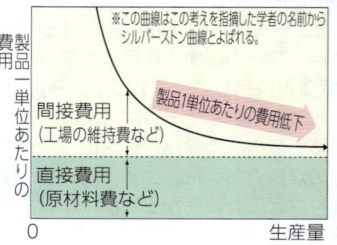

←企業が生産を拡大する理由　直接費用は、生産量が増えればその分増加するため、製品1単位あたりの費用は一定である。これに対し間接費用は、生産量が増えてもそれほど増加せず、製品1単位あたりの費用は低下するため、生産を拡大して大量生産すれば、利益も増大する。これを**スケールメリット**（**規模の利益**）という。

投資家保護を図るために、株式を上場している会社は、法律上、事業年度ごとに財務状況に関する情報を開示しなければならないとされている。（11年、本）

3 企業の形態 【頻出】

※合名・合資・合同・有限会社における社員としての地位
（株式会社の場合は株式）をほかの人に譲渡すること

私企業	個人企業		個人商店、農家など
	法人企業	会社企業	**株式会社**、**合資会社**、**合名会社**、**合同会社**
		組合企業	**生活協同組合**、農業協同組合など
公企業	地方公営企業		市営バス、上下水道など
	その他		国立印刷局、造幣局など
	公私合同企業		特殊法人形態（NHK、日本中央競馬会など）株式会社形態（NTT、日本たばこ産業など）

会社	特徴	出資者	持分譲渡※
株式会社	株式発行で大資本を集めやすい	有限責任の株主1人以上	自由
合名会社	小規模、組合的な性格	無限責任社員1人以上	全社員の承認必要
合資会社	小規模、有限責任社員には経営権がない	無限責任社員有限責任社員各1人以上	無限責任社員全員の承認必要
合同会社	定款で経営ルールを自由に決定、出資比率と異なる配当可能	有限責任社員1人以上	定款で決定

無限責任とは…会社が倒産したときに、会社の財産で債務を返済しきれない場合は、みずからの財産で返済にあてる必要がある。
有限責任とは…会社が倒産しても、みずからの財産を返済にあてる必要はなく、出資額以上の責任を負うことはない。

解説 日本の企業の中心は私企業
企業は、民間人が出資して経営する**私企業**（民間企業）、国や地方自治体が経営する**公企業**、国や地方自治体と民間が共同で出資して経営している公私合同企業に大きく分類される。この中で、企業の中心となるのが私企業であり、**個人企業**（自営業）と**法人企業**に分けることができる。

なお、2006年に**会社法**が施行され、それまでの**有限会社**は廃止され（既存のものは存続可能）、小規模で比較的経営の自由度が高い合同会社が新設された。また、**最低資本金制度**（→補、p.219）が撤廃され、資本金1円での会社設立も可能となった。

4 株式会社のしくみ 【頻出】

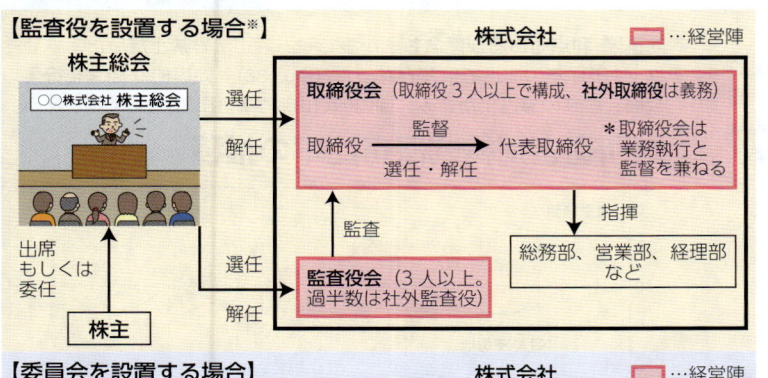

【監査役を設置する場合※】

※公開会社（株式の譲渡制限がない会社）で大会社（資本金5億円または負債200億円以上）の例

→**サンリオの株主総会で行われたパレード** 株主は、株主総会に出席し、持ち株数に応じた議決権を行使するだけでない。会社によっては、株主優待特典として商品やその割引券がもらえたりするなどのメリットもある。

解説 所有（資本）と経営の分離が特徴 **株式会社**とは、不特定多数の人から資金を調達し、企業を運営する制度のことである。現代の株式会社は資金の出し手（**株主**）と経営陣とが異なる**所有（資本）と経営の分離**が特徴で、**株主総会**（→補）が最高意思決定機関となる。なお、株主は企業が倒産した場合でも出資額以上の責任を負わないなどの**有限責任**の原則が採られている。

経営陣が会社の経営に損害を与え株主の利益を損ねたと株主が判断すれば、経営陣の退陣が議決されることもある。また、株主が会社を代表して**取締役**（→補）・**監査役**などに損害賠償請求を行うことができる**株主代表訴訟**の制度がある。

5 株式とは 【頻出】

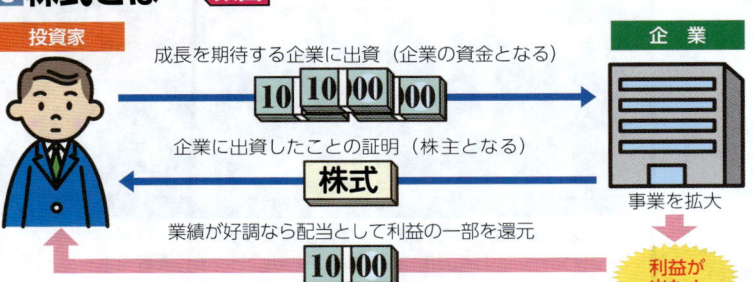

※株や株券を株式とよぶ。なお、2009年1月、上場企業の株券はすべて電子化された。

解説 資金を効率よく集める手段 会社を設立したり、事業を拡大したりするには多くの資金が必要となる。銀行から資金を借りるのも一つの方法だが、株式会社の形態で**株式**を発行する方法もある。企業は株式を売り出し、その企業の趣旨に賛同する投資家に購入（出資）してもらうことで資金を集める。株式がたくさん購入されるほど、企業はより多くの資金を集められる。より多くの人に株式を所有してもらえるように、株式を証券取引所に**上場**させて、証券市場（株式市場、→p.183）において自由に売買できる状態にしている企業も多い（株式の公開）。投資家は株式を購入することで、会社の利益の一部を**配当**として受け取れる。

○ 金融商品取引法に基づいて、株式を上場している会社は有価証券報告書を事業年度ごとに作成し、提出する必要がある。この報告書には、事業内容や営業状況、財務諸表などさまざまな情報が盛り込まれており、一般にも公開されている。

経済

Ⅱ 現代の企業

進む大企業どうしの経営統合

　人口減少が進む日本では、今後国内の需要減が見込まれる。企業が成長を続けるためには、新たな需要の掘り起こしや海外市場の取り込みなどが必要になる。こうしたなか、国際競争力を高めるために、日本の大企業どうしが経営統合して海外の企業に対抗する例も増えている。

→経営統合を発表した石油元売り大手2社（2015年）　国内シェア1位でJXHD（ブランド名：ENEOS）と3位の東燃ゼネラル石油（ブランド名：Esso、ゼネラル、Mobil）が統合し、17年4月にJXTGホールディングス（HD）（現 ENEOSホールディングス）が発足した。

1 日本の主な企業集団

銀行	グループ名（社長会）	主な企業
三菱UFJFG	三菱グループ（金曜会）	三菱商事、日本郵船、キリンHD、ENEOSHD
	三和グループ（三水会）	ダイハツ工業、サントリーHD、髙島屋
みずほFG	第一勧銀グループ（三金会）	伊藤忠商事、いすゞ自動車、川崎重工業、富士通
	芙蓉グループ（芙蓉会）	日産自動車、沖電気工業、日清製粉グループ本社
三井住友FG	三井グループ（二木会）	三井物産、東芝、三越伊勢丹HD、三井化学
	住友グループ（白水会）	住友商事、NEC、日本板硝子、住友化学

解説　企業集団の再編が進む　企業集団は銀行・商社・製造業などさまざまな分野の大企業から成る。戦後の財閥解体（→p.245）後も、株式の持ち合い（→補）、系列化（→p.219）により強力な結束を保ち、日本経済の中心的役割を担ってきた。しかし、近年中核となる銀行の再編が進み（→p.198）、従来の財閥の枠を超えた合併・提携も行われている。

2 M&A（合併・買収）　出題

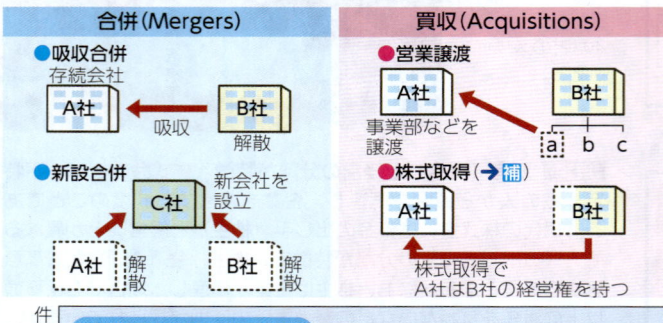

合併（Mergers）

●吸収合併
存続会社
A社 ← 吸収 ← B社 解散

●新設合併
A社 解散 → C社 新会社を設立 ← B社 解散

買収（Acquisitions）

●営業譲渡
A社 ← B社
事業部などを譲渡　a b c

●株式取得（→補）
A社 → B社
株式取得でA社はB社の経営権を持つ

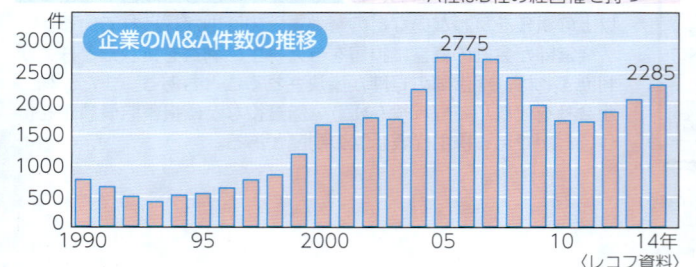

件
3000
2500　　　　　2775
2000　　　　　　　　　　2285
1500
1000
500
0
1990　　95　　2000　　05　　10　　14年
企業のM&A件数の推移
〈レコフ資料〉

↑台湾の鴻海精密工業のシャープ買収（2016年）　シャープは外資の傘下で経営再建を進めている。

解説　増加するM&A　M&Aとは、他の企業を合併・買収することで、大きくは資本提携も含む行為を指す。企業規模の拡大により国際競争力が向上、新規事業を展開する際に合併・買収した企業の技術やノウハウを活用、事業の海外展開を効率よく実施、などの利点がある。近年は投資ファンド（→補）によるM&Aも含め、大規模なM&Aによる業界再編が進んでいる。

3 持株会社とは　出題

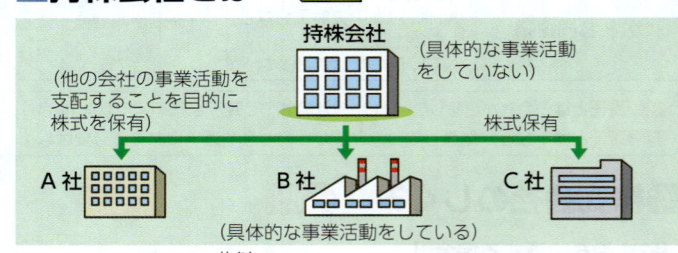

持株会社（具体的な事業活動をしていない）

（他の会社の事業活動を支配することを目的に株式を保有）　　株式保有

A社　　B社　　C社
（具体的な事業活動をしている）

解説　利点もあるが懸念も　かつて独占禁止法で禁止だった持株会社は、1997年の改正で解禁となった（→p.188）。効率的な経営を行える反面、産業の寡占化が進み、国内の自由競争が阻害される恐れがある。

4 所有者別株式保有比率の推移

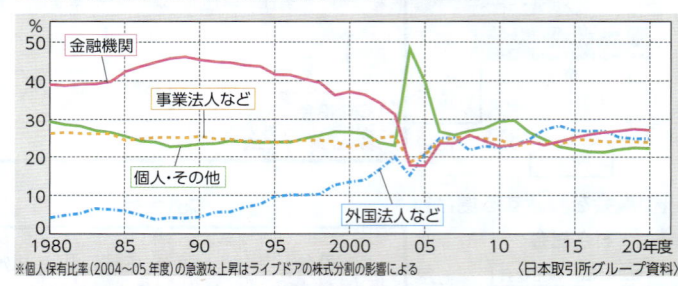

%
50　金融機関
40
30　事業法人など
20　個人・その他
10　外国法人など
0
1980　85　90　95　2000　05　10　15　20年度
※個人保有比率（2004〜05年度）の急激な上昇はライブドアの株式分割の影響による
〈日本取引所グループ資料〉

解説　外国法人などによる保有比率が上昇　かつては株式の持ち合いにより、金融機関の保有比率が高かった。しかし、1990年代以降、金融機関は不況下で不良債権処理に追われ保有比率を下げた。他方で、金融自由化（→p.198）が進み、外国法人などの保有比率が上昇している。

Ⅲ 企業活動と社会的責任

美術と音楽に出合う喜びを

↑サントリーホールで開催された管弦楽団の演奏会（2019年）　サントリーホールは1986年に完成した東京初のコンサート専用ホール。海外からの数多くのオーケストラがこのホールで演奏会を開催している。

○×チェック⑦⓪　企業には、住民による環境保全活動を支援することが、企業の社会的責任（CSR）の一環として、法律で義務付けられている。（12年、追）

経済

❶ 企業の社会的責任とは 〈出題〉

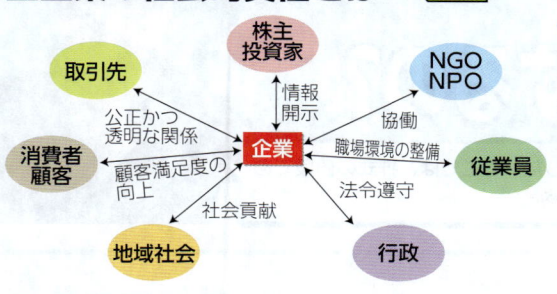

← ステークホルダー
みずからに関わりある
すべての企業や人々を
指す。

解説 利潤追求だけでない企業のあり方　企業の社会的責任は CSR（Corporate Social Responsibility）とよばれ、**コンプライアンス**（法令遵守）、環境への貢献などを主な内容とする。近年の**コーポレート・ガバナンス**（企業統治、→補）重視により、ますます注目されている。**ステークホルダー**（利害関係者）との関わり、経営情報や不良品などの情報開示（**ディスクロージャー**）やリコール（製品回収・修理）などの誠意ある対応、自社製品の使用後の廃棄までも視野に入れた商品開発など、利潤追求だけでない企業のあり方が問われている。

❷ 企業の社会貢献活動 〈頻出〉

サントリー	美術館、音楽ホールの運営	富士フイルムビジネスイノベーション	拡大教科書支援
日本マクドナルド	子どもの医療への支援	トヨタ自動車	交通安全教室の開催
東芝	ビオトープの設置	三菱電機	社会福祉施設・団体への支援
NEC	盲導犬支援	資生堂	芸術・文化など啓発活動
リクルート	若者向け就職支援プログラムの提供	味の素	東日本大震災被災地域などでの料理教室の開催支援

解説 貢献の仕方はさまざま　企業には芸術文化支援活動（**メセナ**）、社会貢献活動（**フィランソロピー**）も期待されている。貢献の仕方はさまざまで、社会福祉の増進や企業のイメージアップが主な目的である。

❸ 近年発覚した企業の不祥事

年	事項
2000	三菱自動車によるリコール隠し
06	ライブドアによる証券取引法違反（見せかけの成長を装う）
08〜	タカタ製エアバッグのリコール相次ぐ（タカタは17年経営破綻）
11	大王製紙事件（当時の会長による子会社からの不正な資金借り入れ）オリンパスによる粉飾決算（損失隠し）
15	東芝による不適切会計（利益の水増し）横浜市の傾斜マンション問題（杭打ちデータ偽装。3社に行政処分）
16	三菱自動車による燃費データ不正表示
18	スルガ銀行による不正融資
19	かんぽ生命による不適切販売

解説 社会的信用を失う企業の不祥事　企業には、法律を守って公正な経済活動を行うことが求められる（コンプライアンス、法令遵守）。しかし、コンプライアンス違反となる企業の不祥事が後を絶たない。

まとめ ■■ ■—■

Ⅰ　企業活動のしくみと企業の種類

- 企業…財・サービスを生産・販売する経済主体。利潤追求を目的に活動
- 資本の循環…利潤の一部を工場や機械などの拡充（設備投資）にあてて、生産の拡大を目指す（拡大再生産）
- 企業の形態…**私企業**、**公企業**、公私合同企業に分類。私企業は**個人企業**（自営業）と**法人企業**（**株式会社**などの**会社企業**、**生活協同組合**などの組合企業）
  → 2006年施行の会社法により**有限会社**廃止、**合同会社**の新設、**最低資本金制度**の撤廃（資本金1円での会社設立が可能に）
- 株式会社…資金の出し手（株主）と経営陣とが異なる
  → **所有**（**資本**）**と経営の分離**
  株主による企業経営の監視（コーポレート・ガバナンス）
  株主総会が最高意思決定機関。株主の**有限責任**の原則
- 株式…企業は多くの資金を集めるため株式を発行
  証券取引所に上場→証券市場で自由に売買可能（株式の公開）
  株主は利益の一部を**配当**として受け取り

Ⅱ　現代の企業

- 企業集団の再編…戦後の財閥解体後も、銀行、商社、製造業など大企業から成る企業集団が株式の持ち合い、系列化により結束
  →銀行の再編により、従来の枠組みを超える合併・提携
- **M&A**（他の企業の合併・買収）→企業規模拡大による国際競争力向上、買収企業の技術などを利用した新事業の展開、事業の海外展開など
- **持株会社**…他の会社の事業活動の支配を目的に株式を保有し、グループ内の子会社を統括・運営する。1997年**独占禁止法**改正で解禁
- 株式保有の変化…かつては株式の持ち合い、高い金融機関の保有比率
  →1990年代以降は、保有比率が低下、外国法人などの保有比率が上昇

Ⅲ　企業活動と社会的責任

- 企業の社会的責任…**コンプライアンス**（法令遵守）など、社会からの信頼獲得が重要に。経営情報や不良品などの情報開示（**ディスクロージャー**）
- 企業による社会貢献
  …芸術文化支援活動（**メセナ**）や社会貢献活動（**フィランソロピー**）

補足解説

利潤
財・サービスの売り上げの総額から、その生産に要した地代、工場・設備費、原材料費、賃金などの費用（コスト）を引いたものをいう。通常、利益とはほぼ同じ意味で用いられるが、経済学上は、機会費用も費用に含めて考えられる。

最低資本金制度
会社設立の際に、株式会社は1000万円、有限会社は300万円以上の資本金が必要であった。資本金とは会社が事業を行う際の元手のこと。

株主総会

株主は、通常1単元の株式につき1票の議決権を持ち、会社の管理・運営・組織の最終的な決定権を有する。3月期決算の企業の場合、6月末に開催することが多い。

取締役
株主を取締役に選ぶこと自体は禁止されていないが、所有（資本）と経営の分離の観点から、公開会社では、定款（会社の基本規則）によっても取締役を株主だけに限定できない。

株式の持ち合い
銀行を中心に会社間で互いの株式を持ち合うこと。外国資本による合併・買収の防止、グループ内での資金融通、系列取り引きの強化などのメリットから行われてきたが、バブル崩壊以降、不要な株式の売却が進んだこと、持株会社が解禁となったことなどを背景に、減少していった。

株式取得
所有株式数が多いほどその会社に対する発言権は大きくなるため、M&Aの一手法として行われることがある。3分の1を超える株式を取得・保有しようとした場合、金融商品取引法でTOB（株式公開買い付け）が義務付けられている。株式市場を介さずに「買い付け期間、買い付け予定株式数、価格」などを公表して、不特定多数の株主から買い集めるので、株式市場で買い集めるよりも手間をかけずに取得できる。

投資ファンド
投資家からお金を集めて、いろいろな会社の株式や商品へ投資することで収益を得ようとする集団。ファンドとはもともとは資金という意味。

コーポレート・ガバナンス
株主などステークホルダーの利益を守るために、公正な判断や運営がされるよう企業経営を監視するしくみ。

経済

ゼミナール 深く考えよう
株価はどうして変動するの?

POINT p.192では企業形態の一つである株式会社のしくみと株式について学習しました。ここでは、株式の値段である株価がどのように決まり、どのような理由で変動するのかを見てみましょう。

Ⅰ 新聞の株式欄を見てみよう

2021年12月13日(月曜日)の株式欄

銘柄	始値	高値	安値	終値	前日比	出来高
水産・鉱業						
極 洋	3110	3110	3075	3085	▼20	121
日 水	533	537	529	532	▼1	16820
マルハニチロ	2381	2381	2356	2364	△8	579
雪国まいたけ	1225	1227	1207	1216	▼9	1662
カネコ種苗	1371	1380	1371	1371	△6	25
サカタタネ	3295	3295	3260	3265	0	654
ホクト	1883	1885	1866	1868	▼17	502
ホクリヨウ	702	703	698	699	△1	61
住石HD	132	132	128	129	▼2	6819
日鉄鉱	6420	6420	6270	6340	△20	283
三井松島HD	1381	1387	1346	1346	▼7	3671

銘柄	始値	高値	安値	終値	前日比	出来高
・INPEX	999	999	986	987	△1	87962
・石油資源	2610	2616	2539	2548	▼44	2625
・K&Oエナジー	1484	1485	1443	1453	▼28	469
建　設						
ヒノキヤG	2291	2291	2241	2250	▼1	93
ショーボンド	5200	5230	5190	5190	△40	1678
ミライトHD	1967	1974	1948	1960	△7	1786
タマホーム	2236	2245	2178	2193	▼27	2429
サンヨーH	729	729	724	725	▼14	32
日本アクア	741	745	709	718	▼22	741
1stコーポ	711	711	694	694	▼17	219
ベステラ	1316	1337	1275	1292	▼24	698
ロボットホーム	228	228	220	221	▼3	1174
キャンディル	516	517	510	513	△1	62
ダイセキS	1628	1647	1599	1619	▼10	654
第一カッター	1355	1377	1326	1329	▼22	110
安藤ハザマ	897	903	890	898	△13	9203

2021年12月14日(火曜日)の株式欄

銘柄	始値	高値	安値	終値	前日比	出来高
水産・鉱業						
極 洋	3085	3085	3055	3060	▼25	102
日 水	524	530	521	528	▼4	24946
マルハニチロ	2360	2389	2360	2387	△23	996
雪国まいたけ	1213	1217	1199	1205	▼11	1369
カネコ種苗	1392	1415	1383	1407	△36	57
サカタタネ	3280	3300	3265	3300	△35	568
ホクト	1868	1879	1861	1878	△10	623
ホクリヨウ	699	701	690	692	▼7	120
住石HD	129	129	127	129	0	5701
日鉄鉱	6340	6380	6320	6370	△30	129
三井松島HD	1341	1370	1334	1359	△13	3396

銘柄	始値	高値	安値	終値	前日比	出来高
・INPEX	976	985	972	976	▼11	84094
・石油資源	2544	2573	2512	2549	△1	2344
・K&Oエナジー	1453	1480	1430	1453	△5	306
建　設						
ヒノキヤG	2273	2273	2237	2265	△15	67
ショーボンド	5190	5230	5180	5220	△30	1138
ミライトHD	1956	1969	1937	1948	▼12	2390
タマホーム	2193	2230	2162	2224	△31	3201
サンヨーH	725	727	720	720	▼5	51
日本アクア	708	717	681	686	▼32	1898
1stコーポ	687	700	687	700	△6	154
ベステラ	1278	1286	1241	1261	▼31	541
ロボットホーム	221	223	219	221	0	1089
キャンディル	510	512	505	509	▼4	119
ダイセキS	1617	1633	1577	1595	▼24	776
第一カッター	1332	1332	1318	1329	▼1	109
安藤ハザマ	897	904	887	892	▼6	7343

↑新聞の株式欄(東証第1部 抜粋)(2021年12月14日、15日　毎日新聞)

銘柄	会社の略称	終値	その日の最後に売買が成立した値段
始値	その日の最初に売買が成立した値段(1株あたりの単価)	前日比	前日の終値と当日の終値の値段の比較。△は値上がり、▲は値下がり、0は変わらないことを表している
高値	その日に売買が成立した最も高い値段		
安値	その日に売買が成立した最も安い値段	出来高	その日に売買が成立した株式数

※その年の最高値を年初来高値、最安値を年初来安値とよび、新聞の市況欄では黒地に白抜き数字で表示される。ただし1〜3月は、前年1月以降の株価が対象になり、それぞれ昨年来高値、昨年来安値というよび方となる。

解説 **株価は需要と供給の関係で決まる**　新聞の株式欄を見ると、株価が常に変動していることが分かる。株価は、売り手が買い手よりも多ければ下がり、逆に買い手が売り手よりも多ければ上がる。つまり、株価もほかの商品の価格と同じように、売り手(供給、→p.183)と買い手(需要、→p.183)の関係で決まることになる。

→↓東京証券取引所(右)、証券会社(下)　株式を売買する際には、株式市場を通すことになる。その中心は証券取引所であるが、個人が直接株式を売買することはできず、証券会社を通して行われる。

Ⅱ 株価はなぜ変動するのか　〔出題〕

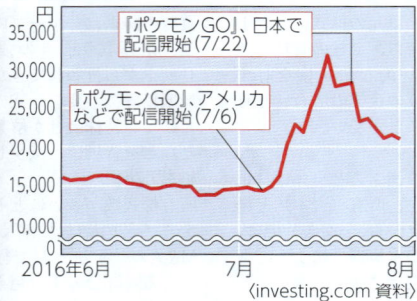

円
『ポケモンGO』、日本で配信開始(7/22)
『ポケモンGO』、アメリカなどで配信開始(7/6)
2016年6月　　7月　　8月
〈investing.com 資料〉

↑任天堂の株価の急騰を示す株価ボード(左)、『ポケモンGO』発表前後の任天堂の株価の推移(右)
任天堂の株価は、6月24日のイギリスのEU離脱を問う国民投票を受けて円高が進むなか、円高による業績悪化が懸念され、一時13,800円を付けた。その後、『ポケモンGO』が社会現象となったことを受けて、株価は急上昇、7月17日には31,770円と2倍以上になった。しかし、任天堂が「業績に与える影響は限定的」とのコメントを発表し、株価は急落、25日の株価は前週末比で5,000円も下落した。

解説 **株価はさまざまな要因で変動する**　需要と供給が変われば株価も変化する。その要因は企業個別の要因と市場全体の要因に大きく分けられる。

企業個別の要因としては、企業収益のよしあしや配当額の変化、M&A(→p.193)などが挙げられる。例えば企業収益が改善したり、配当の増額が決まったりしたときは、株価は上昇する傾向にある。

市場全体の要因としては、日本や諸外国の政治・経済状況などが挙げられる。例えば、イギリスの国民投票でEU離脱が支持された際には、世界経済に悪影響を及ぼすとして、株価が大幅に下落した。

なお株価が安いときに株式を買い、高いときに売ると、差額で利益(利ざや)を得られるため、短期間で売買して利益を得ようとする投機目的も多い。

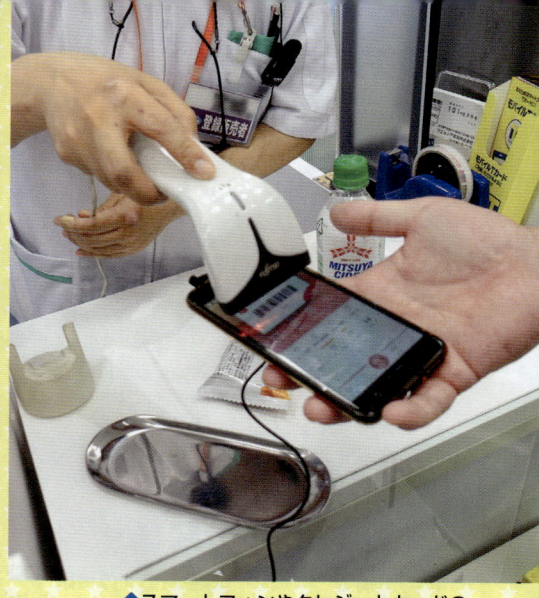

↑スマートフォンやクレジットカードの決済端末やバーコードが並ぶ店頭（左）と支払いの様子（右） コロナ禍により非接触の決済手段としても注目を集める。

スマホで広がるキャッシュレス化　普及に課題も

2019年10月から20年6月まで、消費税率10%への引き上げに合わせて、キャッシュレスでの支払いに最大5％が還元されるポイント還元事業が行われた。日本のキャッシュレス決済の普及率は約27%（19年）で、約95%の韓国、約65%の中国（いずれも16年時点）などと比べ低水準にある。

キャッシュレス推進の背景には、消費者の利便性や事業者の生産性向上、外国人観光客の取り込みなどがある。クレジットカードや電子マネーに加え、スマートフォン決済も増えつつあるが、店側が決済事業者に支払う手数料端末の導入費が高く、中小の店舗の普及に課題もある。

Question
・キャッシュレス化に伴い銀行の店舗数が減っているが、金融機関の役割とは何だろうか。（→Ⅰ）

4 金融の役割

Ⅰ 金融のしくみ

1 世の中のお金はこう流れる　出題

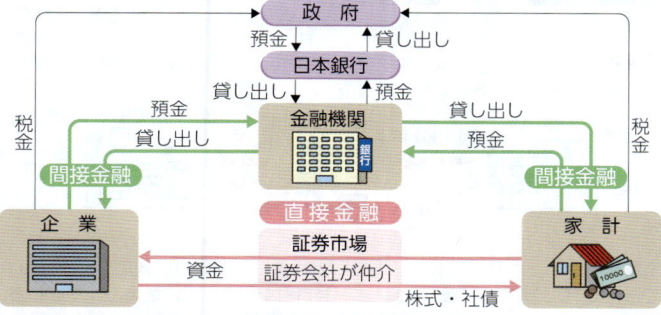

→銀行のローン相談窓口
住宅など大きな額の買い物をしたい家計や、生産を拡大するために工場や機械などを拡充したい企業にとっては、お金が必要である。そういった需要に応えて、銀行はお金を貸し出している。

解説 経済の潤滑油としての役割を持つ金融　社会には、手に入れたお金をしばらく蓄えようと思っている（資金が余っている）家計や企業と、手に入れたお金だけでは、必要なものを買えない（資金が足りない）家計や企業が同時に存在する。**金融**とは、資金が余っているところから足りないところへ「資金を融通する」ことをいう。資金がうまく流れるために、資金を貸したい人と、借りたい人の間に入って橋渡しをするのが**金融機関**で、資金を取り引きする場が**金融市場**である。なお、金融には、銀行などの金融機関を通して資金を借りる**間接金融**と、証券市場を通して株式や社債などを発行して直接資金を調達する**直接金融**がある。日本は外国と比べ間接金融の割合が高いが、近年直接金融の比率が高まっている。

2 通貨制度がこう変わった

金本位制度	管理通貨制度
・金の保有量に応じて通貨を発行	・国の信用に応じて通貨を発行、中央銀行が供給量を管理。今の主流
・紙幣は自由に金と交換可（兌換通貨）。日本は1931年まで実施	・金とは交換できない（不換通貨）
長所：物価が安定する	長所：通貨増発で不況対策が可能
短所：通貨量の柔軟な調整が困難、景気を安定化させることが難しい	短所：通貨増発が可能な分、インフレを招きやすい

解説 金本位制度から管理通貨制度へ　日本は1897年に**金本位制度**を導入した。しかし、金の供給には限りがあり、世界貿易の拡大によって増大する商品に対応するだけの**貨幣**（→補）が作れなくなり、1930年代の金融恐慌のなかで、現在の**管理通貨制度**に移行した。金と交換できる兌換通貨は廃止され、不換通貨が世界的に主流となった。

経済

3 電子マネーの普及 <出題>

↑**主な電子マネー** 事前に入金する前払い式（プリペイド型）と後払い式（ポストペイ型）がある。運営主体は、①イオンリテール、②JR東日本、③セブン＆アイHD、④パスモ（大手鉄道事業者が共同出資）。

解説 現金が不要に **電子マネー**とは、カードや携帯電話などを使い、電子データ上で支払いできる電子決済手段の一種である。近年急速に普及しており、現金不要の**キャッシュレス社会化**が進んでいる。消費者にとっては、小銭や決済時の本人確認が不要で、利便性が高い。発行者にとっても、顧客がいつ、どこで、何を購入したか把握できるため、重要な情報源となっている。

4 金融機関の分類

摘要		金融機関の種類	主な貸出対象先
中央銀行		日本銀行	市中銀行
民間金融機関	普通銀行	都市銀行、地方銀行、ゆうちょ銀行、第二地方銀行、外国銀行など	個人、企業
	信託銀行	信託銀行	企業
	協同組織金融機関	信用金庫※1、労働金庫、農業協同組合、漁業協同組合など	中小企業、個人、勤労者、農林漁業の従事者
	証券会社など	証券会社、証券金融会社	
	保険会社	生命保険会社、損害保険会社	個人、企業
	ノンバンク※2	消費者金融会社、リース会社など	個人、企業
	その他	短資会社	
公的金融機関（政府などが出資）		日本政策投資銀行、日本政策金融公庫など	個人、企業、農林漁業従事者、地方自治体など

※1 地域住民を会員とした地域の利益を優先し、営業地域が限定された金融機関
※2 預金・為替業務を行わず、貸付業務のみを行う

5 銀行の働き

① 信用創造のしくみ <出題>

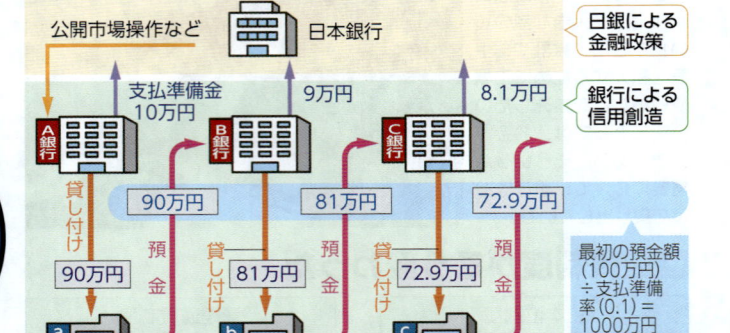

解説 預金をすると世の中の「お金」が増える 100万円の預金がA銀行にあるとする。支払準備率（預金準備率、→補）が10％のとき、A銀行は日銀に預ける支払準備金（10万円）を除いた90万円を、a社に貸し付けることができる。a社がその90万円をB銀行に預ければ、B銀行は支払準備金（9万円）を除いた81万円を、b社に貸すことができる。これを続ければ、当初の預金額は100万円でも、銀行全体としては、90万円＋81万円＋72.9万円＋…＝900万円の預金通貨が作り出される。こうした日銀が供給する通貨より多くの預金通貨が作り出される働きを**信用創造**とよび、経済全体のお金の流れを活発にする重要な役割を果たしている。

② 主な銀行業務

預金業務	当座預金	企業が小切手を振り出すときの担保となる預金、無利子
	普通預金	常時引き出し可能な預金
	通知預金	2日前までに通知して引き出す預金
	定期預金	1年、3年などの期間を定めた預金
貸出業務	手形貸付	銀行宛ての約束手形を振り出させて資金を貸し付け
	証書貸付	借用証書による資金の貸し付け
	当座貸越	当座預金残高を越えて一定限度まで小切手の振り出しを認める
	コールローン	銀行同士の短期の資金の貸し付け
為替業務	内国為替	送金、手形・小切手による支払い
	外国為替	国際間の決済、送金
その他の業務		投資信託・保険商品の販売など

↑**コンビニに設置されたATM**（現金自動預払機）

→**小切手（上）と約束手形（下）の見本** 小切手は、持参した人に銀行が現金を支払う有価証券である。手形は支払いを一定期間待ってもらうための有価証券で、約束手形は、額面の金額を手形の発行者が一定の期日に支払う有価証券である。将来的には電子化される。

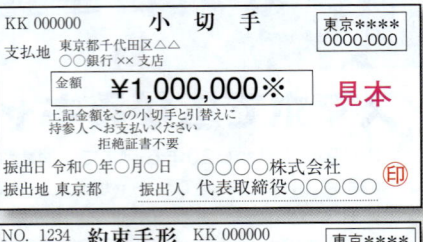

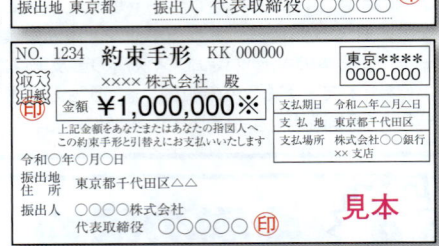

③ 銀行はこうして収益を得る <出題>

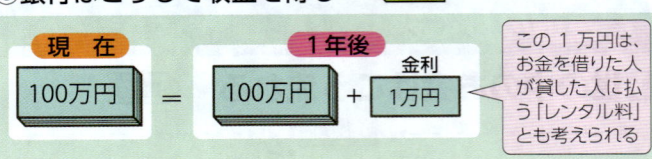

Q 預金金利1％で企業Aから100万円を預かった銀行が、そのお金を貸出金利5％で企業Bに貸し出すと…

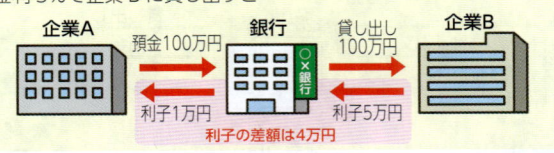

↑**金利とは？** 上の例では、100万円の価値はどちらも一緒だが、今もらって銀行に100万円を1年間預ければ、1年後は101万円に増える。すなわち、現在のお金の価値は、将来の同額のお金の価値より高くなる。

解説 銀行は金利差によって収益を得る 銀行に預金すると1年後には**利子**（利息）が付いてくる。利子はお金を借りた人が貸した人に払う「レンタル料」ともいえ、その割合が**金利**である。一般に、将来予想される物価上昇率や経済成長率、信用リスク（貸し出したお金が返ってこない危険性）が高く、貸し借りの期間が長いほど、金利は上昇する。

顧客の預金に対し支払う利子と、お金を貸して得る利子の差額を利益として得ることが、銀行の収益の源泉である。ほかにも、株式や債券、不動産などの運用益やATMの手数料、投資信託・保険商品の販売手数料、外貨両替などの手数料も重要な収益となっている。

○×チェック⑦ 企業が銀行を介して資金を集めることを直接金融といい、企業が株式や社債などを発行して資金を集めることを間接金融という。（10年、追）

経済

銀行が破綻したらどうなるの？

預金者のみなさまへ

当行の定期預金（つみたて分含む）は、預金保険法により、預金者１人当たり、元本1,000万円までとその利息※が全て保護されておりますので、ご安心ください。

※ 破たん日までのお預け入れ時の満期解約利率での利息をいいます。破たん日は、9月10日です。

日本振興銀行㈱

↑経営破綻を発表した日本振興銀行に行列する人々（2010年）

2010年９月、日本振興銀行が経営破綻した。中小企業への融資を目的として04年に開業したが、経営に失敗し、事業の継続が難しくなった。この破綻で、融資を受けていた企業にも影響が広がり、倒産が相次いだ。預金者の預金が1000万円とその利息までしか保護されないペイオフが初めて発動された。

1 金融自由化の流れ ◀頻出

護送船団方式	・金利、手数料はどの金融機関も同じ ・銀行・証券会社の役割分担を明確化 ・店舗展開への規制、金融商品の規制 ・長期金融市場と短期金融市場の分離 ・対外取引（外国との資金移動など）は原則禁止

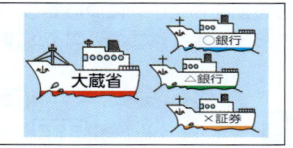

大蔵省
○銀行
△銀行
×証券

金融自由化の動き	金利の自由化	1979年 85年 94年	譲渡性預金（譲渡可能な定期預金）の解禁 定期性預金の金利自由化（93年完全自由化） 普通預金など流動性預金の金利自由化
	金融業務の自由化	1993年	銀行・証券会社間で子会社方式による相互参入の解禁
	為替業務の自由化	1980年	対外取引の原則自由化

金融ビッグバン（1996〜）	●三つの特色 Free（市場原理が働く自由な市場） Fair（透明で信頼できる市場） Global（国際的で市場を先取りする市場） ●目的 ①東京市場をニューヨーク、ロンドンと並ぶ国際的な金融・証券市場に ②個人の金融資産の有効活用 　→より便利で効率的な金融システムへ 1998年　対外取引の完全自由化（一般の事業所でも取引可能に） 　　　　銀行における投資信託の窓口販売解禁 1999年　株式売買委託手数料完全自由化

Free
Fair — Global

解説 保護から競争の時代へ 以前の日本では、大蔵省（現：財務省）が金融安定のためにさまざまな規制を行って金融機関を保護する金融政策（護送船団方式、→補）が採られていた。しかし、この方式は、①金利が金融市場の需給で決まる国債が大量発行されるなか、金利規制が時代に合わなくなってきたこと、②欧米諸国が金利や業務規制の撤廃などの金融自由化を急速に進めたこと、という「２つのコクサイ化」を背景に、行き詰まりを見せた。日本でも徐々に金融の自由化（→p.193）が進み、1996年には金融システム改革（**金融ビッグバン**）が掲げられた。

①金融業界の再編

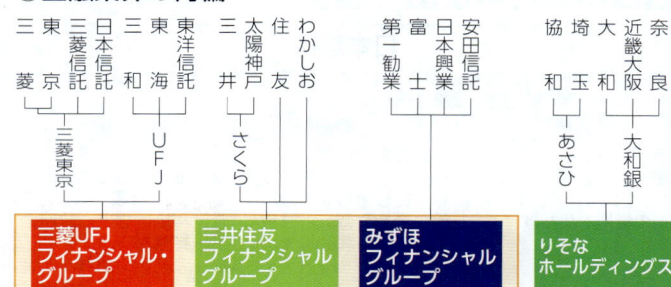

三菱
東京
三菱信託
日本信託
三和
東海
東洋信託
大陽神戸
住友
わかしお
第一勧業
富士
日本興業
安田信託
協和
埼玉
大和
近畿大阪
奈良

三菱東京
UFJ
さくら

三菱UFJフィナンシャル・グループ　約8.3兆円
三井住友フィナンシャルグループ　約5.3兆円
みずほフィナンシャルグループ　約4.0兆円
りそなホールディングス　約1.0兆円

三大メガバンク

あさひ
大和銀

※1989年以降の動き。金額は時価総額（株価×発行済株式数）（2021年9月1日現在）

解説 三大メガバンクへ統合 金融ビッグバンの結果、金利・金融業務・為替業務が自由化し、企業グループ・国境を越えた業務提携が加速した。六つであった企業グループ（→p.193）が三大メガバンクなどに再編された。さらに、ネット銀行など新たな形態の銀行も出現した。

②ペイオフ解禁 ◀出題

利息の付かない普通預金・当座預金	全額保護（恒久措置）
利息の付く普通預金・定期預金など	金融機関ごとに預金者１人あたり元本1000万円までとその利息を保護
外貨預金など	保護対象外

↑**預金保険制度による預金保護の対象** ペイオフは2002年より一部解禁、普通預金などに対しては、05年より解禁された。

解説 預金者にも自己責任を求める **ペイオフ**とは、本来金融機関が経営破綻したとき、金融機関を清算して預金を払い戻すことをいう。金融機関は、預金保険機構（→補）に保険料を払い、破綻時には、①**預金保険法**に基づく**預金保険制度**によって、預金者に対して一定限度まで保険金が支払われ（ペイオフ）、②預金などを譲り受ける救済金融機関にも資金援助が行われる。預金が全額保護されなくなり、預金者にも自己責任が求められるようになった。

Ⅲ 日本銀行の働き

日本銀行は「円」の形

↑**上空から見た日本銀行** 手前の「円」の形に見える建物が旧館。今日、主な業務は旧館の奥にある新館で行われている。

　日本銀行の建物（旧館）は、上空から見ると「円」の形に見える。日本の通貨「円」を管理する日本銀行であり、意図的にそうしたという説もあるが、1896年の完成当時に、用いられた通貨の単位は、円の旧字である「圓」で、実際は単なる偶然である。

経済

〇✕チェック答え⑰　✕　銀行を介して資金を集めることを間接金融といい、企業が株式や社債などを発行して資金を集めることを直接金融という。

❶日本銀行の役割 <投題 出題>

日本銀行

* 日本の中央銀行。政府の機関ではなく、日銀法に基づく認可法人
* 資本金 1 億円のうち、政府が55％出資

発券銀行※	銀行の銀行	政府の銀行
管理通貨制度の下で日本銀行券を独占的に発行する。日本銀行券の信用保持の機能を果たす	一般の金融機関（市中銀行）からの預金の受け入れ、貸し出しを行う。一般の企業や個人とは取り引きを行わない	税金、社会保険料、交通反則金などの国庫金の出納（支出と収入）、国債償還利払いなど、政府の出納業務を行う。公共工事、公務員の給与、年金などはこの口座から出金される

※硬貨の発行権は政府にある（硬貨の製造は独立行政法人造幣局が行う）

↑1万円札の印刷の様子　日本銀行券の印刷自体は独立行政法人国立印刷局に発注している。

解説　ほかの銀行にはない、特別な役割　日本銀行（日銀）は、日本の中央銀行として、「発券銀行」「銀行の銀行」「政府の銀行」という三つの役割を担っている。短期的な好景気を望みがちな経済界や政治家などに対し、物価や景気を安定させ中長期的な経済発展を確保するためには、政治的な思惑を離れて中立的な金融政策を行う必要がある。このため、1998年の改正日銀法（→補）でも、日銀の独立性が明確化された。

❷金融政策

①金融政策とは <頻出>

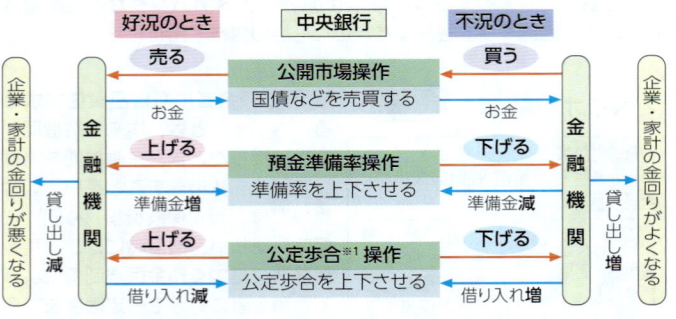

※1　2006年より「基準割引率および基準貸付利率」に名称変更された

解説　景気や物価の安定を図る　金融政策とは、中央銀行が資金量を調整して、景気や物価の安定を図る経済政策で、世界各国の中央銀行がそれぞれ行っている（→p.211）。①金融機関への貸出利子率（公定歩合）を上下させることで、金利を上下させて金融市場の資金量を調整する金利政策、②金融市場で国債などの有価証券を売買することで、日銀当座預金（→補）の残高を増減させて金融市場の資金量を調整する公開市場操作（オープン・マーケット・オペレーション）、③預金準備率を上下させることで、銀行の貸し出しに影響を与える預金準備率操作などがある。

ただし、①については、かつて日本の金融政策の中心だったが、1994年の金利の自由化以降は、金利が公定歩合に直接連動しなくなり、金融調整の役割を終え、③についても、91年を最後に預金準備率の変更は行われておらず、現在は②の公開市場操作が中心である。

②金融市場の分類 <出題>

短期金融市場（期間一年未満）	インターバンク市場	取引参加者は銀行など金融機関に限定されている。金融機関は相互に資金を運用し、調達する。コール市場、手形売買市場などがある
	オープン市場	一般企業や個人も取り引きに参加することができる
長期金融市場（期間一年以上）	株式市場（→p.183）	有価証券（株式や公社債など）が発行され、流通する市場（証券市場）の一種。会社の株式の取り引きが行われる市場
	公社債市場	証券市場の一種。公社債とは国や地方自治体が発行する公共債と、企業が発行する社債の総称。国債や社債など、債券の取り引きが行われる

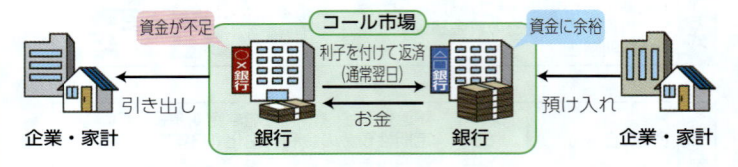

解説　短期金融市場の代表「コール市場」　短期金融市場のなかでも、コール市場は、銀行間で資金を融通し合い短期の資金の過不足を解消する場である。そこでの金利はコールレートとよばれる。担保（支払いを保証する国債などの提供）が不要で、融資翌日に返済する「無担保コール翌日物」が多く取り引きされている。この金利は日銀の金融政策の操作目標である政策金利とされてきた。

③日本銀行の金融政策（公開市場操作）<出題>

好況のとき
国債などを売る（売りオペ）
↓
金融機関の手持ちのお金を減らす↗

銀行	お金が不足した銀行は企業や家計への貸出金利を上げて、お金を貸さなくなる	企業　家計	企業・家計はあまりお金を借りなくなる

マネーストックの減少　｜　景気が落ち着き、物価が安定する

不況のとき
国債などを買う（買いオペ）
↓
金融機関の手持ちのお金を増やす↗

銀行	お金が余った銀行は企業や家計への貸出金利を下げて、お金をより貸そうとする	企業　家計	企業・家計はお金を多く借りるようになる

マネーストックの増加　｜　景気が活発になり、物価が安定する

解説　公開市場操作が現在の日銀の金融政策の中心　好況のときには景気の過熱を抑制するため、手持ちの国債などを売って、金融機関から通貨を回収する（売りオペ）。逆に不況のときは景気を刺激するため、金融機関から国債などを買って、金融機関に多くの通貨を供給する（買いオペ）ことで景気や物価の安定を図っている。

これにより、金融機関が企業や家計への貸し出しを増減させれば、市場に出回るお金の量であるマネーストック（通貨残高）に影響を与えることになる。日銀は直接金融政策の目標にはしていないが、マネーストックは、経済活動が活発かどうかを示す指標であり、金融政策の判断材料の一つとなっている。一般に好況のときは、財・サービスの取引が活発になるため、マネーストックは増加し、不況のときは減少する傾向にある。

○×チェック⑫　コール市場は、民間の金融機関と金融機関以外の法人企業が短期間の資金の貸し借りを行う場である。（16年、本）

経済

3 最近の金融政策 出題

年 月	事 項
1997～98年	大手金融機関の相次ぐ破綻（はたん）
99年 2 月	**ゼロ金利政策**（→①）導入
2000年 8 月	ゼロ金利政策解除
	●ITバブル崩壊
01年 3 月	政府、デフレ宣言。**量的緩和政策**（→②）導入
	●戦後最長景気拡大、いざなみ景気（～08年 2 月）
06年 3 月	量的緩和政策解除。ゼロ金利政策へ
06年 7 月	ゼロ金利政策解除
	●リーマン・ショック
09年11月	政府、再びデフレ宣言
10年10月	ゼロ金利政策復活
13年 1 月	**インフレ・ターゲット**導入（ 2 年程度をめどに消費者物価の前年比上昇率 2 ％の実現を目指す）
13年 4 月	**量的・質的金融緩和政策**（→③）導入
14年10月	緩和拡大（長期国債の購入ペースを年間約80兆円に拡大）
	●急速な原油安、物価目標の達成は困難に
15年 4 月	物価目標 2 ％の実現を初めて先送り
16年 1 月	**マイナス金利の導入**（→p.203）
16年 9 月	長短金利操作の導入（→p.203）

①ゼロ金利政策

政策金利（**無担保コールレート**）を 0 ％に誘導して貸出金利の低下を促し、企業や家計がお金を借りやすくする

②量的緩和政策

金利がゼロ近傍でこれ以上下げることが難しいことから、金融政策の操作目標を無担保コールレートから**日銀当座預金残高**に変更し、買いオペで資金を供給することで通貨残高の増加を促す

③量的・質的金融緩和政策

金融政策の操作目標を無担保コールレートから**マネタリーベース**（日銀が供給する通貨量）に変更。長期国債を年間約50兆円（14年10月より約80兆円）のペースで買い増すことや、日本株や不動産に連動する投資信託を積極的に買い増すことなどを通して、物価目標 2 ％の実現を目指す

↑**日銀金融政策決定会合の様子**　金融政策の基本的な方針を決定する。年8回、各会合とも2日間開催される。

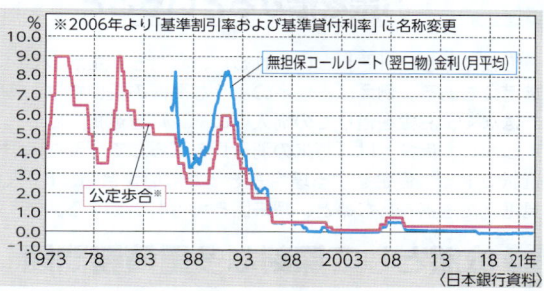

↑**無担保コールレート（翌日物）金利と公定歩合の推移**

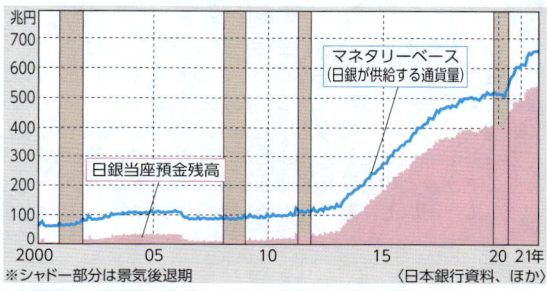

↑**日銀当座預金残高とマネタリーベースの推移**

解説 **デフレとの闘い**　平成不況（→p.248）のなか、日銀は1999年に、景気回復策として**ゼロ金利政策**を導入した。しかし、効果が不十分であったため、日銀は2001年に、お金の流通量を増やして経済の活性化を図る**量的緩和政策**を実施した。この量的緩和政策は景気回復に伴い06年 3 月に解除されたものの、08年のリーマン・ショックや10年のユーロ危機（→p.271）により、円高が進行し、日本経済も再び低迷した。

長引くデフレから脱却するため、13年に、日銀は、物価上昇率の目標を定める**インフレ・ターゲット**を導入するなど、さらに積極的な金融緩和政策に踏み切った。しかし、14年後半以降の原油安もあり、目標達成は先送りされている。16年には、物価目標を早期に実現するため、マイナス金利（→p.203）を導入した。

まとめ ▌▌▬▬ ▬▬▬

I　金融のしくみ
- 金融…資金の余っているところから足りないところへ資金を融通
- 通貨制度
  - 金本位制度（貨幣はその国の金の保有量に応じて発行）→管理通貨制度（貨幣はその国の信用に応じて発行。中央銀行が供給量を管理）へ
  - ※近年、硬貨や紙幣を用いずに電子データ上でお金をやり取りする、**電子マネー**が急速に普及→**キャッシュレス社会化**
- 資金調達の方法
  - **間接金融**…金融機関を通して資金を借りる
    - →**信用創造**…始めの貸し出しの何倍もの預金通貨が生まれる
  - **直接金融**…当事者間で株式や社債などを通して直接資金を融通する

II　金融の現状
- 金融自由化の流れ…**護送船団方式**から**金融ビッグバン**を経て自由化へ

- 金融業界の再編…再編成と**ペイオフ解禁**

III　日本銀行の働き
- 日本の中央銀行…発券銀行、銀行の銀行、**政府の銀行**
- 金融政策…景気・物価の安定化
  - ①**公定歩合**操作…かつては金融政策の中心
  - ②**公開市場操作**…今日の金融政策の中心、市場に出まわるお金の量である**マネーストック**（通貨残高）に影響を及ぼす
  - ③**預金準備率操作**…準備率は下がったまま動かず
- 最近の金融政策
  - …平成不況から脱却するため、ゼロ金利政策・**量的緩和政策**を実施
    - →リーマン・ショックやユーロ危機による円高、日本経済は再び低迷
    - →量的・質的金融緩和政策の実施（2013年）、マイナス金利の導入（2016年）も、物価目標は達成できず。デフレ脱却は道半ば

〇✕チェック答え⑫　✕　コール市場とは、民間の金融機関どうしで短期間の資金の貸し借りを行う場である。

経済

ゼミナール 深く考えよう
身につけておきたい金融の基礎知識

POINT 「お金を借りたい」「お金を貯めたい・増やしたい」。将来こうした場面に直面した際に、お金についての基礎知識を知っておくことは大切です。将来の暮らしに役立つお金の基礎知識について、知っておきましょう。

I　お金を借りるということ

借金はときに「悪」といわれるが、私たちが生活していくうえで必要な借金もある。例えば、住宅のような高額の買い物は、多くの人が現金ではなく、お金を借りての購入（ローン）を選択している。

しかし、借金とは「将来の消費」を減らして「現在の消費」を増やす選択である。借金をする場合もそうでない場合も、「将来」をきちんと見据えた選択をしないと、将来困る場合も出てくる。

1 依然として深刻な多重債務問題　◁出題

クレジットカードの危険性

新入社員として新しい生活をスタートしたとき、クレジットカードを作りました。学生のころと違って使えるお金が増えたこともあり、洋服やバッグなど、ついあれこれ買ってしまいました。初めは返済できていたんですが、だんだん感覚が麻痺してきたみたいで、カードなら何でも買えるような気になって、英会話教室など高額のものも次々と申し込んでしまいました。気が付いたときには、借金が100万円以上。もう、どうしたらいいか分かりません。

（22歳、女性）

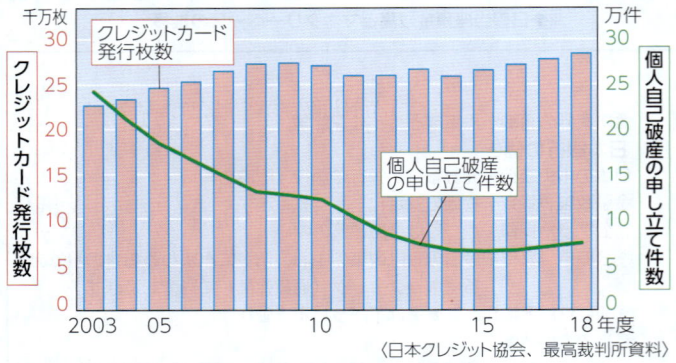

〈日本クレジット協会、最高裁判所資料〉

↑自己破産件数とクレジットカード発行枚数

解説 **借金の返済に行き詰まる人が増加**　購入時に代金を支払う必要がなく、後で代金を支払う**クレジットカード**や、**カードローン**（融資）やキャッシング（現金小口貸し出し）など複数の金融機関からの借り入れで、借金がかさみ、返済に行き詰まることを**多重債務**という。

→**消費者金融の店舗**　消費者金融の多くは毎月一定額を返済するリボルビング（リボ）払いを採用している。借入額が増えると、元本が減らずに利子がどんどん増えてしまう。利用の際にはきちんと計画を立てる必要がある。

2 多重債務者にならないために　◁出題

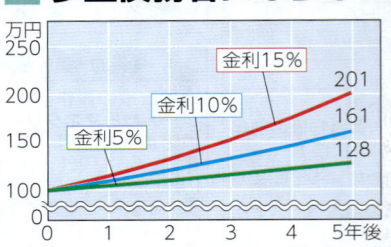

←**100万円借りてずっと返済しない場合の返済額**　カードローンやキャッシングでの借金は基本的に複利（借りたお金と利息の合計に、さらに利息がかかる方式）となっている。ずっと返済しない場合、返済額は雪だるま式に増えていく。

解説 **返済の計画を立てることが大切**　お金を借りた場合、借りた金額以上の返済をする必要があり、その返済額は時間が経過すればするほど多くなる。安易な気持ちでカードローンやキャッシングなどを利用しないことが大切である。もしお金を借りる場合は、金利や毎回の支払額、支払総額などを確認して、返済の計画を立てることが必要になる。

仮に、借金が膨らんでしまっても、その返済のためにさらに借金を重ねるようなことはせず、すぐに消費生活センター（→p.83）や弁護士会・司法書士会、法テラス（→p.90）など各種機関に相談して問題の解決を図ることが重要である。

任意整理	裁判所を通さずに、債権者（貸し手）と話し合いをして、利息制限法に基づく形で、借金額や返済方法を決め直す方法
特定調停	裁判所に申し立てをして、調停によって、借金額や返済方法を決め直す方法。債権者との交渉は調停委員が担当する
個人再生手続き	裁判所に申し立てをして、借金の一部を、作成した返済計画に基づいて原則3年間返済して、残りの借金を免除してもらう方法。①借金総額が5000万円以下（住宅ローンを除く）、②将来にわたり継続的に収入を得る見込みがある、といった利用条件がある
自己破産	裁判所に申し立てをして、自分の持つ全財産を債権者に分配し、裁判所に残りの借金を免除してもらう方法。借金の返済にあてられる金額がほとんどない場合に取られる手段

〈自己破産すると？〉
①裁判所から借金免除の決定が下りるまでの約半年間、警備員などの一部の職業に就けない、居住地を離れる場合は許可が必要、などの制約がある
②信用情報機関に最長10年記録が残るので、ローンを組んだり、クレジットカードを作ったりすることができなくなる

↑多重債務の解決方法

↑**利息をめぐる現状**　2010年に改正**貸金業法**が完全施行された。出資法における借入金利（年利）の上限が引き下げられ（29.2％から20％）、15～29.2％で貸し付けられていた「グレーゾーン金利」は撤廃された。この金利での貸し付けにより払い過ぎた利息は「過払い金」として請求できる（完済後10年まで有効）。

II 将来の生活設計について考えてみよう

　将来、生活していくにあたっては、多くのお金が必要になる。例えば、住宅の購入は平均4500万円、子育てにかかる費用は約2500〜4000万円、老後の生活資金は1000〜1500万円程度必要といわれている。自分が将来どのような生活を送りたいのかを考えたうえで、どれだけのお金が必要なのかを計算し、そのためにはいつまでにいくらを、どうやって貯める必要があるのかを今のうちから考えておく必要がある。

1 金融商品とは？

←金融商品のパンフレット

解説 **複雑で多様になる選択肢**　将来、必要となるお金を賄うためには、今のうちからお金を貯蓄・投資していくこと（**資産運用**）が重要になる。普通預金や株式など、銀行、証券会社、保険会社などの金融機関が提供する、資産運用が可能なものを**金融商品**とよぶ。消費者は、金融商品やそれを提供する金融機関を自ら選択し、その結果生じる利益と損失を引き受ける「自己責任」を果たさねばならなくなっている。希望にあった選択をしていくためには、金融商品に関する知識が必要になる。

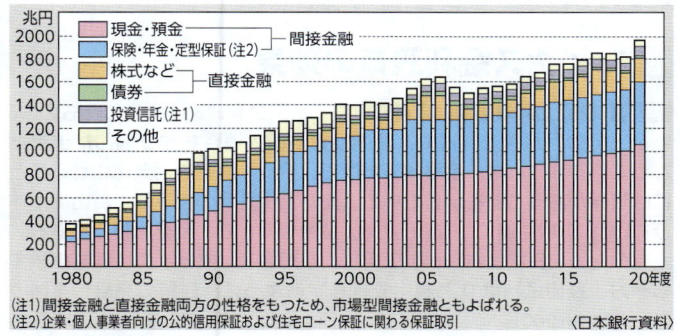

（注1）間接金融と直接金融両方の性格をもつため、市場型間接金融ともよばれる。
（注2）企業・個人事業者向けの公的信用保証および住宅ローン保証に関する保証取引
〈日本銀行資料〉

↑**家計の金融資産残高の推移**　日本では諸外国と比較して、現金・預金などのリスクが少ない資産を保有する傾向が強いといわれる。そのなかで、投資による資産形成を目的にNISA（少額投資非課税制度）が2014年から始まった。1年間につき上限100万円（16年からは120万円）の範囲で株式や投資信託の値上がり益や配当金が非課税となる。口座数は16年に1000万を突破した。

2 金融商品を選択するポイント

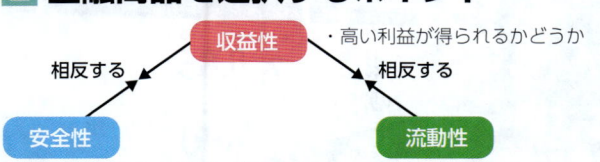

〈全国銀行協会資料〉

	概　要	安全性	流動性	収益性
円預金	金融機関に預金をして、利息を得る	元本保証	随時換金可能(注1)	**利息**が得られる
外貨預金	外貨に換金して金融機関に預金をして、外国の金利で利息を得る	元本割れのリスクあり	随時換金可能	換金する外貨によって**利息**が得られる。換金時に為替差益（差損）が得られ、**円高なら損失、円安なら利益**となる
株式	企業の株式を購入し、値上がり益や配当を得る	元本割れのリスクあり	換金に数日かかる	**配当**が得られる（企業により異なる）。企業の業績によっては**最悪ゼロ**になることも
債券	国債などの債券を購入し、原則半年ごとに利息を得る	確率は低いが、元本割れのリスクあり(注2)	換金に数日かかる	**利息**が得られる（日本国債）。満期まで保有すれば、元本が支払われる
投資信託	資金の運用をプロに任せ、株式や債券を組み合わせて運用する	元本割れのリスクあり	換金に数日かかる	商品によって異なる。例えば、株式が多く組み合わされた商品は株式の性質に近くなる

〈全国銀行協会資料、ほか〉

（注1）定期預金は原則満期日まで出し入れできず、途中解約の場合は低い金利が適用される
（注2）債券においては、発行する政府・企業の財務状況が悪化した場合、支払いが遅れたり、行われなくなったりして、回収不能となるリスクがある

↑**さまざまな金融商品**

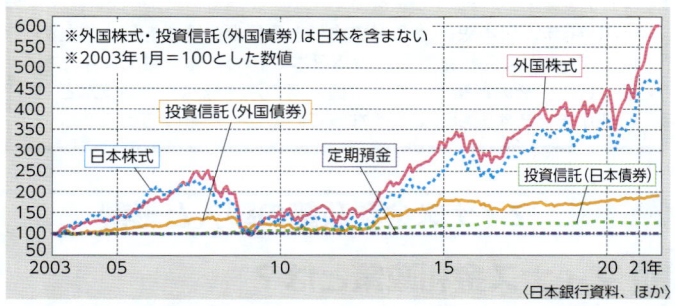

〈日本銀行資料、ほか〉

↑**さまざまな金融商品のリターン**　2003年に100万円を投資していたら、現在の価格はいくらになるかを示している。株式はリターンも大きいが、その分リスクも大きい。逆に債券はリターンは小さいが、その分リスクも小さい。

解説 **すべてを満たす金融商品は存在しない**　金融商品を選択する基準には、「安全性」「流動性」「収益性」という三つの観点がある。近年、さまざまな種類の金融商品が発売されているが、「安全性」「流動性」「収益性」の観点をすべて満たす金融商品は存在しない。私たちは、自己責任に基づいて、どの観点を重視するか判断していかなければならない。

↑**卵を一つのかごに盛るな**　卵を一つのかごに盛ると、そのかごを落としたときに卵はすべて割れてしまうが、複数のかごに盛っておけば、うち一つのかごを落としても他のかごに盛った卵は割れない。このことは複数の金融商品に資産を分散することの重要性を示している。

ゼミナール 深く考えよう
マイナス金利は効果があった？

POINT 2016年1月、日本銀行（日銀）の黒田東彦（くろだ はるひこ）総裁は従来の量的・質的金融緩和政策にマイナス金利政策を導入しました。マイナス金利のしくみと導入したねらい、およびその効果と課題を見てみましょう。

最後の手段？マイナス金利政策導入

↑マイナス金利政策導入決定後、記者会見に応じる黒田東彦日銀総裁（2016年）

2016年、日本銀行は2％の物価上昇目標の達成を目指すために、「マイナス金利政策」という日本で初めての金融緩和手法を導入した。その背景として、中国経済の減速懸念や原油安などで物価がますます上がりにくくなっていることが挙げられる。

Ⅰ マイナス金利政策の導入と影響

1 マイナス金利政策とは？

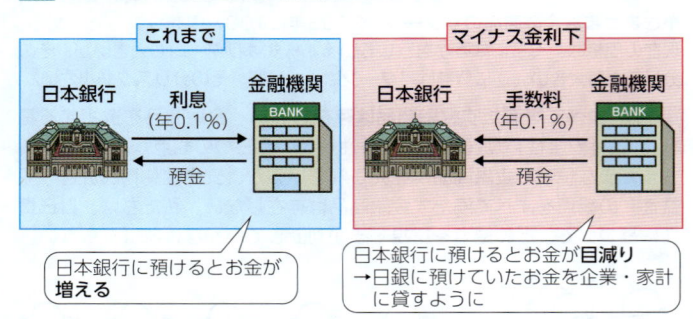

↑マイナス金利のしくみ

解説 **金融機関の貸し出しを増やす政策** 金融機関は、預金者がお金を引き出そうと殺到して、お金がなくなる事態を防ぐため、日銀にお金を預けている。一般的に、お金を一定期間預けると、「利息」が付く。しかし、日銀は、金融機関が日銀に預けているお金の一部から「手数料」を取ることにした。これがマイナス金利である。日銀に預けているお金が対象なので、**私たちの預金が「マイナス」になるわけではない。**

金融機関は日銀にお金を預けっぱなしにして損するくらいなら、安い金利でも、そのお金を企業・家計に貸すようになる。マイナス金利政策とは、**金融機関にもっとお金を貸し出させる政策**である。

2 マイナス金利政策に期待された影響

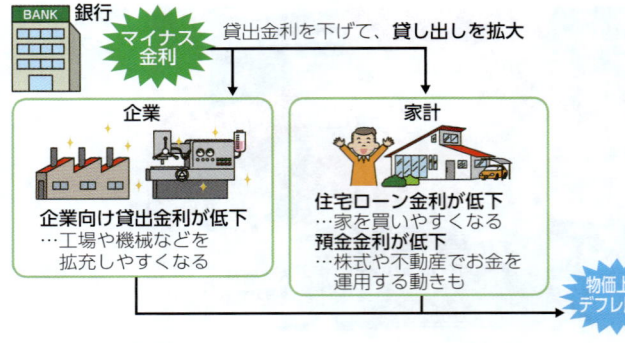

↑マイナス金利のねらい

解説 **好景気・物価上昇へ期待** マイナス金利政策によって、金融機関の貸出金利が下がり、企業・家計がお金を借りやすくなったことで、**設備投資や住宅購入などの大きな金額の買い物がしやすい環境が整った。** また、金融機関は預金金利も下げると、得られる利息も下がるので、家計が株式や不動産でお金を運用する動きも見込まれる。これにより、**設備投資や個人消費が活発になり、好景気・物価上昇に至ることが期待**されていた。

3 マイナス金利政策の効果

解説 **物価上昇の目標は未達成** マイナス金利政策を導入したものの、物価上昇の目標は未達成で、**設備投資や個人消費も伸び悩んだまま**となっている。これは、**金融政策だけで、投資・消費を活発化させることには限界**があることを示している。また貸出金利の低下は、貸出高が伸びなければ、収益減につながるため、金融機関からの反発も根強くある。

このため、日銀は2016年9月に、短期金利はマイナス金利を継続する一方、長期金利は0％程度で推移するように、政策の見直しを図っている（→p.200）。

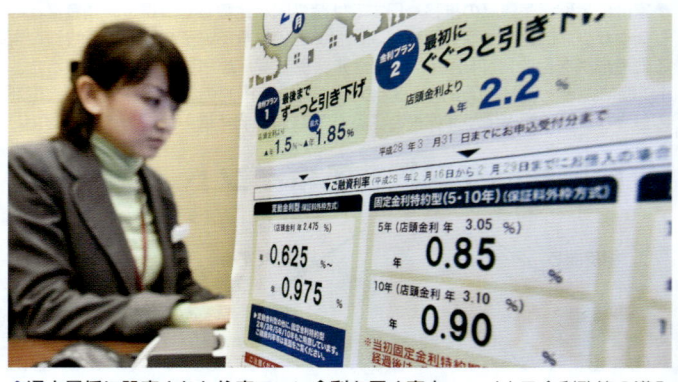

↑**過去最低に設定された住宅ローン金利を示す案内** マイナス金利政策の導入で、すでに住宅ローンを利用している人の借り換え件数は急増したが、新規貸し出し件数は期待ほど伸びなかったといわれている。

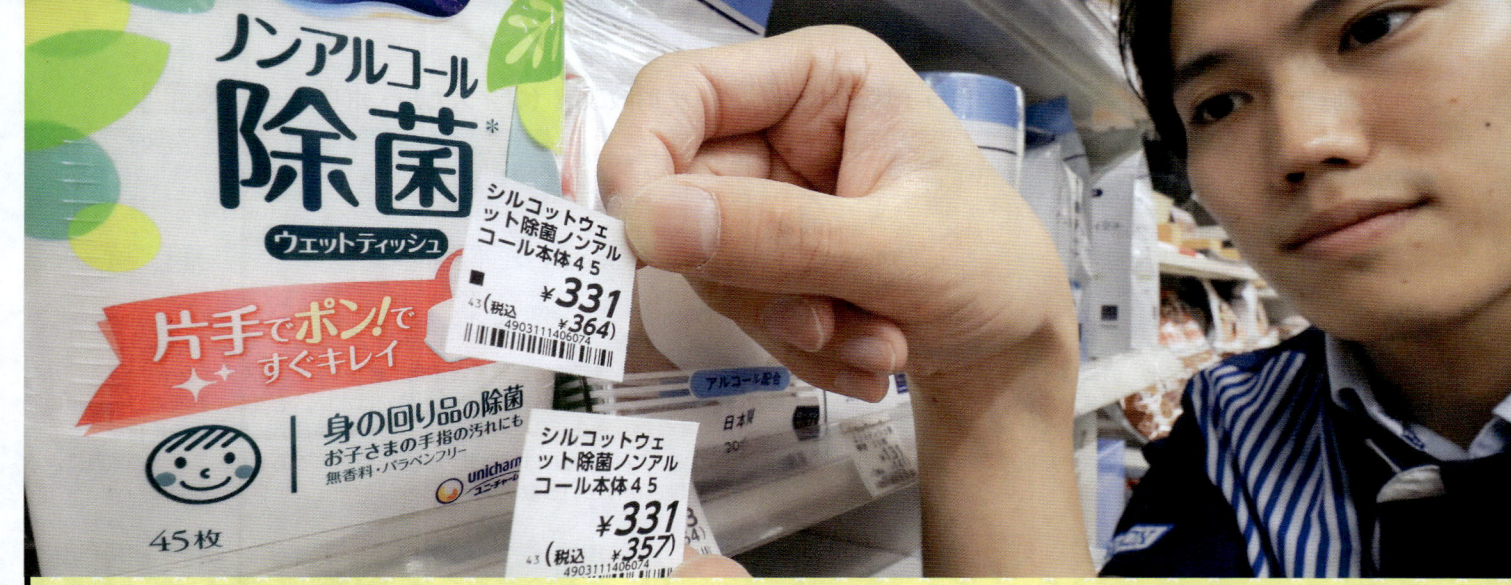

消費税率が８％から10％に引き上げ

2019年10月、消費税率が８％から10％に引き上げられた。もともと15年10月に引き上げられる予定だったが、経済情勢を理由に二度延期されていた。

低所得者に対する配慮から、飲食料品（酒類、外食を除く）などの税率を８％に据え置く軽減税率が導入された。

今回の増税による増収分は、全額社会保障にあてることとなっている。また、幼児教育・保育の無償化や待機児童の解消といった子育て世代の支援など、「全世代型」の社会保障が目指されている。

↑値札を張り替える店員（2019年）
中央上の値札表が消費税率10％、中央下の値札表が消費税率８％のものである。

Question
・税収に占める消費税の割合はどのくらいだろうか。（→Ⅱ）

---

5 財政の役割と課題

Ⅰ 財政のしくみと機能

1 豊かな国民生活を支えている財政 〈出題〉

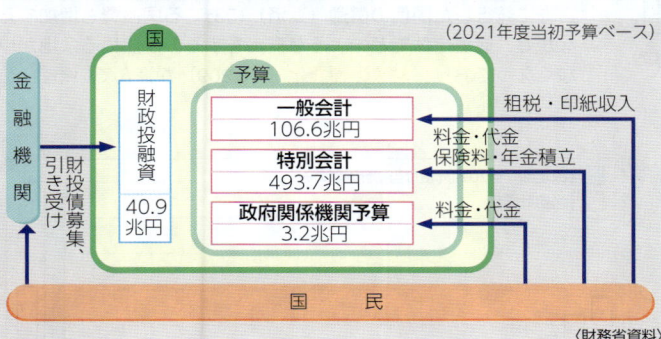

（2021年度当初予算ベース）

〈財務省資料〉

→概算要求の書類を確認する省庁担当者　例年８月末に、各省庁が最初の予算案（概算要求）を提出、財務省などの査定で要求額が削られ、政府の予算案となる。

解説 政府も経済活動をしている　政府の経済活動を**財政**という。本来、経済活動は市場原理（→p.186）に任せることが原則である。しかし、それでは効率的な資源配分がなされなかったり、供給されにくかったりするため、公共的な財やサービス、例えば、道路や港湾施設などの社会資本（インフラ）については、政府が提供することで豊かな国民生活を支えている。財政は租税や保険料などの収入を元に運営され、**一般会計**（→4）、**特別会計**（→補）、政府関係機関予算から成る。予算案は政府が作成し、財政民主主義（→補）に基づき、予算案を国会が審議する。国民の意思に則して予算の配分や税負担を定めるという考え方である。

2 財政の三つの役割 〈頻出〉

資源配分機能	・家計や企業から調達した資金で警察・消防などの**公共財**（→p.189）や、道路・港湾などの**社会資本**（インフラ）を供給
所得再分配機能	・資本主義経済の自由な経済活動の結果生じる、個人間・世代間・地域間の所得格差を調整する（所得の再分配） ・所得税などの**累進課税制度**（→Ⅱ3）や社会保障制度（→p.233）
景気の安定化機能	・景気変動を安定させる。不況が長引く場面で、**減税**や**公共事業**を行い、景気の回復を促す ①**自動安定化装置**（ビルト・イン・スタビライザー）（→3） 累進課税制度や社会保障制度は、景気変動による所得の増減に応じ税率や社会保険料が変化→自動的に景気を安定させる ②**財政政策**（フィスカル・ポリシー）（→3） 政府の公共事業・増税などの政策によって行われる

解説 効率性と公平性をどう実現していくか　本来、資本主義経済では市場を通じて効率的な資源配分が実現するはずだが、警察・消防などの公共財は「市場の失敗」（→p.189）によって財・サービスの供給が過少になりがちで、効率的な資源配分が実現されない。

また、自由な経済活動の結果、効率的な資源配分が実現しても、そこで決まった配分は「公平」だとは限らない。そして、資本主義経済は景気変動（→p.211）を繰り返しつつ成長していくが、不況の過程でたくさんの企業が倒産したり、失業者が出たりすることもある。このような場合、政府が経済活動に介入したほうが望ましいとされる。

経済

3 景気の安定化機能

①自動安定化装置（ビルト・イン・スタビライザー） 〈出題〉

		不況時		好況時	
累進課税 （歳入）	国民所得**減少** →税収**減**	⬇	国民所得**増加** →税収**増**	⬆	
社会保障給付 （歳出）	失業者**増** →社会保障給付**増**	⬆	失業者**減** →社会保障給付**減**	⬇	
景気への 影響	景気を刺激		景気を抑制		

解説 自動で景気を安定化 財政は、好況時には税収増となる一方、社会保障給付は自然減となり、景気を抑制する。逆に、不況時には税収減となる一方、社会保障給付が増えることになり景気を刺激する。こうして財政は景気を自動的に安定化させる機能を持ち、これを**自動安定化装置**（ビルト・イン・スタビライザー）という。

②財政政策（フィスカル・ポリシー） 〈頻出〉

		不況時		好況時	
税金 （歳入）	**減税**	⬇	**増税**	⬆	
公共事業 （歳出）	公共投資の **増大**	⬆	公共投資の **削減**	⬇	
景気への 影響	景気を刺激		景気を抑制		

解説 裁量的に景気を安定化 ビルト・イン・スタビライザーだけでは、その効果はそれほど大きいものではない。そこで、政府はさらに積極的に**財政政策**（フィスカル・ポリシー）を行い、景気の安定化を図っている。フィスカルは「財政の」という意味であるが、この場合政府による働きかけという意味を持つ（**ポリシー・ミックス**、→補）。

4 一般会計歳入・歳出 〈頻出〉

歳入

1935年度 22.6億円

租税・印紙収入	公債金	その他
44.5%	30.0	25.5

1960年度 1兆9610億円

租税・印紙収入	その他
82.5%	17.5

2021年度 106兆6097億円

租税・印紙収入 53.9%				公債金	その他
所得税	消費税	法人税	その他		
17.5	19.0	8.4	9.0	40.9	5.2

歳出

1935年度 22.1億円

行政費	年金・恩給費	軍事費	国債費	その他 0.2
28.2%	7.9	46.8	16.9	

1960年度 1兆7431億円

一般歳出 79.7%					地方交付税交付金など	国債費 1.5
社会保障関係費	公共事業関係費	文教および科学振興費	防衛関係費	その他		
11.1	17.4	12.6	9.2	29.4	18.8	

2021年度 106兆6097億円

一般歳出 61.9%						地方交付税交付金など	国債費
社会保障関係費	公共事業関係費	文教および科学振興費	防衛関係費	新型コロナ対策予備費	その他		
33.6	5.7	5.1	5.0	4.7	8.6	15.0	22.3

※国債費には、国債の償還費のほかにその利払いも含まれる。 ※1935・1960年度は決算額、2021年度は当初予算 〈財務省資料、ほか〉

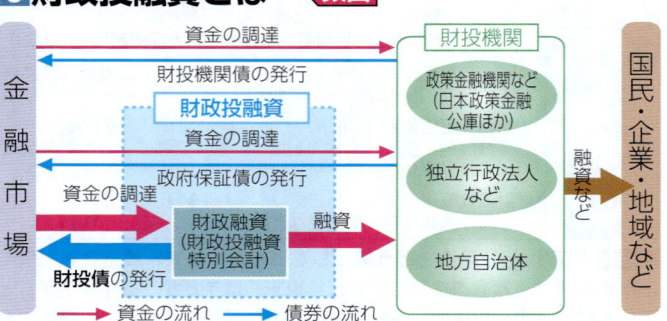

↑空から見た羽田空港新滑走路（手前） 空港整備は、一般会計予算の公共事業関係費にあてはまる。

解説 進む財政の硬直化 **一般会計**とは、政府の通常の活動に伴う歳入・歳出に関わる会計を指す。歳入は本来税金で賄うべきものだが、不況対策として1965年度から国債（→Ⅲ1）が発行された後は、歳入の不足分を公債金で補う形が常態化している。歳出は、高度経済成長期には国土保全開発などに関わる公共事業関係費の割合が高かったが、近年は少子高齢化の進展に伴う**社会保障関係費**（→p.235）の増加が目立つ。また、過去に発行した国債の償還（返済）にあてる**国債費**も増加するなかで、歳出全体でどのような支出をするのか決める余地が少なくなっており、**財政の硬直化**（→p.209）が進んでいる。

5 財政投融資とは 〈頻出〉

↑財政投融資のしくみ

※他に国が保有するNTT株などの配当金などを財源に産業開発および貿易振興のための投資（産業投資）も行われている

↑財政投融資計画額の変化

〈財務省資料〉

解説 社会資本の整備など、投融資を行う活動 **財政投融資**とは、発電所建設などの社会資本の整備や、中小企業への融資など、民間の金融機関では難しい投融資を政府が行う活動である。かつては郵便貯金が財源とされ、「第2の予算」といわれるほど予算規模が大きかった。しかし、効率的な運用ができていないなどの批判もあり、現在では国の信用の下で財投債（→補）などの債券を発行して金融市場から資金を調達している。これらの資金を元に、政策金融機関や独立行政法人などの機関（財投機関）に投資や融資を行っている。

経済

脱税したらどうなる？

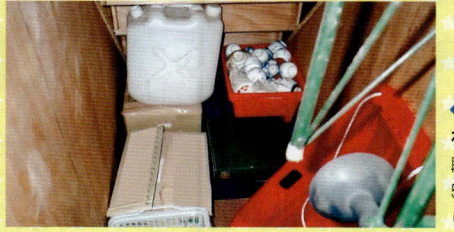

←↑階段の下に隠されていた脱税資金
段ボール箱の中には5億円余りがぎっしり詰まっていた。

　所得税などの税金を納める際に、サラリーマンは、源泉徴収（→補）で給与からあらかじめ引かれているが、自営業者や農家の場合は、確定申告（→補）による自己申告で納税する必要がある。無申告（税金を支払わない）・過少申告（本来納める税金より少ない税金しか支払わない）が発覚した場合や、支払いが遅れた場合は、追加で納税することになる。意図的な場合は、より重い税金が課され、本来の納税額の2倍近くになることも珍しくない。

1 日本の税体系　頻出

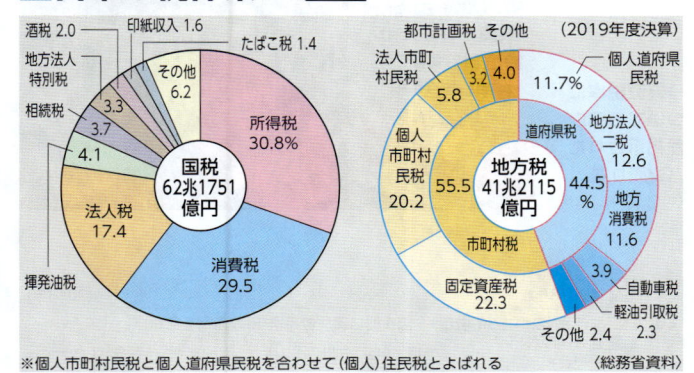

酒税 2.0
印紙収入 1.6
地方法人特別税
相続税 3.3
揮発油税
法人税 17.4
たばこ税 1.4
その他 6.2
所得税 30.8%
国税 62兆1751億円
消費税 29.5
相続税 3.7
4.1

都市計画税 3.2
その他 4.0
法人市町村民税 5.8
個人市町村民税 20.2
個人市町村民税 55.5
地方税 41兆2115億円
市町村税
固定資産税 22.3
自動車税 3.9
軽油引取税 2.3
その他 2.4
（2019年度決算）
個人道府県民税 11.7%
道府県税 44.5%
地方法人二税 12.6
地方消費税 11.6

※個人市町村民税と個人道府県民税を合わせて（個人）住民税とよばれる　〈総務省資料〉

国税	所得税	個人が1年間に得た所得に応じて納める
	法人税	企業など法人が利益に応じて納める
地方税	消費税	商品の購入時に負担する（標準税率の場合、消費税7.8%、地方消費税2.2%）
	（個人）住民税	前年の所得などに応じて納める
	固定資産税	土地や家屋などの資産に応じて納める

↑税の内訳（上）、主な税の種類（下）

解説 **国税・地方税から成る日本の税制**　行政サービスの主な財源は国民からの税金（租税）である。国に納める税が**国税**、地方自治体に納める税が**地方税**である。なお、憲法84条では、国が税率を変更したり、新たに税金を課したりするには、法律または法律の定める条件によらなければならないこと（**租税法律主義**）が定められている。

2 直接税と間接税　頻出

	直接税	間接税
特徴	納税者と税負担者が同じ	納税者と税負担者が異なる
例	所得税、法人税、相続税、（個人）住民税など	消費税、酒税、たばこ税など
長所	・垂直的公平（税金の支払い能力が大きいほど、大きい税負担を負うべきという考え方）を実現しやすい ・各種控除などの設定で、各人の担税力に応じた配慮が可能	・水平的公平（等しい税金の支払い能力を有する人は等しい税負担を負うべきという考え方）を実現しやすい ・消費が同じなら税負担は等しく、労働意欲などを阻害しにくい
短所	・課税対象となる所得・資産の把握が難しく、脱税しやすい ・税の負担感が大きく、労働意欲などを阻害する可能性がある	・税負担者の個々の事情を配慮しにくく、また低所得者の負担が相対的に重くなる（逆進性）

※所得税などは、源泉徴収によって会社が本人に代わって納税する場合もある

↑直接税と間接税の違い

※国税の直間比率は59：41、地方税の直間比率は82：18

	直接税	間接税など
日本（1980年度）	直接税 76%	24%
日本（2018年度※）	68	32
アメリカ（2018年）	76	24
イギリス（2018年）	57	43
フランス（2018年）	55	45

〈財務省資料、ほか〉

↑直接税と間接税の割合

解説 **直接税中心から間接税の割合を高めた税制へ**　日本の税制は、1949年のシャウプ勧告（→p.245）以来、負担の公平性から直接税中心とされた。しかし、不況により財政危機が起きたため、景気に関係なく税収が得られる間接税の割合を高めようとして、89年には消費税を導入した（→4）。現在までに、直接税と間接税の比率（直間比率）はおよそ7：3となった。税は国民皆が社会の構成員として分かち合っていかなければならないので、税制には、公平（垂直的公平・水平的公平）、中立（税制が個人や企業の経済活動をゆがめない）、簡素（理解しやすい）の三原則を満たすことが望ましい。また、徴税コストを低く抑えることも重要である。

3 所得税と累進課税

①所得税の累進状況　出題

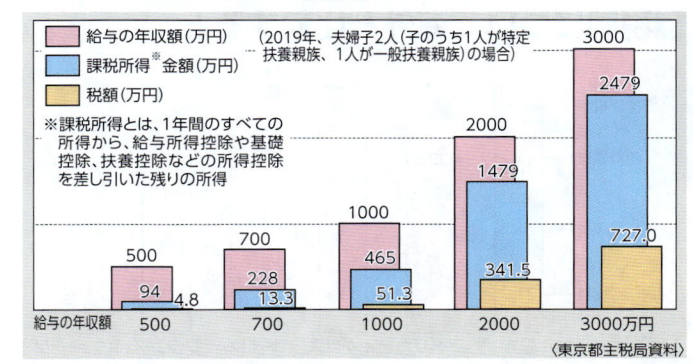

■ 給与の年収額（万円）
■ 課税所得※金額（万円）
■ 税額（万円）

（2019年、夫婦子2人（子のうち1人が特定扶養親族、1人が一般扶養親族）の場合）

※課税所得とは、1年間のすべての所得から、給与所得控除や基礎控除、扶養控除などの所得控除を差し引いた残りの所得

給与の年収額	500	700	1000	2000	3000万円
給与の年収額	500	700	1000	2000	3000
課税所得	94	228	465	1479	2479
税額	4.8	13.3	51.3	341.5	727.0

〈東京都主税局資料〉

解説 **高所得ほど税率は上る**　課税対象額が高いほど高い税率があてられるしくみを**累進課税**といい、所得税や相続税などに適用される。所得税は、高所得ほど税額が増えるため、所得再分配効果がある。好況時は高所得者が増えて税収も増え、景気を抑制する。不況時は低所得者が増えて税収も減るが、社会保障給付が増えて景気を刺激する（→13）。

経済

②所得税率とその計算例

課税所得（万円）	税率
195万円以下	5%
195超～330	10%
330超～695	20%
695超～900	23%
900超～1800	33%
1800超～4000	40%
4000万円超	45%

※2013年から25年間は、別途復興特別所得税（その年分の基準所得税額の2.1%）も課税される

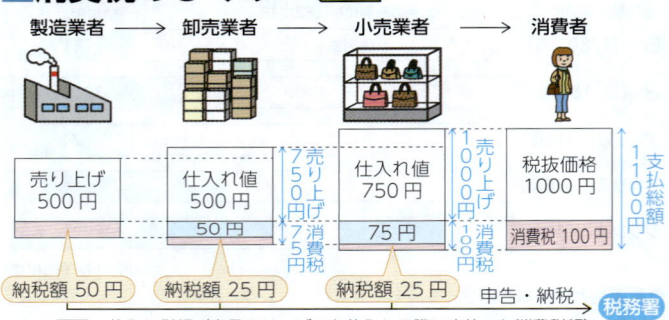

課税所得650万円の税率および所得税額

課税所得（万円）　195　330　650

|←195万円→|←135万円→|←320万円→|
| 税率5% | 税率10% | 税率20% |

195万×0.05　135万×0.1　320万×0.2
＝9万7500円　＝13万5000円　＝64万円

9万7500円＋13万5000円＋64万円＝**87万2500円**（税額）※

解説　最高税率は上昇傾向　かつて所得税率は、最高で75%の税がかけられていた。その後、最高税率は1999年に37%にまで引き下げられたが、その後は上昇に転じている。2015年には7段階の税制となり、最高税率は45%に引き上げられた。

4 消費税のしくみ　[出題]

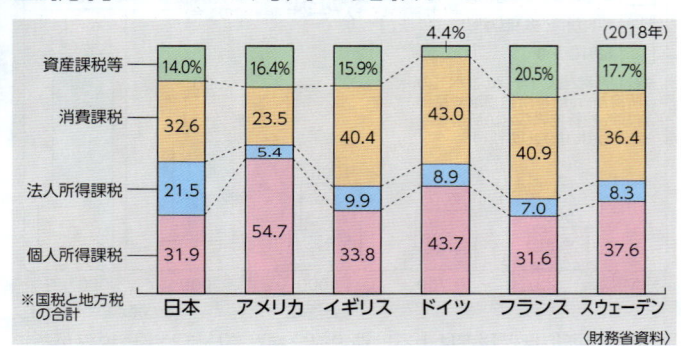

製造業者　→　卸売業者　→　小売業者　　消費者

売り上げ 500円	仕入れ値 500円	仕入れ値 750円	税抜価格 1000円
	50円	75円	消費税 100円

納税額 50円　納税額 25円　納税額 25円　申告・納税　→ 税務署

□…仕入れ税額（商品やサービスを仕入れる際に支払った消費税額）
※2021年時点。納税額は、消費税額から仕入れ税額を差し引いて算出する。なお、軽減税率が適用される場合もある

解説　消費額に関わらず税率は同じ　商品やサービスの売り上げを対象に課税される**消費税**（付加価値税）は、諸外国でも広く取り入れられている。日本では1989年に税率3%で導入され、97年からは5%、2014年からは8%に引き上げられた。19年10月には、10%に引き上げられ、併せて消費者の負担軽減策として、「酒類、外食を除く飲食料品など」と「週2回以上発行される新聞（定期購読契約）」について、税率を8%に据え置く軽減税率が導入された。

　消費税は、一律に同じ税率が適用されるという公平さがあり、景気の影響も受けにくい。しかし、食料品など生活必需品にも課税されるため、所得が低い人ほど収入に占める税負担の割合が重くなるという**逆進性**（→欄）の問題が指摘されている。

5 税制について海外と比較すると

税収構成比 〈財務省資料〉（2018年）

	日本	アメリカ	イギリス	ドイツ	フランス	スウェーデン
資産課税等	14.0%	16.4%	15.9%	4.4%	20.5%	17.7%
消費課税	32.6	23.5	40.4	43.0	40.9	36.4
法人所得課税	21.5	5.4	9.9	8.9	7.0	8.3
個人所得課税	31.9	54.7	33.8	43.7	31.6	37.6

※国税と地方税の合計

↑税収構成比

解説　法人所得課税が多い日本の税制　日本の税収構成比は、諸外国に比べると法人所得課税が多く、消費課税が少ない。また、租税負担率と社会保障負担率の合計を**国民負担率**といい、日本はアメリカなどと共

③所得税の所得再分配効果

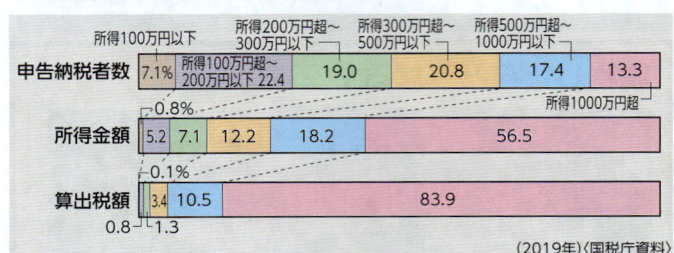

	所得100万円以下	所得100万円超～200万円以下	所得200万円超～300万円以下	所得300万円超～500万円以下	所得500万円超～1000万円以下	所得1000万円超
申告納税者数	7.1%	22.4	19.0	20.8	17.4	13.3
所得金額	0.8% / 5.2	7.1	12.2	18.2	56.5	
算出税額	0.1% / 0.8 / 1.3 / 3.4	10.5		83.9		

（2019年）〈国税庁資料〉

解説　約1割の高所得者が所得税全体の約8割を負担　所得税についてだけ見れば、所得1000万円を超える給与所得者は約1割だが、納税額で見れば、約8割を負担している。このことから、所得税に関しては、累進課税による所得の再分配が行われていることが分かる。

国名	標準税率	軽減税率
フランス	20.0%	10%：旅客輸送、肥料、宿泊施設の利用、外食など 5.5%：書籍、食料品など 2.1%：新聞、雑誌、医薬品など
ドイツ	19.0%	7%：食料品、水道水、新聞、雑誌、書籍、旅客輸送、宿泊施設の利用など
イギリス	20.0%	5%：家庭用燃料および電力など
スウェーデン	25.0%	12%：食料品、宿泊施設の利用、外食など 6%：新聞、書籍、雑誌、スポーツ観戦、旅客輸送など

↑おもな国の消費税（付加価値税）率　（2021年1月現在）〈財務省資料〉

→軽減税率についての案内が掲示されたパン売り場（2019年）

国民負担率 〈財務省資料〉（2018年）

※日本は2018年度

	日本	アメリカ	イギリス	ドイツ	フランス	スウェーデン
潜在的な国民負担率	48.7	40.1	51.0	54.9	58.8	71.5
財政赤字対国民所得比	4.4	8.3	3.1	3.3	3.3	3.3
社会保障負担率	18.2	8.4	10.8	22.8	5.3	25.6
租税負担率	26.1%	23.4%	37.0%	32.1%	53.5%	42.7%
国民負担率	44.3	31.8	47.8	54.9	58.8	68.3

↑国民負担率

に比較的低い水準にある。ただし、潜在的な国民負担率（財政赤字を解消するための将来の負担増を考慮して、国民負担率に財政赤字分を加味したもの）で見ると、必ずしもそうとはいえない。

○×チェック 74　各都道府県、市町村の住民の所得などに対して課される税は、住民税とよばれ、直接税に分類される。（13年、本）

経済

東京2020オリンピック・パラリンピックの開催費用は誰が負担する？

　2021年に開催された東京オリンピック・パラリンピックの開催に向けて、各種施設が建設された。招致時点では、東京近辺への施設の集中や既存施設の積極的な活用で、設備費や警備費を圧縮し、開催費用を約7340億円と試算していた。しかし、費用の見通しが甘く、開催費用が一時３兆円を超えるなどしたため、設備の簡素化などで総費用の圧縮が進められた。21年12月、大会組織委員会と東京都、政府は、総費用約１兆4530億円のうち、国が1939億円、都が6248億円、大会組織委員会が6343億円をそれぞれ負担すると公表した。費用の一部は税金で賄われる。

←建設中の新国立競技場（2017年当時）

1 増え続ける国債　◀頻出▶

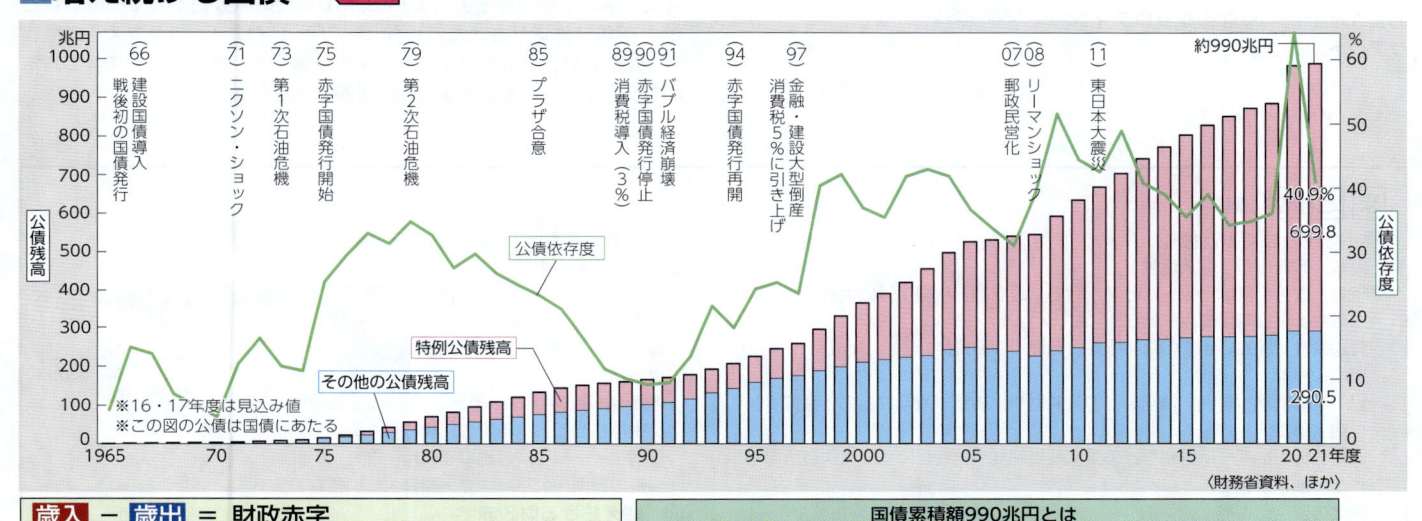

※16・17年度は見込み値
※この図の公債は国債にあたる

〈財務省資料、ほか〉

歳入 － 歳出 ＝ 財政赤字 ↳ 公債（国債）発行	
国債…財政法（4条）で原則禁止	
建設国債	特例国債（赤字国債）
★ただし書きで例外的に認める 建設物などの公共事業の支出のための借入金	★国会が特例法を制定して発行 一般会計予算の歳入不足を補うための借入金、発行には年度ごとに特例公債法を制定する必要がある

↑国債の種類

国債累積額990兆円とは	
・日本の1年間の国内総生産（GDP、約536.8兆円）	約1.8倍
・日本の歳入（約106.6兆円）	約9.3年分
・国民（約1億2571万人）1人あたり	約788万円
・サラリーマンの平均年収（約436.4万円）	約2億2693万年分
・2021年度の国債費（約23.8兆円）で償還した場合の年数	約41.7年

↑国債累積額を身近なものにたとえると？

解説 国債の累積額900兆円突破　国債（→補）とは借金として国の歳入不足を賄うために発行される債券である。国債には、財政法で認められ公共事業などの財源にする建設国債と、発行には特別の法律が必要で一般会計予算の歳入不足を補う特例国債（赤字国債）がある。

　不況対策として1965年度の補正予算で初めて国債が発行され、翌年度から建設国債が発行された。赤字国債は、第１次石油危機（→p.247）を契機に75年度に発行開始されてからは、90〜93年度を除いて毎年発行されている。過去に発行された国債の累積額は900兆円を超える。

　巨額の財政赤字の背景にはバブル経済崩壊（→p.248）後に景気を回復させるため大量の国債を発行したこと、高齢化が進み年金や医療費などの負担が年々増えていることなどがある。当然これらの国債は、いつかは償還（返済）しなくてはならない。

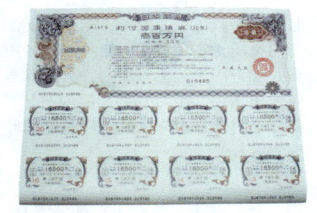

↑国債　2003年に電子化された。

2 債務残高（対GDP比）を比較すると　◀出題▶

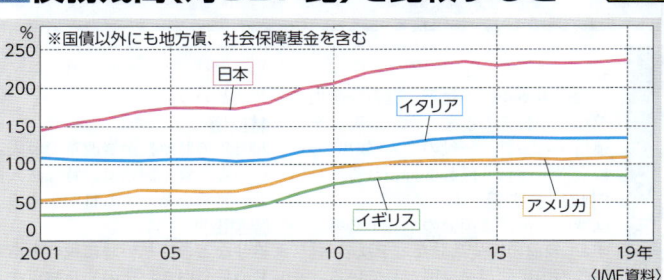

※国債以外にも地方債、社会保障基金を含む

日本　イタリア　イギリス　アメリカ

〈IMF資料〉

解説 日本は主要先進国中最悪の水準　債務残高とは、政府が今抱えている借金の総額を示している。日本は、バブル経済崩壊以降、景気回復のため大量の国債を発行したことから、日本の債務残高（対GDP比）は主要先進国中最悪の水準である。一般的に債務残高の対GDP比の割合が高いと、国の信用度が下がるといわれる。

経済

○×チェック 答え 74　○　なお、住民税は地方税であるが、地方税の8割以上は直接税である。

3 財政再建の鍵　〜プライマリー・バランス〜

解説　財政再建はなぜ必要か　日本の国債発行残高は年々増加し、歳入の約10年分、対GDP比でも世界最悪の水準にある。膨大な財政赤字によって、以下のような事態が懸念されている。①国債は借金であり将来の税収から返済しなければならないので、今後必要な財政支出ができなくなるなど**財政の硬直化**が生じる。②現役世代のために支出した借金の支払いが将来の世代に転嫁されるという**世代間の不公平**が起こる。③国債の発行によって政府の資金需要が増加して金利が上昇し、民間にお金が回りにくくなる**クラウディングアウト**が起こる。

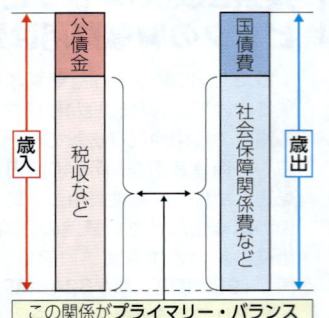

この関係が**プライマリー・バランス**

公債金などの借入金に頼らずに、その年度の税収などで賄うことで、財政の健全性を表す指標の一つ。この図ではプライマリー・バランスが均衡している

4 プライマリー・バランスの推移（対GDP比）

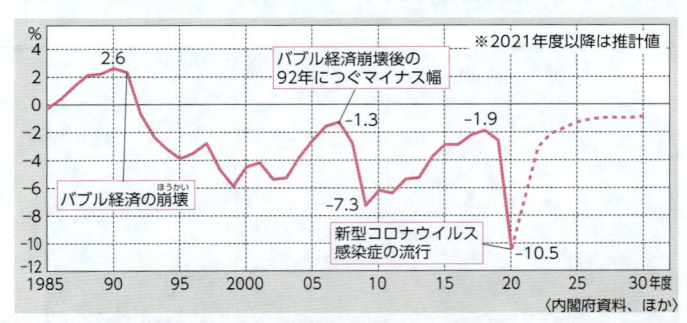

〈内閣府資料、ほか〉

解説　遠いプライマリー・バランスの黒字化　政府は財政再建の目標として、**プライマリー・バランス**（PB）の黒字化を目指している。行政サービスを税金のみで賄うことができれば、PB＝0となる。政府は2025年度に黒字化する目標を立てている。10年に国際公約として掲げられたが、18年に先送りされた。しかし、プライマリー・バランスを黒字化するためには、税収を増やすか、歳出を減らすしかなく、いずれの方法にも反発が多く、その実現には国民的合意が必要となる。

まとめ

Ⅰ　財政のしくみと機能

①財政…政府の行う経済活動
②予算…国の会計は**一般会計**と**特別会計**、政府関係機関予算に大別
　・一般会計…通常の歳入・歳出
　・特別会計…特定の事業のための資金を運用する会計
③財政の機能
・**資源配分機能**…警察・消防などの**公共財**や、道路・港湾などの社会資本を供給する機能
・**所得再分配機能**…所得税などの累進課税制度や社会保障制度により所得格差を調整する機能
・景気の安定化機能
　・**自動安定化装置**（**ビルト・イン・スタビライザー**）

| 不況時 | 税収減・社会保障給付増→景気を刺激 |
| 好況時 | 税収増・社会保障給付減→景気を抑制 |

　・**財政政策**（**フィスカル・ポリシー**）

| 不況時 | 公共投資の増大・減税→景気を刺激 |
| 好況時 | 公共投資の削減・増税→景気を抑制 |

　・**ポリシー・ミックス**…財政政策や金融政策などを組み合わせた政策
④**財政投融資**…公的資金を使って社会資本の整備や、中小企業への融資などのための投融資→「第2の予算」

Ⅱ　租税と税制

①租税…歳入の中心
②租税の分類…**直接税**（納税者と税負担者が同じ）と**間接税**（納税者と税負担者が異なる）

	直接税	間接税
国税	**所得税、法人税、相続税**など	**消費税**、酒税、関税など
地方税	（個人）**住民税**、自動車税など	たばこ税、地方消費税など

・**所得税**…所得が高いほど高い税率が当てられる**累進課税**のしくみ
・**消費税**…一律に同じ税率を適用、**逆進性**の問題
③課税の原則…公平・中立・簡素・低い徴税コスト

Ⅲ　増え続ける財政赤字

①国債…歳入不足を賄うための債券、必要資金を調達するための借金
・**建設国債**…**財政法**で認められ、公共事業などの財源に用いる（1966年度〜）
・**特例国債**（**赤字国債**）…財政法で発行が禁止。特例公債法を毎年制定して発行（1975年度〜）
・**日本の債務残高**（対GDP比）は主要先進国中最悪の水準
・**財政の硬直化**…歳出に占める**国債費**の割合が高く、予算の多くが国債の返済に使われると歳出全体でどのような支出をするのか決める余地が少なくなる
→プライマリー・バランスの赤字→財政再建が必要

補足解説

特別会計
年金やエネルギー対策、食料安全供給などの特定の事業のための資金を運用する会計。一般の歳入・歳出（一般会計）と切り離して行われる。

財政民主主義
国費の支出には国会の承認を必要とする。戦前の国債乱発などを反省し、財政の国民監視を原則としている。

ポリシー・ミックス
財政の自動安定化装置や財政政策以外にも、政府は景気安定化のために、金融政策や為替政策なども行っている。このように複数の政策を組み合わせて行うことを、ポリシー・ミックスという。

財投債
2001年の財政投融資改革で導入。市場からの資金調達で、特殊法人の運営の無駄を是正する目的がある。

源泉徴収
給与などの支払い時に税金をあらかじめ差し引き、その額を納税するしくみで、税額は給与明細などに表示される。サラリーマンが源泉徴収で収入を正確に把握されているのに対し、自営業者や農家は自己申告で収入を正確に把握できない面があるこ

とから、税額が結果的に異なり、不公平であるという主張もある。

確定申告
自営業者や農家などが収入や経費を自己申告する制度。サラリーマンは給与から所得税などの税金があらかじめ引かれているため、給与が2000万円を超える場合や、給与以外の所得が20万円を超える場合などを除き確定申告の必要はない。原則として毎年2月16日から3月15日が申告時期である。

逆進性
例えば、年収400万円未満の場合、

消費税が年収に占める割合は5.79％だが、年収600〜800万円の場合は4.02％、年収1000万円以上の場合は2.94％と下がっていく（2020年）。逆進性を和らげるため、多くの国では、生活必需品の税率を低くする軽減税率を導入している。

国債
新規に発行された国債は10年ごとに6分の1ずつ償還し、残りは借り換えて、最終的に60年で償還する（60年償還ルール）。新規発行を抑えてもなかなか国債発行額が減らないのはこのためである。

○×チェック　一般会計における歳入不足を補う目的で特例国債（赤字国債）を発行することがあるが、それを発行するための特別な法律が制定されたことはない。（14年、**本**）

コロナ禍で激変したインバウンド市場

人口減少が進む日本では、2000年代以降、訪日外国人旅行（インバウンド）市場の振興を重要施策に位置づけ、ビザ発行要件の緩和、免税店の拡大、国際線の発着枠拡大などに取り組んできた。

官民一体の取り組みが功を奏し、19年の訪日旅行者数は3188万人（09年の4.7倍）となった。また、消費額は約4.8兆円（12年の4.4倍）と、GDPの0.8%強を占めるまでになった。しかし、翌20年は、新型コロナウイルスの感染拡大により入国制限が敷かれ、4〜9月の旅行者数は前年比0.2%と壊滅的な打撃を受けた。その後も規制は長引き、インバウンド市場は激変している。

↑国際線の大半が運休となった成田国際空港（2020年6月）　航空需要の激減で航空各社は大幅な赤字となった。

Question
・外国人観光客の増減は日本のGDPにどのような影響をもたらすのだろうか。(→**I**)

⑥ 経済の大きさと変動

I 経済活動と私たちの生活

①GDPとは ［出題］

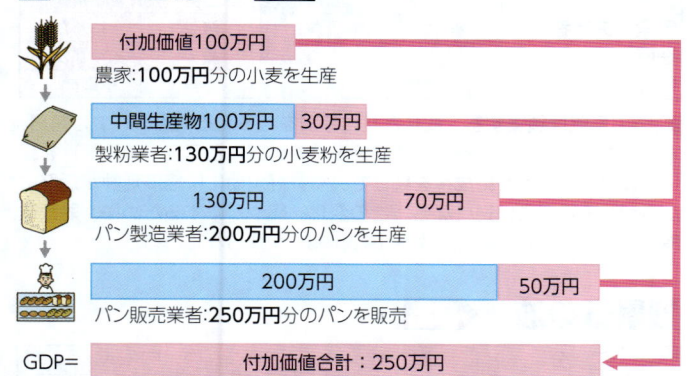

付加価値100万円
農家：100万円分の小麦を生産

中間生産物100万円　30万円
製粉業者：130万円分の小麦粉を生産

130万円　70万円
パン製造業者：200万円分のパンを生産

200万円　50万円
パン販売業者：250万円分のパンを販売

GDP＝　付加価値合計：250万円

解説　GDPは経済規模を測る指標　その国の経済の大きさを他国と比較したり過去と比較したりするときに有効な物差しがGDP（国内総生産）やGNI（国民総所得）である（→p.213）。GDPはその国で一定期間内に作り出された付加価値（→補）の合計で、経済の規模を示す指標となる。上の図のように農家、製粉業者、パン製造業者、パン販売業者が生み出した付加価値を合計するとGDPが算出できる。ここでは、それぞれの付加価値の合計が250万円で、これがGDPとなる。また、GDPは総生産額から中間生産物（→補）を差し引いたものと考えてもよい。

② フローとストック ［頻出］

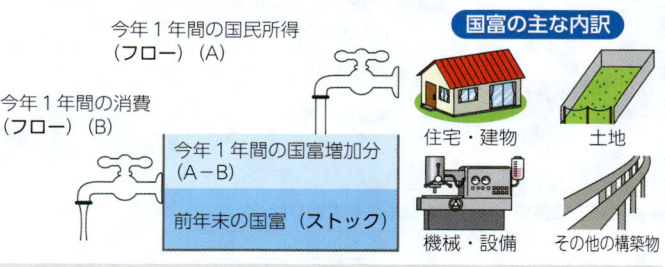

今年1年間の国民所得（フロー）（A）

今年1年間の消費（フロー）（B）

今年1年間の国富増加分（A−B）

前年末の国富（ストック）

国富の主な内訳　住宅・建物　土地　機械・設備　その他の構築物

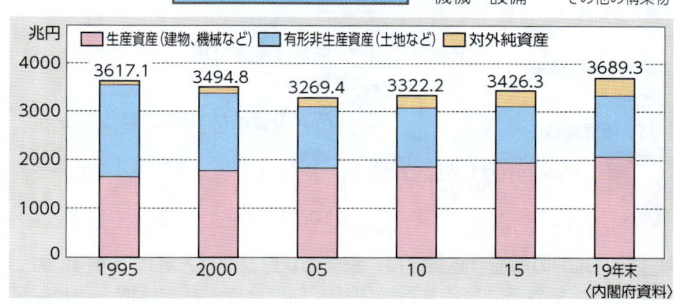

兆円
生産資産（建物、機械など）　有形非生産資産（土地など）　対外純資産

	1995	2000	05	10	15	19年末
	3617.1	3494.8	3269.4	3322.2	3426.3	3689.3

〈内閣府資料〉

↑日本における国富の推移

解説　経済規模を測る二つのとらえ方　フローとは、ある国で一定期間に新たに作り出された財やサービスの合計である。ストックとはある国がこれまで蓄積してきた富の合計であり、国の財産のようなものである。フローの代表例はGDPや国民所得で、経済的な豊かさを測る一つの指標になる。ストックの代表例は国富で、土地や建物などの国民が所有する資産から負債を差し引いたものである。国富は、地価の値下がりにより土地資産の評価額が減少したことを受けて、バブル経済崩壊前の1990年をピークに低迷している。

経済

3 GDPのジレンマ 頻出

工場の排煙で大気汚染

マスクが売れてGDP増加

解説 生活の質が低下しても、GDPが増える？ GDPは市場価格で計算するので、原則、市場を経由しないで生み出される財・サービスはGDPに計算されない。例えば、**家事労働**（家庭内での清掃・洗濯など）はGDPに計算されないが、民間企業に清掃を頼めばGDPに計算される。また、大気汚染が深刻になれば、国民の生活の質は低下するのに、その対策としてマスクが売れるとGDPは増加してしまう。GDPでは真の豊かさを測れないという考えが生じるなか、GNP（国民総生産）から渋滞などによる損害額や公害対策費用などを引き、家事労働、余暇などを金額換算して加えた**NNW（国民純福祉）**や、GDPから環境悪化による損害額やその対策費用を差し引いた**グリーンGDP**などが考案された。

II 経済成長と景気変動

ルクセンブルクの1人あたりGDPはなぜ高い？

　日本の1人あたりGDPは約4万ドルである。他方で、ルクセンブルクの1人あたりGDPは約11万ドルで、3倍近い開きがある（2019年）。なぜこれほどまでに違いがあるのだろうか。

　ルクセンブルクは、人口約60万、面積は佐賀県程度の国家である。金融業が盛んで、欧州投資銀行など、EU（→p.265）の金融関連機関が集中し、欧州の金融センターの地位を確立している。ほかにも、鉄鋼業、情報通信産業、豊かな自然を生かした観光業など多様な産業が発達している。さらに、労働力の多くをGDPを割る際の人口に含めない越境労働者に頼っていることも理由として指摘されている。

↑多くの金融機関が集まるルクセンブルク市の中心部

1 経済成長とは 頻出

◆名目経済成長率…物価変動の影響はそのまま

$$名目経済成長率 = \frac{本年度GDP - 前年度GDP}{前年度GDP} \times 100$$

パン販売業者
🍞 ×1万個 = 名目GDP 250万円
250円
→ 1年後 →
パンの値段が10%上昇！
🍞 ×1万個 = 名目GDP 275万円
275円
名目 10%

◆実質経済成長率……物価変動の影響を取り除く

$$実質GDP = \frac{名目GDP}{GDPデフレーター（→補）} \times 100$$

$$実質経済成長率 = \frac{本年度実質GDP - 前年度実質GDP}{前年度実質GDP} \times 100$$

パン販売業者
🍞 ×1万個 = 実質GDP 250万円
250円
→ 1年後 →
パンの値段が10%上昇しても…
🍞 ×1万個 = 実質GDP 250万円
250円
実質 0%
1年前と同じ物価水準で考える

解説 GDPの増加＝経済成長 経済の状態は成長と循環（→2）の二つでとらえられる。経済成長はGDPが前年比でどれだけ増えたかを示す経済成長率で測られる。これには、物価変動の影響をそのままとした**名目経済成長率**と、物価変動の影響を取り除いた**実質経済成長率**がある。

　持続的な経済成長には、供給能力の拡大が必要で、その要因は、労働力の投入量の増加、工場の設備など資本の蓄積、技術の進歩、の大きく三つに分けられる。オーストリア出身の経済学者**シュンペーター**（1883〜1950）は、新たな製品や生産方法の考案（**技術革新**）、新たな市場の開拓、新たな仕入れ先の獲得、新たな組織の実現といったイノベーションが経済発展の原動力であるとした。そして、これらが古いものに取って代わること（**創造的破壊**）で、新たな経済発展が生じるとした。

2 景気変動 出題

一つの循環	景気後退	不況	景気回復	好況

経済成長

	景気後退	不況	景気回復	好況
経済活動	減退	最小	増大	最大
賃金	下降	低水準	上昇	高水準
倒産・失業者	増大	激増	減少	わずか
在庫	増大	激増	減少	わずか
物価	下降	最低	上昇	最高

解説 景気は循環する 成長と共に経済をとらえる観点の一つは循環、すなわち**景気変動**である。経済は好況（好景気）と不況（不景気）を繰り返しながら緩やかに成長を続けていく。好況期には経済活動が活発になるが、不況期には逆になる。この変化を緩やかにするために、財政政策（→p.204、205）や金融政策（→p.199）が採られている。

3 景気の波 頻出

区　分	周　期	要　因
キチンの波	約40か月	企業の在庫の増減による
ジュグラーの波	約8〜10年	企業の設備投資の増減による
クズネッツの波	約15〜20年	住宅やビルの建て替えなどによる
コンドラチェフの波	約50年	技術革新や戦争などによる

解説 景気変動にも周期がある 時間の物差しを変えてみると、好況、不況を繰り返す景気変動の背景には、より長期間の変動の周期があることが分かる。主なものとして上図の四つが知られており、それぞれ波の存在を初めて主張した経済学者の名前が付けられている。

○×チェック 76　実質経済成長率は、名目経済成長率から総人口の変化率を差し引いて算出される。（14年、本）

左余白：**経済**

物価が上昇・下落し続けるとどうなるの？

←価値がほとんどなくなった札束で遊ぶ子どもたち（ドイツ）第一次世界大戦後の1923年、ドイツ有数の工業地帯を占領されたことによる物資不足から急激なインフレーションが進行した。

↑過去最安値の59円でハンバーガーを販売したマクドナルド（2002年）65円から80円への値上げで離れた客を呼び戻そうと59円に値下げしたが、消費者が「値下げした価格」に慣れてしまったことで、売り上げは伸び悩み、年末の決算は創業以来初の赤字となった。

1 インフレーション（インフレ）　頻出

インフレとは？　※商品量は変わらずに通貨量が **2** 倍になったとする

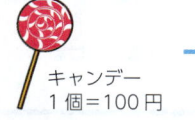
キャンデー
1個＝100円

キャンデー
1個＝200円

100円で買える
キャンデーは
1個 → 0.5個
（通貨価値の下落）

解説　インフレ＝通貨価値の下落　市場に出回っている代表的な商品の価格の平均を**物価**という。この物価が継続して上昇する状態を**インフレーション（インフレ）**という。その原因には、生産コスト（賃金や原材料）が上昇して製品価格に上乗せされる**コスト・プッシュ・インフレ**、需要量が供給量を上回りモノ不足に陥る状態が続くことによる**ディマンド・プル・インフレ**などが挙げられる。なお、不況下でも物価が上昇し続けることを**スタグフレーション**（→p.190、247）という。

インフレーションのメリット	インフレーションのデメリット
・通貨価値が下落するので、住宅ローンなどを組んだ場合、**将来の負担も実質的に軽くなる。** ・株式や不動産などの資産価値が物価上昇に伴って上がるので、**消費や投資が活発になる**（資産効果）。	・賃金は上昇するが、物価の高騰には追いつかず、**日々の生活が苦しくなる。** ・現金や預貯金、年金受給額が目減りするため、**年金受給者の生活が苦しくなる。**

2 デフレーション（デフレ）　頻出

デフレとは？　※商品量は変わらずに通貨量が **1/2** 倍になったとする

キャンデー
1個＝100円

キャンデー
1個＝50円

100円で買える
キャンデーは
1個 → 2個
（通貨価値の上昇）

解説　デフレ＝通貨価値の上昇　**デフレーション（デフレ）**とは、物価が継続して下落する状態をいう。日本経済は1990年代後半以降、モノが売れず物価が下落して企業業績が悪化、賃金下落と消費減少をもたらし、さらなる物価の下落と企業業績の悪化を引き起こし経済が停滞するという、**デフレスパイラル**（→補）の状態に陥り、企業の倒産が増加、失業率も大きく上昇した。このため、政府は財政政策（→p.205）、日本銀行は金融政策（→p.199）によってデフレ克服を図った。

デフレーションのメリット	デフレーションのデメリット
・賃金は下落するが、物価も下落するので、**商品を安く購入することができる。** ・現金や預貯金の価値が上昇するので、**すでに十分資産がある高齢者**などにとっては有利になる。	・通貨価値が上昇するので、住宅ローンなどを組んだ場合、**将来の負担も実質的に重くなる。** ・企業の生産活動が停滞し、リストラなどが発生する。賃金は下落し、経済成長率が低下する。

まとめ

Ⅰ　経済活動と私たちの生活
GDP（国内総生産）…国の経済規模を示す指標
　＝ある一定期間（通常1年間）に国内で生み出された付加価値の合計
　（＝国内で生産された財・サービスの総生産額－中間生産物）
GDPは、**フロー**の概念でとらえる経済の指標
ストックの概念でとらえる**国富**…ある時点までに蓄積してきた資産
GDPの問題点…計算されない**家事労働**、公害などの影響

Ⅱ　経済成長と景気変動
名目経済成長率…GDPが前年比でどのぐらい増えたかを示す
実質経済成長率…インフレなど物価変動の影響を取り除いて計算

景気変動（循環）…好況→景気後退→不況→景気回復→好況→を繰り返す
景気変動の周期…**キチンの波**（在庫）、**ジュグラーの波**（設備投資）、
クズネッツの波（住宅などの建て替え）、**コンドラチェフの波**（技術革新）

Ⅲ　景気変動と物価変動
インフレーション…物価が継続して上昇していく現象（通貨価値の下落）
　→賃金の上昇が物価の高騰に追いつかず生活が苦しくなる、
　　預貯金や年金受給額が目減りするなどのデメリット
デフレーション…物価が継続して下落していく現象（通貨価値の上昇）
　→物価の下落による企業業績の悪化、賃金の下落、消費の減少
　　さらなる物価の下落による経済停滞（**デフレスパイラル**）

補足解説

付加価値
新たに生み出された価値の増加分をいう。原材料などの中間生産物はすでに生産されて存在しており、新たな増加分でないため含まれない。

中間生産物
最終的な生産物を生み出すために用いられた原料、燃料などを指す。総生産額から中間生産物を差し引くと、付加価値の合計となる。

GDPデフレーター
名目GDPから実質GDPを算出するために用いられる物価指数。基準年の物価指数を100として、上回るなら物価上昇、下回るなら物価下落になる。

デフレスパイラル
スパイラルとは「らせん」の意味。デフレがさらなるデフレをよび、深刻化した状況をデフレスパイラルとよぶ。

経済

ゼミナール 深く考えよう
GDPについて考える ～GDPの読み方と日本のGDP～

POINT 経済学では「豊かさ」をどれだけの財やサービスが作り出されたか金額で測っています。「豊かさ」を測る物差しにはGDPをはじめ、どのような指標があり、そこからどのような経済の様子が読み取れるのか学習しましょう。

国民総幸福（GNH）の向上を目指す国、ブータン 〈出題〉

ブータンはインドと中国に挟まれたヒマラヤ山脈の中に位置する、人口約80万、面積は九州ほどの小国である。GDPはかなり低い水準で最貧国（→p.275）に位置づけられているが、国民総幸福（GNH）という概念を提唱し、心の豊かさを大切にしている。

国民総幸福（GNH）とは、心理的幸福、健康、教育、文化、地域社会、環境、時間の使い方、生活水準、よい統治の9つの要素から構成される。

貧困や所得格差、他国への経済依存などの課題も国内に抱えるが、ブータンは従来の「経済成長」、すなわちGDPの拡大のみに偏ることなく、「国民の幸せ」を最大化する政策を進めようとしている。

←**勉強する子どもたち**（2016年）　公の場での民族衣装の着用を義務付けるなど独自の政策が採られている。

Ⅰ　経済規模を示すさまざまな指標 〈頻出〉

国内総生産（GDP）	ある一定期間内に「国内」で生産された財・サービスから、「中間生産物」を差し引いた付加価値の総和。ある国内での経済活動を測る数値。
国民総所得（GNI）	ある国の「国民（居住者）」が一定期間内に生産した付加価値の総和。GDPに「海外からの純所得」（海外から持ち込まれた所得から海外へ持ち出された所得を差し引いたもの）を加えた数値。**国民総生産（GNP）** と等しい。
国民純生産（NNP）	GNIから「固定資本減耗」（減価償却費※）を差し引いた数値。　※機械などの固定資本が、使用とともにその価値が減っていくこと
国民所得（NI）	NNPから間接税を引き、補助金を足したもの。所得に寄与しない部分を差し引き、「新たに生産された価値」（付加価値）を純粋にとらえようとする数値。

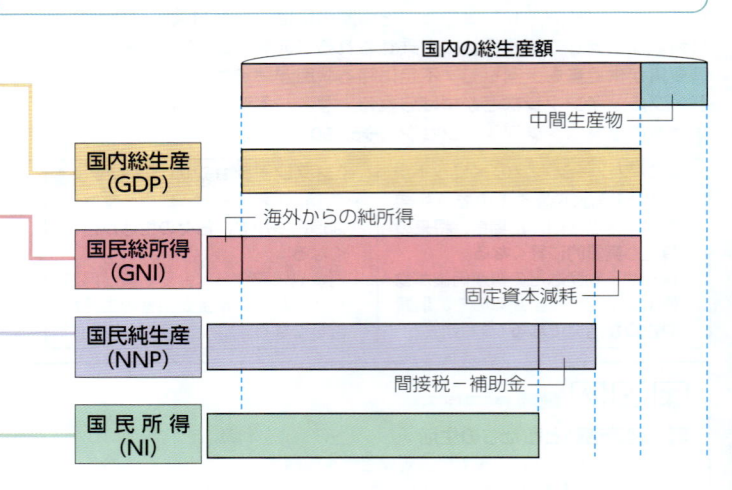

国内の総生産額

国内総生産（GDP）
中間生産物

国民総所得（GNI）
海外からの純所得
固定資本減耗

国民純生産（NNP）
間接税－補助金

国民所得（NI）

解説 **GNPからGDPへ**　GDP（国内総生産、→p.210）は国の経済的な大きさを測る指標であり、国どうしの経済力を比較する一つの物差しになる。以前はGNP（国民総生産、→p.246）が使われていたが、グローバル化のなかで、多国籍企業（→p.268）が増え、生産・販売拠点も国内に限らなくなってきたため、1990年代に入りGDPが使用されるようになった。また、「国民」一人一人の経済的な豊かさを測る指標としては、1人あたりのGNI（国民総所得、→p.210）が用いられることが多い。

理論上、国民が生産した財・サービス（生産）は、それぞれ労働者の賃金や企業の収益など誰かの所得になり（分配）、それらの所得はすべて消費や投資に使われる（支出）。つまり、国民所得を生産面、分配面、支出面から見た数値は等しくなる（三面等価の原則）。現実の経済では、生産された財やサービスがすべて販売されるとは限らないが、商品の売れ残りは「在庫品の増加」として投資に計上されるため、統計上の数値は一致する。この原則はGNPやGDPなどでも同様に成立する。

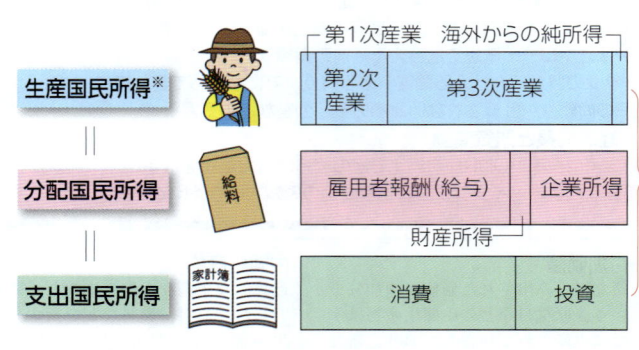

生産国民所得※
第1次産業　海外からの純所得
第2次産業　第3次産業

＝

分配国民所得
給料
雇用者報酬（給与）　企業所得
財産所得

＝

支出国民所得
家計簿
消費　投資

三面等価

※ここでいう「国民」の基準は国籍ではなく居住性にある
（例）外国国籍で日本に6か月以上居住…「居住者」
　　　日本国籍で外国に2年以上居住…「非居住者」

↑次世代スパコン「富岳」（2020年）

世界1位のスーパーコンピュータ「富岳」

2021年11月、富士通と理化学研究所が開発した「富岳」が、スパコンの計算速度ランキングで4期連続の1位を獲得した。11年に1位となった国産スパコン「京」の後継機で、新型コロナウイルスの飛散の動きを予測したり、治療薬となる候補物質を探したりする研究などで活用されている。

富岳の開発には1100億円という巨額の国費が投じられており、将来的には地震や津波などの自然災害や地球環境にまつわる予測、宇宙の基本法則の解明、エネルギーの技術開発など、幅広い領域での活用が期待されている。

Question
・技術開発によって産業はどのように変化するだろうか。（→Ⅲ）

Ⅰ 第2部第3章第2節 豊かな社会の実現
産業構造の変化

Ⅰ 技術革新がもたらす産業構造の変化

1 Society5.0 とは？

↑自動運転バスの実証実験（2021年 東京都）

解説 **Society5.0の世界** 政府は、日本が目指すべき未来社会の姿としてSociety5.0を提唱している。このSociety5.0は、高度情報社会（→p.285）をさらに進展させ、インターネット上の仮想空間と現実の空間を高度に融合したシステムにより、経済の発展と社会的な課題の解決の両立を図る社会とされている。AI（人工知能、→巻頭21）を活用したロボットや自動走行車の技術などによって、少子高齢化や地方の過疎化といった日本社会の課題の克服が目指されている。

2 産業革命による社会の変化

	始まった時期	主な技術革新	技術革新による社会の変化
第1次産業革命	18世紀末	織機、紡績機の改良 蒸気機関の利用	「農業社会」から「工業社会」へ
第2次産業革命	19世紀末	電気の利用・石油の利用（エンジン）	金融資本の発展、独占資本主義の進展、大衆社会が始まる
第3次産業革命	20世紀後半	コンピュータの登場、作業の自動化	情報通信技術（ICT）の発達、ロボットによる人間の作業の代替の始まり
第4次産業革命	2010年代	IoT（Internet of Things）、ビッグデータ、AI（人工知能）の活用	産業の自動化のさらなる進展（→人間の作業のさらなる代替）

解説 **産業革命によって社会は大きく変わってきた** 過去の産業革命においては、蒸気機関による工場の機械化（第1次産業革命）、電力や石油の利用や分業による生産方式の変革（第2次）、電子工学や情報技術を用いた一層のオートメーション化（第3次）と進展してきた。現在、これに続き、AI（人工知能）の活用などによる産業の自動化がさらに進んでいる。この動きが「第4次産業革命」であり、これを経てできあがる社会が、Society5.0である。みずから学習する機能（ディープ・ラーニング）を持つAIも登場してきていることから、機械が人間の仕事を奪うのではないかという危惧もある。

経済

「サブスクリプション」で購入から利用へ

「サブスクリプション」(サブスク)とは、もともとは新聞・雑誌などの定期購読を意味する言葉で、定額の支払いによって商品の利用やサービスの提供を受けられるしくみも指すようになっている。

音楽や動画の配信サービスの月額利用料やコンピュータソフトの年間使用料などに取り入れられ、広まっている。これまでは、データが収録されたCD、DVDなど記録媒体というモノを購入し、所有することが主流であった。しかし、インターネットが普及し、大量のデータが瞬時にやり取りできるようになったことで、必要とするデータを必要なときに利用できるように、利用料を利用期間に応じて支払う方式が急速に普及している。サブスクリプションサービスの対象は、音楽・動画などのデータにとどまらず、飲食や衣服、化粧品、自動車などにも広がっている。これに伴って、モノの作り方や売り方、サービスの提供のあり方が大きく変わろうとしている。

↑スマートフォンの定額動画配信サービスのアイコン画面（上）　月額料金を支払うことで、すべての動画が見放題になる。

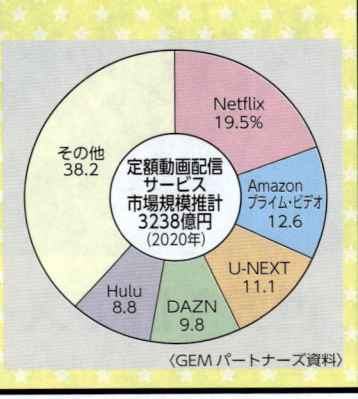

→定額動画配信サービスの国内シェア（右）

定額動画配信サービス市場規模推計3238億円（2020年）

- Netflix 19.5%
- Amazon プライム・ビデオ 12.6
- U-NEXT 11.1
- DAZN 9.8
- Hulu 8.8
- その他 38.2

〈GEM パートナーズ資料〉

1 産業構造の変化　頻出

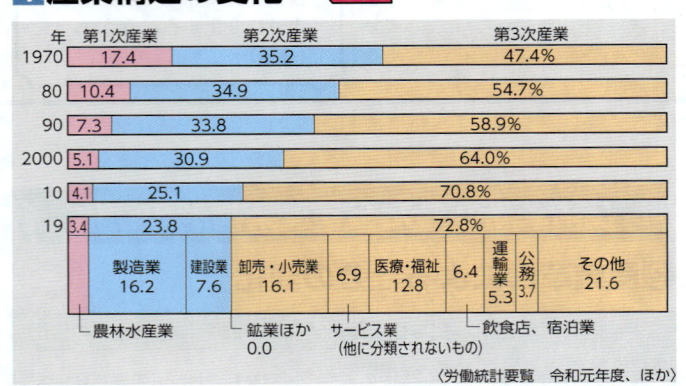

年	第1次産業	第2次産業	第3次産業
1970	17.4	35.2	47.4%
80	10.4	34.9	54.7%
90	7.3	33.8	58.9%
2000	5.1	30.9	64.0%
10	4.1	25.1	70.8%
19	3.4	23.8	72.8%

19年：農林水産業 3.4 ／ 製造業 16.2 ／ 建設業 7.6 ／ 鉱業ほか 0.0 ／ 卸売・小売業 16.1 ／ サービス業（他に分類されないもの）6.9 ／ 医療・福祉 12.8 ／ 飲食店、宿泊業 6.4 ／ 運輸業 5.3 ／ 公務 3.7 ／ その他 21.6

〈労働統計要覧　令和元年度、ほか〉

↑産業労働人口の推移

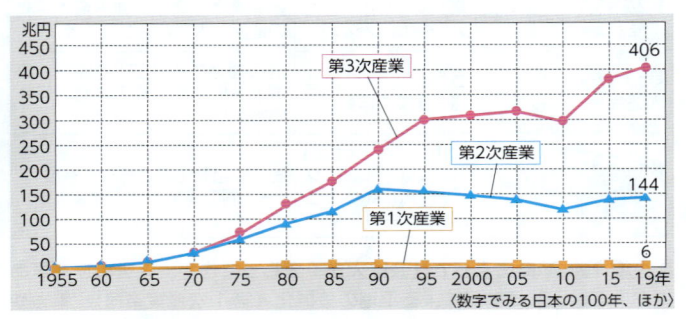

↑産業別国民所得の推移

（第3次産業 406、第2次産業 144、第1次産業 6）

〈数字でみる日本の100年、ほか〉

解説　日本の産業構造の変化　一国の経済は、経済発展につれて、産業の中心が農業や水産業などの**第1次産業**から製造業が中心の**第2次産業**へ、さらには運輸・情報通信などのサービス業が中心の**第3次産業**へ移行する。これを**産業構造の高度化**という。イギリスのペティの説を基に、クラークがこの法則を指摘したため、**ペティ・クラークの法則**（→補）ともいう。

2 進む企業の海外進出

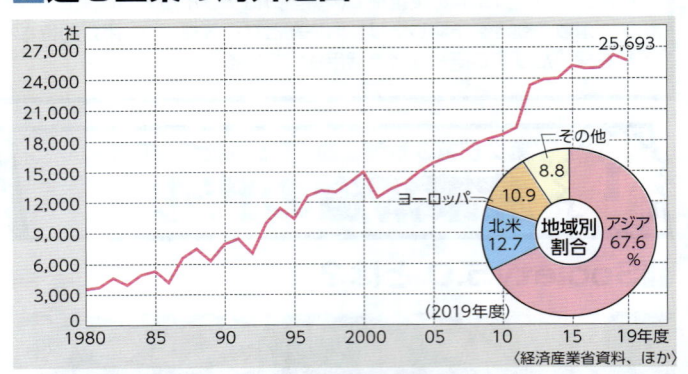

25,693

地域別割合（2019年度）
- アジア 67.6%
- 北米 12.7
- ヨーロッパ 10.9
- その他 8.8

〈経済産業省資料、ほか〉

解説　日本の海外進出企業の推移と地域別割合　国際競争力の向上や製造コスト削減のために海外に進出する企業は増えており、なかでもアジアが、距離的な近さもあり多くの割合を占めている。特に経済発展を遂げた中国は、商品の巨大な市場であるため、進出企業は増加している。

3 世界と比べた日本の賃金（平均年収）

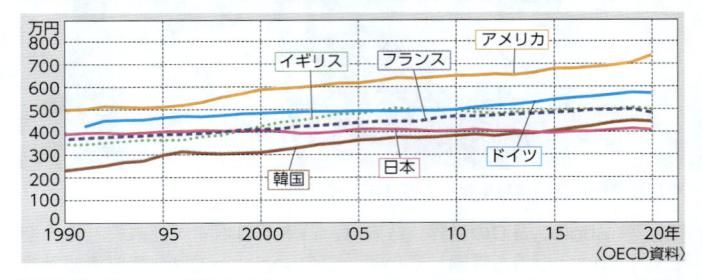

（アメリカ、イギリス、フランス、ドイツ、韓国、日本）

〈OECD資料〉

解説　世界の平均年収と比べると　日本の賃金は1990年からの30年間ほとんど上がっていない。これに対して、アメリカ、イギリスなどの先進国は同じ期間に約3～4割上昇した。また、韓国は2015年に日本を上回った。日本の賃金が上がらなかった理由の一つに、長期の景気低迷を背景に非正規雇用が増えたことが挙げられる。

○×チェック⑰　経済発展に伴い、第1次産業から第2次産業、さらに第3次産業へと産業の重心が移っていく傾向を、ペティ・クラークの法則という。（14年、追）

↑分身ロボットがスタッフとして働くカフェ（2021年　東京都）

分身ロボットが働くカフェ

　重い障がいで動けなくても働きたいという意欲のある人が、働ける場としてカフェが作られた。難病や障がいで外出が難しい人が、遠隔操作で分身ロボットを動かし、サービススタッフとして働いている。障がいのために寝たきりになるなど外に出て移動するのが困難であっても、意欲と技術が結びつくことによって、新しい仕事場が生まれている。また、コロナ禍のためにソーシャルディスタンスが求められ、移動の制約があるなか、人々の交流の新しい形として一つの実験の場ともなっている。

　かつては、重い障がいがあるから、外出が難しいから、という理由で、自宅にいて孤独になっていた人たちがいた。だが、このような取り組みは、重度の障がい者が社会との関わりを持ち、人々と接することができる機会を提供する場となっている。

　このカフェは、フロアに段差がなく、お店に来る人にも配慮したお店になっている。

1 燃料電池の開発　◁出題

一次電池 （乾電池など）	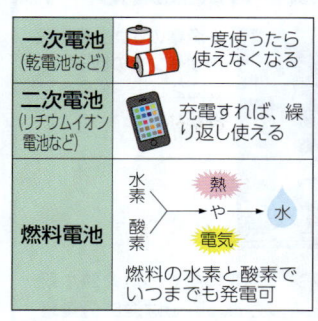	一度使ったら使えなくなる
二次電池 （リチウムイオン電池など）		充電すれば、繰り返し使える
燃料電池	水素 酸素 →熱 や 電気→ 水	燃料の水素と酸素でいつまでも発電可

↑燃料電池とは（左）、スマートフォンを充電する小型燃料電池（右）

解説　燃料電池の開発と普及　燃料電池は発電効率が高い。水素と酸素の電気化学反応で発電するため、繰り返し使え、振動や騒音も少なく、発電の際、二酸化炭素を発生しないクリーンなエネルギーである。価格やランニングコスト（燃料電池を運用・管理するために継続的にかかる費用）の高さ、ならびにインフラ整備のコストの高さなどの課題が指摘されているものの、既に燃料電池は、自動車や家庭用として活用されている。今後はさらなる小型化や低価格化などが目指されている。

声　小型燃料電池開発者の声
　これからのエネルギーをどうしていくべきか、若い人にも考えて欲しいです。エネルギーを支える事業に従事することは、大げさに言えば人類への貢献です。これから、エネルギー問題がますます深刻化するなかで、化石燃料からの脱却の選択肢の一つとして、燃料電池の分野に興味を持ち、技術者や研究者が増えてくれるとうれしいです。若い皆さんには、私たちが小型燃料電池という新しい技術で「アクアフェアリー」という企業を立ち上げたように、新たな技術を開発し、リスクを恐れずにどんどんとチャレンジしていって欲しいです。皆さんがチャレンジすることで起業家が増え、産業として発展すると日本経済が活性化していくと思います。これからの日本を支えていって欲しいです。

2 高火力・高効率の火力発電

解説　GTCC（ガスタービン複合発電）のしくみ　ガスタービンで一度発電した後、排熱を利用して蒸気タービンで二度目の発電をすることで発電効率が向上した。出力は原発1基と同程度、かつ二酸化炭素や窒素酸化物、硫黄酸化物などの排出量も少ない。

　福島第一原発事故（→p.315）を受け、原発に依存していた電力を火力で補わなければならない。火力発電の欠点は熱効率の悪さと二酸化炭素の排出であるが、GTCCは熱効率が高く、二酸化炭素の排出も従来の火力発電に比べて少ない。また、石炭をガス化して高効率に発電する石炭ガス化複合発電（IGCC）も行われている。

（図中のラベル）燃料／空気／発電機／ガスタービン／ボイラー／排ガスの余熱／発電機／蒸気タービン／復水器／海水／海水

※排熱を利用して二重に発電することで熱を有効に利用できる。〈三菱重工業資料〉

3 産業を変える？ 3Dプリンタ

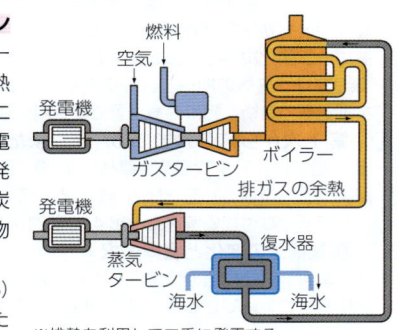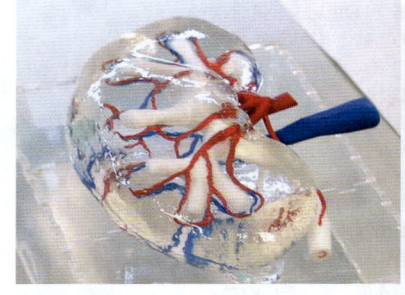

↑医療現場で活用される腎臓（左）と心臓の（右）の模型

解説　3Dプリンタへの期待　3Dプリンタは、紙に印刷するのではなく、データを基にプラスチックなどを使って立体の模型を作る技術である。特に注目されているのが、医療分野での活用である。データから患者一人一人に合わせた人工骨や模型などを作製でき、事故や病気で変形した骨の治療や、手術前の予行練習などに役立てられている。医療分野以外では、製造業における試作品の作成などに活用されている。

経済

○✕チェック答え⑺　○　経済発展について、第1次産業から第2次産業、さらに第3次産業へ産業構造の中心が移っていくことを、ペティ・クラークの法則とよぶ。

海産物で1次×2次×3次＝6次産業化

←漁業の6次産業施設のオープンの様子（2021年　福井県高浜町）

　漁業の6次産業施設としてオープンし、取れたての魚介類が新鮮なまま味わえるほか、海の景色も楽しめる。町では漁師の後継者不足や漁獲量の減少など、多くの課題を抱えており、水産業の6次産業化で地域の振興を狙っている。こうした取り組みは、日本各地の農山漁村で行われている。

AI（人工知能）の活用で仕事はどうなる

←無人店舗のコンビニエンスストア（2021年　埼玉県川越市）

　このコンビニでは、店内に設置されたカメラやセンサーから得られたデータを解析して、店内の客や商品の動きを認識しており、商品をスキャンすることなくセルフレジで会計処理ができる。店舗にかかる人件費を減らすことができるが、遠隔で店内を監視したり、客の問い合わせに対応したりするための人員は必要になる。

生産　　加工　　流通・販売

所得の向上（付加価値アップ）
雇用の確保
地域の活性化

$$1_{次産業} × 2_{次産業} × 3_{次産業} = 6_{次産業}$$

農林漁業者が生産、加工、流通・販売を一体化

解説 **1×2×3＝6次産業**　第1次産業として農林水産物を生産するだけでなく、缶詰や菓子などの加工品を作る第2次産業、さらには加工品を流通、販売する小売業の第3次産業までを、生産者が一体化した産業として発展させる取り組みが、農林水産業の6次産業化（→補）である。これにより農山漁村の所得の向上や雇用の確保を目指している。

増える見込みの仕事	減る見込みの仕事
技術系専門職 56.7%	一般事務・受付・秘書 43.7%
営業・販売 22.8	総務・人事・経理等 32.8
事務系専門職 22.0	製造・生産工程・管理 29.9
接客、対人サービス 13.4	16.4 事務系専門職
管理・監督 12.7	14.6 接客、対人サービス

（選択肢方式による回答企業の割合。複数回答）（2017年）〈内閣府資料〉

解説 **AI・IoTの導入の進展で変わる仕事**　AI・IoTの導入が進んだ場合、日本の企業は、「技術系専門職」「営業販売」「事務系専門職」は仕事が増える見込みであると回答している。一方で、減る見込みの仕事として、「一般事務・受付・秘書」「総務・人事・経理等」「製造・生産工程・管理」を挙げている。このように、技術革新や産業構造の変化に伴って、必要とされる仕事の内容も変わっていく。これまでは必要とされていたのに減る業務がある。一方で、必要とされる技術や業務もあり、仕事は増えることもある。

　これまでに習得した知識や技能が役に立ち続けるという保証はない。新しい動きに対応できるよう学び続ける姿勢を持つことが大切である。

まとめ ▰▰ ▰▬ ▬▬

Ⅰ 技術革新がもたらす産業構造の変化
・産業革命…技術革新によって産業の姿が大きく変化→社会も大きく変化
　蒸気機関の利用（18世紀末：第1次）、
　電気・石油、生産方式の変革（19世紀末：第2次）、
　コンピュータの登場と作業の自動化（第3次：20世紀後半）、
　IoT、ビッグデータ、人工知能(AI)（第4次：2010年代）→ Society5.0

Ⅱ 日本の産業を取り巻く現状
・産業構造の変化…経済の発展につれて、産業の中心が第1次産業（農林水産業）から第2次産業（製造業など）、第3次産業（サービス業など）へと移行する（産業構造の高度化）：ペティ・クラークの法則
・日本企業の海外進出…国際競争力向上や製造コスト削減のため。距離的近さからアジアに進出する企業の割合が高い
・日本の賃金水準…1990年からの30年間ほとんど上がらず。長期の景気低迷を背景に非正規雇用が増えたことが理由の一つ

Ⅲ 日本が誇る最先端技術への期待
・燃料電池の開発…発電効率が高く、水素と酸素の電気化学反応で発電→発電に二酸化炭素を排出しないクリーンなエネルギー
・高火力・高効率の火力発電…GTCC（ガスタービン複合発電）は熱効率を高め、二酸化炭素の排出を従来の発電より抑制
・3Dプリンタへの期待…データを基にプラスチックなどを使って立体の模型を作る技術。特に医療分野での活用に注目。製造業でも活用

Ⅳ 第1次から第3次までの産業をまたぐ取り組み
・6次産業化…第1次産業（農林水産業）、第2次産業（製造業）、第3次産業（小売業など）を一体的なものとして取り組み、豊かな地域資源を活用して新たな付加価値を生み出す：1次×2次×3次＝6次

Ⅴ 産業構造の変化と職業選択
・技術革新や産業構造の変化に伴って、必要とされる仕事の内容も変化。新しい動きに対応できるよう学び続ける姿勢を持つことが大切

補足解説

ペティ・クラークの法則
イギリスのペティは、17世紀に産業が農業から製造業、商業へと発展するにつれて富裕になると主張した。クラークはこれを基に、経済の発展につれて第1次産業から第2次、第3次産業へと産業の中心が移行することを各国について実証した。2人の名前からペティ・クラークの法則とよばれる。

農林水産業の6次産業化
農林水産業の第1次、製造業の第2次、小売業の第3次の数字を足し合わせても6となるが、第1次産業が衰退しては成り立たないこと、各産業を融合して活性化を目指す意味からかけ算の6とされる。ペティ・クラークの法則でいう産業構造の高度化の結果としての6次ということではない。

経済

○×チェック78　AIなどのデジタル技術の進展に伴い、店員を雇わなくてもよい無人コンビニなどが増えていくと、コンビニ業界の労働市場における労働需要が減少する可能性がある。（21年、本）

↑西陣織の作品（左）、西陣織の手織り風景（右）

輝きを放つ伝統工芸を支える中小企業 〜西陣織〜

　全国各地にそれぞれの土地の風土と歴史に裏付けられた伝統産業がある。京都市の西陣織などが典型例である。西陣織は先に染色した絹糸を用いて模様を織り出す、先染めの紋織物である。多品種少量生産が特徴で、出荷額は約310億円。300近くの中小企業によって生産されている（2017年）。

　伝統型地場産業の特徴は、その多くが高い技術力を有する中小企業に支えられていることである。親から子へ一子相伝の場合も少なくないうえ、企業規模の小ささから小回りが利くものの、経営は安定しない。伝統を守るには厳しい試練を乗り越えなければならない。

Question

・中小企業の強みと課題として、どのようなことが挙げられるだろうか。（→１）

② 中小企業と農業の問題

Ⅰ 中小企業の現状と課題

　日本経済において、大企業は生産・雇用・販売などあらゆる側面で大きな影響力を持つ。中小企業の多くは大企業と密接に関わりながら日本経済において重要な役割を果たしている。行政機関としては中小企業庁（→補）がある。

①中小企業の定義　〈出題〉

業　種	資本金	従業員
製造業その他の業種	3 億円以下	300人以下
卸　売　業	1 億円以下	100人以下
サ ー ビ ス 業	5000万円以下	100人以下
小　売　業	5000万円以下	50人以下

※資本金・従業員のどちらかの条件を満たせば中小企業

解説　日本経済を支える中小企業　中小企業は中小企業基本法で定義される。日本では中小企業の多くが、大企業の注文を受け、製品の製造などを行う下請企業や、大企業が大株主になったり、役員を派遣したりして経営を統制する系列企業に属する。しかし、近年、独立企業（独自の技術やノウハウを持つ企業や、地域の特性を生かした地場産業など）や、ベンチャー企業（スタートアップ、→５）の活躍が注目されている。

　そのなかで、「大企業と中小企業の格差是正、中小企業の保護」を理念とした中小企業基本法が1999年に改正され、新たに「多様で活力ある中小企業の成長発展、自助努力の支援」が理念として定められた。

② 大企業と中小企業　〈出題〉

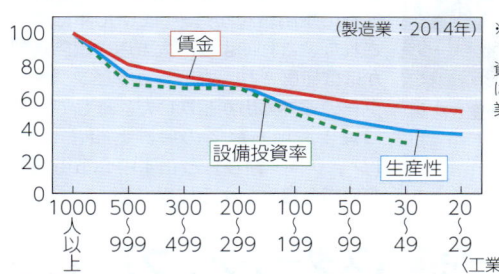

		（2019年）
事業所数	大企業 1.9%	中小企業 98.1
従業者数	33.9	66.1
出荷額	53.0	47.0

〈2020年　工業統計調査〉

↑製造業における大企業と中小企業

※設備投資率は従業員1人あたりの有形固定資産投資総額。グラフは、1000人以上の企業を100として比較。

（製造業：2014年）　賃金　設備投資率　生産性

| 人以上 | 1000 | 500 〜 999 | 300 〜 499 | 200 〜 299 | 100 〜 199 | 50 〜 99 | 30 〜 49 | 20 〜 29 |

〈工業統計（概要版）2014年〉

↑従業員規模で見た賃金、設備投資率、生産性

解説　大企業と中小企業には大きな格差が　事業所数で1％余りの大企業が、出荷額では半分以上を占めており、この関係は高度経済成長期以降ほとんど変わらない。大企業と中小企業には賃金や生産性などさまざまな面で大きな格差があり、これを日本経済の二重構造とよんできた。中小企業は不況になると製品価格の引き下げや生産量の削減、好況になると急な増産を求められるなど、大企業にとっての「景気の調整弁」とされてきた。実際にバブル経済崩壊後の「失われた20年」では、これまで下請けなど長期的な取り引き関係にあった大企業からの注文の減少、金融機関の「貸し渋り」、「貸しはがし」によって、倒産（→補）する中小企業も多かった（→p.249）。

経済

○×チェック答え78

○　デジタル化や工業化に伴い無人店舗などが増えると、企業側が人を雇わなくなる可能性が高まり、労働需要の減少を引き起こす可能性がある。

❸ 下請け・系列関係の変化

系列取引 → 近年の取引関係

解説 系列取引の解消が進む かつて大企業と中小企業との間では、大企業が中小企業の株式を保有して子会社（➡補）化し、部品や材料を安定的に取り引きする**系列取引**が行われてきた。しかし、グローバル化に伴う国際的な価格競争のなか、系列取引はコスト面などで不利になり、系列解消の動きが広がっている。近年では、従来のピラミッド型の取り引きではなく、多数の取引先との多角的な取り引きが広まっている。

❹ 中小企業関係の主な法律 〈出題〉

中小企業基本法 （1963年施行）	中小企業の経済的・社会的不利を是正することを目標に1963年に制定された法律。99年に抜本的に改正され、多様で活力ある中小企業の成長発展という政策目標が掲げられた。
大規模小売店舗法 （1974年施行） （2000年廃止）	周辺の中小小売業の事業活動の機会を適正に確保することを目指す法律。既存の商店街や大型店による既得権益の問題やアメリカからの規制緩和の圧力もあり、2000年に廃止された。
まちづくり３法※ （1998年施行）	大型店と地域社会の調和、中心市街地の空洞化防止を目的として制定されたが、効果は不十分で2006年の改正で再び出店規制が強化された。

※改正都市計画法、中心市街地活性化法、大規模小売店舗立地法
（大規模小売店舗立地法のみ施行は2000年）

↑営業休止などによる空き店舗が目立つ商店街（2016年 和歌山県）

解説 商店街の衰退が進む 地元の中小小売店を大型店の進出から守るために制定された**大規模小売店舗法**（大店法）は、商店街に活況をもたらしたが、反面既存の商店街などを過剰に保護しているという批判もあった。大店法は日米構造協議（➡p.255）で見直しが求められた後、徐々に規制緩和が進み、2000年に廃止された。これにより、大型店の出店規制がほぼ撤廃され、大型ショッピングセンターの郊外進出が相次いだ。そして、人口減少、地方経済の疲弊と相まって、「**シャッター通り**」と化す中心市街地の商店街も目立つようになった。

❺ ベンチャー企業（スタートアップ） 〈頻出〉

解説 日本経済の活性化につながると期待 独自で知識や技術を用いて新たに創業した企業を**ベンチャー企業**（スタートアップ）という。最低資本金制度（➡p.192）の撤廃で起業が容易となったほか、マザーズやJASDAQ（東京証券取引所）など、上場基準が緩く、資金を調達しやすい**株式市場**も新設された。就業機会の拡大につながることも期待されている。

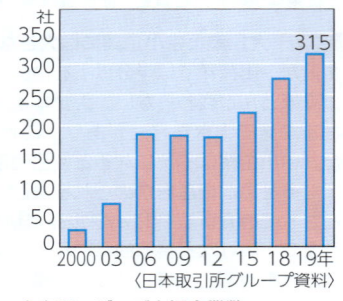

↑東証マザーズ上場企業数（社）
〈日本取引所グループ資料〉

経済

Ⅱ 日本の農業の現状

活力ある農業を目指して

← 「伊賀の里 モクモク手づくりファーム」のスタッフたち

三重県にある「伊賀の里 モクモク手づくりファーム」は、農作物の生産から加工、販売までを手がける農業組合法人である。運営する農業公園には年間約50万人が訪れ、通信販売や直営レストランも運営している。創業者の一人にお話を伺った。

声 「伊賀の里 モクモク手づくりファーム」創業者の声

会社を作った当初は、全然売れなかったんやわ。ほんっとに。そこで感じたのは「いいものを作れば売れる」というのは勘違いだった。消費者が求めていたものは、作る側と消費者の「関係性」を強めること、「垣根」をもっと低くすることだったんや。

そこで、日本で初めて「ソーセージづくり体験」を始めたんよ。消費者にとってソーセージは、「手づくりだ」といっても、値段が高いだけで何が大手と違うか分からない。ソーセージを自分で作ることで、手づくりのよさを知ってもらえた。そうすることで、値段が多少高くても、よさを納得して買ってもらえるようになってきた。「消費者＝お客様」という観点じゃなく、消費者は自分たちの考え方に共感してくれている「仲間」だととらえている。なので、伊賀のファームは観光施設というより、モクモクの商品や考え方を知ってもらうための「ショールーム」だと思ってる。ここでファンになった人に会員になってもらい、通販で購入したり、最寄りのレストランを利用してもらったりして継続的な消費者になってもらう。こういう消費者が、成功のいちばんの原動力や。

❶ 農業の地位の変化

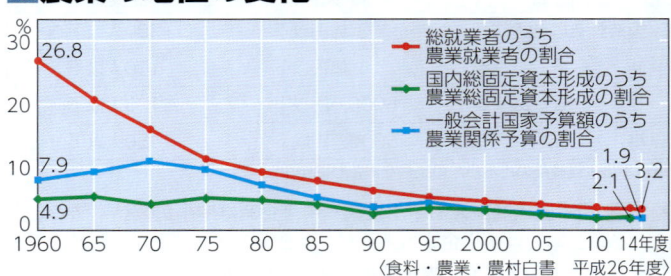

総就業者のうち農業就業者の割合
国内総固定資本形成のうち農業総固定資本形成の割合
一般会計国家予算額のうち農業関係予算の割合

〈食料・農業・農村白書 平成26年度〉

解説 低下する農業の地位 高度経済成長期（➡p.246）以前、農業は日本の中心産業であった。しかし、高度経済成長に伴い工業分野の所得が上昇したため、若者の農業離れが進み、農業就業人口は減少し続けた。農家が農家以外の収入に頼る**兼業化**が進み、三ちゃん農業（➡補）とよばれる状況が見られた。他方で、海外からの安価な食料の輸入が増え、産業としての農業の地位は低下し、他の産業との格差は拡大した。

○×チェック⑲ 農業生産額や農業就業人口は減少し続けているが、中山間地域を含めて耕作放棄地は増加傾向にない。（16年、本）

❷ 農家数・農業就業人口の推移　出題

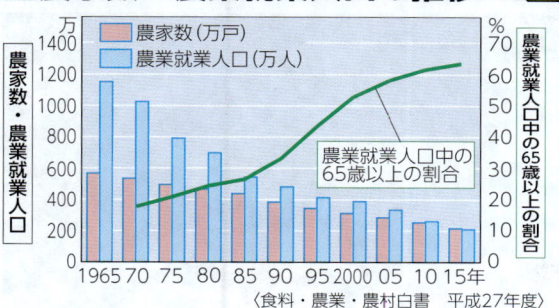

〈食料・農業・農村白書　平成27年度〉

解説 農業就業人口の減少と高齢化の進行
高度経済成長期以降、若者の農業離れが続き、**農業就業人口の減少**と高齢化の進行が著しい（→p.246）。農業就業人口の半数以上が65歳以上で、農村は後継者不足に悩んでおり、外国人の技能実習生の労働に頼る農家が増えている。

　この理由として、技術の習得や所得の確保が困難で、新たに機械や土地を購入して農業を始めるのに多額のお金が必要なことなどが挙げられる。就業人口の減少を背景に、耕作面積が減少傾向、**耕作放棄地**も増加傾向で、**農業生産の減少、農村自体の荒廃**が懸念される。

↑農家で働く外国人研修生（右）

❸ 日本の農業政策の変遷　頻出

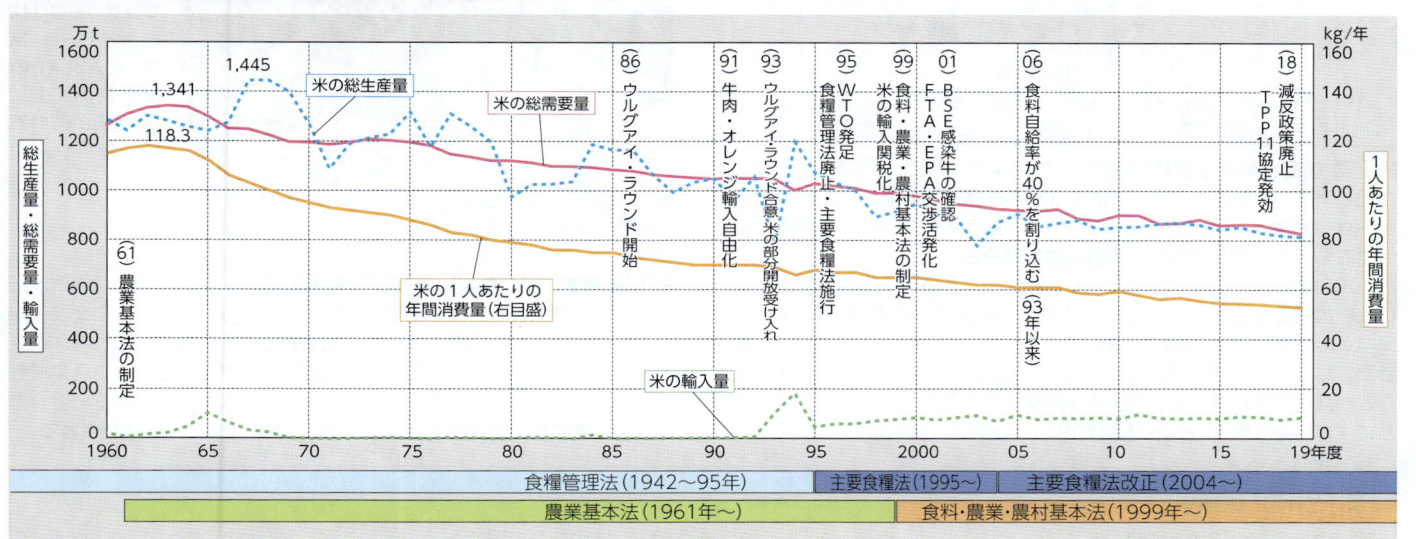

〈農林水産省資料、ほか〉

食糧管理法 (1942〜95年)	主要食糧法 (1995〜)	主要食糧法改正 (2004〜)

農業基本法 (1961年〜)	食料・農業・農村基本法 (1999年〜)

<table>
<tr><td rowspan="3">食糧管理法 (1942〜1995)</td><td>目的 政府の生産管理</td></tr>
<tr><td>内容 ・第二次世界大戦中の米の統制のために始まる
・政府が生産と価格を管理（全量管理）</td></tr>
<tr><td>・政府の米の買い入れ価格が売り渡し価格よりも高くなる（逆ザヤ）の発生
・1993年の不作による緊急輸入
・ウルグアイ・ラウンドによるミニマム・アクセス（米の国内消費量の一定割合を輸入する）の受け入れ</td></tr>
</table>

主要食糧法 (1995〜)	目的 民間主導の流通へ
	内容 ・政府の全量管理の緩和 　▶備蓄とミニマム・アクセスの運営に限定 ・流通ルートの拡大 　▶スーパーやコンビニエンスストアでの販売が可能に

主要食糧法改正 (2004〜)	目的 計画流通制度の廃止（流通規制の撤廃）
	内容 ・農家は自由な米の販売が可能に ・米の生産調整手法の変更 　▶作付けしない面積で管理する「減反」から、生産量で管理する方式に

<table>
<tr><td rowspan="2">農業基本法 (1961〜)</td><td>目的 農業の発展と農業従事者の地位の向上</td></tr>
<tr><td>内容 ・生産性と生活水準（所得）の農工間格差の是正</td></tr>
<tr><td></td><td>・食料・農業・農村をめぐる状況の変化
・食料自給率の低下、農業者の高齢化
・耕地面積の減少、農村の活力の低下
・市場原理の導入と生産・流通の規制緩和、米作から他の農産物への転作</td></tr>
</table>

<table>
<tr><td rowspan="2">食料・農業・農村基本法 (1999〜)</td><td>目的 国民生活の安定向上および国民経済の健全な発展</td></tr>
<tr><td>内容 ・食料の安定供給確保
　▶国内農業生産の増大を図ることを基本とし、輸入と備蓄を適切に組み合わせる
　▶緊急時の食料安全保障など
・多面的機能の発揮
　▶国土の保全、水源のかん養、自然環境の保全、良好な景観の形成、文化の伝承など
・農業の持続的な発展
　▶農地、水、担い手等の生産要素の確保と望ましい農業構造の確立など
・農村地域の振興
　▶農業生産条件の整備など</td></tr>
</table>

解説 **農業と他産業の格差是正から農業の持続的な発展へ**　日本の農業の中心は長らく米作であった。戦前から続く**食糧管理制度**（→補）の下で、政府が農家から高い価格で米を買い上げる保護政策が採られていた。しかし、食生活の変化により米の消費量は減少の一途をたどり、食料と農業をめぐる政策にもゆがみが生じ始めた。1961年に制定された**農業基本法**は、農業と他産業の格差是正を目指し、農業の規制緩和や、米作から畜産などの他の農産物への転換を推奨したが、格差は縮まらず農業離れに歯止めはかからなかった。

　70年代以降は、生産過剰となった米の生産調整として**減反**（→補）が行われるようになる。その後、食糧管理制度や減反は見直され、95年に主要食糧法（**新食糧法**）が、99年に食料の安定供給の確保、農業の持続的な発展などを目的とする**食料・農業・農村基本法**が施行された。

○×チェック 答え⑲　×　耕作放棄地は、39.6万ha（2010年）で、15年前と比較して、1.5倍以上となっている。耕地面積全体に占める割合も10％を超えている。

経済

④ 農産物の輸入自由化　◀頻出▶

年	事　項
1955	日本、GATT（→p.260）加盟
60	ライ麦、コーヒー豆など121品目の輸入自由化
71	チョコレート、ビスケット類、グレープフルーツなどの輸入自由化
78	牛肉・かんきつの輸入枠の拡大
1991	牛肉・オレンジの輸入自由化（オレンジ果汁の輸入自由化は92年）
93	ウルグアイ・ラウンド（→p.262）、最終合意
95	小麦、大麦、乳製品、でんぷん、雑豆、落花生、こんにゃく芋、生糸・まゆの輸入自由化→農産物の輸入数量制限を原則的に撤廃、関税化へ ※米は特例措置として関税化を6年間猶予、代わりに国内消費量の4〜8％をミニマム・アクセス米として輸入
99	米の輸入関税化（関税をかけることで輸入を認め、関税を払えば誰でも輸入が可能に）
2018	TPP11協定（→p.283）が発効 ・農林水産品の80％強の品目で最終的に関税を撤廃 ・重要5品目（米、麦、乳製品、牛肉・豚肉、甘味資源作物（さとうきびなど））についても、約3割の品目で関税を撤廃 ・米については、関税率を維持する一方で、ミニマム・アクセス米とは別に、オーストラリアに無関税の輸入枠を設ける
19	日EU・EPA（→p.269）が発効　例えばワインの関税は即時撤廃
20	日米貿易協定が発効　例えば米産輸入牛肉の関税は大幅削減

解説　農産物の市場開放が進む　農産物については、日本がGATTに加盟した1955年以降、輸入自由化（輸入数量制限を撤廃し、関税の引き下げや撤廃を行うこと）が進められ（→p.255）、99年の米の輸入関税化をもって、農産物の輸入数量制限は撤廃された。

　2000年代に入って、FTAやEPA（→p.269）といった二国間協定が結ばれ、締結国どうしの貿易における関税の引き下げや撤廃が進んだが、米などの一部品目は、国内産業の保護を理由に高い関税率が維持されてきた。しかし、18年に発効したTPP11協定において、関税を撤廃したことがない品目についても、関税を撤廃するかどうかが議論となったように、海外から農産物の市場開放が強く求められている。

⑤ 企業の農業参入・農業経営の法人化　◀出題▶

←↑コンビニエンスストア大手ローソングループ「株式会社ローソンファーム千葉」の直営農場（上）、店頭で販売されている野菜や果物（下）

解説　農業の新たな担い手として注目が集まる　2009年の農地法改正で、一般企業も農地を借りて農業経営が可能になり、企業の農業参入が進んでいる。また、農業経営の法人化の動きも見られる。これは、家族で農業を営んでいた農家が集まり、共同で機械を購入したり、農作業を行ったりすることで生産費用を下げ、生産性を高めようとする形態である。後継者不足が深刻化する農業の新たな担い手としても注目される。

経済

まとめ ■■ ■■ ■■

Ⅰ 中小企業の現状と課題

・中小企業…中小企業基本法で、製造業では資本金3億円以下あるいは従業員数300人以下など、業種により定義
　事業所数では、およそ98％、従業員数の約7割を占める
※賃金や生産性などで大企業との大きな格差→日本経済の二重構造
・下請け・系列関係の変化
　下請企業…大企業の注文で製品の製造→大企業の影響大（景気の調整弁）
　系列企業…大企業が子会社化、部品や材料を安定的に取り引き
　→グローバル化の進展による系列解消の動き
　　多数の取引先との多角的な取り引き
・中小企業基本法の改正…大企業と中小企業の格差是正、中小企業の保護から、多様で活力ある中小企業の育成を目標に
・中小小売店を保護する大規模小売店舗法の廃止→大型店出店の規制がほぼ撤廃→商店街の「シャッター通り」化
・ベンチャー企業（スタートアップ）…独自で知識や技術を用いて新たに創業
　←2006年の会社法施行や、資金を調達しやすい株式市場の新設が背景

Ⅱ 日本の農業の現状

・高度経済成長期以前、農業は日本の中心産業→経済成長に伴い工業分野の所得上昇から若者の農業離れ、農家数・農業就業人口の減少、農家の兼業化（三ちゃん農業）、安価な食料輸入増加、高齢化による後継者不足
・食糧管理制度…政府による米の生産、流通、価格の管理（食糧管理法）
・農業基本法（1961年）…他の産業との格差是正、米作から畜産などへの転換を推奨、農家の保護
　→米の消費量減少。1970年代以降、減反（米の生産調整）が行われる
・農業政策の見直し…1995年、新食糧法による流通の自由化（食糧管理制度の廃止）→99年、食料・農業・農村基本法（食料の安定供給の確保、農業の持続的な発展を目指す）
・農産物の輸入自由化の進展…輸入数量制限の撤廃、関税の引き下げや撤廃の進展→91年、牛肉・オレンジの輸入自由化→99年、米の輸入関税化（関税をかけることで輸入を認める）→2018年、TPP11協定発効
・農業の法人化…共同での機械購入・農作業などで、生産性の向上を図る→農業の新たな担い手に

補足解説

中小企業庁
中小企業の育成、発展のため、1948年に経済産業省（当時の通産省）の外局として設置された。中小企業振興のための調査、改善指導、国会への意見提供などを行う。

倒産
事業に行き詰まった企業が経営破綻する（つぶれる）こと。銀行取引停止による事実上の倒産や、会社更生法による法的整理、再建などがある。

子会社
株式の保有などにより経営を他の企業に支配されている会社をいう。経営を支配する側を親会社、子会社のさらに子会社を孫会社ともいう。

三ちゃん農業
兼業化が進み農業の担い手は「とうちゃん」ではなく「じいちゃん」「ばあちゃん」「かあちゃん」の3人が支えることをいう。

食糧管理制度
戦時中の食料不足対策として制定された食糧管理法により主な食料を国家統制下に置く制度。第二次世界大戦後も制度は残り、食糧管理法が廃止されるのは1995年である。

減反
1971年から本格的に実施された米の生産調整。米の過剰生産に対応するため行政側から農家に減反面積が割り当てられ、減反した農家には補助金が支払われた。しかし減反が農家の大規模化や生産の効率化が進まない一因になっているとの指摘もあり、2018年度から廃止された。

ゼミナール 深く考えよう
日本の食料自給率

POINT 食料自給率に対する考え方は、食料安全保障や農業保護あるいは環境保護の立場からと、国際分業と自由貿易を拡大する立場からとではまったく逆となります。さまざまな立場から考えてみましょう。

もしも輸入がとまったら？

↑**食料輸入がすべてとまった場合に食べられる食事** 農林水産省内にある食堂では、各メニューに自給率が表示されている。上の写真のように、自給率100%のメニューだけを選んで食事をすることも可能である。

I 日本の食料事情

1 日本の食料自給率は低い

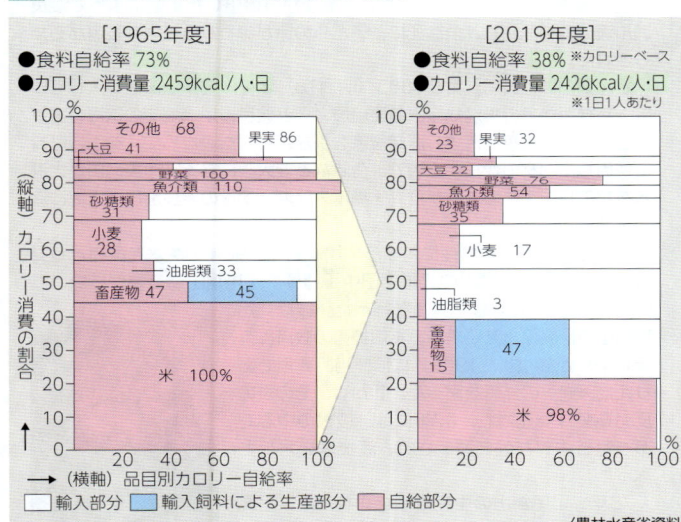

[1965年度]
- ●食料自給率 73%
- ●カロリー消費量 2459kcal/人・日

[2019年度]
- ●食料自給率 38% ※カロリーベース
- ●カロリー消費量 2426kcal/人・日
※1日1人あたり

〈農林水産省資料〉

解説 **食料の多くを海外に頼る日本** 日本の食料自給率は39%で、食料の6割が輸入品である。特に、パンや麺類の原料である小麦、みそや納豆などの原料である大豆などは、多くを輸入に頼っている。

1965年度と比較すると食料自給率は大きく低下している。1日あたりのカロリー消費量は65年度と比べて変化は少ないが、その内訳は大きく変わっている。食生活の洋風化を背景に、米の消費量が大幅に減少し、畜産物や油脂類の割合が大幅に増えている。しかし、牛肉や豚肉、乳製品などの畜産物は育てる際に輸入飼料を使用すると、たとえ純国産であっても一部しか自給に見なされない。また、小麦などは、海外との価格差が大きいため、国内生産は難しい状況である。

2 海外と比較しても低い日本の食料自給率

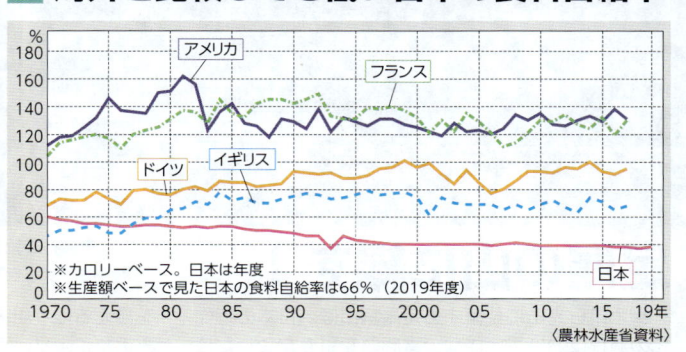

※カロリーベース。日本は年度
※生産額ベースで見た日本の食料自給率は66%（2019年度）
〈農林水産省資料〉

基準	計算方法	特徴
カロリーベース	重量を供給熱量に換算して算出	・野菜などはカロリーが低いため、自給率が高くても反映されにくい。また、「供給」なので廃棄された食料も含まれる。廃棄される食料が減れば、その分輸入を減らすことが可能で、自給率の向上につながる。
生産額ベース	重量を金額に換算して算出	・穀物などは価格が安いため、自給率が高くても反映されにくい。また、国産の食料価格は高く、外国産の食料価格は安いので、カロリーベースで見るよりも自給率は高くなる傾向がある。

↑**食料自給率を測る二つの指標**

解説 **食料安全保障の政策が重要に** 日本の食料自給率は他の先進国と比較してもかなり低い。アメリカやフランスなどは、農産物が主要な輸出品目となっている。またドイツやイギリスなどでは、政府の農業政策により小麦などの増産が図られ、自給率向上につながっている。人口増加や発展途上国の所得上昇などで、世界的な食料不足（→p.279）が懸念されるなか、**自国の食料をいかに安定的に確保していくかという、食料安全保障の政策が一層重要**になってくる。

3 フードマイレージとは？ 出題

フードマイレージ t・km（トン・キロメートル）	＝	輸入相手国別の輸入食料の重量	×	輸入国から自国までの輸送距離

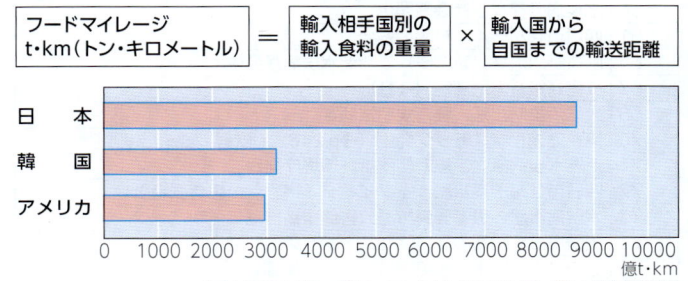

（日本は2010年、韓国・アメリカは2001年）〈農林水産省資料〉

解説 **日本のフードマイレージは世界一** **フードマイレージ**とは食料の輸送量と輸送距離を測る指標で、「重量×輸送距離」で算出される。生産地と消費地が離れ、輸送量が多い国ほど、その値は高くなる。日本は小麦や とうもろこし の大半を太平洋を越えたアメリカなどから輸入しているため、フードマイレージの総量、国民1人あたりの量、共に世界一であり、それだけ輸送にエネルギーを消費し、環境に負荷を与えていることにもなる。環境保護の観点からも、食料自給率の向上、地域で生産された農作物をその地域で消費する「**地産地消**」が望まれる。

↑植林を始めた当時（1998年春）と現在（2020年夏）の山の様子　20年にわたる市民などによる植樹活動で、延べ15.7万人の参加者が19.7万本を植林し、山に緑が取り戻された。

※上の写真には、撮影時の季節の違いも影響している。

足尾の山に緑を！

栃木県日光市に位置する足尾銅山は、日本の近代化の過程において大きな公害問題を引き起こしたことで知られている。この問題が明るみになってから、100年以上たった今もなお、当時の有毒な排煙の影響ではげ山となっている山々が残っている。そうしたなかで、市民・行政・企業が一体となって、木を植える取り組みが続けられている。これまでの積み重ねにより、現在までに、荒廃地の半分ほどで緑化事業が行われている。

足尾銅山の事例は、公害によって環境がいかに破壊されてしまうか、それを取り戻すのがどれほど大変なのかを、私たちに示しているといえる。

Question
・足尾銅山における公害問題はどのような公害だったのだろうか。（→１）

3　公害対策と環境保全

Ⅰ　公害問題の歩みと対策

❶公害関連年表　【頻出】

年	事　項
1885	足尾銅山の鉱毒による被害拡大
1911	神通川流域（富山県）で**イタイイタイ病**発生
49	東京都が全国で初めて公害防止条例を制定（工場公害防止条例）
56	**水俣病**の存在が社会問題化
61	四日市ぜんそく、被害者多発
65	阿賀野川流域（新潟県）で**新潟水俣病**が発生
67	**公害対策基本法**制定（→４）
68	大気汚染防止法、騒音規制法制定
70	東京で光化学スモッグ発生（→p.246）。水質汚濁防止法制定
71	新潟水俣病訴訟、患者側勝訴。環境庁発足
72	四日市ぜんそく訴訟、イタイイタイ病訴訟、患者側勝訴
73	水俣病訴訟、患者側勝訴。**公害健康被害補償法**制定
76	川崎市で全国初の環境アセスメント条例制定
93	**環境基本法**制定（94年完全施行）（→４）
97	環境影響評価法制定（99年完全施行）（→５）
99	ダイオキシン類対策特別措置法制定（→６）
2000	**循環型社会形成推進基本法**制定（完全施行は01年）（→Ⅱ１）
01	環境庁が**環境省**となる
05	アスベストの被害拡大（→６）
09	水俣病被害者救済特別措置法制定（→２）
13	**水銀に関する水俣条約**採択　イタイイタイ病の被害者団体と原因企業が全面解決に合意

経済

公害の原点ともいわれる足尾銅山鉱毒事件

足尾銅山は1610年に開発された銅山で、明治時代には一時期日本の銅の約４割を生産していた。しかし、そこから流出した硫酸によって渡良瀬川流域の稲は枯れ、魚は死に、子どもの命が奪われる甚大な被害がもたらされた。

足尾銅山は、古河鉱業が1885（明治18）年に洋式精錬法を導入して以降、精錬所からの排煙から出る亜硫酸ガスと渡良瀬川流域での鉱毒の害が著しくなり、土壌を汚染し農業被害を引き起こした。さらに、銅山の燃料に使用した山林の伐採が原因で、台風などで大雨になると渡良瀬川が大洪水を起こし、大量の鉱毒が群馬・栃木・茨城・埼玉の渡良瀬川下流域に流出・堆積した。

この足尾銅山鉱毒事件に対する農民運動は、90年の洪水を契機として起こった。栃木県選出の代議士田中正造は、足尾銅山鉱毒事件について91年に衆議院で初めて質問を行った。彼は、足尾銅山の操業停止を要求し、鉱毒被害の救済に奔走したがかなわず、1901年には、当時死刑もありえた天皇への直訴を図った。しかし、その後の反対運動は弾圧され、07年には、被害の中心であった谷中村が強制買収され、渡良瀬遊水地となった。

73年、足尾銅山の生産は中止されたが、足尾銅山鉱毒事件は日本近代化の歩みのなかで公害の原点とされた。田中正造らの運動は公害反対運動の先駆けともいわれている。

↑田中正造
（1841～1913）

解説　**100年以上前から続く公害問題**　高度経済成長期の**公害問題**（→p.246）への対策として1967年に公害対策基本法が、92年の地球サミット（→p.308）を契機に翌93年には環境基本法が制定された。今日では循環型社会（→Ⅱ）の実現が求められている。

〇×チェック⑧⓪

日本では、汚染による健康被害などに関して、企業がその汚染を故意に生じさせたのでなければ、法律上、被害について賠償する必要はないとされている。（16年、本）

2 四大公害訴訟　①四大公害訴訟の概要　<頻出>

		新潟水俣病（新潟県）	四日市ぜんそく（三重県）	イタイイタイ病（富山県）	水俣病（熊本県、鹿児島県）
	被害地域および時期	1965年ごろから、70年ごろにかけて阿賀野川流域	1961年ごろから、四日市市の石油コンビナート周辺	第二次世界大戦以前から、神通川流域	1953年ごろから、60年ごろにかけて水俣湾周辺
	症　状	手足のしびれ、目や耳が不自由に、言語障害など	呼吸器が侵され、ぜんそく発作が襲う	骨がもろくなり、「痛い痛い」と叫んで死に至る	手足のしびれ、目や耳が不自由に、言語障害など
訴訟	提訴日	1967年6月	1967年9月	1968年3月	1969年6月
	原　告	76人	12人	33人	138人
	被　告	昭和電工	四日市コンビナートの6社	三井金属鉱業	チッソ
	判　決	1971年9月（新潟地裁）原告が全面勝訴	1972年7月（津地裁）原告が全面勝訴	1972年8月（名古屋高裁）原告が全面勝訴	1973年3月（熊本地裁）原告が全面勝訴
	判決内容〈原因〉	疫学的に因果関係が推認・立証できる。企業責任あり	コンビナート各企業の共同不法行為で責任あり	疫学的因果関係の証明で賠償請求は可能	工場排水の注意義務を怠った企業に責任あり
		工場排水中の有機水銀	コンビナート工場の排出の亜硫酸ガス	鉱山から放流されたカドミウム	工場排水中の有機水銀
	判決額	2億7779万円	8821万円	1億4820万円	9億3730万円

解説 経済成長重視からの転換　四大公害訴訟では裁判で公害の発生源となった企業の責任が明確にされ、すべて原告側が勝訴し、原因企業に対する損害賠償請求が認められた。日本ではこの経験から、政府・企業の公害防止への取り組みが本格的に進み、大気汚染や水質汚濁などの公害で健康被害を与えた場合、企業に故意・過失（→補）がなくても損害賠償責任を負うという、無過失責任や、公害を発生させた企業が公害防止のための費用を負担する、汚染者負担の原則（PPP、→補）が確立されていった。公害防止のための規制についても、当初は一定濃度以上の汚染物質を規制する濃度規制が中心だったが、地域ごとに汚染物質の総排出量を決めて規制する総量規制が広く行われるようになった。

②終わらない四大公害　<出題>

解説 患者としての認定を求めて　四大公害は決して解決したわけではない。水俣病については、今なお、手足のしびれなどの症状がありながら、患者として認定されなかった人々（未認定患者）やその遺族が裁判などで争いを続けている。国は1995年に未認定患者を対象に、水俣病患者としては認めないものの、一時金などを支払って解決を図ったが、一部の原告はこれに反発、2004年の最高裁判決で、国と県の行政責任が認められ、国の認定基準よりも広く被害が認定された。これ以降、水俣病の症状に悩む人々が、新たに患者認定や被害補償を求めたため、09年制定の水俣病被害者救済特別措置法により、従来の救済基準から外れていた人々に対し、一時金などを支払って再度解決が図られた。それでも患者認定や被害補償を求める人々は後を絶たない。

→水俣病患者として認定され、最高裁判所の前で喜ぶ遺族（2013年）

3 公害の増加と変化　<出題>

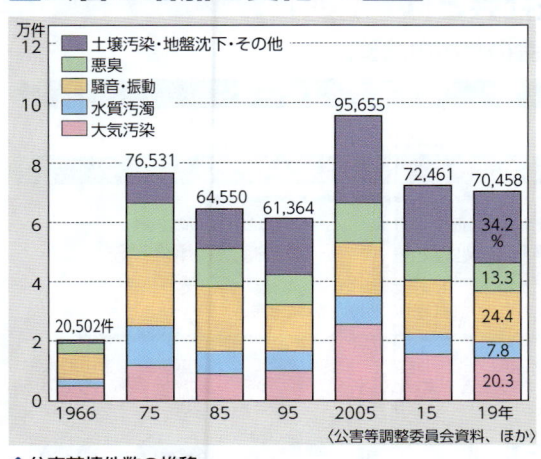

↑公害苦情件数の推移

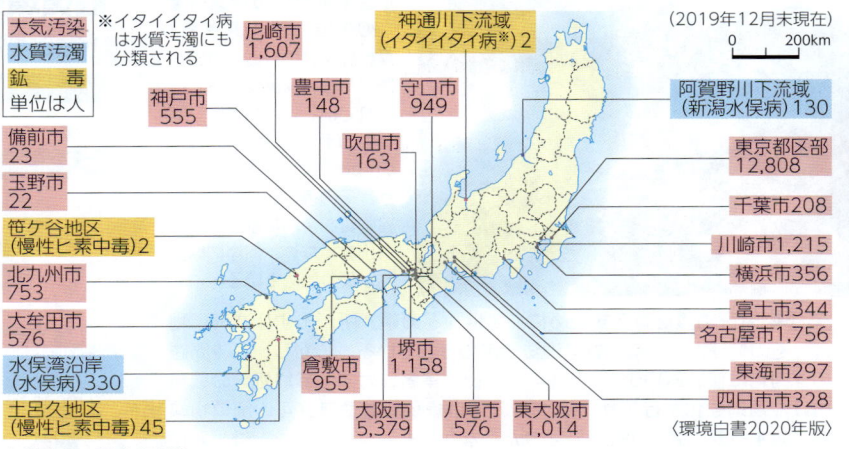

↑公害病の認定患者数

解説 都市生活型の公害が増加　環境基本法（→4）では、大気汚染・水質汚濁・土壌汚染・騒音・振動・地盤沈下・悪臭を典型7公害と定義している。近年は、工場排水・ばい煙などによる産業型の公害よりも、生活排水による水質汚濁や排ガス・騒音・悪臭などの都市生活型の公害が増加している。なお、日本の公害病認定患者の原因の多くは大気汚染であり、3大都市圏に集中している。

4 環境基本法の成立 頻出

公害対策基本法 (1967年制定)	環境基本法 (1993年制定、94年完全施行)
大気汚染　水質汚濁 土壌汚染　騒音 振動　地盤沈下 悪臭 **公害として定義**	**目的** ○地球規模の環境保全について基本理念を定める ○国・地方自治体・企業・国民の環境保全に対する**責任**を明らかにする

自然環境保全法 (1972年制定)

解説 環境政策の新しい枠組みの明示　公害対策が進んだ結果、従来型の公害は減少した。しかし、新たにハイテク汚染（→補）やダイオキシン（→⑥）、環境ホルモンなどの環境汚染が問題となるなか、公害対策基本法（→補）を発展的に解消する形で、環境基本法が制定された。政府は、環境行政を総合的に進めるこの法律に基づいて、環境の保全に関する基本的な計画である環境基本計画を策定している。

5 環境アセスメントとは 頻出

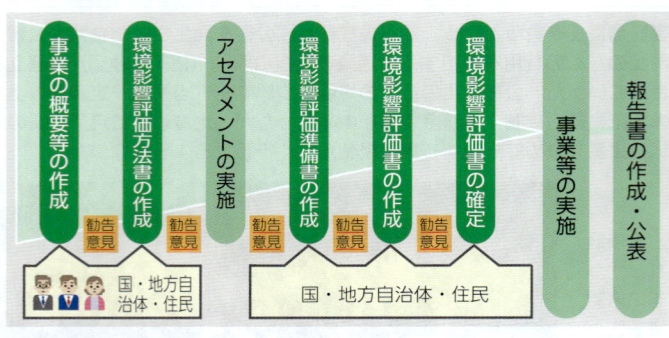

事業の概要等の作成／環境影響評価方法書の作成／アセスメントの実施／環境影響評価準備書の作成／環境影響評価書の作成／環境影響評価書の確定／事業等の実施／報告書の作成・公表

勧告意見　勧告意見　勧告意見　勧告意見　勧告意見

国・地方自治体・住民／国・地方自治体・住民

解説 環境破壊を未然に防ぐ　環境アセスメントとは、施策や事業が環境に及ぼす影響について、事前に調査等を行い、環境破壊を未然に防ごうとすることをいう。1976年に川崎市で最初に導入され、97年に環境影響評価法（→p.69、72）が制定された。対象事業は発電所建設など13種で、住民や地方自治体の意見を聞きながら、調査、評価が進められる。

6 新しく問題となった公害
①ダイオキシン 頻出

←産業廃棄物の投棄現場（2002年　香川県豊島）産業廃棄物の飛散、流出を防ぐため、保護シートで覆われている。かつて産業廃棄物の不法投棄で、島周辺の環境が著しく汚染されたが、その後の取り組みで有害物質を含んだ水が海に流れ出なくなり、海岸には生物が戻り始めている。

解説 有害物質を減らすために　工場などの事業所が出す産業廃棄物は、その処理方法が廃棄物処理法で定められている。しかし、ごみ問題の深刻化に伴い2000年の改正では排出事業者に対する最終処分の義務付けや罰則強化が行われ、05年改正では虚偽記載や無許可の廃棄物輸出に対する罰則強化が盛り込まれた。なかでも、ダイオキシンは、発がん性などの強い毒性を持つ有機塩素化合物の総称で、分解されにくく、生体内に蓄積されやすい。廃棄物を焼却する際などにも生成されることから、1999年にダイオキシン類対策特別措置法が制定され、廃棄物焼却炉などの排出規制が強化された。

②アスベスト（石綿） 出題

←アスベスト訴訟（2014年）アスベスト紡績工場の元従業員らが、健康被害をこうむった責任は国にあるとして損害賠償を求めた訴訟で、最高裁判所は国の賠償責任を初めて認めた。被災者は増え続け、集団訴訟が全国で起きている。

解説 大きな健康被害をもたらしたアスベスト　アスベストは、細い繊維状の天然鉱物で、耐熱性や耐火性に優れ、建材などに多用されてきた。しかし、人が吸い込むとその繊維が体内の組織に刺さって中皮腫や肺がんを引き起こすことが明らかになり、1970年代以降、各国は使用を禁止した。日本は75年に吹きつけ作業を原則禁止したが、製造・使用などの原則全面禁止は2006年と、規制が遅れた。

II 循環型社会を目指して
12 つくる責任 つかう責任 ∞

都市鉱山からつくる！みんなのメダル・プロジェクト

←回収された携帯電話（2017年）このプロジェクトを通じて、東京オリンピック・パラリンピックのメダルが製作された。

　レアメタル（希少金属）やその一種であるレアアース（希土類元素）などの資源は、日本ではほとんど産出されないが、携帯電話などの精密機器から比較的安価に回収できる。そのため大量の精密機器の廃棄物は貴重な資源となり得るので、「都市鉱山」とよんでこれらの資源を効率的にリサイクルしようとする動きが進んでいる。

1 循環型社会とは 頻出
①循環型社会のための法整備

環境基本法（1994年）

[循環型社会の基本的な枠組み]

循環型社会形成推進基本法（2001年）

[廃棄物の適正な処理]　　　[リサイクルの推進]

廃棄物処理法（2010年一部改正）　　**資源有効利用促進法**（2001年全面改正施行）

[個別の特性に応じた規制]

 **容器包装リサイクル法**（2000年）　 家電リサイクル法（2001年）　 食品リサイクル法（2001年）　 **建設リサイクル法**（2002年）　 **自動車リサイクル法**（2005年）　 小型家電リサイクル法（2013年）

[公的機関による環境に優しい製品の優先購入]

 **グリーン購入法**（2001年）

※（　）は完全施行年　　　　　　　　　〈環境省資料〉

 チェック 日本では、環境対策の推進などの観点から、環境負荷の少ない製品への買い替えを促すために、いわゆるエコポイント制度が実施されたことがある。（13年、本）

②循環型社会形成推進基本法の主なポイント

- 循環型社会を構築するにあたっての、国民、事業者、市町村、政府の役割を規定
- 事業者・国民の「**排出者責任**」（→補）、生産者の「**拡大生産者責任**」（→補）を明確化
- 発生抑制（**リデュース**：Reduce）、再利用（**リユース**：Reuse）、再生利用（**リサイクル**：Recycle）の３Rのうち、リデュース、リユース、リサイクルの順に環境負荷への削減効果が大きく、優先的に取り組むべき行動目標として定められた

解説 消費者、企業、政府の連携が不可欠 ごみの発生が抑制され、資源が循環的に利用され、環境への負荷ができる限り低減される社会を**循環型社会**という。こうした社会の実現を目指す**循環型社会形成推進基本法**が2000年に制定され、各種リサイクル関係の法律も整備された。

また、循環型社会の実現に向けて、多くの企業は、**ISO（国際標準化機構）**が定める環境対策の国際標準規格ISO14001（環境ISO、→補）を取得し、世界の基準にのっとった環境対策を進めている。私たち自身も、地球環境に配慮したライフスタイルを実践する消費者（**グリーンコンシューマー**）として環境に優しい商品を購入することで、企業の環境への取り組みを促すことができる。

←レジ袋有料化を知らせるポスターとマイバッグで買い物をする消費者 マイバッグでの買い物も環境に優しい買い物をしているという意味でグリーンコンシューマーといえる。

②家電リサイクル法 ◀出題▶

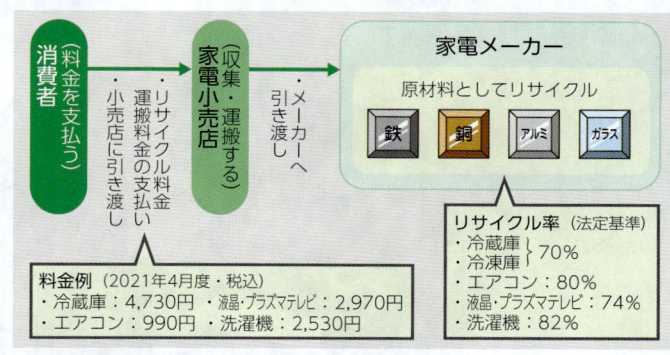

料金例（2021年4月度・税込）
- 冷蔵庫：4,730円　液晶・プラズマテレビ：2,970円
- エアコン：990円　洗濯機：2,530円

リサイクル率（法定基準）
- 冷蔵庫・冷凍庫：70%
- エアコン：80%
- 液晶・プラズマテレビ：74%
- 洗濯機：82%

解説 家電もリサイクル 家電製品廃棄物の減量とリサイクルの促進を目指して**家電リサイクル法**が2001年から施行された。それまで年間約60万tの家電４品目（テレビ・冷蔵庫・エアコン・洗濯機）が廃棄され、ほとんどが埋め立て処分されていたが、これらを販売業者が引き取り、製造業者がリサイクルすることが義務付けられた。13年からは**小型家電リサイクル法**も施行され、携帯電話やゲーム機などが対象となった。

③デポジット制

解説 循環型社会を実現する一手法 デポジット制とは、製品本来の価格に預かり金（デポジット）を上乗せし、使用後の製品や容器を返却すれば預かり金が返却されるシステムである。ごみの散乱・適正な回収を目的に、ドイツなどで実施されているほか、日本でも施設内にある自動販売機などで採用されている。

↑あき缶・ペットボトル回収機 専用バーコードの貼られた空容器を入れると、10円が返金される。

まとめ

Ⅰ 公害問題の歩みと対策

①日本の公害問題の原点
- 足尾銅山の鉱毒による被害拡大（1885年）→足尾銅山鉱毒事件へ

②**四大公害訴訟**（**新潟水俣病**、**四日市ぜんそく**、イタイイタイ病、**水俣病**）
- 高度経済成長期に工場排水・大気汚染発生→公害問題発生
- 四大公害訴訟→原告側が勝訴し、企業の社会的責任が明確化
  →**無過失責任・汚染者負担の原則**が確立

③公害問題の対策
- **公害対策基本法**制定（1967年）、環境庁設置（71年）
- **環境基本法**制定（93年）…公害対策基本法を発展的に解消
  →新たな環境汚染（**ハイテク汚染**、**ダイオキシン**、環境ホルモンなど）と地球規模の環境問題に対応

- **環境影響評価法**制定（97年）…環境破壊を未然に防ぐ

Ⅱ 循環型社会を目指して

循環型社会…資源が循環的に利用され、環境への負荷ができる限り低減される社会
- **循環型社会形成推進基本法**制定（2000年）や家電、容器包装、自動車などのリサイクルを推進する法整備
- 企業のISO14001の取得→世界基準の環境対策を推進
- **３R**…**リデュース**（発生抑制）、**リユース**（再利用）、**リサイクル**（再生利用）に取り組む
- 消費者として→３Rの推進
  →**グリーンコンシューマー**としての役割を果たす必要

経済

補足解説

故意・過失
故意とは意図的に物事を行うこと。過失とは損害が予想できたにも関わらず、それを避けずに損害が生じること。

汚染者負担の原則（PPP、Polluter-Pays Principle）
環境対策費用は、汚染の原因者が第１次の負担者であるとする費用負担に関する原則で、1972年の経済協力開発機構（OECD、→p.275）の提唱に基づく。日本では**公害健康被害**補償法などで法制化されている。

ハイテク汚染
ハイテク産業による環境汚染をいう。1970年代後半に半導体工場が集中するアメリカのシリコンバレーで、半導体の洗浄の際に地下水が汚染され、周辺住民に先天性の異常や流産が発生した。80年代には日本全国のハイテク産業立地都市で汚染が発生した。

公害対策基本法
典型７公害などの公害を定義し、事業者・国・地方公共団体の公害防止の責務などを定め、1967年に制定された法律。93年の環境基本法の制定によって廃止された。

排出者責任
例えば、ごみをきちんと分別して出すなどというように、廃棄物を出す人が、その循環的な利用や処分にまで責任を負うこと。

拡大生産者責任
例えば、リサイクルをしやすいように製品の設計を工夫するというように、その製品が使用されて廃棄となった後にも、その製品の循環的な利用や処分について生産者が一定の責任を負うこと。

ISO14001（環境ISO）
環境マネジメントシステムの国際規格。企業や団体が製造過程のごみを100％リサイクルするごみゼロ（**ゼロエミッション**）工場など、継続的に環境への影響を削減できるしくみを作ることで認証される。

↑木製玩具メーカー「こまむぐ」のオンラインの打ち合わせ（2020年　埼玉県川口市）

コロナで進む「働き方改革」

新型コロナウイルスの感染拡大は、人々の働き方にも影響を与えた。感染対策のため、政府は企業に時差通勤やICTを使って事業所などから離れた場所で仕事をするテレワーク（→p.7）の推進を要請した。これを機にビデオ会議システムが一気に普及し、打ち合わせや採用面接、新入社員研修などをオンラインで行う企業も増え、私たちにとってテレワークは身近なものとなった。

他方で、新型コロナウイルスの影響による経済活動の停滞に伴い、2020年の非正規労働者の雇用数が約120万人減少するなど（8月の前年同月比）、特定の層に雇用悪化による深刻な影響が出ている。

Question
・働き方の多様化は、企業側・従業員側にそれぞれどのようなメリットがあるだろうか。（→Ⅴ）

4　労働者の権利と労働問題

Ⅰ　労働者の権利

8 働きがいも経済成長も

1 労働問題の発生

↑製糸工場の女子工員（女工）たち（1940年）

解説 **労働者の権利が保障されるまで**　1925年に発表された『女工哀史』は、劣悪な労働環境で働く出稼ぎ女工の姿を告発した。当時の憲法（大日本帝国憲法、→p.353）では、労働者の権利は保障されていなかった。そのため、労働者はこの女工たちのように劣悪な労働環境の下、長時間労働・低賃金で搾取されることも多く、労働条件の改善を求めて労働運動が展開された。第二次世界大戦後、日本国憲法の成立（→p.49）によって、労働基本権（→p.66）が労働者の権利として保障された。

2 労働基本権　出題

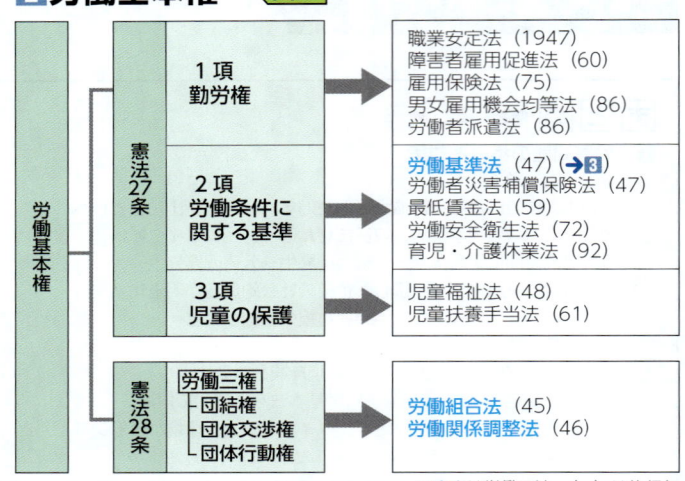

労働基本権	憲法27条	1項 勤労権	職業安定法（1947） 障害者雇用促進法（60） 雇用保険法（75） 男女雇用機会均等法（86） 労働者派遣法（86）
		2項 労働条件に関する基準	労働基準法（47）（→3） 労働者災害補償保険法（47） 最低賃金法（59） 労働安全衛生法（72） 育児・介護休業法（92）
		3項 児童の保護	児童福祉法（48） 児童扶養手当法（61）
	憲法28条	労働三権 ─団結権 ─団体交渉権 ─団体行動権	労働組合法（45） 労働関係調整法（46）

※青字は労働三法　（）は施行年

解説 **労働者の権利**　労働基本権は、19世紀以降、不利な労働条件を強いられてきた労働者が団結し、資本家との闘争の過程で勝ち取ってきたものである。日本では日本国憲法制定において、労働基本権が確立された。労働基本権は憲法27条（勤労権）と憲法28条（労働三権）で定められている。勤労権は労働者の労働条件を保障する内容が中心、具体的には、労働基準法（→3、p.66）で規定されている。労働三権は、労働者が労働組合を結成し（団結権）、労働条件について使用者と交渉し（団体交渉権）、話し合いがまとまらない場合にはストライキなど争議行為を行う権利（団体行動権）を規定している。この労働三権を具体的に定めた法律が労働組合法であり、争議行為に関しては労働関係調整法（→7）で定められている。労働基準法と合わせて労働三法とよぶ。

 ○×チェック 82 労働基準法には、不法就労をする外国人労働者は適用対象外であると明記されている。（10年、本）

3 労働基準法 〈頻出〉

①主な内容

	項　目	主な内容
総則	1条 労働条件の原則	・労働条件は、人たるに値する生活を営むための必要を満たすべきものであること ・この法律で定める労働基準は**最低基準**
	2条 労働条件の決定	・労働者と使用者が**対等の立場**で決定
	3条 均等待遇	・国籍・信条・社会的身分を理由とする差別の禁止
	4条 男女同一賃金の原則	・女性に対する賃金差別の禁止
	5条 強制労働の禁止	・暴行・脅迫などによる強制労働の禁止
	6条 中間搾取の排除	・法律で許される以外に、他人の就業に介入して利益を得てはならない
	7条 公民権行使の保障	・使用者は、労働者が労働時間中に、公民としての権利（選挙権など）を請求した場合、これを拒んではならない
労働契約	13条 法律違反の契約	・労働基準法の基準に達しない労働条件を定める労働契約は、**無効**。無効部分は本法の基準を適用
	15条 労働条件の明示	・労働契約締結の際、労働者に労働条件を明示
	19条 解雇の制限	・業務上の負傷・疾病、出産による休業およびその後30日間は解雇できない
	20条 解雇の予告	・30日前までに予告をするか、30日分以上の賃金を支払う
賃金	24条 賃金の支払	・**通貨**で全額を**直接、毎月1回以上、一定の期日**に支払う（現物支給は原則不可）
	26条 休業手当	・使用者の責任による休業の場合、賃金の60％以上を支払う
	28条 最低賃金	・賃金の最低基準は最低賃金法で定める
労働時間・休日等	32条 労働時間	・**1週間40時間以内、1日8時間以内**（休憩時間を除く）
	34条 休憩	・6時間を超えた場合最低45分 ・8時間を超えた場合最低1時間
	35条 休日	・**毎週最低1回**、もしくは4週間に4回以上
	36条 時間外・休日労働	・労働組合または労働者の代表と書面で協定すれば可能（**36協定**）。上限規制あり
	37条 割増賃金	・時間外・休日・深夜労働（22時以降）に対して、通常の25％以上の割増賃金を支払う（政令により、時間外・深夜労働は25％以上、休日労働は35％以上）。時間外労働が月60時間を超えた場合、超えた分の労働時間は50％以上の割増賃金
	39条 年次有給休暇	・6か月間継続勤務者（8割以上出勤）には10日。6か月を超えて継続勤務する日から数えて、2年目までは年1日、3年目より年2日加算（最高20日）
年少者	56条 最低年齢	・児童が満15歳に達した日以後最初の3月31日が終了するまで使用してはならない
	58条 未成年者の労働契約	・親または後見人でも未成年者に代わって労働契約はできない
	61条 深夜業	・**満18歳未満の者の深夜労働の禁止**
女性	65条 産前産後	・前6週、後8週の休業を保障
	67条 育児時間	・1歳未満の子供を育てる女性は休憩時間のほか、1日2回各々30分以上の育児時間を請求できる
	68条 生理休暇	・休暇請求の場合、休業を認める義務
災害補償	75条 療養補償	・業務上の負傷・疾病のとき、使用者は療養の費用を負担
	76条 休業補償	・療養期間は平均賃金の60％の休業補償
	79条 遺族補償	・労働者が業務上死亡した場合、遺族に対して平均賃金1000日分の遺族補償

> **解説** **最低基準を定める労働基準法** 労働基準法は1947年に制定され、労働者の権利を保障するために、労働時間、賃金などの最低限の基準を定めている。その実施状況を監督するため、厚生労働省に労働基準局、各都道府県管内に労働基準監督署が設置されている。

②私たちと労働基準法

Q アルバイト先のレストランで、この前、うっかりお皿を割ってしまったら、「お前のミスだから」と給料からその分を引かれた。

A 労働基準法24条に違反する。24条は、賃金は「全額」支払わなければならないと定めており、給料から差し引くことはできない。お店に返還を要求できる。

Q アルバイト先の工場で、上司に頼まれて残業したが、後になって「そんなこと言ってない」と言われ、残業代を支払ってもらえなかった。

A 労働基準法37条により、口約束かどうかに関わらず、残業代を受け取れる。アルバイトの身分であっても労働者であり、請求する権利がある。

Q アルバイト先のレストランで、有給休暇を取得しようとしたら、「アルバイトは有給休暇を取れない」と言われた。

A 労働基準法39条により、勤続6か月以上で全労働日の8割以上出勤した労働者には有給休暇を与えなければならない。アルバイトの身分であっても同様。

> **解説** **どんな雇用形態でも労働基準法は適用される** 私たちが会社やアルバイト先で働く際にも、上図のような場面に直面するかもしれない。その際も、労働基準法によって労働者の権利は保障される。

4 労働組合の種類 〈出題〉

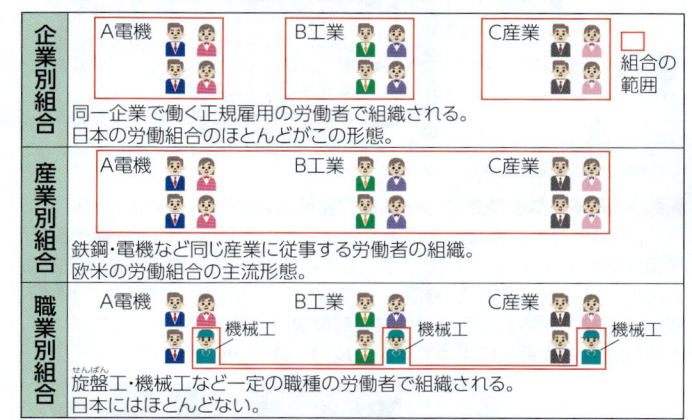

企業別組合	同一企業で働く正規雇用の労働者で組織される。日本の労働組合のほとんどがこの形態。
産業別組合	鉄鋼・電機など同じ産業に従事する労働者の組織。欧米の労働組合の主流形態。
職業別組合	旋盤工・機械工など一定の職種の労働者で組織される。日本にはほとんどない。

> **解説** **日本は企業別組合が中心** 労働者の地位向上を目指し、使用者と対等の立場で交渉するために結成される団体が労働組合である。欧米では産業別組合が主流だが、日本では企業ごとに組織される企業別組合が中心で、企業と労働者との関係がより密接だともいわれる。1960年代以降、同業種の労働組合が一斉に行う春の賃上げ交渉（春闘）が恒例化した。一時は低調だったが、近年再び重視されている。

経済

5 不当労働行為 〈頻出〉

団結権の侵害	・組合員であること、労働組合に加入・結成しようとしたこと、労働組合の正当な行為をしたことを理由とする解雇や、その他の不利益な取り扱いをすること ・労働組合に加入しないこと、もしくは脱退することを雇用条件とすること（黄犬契約）
団体交渉権の侵害	・正当な理由なく団体交渉を拒否すること
労働組合の自主性の侵害	・労働組合の結成・運営を支配、または介入すること ・労働組合に経費援助を与えること
報復的不利益取り扱いの禁止	・労働委員会に不当労働行為の申し立てをしたことなどを理由とする解雇や、その他の不利益な取り扱いをすること

解説 労働組合の活動は労働者の権利 労働組合の活動は労働者の権利であり、使用者が活動を妨害することは、**不当労働行為**として**労働組合法**で禁止されている。労働者または労働組合は裁判所への提訴や労働委員会（→補）への救済申し立てなどを行うことができる。

6 労働組合組織率の変化

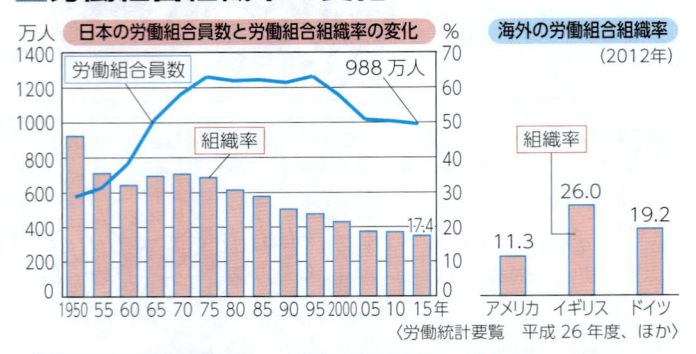

日本の労働組合員数と労働組合組織率の変化

労働組合員数 988万人
組織率 17.4

1950 55 60 65 70 75 80 85 90 95 2000 05 10 15年

海外の労働組合組織率（2012年）

組織率
アメリカ 11.3　イギリス 26.0　ドイツ 19.2

〈労働統計要覧 平成26年度、ほか〉

解説 労働組合組織率は低下傾向 1970年代以降、**労働組合の組織率**が低下し続けている。その原因として、日本社会が豊かになったという社会的背景の変化や、パートや派遣労働者の急増で、多様な労働者の要求を組織化できていないことが挙げられる。世界各国でも低下傾向にある。

7 労働争議の解決 〈頻出〉

労働争議 → 労使双方による自主交渉 → 解決／交渉決裂 → 労働委員会が調整 →
- **斡旋** 斡旋員が労使双方の主張を聞き、交渉を取り持つ。大半の解決手段。
- **調停** 調停委員会が労使双方の主張を聞き、調停案を提示する。労使双方とも受諾の義務はない。
- **仲裁** 仲裁委員会が仲裁裁定を出す。裁定は拘束力を持つ。

※労働組合と使用者との間で起きた紛争の場合

解説 具体的な手続きは労働関係調整法で定める 労働者が使用者に対し、労働条件の改善などを求めて対立している状態を**労働争議**とよび、その予防や解決を図るための法律が**労働関係調整法**である。争議行為にはストライキ（同盟罷業、→補）、サボタージュ（怠業）、ボイコット（不買同盟）などがある。労使での自主的解決が原則だが、それが不可能なときは、労働委員会によって**斡旋**、調停、仲裁が行われる。

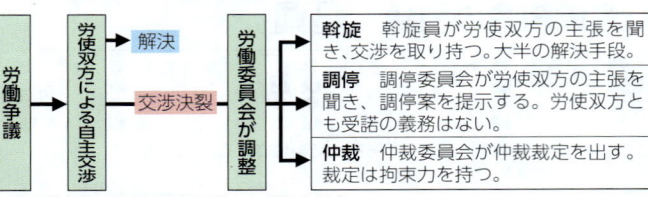

→鉄道会社による**ストライキで混雑する駅**（2014年）

8 労働審判制度と労働契約法 〈出題〉

解説 増加する労働者個人と使用者の争いを解決 労働関係調整法の対象外である、労働者個人と使用者の争い（解雇、賃金未払いなど）については、2001年に斡旋の制度が整備され、06年には、より実効性の高い**労働審判制度**が開始された。また、このような紛争を解決するための労働契約（→補）についての民事的なルールをまとめた法律として、労働者の保護を図りつつ、労働関係の安定を目的とする**労働契約法**が07年に制定された。13年の改正法施行では、有期雇用（働く期間が決まっている）で働く人が同じ会社で5年を超えて働いた場合、本人の希望により無期雇用（働く期間の定めがない）に転換できることになり、「雇い止め法理」（→補）も明文化された。

訴　　え	解決した結果
1年更新の女性契約社員が会社に育児休業を求めた。正社員でないことを理由に、年度末までの育休は認められたが、その後、契約は更新されなかった	満1歳までの育休と出産前の職場への復帰、10万円の解決金を支払う
時給1000円のパート2人が、雇い主が勝手に労働時間を30分短縮したため、500円賃金が減った	時間短縮で失った約3万円を支払う
会社の費用で資格をとって退職したら、かかった経費を返すよう言われた	返還義務はないとの審判

↑労働審判制度による訴えの例

9 公務員の労働三権 〈出題〉

区　　分		団結権	団体交渉権	団体行動権
民間の労働者		○	○	○
国家公務員	一般職	○	△	×
	特定独立行政法人職員（国立造幣局など）	○	△	×
	警察、刑務所職員、自衛隊員など	×	×	×
地方公務員	一般職	○	△	×
	公営企業職員（地方鉄道、水道など）	○	△	×
	警察、消防など	×	×	×

△…団体協約締結権がないなど一部制限あり

解説 公共性による制限 公務員の職務は公共性が強く、国民生活への影響が大きいため、**公務員の労働三権**は制限されてきた。特に争議行為は禁止されている。ヨーロッパなどでは、警察官や軍人を除いて認められており、国際労働機関（ILO、→p.153）は2002年に自衛官や警察職員など例外を除いて認めるべきであるという勧告をした。

II 女性と労働

女性が活躍できる社会を目指して

←**女性研究者** それまで女性の活躍が少なかった職場にも女性が進出してきている。女性研究者や理系の女子学生などは「リケジョ」ともよばれ、政府も進路選択などを支援している。

○×チェック 83 男女雇用機会均等法は、職場におけるセクシュアルハラスメントを生じさせないよう配慮する義務を、事業主に限らず、雇用される者にも課している。（13年、追）

経済

■1 女性の労働に関する法改正 ◀頻出

男女雇用機会 均等法の内容	1999年改正 法施行前	99年改正法施行後※ （青字は2007年改正法施行後）
募集・採用・配置・昇進	努力義務（女性）	禁止（女性）、禁止（男女）
定年・解雇	禁止（女性）	禁止（女性）、禁止（男女）
降格・退職勧奨など	なし	禁止（男女）
女性優遇	適法	禁止（ポジティブ・アクションは可）
妊娠などを理由と する不利益取り扱い	解雇禁止	解雇・不利益取り扱いの禁止、妊娠中・産後1 年以内の解雇は事業主の反証がない限り無効
間接差別	なし	一部禁止（募集・採用などで一定の身長・体重 を要件とするなど、一方の性に不利益なもの）
セクハラ防止	なし	企業に配慮義務→企業に措置義務
罰則	なし	是正勧告に従わない企業名を公表 20万円以下の過料（虚偽報告など）

※労働基準法も同時に改正され、女性の時間外労働（年150時間以内）、休日労働（原則禁止）、深夜労働（特定業種以外禁止）などの女子保護規定が撤廃された

■2 女性の労働力率 ◀出題

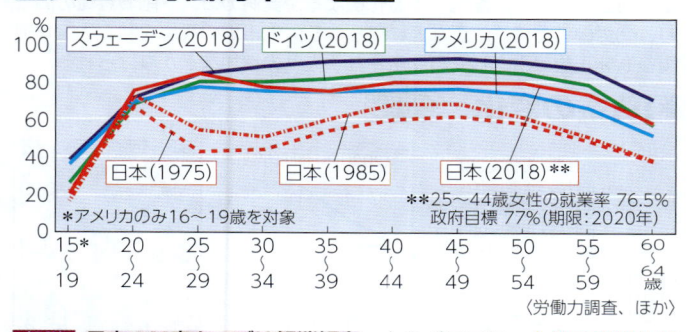

スウェーデン（2018）　ドイツ（2018）　アメリカ（2018）
日本（1975）　日本（1985）　日本（2018）**
＊アメリカのみ16～19歳を対象
**25～44歳女性の就業率 76.5%
政府目標 77%（期限：2020年）
〈労働力調査、ほか〉

解説 日本のM字カーブは解消傾向　上のグラフは、**女性の労働力率**（女性労働者がその年齢の人口に占める割合）を表している。**M字カーブ**は、初めは就職するが、出産・育児を機会に離職し、子どもが成長した後で再就職する女性のライフパターンを示している。日本の特徴とされてきたが、最近は改善・解消されてきた。その背景には、女性を取り巻く環境が整備されるのと並行して、社会情勢が変化するなかで、女性がより活躍できる仕事が増加したことなども考えられる。

■3 管理職に占める女性の割合の推移

←大手化粧品会社資生堂が運営する企業内託児所　企業には、女性が働き続けられる労働環境の整備や長時間労働の解消が求められている。

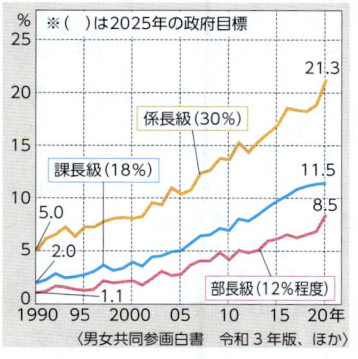

※（ ）は2025年の政府目標
係長級（30%）　21.3
課長級（18%）　11.5
部長級（12%程度）　8.5
5.0　2.0　1.1
〈男女共同参画白書 令和3年版、ほか〉

解説 少ない女性の管理職　管理職に占める女性の割合は徐々に増えているが、それまで女性の採用が少なかったため、管理職候補となる女性社員がいない企業も少なくない（→p.6）。2015年に**女性活躍推進法**が制定され、政府はこれに基づき、女性の管理職の割合を25年までに30%程度に増やす目標を掲げた。

■4 就職・賃金における男女の格差

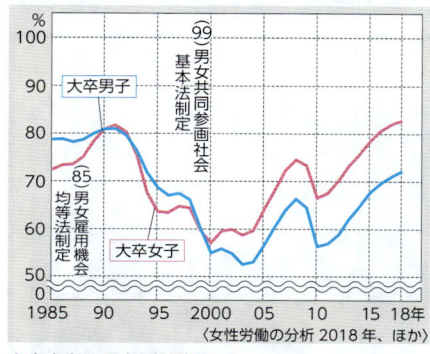

大卒男子　大卒女子
99 男女共同参画社会基本法制定
85 男女雇用機会均等法制定
〈女性労働の分析 2018年、ほか〉
↑大卒者の男女別就職率

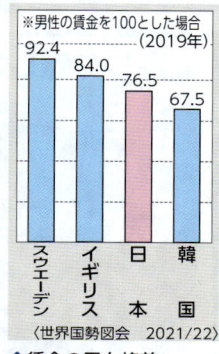

※男性の賃金を100とした場合（2019年）
スウェーデン 92.4　イギリス 84.0　日本 76.5　韓国 67.5
〈世界国勢図会 2021/22〉
↑賃金の男女格差

解説 依然として残る賃金の男女格差　大卒者の就職率については、2000年以降男女が逆転している。これは正社員としての就職難や大学院進学の増加などにより男性の就職率が低下したことも背景にある。他方で、**賃金の男女格差**は依然として大きい。正社員と比較して賃金の低い非正規雇用に女性が多いことなどが考えられる（→Ⅳ）。

Ⅲ 増える外国人労働者

大きな役割を果たしている外国人労働者 ◀出題

→**インドネシア人の看護助手**　人手不足が顕在化する看護・介護分野において、政府は、EPA（→p.269）を結ぶ国から外国人労働者を受け入れてきた。2016年からは、介護分野においてEPAを結ぶ国以外からも外国人労働者を受け入れている。

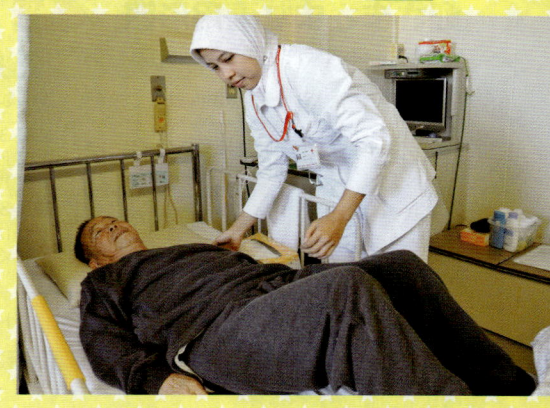

■1 外国人労働者数の推移 ◀出題

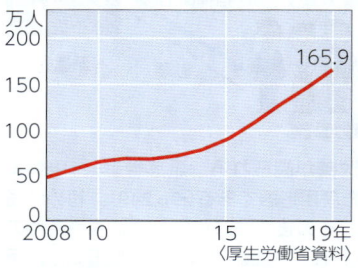

万人　165.9
〈厚生労働省資料〉
↑外国人労働者数の推移

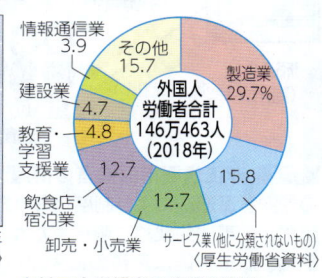

情報通信業 3.9　その他 15.7　製造業 29.7%
建設業 4.7
教育・学習支援業 4.8
飲食店・宿泊業 12.7
卸売・小売業 12.7
サービス業（他に分類されないもの）12.7
15.8
外国人労働者合計 146万463人（2018年）
〈厚生労働省資料〉
↑外国人労働者の産業別割合

解説 増加する外国人労働者　日本における**外国人労働者**の割合は諸外国と比べて著しく低く、**単純労働**は認めてこなかった。しかし、建設・農業・宿泊・介護などの分野で人手不足が深刻化したため、2019年にはこれまでの熟練労働者だけでなく、未熟練労働者の受け入れが始まった。ところが、外国人労働者の人権が侵害される事例も見られ、日本社会での共生を意識した受け入れ体制の整備が必要である。

経済

Ⅳ 雇用、賃金、失業率の変化

職探しの難しさ

↑ハローワークで仕事を探す人々（手前）

近年、少子高齢化（→p.317）による労働力人口の減少を背景に、有効求人倍率（→p.242）は上昇しているが、業種によっては1倍を下回るなど、依然厳しい状況にある。非正規雇用の労働者は一般に賃金が安く（→3）、必要な時期だけ雇用できるため、企業にとってはメリットが大きい。しかし労働者からすると、不安定な雇用形態である。なかには将来設計が立たず、結婚・子育てを諦める人もおり、少子化の加速も懸念される（→p.7）。

■1 さまざまな雇用形態　頻出

雇用形態		概　要	契約期間（1回ごと）
正規雇用（正社員）		雇用契約に基づく労働者	定めなし
※ 非 正 規 雇 用 （ 非 正 社 員 ）	パート・ アルバイト	時間単位で、通常短時間働く労働者	**最長3年**（高度専門業務や60歳以上の場合は最長5年）※労働基準法14条に基づく
	派遣労働者	派遣会社と雇用契約を結び、そこから他社に派遣されて働く労働者	**最長3年**（課などの組織を変えれば一定の手続きで延長可）、30日以下の日雇い派遣は原則禁止
	契約社員 ※法律上の定義はない	一定の契約期間と条件で雇用される労働者	パート・アルバイトと同様

※同じ会社で5年を超えて勤務する場合、本人の希望があれば無期雇用に転換できる

労働者派遣のしくみ

解説　**非正規雇用労働者の待遇改善が図られる**　派遣労働は1985年の**労働者派遣法**により制度化された雇用形態である（→p.249）。初めは通訳などの専門的業務に限られたが、その後、法改正のたびに労働条件の整備、派遣可能な業種の拡大が行われてきた。2018年の改正では、**派遣労働者の保護のための法律**であることが明記され、**同一労働同一賃金**の実現、派遣労働者のキャリア形成の支援制度などが設けられ、正社員と派遣労働者の不合理な待遇の差を解消することが規定された（→p.10）。
　短期労働者についても、**パートタイム・有期雇用労働法**が20年に施行され、正社員と非正規雇用との間のあらゆる不合理な待遇差を禁止し、裁判外紛争解決手続き（ADR、→p.79）を整備するなど、多様で柔軟な働き方が選択できるように見直された。

■2 雇用形態別雇用者数の変化　出題

万人

凡例：正社員、契約社員・嘱託・その他、パート・アルバイト、派遣労働者※

126
487
1365
3304

1985 90 95 2000 05 06 07 08 09 10 11 12 13 14 15年
※1995年までは「契約社員・嘱託・その他」に含まれる　〈総務省資料、ほか〉

解説　**非正規雇用労働者の増加**　現在、日本の労働者の40%近くは**非正規雇用**で、その割合は増加傾向にある。家庭の事情などを理由にみずから望んで非正規雇用を選択する人も多いが、正社員として働ける会社がなく、やむをえず非正規雇用を選択する人も多い。非正規雇用が広がった理由として、①国際競争の激化による企業側のコスト削減意識の高まり、②労働者派遣法改正などに見られる労働市場の規制緩和、③定年退職後も非正規雇用として再雇用される人々の増加などが挙げられる。

■3 賃金の変化　出題

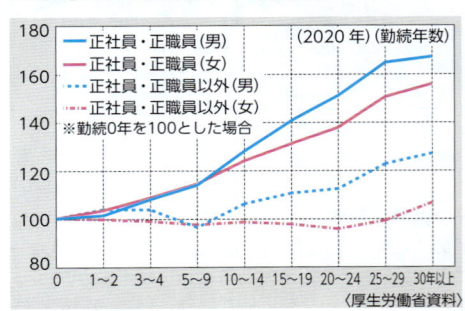

↑勤続年数と賃金の変化

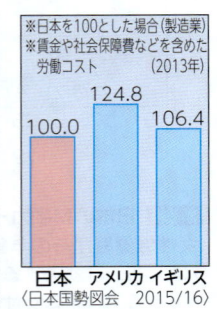

※日本を100とした場合（製造業）
※賃金や社会保障費などを含めた労働コスト　（2013年）

100.0　124.8　106.4
日本　アメリカ　イギリス
〈日本国勢図会 2015/16〉

↑各国の労働コスト

解説　**正社員と非正規雇用労働者の大きい賃金格差**　日本の賃金体系は、伝統的に勤続年数に従って収入が増える**年功序列型**であった。1990年代に入って、個人の職務能力を重視する**成果主義**や、一年ごとの業績によって賃金が決定される年俸制を採用する企業も増えてきている（→p.239）が、労働者全体では依然として年功序列型の割合が高い。賃金の変化で問題なのは、**正社員と非正規雇用労働者の賃金格差**である。

■4 国別・年代別の失業率の変化　頻出

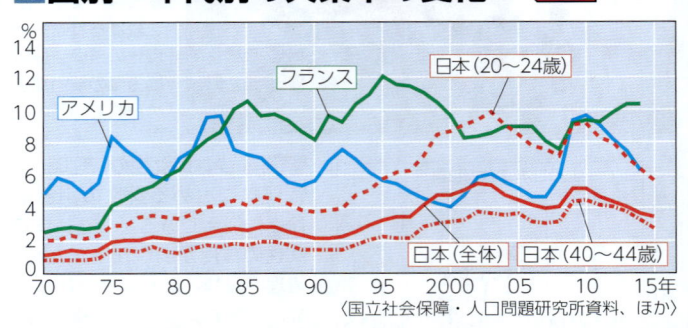

〈国立社会保障・人口問題研究所資料、ほか〉

解説　**持ち直す日本の失業率**　日本の**失業率**は定年まで同じ会社に勤める**終身雇用制**など日本的な雇用慣行もあり、諸外国と比べ低い水準であった。しかし、90年代以降の不況に企業の事業見直し（**リストラ**、→補）による人員削減が重なり、失業率は一時5%を超えた。近年は、少子高齢化による労働力人口の減少や雇用のミスマッチ（→補）を背景に、サービス業などで人手不足感が強まり、失業率も改善傾向にあった。

○×チェック⑧④　労働基準法の改正によって、裁量労働制の対象となる業務の範囲が拡大した。（17年、本）

経済

8 働きがいも 経済成長も

ブラック企業、ブラックバイトに立ち向かう

近年長時間労働や、残業代を支払わない労働（サービス残業）を強いたり、精神的・身体的な苦痛を与えたりするなどして、労働者を使い捨てにする**ブラック企業**や、アルバイト先で違法な労働を強いられる**ブラックバイト**が大きな問題になっている。過酷な労働環境が**過労死**（→補）や過労自殺を引き起こす要因にもなっている。このような状況のなか、ブラック企業やブラックバイトに立ち向かうために、労働組合を結成する学生も出てきている。

→↓ブラックバイトについて報じる新聞（右）（2015年4月22日 朝日新聞）、学内に労働組合を立ち上げたことを発表する大学生（下）

1 労働時間の推移 〈頻出〉

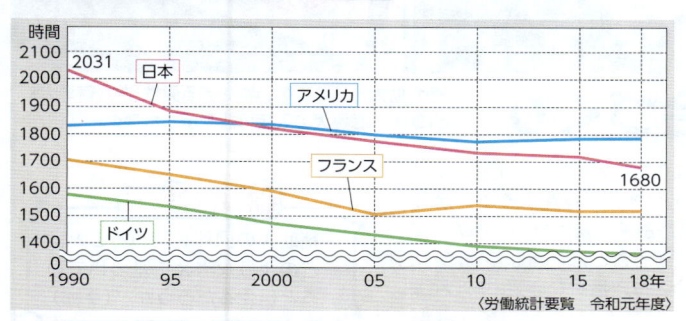

〈労働統計要覧 令和元年度〉

解説 **ヨーロッパ諸国と比べて長い日本の労働時間** 1980年代後半以降、週休2日制の導入などで**日本の労働時間**は徐々に短縮されてきたが、ヨーロッパ諸国と比べてまだ長く、有給休暇の取得率も低い。また、残業代が支払われない労働（サービス残業）も問題になっている。「働き方改革」が唱えられるなか、2018年に改正された労働基準法では、時間外労働の上限規制が罰則付きで法律に盛り込まれた。

2 さまざまな労働形態 〈頻出〉

フレックスタイム制の例

7時　　10時　　14時　　22時

フレキシブルタイム ｜ コアタイム（必ず勤務しなければならない時間帯） ｜ フレキシブルタイム

←---------- 就業時間帯 ----------→

解説 **勤務時間帯を柔軟に** 近年、働きやすい労働環境の整備の一環として、多様で柔軟な働き方の実現が目指されている。企業が定めた時間の枠内で勤務時間を自由に設定できる**フレックスタイム制**や、労働時間ではなく仕事の成果に応じて賃金を支払う**裁量労働制**を導入する企業も増えている。また、一人一人の労働時間を短縮し、仕事を多くの労働者で分け合うという**ワークシェアリング**を導入する企業もある。

まとめ

Ⅰ 労働者の権利
・日本国憲法の成立によって、労働基本権が労働者の権利として保障
　…勤労権（27条）、労働三権（28条）：**団結権**、団体交渉権、団体行動権
　　→**公務員の労働三権**は制限、団体行動権はすべての公務員で禁止
・労働三法
　　労働基準法…労働条件の最低基準を示す
　　労働組合法…労働三権を具体的に定める（**不当労働行為**の禁止など）
　　労働関係調整法…労働争議の予防や解決を図る
Ⅱ 女性と労働
・**男女雇用機会均等法**→性差別の禁止、**セクハラ防止**の措置義務など
・**女性の労働力率**…**M字カーブ**（25〜39歳の女性が働いている割合が低い）
　　　　　出産・育児による離職、最近は改善傾向

・残る男女間格差…管理職に占める女性の割合、賃金格差など
　　→女性が働き続けられる労働環境を整備することが必要
Ⅲ 増える外国人労働者
・**外国人労働者**…人件費削減と労働力確保のため増加傾向
Ⅳ 雇用、賃金、失業率の変化
・日本的経営方式の変化…**終身雇用制**、年功序列型賃金制の見通し
・派遣労働者など**非正規雇用**労働者の増加→正社員との賃金格差が問題
・**失業率**の変化…リストラにより増加傾向が見られたが近年は低下傾向
　　→背景には労働力人口の減少、雇用のミスマッチ
Ⅴ 働きやすい労働環境に向けて
・**日本の労働時間**は徐々に短縮、なお有給休暇の取得率の低さが問題
・労働形態の見直し→**裁量労働制**や**ワークシェアリング**など

経済

補足解説

労働委員会
使用者代表、労働者代表、公益代表がそれぞれ同数で組織され、労働争議の解決を図る。国や地方自治体に設置される。
ストライキ（同盟罷業）
労働者が集団で業務を停止すること。労働基本権の一つとして保障されており、正当なストライキの場合、刑事・民事の責任は問われない。

労働契約
労働者と使用者が、「労働すること」「賃金を支払うこと」について合意することによって成立する。
雇い止め法理
有期労働契約でも、更新手続きがいい加減だったり、雇用が続くという労働者の期待感を保護すべきだと考えられたりする場合は、合理的な理由がないと労働者を辞めさせること

ができないというルール。
リストラ
英語のRestructuring（リストラクチャリング）の略語で事業の再構築を意味する。日本では人員整理という意味でよく用いられる。
雇用のミスマッチ
企業が雇用したい人材や求める職種・業種と、労働者がもつ技術ややりたい職種・業種が一致しないこと。

過労死
長時間労働や過重業務による肉体的・精神的疲労やストレスの蓄積が原因で脳・心臓疾患などを起こし、突然死に至ること。職場における精神面のケア（メンタルヘルスケア）が求められるなか、2015年に労働安全衛生法が改正施行され、従業員50名以上の事業所にストレスチェックが義務化された。

○×チェック 答え 84

○ 裁量労働制は1987年の労働基準法改正によって導入された。当初はデザイナーなど専門職5業務に限定されていたが、その後対象業務は徐々に拡大してきている。98年の改正で、企業の本社などで企画、立案、調査、分析を行う労働者にも適用できるようになった。

すべての人が利用しやすい社会づくり

↑介助犬を連れて買い物をする男性（左）、盲導犬・介助犬・聴導犬の入店可能を示すポスター（右）

盲導犬・介助犬・聴導犬は全館ご同伴いただけます。
池袋保健所のご指導により食品売場、食堂・喫茶へのペット類のご同伴はご遠慮くださいませ。その他の売場ではペットの全身が入るキャリーケース等にお入れ下さい。

目や耳、身体などに障がいがある人々にとって、補助犬（盲導犬・聴導犬・介助犬の総称）の果たす役割は大きい。かつてはペットと同じ扱いでお店への入店は断られることが多かったが、身体障害者補助犬法が2002年に制定され、公共施設や公共交通機関、民間のホテルやデパートなどの施設は、補助犬の同伴を拒んではならないとされた。しかし、なお同伴を拒否するお店や施設が存在することから、16年4月には障害者差別解消法が施行された。これにより、同伴を拒否することは不当な差別に当たるとされ、改善のための行政措置を必要に応じて執れると定められた。

Question
・補助犬の同伴を認めることはどのような考えに基づいているといえるだろうか。（→Ⅲ）

5 社会保障の考え方

Ⅰ 世界の社会保障制度

① 世界の社会保障の歩み　頻出

年	事 項
1601	（英）**エリザベス救貧法**制定（世界初の公的扶助）
1883	（独）**疾病保険法**制定　世界初の社会保険
84	（独）**災害保険法**制定
89	（独）**老齢・廃疾保険法**制定
1911	（独）ドイツ国社会保険法制定（各種社会保険制度の統一）
	（英）国民保険法制定（失業保険制度の始まり）
19	（独）**ワイマール憲法**制定（**生存権を初めて保障**）（→p.47）
	ILO（国際労働機関）設立（→p.153）
35	（米）**連邦社会保障法**制定（初めて社会保障という単語を使用）
42	（英）**ベバリッジ報告**（「ゆりかごから墓場まで」）
44	ILO、**フィラデルフィア宣言**採択
52	ILO、社会保障の最低基準に関する条約（102号条約）採択

解説 恩恵から国家の責任へ　社会保障とは、障がい・要介護・高齢・死亡・失業などに対して社会全体で共同負担し、国民の生活を安定させる制度をいう。今日の社会保障制度は、生存権（→p.64）と社会連帯の二つの理念に支えられている。19世紀までの社会保障の考え方は、国王の救済などによる恩恵的なものであったが、その後、生存権の確立とともに変化し、社会保障の責任は国家にあるとして社会保険と公的扶助からなる社会保障制度が構築された。そして1942年のイギリスの**ベバリッジ報告**で、現代の社会保障制度の概念が確立された。

エリザベス救貧法（英）

地域ごとに救貧税を徴収し、働くことができない人に対して、生活に必要な現金を給付するなどして救済を図った。他方で、働く能力がありながら働いていない貧困者に対しては、強制労働させた。

↑エリザベス1世

ビスマルクが整備した社会保険（独）

プロイセン首相・ドイツ帝国宰相ビスマルクは、社会主義の実現を目指す運動や、労働環境の改善を求める運動を弾圧した。他方で、労働者の不満を解消すべく、医療・労災・年金といった社会保険を整備した。この政策は「アメとムチ」とよばれる。

↑ビスマルク

② 世界の社会保障制度とその考え方

① 社会保障制度のモデル　出題

	イギリス・北欧型	ヨーロッパ大陸型
対象	職業や所得の高低に関わらず、**無差別・平等**に保障する	農民・商工業労働者・その他自営業などの職業に応じて、**制度が異なる**
財源	公費負担の割合が高く、主に**租税**による一般財源を中心に賄われる	主に**保険料**で賄われる。保険料は社会階層の収入によって異なる
保険給付	国民の最低限の生活を保障するものとして、**均一給付**が原則	納めた保険料に見合った給付を受ける**比例給付**

解説 日本の社会保障制度は中間型　社会保障は多くの場合、政府（財政、→p.204）がその役割を担っており、最低限の国民生活を支える**セーフティネット**（→補）としても機能している。今日の世界の社会保障制度は「イギリス・北欧型」と「ヨーロッパ大陸型」の二つに分けられる。日本の社会保障制度（→Ⅱ）は**税金**と**保険料**で賄われており、「イギリス・北欧型」と「ヨーロッパ大陸型」の中間型といわれる。

○×チェック㊶　アメリカでは、1920年代末からの世界恐慌後の経済の急激な落ち込みで失業者が増加し、それを背景に、連邦社会保障法が制定された。（14年、本）

②社会保障給付と負担のあり方

←保育施設で遊ぶ子どもたち（スウェーデン）教育にかかる費用は大学院まで全額公費負担となっている。

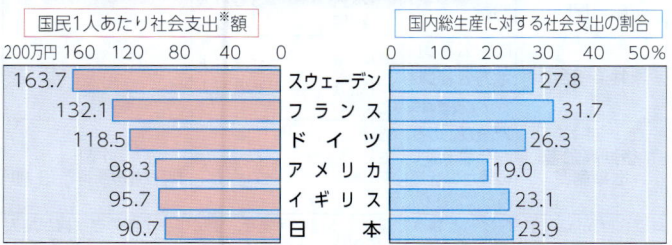

国民1人あたり社会支出※額		国内総生産に対する社会支出の割合
163.7	スウェーデン	27.8
132.1	フランス	31.7
118.5	ドイツ	26.3
98.3	アメリカ	19.0
95.7	イギリス	23.1
90.7	日　本	23.9

※社会保障給付費に加え、病院などの施設整備費などが含まれる（2013年度）〈国立社会保障・人口問題研究所資料、ほか〉

↑主な国の社会保障給付費

解説 福祉の充実か負担軽減か　社会保障についての考え方として「高福祉高負担・低福祉低負担」、同じように「**大きな政府・小さな政府**」（→p.190）という考え方がある。社会保障のあり方は、各国の経済状況や経済のあり方に大きく左右される。例えば、1980年代ごろには、サッチャー政権（イギリス）やレーガン政権（アメリカ）が登場し、「小さな政府」を主張した。両者とも、個人の自助努力に期待して受益者負担の考えを打ち出し（低福祉低負担）、**社会保障給付費**を抑制した。他方でスウェーデンは、税金や社会保険料は高いが、その分さまざまなサービスが行き届き、その見返りを受けることができる（高福祉高負担）。

II 日本の社会保障制度

下條村の奇跡～高い出生率を誇る村～

←保育園でお絵描きをする子どもたち

長野県南部に位置する人口約4,000の下條村は、合計特殊出生率が1.86（2008～12年平均）と、全国平均よりも高くなっている。若い世代向けの格安村営住宅の整備や、18歳までの医療費ほぼ無料化、保育料の引き下げなどの充実した村独自の子育て支援策が理由である。子育て支援の充実には、多額の費用がかかるため、下條村は、職員数の削減や、生活道路の整備・補修を住民に委ねるなどの工夫で費用を捻出した。その結果、下條村は高い出生率を誇り、全国有数の健全な財政を維持している。

■1 日本の社会保障の歩み ◀出題▶

年	事　　項　※青字は福祉六法
1874	恤救規則制定（日本初の救貧政策。国が慈恵として生活困難者に対して一定の米代を現金支給する制度。恤救とは救い恵むことを指す）
1922	健康保険法（**日本初の社会保険**）（27年全面施行）
38	国民健康保険法制定
41	労働者年金保険法（→44年 厚生年金保険法、54年全面改正）
46	**生活保護法**制定（50年全面改正）
47	労働者災害補償保険法・失業保険法・**児童福祉法**制定
49	**身体障害者福祉法**制定
58	国民健康保険法全面改正（国民皆保険へ）
59	国民年金法制定（国民皆年金へ）
60	精神薄弱者福祉法制定（→98年 **知的障害者福祉法**）
61	「**国民皆保険・皆年金**」の実施,児童扶養手当法制定
63	**老人福祉法**制定
64	**母子福祉法**制定（→81年 **母子及び寡婦福祉法**、2014年に**母子及び父子並びに寡婦福祉法**へ）
70	心身障害者対策基本法制定（→93年 障害者基本法）
71	児童手当法制定
73	70歳以上の老人医療費無料化、健康保険法改正（家族給付5割から7割）年金制度改正（物価スライド導入）（福祉元年）
82	老人保健法制定（老人医療費の自己負担復活）
84	健康保険法改正（被保険者本人負担1割に）
85	国民年金法改正（基礎年金制度導入）
97	健康保険法改正（被保険者本人負担2割に）**介護保険法**制定（2000年施行）
2002	健康保険法改正（被保険者本人負担3割に）
04	国民年金法改正（段階的に年金水準をダウン）
08	高齢者の医療の確保に関する法律改正（**後期高齢者医療制度**導入）
10	社会保険庁廃止、日本年金機構発足
12	社会保障と税の一体改革関連法成立

解説 すべての国民に医療・年金保険を整備　今日的な社会保障制度が普及したのは第二次世界大戦後である。日本は、戦後、憲法25条に社会保障の基礎理念を打ち出し、1961年に**国民皆保険、国民皆年金**を達成し、全国民を対象とした総合的な社会保障の基盤ができた。

■2 日本の社会保障制度のしくみ ◀頻出▶

社会保険	**医療保険**	病気やけがのとき、安く治療を受けることができる（→**4**）
	年金保険	高齢になったときや障がいを負ったときなどに年金を受けることができる（→**5**）
	雇用保険	失業したときなどに一定期間保険金が支給される（→**6**）
	労災保険	働く人が全額会社負担で加入し、業務による病気やけがのときに保険金が支給される
	介護保険	介護が必要になったときに介護サービスを受けることができる（→**7**）
公的扶助	**生活保護**	生活に困っている家庭に、国が健康で文化的な最低限度の生活を保障する（生活・教育・住宅・医療・出産・生業・葬祭・介護）（→**8**）
社会福祉		困っている人（児童・母子・高齢者・障がい者ほか）のために、国や地方自治体が施設を造るなど、サービスを提供する
公衆衛生	公衆衛生	国民の健康維持・増進を図るために、国や地方自治体が、保健所を中心に感染症予防対策などを行う
	環境衛生	国や地方自治体が、生活環境整備や公害対策・自然保護を行う

解説 日本の社会保障制度の「四つの柱」　日本の社会保障制度は、国民生活の安定や国民の健康の確保を目的としたもので、**社会保険**（→■）、**公的扶助、社会福祉、公衆衛生**から成り立っている。

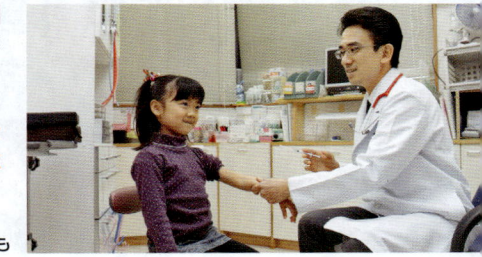

→病院で予防注射を受ける子ども

経済

3 社会保障制度が抱える問題

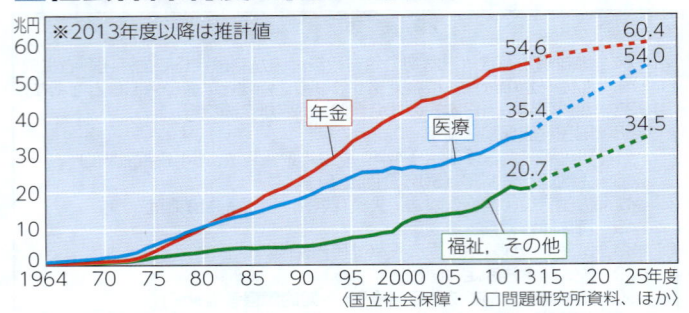

※2013年度以降は推計値

〈国立社会保障・人口問題研究所資料、ほか〉

↑社会保障給付費の推移

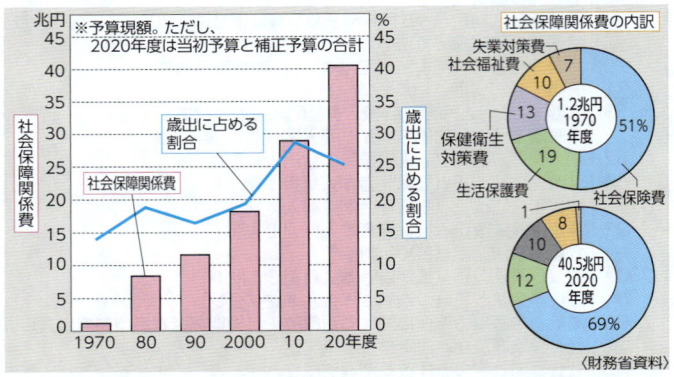

社会保障関係費の内訳

〈財務省資料〉

↑社会保障関係費の推移と歳出に占める割合（左）、社会保障関係費の内訳（右）

解説 持続可能な社会保障制度に向けて 高齢化（→p.312）の進行に伴い、社会保障給付費が増大するなかで、歳出（→p.205）に占める社会保障関係費の割合も増加傾向にある。なかでも、年金や医療などにあてる**社会保険費**の割合が大幅に増えている。少子高齢化が進み、**社会保障負担**が今後も増加すると予測されるなか、**持続可能な社会保障制度の実現**や、**世代間・世代内の不公平の是正**が大きな課題となっている。持続可能な社会保障制度にしていくために、制度自体の抜本的な改革や、社会保障の担い手を増やす大胆な少子化対策が必要である。

①具体的な政策の例

←三世代が同居する家族 政府は、子育てや介護を支え合う「自助・共助」を重視し、少子化対策や介護費抑制などを目的に、三世代同居・近居を促進している。住宅取得や引っ越しなどに補助金を出す自治体も多い。

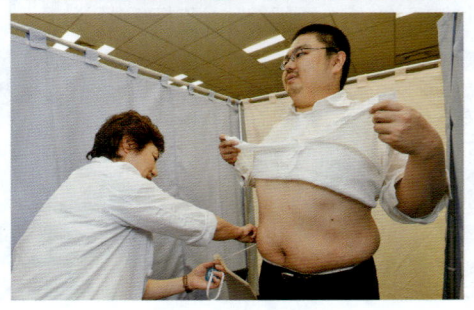

←メタボリックシンドロームの検診 内臓脂肪がたまった肥満に高血糖・高血圧などが重なった状態を指し、糖尿病などの生活習慣病になりやすいといわれる。政府も国民の生活習慣を改善し、病気の予防を重視している。

4 医療保険のしくみと現状

①日本の医療保険制度 　**頻出**

	制度	被保険者	加入者数（2020年3月末）	疾病・負傷時の本人・家族の負担
国民健康保険		農業従事者、自営業者、退職者など	市町村 2660万人 国保組合 273万人	3割 未就学児 2割 70歳以上75歳未満2割 （現役並み所得者 3割）
健康保険	一般 協会※けんぽ	民間サラリーマンなど	本人 2479万人 家族 1565万人	
	一般 組合		本人 1635万人 家族 1249万人	
	健保法第3条第2項被保険者	臨時・季節的な労働者	本人 1.2万人 家族 0.5万人	
船員保険		船員	本人 5.8万人 家族 5.9万人	
共済組合		国家公務員 地方公務員など 私立学校教職員など	本人 457万人 家族 398万人	
後期高齢者医療制度		75歳以上の者、65～75歳未満で一定の障がい状態にあると認定された者	1803万人	1割 （現役並み所得者 3割）

※協会けんぽ…国が保険者となって運営する健康保険で、主に中小企業の従業員が加入（2021年4月現在）〈厚生労働白書　令和3年版〉

解説 多数の制度が分立 日本の医療保険は、職種ごとに成立してきた経緯があり、多数の制度が分立している。1961年以降、すべての国民はいずれかの医療保険に加入する国民皆保険になっている。なお、2008年に老人保健制度は廃止され**後期高齢者医療制度**が導入された。

②国民医療費と高齢者医療費

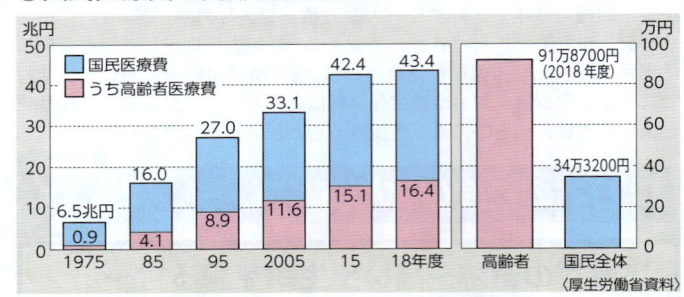

〈厚生労働省資料〉

↑国民医療費と高齢者医療費（左）、1人あたりの医療費（右）

解説 拡大一途の国民医療費 国民医療費は増加傾向で、高齢者1人あたりの医療費は国民全体と比べ約3倍となっている。医療の高度化、医療提供体制の整備、高齢者の増加などが要因として挙げられる。

③保険診療のしくみ

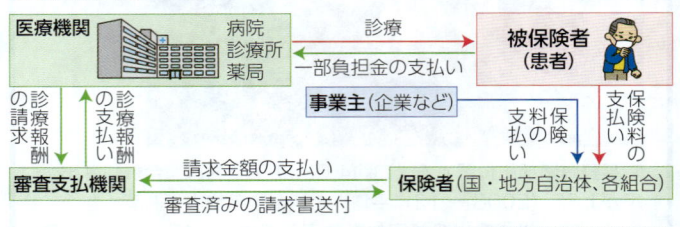

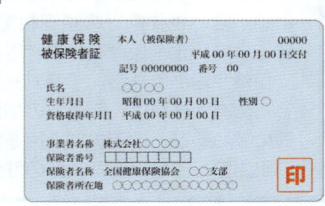

→保険証（見本） 病院などを受診する際に、保険証を持参することで、負担が実際の金額よりも少なくて済む。保険証を忘れて全額自己負担した場合でも、申請すれば医療費は返還される。

経済

○×チェック⑧⑥ 後期高齢者医療制度は、一定年齢以上の高齢者に対して保険料の負担を求めている。（16年、**本**）

5 年金保険のしくみ

①日本の年金保険制度 　▶頻出

制度	被保険者	保険料	国庫負担	支給開始年齢	老齢(退職)基礎年金等平均年金月額
国民年金	自営業者、20歳以上の学生など	16,610円(月額)	基礎年金にかかる費用の2分の1	65歳	約6.5万円
	サラリーマン	—			
	サラリーマンの配偶者	—			
厚生年金保険	70歳未満の民間サラリーマン、船員、公務員など	月収の18.3% ※1		60〜65歳 ※2	約22.0万円 ※3

※1　%は月収に対する割合、労使折半が原則
※2　生年月日に応じて支給開始年齢が段階的に65歳まで引き上げられる
※3　夫婦2人分の老齢基礎年金を含む標準的な年金額
（数値は、2021年4月）〈日本年金機構資料〉

解説　制度の再編が進む　日本では、原則20歳以上60歳未満のすべての居住者が公的年金に加入する**国民皆年金**になっている。かつては職種ごとに分立していたが、制度間格差の是正などを理由に、1985年、全居住者共通に給付される**国民年金（基礎年金）**と、それに報酬比例の年金を支給する**厚生年金保険**や企業年金などに再編された。

→年金手帳　基礎年金番号が導入された1997年以前に発行されたものは表紙がオレンジ色、それ以降は青色である。なお、2022年に年金手帳は廃止された。

保険料免除制度	本人・世帯主・配偶者の所得が一定以下の場合、保険料を全額もしくは一部免除（将来の年金額に反映される）
学生納付特例制度	学生で、所得が一定以下の場合、保険料の納付を猶予
保険料納付猶予制度	50歳未満で、本人・配偶者の所得が一定以下の場合、保険料の納付が猶予

↑保険料の支払いを免除・猶予する制度　保険料を納めるのが経済的に難しい場合の制度。猶予の場合、その期間は将来の年金額に反映されないが、年金の受給資格期間（10年）には算入される。

②年金制度のしくみ　▶出題

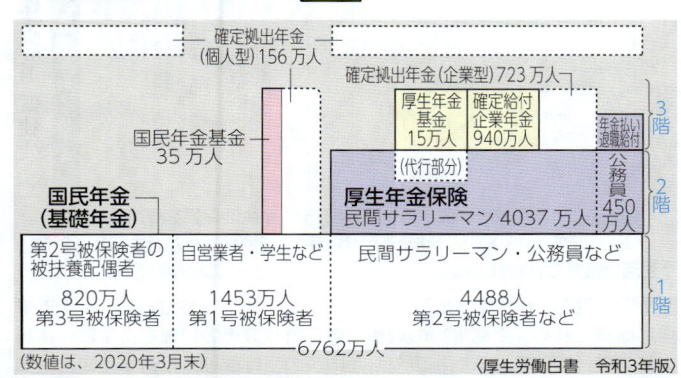

（数値は、2020年3月末）〈厚生労働白書　令和3年版〉

解説　日本の公的年金制度は2階建て　日本の公的年金制度は、基礎的な給付を行う国民年金と、それに上乗せして報酬比例の年金を支給する、被用者を対象とした厚生年金保険の2階建てである。このほか、加入者本人が資金を運用する個人型**確定拠出年金**などの制度もある。

③世代間扶養　▶出題

		賦課方式	積立方式
長所		現役世代が負担した保険料を受給世代が受け取る形式なので、**インフレの影響を受けない。**	現役世代に積み立てた自分の保険料を受け取るので、**人口変動の影響を受けない。**
短所		少子高齢社会では現役世代の負担が重くなりすぎる。	インフレの場合、支給額が目減りする恐れがある。
しくみ		現役世代→受給世代（保険料）	現役世代に納めた自分の保険料を受給世代に受け取る。

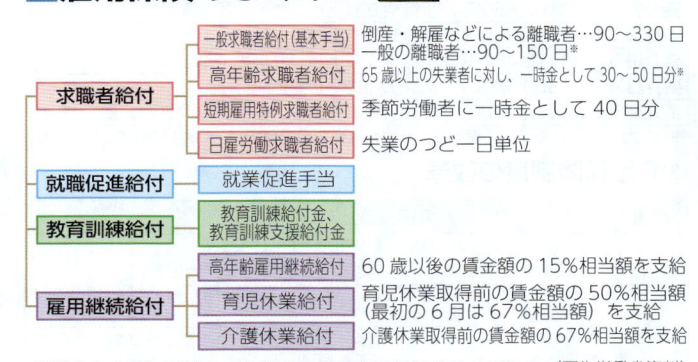

↑年金制度の改善を求めるデモ（2015年）

解説　日本の年金は賦課方式に近い　年金の資金調達の方法には、その年の現役世代が負担した保険料を高齢者に支給する**賦課方式**と、受給者本人が積み立ててきた保険料を年金の資金にあてる**積立方式**の二つがある。日本の国民皆年金制度は戦後に積立方式で始まったが、インフレによる年金の目減りや高齢化の急速な進展などを理由に、現在は賦課方式に近い（積立金からの給付もあるため積立方式の要素もある）。

賦課方式の場合は現役世代が受給世代の年金を負担するため、これからさらに少子高齢化が進むと、大幅な増税など現役世代の大きな負担増が予想され、**世代間の公平性**が問題になってくる。また、年金納付率も低下傾向にあるが、**未納の増加は世代間扶養のしくみへの信頼を揺るがす**ことにつながる。

6 雇用保険のしくみ　▶出題

求職者給付	一般求職者給付(基本手当)	倒産・解雇などによる離職者…90〜330日／一般の離職者…90〜150日※
	高年齢求職者給付	65歳以上の失業者に対し、一時金として30〜50日分※
	短期雇用特例求職者給付	季節労働者に一時金として40日分
	日雇労働求職者給付	失業のつど一日単位
就職促進給付	就業促進手当	
教育訓練給付	教育訓練給付金、教育訓練支援給付金	
雇用継続給付	高年齢雇用継続給付	60歳以後の賃金額の15%相当額を支給
	育児休業給付	育児休業取得前の賃金額の50%相当額（最初の6月は67%相当額）を支給
	介護休業給付	介護休業取得前の賃金額の67%相当額を支給

※被保険者であった期間により異なる。倒産・解雇などの離職者の場合は年齢によっても異なる。〈厚生労働省資料〉

解説　非正規雇用労働者も対象　**雇用保険**は、労働者・事業主双方が保険料を負担し、労働者が失業した場合などに必要な給付を行い、労働者の生活や雇用の安定を図るとともに再就職の援助を行うことなどを目的とする。31日以上雇用される見込みがあり、週20時間以上働いている人が対象で、条件を満たせば非正規雇用労働者も対象になる。

経済

7 介護保険制度

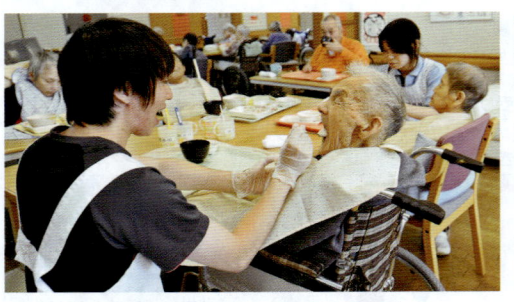

←食事をする特別養護老人ホームの入居者　手厚いサービスを比較的安い利用料で受けられることから、入所希望者が殺到し、約37万人の待機者がいる（2016年現在）。

①介護保険制度のしくみ 〔頻出〕

※1　40～64歳は特定の病気により、要介護・要支援状態になった場合に利用できる
※2　一定以上所得がある場合は2割もしくは3割
※3　保険料は市町村によって異なり、通常、年金から天引きされる
※4　事業主負担を含む。保険料は医療保険者を通じて、医療保険料に上乗せされる
〈厚生労働省資料〉

解説 **社会全体で介護を支える**　**介護保険制度**は、これまで家族が担ってきた高齢者や障がい者の介護を、社会保険のしくみで社会全体で支える制度で、2000年から実施された。40歳以上の国民全員が加入、保険料を納めている。

②介護認定の基準

(2021年現在)

	支給限度額(月額)※	目安
要支援1	約50,320円	日常生活はほぼ自分で行える
要支援2	約105,310円	日常生活に少し支援が必要
要介護1	約167,650円	歩行や立ち上がりがやや不安定
要介護2	約197,050円	歩行や立ち上がりが困難
要介護3	約270,480円	歩行や立ち上がりが自力ではできない
要介護4	約309,380円	排泄・入浴などに全面的な介助、食事に一部介助が必要
要介護5	約362,170円	生活全般にわたり、全面的な介助が必要

※在宅サービス。支給限度額を超えた場合は全額自己負担　〈厚生労働省資料、ほか〉

③介護保険制度の改革

改正年	介護保険法の主な改正内容
2005	・要支援者を対象とする介護予防サービスの導入 ・地域密着型介護サービス、地域包括支援センターの創設 ・居住費・食費を入所者負担に（低所得者には補てんあり） ・低所得者への保険料軽減
14	・介護予防サービス（訪問介護・通所介護）を地域支援事業に移行 ・特別養護老人ホームへの入所を原則「要介護3」以上に ・低所得者の保険料軽減を拡充 ・一定以上所得のある高齢者（上位20%）の自己負担率を2割に ・低所得でも一定以上資産のある高齢者は居住費・食費を自己負担に

解説 **持続可能な介護保険制度に向けて**　高齢化が進んで介護サービスの利用者が増加し、介護保険料も増加するなかで、公的介護保険制度を持続可能なものにしていくために、法改正が行われている。

8 生活保護制度とその問題点

①生活保護基準

最低生活費	
年金、児童扶養手当等の収入	支給される保護費

生活扶助基準額の例（令和3年4月1日現在）

	東京都区部等	地方郡部等
標準3人世帯(33歳、29歳、4歳)	158,760円	139,630円
高齢者単身世帯(68歳)	77,980円	66,300円
高齢者夫婦世帯(68歳、65歳)	121,480円	106,350円
母子世帯(30歳、4歳、2歳)	190,550円	168,360円

※児童養育加算等を含む　　　　　　　　　〈厚生労働省資料〉

解説 **最低限度の生活を保障する生活保護**　**生活保護**（→p.65）は、憲法25条の理念に基づき、国が生活困窮者に対し必要な保護を行い、その最低限度の生活を保障しようとする制度である。現金給付として生活扶助・住宅扶助・教育扶助・葬祭扶助・生業扶助・出産扶助、また現物給付として医療扶助・介護扶助の合わせて8種類の扶助がある。

②生活保護申請の流れ 〔出題〕

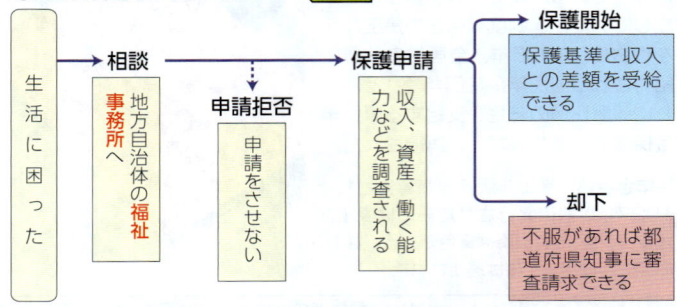

解説 **生活保護の申請には複数の条件が必要**　生活保護は世帯単位で行われる。申請の条件として、①働けない、②預貯金や株式、生命保険、自動車などのお金に換えられる資産を持たない、③年金や雇用保険の失業給付、児童扶養手当など、その他の公的給付を受けられない、④親族などからの援助を受けられないなどがある。それでもなお世帯の収入が最低生活費に満たない場合に、その差額分が支給される。

③生活保護をめぐる問題 〔出題〕

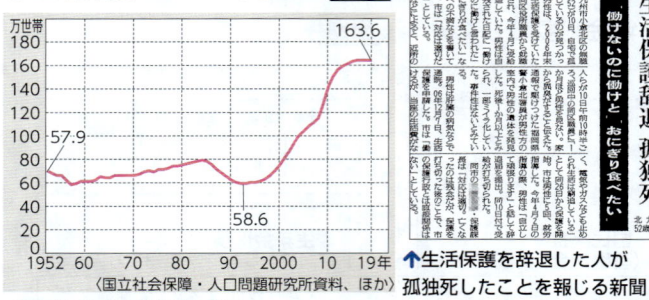

↑生活保護受給世帯数の推移
〈国立社会保障・人口問題研究所資料、ほか〉

↑生活保護を辞退した人が孤独死したことを報じる新聞
（2007年7月12日　読売新聞）

解説 **増加する受給世帯数**　**生活保護の受給世帯数**は2000年代以降増加傾向にある。受給世帯の増加に伴う財政負担の増加を背景に、保護申請の受付窓口である福祉事務所が申請の受け取りを拒否する場合（申請拒否）もあり、「最低限度の生活」を保障されない人がいることが問題になっている。その他にも、所得を隠して生活保護を受給するなどといった、生活保護の不正受給や、最低賃金が生活保護の給付水準を下回る「逆転現象」（現在は解消）が問題となった。

〇×チェック　働く障がい者や、働くことを希望する障がい者への支援として、一定以上の雇用率で障がい者を雇用することを企業などに求める法律は、制定されていない。（15年、**本**）

進む駅のバリアフリー化

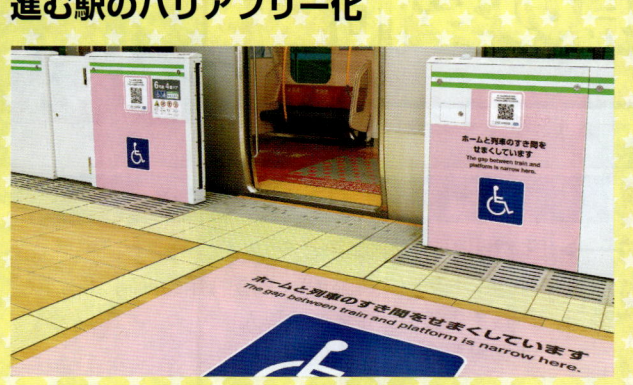

↑**ホームと列車の隙間を狭くしたホームドア** 交通バリアフリー法の施行以降、全国の駅でバリアフリー対応が進んでいる。ホームドアの設置も進んでおり、なかには、車いすの利用者などあらゆる人が乗り降りしやすいように、ホームと列車の隙間を狭くしたものもある。

❷ 障がい者雇用 ◀頻出

↑**障がい者雇用率の推移**

**※民間企業。
法定雇用率達成企業の割合は48.6%（2020年）**

〈厚生労働省資料、ほか〉

←**車いすで作業しやすいように工夫された職場**
通路が広く、作業台も低く設計されている。

❶福祉社会の実現を目指して ◀頻出

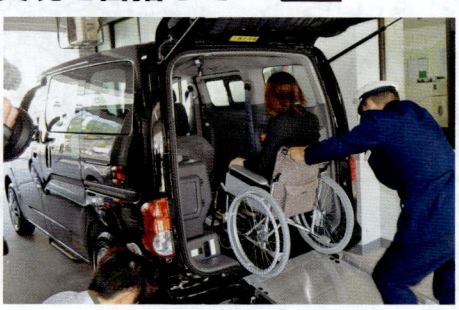

↑手に障がいのある人でも持ちやすいように補助具の付いたユニバーサルデザイン（UD）のはし（左）、車いすのまま乗車可能なUDタクシー（右）

解説 誰もが生きていきやすい社会の実現 近年、高齢者、障がい者などを区別せず、共に社会で生活できることを目指す**ノーマライゼーション**の考え方が広まってきた。誰にでも使いやすいように、製品や建物、環境をデザインする**ユニバーサルデザイン**（UD）や、障がいのある人が生活していくうえで物理的・精神的に支障となる物（バリア）を取り除いていく**バリアフリー**の考え方が普及しつつあり、誰もが生きていきやすい社会の実現が目指されている。

解説 企業には障がい者雇用の義務がある 障がい者雇用については、**障害者雇用促進法**（→補）によって障がい者を一定割合以上雇用することが定められている。しかし、就業を希望する障がい者が多いなか、達成企業の割合は半分程度にとどまる。

福祉社会の実現に向けて、日本でも多くの**NPO**（非営利組織）（→補）やボランティア団体が活動しているが、民間企業による努力も不可欠な時代となっている。

まとめ

Ⅰ 世界の社会保障制度

①社会保障とは…障がい・要介護・高齢・死亡・失業などに対して社会全体で共同負担し、国民の生活を安定させる制度

②社会保障制度のモデル

・「イギリス・北欧型」（無差別・平等に保障、均一給付、財源は租税中心）

・「ヨーロッパ大陸型」（職業に応じた制度、比例給付、財源は保険料中心）

③「高福祉高負担（大きな政府）」と「低福祉低負担（小さな政府）」

・高福祉高負担（スウェーデンなど）…税金・保険料は高いが福祉が充実

・低福祉低負担（アメリカなど）…社会保障給付費削減、自助努力に期待

Ⅱ 日本の社会保障制度

①日本の社会保障制度…憲法25条（生存権）を理念。四つの柱から成る

・**社会保険**…医療・年金・雇用・労災・介護などの保険給付

・**医療保険**…すべての国民が加入する国民皆保険

・**年金保険**…20歳以上60歳未満の全居住者が加入する**国民皆年金**

・**雇用保険**…労働者の生活・雇用の安定を図る

・**介護保険制度**…社会保険のしくみで社会全体で介護を支える

・**公的扶助**…生活保護。国が健康で文化的な最低限度の生活を保障

・**社会福祉**…困っている人のため、施設・サービスの提供

・**公衆衛生**…感染症予防対策などの公衆衛生と公害対策などの環境衛生

②問題点

・社会保障負担は増加傾向、少子高齢化が進み今後も増加する見込み
→持続可能な社会保障制度のための改革が必要

・年金保険の問題…少子高齢化に伴う世代間格差、現役世代の負担増

・**生活保護**…**受給世帯数**は増加傾向、「申請拒否」「不正受給」の問題

Ⅲ 福祉社会と私たち

・共に社会で生活できることを目指す社会の実現（**ノーマライゼーション**）

・**バリアフリー、ユニバーサルデザイン**などの考え方が普及しつつある

・福祉社会の実現に向けて、障がい者雇用の促進など企業の努力が必要

補足解説

セーフティネット
予想される危険や損害に備えて、被害を最小限に抑えるための制度。

社会保険
社会保障の一環として、保険料を主な財源にさまざまな給付を行う方式。国や公的な団体を保険運営する責任主体とし、被保険者は強制加入となる。保険料は加入者本人・事業主双方で負担する（ただし、労災保険は全額事業主負担）。

障害者雇用促進法
法定雇用率を満たしていない一定規模以上の企業は納付金を支払うことになっている。

NPO（非営利組織）
福祉、環境、まちづくりなどのさまざまな分野で、営利を目的とせず活動を行う民間団体を指す。1998年には**特定非営利活動促進法**（**NPO法**）が施行され、NPOが法人として活動できるようにする（法人格の付与）などのさまざまな支援策が採られている。

チェック
答え 87

✕ 障害者雇用促進法によって障がい者を一定割合以上雇用することが定められている。

日本の労働環境の変化

年代	1980年代まで		1990年代

日本型雇用慣行の定着 (→1) ┃ 91年 バブル経済の崩壊 ┃ **日本型雇用慣行の見直し (→2)**

日本型雇用慣行
- 終身雇用制
- 年功序列型の賃金体系
- 企業別労働組合

男女雇用機会均等法制定（85年）(→p.230)

進む企業の海外移転
プラザ合意（85年）による円高の進行(→p.247)

日本型雇用慣行の変化(→p.231)
- リストラ（人員整理），新規採用の抑制
- 成果主義型賃金体系の導入
- 労働組合の組織率の低下

非正規雇用労働者の増加

生産コスト削減のため新興国へ(→p.215)

（労働をめぐる動き）

↑社員旅行で700人の大宴会（1968年）　高度経済成長期には、社員旅行や社内運動会などのイベントが盛んに実施された。

↑求人票に集まる女子大生（1985年）　86年4月から施行される男女雇用機会均等法を見越し、女性の採用を拡大する企業が見られた。

↑就職説明会に詰めかける学生（1993年）就職氷河期のなか、10月に開催されたこの説明会にも就職先が決まらない学生が殺到した。

（グラフ 完全失業率・有効求人倍率 1981〜2000年代）
縦軸の出来事：労働者派遣法制定／男女雇用機会均等法制定／プラザ合意／バブル経済の崩壊／消費税導入／育児休業法制定（現 育児・介護休業法）／パートタイム労働法制定／高齢社会へ（高齢化率14%超え）／阪神・淡路大震災／消費税率5%に引き上げ／男女共同参画社会基本法制定／失業率5.4%（年平均）を記録／労働者派遣法改正

有効求人倍率
完全失業率

1 高度経済成長を支えた日本型雇用慣行

　高度経済成長期の日本の雇用形態は、学校卒業後すぐに就職した企業に定年まで在籍し続ける**終身雇用制**が一般的だった。また年齢や勤続年数に応じて昇進・昇給をする**年功序列型**の賃金体系が採用されると共に、**企業別労働組合**が組織された。このような日本型雇用慣行においては、労働者の企業への帰属意識が高まり、企業も福利厚生などで労働者の生活を保障していた。そのため、日本の労働者の流動性は低く、企業は長期的な視点から人材育成を行うことができるため、企業の生産性向上や競争力の強化に効果的だと評価されてきた。

2 バブル経済崩壊による労働環境の変化

　1991年に**バブル経済**が崩壊したことにより、日本型雇用慣行は見直しを迫られることとなった。長引く不況のなかで企業の経営は悪化し、終身雇用制や年功序列型の賃金体系を維持することが難しくなった。リストラや新規採用の抑制が行われ、**成果主義型賃金体系**の導入といった人件費削減の試みも行われるようになった。さらに、国際競争が激化するなかで、生産コスト削減のため海外移転する日本企業も現れ、**産業の「空洞化」**という問題も深刻化した。その結果、90年代以降失業率が急速に上昇するとともに、**非正規雇用労働者**が増加していった。

POINT 日本の労働環境は、バブル崩壊後の景気低迷や、経済のグローバル化に伴う国際競争の激化など、企業の経営環境の影響を受けて変化してきました。また、近年では女性の社会進出や待機児童問題など、仕事と家庭の両立のあり方にも注目が集まっています。社会と労働の関わりについて考えてみましょう。

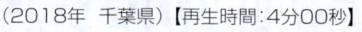

二次元コードで動画をチェック！

→大規模な会社説明会
（2018年 千葉県）【再生時間：4分00秒】

※このマークがある出来事に関連する動画を見ることができます。

2000年代	2010年代〜

03年 労働者派遣法改正

労働環境の悪化が社会問題化（→③）

雇用をめぐるさまざまな問題が発生

- 07年 ネットカフェ難民
- 08年 名ばかり管理職
- 09年 派遣切り （新語・流行語大賞より）

高止まりする失業率

拡大する新興国市場の獲得を目指して

さらなる労働環境の整備に向けて（→④）

求められる労働環境の改善

働き方に応じた適切な待遇の実現
- 18年 働き方改革関連法成立
- 20年 新型コロナウイルスの影響で働き方が大きく変化

求められる待機児童問題の解消（→p.317）
待機児童数：約1万2千人
（20年4月現在）

どう実現するか？働きやすい労働環境を

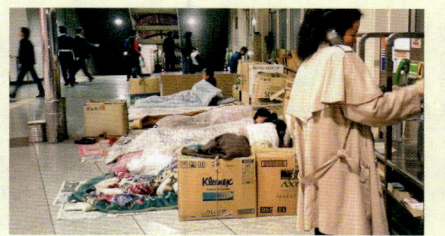

↑**駅の通路にあるホームレスの段ボールハウス**（2000年）90年代後半から2000年代初頭にかけて、職を失いホームレスとなる人が増えた。

↑**派遣労働者の保護を訴える人々**（2008年）経営状況の悪化などを理由に派遣労働者を一方的に解雇する「派遣切り」が社会問題化した。

↑**「保育園落ちたの私だ」という紙を掲げ、待機児童問題改善を訴える人々**（2016年）共働き世帯が増えるなか、保育園整備が課題となっている。

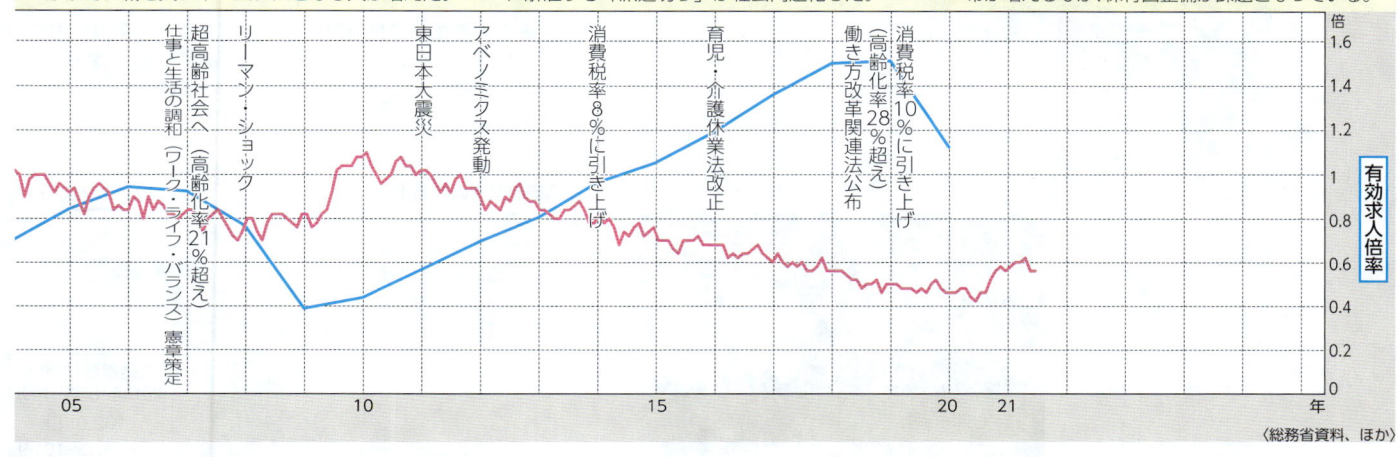

〈総務省資料、ほか〉

---

③ 労働をめぐる社会問題の発生

2000年代に入ると、非正規雇用労働者をめぐる社会問題が発生するようになった。非正規雇用労働者は正社員に比べて、一般的に賃金が低く、社会保障も十分とはいえず、特に派遣労働者については**労働者派遣法**の改正が繰り返され、派遣可能な業務や期間の規制が緩和されていった。そうしたなかで、1〜30日未満の雇用契約である「**日雇い派遣**」や、契約期間満了前の一方的な契約解除である「**派遣切り**」などが問題視されるようになった。そのため、12年には日雇い派遣が原則として禁止されるなど、派遣労働者保護のための法改正も行われた（→p.231）。

④ これからの労働環境の課題

非正規雇用労働者が増加するなかで、雇用形態の違いによる不合理な格差を解消し、働き方に応じた適切な待遇を実現することが求められている。また、国際競争が激化し日本を取り巻く経済環境が厳しさを増すなかで、国内においては少子高齢化の進行による労働力人口の減少が見込まれている。労働生産性の向上や労働力の確保が課題となる一方で、子どもの預け先が見つからず、働きたくても働けない**待機児童**（→p.317）の問題もある。働く意欲がある人が就労の機会を得られるよう、環境を整備していくことが求められている。

地図から見える日本の地域格差（経済）

POINT 平成不況、「いざなみ景気」（→p.249）を経て、日本経済は地域格差が拡大したといわれています。地図や資料から経済における地域格差を見てみましょう。

地域見える化 GIS「ジオグラフ」を使ってみよう

人口や高齢化率など複数の統計データを立体的なグラフのように表示できるGIS教材です。市町村別、都道府県別、全国などさまざまな範囲を選択でき、データを表示できます。

↑**新宿の高層ビル群**（東京都） 東京都は日本のGDP（→p.213）の約2割を占め、富の集中が進んでいる。

Ⅰ 地域間の所得格差

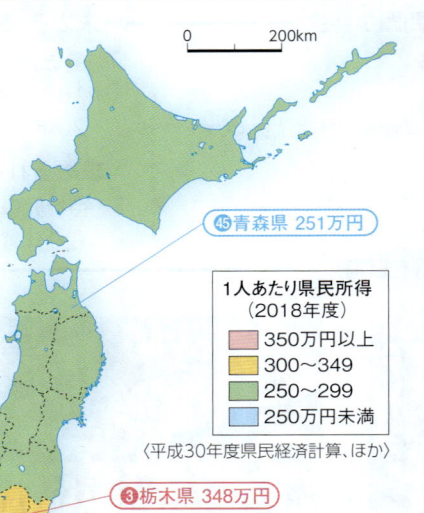

0　　200km

㊺青森県 251万円

1人あたり県民所得
（2018年度）

- 350万円以上
- 300～349
- 250～299
- 250万円未満

〈平成30年度県民経済計算、ほか〉

❸栃木県 348万円

❶東京都 541万円

❷愛知県 373万円

㊻宮崎県 247万円

㊼沖縄県 239万円

解説 **1人あたり県民所得の格差は2倍以上にも** 第二次世界大戦後の日本経済を支え高度経済成長（→p.246）の牽引役を務めた太平洋ベルト地帯を中心に1人あたり県民所得の比較的高い都府県が広がっている。

高度経済成長期は製造業が経済の牽引役であり、大工業地帯を抱える太平洋ベルト地帯の所得水準を押し上げた。1970年代を境に第3次産業が経済の牽引役になるとますます大都市圏が経済力を付けた。地方にも地場産業があり、独自の技術を持つ中小企業も多いが（→p.218）、1人あたり県民所得を見ると大きな格差がある。

少子高齢化（→p.312）が進み、人口減少に直面する地方も多いが、各地方も企業誘致や都市開発、地場産品や観光資源の発掘などの「まちおこし」を積極的に行い、地方活性化に尽力している（→巻頭23）。

← **1人あたり県民所得** 1人あたり県民所得の全国平均（2018年度）は約320万円である。東京のほか、愛知や静岡などの製造業が盛んな地域が上位となっている。

↓**都道府県別の物価水準** 1人あたり県民所得が高い地域ほど、物価水準も高い傾向にあり、生活するのにお金がかかることを示している。しかし、都道府県別の所得格差ほど、大きな差は見られない。

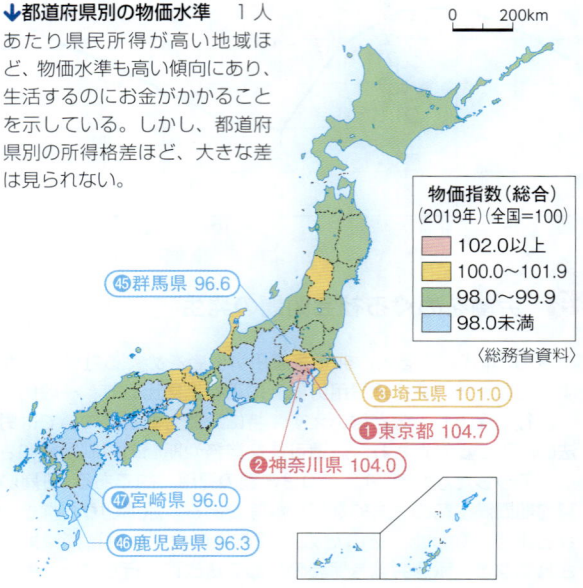

0　　200km

物価指数（総合）
（2019年）（全国＝100）

- 102.0以上
- 100.0～101.9
- 98.0～99.9
- 98.0未満

〈総務省資料〉

㊺群馬県 96.6

❸埼玉県 101.0

❶東京都 104.7

❷神奈川県 104.0

㊼宮崎県 96.0

㊻鹿児島県 96.3

→**各地に広がる「子ども食堂」**（2016年 群馬県） 日本の子どもの7人に1人が、世帯所得の平均の半分に満たず、相対的に貧困状態にあるといわれる。これは、先進国の中でも高い水準にある。

貧困などの理由で十分な食事が取れない子どもたちのために、無料もしくは低価格で食事を提供しているボランティアが各地で増加している。

Ⅱ 地域間の雇用情勢の格差

↓都道府県別有効求人倍率 有効求人倍率とは、職業紹介や就職支援を行うハローワークでの求人数を求職者数で割った数値をいう。全国平均は1.60（2019年）で、労働人口の減少を背景に、求人数が求職者数を上回る状態が続いている。人口流入が続く東京のほか、繊維や眼鏡などの製造業を中心に、求人が増えている福井が高くなっている。

他方で、ハローワークを通じて求職活動をするには、自分の住む地域にあるハローワークに登録する必要があるため、東京へ通勤する人が多い神奈川は低くなっている。

↓都道府県別失業率 失業率は、リーマン・ショック後の2009・10年時点では5%を超えたが、20年時点では2.8%（全国平均）まで下落し、企業の人手不足感が強まっていることが分かる。有効求人倍率が高い地域ほど、失業率も低い傾向にあり、例えば有効求人倍率全国2位の福井は失業率も低い。他方で、有効求人倍率全国1位の東京は3.1%と全国平均を上回る。これは、求人が多くても、希望の職を求めて求職活動を続ける人々が多いことを示している。

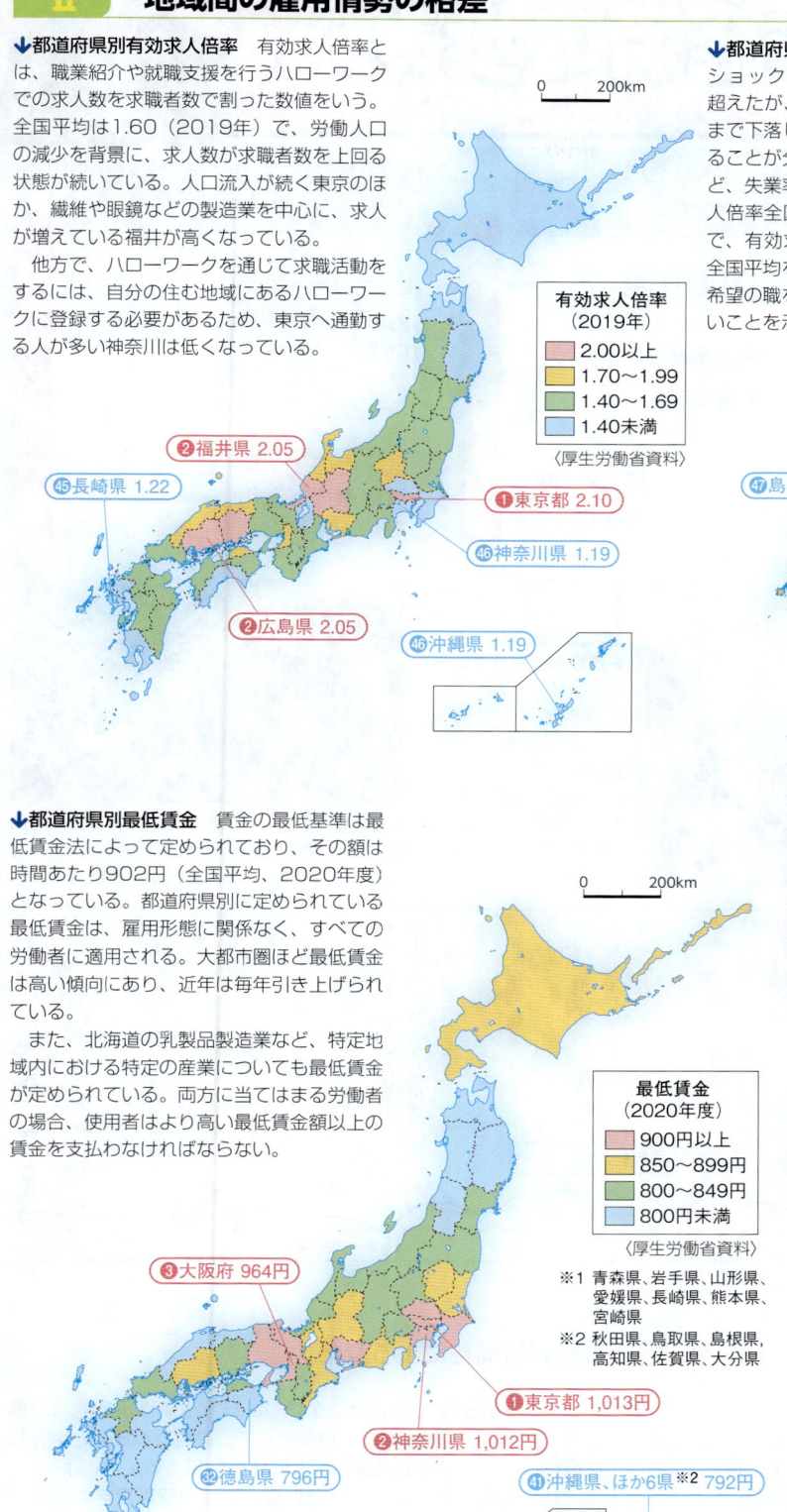

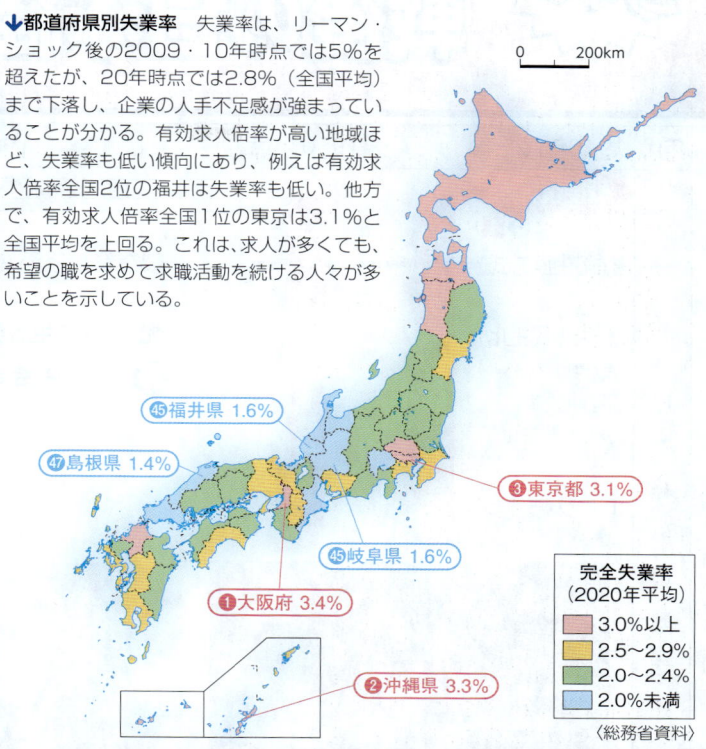

↓都道府県別最低賃金 賃金の最低基準は最低賃金法によって定められており、その額は時間あたり902円（全国平均、2020年度）となっている。都道府県別に定められている最低賃金は、雇用形態に関係なく、すべての労働者に適用される。大都市圏ほど最低賃金は高い傾向にあり、近年は毎年引き上げられている。

また、北海道の乳製品製造業など、特定地域内における特定の産業についても最低賃金が定められている。両方に当てはまる労働者の場合、使用者はより高い最低賃金額以上の賃金を支払わなければならない。

※1 青森県、岩手県、山形県、愛媛県、長崎県、熊本県、宮崎県
※2 秋田県、鳥取県、島根県、高知県、佐賀県、大分県

↑人手不足を訴える看護師たち（静岡県） 労働力人口の減少が進むなかで、人手不足に苦しむ職場も少なくない。

解説 厳しい雇用情勢に直面する地方も 少子高齢化が進み、労働力人口が減少するなかで、企業の人手不足感は強まっており、全国的に雇用情勢は改善傾向にある。雇用情勢を表す指標として、有効求人倍率と失業率、最低賃金などがあるが、地域間で大きな格差が見られる。中部は有効求人倍率が高く、失業率が低い傾向にある反面、東北や九州は有効求人倍率が低く、失業率が高い傾向にあり、厳しい雇用情勢に直面している。また、最低賃金でも三大都市圏は高く、地方は低い傾向が見られ、その差は最大1.28倍（2020年度）にもなる。

なお、産業・職種によっても有効求人倍率は大きく異なっている。サービス業や建設業などは2倍を大きく上回る反面、事務職は求職者からの人気が高く、倍率は0.5倍を下回っており、こうした産業間の格差も問題になっている。

242

変化で見る社会 戦後の日本経済の歩み

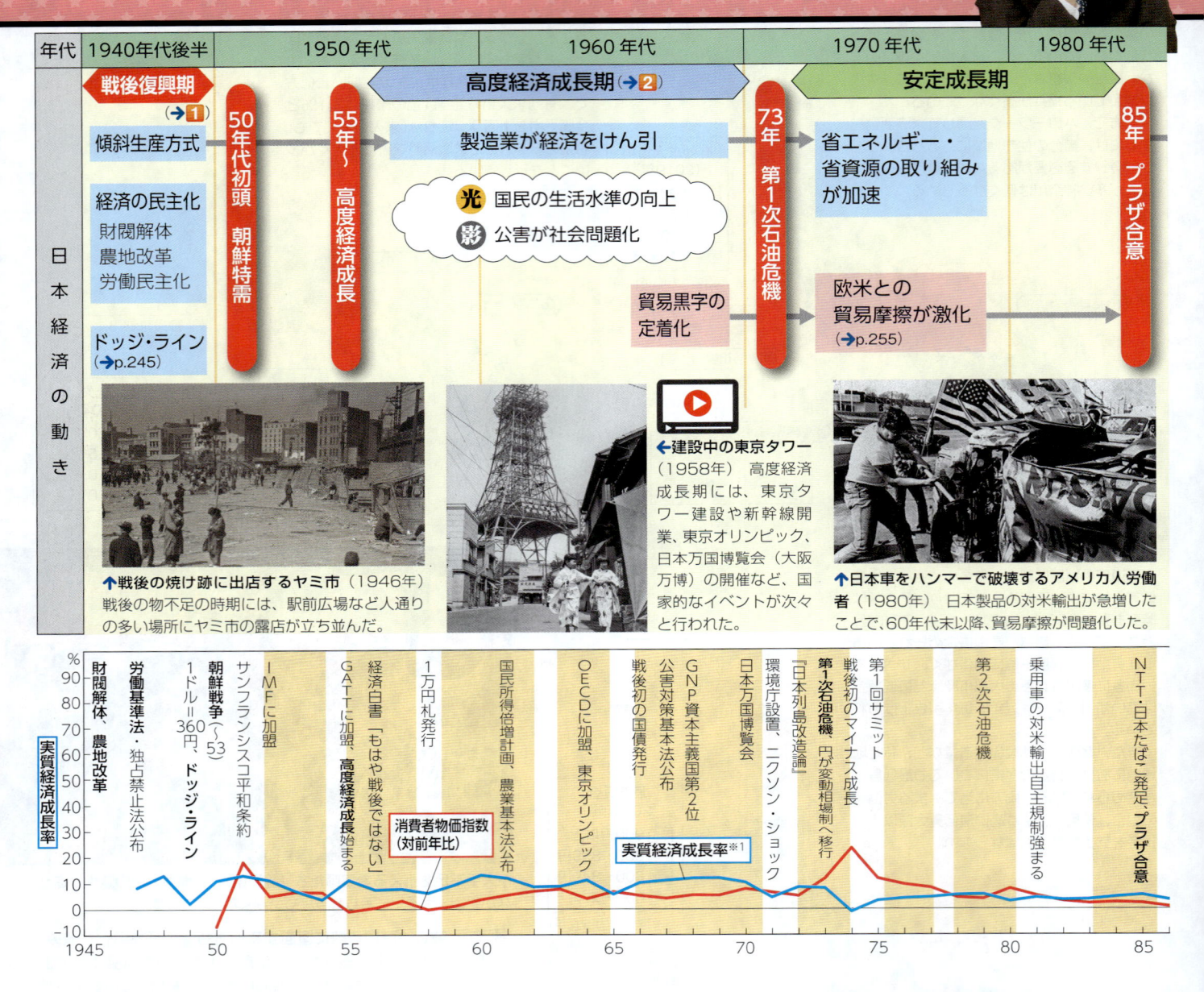

年代	1940年代後半	1950年代	1960年代	1970年代	1980年代

戦後復興期（→**1**）　　**高度経済成長期**（→**2**）　　**安定成長期**

日本経済の動き

傾斜生産方式

経済の民主化
財閥解体
農地改革
労働民主化

ドッジ・ライン（→p.245）

50年代初頭　朝鮮特需

55年〜　高度経済成長

製造業が経済をけん引

光 国民の生活水準の向上
影 公害が社会問題化

73年 第1次石油危機

省エネルギー・省資源の取り組みが加速

貿易黒字の定着化

欧米との貿易摩擦が激化（→p.255）

85年 プラザ合意

←建設中の東京タワー（1958年）　高度経済成長期には、東京タワー建設や新幹線開業、東京オリンピック、日本万国博覧会（大阪万博）の開催など、国家的なイベントが次々と行われた。

↑戦後の焼け跡に出店するヤミ市（1946年）　戦後の物不足の時期には、駅前広場など人通りの多い場所にヤミ市の露店が立ち並んだ。

↑日本車をハンマーで破壊するアメリカ人労働者（1980年）　日本製品の対米輸出が急増したことで、60年代末以降、貿易摩擦が問題化した。

実質経済成長率

財閥解体・農地改革

労働基準法・独占禁止法公布

朝鮮戦争（〜53）
1ドル＝360円、ドッジ・ライン

IMFに加盟
サンフランシスコ平和条約

GATTに加盟、**高度経済成長始まる**
経済白書「もはや戦後ではない」

1万円札発行

国民所得倍増計画、農業基本法公布

OECDに加盟、東京オリンピック

戦後初の国債発行
GNP資本主義国第2位
公害対策基本法公布
日本万国博覧会
環境庁設置、ニクソン・ショック
『日本列島改造論』

第1次石油危機、円が変動相場制へ移行

第1回サミット
戦後初のマイナス成長

第2次石油危機

乗用車の対米輸出自主規制強まる

NTT・日本たばこ発足、プラザ合意

消費者物価指数（対前年比）

実質経済成長率※1

1 戦後日本の経済復興

　第二次世界大戦は、日本に大きな被害をもたらした。特に経済の落ち込みは甚大であり、荒廃からの経済復興が戦後日本の課題であった。この経済の立て直しのために、政府は基幹産業へ重点的に資源配分する**傾斜生産方式**を導入した。またGHQの指令の下、**財閥解体**、**農地改革**、**労働民主化**（労働三法の制定）などの改革が行われ、経済の民主化が進められるとともに、インフレ収束のための経済政策である**ドッジ・ライン**が実施された。さらには朝鮮戦争の勃発によって、アメリカ軍の物資の需要が高まった（**朝鮮特需**）ことも、日本の経済復興を加速させた。

2 高度経済成長による変化

　1950年代中頃から70年代初頭にかけて、日本経済は積極的な設備投資や豊富で質の高い労働力などを背景として、**高度経済成長**といわれる時代を経験した。実質経済成長率が平均9％を超える成長によって、国民生活が豊かになるとともに、産業構造の変化や貿易黒字の定着といった社会変化をもたらした。しかしこうした変化の反面、経済発展は負の側面も生み出していった。**公害問題**が全国各地で見られるようになり、四大公害病をはじめとする健康被害が明らかになった。こうした公害問題に処すべく、71年には**環境庁**が発足した。

POINT 戦後の日本経済は欧米に追いつき、追い越すことを目標として、急速に発展しました。しかし、グローバル化によって国際競争が激しくなるなかで、バブル経済の崩壊以降、長引く景気低迷や巨額の財政赤字などの問題に直面しています。これからの日本経済のあり方について考えてみましょう。

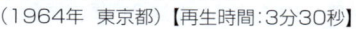

二次元コードで動画をチェック！

→1964年東京オリンピック
（1964年 東京都）【再生時間：3分30秒】

※このマークがある出来事に関連する動画を見ることができます。

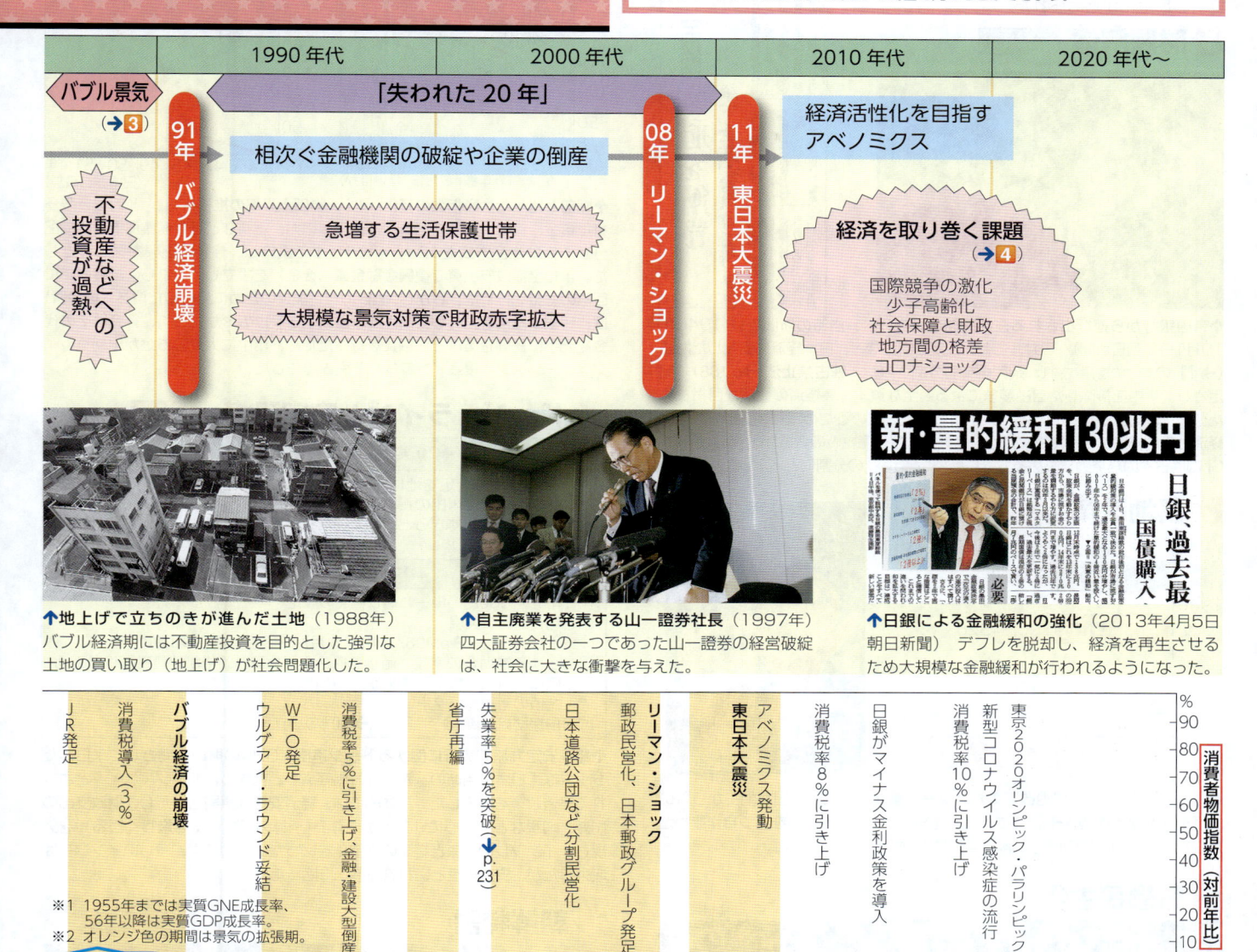

↑地上げで立ちのきが進んだ土地（1988年）
バブル経済期には不動産投資を目的とした強引な土地の買い取り（地上げ）が社会問題化した。

↑自主廃業を発表する山一證券社長（1997年）
四大証券会社の一つであった山一證券の経営破綻は、社会に大きな衝撃を与えた。

↑日銀による金融緩和の強化（2013年4月5日朝日新聞） デフレを脱却し、経済を再生させるため大規模な金融緩和が行われるようになった。

〈内閣府資料、ほか〉

3　バブル経済の発生と崩壊

　高度経済成長を続けてきた日本経済は、石油危機の影響で1974年には**戦後初のマイナス成長**を経験した。しかし、2度にわたる石油危機は省エネ対策や技術革新を促し、日本の産業の国際競争力を一層高めることとなった。急増する海外輸出によって欧米との**貿易摩擦**が起きたが、85年の**プラザ合意**によって急速に円高が進み、輸出産業を中心に**円高不況**に陥った。その不況対策として金融緩和政策が採られたことで、不動産などへの投資が過熱し、**バブル経済**となった。しかし91年にはバブル経済が崩壊し、日本経済に大きな打撃をもたらした。

4　「失われた20年」とこれからの日本経済の課題

　バブル経済崩壊以降も**不良債権処理**は進まず、企業の業績悪化により賃金は低下し、消費支出が低迷するという**デフレスパイラル**に陥った。**小泉構造改革**下の景気回復も実感が伴わず、「**失われた20年**」とよばれる日本経済の停滞期が続いた。また2008年の**リーマン・ショック**や11年の**東日本大震災**は、日本経済にさらに大きな打撃を与えた。この不況から脱却するため安倍首相が掲げた**アベノミクス**が発動された。少子高齢化、財政赤字、格差拡大などの問題に加えて、新型コロナウイルス感染拡大の経済への甚大な影響とその対策など、取り組むべき課題が山積している。

I 経済の民主化と経済復興

第二次世界大戦後、日本を占領した連合国軍総司令部（GHQ）（→p.49）の指令によって**財閥解体**、農地改革、労働民主化の三大改革が行われ、経済の民主化が進められた。

1 財閥解体 <出題>

↑帝国銀行から運び出される三井財閥の証券（左）、当時の新聞（右）（1946年10月1日　朝日新聞）　三井、三菱、住友、安田など、日本経済を支配した**財閥**（→補）の本社が解散され、系列企業も分割された。**独占禁止法**（→p.188）も制定され、集中を排除した自由競争による健全な資本主義経済の発展が目指された。また、財閥解体後も残る巨大企業の分割を進めるため、1947年には**過度経済力集中排除法**も制定されたが、冷戦に入り共産主義の脅威が現実になると、GHQは日本の経済力を高める方針に転換し、11社の分割にとどまった。

2 農地改革

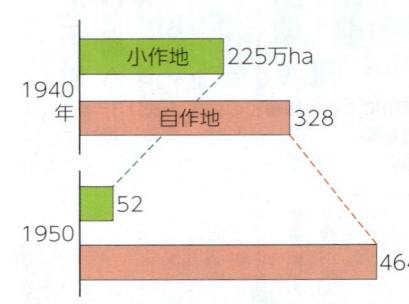
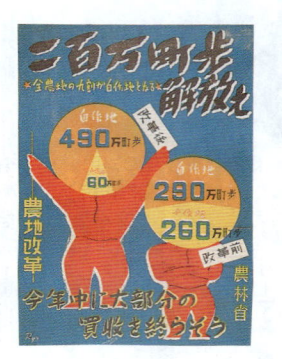

↑農地の変化（左）、農地改革のポスター（農林省）（右）　国が地主から買い上げた農地が**小作地**（→補）に安価で売却され、自分の土地を持つ**自作農**が増加した。これが農民の所得上昇、消費意欲の向上につながった。

3 労働民主化

↑戦後初のメーデー（1946年）　「働けるだけ喰わせろ」のスローガンの下に11年ぶりに開かれた。労働民主化により**労働組合法**（45年）、**労働関係調整法**（46年）、**労働基準法**（47年）が制定され、労働関係の民主化が図られた。労働者の権利が認められ、労働組合数・加入者数が大幅に増加し、労働者の地位と所得が向上した（→p.227）。

4 傾斜生産方式 <出題>

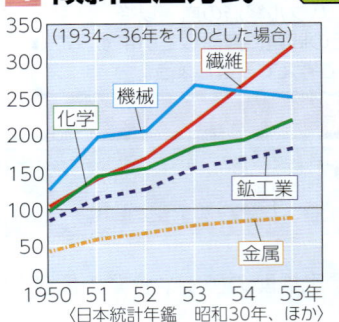
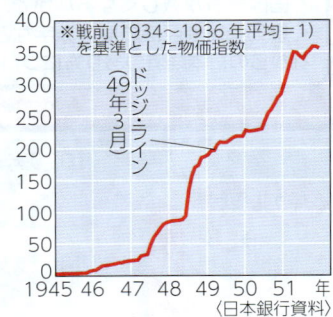

↑戦前と比べた生産指数の変化（左）、**物価上昇率の推移**（右）　政府は、限られた資金、資材、労働力を石炭、鉄鋼、電力、肥料など基幹産業に重点的に配分する**傾斜生産方式**を1947〜50年まで実施し、経済の復興を図ろうとした。また全額政府出資で**復興金融金庫（復金）**を設立し、これらの基幹産業に巨額の融資を行った。しかし、戦後の資金調達のために発行した債券（**復金債**）は、日銀が紙幣を発行して購入する日銀引き受けの形が採られ、復金はその代金を元手に民間企業などに融資を行ったため、市中に大量のお金が出回り、**インフレーション**（復金インフレ）を引き起こした。

5 ドッジ・ラインと安定恐慌 <頻出>

経済安定九原則（→補）実行に関するドッジ声明（1949年3月7日）

「日本の経済は、両足を地に着けておらず、**竹馬**に乗っているようなものだ。竹馬の片足は米国の援助、他方は国内の補助金の機構である。竹馬の足をあまり高くしすぎると転んで首を折る危険がある。今直ちにそれを縮めることが必要だ。」

ドッジ・ラインの概要

①1ドル＝360円の単一為替レートの設定
②超均衡予算の実現
　シャウプ勧告（→p.206）（49年8月）→直接税中心の税制へ
③あらゆる補助金の削減、価格差補給金（生産者価格が消費者価格を上回る際に政府が支給する補助金）の廃止
④復金債の新規発行停止
⑤対日援助見返資金特別会計（→補）の設立

↑**経済安定九原則**実行に関する**ドッジ声明**　GHQの財政顧問として来日したドッジは、日本の当時の状況を「竹馬経済」と批判し、**ドッジ・ライン**とよばれる経済政策を実施した。具体的には、**経済安定九原則**を提示し、財政支出の削減、増税などを中心に「超均衡予算」（予算の収支均衡を厳しく図る）を実現し、インフレの収束と経済の安定化を図った。この結果、激しいインフレは収束したが、**安定恐慌**といわれる不況に陥った。

6 朝鮮特需

↑アメリカ軍の注文が急増した照明弾工場（1950年）　**特需**とは特別需要の略で、朝鮮戦争によりアメリカ軍が軍需物資を中心に日本で大量の調達を行ったため、需要が急増した。ドッジ・ラインによる不況下の日本経済を回復させる大きな原動力となり、51年に鉱工業生産指数は戦前の水準に回復した。

1950年代中頃から70年代初頭にかけて、日本経済は平均9％強という**高度経済成長**（→補）を経験し、社会は大きな変貌を遂げた。

1 高度経済成長の要因 〈出題〉

安くて優秀な労働力	・義務教育が9年に延長され、国民の教育水準が向上した。農村から都市部への人口移動を通じて、安くて優秀な労働力が供給された
民間の積極的な設備投資	・積極的に海外から技術を導入し、発電所など大規模な生産基盤の整備を次々と行った（設備投資）
国民の高い消費意欲	・農地改革や労働民主化により、農民や労働者の所得が向上し、暮らしを豊かにする家電品などへの需要が高まった
政府による産業政策	・政府による各種の税制優遇措置や工業用地の造成などが進められ、重化学工業化が進んだ
家計の高い貯蓄率	・企業が**間接金融**（→p.196）で豊富な資金を調達できた
その他の要因	・**固定相場制**の下で、割安な為替レートが輸出にプラスの効果をもたらした ・安価な原油が大量に輸入可能であった ・防衛関係費が低い水準で抑えられた

↑**高度経済成長の要因** 高度経済成長の前期は、鉄鋼、造船、機械など大規模な生産設備を必要とする、いわゆる**重厚長大産業**が景気拡大を引っ張っていた。企業は積極的な設備投資を行い、その結果、生産力は増強され、日本の製造業は大きく発展した。投資による技術革新が大量生産と製品コストの低下をもたらし、労働者の所得の上昇とともに需要が拡大し、さらなる投資が可能になるという、「投資が投資をよぶ」という成長のサイクルに入った。

↑**集団就職で上京した若者**（1964年） 労働需要の増大は農村から都市部への人口移動を加速させた。中学校を卒業するとすぐ、農村から都市部に集団就職した人たちは、賃金が安く優秀な労働力であり「金の卵」として歓迎された。

2 高度経済成長期の日本経済 〈出題〉

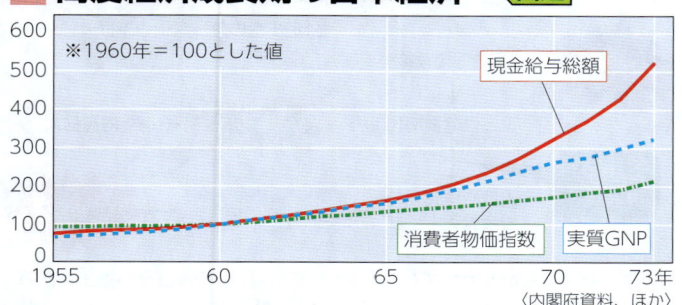

※1960年＝100とした値

現金給与総額
消費者物価指数
実質GNP

〈内閣府資料、ほか〉

↑**高度経済成長期の日本経済** 1960年には、池田内閣が10年間で実質国民総生産（GNP）（→p.213）を2倍にするという**国民所得倍増計画**を打ち出し、経済成長促進政策を進めた。高度経済成長後期には、輸出が増加し、貿易収支（→p.254、259）が黒字に転換した。日本経済は予想以上の成長を遂げ、68年には60年比で実質GNPが2倍になり、予定よりも早く目標を達成した。そして68年に西ドイツを抜き、**GNPが資本主義国第2位**となった。

3 家電品が普及した

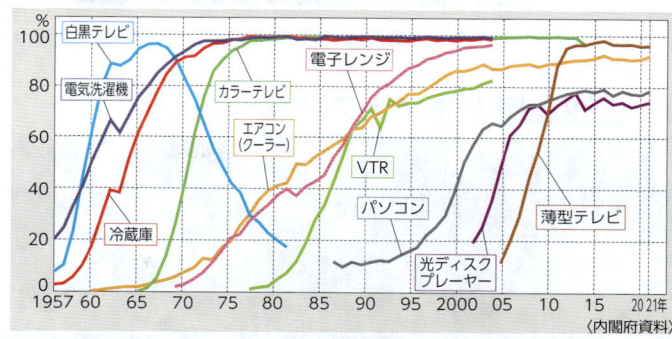

白黒テレビ / 電気洗濯機 / 電子レンジ / カラーテレビ / エアコン（クーラー） / VTR / パソコン / 薄型テレビ / 冷蔵庫 / 光ディスクプレーヤー

〈内閣府資料〉

↑**家電品の普及率** 20世紀の急速な技術革新により、良質で安価な製品が大量に生産されたことで（大量生産）、人々の消費意欲が刺激され、製品が大量に消費されるようになった（大量消費）。日本では高度経済成長期に洗濯機・白黒テレビ・冷蔵庫が三種の神器として、1970年代には3C（乗用車・カラーテレビ・クーラー）が新三種の神器として急速に普及し、人々の生活スタイルを劇的に変化させた。

↑**家電品売り場に集まる人々**（1959年）

4 公害問題が深刻化

↑**光化学スモッグによって気分が悪くなり教室で休む生徒**（1972年 東京都） 高度経済成長とともに、工場の排水、排煙などによる**公害問題**（→p.223）が深刻化した。さらに自動車の普及も大気汚染に拍車をかけ、光化学スモッグによる健康被害が多発した。これらは経済成長の影の部分ともいえる。1971年には**環境庁**が発足し、公害対策が採られ始めた。

5 都市部に人が移った 〈出題〉

①全人口に占める都市部に住む人の割合

年	%
1950年	37.5
1955年	56.3
1960年	63.5
1965年	68.1
1970年	72.2

②1950年と1970年を比べて人口が大きく増加した都市

都市名	1950年 千人	1970年 千人	1950年を100とした指数
千葉	134	482	360
札幌	314	1010	322
川崎	319	973	305
横浜	951	2238	235
福岡	393	853	217

〈数字でみる日本の100年〉

↑**主な都市の人口増加率と都市人口の変化** 1950年代から60年代末にかけ、都市と農村間の賃金や雇用の格差を背景に、農村から**都市部への人口移動**が起こった。他方で農家数や農業就業人口は減少した（→p.220）。

Ⅲ 石油危機と戦後初のマイナス成長

高度経済成長期以降の日本経済は、1973年の**第1次石油危機**によって、大きな打撃を受けることになった。

1 石油危機とマイナス成長 <頻出>

↑**トイレットペーパー売り場に殺到する人々**（1973年）　**第4次中東戦争**（→補）において石油輸出国機構（OPEC）は原油価格の大幅な引き上げを行い、アラブ石油輸出国機構（OAPEC）は、イスラエルを支援する西側資本主義陣営には石油を売らないという石油戦略を採った（→p.314）。安価で豊富なエネルギー資源の供給を前提とする西側資本主義経済は根底から揺るがされた（**第1次石油危機**）。日本では、狂乱物価とよばれるほど物価が高騰し、トイレットペーパーなどの在庫がなくなるといううわさが流れ、人々が店に押し寄せるパニックとなった。

→**戦後初のマイナス成長を報じる新聞**（1975年6月11日　読売新聞）　石油危機をきっかけに、1974年度の実質経済成長率は、戦後初めて前年を下回った（**戦後初のマイナス成長**）。不況とインフレーションが同時に進行する**スタグフレーション**（→p.212）が発生し、政府はインフレ抑制のために総需要抑制政策を採る一方、翌年度から**赤字国債**（→p.208）を継続的に発行した。

2 日本経済の変化 <出題>

		石油危機前	石油危機後
経済全体の総称		「量」経済	「質」経済
時代区分		高度成長時代	安定成長時代
産業構造	産業の特徴	重厚長大産業（資源・エネルギー多消費型）	軽薄短小産業（省資源・省エネルギー型）
産業構造	主力産業	鉄鋼・造船	自動車・エレクトロニクス
財政・金融	税体系	直接税中心の税制	消費税導入（1989年）→以後間接税の割合が増大
財政・金融	企業の資金調達	間接金融中心	直接金融の割合が一時増大
国際環境	通貨制度	固定相場制（1ドル＝360円）	変動相場制（1973年〜）
国際環境	世界GDPに占める割合	約7.1%（1970年）	約10.9%（1985年）

↑**石油危機前と石油危機後の日本経済の変化**　石油危機を乗り越える過程で日本経済は、形のある製品から形のないサービスを提供する産業に移行し（**経済のサービス化**）、知識や情報（ソフト）を提供する産業が盛んになる（**経済のソフト化**）など、第3次産業への移行が進んでいった。また、第2次産業においても、資源・エネルギー多消費型である、鉄鋼や造船などの**重厚長大産業**から、省資源・省エネルギー型である、半導体やコンピュータなどの**軽薄短小産業**への転換が生じていった。

Ⅳ 安定成長期からバブル経済へ

省エネ対策や技術革新などで石油危機を脱した日本は、その後、**安定成長**の時期を迎えた。1980年代後半以降、日本経済は円高不況を経て**バブル経済**とよばれる、実体経済からかけ離れた好況期を迎えた。

1 各国の実質経済成長率の推移

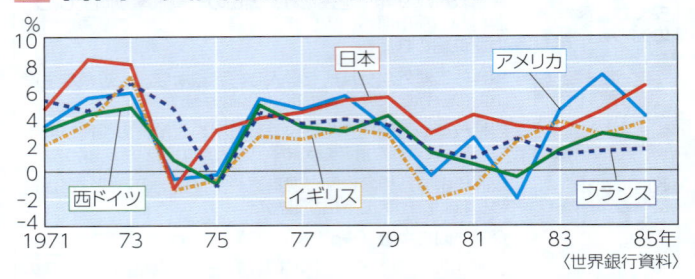

↑**1970〜80年代の各国の実質経済成長率の推移**　石油危機後の不況のなかで、日本は産業構造の転換を図り、先進国のなかでいち早く不況を乗り切った。その結果、安価で良質な日本の製品の輸出は増加したが、特定の商品の輸出が特定の地域に集中（**集中豪雨型輸出**）し、欧米諸国との間で**貿易摩擦**（→p.255）が発生した。日本企業は輸出の自主規制や現地生産でこれに対応した結果、日本企業の多国籍化も進んだ。

2 プラザ合意と円高不況 <頻出>

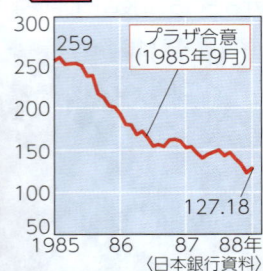

↑**プラザ合意に集まった各国の首脳**（1985年）（左）、**円相場**（対ドル）の推移（右）　1985年ニューヨークのプラザホテルで開かれたG5（先進5か国財務相・中央銀行総裁会議）では、アメリカの貿易赤字を解消するためにドル安誘導策が合意された（**プラザ合意**）。その結果、日本では円高が急激に進んで輸出製品は競争力を失い、日本経済は**円高不況**に陥った。

3 バブル経済の発生 <頻出>

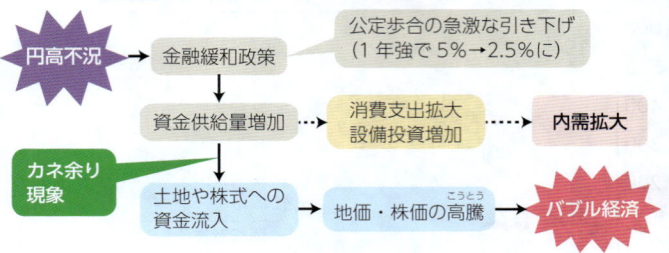

↑**バブル経済発生のメカニズム**　急速な円高により、企業が海外進出を進め、国内産業が衰退するという**産業の「空洞化」**（→補）が進行した。また、貿易摩擦解消のため、アメリカからは、内需（国内需要）拡大を求められていた。政府は**円高不況**への対策として、輸出主導型から内需主導型への転換を目指し、金融緩和を進めて低金利政策を採り、景気回復を目指した。しかし日本経済にはそれに見合う資金需要がなく、**「カネ余り現象」**となり、市場にあふれた資金は土地や株式の購入に回り過剰な投機ブームを引き起こして、地価や株価が実際の価値以上に高騰する**バブル経済**（→補）につながった。

4 バブル経済期の株価・地価の推移

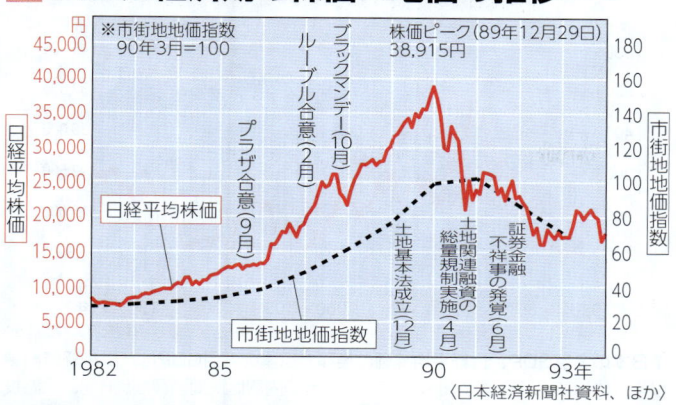

※市街地地価指数 90年3月=100
株価ピーク(89年12月29日) 38,915円

円
45,000
40,000
35,000
30,000
25,000
20,000
15,000
10,000
5,000

ブラックマンデー(10月)
ルーブル合意(2月)
プラザ合意(9月)
日経平均株価
市街地地価指数
土地基本法成立(12月)
土地関連融資の総量規制実施(4月)
証券金融不祥事の発覚(6月)

180
160
140
120
100
80
60
40
20

1982   85   90   93年

〈日本経済新聞社資料、ほか〉

↑日経平均株価と市街地地価指数 日経平均株価は1989年末に史上最高値の38,915円を記録し、プラザ合意のときと比較して約3倍に上昇した。この数字は今でも更新されていない。また、市街地地価指数も大幅に上昇しており、株式や土地などの資産価格が急上昇したことが読み取れる。

→地上げに抵抗する家(1988年) バブル期には地価高騰が続き、土地を強引に購入・転売する地上げが横行し、社会問題となった。

V バブル経済崩壊から現在

　バブル経済は1991年に崩壊、以降日本は「失われた20年」といわれる平成不況に突入した。

1 バブル経済の崩壊 　頻出

社会問題の発生
地上げの横行
リクルート事件
など

→ 金融引き締め政策

イラクのクウェート侵攻
→原油急騰、国際情勢不安

公定歩合の段階的引き上げ
(1年強で2.5%→6%に)

株価の急落
(1990年〜)

地価抑制策

地価の急落
(1992年〜)

→ バブル崩壊

不動産融資の総量規制※
地価税導入　など

※不動産向け融資の伸び率を貸し出し全体の伸び率以下に抑える政策

↑バブル経済崩壊のメカニズム 過熱した景気を抑制するため、政府は1989年から公定歩合を段階的に引き上げて金融引き締め政策を行った。この政策では、地価の高騰を抑制するために、不動産融資の総量規制や地価税導入などを実施した。その結果、バブル経済は一気に崩壊し、平成不況に陥った。

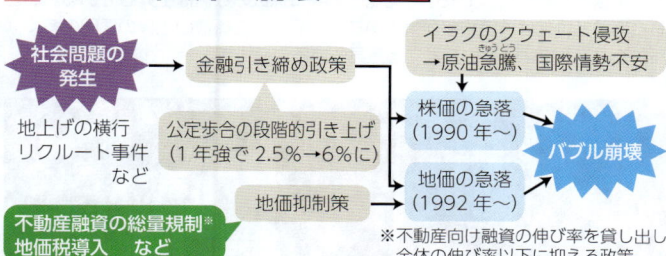

→バブル経済崩壊で会社が倒産、ほぼ完成したまま放置されたリゾートホテル(1991年 福島県 いわき市)

2 平成不況における経済指標 　出題

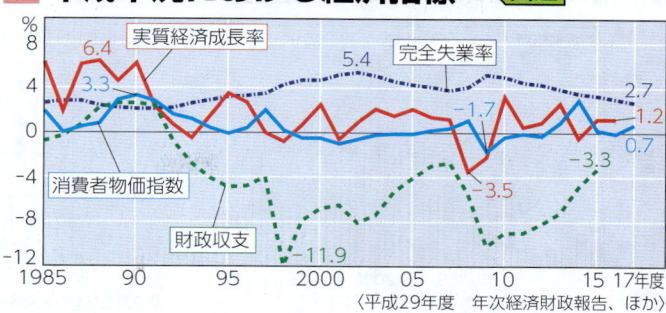

%
8
6.4
4 3.3
0
-4
-8
-12

実質経済成長率
完全失業率 5.4
2.7
1.2
-1.7
0.7
消費者物価指数
-3.3
財政収支
-3.5
-11.9

1985   90   95   2000   05   10   15 17年度

〈平成29年度 年次経済財政報告、ほか〉

↑1980年代後半以降の日本経済 実質経済成長率は伸び悩み、マイナス成長がたびたび見られるようになった。また、政府が景気回復のため、公共事業を中心とした財政政策(財政出動)を積極的に採ったことで、財政収支は悪化した。他方で、企業は過剰な設備や人員整理(リストラ)を行った結果、失業率が高まり、将来への不安から消費支出も低迷し、不況が長引いた。

→地域振興券の配布(1999年) 個人消費を喚起するため、15歳以下の児童、65歳以上の高齢者の一部に2万円分の商品券(地域振興券)が配布された。また、2009年にはリーマン・ショック後の景気対策として定額給付金が配布された。実際に消費に回ったのは3割強と推計されている。

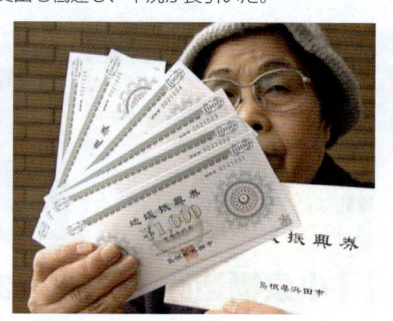

3 不良債権とは 　頻出

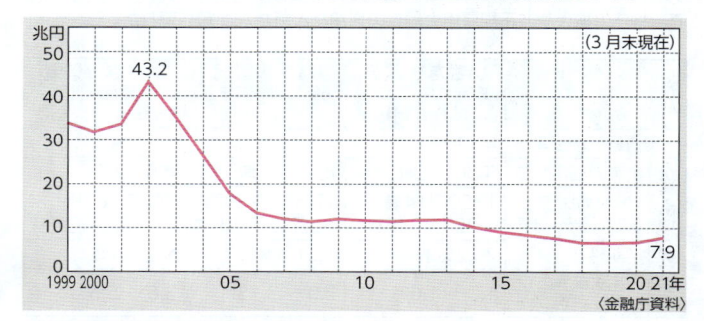

バブル経済期
土地を担保に提供
企業 ← 融資 → 銀行
地価を高く見積もり過大な融資を行う例も

バブル崩壊
地価暴落
景気後退・業績悪化

バブル崩壊後
返済が困難なため担保を売却して一部を返済
企業 → 銀行
地価の暴落で十分回収できない

↑不良債権のしくみ 銀行などの金融機関が融資した貸付金のうち、企業の経営困難などで回収ができなくなりそうな貸付金のことを不良債権という。

兆円
50
40 43.2
30
20
10
7.9

(3月末現在)

1999 2000   05   10   15   20 21年

〈金融庁資料〉

↑銀行の不良債権残高の推移 巨額の不良債権を抱えた金融機関は、企業への融資を減らしたり(貸し渋り)、それまでの融資を取りやめたり(貸しはがし)した。このように金融機関が貸し出しに慎重になった背景の一つには、BIS規制(→補)とよばれる国際決済銀行の定めた統一基準があった。90年代の10年間は、さまざまな財政政策・金融政策が採られたが(→p.200、205)、不景気の原因であった不良債権の処理が進まず、景気回復を遅らせることになった。

4 相次ぐ企業の倒産

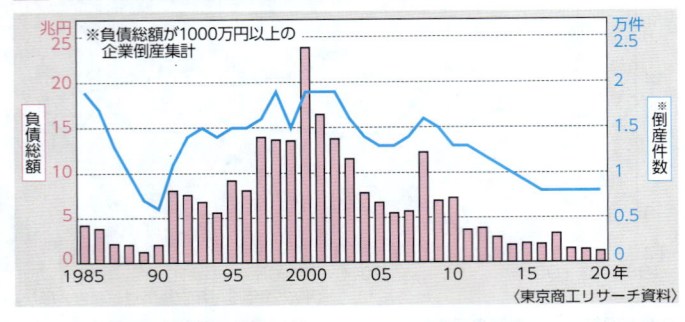

〈東京商工リサーチ資料〉

↑**企業の倒産件数と負債総額**　長引く不況で、多くの企業は負債を抱えて厳しい経営を強いられた。金融機関による貸し渋りや貸しはがしもあり、多くの企業が倒産に追い込まれた（→p.218）。**不良債権**を抱えた金融機関の経営破綻も相次ぎ、アジア通貨危機（→p.271）が発生した1997年には、北海道拓殖銀行や三洋証券、山一證券などが、翌年には日本長期信用銀行、日本債券信用銀行などが経営破綻した。金融システム不安が広がるなか、政府は、その安定化のために多額の公的資金を金融機関に注入するとともに、破綻した際の処理の原則などを定めた**金融再生法**を98年に制定した。

→自主廃業を発表した山一證券に解約などを求め詰めかける人々（1997年）

5 小泉構造改革といざなみ景気　出題

「官から民へ」	・特殊法人の統廃合（→p.109）…郵政民営化、道路関係四公団民営化など ・労働者派遣法の規制緩和（→p.231）…製造業への派遣解禁、派遣期間の延長など ・構造改革特区の設置による規制緩和
「国から地方へ」	・三位一体の改革（→p.117）…国から地方への税源移譲、国庫補助負担金の削減、地方交付税の縮減
その他の改革	・不良債権の処理、特別会計の見直し、公共事業費の大幅な削減 ・医療制度改革（→p.234）…各種保険料の引き上げ、医療費の自己負担割合引き上げ、後期高齢者医療制度の導入

↑**小泉構造改革の主なポイント**　長引く不況、膨らむ財政赤字を背景に、自由な経済活動、市場原理の活用（競争など）、小さな政府などを目指す**構造改革**が、小泉政権下で進められた。大企業を中心に一定の景気回復は見られたが、他方で、格差の拡大や非正規雇用労働者の増加など新たな問題も現れた。

		いざなぎ景気 1965年11月～70年7月 （4年9か月）	バブル景気 86年12月～91年2月 （4年3か月）	いざなみ景気 2002年2月～08年2月 （6年1か月）
	実質経済成長率	年11.5％増	年5.4％増	年1.9％増
企業・市場	企業の経常利益	年30.2％増	年12.1％増	年6.6％増
	日経平均株価 （終値）（最安～最高）	1250円14銭 ～2534円45銭	1万8190円97銭 ～3万8915円87銭	7607円88銭 ～1万8261円98銭
家計・雇用	定期給与	79.2％増	12.1％増	▼2.7％減
	完全失業率 （最低～最高）	1.0～1.6％	2.0～3.1％	3.6～5.5％

〈2006年10月13日　朝日新聞、ほか〉

↑**戦後の主な景気拡大期の比較**　2002年から始まった景気拡大（いざなみ景気）は、戦後最長の73か月に及んだ。しかし、輸出主導に支えられた不安定な景気回復であり、実質経済成長率も年2％程度の低い成長であった。また賃金は上昇せず、消費も伸び悩むなど、家計が好況を実感しにくく、社会全体として景気拡大を実感できなかった。

6 GDP・株価から見る近年の日本経済

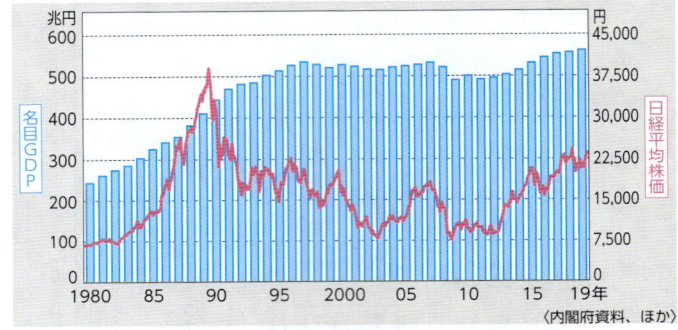

〈内閣府資料、ほか〉

↑**日本の名目GDP、日経平均株価の推移**　日本の名目GDPはバブル経済崩壊以後、約500兆円前後で推移しており、その内訳は民間消費が約6割、民間投資が2割弱、政府支出が2割強となっている。日経平均株価はバブル経済崩壊以後低迷しており、1989年に付けた史上最高値を超えられない状況が続いている。もっとも、12年末からアベノミクスの影響もあり、15年には日経平均株価が20,000円を超え、約15年ぶりの高値水準となった。また、GDPは上昇傾向にある。

7 所得格差の国際比較　出題

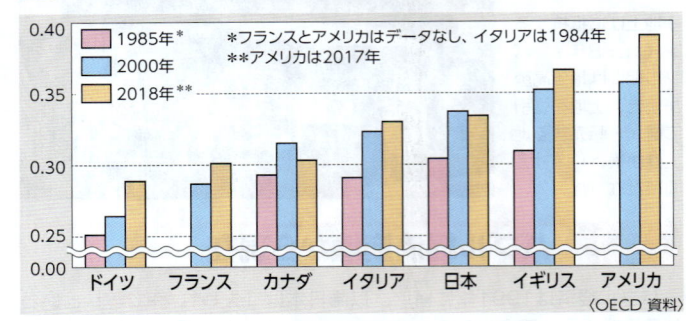

〈OECD資料〉

↑**先進国のジニ係数**　**ジニ係数**は貧富の差を表す指標で、0～1で表され、1に近づくほど格差は大きくなる。日本は近年の非正規雇用労働者の増大や長引く不況などを背景に、1985年と比べてジニ係数の数値は上昇している。もともと高齢者世代は所得格差が大きいことから、ジニ係数の上昇の要因の多くは高齢化の進行によるものだとする意見もある。

↑**都内で講演するピケティ（左）、本屋に並ぶピケティの著書（右）**　著書『21世紀の資本』は国内で15万部以上を売り上げるベストセラーとなった。そのなかで、フランスの経済学者**ピケティ**（1971～）は、資本主義経済においては、資本収益率（株式や不動産などの資本から得られる収益率）が常に経済成長率（→p.211）を上回っており、このことが世界中で見られる格差の拡大につながっている、と主張した。そして格差を解消するために、資産課税や累進課税（→p.206）を促進することが必要であると説いた。

8 アベノミクス

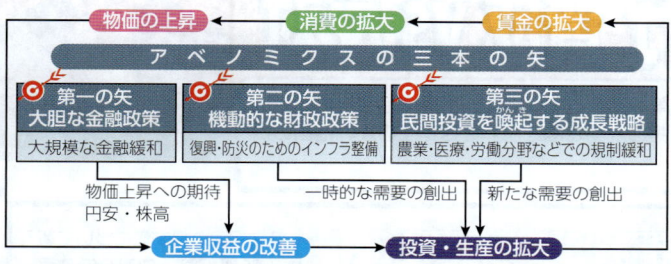

↑**アベノミクスの「三本の矢」** 2000年代に入り「失われた20年」とリーマンショックにより大きな打撃を受けてきた日本経済は、2011年の東日本大震災でさらに大きな試練を迎えた。働いても給料が増えず、暮らしが向上せず、停滞感が蔓延していた。このようななか、長引くデフレからの脱却を目指して12年末、安倍首相は新たな経済政策であるアベノミクスを発動した。この経済政策は、上図のように「三本の矢」とよばれる基本方針により、「物価が上がるかもしれない」という人々の期待に働きかけて、消費や投資を呼び起こすとともに、成長する可能性のある産業での規制緩和により日本経済の成長力を高めていくことを狙った。

経済	名目GDP （年率換算）	492.8兆円（12年10〜12月） 539.2兆円（16年10〜12月）
	日経平均株価	1万230円（12年12月26日） 1万9397円（16年12月26日）
	消費者物価指数 （生鮮食品除く、前年同月比）	−0.2%（12年12月） −0.2%（16年12月）
雇用・生活	完全失業率	4.3%（12年12月） 3.1%（16年12月）
	非正規雇用者数	1846万人（12年10〜12月） 2050万人（16年10〜12月）
	貯金ゼロ世帯の割合	26.0%（12年） 30.9%（16年）

〈内閣府資料、ほか〉

↑**第2次安倍内閣発足後の経済指標の変化** 2013年以降、大幅な円安・株高が実現し、大企業を中心に業績も改善したことで、賃上げする企業も現れた。完全失業率も改善し、就業者数や民間給与も増加に転じるなど、統計的には景気回復のきざしが見られた。しかし、中小企業や地方などへはその効果が十分波及していないとの指摘もあった。

安倍内閣は、経済政策アベノミクスの一環として、「地方創生」（2014年）、「1億総活躍社会」（15年）、「働き方改革」（16年）、「人づくり革命」、「生産性革命」（17年）といった政策を掲げ、経済の活性化を目指した。しかし、「三本の矢」をはじめとする成長戦略の多くは成果に乏しいともいわれている。これまでの経済政策が本当の景気回復につながるものなのか、後継の内閣による今後の経済政策が注目されている。

9 「観光立国」を目指して

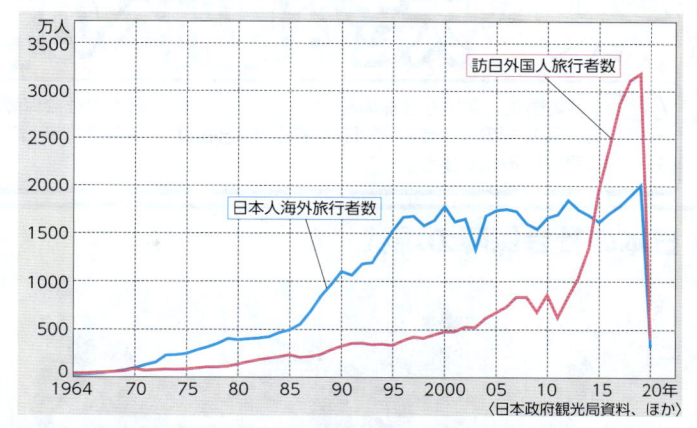

〈日本政府観光局資料、ほか〉

↑**日本人海外旅行者数・訪日外国人旅行者数の推移** 日本人の海外旅行は1964年に自由化された。日本人海外旅行者数は、所得の上昇とともに増え、80年代後半の円高と**バブル経済**に伴い大きく伸び、95年以降は年間1500万人を超えることが続いた。一方で、訪日外国人旅行者数の増加は緩やかで、年間500万人を超えたのは2002年であった。

日本への外国人旅行者の誘致は1980年代後半から政府主導で始められていたが、2000年代になって本格化し、**観光**が日本における重要な産業として位置づけられるようになった。「**クールジャパン**」とよばれる日本文化の魅力を外国に積極的に紹介する取り組みを通じて訪日を促し、東京2020オリンピック・パラリンピック開催による観客を呼び込むなどして、20年には年間4000万人とする目標も掲げられた。このため、訪日外国人旅行者数は10年代に急増し、日本人海外旅行者数を上回るようになり、19年には年間3188万人に達した。しかし、20年からの**新型コロナウイルス感染症**の流行により、世界的に人々の移動が制限されたことで、旅行者数は激減した。コロナ後を見据えた対応が模索されている。

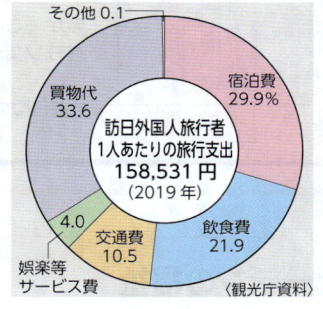

訪日外国人旅行者
1人あたりの旅行支出
158,531円
（2019年）

その他 0.1／買物代 33.6／宿泊費 29.9%／飲食費 21.9／交通費 10.5／娯楽等サービス費 4.0

〈観光庁資料〉

←**訪日外国人旅行者1人あたりの旅行支出** 日本に外国人旅行者が訪れると、日本国内の消費も促される。宿泊費や移動に伴う交通費だけでなく、飲食や土産物、ブランド品、家電製品などの買い物でも消費が促される。1人あたりの旅行支出は約15.9万円にのぼり、訪日外国人旅行者の総額では4兆8135億円にもなる（2019年）。これは日本のGDPの1%程度に相当する規模であった。

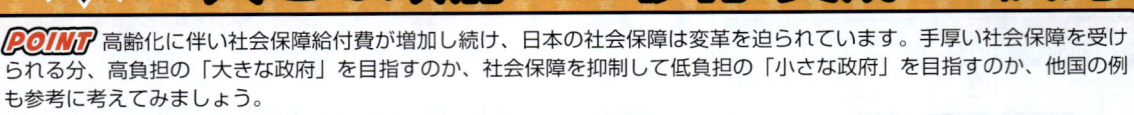

論点整理 大きな政府への移行 賛成 vs 反対

POINT 高齢化に伴い社会保障給付費が増加し続け、日本の社会保障は変革を迫られています。手厚い社会保障を受けられる分、高負担の「大きな政府」を目指すのか、社会保障を抑制して低負担の「小さな政府」を目指すのか、他国の例も参考に考えてみましょう。

日本の社会保障の現状

↑病院の待合所で診療を待つ高齢者（東京都）

←社会保障の将来像について報じる新聞記事（2016年6月27日 朝日新聞） 日本では高齢化に伴い、社会保障給付費が増加し続けており、団塊の世代がすべて75歳以上となる2025年には、13年と比較して約1.35倍にまでなることが見込まれる。消費税率は10%に引き上げられたが、消費税率5%のときと比較して生み出される財源は10～15兆円程度で、増え続ける社会保障給付費を賄うことは難しい。

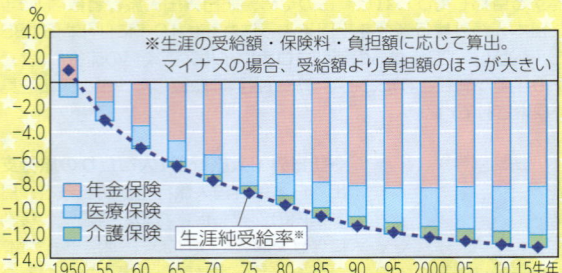

生涯純受給率※

←社会保障の生涯純受給率（試算） 今後社会保障の受給額が減少する一方、負担額は増加することから、高齢者と若者との間に大きな世代間格差が存在するという試算もある。

日本の社会保障は、これまで「中福祉中負担」ともよばれ、比較的少ない負担で一定の福祉を保障していた。しかし、少子高齢社会を迎えて社会保障給付費は増加し続ける一方で、増える高齢者に対する現役世代の比率も急激に低下している。

高齢化の進むなかで、国債という国の借金に頼っている財政のあり方は、今後借金を返済していく将来世代にとって重い足かせとなりかねない。給付水準を維持するために大幅な増税を受け入れるのか、増税はせずに給付水準の削減を受け入れるのか。このように社会保障の問題は、今後にわたって、**将来における給付と負担のバランスの回復**という課題を突きつけている。

論点❶ 福祉のあり方

1 「大きな政府」スウェーデンの福祉

↑**デイケアセンターでの食事** 通所のためのタクシー代は市が全額負担する。利用者は施設で編み物、日光浴など思い思いの時間を過ごし、職員がそれぞれサポートする。

声🎤 **スウェーデンに1年間滞在した日本人の声**
　スウェーデンでは税金や社会保険料が高く、給与の7割ほどはそれで消えてしまいます。それでも、教育や医療、福祉など生活を支える制度が整っており、安心して生活することができます。働く人々には長期休暇も保障されています。子どもがいないと受けられる保障が減る面はありますが、家族や友人と過ごす時間を持つことができる豊かさを改めて感じました。

解説 手厚い社会保障を受けられる スウェーデンは徴収する税金を多くして、公共サービスを展開する政策を採っている、「大きな政府」を志向する国家である。そこにおける社会保障は、包括的で非常に手厚いものがある。教育に関わる費用、そして医療費や福祉に関わる費用は、政府の補助により、ほとんど無料か、かかったとしても実費程度に低く抑えられている。この制度は納税意識の高い国民と、20%を超える税率を持つ間接税（消費税に相当）などの高い税率に基づく、豊かな政府財源によって支えられている。

2 「小さな政府」アメリカの福祉

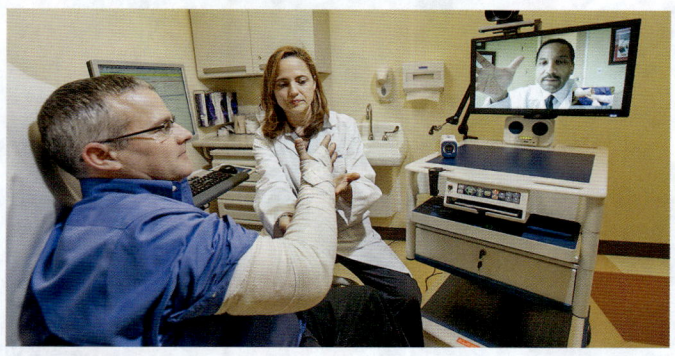

↑遠隔医療を受ける患者（ワシントンD.C.）　アメリカでは、医療分野でのICT（→p.285）化が進んでおり、その一環として遠隔医療が広がりを見せている。費用はかかるものの、より迅速な治療と診断を受けることが可能になっている。

 **アメリカの医療関係者の声**

　アメリカには、大規模かつ世界最先端の医療技術を備える病院がいくつもあります。民間病院が多数あり、競争も激しいため、病院の経営レベルが高水準で、充実したサービスが提供されています。また、ICT化も進んでおり、患者個人が「この医師に診察してもらいたい」と選べるようになっています。アメリカ各地や海外から、最高水準の医療を受けようとやってくる人も多いです。

解説 経済力に応じた治療を受けられる　アメリカは先進国のうちで、日本のように国民がすべて加入する公的な保険制度がない国として知られてきた。アメリカでは私的な保険制度に個々に入り、その支払い額に応じて医療を受けるのが一般的だった。そのため、富裕層は充実した医療を受けられるが、支払えない人は無保険者となり十分に医療を受けられないなど、経済力に応じた格差が大きかった。

論点② 財政の問題

1 「高福祉高負担」のスウェーデン

新聞 増税、支持する有権者　スウェーデン総選挙で与野党が主張

　スウェーデン総選挙が14日、投開票される。最大野党の社会民主労働党（社民党）が、増税を訴えて支持を拡大。減税を続けていた与党の中道右派連合も増税を主張するという珍しい選挙戦だ。1990年代の経済危機を教訓に、有権者の間で財政規律を重視する意識が強く、高福祉・高負担に回帰する兆しだ。（中略）社民党は、この8年間で与党が進めた減税を批判し、さまざまな増税計画を打ち出した。

　月収7万スウェーデンクローナ（約105万円）以上の人について所得税を引き上げ▽26歳以下を対象とした減税を廃止▽レストランの付加価値税を12%から25%へ引き上げ▽銀行への課税強化──そうした増税で税収を増やし、「教育や福祉、雇用対策の支出を405億クローナ（約6千億円）増やす」と主張している。（略）

（2014年9月14日　朝日新聞）

解説 福祉のための負担増を受け入れる　2014年に行われたスウェーデンの総選挙では、かつて長く政権与党にあった社民党が、久しぶりに勝利した。この選挙では、国家の財政規律を重視すること、つまり国の借金を減らし財政健全化を目指すことが争点となった。高負担・高福祉の政策を維持するために、さらなる増税政策を打ち出した社民党の訴えは、国民に受け入れられたのである。

2 「低福祉低負担」のアメリカ

新聞 オバマケア、険しい船出　米医療保険、義務化へ登録スタート

　オバマケアは、医療保険加入を個人の判断に委ねてきた米国流のやり方を変え、多くの先進国のように国民に加入を義務づける。（中略）

　政府は、順調に進めば無保険者の約6割が保険に入ると主張するが、10年間で約9400億ドル（約92兆円）とされる巨額の費用が悩みの種だ。（中略）

　ワシントン・ポスト紙などの9月中旬の電話調査では改革に反対と答えた人が52%で、支持の42%を上回った。（略）

（2013年10月13日　朝日新聞）

解説 負担増への根強い抵抗感　これまで国民皆保険制度の存在しなかったアメリカにおいて、オバマ大統領はオバマケアとよばれる加入義務のある保険制度を2014年に導入した。しかし、国民には自助努力を重視し、低負担・低福祉を求める傾向があり、また、新たな保険の費用は財源を圧迫しかねないことから、この改革については根強い反対意見もある。

↑オバマケアに反対する人々

大きな政府への移行についてどう考える？

賛　成		反　対
税金が高く、自由に使えるお金は少ない。しかし、教育や医療、福祉など生活を支える制度が充実しており、子どもからお年寄りまで安心して生活できる。	福祉のあり方	**税金が安く、自由に使えるお金は多い**。教育や医療、福祉など生活を支える制度にどれだけお金を使うのか、私的な保険制度を通じて、個々人が自由に選択できる。
社会保障給付を充実させるためには、増税もやむをえない。老後の生活費の確保や病気・けがへの備えなどは、個人の自助努力だけでは限界があるので、**政府の介入が必要である**。	財政の問題	政府が社会保障に必要以上に介入することで、非効率な部分が生まれ、国の支出が増えすぎる心配がある。個人の自助努力を重視すべきで、**政府の介入は最小限にすべきである**。

日本では、高齢者の生活は苦しく、子育て支援も十分でない現状があります。他方で、財政赤字が拡大し、社会保障給付を増やそうとすれば、大幅な増税は避けられません。

コロンビア

日本

地球の反対側からやって来るカーネーション

↑日本へ輸出するカーネーションを選別する人（左、コロンビア）と母の日を前ににぎわう日本の花屋（右）

　母の日の定番の贈り物となっているカーネーションだが、実は日本で流通しているカーネーションのうち、約60％が外国産である。生産者の高齢化などの影響で国内の生産が減少する一方、外国産の輸入額は増加傾向で、2015年に初めて100億円を超えた。輸入元は、日本から見て地球のほぼ反対側に位置する南米のコロンビアが全体の6割以上（2017年）を占めている。コロンビアには四季がなく年間を通じて安定供給できることや、一日の寒暖の差が大きいため発色や生育に適していることなどが強みとなっている。そのほかにも、中国、エクアドル、ベトナムなどからもやって来ている。

Question
・日本はどのような貿易を行っており、貿易構造はどう変化してきたのだろうか。（→Ⅰ Ⅱ）

経済

Ⅰ 国際経済のしくみ
第2部第3章第3節　国際経済の動向と格差の是正

Ⅰ 貿易とは

1 水平的分業と垂直的分業 頻出

```
           自動車（工業製品）
先進国 ──────────────→ 先進国
       ←────────────
   │    水平的分業
   │    航空機（工業製品）
   ↑  ↑
石油 機械類
（一次 （工業製品）
産品） 垂直的分業
   │    │
発展途上国
```

※品目は一例。発展途上国の工業化が進展したことで、近年は先進国と発展途上国の水平的分業も増加している

↑海外に輸出される日本の自動車

解説　**貿易を通じて分業が行われる**　発展途上国が原料や食料を供給し、先進国が工業製品を供給するような分業関係（貿易）を**垂直的分業**といい、先進国どうしが工業製品を供給し合う、または発展途上国どうしが原料や食料を供給し合う分業関係を**水平的分業**という。先進国と旧植民地の国々との間では、戦後も垂直的分業が続いた。戦後の日本は、垂直的な加工貿易によって経済が発展したが、近年は中国やASEAN諸国などからの製品輸入が増加し、水平的な側面が強くなっている。

2 自由貿易と保護貿易 頻出

　2国間の貿易では、双方が得意な産業の生産に専門化（特化）し、他の財を貿易相手国に任せる国際分業を行えば、双方ともより多くの利益を得られる

←リカード（1772〜1823）

　産業が未発達な国では、国際競争にさらされると国内の産業が壊滅してしまう。国家が介入して貿易を制限し、国内の産業を保護すべきだ

→リスト（1789〜1846）

解説　**貿易の利益か産業育成か**　輸入関税や輸入数量制限を行わず、輸出補助金を出さないなど、貿易における障壁を設けないのが**自由貿易**である。18〜19世紀イギリスの経済学者**リカード**（→補）は、**比較生産費説**（比較優位）によって、国際分業が双方に利益をもたらすと主張し、自由貿易の必要性を説いた。産業革命（→補）をいち早く完了したイギリスは、この考え方に基づき植民地主義と自由貿易主義を進め、「世界の工場」といわれるようになった。これに対しドイツの経済学者**リスト**（→補）は、自由貿易は先進国に有利なだけで、当時の後進国ドイツは、国内の幼稚な産業を育てるために**保護貿易**が必要だと説いた。

○×チェック88

国際分業のうち、一方の国が原材料を輸出し、他方の国がそれを輸入した上で加工し、完成品を輸出する関係を、水平分業（水平的分業）という。（14年、追）

③世界全体の貿易額の推移

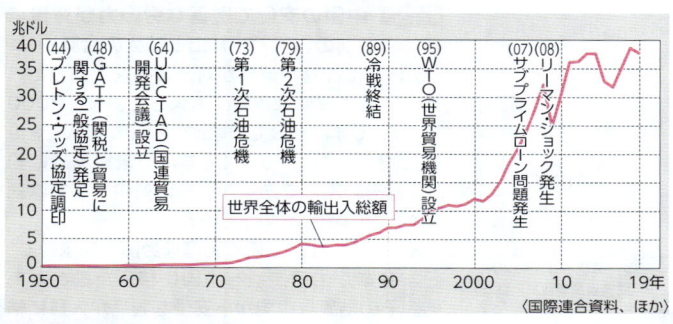

〈国際連合資料、ほか〉

解説 世界貿易の拡大が続く 石油危機やリーマン・ショックなどの経済危機に直面しながらも、世界貿易は拡大を続けている。その要因として、冷戦終結により市場経済が浸透したことや、新興国の経済が急速に拡大していることなどが挙げられる。また近年はサービス貿易(→補)が急増しており、これも世界貿易拡大の一因となっている。

④主な国の貿易収支の変化

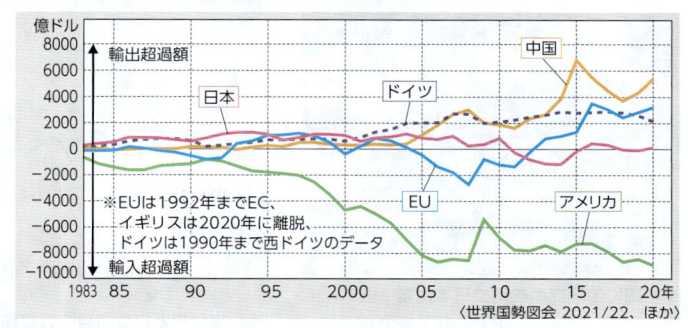

〈世界国勢図会 2021/22、ほか〉

解説 赤字のアメリカと黒字の中国 アメリカの貿易収支は特に1990年代後半から赤字が大幅に拡大している。その背景には、対中貿易や対日貿易の大きな赤字がある。一方、中国は2000年代以降黒字が拡大し、外貨準備(→p.259)も現在世界一である。

⑤日本の貿易収支の変化

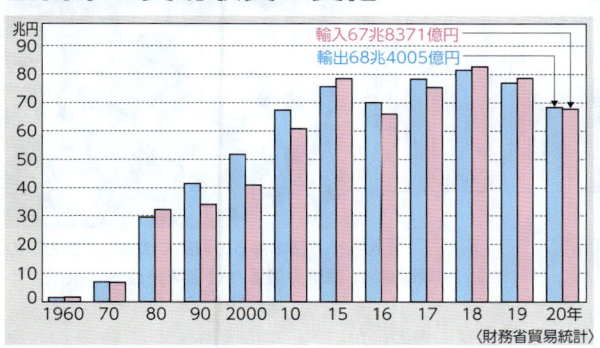

↑日本の貿易収支

↑液化天然ガスを輸送してきたタンカー 奥に見えるのは火力発電所。

解説 近年は貿易収支がほぼ均衡 輸入額を輸出額が上回れば貿易黒字となる。逆に輸入額が輸出額を上回れば貿易赤字となる。日本は1980年代中頃から貿易黒字が拡大し、平成不況下(→p.248)でも黒字が続いてきた。特定の国との貿易の不均衡は貿易摩擦の原因になることもある。近年は、製品輸入の拡大に伴って、黒字は縮小傾向にある。また、2011年の福島第一原発事故以降は、原発の稼働を停止させたことで、火力発電に使われる石油や石炭、天然ガスの輸入が増えたことにより大幅な貿易赤字が発生した。また、生産の海外移転や資源価格の高騰も、日本の貿易赤字の要因となる。

⑥日本の貿易品目はこう変わった

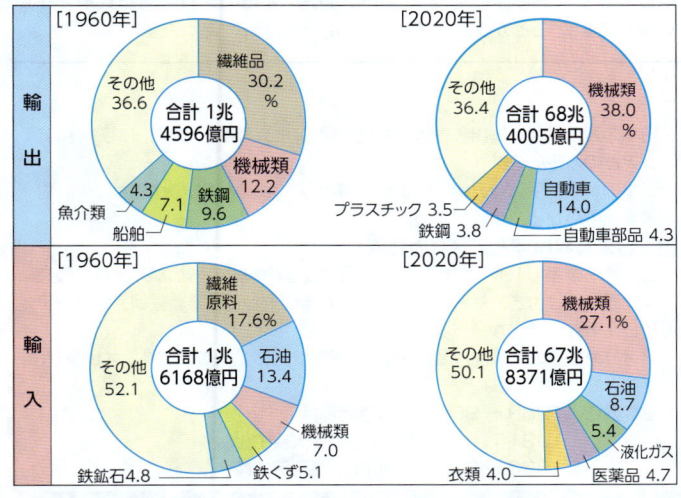

〈日本国勢図会 2021/22〉

解説 繊維中心から機械類中心に 日本では、高度経済成長期を通じて工業化が進み、海外から原料を輸入し、工業製品を輸出する**加工貿易**のスタイルが定着した。高度経済成長期前半は繊維製品の輸出が中心だったが、その後、重化学工業製品に比重が移った。近年では、工業化が進む東南アジア・東アジアなどからの工業製品の輸入が増えている。

⑦日本の貿易相手はこう変わった

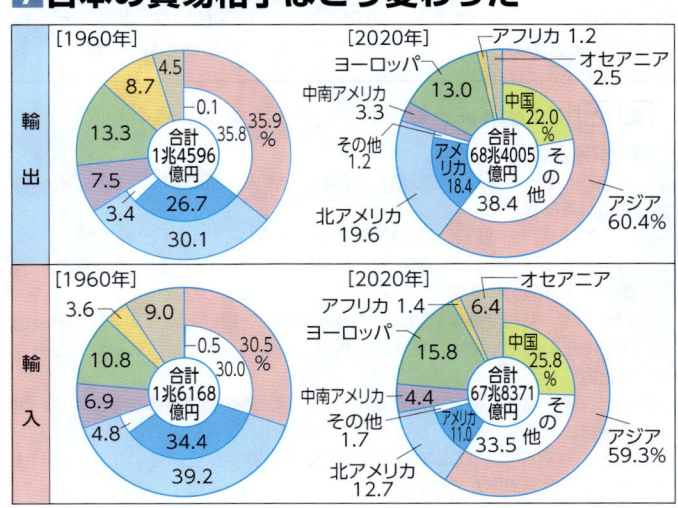

〈日本国勢図会 2021/22〉

解説 アジアの比重が高まる 日本の貿易相手地域は、かつては北アメリカの比重が高く、日本製品の最大の販売国であったアメリカ市場が、日本の経済発展を支えてきたという面があった。しかし1980年代以降、東南アジア・東アジアの経済が急速に発展したことに伴い、アジアの比重が高まり、アメリカとの貿易の比重は低下している。

経済

8 日米貿易から日中貿易へ 〈出題〉

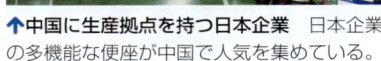

↑中国に生産拠点を持つ日本企業 日本企業の多機能な便座が中国で人気を集めている。

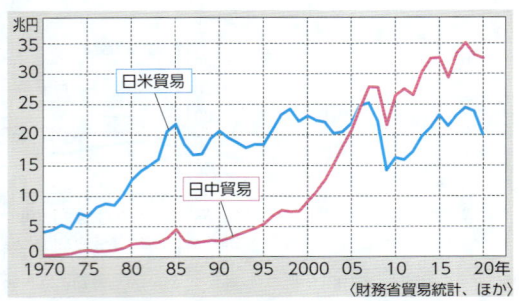

↑日米貿易と日中貿易の貿易額の推移 〈財務省貿易統計、ほか〉

解説 中国の安価で豊富な労働力が背景に 日本の国別の貿易額（輸出と輸入の合計）は、2006年には対中貿易が対米貿易を上回った。近年、日中貿易は急激に拡大しており、2000年から20年にかけて、輸出で4.6倍、輸入で2.9倍に増大した。一方、20年は対米貿易では約5.1兆円の黒字であるが、逆に対中貿易では約2.4兆円の赤字となっている。

その背景には、安価で豊富な労働力を求めて、日本企業が生産拠点を中国に移したことがある。その結果、中国から安価な製品が大量に輸入されるようになった。

II 日米貿易摩擦とアメリカ経済

1 日米貿易摩擦

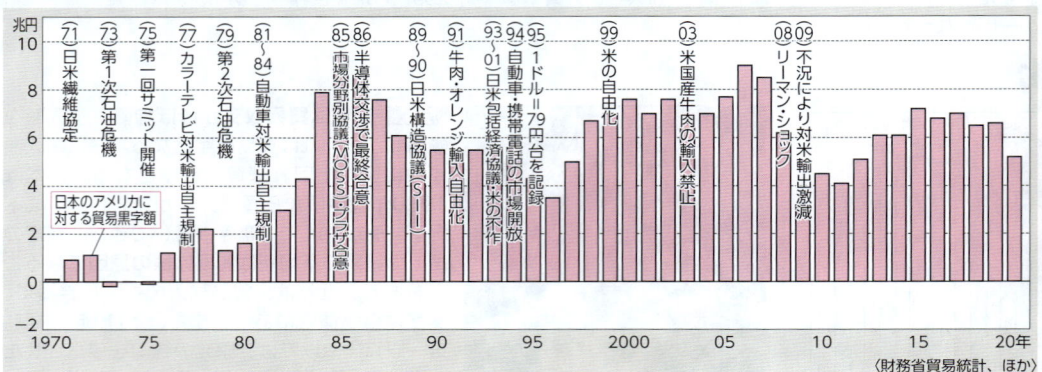

↑日本のアメリカに対する貿易黒字の推移 〈財務省貿易統計、ほか〉

↑「日本からの製品によって、シカゴの繊維労働者が仕事を失う」と抗議する人々（1970年 アメリカ）

解説 政治問題にまで発展 日米貿易摩擦には、二つの面がある。その一つは、日本からの急激な輸出増加がアメリカ国内の失業問題と結び付き、対日批判が高まったケースで、1960年代末からの繊維・鉄鋼・カラーテレビ、80年代の自動車、半導体摩擦などがこれに当たる。もう一つの面は、アメリカが日本市場の閉鎖性や商取引の排他性などを指摘し、改善を求めたケースで、80年代からこの動きが顕著となり、農産物（→p.221）や金融市場のほかに、日本の流通システムもその対象となった。貿易摩擦が最も高まったのは80年代末で、アメリカは保護主義的な包括通商法を成立させ、スーパー301条で不公正貿易国への制裁措置を認め、日本に対抗しようとした。80年代当時のアメリカは、財政赤字と貿易赤字という「双子の赤字」を抱え、特に対日貿易赤字は突出していたことが保護主義、強硬姿勢の背景にあった。

まとめ ▮▮ ▮ ▮

I 貿易とは

・**垂直的分業**…発展途上国が原料や食料を供給し、先進国が工業製品を供給する分業関係
・**水平的分業**…先進国どうしや発展途上国どうしで行われる分業関係
・**自由貿易**…貿易における障壁を設けない。**リカード**は「比較生産費説」で、国際分業が双方に利益をもたらすとし、自由貿易の必要性を訴えた
・**保護貿易**…関税や数量制限、輸出補助金などを設ける。**リスト**は当時後進国であったドイツには、国内の幼稚な産業を育てるために保護貿易が必要だと説いた
・世界貿易…冷戦終結による市場経済の浸透、新興国経済の拡大により、世界貿易は拡大している
・日本の貿易収支…1980年代中頃より貿易黒字が続いていたが、2011年以降は貿易赤字が発生した

・日本の貿易品目…輸出・輸入とも機械類の割合が増加。東南アジア・東アジアとの水平的分業
・日本の貿易相手国…アジアの比重が増加し、北アメリカの比重が減少。対米貿易中心から対中貿易中心に

II 日米貿易摩擦とアメリカ経済

・日米貿易摩擦…1960年代末から、日本からの輸出の増加がアメリカの失業問題と結び付き、対日批判へ。1960年代末から繊維、鉄鋼、カラーテレビ、1980年代から自動車、半導体など
・アメリカからの市場開放要求…1980年代から、農産物（牛肉、オレンジ、米など）、金融市場など
・主な動き　1989～90年、日米構造協議
　　　　　　1991年、牛肉・オレンジの輸入自由化
　　　　　　1993～2001年、日米包括経済協議

補足解説

リカード
イギリスの経済学者。著書『経済学および課税の原理』で比較生産費説を主張。自由貿易によって利益が得られることを理論づけた。

産業革命
機械と動力が導入されて大規模な工場制度が普及して生産力が上昇し、生産の中心が農業から工業に移行すること。

リスト
ドイツの経済学者。主著は『政治経済学の国民的大系』。経済の発達段階に伴う保護貿易を主張し、自由貿易論を批判した。

サービス貿易
日本に居ながら外国企業のサービス提供を受けたり、外国に行ったときに現地の企業からサービス提供を受けたりすること。

経済

ゼミナール 深く考えよう
比較生産費説から見る貿易のメリット

POINT イギリスの経済学者リカードは、貿易を通じた国際分業によって、貿易をする両国とも利益が得られるということを主張しました。では、その利益はどこから生まれてくるのでしょうか。確認してみましょう。

日本の石炭生産は激減

石炭はかつて日本の主要なエネルギー源として、国内でも大量に生産されていた。しかし高度経済成長期以降、石炭から石油へエネルギー源の転換が進んだことや、安価な石炭の輸入が増加したことなどにより、生産費が高かった国内の炭鉱の多くが閉山に追い込まれた。現在は石炭のほとんどを海外からの輸入に頼っている。

↑かつて海底炭鉱で栄えた長崎県の「軍艦島」（左）とインドネシアにある露天掘りの炭鉱（右）

Ⅰ 「得意な財」とは

解説 相対的に生産性が高い財が「得意な財」 比較生産費説（比較優位）では、財の生産にかかる費用を比較し、その国にとってどちらの財が「得意な財」かを考える。**人件費や労働時間などの労働力の投入量が少なくて済む財のほうが、生産費は安くなるため、生産性が高い「得意な財」となる。**一方、労働投入量がたくさん必要な財は、生産費が高くなるため、生産性の低い「不得意な財」となる。

単純化した例として、アメリカと日本の2国間、自動車と小麦の二つの財について、生産費の比率を右の図のように仮定してみる。自動車1台を生産するのに必要な労働投入量と、小麦1tを生産するのに必要な労働投入量の違いから、それぞれの「得意な財」について考えてみよう。

	自動車1台を生産するのに必要な労働投入量	小麦1tを生産するのに必要な労働投入量	生産量
日本	20人	30人	🚗（1台）／小麦（1t）
アメリカ	15人	10人	🚗（1台）／小麦（1t）

①小麦について考えてみよう

・小麦は…
→日本では、小麦の労働投入量は自動車の150%（30/20）
→アメリカでは、小麦の労働投入量は自動車の約67%（10/15）

日本における小麦の労働投入量は、この例では自動車の労働投入量の150%である。一方、アメリカにおける小麦の労働投入量は、自動車の労働投入量の約67%である。アメリカの労働投入量は日本に比べて少なく、生産費が安い。このことから、アメリカにとって小麦は、日本よりも相対的に生産性が高い「得意な財」であることが分かる。

②自動車について考えてみよう

・自動車は…
→日本では、自動車の労働投入量は小麦の約67%（20/30）
→アメリカでは、自動車の労働投入量は小麦の150%（15/10）

日本の自動車の労働投入量は、この例では小麦の労働投入量の約67%である。一方、アメリカの自動車の労働投入量は、小麦の労働投入量の150%である。日本の労働投入量はアメリカに比べて少なく、生産費が安い。このことから、日本にとって自動車は、アメリカよりも相対的に生産性が高い「得意な財」であることが分かる。

Ⅱ 「得意な財」に特化すると？

	自動車に特化した場合の労働投入量	小麦に特化した場合の労働投入量	合計生産量
日本	50人		🚗🚗（2.5台）
アメリカ		25人	小麦 小麦 小（2.5t）

解説 特化により生産量が増加 この前提条件では、アメリカのほうが自動車と小麦どちらにおいても、生産性が高いことになる。しかし左の図のように、日本が自動車の生産に特化し、アメリカが小麦の生産に特化した場合、それぞれの国が同じものを作るよりも全体としての生産量が自動車0.5台、小麦0.5t増えることが分かる。

このように、**互いに「得意な財」に生産を特化させることで、両国の生産量が増え、その結果消費できる量（消費可能量）も増える**という考え方が比較生産費説である。得意な財を他国へ輸出し、不得意な財を他国から輸入するほうが、両国の生産量・消費量が増えて人々の生活が豊かになるため、貿易は拡大していくと考えられる。

ゼミナール 深く考えよう
円高・円安になるとどうなるの？

POINT テレビのニュース番組では「1ドル113円50銭で13銭の円高・ドル安で〜」など、その日の為替レートが流れています。円高や円安のしくみと、私たちの生活にどのような影響を与えるのかについて考えてみましょう。

円高・円安と私たちの生活

　日本をはじめ、多くの先進国は**変動相場制**を採用している。変動相場制の下では、各国の通貨が交換される**外国為替市場**（→p.183）において、需要と供給の関係で為替レート（為替相場）が決定される。為替レートは日々変動しており、私たちの生活にも深く関わっている。

↑円高を追い風に海外旅行を宣伝する旅行会社（2011年）　2011年にはユーロ危機（→p.271）などを背景に、欧米経済の先行きへの懸念が高まった。これにより、リスクを回避しようとする資金が、相対的に安全な通貨として見られやすい円に集中したことなどにより、円高が進行した。

↑「円安の影響で輸入品値上げ近し」と告知する輸入食料品店（2013年）　2012年には安倍首相が経済政策「アベノミクス」を発動し、日銀による大規模な金融緩和が実施された。この金融緩和を背景に円安が急速に進行し、輸入品の価格の上昇などの影響が見られた。

Ⅰ　円高・円安とは？

①円高はどっち？

1ドル=100円
- ① → 1ドル=80円
- ② → 1ドル=120円

② 1ドルを「モノ」に置き換えて考えると…

🍰=100円
- ① → 🍰=80円
- ② → 🍰=120円

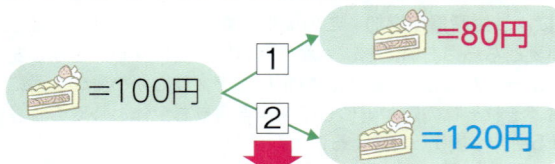

① なら240円で🍰が3個買える
② なら240円で🍰が2個しか買えない

解説　変化する円の価値　図①では、①と②のどちらが円高だろうか。①が「円高・ドル安」で、②が「円安・ドル高」である。

　では、「円高・ドル安」、「円安・ドル高」とはどのようなことだろうか。図②のように、1ドルを「モノ」に置き換えると分かりやすい。円で買える「モノ」の量が増えることが円高で、円で買える「モノ」の量が減ることが円安となる。

　「モノ」をドルなどの外貨に戻して考えてみよう。「円高・ドル安」とは、円で買えるドルの量が増える状態で、ドルに対して円の価値が上がり、円の価格も上がることである。また「円安・ドル高」とは、円で買えるドルの量が減る状態で、ドルに対して円の価値が下がり、価格も下がることである。

　これはドル以外の他の通貨でも当てはまる。例えば、円に対してユーロの価値が高くなれば、「円安・ユーロ高」となる。

まとめ
・**円高**とは、円の価値が上がり、円で交換できる外貨※の量が増えること
・**円安**とは、円の価値が下がり、円で交換できる外貨の量が減ること
　　　　　　　　　　　　　※ドルやユーロなどの外国の通貨のこと

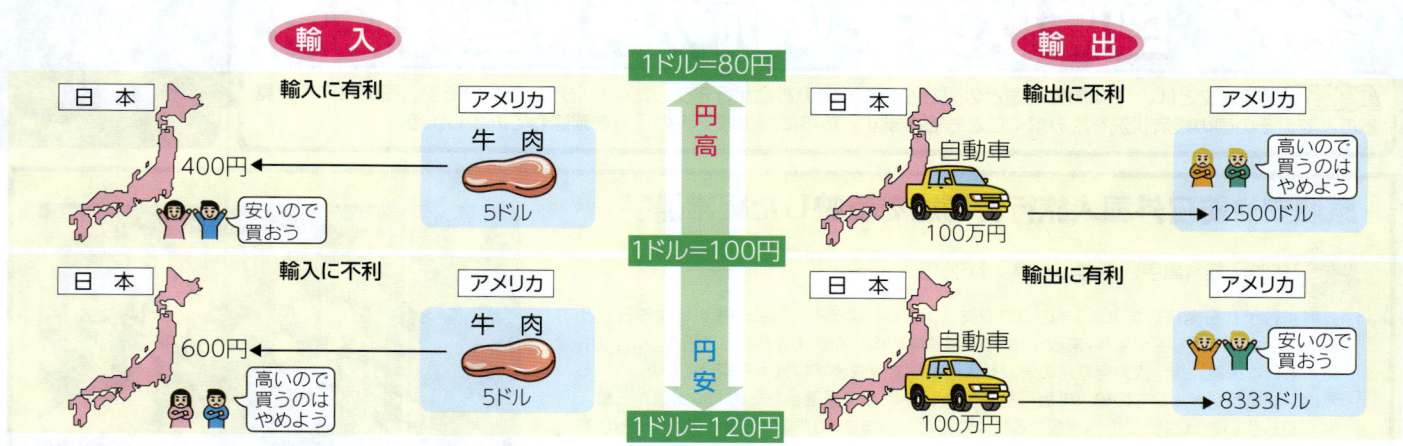

輸 入

| 日 本 | 輸入に有利 | アメリカ |
| 400円 ← | 安いので買おう | 牛 肉 5ドル |

1ドル=80円
円高

| 日 本 | 輸出に不利 | アメリカ |
| 自動車 100万円 | → 12500ドル | 高いので買うのはやめよう |

輸 出

| 日 本 | 輸入に不利 | アメリカ |
| 600円 ← | 高いので買うのはやめよう | 牛 肉 5ドル |

1ドル=100円

| 日 本 | 輸出に有利 | アメリカ |
| 自動車 100万円 | → 8333ドル | 安いので買おう |

1ドル=120円
円安

↑円高・円安のメリット・デメリット

↑円高を受けて値下げをする輸入ワイン

解説 消費者にも影響が大きい 円高や円安になった場合、それぞれどのような影響があるのだろうか。図のように輸出と輸入で考えると分かりやすい。**円高**になれば、輸入した「モノ」が安くなるため、輸入業者や輸入品を購入する消費者にはメリットがある。**円安**になれば、輸出品が安い価格で販売できるため価格競争に有利になる輸出業者にはメリットがある。反対に、円高は輸出業者にとってデメリットになる場合が多く、円安は輸入業者や輸入品を購入する消費者にとってデメリットになる場合が多い。

まとめ

円安のメリット

・**輸出品**の価格が下がり、国際競争力が増す。そのため輸出産業は景気がよくなる。
・ドルなどで外貨預金をしていると、円よりドルの価値が高くなるので、円で受け取る金額が多くなる。

円高のメリット

・外貨で購入できるモノの量が増えるので、海外旅行での買い物が有利になる。
・**輸入品**の価格が下がるので、国内価格を下げることができて商品の売れ行きがよくなる。

III なぜ円高・円安になるの？ 頻出

①円高になる例

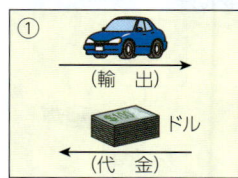

①
（輸出）→
ドル
←（代金）

・輸出によってドルを得る。

②
ドル → 円

・ドルを円に換える。

③
ドルを円に換えるため、円の需要が増え、ドルの需要が減る。

・円の価値が上がる。

②円安になる例

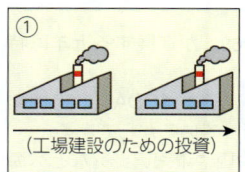

①
（工場建設のための投資）

・海外に工場を建設する。

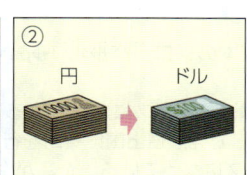

②
円 → ドル

・支払いのため円をドルに換える。

③
円をドルに換えるため、ドルの需要が増え、円の需要が減る。

・円の価値が下がる。

解説 需要と供給の関係で決まる 円高や円安になるのはなぜだろうか。これも「モノ」の価格と同じように考えると分かりやすい。「モノ」の需要が増えれば価格が上がる（→p.185）のと同様、**ドルに対して円の需要が増えれば**（ドルから円に交換したいという人が増えれば）、円の価格が上がり、「**円高・ドル安**」になる。反対に、**ドルに対して円の需要が減れば**（円からドルに交換したいという人が増えれば）、ドルの価格が上がり、「**円安・ドル高**」になる。

では、円の需要が増えるのはどのような場合だろうか。例えば、図①のように日本の輸出量が増え、日本の企業が海外で稼いだドルを人件費などを払うために円に換えるとする。このとき、ドルから円へ換えたい人が増える。つまり円の需要が増える。その結果、円の価格は上がり円高になる。逆に、円の需要が減るのはどのような場合だろうか。例えば、図②のように日本企業が海外に多くの工場を建設し（直接投資、→p.270）、現地で建設費などを払う場合、大量の円をドルなどの支払い通貨に換える必要が出てくる。このとき、円からドルなどへ大量に交換される。つまりドルの需要が増える。その結果、円の価格は下がり円安になる。

為替レートは、経常収支などの経済的要因のほかに、戦争などの政治的要因でも変動する。近年は、各国の金利差や為替レートの変動から利益を得るために、巨額の資金が投資される。これらの取引額は世界全体の貿易額よりもはるかに多く、利益を求めて急激に資金が移動することで為替レートが大きく変動することがある。

まとめ

・円に対する需要が増えれば、円の価値（価格）が上がる。 →**円高**
・円に対する需要が減れば、円の価値（価格）が下がる。 →**円安**

ゼミナール 深く考えよう
国際収支表で読み解く国際経済

POINT 国際収支とは、1年間に他国との間でどのくらいのお金が行き交ったのかを示したものです。国際収支表を見ることで、その国の経済状況を読み解くこともできます。実際に国際収支表の見方を確認してみましょう。

原油安や訪日外国人旅行者増加を反映した経常黒字

新聞 経常黒字、5年ぶり増　16兆円

　財務省が8日発表した2015年の国際収支（速報）によると、貿易や投資による日本と海外のお金の出入りを示す「経常収支」の黒字は前年の6.3倍の16兆6413億円だった。（中略）東日本大震災後、火力発電用の燃料輸入の増加で貿易赤字は拡大を続けていたが、15年は原油価格（ドル建ての輸入単価）が前年よりも47.7%下落したため、輸出額から輸入額を差し引いた貿易収支の赤字幅は6434億円と、前年の10兆4016億円の約16分の1に縮小した。（中略）外国人の「爆買い」も寄与した。円安などの影響で、日本を訪れた外国人は前年比47.1%増の1973万人と過去最高となり、旅行者によるお金の出入りを示す旅行収支は、441億円の赤字だった前年から一転し、1兆1217億円の黒字となった。

（2016年2月8日　朝日新聞）

↑外国人旅行者でにぎわう浅草寺（2016年　東京都）

Ⅰ　日本の国際収支の特徴は？　頻出

（単位：兆円）

項　目	内　　容	2000年	2020年
経常収支	貿易・サービス収支＋第一所得収支＋第二所得収支	14.1	15.9
貿易・サービス収支	モノやサービスの輸出入による収支	7.4	−0.7
貿易収支	モノの輸出入による収支（輸出−輸入） 例）アメリカ限定発売のスニーカーをインターネットを利用して購入する。	12.7	3.0
サービス収支	金融、輸送、旅行などのサービスの収支 例）日本からの旅行客がフランスのレストランで食事をする。	−5.3	−3.7
第一次所得収支	海外で保有する資産からの配当や利子、海外の企業などから得た給料などの収支 例）イギリスの株式を保有する日本の投資家が配当金を得る。	7.7	19.2
第二次所得収支	無償の援助や国際機関への分担金など 例）日本政府がODAで発展途上国に医療援助を行う。	−1.1	−2.5
資本移転等収支	発展途上国のインフラ整備援助、鉱業権・特許権・著作権の取引など	−1.0	−0.2
金融収支	直接投資＋証券投資＋金融派生商品＋その他投資＋外貨準備	14.9	13.7
直接投資	経営参加を目的とした外国企業への投資 例）日本企業が中国に繊維工場を建設する。	3.7	9.6
証券投資	直接投資の目的以外の株式や債券などの取引	3.8	4.2
金融派生商品	株式、債券などから派生して生まれた金融商品の取引	0.5	0.9
その他投資	直接投資、証券投資、外貨準備資産以外の取引	1.6	−2.2
外貨準備	対外支払い準備の増減	5.3	1.2
誤差脱漏	統計上の誤差や漏れ	1.8	−2.0

〈財務省資料、ほか〉

国際収支の考え方

● 貿易収支

・A国に自動車を輸出して代金を得る場合
→代金が流入するので**プラス**

● 直接投資

・B国に工場を建設する場合
→資産が増加するので**プラス**

解説　経済状況を反映する国際収支　国際収支の主な項目を見てみよう。貿易収支は、プラスになっている。日本は貿易立国であり、付加価値の高い工業製品の輸出額が輸入額を上回ることから黒字になる傾向があった。しかし、2011年以降は火力発電用燃料などの輸入額の増加により赤字になることもある。

　サービス収支は、マイナスになっている。これは、日本から海外へ行く旅行者が日本に来る外国からの旅行者を上回っていることなどが要因である。近年は訪日外国人旅行者（インバウンド）の増加により、赤字は縮小傾向にあったが新型コロナウイルスの影響で20年は拡大した。

　第一次所得収支は、プラスになっている。企業や個人が外国の債券などに投資して得られる配当や利子の受け取り、海外に進出した企業の収益が反映される。資本のグローバル化（→p.268）が進展する近年は特に増加傾向にある。

　第二次所得収支は、マイナスになっている。日本はODA（政府開発援助）（→p.277）などで発展途上国に援助を行っているからである。

　直接投資は、プラスになっている。企業が中国や東南アジアなどへ海外進出し、工場建設や企業買収などを行っているためである（→p.270）。一般的に、直接投資と第一次所得収支は関連している。例えば、海外進出によって工場を海外に建設すれば直接投資はプラスとして計上され、その工場が収益を得ると第一次所得収支がプラスに計上される。

　なお、国際収支の原理は「経常収支＋資本移転等収支−金融収支＋誤差脱漏＝0」となる。

↑問題となった模倣キャラクターを取り壊す様子（左）と海賊版CD・DVDを処分し、取り締まりをPRするペキン市（右、中国）

知的財産権侵害問題でアメリカが中国をWTOに提訴 ◁出題▷

世界貿易の秩序形成を目指すWTO（世界貿易機関）は、商標権や著作権などの知的財産権を保護するためのルール作りも担っている。中国は2001年にWTOに加盟したものの、知的財産権をめぐって国際的なトラブルがたびたび起こっている。北京の遊園地では、海外の人気キャラクターと酷似した模造品を使用していたことが発覚した。また、海賊版のCD・DVDも違法に出回っている。こうしたなかで、07年には知的財産権の保護が不十分であるとアメリカ政府が中国政府をWTOに提訴する事態に発展するなど、知的財産権をめぐる紛争も起きている。知的財産権保護の徹底が求められている。

Question
・国際経済にはどのようなルールがあるのだろうか。（→**Ⅰ**）

2 国際経済の枠組み

体制	GATT（関税と貿易に関する一般協定） WTO（世界貿易機関）	IMF （国際通貨基金）	IBRD （国際復興開発銀行）
	IMF・GATT体制		
		ブレトン・ウッズ体制	
設立	1948年 1995年WTO（世界貿易機関）へ	1945年	1945年
加盟国	164か国・地域 25か国・地域が準加盟国 （2021年現在）	190か国 （2021年現在）	189か国 （2021年現在）
目的	貿易自由化・関税引き下げ	為替相場の安定化 経済危機の際の経済援助	発展途上国への援助

解説 **自由貿易を基本とする国際経済体制が作られた** 1929年に起きた世界恐慌時のイギリスやフランスなどによる**ブロック経済政策**（→）や為替引き下げ競争は、保護貿易主義の蔓延と為替取引の混乱をもたらし、第二次世界大戦を招いた。この反省から、戦後は世界貿易の拡大を目指して、自由貿易主義を基本とする国際経済体制が作られた。第二次世界大戦末期の44年、連合国の通貨金融会議で**ブレトン・ウッ**

Ⅰ 国際経済体制
1 ブレトン・ウッズ体制 ◁頻出▷

↑連合国通貨金融会議で発言するケインズ（左から3人目、1944年 アメリカ）連合国44か国によるこの会議でブレトン・ウッズ協定が成立した。イギリス代表として参加したケインズは、その後IMFの初代総裁に就任した。

ズ協定が成立し、**IMF**（国際通貨基金）、**IBRD**（国際復興開発銀行、→**補**）の設立が決定された。また、為替相場の安定化を図るために**固定相場制**と**金ドル本位制**が採用された（→p.281）。さらに48年には**GATT**（関税と貿易に関する一般協定）が設立された。そしてIMFは為替面から、GATTは貿易面から自由で多角的な取り引きを推進することになった。GATTは95年に**WTO**（世界貿易機関）に発展的に改組された。

経済

先進国が結束を深める「サミット」

　サミットは主要国首脳会議の通称で、日本、アメリカ、イギリス、フランス、ドイツ、イタリア、カナダ、ロシアの8か国（G8）の首脳とEU委員長が毎年集まり、経済政策のほか、政治や環境に関する議論も行う会議である。第1回サミットは1975年、日本、アメリカ、イギリス、フランス、西ドイツ、イタリアの6か国で第1次石油危機後の世界経済の課題に対して、先進国の協調を図る目的で開催された。97年にロシアが正式参加して8か国（G8）となったものの、2014年に発生したウクライナ問題（→p.161）にG7諸国が反発し、現在はロシアを除くG7での開催が続いている。近年は自由貿易のあり方などが、サミットの主要な議題となっているが、21年は新型コロナウイルス感染症で打撃を受けた各国経済の回復への対応が話し合われた。

↑コーンウォール・サミットに集まった各国首脳（2021年）

1 サミットの歩み

開催年	開催地	主な議題
1975年 （第1回）	ランブイエ （フランス）	・第1次石油危機（73年）後の景気後退への対策などを協議するため、サミットを創設 ・日本、アメリカ、イギリス、フランス、西ドイツ、イタリアの6か国が参加
76年	プエルトリコ （アメリカ）	・カナダが参加し、G7体制へ
86年	東京 （日本）	・先進国間の政策協調を強化するため、G7（7か国財務大臣・中央銀行総裁会議）を創設
97年	デンバー （アメリカ）	・ロシアが正式参加し、G8体制へ
2014年	ブリュッセル （ベルギー）	・ウクライナ、東アジア情勢への対応 ※ロシアはクリミア併合により参加停止
16年	伊勢志摩 （日本）	・世界経済の回復 ・テロ対策と難民問題
18年	シャルルボワ （カナダ）	・自由で公正な貿易の実現 ・技術の発展、AI、デジタル化への対応
19年	ビアリッツ （フランス）	・WTOの知的財産保護の機能強化 ・国際課税の実現に向けた準備
20年	（テレビ会議） （アメリカ）	・新型コロナウイルス感染症の感染拡大防止策
21年	コーンウォール （イギリス）	・新型コロナウイルス感染症からの経済回復

経済

解説 **G7サミットの国際社会での地位の変化**　第1回が開催された1975年当時、世界は東西冷戦期（→p.159）にあり、東西両陣営の対立が続いていた。石油危機に対しては、西側諸国の先進国が結束して対応する必要があり、このような状況からサミットが創設された。翌76年にカナダも加わり、現在のG7体制が築かれた。

　冷戦が終結すると、97年にはロシアも加わりG8となって、世界政治・経済の諸課題に取り組む体制が出来上がった。しかしながら、世界の諸課題は、これらの8か国だけで解決できるようなものではなくなったことから（→2）、サミットの地位は相対的には下がった。また、2014年にはロシアがウクライナ南部のクリミア半島を併合したことから（→p.161）G7諸国が強く反発し、ロシアはサミットへの参加資格を停止された。

　現在でも、世界政治・経済、貿易が議題の中心のテーマであるが、テロ対策、知的財産権保護、AI、デジタル化への対応などのテーマも主要な議題になっている。また、G7サミットと同様の課題がG20の場でも協議されるようになっている。

2 広がる国際協調の枠組み〈出題〉

①G7・G8・G20の枠組み

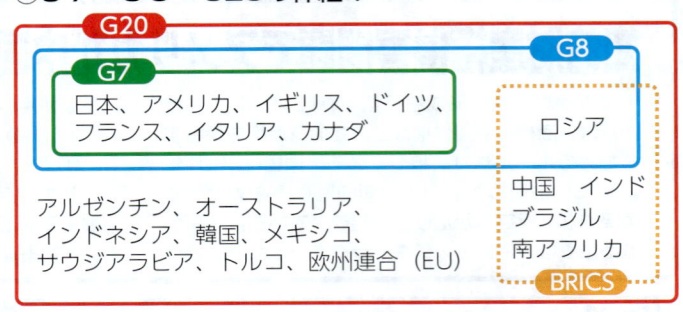

解説 **存在感を増すG20**　貿易問題や地球環境問題といった国際的課題に対し、G8サミット中心の枠組みでは対応が困難になってきたことから、1999年から新興国も加わったG20が開かれるようになった。さらに、世界的金融危機が深刻化した2008年からは、G20首脳会議（G20サミット、金融サミット）は定例会議となり、国際社会での影響力も増している。G20には、BRICS諸国やオーストラリア、サウジアラビアなど経済力の大きい国々も参加している。現在は、政治や安全保障の問題ではG7の存在が大きいが、国際的課題の協議の場ではG20の重要性が高まっている。

②G20首脳会議（G20サミット）の歩み

開催年月*	開催地	主な議題
2008年11月	ワシントンD.C. （アメリカ）	・世界的金融危機への対応
09年9月	ピッツバーグ （アメリカ）	・世界的金融危機からの回復状況と対応 ・G20を国際経済協力の第一のフォーラムとすることで合意
11年11月	カンヌ （フランス）	・ヨーロッパの債務問題への対応 ・成長と雇用のための世界戦略
17年7月	ハンブルク （ドイツ）	・世界経済の成長の強化 ・「G20海洋ごみ行動計画」の採択
19年6月	大阪 （日本）	・世界経済の成長促進 ・「G20海洋プラスチックごみ対策実施枠組」の支持
20年11月	リヤド（テレビ会議） （サウジアラビア）	・新型コロナウイルス感染症への対応
2021年10月	ローマ （イタリア）	・気候変動対策 ・国際課税ルール（→p.272）に関する合意の承認

＊G20の財務大臣・中央銀行総裁会議は1999年から毎年開催している

解説 **世界経済、金融体制だけでなく地球環境問題も議題に**　G20は、2009年に世界経済協力の第一のフォーラムとして位置づけられた。地球環境問題も話し合われるようになり、17年には海洋プラスチックごみに対する行動計画が採択された。また21年には、デジタル課税や法人税の最低税率について国際課税のルール（→p.272）が承認された。

○×チェック⑧⑨　関税と貿易に関する一般協定（GATT）における協議で、サービス貿易に関するルールがまとまったのは、東京ラウンドにおいてである。（16年、本）

1 GATTの3原則とその例外 〔頻出〕

	原　則		主な例外規定
自由	・関税引き下げ ・数量制限の撤廃		・セーフガード（緊急輸入制限） ・輸入数量制限（国際収支上の問題がある場合など）
無差別	・最恵国待遇 ・内国民待遇（→補）		・特恵関税 →発展途上国の輸出を促進するために関税を下げること ・FTA（自由貿易協定）（→p.269）
多角主義	・ラウンド（多国間）交渉 →多くの国どうしで交渉し、参加したすべての国に等しく適用すること		・二国間通商交渉 →自由・無差別の原則の下、二国間での交渉のこと。日米自動車交渉など

解説　自由貿易を推進　GATTは自由貿易（→p.253）、無差別貿易（最恵国待遇や内国民待遇を適用）、ラウンド（多国間）交渉を3原則とした。その原則はWTOにも受け継がれている。他方で、セーフガード（緊急輸入制限）や、二国間でのFTA（自由貿易協定）といった、さまざまな例外的措置も認めてきた。

　2017年には干ばつの影響によるオーストラリア産牛肉の生産量減少などを背景に、アメリカ産冷凍牛肉の輸入が急増したことを受け、2021年に日本はセーフガードを発動した。

2 GATT・WTOラウンド交渉 〔頻出〕

①GATT・WTOラウンド交渉の推移

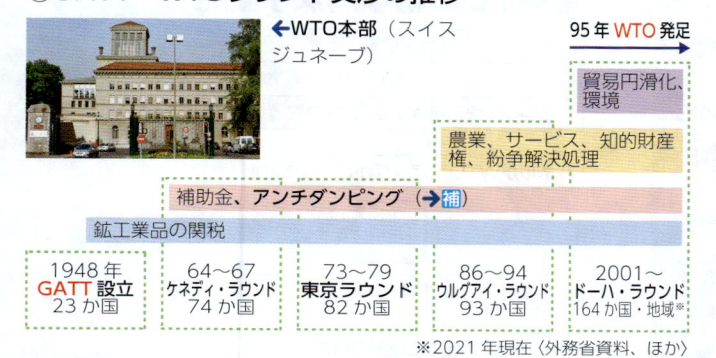

←WTO本部（スイス ジュネーブ）

95年 WTO 発足 →

貿易円滑化、環境

農業、サービス、知的財産権、紛争解決処理

補助金、アンチダンピング（→補）

鉱工業品の関税

| 1948年
GATT 設立
23か国 | 64～67
ケネディ・ラウンド
74か国 | 73～79
東京ラウンド
82か国 | 86～94
ウルグアイ・ラウンド
93か国 | 2001～
ドーハ・ラウンド
164か国・地域※ |

※2021年現在〈外務省資料、ほか〉

解説　交渉分野を拡大　1960年代までの貿易問題は主に関税の問題であったが、ケネディ・ラウンドや東京ラウンドを通じて関税率の大幅な引き下げが実現した。しかしウルグアイ・ラウンド（→p.221）では、農産物貿易やサービス貿易、知的財産権（→p.63）などの問題が加わり、交渉は難航した。ドーハ・ラウンドでは、投資ルールや電子商取引などの問題が加わる一方、先進国と発展途上国の対立も顕著になってきた。交渉の国・地域や分野が拡大するにつれて、交渉は困難になっている。

②ドーハ・ラウンドの交渉の論点

新聞　ドーハ交渉、行き詰まり　地域間の協定、加速か

　15年目を迎えた世界貿易機関（WTO）の多角的貿易交渉（ドーハ・ラウンド）が行き詰まった。ケニアのナイロビで19日（日本時間20日）閉幕した閣僚会合の宣言は、ラウンドの見直しと継続の両論を併記するにとどまり、加盟する約160カ国・地域の全会一致を原則とする貿易自由化交渉の今後の道筋を示すことはできなかった。（中略）農産品や鉱工業品の関税引き下げなど主要分野の交渉が進まず、成果が出ないラウンドの今後をどうするのかが閣僚会合の最大の焦点だった。日米など先進国が新たな枠組みでの交渉に移るべきだとして見直しを求める一方、インドやアフリカ諸国など途上国はラウンドが掲げた経済開発の実現を求めて反発。（中略）貿易自由化を巡っては、ラウンドが2008年に一括合意に失敗して以降、WTOが求心力を失い、二国間や複数国による自由貿易協定の動きが加速した。

（2015年12月21日　朝日新聞）

解説　難航する交渉　ドーハ・ラウンドは、WTO発足後初のラウンドとして、2001年に始まった。しかし農産品の関税や非関税障壁の交渉で、食料輸入国（日本など）と食料輸出国（オーストラリアなど）、有力な発展途上国（中国、インドなど）の意見が対立するなど、各分野で利害は対立し、会合は最終的な合意に達することなく、終了した。

3 GATTとWTOの違い 〔出題〕

	GATT （1948～95年）	WTO （1995年～）
正式名称	関税と貿易に関する一般協定	世界貿易機関
紛争処理強制力	弱い	強い
紛争処理対象	モノ	モノ、サービス、知的財産権
紛争案件数 （年平均）	6.7件	約25件 （1995～2015年）
罰則規定	加盟国の1か国でも反対があると実施不可能	全加盟国が反対しなければ実施可能

解説　より強い権限を持つWTO　1995年に一般協定であったGATTが国際機関であるWTO（→p.153）に改組され、紛争処理能力が強化された。WTOでは貿易に関する紛争処理対象をサービスや著作権、商標権などの知的財産権にも拡大し、処理期間も短縮された。そして対抗措置の発動には、パネル（紛争処理小委員会）の提訴に全加盟国が反対しなければ実施されるネガティブ・コンセンサス方式が採用された。

FTAの関税削減はWTO協定に違反？

関税3.5%　アメリカ

無税　チリ

関税3.5%　ロシア

FTA　日本

（2020年10月現在）

↑日本が課すサーモンの輸入関税率

↑スーパーに並ぶチリ産サーモン

　GATT・WTO協定では、「特定国に認めた最も有利な貿易条件はGATT・WTOの全加盟国に平等に適用される」という最恵国待遇の原則が定められている。一方で、複数国間で関税の削減・撤廃を行う取り決めがFTA（自由貿易協定）である。FTAはWTO協定の例外とされており、FTAを結んだ国どうしは最恵国待遇の原則から外れる。図の例でいえば、日本がアメリカのサーモンに3.5%の関税をかけるのであれば、最恵国待遇の原則に基づいてロシアのサーモンにも同様に3.5%の関税が適用される。しかし日本とFTAを結んだチリについては、FTAに基づいて輸入関税率を無税とすることが可能となる。

○×答え⑧⑨　× 東京ラウンドではなくウルグアイ・ラウンドである。ウルグアイ・ラウンドではサービス貿易や知的財産権など、交渉分野が多岐にわたるようになった。

経済

日本の水産物の輸入禁止について韓国を提訴

WTOには加盟国の貿易紛争を解決するための制度が設けられており、日本が当事者となる案件もある。2002年にはアメリカによる鉄鋼セーフガードを、12年には中国によるレアアース輸出規制をめぐって提訴。いずれも日本の主張が認められた。15年には、韓国による水産物輸入禁止措置が不当だとして、WTOに提訴したが、日本は敗訴した。

新聞 韓国をWTOに提訴方針

　韓国が福島など8県の水産物の輸入を禁止している問題で、林芳正農林水産相は21日の記者会見で、韓国を世界貿易機関（WTO）に正式に提訴する方針を明らかにした。（中略）韓国は2013年9月から、東京電力福島第一原発からの汚染水流出を理由に、福島、茨城、群馬、宮城、岩手、栃木、千葉、青森の8県の水産物輸入を禁止。日本側は「科学的根拠がない」として撤回を求めていたが、韓国は応じなかった。

（2015年7月21日　朝日新聞）

↑日本産海産物の輸入禁止措置の解除に反対する人々（2015年　韓国）

4 WTOの組織

閣僚会議※　※少なくとも2年に1回開催される

- 紛争解決機関
  - 小委員会（パネル）
  - 上級委員会
- 一般理事会
  - 貿易政策検討機関
  - 貿易交渉委員会

一般理事会の下：
- 市場アクセス委員会／農業委員会／アンチ・ダンピング委員会／セーフガード委員会／輸入許可手続委員会／原産地規則委員会　など
- 物品の貿易に関する理事会
- サービスの貿易に関する理事会
- 知的所有権の貿易関連の側面に関する理事会（TRIPS理事会）
- 政府調達委員会／民間航空機貿易委員会
- 複数国間協定（一部加盟国のみ参加）

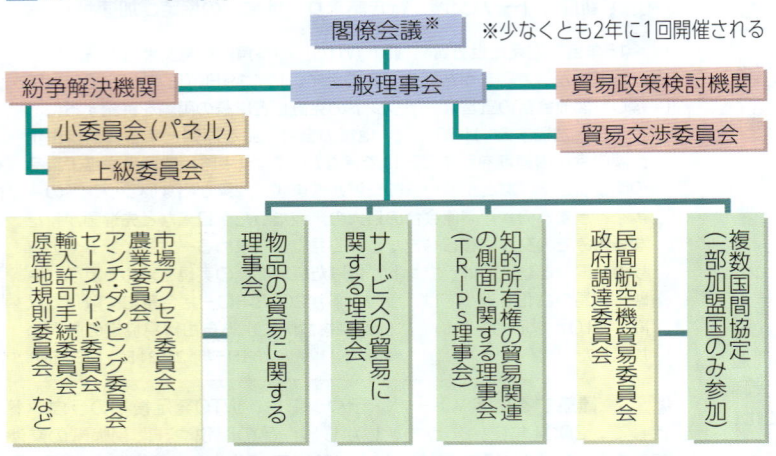

解説 貿易のルールを管理・運営　WTOの最高機関は2年に一度開かれる閣僚会議で、普段は一般理事会が任務を行い、この下にサービス貿易、知的財産権などの理事会や各種委員会が置かれている。さらに貿易紛争を解決する制度として、紛争解決機関が設けられている。また、WTOはIMFや世界銀行などの国際機関や非政府組織（NGO）などと協力関係を結んでいる。

5 WTOの紛争解決手続き

2国間協議
↓ 60日以内に解決されない場合
パネル（紛争処理小委員会）の設置
↓
パネルがWTO協定違反かどうかを判断
↓ 当事国が不服の場合、上級委員会に上訴
報告の採択
↓
被提訴国に是正の勧告
↓ 期限までに勧告が履行されない場合
対抗措置の承認

※□はネガティブ・コンセンサス方式

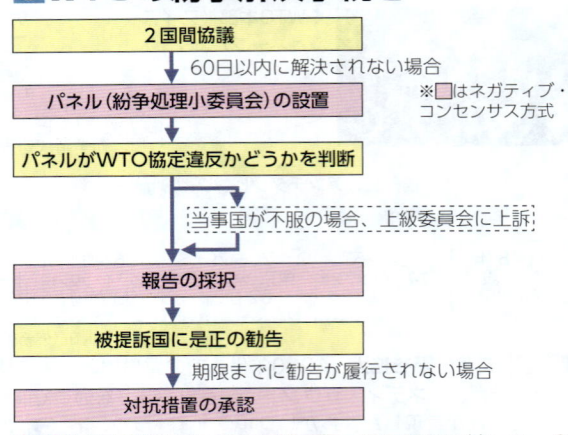

解説 紛争解決がしやすくなった　貿易問題に対して、2国間協議で解決しないとき、パネル（紛争処理小委員会）を設置し、その報告に基づき解決を図る。パネルの設置や報告の採択において、GATTはコンセンサス方式（全会一致制）を採ったが、WTOは**ネガティブ・コンセンサス方式**（全参加国が反対しなければ了承）を採用し、決議機能を強化した。

まとめ ■■ ■ ■ ■

Ⅰ 国際経済体制
- 戦後の国際経済体制…世界貿易の拡大を目指す自由貿易主義
  - 1944年、ブレトン・ウッズ協定→IMF（国際通貨基金）、IBRD（国際復興開発銀行）設立
  - IMF…為替相場の安定化を図る
  - 1948年、GATT（関税と貿易に関する一般協定）設立→自由貿易を推進

Ⅱ 国家間の結び付き
- 1975年、サミット（主要国首脳会議）創設→G7サミット
- G20…2008年にG7のほか、新興国12か国が参加

Ⅲ GATTからWTOへ
- GATT3原則…自由貿易、無差別貿易、ラウンド（多国間）交渉
  - 自由貿易…関税の引き下げ、数量制限の撤廃
  - 無差別貿易…最恵国待遇（特定国に認めた最も有利な貿易条件を全加盟国に平等に適用）、内国民待遇（輸入品の待遇を国内品と差別しない）
  - ラウンド（多国間）交渉…多くの国どうしで交渉する。GATT・WTO（世界貿易機関）のラウンド交渉…国・地域や分野の拡大で交渉が困難に
  - 1964～67年、ケネディ・ラウンド→関税率の大幅な引き下げを実現
  - 1986～94年、ウルグアイ・ラウンド→農産物貿易やサービス貿易、知的財産権問題などの分野が加わる
  - 1995年、WTO発足
  - 2001年～、ドーハ・ラウンド→各国の利害が対立し、交渉が難航
- GATTからWTOへ改組…紛争処理対象を拡大（サービス、知的財産権）
- WTOのしくみ…2年に一度開催される閣僚会議が最高機関。普段は一般理事会が任務を行う。IMFや世界銀行、非政府組織（NGO）と協力関係
- WTOの紛争解決手続き…2国間協議で解決しないときに、パネル（紛争処理小委員会）を設置し、解決を図る。ネガティブ・コンセンサス方式

補足解説

ブロック経済政策
自国と植民地などの特定地域内での関税を下げ、それ以外の地域からの関税を高めて、他地域からの製品などを締め出す排他的な経済政策。

IBRD（国際復興開発銀行）
第二次世界大戦後ヨーロッパ諸国の復興を支援するために設立された。現在は主に発展途上国を援助していく。世界銀行とよばれることも多い。

内国民待遇
WTOの無差別の原則に当たる。輸入品に適用される待遇は、関税などを除き、同種の国内品に対するものと差別してはならないというもの。

アンチダンピング
輸出国の国内価格よりも安く、輸入国で販売すること（ダンピング）で、輸入国の産業に与えた被害に対し、その差額まで関税として課す措置。

○×チェック⑩　一般特恵関税制度は、経済開発の必要性に配慮し、発展途上国による輸入を促進するための特別待遇の制度である。（21年、本）

経済

イギリスがEUを離脱、EUは初の加盟国減

↑イギリスの離脱に伴い、英国旗を撤去するEU本部職員（2020年　ベルギー）

イギリスでは、移民の排斥などを訴えるEU離脱派と、経済面を中心に離脱は損失の方が大きいとする残留派が対立していたが、2016年の国民投票で離脱派が勝利した。18年にEUとの協定案に合意したイギリスは、20年1月31日にEUを離脱した。20年末まではEUからの離脱を円滑に履行する移行期間とされ、自由貿易協定や漁業権をめぐる折衝が行われた。「抜け得」の前例を作るわけにいかないEUとの間で攻防が続いたが、20年末には自由貿易協定が結ばれた。一方、イギリスは21年1月に日本とのEPA（→p.269）を発効させ、TPP11協定への参加交渉を始めた。

Question
・イギリスはなぜEUから離脱したのだろうか。（→Ⅱ）

③ 地域経済統合

Ⅰ 地域経済統合とは

■ 世界の主な地域経済統合

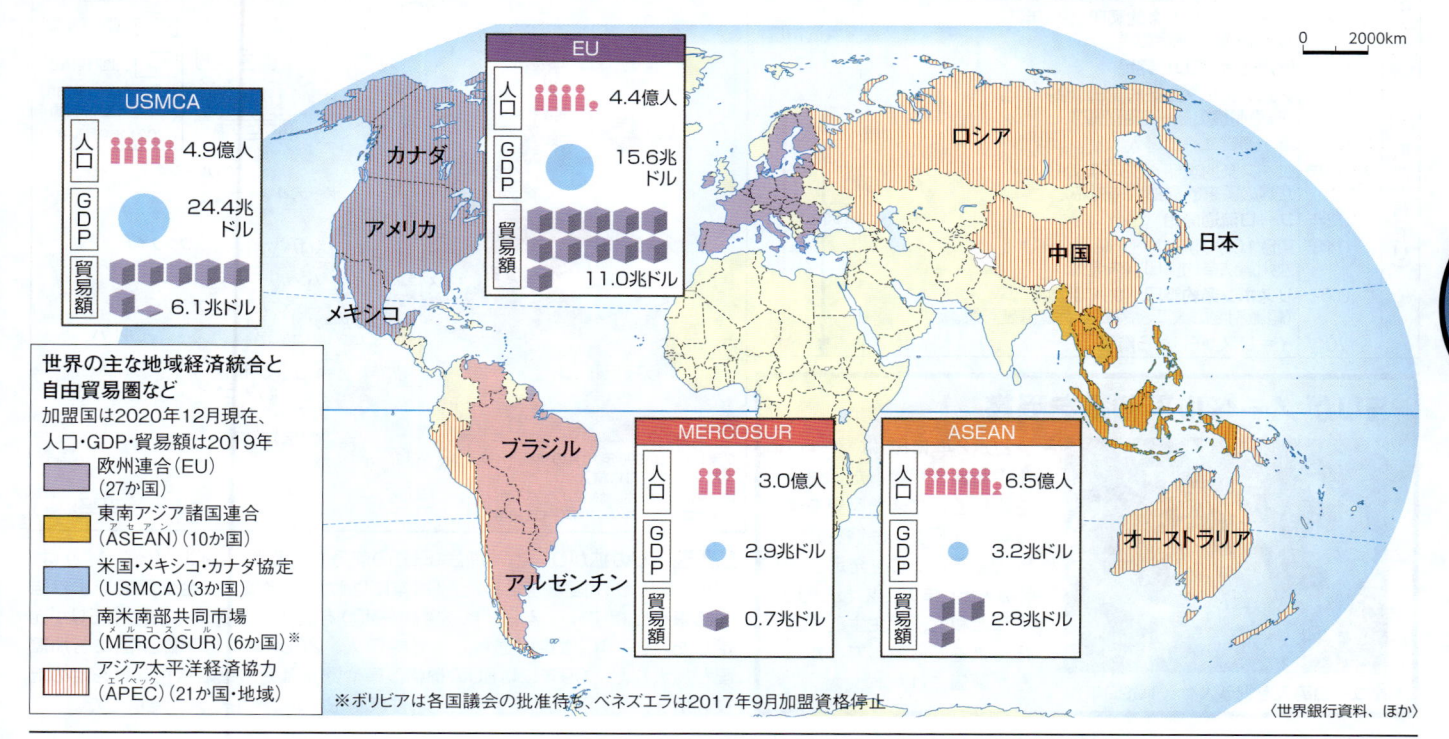

USMCA
人口 4.9億人
GDP 24.4兆ドル
貿易額 6.1兆ドル

EU
人口 4.4億人
GDP 15.6兆ドル
貿易額 11.0兆ドル

MERCOSUR
人口 3.0億人
GDP 2.9兆ドル
貿易額 0.7兆ドル

ASEAN
人口 6.5億人
GDP 3.2兆ドル
貿易額 2.8兆ドル

0　2000km

世界の主な地域経済統合と自由貿易圏など
加盟国は2020年12月現在、人口・GDP・貿易額は2019年

- 欧州連合（EU）（27か国）
- 東南アジア諸国連合（ASEAN）（10か国）
- 米国・メキシコ・カナダ協定（USMCA）（3か国）
- 南米南部共同市場（MERCOSUR）（6か国）※
- アジア太平洋経済協力（APEC）（21か国・地域）

※ボリビアは各国議会の批准待ち、ベネズエラは2017年9月加盟資格停止

〈世界銀行資料、ほか〉

経済

○×チェック答え⑨　×　一般特恵関税制度とは、先進国側が一方的に発展途上国の輸出品に関する関税を下げることであり、発展途上国の輸出を促進するためのものである。

② 地域経済統合の概要　◀頻出

*2021年現在

	名　称	発足年・加盟国数*	概　要
ヨーロッパ	欧州連合(EU)(→Ⅱ❶)	1993年27か国	欧州共同体(EC)を前身とし、マーストリヒト条約(1992年)が翌年11月に発効してEUが発足した。加盟国全体で単一市場(人・モノ・資本・サービスの自由移動)を形成し、単一通貨ユーロの導入を進めているほか、政治・安全保障面でも協力を目指している
アメリカ	米国・メキシコ・カナダ協定(USMCA)	2020年3か国	多国間自由貿易協定であったNAFTAを大きく改定。米国向け自動車輸出の数量規制など、管理貿易の色合いが強まる
アメリカ	南米南部共同市場(MERCOSUR)	1995年6か国※	域内関税の原則撤廃と域外共通関税の実施を目的とする関税同盟(※ボリビアは各国議会の批准待ち、ベネズエラは2017年9月加盟資格停止)
アジア	ASEAN経済共同体(AEC)	2015年10か国	東南アジア諸国連合(ASEAN)における経済連携の枠組みで、1993年に発効したASEAN自由貿易協定(AFTA)を発展させて発足した。域内における物品・サービス貿易や投資、人の移動などの自由化が進められている。その一方で各国の主権も尊重されており、域外共通関税や単一通貨などは導入されない
アフリカ	アフリカ連合(AU)	2002年55か国・地域	EUをモデルとし、政治的・経済的な統合の推進を目指す。長期的には単一通貨の発行、アフリカ統一国家「アフリカ合衆国」の実現も視野に入れている
その他	アジア太平洋経済協力(APEC)	1989年21か国・地域	太平洋に面した国で構成される緩やかな政府間協力の枠組み。世界の人口の約4割、貿易量の約5割、GDPの約6割を占める巨大な経済圏

③ 統合の段階

類型	内容	例
自由貿易協定(FTA)	FTA構成国間の関税を撤廃し、域内の自由な貿易を実現	日EU・EPA、など
関税同盟	域外に対する関税など、構成国の通商政策を共通化	MERCOSUR
共同市場	人や資本の移動など、域内経済のさまざまな分野で共通政策を実施	EU
経済同盟	通貨統合(単一通貨の採用)や各種規制、経済政策の調整や共通化	EU
完全な経済統合	共通の財政政策や財源の共通化、税制などの統一	現在は存在しない

※下の段ほど統合の発展段階が進んでいる〈日本国際問題研究所資料、ほか〉

解説　統合により経済的な利益を得ることを目指す　地域経済統合とは、近隣諸国間で域内関税を撤廃したり、域外共通関税を設けたりして協力を図るもので、現存の組織はEUやASEANなど、冷戦終結直後に結成、再編されたものが多い。統合の段階で最も進んでいるのはEUで、通貨統合を達成し今後は政治的な統合を目指している。また、近年ではFTA(自由貿易協定、→p.269)など複数国間の経済協力協定が盛んに締結されている。

Ⅱ　EUの拡大と課題

年次	主な条約など	統合のレベル
欧州共同体(EC) 1948年	ベネルクス三国関税同盟発足	
52年	欧州石炭鉄鋼共同体(ECSC)発足	
58年	欧州経済共同体(EEC)発足欧州原子力共同体(EURATOM)発足	
67年	欧州共同体(EC)発足、加盟国6か国	
68年	関税同盟成立(域内関税の撤廃、域外共通関税の設定)	関税同盟
92年	マーストリヒト条約調印(93年発効)(経済・政治統合の推進)	共同市場
欧州連合(EU) 93年	欧州連合(EU)発足	
97年	アムステルダム条約調印(99年発効)(政治制度の統一を目指す)	政治統合
99年	単一通貨ユーロ導入	
2001年	ニース条約調印(03年発効)(EUの将来的な拡大に対応)	
02年	ユーロ流通開始	通貨統合
04年	東欧10か国加盟欧州憲法条約調印(未発効)	
07年	リスボン条約調印(09年発効)(組織制度の改革、組織の効率化を目指す)	
20年	イギリスがEUから離脱	

EUがノーベル平和賞を受賞

↑ユーロ導入を祝う人々(1999年)

2012年にEUはノーベル平和賞を受賞した。対立を繰り返してきた歴史を乗り越え、石炭・鉄鋼を共同管理するECSCを発足させてから60年以上にわたり、平和と和解、民主主義や人権の推進に貢献してきたことが評価された。

① EUとは　◀頻出

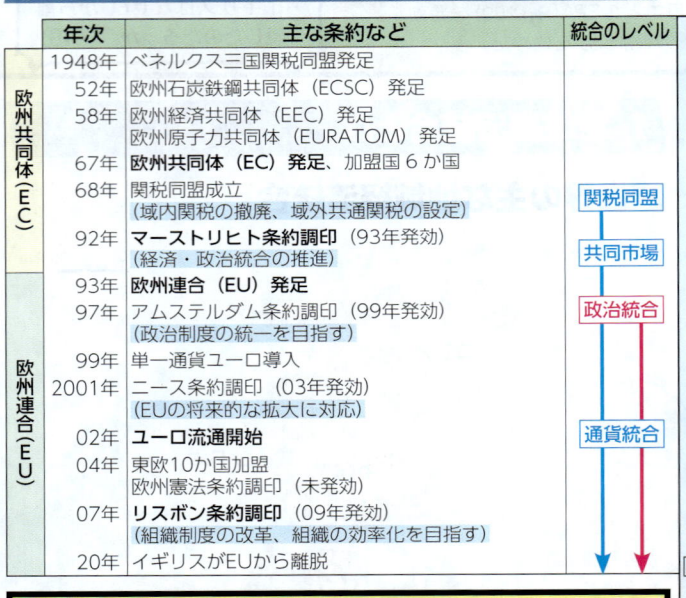

凡例	
	1948～67年までに加盟した国
	1973年に加盟した国
	1981～95年までに加盟した国
	1990年東ドイツ編入*
	2004年以降に加盟した国
	2020年離脱
	加盟候補国
国名	ユーロ参加国(EU加盟国)(2021年9月現在)

※東ドイツは1990年10月の東西ドイツ統一によりEUに編入
※アンドラ、コソボ、サンマリノ、バチカン、モナコ、モンテネグロでもユーロを使用

解説　EUの拡がり　欧州連合(EU)の前身である欧州共同体(EC、→補)は、1967年に6か国で発足した。92年には政治・経済・安全保障面でより強い結束を目指すマーストリヒト条約(→補)を調印し、93年に現在のEUが発足した。99年には単一通貨ユーロを導入、2004年には東欧諸国にも加盟国が拡大した。09年にはEUの機構改革や欧州議会の権限強化などを定めたリスボン条約が発効した。しかし一方で、20年にイギリスが離脱した。

経済

○×チェック⑨　欧州連合(EU)では、リスボン条約に基づいて、域内の単一通貨であるユーロが導入された。(16年、本)

② EUの政治のしくみ

①EUの主な政策

経済統合	**(1)関税同盟と共通農業政策** 加盟国間の貿易に対する関税・数量制限を撤廃し、域外に対する共通関税率と共通通商政策を適用している。農業分野でも、共通の価格・所得政策や農村振興政策が採られている	
	(2)単一市場の形成 人、モノ、資本、サービスが国境を越えて自由に移動できる単一市場を形成している。出入国審査なく人の自由な移動を認めるシェンゲン協定には、EU加盟国のうち22か国とEU非加盟国4か国が加盟している	
	(3)単一通貨ユーロ 1999年に単一通貨ユーロを導入した。ユーロの導入にあたっては、物価の安定や健全な財政管理といった一定の基準の達成が求められる。現在、ユーロ圏は19か国となっている	
政治統合	主要な国際問題に関する共通の行動や、移民、国境管理、テロ・麻薬対策などに関する協力を行っている。また、EU加盟国の国民に対し、**欧州市民**として居住国の地方選挙権と被選挙権などを認める欧州市民権が導入されている	

〈外務省資料、ほか〉

解説 政治・経済統合の深化を目指す 経済面では、市場統合のために製品規格や職業資格の統一、**シェンゲン協定**による国境移動の自由化などを行い、また、通貨統合のために欧州中央銀行（ECB）を設立し、ユーロ参加国を対象とする統一金利の導入や財政赤字の管理などを行っている。一方、政治面では、加盟国国民には欧州議会の議員の選挙権を認め、欧州理事会（→補）の議長（EU大統領、→補）の役職も設けている。

②EUの主要機関

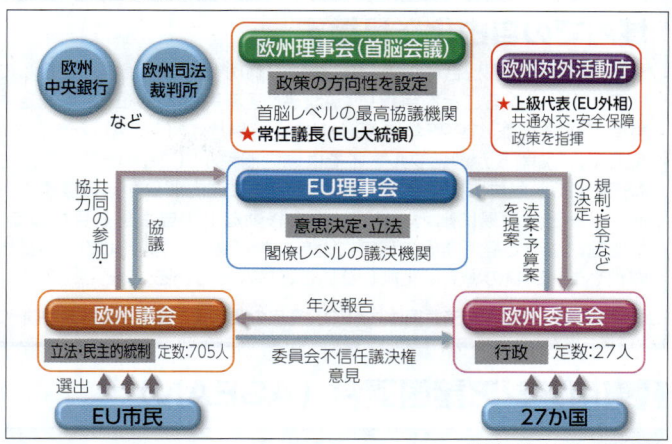

〈外務省資料〉（2020年6月）

解説 独自の統治機構を持つ EUの最高意思決定機関は、全加盟国の首脳や欧州委員会委員長、常任議長（EU大統領）が参加する**欧州理事会**であり、基本方針や政策の大局を決定する。具体的な政策は、加盟国の元首などが参加するEU理事会でまとめられ、加盟国国民から直接選挙された代表者で構成される欧州議会に諮られる。政策の執行機関（行政機関）にあたるのが欧州委員会であり、基本条約やEU法の解釈や適用を判断する司法機関として、欧州司法裁判所が置かれている。

③ イギリスのEU離脱問題

①急増する移民に高まる不満

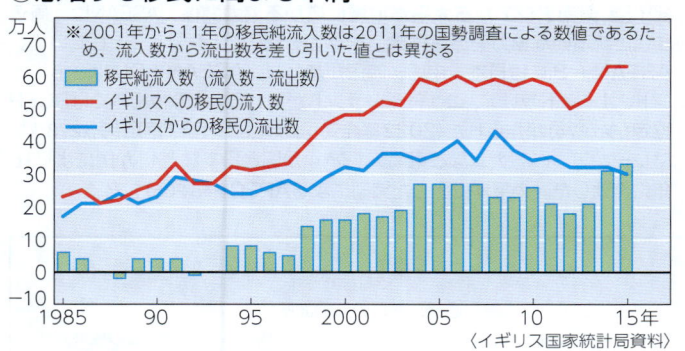

※2001年から11年の移民純流入数は2011年の国勢調査による数値であるため、流入数から流出数を差し引いた値とは異なる

- 移民純流入数（流入数－流出数）
- イギリスへの移民の流入数
- イギリスからの移民の流出数

〈イギリス国家統計局資料〉

↑イギリスへの移民流入数の推移

↑移民労働者の権利を訴える人々（イギリス）「私たちは皆労働者です、犯罪者ではありません」と、イギリスで働く移民労働者への差別に抗議している。

解説 欧州に右傾化の動きも
EUでは域内での移動の自由が認められており、イギリスでも2000年代以降EUに加盟したポーランドなどの東欧諸国から非熟練労働者が大量に流入していた。彼らは、格安の公営住宅に入居し、無料の国民保険サービス（NHS）を受けられる一方で、保険料や税金を納めない人も多く、「ただ乗り」の批判が高まっていた。フランス国民戦線やオランダ自由党、イギリス独立党など、近年、各国で**移民排斥**を訴える**右派政党が台頭**する傾向が見られる。

②イギリスのEU離脱をめぐるさまざまな意見

勝利 EU離脱派 得票率 51.9%		**敗北** EU残留派 得票率 48.1%
・移民が公共サービスを圧迫しており、移民抑制により社会保障費負担を減らせる	移民	・移民はイギリスの労働を支えており、移民が減ると労働力の不足が懸念される
・EUへの拠出金がなくなり、新たな財源を創出できる ・EUの各種規制から解放され、企業の成長が期待できる。また自由に貿易協定を結ぶことができる	経済	・離脱するとGDPの6％以上が落ち込み、330万人の雇用が脅かされる ・EUの単一市場へのアクセスを維持できる
・ヨーロッパの安全保障は北大西洋条約機構（NATO）などとの連携で担うので問題ない	安全保障	・離脱するとヨーロッパの集団安全保障が弱体化する ・テロなどの犯罪情報をEUと共有できる

〈2016年5月24日 産経新聞、ほか〉

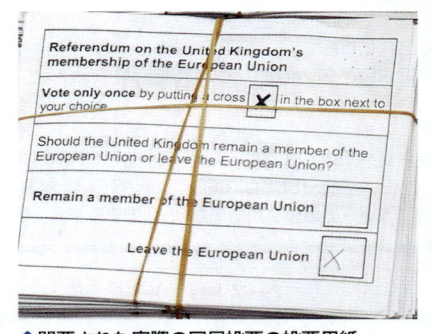

↑開票された実際の国民投票の投票用紙

解説 年齢層や地域により意見が分かれる
2016年に行われたEU離脱の是非を問う国民投票では離脱か残留かをめぐり双方からさまざまな見方が示された。各支持層は年齢層や地域によって特徴が見られ、18～24歳の若者の約7割が残留を支持し、逆に60歳以上の高齢者の約6割が離脱を支持した。また、スコットランドやロンドン地区など比較的高い所得層の多い地域で残留支持が多かった。

域内での自由化を目指す

東南アジア諸国連合（ASEAN）加盟の10か国は2015年、統合して一つの経済共同体となることを目指してASEAN経済共同体（AEC）を発足させた。東南アジアでは、1993年にASEAN自由貿易地域（AFTA）が作られており、ASEAN原加盟5か国とブルネイでは域内関税が2010年までに撤廃された。ASEAN10か国に広がったAECでは、18年に域内関税がほぼ撤廃された。物品・サービス貿易に加え、投資、人の移動などの自由化も目指しているが、加盟国によって経済発展の程度に大きな差があるため、EUのように域外共通関税や単一通貨の導入は実施しないことになっている。

→ASEAN経済共同体（AEC）発足の署名式で握手する各国首脳（2015年）

1 東南アジア諸国連合（ASEAN）

年次	主な動き
1961年	マラヤ連邦（現マレーシア）、フィリピン、タイにより東南アジア連合（ASA）発足
67年	**東南アジア諸国連合（ASEAN）発足**（原加盟国：インドネシア、マレーシア、フィリピン、シンガポール、タイ）
76年	第1回ASEAN首脳会議（バリ）
84年	ブルネイ加盟
93年	**ASEAN自由貿易地域（AFTA）発足**
95年	ベトナム加盟
97年	ラオス、ミャンマー加盟
99年	カンボジア加盟
2008年	ASEAN憲章発効
15年	**ASEAN経済共同体（AEC）発足**

解説 ASEANの発展　東南アジア諸国連合（ASEAN）は、インドシナ半島の共産主義勢力に対抗するため、1967年にインドネシア、マレーシア、フィリピン、シンガポール、タイの5か国で発足した。その後、インドシナ半島が政治的に安定し、90年代には東南アジアが経済的に大きく発展したことから、経済的な協力関係を強めていった。2008年にはASEAN共同体の構築に向けてASEANの機構の強化などを目的とするASEAN憲章が発効し、15年には**ASEAN経済共同体（AEC）**が発足した。

2 ASEANと周辺諸国の協力関係

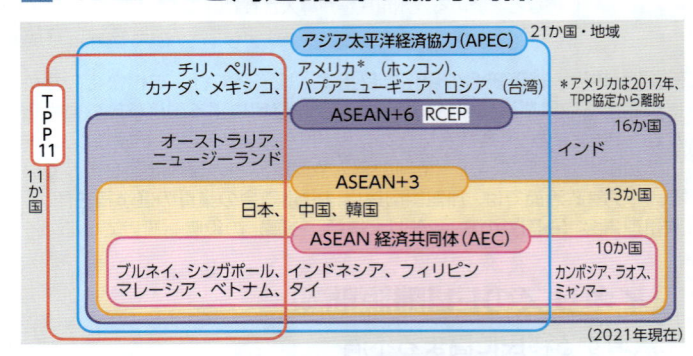

解説 東南アジアから太平洋地域に広がる協力関係　ASEANは、周辺諸国と経済的な協力関係を築き、この地域の安定化を図ろうとしている。**ASEAN＋3**には日本、中国、韓国が加わり、**ASEAN＋6**にはさらにインド、オーストラリア、ニュージーランドが加わる。この枠組みではRCEP協定（→p.274）が作られた（2022年発効）。また、TPP11協定（→p.273）は、マレーシア、ベトナムなど東南アジア4か国と日本など11か国により18年に発効した。太平洋に面した諸国によるAPEC（→p.265）もある。

まとめ ▪▪ ▬ ▬▬

Ⅰ　地域経済統合とは
・近隣の国々で結成された貿易や経済などに関わる同盟
・**欧州連合（EU）**、**米国・メキシコ・カナダ協定（USMCA）**、**南米南部共同市場（MERCOSUR）**、ASEAN経済共同体（AEC）、アフリカ連合（AU）、アジア太平洋経済協力（APEC）など
・冷戦終結後、統合の動きが活発化した
・統合の度合いにより、自由貿易協定→関税同盟→共同市場→経済同盟→完全な経済統合の段階がある

Ⅱ　EUの拡大と課題
・経緯　1952年、欧州石炭鉄鋼共同体（ECSC）発足→欧州統合の始まり
　　　　1967年、**欧州共同体（EC）**発足→ECSC、EEC、EURATOMを統合
　　　　1993年、ECがEUに改組→その後、加盟国が28か国まで拡大

　　　　2002年、単一通貨ユーロの流通開始
　　　　2009年、**リスボン条約**発効→EUの機構改革や欧州議会の権限強化
　　　　2020年、イギリスがEUから離脱
・政策　市場統合…製品規格や職業資格の統一、国境移動の自由化など
　　　　通貨統合…ユーロの導入、統一金利の導入、財政赤字の管理など
・課題　域内の経済格差を背景に、移民排斥の動きも

Ⅲ　ASEANが目指す地域経済統合
・経緯　1967年、**東南アジア諸国連合（ASEAN）**、5か国で発足
　　　　後にブルネイ、ベトナム、ラオス、ミャンマー、カンボジア加盟
　　　　2015年、ASEAN経済共同体（AEC）発足→地域経済統合を目指す
・ASEANと周辺諸国とは、経済的な協力関係を築く
　ASEAN＋3、ASEAN＋6（→RCEP協定）、TPP11協定、APECなど

補足解説	**欧州共同体（EC）**　欧州石炭鉄鋼共同体（ECSC）、欧州経済共同体（EEC）、欧州原子力共同体（EURATOM）の三つが統合され、1967年に発足した。原加盟国は西ドイツなど6か国。	**マーストリヒト条約**　1992年調印、93年発効。単一通貨ユーロの導入、共通の外交・安全保障政策、司法・内務の協力などが規定された。	**欧州理事会**　各国の元首などによって構成。EUの全体的な方針や優先課題を決定する。2009年のリスボン条約発効をもってEUの正式な機関となった。半年に2回以上会合を持つ。	**EU大統領**　欧州理事会議長で、欧州大統領ともよばれる。国際的な場においてEUを代表する。2009年にファン=ロンパイが初代として就任した。任期は2年半で、1度だけ再選可能。

 日本が複数の国と結んだ経済連携協定（EPA）は、その経済的な協力関係を構築する分野を、貿易の自由化に限定している。（15年、本）

海外進出を加速させる日本企業

↑パリにオープンしたユニクロに詰めかける人々（2009年　フランス）

日本企業の海外進出が拡大している。1980年代後半以降、生産コストの削減を目的に賃金の割安なアジアへ生産拠点を移転する動きが見られた。2000年代以降は、少子高齢化による国内市場の縮小を背景に、拡大する海外市場の獲得を目的とした海外進出が多い。カジュアル衣料品の生産・販売を行う「ユニクロ」は2001年にイギリスに進出して以来、急速に海外事業の売上高を伸ばしている。2021年8月末現在、国内810店舗に対し海外1,502店舗、海外事業の売上高は事業全体の約45％を占めている。特に近年は、経済成長が著しいアジアへの出店を加速させている。

Question
・経済のグローバル化が進んだことによって、世界経済においてはどのような変化や課題が見られるだろうか。（→ⅠⅢ）

4　国際経済の変化と課題

Ⅰ　世界経済のグローバル化

１グローバル化とは

解説 地球規模での一体化が進む　商品（モノ）・資本（カネ）・労働（ヒト）が国境を越えて自由に活動し、市場経済が地球規模に広がる状況を「**経済のグローバル化**」という。これらが顕著になったのは1990年代以降のことで、その背景には、東西冷戦の終結やIT革命（→p.285）に伴う情報ネットワークの拡大などがあった。経済のグローバル化の動きは、**安い労働力や大きな市場を求め海外に進出**する**多国籍企業**（→補）や、より高い利ざやを得るため為替や海外株式などへ資金を動かすヘッジファンドに象徴される。一方、市場競争の激化による格差拡大や、経済優先の政策がもたらす環境破壊などへの批判も高まり、サミットなどの国際会議の際は、大規模な抗議行動が展開されてきた。これはグローバル化に反対する「**アンチ・グローバリズム**（→補）」の動きである。近年は、グローバル化が自国の利益を阻害しているとして、保護主義の強化や国際的枠組みからの離反、移民排除などを主張する動きも広まっている。

２多国籍企業　〈出題〉

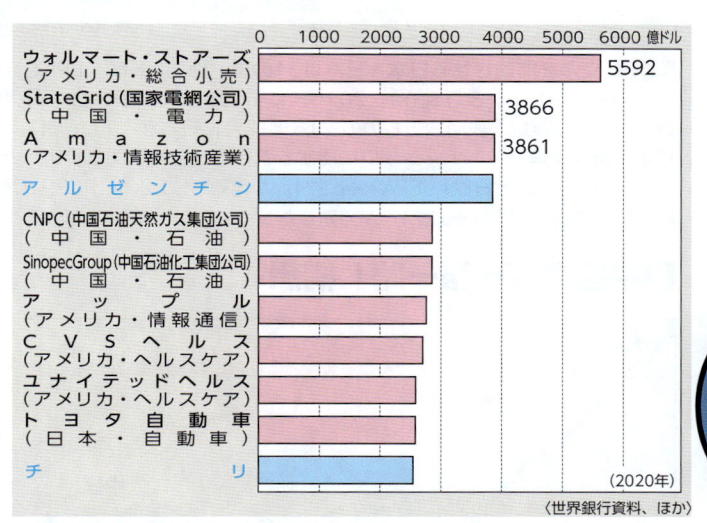

↑多国籍企業の売上高とGDPの比較

解説 国家の経済規模をしのぐ売上高の企業も　**多国籍企業**は複数の国に事業所を置き、生産・販売の最適環境を手に入れようとする。その中には売上高がOECD加盟国のGDPをしのぐ企業もあり、経済のグローバル化を背景に国際的展開は一層強まった。石油産業や自動車産業はその典型で、国境を越えた資本参加や技術提携が盛んになっており、世界的な寡占体制が形成されている。音楽産業や通信産業などでも、同様の傾向が見られる。また、複数の分野にまたがって事業を展開する企業を、複合企業（**コングロマリット**、→p.188）という。企業のM&A（合併・買収、→p.193）によって複合化するケースも多い。

1 FTA、EPAとは ◀出題

解説 貿易や投資の自由化を目指す 二つ以上の国・地域が、相互に関税やその他の貿易障壁を撤廃することを目的とした国家・地域間の協定を**FTA（自由貿易協定）**という。WTO加盟国の急増で多国間での貿易交渉（→p.262）が難しくなり、1990年代以降、FTAを発効するケースが増えている。貿易の自由化が中心であるFTAに加え、投資や労働力の分野においても自由化を目指す協定を**EPA（経済連携協定）**という。

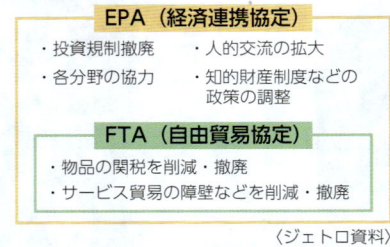

EPA（経済連携協定）	
・投資規制撤廃	・人的交流の拡大
・各分野の協力	・知的財産制度などの政策の調整

FTA（自由貿易協定）	
・物品の関税を削減・撤廃	
・サービス貿易の障壁などを削減・撤廃	

〈ジェトロ資料〉
↑FTAとEPAの違い

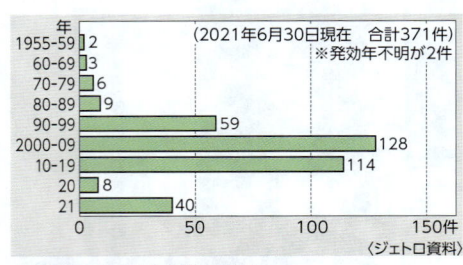

年	（2021年6月30日現在　合計371件）※発効年不明が2件
1955-59	2
60-69	3
70-79	6
80-89	9
90-99	59
2000-09	128
10-19	114
20	8
21	40

〈ジェトロ資料〉
↑世界のFTA発効件数の推移

2 日本のFTA・EPA

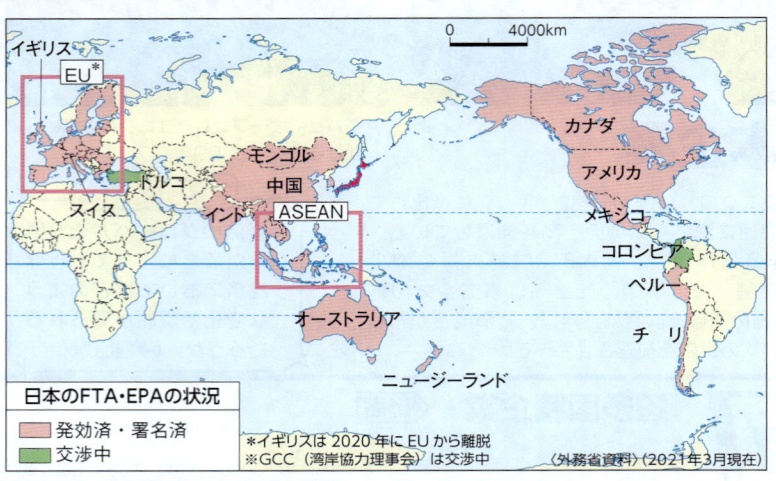

日本のFTA・EPAの状況
■ 発効済・署名済
■ 交渉中

＊イギリスは2020年にEUから離脱
※GCC（湾岸協力理事会）は交渉中
〈外務省資料〉（2021年3月現在）

解説 交渉を加速させる日本 日本は21の国・地域とFTA・EPAを発効・署名している（2021年3月現在）。2016年に署名されたTPP協定（→p.273、283）はアメリカが離脱を表明したものの、18年12月に日本など11か国によりTPP11協定（環太平洋パートナーシップに関する包括的及び先進的な協定）として発効した。19年にEUと日EU・EPA（→p.274）が発効し、22年にRCEP（地域的な包括的経済連携）協定（→p.274）が発効した。

日EU・EPA発効、チーズ市場開放へ

↑オランダの市場に並ぶたくさんのチーズ（2017年）

2017年に日本はEUとのEPAを大枠合意した。そして19年2月には日EU・EPAが発効し、世界のGDPの約28％を占める経済規模の自由貿易圏が誕生した。交渉に際し日本は自動車の関税撤廃をEUに求める一方で、EUが求めるチーズの市場開放に対しどう応じるかなどが焦点となり、双方とも関税の撤廃や引き下げを進める方向で合意した。日本の消費者にとっては、チーズなどの輸入食品が安く手に入るようになる一方で、日本の酪農家などは輸入品との競争を強いられることになる。

3 中国の「一帯一路」構想

経済

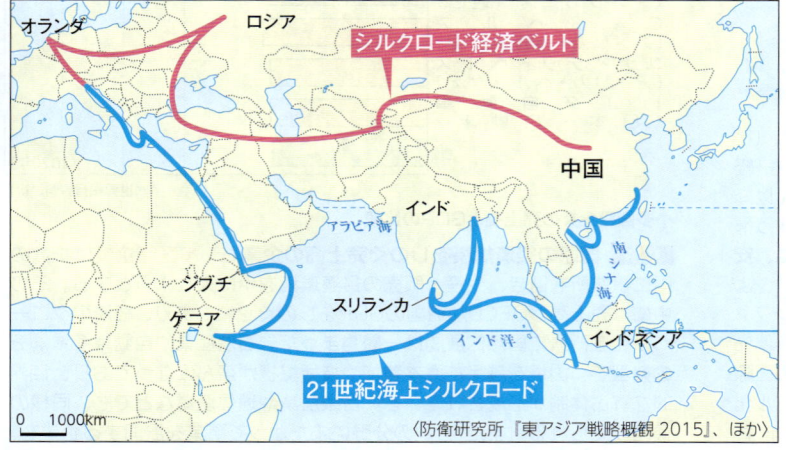

シルクロード経済ベルト

21世紀海上シルクロード

〈防衛研究所『東アジア戦略概観 2015』、ほか〉

↑中国の「一帯一路」構想 「一帯」が陸路のシルクロード経済ベルト、「一路」が海路の21世紀海上シルクロードである。

解説 陸上と海上で中国からアジア、アフリカ、ヨーロッパを結ぶルート 中国は、陸上と海上に新たなシルクロードを築く「一帯一路」構想を2013年に打ち出して以来、実現に向けた動きを進めてきた。これは陸上の「一帯」と、海上の「一路」から成り、この構想が実現すれば、中国はヨーロッパまでの物流ルートが確保できるとともに、その通過点である発展途上国が豊かになることで、自国の製品を売れる新たな市場を開拓することができる。15年には、この構想と並行して**アジアインフラ投資銀行（AIIB、→p.282）**を設立し、インフラ整備の資金面での支援体制も整えた。「一帯」では、中国とヨーロッパを結ぶ貨物列車の運行が17年に始まった。20年の新型コロナウイルス感染症の流行の際は、航空・海上の輸送量が減少して輸送力不足になったことも影響して、この貨物列車の運行本数・輸送量が増加した。

「一帯一路」のルート上の国と中国とは、二国間でのFTAを結んでいるところは少なく、首脳の宣言などによって協力関係を築いていることが多い。

○×チェック93　多国籍企業の中には、年間売上高がOECD加盟国一国の国内総生産（GDP）を上回る企業がある。（12年、本）

4 日本企業の海外進出と直接投資

アメリカ（117,285億ドル）

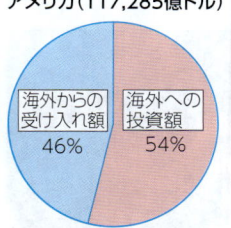

※1990〜2014年までの累計額
〈World Investment Report 2015〉

イギリス（32,470）
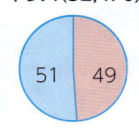
51　49

中国（18,149）
60　40

日本（13,638）
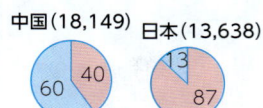
13
87

海外からの受け入れ額 46%
海外への投資額 54%

↑直接投資額の比較

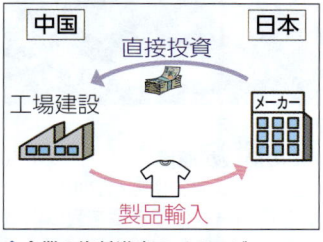
中国　直接投資　日本
工場建設　　メーカー
製品輸入

↑企業の海外進出のイメージ

解説　少ない日本の直接投資額
企業の海外進出を目的とする海外投資などを**直接投資**（→p.259）とよぶ。1980年代後半の円高と貿易摩擦を背景に、日本企業がアメリカや東南アジアに進出するケースが急増した。一方で、企業が海外に進出することで、国内の産業が停滞する**産業の「空洞化」**（→p.247）が進んだ。

　先進国の多国籍企業が発展途上国へ進出することが多いため、先進国は投資額、発展途上国は受け入れ額が大きくなる。アメリカやイギリスと比較して日本の直接投資額は少ないが、近年は増加傾向にある。

Ⅲ 新興国の台頭

アフリカで中国企業建設の国際鉄道開通

↑中国企業によって建設された鉄道（2016年　エチオピア）エチオピアとジブチを結んでおり、投資総額は約40億ドルに上った。

　2016年、エチオピアとジブチ両国の首都を結ぶ、アフリカ初の電気鉄道が開通した。総延長は750kmにわたり、アフリカの新たな輸送手段として注目されるこの鉄道は中国の銀行が大半を出資し、中国企業2社によって建設された。中国は近年、豊富な資金力を背景にして、アフリカでのインフラ事業や農業開発へ積極的に関与している。中国とアフリカの間では3年に一度「中国アフリカ協力フォーラム」が開催されており、18年の首脳会合では、中国がアフリカの発展のために今後3年間で600億ドルの支援をすると発表された。

5 金融の拡大

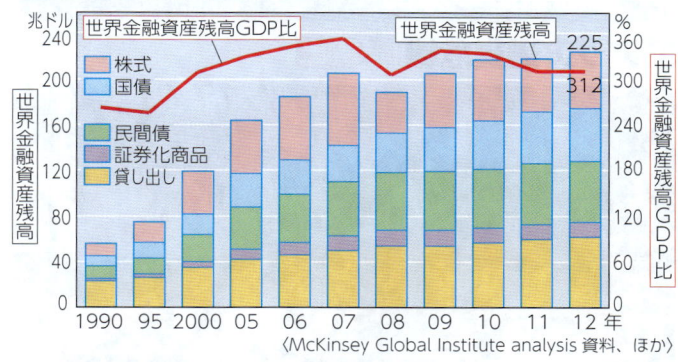

世界金融資産残高GDP比　世界金融資産残高
兆ドル
株式
国債
民間債
証券化商品
貸し出し

1990　95　2000　05　06　07　08　09　10　11　12年
〈McKinsey Global Institute analysis 資料、ほか〉

↑世界の金融資産残高と対GDP比の変化

解説　金融取引が世界経済を動かすことも　先進国ではGDPと比較した金融資産残高の比率が拡大し、経済における金融の割合が一層大きくなっている。金融資産が増大し金融商品の多角化などが進むと、多数の投資家から資金を集めて資金取引を代行する形の金融商品が現れた。こうして運用される資金や専門家・専門企業を「**ファンド**」という。

　一般に自由な市場において適正な規制がなされない場合、単に利益の追求のみに走る投資が横行し、財やサービスの生産を行う実体経済（→補）の混乱が見られることがある。金融市場でも同様に、お金を商品として取り引きする**マネー経済**（→補）が単なる利益追求のために急激に拡大し、実体経済に悪影響を与えることがあり、問題視されている。

1 BRICS　出題

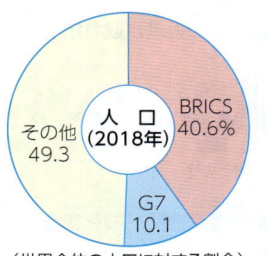
人口（2018年）
その他 49.3
BRICS 40.6%
G7 10.1
（世界全体の人口に対する割合）

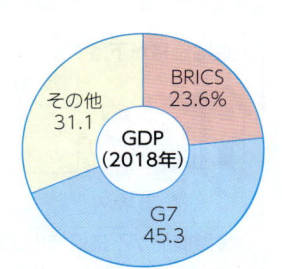
GDP（2018年）
その他 31.1
BRICS 23.6%
G7 45.3
（世界全体のGDPに対する割合）
〈国際連合資料，ほか〉

↑BRICSとG7の比較

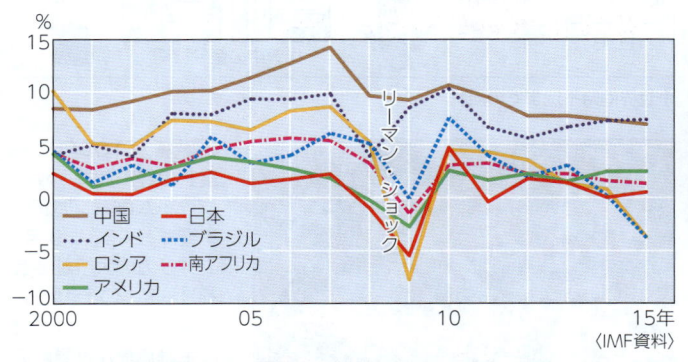
%
中国　日本
インド　ブラジル
ロシア　南アフリカ
アメリカ
リーマン・ショック
2000　05　10　15年
〈IMF資料〉

↑主な国の実質経済成長率の推移

解説　成長を続けるBRICS　BRICS（ブラジル・ロシア・インド・中国・南アフリカ）は、いずれも国土面積が広く（BRICS全体で世界の約3割）、人口が多く（世界の約4割）、天然資源が豊富な国である。南アフリカを除く4か国のGDPが、2040年頃にG6（日米英仏独伊）のGDPを上回る予測もある。14年のBRICS首脳会議では新開発銀行の設立（15年発足）と外貨準備基金の設立を合意するなど連携を深めている。

1 アジア通貨危機 〈頻出〉

↑預金引き出しのために銀行へ殺到する人々（1997年　タイ）

[解説] **世界に深刻な影響** **アジア通貨危機**は、1997年にタイの通貨バーツの暴落から始まり、フィリピン、インドネシア、マレーシア、韓国などの通貨が連鎖的に暴落した。98年にはこれら5か国がマイナス成長となり、なかでもタイ、インドネシア、韓国への影響は深刻で、IMFの支援を受けるまでに至った。世界的な投機集団である**ヘッジファンド**が短期資金を引き上げたことが原因とされている。翌99年には、これら5か国もプラス成長に転じたが、通貨危機は世界に波及し、ロシア、ブラジルなどでも同様の通貨危機に見舞われた。

2 サブプライムローン問題 〈出題〉

↑支払いの遅滞で差し押さえられた家（2008年　アメリカ）

[解説] **アメリカで広がった住宅バブルの崩壊が原因** **サブプライムローン**とは、アメリカの低所得者向け住宅ローンで、住宅バブルに沸いた2000年代前半に利用者が急増した。このローンの返済金を受け取る権利（債権）は証券化され、世界中の投資家の間に広まっていた。しかし、04年、アメリカの中央銀行にあたる**連邦準備制度理事会（FRB）**が低金利政策を転換し、金利を引き上げた。これを機に住宅価格は下降に転じ、値上がりを見込んでローンを組んだ人は返済不能になり、多くの金融機関が不良債権を抱え込み、07年にサブプライムローン問題となった。

3 リーマン・ショックから世界同時不況へ

 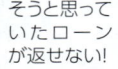 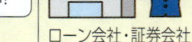

①住宅価格が下落する
転売して返そうと思っていたローンが返せない！
ローンを借りた人

②住宅ローンの返済が遅れ出す
ローンを証券化した金融商品が全く売れず、株価が下がった！
ローン会社・証券会社

③金融商品が不良債権化する
儲かると信じて5億円分の金融商品を借金してまで買ったのに
不良債権
投資銀行

④世界中の金融機関が損をする
不良債権　不良債権
大損だ！
世界中の金融機関

↑世界同時不況までの流れ

↑リーマン・ショックによる株価暴落で、頭を抱える金融関係者（2008年　アメリカ）

[解説] **「100年に一度」の経済危機** サブプライムローン問題の影響で、2008年9月、アメリカの大手証券会社リーマンブラザーズが倒産した。これを機に金融危機が世界に広がり、**世界同時不況**を招いた。大手金融機関の連鎖的倒産を恐れて、各国では政府による公的資金の投入などの支援策が講じられた。日本も金融不況による世界的な消費の落ち込みや、日本への資金集中による円高によって、大きなダメージを受けた。

4 ユーロ危機 〈出題〉

↑政府の緊縮財政策に反対するデモ（2011年　ギリシャ）

PIIGS※

ギリシャ
巨額の財政赤字発覚
↓
債務不履行（デフォルト）の懸念
↓
国債価格が下落
長期金利が上昇
→国債の利払費増加
→資金調達が困難に
↓
EUに支援要請

不動産バブルの崩壊（アイルランド、スペイン）
巨額の政府債務（イタリア）
低成長（ポルトガル）
↓
厳しい財政状況
↓
デフォルトの懸念が広がり、国債価格下落、長期金利上昇へ

※財政状況が厳しい5か国[ポルトガル（Portugal）、アイルランド（Ireland）、イタリア（Italy）、ギリシャ（Greece）、スペイン（Spain）]の頭文字をとった表現

↑ギリシャ財政危機とその影響

[解説] **ギリシャの財政問題がEU全体に波及** 2009年にギリシャで財政危機が発覚した。この財政危機に伴う信用不安は、EUから財政支援を受けているアイルランドやポルトガル、さらに財政赤字の大きいスペイン、イタリアに急速に広がった。さらに、これらの国々に多くの債権を持つドイツ、フランスなどの金融機関も危機に巻き込まれ、破綻する銀行も現れた。こうした状況のなかで、単一通貨ユーロに対する信用不安が高まり、**ユーロ危機**が起こった。ユーロ危機は世界経済を揺さぶり、日本でも、日本円がユーロよりも比較的安全と見なされたために投機資金が集中し、為替相場にも影響を与えた。

○×チェック94 韓国は、1970年代から80年代を通じて急速に工業化して飛躍的な経済成長を遂げ、アジア通貨危機の際にも経済成長率はプラスを維持した。（13年、本）

暗号資産(仮想通貨)ビットコインが国の通貨に

← 「ビットコイン、使えます」と書かれた看板がある店先（2021年　エルサルバドル）

　2021年9月、エルサルバドルは、世界で初めて暗号資産（仮想通貨）のビットコインを通貨として導入した。送金手数料が割安なため、海外で出稼ぎする家族からの仕送りに頼る貧困層の生活改善などを狙っている。しかし、価格変動のリスクが大きく、また多くの国民が銀行口座を持たないことから、導入に反対する人も多い。

1 国際金融をめぐる新たな動き

暗号資産とは
インターネット上に暗号化された資産。送金・支払い決済・投資に利用できる。「暗号資産取引所」で売買や交換などの取り引きを行う。日本円など各国通貨との交換も行える 特徴・個人間で直接送金することができる。（金融機関を介する必要がない） ・手数料が割安である。少額の送金や取り引きも行いやすい ・暗号資産取引には時間の制約がない ・世界共通の単位である。（ただし、他の暗号資産との間では異なる）

解説 **貨幣や硬貨が存在しない「通貨」の登場**　2009年に世界初の暗号資産（仮想通貨）ビットコインが登場した。暗号資産は、インターネット上で自由にやりとりでき、通貨のような機能を持つ電子データであることから、急速に世界に広まり、ショッピングなどの支払い決済への利用が増えてきている。なお、電子マネーも電子データでの決済手段の一つであるが、法定通貨による裏付けがあることが暗号資産とは異なる。

2 国際課税のルール作り

①デジタル課税

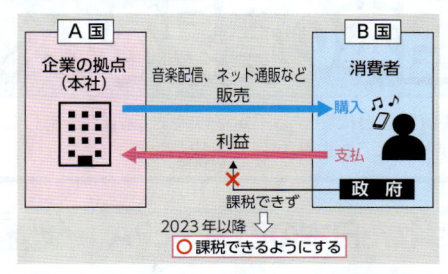

解説 **企業が拠点を置かない国でも課税が可能に**　これまで音楽配信やネット通販などインターネットを通じて世界各国に事業展開する企業に対して、その企業の支店や工場などの拠点がない国は、利益への課税ができなかった。そのため、電子商取り引きが活発になっている現状に合わないとの多くの批判があった。このことから経済開発協力機構（OECD）では、デジタル課税ができるよう各国と交渉を進め、2023年から課税ができるようにすることで合意された。

②法人税に最低税率を設定

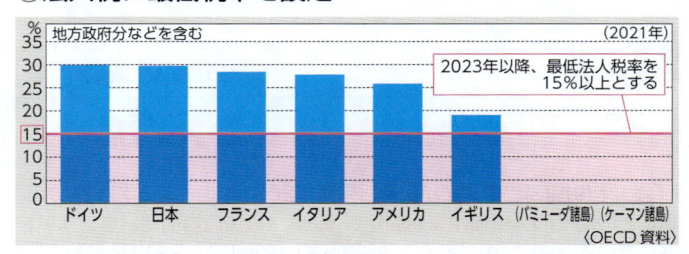

2023年以降、最低法人税率を15％以上とする

ドイツ　日本　フランス　イタリア　アメリカ　イギリス（バミューダ諸島）（ケーマン諸島）

〈OECD資料〉

解説 **世界共通で法人税の最低税率を15％に設定**　これまで、企業誘致を目的に法人税の引き下げ競争が進められてきた。多国籍企業は、租税回避地（タックス・ヘイブン）とよばれる低い税率の国・地域に子会社を作って利益を移すことで税率の差額分の課税を逃れることができた。これに歯止めをかけるため、2023年から世界共通で法人税の最低税率を15％に設定することが、21年に合意された。親会社がある国は、差額分の法人税を親会社に上乗せすることが可能となる。法人税率が低い国・地域に子会社や工場などの拠点を置いても、少なくとも15％の税負担を求められることとなる。

まとめ ■■ ■ ■

Ⅰ　世界経済のグローバル化
・経済のグローバル化…商品（モノ）・資本（カネ）・労働（ヒト）の国境を越えた自由な活動が進む。冷戦終結、情報ネットワークの拡大などが背景
・**多国籍企業**…安い労働力と大きな市場を求め、企業の国際的展開が進む

Ⅱ　進む自由貿易協定
・FTA（自由貿易協定）…関税やその他の貿易障壁の撤廃を目指す
・EPA（経済連携協定）…FTAに加え、投資や労働力の自由化などを目指す
・日本は2000年代以降、ASEAN諸国や中南米諸国などとFTA・EPAを締結
・中国の「一帯一路」構想…陸上と海上で中国とアフリカ、ヨーロッパとを結ぶ経済圏構想
・日本の直接投資…1980年代後半の円高・貿易摩擦を背景に海外進出が急増。産業の「空洞化」が進行
・金融取引の拡大…金融資産が増大し、金融商品が多角化。実体経済への影響が問題視されるケースも

Ⅲ　新興国の台頭
・BRICS…ブラジル・ロシア・インド・中国・南アフリカの5か国。国土面積が広く、人口が多く、天然資源が豊富

Ⅳ　国際金融の混乱
・**アジア通貨危機**（1997年）…タイの通貨暴落を皮切りに、東南アジアや韓国などの通貨が連鎖的に暴落。**ヘッジファンド**の活動が引き金
・サブプライムローン問題（2007年）…アメリカの**サブプライムローン**の債券が不良債権化。証券化により世界中に広がっていたため、問題が拡大
・リーマン・ショック（2008年）…大手証券会社リーマンブラザーズが倒産。世界金融危機に発展し、**世界同時不況**を招く
・**ユーロ危機**（2010年）…ギリシャの財政危機が、ユーロの信用不安に発展

Ⅴ　世界経済のこれからの課題
・暗号資産（仮想通貨）の登場…貨幣や硬貨が存在しない「通貨」
・デジタル課税と法人税の最低税率15％の設定を2023年から実施へ

経済

補足解説

多国籍企業
マクドナルド（アメリカ）、ダンロップ（イギリス）、Google（アメリカ）、アディダス（ドイツ）など身近に多国籍企業は数多くある。

アンチ・グローバリズム
グローバル化によって他国から流入した製品や労働力に反発する運動。グローバル化の象徴である多国籍企業などを襲撃するケースが多い。

実体経済
経済を生産・消費面と貨幣・金融面に分けたときの、生産・消費面を表す概念。国内総生産などで計測される個人消費や民間設備投資など。

マネー経済
株式の売買や証券取引、銀行への預貯金など、お金だけで市場が動き、それにより、利益や損失を生み出していく経済。

○×チェック答え❾④　× アジア通貨危機によって韓国は大きな打撃を受け、1998年にマイナス成長を記録した。

ゼミナール 深く考えよう
日本の貿易をめぐるさまざまな協定

POINT 近年、日本は貿易などに関する協定を次々と結んできました。これらは今後の日本経済にも大きな影響を与えます。それぞれの協定がどのようなものか見てみましょう。

I　近年結ばれた日本のFTA・EPA　〈出題〉

	TPP11協定	日EU・EPA	日米貿易協定	RCEP協定
発効	2018年	2019年	2020年	2022年
参加	日本、カナダ、メキシコ、ペルー、チリ、オーストラリア、ニュージーランド、ベトナム、マレーシア、シンガポール、ブルネイ	日本、EU27か国	日本、アメリカ	日本、ASEAN10か国、中国、韓国、オーストラリア、ニュージーランド
人口	約5.1億人	約5.7億人	約4.5億人	約22.7億人
GDP	約11.2兆ドル	約20.7兆ドル	約26.5兆ドル	約25.8兆ドル

(2019年)〈世界銀行資料、ほか〉

解説 **自由貿易協定などが次々と発効**　2021年現在、日本は21の国・地域との間でFTA（自由貿易協定）・EPA（経済連携協定）を発効・署名している（→p.269）。なかでも、18年に発効したTPP11協定や、19年に発効した日EU・EPA、そして22年に発効したRCEP協定により、参加国の人口やGDPが大規模な多国間の自由貿易圏が形成されている。さらに、二国間交渉によってアメリカとの間でも日米貿易協定が発効している。こうした自由貿易圏に加わることにより、貿易が活発化し、日本の経済成長につながることが期待されている。

II　TPP11協定（環太平洋パートナーシップに関する包括的及び先進的な協定）　〈出題〉

↑TPP11協定発効にあたりカナダ産牛肉をPRする貿易担当大臣(右)(2019年)

年	出来事	協定
2006	TPP協定の前身となる協定が4か国（シンガポール、ニュージーランド、チリ、ブルネイ）で発効	TPP協定
10	アメリカ、オーストラリア、ペルー、ベトナム、マレーシアが交渉参加	
12	メキシコ、カナダが交渉参加	
13	日本が交渉参加。計12か国に	
15	閣僚会合で大筋合意	
16	12か国が署名	
17	TPP協定からアメリカが離脱。アメリカを除く11か国で交渉再開	TPP11協定
18	11か国で署名、発効	

↑TPP協定・TPP11協定の歩み

日本への輸入	米	オーストラリア産に無関税の輸入枠を設けて13年目に8400tに
	牛肉	関税を38.5%から16年目に9%に
	チーズ*	関税を29.8%から16年目に撤廃
輸出	工業製品	カナダが乗用車の関税を5年目に撤廃するなど各国がほとんどの品目を撤廃
	米、牛肉	各国が関税を撤廃
その他		ベトナム、マレーシアが外資の規制を緩和

*チェダーチーズなど
↑主な品目の関税率などの変化（TPP11協定）

解説 **アメリカが離脱し11か国に**　TPP協定はその前身となる協定が2006年に4か国（シンガポール、ニュージーランド、チリ、ブルネイ）で発効した。そこにアメリカやオーストラリアなどが参加を表明し、日本も13年から交渉に参加した。各国の思惑が対立して交渉は難航したが、16年に協定は12か国で署名された。しかし、17年に就任したアメリカのトランプ大統領はTPP協定は自国の産業にとって不利になるとして離脱を表明。残る11か国で再度交渉が行われ、16年段階の関税率などをおおむね踏襲する形で、18年にTPP11協定が署名された。
　TPPは当初、アメリカを含めた参加12か国のGDPが世界の約4割を占める見込みであったが、アメリカ離脱後は約13%にとどまっている。しかし21年からはEUを離脱したイギリスが加盟交渉を開始し、台湾や中国も加盟を申請するなど、拡大に向けた動きもある。

Ⅲ 日EU・EPA（日EU経済連携協定）

解説 高水準の自由化 2013年に交渉が始まった日本とEU（欧州連合）との間の経済連携協定（日EU・EPA）が、19年に発効した。参加国のGDPは世界の約28％を占め、世界最大規模の自由貿易協定の一つとなった。協定の内容でも、農産品や工業製品にかかる関税を日本が約94％、EUが約99％撤廃するというように、高水準の自由化が設定された。その背景には、当時自国第一主義を強めていたアメリカや、ＥＵから離脱したイギリスなど、自由貿易から保護貿易に傾斜しつつある国々に対抗する狙いがあったとみられる。

↑日EU・EPAを受けて値下げされたヨーロッパ産ワイン（2019年）

日本への輸入	牛肉	関税を16年目に9％に
	チーズ	低関税枠を設け、枠内の税率を16年目に撤廃
輸出	工業製品	日本車の関税を8年目に撤廃
双方	ワイン	双方はワインの関税を即時撤廃

↑主な品目の関税率などの変化（日EU・EPA）

Ⅳ 日米貿易協定

↑日米貿易協定の署名後に会見するトランプ大統領（2019年） 日本の関税率を引き下げ、アメリカに有利だと主張した。

解説 輸入農産物への関税はTPPと同水準に 17年にTPP協定から離脱したアメリカのトランプ大統領は、自国に有利な条件を引き出すべく、日本と二国間交渉を進めた。こうして発効した**日米貿易協定**により、アメリカから日本に輸出される農作物の関税はTPP協定参加国と同水準にまで引き下げられた。一方、日本から輸出される自動車や部品などについては、引き続き協議するという扱いにとどまった。

日本への輸入	米	無関税枠は設定せず
	牛肉、チーズ、ワインなど	・TPP（環太平洋パートナーシップ）協定と同水準に引き下げ、撤廃 ・約72億ドル（約7800億円）分のアメリカ産農産物の関税の引き下げ、撤廃
輸出	工業製品	日本車・部品に対する関税は維持。さらなる交渉を実施

↑主な品目の関税率などの変化（日米貿易協定）

Ⅴ RCEP（地域的な包括的経済連携）協定

解説 日中韓で初のEPA ASEAN10か国に日本、中国、韓国、オーストラリア、ニュージーランドを加えた**RCEP協定**は、2012年に交渉が開始され、22年に発効した。参加国の人口やGDPはTPP11協定や日EU・EPAを上回る大規模なものである。そして日本にとっては、最大の貿易相手国である中国と、第3位の韓国との間で締結された初めての経済連携協定となった。しかし、各国の思惑が対立し、関税率の撤廃はTPP11協定や日EU・EPAに比べて低い水準にとどまっている。

↑RCEP交渉に集まった各国首脳（2019年） 交渉にはインド（左から6人目）が参加していたが、自国産業の保護のために最終的に離脱した。人口約13億のインドが離脱したことで、RCEP協定における中国の影響力が強まるとみられる。日本は、自由貿易のルールの徹底などを中国に求めている。

日本への輸入	農作物	・重要5品目（米、麦、牛肉・豚肉、乳製品、砂糖）を関税撤廃対象から除外 ・輸入する農林水産品の品目の49〜61％で関税を撤廃
輸出	工業製品	自動車部品などの最終的な関税撤廃率は91.5％
その他		進出する企業に国が技術移転を要求することを禁止

↑主な品目の関税率などの変化（RCEP協定）

相次ぐ干ばつで深刻な食料危機に瀕するアフリカ

↑食料の配給に並ぶ人々（2011年 ソマリア）

　海面水温が上昇するエルニーニョ現象などによって、異常気象が引き起こされやすくなり、アフリカでは干ばつが相次いでいる。2011年にはエチオピア、ソマリアなどの東アフリカで、過去60年間で最悪ともいわれる干ばつが発生し、深刻な食料危機が生じた。さらに15年から16年にかけても大規模な干ばつが発生し、多くの国が凶作に見舞われた。特にアフリカ南部で甚大な被害をもたらし、ジンバブエでは農作物の収穫が前年に比べて半減した。これにより以前から続く慢性的な食料難がさらに悪化し、約1400万人が飢餓に直面したとされる。

Question
・発展途上国の経済にはどのような課題があるだろうか。（→Ⅰ）

5　経済格差の是正

Ⅰ 経済格差と南北問題

1 先進国と発展途上国　◆頻出

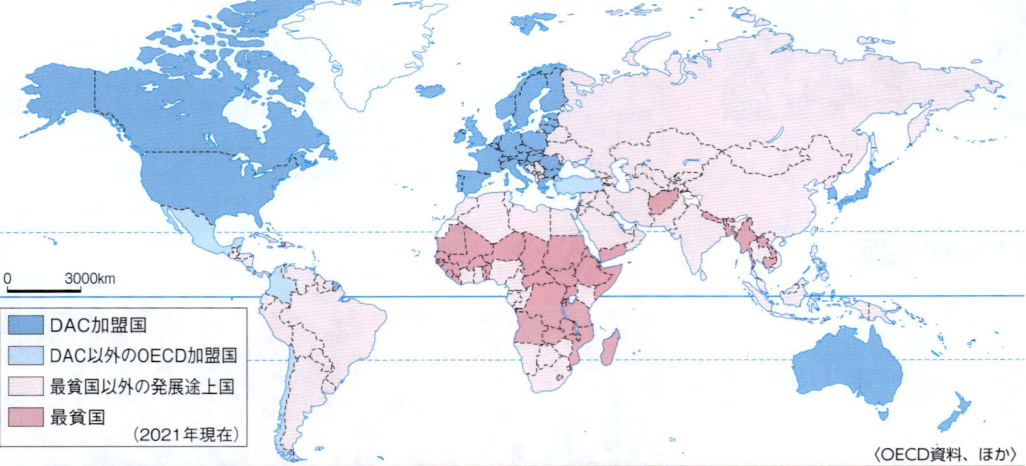

0　3000km

- ■ DAC加盟国
- ■ DAC以外のOECD加盟国
- ■ 最貧国以外の発展途上国
- ■ 最貧国　（2021年現在）

〈OECD資料、ほか〉

解説　発展途上国間にも大きな格差がある　地球の北の地域に多い豊かな先進国と、南の地域に多い貧困や飢餓に苦しむ発展途上国との間にあるさまざまな格差を**南北問題**（→p.279）という。この格差を解消するため、1961年、資本主義諸国間で世界的視野に立って国際経済全般について協力を行う機構として、**経済協力開発機構（OECD）**が設立された。「先進国クラブ」ともいわれるOECDの2021年12月現在の加盟国は38か国で、近年メキシコや韓国、東欧諸国の加盟によりその活動の幅は広がっている。下部組織には発展途上国への開発援助を行う**開発援助委員会（DAC、→補）**がある。しかし現在では、発展途上国間でも原油などの資源を持つ国々や新興工業地域（NIEs）などの経済発展のめざましい国・地域と、資源も少なく工業化も遅れた**後発開発途上国**（最貧国、LDC ／ LLDC、→p.279）との経済格差が広がってきている（**南南問題**）。

先進国	発展途上国		
経済協力開発機構（OECD） ・加盟国もしくはOECD開発援助委員会（DAC）加盟国 例）アメリカ、ドイツ、日本、オーストラリアなど	産油国 ・OPEC（→p.314）、OAPEC加盟国などの石油産出国 例）サウジアラビア、イラン、リビアなど	新興工業地域（NIEs） ・先進国から直接投資（→p.270）を積極的に受け入れ、工業化と製品輸出によって発展した国・地域 例）マレーシア、インド、ブラジルなど	後発開発途上国 （最貧国、LDC/ LLDC） ・栄養不足人口の割合などが一定水準以下、1人あたりGNI約1,018ドル以下（2021年）の国々 例）ソマリア、スーダン、バングラデシュなど

○✕チェック 95

資源ナショナリズムの高まりを背景として新国際経済秩序（NIEO）樹立宣言が採択されたのは、国連貿易開発会議（UNCTAD）においてである。（15年、本）

経済

❷ 南北間の格差 〈出題〉

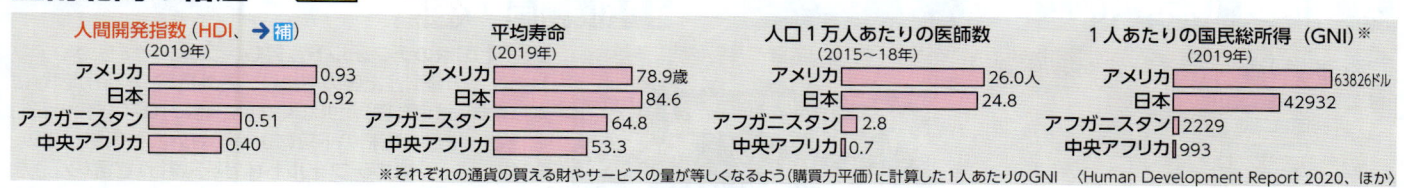

人間開発指数（HDI、➡補） (2019年)		平均寿命 (2019年)		人口1万人あたりの医師数 (2015〜18年)		1人あたりの国民総所得（GNI）※ (2019年)	
アメリカ	0.93	アメリカ	78.9歳	アメリカ	26.0人	アメリカ	63826ドル
日本	0.92	日本	84.6	日本	24.8	日本	42932
アフガニスタン	0.51	アフガニスタン	64.8	アフガニスタン	2.8	アフガニスタン	2229
中央アフリカ	0.40	中央アフリカ	53.3	中央アフリカ	0.7	中央アフリカ	993

※それぞれの通貨の買える財やサービスの量が等しくなるよう(購買力平価)に計算した1人あたりのGNI 〈Human Development Report 2020、ほか〉

❸ モノカルチャー経済 〈出題〉

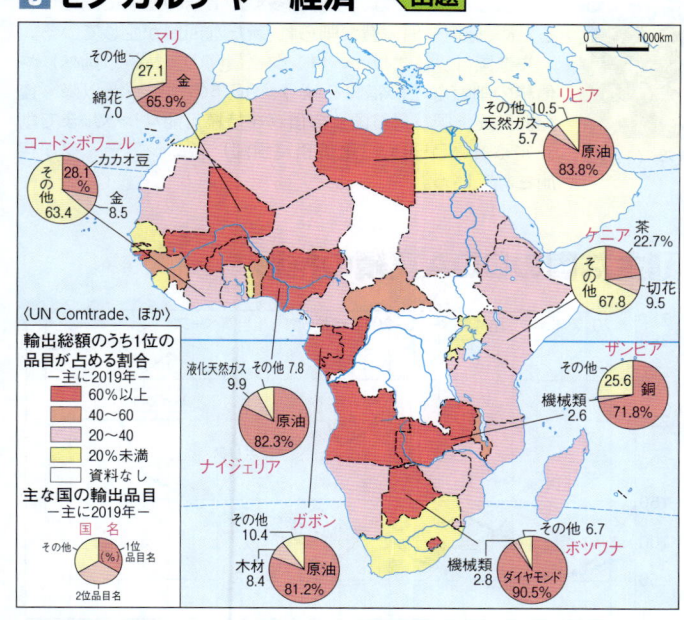

↑一次産品の国際価格の変動

解説 **特定の農産物や鉱物資源に依存した不安定な経済** モノカルチャー経済、➡p.280)とは、国の経済が特定の農産物や鉱物資源などの一次産品の生産や輸出に依存する状態で、アフリカなどの発展途上国に多く見られる。これらの国々の多くは、18世紀から19世紀にかけて、欧米諸国の植民地として原料供給地とされていた。そのため独立後もモノカルチャー経済から抜け出せず、農産物や鉱物資源への依存度が高い国が多い。一般に工業製品の価格は安定的で、むしろ上昇する製品もあるのに対し、一次産品の価格は変動が大きく、価格低下が国内経済の低迷をもたらしたり、貿易上不利益となったりすることが多い。

❹ 南北格差の是正の取り組み 〈頻出〉

↑ 「私たちは空腹だ」と書かれたからの米袋を身に着け、生活の窮状を訴える人々(2008年 セネガル) サブプライムローン問題以降、商品市場へ資金が流入したことにより、食料や資源価格が高騰した。このようななか、08年のUNCTAD総会では、発展途上国の食料問題への対応について話し合われた。

解説 **発展途上国が団結して取り組む** 南北格差を解決するための国際的な取り組みもある。1964年には**国連貿易開発会議（UNCTAD)**が設置され、第1回総会の**プレビッシュ報告（➡補）**を基に、発展途上国の経済開発と南北格差是正を進めている。また、74年には**資源ナショナリズム**の高まりを背景に、国連資源特別総会で「**新国際経済秩序（NIEO)の樹立に関する宣言**」が採択された。この宣言では、発展途上国が団結して、資源保有国による管理の自由や一次産品の価格保障などを主張し、先進国中心の国際経済システムの変革を求めた。

❺ フェアトレード 〈出題〉

生産者	フェアトレード認証商品

原材料 →

↑フェアトレード用コーヒー豆の生産者(左、ウガンダ)と、日本で販売されているフェアトレード認証を受けたコーヒー豆(右) 原料や製品を適正な価格で取り引きするフェアトレードは、発展途上国の生産者の自立につながる。

解説 **「援助」ではなく「公正な取引」を** 発展途上国で作られた農産物や製品を適正な価格で継続的に取り引きすることによって、立場の弱い発展途上国の生産者の生活と自立を支えるしくみや運動を**フェアトレード**という。農作物の価格は、多国籍企業の活動や投機資金の流入などで乱高下しやすい。フェアトレードは、**発展途上国側の生活を守り、環境に配慮した持続可能な発展**が実現できるような貿易の推進を目的としている。

〇✕チェック 答え95 ✕ 「新国際経済秩序（NIEO)樹立に関する宣言」が採択されたのは、1974年の国連資源特別総会においてである。

経済

Ⅱ 重債務（累積債務）問題

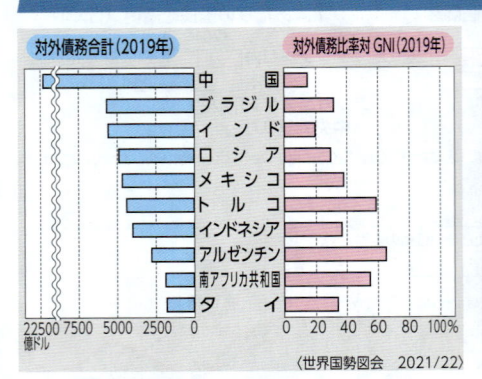

↑主な国の対外累積債務

対外債務合計（2019年）
対外債務比率対GNI（2019年）

〈世界国勢図会 2021/22〉

↑政府に財政健全化を求める人々（1982年 メキシコ）

① 重債務国 〔頻出〕

解説 **国家のデフォルト宣言も** ラテンアメリカやアフリカなどの発展途上国の中には、対外債務の返済が困難になった国（重債務国）が少なくない。特に1970年代の石油危機と一次産品価格の下落によって対外**累積債務**を生み、82年のメキシコの**デフォルト（債務不履行）宣言（→補）**など、国際金融不安を引き起こすことになった（→p.281）。このような国々では、予算の多くが債務の返還に向けられるため、教育や医療費が削られ、新たな問題が生じている。

先進国は**リスケジューリング**（債務の支払繰り延べ）や債務の削減などの措置を執り、96年のサミット以降、後発開発途上国（最貧国）の債務を持続可能なレベルまで削減するというHIPC（重債務貧困国）イニシアティブが実施されている。

Ⅲ 日本の経済協力

日本のODAで建設「日越友好橋」

↑日本のODAで建設された橋（2014年　ベトナム）

2015年にベトナムで、日本からのODAによって建設されたニャッタン橋が開通した。ベトナムの首都ハノイを流れるホン川に架かる東南アジア最大級の橋で、物流の効率化や交通渋滞の緩和が期待される。「日越友好橋」ともよばれ、日本とベトナムの友好の証にもなっている。ODAは、発展途上国の安定と発展に貢献するだけでなく、日本と発展途上国のきずなを強めることにも役立っている。

① 主な国のODA実績の推移

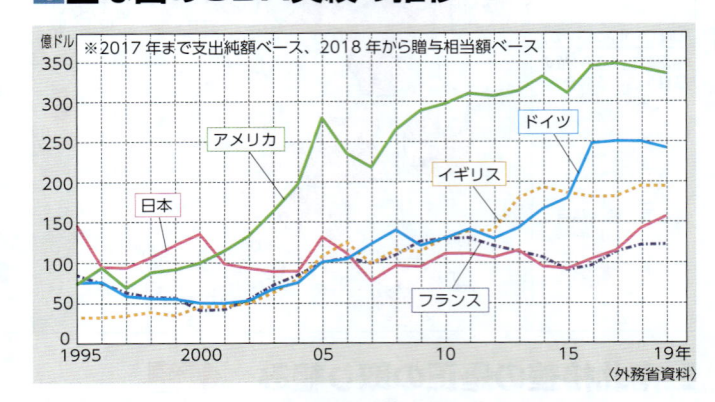

億ドル　※2017年まで支出純額ベース、2018年から贈与相当額ベース

〈外務省資料〉

解説 **日本はかつて世界最大の援助国だった** 1960年代以降本格化した**ODA**（政府開発援助、→p.176）の実績額（支出純額）は長年アメリカが1位であったが、89年に日本がアメリカを抜いて世界最大の援助国となった。その後も、90年を除き、2000年まで日本の1位が続いた。日本のODAは発展途上国のインフラの整備などに貢献してきたが、2000年代以降は厳しい国内経済・財政状況のなかで減額されていった。一方、欧米諸国は貧困がテロの温床になりうるとの認識を背景に、近年ODAを増額する傾向が見られる。

② ODAの分類

2019年/億円　※（ ）内の数値はODAに占める各援助の割合

ODA（政府開発援助）	二国間援助 国際協力機構（JICA）が担当	贈与	無償資金協力・医療や教育など、特定の目的のための返済義務を課さない資金供与	2789（13.5%）	●海外協力隊の活動もこの一環
			技術協力・研修員の受け入れや専門家の派遣など、人材育成を目的とした援助	2973（14.4%）	
		政府貸付等（有償資金協力）・円借款と海外投融資で、運輸・通信などのインフラ整備が多い		10249（49.7%）	●援助国から貸し付けが返済された場合、数値が−（マイナス）となる。
	多国間援助 国際機関に対する拠出・出資	贈与（無償資金協力）		3406（16.5%）	
		政府貸付等（貸付実行額）		1221（5.9%）	
		合計（支出総額）		20637	
		対GNI比（純額ベース）		0.22%	

〈ODA白書2020年版〉

解説 **ODAの分類** ODA（政府開発援助）とは、発展途上国の開発を目的とした政府や政府関係機関による援助のことである。発展途上国を直接支援する**二国間援助**のうち贈与には、**無償資金協力**で相手国に協力するものと、人材を育成する**技術協力**とがある。また、二国間協力で大きな比重を占めるのは**政府貸付等**（有償資金協力）である。このうち**円借款**は、開発のための資金を低金利、長期で貸し出すもので、借りた国は返済義務を負う。多国間援助は国際機関に対する出資・拠出で、国連開発計画（UNDP）や世界銀行などへ拠出・出資している。

○×チェック96

日本の政府開発援助（ODA）は、贈与や借款などの資金協力に限定されている。（15年、本）

3 日本のODAの特色 〈出題〉

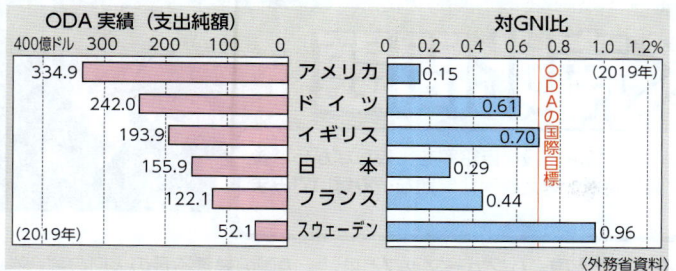

↑**各国のODA実績と対GNI比** 国際目標の達成国は29か国中5か国にとどまる。

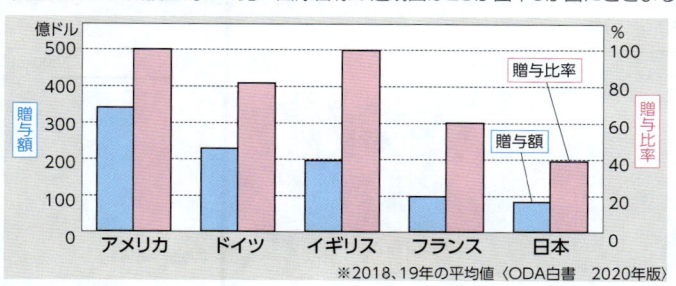

↑**主な国の贈与比率** ※2018、19年の平均値〈ODA白書 2020年版〉

解説 経済インフラ整備に重点 2019年の**日本のODA（政府開発援助）**実績は約156億ドル（世界第4位）だが、対GNI比は**国際目標**の0.7%に及んでいない。日本のODAは、**贈与**（無償資金協力・技術協力）の比率が低く、貸し付け（**借款**、→補）の比率が高いこと、道路や発電所など**経済インフラ整備**の割合が大きいことが特徴である。08年以降、二国間援助の形態である無償資金協力・技術協力・円借款を、**国際協力機構（JICA、→補）**が一元的に実施している。

4 日本のODA供与先の変遷

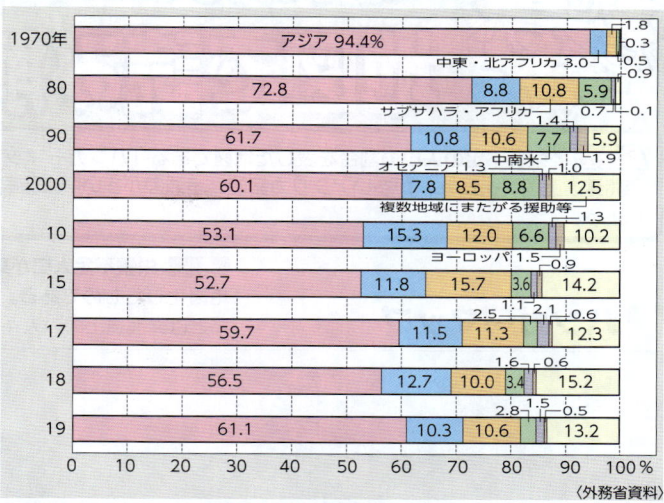

〈外務省資料〉

解説 **かつてはアジア地域への援助が中心** 日本は1954年にODAを開始して以来、約190の国・地域に対しておよそ3000億ドルに上るODAを供与してきた。特に、発展途上国の開発を担う人材育成を積極的に支援し、専門家をおよそ10万人、**海外協力隊**（→補）を5万人以上派遣し、研修員を37万人以上受け入れてきた。

かつては**アジア地域への援助が中心**だったが、東アジア地域の経済成長などもあり、近年は貧困がより深刻なアフリカ諸国に対する援助が増加傾向にある。また、15年には従来の**ODA大綱**に代わり、**開発協力大綱**が閣議決定された。日本の安全保障や経済成長に役立つ対外協力や自助努力支援と日本の経験を踏まえた自立的発展に向けた国際協力のほか、ODA以外の資金・協力との連携などが盛り込まれた。

まとめ ▮▮ ▮━▮ ▮━▮

Ⅰ 経済格差と南北問題

・**南北問題**…地球の北の地域に多い先進国と、南の地域に多い発展途上国との間にあるさまざまな格差
・**経済協力開発機構（OECD）**…1961年に設立された資本主義諸国間の経済協力機関。「先進国クラブ」ともいわれる
・**開発援助委員会（DAC）**…OECDの下部組織で、発展途上国への援助を行う
・南南問題→産油国や新興工業地域（NIEs）と、**後発開発途上国（最貧国、LDC／LLDC）**との間にある発展途上国どうしの経済格差
・**モノカルチャー経済**…アフリカの旧植民地諸国などに多い。特定の一次産品の生産・輸出に依存するため、経済が不安定
・南北格差の是正の取り組み
1964年、**国連貿易開発会議（UNCTAD）**設立。南北格差の是正を求めるプレビッシュ報告
1974年、「**新国際経済秩序（NIEO）**」の樹立に関する宣言」採択

・**フェアトレード**…発展途上国の農産物や製品を適正な価格で取り引きすることで、発展途上国の生産者の生活と自立を支えるしくみや運動

Ⅱ 重債務（累積債務）問題

・重債務（**累積債務**）問題…対外債務の返済が困難になること。1980年代に中南米諸国などで深刻化

Ⅲ 日本の経済協力

・**日本のODA（政府開発援助）**
ODA実績額…1990年代は世界1位であったが、2000年代以降は減額され、2016年現在は世界第4位
2国間援助…**贈与**（無償資金協力、技術協力）と政府貸付（円**借款**）がある。国際協力機構（JICA）が担当
多国間援助…国際機関（ユニセフ、アジア開発銀行など）に出資
・日本のODAの問題点…ODAの対GNI比は**国際目標**の0.7%に及ばない
・アジア向けの援助が多かったが、近年はアフリカ向けの援助が増加傾向

補足解説

開発援助委員会（DAC）
OECD加盟国のうちの29か国とEUで構成される組織で、発展途上国への援助の量や質を定期的に相互検討し、援助の拡大や効率化を図ることなどを目的としている。

人間開発指数（HDI）
所得だけでなく、平均余命や成人識字率などの社会生活に関わるさまざまなデータから算出された生活の質を測る指標で、**国連開発計画（UNDP）**がまとめている。1に近いほど生活の質が高いとされる。

プレビッシュ報告
1964年、第1回UNCTADでの提言。「援助よりも貿易を」をスローガンに、一次産品価格安定のための協定、発展途上国の工業品輸出に対する関税引き下げなど、南北問題解決の方向づけなどが示された。

デフォルト（債務不履行）宣言
デフォルト（債務不履行）とは支払うべきお金を支払えないこと。1982年にはメキシコが対外債務を返済できないと宣言した。

借款
低利・長期の緩やかな条件の資金貸付で、無償の援助とは異なる。日本が行う場合、円建てでの援助のため、円借款とよばれる。

国際協力機構（JICA）
JICAは、日本のODAのうち、二国間援助を一元的に実施する政府関係機関である。援助の対象となる国などについて調査・研究を行い、ODAの計画を策定し、現地での活動にあたる人材の確保や派遣を行うなど広範な役割を担う。

海外協力隊
海外協力隊は、発展途上国からの要請に基づき派遣される。隊員は、それに見合う技術・知識・経験と意欲を持つ人材から選ばれ、訓練を経てから派遣される。任期は原則2年間で、現地の人々と共に発展途上国の課題解決に取り組む。帰国後は、日本や世界で協力隊経験を生かした活躍が期待される。

✕ 資金協力だけではなく、研修員の受け入れや専門家の派遣などの技術協力も行われている。

経済

地図で見る **社会**

地図で読み解く南北問題

POINT 栄養不足の人口の割合を表した地図である「ハンガーマップ」と人口増加率と穀物自給率を比較しながら、後発開発途上国（→p.275）が多いアフリカ諸国、産油国が多い中東諸国、先進国の特徴を考え、南北問題を読み解いてみましょう。

1 ハンガーマップ

解説 栄養不足人口が集中する発展途上国 ハンガーマップとは、その国の栄養不足の人口の割合を地図化したものである。世界約77億人のうち、栄養不足の人々は約7億人（2019年）で、そのほとんどは発展途上国の人々である。

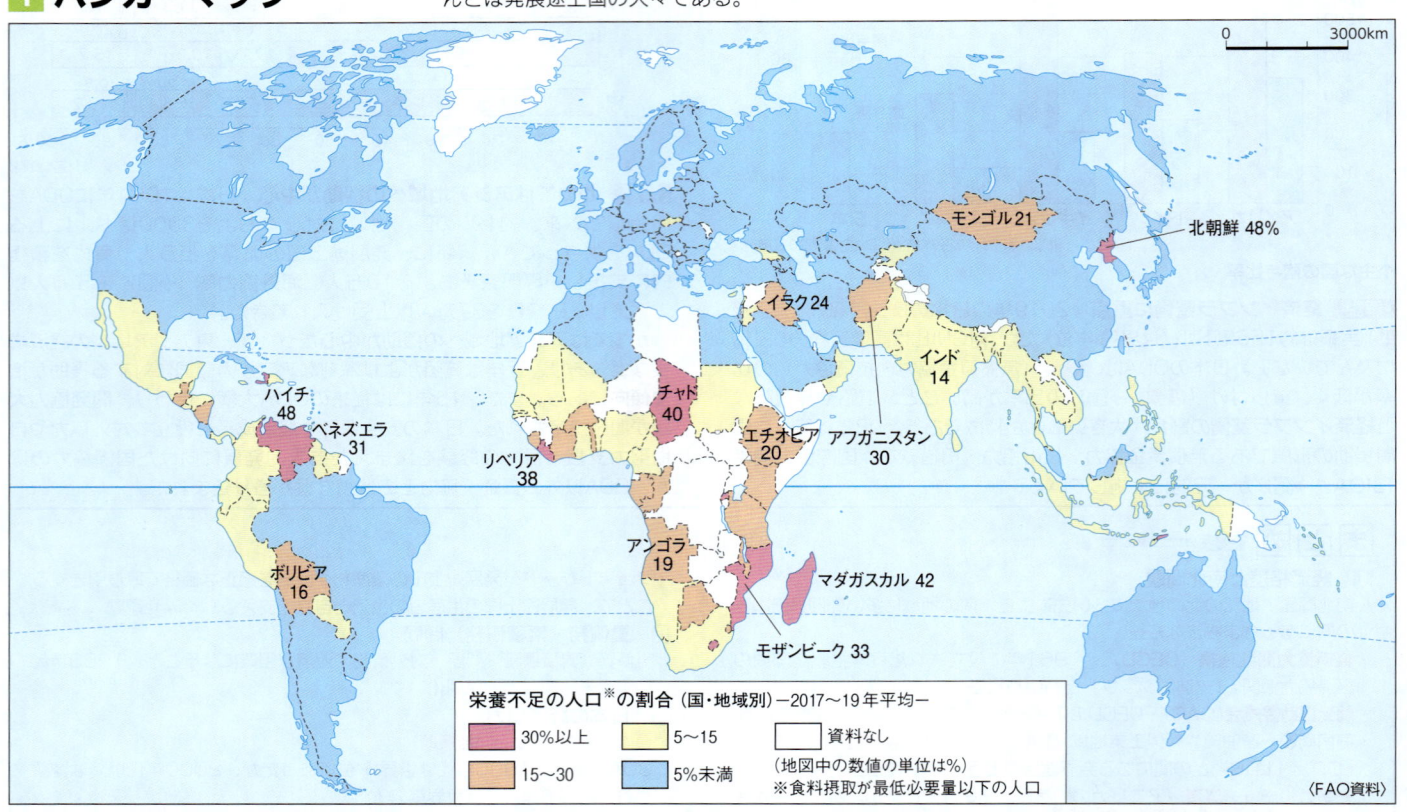

0　　　3000km

モンゴル21
北朝鮮 48%
イラク24
インド 14
ハイチ 48
ベネズエラ 31
チャド 40
エチオピア 20
アフガニスタン 30
リベリア 38
アンゴラ 19
マダガスカル 42
ボリビア 16
モザンビーク 33

栄養不足の人口※の割合（国・地域別）－2017～19年平均－

- 30%以上
- 5～15
- 資料なし
- 15～30
- 5%未満

（地図中の数値の単位は%）
※食料摂取が最低必要量以下の人口

〈FAO資料〉

食生活から見る世界の現状

アフリカ（ウガンダ）

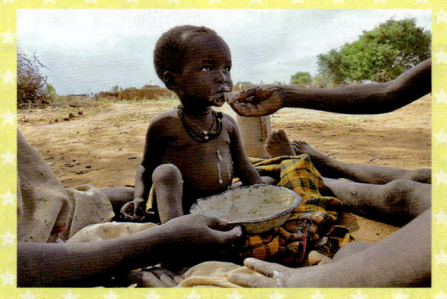

↑**食事を与えられる栄養失調の子ども** ウガンダでは、800万人以上の人々が栄養不足の状態にあるとされる。栄養不足は医療費の増大や労働人口の減少をもたらし、経済に負の影響を及ぼす。同国ではGDPの約5％が失われているという。

中東（サウジアラビア）

↑**配布する食料を準備する人々** ムスリムの五行の一つに「喜捨」があり、財産のある人が貧しい人に食料などを分け与える習慣がある（→p.14）。義務的なものと自発的なものがあるが、自発的な「喜捨」がラマダーン（断食）月によく行われる。

日本

↑**コンビニエンスストアに並ぶおにぎり** 売れ残りや食べ残しなど、本来食べられたはずの「食品ロス」は年間570万トン（2019年）に上る。これは飢餓に苦しむ国々への世界の食料援助量（約420万トン、2020年）を大きく上回っている。

解説 人口増加率が高いアフリカ・中東 アフリカ・中東は、子どもを**労働力**と見なし多産となることや、乳幼児死亡率の低下などにより人口増加率が高い。先進国でもアメリカなどは移民などにより増加率が高い。

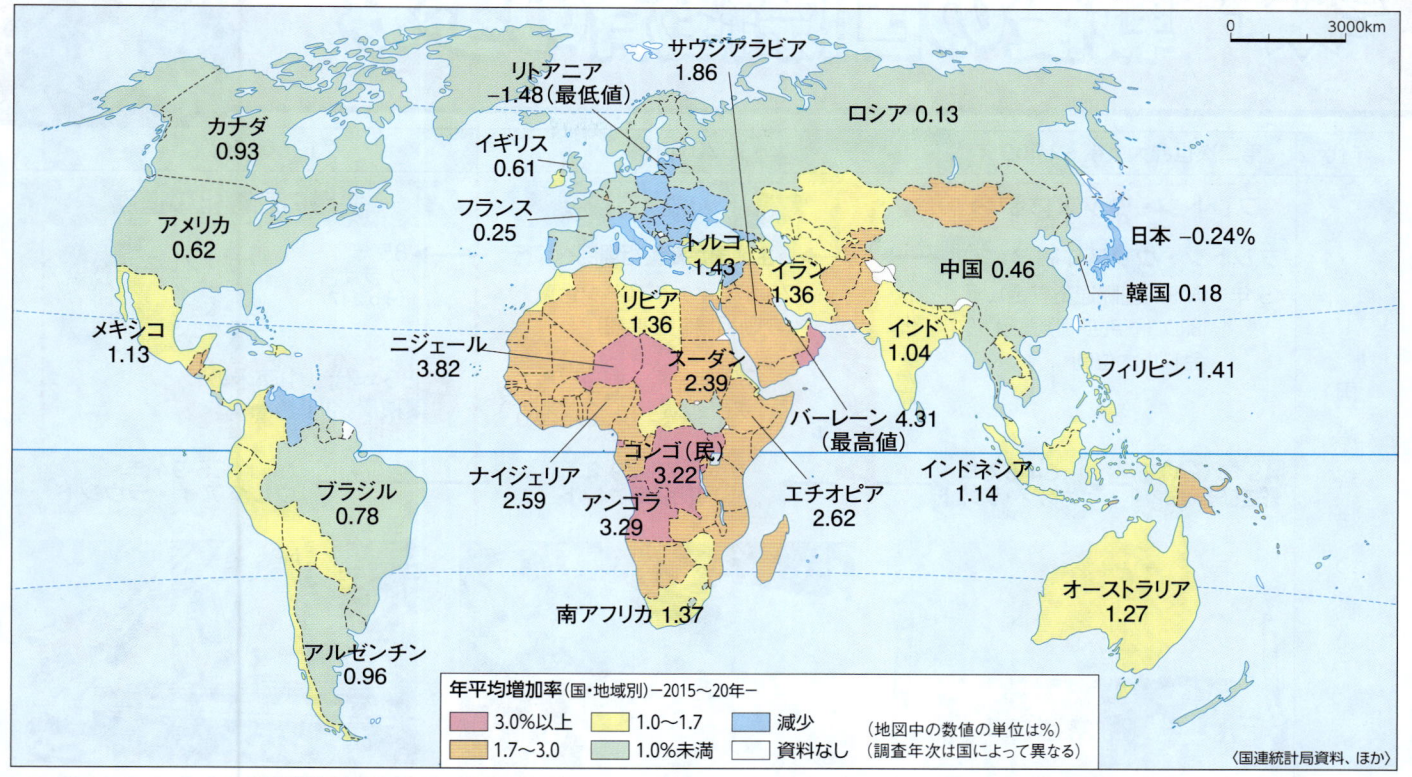

年平均増加率(国・地域別)−2015〜20年−

- 3.0%以上
- 1.7〜3.0
- 1.0〜1.7
- 1.0%未満
- 減少
- 資料なし

(地図中の数値の単位は%)
(調査年次は国によって異なる)

〈国連統計局資料、ほか〉

3 穀物自給率

解説 穀物自給率が低いアフリカ・中東 穀物自給率は、穀物消費をどれだけ自国生産で賄えるかを示す。**モノカルチャー経済**（→p.276）のアフリカや中東は低い。発展途上国の経済成長で、今後も世界全体の需要は増えるとみられる。

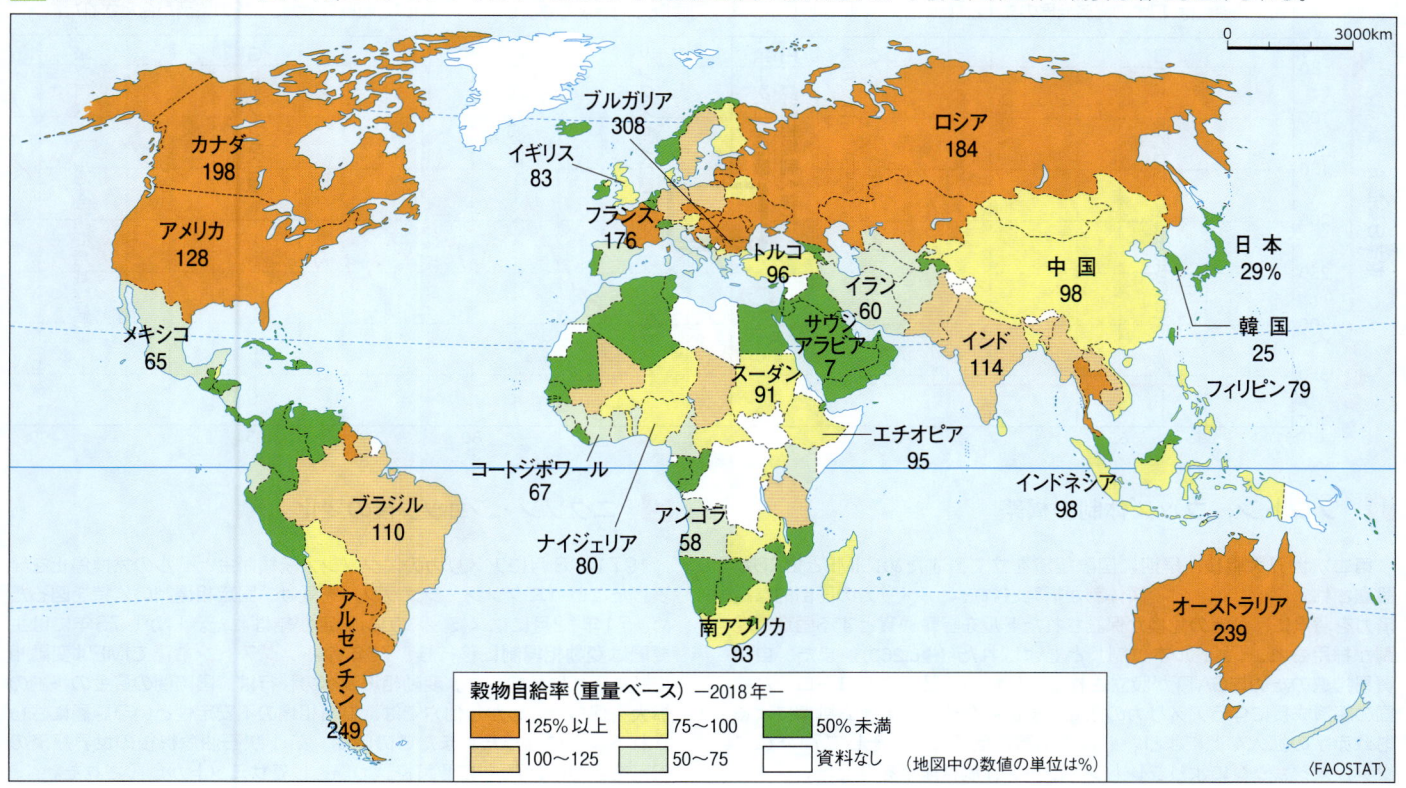

穀物自給率(重量ベース)−2018年−

- 125%以上
- 100〜125
- 75〜100
- 50〜75
- 50%未満
- 資料なし

(地図中の数値の単位は%)

〈FAOSTAT〉

変化で見る 社会
戦後の国際経済の歩み

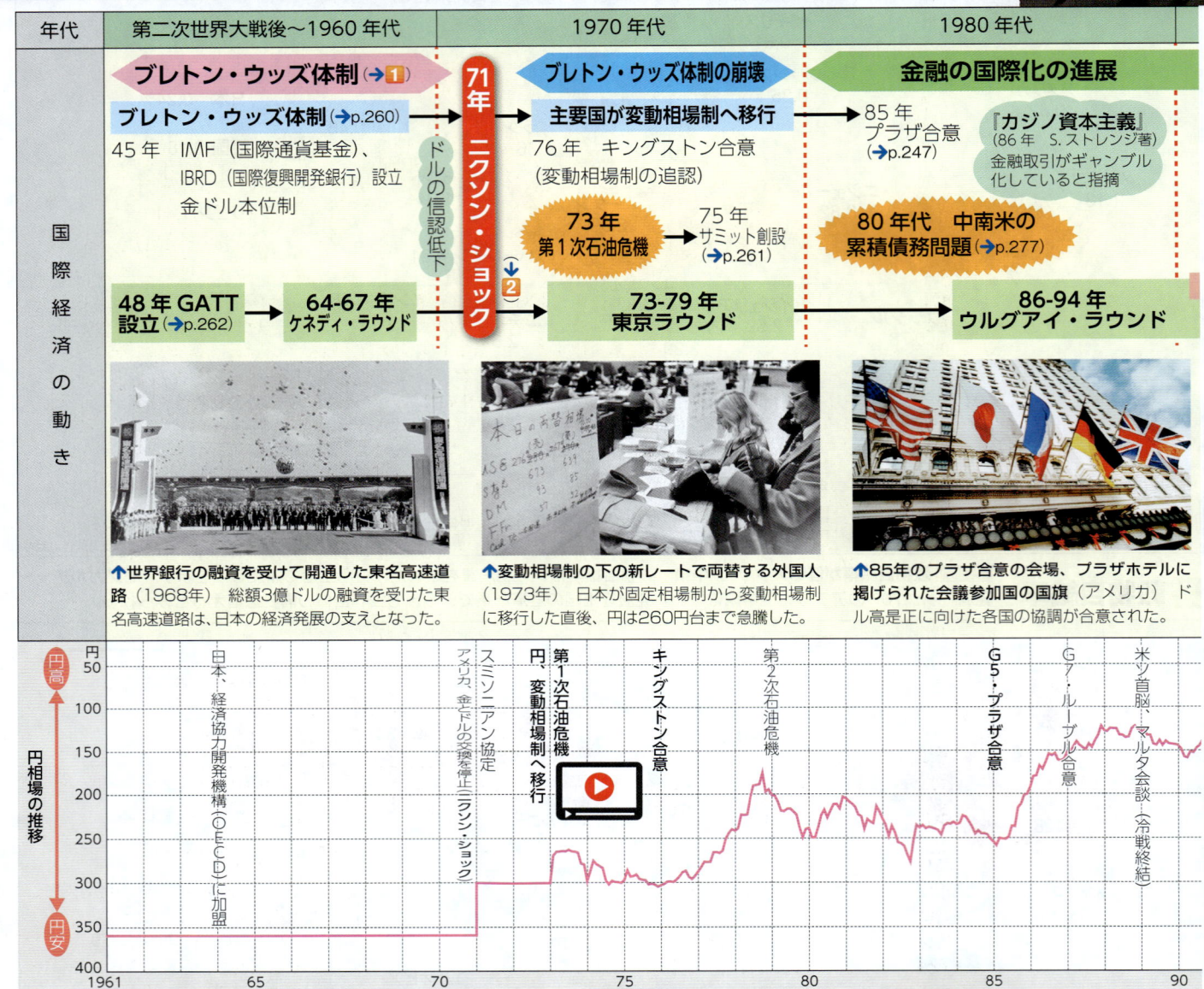

年代	第二次世界大戦後～1960年代	1970年代	1980年代

ブレトン・ウッズ体制（→■）

ブレトン・ウッズ体制の崩壊

金融の国際化の進展

ブレトン・ウッズ体制（→p.260）
45年　IMF（国際通貨基金）、
IBRD（国際復興開発銀行）設立
金ドル本位制

71年 ニクソン・ショック

ドルの信認低下

主要国が変動相場制へ移行
76年　キングストン合意
（変動相場制の追認）

85年
プラザ合意
（→p.247）

『カジノ資本主義』
（86年　S.ストレンジ著）
金融取引がギャンブル化していると指摘

**73年
第1次石油危機** → 75年
サミット創設
（→p.261）

**80年代　中南米の
累積債務問題（→p.277）**

**48年 GATT
設立（→p.262）** → **64-67年
ケネディ・ラウンド** → **73-79年
東京ラウンド** → **86-94年
ウルグアイ・ラウンド**

国際経済の動き

↑世界銀行の融資を受けて開通した東名高速道路（1968年）　総額3億ドルの融資を受けた東名高速道路は、日本の経済発展の支えとなった。

↑変動相場制の下の新レートで両替する外国人（1973年）　日本が固定相場制から変動相場制に移行した直後、円は260円台まで急騰した。

↑85年のプラザ合意の会場、プラザホテルに掲げられた会議参加国の国旗（アメリカ）　ドル高是正に向けた各国の協調が合意された。

円高　円相場の推移　円安

日本、経済協力開発機構（OECD）に加盟

アメリカ、金とドルの交換停止（ニクソン・ショック）

スミソニアン協定

円、変動相場制へ移行

第1次石油危機

キングストン合意

第2次石油危機

G5・プラザ合意

G7・ルーブル合意

米ソ首脳、マルタ会談（冷戦終結）

■ ブレトン・ウッズ体制の構築

　第二次世界大戦後、早期に国際経済を立て直すためにIMFとIBRDが設立され、ブレトン・ウッズ体制が構築された。アメリカの圧倒的な経済力を背景に、金との兌換が保証されたドルを基軸通貨とする固定相場制が採用され、「金ドル本位制」ともよばれた（→p.260）。また、自由貿易推進のためにGATTが設立された。しかし、日本や西ヨーロッパ諸国の経済成長に伴うアメリカの国際収支の悪化や、ベトナム戦争による財政赤字の拡大などにより、ドルの信認が低下した。そして71年のニクソン・ショックによりブレトン・ウッズ体制は崩壊を迎えた。

■ ニクソン・ショック後の変化

　1971年8月にアメリカのニクソン大統領が金とドルの兌換停止を発表したこと（ニクソン・ショック）を受け、固定相場制の維持を図るため、71年12月にはスミソニアン協定が結ばれた。しかし73年には主要国は変動相場制に移行し、76年のキングストン合意でIMFは変動相場制を正式に承認した。変動相場制への移行は、国際間の資金の移動の拡大を促した。しかし他方では、為替相場の不安定性という課題にさらされるようになった。またこの時期、第1次石油危機後の世界経済の安定を目的に、75年に政策協調の場としてサミットが創設された。

二次元コードで動画をチェック！

→トイレットペーパーなどを求めて殺到する人々（1973年）【再生時間：13秒】

※このマークがある出来事に関連する動画を見ることができます。

1990 年代	2000 年代	2010 年代〜

新たな国際協調体制の模索（→4）

EU 発足（→p.265）
93 年　マーストリヒト条約発効
99 年　単一通貨ユーロ導入

97 年 アジア通貨危機（→3、p.271）
タイ　インドネシア　韓国 など → 99 年 G20 創設

BRICS の台頭（→p.270） →
07 年　サブプライムローン問題
アメリカ → 08 年 リーマン・ショック 世界同時不況
10 年 ユーロ危機

存在感を増す中国（→ 巻頭 19）
15 年　アジアインフラ投資銀行（AIIB）発足
16 年　人民元が IMF の特別引き出し権※（SDR）の構成通貨に
18 年　TPP11協定発効

※外貨が不足した際に、SDR と引き換えに他国から外貨を融通してもらう権利。IMFへの出資額に応じて、各国に配分される。

FTA 締結の動きが活発化（→p.269）

→ **95 年　WTO 設立** → **01 年〜　ドーハ・ラウンド**

↑チャワリット首相の退陣を求めるデモ（1997年　タイ）アジア通貨危機以降の経済の混乱によって、タイでは政府への批判が高まった。

↑テントで生活するホームレス（2009年　アメリカ）リーマン・ショック後、アメリカでは失業率が急激に悪化し、ホームレスも増加した。

↑BRICS首脳会議にのぞむ各国首脳（2016年）BRICSは14年に、発展途上国のインフラ整備の支援を目的とした新開発銀行設立に合意した。

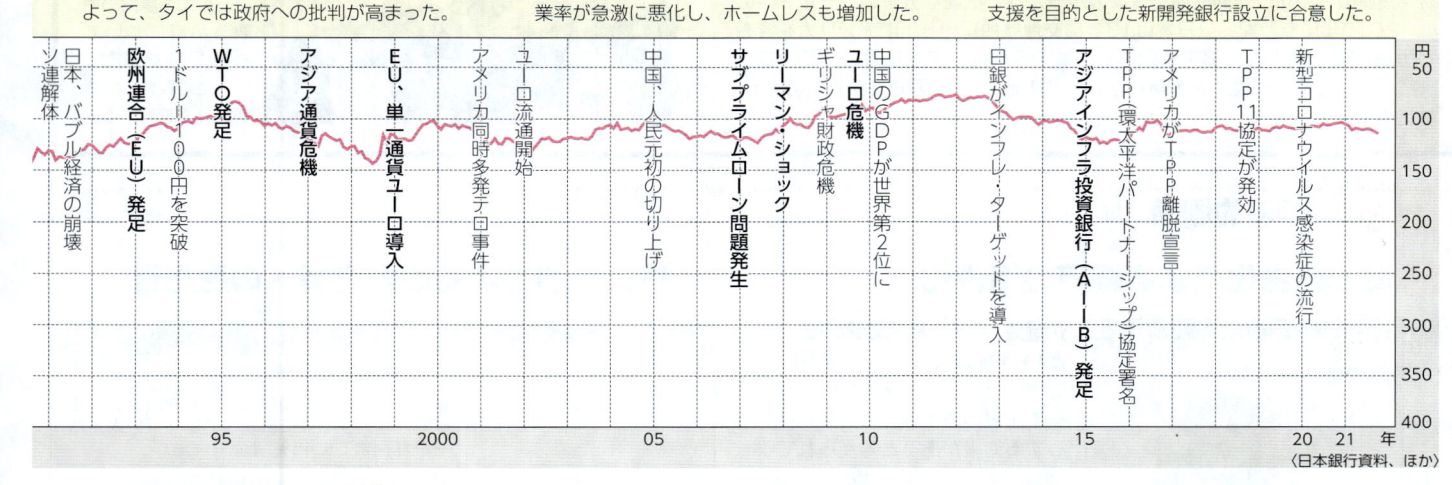

（縦書きグラフ注記、左から右へ）
ソ連解体／日本、バブル経済の崩壊／欧州連合（EU）発足／1ドル＝100円を突破／WTO発足／アジア通貨危機／EU、単一通貨ユーロ導入／アメリカ同時多発テロ事件／ユーロ流通開始／中国、人民元初の切り上げ／サブプライムローン問題発生／リーマン・ショック／ギリシャ財政危機／ユーロ危機／中国のGDPが世界第2位に／日銀がインフレ・ターゲットを導入／アジアインフラ投資銀行（AIIB）発足／アメリカがTPP離脱宣言／TPP（環太平洋パートナーシップ）協定署名／TPP11協定が発効／新型コロナウイルス感染症の流行

（縦軸 円）50 100 150 200 250 300 350 400
（横軸）95　2000　05　10　15　20 21 年
〈日本銀行資料、ほか〉

3　世界的な経済危機の頻発

　変動相場制への移行は為替介入の必要性を薄れさせ、国際的な資金の移動に対する規制の撤廃を促した。さらに1990年代以降は、冷戦の終結や情報通信技術の発達などにより、**経済のグローバル化**が急速に進んだ。このような背景の下、金融の国際化の動きが広がり、大量の資金が国境を越えて移動するようになった。しかしその結果、アジア通貨危機のように、一部の地域で発生した経済危機が、他の地域に連鎖し、世界的な危機へと発展する事態が発生するようになった。このような経験から、99年には新興国も含めた幅広い枠組みである**G20**が創設された。

4　これからの世界経済の課題

　近年、これまで世界経済を支えてきた国際協調体制にさまざまな変化が起きている。ロシアが2014年にG8から除外され、イギリスは20年にEUから離脱した。アメリカは技術力や資源力、経済力などで依然世界のトップクラスだが、その力は相対的に弱まっている。これに対して、中国やインドなどの新興国が台頭してきているが、政治面や経済構造などでいまだ課題が見られる。これまで世界経済をリードしてきた日米欧などの先進国の地位が相対的に低下するなか、世界経済の課題に対応するためには米中をはじめとした新たな協調体制の構築が急務である。

池上ライブ！ 論点整理
日本のFTA・EPA 賛成 vs 反対

POINT 日本は2000年代以降、外国とのFTA・EPA（→p.269）を積極的に締結しており、国内経済と世界経済のつながりが一層深まっています。FTA・EPAはメリットがある反面、課題もあります。これからのFTA・EPAについて考えてみましょう。

TPP11協定　新たな自由貿易圏の構築に向けて　【頻出】

↑TPP11協定参加国による大筋合意を発表する日本・ベトナムの代表（2017年）

　TPP11協定（環太平洋パートナーシップに関する包括的及び先進的な協定）は、環太平洋地域の11か国による広域のFTA・EPAの一種である。貿易や投資の自由化、知的財産権保護のルールなど広範な分野のルールを定めた。2010年に交渉開始（日本は13年に交渉参加）、16年にアメリカを含む12か国で署名された（TPP協定）。17年1月には、アメリカのトランプ大統領がTPP協定から離脱を表明したが、その他の11か国で交渉を進め、18年12月に発効した。

輸出拡大が期待される輸出産業

←自動車工場の生産ライン　TPP11協定では日本の主力輸出品目である自動車・自動車部品の関税撤廃が決まっており、輸出拡大が期待されている。

国内産業衰退の懸念（けねん）

←TPP11協定への反対を訴える農業関係者　関税撤廃の「聖域」と位置づけられてきた米、麦、甘味資源作物、乳製品、牛肉・豚肉の重要5品目についても約3割が撤廃され、生産者への影響が懸念されている。

論点❶　経済的側面

1 貿易自由化による経済の活性化

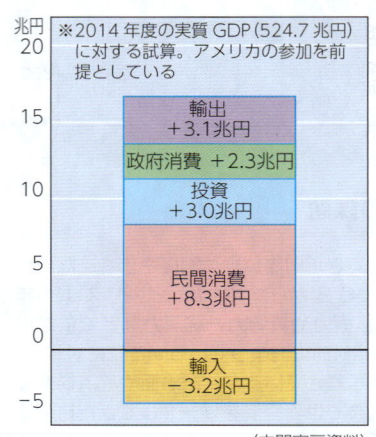

※2014年度の実質GDP（524.7兆円）に対する試算。アメリカの参加を前提としている

（兆円）
- 輸出 +3.1兆円
- 政府消費 +2.3兆円
- 投資 +3.0兆円
- 民間消費 +8.3兆円
- 輸入 −3.2兆円

〈内閣官房資料〉

↑TPP協定（12か国時点）での経済効果の試算

解説 **大きい経済効果があるという試算も**　FTA・EPAは、日本から海外への輸出促進や、日本企業の海外への進出を後押しする効果があると考えられている。例えばTPP11協定では、日本は将来的に、すべての貿易品目のうち約95％の関税を撤廃することが決まっている。このような関税の撤廃によって、競争力のある製造業の業績拡大などが期待される。アメリカを除いた場合でも、8兆円近い経済効果が見込まれている。

2 輸入増加による国内産業への悪影響

品目	発効前の関税	TPP11協定発効後の関税
米	341円/kg	豪州に無関税の輸入枠を設定
小麦	55円/kg	豪州、カナダに無関税の輸入枠を設定。また、政府が輸入する際に徴収している「輸入差益」を9年目までに45％削減
牛肉	38.5％	16年目以降9％に引き下げ
豚肉	従価税：4.3％ 従量税：482円/kg	10年目以降、従価税を撤廃、従量税を50円/kgに引き下げ
乳製品	バター：29.8％ +985円/kg	低関税輸入枠を設置。チェダーチーズ、ゴーダチーズなどは16年目までに関税を撤廃

↑TPP11協定発効後の主な農産物の関税

解説 **国際競争力の弱い産業には大きな打撃も**　FTA・EPAによって海外からの安い農産物の輸入が拡大することで、国内消費を活性化させる反面、国際競争力の弱い国内の農業が競争にさらされることで、大きな打撃を受ける可能性があると指摘されている。

1 外国との相互依存・信頼関係の構築

 **新聞** 「EPA、日豪友好に重要」 アボット首相会見

アボット豪首相は朝日新聞との単独会見で「貿易相手国との間では信頼と依存関係が育まれる。日豪経済連携協定（EPA）は、両国の関係拡大にとって極めて重要だ」と述べた。貿易の自由化を通じた経済関係の強化は、政治・安全保障面も含めた両国の友好関係の拡大にも貢献するとの考えだ。インタビューでは第2次大戦中、日本と交戦国だった「過去」にはあえて触れず、「未来志向」を貫く姿勢で、中国や韓国との違いを見せた。安倍政権が目指す集団的自衛権の行使容認や安倍晋三首相の靖国神社参拝問題では、具体的な評価を避けた。

（2014年4月7日 朝日新聞）

解説 **政治的な関係強化につながるFTA・EPA** FTA・EPAは経済的な効果だけではなく、政治的な関係強化にも役立つとも考えられる。貿易の拡大などにより経済的な相互依存関係を深化させることで、過去の歴史的な経緯や対立を超えて、政治的な信頼関係の強化が期待される。

2 外国企業が国家を訴える「ISDS条項」

 **新聞** 投資家、政府を提訴可能

貿易や投資のルールをつくる31項目のうち、閣僚会合に委ねられた難航分野の「投資」は、企業など投資家が投資先の政府を訴えることができる「ISDS条項」の導入で一致した。投資家を保護する仕組みとして、他国と自国の投資家を差別しない▽他国の投資家に現地調達や技術の開示を求めない▽正当な補償をせずに財産を収用しない——などの規定を設ける。違反があればISDS条項で、投資家に政府を訴える権利を保障する。ただ、この条項を使って米国のたばこ会社に訴えられた豪政府などは、外国企業が条項を乱用することに警戒が強い。

（2015年8月1日 朝日新聞）

解説 **新たな摩擦の懸念も** 日本のFTA・EPAの多くでは、外国企業が投資先の国の協定違反によって損害を受けた場合、その国を訴えることができる紛争解決制度「ISDS条項」が盛り込まれている。TPP11協定においてはこの条項の実施は見送られたものの、このISDS条項が乱用されれば、国家間の新たな摩擦の火種となる可能性もある。

1 輸入品が安くなる

↑日豪EPAの発効を受けて値下げセールが行われたオーストラリア産牛肉（2015年）

解説 **消費者にとっては恩恵が大きい** FTA・EPAによって、輸入品にかけられていた関税が撤廃されれば、店頭に価格の安い輸入食品が多く並んだり、外食業界で値下げされたりするなど、消費者に恩恵がもたらされると考えられる。例えば2007年に発効したチリとのEPAでは、ワインの関税が引き下げられ、輸入量が急激に増加した。15年には、チリ産ワインはフランス産を抜いて日本のワイン輸入量の1位になった。

2 食の安全性への不安

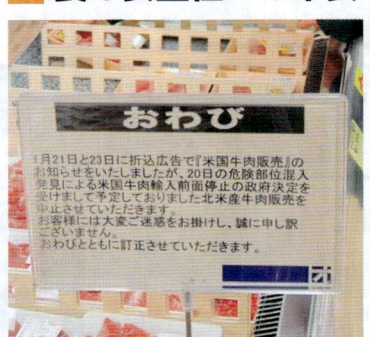

↑BSE（牛海綿状脳症）が発生してアメリカ産牛肉が輸入停止となり、販売中止の「おわび」を掲示するスーパー（2004年）

解説 **求められる安全性** FTA・EPAでは食品の安全基準についても定められている。遺伝子組み換え食品や、残留農薬などへの不安は根強く、国家間の統一した基準を設けることによって、今までの国内の基準とは異なる商品が、市場に流通するのではないかという懸念がある。安全の基準は食品によって日本のほうが厳しい場合もあれば、外国のほうが日本より厳しい場合もあるが、食の安全性を注視していく必要がある。

● FTA・EPAをどう考える？

賛　成		反　対
輸出の際の関税が撤廃されることによって、**輸出の拡大**が期待できる。	経済的側面	価格の安い製品の輸入が増加すると、**国際競争力の弱い産業が衰退**する恐れがある。
外国との経済的な結び付きが強まることで、**信頼関係を構築**でき、政治的な対立を緩和することができる。	政治的側面	法改正などによって外国企業に損害が発生した場合には、ISDS条項に基づいて、**外国企業に国家が訴えられる**恐れがある。
輸入品にかかっていた関税が撤廃されることによって、**消費者は輸入品を安く購入**することができ、家計が助かる。	暮らしへの影響	食の安全性などについてのルールが統一化されることで、これまで求められてきた**品質を満たさない商品が出回る**恐れがある。

FTA・EPAは貿易の拡大による経済活性化が見込める一方で、国内産業が衰退するのではという不安の声もあります。他国との交渉を通じて日本に有利な条件をどれだけ実現できるか、注目していく必要があります。

競技としてのゲーム「eスポーツ」

↑「eスポーツ」の選手たち（中央壇上）とゲーム画面（左上）に見入る多くの観客（2018年 ポーランド）

2018年にアジア版のオリンピックともいわれるアジア競技大会が行われ、本大会で初めて「eスポーツ（エレクトロニック・スポーツ）」が公開競技となった。

この「eスポーツ」は、オンラインで行われる対戦型のゲーム競技を指し、競技の様子は動画サイトなどを通じリアルタイムに配信されることが多い。日本でもプロリーグやプロチームが設立され、近年では1億円を超える賞金の大会も開催されている。その市場規模は世界全体で1000億円にも上るといわれており、「eスポーツ」の人気は今後さらに高まることが予想されている。

Question
・情報通信技術の進展によって、生活はどのように変化したのだろうか。（→Ⅰ Ⅱ）

I 第3部 持続可能な社会の実現に向けて 高度情報社会とは

1 情報通信技術の発展

年	主な出来事
1450年ごろ	グーテンベルクが活字を使った印刷術を発明（ドイツ）
1837	モールスが電信を発明（アメリカ）
76	ベルが電話機を発明（アメリカ）
1920	ラジオ放送開始（アメリカ）
25	**ラジオ放送開始**
39	テレビ放送開始（アメリカ）
46	初期のコンピュータ「ENIAC」が作られる（アメリカ）
51	カラーテレビ放送開始（アメリカ）
53	**テレビ放送開始**
60	**カラーテレビ放送開始**
63	**日米衛星テレビ中継開始**
73	**ファックスサービス開始**
74	世界初のパソコン「アルテア」販売（アメリカ）
87	**携帯電話サービス開始**
90年代	**ポケットベル（ポケベル）が流行** **インターネットが急速に普及**
2011	**テレビが地上デジタル放送に完全移行**
20	**次世代通信規格「5G」の商用サービス開始**

※太字は日本の出来事〈情報通信白書 平成19年度版、ほか〉

諸課題

I 高度情報社会の現状

2 インターネットの普及 〈出題〉

9 産業と技術革新の基盤をつくろう

←「5G」に対応したスマートフォンの報道発表（2020年）次世代通信規格「5G」について、基地局の拡大をPRした。

解説 さらに大量かつ高速の情報通信へ 現代社会はIT（情報技術）革命といわれるように、コンピュータによる情報処理と**情報通信技術（ICT）**が飛躍的に発展し、生活の中で情報が大きな意味を持つようになった高度情報社会である。従来、新聞、テレビなどマスメディア（→p.122）を中心に行われてきた情報伝達の分野において、インターネットを利用したメディアの影響力が強まっている。近年は、次世代の通信規格である「5G」が普及しつつあり、データがさらに大量かつ高速でやりとりできるようになっている。

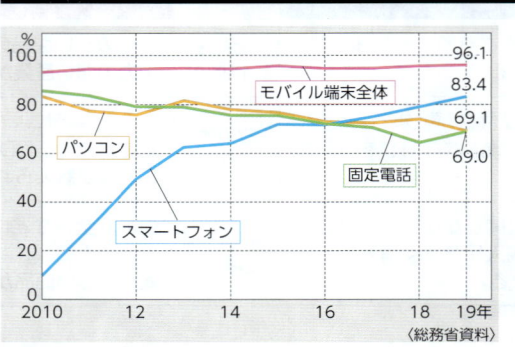

↑情報通信端末の普及状況の変化

○×チェック 情報化が進展するなかで、コンピュータの使用などによって、テクノストレスという問題が、職場などで起きている。（15年、本）

3 インターネットの利用目的 ◀出題

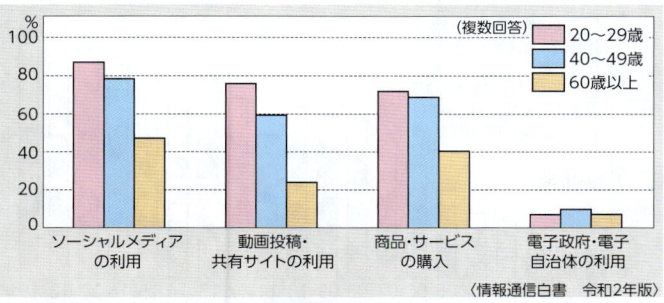

（複数回答）
凡例：20〜29歳／40〜49歳／60歳以上

〈情報通信白書　令和2年版〉

解説　盛んになる個人からの情報発信　インターネットの利用は、従来のホームページの閲覧や電子メールだけでなく、ウェブサイトの機能・サービスの発展により、買い物や動画投稿・共有サイトを利用しての映像・音楽の視聴など多様なものとなっている。特に近年は、若年層を中心にコミュニケーションを行うために**ソーシャルメディア**（→補）を利用する人が増えている。また、動画共有サービスでの配信、ブログなど、個人の情報発信も盛んになっている。

5 ユビキタス社会からIoTへ ◀頻出

①ユビキタス社会とIoT（モノのインターネット）

↑**ガスタービンの稼働状況を監視・診断するゼネラル・エレクトリック社の施設**（2015年　アメリカ）　同社の世界中の産業機器をインターネットでつなぎ、情報を収集・分析することで、運用効率を高めている。

←**スマート歯ブラシ**（2017年）　歯ブラシにセンサーが組み込まれており、磨き残しなどの情報をインターネット経由でスマートフォンに送り、効果的な歯磨きの方法をアドバイスする。

解説　あらゆるモノをネットワークに　遠隔地とのオンライン会議、電子申請の本人確認、外出先から自宅の施錠や家電操作など、「いつでも、どこでも、何でも、誰でも」ネットワークにつながり、生活の利便性を高める社会を**ユビキタス**社会という。近年、あらゆるモノをインターネットでつなげる**IoT**（→補）技術の進展によって、ユビキタス社会の到来が現実化している。産業分野にも大きな影響を与え、経済効果の期待が大きいことから、**第4次産業革命**（→補）ともいわれている。

4 電子商取引の市場規模の推移 ◀出題

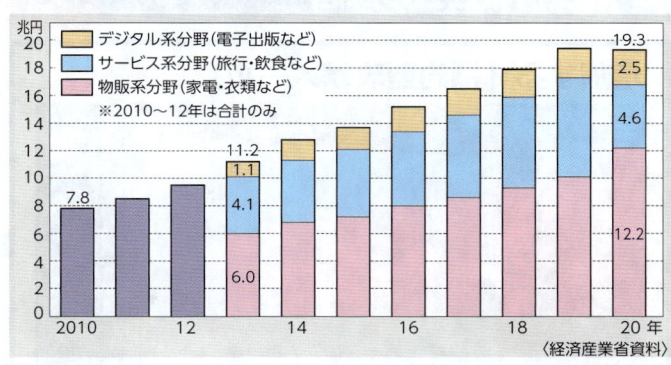

兆円
凡例：デジタル系分野（電子出版など）／サービス系分野（旅行・飲食など）／物販系分野（家電・衣類など）
※2010〜12年は合計のみ

7.8（2010）　11.2（14：1.1／4.1／6.0）　19.3（20年：2.5／4.6／12.2）

〈経済産業省資料〉

解説　拡大する電子商取引　商品の売買、受発注、決済などにインターネットを利用する**電子商取引**が、急速に広がっている。企業間では、場所を選ばず、即時に取り引きできるメリットがある。また、企業と消費者間でも、企業は店舗販売と比べて販売や流通などにかかる費用を減らすことができ、消費者も家に居ながら買い物ができるメリットがある。

②ビッグデータ

↑**ICカード専用の自動改札機**　鉄道のIC乗車券を利用すると、乗降駅や利用時間などの行動が記録される。

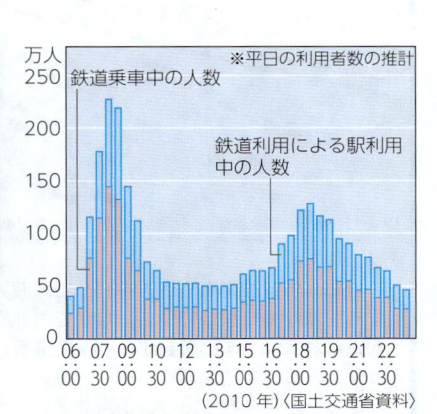

万人
※平日の利用者数の推計
鉄道乗車中の人数
鉄道利用による駅利用中の人数

（2010年）〈国土交通省資料〉

↑**時刻別鉄道利用者数の推計**（首都圏）

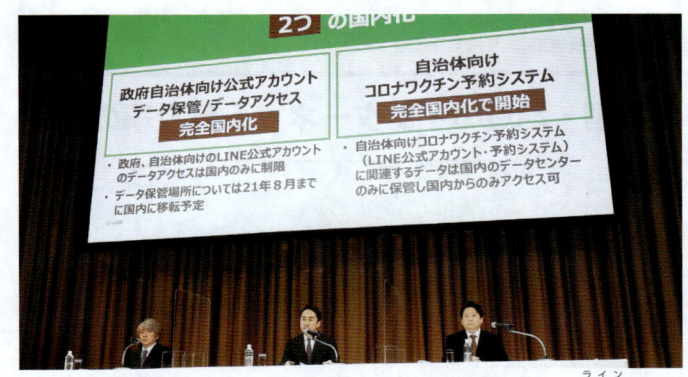

2つの国内化

政府自治体向け公式アカウント　データ保管／データアクセス　完全国内化
・政府、自治体向けのLINE公式アカウントのデータアクセスは国内のみに制限
・データ保管場所については21年8月までに国内に移転予定

自治体向けコロナワクチン予約システム　完全国内化で開始
・自治体向けコロナワクチン予約システム（LINE公式アカウント・予約システム）に関連するデータは国内のデータセンターのみに保管し国内からのみアクセス可

↑**個人情報の取り扱いについて謝罪会見を行う無料通信アプリ「LINE（ライン）」の社長**（中央）（2021年）　個人情報が海外の企業にも閲覧可能になっていた。

解説　個人情報にまつわる不安も　ICカードを利用した交通機関の乗降履歴や、ソーシャルメディアで交わされる大量の言葉などから、人々の動きを分析し、企業の出店計画や広告戦略に活用する取り組みが進んでいる。こうした生活や経済活動に関わる大量のデジタルデータは**ビッグデータ**（→補）とよばれ、情報化の進展と技術の向上によって、ビジネス分野での活用が期待される。しかしその一方で、プライバシー保護や個人情報の取り扱いについて不安視する声も聞かれる。

諸課題

9 産業と技術革新の基盤をつくろう

増加する「標的型攻撃メール」

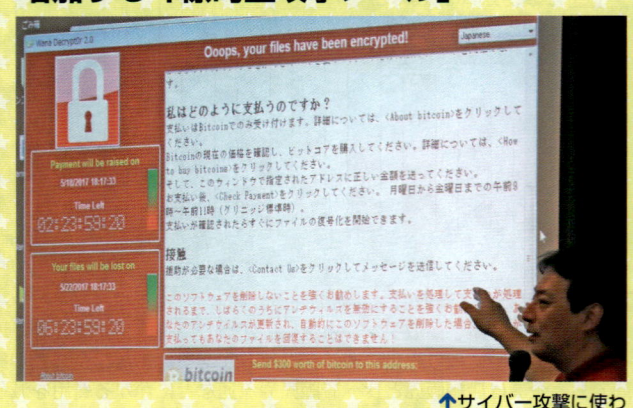

↑サイバー攻撃に使われるウイルス「ランサム（身代金）ウェア」の画面（2017年）

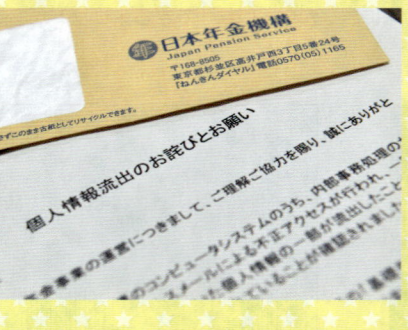

←ウイルスメールによる不正アクセスによって個人情報が流出したことを謝罪する日本年金機構の手紙（2015年）

　近年、特定の組織や個人を狙って、個人情報などを不正に入手する犯罪が多くなっている。なかでも、ウイルスを含んだメールが送られ、知らずに開封すると重要情報が盗み出される「標的型攻撃メール」が増加している。迷惑メールと異なり、件名や本文、発信元が偽装されており、正当なメールと勘違いしやすい。なかには、開封するとウイルスによってホームページがロックされ、解除のために「身代金」を要求される「ランサム（身代金）ウェア」の被害も拡大している。

1 サイバー犯罪　◀出題

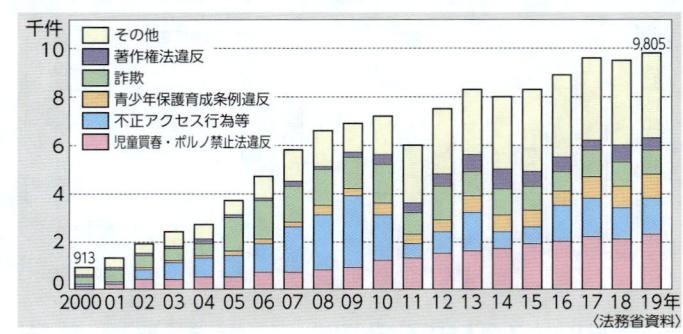

↑サイバー犯罪の検挙件数

解説 **増加を続けるサイバー犯罪**　インターネット上で他人のパスワードを無断で取得して**不正アクセス**行為（2000年施行の**不正アクセス禁止法**で規制）をしたり、詐欺行為をしたりするなど、コンピュータ技術や通信技術を悪用した犯罪をサイバー犯罪という。情報化によって生活が便利になる一方、サイバー犯罪に巻き込まれる危険も増大している。

2 デジタル・デバイド　◀出題

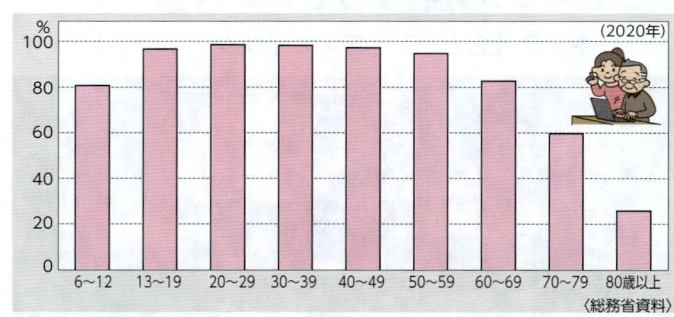

↑年代別のインターネット利用率

解説 **情報化に伴い格差が**　年齢や所得、都市規模などによってコンピュータやインターネットなどを利用できる人と、そうでない人との間で、社会的・経済的格差が生み出されることを**デジタル・デバイド**（情報格差）という。また、高度情報社会ではあふれる情報をうのみにせず、正しく見抜く力（**メディアリテラシー**、→p.331）も求められている。

3 各国・地域のインターネット普及率の変化

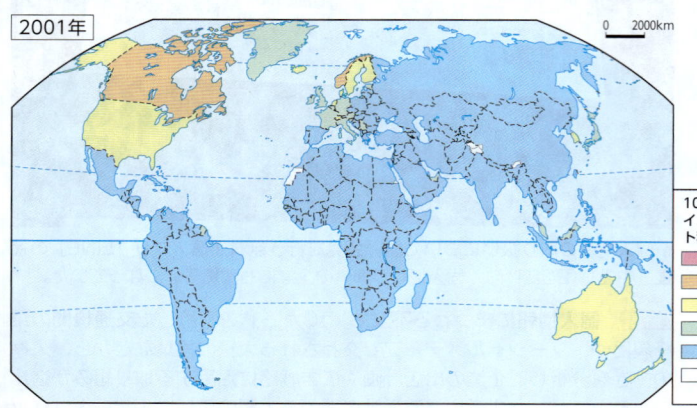

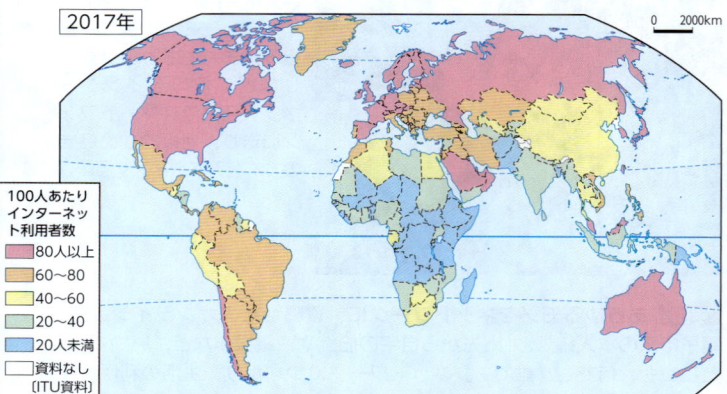

100人あたりインターネット利用者数
- 80人以上
- 60〜80
- 40〜60
- 20〜40
- 20人未満
- 資料なし

〔ITU資料〕

解説 **依然として残る格差**　2001年時点では、インターネットが普及しているのはヨーロッパや北米、オセアニア、そして日本などに限られていた。しかし17年時点では、普及率が大幅に向上している。その背景には、インターネットが生活に欠かせないものになり、基地局の整備などが積極的に行われたことがある。しかし、アフリカなど一部の地域では、普及率は低くとどまり、依然として格差が残っている。

○×チェック98

インターネット上にある青少年に対する有害な情報の規制を目的として、不正アクセス禁止法が制定されている。（13年、道）

諸課題

4 スマートフォンの利用をめぐって

①広がる利用

解説 **すでに生活の一部に** スマートフォンの普及により、単に娯楽目的ではなく、防災や健康、医療などの分野でも多様なサービスが展開されるようになった。公共施設や交通機関では、スマートフォンからインターネットに無料で接続できる公衆無線LAN（フリーWiFi）の整備も進んでいる。スマートフォンは、もはや私たちの生活の必需品ともいえる。

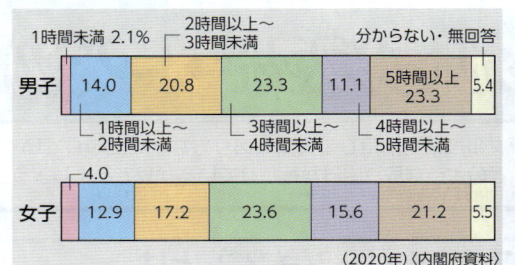

	1時間未満 2.1%	1時間以上〜2時間未満	2時間以上〜3時間未満	3時間以上〜4時間未満	4時間以上〜5時間未満	5時間以上	分からない・無回答
男子		14.0	20.8	23.3	11.1	23.3	5.4
女子	4.0	12.9	17.2	23.6	15.6	21.2	5.5

(2020年)〈内閣府資料〉

↑高校生のスマートフォンによるインターネット利用の平均時間（平日）

↑位置情報を基にした津波予想（2014年） 神戸市のウェブサービス「ココクル？」は、南海トラフ地震時の津波被害の想定を公開している。

②スマートフォンの利用をめぐる問題

↑LINEでの口論をきっかけにした事件を報じる新聞（2013年7月24日 朝日新聞）

↑「歩きスマホ」を注意するポスター（2015年）

スマートフォン・携帯電話利用の心構え

①ほかの人の権利を大切にしながら使う
・ほかの人の名誉を傷つけることを書き込まない。
・ほかの人の写真を無断で撮って公開しない。
・市販のマンガや音楽などの作品を、勝手にインターネット上に載せない。
②使いすぎに気をつける
・スマートフォンや携帯電話から離れる時間を作る。
・アプリやゲームの有料アイテムを購入しすぎないように気をつける。
③ルールやマナーを守って使う
・歩きながらスマートフォンや携帯電話を使わない。
・公共のマナーを守って使う。

〈NTTドコモ資料〉

解説 **マナーを守って適切な利用を** スマートフォンの利用拡大とともに、さまざまな問題も発生している。スマートフォンに熱中するあまり、使用をやめられなくなる「スマホ依存症」の状態になる人もいる。また、無料通信アプリ「LINE」は若者にとってなくてはならない存在だが、メッセージの返信が遅れたためグループから仲間外れにされるなどの「LINEいじめ」が深刻化しているとの指摘もある。運転中にスマートフォンを操作して交通事故を起こしたり、「歩きスマホ」が事故やトラブルに発展したりする例もある。スマートフォンの利用にあたっては、使い方を誤るとトラブルの原因にもなることを理解し、利用マナーを守って適切に利用していくことが求められる。

まとめ

Ⅰ 高度情報社会の現状

・**情報通信技術（ICT）**の発展…1990年代に携帯電話、インターネットが普及。技術の進展により、2010年代にスマートフォンが普及
・インターネットの普及…1990年代後半から利用者数が急上昇。IT（情報技術）革命といわれる情報通信技術の飛躍的発展により、さらに大量かつ高速の情報通信へ
・高度情報社会…生活の中で情報の持つ意味が増大
・利用目的の多様化…ホームページ閲覧や電子メールだけでなく、買い物や動画の共有、**ソーシャルメディア**の活用へと広がる
・**電子商取引**…商品の売買、受発注、決済などにインターネットを利用。2000年代以降、急速に拡大。場所を選ばず即時に取り引きでき、販売や流通にかかる費用を削減
・**ユビキタス**社会…「いつでも、どこでも、何でも、誰でも」ネットワークにつながり、生活の利便性を高める社会
・IoT…あらゆるモノをインターネットでつなぐこと。技術の進展でさまざまな場面での活用が想定される。「第4次産業革命」ともいわれる

Ⅱ 高度情報社会の課題

・サイバー犯罪…**不正アクセス**行為など、コンピュータ技術や通信技術を悪用した犯罪。便利さの一方で、犯罪に巻き込まれる危険性も増大している
・**デジタル・デバイド**…コンピュータやインターネットを利用できる人とそうでない人との間に生じる、社会的・経済的格差。30歳代以降、年齢の上昇とともにインターネット利用率は減少

補足解説

ソーシャルメディア
インターネット上で誰でも情報を発信したり、受け取ったりすることができる媒体のこと。SNS（Social Networking Service）が代表例。

IoT（Internet of Things）
「モノのインターネット」と訳される。あらゆるモノがインターネットにつながり、私たちの生活や経済活動が大きく変化する可能性がある。

第4次産業革命
IoTやビッグデータなどを活用して産業構造を大きく転換させること。蒸気機関、電力、コンピュータに次ぐ4度目の産業革命ともいわれる。

ビッグデータ
ICTの進展によって得られたさまざまな大量のデータ。分析、活用することで、生活の利便性の向上や経済活性化などが期待されている。

諸課題

○×チェック 答え98

× インターネット上の、青少年に対する有害な情報を規制するのは、青少年インターネット環境整備法である。

ゼミナール 深く考えよう
DX（デジタルトランスフォーメーション）って何?

POINT 近年、社会の変化に対応し、デジタル技術を活用して企業のあり方などを変革していくDX（デジタルトランスフォーメーション）が注目されています。どのような取り組みが行われているか見てみましょう。

I DX（デジタルトランスフォーメーション*）とは

*Digital transformation

解説 企業や消費者の行動が変化 近年、高度情報化やグローバル化など社会が大きく変化するなかで、DX（デジタルトランスフォーメーション）が注目されている。DXは、デジタル技術を活用して、企業が製品やサービス、そしてビジネスモデルを変革するとともに、業務プロセスを見直していく動きである。

　例えば、ネット通販において顧客の購買データをAI（人工知能）で分析し、顧客が好みそうな商品を自動で提案することも、DXによる新たな販売形態といえる。こうした変革によって企業の経済活動や消費者の消費行動は変化し、新たなビジネスモデルが生まれている。

↑大手IT企業amazonの画面　amazonは人工知能を活用した商品紹介や、映像コンテンツの配信などの新たなサービスを手がけ、DXの代表例ともいわれている。

企業がビジネス環境の激しい変化に対応し、データとデジタル技術を活用して、顧客や社会のニーズを基に、製品やサービス、ビジネスモデルを変革するとともに、業務そのものや、組織、プロセス、企業文化・風土を変革し、競争上の優位を確立すること

↑経済産業省によるDX（デジタルトランスフォーメーション）の定義（2018年）

II DXに向けた企業の取り組み

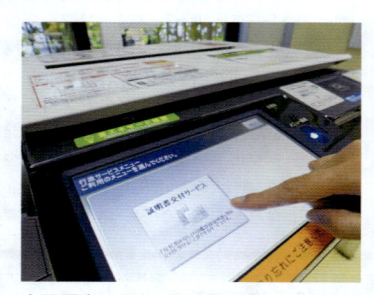

↑建設機械を遠隔操作できる小松製作所のシステム（2018年）

企業名	分野	主な内容
小松製作所	機械	建設現場でのドローン測量やICT建機の活用と共に、施工の全行程をデジタルでつなぎ遠隔での状況把握を可能に
旭化成	化学	AIを活用した製品検査の自動化や異常の予兆検知を導入し、生産効率を向上
中外製薬	医薬品	AIを用いた創薬プロセスの革新や、創薬の成功確率の向上
アサヒグループホールディングス	食料品	ビールや飲料など各事業会社ごとに保持していた販売情報を統合し、横断的に活用
SGホールディングス（佐川急便）	陸運業	宅配便の伝票をデジタル化するとともに、AIを活用して配送ルートを効率化
ソフトバンク	情報・通信業	ビルや街のデータをリアルタイムで活用し、スマートシティのモデルケースを構築

↑日本企業におけるDXに向けた取り組みの例

解説 「2025年の崖」を越えて 近年の日本の企業は、既存の基幹システムなどが老朽化して非効率な部分が増え、競争力が低下しつつあるといわれる。経済産業省は、こうした状況が続くと多くの企業が2025年までに巨額の経済的損失をこうむるとして、「2025年の崖」だと警告している。

　そこで近年、多くの企業が人工知能やIoT、ビッグデータ（→p.286）などを活用し、新たな商品の開発や業務の効率化などに取り組んでいる。

III DXに向けた政府の取り組み

解説 政府もDXに取り組む 企業だけでなく、政府もDXに向けて取り組んでいる。2021年には、政府のデジタル化を推進する司令塔としてデジタル庁が発足した。デジタル庁は省庁を横断した勧告権を持っており、全国の地方自治体とのシステム共通化や、マイナンバーカード（→p.70）の普及促進などを目標に掲げている。しかし、地方自治体独自のシステムを統合していくことは困難が伴い、マイナンバーカードの普及率も依然低くとどまっている。デジタルが得意でない高齢者などへの配慮も課題となっている。

↑証明書の発行（2015年）　マイナンバーカードを使用することで、コンビニエンスストアの複合機でも住民票や印鑑登録証明などを受け取ることができる。

↑デジタル庁の発足式（2021年9月）　中央がデジタル大臣。菅首相（中央右）や多くの幹部職員は、新型コロナウイルス感染防止のためオンラインで参加した。

大隅氏 ノーベル賞

医学生理学賞

単独受賞 驚き

細胞の新陳代謝解明

病気治療 開発に道

クリミア併合

北方領土交渉

酵母（Saccharomyces）
最も人類が古くからつき合って来た有用微生物。
真核細胞のモデル、遺伝学、遺伝子操作の確立（1996年
最も解析の進んだ生物、最初に全 DNA配列が決定（1996年

大隅教授がノーベル生理学・医学賞受賞

↑ノーベル賞受賞を報じる新聞（左、2016年10月4日　朝日
新聞）と研究内容について講演する大隅栄誉教授（右、2016年）

2016年のノーベル生理学・医学賞に、東京工業大学の大隅良典栄誉教授が選ばれた。生物が自身の細胞内で不要なたんぱく質などを分解し、栄養源として再利用する自食作用「オートファジー」のしくみを解明した功績が評価された。この研究によって、パーキンソン病や認知症、がんなどの新たな治療法開発も期待されている。また、18年には免疫のしくみを利用した新しいがん治療薬の開発につながる研究の功績で、本庶佑京都大学高等研究院副院長・特別教授が同賞を受賞した。

Question
・科学技術の発達にはどのような利点や問題点があるだろうか。（→Ⅰ）

---

2 科学技術の発達と生命の問題

1 クローン技術　〈出題〉

↑世界初のペットのクローン犬と、クローン元の犬の遺影（2009年　アメリカ）　前年にがんで死亡した犬のDNAを基に、クローン技術を使って誕生した。

解説 **倫理的課題も**　1996年、体細胞**クローン**によって羊の「ドリー」がイギリスで誕生した。体細胞クローンとは、ある動物の体細胞から全く同じ遺伝子情報を受け継いだ動物をいう。このクローン技術は、畜産においては優秀な乳牛や肉用家畜のクローンの生産が期待されている。また、絶滅が危惧される野生動物の繁殖にも応用することが考えられる。このような期待がある一方で、クローン動物の死亡率の高さや異常も数多く報告されている。また、クローン人間の研究には倫理的課題が指摘され、日本では**クローン技術規制法**で規制されている。

Ⅰ 遺伝子技術の進展と課題

2 ヒトゲノム

	メリット		デメリット
医療	・病気を早期に発見し、未然に防ぐことができる。 ・異常を持つ遺伝子を正常な物に置き換えることなどによって、遺伝子の異常が原因となる病気を治療することが可能になる。	不安	・治療法のない病気にかかる可能性が高いことが分かってしまう恐れがある。
		差別	・異常な遺伝子を持つことを理由に結婚や採用試験で断られたり、生命保険や医療保険などに加入を拒まれたりする恐れがある。

↑ヒトゲノム解読のメリット・デメリット

←ヒトゲノム解読成果を収めたCD-ROM（2003年）これらディスクにヒトの遺伝情報が記録されている。

解説 **遺伝情報の全体像を解明**　細胞には核（→補）とよばれる組織があり、ヒトの細胞の核の中には23対、46本の染色体がある。染色体はDNA（→補）で構成され、DNAの四つの塩基であるA、T、G、Cの並び方によって遺伝情報が伝えられる。ヒトの持つこの遺伝情報全体を**ヒトゲノム**といい、2003年にヒトゲノム計画（約30億塩基対からなるヒトゲノム配列の解読）が完了した。ヒトゲノムの解明により、医療への応用が期待される反面、遺伝子情報による雇用・保険面での差別が起こる可能性も懸念されており、取り扱いには倫理的な配慮が求められる。

諸課題

③遺伝子組み換え食品 〈出題〉 ①遺伝子組み換え作物

遺伝子組み換えとうもろこし

非遺伝子組み換えとうもろこし

解説 短期間で品種改良 左の写真は**遺伝子組み換え**を行ったとうもろこし で、右は左と同じ自然条件で育てた、遺伝子組み換えをしていない とうもろこし である。これまでの品種改良は、植物どうしの交配に長い年月を必要としていた。それが遺伝子工学の技術を用いて、有益な性質を持つ遺伝子を組み込むことで、比較的短期間に新品種を作ることが可能になった。

②世界の遺伝子組み換え作物の状況

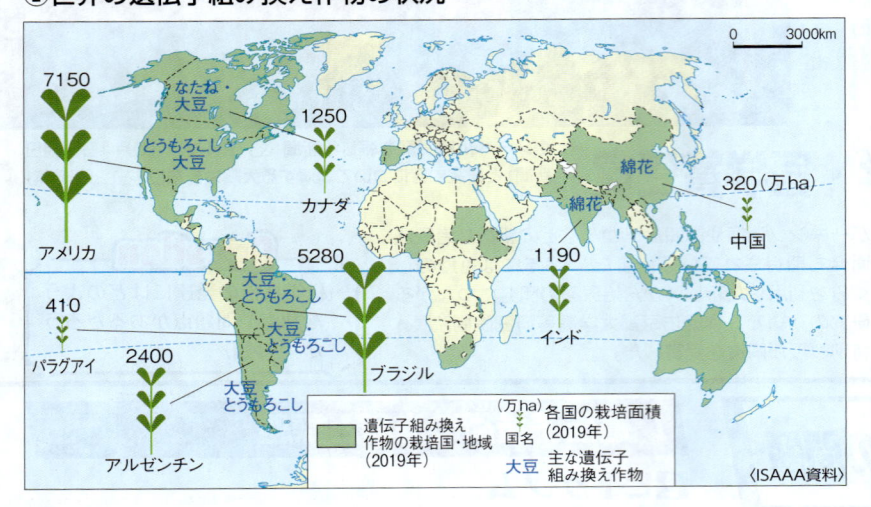

0　3000km

- 7150 なたね・大豆
- 1250 とうもろこし・大豆　カナダ
- 綿花　中国
- 320（万ha）
- 綿花　中国
- 5280 大豆・とうもろこし　アメリカ
- 1190 インド
- 410 パラグアイ　大豆・とうもろこし
- 2400 アルゼンチン　大豆・とうもろこし
- ブラジル 大豆・とうもろこし

遺伝子組み換え作物の栽培国・地域（2019年）

（万ha）各国の栽培面積（2019年）
国名
大豆 主な遺伝子組み換え作物

〈ISAAA資料〉

③遺伝子組み換え食品への意見

賛成の声	反対の声
・好みに合わせた味にできる。 ・病気や害虫に強い。 ・安定した食物供給が可能である。	・アレルギーを引き起こす危険性がある。 ・遺伝上の変化を起こし、人体に予期せぬ影響を与える恐れがある。 ・生態系への影響がある。

↑遺伝子組み換え食品に対する賛成と反対の声

解説 表示の義務化 日本では遺伝子組み換えの食用作物の商業的栽培は行われていないが、大豆や とうもろこし などの一部の品目については、遺伝子組み換え作物が1996年 から輸入されている。これらの農産物とその加工食品は、遺伝子組み換え食品としての表示が義務付けられて、販売されている。

↑遺伝子組み換え大豆の不使用を示す食品表示（2001年）

④ES細胞とiPS細胞 〈出題〉

ES細胞（胚性幹細胞）

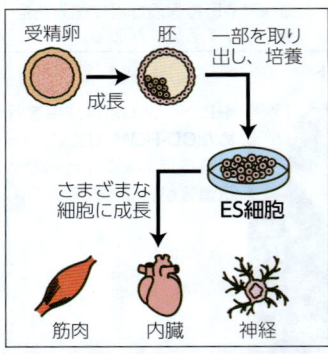

受精卵 → 成長 → 胚 → 一部を取り出し、培養 → ES細胞 → さまざまな細胞に成長 → 筋肉・内臓・神経

iPS細胞（人工多能性幹細胞）

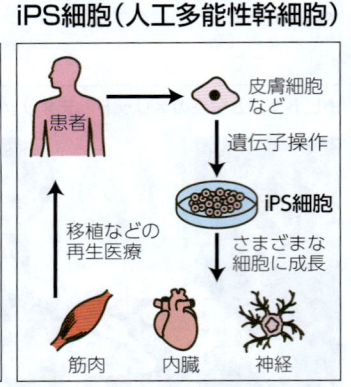

患者 → 皮膚細胞など → 遺伝子操作 → iPS細胞 → さまざまな細胞に成長 → 筋肉・内臓・神経
移植などの再生医療

↑iPS細胞を活用した世界初の角膜移植手術についての記者会見（2019年）
iPS細胞を活用した医療は実用化の段階に達しつつあるものもある。

解説 加速する再生医療と倫理的課題 **ES細胞**は、受精卵から成長する段階の胚を培養して作られる細胞である。受精卵は細胞分裂を繰り返して皮膚や臓器など、さまざまな役割を果たす細胞が作られていくが、ES細胞はあらゆる身体の組織を作る能力を持つ万能細胞である。しかし、ES細胞は不妊治療の際、余った受精卵（胚）の提供を受けて作られるため、他人のものを移植すれば、拒絶反応が起こる可能性がある。また、受精卵は子宮に戻すことで胎児となるため、受精の瞬間から生命が誕生すると考えると、受精卵の破壊は、生命の芽を摘むことにつながりかねないという倫理的課題が生じる。

iPS細胞の研究は自分の細胞を使用するため、これらの問題を回避できる点で期待されており、再生医療の市場は急速に拡大している。しかし、これまでのES細胞の研究の蓄積がiPS細胞の研究に応用されているため、ES細胞の研究も必要不可欠である。また、2011年にES/iPS細胞によって作られた精子からマウスの誕生に成功し、翌年には同様に卵子からも成功したことで、人工的に作成した精子と卵子で子どもを作ることも理論上可能になるなど、その応用にも倫理的課題がある。

○×チェック99　遺伝子組み換え作物を使った食品について、日本は、その表示を義務付ける法律がない国の一つである。（13年、本）

1 出生前診断

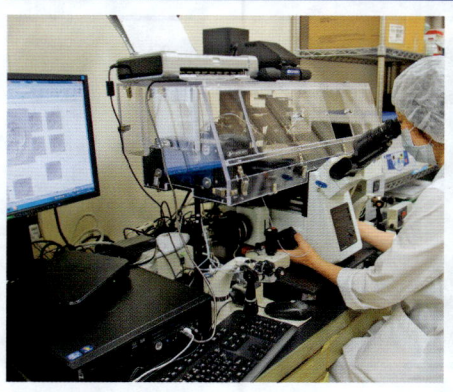
↑着床前診断の様子（2016年）

羊水検査 絨毛検査	羊水検査は、妊娠16〜18週に羊水中の胎児細胞を調べる。絨毛検査は、赤ちゃんの胎盤が出来る前の妊娠10〜14週に「絨毛」を採取して調べる。これらの検査では染色体の数の異常などが分かるが、細かい遺伝子異常までは分からない。流産の危険性（0.2〜0.5%）もある。
母体血清 マーカー検査	妊娠15〜18週に実施。採血をすることで、先天性異常の確率が分かるが、確定診断ではない。
着床前診断 （受精卵診断）	体外受精した受精卵が数個に分裂した段階で、染色体や遺伝子を検査する。日本産科婦人科学会では、重い遺伝病を持つ子どもを出産する可能性がある場合などに限定して認めている。

解説 「命の選別」への賛否　着床前診断は、生まれてくる子どもに重い遺伝病があるかどうか調べるために、体外受精した受精卵を検査する。病気の可能性がない場合には受精卵を母親の子宮に戻すことになる。従来の羊水検査などの**出生前診断**では、妊娠後の胎児の段階で**遺伝病の有無**を調べるが、着床前診断では妊娠前の受精卵が着床する前段階で調べる。受精卵に染色体の異常などが分かった場合は、着床前診断では受精卵を破棄する場合もある。これは妊娠前に行われるので中絶にはならないが、受精卵を「命」と考えれば、**命の選別につながる**とも考えられる。

2 不妊治療　①生殖補助医療の実施件数の推移

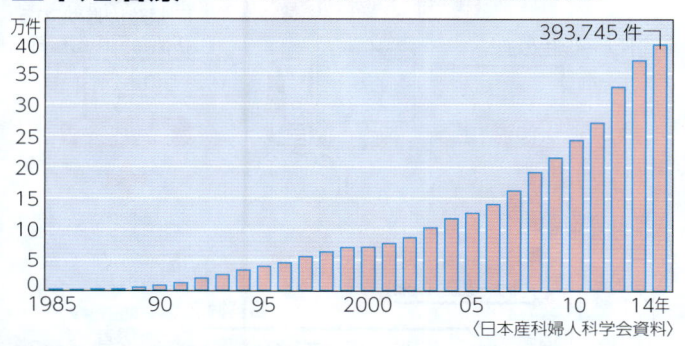
393,745件
〈日本産科婦人科学会資料〉

解説 **不妊治療への希望と課題**　近年、不妊に悩む夫婦が**不妊治療**を受ける事例が増加している。晩婚化や医療技術の向上などが背景にあるとみられる。しかし、身体的・精神的負担が大きいことや、妊娠できない場合のやめどきが難しいこと、費用負担が重いことなど課題も多い。

②代理出産・卵子提供

ホストマザー
父　母
夫の精子　妻の卵子
体外受精
受精卵を代理母の子宮に入れる
代理母と遺伝的なつながりはない

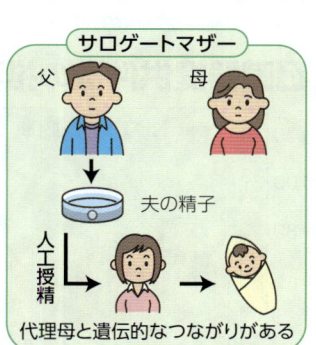
サロゲートマザー
父　母
夫の精子
人工授精
代理母と遺伝的なつながりがある

解説 **日本では法律が未整備**　人工授精や体外受精・顕微授精でも妊娠・出産が難しいカップルが**代理出産**や**卵子提供**を選択することがある。代理出産には、体外受精した受精卵を第三者である代理母の子宮に移植する場合（ホストマザー）と、代理母が夫の精子を使って人工授精を行う場合（サロゲートマザー）がある。卵子提供とは、第三者から卵子の提供を受けて自ら妊娠・出産することである。日本では法整備がなされておらず、代理出産や卵子提供を望んで外国などに渡る場合もある。

他方で、代理母が生まれた子の引き渡しを拒む事例や、代理母が妊娠中・出産後に死亡する事例もあるなど、問題点も少なくない。さらに、生まれた子が後にみずからの出自について悩む場合もある。

③人工授精・体外受精・顕微授精

人工授精	**精製した精液を子宮内に送り込み受精させる**方法。夫の物を使う場合と第三者の提供を受ける場合がある。
体外受精 顕微授精	体外受精は**卵子に精子を振りかけて受精させる**方法。顕微授精は**顕微鏡を使って卵子に直接精子を注入して受精させる**方法。受精確認後胎内に戻す点は同じで、いずれも人工授精より妊娠率は高いが、2人以上の赤ちゃんを同時に妊娠する確率が高まるなどのリスクがある。

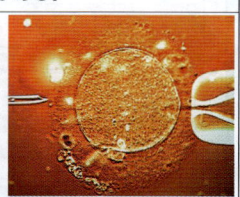
↑顕微授精の様子

解説 **発展する生殖補助医療**　薬物療法で不妊に効果が見られない場合、人工授精や体外受精・顕微授精などが行われることもある。

ビジネス化する代理出産の課題

↑代理母の暮らす「代理出産ハウス」（2011年　インド）

 新聞　代理出産、貧しさゆえ インドでビジネス急拡大

　インド西部の小都市アーナンドに住む代理母のディクシャさん（27）は昨年11月、日本人依頼者夫婦の子どもを出産した。現在は、別の日本人夫婦の子どもを妊娠中だ。ディクシャさんら約60人の代理母は妊娠中、町はずれにある「代理出産ハウス」で暮らす。4〜8人ほどの相部屋で、鉄パイプ製ベッドの他に家具はない。食事も、この上で取ることが多い。起床や就寝の時間も決められ、家族の訪問は日曜日に限られる。（中略）一度の代理出産で報酬約54万円や月々の生活費など、年収9年分にあたる計100万円近くを手にした。しかし家の購入や親戚への送金などであっという間に金は消え、再び代理母を志願したという。
（2011年2月19日　朝日新聞）

臓器移植法の改正で広がる臓器提供の対象

2012年6月、国内で初めて改正臓器移植法に基づき、6歳未満の男児が脳死と判定され、臓器提供が行われた。男児から提供された心臓は、10歳未満の女児に移植された。「わが子の体にメスは入れられない」などの理由で提供を望まない両親も多いが、臓器提供した男児の両親は、「息子が誰かの体の一部となって、長く生きてくれるのではないか」とのコメントも寄せている。子どもの脳は回復力が強く、脳死判定が大人に比べて難しいといわれる。そのため、2回の脳死判定の間隔を24時間以上空けて行うなど厳しい基準が設けられている。

→搬送用の小型機で臓器が輸送される様子（2010年）青い箱に移植される臓器が入っている。臓器提供は、摘出から移植までの時間が限られているため、搬送に航空機が使用されることもある。

1 臓器移植とは

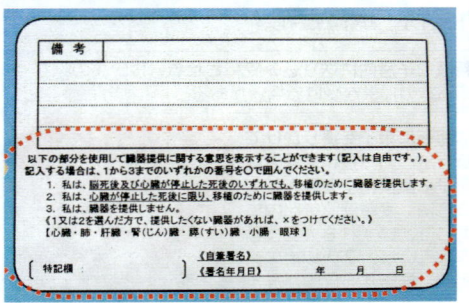
←臓器提供意思表示カードの内容が記載された運転免許証の裏面の見本（2010年）

解説 脳死からの移植が可能に 心臓、肝臓、肺、腎臓などが機能しなくなり、移植でしか治療できない患者に臓器移植が行われる。臓器移植では、腎臓、眼球（角膜）などはドナー（臓器提供者）の心臓停止後に提供されるが、心臓、肝臓、肺、小腸は脳死したドナーから提供される。脳死（→補）とは、脳のすべての機能が不可逆的に停止した状態をいい、思考や意識、感覚などの働きをする大脳や、運動や平衡などを調整する小脳の機能が停止するだけでなく、呼吸や循環機能など生命維持に必要な働きをする脳幹の機能も停止した状態をいう。日本では、臓器提供の場合に「脳死は人の死」と認め、移植が可能となっている。

3 臓器移植法改正のポイント　頻出

改正前		法改正後
生前の本人による書面での臓器提供の意思表示があって、家族が拒否しない、もしくはいないとき	臓器移植の要件	生前の本人による意思表示が不明でも、家族が書面により承諾すれば臓器移植が可能
15歳以上の意思表示を有効とする（ガイドライン）	子どもの取り扱い	15歳未満でも家族の承諾があれば臓器移植が可能
当面見合わせる（ガイドライン）	親族に対する優先提供	優先提供を認める
規定なし	普及・啓発活動など	運転免許証や被保険者証などに意思表示の記載が可能
規定なし	被虐待児への対応	虐待の疑いがある場合は臓器移植の対象外（ガイドライン）

解説 家族の役割が拡大 改正前の臓器移植法（→補）では、生前の本人による書面での臓器提供の意思表示と家族の承諾のある場合に限り、臓器移植を法的に認めていた。しかし、2009年に臓器移植法が改正され、生前の本人による意思表示が不明でも、家族の書面による承諾のみで臓器提供が可能になった。また、臓器提供者の年齢制限が撤廃された。

2 脳死臓器移植のしくみ

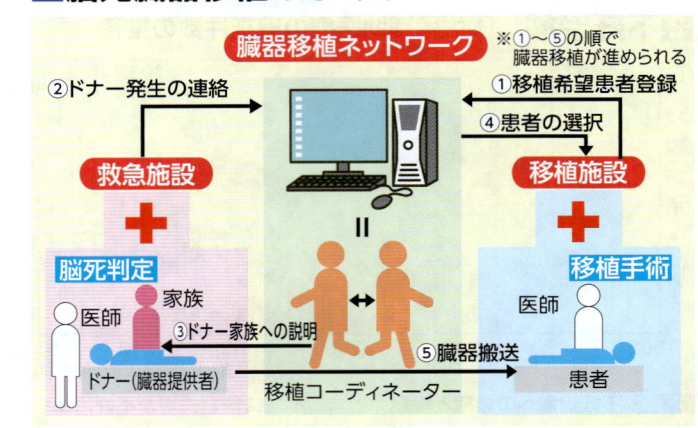

解説 コーディネーターが仲介 脳死と判定されるドナー（臓器提供者）候補が発生すると、救急病院などの臓器提供施設から日本臓器移植ネットワークに連絡が入る。臓器移植ネットワークは、移植を受ける患者の選定を進め、同時に移植コーディネーターを救急病院などに派遣し、ドナー候補の家族への説明を行い、摘出された臓器の運搬に当たる。

4 臓器提供件数の推移

〈日本移植学会資料〉

解説 依然としてドナー不足 臓器提供の意思表示は、「臓器提供意思表示カード」だけでなく、インターネットによる登録や、免許証・健康保険証へのシール添付などの方法がある。しかし十分には知られておらず、臓器提供件数が伸び悩む一因にもなっている。意思表示にあたっては「臓器提供をしない」という選択もできる。現在も臓器移植を待つ患者は多く、移植医療への理解の広がりが求められている。

諸課題

○×チェック⑩⑩ 現在の法律では、15歳未満の脳死者の身体から臓器移植用の臓器を摘出することは、本人の自己決定の有無にかかわらず認められない。（16年、本）

Ⅳ 終末期医療はどうあるべきか

1 尊厳死と安楽死 〈頻出〉

尊厳死	延命治療を拒み、人間としての尊厳を保つため、みずからの意思で死を選ぶこと。尊厳死については、弱い立場にある重病患者に「周りに迷惑をかけずに死ぬのが美徳である」という価値観を植え付けることになるなどの批判がある。
安楽死	回復の見込みのない病気などにかかっている場合、患者の希望により、より苦痛の少ない方法で死なせること。オランダ、ベルギーなどでは安楽死が法制化されているが、日本では認められていない。

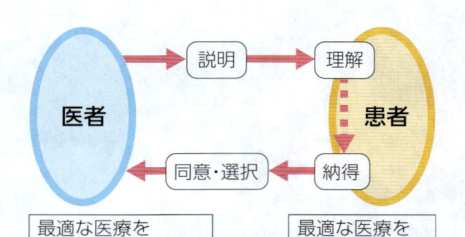

↑インフォームド・コンセント

↑がん患者のケアについて情報交換をする医師や薬剤師ら（2010年）

解説 患者みずからが治療法を決定 近年、延命治療技術の発達で、例えば患者が持続的に植物状態のままで意識が戻る見込みがなくても、水分や栄養を補給することなどで生存することも可能になった。他方で、延命措置をやめて「死ぬ権利」を認めることが問われ始めた。延命治療の拒否を「尊厳死の宣言書（リビング・ウィル）」などで意思表示し、死を選択する「尊厳死」や、不治の患者に対する医師の投薬などによる「安楽死」（→p.71）などが議論されている。また、命の長さではなく、残された人生の「生活や人生の質」（quality of life）を重視すべきだという考えが出てきており、治療する側が患者に治療方法などを説明し、患者が理解・承諾したうえで、治療を実施するインフォームド・コンセント（説明を受けたうえでの合意）が求められている。

> この指示書は、私の精神が健全な状態にある時に書いたものであります。
> したがって、私の精神が健全な状態にある時に私自身が破棄するか、または撤回する旨の文書を作成しない限り有効であります。
> □私の傷病が、現代の医学では不治の状態であり、既に死が迫っていると診断された場合には、ただ単に死期を引き延ばすためだけの延命措置はお断りいたします。
> □ただしこの場合、私の苦痛を和らげるためには、麻薬などの適切な使用により十分な緩和医療を行ってください。
> □私が回復不能な遷延性意識障害（持続的植物状態）に陥った時は生命維持措置を取りやめてください。
> 以上、私の宣言による要望を忠実に果たしてくださった方々に深く感謝申し上げるとともに、その方々が私の要望に従ってくださった行為一切の責任は私自身にあることを付記いたします。
> （日本尊厳死協会『リビング・ウィル – Living Will – 終末期医療における事前指示書 –』）

まとめ ▇▇ ▬ ▬ ▬

Ⅰ 遺伝子技術の進展と課題
・クローン技術…全く同じ遺伝子情報を受け継ぐ技術。畜産や絶滅が危惧される野生動物の繁殖などへの応用が期待される。しかし人間への応用には倫理的課題がある
・ヒトゲノム…ヒトの持つ遺伝情報全体のこと。2003年にヒトゲノム配列の解読が完了。医療への応用が研究されている一方、倫理的な配慮も必要
・遺伝子組み換え食品…遺伝子工学の技術で、短期間に新品種を生産。とうもろこしや大豆などで普及。品質や安定供給への期待がある一方で、安全性への不安や生態系への影響の懸念がある。日本では、食用の商業栽培は行われていないが、一部の農作物は輸入・販売されている。その際、遺伝子組み換えの表示が義務付けられている
・ES細胞（胚性幹細胞）…受精卵から成長する胚を培養して作られる細胞。あらゆる身体の組織を作る能力を持つ万能細胞。しかし、受精卵の破壊は生命の芽を摘むことにつながりかねないという倫理的課題がある
・iPS細胞（人工多能性幹細胞）…自分の細胞から作る万能細胞。ES細胞で問題とされた倫理的課題を回避できる。市場が急速に拡大している

Ⅱ 生命の誕生に関わる問題
・着床前診断（受精卵診断）…生まれてくる子どもの遺伝病の有無を検査。「命の選別」につながるとの批判も
・不妊治療…医療技術向上や晩婚化を背景に不妊治療が増加。身体的・精神的負担や費用負担が重いことが課題
・人工授精…精製した精液を子宮内に送り込み受精させる

・体外受精…卵子に精子を振りかけて受精させ、受精確認後に胎内に戻す
・代理出産…体外受精した受精卵を代理母の子宮に移植する方法（ホストマザー）と、夫の精子を使って代理母が人工授精を行う方法（サロゲートマザー）がある。代理母が生まれた子の引き渡しを拒否する事件や、代理母の身体的な負担などの課題がある

Ⅲ 脳死と臓器移植
・臓器移植…移植でしか治療できない患者に他人の臓器を移植すること。日本では臓器を提供する場合、「脳死は人の死」となり、脳死（脳の全機能が不可逆的に停止）からの臓器提供が可能
・臓器移植法改正（2009年）…生前の本人の意思表示が不明でも家族の承諾で臓器提供が可能に。家族の承諾で15歳未満の臓器提供も可能に
・臓器提供件数の推移…「臓器提供意思表示カード」などの手段が知られず、提供件数が伸び悩む。移植医療の理解の広がりが課題

Ⅳ 終末期医療はどうあるべきか
・尊厳死…「尊厳死の宣言書（リビング・ウィル）」などで延命治療の拒否の意思を示し、人間の尊厳のためみずから死を選ぶこと
・安楽死…回復の見込みのない患者に、本人の希望に従って苦痛の少ない方法で死なせること
・「生活や人生の質」（quality of life）…人生の長さではなく質を重視するという考え方
・インフォームド・コンセント…治療者が患者に治療方法などを十分に説明し、患者が納得したうえで治療を進めること

補足解説			
核 通常細胞内に一つある球状の小器官で、この中にある染色糸に遺伝を支配する物質DNAが含まれている。	**DNA（デオキシリボ核酸）** 核内の染色糸を形成する。深部構造の中には遺伝を支配する情報が含まれている。	**脳死** 人工呼吸器を付けないと生命は維持できず、その場合も通常数日から数週間で心停止に至るとされる。	**臓器移植法** 1997年成立、2009年改正。移植の条件や売買の禁止、提供者への礼意を保つことなどを定めている。

諸課題

相次ぐ豪雨災害

　近年、日本では豪雨による災害が相次いでいる。2021年7月には、関東南部から静岡県にかけて記録的な大雨が降り続き、静岡県熱海市で大規模な土石流が発生して、20人以上が犠牲となった。21年にはこのほかにも、西日本から東日本にかけて大雨が続き、河川の氾濫や低地の浸水被害などが多発した。このような記録的豪雨は、地球温暖化をはじめとする気候変動との関連が指摘されており、今後さらに規模や頻度が増す可能性が高いことから、各地で対策が採られている。

↑土石流の救助活動を行う消防隊員と自衛隊員（2021年　静岡県熱海市）

Question
・世界ではどのような地球環境問題が起こっているだろうか。（→Ⅰ）

③ 地球環境問題とその対策

Ⅰ 環境問題とは

① 経済活動と環境問題

↑大気汚染（2021年　インド）　自動車や三輪タクシーなどの交通量の増加に伴い、排ガスによる大気汚染が深刻化している。

↑伐採された熱帯林（2019年　ブラジル）　アマゾンでは牧場や農園の開発、木材の利用などのために、熱帯林の伐採が続いている。

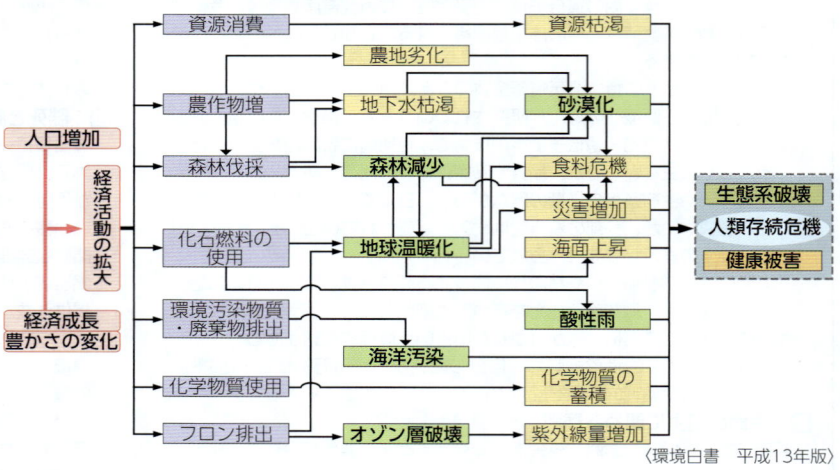
〈環境白書　平成13年版〉

解説　**環境問題は経済活動が原因**　生態系（→補）などバランスの取れた自然環境が、人間の経済活動のために壊されている状態を**環境問題**という。産業革命以降、人間は森林を伐採し、大地を切り拓き、資源を採取し、生態系の分解能力をはるかに超える人工物質を排出してきた。その結果、自然が持つ修復力を超えた負荷がかかって生態系が壊れ始め、環境問題が発生した。環境問題の影響は地球全体に及ぶことが多く、また子や孫の世代にも深刻な影響を及ぼす。さらに環境問題は**持続可能な開発目標**（SDGs、→巻頭15、p.175）とも密接に関係している。SDGsを達成するためには、人間の経済活動に伴うさまざまな環境問題に取り組んでいく必要がある。

② 世界の主な地球環境問題

〈Diercke International Atlas 2010、ほか〉

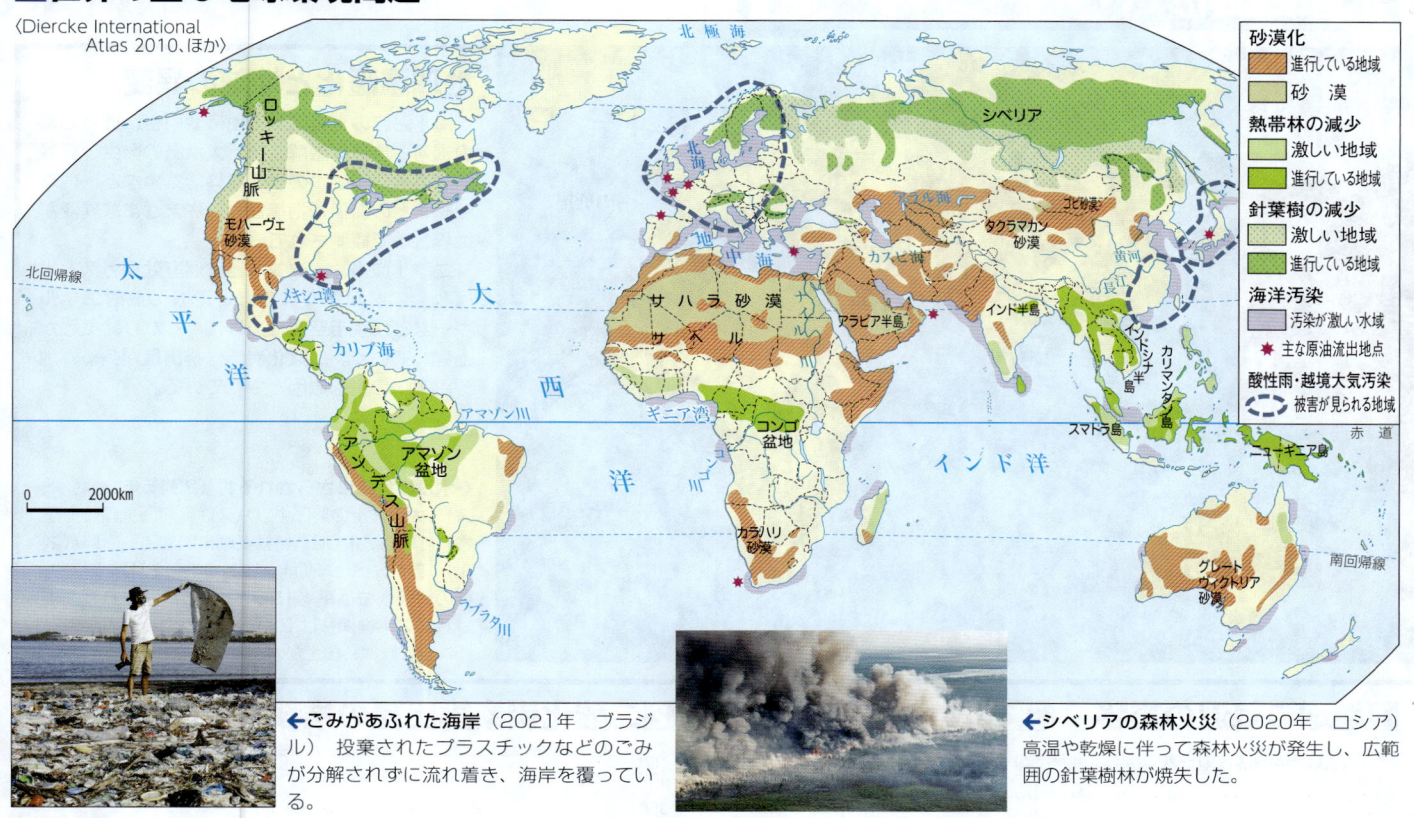

凡例:
- **砂漠化**
  - 進行している地域
  - 砂漠
- **熱帯林の減少**
  - 激しい地域
  - 進行している地域
- **針葉樹の減少**
  - 激しい地域
  - 進行している地域
- **海洋汚染**
  - 汚染が激しい水域
  - ★ 主な原油流出地点
- **酸性雨・越境大気汚染**
  - 被害が見られる地域

主な地名: 北極海、シベリア、ロッキー山脈、モハーヴェ砂漠、北回帰線、太平洋、カリブ海、アンデス山脈、アマゾン盆地、アマゾン川、ラプラタ川、大西洋、サハラ砂漠、サヘル、ギニア湾、コンゴ盆地、カラハリ砂漠、地中海、カスピ海、アラビア半島、インド半島、インド洋、タクラマカン砂漠、ゴビ砂漠、黄河、長江、インドシナ半島、カリマンタン島、スマトラ島、ニューギニア島、赤道、グレートヴィクトリア砂漠、南回帰線

0 2000km

←ごみがあふれた海岸（2021年　ブラジル）　投棄されたプラスチックなどのごみが分解されずに流れ着き、海岸を覆っている。

←シベリアの森林火災（2020年　ロシア）高温や乾燥に伴って森林火災が発生し、広範囲の針葉樹林が焼失した。

解説 **異変は世界各地で起こっている**　現在地球上では、主に人間の活動が原因となって海洋汚染（→Ⅲ）や酸性雨（→Ⅳ）、森林の減少（→Ⅴ）、砂漠化（→Ⅶ）、オゾン層の破壊（→Ⅷ）などさまざまな環境問題が発生している。これらは国境を越えて影響を及ぼしており、**地球環境問題**とよばれている。地球環境問題を解決するために、国際社会が連携し、地球規模で環境の保全や回復を図ることが求められている。

③ 地球環境問題への警鐘　[出題]

沈黙の春

←レイチェル=カーソン

自然は、沈黙した。うす気味悪い。鳥たちは、どこへ行ってしまったのか。みんな不思議に思い、不吉な予感におびえた。裏庭の餌箱は、からっぽだった。ああ鳥がいた、と思っても、死にかけていた。ぶるぶるからだをふるわせ、飛ぶこともできなかった。春がきたが、沈黙の春だった。
（レイチェル=カーソン　青樹簗一訳『沈黙の春』新潮社）

成長の限界

↑『成長の限界』

(1)世界人口、工業化、汚染、食糧生産、および資源の使用の現在の成長率が不変のまま続くならば、来たるべき100年以内に地球上の成長は限界点に到達するであろう。もっとも起こる見込みの強い結末は人口と工業力のかなり突然の、制御不可能な減少であろう。
(2)こうした成長の趨勢を変更し、将来長期にわたって持続可能な生態学的ならびに経済的な安定性を打ち立てることは可能である。
（D・H・メドウズほか　大来佐武郎監訳『成長の限界―ローマ・クラブ「人類の危機」レポート―』ダイヤモンド社）

解説 **環境保護運動の始まり**　1962年にアメリカの生物学者レイチェル=カーソンの『沈黙の春』が出版された。『沈黙の春』は、安価で効果の高い殺虫剤として大量に使用されていた殺虫剤「DDT」などの化学物質が自然環境や人体に深刻な影響を及ぼすことを訴え、当時十分に認識されていなかった環境問題に警鐘を鳴らした。これが環境保護運動の原点となり、72年の国連人間環境会議開催のきっかけともなった。また、72年にローマ・クラブ（→補）が発表した『成長の限界』は、資源と地球の有限性について数値的に論じた。このままの人口増加や環境破壊が続けば、100年以内に人類の成長は限界に達すると予測した。

←アースデイ（「地球の日」）に環境保護をテーマに作品を作る子どもたち（2021年　中国）『沈黙の春』が出版された1960年代以降、環境問題への関心が高まり70年4月22日にアースデイが誕生した。現在も毎年4月22日には世界各地でイベントが行われている。

諸課題

地球温暖化と地球の異変

　海水温度の上昇、高山地帯や両極に近い地域の氷河の急速な融解、超巨大台風の発生、記録的な洪水や干ばつのような異常気象など、地球温暖化との関係が指摘されるさまざまな異変が世界各地で観測されている。

　二酸化炭素、メタンなどは**温室効果ガス**とよばれ、濃度が高くなるほど地表の放射エネルギーなどが宇宙空間に逃げにくくなり、気温が上昇していく。二酸化炭素は排出量が多く、地球温暖化の主な原因とされている。

←**水没の危機にさらされる村**（2015年　キリバス）　太平洋上の島国キリバスは、海面上昇に脅かされている。IPCC（気候変動に関する政府間パネル）によると、1901〜2010年の110年間で世界の海面水位は平均19cm上昇したとされる。キリバスの平均海抜は2mと低く、今後も海面上昇が継続すれば、国土が水没する恐れがある。

❶ 地球の気温の推移 〈出題〉

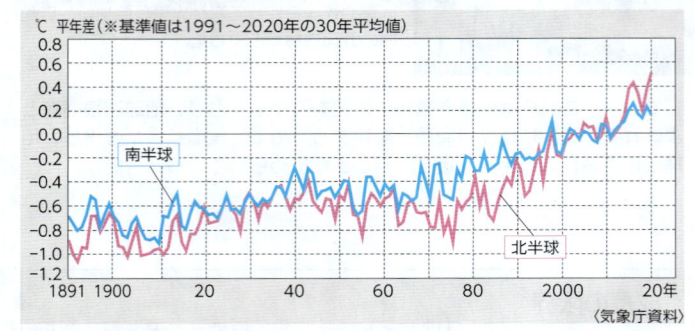

℃ 平年差（※基準値は1991〜2020年の30年平均値）

南半球／北半球

1891　1900　20　40　60　80　2000　20年　〈気象庁資料〉

解説 **上昇する気温**　地球上の気温は20世紀以降上昇傾向にあり、経済活動が活発な北半球の上昇が顕著である。IPCC（気候変動に関する政府間パネル）は、地球の気温について、2040年までに1850〜1900年の水準から1.5℃上昇すると予測している。

❷ 二酸化炭素排出量の推移

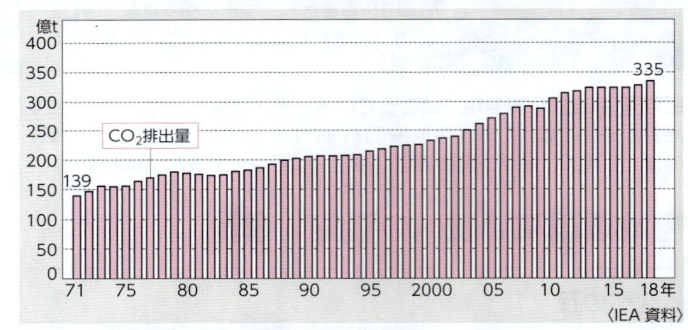

億t

CO₂排出量　139　335

71　75　80　85　90　95　2000　05　10　15　18年　〈IEA資料〉

解説 **増加する二酸化炭素排出量**　二酸化炭素（CO_2）は石油や石炭など化石燃料を燃焼することによって発生する。経済活動の拡大に伴って化石燃料が大量に消費されるようになり、二酸化炭素の排出量は増加傾向が続いている。

❸ 地球温暖化による影響が指摘される事象

氷河の減少

↑**1990年の氷河の位置を示す標識**（2019年　フランス）　約30年の間に氷河の位置は谷の奥まで後退している。

サンゴの白化

↑**白化したサンゴ**（2016年　オーストラリア）　海水温の上昇などによる白化によって、サンゴが死滅する恐れがある。

局地的な豪雨

↑**局地的な豪雨**（2015年　東京都）　右側の一帯だけに豪雨が降っている。こうした雨はゲリラ豪雨ともよばれる。

解説 **異常気象に地球温暖化が影響と報告**　IPCCは2021年の報告書で、人間の活動が陸域や海洋を温暖化させてきたことは疑う余地がないと明言した。そして、気温の上昇によって、近年多発している熱波や豪雨などの異常気象がさらに激しさを増すと警告している。

諸課題

 〇✕チェック　地球温暖化対策税（環境税）は、二酸化炭素の排出量を抑えるために、再生可能エネルギーの利用にも課される税である。（16年、本）

4 地球温暖化対策の歩み <出題>

①パリ協定と京都議定書

	パリ協定（2015年採択）	京都議定書（1997年採択）
目的	平均気温上昇を産業革命以前に比べ2℃未満に保つとともに、1.5℃未満にすることも努力する	大気中の温室効果ガスの濃度を安定化させる
対象	196の国と地域	38の国と地域（第2約束期間）
長期目標	できるだけ早く温室効果ガス排出のピークを迎え、今世紀後半には実質の排出量をゼロにする	目標期間が短く設定されており、長期目標はない
国別削減目標	すべての国に策定・報告・見直しを義務付け。ただし目標は各国がみずから作成	国家間交渉で決定（第1約束期間：EU8％、アメリカ7％、日本6％など。先進国全体で5.2%）
目標達成への義務	5年ごとに前進した目標を設定（達成義務はない）	先進国の設定した数値は法的拘束力を持つ
途上国への資金支援	先進国が2020年以降、年間1000億ドルを下限に拠出することを合意したが、金額は明記されず	先進国は拠出の義務があると規定

②国・地域別の二酸化炭素排出量

世界計約328億トン（2017年）

- 中国 28.3%
- アメリカ 14.5
- EU加盟国 9.8
- インド 6.6
- ロシア 4.7
- 日本 3.4
- その他 32.7

〈国際エネルギー機関資料〉

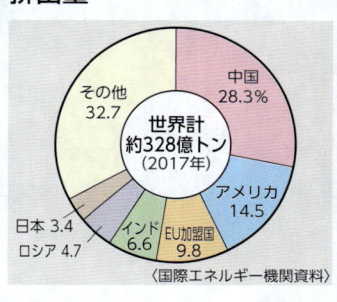

↑地球温暖化への対策を求める若者たち（2019年 スペイン）「家が火事のつもりで行動を」と訴えている。

解説 温室効果ガスの削減に向けて 地球温暖化対策は、1992年に開催された**地球サミット**において気候変動枠組条約の署名が開始され、97年の地球温暖化防止京都会議で**京都議定書**が採択された。そして、京都議定書では一部の先進国だけに削減目標が課されていたことから、すべての国に排出削減の努力を求める枠組みとして、2015年に**パリ協定**（→p.40）が採択された。しかしその後も地球温暖化の影響とみられる異常気象が急増し、対策強化を求める世論が高まったことから、世界の多くの国や地域が、温室効果ガスの排出を実質的にゼロにする**カーボンニュートラル**（脱炭素）の目標を掲げるようになった（→巻頭11）。そして21年に開かれたCOP26では、世界の平均気温の上昇を1.5℃に抑える努力を追求するとした成果文書が採択された。

5 カーボンニュートラルに向けて

①主な国・地域の目標

国・地域	2030年*までの温室効果ガス削減目標	カーボンニュートラル達成目標
日本	−46%（2013年度比）（さらに50%に向けて挑戦）	2050年
アメリカ	−50〜52%（2005年比）	2050年
EU	−55%以上（1990年比）	2050年
中国	−65%以上（2005年比、GDPあたりの二酸化炭素排出量）	2060年（二酸化炭素排出量を実質ゼロに）

*日本は2030年度 （2021年）〈外務省資料〉

解説 各国首脳が次々と表明 IPCCは、2030年までの温暖化対策が今後の気温上昇を抑えるために特に重要だとしている。これを受けて、世界の国や地域は次々とカーボンニュートラルを表明しており、その数は21年時点で120以上となっている。世界最大の温室効果ガス排出国である中国も、60年までに二酸化炭素排出を実質ゼロにする目標を掲げている。

②温暖化対策に復帰したアメリカ

←アメリカ最大級の太陽光発電施設（2021年 アメリカ）カリフォルニア州の広大な土地と安定した日照を生かして建設された。政府の新エネルギー重視の政策の下、こうした大規模な太陽光発電施設が各地に建設されている。

解説 積極的な投資を表明 アメリカのトランプ政権は2020年にパリ協定から離脱し、地球温暖化対策から距離を取っていた。しかし21年に誕生したバイデン政権は、気候変動対策を最重要課題の一つと位置づけている。そして、35年までに電力部門の二酸化炭素排出量を実質ゼロにすることや、気候変動対策の関連分野に4年で約200兆円を投資することなどを表明している。さらに小型・中型車の100%電動化も目指している。

③高い目標を掲げるEU

解説 高い目標で世界をリード EUは温室効果ガスの削減目標を達成するためにグリーンディールという政策を打ち出し、2035年までにガソリン車やハイブリッド車などの販売を実質的に禁止にすると表明した。さらに、カーボンニュートラルへの取り組みが不十分な国に対して課税する国境炭素税も検討している。EUのこうした高い目標は、各国の政府や企業、特に自動車メーカーに大きな影響を与えている。

←グリーンディール政策について発表した欧州委員長（2021年 ベルギー）

④日本の取り組み

←燃料電池自動車（水素自動車）燃料電池自動車は、動力となる電気を得るために水素と酸素を反応させても水しか発生しない。EUがガソリン車などの販売を実質的に禁止するなか、販売を拡大できるか注目されている。

解説 高い技術を生かす 日本政府は2050年までのカーボンニュートラル実現に向けて、30年度までに、13年度比で46％以上温室効果ガスを削減するという高い目標を掲げている。しかし日本は公害対策などを通じてすでに厳しい環境対策を行っており、近年の温室効果ガス排出量は横ばいに近い。さらなる温室効果ガスの削減のためには、燃料電池自動車のような抜本的な技術革新が求められている。

諸課題

〇✕チェック答え(182) ✕ 2012年に導入された環境税は、再生可能エネルギーの利用を促進することなどを目的に、化石燃料に課された。

12 つくる責任つかう責任
14 海の豊かさを守ろう

モーリシャスで原油流出事故

2020年、インド洋のモーリシャスで日本の商社が運行する貨物船「わかしお」が座礁し、大規模な原油流出事故が発生した。事故が起きた地域はラムサール条約（→p.302）の登録湿地に近く、流出した原油で海岸は汚染され、生態系や観光業などに大きな影響が生じた。

こうした船舶による海洋汚染は、世界で多発している。貿易や物流の拡大に伴い、事故がさらに増え、海洋汚染が繰り返されることが懸念されている。

← 「わかしお」から流出した原油（2020年　モーリシャス）事故によって約1000tの原油が30kmにわたって海岸に漂着したとみられている。

1 世界の海に広がる汚染

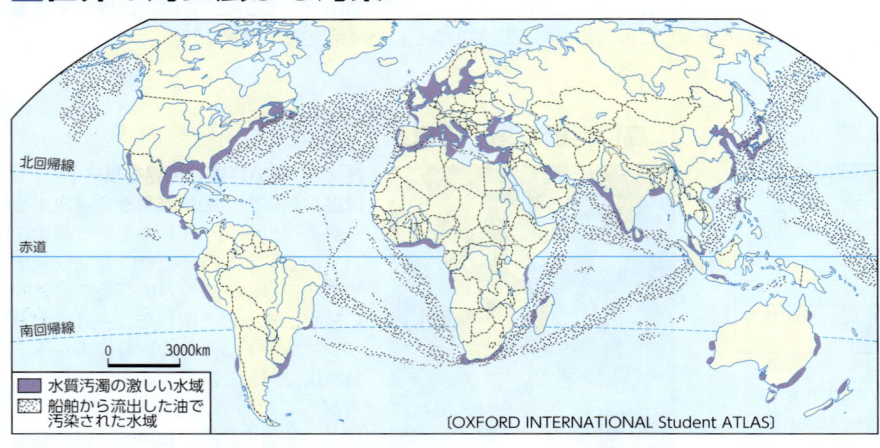

北回帰線
赤道
南回帰線

0　3000km

■ 水質汚濁の激しい水域
▧ 船舶から流出した油で汚染された水域

［OXFORD INTERNATIONAL Student ATLAS］

解説　**水質汚濁が深刻化**　海洋汚染は、経済活動や海上交通が活発な地域ほど深刻になっている。ひとたび原油流出が起きると、魚や貝、海藻、鳥などが汚染され、沿岸の漁業や観光などは深刻な影響を受ける。近年は、細かい粒子状に分解された**マイクロプラスチック**による海洋汚染が注目されている。

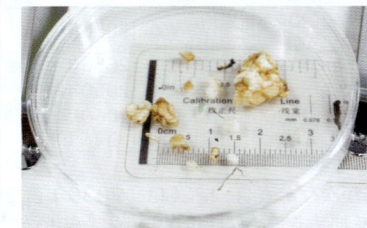

←**マイクロプラスチック**　魚などを通じて人体に取り込まれ、健康を害する恐れがある。

2 レジ袋などの削減の動き

7月1日より
レジ袋が
有料になります
We charge for plastic bags.
1枚3円

↑レジ袋の有料化を案内する表示（2020年　東京都）

解説　**レジ袋などが有料に**　2020年7月から、日本全国でプラスチック製買物袋（レジ袋）が有料化された。さらに、使い捨てのプラスチック製スプーンなどの有料化も検討されている。こうした取り組みにより、海洋プラスチックごみの削減や、原料となる石油資源の消費抑制、環境に関する意識の高まりなどが期待されている。

3 国境を越えた取り組み

↑海岸を清掃する日韓の若者たち（2019年　長崎県対馬市）　韓国に近い対馬には韓国からのごみの漂着が多く、日韓の若者が共同で清掃活動をした。

解説　**求められる国境を越えた取り組み**　海洋に投棄されたごみは国境を越えて行き交うため、一国だけでの対策は難しい。2019年に日本を議長国として開かれたG20大阪サミット（→p.162）においても、海洋プラスチックごみの削減が重要な議題の一つとなり、各国の協調した取り組みの必要性が確認された。

諸課題

○✕チェック

森林の破壊や魚類の死滅などをもたらす酸性雨の主な原因は、石炭や石油等の化石燃料の燃焼から生じる二酸化炭素である。（15年、本）

経済発展のなかで進む環境汚染

　近年、中国などの新興国では大気汚染が深刻になっている。経済成長とともにエネルギー資源の消費量が急速に増え、工業地帯の排煙や自動車の排ガスなどによる大気汚染が進んでいる。2015年には中国のペキンで大気汚染に関する警報で最高レベルの「赤色警報」が初めて発令され、自動車の通行が半分に規制されたほか、小中学校が臨時休校になるなど、市民生活に影響が出た。また、中国で発生した微小粒子状物質（PM2.5、➡補）などの大気汚染物質は、海を渡って日本にも飛来している。

↑大気汚染の有無（左：2015年12月1日、右：2015年12月2日　中国・ペキン）

1 国境を越える大気汚染物質

1月25日

1月26日

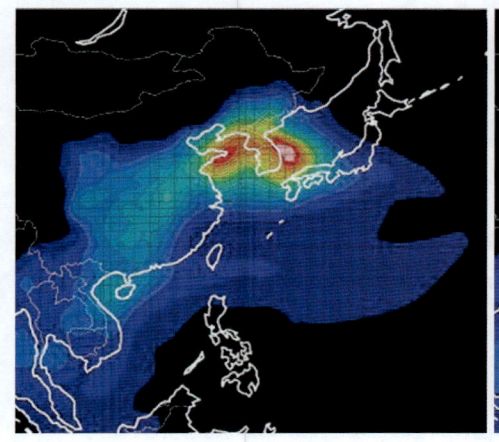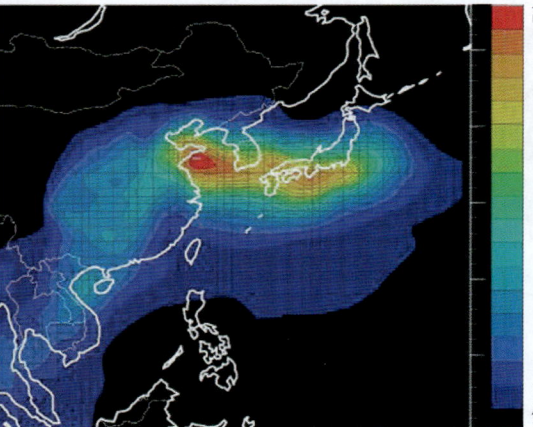

硫酸塩の濃度　高　低

解説 日本にも影響　早くから酸性雨対策を採ってきた先進国に対し、急速な経済発展が続く発展途上国では、その対応が遅れている。酸性雨（➡補）は国境を越えて他の国に影響を与える典型的な環境問題である。左の画像は、中国から大量の大気汚染物質が、季節風によって日本の上空まで運ばれている様子を示している。日本などの先進国は、発展途上国に対する環境対策のための技術協力なども求められている。

←大気汚染物質の移動 （2006年）
〈国立環境研究所／九州大学応用力学研究所資料〉

2 大気汚染と酸性雨の関係 〈出題〉

酸性物質が降下

工場や自動車の排出物

森や湖などに被害

解説 工場の排煙や自動車の排ガスが原因　工場の排煙や自動車の排ガス中には、太陽光の化学反応によって硫酸や硝酸に変化するSOx（硫黄酸化物）やNOx（窒素酸化物）などが含まれている。この物質が大気中の水蒸気に交じり、強い酸性の雨となって地表に降り注ぐのが酸性雨である。1960年代ごろから北欧などの先進国では国境を越えた被害が確認され、80年代半ばからは原因物質が規制されるようになった。

3 海外に生かす日本の環境技術

新聞　大気改善支援へ本腰　北九州市、中国4市に

　PM2.5による大気汚染が深刻な中国で、北九州市は、上海市や天津市など中国の4都市と連携して大気環境改善に向けた対策を本格化する。すでに職員の研修受け入れや、リサイクル団地の計画作りといった協力実績がある。2018年度までの5年間に、大気汚染の監視や汚染源の解析、予報・警報システムの構築のために、研修を受け入れたり、専門家を派遣したりする。記者会見した北橋健治市長は「PM2.5の飛来で健康被害への懸念が高まっている。発展が続く中国で日本の自治体が協力することで、国境を越える環境問題の改善が期待される」と述べた。さらに、地域への波及として「公害に直面した日本企業のノウハウが生かされ、環境技術の海外展開や地域経済へのいい効果もありうる」と話した。

（2014年6月11日　朝日新聞）

↑発展途上国の環境行政担当者に粉じん回収法などを指導する日本企業（2013年）

諸課題

 チェック⑱答え

×　酸性雨の主な原因はSOx（硫黄酸化物）やNOx（窒素酸化物）。温室効果ガスである二酸化炭素は、地球温暖化の主な原因とされている。

SDGs 12 つくる責任 つかう責任 / 15 陸の豊かさも守ろう

日本へと輸出される違法伐採木材

↑伐採した木を輸送するトレーラー（2016年　マレーシア）

新聞　消える熱帯林、日本へ輸出　合板需要、伐採に先住民提訴も　マレーシア・サラワク州

日本の輸入合板のほぼ半数を占める産地、ボルネオ島北部のマレーシア・サラワク州で、手つかずの熱帯林が急速に失われている。（中略）サラワク州は日本が輸入する南洋材の一大産地。住宅の床材やコンクリート型枠に使われる輸入合板の46％はサラワク州産、サラワク州が輸出する合板の59％が日本向けだ。（中略）食料や薬草、住居など生活の多くを森林資源に頼る先住民は、伐採地の土地の権利を認めるよう求めて州政府と伐採企業を次々と提訴。訴訟代理人のバル・ビアン弁護士によると、その数は約300件にのぼる。（中略）サラワク州産の合板が日本に大量に輸入されるのは、現地で発行された合法証明があるためだ。ただ、環境NGOは、先住民と係争中の森で伐採された木材の使用が否定できないと指摘する。背景に、合法性の確認を業者の自主的な制度にゆだねてきた日本の対策の甘さがある。

（2016年5月29日　朝日新聞）

1 減少する世界の森林

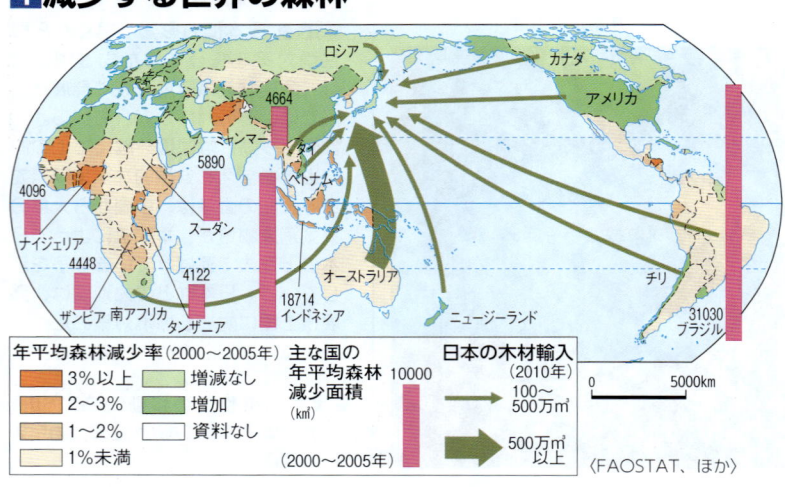

〈FAOSTAT、ほか〉

年平均森林減少率（2000〜2005年）
3％以上
2〜3％
1〜2％
1％未満
増減なし 増加
増加
資料なし

主な国の年平均森林減少面積（km²）（2000〜2005年）

日本の木材輸入（2010年）
100〜500万m³
500万m³以上

0　　5000km

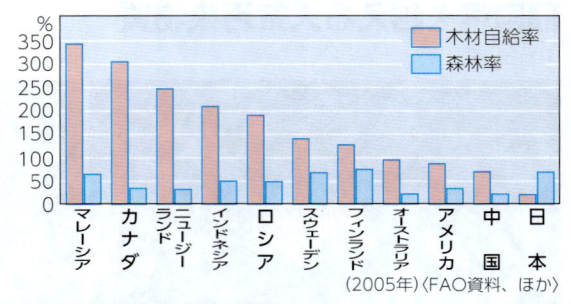

↑主な国の森林率と木材自給率　（2005年）〈FAO資料、ほか〉

凡例：木材自給率／森林率

解説　森林減少はさまざまな環境問題を引き起こす　人類は経済活動のために森林を伐採してきた。世界全体の森林は大幅に減少し続けており、植林などによる増加分を差し引いても、年間で日本の国土面積の1割以上の森林が失われている。森林の減少は、地球温暖化（→Ⅱ）、生物多様性の減少（→Ⅵ）、砂漠化（→Ⅶ）などのさまざまな環境問題を引き起こす。

2 森林減少の背景と対策

森林減少・劣化の主な原因
①土地利用の転換 世界的な食料やバイオ燃料等の需用増加により、森林を伐採してパーム油のプランテーションやさとうきび農園、牧場への転換が進んでいる。
②焼畑農業の増加 人口増加などにより、森林が回復しないうちに再び焼いて土地が劣化し、森林が再生しなくなってしまうことが問題となっている。
③燃料用木材の過剰な採取 人口増加に伴い、燃料用木材の採取による森林減少が進んでいる。
④森林火災 焼畑農業、農地開発のための火入れなどの火の不始末、落雷、干ばつや猛暑などが原因となり、森林火災が発生し、森林が焼失している。
違法伐採問題
主要熱帯木材生産国で生産される木材の50〜90％が違法伐採（推計）。

↑FSC認証マーク入りの木材　FSC認証制度は森林を適切に管理し、持続可能な利用に取り組むための制度。

解説　求められる国際的な枠組み　森林減少の主な原因としては、森林以外の用途への土地利用の転換がある。東南アジアでは熱帯林を伐採して油やし農園の開発が行われ、アマゾンではバイオ燃料用にさとうきび畑やとうもろこし畑の開発が行われている。また、非伝統的な焼畑農業、燃料用木材の過剰な採取、森林火災なども問題とされている。さらにその背景には人口増加や貧困といった問題がある。森林保全の取り組みとして、FSC認証制度などによる森林の管理が行われている。しかし、森林減少は現在も続いており、国際社会が協力して森林保全を進めるための枠組み作りが求められる。

諸課題

 ○×チェック　生物多様性条約は、生物資源の持続的利用については定めていないが、種や遺伝子、生態系などの多様性の保全について定めている。（13年、追）

薬品に利用される自然界の遺伝資源

インフルエンザ

糖尿病

↑アメリカドクトカゲ　アメリカの砂漠などに生息するアメリカドクトカゲの唾液からは、糖尿病治療薬が作られる。

アルツハイマー病（開発中）

↑オニヒトデ　日本の海にも生息するオニヒトデの成分を元にしたアルツハイマー病治療薬の開発が進められている。

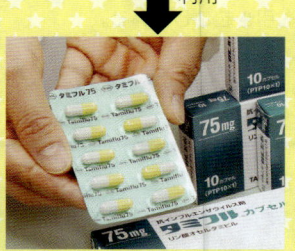
利用

↑←八角（上）と八角を原料にしたインフルエンザ治療薬（左）　八角は中国などで採れる木の実。香辛料としても使われる。
※タミフルは安定生産に向け、現在は八角を使わない製造方法も開発されている。

　植物や動物、微生物といった遺伝機能を備える生物に由来する「遺伝資源」が注目を集めている。食品やエネルギー、環境など幅広い分野で研究や産業に活用され、医薬品開発においても、さまざまな新薬の原料として研究されている。その一方で、遺伝資源の利益や権利をめぐっては、先進国を中心とする利用国とアフリカ諸国をはじめとする資源提供国の間でトラブルになることもある。そこで、2010年の生物多様性条約第10回締約国会議（COP10）では、遺伝資源の利用によって生じた利益を公正に配分するための国際的な枠組みである名古屋議定書（→補）が採択された。遺伝資源の持続可能な利用に向けた取り組みが求められる。

❶絶滅の恐れがある野生生物　出題

種

（縦軸：25000, 20000, 15000, 10000, 5000, 0）
1998 2000 02 04 06 08 10 12 14 16年
〈国際自然保護連合資料〉

↑世界の絶滅の恐れがある野生生物種数の推移

哺乳類　／　爬虫類

開発／水質汚濁／捕獲・採取／遷移等／外来種

0 20 40 60 80 100%　0 20 40 60 80 100%
※一種に対して複数の要因が挙げられているため合計は100%とはならない。〈環境省資料〉

↑日本の絶滅の恐れがある野生生物種の減少要因

↑ジャイアントパンダ　約1800頭が野生で生息している。日本でも上野、神戸、白浜（和歌山）で飼育されている。

解説　生態系の危機　地球には、無数の生物種が存在しており、生物相互の微妙なバランスの上に生態系が維持されている。このことを生物多様性とよぶ。ところが、人間による開発や生物の乱獲、外来種の流入などが進んで生物が絶滅すると、生態系のバランスが崩れて生物多様性が失われる危険がある。だからこそ絶滅の恐れのある野生生物を守ることが重要である。

❷生物多様性の保全　頻出

条約	概要
ラムサール条約（1971年採択）	正式名称は「特に水鳥の生息地として国際的に重要な湿地に関する条約」。湿地は生物の大切な住みかだが、埋め立てなど開発の対象になりやすいため、国際的な環境条約として先駆けて採択された。日本国内でも数多くの湿地が登録されている。
ワシントン条約（1973年採択）	正式名称は「絶滅のおそれのある野生動植物の種の国際取引に関する条約」。輸出入を規制し、野生動植物の保護を目的とする。生きている動植物だけではなく、その加工品（象牙、トラの毛皮など）も規制対象である。
生物多様性条約（1992年採択）	1992年の地球サミットで署名が開始された条約。それまでの特定の地域・生物のみを保護する条約（ラムサール条約、ワシントン条約）を補完し、生物多様性を包括的に保全することを目的とする。

↑焼却処分される8000頭分の象牙（2016年　ケニア）　象牙の取り引きを認めない姿勢を示している。

解説　国際会議でルール作り　生物多様性を保全する取り組みとして、1970年代にラムサール条約とワシントン条約が成立した。しかし、これらは、特定の地域・生物のみを対象とするものであった。そこで、包括的に生物多様性を守ることを目的として、92年に生物多様性条約が採択された。これ以来、生物多様性を守る取り組みについて国際的に協議する場として、生物多様性条約締約国会議（COP）がおよそ2年に1度開催されている。

諸課題

世界第4位の広さだった湖「アラル海」が砂漠化

アラル海はカザフスタンとウズベキスタンにまたがる塩湖である。かつては世界第4位の広さの湖だったが、2000年代には50年前の約5分の1の面積になるほど急激に縮小している。原因は旧ソ連時代の大規模な灌漑農業で、中央アジアを流れるアムダリア川とシルダリア川の水が広大な綿花畑の灌漑に使われた結果、本来アラル海へ流れ込むはずだった両河川の水が届かなくなってしまった。干上がった湖底からは塩類や有害な化学物質を含む砂嵐が多発し、周辺住民への健康被害も引き起こしている。

←干上がったアラル海に放置された船（ウズベキスタン）

1 砂漠化が進む地域 〈出題〉

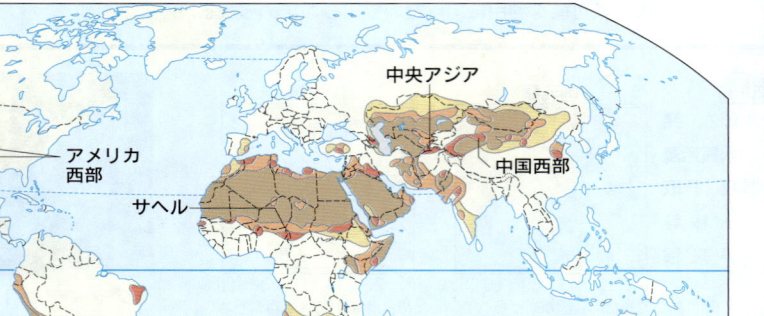

中央アジア
中国西部
アメリカ西部
サヘル
アフリカ南部
オーストラリア西部
パタゴニア

砂漠化の進む地域
中程度の地域　激しい地域　非常に激しい地域　砂漠
0 3000km
〈World Environment Atlas〉

↑過放牧などにより砂漠化が進むサヘル

解説 人為的な要因が大きい砂漠化 砂漠化とは比較的乾燥した地域の土地が荒廃してしまうことである。その原因は干ばつなどの自然的な要因よりも、過度の放牧や耕作、燃料のための樹木の伐採などの人為的な要因が大きいとされる。また、塩害（→補）によって農作物や植物がほとんど育たない不毛の土地となることも砂漠化の原因と考えられている。

2 砂漠化の対策 〈出題〉

①砂地を固定する工夫

↑草方格を作る様子（中国）　地中に稲わらや麦わらなどの枯れ草を碁盤の目状に差し込んでいくことで、砂の移動を止める。

②砂漠化が進んでしまった地域の緑化の取り組み

↑サヘルでの緑化の取り組み（ニジェール）　砂漠への生ごみの投入（左）と、2年後に緑化した様子（右）。生ごみには植物の生育に必要な養分が大量に含まれるため、生ごみを使った緑化が研究されている。

解説 国際協力の下で進む砂漠化対策 アフリカなどの国々で深刻化している砂漠化問題に対し、国際社会が協力して取り組むことを目的として、94年に砂漠化対処条約が採択された。この条約では、砂漠化の影響を受けている国に対して行動計画の作成と実施を求めている一方、先進国に対しては砂漠化対策の取り組みへの資金援助などが求められている。

諸課題

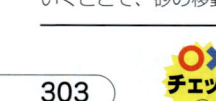
オゾン層が破壊されると、人の健康や生態系に悪影響を及ぼす恐れがあることから、モントリオール議定書で二酸化炭素の排出削減目標値が決定されている。（12年、本）

Ⅷ オゾン層の破壊

紫外線の増大が深刻なオーストラリア

↑紫外線を避けるために帽子をかぶって遊ぶ子ども（オーストラリア）

　オーストラリアは、皮膚がんの発症率の高さが問題となっている。地球は太陽からの有害な紫外線をさえぎるオゾン層に覆われているが、1980年代から南極上空でオゾン層が薄くなり、穴が開いたような状態になるオゾンホールが確認されている。これに伴い南半球では紫外線量が増加しており、皮膚がん発生の原因の一つとされている。オーストラリアでは、子どものころから皮膚がん予防が行われており、外出の際は帽子やサングラス、日焼け止めを使うなどの紫外線対策が浸透している。

Ⅸ 有害廃棄物の越境移動

■ 国境を越える有害廃棄物　頻出

←バーゼル条約に基づいて、フィリピンから日本に送り返された医療廃棄物を、焼却前に調べる警察官ら（2000年）

	0	50	100	150	200万t
ドイツ				163.5	
	19.5				
ベルギー		86.8			
	79.2				
フランス		82.4			
	66.4				
カナダ	47.6				
	32.8				
メキシコ	51.0				
	15.0				
日本	0.5				
	0.7				

□輸入　■輸出
〈環境省資料〉

↑有害廃棄物の輸出入量

解説 規制される有害廃棄物の越境移動　1970年代以降、先進国の工業化に伴って有害廃棄物の国境を越える移動が行われてきた。さらに80年代には先進国からアフリカなどの発展途上国に向けた有害廃棄物の輸出が問題化した。これを受けて89年に、有害廃棄物の越境移動を規制する**バーゼル条約**が採択された。

■ オゾンホールの拡大と対策　頻出

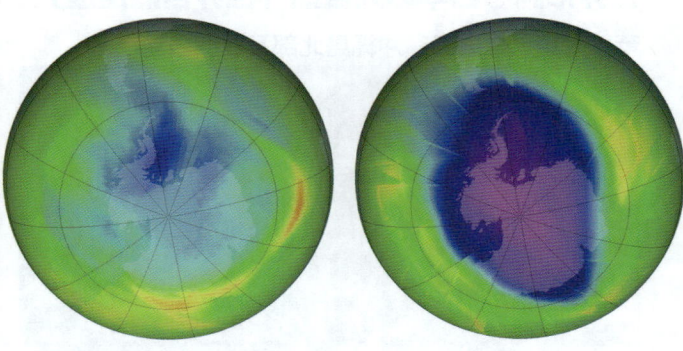

↑南極上空のオゾンホールの写真（青い部分がオゾンホール、左は1979年、右は2009年）

解説 フロンガス規制強化でオゾンホールを抑える　**フロンガス**は冷却剤・半導体洗浄剤・スプレーガスなどに利用されてきた。しかし、大気中に放出されたフロンガスが、皮膚がんや白内障の危険をもたらす紫外線をさえぎる役目をする**オゾン層**を破壊する原因になると分かり、1985年に**ウィーン条約**が採択され、規制の国際的枠組みが定められた。そして87年の**モントリオール議定書**でフロンガスなどの段階的規制が定められ、その後の改正で、フロンガスなどオゾン層破壊物質の2020年までの全廃（発展途上国は30年）が決定された。そうした対策もあり、近年はオゾンホールが縮小傾向だという報告もされている。

Ⅹ 有害物質への国際的な対策

■ 「水銀に関する水俣条約」

↑「水銀に関する水俣条約」第1回締約国会議の参加者（2017年　スイス）

解説 水俣病の教訓を生かす　水銀は水俣病の原因物質であり、健康に深刻な被害をもたらす。しかし発展途上国では金の採掘の際に用いられ、水質汚染などによって周辺に健康被害を及ぼしてきた。そこで、水俣病に関する知見を持つ日本が主導して、2013年に「**水銀に関する水俣条約**」（→p.136）が採択された。この条約によって、水銀の原料を採掘する鉱山の新規開発の禁止や、水銀を使用した電池などの製造禁止、水銀の輸出入管理の徹底などが定められた。

諸課題

 14 海の豊かさを守ろう
 15 陸の豊かさも守ろう　17 パートナーシップで目標を達成しよう

世界に誇る日本の大自然「世界自然遺産」 〈出題〉

奄美大島、徳之島、沖縄島北部及び西表島

↑奄美大島のヒカゲヘゴ群生地（鹿児島県）　ヒカゲヘゴは奄美大島などに分布する日本最大のシダ植物で、高さが10mを超えるものもある。

白神山地

↑白神山地の秋のブナ林（秋田県）　白神山地には約170km²に及ぶ世界最大級の原生的なブナ林が残されている。

知床

↑知床五湖（一湖）と知床連山（北海道）　絶滅危惧種のシマフクロウやシレトコスミレなど、希少な動植物の生息地となっている。

小笠原諸島

↑小笠原諸島南島の扇池（東京都）　小笠原諸島は「東洋のガラパゴス」ともよばれ、固有種の宝庫となっている。

　2021年現在、日本には25件の世界遺産がある。世界遺産は、文化遺産、自然遺産、複合遺産の3つの種類があり、日本では自然遺産として屋久島（1993年）、白神山地（93年）、知床（2005年）、小笠原諸島（11年）、奄美大島など（21年）がそれぞれ登録

されている。これら自然遺産は、美しい自然や重要な地形、絶滅の恐れのある動植物の生息地など、「顕著で普遍的な価値」が登録の基準となっている。自然遺産に登録された土地は、その価値を将来にわたって維持するため、適切に管理していくことが求められる。

■ナショナルトラスト運動 〈頻出〉

鎌倉風致保存会	鎌倉の鶴岡八幡宮の裏山の宅地開発に対し、市民を中心に反対運動を実施。集まった寄付金などを元に土地を買収。日本最初のナショナルトラスト団体といわれる。
天神崎の自然を大切にする会	天神崎地域で計画されていた別荘地開発に反対するため、1974年に運動を開始。寄付金を集めて土地を買収するほか、自然観察教室などの啓発活動も行われている。自然環境保全法人の第1号に認定されている。
トトロのふるさと基金	映画『となりのトトロ』の舞台になったといわれる狭山丘陵を開発から守るため、1990年に「トトロのふるさと基金委員会」を設立。2021年には56か所目のトトロの森を取得した。

↑天神崎買い取りのための募金活動（1984年）

解説 市民の力で自然を守る　自然環境や貴重な歴史的遺産を後世に残していくため、寄付金を募って土地を買い取ったり、寄贈を受けたりして保全していく運動をナショナルトラスト運動という。日本では、1964年に鎌倉の鶴岡八幡宮の裏山の宅地開発に反対し、市民が寄付金を募って買い取ったことが最初の例とされている。この活動がきっかけとなり、和歌山県田辺湾の岬にある天神崎保全のための買い取り運動など、全国へ広まっていった。

諸課題

 ○×チェック　ナショナルトラスト運動とは、国が中心的な主体となって、資金を集めて土地などを買い取り、貴重な歴史的建造物や自然環境の保全を進める活動のことである。（16年、本）

❷ Think Globally, Act Locally —さまざまな取り組み— <出題>

エコツーリズム（→補）

↑モンテベルデ自然保護区のエコツーリズム（コスタリカ） 現地ガイドと実際に散策することで、自然環境の価値について理解を深められる。

富士山保全協力金

↑富士山保全協力金を納める登山客（静岡県）富士山の環境保全や登山者の安全対策を図るために、登山客から協力金を募っている。

エシカル消費

エシカル消費 ＝人・社会、地域、環境に配慮した消費

①人・社会への配慮
・フェアトレード認証商品の購入
・売上金の一部が寄付につながる商品の購入
・障がい者支援につながる商品の購入　など

②地域への配慮
・地産地消
・被災地で作られた商品の購入
・伝統工芸品の購入　など

③環境への配慮
・環境に配慮した商品の購入
・レジ袋の代わりにマイバッグを使う
・資源保護の認証のある商品の購入　など

〈消費者庁資料、ほか〉

解説 一人一人にできること 地球規模で発生する環境問題を改善し、持続可能な開発目標（SDGs、→巻頭15、p.175）を達成するためにも、一人一人がこれまでの価値観や生活を見直し、小さな行動を積み重ねていくことが重要である。人や社会、地域、環境に配慮して消費活動を行う**エシカル消費**も一つの方法である。地球規模で考え身近なところから行動すること（Think Globally, Act Locally）が求められている。

まとめ ▮▮ ▬▬ ▬▬

I 環境問題とは
・経済活動と環境問題…人間の活動が生態系を壊す
・環境問題の影響は地球全体に及ぶ
　SDGsの達成のためにも、国際社会の連携が必要
・地球環境問題への警鐘…レイチェル=カーソン『沈黙の春』が環境保護運動の原点。**ローマ・クラブ**の『**成長の限界**』は、100年以内に人類の成長が限界に達すると予測

II 地球温暖化
・地球の気温上昇…2040年には1.5℃上昇との予測も
・二酸化炭素排出量の増加…化石燃料の燃焼によって発生。経済活動の拡大に伴い増加を続ける
・地球温暖化への対策…**京都議定書**、パリ協定
　近年は、2050年までのカーボンニュートラル（脱炭素）を各国が表明

III 海洋汚染
・原油流出、マイクロプラスチックなどによる汚染の深刻化
・レジ袋有料化など削減に向けた取り組みも行われる

IV 大気汚染と酸性雨
・国境を越える大気汚染物質…発展途上国の対策の遅れ。技術協力の必要性
・大気汚染と**酸性雨**の関係…工場の排煙などによって強い酸性の雨となる
・酸性雨の対策…SOx（**硫黄酸化物**）、NOx（**窒素酸化物**）の排出を規制
・海外に生かす日本の環境技術…公害の経験を生かし大気汚染対策を支援

V 森林の減少
・減少する世界の森林…年間で日本の国土面積の1割以上の森林が減少
・森林減少の影響…地球温暖化、砂漠化、生物多様性の減少などをもたらす

・森林減少の背景と対策…土地利用の転換、焼畑農業の増加、過剰採取など人口増加や貧困も背景。違法伐採をなくす認証制度の導入が進む

VI 生物多様性の減少
・絶滅の恐れがある野生生物…開発などにより絶滅の恐れがある野生生物種が増加。無数の生物種のバランスで生態系は維持されている
・生物多様性の保全…**ラムサール条約**（1971年）、**ワシントン条約**（73年）、**生物多様性条約**（92年）

VII 砂漠化
・砂漠化が進む地域…サヘル周辺やアジア、南北アメリカ、オセアニアなど
・砂漠化…乾燥した地域の土地が荒廃してしまうこと。人為的要因が大きい
・砂漠化の対策…**砂漠化対処条約**（1994年）

VIII オゾン層の破壊
・オゾンホールの拡大と対策…**フロンガス**が破壊の原因。**モントリオール議定書**でフロンガスを規制。近年は縮小傾向にあるという報告もある

IX 有害廃棄物の越境移動
・国境を越える有害廃棄物…1980年代に先進国からアフリカなど発展途上国への有害廃棄物の輸出が問題化。**バーゼル条約**（89年）による規制

X 有害物質への国際的な対策
・「水銀に関する水俣条約」を日本が主導

XI 環境保全の取り組み
・**ナショナルトラスト運動**…土地の買い取りや寄贈により、自然環境や歴史的遺産を保全する運動
・Think Globally, Act Locally…**エコツーリズム**やエシカル消費などの行動が広がる

諸課題

池上ライブ！ 変化で見る **社会** 地球環境問題をめぐる国際社会の歩み

年代	1960 年代	1970 年代	1980 年代

深刻化する環境問題 → **国際的な環境保護の始まり**

先進国の急速な経済発展の弊害
・公害問題の多発（→p.223）
・資源枯渇の懸念

国連人間環境会議（72年）
開催地：ストックホルム（スウェーデン）
参加者：113か国の代表など
スローガン：「かけがえのない地球」
成果：人間環境宣言を採択

「持続可能な開発」を提唱（→ 2 ）
・「環境と開発に関する世界委員会」が報告書『我ら共有の未来』を発表（87年）
・経済成長と環境保全を両立するための、「持続可能な開発」を提唱

環境破壊への警鐘（→ 1 ）
レイチェル=カーソン『沈黙の春』（62年、→p.296）

国連環境計画（UNEP）創設（72 年）

ローマ・クラブ『成長の限界』（72年、→p.296）

気候変動に関する政府間パネル（IPCC）設立（88 年）

国際社会の動き

←石油化学コンビナート（奥）と公害対策を訴える看板（1963年 三重県）経済活動が急速に活発になった高度経済成長期の日本では、四日市ぜんそくをはじめとして全国各地で公害問題が発生しました。

↑環境庁発足（1971年）深刻化する公害問題に対応するため、日本では、各省庁に分散していた公害規制を一元的に行う環境庁が設置された。

←「環境と開発に関する世界委員会」の報告書『我ら共有の未来』を手にするブルントラント委員長（1987年）報告書は、環境問題と発展途上国の開発問題との関連に着目し、「持続可能な開発」の概念を提唱した。

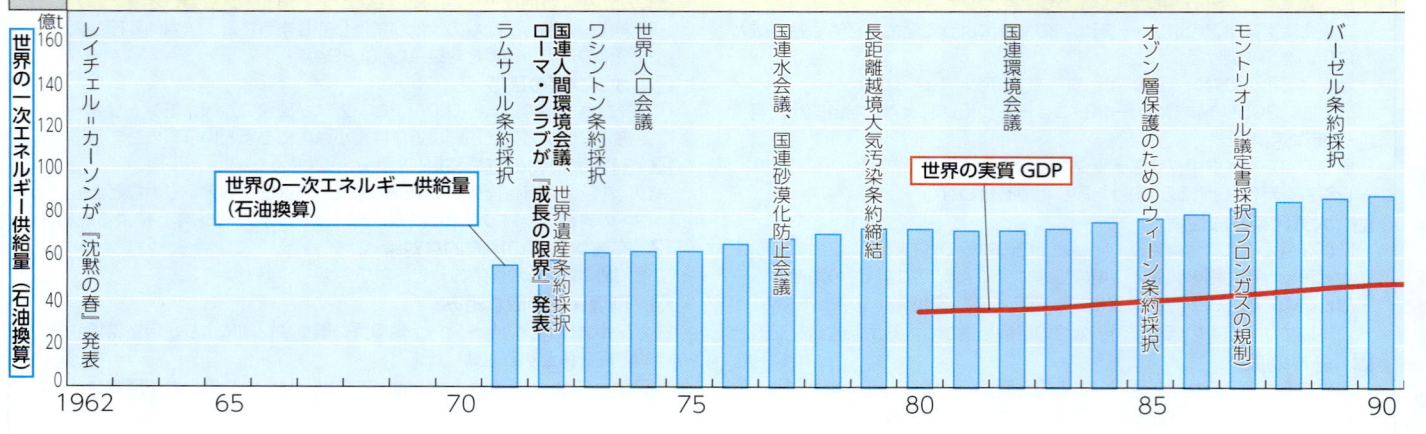

世界の一次エネルギー供給量（石油換算）

レイチェル=カーソンが『沈黙の春』発表

世界の一次エネルギー供給量（石油換算）

ラムサール条約採択

国連人間環境会議、ローマ・クラブが『成長の限界』発表

ワシントン条約採択

世界遺産条約採択

世界人口会議

国連水会議、国連砂漠化防止会議

長距離越境大気汚染条約締結

国連環境会議

世界の実質 GDP

オゾン層保護のためのウィーン条約採択

モントリオール議定書採択（フロンガスの規制）

バーゼル条約採択

1962　65　70　75　80　85　90

1 地球環境問題対策の始まり

　第二次世界大戦後、先進国は急速な経済成長を達成する一方で、公害問題の深刻化や、資源枯渇の懸念といった問題に直面するようになった。そうした現状に対して警告を発したのが、レイチェル=カーソンの『沈黙の春』や、ローマ・クラブの『成長の限界』である。これらの著作は地球環境保全の必要性を国際社会に強く認識させ、その後の環境政策に大きな影響を及ぼした。そして1972年には、地球環境問題について初めての大規模な国際会議である**国連人間環境会議**が開催され、**人間環境宣言**が採択されて、**国連環境計画（UNEP）**設立の契機となった。

2 「持続可能な開発」を提唱

　1970年代以降、地球環境問題への国際的な対応が進むなかで、発展途上国の貧困をどう克服し、経済発展と環境保全をどう両立させるかが新たな問題として取り上げられるようになった。この問題に対して大きな役割を果たしたのが、87年に発表された「環境と開発に関する世界委員会」の報告書『我ら共有の未来』で提唱された、「**持続可能な開発**」の概念である。報告書では、「持続可能な開発」について「将来の世代の欲求を満たしつつ、現在の世代の欲求も満足させるような開発」と定義し、経済発展と環境保全の両立を求めている。

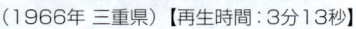
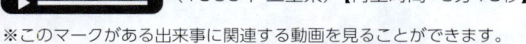

二次元コードで動画をチェック！
→公害が問題となった地域の人々
（1966年 三重県）【再生時間：3分13秒】
※このマークがある出来事に関連する動画を見ることができます。

1990 年代	2000 年代	2010 年代〜

国際的な環境政策の進展

国連環境開発会議（地球サミット）（92年、→3）
開催地：リオデジャネイロ（ブラジル）
参加者：約 180 か国・地域の代表など
内容：「持続可能な開発」について議論
成果：**環境と開発に関するリオ宣言、アジェンダ 21**、森林原則声明を採択

→ **持続可能な開発に関する世界首脳会議（環境・開発サミット）（02年）**
開催地：ヨハネスブーグ（南アフリカ）
参加者：約 190 か国・地域の代表など
内容：アジェンダ 21 の実施状況の検証
成果：ヨハネスブーグ宣言を採択

→ **国連持続可能な開発会議（リオ +20）（12 年）**
開催地：リオデジャネイロ（ブラジル）
参加者：約 190 か国・地域の代表など
成果：経済発展と環境保全の両立を目指すグリーン経済の理念を盛り込んだ「我々の求める未来」を採択

署名開始
→ 気候変動枠組条約（→p.298） ── 京都議定書採択（97 年） ──────── パリ協定採択（15 年、→4）

↑地球温暖化防止京都会議（COP3）に出席する各国代表（1997年）　先進国の温室効果ガス排出削減目標を定めた京都議定書が採択された。

↑地球温暖化防止をよびかけたチャリティーコンサート「LIVE EARTH」（2007年　東京都）7か国8都市で開催され、世界中に中継された。

↑気候変動サミット（2021年）　パリ協定を一時離脱していたアメリカが、パリ協定への復帰後に、このオンラインでの首脳会合を主催した。

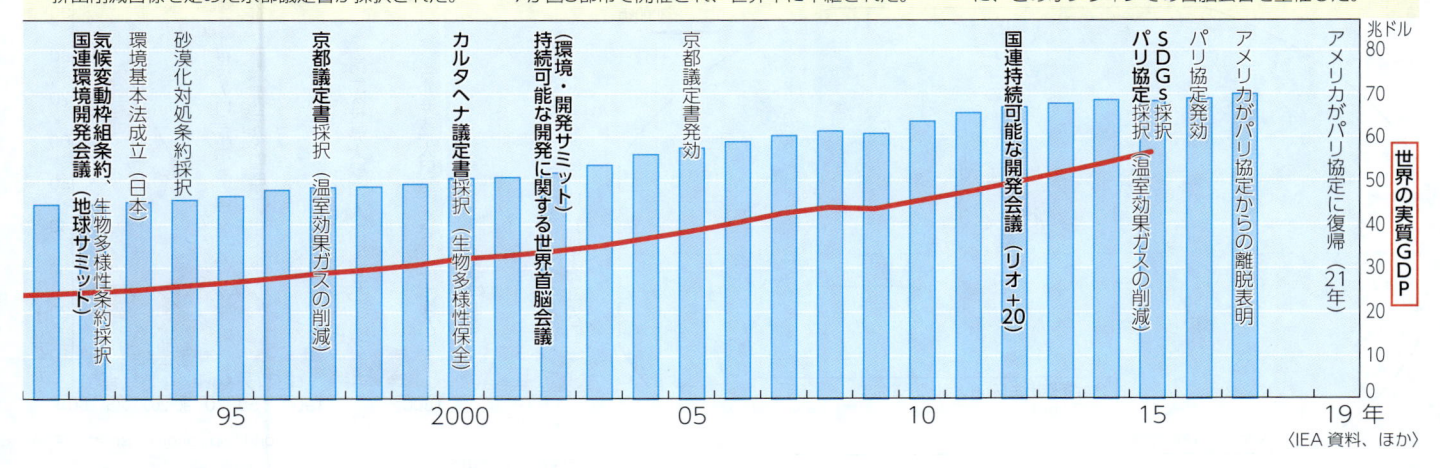

〈IEA資料、ほか〉

3　地球サミットの開催

　地球環境問題に関する関心の高まりを背景に、1992年にはリオデジャネイロで**国連環境開発会議**（**地球サミット**）が開催された。この会議は地球サミットという名の通り、国連加盟国のほぼすべての約180か国が参加した歴史的な会議となった。「持続可能な開発」の概念が引き継がれ、環境保全と開発・貧困などの問題に対し、世界が結束して取り組むことの重要性が確認され、「**環境と開発に関するリオ宣言**」と「**アジェンダ21**」が採択された。また、気候変動枠組条約と生物多様性条約の署名が開始され、地球環境保全の国際的な枠組みが作られた。

4　持続可能な社会に向けて

　1997年には気候変動枠組条約に関する**京都議定書**が採択され、2000年には生物多様性条約に関する**カルタヘナ議定書**が採択されるなど、地球環境問題に対する具体的な取り組みが進められている。さらに15年には、発展途上国を含むすべての国が参加する地球温暖化対策の枠組み、**パリ協定**が採択された。また、同年には持続可能で多様性と包摂性のある社会の実現に向けて17の国際目標を掲げた「**持続可能な開発目標（SDGs）**」が採択された。近年は、温室効果ガスの排出を実質的にゼロにする**カーボンニュートラル**（**脱炭素**）も目指されている。

国連世界食糧計画(WFP)がノーベル平和賞受賞

↑WFPの支援による給食を食べる子どもたち（2013年　マダガスカル）

世界では今も多くの人が飢餓や栄養不足に苦しんでおり、11人に1人が十分な食料を得られない状況で生活している。SDGs（→巻頭15）においても、第2の目標として「飢餓をゼロに」が掲げられている。こうした状況のなか、国連世界食糧計画（WFP）は、国連の食糧支援機関として世界の飢餓状況の改善に取り組んでいる。2020年には、世界84の国と地域で約1億1550万人を支援した。こうした取り組みが評価され、2020年にノーベル平和賞を受賞した。

Question
・世界には食料をめぐってどのような問題があるのだろうか。（→Ⅱ）

4 人口・食料・水資源の問題

Ⅰ 人口問題

1 人口問題

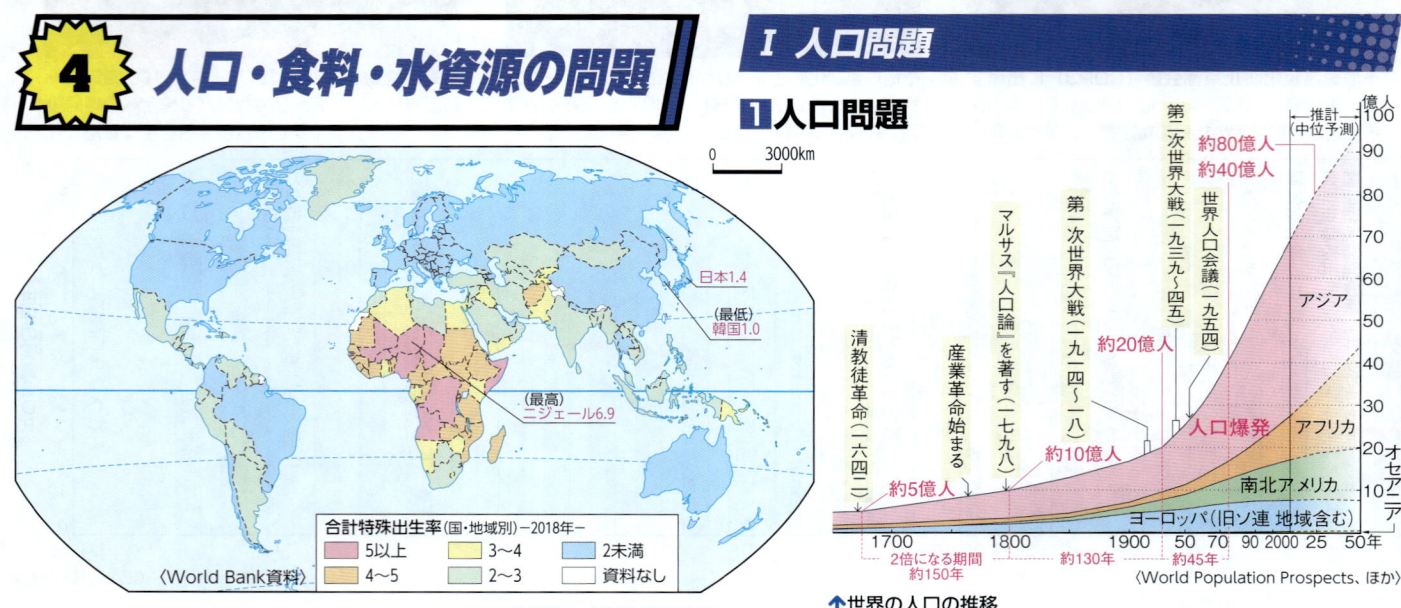

日本1.4
（最低）韓国1.0
（最高）ニジェール6.9

合計特殊出生率(国・地域別)－2018年－
5以上　3～4　2未満
4～5　2～3　資料なし
〈World Bank資料〉
↑世界の合計特殊出生率

清教徒革命（一六四二）
約5億人
2倍になる期間 約150年
産業革命始まる
マルサス『人口論』を著す（一七九八）
約10億人 約130年
第一次世界大戦（一九一四～一八）
約20億人
第二次世界大戦（一九三九～四五）
世界人口会議（一九五四）
約45年
人口爆発
約40億人
約80億人
推計（中位予測）
アジア
アフリカ
南北アメリカ
ヨーロッパ（旧ソ連 地域含む）
オセアニア

1700　1800　1900　50 70 90 2000 25 50年

〈World Population Prospects、ほか〉
↑世界の人口の推移

←乗客があふれたまま走る列車（2010年インド）人口世界第2位のインドは、2020年代に中国を抜いて第1位になるという予測もある。

解説 **増え続ける人口**　世界の人口は、19世紀まで緩やかに増加し、1950年には約25億であった。しかし20世紀後半から急増し、現在では78億を超えている。これは、アジア・アフリカ・中南米の発展途上国で、医療水準の向上などによる死亡率の低下に伴って、人口爆発（→補）とよばれる急激な人口増加が起きたためである。このまま人口増加が続けば、今世紀後半には100億を超えると推計されている。しかし、水や食料・エネルギーには限りがあるので、人口増加が続けば、栄養不足や貧困に苦しむ人々が増加することになる。

諸課題

○×チェック⑩

国連開発計画（UNDP）は、世界食糧サミットを開催し、栄養不足人口の半減などを目指す宣言を採択した。（12年、**本**）

② 世界各地で進む少子高齢化　<出題>

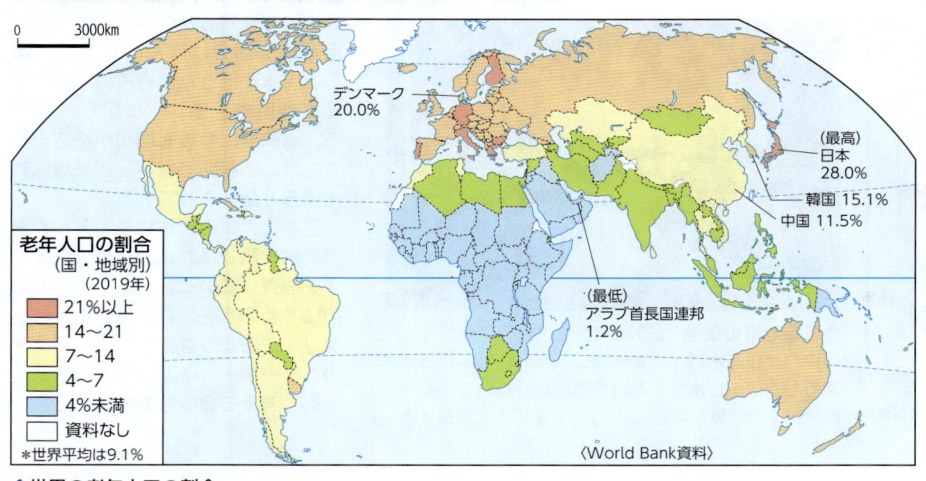

老年人口の割合
（国・地域別）
（2019年）
- 21%以上
- 14〜21
- 7〜14
- 4〜7
- 4%未満
- 資料なし

*世界平均は9.1%

デンマーク 20.0%
（最高）日本 28.0%
韓国 15.1%
中国 11.5%
（最低）アラブ首長国連邦 1.2%

〈World Bank資料〉

↑世界の老年人口の割合

↑**歓談する高齢者**（2011年　デンマーク）　デンマークでは、「大きな政府」（→p.251）に向けた政策に基づき、在宅などで手厚い介護が行われている。

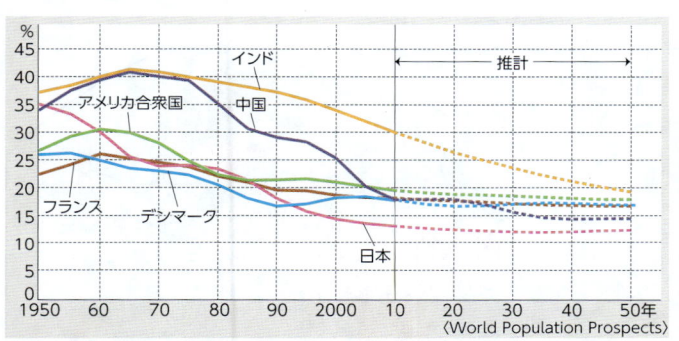

インド、アメリカ合衆国、中国、フランス、デンマーク、日本

推計

〈World Population Prospects〉

↑**年少人口**（15歳未満）**の割合の推移**

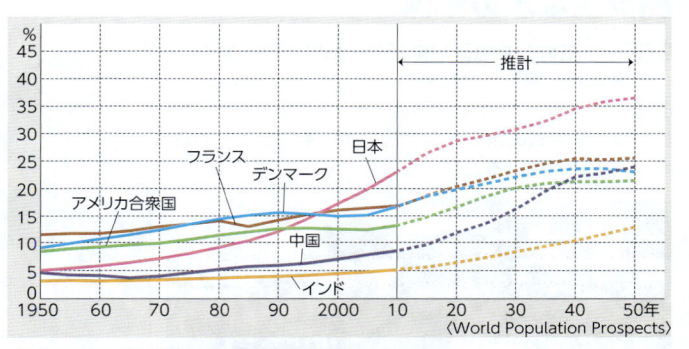

フランス、デンマーク、日本、アメリカ合衆国、中国、インド

推計

〈World Population Prospects〉

↑**老年人口**（65歳以上）**の割合の推移**

解説 **日本の少子高齢化が顕著**　世界全体では急速な人口増加が続く一方、人口構成の変化は地域によって異なっている。多くの先進国では、子どもの数が減少する**少子化**と、老年人口の割合が増える**高齢化**が同時に進む**少子高齢化**が続いている。特に日本は、少子高齢化の進行が世界の国々の中でも急速である。日本は少子化に伴い**人口減少社会**（→巻頭25）となっており、少子化や高齢化に関してさまざまな対策が採られている（→p.312）。

　人口約14億で世界最多の中国も、かつて行われていた一人っ子政策（→補）や、近年の経済成長に伴って、少子高齢化が進行している。人口約13億のインドでも、年少人口の割合は減少傾向にある。

Ⅱ 食料・水資源の問題

① 食料をめぐる問題

解説 **食料をめぐる大きな格差**　世界では、紛争や災害、干ばつなどによって、**食料不足**に陥る国が後を絶たず、国際社会による支援が行われている。

　これに対し先進国を中心とする国々では、食品が大量に廃棄される**フードロス**が相次いでいる。世界では年間の食料生産量の約3分の1にあたる約13億tが毎年廃棄されているとみられる（2017年）。フードロスを削減するとともに、飢餓や食料不足を解消していくことが国際社会の課題となっている。

↑**干ばつによって食料危機が発生し、支援を受ける人々**（2016年　ソマリア）　ソマリアは長引く内戦によって無政府状態になり、多くの難民が食料不足に苦しんだ。

↑**大量に廃棄されたドーナツ**（2013年　イギリス）　ファストフード店などは大量に商品を準備するため、大量の廃棄につながりやすい。

諸課題

○×答え⑩　×　主催は国連食糧農業機関（FAO）。1996年の世界食糧サミットでローマ宣言が採択された。「2015年までに栄養不足人口を現在の水準から半減させる」ことを目標に掲げたものの、15年時点では2割減の水準にとどまり、目標を達成することはできなかった。

310

2 水資源をめぐる問題　◁出題▷

km³
	1980	90	2000	10	25年*
その他	939	1207	1313	1521	1815
北アメリカ	676	653	705	744	786
ヨーロッパ	449	482	463	535	559
	157	213	257	269	369
	90	91	89	100	112
その他アジア	432	469	582	634	764
中国	432	518	565	628	830

凡例：インド／ヨーロッパ／中国／北アメリカ／日本／その他／その他アジア

＊25年の数値は推計値〈経済産業省資料〉

↑世界の取水量の推移

↑乾燥地帯の農地（2020年　サウジアラビア）　円の中心から送水パイプを伸ばし、回転させながら散水するセンターピボットという農法が行われている。乾燥地帯での農業が可能になるが、大量に水を消費する。

【解説】**強まる水不足への懸念**　地球上に存在する水のうち、人間が利用可能な部分はほんのわずかである。海水がほとんどを占め、資源として利用できる淡水は限られている。水需要は今後も増加が見込まれており、広範囲で水不足が一層深刻化すると懸念されている。

　日本は大量の農作物を輸入しており、輸出国では栽培のために大量の水を消費している。そのため、間接的に多くの水を消費していることになり、このような仮想水（バーチャルウォーター、→補）も、水資源について考える重要な要素になる。

3 安全な水の確保

【解説】**水を介した感染症に懸念**　世界の約1割の人は、水道や井戸などの整備が不十分なことによって、安全な水を利用できないとみられている。こうした人々は、未処理の水を飲むことにより感染症などの危険にさらされている。

↑川で水をくむ女性と子ども（2015年　ナイジェリア）

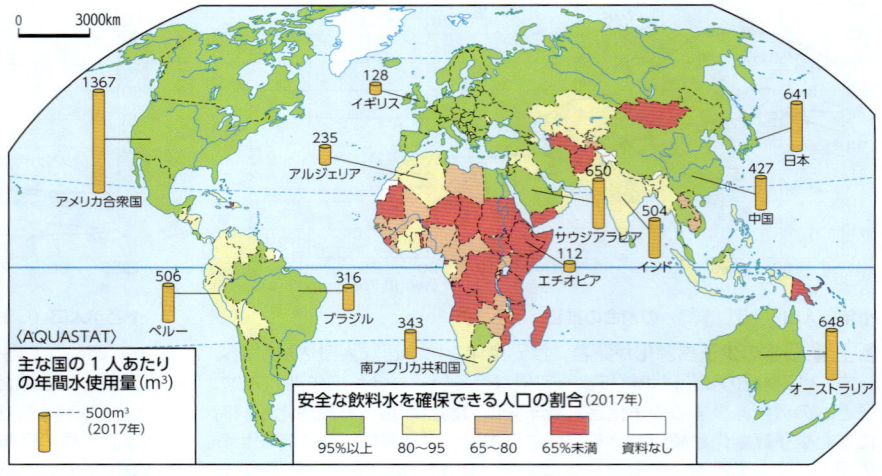

〈AQUASTAT〉

主な国の1人あたりの年間水使用量(m³)
- 500m³（2017年）

安全な飲料水を確保できる人口の割合（2017年）
- 95%以上
- 80〜95
- 65〜80
- 65%未満
- 資料なし

↑安全な水を確保できる人口の割合

まとめ

Ⅰ　人口問題

・人口問題：
医療水準の向上などによる死亡率の低下
→20世紀後半から世界の人口は急増（人口爆発）
→水や食料・エネルギーの不足
→栄養不足や貧困に苦しむ人が増える
・世界各地で進む少子高齢化：
世界全体では急速な人口増加←→先進国などでは少子高齢化が進行
　・特に日本は少子高齢化の進行が急速→人口減少社会に
　・人口世界第1位の中国でも少子高齢化が進行
　・人口世界第2位のインドでも年少人口の割合は減少

Ⅱ　食料・水資源の問題

・食料をめぐる問題：
世界…紛争や災害などで飢餓の国も←国際社会の支援が必要
先進国を中心とする国々…食料の大量廃棄（フードロス）
・水資源をめぐる問題：
地球上の水で人間が利用できる淡水はわずか
　　→水需要の増加で水不足の深刻化が懸念される
日本は大量の農作物を輸入
　　→間接的に多くの水（仮想水、バーチャルウォーター）を消費
・安全な水の確保：
安全な水が得られず、感染症などの危険にさらされる人も多い

【補足解説】

人口爆発
19世紀末からの世界の人口増は、それ以前の緩やかな増加とは異なり、爆弾が爆発するように急激であることを指している。

一人っ子政策
1979年以来中国で行われていた人口抑制政策。夫婦一組の子どもを原則として1人に制限してきたが、近年は緩和されている。

仮想水（バーチャルウォーター）
食料を輸入している国が、もしその食料を国内で生産するとしたらどれくらいの水が必要かを推定したもの。例えば、とうもろこし1kgの生産には約1,800Lの水が必要であり、牛肉1kgの生産には約20,000Lの水が必要だとする試算もある。日本の食料輸入は、海外の水資源とも深く関わっている。

諸課題

ゼミナール 深く考えよう
日本の少子高齢化

> **POINT** 日本は、世界の国々の中でも急速に少子高齢化（→p.310）が進んでいます。日本の少子化と高齢化それぞれについて、現状と原因、そして進められている対策を見てみましょう。

I 少子化の現状と対策

1 合計特殊出生率の推移 ＜出題＞

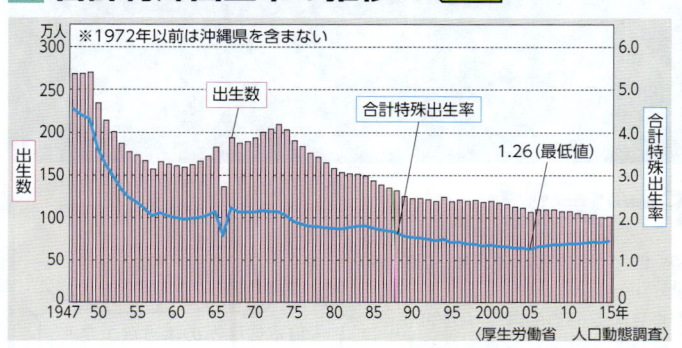

〈厚生労働省 人口動態調査〉

解説 進む少子化 1人の女性が一生涯に産むと仮定した出生数である**合計特殊出生率**は、1974年以降人口維持に必要とされる水準（2.07）を下回り、生まれてくる子どもが減る**少子化**が進んでいる。少子化の原因としては、未婚率の上昇や、**晩婚化**などが指摘されている。また結婚したとしても、育児の経済的な負担などから、理想の数の子どもを持たない人も多い。こうした少子化への対策として、94年には**エンゼルプラン**が策定され、保育所の拡充など育児しやすい環境整備が図られた。また2019年からは、3歳から5歳までの幼児教育・保育が無償とされた。ほかにも国や地方自治体などでさまざまな対策が進められ、合計特殊出生率はやや上向いているものの、出生数は依然減少している。

2 待機児童問題 ＜出題＞

↑**待機児童問題に抗議する人たち**（2016年） 待機児童の親や支援者などが、国会議事堂の前で「保育園落ちたの私だ」などの紙を掲げて抗議した。

解説 少子化の一因に 近年、一組の夫婦と未婚の子どもで構成される**核家族**が増えるとともに、夫婦の共働きが一般的になるなかで、子育てにおける保育園など保育施設の重要性は増している。しかし、主に都市部では、保育施設の定員以上に希望者が集中し、子どもを入園させることができない**待機児童**（→p.240）の問題が続いている。この問題は少子化の一因にもなっていることから、政府は保育所の拡充や保育士の待遇改善などによって、解消を目指している。

II 高齢化の現状と対策

1 人口ピラミッドの変化 ＜出題＞

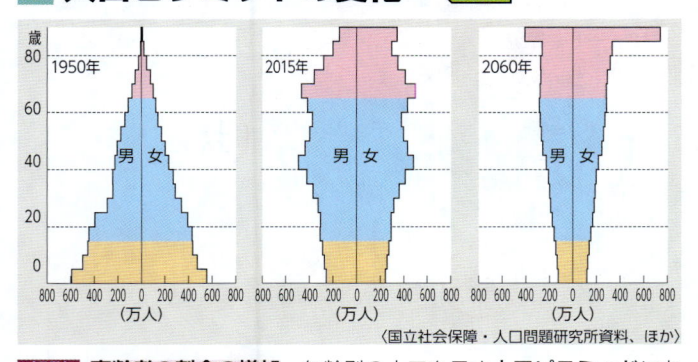

〈国立社会保障・人口問題研究所資料、ほか〉

解説 高齢者の割合の増加 年齢別の人口を示す**人口ピラミッド**において、日本は「**富士山型**」から「**つりがね型**」、そして「**つぼ型**」へと、高齢者の割合が増える方向に変化している。このままの傾向が続いていくと、2060年に日本の総人口は約8600万まで減少するとともに、65歳以上の割合は約40％に上昇するとみられている。こうした人口構成の変化によって、年金や医療保険など社会保障（→p.233）の給付を受ける高齢者が増えるとともに、働き手となる世代は減少しており、社会保障などさまざまな分野に影響が及んでいる（→巻頭25）。

2 高齢化対策の歩み ＜出題＞

年	出来事	具体的な内容
1989	ゴールドプラン策定（高齢者保健福祉推進10か年戦略）	ホームヘルパーの育成などによる在宅福祉の推進、特別養護老人ホームなど、老人福祉施設の緊急整備、寝たきり老人をゼロに。
95	高齢社会対策基本法制定	高齢社会対策の基本となる事項を定める。
2000	**介護保険制度**導入	これまで家族が担ってきた介護を社会保険のしくみによって社会全体で支える。
06	高齢者虐待防止法施行	高齢者の尊厳を保持し、虐待を防止する。
13	**高年齢者雇用安定法**改正施行	25年度までには希望者全員の65歳までの雇用を義務付ける。
21	高年齢者雇用安定法改正施行	70歳までの就業確保を努力義務とする。

解説 高齢者の福祉と自立 急速に高齢化が進むなかで、高齢者への介護のあり方を見直すとともに、高齢者が能力を発揮しやすい社会の構築が進められている。1989年にはゴールドプランが策定され、老人福祉施設の整備などが図られた。また2000年には介護保険制度（→p.237）が導入され、社会全体で介護を支える「介護の社会化」が目指された。そして2021年には、高年齢者雇用安定法が改正施行され、希望者に対して70歳まで雇用を確保することが努力義務とされた。

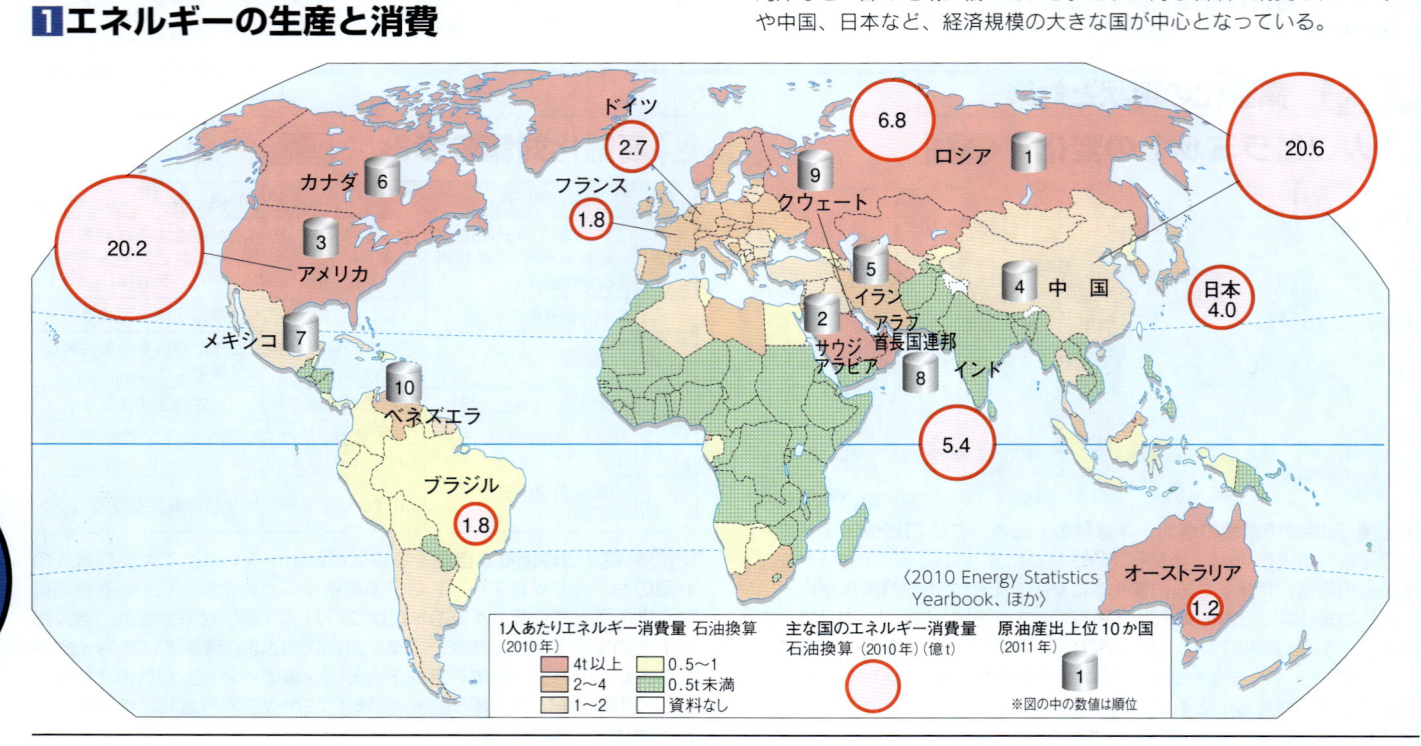

↑宇宙から見た夜の地球 (2012年)
©TRIC/NASA/NOAA/USGS

私たちの生活を支えるエネルギー資源

この写真は、宇宙から見た地球の様子であり、夜間にもかかわらず多くの地域で明かりがともっていることが分かる。明かりは、日本やアメリカ、ヨーロッパなど経済活動が盛んな地域や、中国、インドなど人口の多い地域に集中している。これに対し、アフリカや南米には少ない。このことから、日本のように電力を不自由なく使える地域は、世界的にはさほど多くないことが分かる。

なお、日本海で明るく見えているのは、イカ釣り漁船などの集魚灯とみられる。ペルシャ湾岸などの油田地帯も、明るく光っている。

Question
・日本にはどのようなエネルギー問題があるのだろうか。(→ⅠⅡⅢ)

5 資源・エネルギーの問題

1 エネルギーの生産と消費

Ⅰ さまざまなエネルギー資源

7 エネルギーをみんなにそしてクリーンに

解説 **偏る生産国と消費国** 化石燃料、特に石油の産出は、ペルシャ湾岸など一部の地域に偏っている。これに対し石油の消費は、アメリカや中国、日本など、経済規模の大きな国が中心となっている。

ドイツ 2.7
6.8
ロシア 1
20.6
フランス 1.8
カナダ 6
9
クウェート
20.2
3
アメリカ
5
イラン
4 中国
日本 4.0
メキシコ 7
2
アラブ首長国連邦
サウジアラビア
8 インド
10
ベネズエラ
5.4
ブラジル 1.8

〈2010 Energy Statistics Yearbook、ほか〉

オーストラリア 1.2

1人あたりエネルギー消費量 石油換算 (2010年)		主な国のエネルギー消費量 石油換算 (2010年) (億t)	原油産出上位10か国 (2011年)
4t以上	0.5〜1		
2〜4	0.5t未満		※図の中の数値は順位
1〜2	資料なし		

○×チェック 第二次世界大戦後、石油・天然ガスから石炭へと主要なエネルギー源が大きく転換したことを、エネルギー革命とよぶ。(12年、追)

諸課題

②人類とエネルギーの関わり 〈出題〉

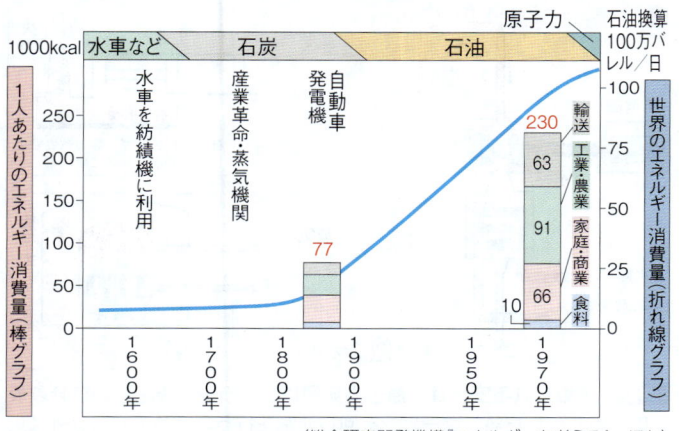

〈総合研究開発機構『エネルギーを考える』、ほか〉

解説 増加するエネルギー消費量 人類は、長期にわたり、自然エネルギーから熱や動力を得てきた。18世紀後半にイギリスで始まった**産業革命**は、石炭で動く蒸気機関を利用することで大量生産・大量消費のしくみを確立させ、便利で豊かな生活を可能にした。19世紀後半からは、石油で動くガソリンエンジンやディーゼルエンジンの**内燃機関**（→補）と、電力で動く電動機が主役となり、この技術がさらに改良され現在に至っている。その結果、大量に化石燃料が消費されるようになり、発生した二酸化炭素は地球温暖化（→p.297）の原因となっている。

③原油価格の推移 〈出題〉

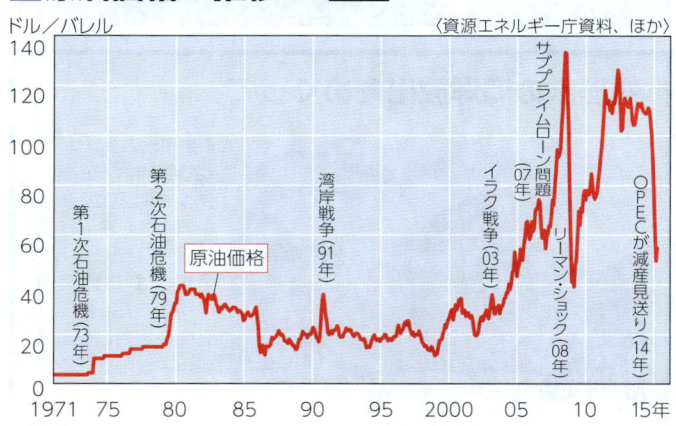

〈資源エネルギー庁資料、ほか〉

解説 乱高下する原油価格 1960年に産油国政府によって創設された**石油輸出国機構（OPEC）**は徐々に原油価格の決定権を握り、73年の第4次中東戦争、79年のイラン革命をきっかけに、大幅な値上げを行い（**石油危機**）、石油の生産・輸送・販売をほぼ独占してきた欧米先進国の国際石油資本（メジャー）に対抗した（**資源ナショナリズム**）。2003年にはイラク戦争が発生し、中東地域の政情不安による供給不足への懸念と原油価格のさらなる値上がりを期待した投機資金の流入で暴騰した。08年にはリーマン・ショック（→p.271）による需要の低迷から原油価格は暴落した。近年は新型コロナウイルスの感染拡大に伴う需要の変化や、脱炭素の動きにより、価格が乱高下している。

④日本の一次エネルギー供給の推移 〈出題〉

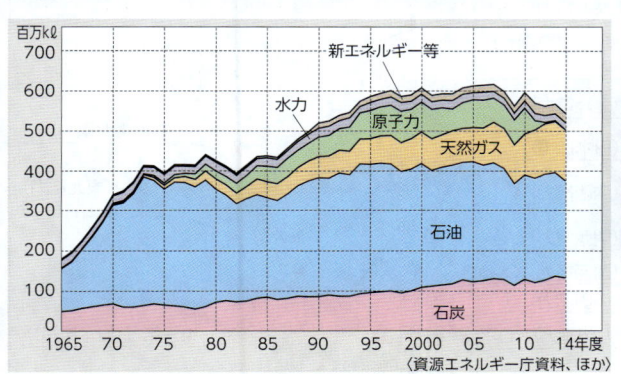

〈資源エネルギー庁資料、ほか〉

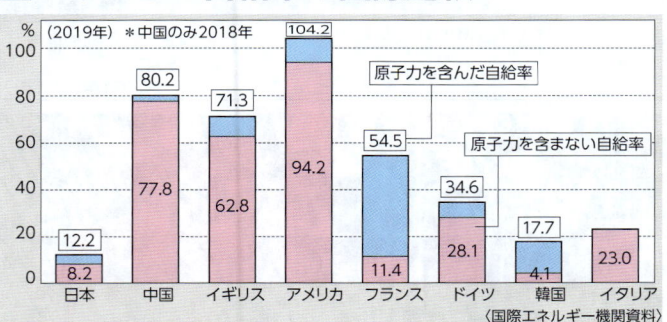

↑**国家石油備蓄基地**（鹿児島県） 2021年には、原油価格高騰に対応するため、国際協調による備蓄の一部放出が表明された。

解説 石油への依存度が高い 戦後日本の**一次エネルギー**（→補）供給源は石油が中心となってきたが、**石油危機**（→p.247）以降、エネルギーの安定確保のために天然ガスや原子力の利用が進められてきた。また、紛争や災害などに備えるため、国や民間企業による石油の備蓄も拡充されてきた。しかし、石油への依存度はいまだに高く、紛争や原油価格の変動など国際情勢の影響を受けやすい。

⑤エネルギー自給率の国際比較

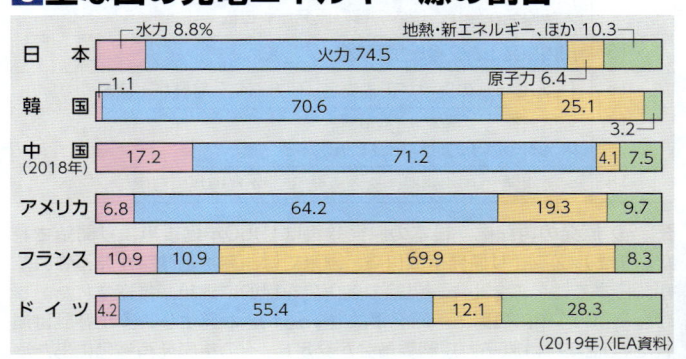

〈国際エネルギー機関資料〉

解説 輸入頼みの日本 天然資源の乏しい日本においては、石油、天然ガスなどのエネルギーのほとんどを海外から輸入せざるをえない。そのため、エネルギー自給率は諸外国に比べて低い水準にある。エネルギー安全保障の観点からは、自給率を向上させ、市場の動向に左右されず、大きな発電量を安定的に供給することが求められている。

⑥主な国の発電エネルギー源の割合

国	水力	火力	原子力	地熱・新エネルギー、ほか
日本	8.8%	74.5	6.4	10.3
韓国	1.1	70.6	25.1	3.2
中国（2018年）	17.2	71.2	4.1	7.5
アメリカ	6.8	64.2	19.3	9.7
フランス	10.9	10.9	69.9	8.3
ドイツ	4.2	55.4	12.1	28.3

(2019年)〈IEA資料〉

解説 各国で異なるエネルギー政策 フランスでは、エネルギー自給率を高めるという基本政策の下、原子力発電の割合が高い。ドイツは2022年に国内の全原発の稼働停止を掲げており、再生可能エネルギー（水力含む）の割合が全電力の半分近くに達している（2019年）。

諸課題

II 原子力発電

処理水の海洋放出をめぐって

←処理水のタンク
（2020年　福島県）
タンクは2021年現在約1000基、容量は約137万tに上る。処理水は1日約140tペースで増えており、原発敷地内の設置スペースは限界に近づきつつある。

　2011年に発生した福島第一原発の事故以降、核燃料などの冷却に使用された後、大部分の放射性物質が除去された処理水が、原発敷地内のタンクにたまり続けている。政府は環境や人体への影響は極めて少ないとして、海洋への放出を検討している。しかし処理水には除去が困難なトリチウムという放射性物質が含まれることから、周辺の漁業関係者などは反発を強めている。

1 原子力発電のしくみと特徴

〈電気事業連合会資料より作成〉

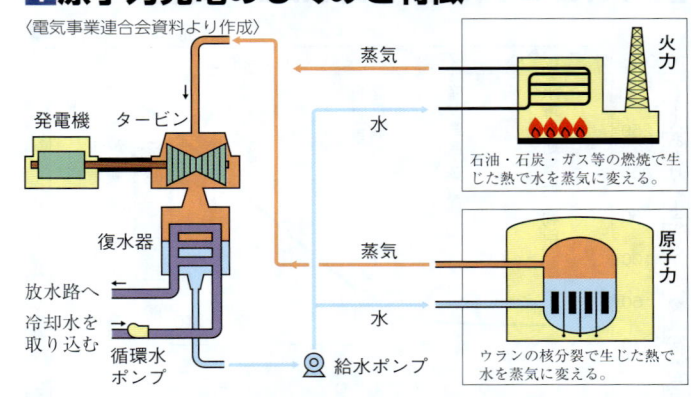

解説 **求められる安全性**　原子力発電は、ウラン（→補）の核分裂反応によって生じた熱でタービンを回し発電を行う。発熱の方法以外は火力発電と同じである。核分裂時には二酸化炭素は排出しないうえ、安定して大量の電力が供給できるメリットがある。しかし、その過程で核分裂生成物が大量に発生し、その多くは生物にとって極めて危険な放射線を放出する。放射性ヨウ素や放射性セシウムなどの放射性物質を、環境中に拡散させることなく発電を続け、その後も安全に管理し処理することが根本的課題である。

2 日本の原発政策

①日本の原子力政策の歩み

年	出来事
1956	原子力委員会発足
66	日本初の商用原発、東海発電所が運転開始
71	福島第一原発1号機が運転開始
78	原子力安全委員会発足
79	アメリカのスリーマイル島原発で事故
86	ソ連の**チェルノブイリ原発で事故**
95	高速増殖炉「もんじゅ」で事故
99	茨城県東海村でJCO臨界事故
2011	東日本大震災で**福島第一原発事故**
12	原子力規制委員会発足
13	原発の新規制基準施行 大飯原発が停止、国内の稼働原発がゼロに
15	川内原発1、2号機が再稼働
16	「もんじゅ」の廃炉が正式決定　伊方原発3号機が再稼働
17	高浜原発3、4号機が再稼働 大洗町の原子力機構施設で被曝事故
18	大飯原発3、4号機、玄海原発3、4号機が再稼働

↑燃料棒を装填する東海発電所（1965年）

解説 **原発の再稼働**　日本の原発政策は1950年代後半より開始された。チェルノブイリ原発事故以降、欧米では原発推進政策が見直されたが、日本では、エネルギー供給の多角化を目的に建設が推進された。しかし、2011年に福島第一原発事故（→p.319）が発生し、安全神話は崩れた。12年には原子力規制委員会が発足し、その後原発再稼働にあたっての新規制基準が定められた。13年以降は定期検査のため国内の稼働原発はゼロの状態が続いていたが、15年には新規制基準の下で川内原発が再稼働した。運転開始から40年ほど経過し廃炉される原発がある一方、再稼働する原発もある。

②日本の原子力発電所

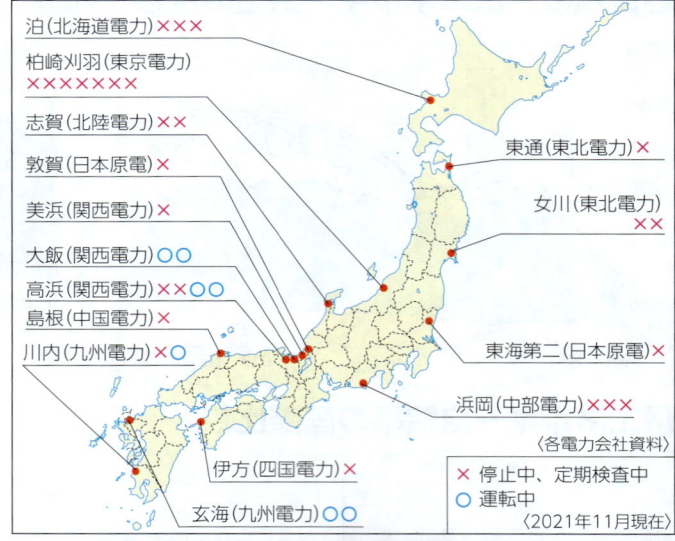

↑高浜原発の再稼働に抗議する人々（2017年）

諸課題

 チェック コジェネレーションとは、太陽熱と風力のエネルギーを組み合わせて利用するしくみである。（15年、**本**）

③核燃料サイクル

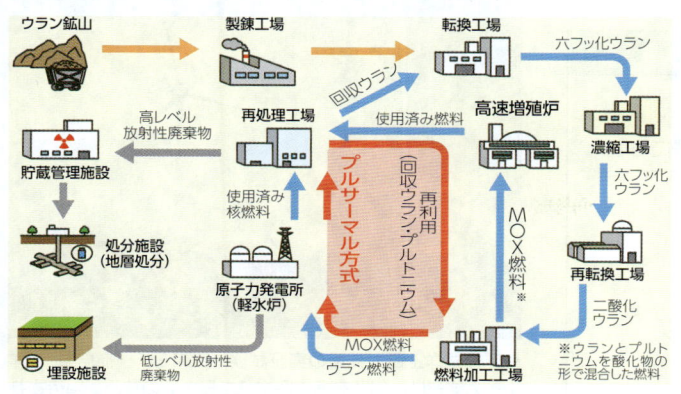

解説 **課題が多い「夢の原子炉」** 核燃料サイクルとは、使用済み燃料から燃え残りのウラン・プルトニウムを取り出して再処理し、再び燃料として使う計画である。消費された以上のプルトニウムを生み出す高速増殖炉「もんじゅ」は、「夢の原子炉」として1兆円超もの国費を投じて研究が進められてきたが、事故などが相次いだため廃炉されることとなった。しかし政府は核燃料サイクルの方針を維持し、新たな高速炉の開発を進める方針である。一方で、原子炉でMOX燃料を燃やして発電するプルサーマル方式が計画（**プルサーマル計画**）されているが、強い放射線を出す使用済みMOX燃料の処分方法など課題は多い。

Ⅲ これからのエネルギー政策

脱炭素と雇用確保の両立を目指して

↑**水素エンジン自動車**（2021年） 耐久レース中に、移動式水素ステーションから燃料となる水素の補給を受けている。

　トヨタ自動車は、カーボンニュートラルに対応するため、水素をエンジンで燃焼させて動力とする水素エンジン自動車の開発を進めている。水素は燃焼させても水しか発生しないため、温室効果ガスの排出削減が期待できる。
　日本では自動車産業に約550万人が従事し、製造部門だけでも約100万人の雇用がある。これが電気自動車に切り替わると、多くの雇用が失われるとみられる。そのため、今までの内燃機関を活かせる水素エンジンによって、脱炭素と雇用確保の両立を目指している。

3 世界の原発基数

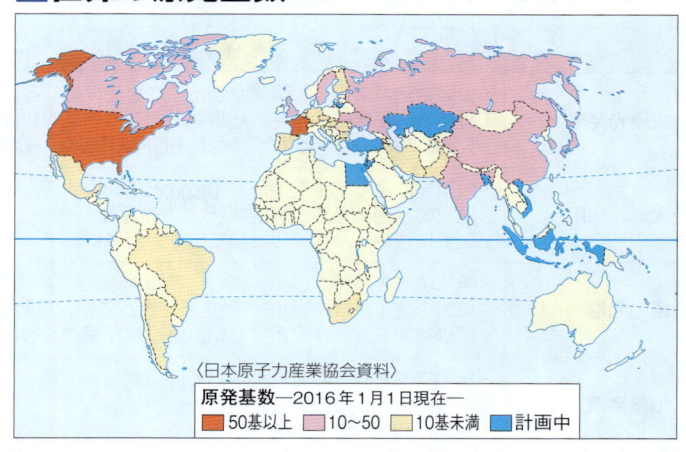

〈日本原子力産業協会資料〉

原発基数—2016年1月1日現在—	
🟧 50基以上	🟥 10～50
🟨 10基未満	🟦 計画中

解説 **国によって異なる政策** 2000年代に入り、先進諸国では地球温暖化対策の一環として原発増設計画が進められた。さらにエネルギー需要急増が予想される新興国へ原発輸出を進める動きもあった。しかし2011年の福島第一原発事故が、各国の原子力政策に影響を与えた。脱原発を求める声が高まったことで一時凍結や転換を決めた国もあるが、エネルギー供給源の確保や安定供給などの理由からこれまでと方針を変えない国（中国など）もある。

1 エネルギーの分類

再生可能エネルギー	革新的なエネルギー高度利用技術
大規模水力、地熱（フラッシュ方式）、空気熱、地中熱	再生可能エネルギーの普及、エネルギー効率の飛躍的向上、エネルギー源の多様化に資する新技術であって、その普及を図ることが特に必要なもの

新エネルギー

発電分野
中小水力発電（～1000kw）※2
太陽光発電
風力発電
バイオマス（→補）発電※1
地熱発電（バイナリー方式）※2

熱利用分野
太陽熱利用
雪氷熱利用
バイオマス熱利用※1
温度差熱利用

燃料分野
バイオマス燃料製造※1

燃料電池、
天然ガス、**コジェネレーション**（→補）、
クリーンエネルギー自動車
など

※1 バイオマス由来の廃棄物発電、廃棄物熱利用、廃棄物燃料製造を含む
※2 水力発電、地熱発電については、普及のために支援が必要なものを別途「新エネルギー」として位置づけている

解説 **新エネルギーの普及促進** 1990年代以降、地球温暖化の問題が広く認識されるようになり、温室効果ガスの排出削減につながるエネルギーの利用が求められるようになってきた。京都議定書（→p.298）が策定された97年には**新エネルギー法**が制定され、太陽光発電や風力発電、バイオマス発電などが新エネルギーとして位置づけられ、国として普及促進を図る方針が明確にされた。また燃料電池やコジェネレーション、クリーンエネルギー自動車などについても、「革新的なエネルギー高度利用技術」として技術開発への支援が強化された。

諸課題

② 主な再生可能エネルギーの特徴　<出題>

	特徴
太陽光発電	・太陽電池パネルに太陽光が当たることで発電する。 ・維持管理が比較的容易。屋根などのスペースを有効利用できる。 ・需要増により設置・発電コストは低下傾向。雨天時、夜間は発電できない。
太陽熱利用	・太陽光によって水を温め、給湯などに利用する。 ・通常の水温より約30度温めることが可能。 ・天気に依存し、産業用としては効率が悪い。
風力発電	・風によって巨大な風車を回し、発電する。 ・風力の約40％を電力に変換することができ、比較的効率がよい。 ・風の有無で発電が安定しない。渡り鳥が傷つく被害もある。
地熱発電	・地熱で熱された蒸気を利用して発電する。 ・比較的大規模で安定した発電が可能。 ・地熱が利用できる地域が限られる。
雪氷熱利用	・雪や冷たい外気を使って作った氷を冷房・冷蔵などに利用する。 ・捨て場所に困る雪を有効利用できる。雪は適度な湿度を持つため、農作物の冷蔵に適している。 ・設置される地域が北海道や新潟県など雪の降る地帯に限定される。
バイオマス燃料	・植物などからエタノールなどのアルコール燃料を生産して利用する。 ・今まで捨てていたものも利用できる。理論上は二酸化炭素の総量を増加させない。 ・穀物を原料とすると、食料不足を招く恐れがある。

↑**浮体式洋上風力発電の実証試験**（2013年　福島県）洋上風力発電は、周囲を海に囲まれた日本での普及が期待されている。しかし、遠浅の海が少ないことから、建設や維持管理のコストの高さなどが課題となっている。

↑**木質バイオマス発電所**（2019年　宮城県）エネルギーの地産地消が目指されている。

解説　再生可能エネルギーへの期待と課題　太陽光、風力、水力、地熱などは自然界からほぼ無尽蔵に利用できるため、石油やウランなどの有限な地下資源を利用するエネルギーと比較して、**再生可能エネルギー**とよばれる。さらに再生可能エネルギーは、発電時に二酸化炭素などの温室効果ガスが増加しない、放射性物質を出さないなど、環境へのメリットが大きい。しかし、自然の条件しだいでは全く利用できないという問題や、割高な施設建設費用や発電コストの問題などがあり、デメリットも少なくない。

③ 再生可能エネルギーの普及状況　<出題>

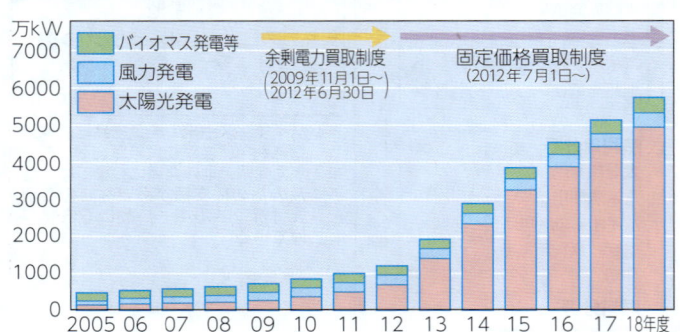

万kW

凡例：バイオマス発電等／風力発電／太陽光発電

余剰電力買取制度（2009年11月1日〜2012年6月30日）／固定価格買取制度（2012年7月1日〜）

横軸：2005 06 07 08 09 10 11 12 13 14 15 16 17 18年度

〈EDMC/ エネルギー・経済統計要覧〉

↑**再生可能エネルギーの発電量の推移**

解説　固定価格買取制度の導入　日本では、福島第一原発の事故以降、原子力利用のあり方やエネルギー供給の最適な組み合わせが議論され、太陽光、地熱、風力、バイオマスなどの再生可能エネルギーの普及が推進されてきた。2012年には**固定価格買取制度**（FIT）が施行され、比較的短期間に設置可能で、発電コストも低下しつつある太陽光発電が増加してきた。しかし、電力会社による買取費用は、消費者の電気料金に上乗せされており、発電コストのさらなる削減が課題となっている。

④ 税制による再生可能エネルギーの普及促進

国	導入年	二酸化炭素 1tあたりの税率
日本 （地球温暖化対策税）	2012	289円
フィンランド	1990	9,625円 （輸送用燃料）
スウェーデン	1991	14,400円
イギリス	2013	2,538円
フランス	2014	5,575円

※税率は2021年1月時点
※為替レートは18 〜 20年の平均値　　〈共同通信社資料〉

↑**各国の「炭素税」の概要**

解説　日本は税率が相対的に低い　「炭素税」は二酸化炭素の排出量に応じて課税するしくみである。企業が課税を避けるために、再生可能エネルギーの導入に取り組むようになることが期待されている。日本でも2012年に地球温暖化対策税が導入されているが、税率は北欧諸国などに比べて低い水準にある。近年、EUも新たな「炭素税」の導入を検討しており、経済的な手法を用いた環境対策である「炭素税」が改めて注目されている。

○×チェック　木くずや生ごみ、家畜の排せつ物などのバイオマスは、燃焼時に二酸化炭素を発生しないエネルギーである。（15年、本）

5 カーボンニュートラルに向けて

① 政府の目標〜第6次エネルギー基本計画〜

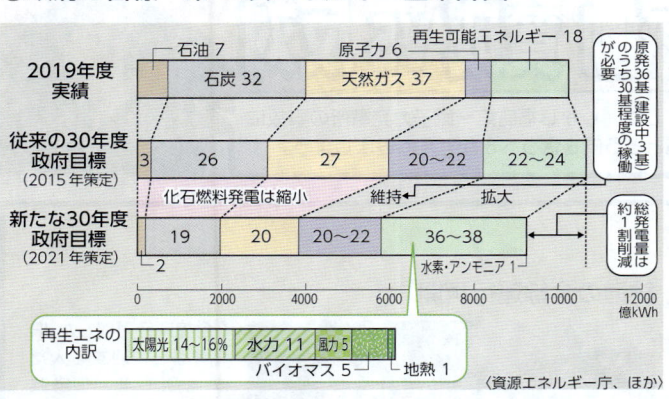

↑総発電量に占める電源別の割合

再生可能エネルギー 18 / が必要 原発36基 建設中3基 のうち30基程度の稼働

	石油 7	石炭 32	天然ガス 37	原子力 6	再生可能エネルギー 18

2019年度実績

従来の30年度政府目標（2015年策定）: 3 / 26 / 27 / 20〜22 / 22〜24

新たな30年度政府目標（2021年策定）: 2 / 19 / 20 / 20〜22 / 36〜38 / 水素・アンモニア 1

化石燃料発電は縮小　維持　拡大　約1割削減　総発電量は

0　2000　4000　6000　8000　10000　12000 億kWh

再生エネの内訳：太陽光 14〜16% / 水力 11 / 風力 5 / バイオマス 5 / 地熱 1

〈資源エネルギー庁、ほか〉

解説 野心的な高い目標を掲げる 日本政府は、2030年度までに温室効果ガスを13年度比で46%削減し、50年のカーボンニュートラル（→巻頭11、p.298）実現を目指している。そこで、21年に定められた**第6次エネルギー基本計画**（→補）では、総発電量に占める再生可能エネルギーの割合を、15年策定の目標から約10%引き上げた。これは19年度実績の約2倍という、野心的な高い目標となっている。また目標達成のため、原子力発電については、原発36基（建設中3基含む）のうち30機程度の稼働を想定している。

② 太陽光発電のさらなる普及促進に向けて

↑屋根に太陽光発電パネルが設置された環境配慮型の住宅街（2018年 神奈川県）街全体で二酸化炭素排出の大幅削減を目指している。

解説 目標の実現のために 第6次エネルギー基本計画において、太陽光発電の目標は特に高く設定されている。その達成に向けて、太陽光発電パネルの公共施設の屋根などへの設置のさらなる促進や、太陽光発電の事業申請をしたものの運用されていない施設の稼働率の向上、財政支援の強化などが図られている。

また民間の住宅に関しては、太陽光発電で自宅の電気を賄うとともに、断熱性能や省エネ性能を向上させることで、年間の一次エネルギー使用量を全体としてゼロにする**ネット・ゼロ・エネルギー・ハウス（ZEH）**の普及も進められている。

まとめ ■■

Ⅰ さまざまなエネルギー資源

- エネルギー消費の偏り…アメリカや中国・日本など経済規模の大きい国に多い。化石燃料の産出にも偏りがある
- 人類とエネルギー…**産業革命**以降、化石燃料を使用し大量生産・大量消費のしくみを確立。19世紀後半から石油が動力の主流になり、二酸化炭素の排出が地球温暖化の原因となっている
- 原油価格…**石油輸出国機構（OPEC）**が価格決定に影響力を持つほか、政情不安や投機資金に左右される
- 日本の**一次エネルギー**供給…原油のほとんどを輸入に依存。石油危機以降、多角化が進められる
- エネルギー自給率の国際比較…天然資源の乏しい日本は、エネルギーのほとんどを輸入。エネルギー安全保障の観点から、自給率の向上が課題
- 主な国の発電エネルギー源…フランスはエネルギー自給率を高めるため、原子力の割合が高い。ドイツは脱原発を推進

Ⅱ 原子力発電

- 原子力発電のしくみと特徴…ウランの核分裂反応の熱でタービンを回し発電。核分裂時には二酸化炭素を排出しない、安定して大量の電力供給が可能。生物にとって極めて危険な放射性物質を排出し、安全な管理が課題

- 日本の原子力政策…1950年代以降、エネルギー供給の多角化を目的に原発建設を推進。2011年の福島第一原発事故で安全神話が崩壊
- 核燃料サイクル…使用済み燃料を利用。事故などが相次ぐ
- 世界の原発基数…脱原発を進める国や、設置方針を変えない国もある

Ⅲ これからのエネルギー政策

- エネルギーの分類…太陽光発電、風力発電、**バイオマス**などを新エネルギーとして位置づけ、普及を促進
- **再生可能エネルギー**の特徴…枯渇せず、発電時に温室効果ガスが増加しない。しかし自然条件に左右されやすい
- 再生可能エネルギーの普及状況…建設費用や発電コストの高さが懸念されていたが、**固定価格買取制度**（FIT）の導入により普及が進んできた。国民負担を抑制しつつ、持続的に普及させられるかが課題
- 税制による再生可能エネルギーの普及促進…二酸化炭素の排出量に応じて課税。企業の取り組みを促進
- 第6次エネルギー基本計画…2030年度に向けて、再生可能エネルギー利用の高い目標を掲げる
- 太陽光発電のさらなる普及に向けて、公的施設や民間の住宅などへの太陽光発電パネルの設置促進が図られている

補足解説

内燃機関
機械の内部で燃料を燃焼させて動力を得るしくみ。なお、蒸気機関は機械の外部で燃料を燃焼させて動力を得る外燃機関にあたる。

一次エネルギー
石炭・石油など、加工されていない状態のエネルギー。電力や都市ガスなどに加工された状態のエネルギーを**二次エネルギー**とよぶ。

ウラン
原子力発電に使用されるウラン鉱石は地球上に広く分布しており、ここから核分裂するウラン235の比率を高めた濃縮ウランが、軽水炉での原子力発電に使用される。

バイオマス
動植物などから生まれた資源。木く

ず、家畜のふん、食べ物のかすなど、それまで捨てていたものなどを資源として活用し、固体燃料を作ったり、発酵で生じるガスから発電したりする。

コジェネレーション
発電機で電力を生み出しつつ、発生する廃熱を給湯や冷暖房に利用するしくみ。送電時などに失われるエネ

ルギーを抑えることができる。

エネルギー基本計画
エネルギー需給に関する国の中長期的な政策の指針。2003年に初めて策定され、3〜4年ごとに改定されている。18年の第5次エネルギー基本計画では、再生可能エネルギーを50年度に向けた「主力電源」と位置づけた。

諸課題

 × バイオマスは、燃焼時に二酸化炭素が発生する。ただし、二酸化炭素を吸収して成長する木材などを材料にしているため、全体としては大気中の二酸化炭素の量は増加しない。

論点整理 原子力発電所の再稼働 賛成 VS 反対

POINT 原子力発電は安定的なエネルギー源確保のために推進されてきました。しかし福島第一原子力発電所の事故により、事故が発生したときの事態の深刻さが再認識されました。原子力発電とどう向き合うべきか考えてみましょう。

福島第一原子力発電所の事故からの復興に向けて

↑廃炉作業が続く福島第一原子力発電所（2021年）

2011年3月11日に発生した東北地方太平洋沖地震に伴い、太平洋岸の広範囲を津波が襲い、多くの人が犠牲となった。さらに、福島第一原子力発電所では、津波の被害などによって炉心を冷却するための電源設備が失われて炉心溶融（メルトダウン）が発生し、大量の放射性物質が周囲に放出された。この事故以降、周囲の土地で放射性物質の除去などが進められ、原発では廃炉作業が続いているものの、住民の帰還が進んでいない地域も多い。さらに放射性物質を含む汚染土や、原子炉を冷却した水の処理水（→p.315）の最終的な処分も課題となっている。

鉄道の全線運行再開

←全線運行再開したJR常磐線を歓迎する人たち（2020年　福島県双葉町）　運行再開によって住民の帰還の促進や、地元経済の活性化などが期待されている。しかし、被災した多くの地域で、住民の人口は原発事故以前の水準に戻っていない。

放射性物質の汚染土の処理

←汚染土の中間貯蔵施設（2021年　福島県）地表などの放射性物質を除去する面的な除染は、帰宅困難区域を除き2018年までに終了した。しかしその際に生じた汚染土は、福島県内の中間貯蔵施設に保管されているものの、最終的な処分地は決まっていない。

論点❶ 安全性の問題

1 「世界最高水準の安全を目指す」という新規制基準

地震対策	・最大40万年前までさかのぼって活断層の有無を調査する。 ・活断層の真上に原子炉建屋などを設置することを禁止。
津波対策	・原発ごとに最大規模の津波を想定し、防潮堤などを設置する。
火災対策	・燃えにくい電源ケーブルを使う。
停電対策	・独立した2回線以上の外部から電源を引き込む。
テロ対策	・航空機衝突などのテロによって施設が破壊されても、遠隔操作で原子炉を冷やせる施設を設置する。
放射性物質の拡散抑制	・施設が破損した場合を想定し、敷地外への放射性物質の拡散を抑制する設備などを設置する。

↑原子力発電所の新規制基準のポイント

解説 地震・津波などへの対策を強化 福島第一原子力発電所の事故を受けて、政府は原子力規制委員会を設置し、自然災害の想定と対策を大幅に引き上げた原発の新しい規制基準を策定した。

2 地震による事故発生のリスク

年	近年の主な地震	M
2004	新潟県中越地震	6.8
07	能登半島地震	6.9
07	新潟県中越沖地震	6.8
08	岩手・宮城内陸地震	7.2
11	東北地方太平洋沖地震 （東日本大震災）	9.0
16	熊本地震	7.3

※Mはマグニチュード　〈気象庁資料〉

↑地震で被害を受けた熊本城（2016年）

解説 地震が頻発する日本 日本には多くの活火山があり、さらに複数のプレートによって複雑な力がかかることで、世界有数の地震多発地帯となっている。そのため、地震による原発へのリスクは高い。

1 電力の供給安定性

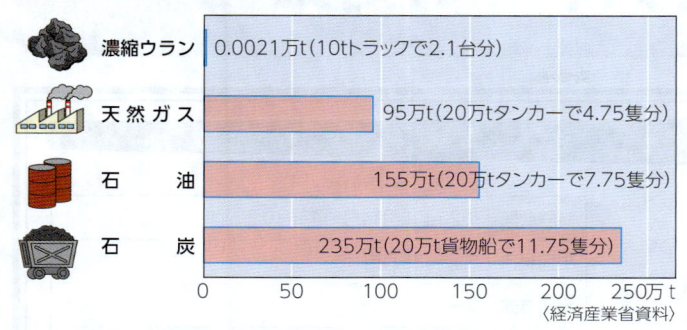

濃縮ウラン	0.0021万t（10tトラックで2.1台分）
天然ガス	95万t（20万tタンカーで4.75隻分）
石　油	155万t（20万tタンカーで7.75隻分）
石　炭	235万t（20万t貨物船で11.75隻分）

〈経済産業省資料〉

↑100万kWの発電所を1年間運転するために必要な燃料

解説　燃料の供給は比較的安定　原子力発電は少量のウランから大量に発電可能である。また、ウランはカナダやオーストラリアなど政情が比較的落ち着いた国々に埋蔵量が多いので、供給が安定している。

2 拡大する再生可能エネルギー市場

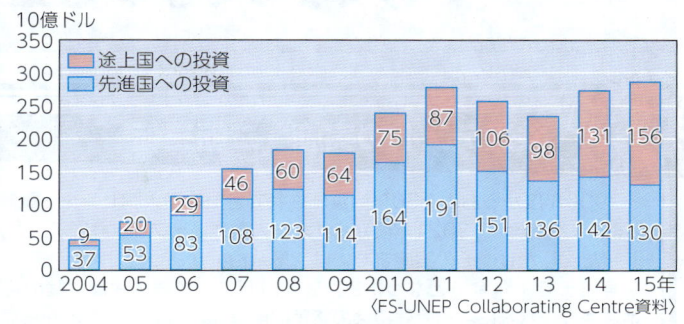

10億ドル

（途上国への投資／先進国への投資）

年	途上国	先進国
2004	9	37
05	20	53
06	29	83
07	46	108
08	60	123
09	64	114
2010	75	164
11	87	191
12	106	151
13	98	136
14	131	142
15	156	130

〈FS-UNEP Collaborating Centre資料〉

↑世界の再生可能エネルギー市場規模の推移

解説　よりクリーンなエネルギーを目指して　風力、太陽光、地熱などの再生可能エネルギーは、自然界から永続的に利用でき、地球環境への負荷が少ないことから、近年投資が拡大している。

1 カーボンニュートラルへの対応

g-CO$_2$/kWh（送電端）

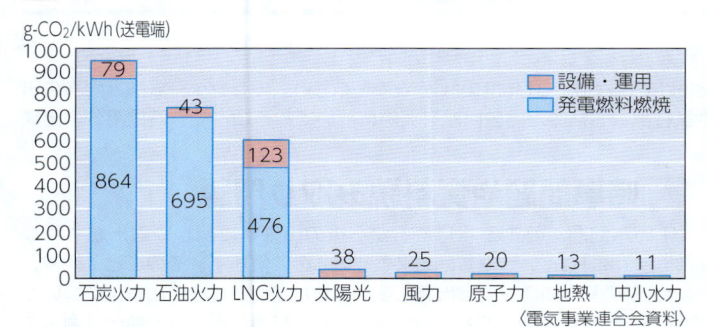

（設備・運用／発電燃料燃焼）

電源	設備・運用	発電燃料燃焼
石炭火力	79	864
石油火力	43	695
LNG火力	123	476
太陽光		38
風力		25
原子力		20
地熱		13
中小水力		11

〈電気事業連合会資料〉

↑電源別のライフサイクルCO$_2$（二酸化炭素）排出量

解説　二酸化炭素の排出量が少ない　原子力発電は発電の際の二酸化炭素排出量が少ないことから、地球温暖化対策であるカーボンニュートラル（→巻頭11、p.298）に役立つという主張もある。

2 難しい放射性廃棄物の処理

←建設が進む原子力廃棄物地下処理施設「オンカロ」の入り口（2011年　フィンランド）　国内で排出される高レベル放射性廃棄物を約100年にわたって地中420mの場所に埋設し、その後入り口を封鎖する。

解説　「核のごみ」の最終処分場　日本国内における放射性廃棄物の処分場選びが進まないなか、2020年に北海道の寿都町と神恵内村が、最終処分場選定の前提となる「文献調査」の受け入れを表明した。

原子力発電所の再稼働をどう考える？

賛　成		反　対
福島第一原発事故の教訓を踏まえて作られた新規制基準では、**地震や津波の想定が大幅に引き上げられ**、対策が図られている。	安全性の問題	地震が多い日本では、いくら対策をしたところで事故の危険性は拭い切れないし、**事故が起きれば非常に深刻な影響を受ける**。
資源の少ない日本にとって、**大量の電力を安定的に供給できる**原子力発電は、国民生活を支えるうえで大きなメリットがある。	経済的側面	再生可能エネルギーの市場規模は拡大し続けているし、自然の豊かな日本では**再生可能エネルギーを拡大する余地は十分にある**。
カーボンニュートラルが国際的に求められるなかで、**発電時に二酸化炭素を排出しない**原子力発電は有効な手段だ。	環境への影響	放射性廃棄物は放射線の影響がほぼなくなるまで約10万年かかるともいわれ、日本では**最終処分場の選定が難航している**。

原子力発電所の再稼働については、安全性やコストなどさまざまな論点があります。
また、原子力発電で作り出された「核のごみ」をどのように処分するかについて考えることも重要です。

大学入学共通テストへの対策

共通テストの実施　二転三転

　1990年度からおよそ30年間実施されてきた大学入試センター試験（センター試験）に代わって、2021年度から「大学入学共通テスト（共通テスト）」がスタートした。しかし、その実施までには、紆余曲折があった。

　実施まで1年余りとなった2019年11月に、英語の民間試験の活用が、居住地域や経済状況による受験機会の格差の解消が難しいことなどから見送りとなった。さらに12月には、国語と数学の記述式問題の導入が、採点の公平性の確保が難しいことなどを理由に見送られた（21年夏に正式断念）。これらの土壇場での制度変更は、受験生や学校現場に大きな混乱と負担を与えた。

　制度設計の面で大きな変更があった一方で、知識だけでなく思考力や表現力を測ることを重視するという、共通テストの問題作成の考え方は変わらない。対策としては、21年度の共通テストやこれまでのセンター試験を解くことに加えて、17年、18年に実施された試行調査や模擬試験を活用することが有効である。

試験期間	2023年1月14日〜15日の2日間
出題科目	6教科30科目
出題方式	マークシート式
問題作成	・知識の理解の質を問う問題や思考力・判断力・表現力等を発揮して解くことが求められる問題等を重視 ・現行の学習指導要領に基づく学習範囲の中から出題されるため、過年度卒業者用の別問題は出題しない
採点方法	大学入試センターが採点

↑2023（令和5）年度大学入学共通テストのポイント

I　共通テストの対策例

　共通テストが始まったといっても、センター試験から何もかもが変わったわけではない。21年度の共通テストでも過去のセンター試験と同様の出題が見られるほか、記述式の問題が導入される予定はない。センター試験や試行調査も含めた過去問題を実際に解いてみることで、時間配分や出題傾向の予測もしやすくなるだろう。

1 基本的な択一問題

(1) **択一問題に慣れる**：選択肢の中には、明らかに誤っているもの、判断に迷うものが混在している場合が多い。まずは選択肢を絞り、絞った選択肢をじっくりと検討しよう。

(2) **正誤の問い方に注意**：「正しいもの」「誤っているもの」などの問い方には十分注意しよう。時間に余裕がなくなったり、緊張していたりすると、勘違いをしてしまうことも考えられる。

(3) **時間配分**：21年度の共通テストでは、解答に時間のかかる図版や文章の読み取り問題が多く出題されている。そのため、基本的な択一問題1題にかけられる時間は1分程度と考えよう。正解が確実に判別できなくても、その時点で正解だと思う選択肢をマークして先に進もう。

(4) **リード文について**：選択肢の文章の方が重要度は高いので、リード文はざっと読む程度でよい。時間が足りなくなってきた場合は、下線部の単語を確認するのみで選択肢の検討をすることも可能である。

> 問　持続可能な社会の実現のための取り組みについて述べた文として**適当でないもの**を、次の①〜④のうちから一つ選べ。（18年試行調査第5問問1）
> ① 天然資源を保全することが求められるため、化石燃料や金属資源、森林資源などについては、現代の世代の利益とともに、将来の世代の利益も考慮する。
> ② 貧困を削減することが求められるため、発展途上国の生活水準の向上を目指して国際社会が共同で支援する。
> ③ 男女を問わず、すべての人が社会に参画できることが求められるため、不合理な差別を廃し、男女間の平等を達成する。
> ④ 社会的寛容が求められるため、他者の人権を侵害するような意見の表明があったとしても、それを社会として認識する。
> →正解は④。SDGs（→巻頭15）の前文では「すべての人の人権の実現」を目指すことが示されている。④の文章はその趣旨とは異なっている。

2 時事問題や資料読み取り問題

(1) **時事問題**：前年の4月ごろから後の出来事に関しては出題されない。時事問題といっても、出来事そのものに限らず、そのことに関連した分野の基礎知識を問う出題も多い。したがって、その出来事について細かい部分まで知っておく必要はないが、時事問題から出題の予測もできるので、概要だけでも押さえておくようにしよう。

(2) **資料読み取り問題**：センター試験と比べると、共通テストや試行調査では、複数の資料を読み取る必要がある問題が目立っている。資料を含む問題は一見すると難しく感じるが、案外基礎的なことが問われていたり、資料を見れば自然と解けたりすることも珍しくない。また、与えられた情報を基に解答する形式のため、知識を必要としない問題も多く見られる。したがって、「基本的には解かなければ損」と考えよう。ただし、択一問題に比べ解答にはある程度の時間を要するので、時間のかけ過ぎにはくれぐれも注意しよう。

近年の試験で出題された時事問題・資料読み取り問題の例		
時事	2021年度共通テスト本試	地球環境問題（プラスチックごみ）
	2018年試行調査	持続可能な社会（SDGs） 2025年問題
	2017年試行調査	民法の成年年齢引き下げ 環境税、排出権取引、パリ協定
資料読み取り	2021年度共通テスト本試	戦後日本の経済成長率の推移 買い物弱者問題
	2018年試行調査	75歳以上人口とその割合、高齢者世帯数 日本の農業就業人口、基幹的農業従事者数の推移
	2017年試行調査	成年年齢と飲酒・喫煙年齢、選挙権年齢との関係の認知度 消費支出に占める食料費の割合

入試

1 示された意見や基準に基づいて選択肢を分析する問題（2018年試行調査第1問 問1、問3）

地方財政と公共サービスをテーマに、地方自治体（地方公共団体）の政策や制度について「幸福・正義・公正」の観点から考えさせる問題です。

第1問

次に示したのは、青原中央高校の新聞部が発行する学校新聞の次号1面の記事の配置計画である。(a)～(f)の記号は、それぞれの見出しやコラムを示している。これに関する次ページ以降の問い（問1～9）に答えよ。

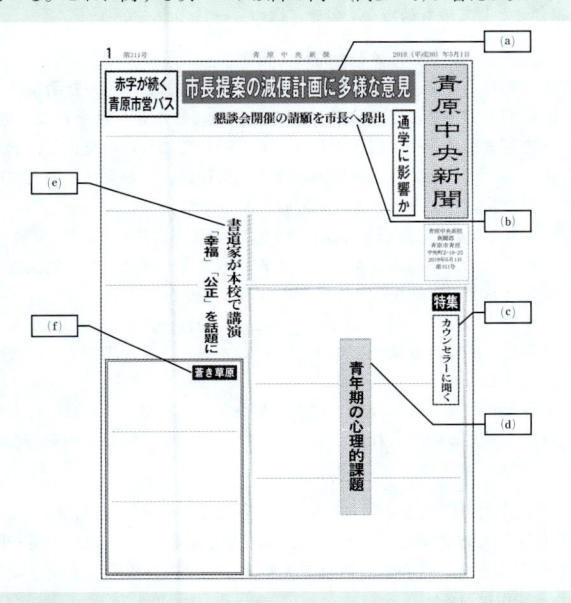

問1　見出し(a)に関連して、この計画に関する取材の中で、新聞部員は複数の人からそれぞれ意見を聞いた。次の意見は、バスを利用する80歳代のある人のものである。下の意見①～④のうちから、この80歳代のある人が支持すると考えられるものとして最も適当なものを、一つ選べ。

80歳代のある人の意見
バスの減便は、市内でも人口が少なかったり減ったりしている地域で行われる可能性がありますよね。私が住んでいる地域が対象になれば不便になります。誰でも、住み慣れた家で、日常生活に支障がないように暮らす権利があると思う。だから、私は、バス減便には反対です。

① 市では、人口が減少している地域とそうでない地域がある。したがって、市全域で均等な行政サービスを維持するよりも、行政が市中心部への人口移動を促し、行政サービスを効率的に提供できるようなまちづくりを行うべきである。

② 市が市営バスのために使える財源は限られている。そのため、路線ごとの始発から終発までの乗客数の変化や、それぞれの路線の運行費用と収入に基づいて、赤字になっている路線の減便や廃止の可否を決定すべきである。

③ 人間が人間らしく生きていくためには、ほかの人と交流したり、財やサービスを購入したりすることが必要である。それらの点から考えれば地方公共団体が、私的な利用手段を持たない人に対しても、公共の移動手段を保障するべきである。

④ 市営バスの収益悪化はずいぶん以前から起きており、このことは市の広報紙などでも伝えられていた。そのような情報を活用して、市民一人ひとりが、運転免許をとって自動車を買うなど、自分で対策をとるべきである。

問3　見出し(a)・(b)の記事に関する取材のあと、新聞部で議論し、国や地方公共団体の政策や制度を検討する際に考慮すべきと思われる観点を次の二つに整理した。

(ア) 公共的な財やサービスについて、民間の企業による自由な供給に任せるべきか、それとも民間ではなく国や地方公共団体が供給すべきか。すなわち、経済的自由を尊重するのか、しないのか、という観点。

(イ) 国や地方公共団体が政策や制度を決定する場合に、人々の意見の表明を尊重するのか、しないのか。すなわち、精神的自由、とりわけ表現の自由を尊重するのか、しないのか、という観点。

いま、(ア)の観点を縦軸にとり、(イ)の観点を横軸にとって、右のような四つの領域を示すモデル図を作ってみた。

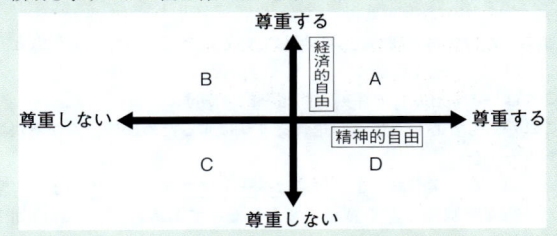

以上の観点とモデル図をふまえると、次の(i)と(ii)で述べた政策や制度、国や地方公共団体の在り方は、それぞれ、A～Dのいずれの領域に位置すると考えられるか。その組み合わせとして最も適当なものを、下の①～⑧のうちから一つ選べ。

(i) 国や地方公共団体は、バスや鉄道などの公共交通機関を経営し、民間企業が参入する場合には、厳しい条件やルールを設ける。また、その政策に対する国民や住民の批判や反対を取り締まる。

(ii) 国や地方公共団体は、バスや鉄道などの公共交通機関を経営せず、民間企業の活動に任せる。また、その政策に対する批判や反対であっても、国民や住民による意見表明を認める。

	(i)	(ii)		(i)	(ii)
①	A	B	⑤	A	C
②	B	C	⑥	B	D
③	C	D	⑦	C	A
④	D	A	⑧	D	B

◉解答・解説

問1は「今までどおりの暮らしを続けるためにも、減便はするべきでない」という趣旨の意見に合致する選択肢を選ぶ問題。転居や自動車の購入を必要とする②や④は意見の趣旨からずれるので、候補から外すことができる。

問3は(i)、(ii)の考え方を、示されたモデル図に当てはめる問題。(i)、(ii)の考え方は、民間企業の参入について書かれている前半部分で経済的自由について、市民の意見表明への対応について書かれている後半の部分で精神的自由について判断すればよい。

このような読解力が試される問題は、知識を必要としない分、正答率も高くなる傾向にある。焦らず、落ち着いて文章を読み解こう。

【解答】問1：③　問3：⑦

入試

② 対話文の展開から推論して選択肢を絞る問題（2018年試行調査第5問 問3、問4）

 社会保障と「持続可能な社会」をテーマに、福祉政策やベーシック・インカムについて、意見の対立から社会保障制度の課題（→p.235）を考えさせる問題です。

第5問

次の会話文を読み、次ページ以降の問い（問1～4）に答えよ。

A：この頃いろいろなところで「持続可能な社会」という言葉を聞くね。国際連合が1987年に公表した報告書「われら共有の未来」に出てくる「将来世代のニーズ」を満たしつつ、現在の世代のニーズを満足させ(a)るような開発」という考え方に基づいているね。今日では、多くの分野で将来についていろいろな課題が取り上げられているよね。例えば、日本でも高齢者の割合が増大し続けるなかで、2025年問題が大きな課題になっているね。

B：何それ？

A：2025年は、戦後のいわゆるベビーブームに生まれた世代が75歳以上の後期高齢者となるといわれているんだ。特に医療や介護など社会保障(b)に関係する問題がより深刻になるといわれていて、2025年問題という言葉が出てきた頃、介護職員はあと30万人以上必要だといっている人(c)もいたくらいだからね。

B：日本の人口構成の高齢化が進行していることは知っているけれどそんなに迫った問題なのかな。

A：これは日本の財政にも深刻な問題を投げかけているんだよ。

B：これからも安心した生活が送れるようにするためにはどんな解決策があるのかな。

A：いろいろな提案があるよ。中にはベーシック・インカムのように現行(d)の社会保障制度と全く異なる考え方だってあるんだ。これは知ってる？

B：それも知らないな。

A：それじゃあ、一緒に調べてみようよ。

問3 下線部(c)に関連して、次の会話文中の X ・ Y に入るものの組合せとして最も適当なものを、次の①～④のうちから一つ選べ。

B：うちも高齢の祖父母がいるから介護保険を利用して介護施設への入所を検討しているのだけれど、なかなか施設が見つからないんだ。なんとかならないかな。

A：そういう話はよく聞くね。このような問題に対していろいろな考え方があるだろうね。社会保障の充実にかかわることだから国の役割は大きいけれど、国の役割が大きくなることに反対する考え方もあるからいろいろな視点から考えていくことが大切だね。

B：国が今後より一層社会保障を充実すべきという立場に立つのであればどんな政策があるのかな？

A： X だね。

B：じゃあ、国が財政支出を抑え、財政の健全化を目指す立場の意見は？

A：例えば Y という意見があるね。

B：どっちも一理あるね。難しいな。

X に入るもの
ア　専門的な知見を有して介護福祉に従事する人を増やすために、人材が不足している地域を中心に公費で養成機関を充実させる政策
イ　医療福祉以外の事業者が介護事業に参入することを認めないという政策
ウ　公営の介護施設を建設したり、在宅支援を強化してリフォームなどに補助金を出したりする政策

Y に入るもの
カ　40歳である介護保険料を負担する開始年齢を引き下げ、より多くの人に負担してもらうとともに国の介護保険料の負担割合を引き下げる
キ　審査基準を変更し、介護認定を厳しく行うようにする
ク　介護保険の在り方を社会保険の一つから公的扶助へとその位置づけを変更する

	X	Y		X	Y
①	ア	ク	③	ウ	キ
②	イ	カ	④	イ	ク

問4 下線部(d)について、次の会話文中の X ・ Y に入るものの組合せとして最も適当なものを、次の①～④のうちから一つ選べ。

B：ねえ、ベーシック・インカムって何？

A：現在の社会保障制度では個人や世帯に対して社会保険や社会福祉、公的扶助などでさまざまな給付があるよね。しかしそれぞれについて、さまざまな審査や手続きなどもある。そこでこれらを廃止し、個人単位で、生活に必要最低限度のお金を無条件に、しかも全ての人に同じ金額で支給しようという考え方のことなんだ。

B：でもみんなが同じ金額をもらうということは本当に公正といえるのかな。

A：それじゃあ、ベーシック・インカムの考え方が制度として実施されるとしたらどのようなことが考えられるだろうか。

B：まず賛成の意見としては、 X という発言が出てくることが考えられるし、反対の意見としては、 Y という発言が出てくることが考えられるね。

A：そうだね。まだこれはアイデアでしかないけれど、より良い社会保障政策を考えるのであれば、いろいろな可能性を探究していくことが大切だね。

ア　財政支出の削減を主張する人から、国は全ての人に一律に同じ金額を給付するだけの業務になるから、審査や手続きにかかわる作業が削減されることで、社会保障政策を実施する上での行政的な手続きにかかわる費用は減る
イ　起業しようと考えている人から、起業が成功するかどうか分からなくても、ベーシック・インカムが導入されたら必要最低限度の生活が保障されるので、起業しやすい
ウ　財政赤字を解消することを考えている人から、ベーシック・インカムによる給付金額を高くすると財政支出が増大する
エ　障害がある人から、全ての人が同じ金額しか給付されないので、生活を維持するためには不十分になる

	X	Y		X	Y
①	ア	エ	③	ウ	イ
②	イ	ア	④	エ	ウ

●解答・解説

問3は、福祉政策に関する対話文が示され、会話の流れに合うように空欄に当てはまる選択肢の組み合わせを選ぶ問題。Xにはア、ウが、Yにはカ、キが当てはまるため、適当な組み合わせは4種類存在することになるが、示された選択肢から解答を絞り込むことができる。問4も、対話のテーマは異なるものの、問題の形式は問3と同様。こちらの問題でも、やはり選択肢から解答を絞っていかなくてはならないため、ア～エの4つの意見すべてについて、立場を分類するという作業が必要となる。

センター試験によく見られたような、空欄や設問からだけで解答を確定できる問題は減っている。時間の余裕は従来よりも少ないと考えておこう。

【解答】問3：③　問4：①

3 多数の資料から情報を取捨選択する問題（2018年試行調査第6問 問1）

食をめぐる社会問題をテーマに、日本の食料自給率や世界の食料問題（→p.279）について、複数の資料を読み取りながら課題の現状を考えさせる問題です。

第6問

「現代社会」の授業で探究学習を行うこととなり、生徒Aのグループでは、「『食』をめぐる社会問題とその解決」というテーマを設定した。このことに関して、次の問い（問1・2）に答えよ。

問1　次の図は、「『食』をめぐる社会問題とその解決」というテーマでグループ討議を行った内容を整理するために生徒Aが書いたものである。図中の　X　には、図の下方にある〈探究する具体的な問い〉の①について考えるために、資料ア〜ウのうちの二つが、　Y　には、〈探究する具体的な問い〉の②について考えるために、資料カ〜クのうちの二つが入る。その組合せとして最も適当なものを、次の①〜⑨のうちから一つ選べ。

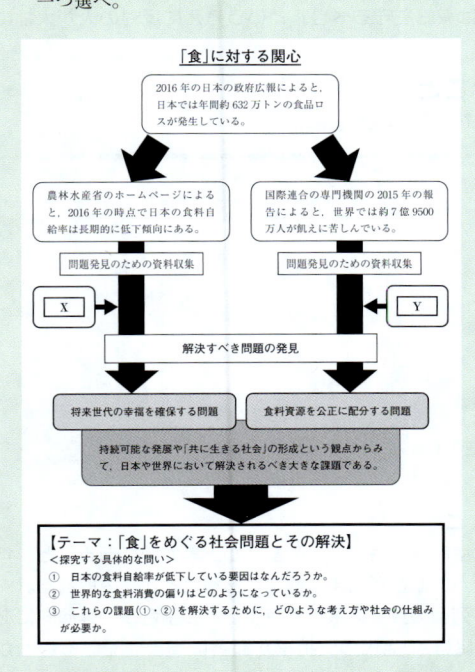

ア　日本の田畑別耕地面積の推移（単位：ha）

出典：農林水産省「作物統計調査」により作成。

イ　日本の農業就業人口、基幹的農業従事者数の推移（単位：千人、％、歳）

		1995年	2000年	2005年	2010年	2015年
農業就業人口		4,140	3,891	3,353	2,606	2,097
	65歳以上（割合）	1,800 (43.5)	2,058 (52.9)	1,951 (58.2)	1,605 (61.6)	1,331 (63.5)
	75歳以上（割合）	477 (11.5)	659 (16.9)	823 (24.6)	809 (31.0)	663 (31.6)
	平均年齢	59.1	61.1	63.2	65.8	66.4
基幹的農業従事者		2,560	2,400	2,241	2,051	1,754
	65歳以上（割合）	1,018 (39.7)	1,228 (51.2)	1,287 (57.4)	1,253 (61.1)	1,132 (64.6)
	75歳以上（割合）	195 (7.6)	306 (12.7)	462 (20.6)	589 (28.7)	544 (31.0)
	平均年齢	59.6	62.2	64.2	66.1	67.0

出典：農林水産省「農林業センサス」により作成。

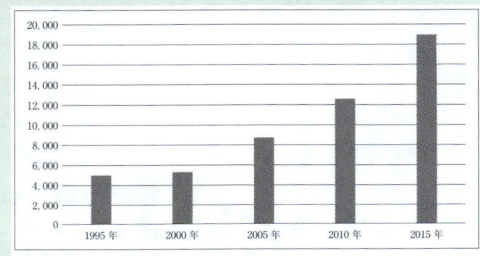

ウ　日本の農業経営の法人経営体数の推移（単位：法人）

出典：農林水産省「農林業センサス」により作成。

カ　世界の購買力平価による一人当たり国民所得（単位：ドル）

	国名	2005年	2016年
高所得国	アメリカ	44,740	58,700
	ドイツ	32,250	49,690
	日本	32,350	43,630
	韓国	24,010	36,570
低所得国	アフガニスタン	1,010	1,970
	ジンバブエ	1,410	1,810
	中央アフリカ	720	700

出典：世界銀行の資料により作成。

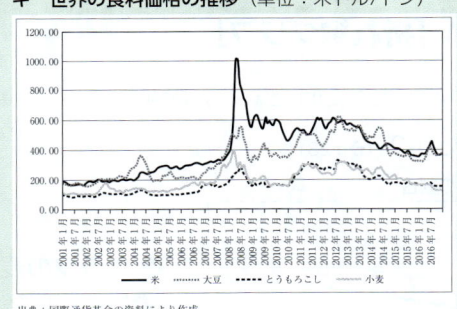

キ　世界の食料価格の推移（単位：米ドル/トン）

― 米　　大豆　……とうもろこし　―――小麦

出典：国際通貨基金の資料により作成。

ク　世界の主な国等の関税率（2016年）（単位：％）

■農産品　□非農産品　■全品目

出典：世界貿易機関の資料により作成。

「食」に対する関心

2016年の日本の政府広報によると、日本では年間約632万トンの食品ロスが発生している。

農林水産省のホームページによると、2016年の時点で日本の食料自給率は長期的に低下傾向にある。

国際連合の専門機関の2015年の報告によると、世界では約7億9500万人が飢えに苦しんでいる。

問題発見のための資料収集　→　X
問題発見のための資料収集　→　Y

解決すべき問題の発見

将来世代の幸福を確保する問題

食料資源を公正に配分する問題

持続可能な発展や「共に生きる社会」の形成という観点からみて、日本や世界において解決されるべき大きな課題である。

【テーマ：「食」をめぐる社会問題とその解決】
〈探究する具体的な問い〉
① 日本の食料自給率が低下している要因はなんだろうか。
② 世界的な食料消費の偏りはどのようになっているか。
③ これらの課題（①・②）を解決するために、どのような考え方や社会の仕組みが必要か。

	X	Y		X	Y		X	Y
①	アとイ	カとキ	④	アとウ	カとキ	⑦	イとウ	カとキ
②	アとイ	カとク	⑤	アとウ	カとク	⑧	イとウ	カとク
③	アとイ	キとク	⑥	アとウ	キとク	⑨	イとウ	キとク

（→p.279）

●解答・解説

　この問題は、探究学習をテーマに、高校生が設定した問いについて考えるための根拠として、六つの資料から適切なものを選択する、というもの。

　提示されている資料がかなり多いため、複雑な問題のように感じられるかもしれないが、まずは落ち着いて何が問われているか確認しよう。すると、リード文から、「図の下方にある〈探究する具体的な問い〉における、①、②のそれぞれについて、考えるために必要な資料を三つのうちから二つずつ選ぶ」という問題であることが分かる。問われているのは細かい数値の変化や傾向

ではないことが分かったので、あとはそれぞれの資料が何を示すのかを確認し、三つのうちから不要な資料を一つずつ選んでいけばよい。

　試行調査では、このように多くの資料を扱う問題が出題されているが、今回のように、問われていることを正確に把握していれば、無視できる部分があることなどが分かるようになる。効率よく問題を解いていくためにも、知識だけでなく、問題を理解する「読解力」を鍛えていこう。

【解答】問1：①

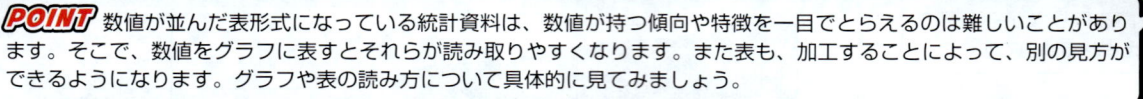

池上ライブ！ 資料活用の ポイント グラフや表の読み方

POINT 数値が並んだ表形式になっている統計資料は、数値が持つ傾向や特徴を一目でとらえるのは難しいことがあります。そこで、数値をグラフに表すとそれらが読み取りやすくなります。また表も、加工することによって、別の見方ができるようになります。グラフや表の読み方について具体的に見てみましょう。

Ⅰ 全体に占める割合が読み取れる「円グラフ」や「帯グラフ」

円グラフや**帯グラフ**は全体に占める割合が読み取れる。複数の帯グラフを並べると、割合の変化が比較できる。

Q 日本人が信仰している宗教は？

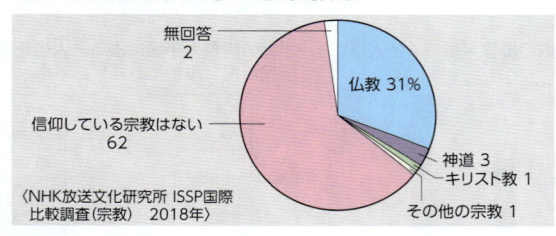

〈NHK放送文化研究所 ISSP国際比較調査（宗教）2018年〉

● 読み取れること

「信仰している宗教はない」人の割合が半数以上であること。

● 読み取れないこと

各宗教を信仰している人の実際の数。

Q 男は外で働き、女は家庭を守るべきか？

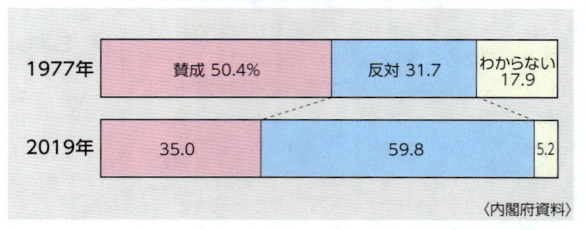

〈内閣府資料〉

● 読み取れること

「男は外で働き、女は家庭を守るべき」という考えに反対の人が大幅に増えていること。

● 読み取れないこと

賛成、反対それぞれの実際の人数。

Ⅱ 変化を読み取りやすい「折れ線グラフ」

折れ線グラフは長年にわたる連続した数値の変化（経年変化）が読み取りやすい。

Q 雇用に対する意識はどう変化したか？ （→p.231）

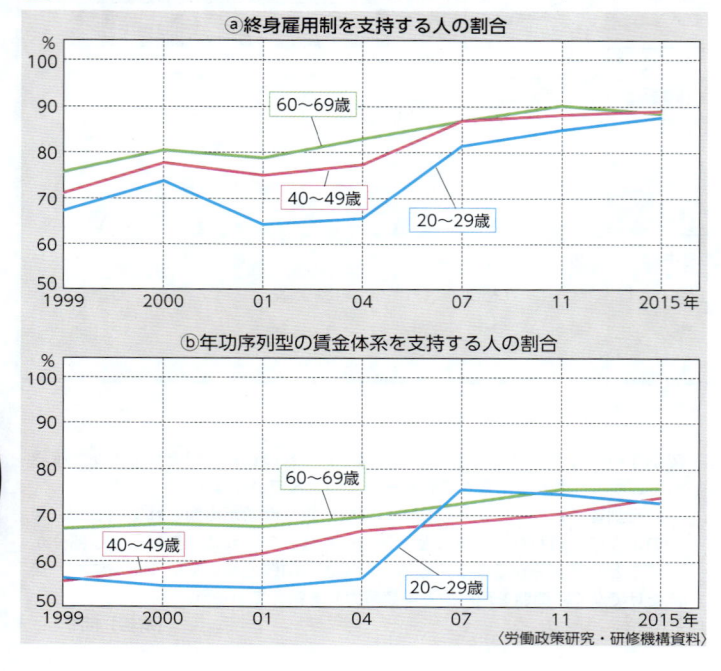

〈労働政策研究・研修機構資料〉

● グラフの要素

縦軸：それぞれを支持する人の割合（％）
横軸：年次

● 読み取れること

ⓐ図からは、終身雇用制を支持する人の割合が上昇傾向にあること、年代が上がるにしたがって割合が高まる傾向にあることが読み取れる。
ⓑ図からは、年功序列型の賃金体系を支持する人の割合が上昇傾向にあること、2004年以降は20歳代の支持率が顕著に高まっていることが読み取れる。
ⓐ図とⓑ図を組み合わせると、2004年以降、20歳代はほかの年代以上に雇用や賃金に対する意識が変化していることが読み取れる。

● 読み取れないこと

それぞれを支持する人の実際の数と変化。
経済状況の変化。
法律などの制度の変化。

Ⅲ 数や量の大小を比較しやすい「棒グラフ」

棒グラフは統計の絶対値を量的にとらえ比較するのに適している。また折れ線グラフのように年による変化も表現できる。この場合、細かい変化よりも、大きな傾向を読み取ることに適している。

Q 国連加盟国数はどのように変化したか？

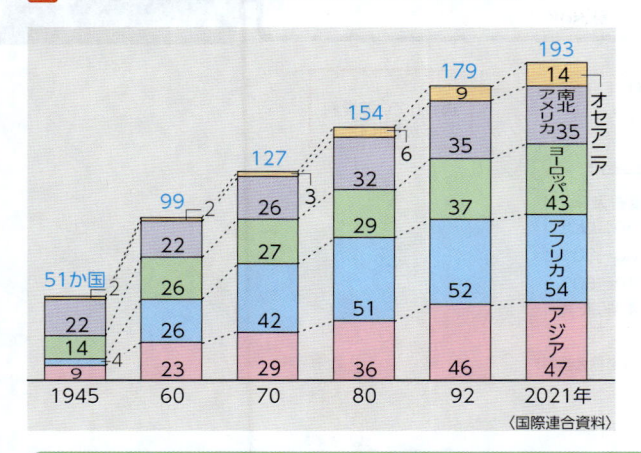

● グラフの要素

縦軸：国連加盟国数
横軸：年次
棒の要素：地域別の国連加盟国数

● 読み取れること

1945年は51か国だったが、2021年には193か国となっている。
45年から60年にかけてアジアやアフリカ、ヨーロッパの加盟国が大幅に増えた。また80年から92年にかけてアジア・ヨーロッパの加盟国が大幅に増えた。

● 読み取れないこと

グラフに掲載されていない年次の国連加盟国数。

Ⅳ 表を加工して別の数値を求める

複数の項目の数値を示した表からはさまざまな情報が読み取れる。さらに、その項目どうしを組み合わせて計算し、別の数値を求めることによって、当初の数値とは別の情報が読み取れるようになる。

Q 中国の経済はどのくらい成長しているのか？ （→巻頭19）

指標 / 年	名目経済成長率（%）	実質経済成長率（%）	商品輸出額（10億ドル）	うち日本向け	商品輸入額（10億ドル）	うち日本から	直接投資受入額（10億ドル）	うち日本から
2012	14.7	7.7	2049	152	1818	178	241	13.5
2013	12.9	7.7	2209	150	1950	162	291	9.1
2014	9.6	7.4	2343	149	1960	163	268	10.9
2015	8.0	6.9	2277	136	1682	143	250	10.1

● 表の要素

縦：年次
横：名目経済成長率、実質経済成長率、商品輸出額、商品輸入額、直接投資受入額

※実質経済成長率は名目経済成長率から物価変動の影響を取り除いたもの

・物価変動≒名目経済成長率－実質経済成長率
・プラスなら物価上昇、マイナスなら物価下落

・商品貿易収支額＝商品輸出額－商品輸入額
・プラスなら貿易黒字、マイナスなら貿易赤字

伸び（対前年比）＝（その年の数値÷前年の数値－1.0）×100（%）

〈ジェトロ資料〉

ⓐ

年	物価変動
2012	7.0
2013	5.2
2014	2.2
2015	1.1

ⓑ

年	商品貿易収支額	日本との商品貿易収支額
2012	231	－26
2013	259	－12
2014	383	－14
2015	595	－ 7

ⓒ

年	直接投資受入額の伸び（対前年比）%	うち日本から
2012	—	—
2013	20.7	－32.6
2014	－7.9	19.8
2015	－6.7	－7.3

● 読み取れること

ⓐ表…名目経済成長率は高い伸びを示している。ところが実質経済成長率は名目経済成長率よりも大幅に低い伸びにとどまった。これは物価が上昇したことによる。
ⓑ表…中国は2012年から15年まで、商品貿易収支は黒字である。しかし日本との商品貿易収支は赤字である。
ⓒ表…直接投資受入額の増減率は安定していない。また日本からの直接投資受入額の伸び率は全体の伸び率と異なる動きを示している。

● 読み取れないこと

各年のGDPの実数値。

入試

資料活用の ポイント 統計地図の読み方

POINT 統計資料を地図で表すと、割合や量などの地域による違いが読み取れ、理解しやすくなります。統計地図の読み方について具体的に見てみましょう。

Ⅰ 地域による違いを読み取る

統計の数値を一定の階級ごとに区切って地域別に色分けすると、数値の高い地域や低い地域が明確になる。

● この地図から読み取れること

都道府県別の下水道普及の状況を、下水道を利用している人口の割合で示している。東京圏、京阪神圏をはじめ、大都市のある地域は普及率が高い傾向にある。また、北海道と中部地方の普及率が高い。逆に低いところは大都市が少ない地域が多い。

● この地図では読み取れないこと

都道府県単位なので、細かい地域性までは読み取れない。

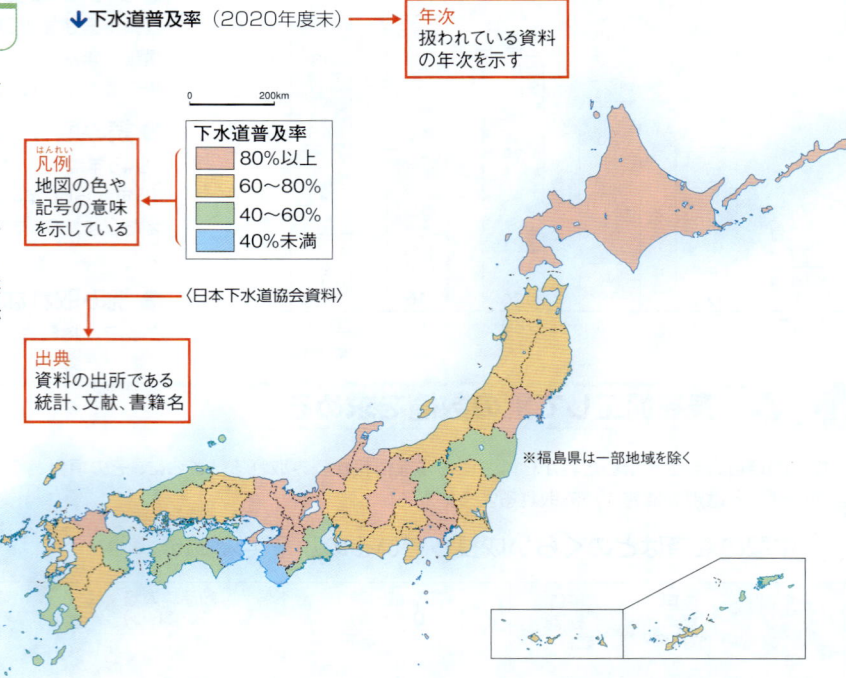

↓下水道普及率（2020年度末） →**年次** 扱われている資料の年次を示す

凡例 地図の色や記号の意味を示している

下水道普及率
- 80%以上
- 60〜80%
- 40〜60%
- 40%未満

〈日本下水道協会資料〉

出典 資料の出所である統計、文献、書籍名

※福島県は一部地域を除く

Ⅱ 時間的な変化を読み取る

同じテーマについて、時間的な間隔を空けて表現した地図を比較すると、変化の様子が読み取れ、その背景について考察できる。

● この地図から読み取れること

人口増加率が日本全体でどのように変化してきたかを読み取れる。

1950年代は「地方」から「大都市」への流れが明瞭であった。特に70年代までは東京圏、京阪神圏、名古屋圏を中心に年平均増加率2％以上の都府県があった。

80年代半ば以降は、1％以上増加する県は少なくなり、地方では人口が減少する県が増えている。2010年代には、東京圏、名古屋圏などの一部を除くほとんどの道府県で、人口減少に転じている。

● この地図では読み取れないこと

5年間の平均的な増加率なので、これ以上細かい変化までは読み取れない。

1955〜60年　1970〜75年　1985〜90年　2010〜15年

年平均人口増加率
- 2.0%以上
- 1.0〜2.0
- 0.5〜1.0
- 0.0〜0.5
- 人口減少

↑都道府県別人口増加率の推移　　〈国立社会保障・人口問題研究所資料〉

入試

二つの統計地図を重ねたり比較したりすると、テーマ相互の関係が分かりやすくなり、地域の特徴とその背景についてさらに深く考えることができる。

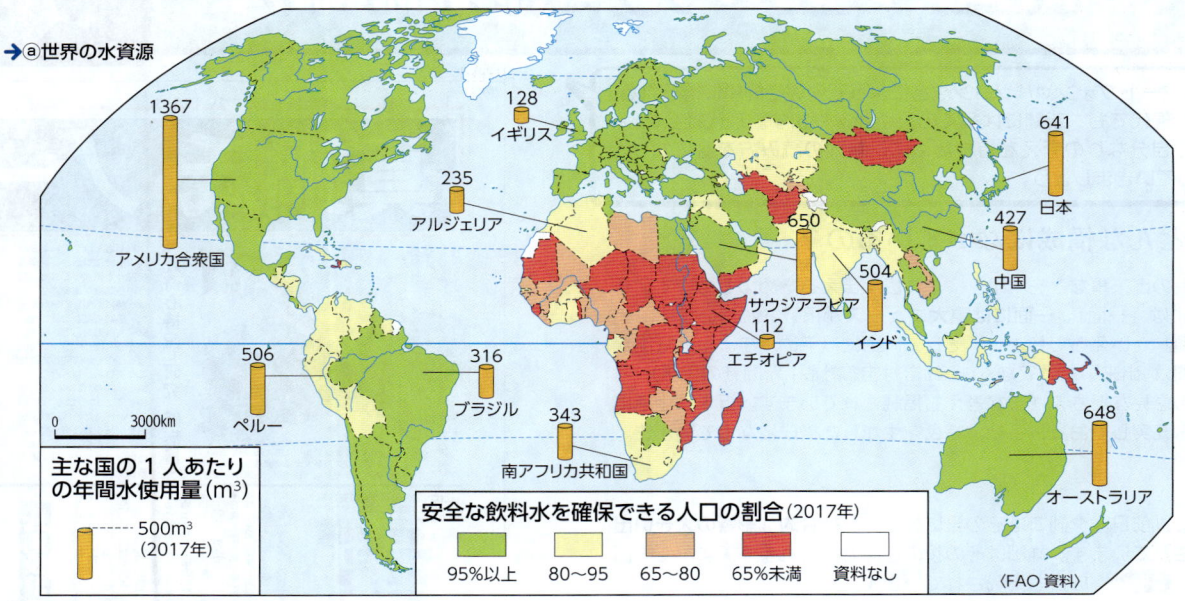

→ⓐ世界の水資源

主な国の1人あたり
の年間水使用量(m³)

500m³
(2017年)

安全な飲料水を確保できる人口の割合(2017年)

| 95%以上 | 80〜95 | 65〜80 | 65%未満 | 資料なし |

〈FAO資料〉

Step 1 ⓐ図から読み取れること

安全な水を入手しにくい地域はアフリカやアジアに多い。治安が回復しないアフガニスタン、国内や周辺国との関係が不安定なエチオピアで特に普及率が低くなっている。また、こうした国では1人あたりの年間水使用量は少ない。

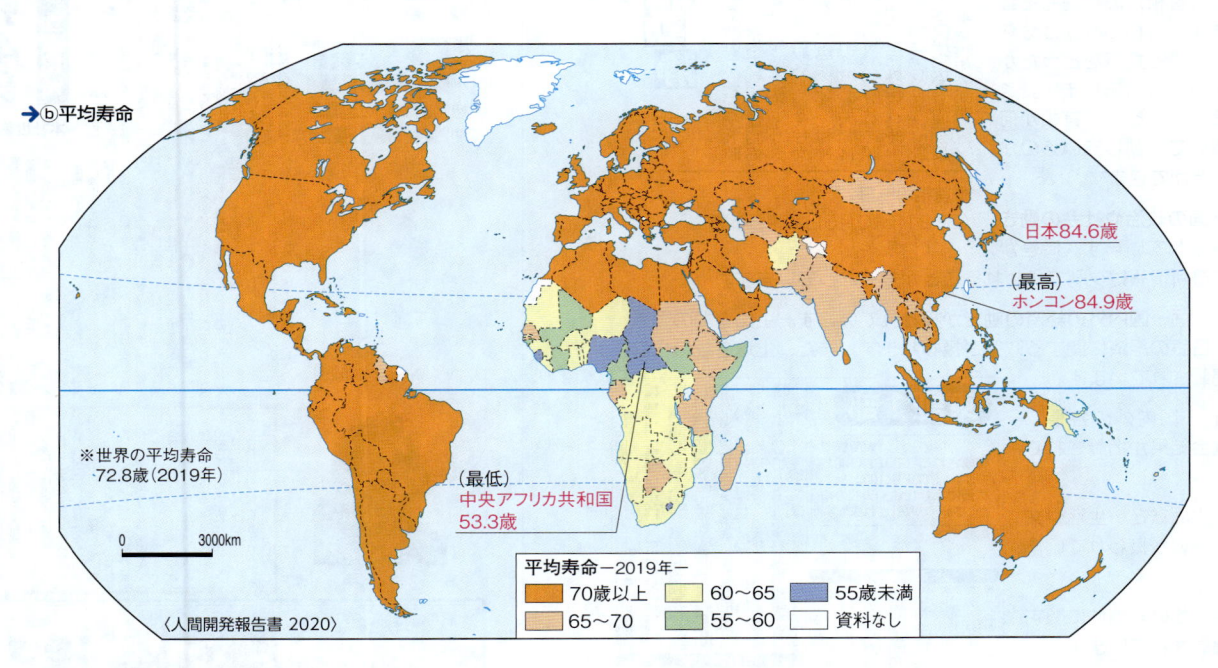

→ⓑ平均寿命

※世界の平均寿命
·72.8歳(2019年)

(最低)
中央アフリカ共和国
53.3歳

日本84.6歳

(最高)
ホンコン84.9歳

平均寿命 −2019年−

| 70歳以上 | 60〜65 | 55歳未満 |
| 65〜70 | 55〜60 | 資料なし |

〈人間開発報告書2020〉

Step 2 ⓑ図から読み取れること

平均寿命が低い地域はアフリカに多い。特にサハラ以南のアフリカでは、多くの国の平均寿命が65歳未満である。

Step 3 二つの地図を比較して読み取れること

安全な水を入手しにくい地域と、平均寿命が低い地域とには、共通する要素が多い。平均寿命が低い原因は、紛争や内戦、栄養不足、不十分な医療体制など多くの原因が考えられるが、日々の生活の基本となる安全な水が入手しにくいことも、その一因であると考えられる。

POINT スマートフォンやパソコンなどによって情報を簡単に得られるようになった現代でも、新聞には多くの長所があります。現代社会の動きを理解し、自分なりの考えを持つために、新聞の読み方を身につけ、有効に活用していきましょう。

1 新聞はどんな構成になっているの？

　新聞は、社会の出来事などを素早く、かつ広く伝えるためのものです。新聞といえばまずは「一面」。**一面には重大ニュース**が掲載されています。いわば「新聞の顔」といえるでしょう。そして、主に以下に示すような紙面が続きます。新聞は、出来事だけでなく、それに対する社説（新聞社の主張）や、有識者・読者の意見などさまざまな考えも掲載されています。近年は生活に密着した情報も充実しており、各社、特色を生かした構成になっています。

❶**一面**…朝刊では前日、夕刊ではその日に起こった**社会的な影響の大きい出来事**が掲載されています。詳細はその後の各面で扱われます。また、一面には 目次 、 コラム 、広告も掲載されています。

❷**総合面・政治面**…国内の政治、主に国会や内閣での出来事が扱われています。また、社説や前日の内閣総理大臣（首相）の行動も掲載されています。首相の行動は分刻みで書かれ、誰と食事をとったかまでも分かることもあります。これを連日追ってみると、首相が何に重点を置いて行動しているのか読み取ることができます。

▼首相動静

【午前】7時31分、官邸。8時15分、バイデン米大統領と電話協議。9時2分、報道各社のインタビュー。30分、熊谷亮丸、岡村健司、飯島勲、宮家邦彦、今井尚哉、山崎重孝各内閣官房参与に辞令交付。10時3分、茂木敏充外相。11時、中本隆志自民党広島県連会長。23分、モリソン豪首相とテレビ協議。11分、十倉雅和経団連会長。46分、村井純。代理。

↑首相の一日
（2021年10月6日　朝日新聞）

❸**国際面**…外国の政治や社会の動きが取り上げられています。時差がある外国の最新情報は夕刊で扱われることが多くなっています。

❹**経済面・金融面**…国内外の経済の動きが扱われています。主に企業の動きや、政府、日銀の経済に関する政策が扱われます。また、上場各社の株価も一覧で掲載されています。

❺**スポーツ面**…国内外の各種スポーツの試合結果が掲載されています。

❻**生活面・文化面**など…生活や文化に関する情報が扱われています。

❼**地方面**…住んでいる地域に関する情報が掲載されています。

↑株式欄の一部
（2021年10月6日　朝日新聞）

❽**社会面**…事件、事故などが扱われています。この面を「三面記事」ということもありますが、それは新聞が4面しかなかった時代に、社会の出来事が3面で扱われたことのなごりです。また、企業の製品回収の情報が掲載されることもあります。

入試

一面 ❶

1　14版 △　2021年（令和3年）10月6日（水）

真鍋氏 ノーベ

物理学賞

「好奇心持って研究。感無量」

岸田内閣支持45%
比例投票先 自民41% 立憲13%
本社世論調査

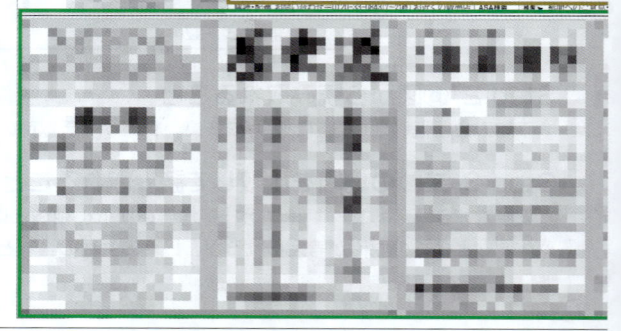

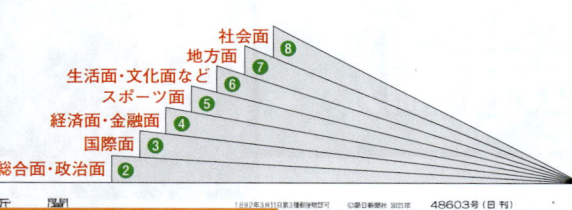

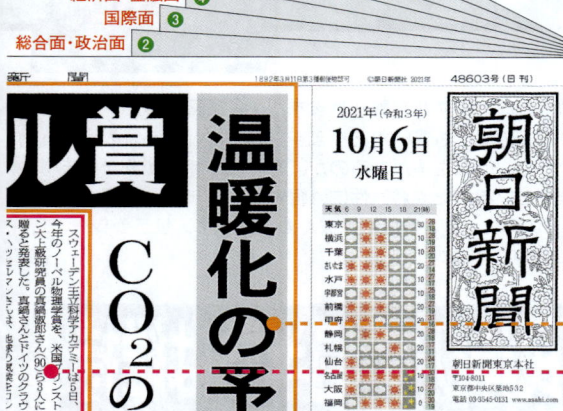

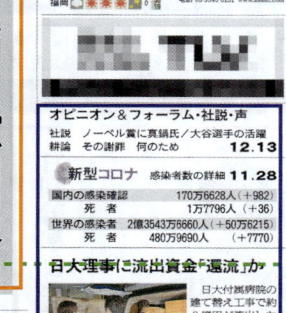

●広告収入が新聞を支えている

　2020年度における新聞社の総収入に占める新聞広告収入の割合は、16.6%です。また、掲載された広告が新聞の総段数に占める割合は、2020年には30.6%で、新聞紙面の約3割が広告であることが分かります。新聞広告は新聞社の経営、そして紙面自体においても重要な役割を担っています。　　〈日本新聞協会資料〉

2 新聞は逆三角形の構造

　新聞は、読者に早く情報を伝えるため、**文章の構造が逆三角形**になっています。まず、重要なことから始まり、その後にそれを補足する詳細な内容が書かれています。

● ①見出し
　記事の最初にあり、内容が一目で分かるようになっています。記事を詳しく読まなくても、簡単な内容がつかめるようになっている、いわばタイトルです。

● ②リード
　見出しと本文の間に置かれている文章のことです。小さい記事にはないこともありますが、大きな記事の場合、本文が長くなるので、本文の内容を短い文章にまとめているのです。

● ③本文
　事件や事実の詳細が書かれている、記事の本体です。

④用語解説
　専門用語や難しい言葉が記事に出てきたときには、用語解説が加わります。

目次 一面では扱っていない重要記事、特集などの掲載箇所が一覧になっています。

コラム その時代、その時の様子を反映したコラムを一面に掲載している新聞が多くあります。

書籍広告（三段八割） 朝刊一面の下部には、主に書籍の広告が掲載されています。縦に3段分、横に8分割しているため、「サンヤツ」ともいわれます。書籍を選ぶ際の参考にもなります。

3 あなたはどの紙面を読みますか？

　下のグラフは15歳から30歳の男女がよく読む新聞紙面を調査したものです。男女共によく読んでいるのは総合面、社会面、テレビ面です。男女を比較してみると、関心のある事柄が異なることが分かります。

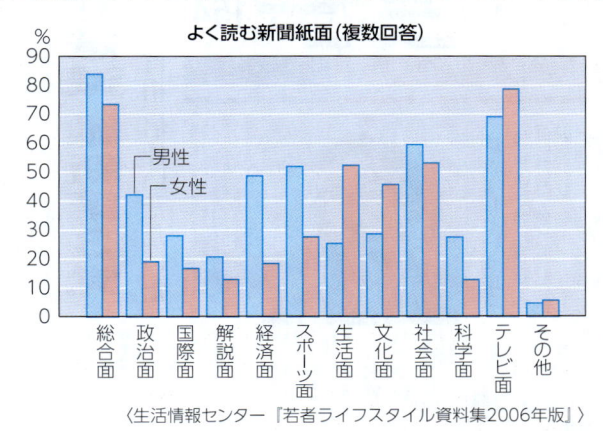

よく読む新聞紙面（複数回答）

〈生活情報センター『若者ライフスタイル資料集2006年版』〉

入試

資料活用の**ポイント**
新聞の読み方Ⅱ（活用編）

1 同じ日の新聞です！

　下の新聞各紙は、いずれも同じ日（2021年11月1日）の新聞です。伝えている出来事はどれも前日に行われた衆議院議員選挙の結果です。見出しはいずれも自民党・公明党の連立与党の勝利を伝えているものの、その表現は「自民単独過半数」「自民伸びず　過半数は維持」などさまざまです。これらを見比べると、同じ事実を伝えるにしても、**使う言葉が違うことで、読者に異なる印象を与える**ことが分かります。

　また、一面には大きな出来事が掲載されますが、各紙掲載している出来事、割いている紙面の量にも違いがあります。さらに社説を読み比べるとその新聞社がどのような主張があるのか、その社の特色が分かります。新聞は人が作っている以上、客観性には限界があります。新聞を読むときは、情報をうのみにせず、正しく見抜く力（メディアリテラシー、→p.287）を身につけなければなりません。

↑読売新聞

↑朝日新聞

↑毎日新聞

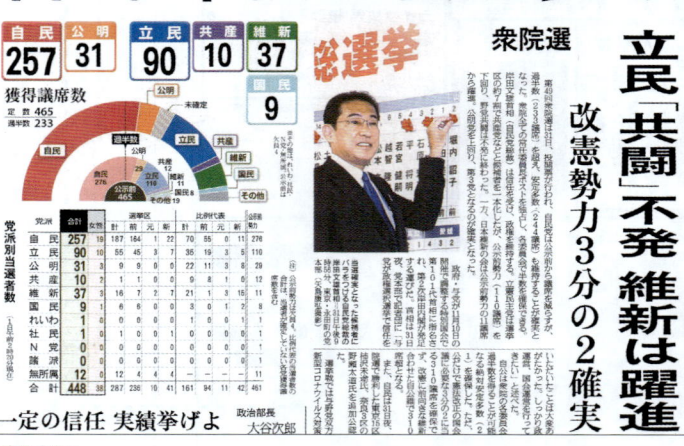

↑産経新聞

入試

2 新聞とネットニュースの活用術

近年はパソコンやスマートフォン、タブレット端末でニュースを読む機会も増えてきました。インターネット上では新聞社やテレビ局が記事を配信しているほか、インターネット専門のニュースサイトやインターネット上の情報をまとめたウェブサイトなどもあります。このようなネットニュースは新聞と異なる特徴を持っており、それぞれのよさを組み合わせて自分なりの情報収集方法を身につけることが大切です。

新聞の特徴

信頼性

新聞記事は記者が現場で取材した情報を基に、事実関係の確認を経て作成されます。また、どの記事をどの程度の大きさで掲載するかについて情報を扱うプロの視点から取捨選択し、レイアウトが決められています。専門家のコメントや反対意見が掲載されることもあり、異なる視点に触れることができるのも特徴です。

一覧性

朝刊にはざっと20万字ほどの文字が印刷されています。これは書籍にすると、新書約2冊分に相当します。毎日、新書2冊を読むのはかなり大変ですが、新聞なら短時間に全体を概観することができます。その秘密は、紙面の構成や見出しの大きさ、記事の配置などの工夫にあります。

保存性

新聞は紙に印刷されたものなので、必要な記事は切り抜いて（スクラップして）保存することができます。また、縮刷版といって、縮小コピーした新聞を月ごとにまとめたものが出版されていることもあります。図書館などで閲覧できるので、調べものなどで必要なときは読み返すことができます。

ネットニュースの特徴

手軽さ

ネットニュースは無料で利用できるものも多くあります。購読料が月々3000円程度かかる新聞と比べ、価格の安さが大きな魅力です。しかしインターネット上では誰もが情報の発信者になれることから、誤った情報が発信される危険性もあり、情報の正しさを本人が見極めることが求められます。

速報性

朝夕2回しか発行されない新聞と異なり、リアルタイムで情報を入手できる速報性がネットニュースの特徴です。ちょっとした空き時間や、外出先であってもスマートフォンなどで読める手軽さがあります。しかし誤った情報が発信された場合であっても急速に出回る危険性があるので、注意が必要です。

検索性

ネットニュースでは、ウェブページの検索機能を利用することが可能です。関心のあるキーワードを入力すれば、特定の分野に絞って読むことができます。また、関連する記事や過去の記事へのリンクが示されることもあります。しかし一定期間経過すると過去の記事が削除されてしまうこともあるので、注意が必要です。

3 偽ニュース（フェイクニュース）に注意！

↑本物そっくりに作られた偽ニュースのウェブページ

偽ニュースの例

●**2016年のアメリカ大統領選挙期間中に**

「ローマ法王がトランプ氏を支持」

「クリントン氏の流出メール担当のFBI捜査官が無理心中」

●**2016年の熊本地震後にツイッターで**

「近くの動物園からライオンが放たれた」

インターネットでは誰もが情報を発信できる反面、事実ではない情報を発信する偽ニュースが問題になっています。特に人々の関心が高い話題であれば、SNSなどを通じて一瞬で拡散してしまう恐れもあります。2016年のアメリカ大統領選挙ではトランプ候補と争ったクリントン候補に不利な偽ニュースが拡散されるなど、社会を揺るがしかねない問題となりました。

入試

３ステップであなたも書ける！小論文

小論文を入試に課す大学は増え、主要な入試科目となっています。小論文は、正確な知識に加えて、論理的思考や表現力が求められ、総合的な対策が必要です。しかし、３ステップの書き方を身につければ、あなたも小論文を書くことができます。小論文の書き方や考え方は、大学での研究や、社会人になってからの仕事にも活用できます。まずは下のテーマについて、あなたの考えを書いてみましょう。

Step 1
小論文はどんな文章かを押さえよう
・作文と小論文の違い
・小論文の流れと時間配分

Step 2
小論文のルールを押さえよう
・小論文を書くときのルール
・原稿用紙の使い方

Step 3
小論文のスタイルを押さえよう
・具体的な書き方のスタイル

地球温暖化を止めるためにはどうしたらよいか、あなたの考えを500字以内で書きなさい。

Aさんの解答例

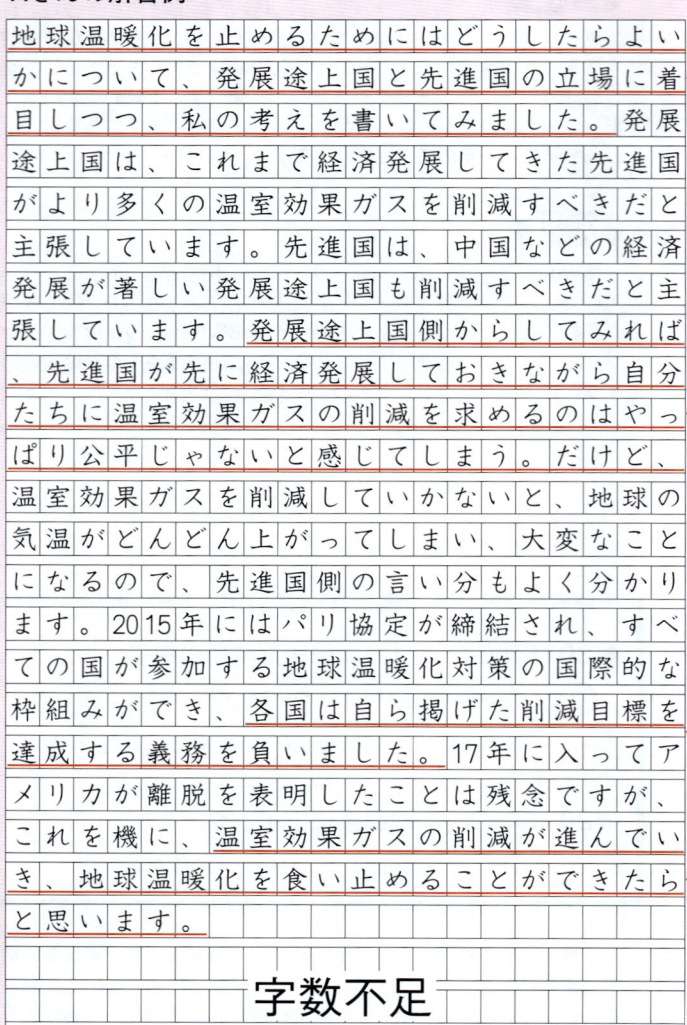

地球温暖化を止めるためにはどうしたらよいかについて、発展途上国と先進国の立場に着目しつつ、私の考えを書いてみました。発展途上国は、これまで経済発展してきた先進国がより多くの温室効果ガスを削減すべきだと主張しています。先進国は、中国などの経済発展が著しい発展途上国も削減すべきだと主張しています。発展途上国側からしてみれば、先進国が先に経済発展しておきながら自分たちに温室効果ガスの削減を求めるのはやっぱり公平じゃないと感じてしまう。だけど、温室効果ガスを削減していかないと、地球の気温がどんどん上がってしまい、大変なことになるので、先進国側の言い分もよく分かります。2015年にはパリ協定が締結され、すべての国が参加する地球温暖化対策の国際的な枠組みができ、各国は自ら掲げた削減目標を達成する義務を負いました。17年に入ってアメリカが離脱を表明したことは残念ですが、これを機に、温室効果ガスの削減が進んでいき、地球温暖化を食い止めることができたらと思います。

字数不足

文章が段落分けされておらず、構成が分かりにくくなっています。（→p.336　Step 3　小論文のスタイルを押さえよう）

段落の最初は一字空けましょう。また、この文は、問題文に書かれていることを書き直しただけです。字数制限があるなかで、こうした文章を入れる必要はありません。（→p.335　Step 2　小論文のルールを押さえよう）

文頭に「、」「。」を打たないようにしましょう。「やっぱり」「だけど」などの話し言葉にも注意が必要です。また、この文章だけ「で・ある調」になっており、「です・ます調」と「で・ある調」が混在しています。（→p.335　Step 2　小論文のルールを押さえよう）

パリ協定では、各国の削減目標の義務化は見送られています。事実関係の誤りには注意が必要です。

この一文が結論となっていますが、あくまで願望を述べているだけです。文章全体からAさんの考えが伝わらず、問題の趣旨にも反しています。（→p.334　Step 1　小論文はどんな文章かを押さえよう）

500字の字数制限があるにも関わらず、60字以上字数が不足しています。あまりにも少ない場合は０点になることもあります。（→p.335　Step 2　小論文のルールを押さえよう）

小論文の書き方にはさまざまなルールがあります。以下の３ステップで小論文の書き方を学習していきましょう。

入試

Step 1：小論文はどんな文章かを押さえよう

◉作文と小論文の違い

　Aさんの解答例は、アメリカがパリ協定からの離脱を表明したことを「残念だ」、地球温暖化を食い止めることが「できたらと思います」というように、個人的な心情が書かれており、小論文というよりは、作文になってしまっています。このページでは作文と小論文がどう違うのか、具体例に沿って考えてみましょう。

　これまで、作文は何回か書いたことがありますが、作文と小論文はどのように違いますか。

池上彰のワンポイント アドバイス

　小論文を書く際、「他の人が思いつかないような書き方をしなければいけない」と考える必要はありません。自分の意見を明確にし、**その根拠を論理的に説得力を持って展開できるかどうか**が重要です。

　作文と小論文は、全く別物です。作文は、運動会や遠足などのイベントや、読んだ本に関する読書感想文など、テーマについての出来事や感想を書くものです。それに対し、小論文は、**テーマに対する自分の考えと、どうしてそう考えるのかという理由を、相手が分かるように順序立てて**述べていきます。

　以下の二つの文章を読んで、どちらの文章が小論文とよべるのか考えてみましょう。

A	B
地球温暖化が進むことで、海面上昇により自分の住むところがなくなったり、最近の異常気象になったりするのもその一因だとすれば、今後さまざまな自然災害が起きそうで不安だ。	地球温暖化は全世界共通の認識として阻止する活動をしなければならない。個人・企業・国がそれぞれにできる阻止活動をすることにより、めぐりめぐって、自身の周りの環境悪化を防ぐことになるからだ。

　Aの文章は「不安だ」というように書き手の感想が入っています。となると、Bが正解でしょうか？

　そうですね。Bが正解です。Aでは地球温暖化による現象が挙げられ、それに対する書き手の感想・感情が述べられているにとどまります。一方、Bではまず自身の考えを述べ、次にその理由を述べていますね。これが読み手に考えを伝える小論文です。

　小論文は正解が一つだけではありませんから、地球温暖化を止めるためのどんな意見を述べてもかまいません。ただし、その意見に対する論理的根拠が必要です。

Q：次の文章は作文、小論文どちらに当てはまるでしょうか？

　地球温暖化対策について、例えばある国が二酸化炭素の排出を抑えたとしても、ほかの国が経済活動を優先する政策を採ってより多くの二酸化炭素を排出すれば、地球全体の二酸化炭素量は増加してしまう。したがって地球温暖化対策は国際的に共同で取り組むべき課題である。

A：後半部の「したがって」以降で自身の考えが述べられており、前半部ではその根拠が述べられています。左記の地球温暖化の例とは異なり、「根拠→結論」の順番ではありますが、小論文とよぶことができます。

◉小論文の流れと時間配分（制限時間90分の場合）

１．問題文・課題文・資料の読解（約15分）

　問題文の趣旨を正確に押さえる。課題文や資料が与えられている場合も同様。制限時間・字数についても確認しておこう。

２．構成案の作成（約25分）

　「起承転結」「序論・本論・結論」（→p.336）などの型に沿って、短い文章や箇条書きでまとめ、文章全体の展開のしかたを考える。

３．文章に起こす（約30分）

　制限字数に合うように、文章を肉づけする。字を書くのに時間がかかる人は、この時間を多めに取るようにしよう。

４．推敲（約20分）

　書いた文章を読み返し、表現を練り直す。誤字・脱字などにも注意する。

入試

Step2：小論文のルールを押さえよう

　小論文などの文章を書く場合、そこには一定のルールがあります。試験では、実際に自分で鉛筆やシャープペンなどで用紙に書くことになります。小論文の具体的な書き方を学ぶ前に、小論文を書くときのルールや原稿用紙の使い方を学習しましょう。

◉小論文を書くときのルール

☐誤字、脱字に注意する。漢字で書くべき語は漢字で書く。
☐読みやすい文字で濃く書く。
☐俗語や流行語、「！」「？」「…」などの記号は使わない。
（例：「ください」「しょぼい」）
☐話し言葉は、書き言葉に置き換える。
例：× やっぱり→○ やはり　　× だけど→○ だが/しかし
　　× 〜みたい→○ 〜のよう　× ちょっと→○少し

☐文体は「だ・である」調で統一する。
☐一文は簡潔に、短い方がよい。
☐相手に情報を伝えるのが目的なので、①主語→②述語の順に書く。
☐助詞（て、に、を、は）を正しく使う。
☐字数制限がある場合は、字数を超えてはならない。
また、字数制限の少なくとも9割に達するようにする。

◉原稿用紙の使い方

〈縦書きの場合〉

❗アルファベットは大文字は1マスに1文字、小文字は1マスに2文字入れる。
※縦書きの場合はアルファベットをヨコに寝かせるが、欧文の略語（例：ISO、WHO、GDP）は縦書きとする。

❗縦書きの場合、数字は漢数字を用いる。また、％（パーセント）などの単位記号はカタカナを用いる。

❗「」・（ ）・句読点が最後のマスからはみ出す場合には、次の行に書かずに最後のマスにいっしょに入れる。

❗書き始めや段落始めは1マス空ける。「」・（ ）などで始まる場合も同様に1マス空ける。

❗原則として1マスに1文字入れる。「」・（ ）・句読点や、小さい「っ」「ゃ」「ゅ」「ょ」も同様に1マス使う。
※句点（。）のすぐ後にカッコが来る場合は1マスにまとめる。

（縦書き原稿用紙の例：）
かつては、公害問題を引き起こし、環境や人々の生活・健康に悪影響を与えていた企業もあった。しかし近年では、企業イメージの向上や循環型社会への対応として、積極的に環境対策や環境保全にも取り組む企業が増えている。例えば、環境への負担の少ない「地球にやさしい」商品の開発に力を入れる企業や、製造過程で排出されるごみゼロ（ゼロエミッション）工場を目指す企業などである環境SOを取得するケースも目立つ。また環境対策の国際標準規格で

〈横書きの場合〉

❗原則は縦書きと同じ。ただし、数字は英数字を用い（1マスに2文字）、単位記号は記号で表記する。読点は「,」も用いられる。

か	つ	て	は	、	公	害	問	題	を	引	き	起	こ	し	、	環	境	や	人	々	の	生	活	・	健	康	に	悪	影	響	を	与	え	て	い	た	企	業
も	あ	っ	た	。	し	か	し	近	年	で	は	、	企	業	イ	メ	ー	ジ	の	向	上	や	循	環	型	社	会	へ	の	対	応	と	し	て	、	積	極	的	に
環	境	対	策	や	環	境	保	全	に	も	取	り	組	む	企	業	が	増	え	て	い	る	。	例	え	ば	、	環	境	へ	の	負	担	の	少	な	い	「	地
球	に	や	さ	し	い	」	商	品	の	開	発	に	力	を	入	れ	る	企	業	や	、	製	造	過	程	で	排	出	さ	れ	る	ご	み	を	1	0	0	％	リ	サ
イ	ク	ル	す	る	ご	み	ゼ	ロ	（	ゼ	ロ	エ	ミ	ッ	シ	ョ	ン	）	工	場	を	目	指	す	企	業	な	ど	も	増	え	て	い	る	。				
	ま	た	環	境	対	策	の	国	際	標	準	規	格	で	あ	る	環	境	I	S	O	を	取	得	す	る	ケ	ー	ス	も	目	立	つ	。				

入試

☐Step 1
小論文はどんな文章かを押さえよう
→
☐Step 2
小論文のルールを押さえよう
→
☑Step 3
小論文のスタイルを押さえよう

Step 3：小論文のスタイルを押さえよう

　それでは、実際に小論文のスタイルを学習していきましょう。主に二つのスタイルがあります。一つは、「起・承・転・結」の四つのセクションから成る 4 部構成、もう一つは、「序論・本論・結論」の三つのセクションから成る 3 部構成です。どちらがよいということはありませんので、自分の書きやすいほうを選び、自分の「型」として使いこなせるよう、日頃から練習しておきましょう。

| 4部構成 | 起 | 承 | 転 | 結 |

| 3部構成 | 序論 | 本論 | 結論 |

←小論文全体における各セクションの配分の目安

◉具体的な書き方のスタイル（4 部構成で書く場合）

「起」：問題提起

　課題文やテーマの核となる事柄を挙げ、「それは本当にそうなのか」、「それが本当の理由なのか」など、自分が主張したいことに対する問いかけ（＝問題提起）を行い、記述します。一般的に知られていないような事柄の場合、説明を付け加えると、自分自身がこのテーマについて理解していることを相手に伝えやすくなります。

（例）地球温暖化により、海面上昇による高潮の被害や洪水被害、干ばつなどがこれまでより多く起こることが予測されている。地球温暖化の防止は差し迫った課題である。

↓

「承」：主張

　「起」で掲げた問いかけに対して、**自身の主張**を述べます。

（例）とはいえ、地球温暖化は個人で努力すれば止められるものなのだろうか。個人がバラバラに努力するよりも、企業・国・世界が同じ方向を向き努力することが必要だろう。

↓

「転」：主張の論拠

　「承」で表示した**自身の主張の論拠**を書きます。理由の内容・背景・経緯・原因・予想される結末など、なぜそのような主張に至ったかの説明を行います。

（例）確かに一人一人が地球温暖化についての意識を高めることは重要である。しかし、個人がいくらそれぞれの方法で温暖化防止の努力をしても、例えばある国が経済成長を最優先するあまり、温暖化防止の努力をしなくなれば、結果的に地球全体での温室効果ガスの排出量は減らず、地球温暖化を止めることはできないのだ。

↓

「結」：結論

　「起」「承」「転」をまとめて、再度、**自身の主張を提示**します。
　「したがって〜」という形にするとまとめやすくなります。

（例）したがって、個人だけでなく企業・国・世界が全世界共通の認識として、同じ目標を持って活動していくことが必要ではないだろうか。

---

3 部構成で書く場合

　書き方の基本は 4 部構成と同じです。「起」と「承」を「序論」とし、「転」を「本論」、「結」を「結論」とするイメージです。起承転結とは本来、漢詩を詠む際に用いられた方法で、この場合の「転」は話を一転させるという意味を持っていました。そのため、小論文に起承転結は不向きとする意見もありますが、「転」を 3 部構成の「本論」と位置づけ、論文の展開と考えれば、起承転結の書き方でもかまいません。論理的に、首尾一貫した流れで書くことが大切です。

「承」の部分で問いかけに答える際、「ノー」という立場を取ると書きやすくなります（ここでは、「地球温暖化は個人で努力すれば止められるのか」という問いかけに対し、「ノー」という立場を取っています）。次の「転」で主張の理由を書くことになりますが、「数学」と同様、「真」を立証するにはたくさんの理由が必要です。しかし「偽」（「ノー」）を主張する際は、一つでも「ノー」と言う理由になる事実があれば、その立場を主張しやすくなるからです。

「転」の部分では、「確かに〜である」と、あえて自身の主張とは反対の主張を取り上げる方法もあります。その反対の主張を取り上げ、「しかし、〜」と具体的に反論していくことで、より説得力のある主張をすることができます。

入試

まとめ　3ステップを踏まえて、小論文を書き直してみよう！

今までの3ステップで学習したことを踏まえて、最初に書いた小論文を書き直してみましょう。

地球温暖化を止めるためにはどうしたらよいか、あなたの考えを500字以内で書きなさい。

Aさんの解答例

　地球温暖化により、海面上昇による高潮の被害や洪水被害、干ばつなどがこれまでより増加することが予測されている。地球温暖化の防止は差し迫った課題である。

　とはいえ、地球温暖化は個人で努力すれば止められるものなのだろうか。個人がバラバラに努力するよりも、企業・国・世界が同じ方向を向き努力することが必要だろう。

　確かに一人一人が地球温暖化についての意識を高めることは重要である。節電や節水を心がけるといった温暖化防止の努力は、一つ一つの効果は小さくても、積み重なっていけば、大きな効果をもたらすからだ。

　しかし、個人がいくらそれぞれの方法で温暖化防止の努力をしても、例えばある国が経済成長を最優先するあまり、温暖化防止の努力をしなくなれば、結果的に地球全体での温室効果ガスの排出量は減らず、地球温暖化を止めることはできない。

　地球温暖化がこのまま続けば、将来地球が人間の住めない環境になってしまうかもしれない。したがって、そうした未来にしないためにも、個人だけでなく企業・国・世界が全世界共通の認識として、同じ目標を持って活動していくことが必要ではないだろうか。

文章がきちんと起承転結に分かれており、分かりやすい構成になっています。

「起」「承」の部分で、「地球温暖化は個人で努力すれば止められるのか？」という課題を設定し、その課題に対して、「ノー」という立場を取ることで、次の「転」で主張の展開がしやすくなっています。

「転」の部分で、「個人の努力を重視するべき」だというAさんと反対の主張をあえて取り上げ、具体的に反論していくことで説得力が増しています。

「結」の部分で、結論として、「企業・国・世界が全世界共通の認識として、同じ目標を持って活動していくことが必要」だというAさんの考えがはっきり記されています。

字数制限も9割以上を満たしています。「500字程度」であれば多少文字数を超えても許容されますが、「500字以内」と指定がある場合は、1字でも字数を超えると失格になることがあるので注意しましょう。

最初と比較するとだいぶよい小論文になりましたね。小論文の練習には、以下の「要約のススメ」にあるように、要約の練習をしてみることも効果的です。

要約のススメ

　人が書いた文章を要約したことはありますか。入試問題でもよく出題される要約は、一見簡単に思えるかもしれませんが、実はたいへん難しい作業なのです。書いてある文章の言いたいことをくみ取り、限られた字数でそれを文章にしなければなりません。

　つまり、文章の内容を正確に理解したうえで、さらにそこから筆者が言いたかったことを抽出するという2段階の作業が必要なのです。したがって、要約の練習をすることは、文章を理解し、言いたいことを抜き出して文章にするという練習をすることになります。

　手始めに新聞の社説の要約からやってみましょう。また、天声人語（朝日新聞）や、春秋（日経新聞）などのコラムの要約もお勧めです。各段落から筆者の伝えたいことを抽出する練習をし、最後にそれらをまとめ、400文字以内・200文字以内などと決めて文章化していく練習をしてみましょう。できるようになったら、それぞれ200文字・100文字などに文字数を減らして要約できるように取り組んでみましょう。少ない文字数で要約できるということは文章の理解度がアップしている証拠です。

入試

　約8割の国公立大学、約3割の私立大学が一般入試で小論文を課しています。AO入試の場合は約4割、推薦入試の場合は約7割の大学が小論文を課しており、主要な入試科目になっています。なお、推薦・AO入試では合格後に入学前課題として、新書や新聞の特集記事などを読んで、かなり長めの論文を課されることもあります。

　実際に試験で出題される形式は、大きく次のパターンに分かれます。

課題論述型	文章読解型	資料分析型
指定されたテーマについて自分の考えなどを論述する。そのテーマをもとに「何を論じるか」をみずから設定する必要がある。	与えられた課題文に関連して、指示に従って論述する。文章の要約も出題される場合が多い。	資料（図・表・グラフなど）を読解・分析して、結論などを論述する。データに潜む「変化」をとらえることが求められる。

〈『蛍雪時代特別編集』旺文社より〉

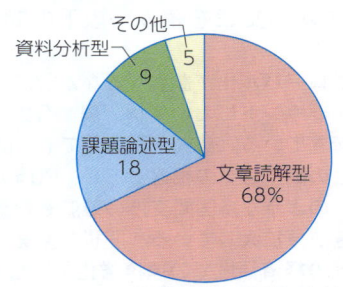

〈『蛍雪時代特別編集』旺文社より〉

↑小論文問題の出題形式内訳（2016年入試）

系列	テーマタイトル	出題大学・学部	本書の該当ページ
法系	男女雇用機会均等法	16年大阪大−法、後期	6、54、136、230、239
	選択的夫婦別姓制度の導入	16年神戸大−法、後期	54
	代表民主制の問題点	15年北海道大−法、後期	41-43、95-96
	消費税率	15年九州大−法、前期	206-207
経済・経営・商系	最低賃金額の引き上げ	16年金沢大−人間社会学域〈経済〉、後期	242
	格差社会	14年和歌山大−経済、後期	241-242
	貨幣と経済	14年静岡大−人文社会科学［昼]〈経済〉、後期	183,196
	日本銀行の役割	12年広島大−経済、後期	199-200、203
文・教育系	世界の貧困問題	16年お茶の水女子大−文教育〈人文科学〉、後期	275-280
	「大人になる」ことと「社会のあり方」	13年北海道大−教育、後期	1-5
社会・社会福祉系	日本の財政再建	14年茨城大−人文〈社会科学〉、後期	208-209
国際・外国語系	紛争、飢餓、難民など	16年千葉大−国際教養、前期	73-75、158-169、175-176、179-180、309-311
	グローバル化時代の国際関係	15年宇都宮大−国際〈国際社会〉、前期	268-272
	FTAの推進とTPP	12年名古屋市立大−人文社会〈国際文化〉、後期	269、273-274、283-284
総合・情報・環境・人間系	若年労働者の就業動向	14年青山学院大−総合文化政策［B方式]	10、231
教員養成系	少子化社会と子供の教育	16年福岡教育大−教育〈中等教育〉、前期	巻頭25、312
理系	酸性雨原因物質	16年信州大−理〈理−物質循環学〉、前期	300
	地球気候と地球表層環境の変化	15年筑波大−生命環境学群〈地球〉、後期	295-308
工系	人口減少	16年山口大−工、後期	巻頭25、129-130、312
	エネルギー供給と消費	15年宇都宮大−工〈電気電子工〉、後期	313-320
農・水畜産・獣医系	人類の増加と地球の未来	16年東京海洋大−海洋科学、後期	279-280、309-310
	農業・農村の多面的機能	16年高知大−農林海洋科学〈農芸化学〉、前期	217、219-222
医・歯・薬系	高齢化社会の問題点	14年岡山大−薬、後期	巻頭25、312
医療・看護系	遺伝子関連技術の利点と問題点	16年鳥取大−医〈保健〉、後期	290-291

〈『蛍雪時代特別編集』旺文社より〉

↑近年の大学入試で出題されたテーマ

出題テーマ	割合(%)
①文化・教養・思想関連	18.2
②人間・人権・社会・家族・生活・ボランティア	11.1
③理科・数学的知識	11.0
④環境・資源・エネルギー関連	9.2
⑤科学・技術・情報関連	9.1
⑥教育・青少年・スポーツ	8.7
⑦政治・経済・法律・国際関係	7.6
⑧健康・医療問題	6.2
⑨少子高齢化・社会福祉	4.9
⑩人生観・信条・生涯教育	4.8
⑪志望動機・抱負	2.3
⑫農業・食料・人口関連	2.2
⑬言語・マスコミ関連	2.2
⑭地理・歴史関連	1.4
⑮日本人・日本社会	1.1

〈『蛍雪時代特別編集』旺文社より〉

↑近年（2012〜16年）のテーマ別出題率

　小論文のテーマは現代社会で学習する事項から数多く出題されます。近年では、課題文が与えられている場合が多いため、そのテーマに関する知識が不十分でも課題文を読むことである程度文章を書くことができます。しかし、前提となる知識があったほうがいいことは言うまでもありません。この資料集にはその「知識」となる情報が詰まっています。本書を活用しながら、新聞などにも目を通して「知識」を吸収していきましょう。

入試

例題 次の文章を読み、以下の問いに答えなさい。

　グローバル化が進展するなか、WTOの場での自由貿易交渉は加盟国や交渉内容の多様化により難航している。2001年に始まったドーハ・ラウンドにおいては、農業分野でアメリカなど自由貿易を推進する立場と、日本やEUなど国内産業にも配慮を求める立場で対立が起きている。農業分野以外でも、関税を削減して市場を拡大したい先進国と、国内産業を保護しつつ関税収入を確保したい発展途上国との間で意見の相違があり、20年以上経った今でも決着を見ていない。

　このような多国間交渉の難航を背景に、近年では利害が一致する国どうしの自主的な取り組みにより自由貿易のメリットを追求する動きが急拡大している。関税を撤廃して自由貿易を進めるFTA（自由貿易協定）や、さらに範囲を広げてサービス・投資・電子商取引などの経済領域での連携強化を目指すEPA（経済連携協定）はその例である。2017年は、日本とEUでEPA交渉が妥結し、TPP11が大筋合意に至ったように、より多くの国を巻き込んで自由貿易のメリットを追求する、メガFTA・EPAの動きも近年顕著である。

　しかし、こうした動きはあくまでも特定の国や地域を対象としているものであり、それ以外の国や地域は相対的に不利な条件での貿易を強いられることになる。第二次世界大戦前には、地域経済圏の内部で経済交流を促進する一方で、外部には輸入関税や高関税を課すなど閉鎖的な経済体制（ブロック経済）が採られた。これにより、世界経済は衰退し、第二次世界大戦の一因ともなったといわれている。そう考えると、やはりWTO協定に基づいた多国間での自由貿易交渉を進め、世界共通の貿易ルールを作っていくことが重要ではないだろうか。

問1　上記の文章を160字程度で要約しなさい。
問2　日本はFTA・EPAを積極的に進めていくべきか否か、WTOとの関係を踏まえたうえで、あなたの考えを400字程度でまとめなさい。

◉文章読解型の解き方

　文章読解型の問題は、課題文の趣旨を簡潔に読み取り、そのうえで自分の意見を展開する必要があります。課題文で著者の意見が示されたうえで、自分の意見を述べさせる問題もありますが、著者の意見に賛成する場合は**別の論拠を示す**ことが重要です。

◉論述へのアプローチ

問1　「FTA・EPAなどの特定の国・地域どうしの交渉よりも、WTO協定に基づいた多国間での自由貿易交渉を進め、世界共通の貿易ルールを作っていくことが重要」というのが著者の意見です。その論拠は、「FTA・EPAは、交渉に参加しない国・地域にとって相対的に不利な条件での貿易を強いられる」となっているので、これらの点を中心に要約すれば問題ありません。文章の前半では、近年のWTO・FTA・EPAの動向について触れられていますが、ここまで触れてしまうと字数が足りなくなります。

　字数で「程度」と指定されている場合、目安としては±10％（この場合は144〜176字）の範囲で収めるようにしましょう。
問2　FTA・EPAは、主な論点として国内経済への影響が多く挙

げられますが、問題文の指定は「WTOとの関係を踏まえたうえで」となっているので、注意が必要です。著者の意見に賛成でも問題ありませんが、著者の意見にない視点を挙げるなどして別の論拠を示す必要があるので、反対のほうが書きやすくなります。

◉構成案の例

「起」「承」（序論）：意思表示
FTA・EPAを積極的に進めていくべきであると考える。
※課題文で既に問題提起がなされており、字数も400字程度と短いため、「起」「承」をひとまとまりとして考えるとよい。

↓

「転」（本論）：主張の論拠
FTA・EPAを推進していけば、自由貿易のメリットを受けられる国・地域も増加していき、それが合わさっていくことで、結果的にWTOが目指している全世界での貿易自由化が実現できる。

↓

「結」（結論）：結論
したがって、全世界での貿易自由化を実現するというWTOの理念を達成するうえでも、FTA・EPAを積極的に進めていくべきであると考える。

解答例

問1　FTA・EPAはあくまでも特定の国や地域を対象としているものであり、それ以外の国や地域は相対的に不利な条件での貿易を強いられる。かつてのブロック経済が第二次世界大戦の一因になったといわれていることを考えると、WTO協定に基づいた多国間での自由貿易交渉を進め、世界共通の貿易ルールを作っていくことが重要ではないだろうか。（159字）

問2　FTA・EPAを積極的に進めていくべきであると考える。確かにこれらは特定の国・地域どうしの交渉であり、交渉に参加しない国・地域を排除することにつながるという意見もある。しかし、FTA・EPAは、戦前のブロック経済のように、交渉に参加しない国に対して特別の輸入制限や高関税を課すものではない。それに、加盟国や交渉内容が多様化しているなかで、WTO協定に基づいた多国間での自由貿易交渉は停滞しており、多くの国が合意できる枠組みを作ることは難しい。FTA・EPAそれら自体は特定の国・地域どうしの交渉にすぎないが、FTA・EPAを推進していけば、自由貿易のメリットを受けられる国・地域も増加していき、それが合わさっていくことで、結果的にWTOが目指している全世界での貿易自由化が実現できるのではないだろうか。したがって、全世界での貿易自由化を実現するというWTOの理念を達成するうえでも、FTA・EPAを積極的に進めていくべきであると考える。（418字）

入試

例題 下の図は参議院選挙における世代別の投票者数と有権者数を示したものである。この資料を参考にして、投票率をめぐる問題点とその解決策について、あなたの考えを600字程度でまとめなさい。

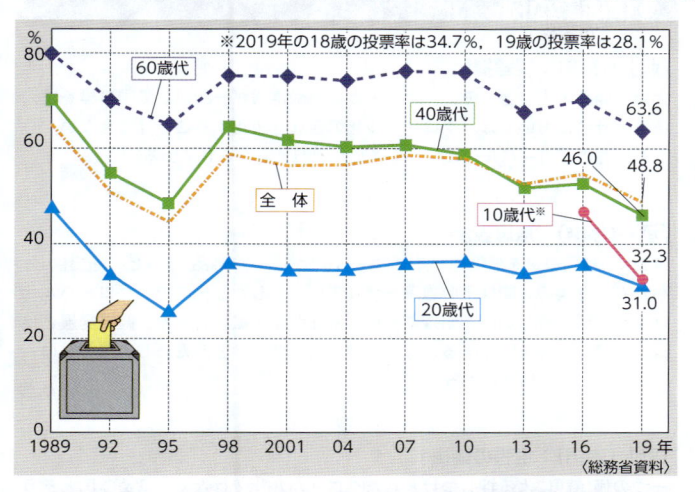

※2019年の18歳の投票率は34.7%，19歳の投票率は28.1%

60歳代　63.6
40歳代　46.0
全体　48.8
10歳代※　32.3
20歳代　31.0

1989　92　95　98　2001　04　07　10　13　16　19 年
〈総務省資料〉

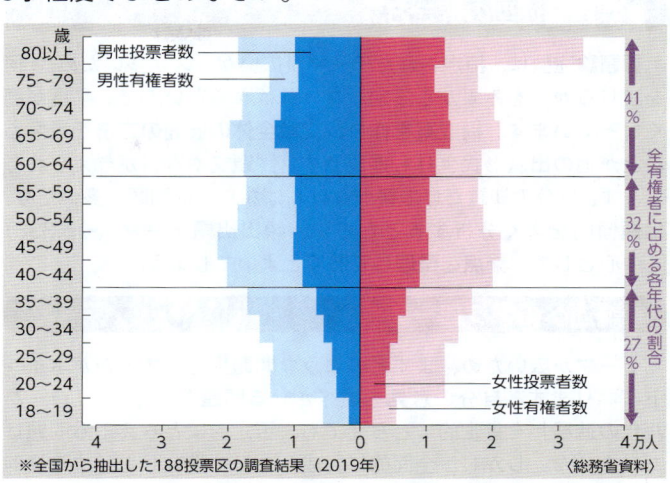

歳
80以上
男性投票者数
男性有権者数
75〜79
70〜74
65〜69
60〜64
55〜59
50〜54
45〜49
40〜44
35〜39
30〜34
25〜29
20〜24
女性投票者数
女性有権者数
18〜19

4　3　2　1　0　1　2　3　4万人
※全国から抽出した188投票区の調査結果（2019年）　〈総務省資料〉

41%
32%
27%
全有権者に占める各年代の割合

◎資料分析型の解き方

　資料分析型の問題は、特に指定がなくても、小論文の中に「資料から読み取れること」を触れておくとよいでしょう。その際、資料から読み取ったことをそのまま文章にするのではなく、**精選して、自分の言葉で表現すること**が重要です。

◎論述へのアプローチ

　まずは「投票率をめぐる問題点」について、二つの資料を踏まえて論述します。「20歳代の投票率が31.0%で、10歳代は32.3%…」というように細かい数字を多数取り上げる必要はありません。**字数制限があるので、その分「転」（本論）の部分を充実させましょう。**ここでは「投票率が40〜50%台にとどまること」「特に若い世代の投票率が低く、年長の世代が政治に対してより大きな影響力を持っていること」などと書くことができます。

　解決策については、「全体的に投票率が低いこと」を問題にする場合は、「投票の義務化」などが考えられます。「特に若い世代の投票率が低いこと」を問題にする場合は、「主権者教育の推進」などが考えられます。

◎構成案の例

「起」（序論）：問題提起
参議院選挙のような国政選挙でも、1989年を最後に投票率は40〜50%台にとどまり、特に若い世代の投票率の低さが目立っている。

↓

「承」（序論）：意思表示
これからの社会を担う若い世代の意見を政治に反映させていくためにも、若い世代の投票率を向上させる必要があり、そのためには、模擬選挙や地方自治体への提案などといった「主権者教育」が重要であると考える。

↓

「転」（本論）：主張の論拠
「政治」は私たちの生活に密接に関わっている。どの分野にどれだけのお金を配分するかも「政治」が決めている。私たちが「政治」に参加して意思表示をすれば、お金の使いみちを変えることができるのだ。

↓

「結」：結論
したがって、積極的に「主権者教育」を行うことを通じて、このように「政治」が私たちの生活に密接に関わっていることを知ることができれば、有権者となったときに投票所へ足を運ぶきっかけとなるはずだ。

解答例

　参議院選挙のような国政選挙でも、1989年を最後に投票率は40〜50%台にとどまり、特に若い世代の投票率の低さが目立っている。若い世代の投票率と比べて年長の世代の投票率が高いため、年長の世代が政治に対してより大きな影響力を持つことになる。
　そうした状況のなかでは、例えば、年金給付を充実させるために大幅な増税が行われるなど、政治家が投票する人が多い年長の世代が抱える問題を優先して取り組むかもしれない。これからの社会を担う若い世代の意見を政治に反映させていくためにも、若い世代の投票率を向上させる必要があり、そのためには、模擬選挙や地方自治体への提案などといった「主権者教育」が重要であると考える。
　確かに「政治」がどうなろうと自分たちの生活には関係ないという人もいるかもしれない。しかし、「政治」は私たちの生活に密接に関わっている。「無関心」ではいられても「無関係」ではいられない。例えば「医療・福祉」「子育て支援」「環境保全」「社会資本整備」など、どの分野にどれだけのお金を配分するかも「政治」が決めている。私たちが「政治」に参加して意思表示をすれば、お金の使いみちを変えることができるのだ。
　したがって、積極的に「主権者教育」を行うことを通じて、このように「政治」が私たちの生活に密接に関わっていることを知ることができれば、有権者となったときに投票所へ足を運ぶきっかけとなるはずだ。（591字）

入試

チャレンジ 課題論述型の小論文にチャレンジ！

例題 グローバル化の進展について、800字程度であなたの考えをまとめよ。

◎課題論述型の解き方

課題論述型は、指定されたテーマが広いケースが多いため、「何を論じるか」をみずから設定しなければならない点で難易度が高くなっています。**構成案を作り、文章全体の展開の方法を考えること**が他の出題形式よりも重要です。課題文や資料が与えられておらず、自分の知識だけで書かなければならない問題も多いため、出題傾向をよく分析するとともに、頻出出題テーマ（➡p.338）を中心として、**論点を整理しておく**とよいでしょう。

◎論述へのアプローチ

テーマが広いため、まずどのような問題提起をするかがポイントになります。自分の意見を述べさせる問題なので、「グローバル化の進展」を肯定的にとらえても、否定的にとらえても問題はありません。しかし、全面的に賛成したり、批判したりする姿勢はバランスを欠いていると判断されることもあるので注意しましょう。ここでは、「グローバル化の進展」によってもたらされたプラス面を紹介しつつ、マイナス面も取り上げて、「グローバル化の進展」による問題に対する解決策を提示する形にすると書きやすくなります。

この問題のように、指定されたテーマが広く、字数も800字以上と多い場合は、まず初めに教科書や資料集、新聞などで得た情報を、キーワードの形で書き出し、書き出したキーワードを関連づけてまとめる方法も有効です。これにより、文章全体の展開の仕方を考えやすくなります。

◎構成案の例

「起」（序論）：問題提起
大量の商品・人・金（モノ・ヒト・カネ）や情報が一瞬にして国の枠を越える現代社会においては、グローバル化の進展を阻止することはできない。しかし現在のグローバル化は、さまざまな課題をもたらしている。

「承」（序論）：意思表示
確かに、利潤追求を最優先するグローバル化は、安い製品・サービスを提供し、私たち先進国の人間はその恩恵を受けている。しかし一方で、グローバル化は富める国と貧しい国を明確に分け、南北問題を拡大させた。経済発展と地球的課題の解決を両立するには、地域経済統合を軸とした新しい形のグローバル化が必要ではないだろうか。

「転」（本論）：主張の論拠
一つの価値観による押しつけられたグローバル化ではなく、富める国とそうでない国が共に協力し合い、経済の自由化や環境対策などを進めていく方が現実的である。世界中の国が参加する枠組みの中では難しいかもしれないが、地域経済統合の枠組みの中であれば、地域の特色に合わせながら、経済成長と環境問題・南北問題などの解決が両立できると私は考える。

「結」（結論）：結論
現在のグローバル化では、環境問題や南北問題などの地球的課題を解決することは難しい。したがって、地域経済統合を軸とした枠組みの中で、経済成長と地球規模の課題の解決を可能にする新しい形のグローバル化が必要である。

解答例

大量の商品・人・金（モノ・ヒト・カネ）や情報が一瞬にして国の枠を越える現代社会においては、グローバル化の進展を阻止することはできない。しかし現在のグローバル化は、さまざまな課題をもたらしている。

確かに、利潤追求を最優先するグローバル化は、安い製品・サービスを提供し、私たち先進国の人間はその恩恵を受けている。しかし一方で、グローバル化は富める国と貧しい国を明確に分け、南北問題を拡大させた。経済発展と地球的課題の解決を両立するには、このような一方的なグローバル化ではなく、地域経済統合を軸とした新しい形のグローバル化が必要ではないだろうか。

地球温暖化や食料問題など、先進国と発展途上国が協力し合わなければ解決できない課題が多々あるが、経済的に格差のある先進国と発展途上国が同じ目線でこれらの課題を解決していくのは難しい。一つの価値観による押しつけられたグローバル化ではなく、富める国とそうでない国が共に協力し合い、経済の自由化や環境対策などを進めていく方が現実的である。世界中の国が参加する枠組みの中では難しいかもしれないが、地域経済統合の枠組みの中であれば、地域の特色に合わせながら、経済成長と環境問題・南北問題などの解決が両立できると私は考える。実際に、27か国で構成されるEUは、富める国々と旧社会主義国の比較的貧しい国々が、同じ方向性の下に経済政策・環境政策を行っている。日本も、中国、韓国、ASEANや、その先のインドやオーストラリアなどと地域的な経済連携を深め、その枠組みの中で、持続可能な開発の下に、発展していくことが理想である。

現在のグローバル化では、環境問題や南北問題などの地球的課題を解決することは難しい。したがって、地域経済統合を軸とした枠組みの中で、経済成長と地球規模の課題の解決を可能にする新しい形のグローバル化が必要である。（776字）

1 日本国憲法

1946（昭和21）年11月3日公布
1947（昭和22）年5月3日施行

上諭（じょうゆ）

　朕は、日本国民の総意に基づいて、新日本建設の礎が、定まるに至つたことを、深くよろこび、枢密顧問の諮詢および帝国憲法第七十三条による帝国議会の議決を経た帝国憲法の改正を裁可し、ここにこれを公布せしめる。

御名御璽（ぎょめいぎょじ）

昭和21年11月3日
内閣総理大臣兼外務大臣：吉田茂

国務大臣：男爵幣原喜重郎	商工大臣：星島二郎
司法大臣：木村篤太郎	厚生大臣：河合良成
内務大臣：大村清一	国務大臣：植原悦二郎
文部大臣：田中耕太郎	運輸大臣：平塚常次郎
農林大臣：和田博雄	大蔵大臣：石橋湛山
国務大臣：斎藤隆夫	国務大臣：金森徳次郎
逓信大臣：一松定吉	国務大臣：膳桂之助

日本国憲法

　日本国民は、正当に選挙された国会における代表者を通じて行動し、われらとわれらの子孫のために、諸国民との協和による成果と、わが国全土にわたって自由のもたらす恵沢を確保し、政府の行為によって再び戦争の惨禍が起ることのないやうにすることを決意し、ここに主権が国民に存することを宣言し、この憲法を確定する。そもそも国政は、国民の厳粛な信託によるものであって、その権威は国民に由来し、その権力は国民の代表者がこれを行使し、その福利は国民がこれを享受する。これは人類普遍の原理であり、この憲法は、かかる原理に基くものである。われらは、これに反する一切の憲法、法令及び詔勅を排除する。

　日本国民は、恒久の平和を念願し、人間相互の関係を支配する崇高な理想を深く自覚するのであって、平和を愛する諸国民の公正と信義に信頼して、われらの安全と生存を保持しようと決意した。われらは、平和を維持し、専制と隷従、圧迫と偏狭を地上から永遠に除去しようと努めてゐる国際社会において、名誉ある地位を占めたいと思ふ。われらは、全世界の国民が、ひとしく恐怖と欠乏から免かれ、平和のうちに生存する権利を有することを確認する。

　われらは、いづれの国家も、自国のことのみに専念して他国を無視してはならないのであって、政治道徳の法則は、普遍的なものであり、この法則に従ふことは、自国の主権を維持し、他国と対等関係に立たうとする各国の責務であると信ずる。

上諭　大日本帝国憲法下で、天皇が法令、予算などを公布する際、その冒頭に付した文書。この上諭自体は日本国憲法の構成部分とは解されていない。
朕　天皇のみが用いる自称。
枢密顧問　大日本帝国憲法下で、重要な国務について天皇の諮詢に応える機関であった枢密院の構成員。
諮詢　相談すること。問い諮ること。
帝国憲法第七十三条　帝国憲法とは大日本帝国憲法を指し、明治憲法と俗称される。その第73条は憲法改正の手続きを規定していた。
裁可　大日本帝国憲法下で、天皇が議会の議決した法律案や予算案に承認または同意すること。
御名御璽　天皇の署名と印。

協和　互いに心を合わせて、仲よくすること。
恵沢　恩恵を受けること。恵み。
戦争の惨禍　戦争によって引き起こされる、痛ましい災い。
主権　外からの力や他の意思に支配されず、国家の政治のあり方を最終的に決定する権力。
信託　信用して任せること。
権威　他人に強制し、服従させる威力。
国民に由来　ここでは、国政の権威は、主権者である国民によっているということ。
権力　支配者が被支配者に服従を強要する力。
福利　幸福と利益。
享受　自分のものとして受けること。
人類普遍の原理　人類にとって、いつの時代においても、すべてに当てはまる基本の原理。
法令　国会が制定する法律および国の行政機関が制定する命令の総称。
詔勅　天皇が意思を表示する詔書・勅書など公式の文書の総称。
崇高　気高く尊いこと。
信義　約束を守り、義務を果たすこと。
専制　独断で物事を決めること。特に政治を独断で思うままに取り計らうこと。
隷従　ある者の支配を受け、奴隷のようにその者のいう通りに従うこと。
偏狭　狭い見方。偏った考え方。
恐怖と欠乏　1941年、アメリカ合衆国大統領F.D.ローズヴェルトが議会に宛てた教書で、基本的自由として「四つの自由（言論および表現・信仰・欠乏から・恐怖から）」を示したことに由来する。
権利　ある物事をしてよい、またはしなくてよいという資格。一定の利益を主張し、また、それを受けることを可能とする、法律で保障された力。
責務　責任と義務。責任として果たすべき務め。

資料

日本国民は、国家の名誉にかけ、全力をあげてこの崇高な理想と目的を達成することを誓ふ。

第1章　天　皇

第1条［天皇の地位・国民主権］　天皇は、日本国の象徴であり日本国民統合の象徴であって、この地位は、主権の存する日本国民の総意に基づく。

第2条［皇位の継承］　皇位は、世襲のものであって、国会の議決した皇室典範の定めるところにより、これを継承する。

第3条［天皇の国事行為に対する内閣の助言と承認］　天皇の国事に関するすべての行為には、内閣の助言と承認を必要とし、内閣が、その責任を負ふ。

第4条［天皇の権能の限界、天皇の国事行為の委任］

①天皇は、この憲法の定める国事に関する行為のみを行ひ、国政に関する権能を有しない。

②天皇は、法律の定めるところにより、その国事に関する行為を委任することができる。

第5条［摂政］　皇室典範の定めるところにより摂政を置くときは、摂政は、天皇の名でその国事に関する行為を行ふ。この場合には、前条第1項の規定を準用する。

第6条［天皇の任命権］

①天皇は、国会の指名に基いて、内閣総理大臣を任命する。

②天皇は、内閣の指名に基いて、最高裁判所の長たる裁判官を任命する。

第7条［天皇の国事行為］　天皇は、内閣の助言と承認により、国民のために、左の国事に関する行為を行ふ。

1　憲法改正、法律、政令及び条約を公布すること。

2　国会を召集すること。

3　衆議院を解散すること。

4　国会議員の総選挙の施行を公示すること。

5　国務大臣及び法律の定めるその他の官吏の任免並びに全権委任状及び大使及び公使の信任状を認証すること。

6　大赦、特赦、減刑、刑の執行の免除及び復権を認証すること。

7　栄典を授与すること。

8　批准書及び法律の定めるその他の外交文書を認証すること。

9　外国の大使及び公使を接受すること。

10　儀式を行ふこと。

第8条［皇室の財産授受］　皇室に財産を譲り渡し、又は皇室が、財産を譲り受け、若しくは賜与することは、国会の議決に基かなければならない。

資料

第2章　戦争の放棄

第9条［戦争の放棄、戦力及び交戦権の否認］

①日本国民は、正義と秩序を基調とする国際平和を誠実に希求し、国権の発動たる戦争と、武力による威嚇又は武力の行使は、国際紛争を解決する手段としては、永久にこれを放棄する。

<第1条>

象徴　抽象的で言葉によって表現しにくい概念などを表す、具体的なもの。例えば鳩が平和を表すたぐい。シンボル。

<第2条>

世襲　地位・財産・職業などを子孫が代々受け継ぐこと。

皇室典範　皇位の継承、皇族の範囲や身分、摂政、皇室会議など皇室に関係する事項について定める法律。

<第4条>

法律　国事行為の臨時代行に関する法律（1964.5.20公布）を指す。

<第5条>

摂政　天皇に代わって国事を行う機関。天皇が未成年のとき、または天皇が心身の重大な事故等により、国事に関する行為をみずからすることができないときに置かれる。

<第6条>

指名　特にこの人と指定すること。名指し。

任命　官職に命ずること。人を一定の職務に就くよう命ずること。なお、ここでいう指名は実質的な決定であり、天皇の任命は形式的なものである。

<第7条>

政令　内閣によって制定される命令。

公布　成立した法律・命令・条例などを、官報によって国民に広く知らせること。

召集　上級者が下級者をよび集めること。ここでは、国会議員に対し、一定の期日に各議院に集会するよう命ずること。国会両議院については、天皇の国事行為として行われることから、「召集」という語を用いる。

官吏　国家の公務に従事する者。国家公務員。

任免　任命と罷免。役職に就けることと役職を辞めさせること。

大赦　皇室や国家のよろこびごとの際、政令で定めた罪に対して、刑罰の執行を免除すること。恩赦の一種。

特赦　刑の言い渡しを受けた特定の者に対して、その刑を免除すること。恩赦の一種。

復権　刑の宣告によって失った権利・資格（例えば選挙権・被選挙権など）を回復させること。恩赦の一種。

栄典　名誉の印として与えられる位階・勲章など。

批准　条約の締結について国家として最終的に確認すること。

接受　外交使節などを受け入れること。

<第9条>

基調　根底にある基本的な傾向。

希求　願い求めること。

国権の発動たる戦争　国権とは、国家の権力のこと。国権の発動たる戦争とは、国家の宣戦布告によって行われる戦

②前項の目的を達するため、陸海空軍その他の戦力は、これを保持しない。国の交戦権は、これを認めない。

第3章　国民の権利及び義務

第10条［国民の要件］　日本国民たる要件は、法律でこれを定める。

第11条［基本的人権の享有］　国民は、すべての基本的人権の享有を妨げられない。この憲法が国民に保障する基本的人権は、侵すことのできない永久の権利として、現在及び将来の国民に与へられる。

第12条［自由・権利の保持の責任とその濫用の禁止］　この憲法が国民に保障する自由及び権利は、国民の不断の努力によって、これを保持しなければならない。又、国民は、これを濫用してはならないのであって、常に公共の福祉のためにこれを利用する責任を負ふ。

第13条［個人の尊重・幸福追求権・公共の福祉］　すべて国民は、個人として尊重される。生命、自由及び幸福追求に対する国民の権利については、公共の福祉に反しない限り、立法その他の国政の上で、最大の尊重を必要とする。

第14条［法の下の平等、貴族の禁止、栄典］

①すべて国民は、法の下に平等であって、人種、信条、性別、社会的身分又は門地により、政治的、経済的又は社会的関係において、差別されない。

②華族その他の貴族の制度は、これを認めない。

③栄誉、勲章その他の栄典の授与は、いかなる特権も伴はない。栄典の授与は、現にこれを有し、又は将来これを受ける者の一代に限り、その効力を有する。

第15条［公務員選定罷免権、公務員の本質、普通選挙の保障、秘密投票の保障］

①公務員を選定し、及びこれを罷免することは、国民固有の権利である。

②すべて公務員は、全体の奉仕者であって、一部の奉仕者ではない。

③公務員の選挙については、成年者による普通選挙を保障する。

④すべて選挙における投票の秘密は、これを侵してはならない。選挙人は、その選択に関し公的にも私的にも責任を問はれない。

第16条［請願権］　何人も、損害の救済、公務員の罷免、法律、命令又は規則の制定、廃止又は改正その他の事項に関し、平穏に請願する権利を有し、何人も、かかる請願をしたためにいかなる差別待遇も受けない。

第17条［国及び公共団体の賠償責任］　何人も、公務員の不法行為により、損害を受けたときは、法律の定めるところにより、国又は公共団体に、その賠償を求めることができる。

第18条［奴隷的拘束及び苦役からの自由］　何人も、いかなる奴隷的拘束も受けない。又、犯罪に因る処罰の場合を除いては、その意に反する苦役に服させられない。

第19条［思想及び良心の自由］　思想及び良心の自由は、これを侵してはならない。

第20条［信教の自由］

①信教の自由は、何人に対してもこれを保障する。いかなる宗教団体も、国から特権を受け、又は政治上の権力を行使してはならない。

争を指す。

武力による威嚇　国家が何らかの目的を実現するために、正規の兵力を用いるという脅しを他国に対して加えること。1915年の中国に対する21か条の要求などがその例。

武力の行使　宣戦布告によらずに、国家が何らかの目的を実現するため正規の兵力を用いること。

交戦権　国家が戦争を行う権利。または戦時国際法上、交戦国に認められる権利。

義務　ある行為をしなくてはならない、またはしてはならないとする法的な拘束をいう。

第10条

日本国民　日本国籍を有する者をいう。

法律　本条の規定に基づき国籍法（1950.5.4公布）が制定されている。

第11条

基本的人権　人間として当然に有し、例え国家であっても侵すことのできないものとして保障される権利。

享有　生まれながらに持っていること。

第12条

不断　絶え間のないこと。いつも。

濫用　みだりに使うこと。

公共の福祉　個々の人間の個別利益に対して、すべての国民や社会全体の利益。人権相互の衝突を調整する原理。

第14条

法の下に平等　すべての国民が平等であることを法が保障していること、法律上の差別を禁止することを指す。

信条　その人が固く信じている考え。宗教的信仰、政治的信念、世界観など。

門地　家柄、生まれ。

華族　大日本帝国憲法下の身分制度の一つ。公、侯、伯、子、男の爵位を持つ人とその家族。

第15条

公務員　国または公共団体の職務に従事する人。

罷免　職務を辞めさせること。

固有　元からあること。初めから持っていること。

普通選挙　財産・納税額などによって制限することなく、原則として一定の年齢に達したすべての者に選挙権・被選挙権を与える制度。

投票の秘密　選挙で誰に投票したかを明らかにしないこと。

第16条

請願　国や地方公共団体に、希望を申し出ること。本条の規定に基づいて請願法（1947.3.13公布）が制定されている。

第17条

法律　本条の規定に基づいて、国家賠償法（1947.10.27公布）が定められている。

公共団体　国の監督の下に、国から事務を委任され、公の行政をつかさどる機関。都道府県、市町村などのこと。

第18条

苦役　苦しく、つらい労働。

第19条

思想　社会、人生などに対する一定の見解。特に政治的な一定の考え。

良心　道徳的な善悪を判断する心の働き。

第20条

信教　宗教を信仰すること。信教の自由とは、宗教を信じない自由とどのような宗教を信じてもよい自由を意味する。

資料

②何人も、宗教上の行為、祝典(しゅくてん)、儀式(ぎしき)又は行事に参加することを強制されない。

③国及びその機関は、宗教教育その他いかなる宗教的活動もしてはならない。

第21条［集会・結社・表現の自由、通信の秘密］
①集会、結社及び言論、出版その他一切(いっさい)の表現の自由は、これを保障する。
②検閲(けんえつ)は、これをしてはならない。通信の秘密は、これを侵してはならない。

第22条［居住・移転及び職業選択の自由、外国移住及び国籍離脱(りだつ)の自由］
①何人(なんびと)も、公共の福祉に反しない限り、居住、移転及び職業選択の自由を有する。
②何人も、外国に移住し、又は国籍を離脱する自由を侵されない。

第23条［学問の自由］ 学問の自由は、これを保障する。

第24条［家族生活における個人の尊厳(そんげん)と両性の平等］
①婚姻(こんいん)は、両性の合意のみに基いて成立し、夫婦が同等の権利を有することを基本として、相互(そうご)の協力により、維持(いじ)されなければならない。
②配偶者の選択、財産権、相続(そうぞく)、住居の選定、離婚並びに婚姻及び家族に関するその他の事項に関しては、法律は、個人の尊厳と両性の本質的平等に立脚(りっきゃく)して、制定されなければならない。

第25条［生存権、国の社会的使命］
①すべて国民は、健康で文化的な最低限度の生活を営む権利を有する。
②国は、すべての生活部面について、社会福祉、社会保障及び公衆衛生の向上及び増進に努めなければならない。

第26条［教育を受ける権利、普通教育を受けさせる義務］
①すべて国民は、法律の定めるところにより、その能力に応じて、ひとしく教育を受ける権利を有する。
②すべて国民は、法律の定めるところにより、その保護する子女に普通教育を受けさせる義務を負ふ。義務教育は、これを無償(むしょう)とする。

第27条［勤労の権利及び義務、勤労条件の基準、児童酷使(こくし)の禁止］
①すべて国民は、勤労の権利を有し、義務を負ふ。
②賃金、就業(しゅうぎょう)時間、休息その他の勤労条件に関する基準は、法律でこれを定める。
③児童は、これを酷使してはならない。

第28条［勤労者の団結権］ 勤労者の団結する権利及び団体交渉(こうしょう)その他の団体行動をする権利は、これを保障する。

第29条［財産権］
①財産権は、これを侵してはならない。
②財産権の内容は、公共の福祉に適合するやうに、法律でこれを定める。
③私有財産は、正当な補償(ほしょう)の下(もと)に、これを公共のために用ひることができる。

第30条［納税の義務］ 国民は、法律の定めるところにより、納税の義務を負ふ。

第31条［法定の手続(てつづき)の保障］ 何人も、法律の定める手続によらなければ、その生命若しくは自由を奪はれ、又はその他の刑罰を科せられない。

第32条［裁判を受ける権利］ 何人(なんびと)も、裁判所において裁判を受ける権利を奪はれない。

第33条［逮捕の要件］ 何人(なんびと)も、現行犯として逮捕される場合を除いては、権限を有する司法官憲が発し、且つ理由となってゐる犯罪を明示する令状(れいじょう)によらなければ、逮捕されない。

資料

集会 共同の目的で、多くの人々が一時的に一定の場所に集まること。また、その集まり。
結社 多数の人によって、共通の目的のために組織された継続的な団体。
検閲 国家が出版物、放送などの内容を事前に調査し、不適当と判断した場合は発表を禁止する制度。
第22条
国籍を離脱する自由 自分の意思で日本の国籍を離れる自由。
第23条
学問の自由 学問研究の自由、研究成果発表の自由、研究内容教授の自由および大学の自治が含まれる。
第24条
財産権 経済的価値のあるものを自由にできる権利。
相続 人の死亡によって、財産上の権利・義務を親族などが受け継ぐこと。
両性の本質的平等 男性と女性とが、人間として同じ価値を持つこと。
第25条
健康で文化的な最低限度の生活 単に生物的に生きるだけでなく、「人間たるに値する生活」（ワイマール憲法151条）、「人間の尊厳にふさわしい生活」（世界人権宣言23条3項）をいう。
社会福祉 ここでの「社会福祉」の意味については、社会保障の一部と狭く解する考えと、社会保障と公衆衛生を含む国民の福祉一般と広く解する考えがある。
公衆衛生 国民の健康を保持・増進させることを目的とする、病気の予防などの組織的な衛生活動。
第26条
法律 本条に基づいて、教育基本法、学校教育法（どちらも1947.3.31公布）が制定されている。
普通教育 専門教育・職業教育ではなく、国民として一般的に必要な知識・教養を与える教育。
義務教育 国民が義務付けられた教育のこと。教育を受けさせる義務を負うのは、子どもを保護する国民（親または後見人）であり、子どもは「教育を受ける権利」の主体である。
第27条
勤労条件 賃金、労働時間、休暇・休日、安全、衛生など労働者が働くときの条件。
法律 本条第1項の規定に基づいて、労働基準法（1947.4.7公布）が制定されている。
酷使 こき使うこと。
第28条
勤労者 勤労によって得た所得で生活する人。労働者。
団結する権利 労働者が団結して労働組合などの組織を作る権利。
団体交渉 労働組合などの団体が使用者と労働条件について交渉する権利。
団体行動をする権利 労働組合などの団体が、ストライキなどの労働争議を行う権利。
第29条
正当な補償 公共目的のために収用・使用された対価の支払い。
第31条
法律 本条の規定に基づき刑事訴訟法（1948.7.10公布）

第34条〔抑留・拘禁の要件、不法拘禁に対する保障〕 何人も、理由を直ちに告げられ、且つ、直ちに弁護人に依頼する権利を与へられなければ、抑留又は拘禁されない。又、何人も、正当な理由がなければ、拘禁されず、要求があれば、その理由は、直ちに本人及びその弁護人の出席する公開の法廷で示されなければならない。

第35条〔住居の不可侵〕

①何人も、その住居、書類及び所持品について、侵入、捜索及び押収を受けることのない権利は、第33条の場合を除いては、正当な理由に基いて発せられ、且つ捜索する場所及び押収する物を明示する令状がなければ、侵されない。

②捜索又は押収は、権限を有する司法官憲が発する各別の令状により、これを行ふ。

第36条〔拷問及び残虐刑の禁止〕 公務員による拷問及び残虐な刑罰は、絶対にこれを禁ずる。

第37条〔刑事被告人の権利〕

①すべて刑事事件においては、被告人は、公平な裁判所の迅速な公開裁判を受ける権利を有する。

②刑事被告人は、すべての証人に対して審問する機会を充分に与へられ、又、公費で自己のために強制的手続により証人を求める権利を有する。

③刑事被告人は、いかなる場合にも、資格を有する弁護人を依頼することができる。被告人が自らこれを依頼することができないときは、国でこれを附する。

第38条〔自己に不利益な供述、自白の証拠能力〕

①何人も、自己に不利益な供述を強要されない。

②強制、拷問若しくは脅迫による自白又は不当に長く抑留若しくは拘禁された後の自白は、これを証拠とすることができない。

③何人も、自己に不利益な唯一の証拠が本人の自白である場合には、有罪とされ、又は刑罰を科せられない。

第39条〔遡及処罰の禁止・一事不再理〕 何人も、実行の時に適法であった行為又は既に無罪とされた行為については、刑事上の責任を問はれない。又、同一の犯罪について、重ねて刑事上の責任を問はれない。

第40条〔刑事補償〕 何人も、抑留又は拘禁された後、無罪の裁判を受けたときは、法律の定めるところにより、国にその補償を求めることができる。

第4章　国　　会

第41条〔国会の地位・立法権〕 国会は、国権の最高機関であって、国の唯一の立法機関である。

第42条〔両院制〕 国会は、衆議院及び参議院の両議院でこれを構成する。

第43条〔両議院の組織・代表〕

①両議院は、全国民を代表する選挙された議員でこれを組織する。

②両議院の議員の定数は、法律でこれを定める。

第44条〔議員及び選挙人の資格〕 両議院の議員及びその選挙人の資格は、法律でこれを定める。但し、人種、信条、性別、社会的身分、門地、教育、財産又は収入によって差別してはならない。

が制定されている。

第33条

現行犯　犯行中に、または犯行が終わった際に発覚した犯罪。またその犯人。

司法官憲　ここでは、裁判官を指す。

令状　人を逮捕・監禁したり、捜査・押収したりするために裁判官が出す命令状。

第34条

抑留　比較的短期間、身体の自由を拘束すること。

拘禁　留置場・刑務所などに留置し、比較的長期間にわたって身体の自由を拘束すること。

第35条

捜索　証拠物件または犯人を発見するため、強制的に家宅・身体・物件などについて調べること。

押収　裁判所が被疑者から証拠となるものなどを差し押さえ、取り上げること。

第36条

拷問　肉体的苦痛を加えて、犯罪を白状させること。

残虐な刑罰　最高裁によると、「不必要な精神的、肉体的苦痛を内容とする人道上残酷と認められる刑罰」とされている。

第37条

刑事事件　刑罰を科すかどうかが問題となる事件。

審問　詳しく問いただすこと。

第38条

供述　裁判官・検察官などの尋問に答えて、事実や意見を述べること。

自白　みずから自分の犯した犯罪事実および刑事責任を認めること。

第39条

重ねて　二重処罰の禁止のことを指す。これは判決が確定した後に、同じ行為について起訴し処罰してはならないことをいう。

第40条

法律　本条の規定に基づいて、刑事補償法（1950.1.1公布）が制定されている。

補償　抑留または拘禁によってこうむった精神的および物理的な損害を金銭で償うこと。

第41条

国権の最高機関　主権者たる国民に直結する国会が多くの国家機関のうちで中心的地位を占めることを強調した表現。内閣には衆議院の解散権があり、裁判所には違憲審査権があるから、法的な意味で国会が最高というわけではない。

第43条

全国民を代表する　国会議員は、選挙区の選挙人、後援団体など特定の団体のために行動するのではなく、全国民のために行動する義務を負うという意味。

定数　規則で定められた人数のこと。

資料

第45条［衆議院議員の任期］　衆議院議員の任期は、4年とする。但し、衆議院解散の場合には、その期間満了前に終了する。

第46条［参議院議員の任期］　参議院議員の任期は、6年とし、3年ごとに議員の半数を改選する。

第47条［選挙に関する事項］　選挙区、投票の方法その他両議院の議員の選挙に関する事項は、法律でこれを定める。

第48条［両議院議員兼職の禁止］　何人も、同時に両議院の議員たることはできない。

第49条［議員の歳費］　両議院の議員は、法律の定めるところにより、国庫から相当額の歳費を受ける。

第50条［議員の不逮捕特権］　両議院の議員は、法律の定める場合を除いては、国会の会期中逮捕されず、会期前に逮捕された議員は、その議院の要求があれば、会期中これを釈放しなければならない。

第51条［議員の発言・表決の無責任］　両議院の議員は、議院で行った演説、討論又は表決について、院外で責任を問はれない。

第52条［常会］　国会の常会は、毎年1回これを召集する。

第53条［臨時会］　内閣は、国会の臨時会の召集を決定することができる。いづれかの議院の総議員の4分の1以上の要求があれば、内閣は、その召集を決定しなければならない。

第54条［衆議院の解散・特別会、参議院の緊急集会］

①衆議院が解散されたときは、解散の日から40日以内に、衆議院議員の総選挙を行ひ、その選挙の日から30日以内に、国会を召集しなければならない。

②衆議院が解散されたときは、参議院は、同時に閉会となる。但し、内閣は、国に緊急の必要があるときは、参議院の緊急集会を求めることができる。

③前項但書の緊急集会において採られた措置は、臨時のものであって、次の国会開会の後10日以内に、衆議院の同意がない場合には、その効力を失ふ。

第55条［資格争訟の裁判］　両議院は、各々その議員の資格に関する争訟を裁判する。但し、議員の議席を失はせるには、出席議員の3分の2以上の多数による議決を必要とする。

第56条［定足数、表決］

①両議院は、各々その総議員の3分の1以上の出席がなければ、議事を開き議決することができない。

②両議院の議事は、この憲法に特別の定のある場合を除いては、出席議員の過半数でこれを決し、可否同数のときは、議長の決するところによる。

第57条［会議の公開、会議録、表決の記載］

①両議院の会議は、公開とする。但し、出席議員の3分の2以上の多数で議決したときは、秘密会を開くことができる。

②両議院は、各々その会議の記録を保存し、秘密会の記録の中で特に秘密を要すると認められるもの以外は、これを公表し、且つ一般に頒布しなければならない。

③出席議員の5分の1以上の要求があれば、各議員の表決は、これを会議録に記載しなければならない。

第58条［役員の選任、議院規則・懲罰］

①両議院は、各々その議長その他の役員を選任する。

②両議院は、各々その会議その他の手続及び内部の規律に関する規則を定め、又、院内の秩序をみだした議員を懲罰することができる。但し、議員を除

資料

法律　公職選挙法（1950.4.15公布）を指す。第44条、第47条の法律も公職選挙法のことを指す。

第44条

選挙人　選挙権を持っている者。選挙人の資格（選挙権）は、日本国民であって、年齢18歳以上の者に与えられる。

第45条

解散　衆議院議員全員について4年間の任期満了前に議員の資格を失わせる行為。

第49条

法律　国会議員の歳費、旅費及び手当等に関する法律（1947.4.30公布）を指す。

国庫　経済活動、特に財政権の主体として見たときの国家のこと。

歳費　議員の勤務に対して毎年支払われる報酬。

第50条

法律　国会法（1947.4.30公布）を指す。第59条、第60条、第67条の法律も国会法のことを指す。

釈放　身体の拘束を解いて自由にさせること。

第51条

表決　議員が議案に対して賛否の意思を表すこと。

院外　衆・参両議院の外部。

第52条

常会　毎年定期的に開かれる国会。通常国会。国会法によって、毎年1月中に召集され、会期は150日と定められている。

第54条

総選挙　衆議院議員の任期終了・解散によって、衆議院議員全員を選び出す選挙。

緊急集会　次の国会召集を待つ余裕のない場合、内閣の求めによって行われる参議院の集会。

第55条

議員の資格に関する争訟　議員の資格についての訴えを起こして争うこと。

議席　議場内の議員の席という意味から、転じて議員としての資格を指す。

第56条

過半数　全体の半分より多い数。

第57条

頒布　多くの人に分かち配って広く行き渡らせること。

第58条

懲罰　公務員などの不正や不当に対して制裁を加えること。特に国会両院・地方公共団体の議会が、自律権に基づいて、議会の秩序維持のため議員に科す制裁としては戒

名するには、出席議員の3分の2以上の多数による議決を必要とする。

第59条［法律案の議決、衆議院の優越］

①法律案は、この憲法に特別の定のある場合を除いては、両議院で可決したとき法律となる。

②衆議院で可決し、参議院でこれと異なった議決をした法律案は、衆議院で出席議員の3分の2以上の多数で再び可決したときは、法律となる。

③前項の規定は、法律の定めるところにより、衆議院が、両議院の協議会を開くことを求めることを妨げない。

④参議院が、衆議院の可決した法律案を受け取った後、国会休会中の期間を除いて60日以内に、議決しないときは、衆議院は、参議院がその法律案を否決したものとみなすことができる。

第60条［衆議院の予算先議、予算議決に関する衆議院の優越］

①予算は、さきに衆議院に提出しなければならない。

②予算について、参議院で衆議院と異なった議決をした場合に、法律の定めるところにより、両議院の協議会を開いても意見が一致しないとき、又は参議院が、衆議院の可決した予算を受け取った後、国会休会中の期間を除いて30日以内に、議決しないときは、衆議院の議決を国会の議決とする。

第61条［条約の承認に関する衆議院の優越］

条約の締結に必要な国会の承認については、前条第2項の規定を準用する。

第62条［議院の国政調査権］

両議院は、各々国政に関する調査を行ひ、これに関して、証人の出頭及び証言並びに記録の提出を要求することができる。

第63条［閣僚の議院出席の権利と義務］

内閣総理大臣その他の国務大臣は、両議院の1に議席を有すると有しないとにかかはらず、何時でも議案について発言するため議院に出席することができる。又、答弁又は説明のため出席を求められたときは、出席しなければならない。

第64条［弾劾裁判所］

①国会は、罷免の訴追を受けた裁判官を裁判するため、両議院の議員で組織する弾劾裁判所を設ける。

②弾劾に関する事項は、法律でこれを定める。

第5章　内　閣

第65条［行政権］　行政権は、内閣に属する。

第66条［内閣の組織、国会に対する連帯責任］

①内閣は、法律の定めるところにより、その首長たる内閣総理大臣及びその他の国務大臣でこれを組織する。

②内閣総理大臣その他の国務大臣は、文民でなければならない。

③内閣は、行政権の行使について、国会に対し連帯して責任を負ふ。

第67条［内閣総理大臣の指名、衆議院の優越］

①内閣総理大臣は、国会議員の中から国会の議決で、これを指名する。この指名は、他のすべての案件に先だって、これを行ふ。

②衆議院と参議院とが異なった指名の議決をした場合に、法律の定めるところにより、両議院の協議会を開いても意見が一致しないとき、又は衆議院が指名の議決をした後、国会休会中の期間を除いて10日以内に、参議院が、指名の議決をしないときは、衆議院の議決を国会の議決とする。

告・陳謝・登院停止・除名の四つがある。

除名　議員の資格を剥奪すること。

第59条

両議院の協議会　衆議院と参議院で意見が一致しなかった場合に、両議院から選ばれた代表者が意見を調整するために開く協議会のこと。

第60条

予算　一会計年度の国家または地方公共団体の歳入と歳出に関する見積もりまたは計画。

第61条

条約　国家間あるいは国家と国際機関の文書による合意をいう。条約という名称を持つものだけではなく、協約、協定、取極等の名称を持った文書も含む。

締結　条約や契約、約束を取り結ぶこと。

第62条

出頭　本人が特定の場所に出向くこと。

証言　証人が尋問に対して口頭で行う供述。宣誓した証人は一般的に証言の義務があり、正当な理由なく宣誓または証言を拒んだ場合には刑罰等による制裁がある。

第64条

訴追　①検察官が刑事事件について公訴を提起すること。②裁判官や人事官に弾劾の申し立てをして、罷免を求めること。この場合は②のことを指す。

弾劾裁判所　罷免の訴追を受けた裁判官を裁判する裁判所。

弾劾　身分保障のある特定の公務員について職務上の義務違反や非行などがあった場合に、その者を訴追し、罷免する特別の手続き。

第65条

行政　国の統治作用のうちから司法・立法を除いた残りの部分で、法の下において公の目的を達するためにする作用。行政権とは、このような行政の作用を権能としてとらえたもの。

内閣　行政権の主体であり、首長である内閣総理大臣とその他の国務大臣で組織される合議機関。

第66条

法律　内閣法（1947.1.16公布）を指す。

首長　組織、団体を統率する者。

文民　過去に職業軍人の経験を持たない者。あるいは現役の軍人（自衛官）の職にない者。

連帯して責任　共同で責任を負うこと。

第67条

案件　処理されるべき事柄。議題とされる事柄。

第68条 ［国務大臣の任命及び罷免］

①内閣総理大臣は、国務大臣を任命する。但し、その過半数は、国会議員の中から選ばれなければならない。

②内閣総理大臣は、任意に国務大臣を罷免することができる。

第69条 ［内閣不信任決議の効果］

内閣は、衆議院で不信任の決議案を可決し、又は信任の決議案を否決したときは、10日以内に衆議院が解散されない限り、総辞職をしなければならない。

第70条 ［内閣総理大臣が欠けたときの対応、新国会の召集と内閣の総辞職］

内閣総理大臣が欠けたとき、又は衆議院議員総選挙の後に初めて国会の召集があったときは、内閣は、総辞職をしなければならない。

第71条 ［総辞職後の内閣］

前2条の場合には、内閣は、あらたに内閣総理大臣が任命されるまで引き続きその職務を行ふ。

第72条 ［内閣総理大臣の職務］

内閣総理大臣は、内閣を代表して議案を国会に提出し、一般国務及び外交関係について国会に報告し、並びに行政各部を指揮監督する。

第73条 ［内閣の職務］

内閣は、他の一般行政事務の外、左の事務を行ふ。

1 法律を誠実に執行し、国務を総理すること。

2 外交関係を処理すること。

3 条約を締結すること。但し、事前に、時宜によっては事後に、国会の承認を経ることを必要とする。

4 法律の定める基準に従ひ、官吏に関する事務を掌理すること。

5 予算を作成して国会に提出すること。

6 この憲法及び法律の規定を実施するために、政令を制定すること。但し、政令には、特にその法律の委任がある場合を除いては、罰則を設けることができない。

7 大赦、特赦、減刑、刑の執行の免除及び復権を決定すること。

第74条 ［法律・政令の署名］

法律及び政令には、すべて主任の国務大臣が署名し、内閣総理大臣が連署することを必要とする。

第75条 ［国務大臣の特典］

国務大臣は、その在任中、内閣総理大臣の同意がなければ、訴追されない。但し、これがため、訴追の権利は、害されない。

第6章 司　　法

第76条 ［司法権・裁判所、特別裁判所の禁止、裁判官の独立］

①すべて司法権は、最高裁判所及び法律の定めるところにより設置する下級裁判所に属する。

②特別裁判所は、これを設置することができない。行政機関は、終審として裁判を行ふことができない。

③すべて裁判官は、その良心に従ひ独立してその職権を行ひ、この憲法及び法律にのみ拘束される。

第77条 ［最高裁判所の規則制定権］

①最高裁判所は、訴訟に関する手続、弁護士、裁判所の内部規律及び司法事務処理に関する事項について、規則を定める権限を有する。

②検察官は、最高裁判所の定める規則に従はなければならない。

③最高裁判所は、下級裁判所に関する規則を定める権限を、下級裁判所に委

第68条

任意　何らの制限なしに意のままに任せること。

第69条

不信任　信用せず、事を任せられないこと。国会が内閣を信任せず、その存続を認めないこと。

総辞職　内閣総理大臣を含む全員の国務大臣が自分から同時に職を辞めること。

第72条

国務　国政に関する事務。ここでは内閣の行う国の事務の総称。

第73条

総理　事務全体を統合し、管理すること。

時宜　そのときの事情や状況、都合。

法律　国家公務員法（1947.10.21公布）を指す。

掌理　取り扱って処理すること。

第74条

連署　同一の文書に複数の者が氏名を列記し、連判すること。

第76条

司法　現実に発生した具体的な争いを、法を適用することによって解決する国家作用のこと。国家が法を適用して、民事・刑事・行政事件の裁判を行う作用。立法・行政に対する概念。

下級裁判所　最高裁判所以外の裁判所のことで、高等裁判所、地方裁判所、家庭裁判所、簡易裁判所の四つを指す。

特別裁判所　特殊の身分を持つ人や特定の種類の事件についてのみ裁判権を行使する裁判所。大日本帝国憲法下の行政裁判所、軍法会議、皇室裁判所などをいう。

終審　法制度上それ以上は上訴できない最終的な審判を行うこと。

第77条

訴訟　裁判によって法律関係を確定し対立する当事者間の紛争を解決したり、刑罰を科すために、事実の認定ならび

任することができる。

第78条〔裁判官の身分の保障〕 裁判官は、裁判により、心身の故障のために職務を執ることができないと決定された場合を除いては、公の弾劾によらなければ罷免されない。裁判官の懲戒処分は、行政機関がこれを行ふことはできない。

第79条〔最高裁判所の裁判官、国民審査、定年、報酬〕

①最高裁判所は、その長たる裁判官及び法律の定める員数のその他の裁判官でこれを構成し、その長たる裁判官以外の裁判官は、内閣でこれを任命する。

②最高裁判所の裁判官の任命は、その任命後初めて行はれる衆議院議員総選挙の際国民の審査に付し、その後10年を経過した後初めて行はれる衆議院議員総選挙の際更に審査に付し、その後も同様とする。

③前項の場合において、投票者の多数が裁判官の罷免を可とするときは、その裁判官は、罷免される。

④審査に関する事項は、法律でこれを定める。

⑤最高裁判所の裁判官は、法律の定める年齢に達した時に退官する。

⑥最高裁判所の裁判官は、すべて定期に相当額の報酬を受ける。この報酬は、在任中、これを減額することができない。

第80条〔下級裁判所の裁判官・任期・定年、報酬〕

①下級裁判所の裁判官は、最高裁判所の指名した者の名簿によって、内閣でこれを任命する。その裁判官は、任期を10年とし、再任されることができる。但し、法律の定める年齢に達した時には退官する。

②下級裁判所の裁判官は、すべて定期に相当額の報酬を受ける。この報酬は、在任中、これを減額することができない。

第81条〔法令審査権と最高裁判所〕 最高裁判所は、一切の法律、命令、規則又は処分が憲法に適合するかしないかを決定する権限を有する終審裁判所である。

第82条〔裁判の公開〕

①裁判の対審及び判決は、公開法廷でこれを行ふ。

②裁判所が、裁判官の全員一致で、公の秩序又は善良の風俗を害する虞があると決した場合には、対審は、公開しないでこれを行ふことができる。但し、政治犯罪、出版に関する犯罪又はこの憲法第3章で保障する国民の権利が問題となってゐる事件の対審は、常にこれを公開しなければならない。

第7章 財 政

第83条〔財政処理の基本原則〕 国の財政を処理する権限は、国会の議決に基いて、これを行使しなければならない。

第84条〔課税〕 あらたに租税を課し、又は現行の租税を変更するには、法律又は法律の定める条件によることを必要とする。

第85条〔国費の支出及び国の債務負担〕 国費を支出し、又は国が債務を負担するには、国会の議決に基くことを必要とする。

第86条〔予算〕 内閣は、毎会計年度の予算を作成し、国会に提出して、その審議を受け議決を経なければならない。

第87条〔予備費〕

に法律的判断を裁判所に対して求める手続き。民事訴訟、刑事訴訟などに分けられる。

検察官 犯罪を捜査し、刑事事件の公訴を行い、刑の執行を監督する行政官。

第78条

懲戒 不正や不当な行為に対して制裁を加えること。一般職の国家公務員・地方公務員に対しては免職・停職・減給・戒告があり、裁判官に対しては戒告と過料がある。

第79条

法律 本条の1項と5項の法律は、裁判所法（1947.4.16公布）を指す。

法律 本条の4項の法律は、最高裁判所裁判官国民審査法（1947.11.20公布）を指す。

退官 官職を辞めること。最高裁判所および簡易裁判所の裁判官の定年は70歳、その他の裁判官は65歳である。

第80条

法律 裁判所法（1947.4.16公布）を指す。

第82条

対審 裁判官の面前で当事者が口頭でそれぞれの主張を述べることをいう。民事訴訟では口頭弁論を指し、刑事訴訟では公判手続きを指す。

判決 対審に基づいて判断を下すことをいう。対審と判決が裁判の中心を成す。

公の秩序又は善良の風俗 公の秩序とは、主に公益を指し、善良の風俗とは主に社会の道徳的観念を指す。通常この二つの概念を合わせて公序良俗と略称し、社会的妥当性を意味するものとして扱われる。

第83条

財政 国または地方自治体が、その任務を行うために必要な財力を調達、管理、および使用する作用のこと。

第84条

租税 国または地方自治体が、必要な経費に当てる目的で、国民から強制的に徴収する金銭のこと。

第85条

債務 債務とは、特定の人（債権者）に対して一定の行為をすることを内容とする義務をいうが、ここでは金銭債務を負担する場合に限定して用いられている。

第86条

会計年度 会計上の便宜のために設けた一定の期間。日本では4月1日から翌年3月31日までが一会計年度とされている。

①予見し難い予算の不足に充てるため、国会の議決に基いて予備費を設け、内閣の責任でこれを支出することができる。

②すべて予備費の支出については、内閣は、事後に国会の承諾を得なければならない。

第88条［皇室財産・皇室の費用］　すべて皇室財産は、国に属する。すべて皇室の費用は、予算に計上して国会の議決を経なければならない。

第89条［公の財産の支出又は利用の制限］　公金その他の公の財産は、宗教上の組織若しくは団体の使用、便益若しくは維持のため、又は公の支配に属しない慈善、教育若しくは博愛の事業に対し、これを支出し、又はその利用に供してはならない。

第90条［決算検査、会計検査院］

①国の収入支出の決算は、すべて毎年会計検査院がこれを検査し、内閣は、次の年度に、その検査報告とともに、これを国会に提出しなければならない。

②会計検査院の組織及び権限は、法律でこれを定める。

第91条［財政状況の報告］　内閣は、国会及び国民に対し、定期に、少くとも毎年１回、国の財政状況について報告しなければならない。

第8章　地方自治

第92条［地方自治の基本原則］　地方公共団体の組織及び運営に関する事項は、地方自治の本旨に基いて、法律でこれを定める。

第93条［地方公共団体の機関、その直接選挙］

①地方公共団体には、法律の定めるところにより、その議事機関として議会を設置する。

②地方公共団体の長、その議会の議員及び法律の定めるその他の吏員は、その地方公共団体の住民が、直接これを選挙する。

第94条［地方公共団体の権能］　地方公共団体は、その財産を管理し、事務を処理し、及び行政を執行する権能を有し、法律の範囲内で条例を制定することができる。

第95条［特別法の住民投票］　一の地方公共団体のみに適用される特別法は、法律の定めるところにより、その地方公共団体の住民の投票においてその過半数の同意を得なければ、国会は、これを制定することができない。

第9章　改　正

第96条［改正の手続、その公布］

①この憲法の改正は、各議院の総議員の３分の２以上の賛成で、国会が、これを発議し、国民に提案してその承認を経なければならない。この承認には、特別の国民投票又は国会の定める選挙の際行はれる投票において、その過半数の賛成を必要とする。

②憲法改正について前項の承認を経たときは、天皇は、国民の名で、この憲法と一体を成すものとして、直ちにこれを公布する。

資料

第89条

便益　都合がよく利益のあること。

慈善　気の毒に思って助けること。

第90条

決算　一会計年度において実際に収支された歳入と歳出の最終的な計算。

会計検査院　国の財政（収入、支出）の執行を監視し、検査する機関。行政機関であるが、特に中立性と公平性が要求されるので、人事院と同じように内閣から独立している。

法律　会計検査院法（1947.4.19公布）を指す。

第92条

地方公共団体　普通地方公共団体（都道府県市町村）と特別地方公共団体（特別区、組合、財産区、地方開発事業団）があるが、最高裁は憲法上の地方公共団体には特別地方公共団体は含まれないとしている。地方公共団体は地方自治体ともよぶ。

法律　地方自治法（1947.4.17公布）を指す。第93条の法律も地方自治法を指す。

第93条

吏員　地方公共団体（地方自治体）の公務員。

第94条

条例　地方公共団体（地方自治体）がその管理する事務に関し、法令の範囲内でその議会の議決によって制定する法。

第95条

特別法　特定の地方公共団体（地方自治体）に関してのみ特別的・例外的な制度を設ける法律。広島平和記念都市建設法などがある。

法律　国会法（1947.4.30公布）と地方自治法（1947.4.17公布）を指す。

第96条

発議　議案を提出すること。発案。

国民投票　日本国憲法の改正手続に関する法律（国民投票法）に基づいて有権者が憲法改正を承認し、または承認を拒否する手続き。有権者は18歳以上の国民と定められている。

第10章　最高法規

第97条［基本的人権の本質］　この憲法が日本国民に保障する基本的人権は、人類の多年にわたる自由獲得の努力の成果であって、これらの権利は、過去幾多の試錬に堪へ、現在及び将来の国民に対し、侵すことのできない永久の権利として信託されたものである。

第98条［最高法規、条約及び国際法規の遵守］
①この憲法は、国の最高法規であって、その条規に反する法律、命令、詔勅及び国務に関するその他の行為の全部又は一部は、その効力を有しない。
②日本国が締結した条約及び確立された国際法規は、これを誠実に遵守することを必要とする。

第99条［憲法尊重擁護の義務］　天皇又は摂政及び国務大臣、国会議員、裁判官その他の公務員は、この憲法を尊重し擁護する義務を負ふ。

第98条
条規　法令の規定や条項のこと。ここでは憲法の条文に書かれている内容のこと。
国際法規　国際社会において一般に承認されている国際的な法規範。成文、不文を問わない。
遵守　法律や道徳などに従い、それをよく守ること。順守。

第99条
擁護　害されないように大切に守ること。

第11章　補　　則

第100条［憲法施行期日、準備手続］
①この憲法は、公布の日から起算して6箇月を経過した日（昭和22.5.3）から、これを施行する。
②この憲法を施行するために必要な法律の制定、参議院議員の選挙及び国会召集の手続並びにこの憲法を施行するために必要な準備手続は、前項の期日よりも前に、これを行ふことができる。

第101条［参議院未成立の間の国会］　この憲法施行の際、参議院がまだ成立してゐないときは、その成立するまでの間、衆議院は、国会としての権限を行ふ。

第102条［第1期の参議院議員の任期］　この憲法による第1期の参議院議員のうち、その半数の者の任期は、これを3年とする。その議員は、法律の定めるところにより、これを定める。

第103条［公務員の地位］　この憲法施行の際現に在職する国務大臣、衆議院議員及び裁判官並びにその他の公務員で、その地位に相応する地位がこの憲法で認められてゐる者は、法律で特別の定をした場合を除いては、この憲法施行のため、当然にはその地位を失ふことはない。但し、この憲法によって、後任者が選挙又は任命されたときは、当然その地位を失ふ。

第100条
起算　数え始めること。
施行　公布された法令の効力を発生させること。

資料

1889（明治22）年2月11日発布

第1章　天皇

第1条　大日本帝国ハ万世一系ノ天皇之ヲ統治ス

第2条　皇位ハ皇室典範ノ定ムル所ニ依リ皇男子孫之ヲ継承ス

第3条　天皇ハ神聖ニシテ侵スヘカラス

第4条　天皇ハ国ノ元首ニシテ統治権ヲ総攬シ此ノ憲法ノ条規ニ依リ之ヲ行フ

第5条　天皇ハ帝国議会ノ協賛ヲ以テ立法権ヲ行フ

第6条　天皇ハ法律ヲ裁可シ其ノ公布及執行ヲ命ス

第7条　天皇ハ帝国議会ヲ召集シ其ノ開会閉会停会及衆議院ノ解散ヲ命ス

第8条　①　天皇ハ公共ノ安全ヲ保持シ又ハ其ノ災厄ヲ避クル為緊急ノ必要ニ由リ帝国議会閉会ノ場合ニ於テ法律ニ代ルヘキ勅令ヲ発ス

②　此ノ勅令ハ次ノ会期ニ於テ帝国議会ニ提出スヘシ若議会ニ於テ承諾セサルトキハ政府ハ将来ニ向テ其ノ効力ヲ失フコトヲ公布スヘシ

第9条　天皇ハ法律ヲ執行スル為ニ又ハ公共ノ安寧秩序ヲ保持シ及臣民ノ幸福ヲ増進スル為ニ必要ナル命令ヲ発シ又ハ発セシム但シ命令ヲ以テ法律ヲ変更スルコトヲ得ス

第10条　天皇ハ行政各部ノ官制及文武官ノ俸給ヲ定メ及文武官ヲ任免ス但シ此ノ憲法又ハ他ノ法律ニ特例ヲ掲ケタルモノハ各々其ノ条項ニ依ル

第11条　天皇ハ陸海軍ヲ統帥ス

第12条　天皇ハ陸海軍ノ編制及常備兵額ヲ定ム

第13条　天皇ハ戦ヲ宣シ和ヲ講シ及諸般ノ条約ヲ締結ス

第14条　①　天皇ハ戒厳ヲ宣告ス

②　戒厳ノ要件及効力ハ法律ヲ以テ之ヲ定ム

第15条　天皇ハ爵位勲章及其ノ他ノ栄典ヲ授与ス

第16条　天皇ハ大赦特赦減刑及復権ヲ命ス

第17条　①　摂政ヲ置クハ皇室典範ノ定ムル所ニ依ル

②　摂政ハ天皇ノ名ニ於テ大権ヲ行フ

第2章　臣民権利義務

第18条　日本臣民タル要件ハ法律ノ定ムル所ニ依ル

第19条　日本臣民ハ法律命令ノ定ムル所ノ資格ニ応シ均ク文武官ニ任セラレ及其ノ他ノ公務ニ就クコトヲ得

第20条　日本臣民ハ法律ノ定ムル所ニ従ヒ兵役ノ義務ヲ有ス

第21条　日本臣民ハ法律ノ定ムル所ニ従ヒ納税ノ義務ヲ有ス

第22条　日本臣民ハ法律ノ範囲内ニ於テ居住及移転ノ自由ヲ有ス

第23条　日本臣民ハ法律ニ依ルニ非スシテ逮捕監禁審問処罰ヲ受クルコトナシ

第24条　日本臣民ハ法律ニ定メタル裁判官ノ裁判ヲ受クルノ権ヲ奪ハル、コトナシ

第25条　日本臣民ハ法律ニ定メタル場合ヲ除ク外其ノ許諾ナクシテ住所ニ侵入セラレ及捜索セラル、コトナシ

第26条　日本臣民ハ法律ニ定メタル場合ヲ除ク外信書ノ秘密ヲ侵サル、コトナシ

第27条　①　日本臣民ハ其ノ所有権ヲ侵サル、コトナシ

②　公益ノ為必要ナル処分ハ法律ノ定ムル所ニ依ル

第28条　日本臣民ハ安寧秩序ヲ妨ケス及臣民タルノ義務ニ背カサル限ニ於テ信教ノ自由ヲ有ス

第29条　日本臣民ハ法律ノ範囲内ニ於テ言論著作印行集会及結社ノ自由ヲ有ス

第30条　日本臣民ハ相当ノ敬礼ヲ守リ別ニ定ムル所ノ規程ニ従ヒ請願ヲ為スコトヲ得

第31条　本章ニ掲ケタル条規ハ戦時又ハ国家事変ノ場合ニ於テ天皇大権ノ施行ヲ妨クルコトナシ

第32条　本章ニ掲ケタル条規ハ陸海軍ノ法令又ハ紀律ニ牴触セサルモノニ限リ軍人ニ準行ス

第3章　帝国議会

第33条　帝国議会ハ貴族院衆議院ノ両院ヲ以テ成立ス

第34条　貴族院ハ貴族院令ノ定ムル所ニ依リ皇族華族及勅任セラレタル議員ヲ以テ組織ス

第35条　衆議院ハ選挙法ノ定ムル所ニ依リ公選セラレタル議員ヲ以テ組織ス

第36条　何人モ同時ニ両議院ノ議員タルコトヲ得ス

第37条　凡テ法律ハ帝国議会ノ協賛ヲ経ルヲ要ス

第38条　両議院ハ政府ノ提出スル法律案ヲ議決シ及各々法律案ヲ提出スルコトヲ得

第39条　両議院ノ一ニ於テ否決シタル法律案ハ同会期中ニ於テ再ヒ提出スルコトヲ得ス

第40条　両議院ハ法律又ハ其ノ他ノ事件ニ付各々其ノ意見ヲ政府ニ建議スルコトヲ得但シ其ノ採納ヲ得サルモノハ同会期中ニ於テ再ヒ建議スルコトヲ得ス

第41条　帝国議会ハ毎年之ヲ召集ス

第42条　帝国議会ハ三箇月ヲ以テ会期トス必要アル場合ニ於テハ勅命ヲ以テ之ヲ延長スルコトアルヘシ

第43条　①　臨時緊急ノ必要アル場合ニ於テ常会ノ外臨時会ヲ召集スヘシ

②　臨時会ノ会期ヲ定ムルハ勅命ニ依ル

第44条　①　帝国議会ノ開会閉会会期ノ延長及停会ハ両院同時ニ之ヲ行フヘシ

②　衆議院解散ヲ命セラレタルトキハ貴族院ハ同時ニ停会セラルヘシ

第45条　衆議院解散ヲ命セラレタルトキハ勅令ヲ以テ新ニ議員ヲ選挙セシメ解散ノ日ヨリ五箇月以内ニ之ヲ召集スヘシ

第46条　両議院ハ各々其ノ総員三分ノ一以上出席スルニ非サレハ議事ヲ開キ議決ヲ為ス事ヲ得ス

第47条　両議院ノ議事ハ過半数ヲ以テ決ス可否同数ナルトキハ議

長ノ決スル所ニ依ル

第48条　両議院ノ会議ハ公開ス但シ政府ノ要求又ハ其ノ院ノ決議ニ依リ秘密会ト為スコトヲ得

第49条　両議院ハ各々天皇ニ上奏スルコトヲ得

第50条　両議院ハ臣民ヨリ呈出スル請願書ヲ受クルコトヲ得

第51条　両議院ハ此ノ憲法及議院法ニ掲クルモノ、外内部ノ整理ニ必要ナル諸規則ヲ定ムルコトヲ得

第52条　両議院ノ議員ハ議院ニ於テ発言シタル意見及表決ニ付院外ニ於テ責ヲ負フコトナシ但シ議員自ラ其ノ言論ヲ演説刊行筆記又ハ其ノ他ノ方法ヲ以テ公布シタルトキハ一般ノ法律ニ依リ処分セラルヘシ

第53条　両議院ノ議員ハ現行犯罪又ハ内乱外患ニ関ル罪ヲ除ク外会期中其ノ院ノ許諾ナクシテ逮捕セラル、コトナシ

第54条　国務大臣及政府委員ハ何時タリトモ各議院ニ出席シ及発言スルコトヲ得

第4章　国務大臣及枢密顧問

第55条　① 国務各大臣ハ天皇ヲ輔弼シ其ノ責ニ任ス
② 凡テ法律勅令其ノ他国務ニ関ル詔勅ハ国務大臣ノ副署ヲ要ス

第56条　枢密顧問ハ枢密院官制ノ定ムル所ニ依リ天皇ノ諮詢ニ応ヘ重要ノ国務ヲ審議ス

第5章　司法

第57条　① 司法権ハ天皇ノ名ニ於テ法律ニ依リ裁判所之ヲ行フ
② 裁判所ノ構成ハ法律ヲ以テ之ヲ定ム

第58条　① 裁判官ハ法律ニ定メタル資格ヲ具フル者ヲ以テ之ニ任ス
② 裁判官ハ刑法ノ宣告又ハ懲戒ノ処分ニ由ルノ外其ノ職ヲ免セラル、コトナシ
③ 懲戒ノ条規ハ法律ヲ以テ之ヲ定ム

第59条　裁判ノ対審判決ハ之ヲ公開ス但シ安寧秩序又ハ風俗ヲ害スルノ虞アルトキハ法律ニ依リ又ハ裁判所ノ決議ヲ以テ対審ノ公開ヲ停ムルコトヲ得

第60条　特別裁判所ノ管轄ニ属スヘキモノハ別ニ法律ヲ以テ之ヲ定ム

第61条　行政官庁ノ違法処分ニ由リ権利ヲ傷害セラレタリトスルノ訴訟ニシテ別ニ法律ヲ以テ定メタル行政裁判所ノ裁判ニ属スヘキモノハ司法裁判所ニ於テ受理スルノ限ニ在ラス

第6章　会計

第62条　① 新ニ租税ヲ課シ及税率ヲ変更スルハ法律ヲ以テ之ヲ定ムヘシ
② 但シ報償ニ属スル行政上ノ手数料及其ノ他ノ収納金ハ前項ノ限ニ在ラス
③ 国債ヲ起シ及予算ニ定メタルモノヲ除ク外国庫ノ負担トナルヘキ契約ヲ為スハ帝国議会ノ協賛ヲ経ヘシ

第63条　現行ノ租税ハ更ニ法律ヲ以テ之ヲ改メサル限ハ旧ニ依リ之ヲ徴収ス

第64条　① 国家ノ歳出歳入ハ毎年予算ヲ以テ帝国議会ノ協賛ヲ経ヘシ
② 予算ノ款項ニ超過シ又ハ予算ノ外ニ生シタル支出アルトキハ後日帝国議会ノ承諾ヲ求ムルヲ要ス

第65条　予算ハ前ニ衆議院ニ提出スヘシ

第66条　皇室経費ハ現在ノ定額ニ依リ毎年国庫ヨリ之ヲ支出シ将来増額ヲ要スル場合ヲ除ク外帝国議会ノ協賛ヲ要セス

第67条　憲法上ノ大権ニ基ツケル既定ノ歳出及法律ノ結果ニ由リ又ハ法律上政府ノ義務ニ属スル歳出ハ政府ノ同意ナクシテ帝国議会之ヲ廃除シ又ハ削減スルコトヲ得ス

第68条　特別ノ須要ニ因リ政府ハ予メ年限ヲ定メ継続費トシテ帝国議会ノ協賛ヲ求ムルコトヲ得

第69条　避クヘカラサル予算ノ不足ヲ補フ為又ハ予算ノ外ニ生シタル必要ノ費用ニ充ツル為ニ予備費ヲ設クヘシ

第70条　① 公共ノ安全ヲ保持スル為緊急ノ需用アル場合ニ於テ内外ノ情形ニ因リ政府ハ帝国議会ヲ召集スルコト能ハサルトキハ勅令ニ依リ財政上必要ノ処分ヲ為スコトヲ得
② 前項ノ場合ニ於テハ次ノ会期ニ於テ帝国議会ニ提出シ其ノ承諾ヲ求ムルヲ要ス

第71条　帝国議会ニ於テ予算ヲ議定セス又ハ予算成立ニ至ラサルトキハ政府ハ前年度ノ予算ヲ施行スヘシ

第72条　① 国家ノ歳出歳入ノ決算ハ会計検査院之ヲ検査確定シ政府ハ其ノ検査報告ト倶ニ之ヲ帝国議会ニ提出スヘシ
② 会計検査院ノ組織及職権ハ法律ヲ以テ之ヲ定ム

第7章　補則

第73条　① 将来此ノ憲法ノ条項ヲ改正スルノ必要アルトキハ勅命ヲ以テ議案ヲ帝国議会ノ議ニ付スヘシ
② 此ノ場合ニ於テ両議院ハ各々其ノ総員三分ノ二以上出席スルニ非サレハ議事ヲ開クコトヲ得ス出席議員三分ノ二以上ノ多数ヲ得ルニ非サレハ改正ノ議決ヲ為スコトヲ得ス

第74条　① 皇室典範ノ改正ハ帝国議会ノ議ヲ経ルヲ要セス
② 皇室典範ヲ以テ此ノ憲法ノ条規ヲ変更スルコトヲ得ス

第75条　憲法及皇室典範ハ摂政ヲ置クノ間之ヲ変更スルコトヲ得ス

第76条　① 法律規則命令又ハ何等ノ名称ヲ用キタルニ拘ラス此ノ憲法ニ矛盾セサル現行ノ法令ハ総テ遵由ノ効力ヲ有ス
② 歳出上政府ノ義務ニ係ル現在ノ契約又ハ命令ハ総テ第六十七条ノ例ニ依ル

法令検索 🔍

憲法、法律などの法令は、デジタル庁が整備、運営を行うe-Govポータルの法令検索 (https://elaws.e-gov.go.jp/)から検索することができます。

資料

略 語 集

欧文略語(読み方)	欧文正式名称	日本語訳	頁
AI	Artificial Intelligence	人工知能	巻頭21
AIIB	Asian Infrastructure Investment Bank	アジアインフラ投資銀行	282
APEC（エイペック）	Asia-Pacific Economic Cooperation	アジア太平洋経済協力	265
ASEAN（アセアン）	Association of SouthEast Asian Nations	東南アジア諸国連合	265
BRICS（ブリックス）	Brazil, Russia,India,China,South Africa	ブラジル, ロシア, インド, 中国, 南アフリカの頭文字	270
CSR	Corporate Social Responsibility	企業の社会的責任	194
CTBT	Comprehensive Nuclear-Test-Ban Treaty	包括的核実験禁止条約	152, 171
DAC（ダック）	Development Assistance Committee	開発援助委員会	275
EEZ	Exclusive Economic Zone	排他的経済水域	134, 137
EPA	Economic Partnership Agreement	経済連携協定	221, 230, 269, 273, 283
EU	European Union	欧州（ヨーロッパ）連合	265, 282
FAO	Food and Agriculture Organization of the United Nations	国連食糧農業機関	153
FRB	Federal Reserve Board	連邦準備制度理事会	271
FTA	Free Trade Agreement	自由貿易協定	221, 262, 269, 273, 282, 283
GATT（ガット）	General Agreement on Tariffs and Trade	関税と貿易に関する一般協定	260, 262, 281
GDP	Gross Domestic Product	国内総生産	210, 213
GHQ	General Headquarters	連合国軍総司令部	49, 245
GNI	Gross National Income	国民総所得	210, 213
GNP	Gross National Product	国民総生産	211, 213
IAEA	International Atomic Energy Agency	国際原子力機関	153, 170
IBRD	International Bank for Reconstruction and Development	国際復興開発銀行（世界銀行）	153, 260, 281
ICC	International Criminal Court	国際刑事裁判所	135
ICJ	International Court of Justice	国際司法裁判所	135, 139, 153
ICT	Information and Communication Technology	情報通信技術	285
ILO	International Labour Organization	国際労働機関	153, 229
IMF	International Monetary Fund	国際通貨基金	153, 260, 281
IPCC	Intergovernmental Panel on Climate Change	気候変動に関する政府間パネル	297, 307
iPS細胞	Induced Pluripotent Stem Cell	人工多能性幹細胞	291
ISO	International Organization for Standardization	国際標準化機構	226
JICA（ジャイカ）	Japan International Cooperation Agency	国際協力機構	278
LDC/LLDC	Least (among Less) Developed Countries	最貧国（後発発展途上国）	275
M&A	Mergers and Acquisitions	企業の合併・買収	193, 194, 268
MERCOSUR（メルコスール）	Mercado Común del Sur	南米南部共同市場	265
NATO（ナトー）	North Atlantic Treaty Organization	北大西洋条約機構	159, 179
NGO	Non-Governmental Organization	非政府組織	176, 194, 263
NI	National Income	国民所得	213
NIEs（ニーズ）	Newly Industrializing Economies	新興工業地域	275
NPO	Non-Profit Organization	非営利組織	238
NPT	Treaty on the Non-Proliferation of Nuclear Weapons	核拡散防止条約	170, 171
ODA	Official Development Assistance	政府開発援助	176, 259, 277
OECD	Organization for Economic Co-operation and Development	経済協力開発機構	275
OPEC（オペック）	Organization of the Petroleum Exporting Countries	石油輸出国機構	247, 314
PKF	Peacekeeping Forces	国連平和維持軍	155
PKO	Peacekeeping Operations	国連平和維持活動	144, 155
PL法	Product Liability	製造物責任法	84
PTBT	Partial Test-Ban Treaty	部分的核実験禁止条約	171
RCEP協定	Regional Comprehensive Economic Partnership	地域的な包括的経済連携協定	274
SDGs（エスディージーズ）	Sustainable Development Goals	持続可能な開発目標	巻頭15, 175, 308
TPP11協定	Comprehensive and Progressive Agreement for Trans-Pacific Partnership	環太平洋パートナーシップに関する包括的及び先進的な協定	63, 221, 273, 283
UN	United Nations	国際連合	151
UNCTAD（アンクタッド）	United Nations Conference on Trade and Development	国連貿易開発会議	153, 276
UNEP（ユネップ）	United Nations Environment Programme	国連環境計画	153, 307
UNESCO（ユネスコ）	United Nations Educational, Scientific and Cultural Organization	国連教育科学文化機関	153
UNHCR	Office of the UN High Commissioner for Refugees	国連難民高等弁務官事務所	75, 153
UNHRC	United Nations Human Rights Council	人権理事会	153
UNICEF（ユニセフ）	United Nations Children's Fund	国連児童基金	153
USMCA	United States-Mexico-Canada Agreement	米国・メキシコ・カナダ協定	265
WTO	World Trade Organization	世界貿易機関	260
WTO	Warsaw Treaty Organization	ワルシャワ条約機構	159, 179

さくいん

さくいん

さくいん

写真・資料提供（敬称略・五十音順）：

アクアフェアリー／朝雲新聞／朝日新聞社／足尾に緑を育てる会／アフロ／アマナイメージズ／伊賀の里モクモク手づくりファーム／大山修一／川崎市／共同／共同通信イメージズ／共同通信社／近現代PL／警察庁／古賀花子／国税庁／国土交通省 渡良瀬川河川事務所／国立国会図書館／国連広報センター／最高裁判所／さとふる／産経新聞社／シーピーシー・フォト／時事／時事通信フォト／設楽町観光協会／下條村／新華社／大英博物館／大学入試センター／ダイヤモンド社／千葉県立市川東高等学校／中日映画社／つのだよしお／天理大学附属天理図書館／東海大学情報技術センター（TRIC）／當舎慎悟／豊島区／奈良国立博物館／西村尚己／日刊現代／日刊工業新聞／日刊スポーツ新聞社／日本経済新聞社／日本司法支援センター／日本テレビ／ニューズコム／農業・食品産業技術総合研究機構／農林水産省／芳賀ライブラリー／フィリピン外務省／藤田牧場／ふじよ／宝慶寺／法務省／法務省入国管理局／毎日映画社／毎日新聞社／緑のサヘル／本居宣長記念館／ユニフォトプレス／読売新聞社／ロイター／AA／AAP／Abaca／ABACA PRESS／a_collection／a.collectionRF／AFP／AFP PHOTO／AID／akg-images／Alamy／Albatross Air Photography／amanaimages／Anadolu Agency／ANP／AP／Avalon／Bangkok Post／BASSIGNAC／Best Image／Bettmann／Bloomberg／Bridgeman Images／Brooks Kraft／C.P.RICCI／Carolyn Cole／CCI／China News Service／CNP／Danita Delimont／David Turnley／DEA／Demotix／Diana Walker／dpa／Duits／EPA／Ethan Miller／EWIG DTP／Fast&Slow／Frederic REGLAIN／Fritz Eschen／GAMMA／Gary Conner／Getty Images News／GRANGER.COM／Haruyoshi Yamaguchi／HO／Hulton Archive／Imaginechina／IMF／Interfoto／Iranian Presidency Office／Isaac Brekken／Jonas Gratzer／JR東日本／Justin Sullivan／Kaku Kurita／Kevin Frayer／Keystone／Kyodo News／LCC SYRIA／Lebrecht／Lehtikuva／LEONE／Los Angeles Times／LukasSchulze／Maher Attar／Mary Evans Picture Library／Masterpress／Matt Cardy／Michael Steinebach／MIXA CO., LTD.／Natsuki Sakai／New Picture Library／Newscom／NurPhoto／OTSUKA Tomonori／Pasya／pearlinheart／Photo12／Photofest／Photoshot／picture alliance／PIXTA／Pool／PPS通信社／Press Association／Redux／Rex Features／Richard A. De Guzman／Rodrigo Reyes Marin／ROGER_VIOLLET／Roger-Viollet／SAUSSIER／Science Photo Library-ZEPHYR.／Seth McConnell／Shigeki kawakita／Sipa USA／SOPA Images／Spiash／SPUTNIK／SWNS／TASS／tdub303／The New York Times／Thomas Lohnes／Topfoto／TT News Agency／ullstein bild／UN Photo／United Artists／Universal Images Group／UPI／USA TODAY Sports／Veronique de Viguerie／WANA／Younes Mohammad／ZUMA Press

※本書でSDGsロゴ（ホイール）を使用している箇所の内容は、国連の承認を得たものではなく、国連や国連加盟国の見解を反映させたものではありません。
※※資料の引用は、原則として原文を生かしましたが、旧字を新字に変更する、編集部による注釈を付すなどしたものもあります。

監修者：池上彰

編集協力者：相原義信　石堂敬介　唐杉素彦　黒田昭二　篠田健一郎　星野景一

表紙デザイン：室谷由佳

表紙写真（池上彰）撮影：吉永考宏

さくいん

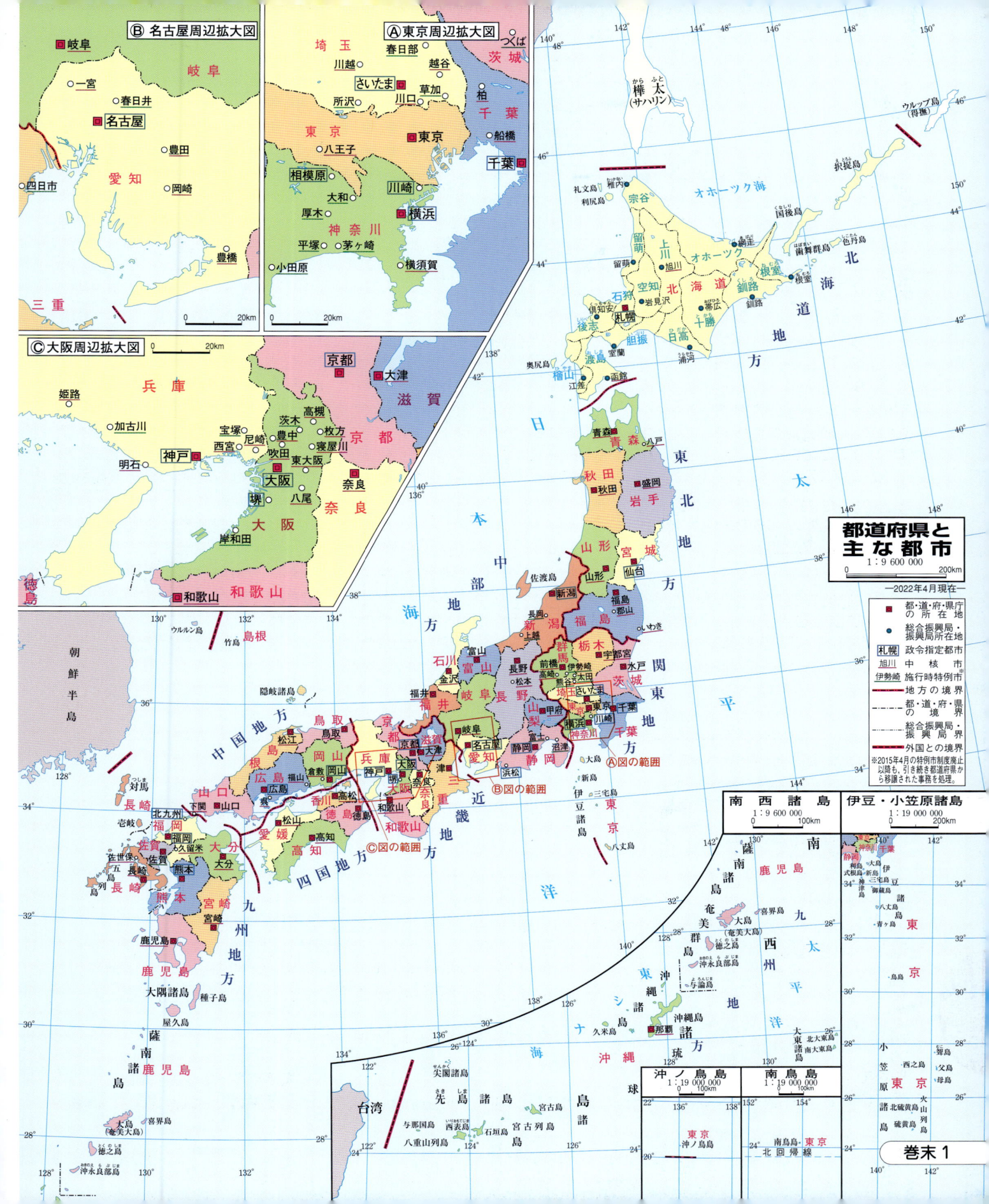